NOMOSLEHRBUCH

Prof. Dr. Matthias Mahlmann
Universität Zürich

# Rechtsphilosophie und Rechtstheorie

8. Auflage

**Die Deutsche Nationalbibliothek** verzeichnet diese Publikation in
der Deutschen Nationalbibliografie; detaillierte bibliografische
Daten sind im Internet über http://dnb.d-nb.de abrufbar.

ISBN (Print)  978-3-7560-1478-1  (Nomos Verlagsgesellschaft mbH & Co. KG, Baden-Baden)
ISBN (ePDF) 978-3-7489-2014-4  (Nomos Verlagsgesellschaft mbH & Co. KG, Baden-Baden)
ISBN (Print)  978-3-7190-4828-0  (Helbing Lichtenhahn Verlag, Basel)

8. Auflage 2024
© Nomos Verlagsgesellschaft, Baden-Baden 2024. Gesamtverantwortung für Druck
und Herstellung bei der Nomos Verlagsgesellschaft mbH & Co. KG. Alle Rechte, auch die
des Nachdrucks von Auszügen, der fotomechanischen Wiedergabe und der Übersetzung,
vorbehalten.

## Vorwort zur 8. Auflage

Die 7. Auflage dieses Buches hat viel Anklang gefunden. Eine englische Übersetzung wird demnächst erscheinen. Das Buch wurde für die 8. Auflage durchgesehen, aktualisiert und an verschiedenen Stellen ergänzt, um die Argumentation zu vertiefen.

Ein roter Faden, der sich durch die Überlegungen wie bisher zieht, ist der Versuch des Entwurfs einer bescheidenen, ihrer Grenzen wohl bewussten, aber belastbaren Theorie praktischer Erkenntnis, die dem Ziel jargonfreier Klarheit und rational beherrschbarer Argumentation verpflichtet ist. Zentrale Gegenstände sind dabei Menschenrechte und Demokratie, Würde, Freiheit, Gleichheit, mitmenschliche Fürsorge und Gerechtigkeit. Der Erfolg dieses Versuchs mag beschränkt geblieben sein. Das Zeitgeschehen der letzten Jahre, die internationalen ökonomischen und politischen Krisen, die blutigen Konflikte, die die Welt mit neuer Wucht erschüttern und Kernerrungenschaften der menschlichen Rechtszivilisation in Frage stellen, zeigen, wie wichtig es ist, sich der Grundlagen legitimer Rechtsordnungen unter immer wieder neuen sozialen, politischen und kulturellen Bedingungen mit klarem Kopf und ethischer Leidenschaft zu vergewissern.

Ich danke Corina Diem, Jón Laxdal, Angelina Manhart, Stefano Statunato und Ryan Yussuf für die redaktionelle Mitarbeit bei der Fertigstellung des Manuskripts.

Zürich, 2024 *Matthias Mahlmann*

## Aus dem Vorwort der 7. Auflage

(…) Das Buch wurde für die 7. Auflage aktualisiert und durch zwei neue Abschnitte erweitert.

Der erste beschäftigt sich mit der Philosophie Friedrich Nietzsches. Nietzsche liefert eine radikale Kritik zentraler Begriffe von Ethik und Recht, insbesondere der Gleichheit von Menschen und ihrer rechtlichen Ausdrucksformen. Die kritische Auseinandersetzung mit seinen Thesen ist sehr hilfreich, um deutlich zu machen, vor welchen analytischen, ideengeschichtlichen und erkenntnistheoretischen Problemen die Rechtsphilosophie steht. Diese Auseinandersetzung ist gleichzeitig eine Schule der Kritik von Ideologien der Ungleichheit und Menschenverachtung.

Der zweite neue Abschnitt wendet sich Hannah Arendt zu. Ihre schon zuvor sehr einflussreiche Analyse totalitärer Systeme und Theorie humaner politischer Ordnungen hat in der unmittelbaren Gegenwart eine ganz neue Aktualität gewonnen und wird entsprechend intensiv rezipiert, da verschiedene Formen autoritärer Systeme politische Landgewinne erzielen, die vor noch nicht langer Zeit undenkbar erschienen. Die Auseinandersetzung mit den je unterschiedlichen Arten und Ideologien der Schreckensherrschaften des Nationalsozialismus und Stalinismus bildet dabei einen Lackmustest für jede Rechtsphilosophie, die vor den existentiellen politischen Herausforderungen an Demokratie, Menschenrechtsordnung und Rechtstaatlichkeit nicht die theoretischen Segel streichen will. Die Möglichkeit der Verteidigung einer Ethik und eines Rechts der Achtung vor Menschen muss gerade hier erprobt und immer wieder neu bewiesen werden. (…)

Ich danke Stefano Statunato für seine ausgezeichnete redaktionelle Mitarbeit bei der Fertigstellung des Manuskripts, meinen Mitarbeitern Jón Laxdal und Levin Güver für ihre Unterstützung, sowie meinen Mitarbeiter*innen Youlo Wujohktsang, Nicole Nickerson und Nebojsa Mijatovic. Allen bin ich für die inhaltlichen Debatten dankbar, nicht zuletzt über Nietzsche und Arendt und ihre Bedeutung für die Rechtsphilosophie.

Zürich, 2022 *Matthias Mahlmann*

## Aus dem Vorwort der 6. Auflage

Das Buch wurde aktualisiert und im Verhältnis zur Vorauflage 2019 in verschiedenen Hinsichten aus folgenden Gründen ergänzt:

Im ideengeschichtlichen Teil wurde ein Abschnitt über die rechtsphilosophischen und gleichzeitig unmittelbar politischen Debatten zur Zeit der Eroberung Amerikas durch europäische Mächte eingefügt, die die Frage betrafen, ob es universale Rechte von Menschen gibt oder nicht – eine Frage, die angesichts der großen Zahl der Opfer der Unterwerfung Amerikas von beträchtlicher praktischer Bedeutung war. Diese Auseinandersetzungen bilden gleichzeitig ein wichtiges Kapitel der Geschichte des allmählichen Werdens der Menschenrechtsidee. An sie und ihren historischen Hintergrund zu erinnern, kann gerade in einer Zeit vielleicht von Nutzen sein, in der grundlegende Orientierungspunkte legitimer Rechtsordnungen, wie sie Menschenrechte bilden, in Zweifel gezogen und entsprechende Institutionen angegriffen und manchmal schon erfolgreich geschleift werden.

Ein weiterer Abschnitt erinnert an einen Vertreter der jüdischen Aufklärung, Moses Mendelssohn, um die Perspektiven, für die er steht, unter den Vorzeichen neuer Intoleranz und sogar antisemitischer Gewalttaten in ihrer Bedeutung für demokratische, pluralistische Staatswesen zu unterstreichen.

Schließlich wurde im systematischen Teil ein Abschnitt zur philosophischen Begründung internationaler politischer und rechtlicher Ordnung eingefügt. Auch dieses klassische Thema der Rechtsphilosophie hat in der Gegenwart besondere Bedeutung gewonnen, da die Idee einer internationalen Rechtsordnung durch die Apologie robuster machtpolitischer Interessendurchsetzung von Staaten grundsätzlich unterminiert wird. Dies ist angesichts von globalen Problemlagen wie dem Klimawandel oder der Covid-19 Pandemie besorgniserregend, da diese die Notwendigkeit weltweiter Kooperation unübersehbar machen. (…)

Ich bin meinen Mitarbeiter*innen Youlo Wujohktsang, Hanna Stoll, Lena Portmann, Nicole Nickerson, Nebojsa Mijatovic und insbesondere Pascal Meier für die inhaltlichen Diskussionen und die redaktionelle Mitarbeit am Manuskript zu großem Dank verpflichtet. Ebenso danke ich meinen (ehemaligen) Mitarbeiter*innen, die an den Vorauflagen mitgewirkt haben: Meltem Cetinkaya, Birgit Christensen, Peter Gailhofer, Matthias Hächler, Frederik von Harbou, Marlis Henze, Bianca Kähr, Philipp Keller, Angela Müller, Ilona Paulke, Nils Reimann, Gian-Flurin Steinegger, Julia Stern, Hanna Stoll und Patrice Zumsteg.

Ferner danke ich Stefan Gosepath, Lutz Jäncke, Jörg Paul Müller, Hubert Rottleuthner, Marcel Senn, Andreas Thier, Dietmar von der Pfordten und Lutz Wingert, die das Manuskript der ersten Auflage kritisch kommentiert hatten. Von ihren differenzierten und weitreichenden Anmerkungen habe ich sehr profitiert, auch wenn sich nicht alles im Text niederschlagen konnte. Die Themen des Buchs waren auch Gegenstand von Diskussionen in verschiedenen Lehrveranstaltungen. Den Teilnehmern und Teilnehmerinnen bin ich dankbar für das, was ich dabei lernen konnte.

Zürich, 2020 *Matthias Mahlmann*

# Inhaltsübersicht

| | |
|---|---|
| Vorwort zur 8. Auflage | 5 |
| Aus dem Vorwort der 7. Auflage | 6 |
| Aus dem Vorwort der 6. Auflage | 7 |
| Einleitung | 21 |

## 1. Teil: Der Weg zu Demokratie und Menschenrechten – Geschichte

| | | |
|---|---|---|
| § 1 | Theorien der Antike | 25 |
| § 2 | Weltreligionen | 66 |
| § 3 | Rechte auch für Mayas, Inkas und Azteken? Die Eroberung der Neuen Welt | 80 |
| § 4 | Naturrecht und das Wagnis innerweltlicher Rechtsbegründung | 93 |
| § 5 | Macht und Übereinstimmung – Theorien des Gesellschaftsvertrages | 105 |
| § 6 | Gerechtigkeit als kluge Liebe in der besten aller Welten – G. W. F. Leibniz | 126 |
| § 7 | Der moralische Sinn und die Prinzipien der Humanität | 134 |
| § 8 | Freiheit und die Not der Minderheit – Moses Mendelssohn und die Rechtsphilosophie der Aufklärung | 140 |
| § 9 | Menschliche Würde und praktische Vernunft – Kant | 148 |
| § 10 | Die politische Ordnung der Freiheit | 167 |
| § 11 | Geist und Sittlichkeit jenseits des Subjekts – Hegel | 178 |
| § 12 | Der Utilitarismus und die kalkulierte Ethik des Glücks | 190 |
| § 13 | Die historische Logik des Kapitals – Marx und der Marxismus | 198 |
| § 14 | Heimatlos jenseits von Gut und Böse – Friedrich Nietzsche | 207 |
| § 15 | Intuitionismus, Nonkognitivismus und die Analyse der Sprache der Moral | 224 |
| § 16 | Varianten des Pragmatismus | 230 |
| § 17 | Die Faktizität des Rechts – Formen des Positivismus | 233 |
| § 18 | Theorien moralischen Rechts | 245 |
| § 19 | Gerechtigkeitstheorie und Gemeinschaften der Freiheit | 255 |
| § 20 | Freiheit, Gerechtigkeit und die Würde der Anerkennung und Authentizität | 277 |
| § 21 | Kritik und Rekonstruktion der Vernunft: Kritische Theorie, Diskursethik, Systemtheorie und Postmoderne | 291 |
| § 22 | Andere Stimmen – feministische Perspektiven auf das Recht | 324 |
| § 23 | Das Leitbild der Effizienz – Ökonomische Analyse des Rechts | 329 |
| § 24 | Tugendethik und Tugendjurisprudenz? | 334 |
| § 25 | Das Recht auf Rechte und die innerweltliche Heimat der politischen Welt – Hannah Arendt | 339 |
| § 26 | Kognitionswissenschaften, Hirnforschung und die Konzeption der Ethik | 362 |
| § 27 | Übergang | 375 |

## 2. Teil: Recht und ethische Orientierung – Systematik

| | | |
|---|---|---|
| § 28 | Recht und Moral | 377 |
| § 29 | Analytik des moralischen Urteils | 386 |
| § 30 | Norm, Geltung, Verpflichtung | 395 |
| § 31 | Subjektive Rechte und die Kritik der Werttheorie | 404 |

**Inhaltsübersicht**

| | | |
|---|---|---:|
| § 32 | Sprache, Logik, Ethik und Recht | 411 |
| § 33 | Willensfreiheit, Schuld, Verantwortung | 423 |
| § 34 | Gleichheit und Gerechtigkeit | 436 |
| § 35 | Der Rechtswert der Freiheit | 447 |
| § 36 | Menschenwürde | 455 |
| § 37 | Der Streit um Menschenrechte und die Wurzel der Demokratie | 475 |
| § 38 | Nicht nur Fremde und Feinde – das Recht der internationalen Gemeinschaft | 488 |
| § 39 | Das gleiche Recht der Menschen und die Herausforderung der Vielfalt | 503 |
| § 40 | Die Wissenschaftlichkeit der Rechtswissenschaft | 517 |
| § 41 | Neue Perspektiven der praktischen Vernunft | 525 |
| § 42 | Ausklang: Das Ethos einer Wissenschaft | 530 |

Literaturverzeichnis 533

Stichwortverzeichnis 553

# Inhalt

**Vorwort zur 8. Auflage**   5

**Aus dem Vorwort der 7. Auflage**   6

**Aus dem Vorwort der 6. Auflage**   7

**Einleitung**   21

## 1. Teil: Der Weg zu Demokratie und Menschenrechten – Geschichte

**§ 1 Theorien der Antike**   25
- I. Unbestimmter Beginn und die eigentliche Gestalt der Tradition   25
- II. Tugend und objektive Einsicht – Vorsokratiker, Sokrates und Platon   27
    1. Mythos und Poesie   27
    2. Vorsokratiker   30
    3. Die Sophistik   31
    4. Sokrates   33
        - a) Dialog und die Grenzen der Einsicht   33
        - b) Wissen und Gutes   35
        - c) Kritische Einschätzungen   37
    5. Das Gute als Idee – Platon   40
        - a) Erkenntnis und Idee   40
        - b) Die Metaphysik des Guten   41
        - c) Die Gerechtigkeit des Staates   42
        - d) Kritische Einschätzungen   46
- III. Gerechtigkeit und politische Anthropologie – Aristoteles   50
    1. Teleologie und Form   50
    2. Glück und Gemeinschaft   52
        - a) Metaphysik, Eudämonismus und ethische Einsicht   52
        - b) Gerechtigkeit und Altruismus   53
    3. Verfassung und gutes Leben   55
    4. Kritische Einschätzungen   58
- IV. Hellenistische Philosophie   61
    1. Politischer Wechsel und geistige Vielfalt   61
    2. Epikureismus   61
        - a) Wohlergehen und Ethik   61
        - b) Kritische Einschätzungen   62
    3. Trost und Einsicht – Stoa   63
        - a) Welt und logos   63
        - b) Naturrecht und die Überwindung der Welt   63
        - c) Kritische Einschätzungen   64

**§ 2 Weltreligionen**   66
- I. Glauben und richtiges Leben   66
- II. Hinduismus, Buddhismus und Konfuzianismus   67
- III. Judentum   68
- IV. Christentum   70
    1. Die Ethik der Barmherzigkeit   70
    2. Patristik   71
    3. Scholastik   72
    4. Reformation   74
    5. Menschenwürde und Gerechtigkeit   75
- V. Islam   76

## Inhalt

|      |                                                                                          |     |
|------|------------------------------------------------------------------------------------------|-----|
| VI.  | Kritische Einschätzungen                                                                 | 78  |
| § 3  | Rechte auch für Mayas, Inkas und Azteken? Die Eroberung der Neuen Welt                   | 80  |
| I.   | Natürliche Rechte ohne Grenzen?                                                          | 82  |
| II.  | Die legitime Freiheit amerikanischer Ureinwohner                                         | 85  |
| III. | Kritische Einschätzungen                                                                 | 89  |
| § 4  | Naturrecht und das Wagnis innerweltlicher Rechtsbegründung                               | 93  |
| I.   | Naturrecht und Vernunft                                                                  | 93  |
| II.  | Eine umfassende Theorie des Rechts                                                       | 95  |
| III. | Ein Naturrechtssystem                                                                    | 96  |
| IV.  | Die naturrechtliche Ordnung der Welt                                                     | 98  |
|      | 1. Naturrecht und Rechtstradition                                                        | 98  |
|      | 2. Strafe, Gerechtigkeit und Schuld                                                      | 99  |
|      | 3. Strafzwecktheorie                                                                     | 99  |
| V.   | Das Recht von Krieg und Frieden                                                          | 100 |
| VI.  | Kritische Einschätzungen                                                                 | 102 |
| § 5  | Macht und Übereinstimmung – Theorien des Gesellschaftsvertrages                          | 105 |
| I.   | Eine neue Idee                                                                           | 105 |
| II.  | Der Frieden der Unterwerfung – Hobbes                                                    | 106 |
|      | 1. Bürgerkriege und die neuen Naturwissenschaften                                        | 106 |
|      | 2. Die Moral der Selbsterhaltung                                                         | 107 |
|      | 3. Krieg und Staat                                                                       | 107 |
|      | 4. Kritische Einschätzungen                                                              | 108 |
| III. | Die geistige Liebe zur Welt – Spinoza                                                    | 109 |
|      | 1. Gott oder Natur                                                                       | 109 |
|      | 2. Leidenschaft, Gleichmut und die Begründung des Staates                                | 111 |
|      | 3. Kritische Einschätzungen                                                              | 114 |
| IV.  | Staat und ursprüngliche Rechte – Locke                                                   | 114 |
|      | 1. Das Werden des konstitutionellen Liberalismus                                         | 114 |
|      | 2. Empirismus und Naturrechtskritik                                                      | 115 |
|      | 3. Die politische Organisation der subjektiven Rechte                                    | 115 |
|      | 4. Kritische Einschätzungen                                                              | 117 |
| V.   | Gemeinwillen und Republik – Rousseau                                                     | 117 |
|      | 1. Das traurige und große System                                                         | 117 |
|      | 2. Mitleid und Freiheit                                                                  | 119 |
|      | 3. Kritische Einschätzungen                                                              | 122 |
| VI.  | Der Gehalt einer neuen Idee                                                              | 124 |
| § 6  | Gerechtigkeit als kluge Liebe in der besten aller Welten – G. W. F. Leibniz              | 126 |
| I.   | Der Stufenbau des Naturrechts                                                            | 126 |
| II.  | Leibniz' Theorie der eingeborenen Ideen                                                  | 128 |
| III. | Kritische Einschätzungen                                                                 | 131 |
| § 7  | Der moralische Sinn und die Prinzipien der Humanität                                     | 134 |
| I.   | Theorien des moral sense                                                                 | 134 |
|      | 1. Prinzipien moralischer Selbstreflexion                                                | 134 |
|      | 2. Kritische Einschätzungen                                                              | 136 |
| II.  | Hume und die Kritik des moralischen Rationalismus                                        | 136 |
|      | 1. Skeptische Theorie des Geistes, moralisches Urteil und Emotion                        | 136 |
|      | 2. Kritische Einschätzungen                                                              | 138 |
| § 8  | Freiheit und die Not der Minderheit – Moses Mendelssohn und die Rechtsphilosophie der Aufklärung | 140 |
| I.   | Rechas besserer Vater                                                                    | 140 |

| | | |
|---|---|---|
| II. | Recht und Selbstbestimmung | 142 |
| III. | Gründe der Toleranz | 144 |
| IV. | Kritische Einschätzungen | 146 |

§ 9 Menschliche Würde und praktische Vernunft – Kant 148
   I. Aufgeklärter Absolutismus und das Zeitalter der bürgerlichen Revolutionen 148
   II. Die Aufgabe der Vernunftkritik 149
   III. Die Moral des kategorischen Imperativs 152
   IV. Das Recht der Selbstzweckhaftigkeit 154
   V. Kritische Einschätzungen 158

§ 10 Die politische Ordnung der Freiheit 167
   I. Freiheit und Bildung – Wilhelm von Humboldt 167
      1. Revolution und Restauration 167
      2. Freiheit und das Wohl der anderen 168
      3. Ein gemeinschaftszugewandter Liberalismus 170
      4. Kritische Einschätzungen 171
   II. John Stuart Mill und der frühe Liberalismus 172
      1. Die produktive Freiheit zum Experiment 172
      2. Kritische Einschätzungen 176

§ 11 Geist und Sittlichkeit jenseits des Subjekts – Hegel 178
   I. Hegels Optimismus 178
   II. Objektiver Idealismus 178
   III. Moralität, Recht und Sittlichkeit 181
   IV. Kritische Einschätzungen 185

§ 12 Der Utilitarismus und die kalkulierte Ethik des Glücks 190
   I. Das Nützlichkeitsprinzip 190
   II. Konsequentialismus 191
   III. Kritischer Egalitarismus 192
   IV. Moderne Diskussion 194
   V. Kritische Einschätzungen 194

§ 13 Die historische Logik des Kapitals – Marx und der Marxismus 198
   I. Veränderung der Welt und die Wurzeln der Diktatur 198
   II. Historischer Materialismus 199
   III. Basis und Normativität 200
   IV. Marxismus jenseits von Marx 201
   V. Kritische Einschätzungen 202

§ 14 Heimatlos jenseits von Gut und Böse – Friedrich Nietzsche 207
   I. Löwenmut und „geistige Nordpolfahrten" 207
   II. Hintergrundannahmen 209
      1. Kulturmetaphysik und neuer Mythos 209
      2. Perspektivismus 211
      3. Biologie, Rasse und Denken 212
      4. Wille zur Macht und ewige Wiederkehr des Gleichen 213
      5. Kritik der Religion 214
   III. Moral, Ethik und Recht 214
      1. Die Herrschaftsrechte der neuen Aristokratie 214
      2. Genealogie der Moral 216
      3. Recht und Politik 217
   IV. Kritische Einschätzungen 218
      1. Perspektive und Einsicht 218
      2. Metaethische Defizite und die anderen Parameter der Genealogie der Moral 219

## Inhalt

|  |  |  |
|---|---|---|
| | 3. Gerechtigkeit, Recht und der Wille zur Macht | 220 |
| | 4. Menschsein diesseits von Gut und Böse | 221 |
| § 15 | **Intuitionismus, Nonkognitivismus und die Analyse der Sprache der Moral** | 224 |
| I. | **Kritik und Nüchternheit** | 224 |
| II. | **Intuitionismus** | 224 |
| | 1. Naturalistischer Fehlschluss und das Open-Question-Argument | 224 |
| | 2. Kritische Einschätzungen | 225 |
| III. | **Moral und Gefühl** | 225 |
| | 1. Emotivismus | 225 |
| | 2. Kritische Einschätzungen | 226 |
| IV. | **Die Sprache der Moral** | 227 |
| | 1. Linguistic turn und die Metaethik | 227 |
| | 2. Kritische Einschätzungen | 228 |
| § 16 | **Varianten des Pragmatismus** | 230 |
| I. | **Praxis und Demokratie** | 230 |
| II. | **Kritische Einschätzungen** | 231 |
| § 17 | **Die Faktizität des Rechts – Formen des Positivismus** | 233 |
| I. | **Die Geburt des Positivismus** | 233 |
| II. | **Kelsen und die Reinheit der rechtswissenschaftlichen Theorie** | 235 |
| | 1. Relativismus und Grundnorm | 235 |
| | 2. Kritische Einschätzungen | 238 |
| III. | **Der Begriff des Rechts – H. L. A. Hart** | 240 |
| | 1. Regeln und Verbindlichkeit | 241 |
| | 2. Kritische Einschätzungen | 243 |
| § 18 | **Theorien moralischen Rechts** | 245 |
| I. | **Eine Frage ohne Müßigkeit** | 245 |
| II. | **Radbruch** | 246 |
| | 1. Politik und Neukantianismus | 246 |
| | 2. Relativismus und die Suche nach dem festen Grund | 246 |
| | 3. Kritische Einschätzungen | 248 |
| III. | **Regeln und die Prinzipien des Rechts** | 249 |
| | 1. Dworkins Liberalismus und die Theorie der besten Interpretation | 249 |
| |    a) Regeln, Prinzipien und interpretational stance | 249 |
| |    b) Liberalismus, Würde und Gerechtigkeitstheorie | 250 |
| | 2. Prinzipien und die Strukturtheorie der Grundrechte | 250 |
| | 3. Kritische Einschätzungen | 252 |
| IV. | **Die Moral der Rechtsstaatlichkeit** | 253 |
| | 1. Positivismus und rule of law | 253 |
| | 2. Kritische Einschätzungen | 254 |
| § 19 | **Gerechtigkeitstheorie und Gemeinschaften der Freiheit** | 255 |
| I. | **Gerechtigkeit und das Werden der politischen Ordnung der Nachkriegszeit** | 255 |
| II. | **Eine Theorie der Gerechtigkeit** | 256 |
| | 1. Liberaler Kontraktualismus | 256 |
| | 2. Zwei Prinzipien der Gerechtigkeit | 258 |
| | 3. Kantianismus und politischer Konstruktivismus | 261 |
| | 4. Institutionelle Ordnung | 263 |
| | 5. Internationale Ordnung | 264 |
| | 6. Kritische Einschätzungen | 267 |
| III. | **Kommunitarismus und Gerechtigkeit** | 271 |
| | 1. Einfache und komplexe Gleichheit | 271 |

|  |  | 2. Kritische Einschätzungen | 272 |
| --- | --- | --- | --- |
|  | IV. | Transzendentaler Institutionalismus und die vergleichende Verbesserung der Welt | 273 |
|  |  | 1. Gerechtigkeit jenseits des Kontraktualismus | 273 |
|  |  | 2. Kritische Einschätzungen | 275 |
| § 20 |  | Freiheit, Gerechtigkeit und die Würde der Anerkennung und Authentizität | 277 |
|  | I. | Der Markt der Ressourcen | 277 |
|  | II. | Respekt vor anderen und die Humanität des Selbst | 278 |
|  |  | 1. Die Verbindung von Ethik, Moral und Recht | 278 |
|  |  | 2. Moralische Epistemologie und Ontologie | 279 |
|  |  |    a) Moral und Erkenntnis | 279 |
|  |  |    b) Moral und der Stoff, aus dem die Welt ist | 280 |
|  |  |    c) Begriffsarten | 282 |
|  |  | 3. Die Einheit der Werte konkret | 282 |
|  |  |    a) Menschenwürde | 282 |
|  |  |    b) Moralprinzipien | 283 |
|  |  |    c) Politische Moral | 284 |
|  |  |       aa) Rechte | 284 |
|  |  |       bb) Gleichheit | 284 |
|  |  |       cc) Freiheit | 284 |
|  |  |       dd) Demokratie | 285 |
|  |  |       ee) Recht | 285 |
|  |  | 4. Die unteilbare Würde | 286 |
|  | III. | Kritische Einschätzungen | 287 |
| § 21 |  | Kritik und Rekonstruktion der Vernunft: Kritische Theorie, Diskursethik, Systemtheorie und Postmoderne | 291 |
|  | I. | Kritische Theorie | 291 |
|  |  | 1. Die Dialektik der Aufklärung und der Zwiespalt der Vernunft | 291 |
|  |  | 2. Kritische Gesellschaftstheorie und Aufklärung | 292 |
|  |  | 3. Kritik und praktische Orientierung | 295 |
|  |  | 4. Kritische Einschätzungen | 297 |
|  | II. | Rationalität und Verständigung – die Diskurstheorie | 300 |
|  |  | 1. Kommunikatives Handeln und gesellschaftliche Vernunft | 300 |
|  |  | 2. Die verschiedenartige Prozeduralisierung der Kriterien der Wahrheit und Richtigkeit | 302 |
|  |  | 3. Diskurs, Moral und Recht | 305 |
|  |  | 4. Kritische Einschätzungen | 308 |
|  | III. | Systemtheorie und die methodische Dehumanisierung des Rechts | 312 |
|  |  | 1. Gesellschaft und Autopoiese | 312 |
|  |  | 2. Moral und Recht | 313 |
|  |  | 3. Kritische Einschätzungen | 316 |
|  | IV. | Jenseits der Erzählungen – die Postmoderne | 318 |
|  |  | 1. Strukturalismus und Poststrukturalismus | 318 |
|  |  | 2. Die Ethik der Ethik, das Gesetz der Gesetze | 319 |
|  |  | 3. Die postmoderne Kritik der Rechtsform und die Alternative der Pluralität | 320 |
|  |  | 4. Kritische Einschätzungen | 321 |
| § 22 |  | Andere Stimmen – feministische Perspektiven auf das Recht | 324 |
|  | I. | Ein Kontinuum der Unfreiheit | 324 |
|  | II. | Zwischen Gleichheit und Differenz | 326 |
|  | III. | Kritische Einschätzungen | 327 |

| | | |
|---|---|---|
| § 23 | Das Leitbild der Effizienz – Ökonomische Analyse des Rechts | 329 |
| I. | Ein zentrales Paradigma | 329 |
| II. | Recht und Effizienz | 329 |
| III. | Behavioral Law and Economics und Neuroeconomics | 331 |
| IV. | Kritische Einschätzungen | 332 |
| § 24 | Tugendethik und Tugendjurisprudenz? | 334 |
| I. | Der aretaic turn: Tugend und Recht | 334 |
| II. | Tugend als Leitfaden der Ethik | 334 |
| | 1. Charakter und Handlung | 334 |
| | 2. Tugendethischer Naturalismus | 336 |
| III. | Kritische Einschätzungen | 337 |
| § 25 | Das Recht auf Rechte und die innerweltliche Heimat der politischen Welt – Hannah Arendt | 339 |
| I | Philosophie, Flucht und Weltruhm | 339 |
| II. | Verlassenheit und Totalitarismus | 340 |
| | 1. Elemente totaler Herrschaft | 340 |
| | 2. Antisemitismus und Imperialismus | 344 |
| | 3. Krise der Zivilisation | 346 |
| III. | Die politische Heimat der Menschen | 346 |
| | 1. Handeln und Politik | 346 |
| | 2. Öffentlichkeit, Pluralität, Macht | 348 |
| | 3. Politik und Heimat | 349 |
| | 4. Natalität und Freiheit | 351 |
| IV. | Die Aporie der Menschenrechte und das Recht auf Rechte | 352 |
| V. | Die erweiterte Denkungsart und politische Urteilskraft | 354 |
| VI. | Kritische Einschätzungen | 356 |
| | 1. Diktatur und Massenmord als Lackmustest der Rechtsphilosophie | 356 |
| | 2. Analyse der Gewaltherrschaft | 357 |
| | 3. Die neue Polis der Freiheit | 358 |
| | 4. Würde als Recht, Rechte zu haben | 359 |
| | 5. Verteidigung der Urteilskraft | 360 |
| § 26 | Kognitionswissenschaften, Hirnforschung und die Konzeption der Ethik | 362 |
| I. | Die kognitive Revolution | 362 |
| II. | Perspektiven der Ethik und Rechtstheorie | 364 |
| | 1. Evolutionäre Psychologie | 364 |
| |    a) Selektion und Reproduktion | 364 |
| |    b) Kritische Einschätzungen | 366 |
| | 2. Neuroethischer Emotivismus | 368 |
| |    a) Gefühl und Rationalisierung | 368 |
| |    b) Kritische Einschätzungen | 370 |
| | 3. Mentalistische Theorien in Ethik und Recht | 373 |
| § 27 | Übergang | 375 |

## 2. Teil: Recht und ethische Orientierung – Systematik

| | | |
|---|---|---|
| § 28 | Recht und Moral | 377 |
| I. | Naturrechtstradition und Verbindungsthese | 377 |
| | 1. Naturrecht, Moral und Recht | 377 |
| | 2. Moderne Verbindungstheorien | 379 |
| II. | Positivismus und Trennungsthese | 380 |
| III. | Die materialen Probleme des Streites um Recht und Moral | 380 |

|  |  |  |  |
|---|---|---|---|
| IV. | Recht und Moral – was bleibt? | | 384 |
| § 29 | Analytik des moralischen Urteils | | 386 |
| I. | Die Phänomenologie der Moral | | 386 |
| II. | Altruismus und Gerechtigkeit | | 387 |
| III. | Die Ontologie der Moral | | 390 |
| IV. | Die moralische Motivation | | 391 |
| V. | Moral und andere Handlungsmotive | | 392 |
| VI. | Nicht-moralische Voraussetzungen des moralischen Urteils, Interessen, Abwägungskonflikte | | 393 |
| § 30 | Norm, Geltung, Verpflichtung | | 395 |
| I. | Norm und Normsatz | | 395 |
| II. | Existenz und Begründbarkeit von Normen | | 396 |
| III. | Theorien der Geltung und Legitimität | | 397 |
| IV. | Verpflichtung und der Gehalt der deontischen Modalitäten | | 400 |
| § 31 | Subjektive Rechte und die Kritik der Werttheorie | | 404 |
| I. | Subjektive Rechte | | 404 |
| | 1. | Rechte in Moral und Recht | 404 |
| | 2. | Ein analytischer Begriff des subjektiven Rechts | 405 |
| II. | Regeln, Prinzipien, Werte | | 408 |
| § 32 | Sprache, Logik, Ethik und Recht | | 411 |
| I. | Sprache und Normativität | | 411 |
| | 1. | Bedeutung, Verständnis und Auslegung von Normen | 411 |
| | 2. | Humboldts These und die Zeit der Hopi | 412 |
| | 3. | Philosophische Hermeneutik und Vorverständnis | 413 |
| | 4. | Analytische Philosophie und die Philosophie der normalen Sprache | 415 |
| | 5. | Postmoderne Sprachtheorie | 417 |
| | 6. | Neue Perspektiven auf Sprache und Recht | 418 |
| II. | Fragen der deontischen Logik | | 420 |
| § 33 | Willensfreiheit, Schuld, Verantwortung | | 423 |
| I. | Determinismus, Indeterminismus, Kompatibilismus | | 423 |
| | 1. | Determinismus | 424 |
| | 2. | Indeterminismus | 427 |
| | 3. | Kompatibilismus | 428 |
| II. | Das Ende der Freiheit? | | 430 |
| | 1. | Das Scheitern des Kompatibilismus | 430 |
| | 2. | Determinismus oder Indeterminismus? | 431 |
| | | a) Die Notwendigkeit der theoretischen Phantasie | 431 |
| | | b) Die Phänomenologie der Freiheit | 434 |
| § 34 | Gleichheit und Gerechtigkeit | | 436 |
| I. | Gerechtigkeitserfahrung und Gerechtigkeitsskeptizismus | | 436 |
| II. | Ein Begriff der Gerechtigkeit | | 437 |
| | 1. | Gleichheitsbeziehungen | 437 |
| | 2. | Gerechtigkeit und Ungleichheiten | 442 |
| | 3. | Verteilungsgegenstände | 444 |
| | 4. | Arten der Gleichheit | 445 |
| | 5. | Gerechtigkeitstheorie und die Probleme der Praxis | 446 |
| § 35 | Der Rechtswert der Freiheit | | 447 |
| I. | Die Schwierigkeiten eines Begriffs | | 447 |
| II. | Negative und positive Freiheit | | 448 |

|      |      |                                                                                                      |     |
|------|------|------------------------------------------------------------------------------------------------------|-----|
|      | III. | Individuum und Gemeinschaft                                                                          | 450 |
|      | IV.  | Eine Werttheorie der Freiheit                                                                        | 453 |
|      |      | 1. Freiheit als instrumentaler Wert                                                                  | 453 |
|      |      | 2. Freiheit als intrinsischer Wert                                                                   | 454 |
| § 36 |      | Menschenwürde                                                                                        | 455 |
|      | I.   | Pathos und nüchterne Perspektiven                                                                    | 455 |
|      | II.  | Zur Geschichte des Menschenwürdebegriffs                                                             | 456 |
|      |      | 1. Antike                                                                                            | 457 |
|      |      |    a) Menschenwürde in der antiken Literatur                                          | 457 |
|      |      |    b) Stoa                                                                            | 457 |
|      |      | 2. Religiöse und mythologische Spuren der Menschenwürde                                              | 458 |
|      |      | 3. Würdebegründungen der Neuzeit                                                                     | 459 |
|      |      |    a) Würde in der Renaissance                                                        | 459 |
|      |      |    b) Würdeskeptizismus, der ethische Gehalt der Gesellschaftsvertragstheorien und das Vernunftrecht | 459 |
|      |      |    c) Die kantische Ethik und der Begriff der Menschenwürde                           | 460 |
|      |      |    d) Würdebegründungen seit der Aufklärung                                           | 462 |
|      |      | 4. Einige Würdebegründungen der Gegenwart                                                            | 462 |
|      |      |    a) Systemtheorie                                                                   | 462 |
|      |      |    b) Habermas' kommunikationstheoretischer Würdebegriff                              | 463 |
|      |      |    c) Kontraktualistische Würdebegründung                                             | 464 |
|      |      |    d) Würde aus Neubeginn, Investition, Metaphysik und Genealogie                     | 464 |
|      |      | 5. Ein autark humanistischer Würdebegriff                                                            | 465 |
|      |      | 6. Anwendungsprobleme                                                                                | 468 |
|      |      |    a) Der Beginn des menschlichen Lebens                                              | 468 |
|      |      |    b) Schwangerschaftsabbruch                                                         | 470 |
|      |      |    c) Bioethik                                                                        | 472 |
|      |      |    d) Folter                                                                          | 472 |
|      |      | 7. Menschenwürde und Fürsorge                                                                        | 473 |
| § 37 |      | Der Streit um Menschenrechte und die Wurzel der Demokratie                                           | 475 |
|      | I.   | Die Idee der Demokratie und Menschenrechte                                                           | 475 |
|      | II.  | Die schwierige Suche nach dem Grund der Menschenrechte                                               | 475 |
|      |      | 1. Theorien der Handlungsfähigkeit                                                                   | 475 |
|      |      |    a) Die Bedingungen des Handelns                                                    | 475 |
|      |      |    b) Normative Handlungsfähigkeit                                                    | 477 |
|      |      | 2. Bedürfnis- und Interessentheorien                                                                 | 480 |
|      |      | 3. Menschenrechte und Befähigungen                                                                   | 481 |
|      |      | 4. Politische Konzeptionen                                                                           | 482 |
|      |      | 5. Weitere Elemente der Diskussion                                                                   | 483 |
|      | III. | Drei Elemente einer Legitimationstheorie der Menschenrechte                                          | 483 |
|      |      | 1. Gütertheorie der Ethik und des Rechts                                                             | 483 |
|      |      | 2. Politische Theorie der Grund- und Menschenrechte                                                  | 484 |
|      |      | 3. Theorie normativer Prinzipien                                                                     | 486 |
|      | IV.  | Menschenrechte und Demokratie                                                                        | 487 |
| § 38 |      | Nicht nur Fremde und Feinde – das Recht der internationalen Gemeinschaft                             | 488 |
|      | I.   | Keine Ruhe für die Gegenwart                                                                         | 488 |
|      | II.  | Einige Fragen                                                                                        | 488 |
|      | III. | Rechtsphilosophische Weichenstellungen                                                               | 489 |
|      | IV.  | Ist Völkerrecht Recht?                                                                               | 491 |
|      | V.   | Ein klassischer Text der Völkerrechtsphilosophie                                                     | 491 |
|      |      | 1. Präliminarartikel                                                                                 | 492 |

|  |  |  |  |
|---|---|---|---|
|  | 2. | Definitivartikel | 494 |
|  | 3. | Hilfestellungen der Natur | 496 |
|  | 4. | Der geheime Rat der Philosophen | 497 |
|  | 5. | Politik und Moral | 497 |
|  | 6. | Ethik, Recht und Öffentlichkeit | 499 |
| VI. | | Rechtliche Weltpolitik als ethischer Wirklichkeitssinn | 499 |

§ 39 **Das gleiche Recht der Menschen und die Herausforderung der Vielfalt** — 503
    I.  Das Universalismusproblem — 503
   II.  Erkenntnis und Geschichte — 507
        1. Der Zeitkern der Wahrheit — 507
        2. Relativität und Historisierung — 509
        3. Geschichte und menschliche Rechte — 510
        4. Grenzen der historisierenden Relativierung — 511
  III.  Vernunft und Richtigkeit — 513
  IV.  Die Reichweite des Zweifels — 514

§ 40 **Die Wissenschaftlichkeit der Rechtswissenschaft** — 517
    I.  Die Herausforderungen des Gegenstandsbereichs — 517
   II.  Der wissenschaftstheoretische Rahmen — 518
        1. Logischer Positivismus und Kritischer Rationalismus — 518
        2. Wissenschaft jenseits des naturwissenschaftlichen Paradigmas — 519
        3. Neue Theorien der Naturwissenschaften — 520
  III.  Rationalitätsansprüche der Rechtswissenschaft — 521

§ 41 **Neue Perspektiven der praktischen Vernunft** — 525
    I.  Die Wirklichkeit des Gewissens — 525
   II.  Mentalistische Ethik – Theorien der Universalgrammatik der Moral — 525

§ 42 **Ausklang: Das Ethos einer Wissenschaft** — 530

**Literaturverzeichnis** — 533

**Stichwortverzeichnis** — 553

*- Gesine, würdest du mir raten zum Studieren?*

*- Wenn du lernen möchtest, eine Sache anzusehen auf alle ihre Ecken und Kanten, und wie sie mit anderen zusammenhängt, oder auch nur einen Gedanken, damit du es gleichzeitig und auswendig verknoten und sortieren kannst in deinem Kopf. Wenn du dein Gedächtnis erziehen willst, bis es die Gewalt an sich nimmt über was du denkst und erinnerst und vergessen wünschtest. Wenn dir gelegen ist, eine Empfindlichkeit gegen Schmerz zu vermehren. Wenn du arbeiten magst mit dem Kopf.*

*- Und wenn du im Leben bloß gelernt hättest, wie man eine Kuh melkt oder Kartoffeln kocht für Schweine?*

*- Das mit dem Lügen wäre gleich schlimm, auch die Schuld gegen andere. Aber die Erinnerung wäre weniger scharf, bequemer glaub ich.*

U. Johnson, Jahrestage

## Einleitung

Das Recht gehört zu den Kernelementen menschlicher Kultur. Entsprechend begleitet das Nachdenken über seine Eigenarten, seine Inhalte und Ziele seit jeher die Menschen. Dieses Nachdenken über Recht ist mehr als eine nebensächliche Beschäftigung für übriggebliebene Abendstunden, es bildet eines der echten geistigen Abenteuer, zu denen man noch aufbrechen kann. Denn das unentdeckte, auf immer wieder neuen Routen angestrebte Land, das erreicht werden soll, verspricht ja viel: das Verständnis der verbindlichen, im Zweifel mit Zwang durchgesetzten Ordnung menschlichen Wollens und Handelns, die Gerechtigkeit und moralisch Gutes und damit etwas schwer zu Erreichendes, doch menschlich Unverzichtbares verwirklichen soll. Das Verhältnis von Recht und Moral ist schwierig und vielschichtig. Die Ideengeschichte zeigt aber ebenso wie die Debatten der Gegenwart, dass die Frage nach den Grundlagen des Rechts nicht beantwortet werden kann, ohne zugleich einen Begriff dessen zu entwickeln, was ethisch gerechtfertigt ist – für die Orientierung suchenden Einzelnen, die verschiedenen Gesellschaften und die Menschheit insgesamt. Man muss sich in das steinige und unwegsame Terrain der Ethik vorwagen, wenn über Recht, seine Struktur und Legitimität, so inhaltsreich nachgedacht werden soll, wie es dieser große Gegenstand verdient.

Die folgenden Überlegungen wollen versuchen, einen Überblick über die Kernelemente dieses Nachdenkens über Recht und seine Einbettung in die Ethik als Reflexionstheorie der Moral zu geben. Dazu wird zunächst ein historisch-chronologischer Abriss geliefert, der aber nicht nur historische Einzelheiten, die theoretisch unverbunden bleiben, darstellen möchte. Der historische Rückblick erfolgt vielmehr in systematischer Absicht. Durch die Erörterung der Kerngehalte der großen Theorien von der Antike bis in die unmittelbare Gegenwart werden die Problemstellungen aus der historischen Reflexion gewonnen, für die eine systematische und konstruktive Rechtsphilosophie und -theorie Lösungen zu formulieren hat. Im zweiten Teil werden auf dieser Basis Grundzüge der systematischen Perspektiven umrissen.

## Einleitung

3 Die historische Darstellung soll so Probleme anschaulich machen und ideengeschichtlicher Unkenntnis bei der systematischen Reflexion vorbeugen. Gleichzeitig soll aber auch vermieden werden, eine bunte Mischung von historischen Ansätzen zu präsentieren, der der rote Faden der Systematik und das Bemühen um konkrete Ergebnisse fehlen. Ideengeschichte ohne systematisches Interesse ist theoretisch orientierungslos, Systematik ohne historische Vertiefung bleibt ideengeschichtlich naiv.

4 Die Überlegungen haben dabei einige Eigenarten. Die Darstellungen der Entwicklung der menschlichen Gedanken zum Recht werden – wenn auch nur skizzenhaft und als Erinnerung an einen wichtigen Hintergrund – real- und sozialgeschichtlich eingebettet. Theorien sind nicht einfach das Abbild einer bestimmten Epoche oder sozialen und kulturellen Situation, wie sich im Einzelnen deutlich genug zeigen wird. Sie sind aber in einer bestimmten realen Situation entstanden, die man zur Kenntnis nehmen muss, wenn man den Gehalt der untersuchten Überlegungen erschließen will. Weiter wird versucht, einen Geschmack für den spezifischen philosophischen Rahmen zu geben, der konkreten Theoriebildungen zu Fragen der Moral und des Rechts unterliegt, und seine Probleme anzudeuten. Man kann nicht Platons Staatstheorie oder Hegels Rechtsphilosophie verstehen, ohne eine Vorstellung vom Inhalt der platonischen Theorie der Ideen oder des hegelianischen Begriffs der Dialektik und ihrer Kritik zu gewinnen. Die Darstellung ist auch durch den Bezug auf Primärquellen geprägt, aus der Überzeugung, dass man etwa Kant am besten versteht, wenn man zunächst einmal Kant selbst zu Wort kommen lässt. Wenn man mit einem frischen Blick auf die Primärquellen schaut, zeigt sich zudem immer wieder, dass das scheinbar Bekannte und Vieldiskutierte das Unbekannte und Überraschende sein kann, dass traditionelle Interpretationen einen Gegenstand nicht nur verdeutlichen, sondern auch verstellen können.

5 Es wird zudem Wert darauf gelegt, in der unmittelbaren Gegenwart anzukommen und die Herausforderungen aufzugreifen, die sie stellt. Dazu gehören die Kognitionswissenschaften, die Hirnforschung und die moderne Theorie des menschlichen Geistes, aber auch andere Fragen. Die Darstellung ist dabei auf konkrete Ergebnisse ausgerichtet. Es wird versucht, nicht in der Deckung des unbestimmten Allgemeinen zu verbleiben, sondern immer wieder pointiert und damit strittig Stellung zu beziehen – nicht mit der Illusion, das letzte Wort oder eine erstaunliche Einsicht gefunden zu haben, sondern als präzise Formulierung von Reflexionsangeboten, deren es bedarf, um zu erreichen, worum es ihnen geht: eine Hilfestellung bei der eigenen Urteilsbildung zu bieten. An dieser Urteilsbildung kann man aus verschiedenen Gründen ein Interesse haben. Ein naheliegender Grund ist, eine gute Vorbereitung auf schriftliche und mündliche Prüfungen in Rechtsphilosophie und -theorie zu erreichen. Denn nichts ist dafür so erfolgversprechend wie die gebildete und begründete eigene Position. Wer z.B. das Verhältnis von Recht und Moral kritisch in seinen historischen Variationen durchdacht und einen eigenen Standpunkt gebildet hat, den kann keine Prüfungssituation zu diesem Thema mehr erschrecken. Aber auch jenseits von akademischen Ausbildungssituationen kann der Wunsch bestehen, sich über einige Inhalte und Probleme der grundlegenden theoretischen und philosophischen Reflexion über Recht und Moral zu unterrichten, und auch diesem Anliegen hofft die folgende Darstellung dienlich zu sein.

## Einleitung

Wie in jeder Darstellung der Rechtsphilosophie und -theorie müssen Schwerpunkte gesetzt werden und manche Fragen auch unerörtert bleiben. Über die Auswahl der behandelten Theorien und Probleme lässt sich im Einzelnen streiten. Sie erfasst aber jedenfalls Themen, die den Kernbestand der Rechtsphilosophie und -theorie bilden und die internationalen theoretischen und philosophischen Debatten prägen. Andere, auch neue Probleme wird man vor diesem Hintergrund im Übrigen differenziert reflektieren können.

Das Buch umfasst die Rechtsphilosophie und -theorie. Ob und wie genau man beide Disziplinen abgrenzen kann, ist strittig und alles andere als klar. Die Rechtsphilosophie wird häufig als historisch und normativ, die Rechtstheorie als systematisch und begrifflich-analytisch orientiert aufgefasst. Aber auch die Rechtsphilosophie argumentiert systematisch, so wie sich die Rechtstheorie der Historie vergewissert. Wenn man in der Rechtsphilosophie die Möglichkeit normativer Aussagen ablehnt, wie es manche Ansätze vorschlagen, wird man es bei der Analyse des Rechts belassen. Wenn man in der Rechtstheorie Legitimationstheorien für möglich hält, ist die Tür zur Normativität auch für die Rechtstheorie schon aufgestoßen. Die Abgrenzung lohnt deshalb nicht allzu große intellektuelle Anstrengungen. In beiden Fällen geht es um die grundsätzliche Reflexion von Recht mit analytischem, aber auch normativem Interesse.

Noch eine letzte Eigenschaft der Darstellung soll angedeutet werden. Sie bemüht sich so gut sie kann, die angesprochenen Theorien nicht mit Erledigungsabsicht zu diskutieren, sich nicht schnell und leichtfüßig über ihren Gegenstand zu erheben, sondern sie so ernst zu nehmen, wie es ihr Rang verlangt, ihnen also ideengeschichtliche und theoretische Gerechtigkeit widerfahren zu lassen. Dazu gehört zuallererst, ihre Stellung in der historischen Entwicklung nicht zu vergessen. Dazu gehört aber auch, das Nachdenken über Moral und Recht mit seinen problematischen Seiten darzustellen. Weißwäscherei in der Ideengeschichte ehrt deren Gehalte nicht. Das Nachdenken über Moral und Recht hat die Menschen nicht nur vorwärts gebracht. Manche Ungerechtigkeit wird vielmehr mit der falschen Würde des gut Begründeten versehen – die philosophische Verteidigung der Sklaverei ist ein Beispiel einer Tradition, die bis in die Gegenwart reicht. Die Rechtsphilosophie ist deshalb häufig Unrechtsphilosophie und zwar nicht selten auch aus den möglichen Perspektiven der Zeit, in der sie gebildet wird. Respekt für die großen geistigen Leistungen, die erbracht wurden, Bescheidenheit, die Kraft zur echten Bewunderung für das, was die eigenen Fähigkeiten übersteigt, sind höchst angemessen, wenn man den Blick über die Geschichte und Gegenwart des Nachdenkens über Recht und Moral schweifen lässt. Heroenverehrung und das kritiklose Schwenken von Weihrauchfässchen sind aber nicht gerechtfertigt. Denn auch manches Leid wird durch menschliche Reflexion in Philosophie und Theorie legitimiert, perpetuiert oder jedenfalls nicht in Frage gestellt.

Es gab in der Geschichte immer wieder Zeiten, in denen es den Menschen sehr klar erschien, wo das unentdeckte Land des Guten und Gerechten liege, um das es dem Nachdenken über Recht geht. Sehr spezifische Gesellschaftsentwürfe wurden auf diese Klarheit gegründet und manches Opfer gefordert, um sie zu verwirklichen. Die geistige Möglichkeit dieser Sicherheit ist im 20. Jahrhundert für immer zerstoben. Die Heilsversprechen sind unheimlich geworden, nicht nur weil sie zur Bemäntelung von

# Einleitung

Verbrechen benutzt wurden und noch heute in derartigem Gebrauch sind, sondern auch, weil selbst ernsthaft geglaubte Heilsversprechen große humane Übel gebären können.

10 Für die Menschen der Gegenwart ist deshalb unübersehbar geworden, dass moralische Mündigkeit unausweichlich ist. Sie können die Aufgabe, zu bestimmen, was normative Grundlage des individuellen Handelns und des gesellschaftlichen Zusammenlebens bildet, nicht an andere delegieren. Auch wenn man meint, ihr ausweichen zu können, indem man einer Autorität oder einer Tradition folgt, sei sie weltlich, sei sie religiös, gelingt es nicht, dieser Verantwortung zu entgehen, denn die eigene Entscheidung ist ja die Grundlage dieser Gefolgschaft und ihrer Konsequenzen, für die man deshalb weiter die Verantwortung trägt. Moralische Mündigkeit verlangt aber begründete Urteilsbildung, nicht zuletzt über den Gehalt des Rechts. Sie führt damit zwangsläufig zur philosophischen und theoretischen Grundlagenreflexion, denn kritische Urteilsbildung ist deren eigentliches Geschäft. Die Rechtsphilosophie und -theorie mag in manche labyrinthische Schwierigkeit hineinführen, oftmals langen Atem erfordern und einen zuweilen mit einer Frage zurücklassen, auf deren Beantwortung viel ankommt und die doch offen bleibt. An guten Gründen, sich dennoch mit Ernsthaftigkeit auf ihr großes geistiges Projekt einzulassen, fehlt es aber nicht.

# 1. Teil: Der Weg zu Demokratie und Menschenrechten – Geschichte

## § 1 Theorien der Antike

I. Unbestimmter Beginn und die eigentliche Gestalt der Tradition .... 1
II. Tugend und objektive Einsicht – Vorsokratiker, Sokrates und Platon ............................ 8
  1. Mythos und Poesie ............... 8
  2. Vorsokratiker ..................... 13
  3. Die Sophistik ..................... 14
  4. Sokrates ........................... 17
    a) Dialog und die Grenzen der Einsicht ...................... 17
    b) Wissen und Gutes ............ 23
    c) Kritische Einschätzungen.... 27
  5. Das Gute als Idee – Platon ...... 34
    a) Erkenntnis und Idee ......... 34
    b) Die Metaphysik des Guten ....................... 37
    c) Die Gerechtigkeit des Staates .......................... 39
    d) Kritische Einschätzungen.... 46
III. Gerechtigkeit und politische Anthropologie – Aristoteles ......... 58
  1. Teleologie und Form ............. 58
  2. Glück und Gemeinschaft ........ 62
    a) Metaphysik, Eudämonismus und ethische Einsicht ........ 62
    b) Gerechtigkeit und Altruismus .......................... 67
  3. Verfassung und gutes Leben ..... 72
  4. Kritische Einschätzungen ........ 79
IV. Hellenistische Philosophie ........... 88
  1. Politischer Wechsel und geistige Vielfalt ............................ 88
  2. Epikureismus ..................... 90
    a) Wohlergehen und Ethik ..... 90
    b) Kritische Einschätzungen.... 93
  3. Trost und Einsicht – Stoa ........ 94
    a) Welt und logos ............... 94
    b) Naturrecht und die Überwindung der Welt ............ 96
    c) Kritische Einschätzungen.... 98

### I. Unbestimmter Beginn und die eigentliche Gestalt der Tradition

Eine der ältesten erhaltenen schriftlichen Rechtssammlungen, der Kodex des Königs *Hammurabi*, stammt aus Babylonien aus der Zeit um 1700 v. Chr. Er enthält interessante rechtliche Regelungen, z.B. solche, die das Talionsprinzip (Auge-um-Auge, Zahn-um-Zahn) für verschiedene Bereiche anwenden und differenzieren. Eine solche Kodifikation setzt Nachdenken über den Inhalt des Niedergeschriebenen (hier in Keilschrift in Stein Gehauenen) voraus, denn jede Kodifikation bedeutet Auswahl und Inhaltsbestimmung, Entscheidung und damit – wie auch immer rudimentäre und irrational getrübte – Reflexion. Wenn man das Talionsprinzip kodifiziert, entscheidet man sich z.B. gegen ungemäßigte Rache. Welche Form, welchen Inhalt, welchen Grad an Ausdrücklichkeit dieses Nachdenken im Babylon dieser Zeit angenommen hat, ist mangels Quellen allerdings ungewiss. Für andere alte Rechtszeugnisse – etwa religiöse Gesetze des Hinduismus, deren textliche Grundlagen in das zweite Jahrtausend v. Chr. zurückreichen oder des Juden- und Christentums im Pentateuch (der Thora), entstanden nach 1000 v. Chr. – gilt Ähnliches: Sie illustrieren, dass Menschen ersichtlich auch in diesen Epochen auf eine differenzierte Weise mit Normen umgingen, ohne dass klar ist, in welcher Weise und auf welchem gedanklichen Niveau dies genau geschah. Dieser Befund verweist auf ein allgemeines und wichtiges Problem: Wann die

**§ 1  1. Teil: Der Weg zu Demokratie und Menschenrechten – Geschichte**

bewusste, vertiefte Reflexion über Recht, seine Form und seine Inhalte, über das Gute und Gerechte, einsetzt und welches ihre Gehalte waren, ist ungeklärt.

2  Große Zeugnisse der Theorie, auf die der Blick im Folgenden fallen wird, verführen allerdings dazu, in dieser Größe zugleich einen eigentlichen und die Reflexion der jeweiligen Zeit sogar sachlich erschöpfenden Anfang zu sehen. Entsprechend erzeugen manche Rekonstruktionen der Ideengeschichte den Eindruck, menschliches Nachdenken beginne erst mit den großen Autoren der Antike, mit *Heraklit*, *Sokrates*, *Platon* oder *Aristoteles*, deren Werk in der einen oder anderen Form überliefert wurde. Diese Überlegungen drückten den Erkenntnisstand der Epoche zudem auch *substantiell* aus. Beide Annahmen bilden aber womöglich vorschnelle Schlussfolgerungen, weil Überlieferungen aus verschiedenen Gründen selektiv sein können.

3  Traditionen bewahren nur bestimmte Teile einer Kultur, die keineswegs immer die wichtigsten und interessantesten sein müssen. Wir kennen zunächst sowieso nur, was der unabsichtlichen, beiläufigen Zerstörungskraft der Zeit und den absichtlichen menschlichen Vernichtungshandlungen entgangen ist. Diese so gerissenen Lücken werden durch das immerhin noch vorhandene Werk selbst sogar offensichtlich gemacht. Viele Texte der Antike, literarische, philosophische, dokumentieren unmittelbar physisch die eigentliche Gestalt der ganzen intellektuellen Tradition, die wie diese Texte kein wohlbewahrtes Ganzes, sondern ein Bruchstück, ein Fragment ist. Die Größe des Ganzen können wir aufgrund dessen, was wir in der Hand halten, nur ahnen, mit Bewunderung vor der menschlichen Kreativität, wie sie schon das noch Vorhandene zeigt und ohne zu vergessen, was wir verloren haben. Dies gilt umso mehr, wenn man bedenkt, dass wir erstens nicht nur Teile des Werkes von einzelnen Menschen, sondern sicher häufig solche Werke im Ganzen nicht kennen, entweder weil ihre Zeugnisse insgesamt zerstört wurden oder weil es zu diesen Zeugnissen gar nicht erst gekommen ist. Menschliche Kulturleistungen können ja geistig-flüchtig bleiben, existieren ohne bleibende Verkörperung, und dabei von großem Gehalt sein. Auch hier kann man immerhin das eine oder andere ahnen – etwa, um ein literarisches Beispiel anzuführen, wenn man bedenkt, dass die *Odyssee* und *Ilias* (jedenfalls nach gängigen Annahmen) auf der Grundlage früherer mündlicher Überlieferungen der erzählten Geschichten entstanden sind. Im Hintergrund dieser großen Werke klingen deshalb (heute nunmehr bewusst) die Stimmen vieler Menschen und ihrer kreativen Leistungen mit, die lange Zeit durch den großen Einzelnen *Homer* (der durch die neuen Kenntnisse der Voraussetzungen der Epen an Bewunderungswürdigkeit nichts verliert, eher gewinnt) im Bewusstsein der Rezipienten verdeckt wurden. Das gleiche gilt auch für das Nachdenken der Theorie, die Reflexion über abstrakte Gegenstände wie das Recht, das Gute oder die Gerechtigkeit. Auch hier ist vermutlich manches verklungen, was in berühmten Überlieferungen unerkannt nachhallt.

4  Eine weitere Quelle des Fragmentarischen unseres Bildes der geistigen Vergangenheit der Menschheit ist der Ausschluss von ganzen Bevölkerungsgruppen von der Traditionsbildung. Die Auswahl der Betroffenen ist schwankend, von vielen Faktoren abhängig, aber eine Gruppe war universell betroffen und kann exemplarisch angeführt werden: Frauen, die in kulturell und religiös sehr unterschiedlichen Gesellschaften keine Möglichkeit hatten, ihre Fähigkeiten zu entwickeln und für ihre geistigen Leistungen

# § 1 Theorien der Antike

Anerkennung zu finden. Die geistige Tradition, die zu behandeln ist, wird deshalb fast ausschließlich von Männern gebildet und sicher nicht, das wissen wir heute und konnten es schon früher an Beispielen wie *Sappho*, der *Marquise du Châtelet*, *Mary Wollstonecraft* oder *Lise Meitner* erkennen, weil es einem Geschlecht an Nachdenklichkeit, geistigem Mut, Kraft zum großen Wurf, Originalität und moralischer Unerschrockenheit fehlen würde. Dieses Bewusstsein des weitgehenden Fehlens der Beiträge der weiblichen wissenschaftlichen Talente diskreditiert in keiner Weise das, was Männer geleistet haben. Es gehört aber zum Hintergrund eines Begriffs der Ideengeschichte, der sich mit offenen Augen und ohne Schönfärberei bildet, zu erkennen, welche humanen Möglichkeiten unausgeschöpft blieben – was übrigens praktisch die Entschiedenheit befestigen kann, diese Verarmung in der Gegenwart und Zukunft zu vermeiden.

Schließlich sei noch auf die kulturelle Beschränktheit der Kenntnisse von menschlichen Ideen insgesamt hingewiesen. Ideengeschichte wurde lange als europäische Ideengeschichte betrieben, ohne dass es dafür starke sachliche Gründe gibt. Menschliche Kreativität hat in allen Weltregionen interessanten Ausdruck gefunden, ohne dass die geleisteten Beiträge ausreichend erforscht oder bekannt wären. Die Theorien, die im Folgenden betrachtet werden, sind deshalb nicht mehr als ein Ausschnitt – immerhin aber einer, der jedenfalls aufgrund seines Gehaltes großer Aufmerksamkeit wert ist, und den man mindestens und aus jeder Perspektive zur Kenntnis nehmen muss, auch wenn man kulturelle Beschränktheiten überwinden will.

Was an Theorien aufgegriffen wird, darf mithin nicht mit dem Ganzen der menschlichen Ideen über Recht, Gutes und Gerechtigkeit verwechselt werden und zwar nicht allein, weil nur eine Auswahl von entwickelten Theorien behandelt werden kann, sondern auch, weil die bekannten Elemente der Ideengeschichte selbst nur ein Fragment des Ganzen bilden.

Die vielfältigen Grenzen der erörterten Tradition sind also zu betonen, eine Grenze ist ihrer Nachzeichnung aber nicht gezogen: Die Rekonstruktion der ideengeschichtlichen Tradition ist nicht selbst durch ihre eigene kulturelle Position *prinzipiell* beschränkt. Die folgenden Bemerkungen gehen von der Überzeugung aus, dass jede ideengeschichtliche Rekonstruktion selbstverständlich von einem partikularen Standpunkt aus beginnt, dieser aber in der theoretischen Arbeit überschritten werden sollte und dies theoretisch auch möglich ist, der tastende, vorsichtige und skeptische Durchgriff zu universalistischen Perspektiven also nicht, wie in der Vergangenheit und unmittelbaren Gegenwart immer wieder behauptet wird, grundsätzlich verschlossen ist – wenn auch den hier unternommenen Versuchen dieser Durchgriff tatsächlich nicht gelingen mag. Diese geistige Perspektive der folgenden Bemerkungen wird sich im Fortgang der Überlegungen selbst näher explizieren und gegenüber Gegenentwürfen zu behaupten trachten.

## II. Tugend und objektive Einsicht – Vorsokratiker, Sokrates und Platon
### 1. Mythos und Poesie

Mit diesen Klärungen im Rücken kann die angestrebte ideengeschichtliche Rekonstruktion mit systematischem Interesse unbefangen und ohne die Befürchtung, es wür-

9 de als der Glaube missverstanden, sie sei der wirkliche Anfang und das Ganze der Reflexion dieser Zeit, mit der griechischen Antike beginnen.

Der griechische Kulturraum hat schon vor der klassischen Epoche des 5. und 4. Jahrhunderts v. Chr., in der die bekanntesten Theorien zum Guten, Gerechten und zum Recht entwickelt wurden, eine vielfältige Entwicklung durchgemacht. Von bronzezeitlicher Kunst zeugen die auf der Inselgruppe der Kykladen gefundenen Statuetten, die die Abstraktionen der ästhetischen Moderne vorwegnehmen. Die minoischen und mykenischen Palastkulturen haben bis zur zweiten Hälfte des zweiten Jahrtausends v. Chr. differenzierte Zivilisationen entwickelt, bis sie um das 13. Jahrhundert v. Chr. untergehen, aus Gründen, die bis heute nicht geklärt sind, zu denen aber vermutlich innere Schwäche, wirtschaftliche Probleme wie Engpässe im Rohstoffhandel und vordringende äußere Feinde gehören. Von den Leistungen dieser Kulturen zeugen anschaulich die Palastruinen in *Mykene* oder *Tiryns* und die dort gemachten Funde. Diese Zivilisationen sind durch den Palast als Zentrum der Herrschaftsgewalt, die straff organisierte Ökonomie sowie strikte soziale Hierarchien gekennzeichnet. Mit *Linear A* und *B* verfügen sie auch über Schriftformen, die aber nach dem Untergang dieser Kulturen in Vergessenheit geraten. Diese Palastkulturen bilden den Hintergrund der homerischen Erzählungen – die Burgen aus riesigen Quadern, aus „kyklopischen Mauern", scheinen eine heroische Zeit zu bezeugen, die diese Epen besingen. Nach Jahrhunderten des Niedergangs, den sog. „*dark ages*", setzt die Entwicklung im ersten Jahrtausend v. Chr. wieder ein. Die sog. archaischen Kulturen entwickeln sich, die Schrift mit dem griechischen Alphabet wird auf Grundlage des phönikischen im 8. Jahrhundert v. Chr. neu erfunden, mit einer Innovation: Zeichen nicht nur für Konsonanten, sondern auch für Vokale. Die großen Epen von Homer und Hesiod entstehen und bezeugen, mit welcher Kraft sich die Stimme der Poesie in dieser Zeit erhoben hat.

10 Von der archaischen Periode an entwickeln sich verschiedene Herrschaftsstrukturen in den aufblühenden Stadtstaaten[1] – das oligarchische Sparta und das demokratische Athen bilden dabei nicht nur die machtpolitischen Zentren, sondern auch gesellschaftspolitische Pole der Entwicklung. Die politischen Ordnungen werden in unterschiedlicher Form institutionalisiert. Polisverfassungen werden geschaffen, die die Ausübung von Herrschaft an bestimmte Regeln binden und damit wichtige Schritte unternehmen, diese zu formalisieren und zu versachlichen.[2] Die griechische Welt wird dabei durch kulturelle Faktoren wie Sprache, Schrift, religiöse und mythische Vorstellungen und die Kunst verbunden. Keine Rolle spielt die Idee einer politischen Vereinigung, also eine frühe Form der Idee nationalstaatlicher Organisation.

11 Die zentrale außenpolitische Herausforderung bildet das expandierende Perserreich. 490 v. Chr. gelingt durch die Schlacht bei Marathon ein wichtiger Erfolg gegen die Perser, 480 v. Chr. der entscheidende Sieg in der Schlacht bei Salamis. Damit endet

---

1 Im Folgenden wird der Begriff „Staat" mit einem international weitverbreiteten philosophischen, philologischen und historischen Sprachgebrauch auch für organisierte und institutionell gefestigte Ordnungen menschlicher Gemeinschaften der Antike verwandt, dieser Begriff also nicht auf die politischen Ordnungen der Neuzeit beschränkt, wie es manchmal vorgeschlagen wird.
2 Die älteste überlieferte Polisverfassung ist die sog. „Große Rhetra" in Sparta aus dem 8./7. Jahrhundert v. Chr.

zunächst eine zentrale existentielle Bedrohung der Eigenständigkeit der griechischen Welt. Die institutionelle Konsolidierung Athens hatte die Gesetzgebung *Solons* am Beginn des 6. Jahrhunderts v. Chr. eingeleitet. Die Grundlage für die demokratische Entwicklung Athens schaffen die Reformen des *Kleisthenes* 508 v. Chr., indem die politische Repräsentation an der Gleichheit der Athener Bürger orientiert wird. 462 v. Chr. brechen die Reformen des *Ephialtes* endgültig die Vorherrschaft der Aristokratie in Athen und festigen die politischen Strukturen der Demokratie. Der aristokratisch beherrschte *Areopag* wird zu einer Institution der Gerichtsbarkeit, deren friedensstiftende Rolle *Aischylos* in der Tragödien-Trilogie der *Orestie* im Mythos verankert. 443–429 v. Chr. ist *Perikles* die beherrschende Persönlichkeit Athens. Dieses „perikleische Zeitalter" bedeutet den Höhepunkt der demokratischen Entwicklung in Athen. Die athenische Demokratie ist direkt und die meisten Ämter – mit Ausnahme etwa der militärischen Oberbefehlshaber, der Strategen und der Finanzbeamten – werden per Los vergeben. Eine Teilung der Gewalten existiert nicht, die Volksversammlung bildet das zentrale Organ. Die Demokratie bleibt dabei selektiv – Sklaven bilden eine wichtige ökonomische Grundlage, ohne politische Rechte zu besitzen, Frauen sind von der Ausübung politischer Herrschaft ausgeschlossen, die bei ungefähr 30'000 stimmberechtigten Bürgern liegt. Dennoch hat die athenische Verfassung in diesen Grenzen Maßstäbe für die demokratische Strukturierung von politischen Ordnungen gesetzt, denen auch der moderne demokratische Konstitutionalismus in manchem verpflichtet bleibt. Athens Demokratie verhindert allerdings nicht die Verfolgung zweifelhafter politischer Ziele: Eine imperiale Vormachtstellung – organisiert etwa durch den Delisch-Attischen Seebund seit 478/477 v. Chr. – gehört in der ganzen klassischen Zeit zu den politischen Zielen Athens wie anderer Staaten. Dies schließt die brutale Unterwerfung anderer Gemeinschaften ein, z.B. die Eroberung Äginas, einer Insel vor der Küste Athens, und die Versklavung ihrer Einwohner – zu denen der Dichter *Pindar* nur deswegen nicht gehört, weil er kurz zuvor stirbt. Was diese Eroberungskriege bedeuten, bleibt auch den Zeitgenossen nicht verborgen. *Euripides* etwa hat das Leid der in solchen Kriegszügen Unterworfenen in der Tragödie *Die Troerinnen* deutlich vor Augen geführt. Von 431–404 v. Chr. dauert der Peloponnesische Krieg zwischen Sparta und Athen und endet mit der Niederlage Athens, seiner Besetzung und der Herrschaft der 30 Tyrannen, bis die Demokratie im Jahr 403 v. Chr. wiederhergestellt wird – bis zu ihrem Ende im Jahr 322 v. Chr. im angebrochenen Zeitalter der hellenistischen Monarchien.

In diesem Zeitraum des Aufblühens der griechischen Kultur sind viele Überlegungen zur Frage nach dem Recht, dem Guten und der Gerechtigkeit formuliert worden. In mythologischer und poetischer Form lassen sich etwa schon in den Epen von *Homer* und *Hesiod* interessante und vielschichtige Vorstellungen zu dieser Problematik entdecken, z.B. Homers Darstellungen des normativ richtigen Verhaltens seiner Akteure und der Ordnungen, in die es eingebettet ist, in der *Ilias* und *Odyssee*. Wichtig ist die Vorstellung einer existierenden, unabhängig von menschlichen Setzungen gegebenen normativen Ordnung, also von Vorläufern des – wie es später genannt wurde – Naturrechts. Auch hier kann man durchaus Spuren bei Homer finden, z.B. wenn man die Rolle des Gastrechts in seinen Epen berücksichtigt. In den Darlegungen Hesiods

**§ 1    1. Teil:  Der Weg zu Demokratie und Menschenrechten – Geschichte**

zum Begriff der *Dike*, ein Gegenbegriff zur Ordnung der Gewalt der Tiere und ein Spezifikum der menschlichen Welt,[3] der normativ zu verstehen ist, klingt dies ebenfalls bereits an.[4] In der archaischen Periode beginnt auch die philosophische Reflexion, deren Protagonisten traditionell unter dem Begriff der Vorsokratiker zusammengefasst werden.

### 2. Vorsokratiker

13   Die Vorsokratiker bilden eine heterogene Gruppe von Philosophen, die im Wesentlichen vor *Sokrates* ihre Ideen entwickelt haben, wobei allerdings – wenn man die Sophistik mit einbezieht, wie es manchmal geschieht – auch Zeitgenossen von Sokrates zu ihnen gezählt werden. Die vorsokratische Philosophie vor der Sophistik beschäftigt sich vor allem mit einer Theorie der Natur. Zentrale Probleme bilden dabei die Bestimmung der Baustoffe der Welt, ihr Wesen und die Frage, ob die Dinge durch ihre Veränderlichkeit ausgezeichnet seien oder von einem unveränderlichen Sein ausgegangen werden könne.[5] Aber auch ethische Themen werden bedacht. Einige Vorsokratiker gründen sogar auf spezifische Ideen ausgerichtete Lebens- und Glaubensgemeinschaften, z.B. die *Pythagoräer* mit Vorstellungen einer Wanderung und Reinigung der Seele sowie ihrer Befreiung vom Gefängnis des menschlichen Leibes, die an die Religionslehre der Orphik des 6. Jahrhunderts v. Chr. anknüpft. Es gibt darüber hinaus eine Reihe von überlieferten Gedanken, die andeuten, dass die Fragen nach dem Recht, der Gerechtigkeit und dem Guten bedacht und erörtert werden. *Anaximanders* Bemerkungen zum Vergehen der Dinge als Buße für Ungerechtigkeit bilden ein Stück bildhafte Naturphilosophie, gehören aber auch in den Umkreis von Vorstellungen einer die Welt bestimmenden Gesetzlichkeit.[6] Die *Pythagoräer*, berichtet *Platon* über ein anderes Beispiel, hätten gelehrt, dass „auch Himmel und Erde, Götter und Menschen nur durch Gemeinschaft bestehen bleiben und durch Freundschaft und Schicklichkeit und Besonnenheit und Gerechtigkeit".[7] Naturphilosophie verbindet sich bei ihnen also nach diesem Bericht mit der Idee der Notwendigkeit einer normativen, gerechten Struktur menschlicher Gemeinschaft. Auch für *Heraklit* steht die Welt unter einer umfassenden Gesetzlichkeit, einem Weltgesetz, dem *Logos*.[8] Aus diesem umfassenden Weltgesetz würden alle menschlichen Gesetze gespeist.[9] Für Gott sei alles schön und gerecht, nur die Menschen hielten das eine für gerecht, das andere für ungerecht.[10] *Demokrit* – schon ein Zeitgenosse von Sokrates – hat die Bedeutung eines Verhaltens

---

3   Vgl. *Hesiod*, Werke und Tage, in: *ders.*, Theogonie, Werke und Tage, griechisch-deutsch, hrsg. und übersetzt v. A. Schirnding, 1991, S. 275–279.
4   Zur Diskussion *E.-W. Böckenförde*, Geschichte der Rechts- und Staatsphilosophie, 2. Aufl., 2006, S. 33 ff.
5   Baustoffe der Welt z.B.: Wasser: *Thales* (624–546 v. Chr.); Unendliches: *Anaximander* (610–545 v. Chr.); Luft: *Anaximenes* (etwa 585–528 v. Chr.); Zahl und Stoff: *Pythagoras* (570–496 v. Chr.); Atome: *Demokrit* (460–371 v. Chr.); Feuer, Wasser, Luft, Erde: *Empedokles* (492–432 v. Chr.); Betonung des sich verändernden Werdens: *Heraklit* (544–484 v. Chr.); Betonung des unveränderlichen Seins: *Parmenides* (540–470 v. Chr.).
6   *Anaximander*, in: W. Capelle (Hrsg.), Die Vorsokratiker, 1968, fr. 21; vgl. zur Diskussion *E.-W. Böckenförde*, Geschichte der Rechts- und Staatsphilosophie, S. 39 f.; *B. Russell*, A History of Western Philosophy, o. J., S. 27.
7   *Platon*, Gorgias, 508 a. Platons Werke zitiert nach: *Platon*, Werke in acht Bänden, Griechisch-Deutsch, übersetzt v. F. Schleiermacher, 2005.
8   *Heraklit*, Capelle, fr. 31.
9   *Heraklit*, Capelle, fr. 33.
10  *Heraklit*, Capelle, fr. 48.

nach Recht und Gesetz für das eigene gute Leben betont,[11] das darin bestehe, nicht irgendwelchem Begehren zu folgen, sondern das Gute und Schöne zu erstreben.[12] Die Pflicht sei um ihrer selbst willen zu erfüllen.[13] Von allen Angelegenheiten sei die Frage einer guten Regierung des Staates die wichtigste: „Denn ein wohlregierter Staat ist die großartigste Einrichtung; denn alles ist darin beschlossen: gedeiht er, gedeiht alles; stürzt er zusammen, stürzt alles zusammen".[14] Was Schaden bringe, etwa der Staatsfeind, sei totzuschlagen.[15] Die beste Staatsform sei die Demokratie. Denn: „Die Armut in einer Demokratie ist um so viel besser als das sogenannte ‚Glück' am Hofe der Mächtigen, wie die Freiheit besser ist als ein Sklavendasein".[16]

### 3. Die Sophistik

Als „sophistisch" wird landläufig ein substanzloses Gerede, eine interessenorientierte Verdrehung von Gedankengängen verstanden. Auch in der Philosophiegeschichte werden die Sophisten traditionell vor allem kritisch beurteilt, nicht zuletzt wegen ihrer Darstellung in den platonischen Dialogen, in denen die Sophisten die Gesprächspartner sind, die Thesen vorbringen, die elegant und unwiderstehlich widerlegt werden. Zutreffender ist sicherlich ein differenzierteres Bild, das nicht übersieht, dass die Sophisten wichtige geistige, vor allem skeptische Herausforderungen formuliert haben. *Protagoras* (490–420 v. Chr.) hat diese Perspektive mit einem klassischen Satz der Philosophie zusammengefasst, den Platon so wiedergibt: „Der Mensch sei das Maß aller Dinge, der seienden, wie sie sind, der nicht-seienden, wie sie nicht sind".[17] Dabei geht es nicht nur um das Menschsein als solches, sondern um konkrete Menschen, also um individualistischen Relativismus und Subjektivismus, keine aus dem Menschsein womöglich erwachsende geteilte Humanperspektive.[18] Ein weiteres wichtiges Element ist die Religionskritik. Auch hier kann Protagoras angeführt werden: „Von den Göttern vermag ich nichts festzustellen, weder, daß es sie gibt, noch, daß es sie nicht gibt, noch was für eine Gestalt sie haben; denn vieles hindert ein Wissen hierüber: die Dunkelheit der Sache und die Kürze des menschlichen Lebens".[19] Diese Bemerkungen haben – unabhängig von ihrem sachlichen Gehalt – die wichtige Wirkung, überkommene Vorstellungen von Wahrheit in Zweifel zu ziehen und auch vor religiösen Autoritäten und Traditionen mit ihren Fragen nicht Halt zu machen. Es erfasst den jeweils unterschiedlichen konstruktiven Gehalt von Sophistik und Aufklärungsepoche nicht hinreichend, die Sophistik antike Aufklärung zu nennen. Einen Beitrag zur Entwicklung des freien Nachdenkens hat die Sophistik aber ohne Zweifel geleistet.

Rechtsphilosophisch haben verschiedene Sophisten menschliche Gesetze und eine überpositive Normordnung differenziert diskutiert. Im Gründungsmythos des *Protagoras*

---

11 *Demokrit*, Capelle, fr. 134.
12 *Demokrit*, Capelle, fr. 166.
13 *Demokrit*, Capelle, fr. 177.
14 *Demokrit*, Capelle, fr. 234.
15 *Demokrit*, Capelle, fr. 242–245.
16 *Demokrit*, Capelle, fr. 239.
17 *Platon*, Theaitetos 152a; *Protagoras*, Capelle, fr. 9.
18 Vgl. *Platon*, Theaitetos 152a; *Protagoras*, Capelle, fr. 9.
19 *Protagoras*, Capelle, fr. 18. Vgl. zur Erklärung der Religion aus dem Nutzen der Dinge für die Menschen *Prodikos*, Capelle, fr. 9, 10; als Erfindung zur normativen Disziplinierung der Menschen *Kritias*, Capelle, fr. 1.

wird *Dike* an alle Menschen von Zeus ausgespendet, was eine naturrechtliche Interpretation wenigstens möglich macht.[20] *Hippias* (5./4. Jhd. v. Chr.) hat nach Platons Bericht die natürliche Gleichheit und Verbundenheit der Menschen unterstrichen, von der das menschliche Gesetz aber oftmals abweiche: „Ich denke, sagte er, ihr versammelten Männer, daß wir Verwandte und Befreundete und Mitbürger von Natur sind, nicht durch das Gesetz. Denn das Ähnliche ist dem Ähnlichen von Natur verwandt, das Gesetz aber, welches ein Tyrann der Menschen ist, erzwingt vieles gegen die Natur".[21] *Antiphon* (480–411 v. Chr.) hat ausdrücklich Gesetze der Natur und menschliche Gesetze unterschieden. Die Ersteren seien gewachsen, Letztere Produkt der Übereinkunft. Eine Verletzung der staatlichen Gesetze könne wegen Sanktionen Nachteile bringen, die Verletzung der natürlichen Gesetze sei dagegen in Wahrheit schlecht.[22] Antiphon unterstreicht inhaltlich die Gleichheit der Menschen mit einer ausdrücklichen, weitreichenden universalistischen Begründung, die auf der gemeinsamen Natur der Menschen aufbaut: „Denn von Natur sind alle in jeder Hinsicht gleich, ob Barbaren oder Hellenen. (…) Denn wir atmen alle durch Mund und Nase die Luft aus, und wir essen alle mit den Händen".[23]

Der Geltungsanspruch von Recht wird von manchen Sophisten an eine bestimmte Polisordnung gebunden.[24] Für einige erscheint das Gesetz als ein Instrument zur Befriedung menschlicher Gemeinschaften, die sonst der nackten Gewalt ausgeliefert seien.[25] In der Sophistik werden auch Theorien eines Rechts des Stärkeren formuliert. *Kallikles* (5. Jhd. v. Chr.) hält die Gesetze für Produkte der Schwächeren, mit denen sie zur Wahrung ihrer eigenen Interessen die Stärkeren binden. Das Gesetz der Natur sei dagegen die Entfaltung der Herrschaft des Stärkeren – gerecht sei, dass der Stärkere die Macht und mehr Güter besitze als der Schwächere.[26] Ähnlich argumentiert *Thrasymachos* (5./4. Jhd. v. Chr.): Gerecht sei das dem Stärkeren Nützliche.[27] Die natürliche, aber – da auf Gerechtigkeit Bezug genommen wird – *normative* und nicht bloß faktisch gegebene Ordnung wird auch hier von menschlichen Gesetzen unterschieden. Der Gehalt des natürlichen Gesetzes ist jedoch nicht Gleichheit wie bei anderen Sophisten, sondern gerade die Gebotenheit der Ungleichheit, die die Stärkeren privilegiert. Damit wird eine Eigenschaft der langen Auseinandersetzung um überpositive Maßstäbe deutlich: Nicht nur ihre Existenz, auch ihr konkreter Inhalt ist strittig, auch bei jenen, die ihre Gegebenheit bejahen.

16 Das Bewusstsein des Unterschieds einer gegebenen positiven Ordnung und einer im eigentlichen Sinne guten und gerechten Ordnung in der attischen Diskussion ist realgeschichtlich nicht überraschend. Das 6. und 5. Jahrhundert v. Chr. sehen viele und institutionell differenzierte, bewusste rechtliche Gestaltungen der griechischen Stadtstaaten im Rahmen der Gründung neuer politischer Gemeinschaften, was durch die

---

20 Vgl. *Platon*, Protagoras, 322d, e.
21 Vgl. *Platon*, Protagoras, 337c, d; *Hippias*, Capelle, fr. 1.
22 *Antiphon*, Capelle, fr. 11.
23 *Antiphon*, Capelle, fr. 12.
24 Vgl. *Platon*, Theaitetos 172a, b.
25 *Kritias*, Capelle, fr. 1.
26 *Platon*, Gorgias, 483a ff.
27 *Platon*, Politeia, 338b, c.

# § 1 Theorien der Antike

griechischen Kolonien in Kleinasien oder Sizilien häufig geschieht oder durch die Reform einer bestehenden *Polis*, nicht zuletzt etwa bei der Etablierung der klassischen athenischen Verfassung.

## 4. Sokrates

a) **Dialog und die Grenzen der Einsicht.** Mit *Sokrates* (469–399 v. Chr.) erreicht die Philosophiegeschichte einen ersten Höhepunkt – intellektuell und – was keineswegs selbstverständlich ist – in Bezug auf die persönliche Integrität des Denkenden. Sokrates' Leben fällt in die klassische Zeit der attischen Demokratie. Sein Tod ist ein Symbol ihres Niedergangs.

Sokrates' philosophische Leistungen sind auf verschiedenen Feldern angesiedelt, wenn auch die Rekonstruktion seiner Gedanken schwierig und unsicher ist: Mangels eigener Schriften muss der Inhalt seiner Überlegungen aus den Berichten anderer, vor allem von *Platon*,[28] *Aristoteles* und *Xenophon* erschlossen werden.[29] Ein Charakteristikum der sokratischen Philosophie bildet dabei erstens das Verfahren der Erkenntnisgewinnung im Dialog, die Heranführung an das Problem, die argumentative Herausarbeitung seines Kerns und seiner Lösung im Austausch mit anderen. Dabei geht es nicht um rhetorische Umstrickung und Überwältigung, sondern um eine neu gewonnene Überzeugung, die das Nachdenken des Überzeugten selbst bewirkt. Dieses Vorgehen wird traditionell mit einer intellektuellen Hebammenkunst (*Maieutik*) verbunden,[30] wenn dieser Begriff auch mit guten Gründen der eigentlich platonischen und nicht sokratischen Philosophie zugeschrieben werden kann, weil in ihm die noch zu erläuternde platonische Idee der Wiedererinnerung im Erkenntnisprozess aufscheint.[31]

Zweitens ist das Denken in Allgemeinbegriffen, die hinter der Vielfalt der Erscheinungen stünden und ihren eigentlichen Kern erfassten, wichtig: Sokrates fragt, was ein X – etwa die Tugend oder das Gute – allgemein ausmache. Die entwickelten Bestimmungen werden aus seiner Sicht von allen Gegenständen, die ein X sind, geteilt und erklären, warum ein Gegenstand ein X bildet. Damit ist eine Hauptfrage der menschlichen Erkenntnisbemühungen formuliert, die bis heute streitig erörtert wird: Das Problem des Gehalts von Begriffen und ihres Verhältnisses zu Einzeldingen. Für Aristoteles können Sokrates deswegen zwei Neuerungen zugeschrieben werden: Induktives Denken und allgemeine Begriffsbestimmungen, beides für Aristoteles Ausgangspunkte wissenschaft-

---

28 Ein klassisches Problem bildet insofern die Frage, in welchen Dialogen die Figur Sokrates tatsächlich sokratische und nicht platonische Gedanken äußert. Eine einflussreiche Hypothese zur zeitlichen Reihe der platonischen Dialoge zählt die folgenden zu den sokratischen Dialogen: Apologie, Charmides, Kriton, Euthyphron, Gorgias, Hippias II (minor), Ion, Laches, Protagoras, Politeia I und in einer Übergangsphase Euthydemos, Hippias I (maior), Lysis, Menexenos, Menon, vgl. G. Vlastos, Socrates, 1991, S. 46 f.
29 Die Schilderung von Sokrates in *Aristophanes'* „Wolken" hat weniger historisches und philosophisches Gewicht.
30 Vgl. *Platon*, Theaitetos 149a ff., und z.B. *E. Zeller*, Die Philosophie der Griechen in ihrer geschichtlichen Entwicklung, Sokrates und die Sokratiker, Plato und die alte Akademie, Zweiter Teil, Erste Abteilung, 5. Aufl., 1922 (Nachdruck 2006), S. 123.
31 Vgl. *G. Vlastos*, Socrates, S. 49. Deswegen wird Sokrates' Verfahren auch anders bezeichnet, *elenchus* z.B. ebd., S. 111, wonach eine These widerlegt wird allein durch Rückgriff auf Überzeugungen desjenigen, der die These aufgestellt hat.

licher Erkenntnis.[32] Das heißt allerdings nicht, dass Sokrates auch eine ausdrückliche Erkenntnistheorie oder eine Theorie der Seinsform der Allgemeinbegriffe – ihre Ontologie – entwickelt hätte, wie etwa Platon in der Ideenlehre. Sokrates stieß zu einem Problem vor, entwickelte aber keinen Vorschlag zu seiner theoretischen Lösung.[33]

20  Drittens ist der vorsichtige Zweifel an der Reichweite des eigenen Wissens hervorzuheben: Sokrates' Überzeugung, nichts zu wissen, hat sprichwörtliche Geläufigkeit gewonnen.[34] Diese Haltung ist mit einem weiteren, vierten Charakteristikum seines Nachdenkens verbunden, einer abgründigen Ironie.[35] Denn es fehlt ihm ja trotz seines Zweifels an der Reichweite des eigenen Wissens keineswegs an Selbstbewusstsein in der Argumentation: Bestimmte Ergebnisse seiner Reflexion erklärt er ausdrücklich für sicher begründet[36] und nicht nur das, seine moralischen Überzeugungen sind sogar der Grund dafür, einen Tod zu wählen, den er durch Flucht hätte vermeiden können. Sokrates' Erkenntniszweifel ist deshalb ironisch gefärbt: Er verneint das Vorhandensein von Einsicht und Erkenntnis, die er in der Theorie und seiner Lebenspraxis selbst mit Nachdruck in Anspruch nimmt. Diese Ironie ist jedoch abgründig, denn ein Element des Ernstgemeinten ist in seinem Erkenntniszweifel ja trotz alledem enthalten: Die Warnung, zu schnell von dem selbst für richtig Gehaltenen zu fest überzeugt zu sein. Dieser Mangel an auftrumpfender Erkenntnisgewissheit bildet ein Stück frühe Erkenntnisethik, die, wie sich in der weiteren Geschichte menschlicher Reflexion immer wieder zeigt, ebenso rar, wie nicht nur wissenschaftlich hilfreich ist: Sie schützt vor rosigen Illusionen über das theoretisch Erreichte und hinreichend Verstandene, die tiefere Einsichten blockieren und Borniertheiten erzeugen.

21  Fünftens entwirft Sokrates eine Ethik der Selbsterkenntnis und tugendorientierten Selbstverbesserung,[37] durch die die Menschen aufgefordert werden, sich selbst in ihrem Leben und ihrer Persönlichkeit eine anspruchsvolle Aufgabe zu werden: „Und wenn ich wiederum sage, daß ja eben dies das größte Gut für den Menschen ist, täglich über die Tugend sich zu unterhalten und über die anderen Gegenstände, über welche ihr mich reden und mich selbst und andere prüfen hört, ein Leben ohne Selbsterforschung aber gar nicht verdient, gelebt zu werden, das werdet ihr mir noch weniger glauben, wenn ich es sage. Aber gewiß verhält sich dies so, wie ich es vortrage, ihr Männer, nur euch davon zu überzeugen ist nicht leicht".[38] Sokrates' Fragen und

---

32 *Aristoteles*, Metaphysik, 1078b, zitiert nach *ders.*, The Metaphysics, with an English translation by H. Rackham, 1989.
33 Das muss nicht notwendig ein Mangel sein: *Aristoteles*, Metaphysik 1078b, 1086b, hält es z.B. für eine Qualität der sokratischen Philosophie, anders als Platon nicht von der eigenständigen Existenz der Ideen ausgegangen zu sein, da sie so vor unplausiblen Konsequenzen geschützt wurde.
34 Vgl. *Platon*, Apologia, 21b, d.
35 Ein besonders interessantes Beispiel ist Sokrates' Reaktion auf Alkibiades' erfolglose Versuche, ihn zu verführen, vgl. *Platon*, Symposion, 212cff. Zur Diskussion, auch zum Missverständnis der sokratischen Ironie als Form der Täuschung, *G. Vlastos*, Socrates, S. 21 ff., 132 ff.
36 Jedenfalls im Vergleich zu den Ansichten anderer, vgl. z.B. *Platon*, Gorgias, 508e – 509a.
37 Ethik wird hier durchgehend verstanden als Reflexionstheorie der Moral, nicht als Konzeption des guten Lebens. Zu diesem anderen Sprachgebrauch vgl. z.B. §§ 18 II, 19 II, 20 II.
38 *Platon*, Apologia, 38a.

# § 1 Theorien der Antike

Antwortversuche richten sich dabei an alle, sein Ansatz ist nicht elitär, wenn auch die zeitüblichen Grenzen der Einbezogenen nicht überschritten werden.[39]

Und damit wird ein weiteres erwähnenswertes, sechstes Charakteristikum erreicht, das mit seiner Methode, seinem Zweifel an der Reichweite der eigenen Erkenntnisse und seiner Ironie untergründig verbunden ist: Seine Reflexion ist eine der gedanklichen und moralischen Autonomie. Er macht die eigene Überzeugung, egal was Mehrheiten auch sagen mögen, zum letzten Kriterium des für begründet Gehaltenen.[40] Die Eigenständigkeit des Denkens jeder anderen Person wird im Gespräch aber nicht weniger respektiert und durch die eigene erkenntnistheoretische Zurückhaltung mit Raum zur Entfaltung versehen. Er nimmt für sich selbst nicht in Anspruch, Tugend lehren zu können[41] und öffnet gerade dadurch die Pforte zu neuem Verstehen: Seine Ironie erlaubt sich keine Späße auf Kosten anderer, sie täuscht und foppt nicht aus Übermut, sie dient der Eigenständigkeit des Denkens, denn sie lädt lächelnd und doch voller Ernst zum genaueren Hinsehen und Nachdenken ein, was sich hinter der Oberfläche des vielleicht zu Wohlvertrauten und deswegen nicht genug Hinterfragten alles verbergen mag. Mit Naturphilosophie, also Fragen, die die Vorsokratiker umtrieben und die heute die Naturwissenschaften beschäftigen, hat Sokrates sich dagegen nicht befasst.

**b) Wissen und Gutes.** In der *Ethik* wird Sokrates' Position häufig ein wenig spröde und technisch als *sokratischer Intellektualismus* bezeichnet. Erfasst werden soll damit die These, dass das Gute und Gerechte ein Gegenstand des Wissens, der Weise deshalb auch gut sei.[42] Niemand tue wissend etwas Schlechtes. Moral ist also nicht nur eine Sache der Empfindung, sondern des Nachdenkens und der besseren Einsicht. Sokrates entwickelt weiter eine Idee, die seine Gesprächspartner immer wieder in ungläubiges Staunen versetzt: Ungerechtes zu leiden sei besser als Ungerechtes zu tun (ἀδικεῖν ἢ ἀδικεῖσθαι), wenn auch beides ein Übel bilde.[43] Es sei deshalb sogar besser, ungerechtfertigt getötet zu werden, als ungerechtfertigt zu töten.[44] Auch Nicht-bestraft-werden sei ein Übel, weil die Besserung der Seele ausbleibe.[45] Der Begriff der *Dikaiosyne* (δικαιοσύνη), mit Gerechtigkeit gewöhnlich übersetzt, um den es dabei geht, wird in der antiken Diskussion in verschiedener, weiterer oder engerer Form verwendet.[46] Bei Sokrates wird er wie in der Diskussion seiner Zeit üblich mit Gleichheit[47] verbunden und genauer – so kann man aus den exemplarisch genannten Ungerechtigkeiten schließen – mit dem Respekt vor den gleichen Rechten anderer: Ungerecht handelt in diesen Beispielen nämlich jener, der die einem anderen normativ zugewiesene Stellung

---

39 *Platon*, Apologia, 30a. Zu den Personen, mit denen er sich freuen würde, im Hades zu sprechen, gehören aber auch Frauen, *Platon*, Apologia, 41c, wenn diese im Diesseits auch nicht seine Gesprächspartner waren.
40 *Platon*, Gorgias, 482c.
41 *Platon*, Laches 186d, e; Gorgias, 506a.
42 *Platon*, Politeia, 350b, c.
43 *Platon*, Gorgias, 469b, c. Dafür, dass dies eine sokratische, nicht nur platonische Maxime ist, spricht, dass Sokrates ihr in seinem Prozess folgt.
44 *Platon*, Gorgias, 469b.
45 *Platon*, Gorgias, 472d ff.
46 Vgl. z.B. die Anmerkungen zu Bedeutungsvarianten bei *Aristoteles* u. Rn. 67.
47 Vgl. z.B. *Platon*, Gorgias, 488e ff. oder *Platon*, Politeia, Buch 1. Zur Verbindung von Gleichheit und Gerechtigkeit *G. Vlastos*, Platonic Studies, 2nd ed., 1981, S. 77, 84.

verletzt.⁴⁸ Die moralische Orientierung sei dabei Produkt einer inneren Stimme (Göttliches, *Daimonion*, δαιμόνιον), einer subjektiven Instanz, die man als eine Vorform der Idee des Gewissens verstehen kann.⁴⁹

24 Letztes Handlungsziel von Menschen ist das Gute, das – und nicht jede beliebige Bedürfnisbefriedigung – allein glücklich mache:⁵⁰ Das Angenehme müsse um des Guten willen getan werden, nicht das Gute um des Angenehmen willen.⁵¹ Moral ist für Sokrates mit Religiosität verbunden. Der Gegenstand der Frömmigkeit hänge dabei nicht von den Vorlieben der Götter ab: Die Götter liebten das Fromme, weil es fromm sei, es sei nicht fromm, weil es die Götter liebten.⁵² Inhaltlich sei das Fromme Teil des Gerechten.⁵³ Sein Bemühen um Erkenntnis des Guten und Gerechten ist aus Sokrates' Sicht deshalb sein höchster Gottesdienst: Moralität ist der Kern wirklicher Religiosität.⁵⁴ In Bezug auf seine konkreten moralischen Überlegungen ist hervorzuheben, dass sich Sokrates gegen traditionelle Gehalte der Moral seiner Zeit wendet: gegen die Befugnis, den eigenen Feinden zu schaden, und gegen das Prinzip, eine Übelszufügung mit einer anderen Übelszufügung zu vergelten.⁵⁵

25 Ethische Prinzipien können gefährlich werden, jedenfalls wenn man sie so ernst nimmt, dass man sie auch dann noch, wenn es um Leben und Tod geht, befolgt. Sokrates' Tod zeigt dies eindringlich. Sokrates lehnt es ab, im Prozess gegen ihn wegen Verführung der Jugend und Gotteslästerung (*Asebie*) zu fliehen und nennt dafür zwei zentrale Gründe: Zum einen betont er den Wert der Rechtssicherheit. Gesetze würden ihre Wirksamkeit verlieren, die Ordnung des Gemeinwesens in Frage gestellt werden, wenn ihnen ein Einzelner aufgrund seiner Interessen nicht Folge leisten dürfe.⁵⁶ Zum anderen bestehe eine Verpflichtung gegenüber der Gemeinschaftsordnung, da sie den Einzelnen die Existenz ermögliche. Die Gesetze, die die Ordnung schafften, dürften deshalb nicht verletzt werden.⁵⁷ Insofern genössen die Interessen der Gemeinschaft einen Vorrang vor denen der Einzelnen. Im Übrigen habe der Einzelne ja die Wahl, eine Gemeinschaft zu verlassen, deren Ordnung ihm nicht zusage.⁵⁸

26 Sokrates entwickelt mithin eine differenzierte Position zum Problem des Verhältnisses von gesetztem Recht und anderen normativen Maßstäben. Er betont einerseits die Bedeutung des individuellen Gewissens (wenn man das *Daimonion* so versteht),⁵⁹ misst andererseits aber dem gesetzten Recht, der Erhaltung seiner Geltungskraft und Rechtssicherheit aus den genannten beiden Gründen einen eigenen Wert zu.⁶⁰ Um diese eige-

---

48 Vgl. z.B. die Schilderung der Tyrannenherrschaft, *Platon*, Gorgias, 471a ff. Dies wirft ein interessantes Licht auf die Frage zur Existenz (wenn auch nicht notwendig explizit) von subjektiven Rechten in der antiken Gerechtigkeitsdebatte.
49 *Platon*, Apologia, 31c, d. Vgl. G. Vlastos, Socrates, S. 280 ff.
50 *Platon*, Gorgias, 494e – 495a.
51 *Platon*, Gorgias, 506c.
52 *Platon*, Euthyphron, 10a ff.
53 *Platon*, Euthyphron, 11e ff.
54 *Platon*, Apologia, 30a.
55 *Platon*, Kriton, 49c, d.
56 *Platon*, Kriton, 50a, b.
57 *Platon*, Kriton, 50a ff.
58 *Platon*, Kriton, 51c – 52d.
59 *Platon*, Apologia, 31c – e, 37e – 38a.
60 *Platon*, Kriton, 50a – e.

ne Überzeugung nicht zu verraten, geht er trotz Möglichkeit zur Flucht in den Tod. Für Sokrates ist das Gute und entsprechendes Handeln ein Weg zum wirklichen Glück.[61] Deswegen kann seine Haltung als eudämonistisch bezeichnet werden, wie es häufig geschieht:[62] Aus seiner Sicht ist das Gute der Schlüssel zum gelingenden Leben. Von Sokrates sind auch Bemerkungen überliefert, die als Ausdruck einer eudämonistischen Position in einem spezifischen, engeren Sinn verstanden werden können, die das moralisch Gute mit dem nicht-moralischen Wohlergehen, dem Nutzen für den Einzelnen, identifiziert.[63] Andere Äußerungen und mit letztem Nachdruck Sokrates' Haltung in seinem Prozess zeigen, dass seine ethischen Maximen durch eine solche Orientierung nicht erschöpft werden.[64] Er betont, dass gegenüber moralischen Bewertungen sonstige Folgenüberlegungen kein Gewicht besäßen,[65] auch nicht das Interesse an der Bewahrung des eigenen Lebens,[66] und damit die Stellung der Moral als letztinstanzlichem Handlungsgrund. Und er handelt danach – nicht der Tod und seine möglichen Übel lenken sein Urteil, sondern seine Überzeugung der moralischen Richtigkeit, ihn zu erleiden.[67] Die folgenden Jahrtausende mit manchen Beispielen von Korruption und Feilbieten von Überzeugungen für einen geringeren Preis als das eigene Leben – ein paar Privilegien, eine flüchtige Ehre, ein Stück Bequemlichkeit – führen unübersehbar vor Augen, wie bemerkenswert diese moralische Standhaftigkeit ist.

c) **Kritische Einschätzungen.** Sokrates' überlieferten Überlegungen wird heute in mancher Hinsicht mit Skepsis begegnet. Ihr historischer Rang ist unbestritten, der dauerhafte Wert seiner Gedanken steht aber im Einzelnen sehr wohl in Frage. Der Kernpunkt der Auseinandersetzung ist der sog. *sokratische Intellektualismus*. Die Diskussion führt dabei zu einer der wichtigsten systematischen Fragen der Rechtsphilosophie insgesamt, zur Frage nämlich, ob das Gute und Gerechte wirklich ein Gegenstand des Wissens sei. Gegen diese These kann eingewandt werden, dass die Zuschreibung eines moralischen Prädikats eine Wertung bilde. Wertungen seien aber nicht mit objektiver Einsicht vergleichbar. Wertungen seien subjektiv. Der Grund dafür sei, dass die Zuschreibung von Prädikaten wie „gut" oder „gerecht" mit Neigungen, Gefühlen, subjektiven Präferenzen, individueller Willkür verbunden sei oder in diesen sogar aufgehe. Ein durch Neigung konstituiertes Gutes oder Gerechtes bilde aber kein Objekt der intellektuellen Erkenntnis. Dies ist der Ausgangspunkt der Debatten um Rationalismus und Irrationalismus in der Ethik und Rechtsphilosophie, um das weiter zu erörternde Problem also, ob Vernunft oder andere Instanzen wie Wille, Gewalt, Tradition, Gefühl oder Dezision in Moral und Recht herrschen.

---

61 *Platon*, Gorgias, 494e – 495a.
62 Vgl. z.B. *E. Zeller*, Die Philosophie der Griechen in ihrer geschichtlichen Entwicklung, Zweiter Teil, Erste Abteilung, S. 149 ff.; *G. Vlastos*, Socrates, S. 10, 200 ff.
63 Vgl. z.B. *Platon*, Gorgias, 474c, 477a.
64 Auch diese Beobachtung wird weithin geteilt – nicht aber die Interpretation der sokratischen Position. Zwei Beispiele: *E. Zeller*, Die Philosophie der Griechen in ihrer geschichtlichen Entwicklung, Zweiter Teil, Erste Abteilung, S. 162: nicht „Mangel des sittlichen Gehalts, sondern ein Mangel der wissenschaftlichen Reflexion"; *G. Vlastos*, Socrates, S. 11: „non-instrumentalist form of eudaemonism held in common by Platonists, Aristotelians, Cynics, and Stoics, i. e. of all Greek moral philosohers *except* the Epicureans" (Herv. i. Org.).
65 *Platon*, Kriton, 48b – d.
66 *Platon*, Gorgias, 512d, e.
67 *Platon*, Apologia, 28b.

**28** Es trifft dabei zu, dass die Aussage „Die Not der Armen zu lindern, ist moralisch gut" nicht in gleicher Weise ein Urteil über einen Sachverhalt in der Welt bildet wie „Dieser Raum ist 2,30 m hoch". Ob das aber heißt, dass eine moralische Bewertung notwendig willkürlich, beliebig oder ganz und gar subjektiv ist, wird sich noch zu zeigen haben. Dass Sokrates mögliche Standards praktischer Vernunft nicht im Einzelnen spezifiziert, bedeutet ebenfalls nicht, dass es sie nicht gibt. Sokrates führt sein moralisches Handeln auf eine innere Stimme, das *Daimonion* zurück. Er hat sich über die innere Stimme, das Göttliche, das sich in dieser Stimme ausdrückt, in einer Form geäußert, die zu unpräzise ist, um in einer harten ethischen Theorie ihren Platz zu finden. Dennoch spricht Sokrates in mythisch andeutender Form ein weiteres wichtiges Phänomen an, das die Theorie unter Begriffen wie Gewissen oder praktische Vernunft weiter beschäftigt hat und für das heute – wie sich zeigen wird – ein neues wissenschaftliches Interesse erwacht ist: die moralische Urteilskraft der Menschen.

**29** Gegen Sokrates' These kann weiter eingewandt werden, dass es Situationen gebe, in denen bewusst eine Handlung begangen werde, die unmoralisch (oder rechtswidrig) sei, also wissentlich Unrecht begangen werde. Und in der Tat existiert bewusstes unmoralisches oder rechtswidriges Handeln als eine von vielen Nuancen der Klarheit des Bewusstseins des Normbruchs, die in der Ethik diskutiert und im Strafrecht in unterschiedlichen dogmatischen Elementen vom Vorsatz bis zum Verbotsirrtum eingefangen werden. Das Phänomen des bewusst vollzogenen Unrechts führt zu einer wichtigen Einsicht: Nicht nur das Verständnis einer Normverletzung ist von Bedeutung für normativ richtiges Handeln, sondern auch der Wille, der Antrieb, die Motivation, moralischen oder rechtlichen Geboten zu folgen. Woher stammt aber diese Motivation? Was ist ihr Grund? Warum soll man moralisch sein, warum das Recht respektieren? Vor allem – gibt es irgendeinen Grund dafür, wenn keine Sanktion droht? Diese Probleme leiten zum zweiten zentralen Satz der sokratischen Ethik über, dass Unrecht leiden besser sei, als Unrecht zu tun.

**30** Dieser Satz wirft verschiedene Fragen auf: Wieso ist Unrecht tun zunächst überhaupt ein Übel, wie von Sokrates behauptet wird? Eine moralisch schlechte Tat vermag doch großes Vergnügen zu bereiten – die Früchte eines Bankraubes können etwa in der Sonne am Meer genossen werden, während der ehrliche Bankangestellte am Schalter sein Geld mühsam verdienen muss. Der Regelbruch, der Verstoß gegen ein moralisches Verbot kann sogar selbst und ohne Rücksicht auf seine Ergebnisse eine rebellische Freude bereiten. Ist der Satz nicht erst recht ohne Überzeugungskraft, wenn Unrecht getan wird, um persönliche Nachteile zu vermeiden? Ist es nicht vorzugswürdig für eine Person, zur Abwehr eines Kampfhundes, der auf sie von seinem Halter gehetzt wird, eine Latte aus einem Zaun zu brechen, der einem Dritten gehört? Wird das Unrecht der Sachbeschädigung nicht durch das Interesse am Schutz der körperlichen Integrität aufgewogen? Wäre es nicht sogar abwegig, in solch einem Fall Unrecht zu leiden, um kein Unrecht zu tun? Ist das nicht der Grund, warum im Strafrecht in einem derartigen Fall die Rechtswidrigkeit sogar ausgeschlossen wird, also rechtlich gar kein Unrecht besteht, etwa durch das Mittel der Annahme eines rechtfertigenden Notstands? Wie ist es mit Fällen, die auch im rechtlichen Sinn ein Unrecht bleiben (jedenfalls in vielen Rechtsordnungen), etwa demjenigen, in dem das eigene Leben nur dadurch gerettet werden kann, dass ein Dritter, der keinen Beitrag zur bestehenden Lebensgefahr geleistet hat, getötet wird? Klassisches Beispiel ist das Brett, das nur einen von zwei vom Ertrinken bedrohten Schiffbrüchigen retten kann und von dem der eine vom anderen gestoßen wird.[68] Verzichten deshalb verschiedene Rechtsordnungen nicht auf den Anspruch, ein solches Verhalten zu bestrafen, wenn es auch Unrecht bleiben mag? Auch wenn man die mögliche moralische Genugtuung bedenkt, die sich einstellt, wenn moralisch gehandelt wird, könnte man deshalb argumentieren, ist es keineswegs so, dass diese Genugtuung notwendig die durch das Unrecht erreichten Vorteile und vermiedenen Übel überwiegt: „Die aber erklären, ein Mensch, der aufs Rad geflochten wird oder der ins größte Elend gerate, sei glückselig, wenn er tugendhaft sei, stellen absichtlich oder unabsichtlich eine nichtige Behauptung auf".[69] Gegen den Lebensverlust ist moralische Genugtuung, die man ja nicht mehr erlebt, sowieso kein besonders zugkräftiges Argument.

An dieser Kritik ist zunächst wichtig, dass sie vor süßlichem und unehrlichem Moralisieren schützt, das so tut, als sei moralisches Handeln der unmittelbare Weg zum Glück. Sie bringt Nüchternheit und Ehrlichkeit in die Diskussion, indem sie darauf hinweist, dass moralische Ziele nicht alles sind, was Menschen interessiert. Die individuellen und gesellschaftlichen Bemühungen um eine Praxis von Moral und Recht wären überflüssig, wenn Sokrates' These in einem einfachen Sinne zutreffend wäre – Menschen würden dann der Moral ganz selbstverständlich folgen, weil Unrecht tun ein unmittelbares Übel bildete, das durch keinen anderen Gewinn aufgewogen werden könnte. Der kritische Einwand macht deutlich, dass moralisches Handeln einen Preis an entgangenen Vorteilen und auf sich genommenen Nachteilen fordern kann und es insofern durchaus (im nicht moralischen, bloß interessenbezogenen Sinn) besser sein kann, ein Unrecht zu begehen als sein Opfer zu werden.

In einem tieferen Sinn verkennt diese Kritik aber den Kern der sokratischen Gedanken, wenn sie die Einwände für ihre vollständige Widerlegung hält. Erstens trifft es nämlich durchaus zu, dass ein Zusammenhang von Einsicht und moralischem Handeln besteht: Wenn das Unmoralische einer Handlung erkannt wird, steigt die Wahrscheinlichkeit, dass entsprechend dieser Einsicht moralisch gehandelt wird, wenn dies auch nicht notwendig geschieht. Manches Unmoralische geschieht aus Nachlässig- oder Sorglosigkeit und wäre bei moralischer Reflexion vermieden worden. Zweitens besteht die wirkliche Substanz der beiden berühmten Sätze darin, die Verbindung von moralischem Handeln und einem gelungenen Leben aufrecht zu erhalten. Worin diese Verbindung liegt, wird von Sokrates nicht präzise gefasst. In seinen Gedanken schwingt aber die Einsicht mit, dass eine unmoralische Tat zur Erreichung eines Nutzens einen Stachel der moralischen Unzufriedenheit zurücklässt, ja, die Verletzung der Moral bei seiner Erreichung den Vorteil sogar ungenießbar machen kann. Moralisches Handeln bedeutet noch nicht allein das Glück der Menschen, das Glück ist aber ohne Rücksicht auf Moral nicht ganz zu haben. Ohne moralische Orientierung gibt es kein befriedigendes Leben, alle Lebensgüter können sogar wertlos werden, wenn man es begreift, wird

---

68  Das sog. Brett des *Carneades* (214/213–129/128 v. Chr.).
69  *Aristoteles*, Nikomachische Ethik, auf der Grundlage der Übersetzung v. E. Rolfes hrsg. v. G. Bien, 1985, 1153b. Griechischer Text: *ders.*, Nichomachean Ethics, with an English translation by H. Rackham, 1934.

man entsprechend leben – das ist der Kern dessen, was Sokrates sagt. Sokrates' Ethik ist deswegen eine Ethik der humanen Zuversicht. Wie der Zusammenhang von Gutem, Gerechtem und individuellem Wohlergehen im Einzelnen genau aussieht, muss aber über Sokrates' Andeutungen hinaus geklärt werden, denn hier schlummert ein wichtiges Problem nicht nur der Moral, sondern auch einer überzeugenden Konzeption des Rechts.

33 Sokrates' Überzeugungen führen ihn zu seiner berühmten Entscheidung gegen die Flucht und für den Tod. Ihr menschlicher Rang steht außer Frage. Ihre konkreten Gründe werfen aber Fragen auf. Die mögliche Kritik betrifft die Bestimmung des Verhältnisses von Individuum und Gemeinschaft und damit neben den Problemen von Moral und Wissen, der Rolle des Gewissens sowie normativer Orientierung und gutem Leben das vierte Hauptproblem der sokratischen praktischen Philosophie. Hinsichtlich dieses Problems stellt sich die Frage, ob nicht der Einzelne – anders als Sokrates argumentiert – normativ stets Vorrang vor den Interessen der *Polis* wie vor anderen sozialen Ordnungen haben muss. Flucht oder sogar Widerstand können dann jedenfalls im Prinzip berechtigt sein, wenn einzelne Akte dieser Ordnungen oder sie sogar insgesamt ihre Legitimität verlieren. Sokrates' Verbleiben in Athen ist bewundernswert als Mut, eigenen Prinzipien bis in den Tod treu zu bleiben. Aber verkörpert es nicht eine Note des Zuviels der Loyalität gegenüber einer Gemeinschaft, die den Achtungsanspruch des Einzelnen durch seine Verfolgung fundamental verletzt und damit ihre Legitimität verliert? Auch diese Frage hat der menschlichen Reflexion in der Folge keine Ruhe gelassen.

### 5. Das Gute als Idee – Platon

34 **a) Erkenntnis und Idee.** *Platons* Lebenszeit (427–347 v. Chr.) fällt in die Zeit des Niedergangs der athenischen Demokratie. Er erlebt die Wirren des Endes des Peloponnesischen Krieges, sieht die Tyrannenherrschaft und die wiedererrichtete, aber geschwächte Demokratie, die versucht, an die Machtpositionen des 5. Jahrhunderts anzuknüpfen, aber ohne dauerhaften Erfolg. Sokrates' Tod im Jahr 399 v. Chr. bildet ein Schlüsselerlebnis für seinen Schüler Platon, nicht zuletzt, weil er im politischen System einer Demokratie möglich ist.

35 Den ontologischen und metaphysischen Kern der platonischen Philosophie bildet seine *Theorie der Ideen*. Ausgangspunkt ist die Vielheit der Einzeldinge, der die Allgemeinheit der Begriffe gegenübersteht: Verschiedene Dinge werden mit einem Begriff bezeichnet, was Platon nur möglich erscheint, wenn alle diese im Einzelnen unterschiedlichen Dinge etwas Gemeinsames teilen, etwa Stühle mit vier oder drei Beinen, einer Sitzfläche aus Flechtwerk oder Kunststoff, einer Lehne aus Aluminiumröhren oder einem Polster, spezifische Eigenschaften, die sie zu „Stühlen" machen. Da die Einzeldinge dem Erkennen zudem in verschiedenen Erscheinungsformen begegneten (ein Tisch von links gesehen anders aussieht als von oben) könne dieses Gemeinsame auch in keiner dieser Erscheinungsformen aufgehen.[70] Das den verschiedenen Dingen Gemeinsame muss aus Platons Sicht unabhängig von den Unterschieden und Erschei-

---

70 *Platon*, Politeia, 596a, b.

nungsformen der vielen, einzelnen Gegenstände sein, die unter einen Begriff fallen, und ihr eigentliches Wesen ausmachen.[71] Dieses Wesen der partikularen, wechselhaften Dinge seien Ideen, die nur geistig, nicht durch Sinneswahrnehmung erfasst werden könnten, ewig, unveränderlich und unkörperlich seien und selbstständig jenseits physischer und psychischer Welt existierten.[72] Den verschiedenen realen Objekten, die z.B. als „Stuhl" bezeichnet werden, steht aus dieser Sicht also eine Idee des Stuhls gegenüber, die das Wesen des Stuhls bilde und begründe, warum ganz unterschiedlich geformte Sitzmöbel doch jeweils Stühle seien: Sie hätten die Eigenschaften, die einen Gegenstand als Stuhl identifizierten, weil diese Eigenschaften zu seiner Idee gehörten. Entsprechend seien verschiedene gute oder gerechte Gegenstände – eine politische Ordnung, ein menschliches Verhalten – gut oder gerecht, weil sie der Idee des Guten oder Gerechten entsprächen. Hinter der Vielfalt der Erscheinungen verbirgt sich auch hier die Gemeinsamkeit eines geteilten Wesens. Die Ideen des Guten und Gerechten sind dabei in ihrer Vollkommenheit die Maßstäbe für die Bewertung der realen Handlungen und menschlichen Einrichtungen, die sich ihnen allerdings auch im besten Fall nur annäherten.[73] Mit dieser Theorie der Ideen entwickelt Platon eine *idealistische Metaphysik*.

Die Erkenntnis dieser Ideen erfolge durch Wiedererinnerung (*Anamnesis*). Die Seele der Menschen ist für Platon eine unsterbliche Wesenheit, die vor der Geburt der einzelnen Menschen mit den Ideen Umgang gehabt und ihre Wahrheit unmittelbar erfasst habe.[74] Sie erinnere sich ihrer erneut im Akt des Verständnisses eines Teils der Welt. Menschen lernten deshalb nichts Neues im Prozess der Erkenntnis, sondern entdeckten die Kenntnisse wieder, die in ihrer Seele bereits vorhanden seien. Erkenntnis ist aus der Perspektive der Anamnesislehre etwas, was im Menschen bereits liege und nur hervorgebracht werden müsse.[75] Platons Sokrates leitet etwa einen Sklaven Menons dazu an, einen mathematischen Beweis zu führen, den dieser vorher nicht beherrschte. Die Ideen, deren Erkenntnis auf diesem Weg möglich werde, seien dabei Gegenstand sicheren Wissens, die wandelbaren Dinge der Sinnenwelt nur solche der Meinung oder Vorstellung.[76] Die Vernunft sei mit den wirklichen Anfängen des Denkens und deduktiver Erkenntnis der Ideen befasst, während der Verstand von den Denkvoraussetzungen ausgehe, die die Vernunft kläre, und daraus gedankliche Systeme aufbaue, z.B. die Geometrie.[77] Der Gipfelpunkt menschlichen Lebens besteht für Platon im intellektuellen Ergreifen des unwandelbaren Seins der Ideen – ein Erlebnis von so überwältigender Majestät, dass es das menschliche Leben und den Tod nebensächlich werden lasse.[78]

**b) Die Metaphysik des Guten.** In der Ethik entwickelt Platon auf der Basis der Ideenlehre eine *wertobjektivistische Theorie*. Bestimmte Dinge seien an sich gut, sie seien

---

71 *Platon*, Politeia, 598a.
72 *Platon*, Politeia, 475e ff.
73 *Platon*, Politeia, 472b ff.
74 *Platon*, Phaidros, 245b ff.
75 *Platon*, Menon, 82b ff.
76 *Platon*, Politeia, 476c ff.
77 *Platon*, Politeia, 511b ff.
78 *Platon*, Politeia, 486a, b; Symposion, 209e ff.

nicht gut, weil Menschen sie für gut hielten. Er kritisiert die Vorstellung des Hedonismus, dass das Gute dasjenige sei, was Lust bereite, da es Dinge gebe, die schlecht und dennoch erfreulich seien.[79] Auch Platon verfolgt eine intellektualistische Ethik wie sein Lehrer Sokrates, die aber in die spezifische Erkenntnistheorie der Ideenlehre eingebettet ist: Was gut und gerecht ist, wird durch die objektive Erkenntnis der *Ideen* des Guten und Gerechten bestimmt. Die Einsicht in das Gute bildet bei Platon sogar die höchste Erkenntnis, die alles weitere menschliche Wissen ermöglicht.[80] Diese Erkenntnis sei dabei für das Leben von großer Bedeutung, denn tugendhaftes und glückliches Leben fielen zusammen – auch dies ein Gedanke, der bereits bei Sokrates entwickelt wird.[81] Das Gute und Gerechte ist bei Platon aber nicht nur ein bloßes Mittel, um Glück zu erreichen, es hat nicht nur instrumentellen, sondern auch intrinsischen Wert. Drei Arten von Gütern gebe es: Erstens die, die allein um ihrer selbst willen erstrebt würden, wie Wohlbefinden. Zweitens solche, die sowohl um ihrer selbst willen als auch wegen ihrer Folgen wertvoll seien, wie Gesundheit. Drittens solche, die wie Geld allein als Mittel zum Zweck Bedeutung hätten. Das Gute und Gerechte als Tugenden gehören zur zweiten Gruppe, da sie in sich selbst bereits erstrebenswert seien und gleichzeitig vorteilhafte Konsequenzen haben.[82]

38   Ein zentraler Begriff der platonischen Ethik ist der Begriff der *Gerechtigkeit*. Dieser wird abstrakt auf die Formel gebracht, dass jeder das Seinige, ihm Angemessene tun, das Seinige aber auch empfangen solle.[83] Gerechtigkeit wird am Ausgangspunkt der platonischen Überlegungen ausdrücklich mit dem Begriff der Gleichheit in Verbindung gebracht.[84] Wie Gleichheit auch in der Formel, dass Gerechtigkeit darin bestehe, das Seine zu tun und zu empfangen, impliziert ist, wird die zu entwickelnde platonische Theorie der Gerechtigkeit noch genauer zeigen. Gerechtigkeit erhält aus Platons Sicht allein die Gemeinschaft.[85]

39   c) Die Gerechtigkeit des Staates. Der Inhalt des Gerechtigkeitsbegriffs wird von Platon näher am Staat verdeutlicht. Es sei nämlich im Großen des sozialen Bereichs leichter zu erkennen, was Gerechtigkeit sei, als im Kleinen des individuellen Handelns.[86] Platon entwirft deshalb die Grundstrukturen des idealen Staates, um deutlich zu machen, was Gerechtigkeit bedeute. Grundlagen der Konstruktion bilden erstens das Gerechtigkeitsprinzip, dass gerecht sei, das Seinige, jedem Angemessene zu tun und zu empfangen, und zweitens anthropologische Annahmen zur Natur des Menschen, die bestimmten, was das Seinige für jeden Menschen sei. Die Seele des Menschen sei dreigeteilt in sinnliche Begierden, Mut und Vernunft. Die Gerechtigkeit bestehe in der Harmonie dieser Seelenteile. Entsprechend der Seelenteile gebe es menschliche Personengruppen, die jeweils einen dieser Teile verkörperten: die Erwerbspersonen die Begierden, die

---

79 *Platon*, Politeia, 505c. Sein Beispiel bildet das Kratzen bei einem Juckreiz, das Erleichterung bringe, aber nicht gut sei.
80 Vgl. *Platon*, Politeia, 504a ff.: Sonnengleichnis, 514a ff.: Höhlengleichnis.
81 *Platon*, Politeia, 582a ff.
82 *Platon*, Politeia, 357b ff.
83 *Platon*, Politeia, 433a ff.
84 Vgl. *Platon*, Politeia, Erstes Buch.
85 *Platon*, Politeia, 351c ff.
86 *Platon*, Politeia, 367e.

## § 1 Theorien der Antike

Wächter den Mut, die Herrscher die Vernunft. Der gerechte Staat ist aus Platons Sicht deshalb ein hierarchischer Ständestaat aus Erwerbspersonen, Wächtern, Herrschern, die jeweils das ihnen (Natur-)Gemäße tun. Die anzustrebende Harmonie der Seele findet ihr soziales Gegenstück in der politischen Ordnung des Idealstaates.

Platons Staatsstruktur gipfelt in der Idee des sprichwörtlichen *Philosophenkönigs*.[87] Dieser sei ein Herrscher mit objektiver Einsicht in das Gute und Gerechte und der Fähigkeit, sein ganzes Leben an ihren schwierigen Forderungen durch Besonnenheit, Selbstbeherrschung und Vernunftregiment auszurichten. Der Masse sei diese Einsicht und die Fähigkeit, ihr gemäß zu handeln, nicht ohne Weiteres zugänglich und selbst diejenigen, die das Zeug zum philosophischen Leben hätten, seien vielen Gefährdungen durch das allgemeine Beispiel ausgesetzt, dass nur Macht und materielle Güter für persönliches Glück zählten.[88] Erziehung spielt für Platon deswegen eine zentrale Rolle. Die Einflüsse auf die Entwicklung der Menschen werden einer genauen kritischen Musterung unterworfen, die viele traditionelle Kulturgüter seiner Zeit verwirft, z.B. zentrale Elemente der homerischen Dichtung wie lachende, täuschende, grausame Götter, die den Menschen das falsche Beispiel gäben.[89] Der Staat wird eine Erziehungsgemeinschaft, die die Orientierung der Menschen an der Idee des Guten sicherstellt. Auch die Lenkung der Menschen durch Täuschungen sei notwendig, nicht nur der einsichtslosen Menge, sondern auch der Wächter selbst.[90] Im Hintergrund dieser Betonung der Wichtigkeit der Erziehung stehen Platons Überlegungen zur menschlichen Psychologie, die die Theorie der moralischen Motivation gegenüber Sokrates in einer wichtigen Hinsicht erweitern und mit einer politischen Pointe versehen: Einsicht in das Gute und Gerechte reicht für Platon nicht aus, um entsprechendes Handeln tatsächlich zu bewirken, denn die irrationalen Antriebe sind mächtig und können Vernunft und Mut überwältigen, mit zerstörerischen Folgen für den Einzelnen und die Gemeinschaft. Sie müssten deshalb durch Erziehung beherrscht werden.[91] Auch Maßnahmen zur Zucht der Menschen seien legitim, um das Ziel einer gerechten Ordnung zu erreichen: Die besten Menschen sollten möglichst viele Kinder miteinander zeugen und nur diese Kinder aufgezogen werden, „wenn uns die Herde recht edel bleiben soll".[92] In der Wächterklasse, aus der sich auch der Philosophenkönig rekrutiere, gebe es kein Eigentum, um Streitigkeiten und Habsucht zu überwinden. Der Staat Platons sieht keine Familienstrukturen vor, sondern eine Frauen- und Kindergemeinschaft.[93] Platon ist der Meinung, dass eine prinzipielle Gleichheit der Anlagen von Männern und Frauen bestehe, Frauen also keineswegs auf bestimmte Rollen im Staat beschränkt seien, wenn Frauen auch insgesamt das schwächere Geschlecht bildeten.[94]

Mit dieser Konzeption wird eine bemerkenswerte Wendung in der Gerechtigkeitstheorie vollzogen: Der Inhalt des Ihrigen, des gerecht den verschiedenen Menschengruppen

---

87 *Platon*, Politeia, 473c ff.; 503b.
88 *Platon*, Politeia, 484a ff.
89 *Platon*, Politeia, 376c ff.
90 *Platon*, Politeia, 389b, c; 414b, 459c.
91 *Platon*, Politeia, 435a ff.
92 *Platon*, Politeia, 459d, e.
93 *Platon*, Politeia, 457c.
94 *Platon*, Politeia, 454d ff.

Zugemessenen an zu erbringenden Leistungen und zu empfangenden Vorteilen wird funktional aus der Art des größten Beitrags gewonnen, den diese Gruppen für das Wohl des Gemeinwesens leisten können. Das führt bei den Wächtern zu einem für eine herrschende Oberklasse überraschenden Ausschluss von Privilegien und einem Lebenszuschnitt, der bis ins Intimleben ohne Rücksicht auf ein angenehmes Leben auf die Erfüllung der sozialen Aufgaben ausgerichtet ist. Die Herrschaft in Platons Staat ist kein Tor zu einem bequemen Dasein durch den Genuss von Luxus und Privilegien, und die Regierung selbst eine Arbeit, die gemacht werden muss, den Regierenden aber keine Freude verschafft: Wer Regierung um ihres Genusses willen erstrebe, sei zur Regierung gerade am schlechtesten geeignet.[95] Der Lohn für den Einzelnen aus der Herrschaftsschicht liege im Wohlergehen des Staates. Wer egoistisch diese Gemeinschaftsorientierung nicht aufbringe, verfolge kindische Lebensziele.[96]

42 Diese Wendung verwebt den Gerechtigkeitsbegriff in verschiedener Hinsicht mit Gleichheit: Das funktionalistische Prinzip gilt zunächst für alle in gleicher Weise, niemand kann sich seiner Anwendung aufgrund von Partikularinteressen entziehen. Außerdem muss das Maß der Anforderungen und Zuweisungen den Beiträgen zum Gemeinschaftsleben entsprechen, hier also eine proportionale Gleichheitsrelation erhalten werden. Diese Weichenstellungen schaffen eine strenge Ordnung. Das größte Glück der Einzelnen ist für Platon nicht das Ziel der Sozialordnung. Die Einzelnen müssen sich mit dem Maß an Glück bescheiden, das sich für sie aus der verwirklichten besten Sozialordnung ergibt.[97] Immerhin ist dies für die Wächter am Ende aber doch kein schlechtes Los, wenn sie begreifen, dass es auf die Genüsse, wie sie die Masse anstrebt, nicht ankommt: Denn für sie verwirklicht ihre Rolle in der Sozialordnung das aus Platons Sicht wahrhafte Glück eines gerechten Lebens.[98] *Positive Gesetze* hält Platon zunächst im Wesentlichen für unnütz. Die gute Ordnung entspringe aus Erkenntnis, Tugend und sittlichem Lebenswandel.[99]

43 Neben dem Entwurf des Idealstaates entwickelt Platon eine politisch-philosophische Taxonomie der Staatsformen. Dabei wird eine verfassungsphilosophische Verfallslinie angenommen: Ideale Ordnung sei in Einklang mit dem entwickelten Idealstaat eine *Aristokratie*,[100] die auf bestimmten gegebenen Eigenschaften der herrschenden Schicht beruhe, nicht auf Geburt schlechthin. Verfallsform sei zunächst die *Timokratie*, die entstehe, weil die Tugend der Herrschaftsschicht zerfalle. Hier regierten die Krieger statt der Weisen. Geldgier und Ehrsucht seien bestimmend.[101] Zentraler Fehler der *Oligarchie*, in der die Ehrsucht zurücktritt und die Habsucht allein bestimmend wird,[102] sei, dass nicht die Besten, sondern die Reichsten regierten und die politischen Rechte nach Vermögen ungleich verteilt würden – eine Saat von Zwietracht, weswegen gelte, „(d)aß ein solcher Staat notwendig nicht einer ist, sondern zwei; den einen bil-

---

95 *Platon*, Politeia, 519e ff.
96 *Platon*, Politeia, 466c ff.
97 *Platon*, Politeia, 421b, c.
98 *Platon*, Politeia, 465d, e.
99 *Platon*, Politeia, 425a ff., 464d.
100 *Platon*, Politeia, 544e.
101 *Platon*, Politeia, 547c – 548d.
102 *Platon*, Politeia, 550c – 555b.

den die Armen, den anderen die Reichen, welche beide, immer jedoch sich gegenseitig auflauernd, zusammenwohnen".[103] In der *Demokratie* sei eine Regierungsteilnahme aller möglich, wenn die Armen den Sieg davontrügen. Gleiche politische Rechte würden eingeführt, die demokratische Ämterverteilung erfolge größtenteils durch Los.[104] Die Demokratie sei durch ihre regellose, anarchische Freiheit ausgezeichnet. Es entfalte sich eine „buntscheckige Verfassung, welche gleichmäßig Gleichen wie Ungleichen eine gewisse Gleichheit austeilt".[105] Wie die Oligarchie an der Unersättlichkeit der Habsucht, gehe die Demokratie an der Unersättlichkeit der Freiheitslust zugrunde.[106] Die Anarchie der Demokratie, die Orientierung des Volkes an einem starken Herrscher trieben schließlich zur *Tyrannis*, in der eine vom Umsturz dauernd bedrohte, prekäre Gewaltherrschaft die Gemeinschaft unterwirft.[107] Den Verfassungsformen stünden bestimmte Charaktere von Individuen gegenüber, deren Eigenschaften sich in den Verfassungen spiegelten, die sie trügen: Ehrsucht bestimme die timokratische, Habgier die oligarchische, Zügellosigkeit die demokratische und unbeschränkte Herrschaft der niedrigen Triebe der menschlichen Natur die tyrannische Persönlichkeit.[108]

Mit diesem letzten Schritt hat Platons Gedankengang zur Möglichkeit geführt, die Frage zu beantworten, die am Anfang seiner Überlegungen steht: Ist Gerechtigkeit um ihrer selbst willen ein Gut, das zum besten Leben notwendig gehört und zwar auch dann, wenn die gerecht Handelnden nicht einmal den Lohn der Anerkennung gewinnen? Ist sie jedem anderen Leben vorzuziehen, selbst dem eines unbeschränkten Herrschers, der sich alle nicht-moralischen Wünsche erfüllt und sogar den Anschein des Gerechtseins erfolgreich erzeugt? Die Antwort lautet, dass der sich jeden Wunsch erfüllende Tyrann tatsächlich das elendste Leben führe: Er finde keine wirkliche Befriedigung seiner maßlosen Wünsche, zerstöre das Gleichgewicht seines Inneren, weil er die niedrigsten Seelenteile herrschen lasse und verkenne das durch Erfahrung, Einsicht und Vernunftgründe bestimmte eigentliche Gute, das im gerechten Leben liege.[109] Zu diesem Wert der Gerechtigkeit um ihrer selbst willen komme noch der Nutzen hinzu, den ein gerechtes Leben verschaffe, wie Ansehen und Wohlergehen,[110] weswegen Platon sie zur zweiten genannten Güterart zählen kann.

Platon hat seine Überlegungen im Spätwerk wichtigen und weitgehenden Revisionen unterworfen. Leitidee der Gerechtigkeit ist nunmehr eine Gleichheit, die dem Größeren Größeres, dem Kleineren Kleineres zumisst, also ohne funktionalistischen Bezugspunkt proportional ist. Diese Art der Gleichheit müsse aber durch Elemente einer nach „Maß, Zahl und Gewicht" bestimmten Gleichheit ergänzt werden, wie sie etwa Losverfahren herstellen, weil die erste Art der Gleichheit nicht jedem zugänglich sei.[111] Die Zuversicht, dass eine besondere Klasse von Menschen mit der ihren Anlagen

---

103 *Platon*, Politeia, 551d.
104 *Platon*, Politeia, 557a ff.
105 *Platon*, Politeia, 558c.
106 *Platon*, Politeia, 562b, c.
107 *Platon*, Politeia, 565a – d.
108 *Platon*, Politeia, 548c ff., 553a ff., 558c ff., 571a ff.
109 *Platon*, Politeia, 577b ff.
110 *Platon*, Politeia, 612d ff.
111 *Platon*, Nomoi, 757b.

entsprechenden Erziehung sich ohne institutionelle Sicherung aufgrund ihrer besonderen Tugendhaftigkeit dauerhaft am Gemeinwohl orientieren könnte, ist verflogen. Die abstrakte Möglichkeit einer Bestimmung zur Tugend durch Vernunft wird weiter betont, aber festgehalten, dass faktisch von einem solchen Verhalten nicht ausgegangen werden dürfe.[112] Jeder Mensch könne vielmehr durch Machtvollkommenheit korrumpiert werden.[113] Die Gesetzesbindung der Herrscher tritt nun in den Vordergrund,[114] die z.B. durch Gesetzeswächter[115] oder eine Versammlung der die Gesetze Prüfenden sichergestellt werden könne.[116] Gesetze seien allgemein von großer Wichtigkeit: Auch wenn die Einsicht in die Richtigkeit eines bestimmten Handelns gewonnen worden sei, sei keines Menschen Natur so geformt, dass er sich auch ohne ihren Einfluss aus eigenem Antrieb gemäß dieser Einsicht verhalten werde.[117] Zudem betont Platon die Bedeutung der Religion für die Gemeinschaft.[118]

Platon hat eine interessante Strafzwecktheorie entworfen. Strafe lasse sich nur durch die Besserung des Täters begründen. Nicht um getanen Unrechts willen könne Bestrafung gerechtfertigt werden, da sich das Geschehene nicht ungeschehen mache lasse, sondern allein damit, dass Strafe zukünftiges Unrecht durch Erziehung des Täters verhindere.[119] Wer allerdings unfähig sei, sich zu bessern, müsse im Interesse der Gemeinschaft, aber auch der Person selbst, getötet werden. In anderen Fällen sei die Todesstrafe aber ausgeschlossen.[120]

46 d) Kritische Einschätzungen. Platon hat mit der *Theorie der Ideen* eine klassische Position der Erkenntnistheorie formuliert, die bis heute intensiv diskutiert wird. Das ist nicht überraschend, denn die Theorie der Ideen ist in bestimmter Hinsicht eine bedeutende konstruktive Leistung. Sie greift das von Sokrates aufgeworfene Problem des Inhalts und der Herkunft von Allgemeinbegriffen (Universalien) auf und versucht, eine theoretische Lösung zu entwickeln. Platon behandelt dabei ein reales, sachliches Problem, denn derartige Allgemeinbegriffe bilden wichtige Bausteine menschlicher Erkenntnis, mit denen alltäglich operiert wird, ohne dass ihre Theorie bis heute unstreitig wäre. Das Problem des Gehaltes eines Allgemeinbegriffs stellt sich auch für die praktische Philosophie, z.B. hinsichtlich der Bedeutung „des Guten" oder „der Gerechtigkeit".

47 Die Lösung, die die Ideenlehre formuliert, ist allerdings grundsätzlichen Einwänden ausgesetzt.[121] So wird weithin für unplausibel gehalten, dass die Ideen Teil der Wirklichkeit seien. Das ist eine Frage nach den Elementen, aus denen die Wirklichkeit aufgebaut ist, ein Problem der *Ontologie*. Die Ideenlehre macht hier starke metaphysische

---

112 *Platon*, Nomoi, 874c.
113 *Platon*, Nomoi, 713c.
114 *Platon*, Nomoi, 714, 715.
115 *Platon*, Nomoi, 769d – 772d.
116 *Platon*, Nomoi, 951d, e.
117 *Platon*, Nomoi, 875a.
118 *Platon*, Nomoi, 885b.
119 *Platon*, Protagoras, 324a, b; Nomoi, 862 c ff.
120 *Platon*, Nomoi, 862d, e, 863a.
121 *Platon* selbst hat verschiedene Einwände erörtert, vgl. ders., Parmenides, weswegen gefragt wird, inwieweit die Ideenlehre von ihm womöglich modifiziert oder gar aufgegeben wurde. Zu einer Metakritik *G. Vlastos*, Socrates, S. 256 ff.

## § 1 Theorien der Antike

Aussagen zu einem ewigen, unwandelbaren Ideenreich, für die es keine überzeugenden Gründe gibt. Sie bedeutet eine unplausible metaphysische Verdopplung der Welt. Ein anderer Einwand richtet sich gegen die Vorstellung des Umgangs der Seele mit den Ideen als Voraussetzung des Erkenntnisprozesses, da diese ein mystisch-unbestimmtes Bild, aber keine belastbare Theorie formuliert. Doch auch hier hat Platon ein wichtiges sachliches Problem benannt, das in der Gegenwart weiter mit großer Intensität diskutiert wird: Platons Ausgangspunkt ist die Beobachtung, dass menschliches Wissen über das hinausgeht, was durch Sinneserfahrung erworben wird – das soll das Beispiel des Sklaven Menons illustrieren. Damit ist die Frage nach der Herkunft dieses Wissens gestellt und diese Frage ist eine, die in der Theorie des menschlichen Geistes hochaktuell geblieben ist.

In Bildern wie dem Sonnengleichnis, in dem das Gute das Licht des Denkens ist, das die Seelen der Menschen zur Wahrheit wendet, geht die Reflexion bei Platon in etwas anderes als wissenschaftliche Theoriebildung über. Diese Passagen sind großartige Kunstwerke und zweifellos offen für manche interessante Interpretationen, verkörpern aber auch die Gefahr, dass ihr geistiger Ernst und ästhetischer Reiz für theoretische Einsicht gehalten werden. Die Einsicht in das Gute ist beispielsweise sicherlich ein wichtiger Gegenstand menschlichen Nachdenkens. Sie ist aber nicht Voraussetzung menschlicher Erkenntnis schlechthin. Man kann z.B. das Gute verkennen, aber eine ausgezeichnete kosmologische Theorie bilden – und umgekehrt.

Gegen den platonischen *Intellektualismus* kann aus den gleichen Gründen wie bei Sokrates argumentiert werden. Platon hat das Gute und das Gerechte dabei noch deutlicher als Sokrates gegen solche eudämonistische Theorien abgegrenzt, die beides als bloßes Mittel zum menschlichen Glück auffassen und als etwas ausgezeichnet, das um seiner selbst willen getan werden müsse – ein Gedanke, den etwa auch Demokrit formuliert, wie bereits erwähnt wurde. Die spezifisch metaphysische Fassung des Guten und Gerechten als Idee hat in der Ideengeschichte lange fortgewirkt und bis heute erscheint sie als eine wesentliche Alternative zur Reduzierung moralischer Werte auf Interessen, den Nutzen oder Neigungen von Menschen. Sie ist aber den genannten grundsätzlichen Einwänden gegen die Theorie der Ideen ausgesetzt. Wenn derartige Reduktionsversuche sich nicht als überzeugend erweisen sollten, muss die theoretische Fassung dieses Befundes mithin auf anderen als platonisch-metaphysischen Wegen erfolgen.

Ein Objekt besonderer Aufmerksamkeit ist Platons *Staats- und Gerechtigkeitstheorie*. Sie bildet lange den Gegenstand von Bewunderung und intellektueller Faszination. Im 20. Jahrhundert ändert sich aber der Tonfall und eine neue Art von Kritik wird formuliert. Diese Kritik richtet sich gegen den entworfenen Gerechtigkeitsbegriff und mit besonderer Schärfe gegen die Struktur des entworfenen Idealstaates sowie die politischen Folgen seiner erkenntnistheoretischen Fundamente. Platons Theorie bildet einer einflussreichen Analyse zufolge sogar eine der geistigen Grundlagen des Totalitarismus.[122] Platons Zauber erscheint als ein in die Katastrophe führender geistiger Bann.

51 Platons Staatstheorie, deren Vorbild in manchen Zügen das im Peloponnesischen Krieg siegreiche Sparta ist, kann tatsächlich in verschiedener Hinsicht kritisiert werden und zwar auch dann, wenn man die Bedeutung geschichtlicher Entwicklungen und Veränderungen nicht ignorieren will. Denn Platons Entwurf der guten Ordnung ist ja – wie jede große Theoriebildung – nicht nur ein Spiegel seiner Zeit, sondern wendet sich gerade gegen viele der in seiner Epoche verbreiteten Ideen zur Gerechtigkeit, zum Guten oder zur Staatsverfassung und entwickelt Vorstellungen, die weit über diese Ideen hinausführen. Solches Denken im Gegensatz zur eigenen Zeit kann sogar in eine schwierige Position führen, wie Platon festhält: Wer in das helle Licht des Wahren gesehen habe, werde im Halbdunkel des Normalen leicht für blind gehalten.[123] Die einsame Verlassenheit, die das bedeuten kann, hat Platon eindringlich geschildert.

52 Die Gründe, die eine Kritik der platonischen Staatstheorie stützen, sind schnell auszumachen: In dem entworfenen Staat existiert kein individueller Freiraum des Einzelnen gegenüber der Gemeinschaftssphäre. Die geistige Welt der Menschen wird entsprechend den Interessen der Herrschaftsbewahrung manipuliert, insbesondere durch Erziehung, aber auch durch Zensur bestimmter Künste oder „edle Lügen". Die sokratische Einladung zum eigenen Denken und moralischer Autonomie weicht der Formung des Denkens und Urteilens durch andere, die Gleichheit der gemeinsamen Wahrheitssuche der Unterwerfung der vielen unter eine Oberklasse der Wissenden. Eugenische Maßnahmen werden gerechtfertigt und die Idee individueller Partnerschaft zugunsten einer Vergemeinschaftung der Intimbeziehungen aufgegeben. Das geschriebene Recht wird gering geachtet, weil eine Staatsgestaltung auch ohne es auskommen und seine Zivilisiertheit im Kern allein aus der tugendhaften Orientierung seiner Bürger und Bürgerinnen und vor allem seiner Herrscherschicht beziehen könne. Diese letztere Position wird in verschiedener Form immer wieder formuliert, mit weitreichenden Konsequenzen etwa im Marxismus. Im Spätwerk Platons wird diese Ansicht durch die neue Wertschätzung des positiven Rechts allerdings, wie erwähnt, gemildert – aus guten Gründen, weil eine Sozialordnung belastbarere Sicherungen gegen den Missbrauch von Macht benötigt als den guten Willen der Herrschenden.

53 Zentral für Platons Vorstellung einer guten Ordnung ist die Idee, dass die Führung wenigen Wissenden vorbehalten bleiben soll. In jeder Demokratie gibt es drastische Beispiele für verfehlte Politik. Aber ist das Vertrauen in die Einsichten weniger Weiser statt der Gesamtheit der Bürgerinnen und Bürger gerechtfertigt? Wie werden diese Wissenden bestimmt? Und noch wichtiger: Gibt es sie überhaupt? Haben einzelne Menschen tatsächlich einen besonderen Zugang zu den Antworten auf die Fragen der politischen Gestaltung des Lebens? Hat das Versagen gesellschaftlicher Eliten in der Geschichte, z.B. im Nationalsozialismus, nicht in dieser Hinsicht seit Platons Überlegungen ernüchternde Erkenntnisse formuliert? Dabei muss man allerdings die

---

122 Diese Kritik wurde einflussreich von *K. Popper* formuliert, vgl. *ders.*, The Open Society and Its Enemies, Vol. 1 (The Spell of Plato), 2003. Platons Staatstheorie bilde den ideengeschichtlichen Hintergrund für moderne totalitäre Theorien wie Nationalsozialismus und Kommunismus.
123 So im Höhlengleichnis, *Platon*, Politeia, 514a ff.

erste Frage, ob es ein universal gerechtfertigtes Gutes und Gerechtes überhaupt gebe, von der zweiten Frage unterscheiden, ob man auch unter der Voraussetzung, dass ein solches Gutes und Gerechtes existiere, von einzelnen Menschen (z.B. sich selbst) annehmen könne, gerade sie hätten es erkannt. Die erste Frage wird weiter zu bedenken sein, denn ihre Antwort ist alles andere als klar. Die zweite kann dagegen schon jetzt eindeutig beantwortet werden: Ein direkter Zugriff auf die Wahrheit, das Gute und Gerechte, eine Erkenntnisprärogative besonderer Einzelner, existiert nicht. Die Demokratie institutionalisiert die vorsichtige Skepsis, die diese Einsicht nahelegt, indem sie der Vielheit der Menschen und den Prozessen ihrer Urteilsbildung, nicht aber großen Einzelnen vertraut.

Den Kern der Problematik der platonischen Konzeption bildet der Wertstatus, den die Einzelnen besitzen. Die Mitglieder des entworfenen Gemeinwesens genießen bei Platon keine grundsätzliche Gleichheit der Rechte, weder in staatsbürgerlicher Hinsicht noch als Menschen insgesamt. Ihnen werden stattdessen ihrem behaupteten Wesen entsprechend bestimmte Rollen zugewiesen, wobei diese immerhin nicht nur durch Geburt vermittelt werden, sondern auf realen Eigenschaften beruhen sollen, was etwa für Frauen im Vergleich zu den Standards der Zeit durchaus vorteilhafte Aspekte hat. Gleiche Beteiligungsrechte beim Treffen politischer Entscheidungen, die einzelne Subjekte nicht ausschließen, wie sie für die (wenn auch beschränkte) Klasse der Bürger der athenischen Demokratie ja immerhin verwirklicht worden waren, weichen einer Staatsführung durch wenige Wissende. Diese Herrschaft ist keineswegs ein Privileg, weil Herrschaft aus Platons Sicht für ein glückliches individuelles Leben kein erstrebenswertes Gut, sondern nur ein notwendiges Übel ist, das die Besten schultern müssen. Platon entwirft auch keine Willkürordnung, in der die Prinzipien der Sozialgestaltung ins Belieben der Herrschenden gestellt wären. Der Grund dafür ist Platons Füllung des von den Einzelnen zu Fordernden und ihnen Zukommenden durch die gesellschaftliche Funktion, die erfüllt wird. Sein Gerechtigkeitsbegriff bestimmt dasjenige, was jedem zugemessen ist, damit genau und schafft präzise Sphären der Berechtigungen. Menschen bilden aber in dieser Konzeption in ihrem Leben keinen selbstständigen Wert, keinen womöglich letzten und entscheidenden Zweck. Ihre Lebensansprüche werden vielmehr dem Wohl der Gemeinschaft untergeordnet. Dass dies ihr Wohlergehen befördert, ist möglich, aber nicht normativ gefordert. Die weitere Reflexion über die Wertstellung von Menschen hat nun zu einem ganz anderen, entgegengesetzten Ergebnis geführt. Die Philosophie lässt bei Platon die begrenzte Bedeutung des individuellen Lebens erkennen, in der weiteren Theorie des Wertstatus der Menschen hat sich dagegen immer deutlicher die Einsicht herausgeschält, dass gerade das flüchtige, kurze, womöglich irrende Leben der Einzelnen keine Verachtung verdient, sondern mit guten Gründen zum höchsten Wert erhoben werden kann. Das den Einzelnen richtig Zugemessene, von ihnen berechtigt zu Forderndes, ist deshalb die Gleichheit ihres Wertstatus, einer Würde, die sich in der Gleichheit ihrer grundlegenden Rechte ausprägt.

Platons Konzeption des Idealstaats ist mithin manchen Einwänden ausgesetzt. Die Funktionalisierung von Menschen für das Gemeinwohl bringt seine Überlegungen auch durchaus in das theoretische Umfeld moderner politischer Theorien und Strömungen, die autoritäre und selbst diktatorische Herrschaft legitimieren, weil individuelle Rechte gering geachtet werden. Man sollte aber dennoch vorsichtig sein, einen direkten Bogen von dieser Theorie der Antike zu den (selbst sehr unterschiedlichen) Formen des Totalitarismus und der Gewaltherrschaft des 20. Jahrhunderts zu schlagen. Es besteht dabei die Gefahr, wichtige Fragen zu unterschlagen, die mit Hinweisen auf Platon sicher nicht beantwortet werden können – z.B. nach den geistigen Wurzeln des mythisch-rassistischen Irrationalismus, der etwa die Ideologie des Nationalsozialismus prägte, oder der Praxis und Legitimation bindungsloser diktatorischer Willkürherrschaft, die mit Platons strenger Ordnung einer funktional bestimmten Gerechtigkeit wenig zu tun hat.

56 Im Übrigen ist zu beachten, dass Platons Theorie den ersten systematischen Versuch bildet, staatliche Ordnung vom Gerechtigkeitsbegriff her zu denken. Damit wird eine Leitfrage der weiteren Theorie bis zur Gegenwart formuliert. Dieser abstrakte Gerechtigkeitsbegriff als solcher ist bei der Genese des nicht überzeugenden, umfassenden Staatsbegriffs nicht das eigentlich problematische Element, sondern die weiteren Annahmen, die Platon macht, insbesondere zur wesenhaften, durch ihren Beitrag zum Wohlergehen der Gemeinschaft bestimmten Ungleichheit der Menschen. Diese Vorstellungen sind es, die zu einem Staatsentwurf führen, der ebenso gedankenreich und in der Darstellung von manchmal atemberaubendem Reiz, wie im hierarchisch-elitären Kern unakzeptabel ist.

57 Platon hat wie Sokrates mit letztem Ernst nach der Bedeutung moralischer Maßstäbe für ein gelungenes Leben eines Individuums gesucht. Seine materielle Füllung dieser Maßstäbe und die Schlussfolgerungen, die er für die Sozialordnung gezogen hat, sind nicht überzeugend und in verschiedenen wesentlichen Aspekten inhuman, wie sich ihm selbst in manchen Zügen in seinem Spätwerk erschloss. Er hat es aber durch seine mitreißende Darstellungskraft schwierig gemacht, zu schnell davon überzeugt zu sein, dass Moralität kein in sich selbst wertvolles Gut bilde, dass nur persönliche Interessen, Neigungen und Nutzenerwägungen ohne Rücksicht auf das Wohlergehen anderer und ihre berechtigten Ansprüche zählten und die beharrliche Eigenständigkeit, das Besondere und Sperrige der Moral deutlich vor Augen geführt. Die Inhalte der Gerechtigkeit und einer ihr entsprechenden Ordnung müssen jenseits von Platons Entwürfen gesucht werden, die Sicherung dieses entscheidenden Problems jedoch bleibt ein Gewinn. Die Frage nach den Wurzeln der existentiellen Bedeutung der moralischen Orientierung für die Individuen und die Formen menschlicher Zivilisation, die sie bilden, und damit die Frage nach den Folgen dieses Grundzugs menschlichen Daseins für das Recht wurde durch Sokrates und Platon unumgehbar gestellt.

### III. Gerechtigkeit und politische Anthropologie – Aristoteles
#### 1. Teleologie und Form

58 *Aristoteles* (384–322 v. Chr.), Ausländer ohne Bürgerrecht in Athen (ein *Metöke*), tritt als junger Mann in die platonische Akademie ein, wo er bis zu Platons Tod verbleibt. Ausgehend von Platons Überlegungen und sie kritisierend, entwickelt er das zweite

große System der klassischen Periode der griechischen Philosophie.[124] Von 342–340 v. Chr. ist er Lehrer *Alexanders des Großen* und kehrt dann nach Athen zurück, um dort seine eigene Schule zu gründen. In den letzten Jahren seines Lebens kann er erleben, wie sein Schüler das Perserreich erobert und ein kurzlebiges Weltreich schafft.

Ein zentrales Element von Aristoteles' philosophischen Überlegungen ist die Entwicklung einer *teleologischen Metaphysik*. Eine „erste Philosophie" als Lehre vom „Sein des Seienden" wird konzipiert, also von den Grundstrukturen aller Dinge, die existieren. Aristoteles unterscheidet verschiedene Kategorien (Substanz, Quantität, Qualität, Relation usw.), die bei der Wirklichkeitskonstitution eine Rolle spielten. Gleichzeitig entwickelt er eine wissenschaftliche Methode, die erste Prinzipien der wissenschaftlichen Demonstration benennt. Dies seien die Sätze vom ausgeschlossenen Widerspruch und vom ausgeschlossenen Dritten. Der erste besagt, dass es unmöglich sei, dass dasselbe Attribut demselben Ding in derselben Beziehung zugleich zukomme und nicht zukomme.[125] Der zweite formuliert, dass von zwei sich widersprechenden Aussagen eine wahr sein müsse, es also zwischen beiden kein Mittleres gebe.[126] Beide Sätze haben ontologische, erkenntnistheoretische und logische Implikationen, die das Nachdenken über die Eigenart der Dinge, die Möglichkeit ihrer Erkenntnis und die Entwicklung eines konsistenten Aussagesystems weiter intensiv beschäftigt haben.

Das Wesen der Dinge sei ihre *Form*, die potenziell in ihnen enthalten sei und sich in ihnen entfalten könne (*Entelechie*). Das Werden der Dinge sei der Übergang von der Möglichkeit zur Wirklichkeit des angelegten Potenzials und damit zur Form. Aristoteles wendet sich gegen die platonische Ideenlehre mit ihrer Annahme einer vom Ding abgetrennten, aber sein Wesen bildenden Idee. Er argumentiert gegen Platon u.a. mit Hinweis auf einen impliziten infiniten Regress im platonischen Argument: Wenn ein Stuhl ein Stuhl sei, weil er einem idealen Stuhl ähnele, dann müsse man einen in noch höherem Maße idealen Stuhl annehmen, der die Ähnlichkeitsbeziehung zwischen gewöhnlichem Stuhl und idealem Stuhl begründe.[127]

Aristoteles unterscheidet vier Arten von Gründen für ein Ereignis: Es gebe erstens einen materiellen Grund (z.B. die Bronze, aus der eine Statue gemacht werde); zweitens einen Formalgrund (z.B. die Form der Statue); drittens einen Wirkgrund (z.B. der Akt des Bronzegießens) und viertens einen Finalgrund (z.B. das Ziel, mit der Statue einen Tempel zu schmücken).[128] Form und Zweck seien entscheidend für die Existenz eines Phänomens: Der Zweck eines Dinges bewirke seine Veränderung, bis sein Wesen, seine Form, verwirklicht sei. Anschauungsmaterial für den Gedanken, der hinter dieser Idee steckt, liefert die organische Welt, das Wachstum von Tieren und Pflanzen. Ein ausgewachsener Baum ist der Möglichkeit nach in Samen enthalten, der Zweck, dass der Baum seine Gestalt erreicht, ist nach dieser Vorstellung der Grund, der diesen Prozess vorantreibt. Auch die Bewegung von Körpern wird auf diese Weise erklärt:

---

124 Zur Schwierigkeit und Notwendigkeit der Kritik von Ideen, die von Menschen formuliert wurden, denen man sich verbunden fühlt, vgl. *Aristoteles*, Nikomachische Ethik, 1196a.
125 *Aristoteles*, Metaphysik, 1005b.
126 *Aristoteles*, Metaphysik, 1011b.
127 Argument des dritten Menschen, *Aristoteles*, Metaphysik, 990b.
128 *Aristoteles*, Physik, II, iii, zitiert nach *ders.*, The Physics, with an English translation by P. H. Wicksteed and F. M. Cornford, 2005. Vgl. im Überblick *D.* Ross, Aristotle, 6th ed., 1995, S. 74 ff.

Körper besäßen natürliche Orte, die von der Bewegung wiederhergestellt würden. Gott erscheint dabei als erster Grund und deswegen als „unbewegter Beweger".[129]

### 2. Glück und Gemeinschaft

62 a) **Metaphysik, Eudämonismus und ethische Einsicht.** Diese metaphysischen Grundannahmen geben der aristotelischen Ethik ihre besondere Struktur. Der Zweck eines Gegenstandes und damit sein Finalgrund, so Aristoteles, sei seine Natur. Gut sei deshalb, was der Natur entspreche. Die Natur der Menschen verwirkliche dabei, was zu einem gelungenen, vollkommenen Leben gehöre. Aristoteles' Ethik ist damit eudämonistisch. Nicht alles, was Freude bereite, sei aber auch gut. Drei Güterarten machten gemeinsam das Glück des Lebens aus: äußere Güter, Güter des Leibes und Güter der Seele. Die Glückseligkeit werde wegen der dritten Art von Gütern nicht nur in äußeren Gütern und sinnlichen Freuden gefunden: „Niemand wird ja einen Menschen glücklich nennen, der von Starkmut, Mäßigkeit, Gerechtigkeit und Klugheit nichts besitzt, der vielmehr vor einer vorbeisummenden Fliege sich ängstigt, der, wenn Eß- und Trinklust ihn überkommt, die gröbsten Exzesse nicht scheut, der für einen Viertelgroschen seine besten Freunde verrät und rücksichtlich seines Verstandes so blöde und jeglicher Täuschung zugänglich ist wie ein Kind oder ein Verrückter".[130]

63 Lust sei immer mit Aktivität verbunden.[131] Wahre Freuden seien die, die der Tugendhafte dafür halte, die schimpflichen Arten der Lust dürfe man nicht als Lust gelten lassen, außer für verderbte Naturen.[132] Allein die Tugend führe wirklich zum Glück der Menschen und sei seine Bedingung.[133] Die Tugend sei im Wesentlichen etwas Mittleres zwischen Extremen, wie es von Einsichtigen bestimmt werde – die berühmte *Mesotes-Lehre* –, wenn es auch Handlungen gebe, die schlechthin verwerflich seien.[134] Die höchste tugendhafte Tätigkeit sei die theoretische Betrachtung,[135] eine sog. *dianoëtische* Tugend.[136] Die zweithöchste Tätigkeit bilde die ethische und sittliche Tugend.[137]

64 Voraussetzung für ein tugendhaftes Leben sei die Entwicklung eines entsprechenden Charakters. Die Entwicklung eines ethisch orientierten Charakters stoße auf eine entsprechende Naturanlage, die aber kultiviert werden müsse: „Darum werden uns die Tugenden weder von Natur noch gegen die Natur zuteil, sondern wir haben die natürliche Anlage, sie in uns aufzunehmen, zur Wirklichkeit wird diese Anlage aber durch Gewöhnung".[138]

65 Vernunfturteil und Begehren stimmten im tugendhaften Handeln überein: „Was nun beim Denken Bejahung und Verneinung, das ist beim Begehren Streben und Fliehen. Darum muß, da die sittliche Tugend ein Habitus der Willenswahl und die Willenswahl

---

129 *Aristoteles*, Metaphysik, 1072a ff.
130 *Aristoteles*, Politik, übersetzt v. E. Rolfes, 1981, 1323a.
131 *Aristoteles*, Nikomachische Ethik, 1175a.
132 *Aristoteles*, Nikomachische Ethik, 1176a.
133 *Aristoteles*, Nikomachische Ethik, 1098b; Politik, 1323a.
134 *Aristoteles*, Nikomachische Ethik, 1107a.
135 *Aristoteles*, Nikomachische Ethik, 1177a.
136 *Aristoteles*, Nikomachische Ethik, 1103a.
137 *Aristoteles*, Nikomachische Ethik, 1103a, 1178a.
138 *Aristoteles*, Nikomachische Ethik, 1103a.

ein überlegtes Begehren ist, der Ausspruch der Vernunft wahr und das Begehren des Willens recht sein, wenn die getroffene Wahl der Sittlichkeit entsprechen soll, und es muß eines und dasselbe von der Vernunft bejaht und von dem Willen erstrebt werden. (…) Und so ist denn die Willenswahl entweder begehrendes Denken oder denkendes Begehren, und das Prinzip, in dem sich beides, Denken und Begehren, verbunden findet, ist der Mensch".[139]

Von den fünf Verstandestugenden Kunst, Wissenschaft, (praktische) Klugheit, Weisheit und Verstand, beschreibe die praktische Klugheit (*Phronesis*, φρόνησις) das Urteilsvermögen, das das Tugendhafte bestimme. Es gelte, dass sie „ein untrüglicher Habitus vernünftigen Handelns ist in Dingen, die für den Menschen Güter und Übel sind".[140]

**b) Gerechtigkeit und Altruismus.** Der systematisch wichtigste Teil der aristotelischen Ethik ist Aristoteles' Gerechtigkeitstheorie. Ein erster wichtiger Schritt ist die Klärung von Ambivalenzen im Gebrauch des Gerechtigkeitsbegriffs. Aristoteles unterscheidet einen weiten Gerechtigkeitsbegriff, die allgemeine Gesetzesgerechtigkeit, von der besonderen Gerechtigkeit. Die allgemeine Gesetzesgerechtigkeit verlange, gegebene Gesetze zu befolgen.[141] Diese seien auf das Gemeinwohl bezogen.[142] Diese Art der Gerechtigkeit sei eine vollkommene Tugend, weil sie ihr Inhaber auch gegen andere ausüben könne, nicht nur für sich selbst.[143] Die besondere Gerechtigkeit bestehe aus dem Verbot von unerlaubtem Gewinn auf Kosten anderer.[144] Sie könne eingeteilt werden in die ausgleichende Gerechtigkeit (*iustitia commutativa* in der bis heute gängigen Terminologie der Aristoteles im Mittelalter rezipierenden Scholastik) und austeilende Gerechtigkeit (*iustitia distributiva*). Die ausgleichende Gerechtigkeit beziehe sich auf den Verkehr (Rechtsgeschäfte, Strafen), die austeilende auf die Zuweisung von Gütern. Die Erstere sei arithmetisch, die Letztere geometrisch proportional.[145] Bei der ausgleichenden Gerechtigkeit ist deshalb beispielsweise ein Schaden durch einen ihm numerisch genau entsprechenden Schadensersatz auszugleichen. Bei der austeilenden Gerechtigkeit ist die Verhältnismäßigkeit zwischen dem Ausmaß der Gegebenheit des Verteilungskriteriums und der Menge des verteilten Gutes zwischen mindestens zwei Personen zu wahren.[146] Wenn also ein Gut beispielsweise nach Bedürftigkeit verteilt wird, hat der doppelt Bedürftige die doppelte Menge des Gutes zu erhalten. Das Verhältnis der Bedürftigkeit der beiden Verteilungsempfänger entspricht dann dem Verhältnis der von den beiden jeweils empfangenen Mengen des Gutes.

Ein Kernproblem, das sich bei der Anwendung dieser Formeln stellt, lautet: Welche Kriterien sind für die Zuweisung entscheidend? Sind Güter proportional zu Verdienst, Mut, Einsicht oder vielleicht sogar zur Schönheit zu verteilen? Ist hier womöglich hinsichtlich der Güter zu differenzieren, die verteilt werden, sind also manche nach Kriterium X, andere nach Kriterium Y zu vergeben? Aristoteles hat hierfür keine

---

139 *Aristoteles*, Nikomachische Ethik, 1139a, 1139b.
140 *Aristoteles*, Nikomachische Ethik, 1140b.
141 *Aristoteles*, Nikomachische Ethik, 1129b ff.
142 *Aristoteles*, Nikomachische Ethik, 1129b.
143 *Aristoteles*, Nikomachische Ethik, 1129b.
144 *Aristoteles*, Nikomachische Ethik, 1130a, 1130b.
145 *Aristoteles*, Nikomachische Ethik, 1129a ff., 1131a, b.
146 *Aristoteles*, Nikomachische Ethik, 1131a ff.

abschließende, grundsätzliche Antwort formuliert. Nur für einzelne Güter hat er Lösungen vorgeschlagen. Für ihn bilden im Staat für Ämter die Eigenschaft Adeliger, Freier oder Reicher zu sein, mögliche, wenn auch nicht gleich legitime Verteilungskriterien,[147] die in unterschiedlichen Staatsformen verwirklicht würden.

69 Auch zu einem weiteren Grundproblem, dem von *Altruismus und Egoismus*, hat Aristoteles Überlegungen angestellt. Er fragt: Soll man sich selbst lieben oder einen anderen?[148] Auf dieses Grundproblem der Moral wird eine differenzierte Antwort gegeben. Derjenige liebe sich selbst am meisten, der seinen eigenen vornehmsten Teil schätze. Dieser vornehmste Teil sei die Vernunft, die auf die Sittlichkeit hinführe. „Würden aber alle um die Wette nach Sittlichkeit streben und bemüht sein, das Beste zu tun, so hätte nicht nur die Gesamtheit alles, was ihr not tut, sondern es wäre auch jeder einzelne für sich im Besitz der größten Güter, wenn anders die Tugend ein solches hervorragendes Gut ist".[149] Wenn aber die Selbstliebe nicht mit Tugend gepaart sei, führe sie zu Übeln. Dies sei bei der Masse der Fall, die nach Geld, Ehre und sinnlicher Lust strebe.[150] „Daher soll der Gute die Selbstliebe besitzen, da es ihm selbst und anderen nützen wird, wenn er, von dieser Liebe getrieben, das sittlich Schöne vollbringt; der Schlechte aber soll sie nicht besitzen, da er sonst schlimmen Leidenschaften folgen und sich und seine Umgebung in Schaden bringen wird".[151] Diese Art von Selbstliebe könne auch zu Selbstopfern führen. „Aber bei dem guten Manne trifft es auch zu, daß er für seine Freunde und sein Vaterland vieles tut, und, wenn es sein muß, selbst dafür stirbt".[152] Auch Geld solle geopfert werden. Der Freund gewinne dabei Geld, der Gebende das sittlich Schöne, der sich damit das größere Gut zuteile. Der gleiche Gedanke gilt für andere Güter wie Ehren und Ämter: Auch hier werde für das Wohlergehen anderer gehandelt, weil dies am Ende dem Handelnden nütze, weil es „für ihn selbst schön und ehrenvoll ist und ihn des Lobes würdig macht".[153] Dabei solle lieber ein Jahr voll schöner Taten erstrebt werden, als viele Jahre mit Handlungen wie es sich eben trifft.[154] „In diesem Sinne also soll man, wie gesagt, Selbstliebe haben, doch so wie der große Haufen darf man sie nicht haben".[155]

70 Wichtig und bis heute Maßstäbe setzend, ist seine differenzierte *Zurechnungslehre*, die für Moral und Recht gleichermaßen relevant ist. Zentral ist dabei – neben weiteren wichtigen Unterscheidungen – die Herausarbeitung der Urheberschaft von Handlungen als Voraussetzung der Schuld.[156]

71 Aristoteles schildert die *große Seele, den Hochherzigen* als Beispiel musterhaften Lebens, was gerade im Detail interessant für den Gehalt der Tugendethik ist.[157] Die große Seele besitze folgende Eigenschaften: Sie betreibe großen (materiellen) Aufwand

---

147 *Aristoteles*, Politik, 1283a.
148 *Aristoteles*, Nikomachische Ethik, 1168a.
149 *Aristoteles*, Nikomachische Ethik, 1169a.
150 *Aristoteles*, Nikomachische Ethik, 1168b.
151 *Aristoteles*, Nikomachische Ethik, 1169a.
152 *Aristoteles*, Nikomachische Ethik, 1169a.
153 *Aristoteles*, Nikomachische Ethik, 1169a.
154 *Aristoteles*, Nikomachische Ethik, 1169a.
155 *Aristoteles*, Nikomachische Ethik, 1169a.
156 *Aristoteles*, Nikomachische Ethik, 1109b ff.
157 *Aristoteles*, Nikomachische Ethik, 1122a.

auf geziemende Weise und sei freigiebig, auch für die Allgemeinheit. Sie zeige ein maßvolles Verhältnis zur Ehre, besitze vollendete Charakterbildung und entwickle maßvolle Freude bei Ehren der Besten. Anerkennung wegen Kleinigkeiten halte sie für nichtswürdig. Sie erscheine stolz, weil ihr Ehre und anderes gering erschienen. Nur für große Dinge bringe sie sich in Gefahr. Sie erweise Wohltaten, scheue sich aber, welche zu empfangen. Sie erwidere Wohltaten durch größere, so dass der Spender verpflichtet sei – der Empfänger stehe unter dem Geber, die große Seele wolle aber überlegen sein. Sie höre von Diensten gern reden, die sie anderen erwiesen, nicht aber gern von denen, die sie von anderen empfangen habe. Sie zeige eine vornehme Haltung gegenüber Hochstehenden und Reichen, da dies schwer und rühmlich, aber schlichte Freundlichkeit gegenüber gewöhnlichen Leuten, da hier Würde geltend zu machen leicht und es widerwärtig sei, Stärke gegenüber Schwächeren zu zeigen. Was sie tue, sei groß und gebe einen Namen. Sie sei freimütig und abhängig nur von Freunden. Sie kenne kein Bewundern, nichts sei groß für sie. Sie rede nicht viel von Menschen, Lob, Tadel oder Notdurft. Ihr Gang sei langsam, die Stimme tief und die Rede ruhig, so Aristoteles.

### 3. Verfassung und gutes Leben

Aristoteles nennt zwei zentrale Gründe für die *Staatsbildung*:[158] Der erste Grund sei, dass der Mensch ein auf die politische, institutionelle Gemeinschaftsordnung bezogenes Wesen (*Zoon politikon*) sei. Das Leben im Staat gehöre zu seinem Wesen.[159] Dabei nimmt Aristoteles ein Primat des Sozialen an: Der Staat sei früher da als der Einzelne.[160] Allerdings dürfe sich die *Polis* nicht zu einer Einheit entwickeln, die die Vielheit der Mitglieder auflöse.[161] Der zweite Grund wird aus dem Nutzen der Staatsbildung gewonnen. Die Vervollkommnung des Lebens sei im Staat besser möglich.[162] Deshalb gelte: „Wer die beste Verfassung nach Gebühr in Betracht nehmen will, muß zuerst bestimmen, welches das begehrenswerteste Leben ist".[163] Die Ethik ist die Voraussetzung der politischen Theorie. Das gute Leben verwirkliche sich im Staat, der Staat existiere, um ein gutes Leben Einzelner zu erreichen. Der Staat ist nicht zum Zweck des Zusammenlebens, sondern um der tugendhaften Handlungen willen da.[164] Der Staat ist damit nicht nur auf schlichte Machtverhältnisse, Tradition oder enge zweckrationale Erwägungen der Abwehr der Übel der Organisationslosigkeit menschlichen Lebens gegründet. Er dient vielmehr in einem nachdrücklichen Sinne dazu, dass Menschen ihrem eigenen Wesen gemäß leben. Die Einzelnen seien wesentlich Teil des Staates und ihm nicht als Individuen vorgeordnet: „Man darf auch nicht meinen, daß irgendein Bürger sich selber angehöre, sondern man sei überzeugt, daß sie alle dem Staat angehören, da jeder ein Teil von ihm ist und die Sorge für den Teil immer die Sorge für das Ganze zu berücksichtigen hat".[165] Der Staat sei vor den Einzelnen da, wie das Ganze vor

---

158 Zur Verwendung des Staatsbegriffs s. o. Fn. 1.
159 Diese sprichwörtliche Beschreibung wird häufig auch so übersetzt, dass der Mensch ein politisches Wesen sei. Bei dieser Übersetzung wird der Bezug auf eine organisierte Gemeinschaft weniger deutlich.
160 *Aristoteles*, Politik, 1253a.
161 *Aristoteles*, Politik, 1261a.
162 *Aristoteles*, Politik, 1278b.
163 *Aristoteles*, Politik, 1323b, c.
164 *Aristoteles*, Politik, 1281a.
165 *Aristoteles*, Politik, 1337a.

dem Teil.¹⁶⁶ Im Hintergrund und im Einklang mit seiner Metaphysik des Finalgrundes steht die Annahme einer Teleologie der gesellschaftlichen und staatlichen Ordnung: Die menschliche Natur verwirkliche sich erst in ihr, finde in ihr erst zu ihrer wirklichen Natur oder „Form": Die höchste Gemeinschaft sei selbstgenügsam und verwirkliche das höchste Gut.¹⁶⁷ Es gelte, dass „das beste und vollkommenste Leben, so für den Einzelnen für sich wie für die Staaten als Gemeinschaften, das Leben nach der Tugend ist, die der äußeren Mittel genug besitzt, um sich in tugendgemäßen Handlungen betätigen zu können".¹⁶⁸ Auch und gerade hier gilt: „The explanation of things is to be found not in what they have developed from but in what they are developing into; their nature is seen not in their origin but in their destiny".¹⁶⁹

73  Auch die Grundproblematik von *Naturrecht und positivem Recht* spricht Aristoteles an. Das Naturrecht und das positive Recht seien geschieden, wobei die Möglichkeit eines zeitlich sich wandelnden Naturrechts angedeutet wird.¹⁷⁰ Als Problem wird dabei diskutiert, ob das Naturrecht auf eine einzelne Polisordnung beschränkt sei. Die *Billigkeit* sei eine Korrektur des Rechts im Einzelfall.¹⁷¹ Dem Gesetzesrecht wird eine herausragende Bedeutung zugesprochen: Es verhindere Machtmissbrauch, ersetze die Herrschaft durch Personen, die fehlbar und ihren Begierden unterworfen seien, durch die der Vernunft und verwirkliche durch Unparteilichkeit Gerechtigkeit.¹⁷²

74  Aristoteles kritisiert die platonische Idee, Familien aufzulösen und eine *Partner- und Kindergemeinschaft* einzuführen: Dies sei nur für Bauern geeignet, weil es Freundschaft und dadurch Unbotmäßigkeit dieser Klasse verhindere.¹⁷³ Auch die Auflösung des *Privateigentums* wird kritisiert. Streit zwischen denen werde entstehen, die viel leisten und wenig bekommen, und denen, die wenig leisten und viel bekommen. Der Eigenwert des Eigentums und die größere Sorge für die im Eigentum stehenden Gegenstände bei seiner Privatnützigkeit sind weitere wichtige Gründe für diese Kritik. Bestimmte soziale Funktionen seien durch die gemeinschaftliche Nutzung privaten Eigentums zu verwirklichen.¹⁷⁴ Der Staat müsse die Grundversorgung seiner Mitglieder sicherstellen.¹⁷⁵

75  Bei Aristoteles finden sich Elemente einer *ökonomischen Theorie* durch die Unterscheidung von Gebrauchs- und Tauschwert¹⁷⁶ sowie eine Geldtheorie.¹⁷⁷

76  Aristoteles knüpft an die *Theorie der Staatsformen* an, die Platon skizziert hat: Die Monarchie sei abstrakt die beste Staatsform,¹⁷⁸ wenn auch beschränkt auf den Fall

---

166 *Aristoteles*, Politik, 1253a.
167 *Aristoteles*, Politik, 1252a ff.
168 *Aristoteles*, Politik, 1323a.
169 *D. Ross*, Aristotle, S. 246: „Die Erklärung der Dinge soll nicht in demjenigen gefunden werden, aus dem sie sich entwickelt haben, sondern in demjenigen, zu dem sie sich entwickeln; ihre Natur wird nicht in ihrer Herkunft, sondern ihrem Schicksal gesehen" (Übersetzungen, wenn nicht nachgewiesen, vom Autor).
170 *Aristoteles*, Nikomachische Ethik, 1134b.
171 *Aristoteles*, Nikomachische Ethik, 1137b.
172 *Aristoteles*, Politik, 1286a, 1287a ff.
173 *Aristoteles*, Politik, 1262b.
174 *Aristoteles*, Politik, 1263a ff.
175 *Aristoteles*, Politik, 1330a.
176 *Aristoteles*, Politik, 1257a.
177 *Aristoteles*, Politik, 1257b.
178 *Aristoteles*, Nikomachische Ethik, 1160a.

# § 1 Theorien der Antike

eines überragend tugendhaften Herrschers,[179] konkret sei die Staatsform aber je nach den historischen, sozialen, ökonomischen Umständen zu wählen.[180] Monarchie, Aristokratie sowie Politie als Mischform von Demokratie und Oligarchie seien akzeptabel, weil auf das Gemeinwohl ausgerichtet, Tyrannis, Oligarchie, Demokratie dagegen verfehlte Verfassungsformen. Damit wird eine Weiterentwicklung der platonischen philosophischen Pathologie der Staatsformen formuliert. Der Fehler der Demokratie sei dabei, dass alle Bürger in Bezug auf die Freiheit als gleich aufgefasst würden, weshalb alle in jeder Beziehung gleich sein sollten. Der Fehler der Oligarchie sei dagegen, dass, weil alle Bürger im Vermögen ungleich seien, sie als schlechthin ungleich angesehen würden.[181] Das Fehlen von übermäßigen Unterschieden von arm und reich wirke stabilisierend für das Gemeinwesen.[182] Auch Reichtum sei ein Maß gesetzt.[183] Aristoteles benennt Wege, der politischen Pathologie des Verfassungsverfalls zu entgehen. Die Verfassung könne durch Mittel politischer Klugheit erhalten werden, z.B. durch die Sicherung der Gesetzestreue, gerade in kleinen Dingen, oder die Vermeidung von Täuschungen. Auch ein bis heute klassisches Mittel der Politik kennt Aristoteles, das in einem Spannungsverhältnis zur Absage an Täuschungen steht: Das Schüren der Furcht vor (äußeren) Feinden.[184] Wie bei Platon steht allerdings vor allem Erziehung im Vordergrund.[185] Insgesamt müsse dafür gesorgt werden, dass die Partei, die die Verfassung wolle, stärker sei als die, die sie nicht wolle.[186] Der ideale Staat setze eine bestimmte, begrenzte, überschaubare Bevölkerungsmenge, ein entsprechendes Territorium und eine spezifische, (ethnisch bestimmte) mutige und intelligente Beschaffenheit der Bevölkerung voraus.[187]

Herrschaft in der *Polis* ist für Aristoteles nicht Unterwerfung von anderen durch Gewalt, es ist Herrschaft nach Gerechtigkeitsprinzipien von Freien und Gleichen übereinander.[188] Der Kreis der Freien und Gleichen ist aber beschränkt: Die *Bürgerschaft* innerhalb der *Polis* könne nicht jeder besitzen, sie sei vor allem an Unabhängigkeit von Erwerb gebunden.[189] Muße sei eine Bedingung für ein gelungenes Leben, die Menschen, die auf Erwerb angewiesen seien, nicht offenstehe.[190] Sklaven, Frauen, aber auch Bauern und der Erwerbsstand könnten deshalb keine Bürger sein. Die das Gute verwirklichende politische Gemeinschaft wird entsprechend nur von den zum Bürgertum qualifizierten Personen gebildet. Funktional ist der Bürgerstatus definiert durch die Fähigkeit, an der beratenden und richterlichen Gewalt teilzunehmen.[191] Aufgrund

---

179 *Aristoteles*, Politik, 1288a.
180 *Aristoteles*, Politik, 1288b.
181 *Aristoteles*, Politik, 1301a.
182 *Aristoteles*, Politik, 1295b.
183 *Aristoteles*, Politik, 1256b.
184 *Aristoteles*, Politik, 1307b, 1308a.
185 *Aristoteles*, Politik, 1310a.
186 *Aristoteles*, Politik, 1309b.
187 *Aristoteles*, Politik, 1326b ff.
188 *Aristoteles*, Politik, 1255b, 1277b, 1279a, 1324b, 1328a, 1332b.
189 *Aristoteles*, Politik, 1278a.
190 *Aristoteles*, Politik, 1329a.
191 *Aristoteles*, Politik, 1275b.

der machtpolitischen Bedeutung gehöre zu den bürgerschaftlichen Aufgaben auch das Militär. Im Alter trete noch das Priesteramt hinzu.[192]

78 Wichtig ist auch Aristoteles' Rechtfertigung der Sklaverei, mit der er sich zu einer kontrovers erörterten Frage seiner Zeit in spezifischer Weise äußert.[193] Aristoteles' eigene Stellungnahme operiert mit Wesenszügen der Menschen und Gerechtigkeitsprinzipien: Das Schlechtere und Niedrigere habe dem Besseren und Höheren zu dienen. Manche Menschen seien aber nur zu niedrigeren körperlichen Verrichtungen in der Lage, ihnen fehle Vernunft. Diese hätten – wie die Haustiere – die leiblichen Bedürfnisse der anderen sicherzustellen. Einige Menschen seien von Natur aus Sklaven, Sklaverei sei deswegen nicht nur nützlich, sondern gerecht.[194] Sklaverei könne weiter aufgrund von Gesetz entstehen, etwa indem im Krieg besiegte Menschen versklavt würden.[195] Dies hält Aristoteles für gerecht, wenn sich im Sieg das Bessere über das Schlechtere durchsetze, was aber nicht zwangsläufig der Fall sei. Aus ähnlichen Gründen herrschten Männer berechtigterweise über Frauen. Auch hier setze sich das Höhere und Bessere gegen das Niedrigere und Schlechtere durch.[196] Aristoteles hält eugenische Maßnahmen für gerechtfertigt, die den Verzicht auf die Aufzucht Verkrüppelter einschließen.[197]

### 4. Kritische Einschätzungen

79 Aristoteles' Metaphysik liefert verschiedene Ansatzpunkte für Kritik. Zum einen reproduziert sie die Probleme der Ideenlehre, denn die aristotelischen Formen besitzen eine metaphysische Selbstständigkeit, die derjenigen der platonischen Ideen ähnelt. Aristoteles' Überlegungen sind deshalb im Prinzip derselben Kritik wie die Ideenlehre ausgesetzt.[198] Eine weitere Problematik der teleologischen Metaphysik ist der Begriff des Grundes, der verwandt wird. Die moderne Wissenschaft hat sich vom Finalgrund verabschiedet und diesen durch wirkende Ursachen ersetzt und zwar zu Recht. Ein Finalgrund erzeugt die Illusion einer teleologischen Struktur der Welt, insbesondere der menschlichen Existenz und ihrer Geschichte, die an letzten wirkenden Zwecken ausgerichtet verstanden wird – interessante Beispiele einer solchen Zweckordnung der menschlichen Existenz und ihre Problematik werden noch zu erörtern sein.

80 Aristoteles' Gerechtigkeitstheorie kann aufgrund ihres wenig egalitären Gehalts unplausibel erscheinen. Die Behauptung, Sklaverei oder patriarchale Strukturen seien durch Gerechtigkeitsprinzipien gerechtfertigt, wird man nicht leicht überzeugend finden. Es wäre aber ein Fehler, die konstruktive Leistung von Aristoteles gerade in der Gerechtigkeitstheorie zu übersehen. Zentral ist die Verbindung des Gerechtigkeitsurteils mit proportionaler, verhältnismäßiger Gleichheit. Diese Verbindung bleibt dabei völlig unberührt von Aristoteles' konkreten unplausiblen Ausführungen, welche Men-

---

192 *Aristoteles*, Politik, 1329a.
193 Vgl. z.B. einige referierte Meinungen in *Aristoteles*, Politik, 1255a.
194 *Aristoteles*, Politik, 1254a.
195 *Aristoteles*, Politik, 1255a.
196 *Aristoteles*, Politik, 1254b, 1260a.
197 *Aristoteles*, Politik, 1335a, b.
198 Eine klassische Kritik, vgl. *E. Zeller*, Die Philosophie der Griechen in ihrer geschichtlichen Entwicklung, Zweiter Teil, Zweite Abteilung, Aristoteles und die alten Peripatetiker, 4. Aufl., 1921 (Nachdruck 2006), S. 292, 802.

## § 1 Theorien der Antike

schen in welcher Hinsicht gleich zu behandeln seien. Auch wenn man z.B. Aristoteles' Theorie der gerechten Sklaverei kritisiert, indem man etwa einwendet, dass kein Mensch zum Dienen für andere bestimmt sei, wendet man dieses Prinzip proportionaler Gleichheit an. Da Menschen aus heutiger Sicht selbstverständlich einen gleichen Wertstatus besitzen, bedeutet es nur gerade einen Verstoß gegen Prinzipien proportionaler Gleichheit und damit gegen Gerechtigkeitsprinzipien, Menschen zu versklaven – neben anderen Gründen, die zu dem gleichen Ergebnis führen. Aristoteles' Erkenntnis vom Zusammenhang von proportionaler Gleichheit und Gerechtigkeit übersteht mithin die Kritik ihrer Anwendung in seiner eigenen zweifelhaften, anti-egalitären politischen Theorie. Sie ist eine der zentralen systematischen Leistungen der ethischen Reflexion der Antike.

81 Dies gilt nicht für ein anderes Element der aristotelischen Ethik: Tugenden sind nicht durchweg das Mittlere zwischen Extremen. Tugend liegt z.B. nicht zwischen Verlogenheit und Aufrichtigkeit – sie liegt auf der einen Seite, bei der Aufrichtigkeit.

82 Aristoteles formuliert als Teil seiner Theorie des guten Lebens einen Begriff des höchsten Gutes, der ebenfalls nicht jeden überzeugen wird: Denken ist nicht das einzige Vergnügen, Theorie ist nicht das höchste Gut für alle Menschen. Auch andere Elemente des entwickelten guten Lebens überzeugen nicht – die große Seele zeigt z.B. Eigenschaften, die wenig anziehend sind. Der Wunsch nach Überlegenheit über andere oder das Verlangen, von den Wohltaten reden zu hören, die anderen erwiesen wurden, nicht aber von denen, die man selbst erhalten hat, sind sogar Eigenschaften einer ausgesprochen kleinlichen Seele. Diese Art von zweifelhaften Konkretisierungen menschlicher Tugend hat manche modernen Kommentatoren dazu bewogen, grundsätzlich skeptisch gegenüber tugendethischen Ansätzen der Antike zu sein – diese führten in den Bereich kontingenter Lebensentwürfe, die vom Geschmack der Einzelnen abhingen, aber keinen Anspruch auf Objektivität erheben könnten. Dieser Einwand überzeugt im Hinblick auf viele konkrete Lebensinhalte, die in der Antike mit dem tugendhaften Leben verbunden wurden, wie Aristoteles' Beispiel der großen Seele zeigt: Hinweise zur Tonlage der Stimme beim Sprechen gehören etwa nicht unbedingt zu den Hauptinteressen der ethischen Reflexion. Wie sich aber noch zeigen wird, spielen bestimmte Elemente der Theorie eines gelungenen Lebens auch in der Rechtsphilosophie eine wichtige Rolle. Die antike Tugendethik ist deswegen von mehr als nur historischem Interesse.

83 Ein wichtiges Problem bildet das unklare Verhältnis von Moral und gutem Leben: Moralisch und nicht-moralisch Gutes wird analytisch bei Aristoteles nicht klar getrennt. Zwar wird formuliert, dass moralisches Handeln um seiner selbst willen erfolge, nicht als Mittel zu einem nicht-moralischen Zweck. Unklar ist aber, wie die Verbindung zum menschlichen Glück begründet wird, die bestehen soll. Denn ist es nicht so, dass eine Handlung, die allein um des eigenen Glücks wegen erfolgt, sicher nicht verwerflich sein muss, aber auch nicht moralisch gut ist? Besteht nicht auch ein Gegensatz von Neigungen und moralischen Geboten? Ist die Lösung von Aristoteles überzeugend, die Vergnügen, die aus seiner Sicht moralisch schlecht sind, zu Nicht-Vergnügen zu erklären, was die Kongruenz von nicht-moralisch und moralisch Gutem nur auf zweifelhafte Weise erhält? Selbst wenn man Aristoteles darin folgt, einzelne gegenüber

anderen Vergnügen für vorzugswürdig halten zu können (was ja nicht abwegig ist und in der modernen Diskussion weiter erörtert wird) – bleibt der Gegenstand der Moral nicht, der Verwirklichung des eigenen Glücksverlangens auch in Hinsicht auf die vorzugswürdigsten Lebensinhalte eine normative *Grenze* zu setzen? Geht die Gleichung von Moral und individuellem Glück deshalb wirklich so reibungslos auf? Andererseits bleibt die Einsicht bestehen, die bei der Erörterung von Sokrates und Platon gewonnen wurde – verbindungslos stehen Moral und individuelles Glück einander nicht gegenüber, Erstere leistet einen entscheidenden Beitrag zu Letzterem. Die Frage, worin dieser genauer besteht, hat Aristoteles so wenig wie Sokrates und Platon beantwortet. Sie wird die Erörterung deshalb als systematisches Grundproblem weiter begleiten.

84 Aristoteles' Ethik fehlt zudem insgesamt ein überzeugender Bezug auf das Wohl anderer Menschen. Die Gerechtigkeitstheorie impliziert zwar die Berücksichtigung der Rechte anderer Menschen bei Verteilung und Ausgleich, was ein entscheidend wichtiges Element bildet. Auch gibt es Passagen – insbesondere in Bezug auf das Verhältnis von Egoismus und Altruismus –, in denen ein enger Egoismus überschritten wird. Aber auch hier wird das Handeln zum Wohle anderer mit einer aufgeklärten Selbstliebe erklärt. Handeln allein um anderer willen wird nicht konzipiert.

85 Aristoteles formuliert auch keine klare eigene Werttheorie. Seine Wertbegründung ist vielmehr zirkulär. Der Inhalt der Tugend wird aus der Beurteilung des Tugendhaften gewonnen, Letzterer ist aber als richtungsweisende Instanz nur identifizierbar, wenn feststeht, was Tugend bildet.

86 Weiter kann man den (differenzierten) Primat der Gemeinschaft hinterfragen: Zwar leben Menschen durchweg in Gemeinschaften, diese prägen sie auch in vielfältiger Hinsicht. Diese Gemeinschaften sind jedoch in ihrem realen Substrat eine Vielzahl von anderen Individuen, keine Entitäten, die unabhängig von diesen anderen Individuen existieren würden. Sind Gemeinschaften in diesem Sinn die Verwirklichung des Wesens der Menschen? Entscheidende Teile einer menschlichen Existenz würden ohne andere Menschen nicht entfaltet werden, wozu allerdings nicht nur diejenigen zu zählen sind, die der politischen Gemeinschaft angehören, deren Bürger oder Bürgerin man ist. Gibt es aber nicht auch ebenso wichtige Teile eines menschlichen Lebens, die sich abgewandt von Gemeinschaften vollziehen, etwa in der Konzentration auf eine Arbeit, gerichtet auf ein Ergebnis, mit dem man sich zuallererst selbst zufriedenstellen will, im Alleinsein, in einer intimen Empfindung, weit weg von den Vielen und der Welt? Damit wird die Frage aufgeworfen, ob ein methodischer und normativer Individualismus einleuchtend ist oder nicht und welche genaue Bedeutung andere Menschen normativ für den Einzelnen besitzen – ein weiteres bis heute lebendiges Grundproblem der systematischen Reflexion.

87 Die hierarchisch-elitäre Gesellschaftsordnung, die Aristoteles als Idealzustand entwirft, mit Verteidigung der Sklaverei, Unterwerfung von Frauen, Kritik der Demokratie, Ausschluss des Erwerbsstands von der Bürgerschaft usw. bleibt als Beispiel für einen wichtigen Befund von Interesse: Es illustriert, dass auch für die Großen der Ideengeschichte der Weg zur normativen Begründung von Freiheit und Gleichheit aller Menschen kulturell und gedanklich selbst dann weit sein kann, wenn Freiheit und Gleich-

heit für einen bestimmten Kreis von Menschen bereits die Grundlage der Theorie gerechter politischer Herrschaft bilden. Nicht nur die Entwicklung wohlbegründeter normativer Prinzipien, auch ihre konsequente Verallgemeinerung ist ein schwieriges Geschäft.

### IV. Hellenistische Philosophie

#### 1. Politischer Wechsel und geistige Vielfalt

Die klassische Periode des griechischen Denkens fällt ungefähr mit dem Höhepunkt des politischen Einflusses Athens in der griechischen Welt zusammen. Unter *Alexander dem Großen* (356–323 v. Chr.) wird ein makedonisches Weltreich gegründet, das aber schnell zerfällt. Stattdessen steigt Rom zur Weltmacht auf, politisch zunächst als Republik (um 509–27 v. Chr.), dann als Kaiserreich bis zum Ende des (west-)römischen Reichs 476 n. Chr. Rom setzt sich gegen seinen Widersacher Karthago dabei in drei verheerenden Kriegen durch: im 1. Punischen Krieg 264–241 v. Chr., im 2. Punischen Krieg 218–201 v. Chr. mit Hannibals legendärem Zug über die Alpen und schließlich im 3. Punischen Krieg 149–146 v. Chr., der zur endgültigen Niederlage Karthagos führt. Auch die Metropole Korinth wird nach einem Krieg Roms mit dem achaiischen Bund 146 v. Chr. zerstört.

88

Kulturell bleibt Griechenland aber weiter maßgeblich. Auch die Philosophie des Hellenismus, also jener Periode, die nach der klassischen Zeit politisch mit dem Weltreich Alexanders beginnt, ist lebendig und vielfältig. Ideengeschichtlich wichtig ist bis heute etwa die skeptische Schule, die die platonische Akademie über Jahrhunderte in hohem Maße beeinflusst hat und die – ausgehend von den Überlegungen von Pyrrhon (etwa 360–270 v. Chr.) – argumentiert, dass es kein sicheres Wissen über irgendeinen Gegenstand geben könne.[199] Der Skeptizismus formuliert eine radikale Herausforderung an das Denken insgesamt und damit auch gegenüber der praktischen Reflexion. Er bestreitet die Möglichkeit gesicherten Wissens und entwickelt gewissermaßen das Gegenprogramm zu den Ethiken von Sokrates, Platon und Aristoteles, die bei allen Unterschieden darin übereinstimmen, dass das Gute und Gerechte mit Vernunftkräften bestimmt werden könne. Welche Bedeutung die Skepsis für die Rechtsphilosophie systematisch hat, wird sich erst beantworten lassen, wenn die zentralen Versuche erörtert wurden, ihrer Herausforderung zu begegnen.

89

#### 2. Epikureismus

a) **Wohlergehen und Ethik.** Im Epikureismus wird die archetypische *hedonistische Ethik* formuliert, wenn es auch viele Vorläufer gibt und *Epikurs* (341–270 v. Chr.) Meinungen durchaus nicht dem einfachen landläufigen Bild entsprechen, das Hedonismus mit schlichtem Vergnügen an intensiven sinnlichen Reizen identifiziert und als Philosophie des vollen Magens missversteht.

90

---

199 Vgl. die Zusammenfassung der skeptischen Gedanken durch *Sextus Empiricus*, Outlines of Pyrrhonism, with an English translation by R. G. Bury, 1933.

91  Die Lust, so Epikurs zentrale ethische These, sei „Ursprung und Ziel des glückseligen Lebens", nach der jedes Gut beurteilt werde.[200] Er zielt dabei allerdings auf einen aufgeklärten Umgang mit den eigenen Neigungen ab, der auch bereit ist, auf bestimmte Bedürfnisbefriedigungen zu verzichten, wenn dies der Preis ist, andere zu gewinnen.[201] Die Lust, um die es sich handelt, ist nicht die Erfüllung einer pochenden Leidenschaft, sondern eine friedliche, durch Enthaltsamkeit souveräne Ruhe: „Wenn wir also sagen, die Lust sei das Ziel, meinen wir damit nicht die Lüste der Hemmungslosen und jene, die im Genuss bestehen, wie einige, die dies nicht kennen und nicht eingestehen oder böswillig auffassen, annehmen, sondern: weder Schmerz im Körper noch Erschütterung in der Seele zu empfinden".[202] Epikur bezieht auch die Gerechtigkeit in seine Vorstellung des guten Lebens ein: „Daher ist die Einsicht sogar wertvoller als die Philosophie: ihr entstammen alle übrigen Tugenden, weil sie lehrt, daß es nicht möglich ist, lustvoll zu leben, ohne einsichtsvoll, vollkommen und gerecht zu leben".[203] Gerechtigkeit und mit ihr das Recht wird dabei auf den Nutzen zurückgeführt, der sich für Menschen ergebe, wenn gegenseitige Schädigungen vermieden würden.[204] Begründet wird sie durch Vertrag: „Gerechtigkeit ist nicht etwas an und für sich Seiendes, sondern ein im Umgang miteinander an jeweils beliebigen Orten abgeschlossener Vertrag, einander nicht zu schädigen und sich nicht schädigen zu lassen".[205] Ein weiteres Anliegen Epikurs ist die Kritik deterministischer Theorien eines notwendigen Schicksals. Epikur versucht dagegen die Möglichkeit menschlicher Freiheit zu verteidigen, nicht zuletzt gegen die Stoiker, denen sogleich das Augenmerk gelten wird.

92  Epikurs Ideen werden in der Nachfolge vor allem durch den römischen Dichter *Lukrez* aufgenommen und in poetischer Form tradiert.[206] Neben dem Hedonismus ist dabei die Kritik Epikurs an Religionen, die er als Quelle von Furcht, nicht von Trost, empfindet, ein ebenso zentrales Thema wie die Überwindung der Angst vor dem Tod. Die Vorstellung eines Lebens nach dem Tode lehnt Epikur ab, da diese die Seelenruhe ebenfalls beeinträchtige.

93  **b) Kritische Einschätzungen.** Epikurs Fassung einer hedonistischen Ethik nimmt die bereits gestellte Frage des Verhältnisses von Moral und gutem Leben auf und beantwortet sie in einer scheinbar unzweideutigen Weise: Die Inhalte der Moral führen nicht nur zu einem guten Leben wie von Sokrates, Platon und Aristoteles behauptet, sie werden selbst durch das, was Vergnügen bereitet, bestimmt. Es gibt keinen Widerspruch zwischen Moral und gutem Leben, weil nur das, was Vergnügen bereitet, Inhalt der Moral ist. Hiergegen sind vor allem zwei Argumentationslinien relevant geblieben: Die erste fragt nach der internen, wertenden Differenzierung von Präferenzen und ihrer Berechtigung – aus welchen Gründen kann Epikurs Enthaltsamkeitsideal für alle Menschen Geltung beanspruchen, warum ist es mehr als ein partikulares Geschmacks-

---

200 *Epikur*, Brief an Menoikeus, in: *ders.*, Briefe, Sprüche, Werkfragmente, Griechisch/Deutsch, übersetzt und hrsg. v. H.-W. Krautz, 2000, 128 f.
201 *Epikur*, Brief an Menoikeus, 128 f.
202 *Epikur*, Brief an Menoikeus, 131.
203 *Epikur*, Brief an Menoikeus, 132.
204 *Epikur*, Entscheidende Lehrsätze, in: Epikur, Briefe, Sprüche, Werkfragmente, XXXI–XXXVIII.
205 *Epikur*, Entscheidende Lehrsätze, XXXIII.
206 *Lukrez*, De rerum natura, Lateinisch/Deutsch, übersetzt und mit einem Nachwort hrsg. v. K. Büchner, 2008.

## § 1 Theorien der Antike

urteil? Die zweite, bei der Erörterung von Sokrates, Platon und Aristoteles bereits bedeutsame, weist darauf hin, dass die Identifikation von Vergnügen und Moral dem Phänomen der Moral, ihrer gerade auch gegen Neigungen verpflichtenden Kraft, nicht gerecht wird. Beide Argumentationslinien werden weiter zu verfolgen sein.

### 3. Trost und Einsicht – Stoa

a) **Welt und *logos*.** Die zentrale ethische Doktrin des Hellenismus wird von der Stoa formuliert, einer geistigen Bewegung, deren erste Vertreter im vierten Jahrhundert v. Chr. wirken, und die bis in das römische Kaiserreich einflussreich ist und danach in verschieden verwandelter Form, nicht zuletzt durch ihre bedeutenden literarischen Zeugnisse, lebendig geblieben ist. Die Stoa gliedert sich in drei Perioden, ohne dass diese sich inhaltlich deutlich voneinander unterschieden. Die ältere Stoa bilden Autoren wie *Zenon* (etwa 333–261 v. Chr.), *Kleanthes* (etwa 331–232 v. Chr.) oder *Chrysippos* (etwa 282–206 v. Chr.), die mittlere *Panaitios* (etwa 185–110 v. Chr.) oder *Poseidonios* (135–51 v. Chr.), die neuere *Seneca* (etwa 1–65), *Epiktet* (etwa 55–135) oder der römische Kaiser *Marc Aurel* (121–180). Auch *Cicero* (106–43 v. Chr.) gehört in den Umkreis der Stoa.

94

Den Hintergrund der Überlegungen der Stoiker bildet die Annahme, der Welt wohne eine innere, gestaltende Vernunft, der *Logos*, inne.[207] Die Idee des *Logos* gibt dem Weltbild deterministische und aufgrund seiner Identifizierung mit Gott pantheistische Züge. Der *Logos* werde von den Menschen durch die individuelle Vernunft erkannt, die an dem Weltgesetz teilhabe. Die menschliche Teilhabe am *Logos* mache das spezifische Wesen des Menschen aus.[208] Menschen bildeten Begriffe, hätten die Fähigkeit zum Denken, einen Zeithorizont jenseits der Gegenwart und seien ein mögliches Subjekt von moralischen Geboten und sittlicher Verantwortung. Sie besäßen eine Sprachfähigkeit und das Vermögen zu kreativen Akten. Aus stoischer Sicht ist das Sein hierarchisch gegliedert: Auf der untersten Stufe stehe die anorganische Natur, über ihr seien die Pflanzen, die Tiere und schließlich die Menschen angeordnet. Diese Weltordnung wird anthropozentrisch und teleologisch interpretiert: Die Pflanzen und Tiere sind um der Menschen willen da, das Weltall um seiner selbst willen, die Menschen aber, um das Weltall zu betrachten und nachzuahmen.[209]

95

b) **Naturrecht und die Überwindung der Welt.** Ein Gesetz, der *Nomos*, ist für die Stoa die oberste Richtschnur des Handelns. Dieses Gesetz sei mit dem inneren geistigen Wesen der Welt, dem *Logos*, verbunden.[210] Der Kosmos sei eine *Polis* im Großen und verfüge über eine einzige Verfassung und ein einziges Gesetz.[211] Die verschiedenen Polisordnungen seien dagegen vielfältig und mit jeweils unterschiedlichen Gesetzen ausgestattet. Innerlich verbindlich sei nur das Vernunftgesetz, die staatsbürgerlichen Gesetze seien nur wirkliches Recht, wenn sie ihm entsprächen, aber trotz Abweichung

96

---

207 Zenon, in: *H. v. Arnim (Hrsg.)*, Stoicorum Veterum Fragmenta (=SVF), Bd. I, 1905, 111–114.
208 Vgl. *Cicero*, De Legibus, in: *ders.*, Staatstheoretische Schriften, Lateinisch/Deutsch, übersetzt v. K. Ziegler, 1979, I, 22 ff.
209 Vgl. *Cicero*, De Natura Deorum, Lateinisch/Deutsch, übersetzt und hrsg. v. U. Blank-Sangmeister, 1995, II, 37.
210 *Chrysipp*, SVF III, 1903, 314.
211 *Chrysipp*, SVF III, 323.

– solange es vertretbar erscheine – zu befolgen.²¹² Damit wird die *Naturrechtsidee* differenziert entwickelt und in eine Form gebracht, die die Theorie bis in die Gegenwart beschäftigt: Die Existenz einer unabänderlichen, universalen normativen Ordnung wird behauptet, die Kulturgrenzen überschreite und den kritischen Maßstab für die konkreten positiven Ordnungen bilde. Durch diese universale normative Ordnung bestehe eine *ethische Gemeinschaft der Menschen als Vernunftwesen*. Da alle Menschen die zentralen Eigenschaften, die das Menschsein ausmachten, teilten, ist aus stoischer Sicht keiner von Natur aus Sklave (wenn auch nicht alle Stoiker für die Abschaffung der Sklaverei eintraten). Die Idee einer hierarchisch gegliederten *Polis* – einschließlich als gerecht angesehener Sklaverei – wird damit zugunsten eines universalistischen und im Grundsatz egalitären Kosmopolitismus überwunden.²¹³ Der spezifische Eigenwert der Menschen wird in nachdrücklicher Weise konzipiert und bei *Cicero* auf den Begriff der Würde (*Dignitas*) gebracht, der nicht nur eine soziale Stellung, sondern den Wert des Menschen als Vernunftwesen benennt.²¹⁴

97  Die Bezeichnung „stoisch" ist für eine ungerührte innere Haltung sprichwörtlich geworden. In der Tat entwarfen die Stoiker eine Ethik der inneren Unabhängigkeit, die das Ideal eines Menschen aufstellt, für dessen Glück allein die eigene Haltung, nicht aber, was ihm selbst widerfährt, entscheidend ist. Wahrhaft frei seien dabei nur die Weisen, nicht die Toren, die von diesen strikt getrennt werden.

98  **c) Kritische Einschätzungen.** Die Ethik der Stoa durchzieht ein unaufgelöster Widerspruch zwischen Determinismus und ethischer Freiheit – eine individuelle Tugendlehre ist überflüssig, wenn die Handlungen des Individuums vorherbestimmt sind. Die Stoa – wie andere Ethiken, die Leiden durch Gewinnung einer inneren Haltung gegenüber diesen Leiden zu überwinden versuchen – kann den Sinn für die beschränkte Bedeutung der eigenen Empfindungen, das Bewusstsein ihrer Relativität im Verhältnis zu den Geschicken anderer, stärken. Sie gerät aber auch in Gefahr, eine resignierte Ideologie der quietistischen Weltflucht zu werden. Man kann Freiheit und inneren Frieden nicht allein durch Reflexion und die richtige Haltung erreichen. Es bedarf auch der Schaffung einer entsprechenden Wirklichkeit, was nicht zuletzt Anforderungen an das Recht formuliert. Bei aller deswegen berechtigten Betonung der Notwendigkeit politischer, realer, auch rechtlich institutionalisierter Entfaltungspotenziale sollte man aber nicht übersehen, dass alle menschlichen Leiden selbst durch die vollkommenste Gesellschaftsordnung nicht beseitigt werden können. Nicht nur Krankheit oder Tod behalten auch in einem politischen Elysium ihre Bitterkeit. Im Umgang mit diesen existentiellen Gegebenheiten kann ein weiter Blick wie der der Stoa deshalb seinen menschlichen Wert behalten, wenn er nicht zum Ganzen wird.

99  Die Stoa entwirft eine starke Metaphysik des *Logos*, einer die Welt durchziehenden Vernunft, aus der die ethischen Aussagen gewonnen werden, die nicht plausibel ist. Bedeutende ethische Leistungen bilden indessen der ethische Universalismus, die dif-

---

212 *M. Pohlenz*, Die Stoa, 8. Aufl., 2010, S. 133.
213 *Chrysipp*, SVF III, 314, 323.
214 *Cicero*, De Officiis, Lateinisch/Deutsch, übersetzt, kommentiert und hrsg. v. H. Gunermann, 2007, 105 f.

ferenzierte Naturrechtsdoktrin und ihr Begriff menschlicher Würde – damit werden Vorstellungen geformt, die bis heute wichtige Perspektiven eröffnen.

## § 2 Weltreligionen

| | | | |
|---|---|---|---|
| I. Glauben und richtiges Leben | 1 | 3. Scholastik | 18 |
| II. Hinduismus, Buddhismus und Konfuzianismus | 4 | 4. Reformation | 23 |
| III. Judentum | 7 | 5. Menschenwürde und Gerechtigkeit | 27 |
| IV. Christentum | 13 | V. Islam | 33 |
| 1. Die Ethik der Barmherzigkeit | 13 | VI. Kritische Einschätzungen | 39 |
| 2. Patristik | 16 | | |

### I. Glauben und richtiges Leben

1  Bei manchen der traditionellerweise zum Kern der Philosophie gezählten Ansätze, die angesprochen wurden, ist die Abgrenzung der theoretischen Positionen zu religiösen Ansichten nicht immer leicht vorzunehmen. Bei Sokrates hat z.b. die innere leitende Stimme, das *Daimonion*, aus seiner eigenen Sicht Verbindungen zu göttlichen Quellen. Auch Platon bezieht das Göttliche verschiedentlich in seine Überlegungen ein. Große Bilder wie das Sonnengleichnis sind mitreißende poetische Visionen mit mystisch-religiösem Gehalt. Die Stoa gewinnt ihre Ethik aus einer Weltinterpretation, in der kein personaler Gott, sondern eine pantheistische Weltvernunft, die mit Gott ausdrücklich identifiziert wird, die letzte Orientierung liefert.

2  Aber nicht nur diese philosophisch-religiösen Überlegungen sind für die rechtsphilosophische Ideengeschichte wichtig. Die heute noch praktizierten Weltreligionen selbst haben auf die Begriffe und Gefühle seit der Antike eingewirkt und einen entscheidenden Einfluss auf die wichtigen ethischen und rechtlichen Weichenstellungen ausgeübt. Die deswegen notwendige Rekonstruktion ihres ethischen Gehalts ist nun aus verschiedenen Gründen keineswegs einfach. Zum einen sind die Quellen der Weltreligionen sehr heterogen und manchmal über Jahrhunderte hinweg gewachsen. Sie wurden manchmal mündlich überliefert, bis sie niedergeschrieben, redaktionell bearbeitet und in autoritativer Form zusammengefasst wurden, wobei widersprüchliche Aussagen aus verschiedenen Überlieferungsschichten weiter nebeneinander bestehen bleiben können. Nicht umsonst widmet sich die philologische Arbeit seit Jahrhunderten z.B. einer kritischen Untersuchung der Entstehung der Bibel. Eine weitere Schwierigkeit wird durch die Frage aufgeworfen, welche Rolle die Praxis bestimmter historischer Epochen oder der Gegenwart bei der Bestimmung des ethischen Gehalts von Religionen spielt. Hier muss man vorsichtig sein und sich vor eiligen Einschätzungen hüten. Eine durch eine Religion begründete Praxis kann den ethischen Gehalt einer Religion widerspiegeln, sie kann ihn aber auch verfehlen. Es ist deshalb z.B. nicht möglich, von der Praxis der Inquisition auf die Essenz des Christentums hinsichtlich Toleranzfragen oder von der Konzeption des Geschlechterverhältnisses in bestimmten islamischen Gesellschaften der Gegenwart auf die mögliche Stellung von Frauen im Islam schlechthin zu schließen. Hier ist mehr und differenziertere Überlegung gefordert. Dabei spielt ein zusätzlicher Aspekt eine Rolle: Das Verständnis der – wie erwähnt schon selbst heterogenen – religiösen Texte verändert sich z.T. grundlegend im Fortgang der religiösen Reflexion der Gläubigen. Religionen wandeln sich im historischen und kulturellen Prozess ihrer Praxis – das macht nicht zuletzt einen wichtigen Teil ihrer immer wieder sich erneuern-

den Anziehungskraft und Lebendigkeit aus. Jede Bemerkung über religiöse Ethik und ihre Bedeutung für das Recht muss deshalb mit Vorsicht formuliert werden.

In religiösem Rahmen wird häufig in sehr umfassender Weise zum richtigen Leben normativ Stellung bezogen. Die folgenden Bemerkungen sind deshalb notwendig skizzenhaft, deuten aber immerhin gewisse Grundzüge an, in deren Rahmen sich die Gehalte religiöser Ethiken – überzeugend oder auch kritikwürdig – weiter entfalten.

## II. Hinduismus, Buddhismus und Konfuzianismus

Der *Hinduismus* ist wohl die älteste noch praktizierte Weltreligion – wichtige textliche Quellen wie der *Rigveda* entstehen im 2. Jahrtausend v. Chr. Markanter Gehalt der Sozialethik ist die Kastengesellschaft, die durch Vorstellungen der Wiedergeburt metaphysisch abgesichert wird. Diese extrem hierarchisierte Gesellschaftsordnung ist offen für eine naheliegende Kritik, die sich aus menschlichen Gleichheitsansprüchen speist. Man findet aber auch andere ethische Gehalte, z.B. die sog. *Goldene Regel*, die besagt, dass man andere in der Weise behandeln solle, die man selbst als Behandlung erstrebt.[1] Damit wird immerhin – wenn auch auf nicht ganz präzise Weise – ein Grundprinzip des Altruismus angedeutet. Dass man auch die Herabsetzung von Menschen aufgrund von Kastenvorstellungen im Verständnis seiner Anhänger auch aus hinduistischer Sicht kritisieren kann, zeigt *Mohandas Gandhi*, der aufgrund von religiösen, aus der hinduistischen Tradition geschöpften Argumenten für den gleichen Wert jedes Menschen gegen die diskriminierende Behandlung der Unberührbaren, der Dalit, kämpfte,[2] das Kastensystem als solches aber nicht in Frage stellte. Der vermutlich wichtigste Vertreter der Dalit im 20. Jahrhundert, Ambedkar, der die indische Verfassung wesentlich prägt, kritisierte Gandhi dafür scharf und klagte Freiheit und Gleichheit aller Menschen gegen die hinduistischen Traditionen der Ungleichheit ein.[3] Im gegenwärtigen Indien dauert die Auseinandersetzung um die überzeugendste Interpretation der hinduistischen Tradition nicht anders als in anderen Religionen an, wobei breite Bevölkerungsteile eine Vorherrschaft und Überlegenheit der Hindus verfechten und die Kastenunterschiede offen oder versteckt weiter praktizieren, während andere mit ihren hinduistischen Orientierungen eine kompromisslose Verpflichtung auf menschliche Gleichheit verbinden.

Der *Buddhismus* ist eine egalitäre Antwort auf den Hinduismus, dessen Kastenwesen er mit seinen ethisch-religiösen Maximen überwindet. Zentral ist das Gebot der Achtung anderer, nicht nur menschlicher Lebewesen. In der modernen buddhistischen Ethik wird dabei diskutiert, ob der spirituelle Gehalt des Buddhismus, die Überwindung der einzelnen, individuierten Person, der Akzeptanz der Menschenrechte entgegenstehe. Die religiöse Hoffnung auf Überwindung des Leidens durch Überschreitung

---

1 Vgl. *Mahabharata*, translated by K. M. Ganguli, http://www.mahabharataonline.com, XII, 160; XIII, 113. In der Ganguli Übersetzung: „One should never do that to another which one regards as injurious to one's own self. This, in brief, is the rule of Righteousness".
2 *M. Gandhi*, Young India, 19.1.1921, zitiert nach: *ders.*, Was ist Hinduismus?, 2006, S. 126.
3 *B. R. Ambedkar*, Annihilation of Caste, in: *ders.*, Annihilation of Caste. The Annotated Critical Edition, edited and annotated by S. Anand, introduced with the essay 'The Doctor and the Saint', by Arundhati Roy, 2017, S. 181 ff und die Auseinandersetzung von Ambedkar und Ghandi, ebd., S. 319 ff. Zur problematischen Haltung Ghandis zur Kastenfrage *Arundhati Roy*, The Doctor and The Saint, ebd., S. 15 ff.

der engen Grenzen des Ichs, die der Buddhismus formuliert, hindert ihn allerdings nicht, eine Ethik des universalen Respekts vor anderen Lebewesen zu formulieren, die den besonderen Eigenwert auch der Menschen impliziert.[4] Entsprechend betonen moderne Stellungnahmen aus buddhistischer Sicht die Bedeutung von Menschenwürde und Menschenrechten, wenn auch in durchaus umstrittener Weise.[5]

6 Der *Konfuzianismus* wird häufig mit autoritären Traditionen assoziiert. Es gibt aber auch hier interessante andere Ansätze, z.B. bei einem der zentralen Autoren des Konfuzianismus, *Mêng-Tzû* (372–289 v. Chr.), der Menschen aufgrund ihrer moralischen Natur einen „göttlichen Adel" zuschreibt, woran in der modernen Diskussion angeknüpft wird.[6]

### III. Judentum

7 Für die moralische und rechtliche Orientierung sind im Judentum verschiedene Quellen relevant. Die *Thora*, d.h. die 5 Bücher Mose, der Pentateuch, enthält 613 Gebote (*Mitzwot*), zu denen auch die Zehn Gebote gehören. Der *Talmud* besteht aus der *Mischna*, die die mündliche religiöse Überlieferung wiedergibt, und der *Gemara*, dem Kommentar der Gelehrten, der die religiösen Texte kontrovers, vielfältig und differenziert erörtert.

8 Ausgehend von der in der Thora formulierten Idee der Gottesebenbildlichkeit hat das Judentum seinen Begriff vom Eigenwert des Menschen gebildet. Die nach den gängigen textkritischen Rekonstruktionen ältere Schöpfungsgeschichte[7] des sog. *Jahwisten* (etwa 950 v. Chr.) spricht die Vorstellung der Gottesebenbildlichkeit des Menschen noch nicht aus: Der Mensch wird hier allein durch den göttlichen Hauch zum Leben erweckt. Gottesähnlichkeit erreicht er durch den Sündenfall, der ihm das Wissen von Gut und Böse beschert. In der jüngeren, sog. priesterschriftlichen Schöpfungsgeschichte[8] (etwa 550 v. Chr.) wird dann die Idee der Gottesebenbildlichkeit formuliert. Die rabbinische Reflexion hat die explizite Verbindung der Gottesebenbildlichkeit der Menschen mit dem Begriff der Würde (*kavod*) geleistet.[9] Eine allein mit den Eigenschaften der Menschen begründete Würde wird durch den Gottesbezug ausgeschlossen. Gott ist zudem nicht nur der Ursprung menschlicher Würde, sondern erhält sie auch, wenn Menschen sich etwa verwerflich verhalten. Zentral ist dabei das Recht auf

---

4 Vgl. Suttanipata 143–152, 149, nach: Die Reden *Gotamo Buddhos*. Sammlungen in Versen: Die Sammlung der Bruchstücke. Die Lieder der Mönche und Nonnen. Der Wahrheitspfad. Zum ersten Mal übersetzt v. K. E. Neumann. K. E. Neumanns Übertragungen aus dem Pâli-Kanon, Bd. 3, 1957: „Wie die Mutter ihres Leibes eigne Frucht, / mit dem Leben schützen mag ihr einzig Kind: / also mag man alles was geworden ist / unbegrenzbar einbegreifen in der Brust". Die fünf zentralen buddhistischen Grundregeln umfassen die Verbote, Lebendes zu töten, nicht Gegebenes zu nehmen, im sexuellen Bereich Unrecht zu tun und zu lügen sowie das Gebot des Sich-Fernhaltens von Rauschmitteln, vgl. z.B. Anguttara-Nikâya X, 176, in: Die Lehrreden des *Buddha* aus der Angereihten Sammlung Anguttara-Nikâya, aus dem Pâli übersetzt v. Nyantolika, Bd. IV, 1969.
5 Vgl. etwa *XIV. Dalai Lama*, Human Rights and Universal Responsibility, Non-Governmental Organizations, United Nations World Conference on Human Rights, 15. June 1993, Vienna, Austria, z.B. abgedruckt in: D. Keown/C. Prebish/W. Husted (Hrsg.), Buddhism and Human Rights, 1998, S. xvii ff., xviii ff.
6 *Mong Dsi* (Mong Ko), übersetzt v. R. Wilhelm, 1921, Buch VI A 16, S. 139.
7 Gen., 2, 4.
8 Gen., 1,1; 1, 26.
9 *Y. Lorberbaum*, Blood and the Image of God: On the Sanctity of Life in Biblical and Early Rabbinic Law, Myth, and Ritual, in: D. Kretzmer/E. Klein (Hrsg.), The Concept of Human Dignity in Human Rights Discourse, 2002, S. 55 ff., 56; *N. Rotenstreich*, Man and his Dignity, 1983, S. 23 ff.

## § 2 Weltreligionen

Leben, das diesen Eigenwert unterstreicht. Dieses Recht ist von so großer Bedeutung, dass seinetwegen auch religiöse Gebote suspendiert werden können, wenn deren Einhaltung im konkreten Fall ein menschliches Leben gefährdet.[10] Der Talmud formuliert emphatisch in einer berühmten Stelle, dass die Tötung eines Menschen der Tötung aller Menschen gleich komme.[11] Die Todesstrafe wird deshalb zu einem Problem für die jüdische Ethik. Diese Strafform wird zwar durch den eindeutigen Bibeltext aufgrund der Bedeutung menschlichen Lebens angeordnet,[12] aber zunehmend für zweifelhaft gehalten. Im Talmud finden sich entsprechende Auslegungen, die versuchen, die Todesstrafe zurückzudrängen. Dabei spielt der hohe Eigenwert der Menschen wiederum eine Rolle – nun aber nicht zur Begründung der Todesstrafe, sondern für ihre Kritik.[13]

Mit der Würde der Menschen sind Vorstellungen menschlicher Gleichheit verbunden, wenn auch aus moderner Sicht fraglich ist, ob Frauen und Menschen mit Behinderungen geringeren Schutz genossen haben oder nicht.[14]

In der Diskussion der jüdischen (Rechts-)Ethik wird zuweilen die Bestimmung des Judentums durch Gebote im Gegensatz zu Rechten betont[15] – ein Problem, das auch in anderen religiösen Zusammenhängen diskutiert wird, z.B. im Hinduismus oder Buddhismus. Man sollte dabei eines nicht übersehen: Gebote müssen normtheoretisch zwar nicht Rechte einschließen, können es aber. Wenn also in religiösen Ethiken von Pflichten gesprochen wird, wird möglicherweise ein subjektives Recht impliziert – was gerade für die Begründung von Menschenrechten von Bedeutung sein kann. Die Rolle von subjektiven Rechten wird aus diesem Grund auch für die jüdische Rechtsethik unterstrichen.[16] Sie enthält aus dieser Sicht nicht etwa nur ein Gebot, nicht zu töten, sondern auch ein subjektives Recht auf Leben.

Im Judentum findet sich auch – wie in anderen religiösen Ethiken – an prominenter Stelle die Idee mitmenschlicher Fürsorge: Eine sprichwörtliche Geschichte der jüdischen Tradition wird von *Moses Mendelssohn*, einem Kernautor der jüdischen Aufklärung in Deutschland, Freund Lessings und geachteten Briefpartner Kants, wie folgt wiedergegeben: „Ein Heide sprach: Rabbi, lehret mich das ganze Gesetz, indem ich auf einem Fuße stehe! Samai, an den er diese Zumutung vorher ergehen ließ, hatte ihn mit Verachtung abgewiesen; allein der durch seine unüberwindliche Gelassenheit und Sanftmut berühmte Hillel sprach: *Sohn, liebe deinen Nächsten wie dich selbst!* Dieses ist der Text des Gesetzes; alles übrige ist Kommentar. Nun gehe hin und lerne!"[17]

---

10 Vgl. Synhedrin VIII, vii, 74a, Der Babylonische *Talmud*, übertragen von L. Goldschmidt, Bd. VIII, Nachdruck der Ausgabe 1930–1936, 1996, auch zu den Ausnahmen (Mord, Götzendienst, Unzucht); *H. Cohn*, Human Rights in the Bible and Talmud, 1989, S. 24 ff.
11 Mischna, Synhedrin, IV, v., Der Babylonische *Talmud*.
12 Gen., 9, 6.
13 Mischna Makkoth I, x, Der Babylonische *Talmud*.
14 *C. Safrai*, Human Dignity in a Rabbinical Perspective, in: D. Kretzmer/E. Klein (Hrsg.), The Concept of Human Dignity in Human Rights Discourse, 2002, S. 100 ff.
15 Vgl. z.B. *R. M. Cover*, Obligation: A Jewish Jurisprudence of the Social Order, in: M. Walzer (Hrsg.), Law, Politics, and Morality in Judaism, 2006, S. 3 ff.
16 *H. Cohn*, Human Rights in the Bible and Talmud, S. 9.
17 *M. Mendelssohn*, Jerusalem oder über religiöse Macht und Judentum, in: ders., Schriften über Religion und Aufklärung, 1989, S. 420; s. u. § 8.

12 Die eindrucksvolle geistige Tradition des Judentums illustriert den ethischen Reichtum von Religionen. Sie zeigt zudem die mögliche kreative Pluralität von Positionen innerhalb einer religiösen Ethik und zwar auch im Hinblick auf Fundamentalfragen wie den Schutz menschlichen Lebens. Letzteres ist auch heute so geblieben, von Fragen der präventiven Folter bis zum Gehalt religiös begründeter Gemeinschaftspflichten. Dieser doppelte Befund, der sich bereits für den Hinduismus, Buddhismus und Konfuzianismus angedeutet hat, wird sich weiter bestätigen.

## IV. Christentum

### 1. Die Ethik der Barmherzigkeit

13 Das Christentum hat in seiner Anfangsphase einen langen und schwierigen Weg zurückzulegen. Im römischen Reich ist es Verfolgungen ausgesetzt, die erst 313 mit dem Toleranzedikt *Kaiser Konstantins* (280–337) enden. Zentrale Inhalte werden 325/381 im nicänischen Glaubensbekenntnis in wesentlichen Aspekten autoritativ fixiert. 380 wird das Christentum Reichsreligion unter *Kaiser Theodosius* (347–395) – zu einem Zeitpunkt allerdings, an dem das römische Weltreich vor seinem Ende steht: 410 wird Rom durch die Westgoten geplündert, 476 entthront *Odoaker* (435–493) den Kaiser. Das Christentum hat in dieser Phase seiner inhaltlichen, theologischen Konsolidierung verschiedene kulturelle und philosophische Einflüsse aufgenommen, wobei die Stoa und der Neuplatonismus von besonderer Bedeutung sind. Das Christentum geht aber als monotheistische Religion mit einer personalen Gottheit, durch die Doktrin des Sündenfalls, Fragen der Rechtfertigung der Menschen, die Vorstellung, dass sich der Sohn Gottes für die Menschen geopfert habe oder die Erwartung der Auferstehung und eines kommenden Lebens eigene Wege – mit bald welthistorischer Bedeutung.

14 Der ethische Gehalt der Religion ist zentral mit den Lehren von *Jesus* verbunden, aber auch die Inhalte des – aus christlicher Sicht so bezeichneten – Alten Testaments spielen weiter eine zentrale Rolle, etwa – wie im Judentum – die Zehn Gebote[18] oder die Idee der Gottesebenbildlichkeit der Menschen (*imago dei*).[19] Im Neuen Testament wird den Armen und Schwachen besondere Aufmerksamkeit geschenkt, Nächstenliebe und Barmherzigkeit treten in den Vordergrund. Die zentrale Quelle der neuen ethischen Weichenstellungen ist die Bergpredigt: Das Grundanliegen von Jesus ist dabei nicht die Aufhebung der überlieferten jüdischen Gesetze, sondern ihre ethische Radikalisierung.[20] Für ihn ist nicht nur das Töten verboten, sondern auch das Zürnen und die Beleidigung des anderen. Nicht nur Ehebruch ist untersagt, sondern schon das Verlangen nach der Partnerin eines anderen. Jesus formuliert ein strenges Scheidungsverbot, es sei denn, Ehebruch liege vor. Schwören sei ebenfalls nicht erlaubt. Charakteristisch und gleichzeitig bis heute in seiner ethischen Berechtigung höchst umstritten ist die Modifikation des Talionsprinzips: Statt „Auge um Auge, Zahn um Zahn" fordert Jesus nun, dass kein Widerstand gegen Böses geleistet werden solle.[21] An die Stelle der Liebe des Nächsten und des Hasses auf den Feind tritt die Liebe auch des Fein-

---

18 2. Mose, 20, 1–17.
19 1. Mose, 1, 27.
20 Matth., 5–7.
21 Matth., 5, 38, 39.

## § 2 Weltreligionen

des.²² Weitere Gebote beziehen sich auf Almosen, Beten oder Fasten ohne Prahlerei im bescheiden Verborgenen. Jesus betont, dass man nicht Gott und Mammon dienen könne: „Und was sorget ihr euch um eure Kleidung? Lernt von den Lilien, die auf dem Feld wachsen: Sie arbeiten nicht und spinnen nicht. Doch ich sage euch: Selbst Salomo war in all seiner Pracht nicht gekleidet wie eine von ihnen".²³ Er argumentiert gegen selbstgerechten Richtgeist. Auch die Goldene Regel wird von ihm aufgegriffen: „Alles, was ihr also von anderen erwartet, das tut auch ihnen! Darin besteht das Gesetz und die Propheten".²⁴ Außerhalb der Bergpredigt ist insbesondere die Aussage, dass dem Kaiser zu geben sei, was des Kaisers sei, und Gott, was Gottes sei,²⁵ für die Konzeption von Religion und politischer Ordnung immer wieder von Bedeutung gewesen.

Die Bergpredigt wird aus inner- wie außerchristlicher Perspektive bewundert und kritisiert. Den einen erscheint sie als Inbegriff humaner Zuwendung und Wärme, anderen als zweifelhaft, weil schwärmerisch und weltfremd. Beispiele für Letzteres bilden die Kritik der Vorstellung einer ewigen Bestrafung von Einigen oder der Einwand, dass es sich um eine eschatologische Ethik der Endzeit handle. Sie sei realitätsuntauglich, weil sie in der Perspektive der unmittelbar bevorstehenden Erlösung der Menschen durch das Reich Gottes formuliert worden sei. Deswegen werde die Sorge um die Alltagsbedürfnisse der einzelnen Menschen viel zu wenig betont.²⁶ Derartige Einwände können einen sachlichen Gehalt haben. Niemand ist etwa moralisch zur Selbstaufgabe verpflichtet, jede Person darf sich gegen Angriffe von anderen, die die eigene Rechtssphäre verletzen, wehren. Man sollte aber über dieser Kritik die ethische Größe der Bergpredigt nicht verkennen. Sie bildet eine berührende Erinnerung daran, mit welcher kompromisslosen Nachdrücklichkeit man sich anderen Menschen zuwenden, wie man das verbindende Menschsein für wichtiger halten kann als jede trennende Entfremdung durch eine unfreundliche, womöglich sogar feindliche Handlung. Im Maß der moralischen Anforderungen der Bergpredigt steckt deshalb ein Element der insgeheimen ethischen Beschämung durch Güte.

### 2. Patristik

Nach der Grundlegung des Christentums durch *Jesus* und die Apostel wurde die christliche Lehre durch die Kirchenväter weiter vertieft und differenziert. Zentral ist dabei *Augustinus* (354–430). Nach seiner Ansicht wird die Gesamtordnung der Welt durch ein ewiges Gesetz (*lex aeterna*) regiert. Dieses Gesetz entspringe der Vernunft oder dem Willen Gottes und befehle, die natürliche Ordnung aufrecht zu erhalten.²⁷ Das Naturgesetz, das derartig in die Gesamtschöpfung eingebettet sei, sei der menschlichen Vernunft eingeschrieben. Die Parallele zur Stoa ist hier offensichtlich. Das

---

22 Matth., 5, 44.
23 Matth., 6, 28–29.
24 Matth., 7, 12.
25 Matth., 22, 21.
26 *B. Russell*, Why I am not a Christian, Touchstone, o. J., S. 16 ff., der allerdings die Bedeutung von Maximen wie dem Gebot, nach einem Schlag auch die andere Wange hinzuhalten, betont, ebd., S. 14 f.
27 „Lex vero aeterna est ratio divina vel voluntas Dei ordinem naturalem conservari iubens, perturbari vetans", (Das ewige Gesetz aber ist die Vernunft oder der Willen Gottes und gebietet, die natürliche Ordnung zu bewahren und verbietet, sie zu stören), *Augustinus*, Contra Faustum, in: Corpus Scriptorum Ecclesiasticorum Latinorum, Sancti Aureli Augustini Opera, Vol. XXV, 1981, XXII, 27.

menschliche Gesetz, die *lex humana*, wird durch den Bezug zur ewigen göttlichen Ordnung legitimiert. Der Gesetzgeber habe die ewigen Gesetze zu berücksichtigen. Dabei bestehe ein gewisser Spielraum, der gleichzeitig pragmatisch und heilsgeschichtlich begründet wird: Augustinus unterscheidet die Glaubensgemeinschaft Gottes, die *civitas dei*, und die irdische Gemeinschaft, die *civitas terrena*. Erstere bilde eine innere Ausrichtung der Gläubigen an den Geboten der christlichen Heilsbotschaft, Letztere eine weltliche Orientierung an Selbstliebe und Gottlosigkeit. Die weltlichen Ordnungen sind nicht deckungsgleich mit der *civitas terrena* und keine Verkörperung der *civitas dei*. Christen müssten sich aus Zwecküberlegungen, zur Erreichung eines geschützten Lebens, des zeitlichen „Friedens Babylons" bedienen, den die weltlichen, staatlichen Ordnungen gewährten. Der Gläubige habe sich, obwohl Herrschaft im Zustand vor dem Sündenfall nicht existiert habe, deshalb in weltliche Ordnungen einzufügen und weltlichen Gesetzen zu folgen, unter Vorbehalt der Wahrung der Gehalte der Religion.[28]

17  Einen interessanten und wichtigen Teilaspekt der augustinischen Lehre macht seine Konzeption der *Glaubensfreiheit* aus: Zentral ist sein Argument, dass Glauben nicht erzwungen werden könne.[29] Man könne gezwungen werden, in eine Kirche einzutreten, man könne gezwungen werden, zum Altar zu gehen, man könne gezwungen werden, das Sakrament zu nehmen. Glauben könne man aber nur aus freien Stücken.[30] Nachdem das Christentum Religion des römischen Reiches geworden war und sich Augustinus Glaubensspaltungen gegenübersah, hat er seine Haltung allerdings überdacht und ist für die Verfolgung von Andersdenkenden, z.B. im Donatistenstreit oder in der Auseinandersetzung mit dem Mönch *Pelagius*, eingetreten.[31] Anknüpfungspunkt wurden das Gleichnis vom Gastmahl[32] und der dort – in Augustinus' Interpretation – religiös gerechtfertigte Zwang „einzutreten" und am Gastmahl teilzunehmen, d.h. den Geboten der Kirche Folge zu leisten. Er argumentiert jetzt, dass Zwang legitim sein könne, wenn nur das Ziel des Zwanges legitim sei.[33] Augustinus hat mit dieser Wendung eine lange Tradition des Glaubenszwangs im Christentum begründet – über Jahrhunderte hinweg mit tragischen Folgen.

### 3. Scholastik

18  Einen neuen Aufschwung nimmt die geistige Welt des Christentums in der Scholastik. Zentraler Autor ist dabei *Thomas v. Aquin* (1225–1274), wenn auch manche andere vor und nach ihm ebenfalls bedeutende Beiträge geleistet haben und sich in der Spätscholastik noch einmal wichtige Auseinandersetzungen entfalten, nicht zuletzt um

---

28 *Augustinus*, De Civitate Dei, in: Corpus Scriptorum Ecclesiasticorum Latinorum, Sancti Aureli Augustini Opera, Vol. XXXX, Pars I, Pars II, 1899/1900, XIX.
29 Augustinus verteidigt auch eine Toleranzlehre aus Zweckmäßigkeitsgesichtspunkten, z.B. in Bezug auf die Duldung von Prostitution zur Erhaltung des inneren Friedens einer Gesellschaft.
30 „Intrare quisquam ecclesiam potest nolens, accedere ad altare potest nolens, accipere Sacramentum potest nolens: credere non potest nisi volens", *Augustinus*, In Joannis Evangelium, in: Patrologiae cursus completus, series latina, tomus XXXV, 1845, 1379, 1607.
31 Vgl. etwa *Augustinus*, Epistola ad Vincentium, in: Patrologiae cursus completus, series latina, tomus XXXIII, 1865, 329 f.
32 Lukas 14, 23.
33 *Augustinus*, De Correctione Donatistarum Liber, Seu Epistula CLXXXV, in: Patrologiae cursus completus, series latina, tomus XXXIII, 1865, 792.

die Rechtsstellung der Ureinwohner Südamerikas, die Objekte der Unterwerfung der spanischen Eroberer geworden waren.[34]

Thomas unterscheidet wie Augustinus – und wie dieser auf den Spuren der Stoa – verschiedene Normsphären. Ein ewiges Gesetz (*lex aeterna*) regiere die Gesamtheit der Welt. Das Naturgesetz (*lex naturalis*) sei Ausdruck dieser ewigen Ordnung. Menschen könnten das Naturgesetz durch Vernunft, genauer durch ein spezifisches praktisches Urteilsvermögen, das Gewissen (*synderesis*), erkennen.[35] Das Naturgesetz sei die Teilhabe am ewigen Gesetz durch ein vernunftbegabtes Geschöpf.[36] Oberste Maxime des Naturgesetzes bilde, das Gute zu tun und das Böse zu lassen.[37] Unterschiede im Urteil über das vom Naturgesetz Gebotene ergäben sich aus zwei Gründen: Sinnliches Begehren könne die Menschen davon abhalten, das Naturgesetz auf den Einzelfall anzuwenden. Weiter sei manche Angelegenheit derartig verwickelt, dass es zur Beurteilung umfangreicher Erwägungen bedürfe.[38]

Thomas entwickelt eine der anspruchsvollsten und differenziertesten Konzeptionen des irrenden Gewissens der Ideengeschichte, die von der Maxime ausgeht, dass Menschen im Prinzip dem eigenen Gewissen folgen sollten, auch wenn die Möglichkeit bestehe, dass das eigene moralische Urteil in die falsche Richtung weise. Thomas lehnt auch Glaubenszwang gegenüber Juden und Heiden ab, verteidigt ihn aber einschließlich der Todesstrafe gegenüber christlichen Häretikern, denn diese könnten aufgrund der Taufe besser wissen, dass ihr Glaube falsch sei, und sich deshalb nicht zu ihrer Entschuldigung auf ein irrendes Gewissen berufen.[39]

Das menschliche Gesetz, die *lex humana*, sei die notwendige Konkretisierung des allgemeinen und abstrakten Naturgesetzes, das in allgemeinen Prinzipien der menschlichen Vernunft verankert sei. Von diesen allgemeinen Prinzipien aus müsse man Einzelaussagen zu normativen Problemen durch Deduktion gewinnen.[40] Menschliche Gesetze zielten auf die Regelung von konkreten Einzelheiten von Lebensverhältnissen. Sie seien im vom Naturrecht nicht determinierten Bereich inhaltlich an keine normativen Maßstäbe gebunden.[41] Verstoße das menschliche Gesetz aber gegen das Naturgesetz, handele es sich um ein verdorbenes Gesetz ohne verpflichtende Kraft.[42] Die Gesetzgebung erfolge entweder durch Entscheid des Volkes oder stellvertretend für das Volk durch den

---

34 Insbesondere *Francisco de Vitoria* (1483–1546) und *Francisco Suárez* (1548–1617) sowie *Bartolomé de Las Casas* (1484–1566). Zu dessen bekannter Kritik an der Kolonisation Amerikas vgl. etwa B. de Las Casas, Geschichte Westindiens (Historia de las Indias), in: Werkauswahl, Bd. 2, hrsg. v. M. Delgado, 1995, S. 139 ff. sowie *ders.*, Ganz kurzer Bericht über die Zerstörung Westindiens (Brevísima relación de la destrucción de las Indias), in: Werkauswahl, Bd. 2, hrsg. v. M. Delgado, 1995, S. 25 ff.; s. u. § 3.
35 *T. v. Aquin*, Summa Theologica, Die Deutsche-Thomas-Ausgabe, lateinisch-deutsch, übersetzt und kommentiert von Dominikanern und Benediktinern Deutschlands und Österreichs, hrsg. v. der Philosophisch-Theologischen Hochschule Walberberg bei Köln, 1933 ff., I-II, q. 94, 1.
36 „Et talis participatio legis aeternae in rationali creatura lex naturalis dicitur" (Die Teilhabe am ewigen Gesetz durch die Vernunft des Menschen wird Naturrecht genannt), *T. v. Aquin*, Summa Theologica, I-II, q. 91, 2.
37 *T. v. Aquin*, Summa Theologica, I-II, q. 94, 2.
38 *T. v. Aquin*, Summa Theologica, I-II, q. 94, 6.
39 *T. v. Aquin*, Summa Theologica, II-II, q. 10, 8; II-II, q. 10, 12; zur Todesstrafe ebd., II-II, q. 11, 3.
40 *T. v. Aquin*, Summa Theologica, I-II, q. 91, 3.
41 *T. v. Aquin*, Summa Theologica, II-II, q. 57, 2.
42 *T. v. Aquin*, Summa Theologica, I-II, q. 95, 2.

mit der Sorge für das Volk betrauten Fürsten, wobei das Gesetz an das Gemeinwohl gebunden sei.[43]

22 Das göttliche Gesetz, die *lex divina*, diene schließlich der Sicherstellung der Seligkeit der Menschen, gleiche Unsicherheiten des Menschen im Urteil über Gebotenes aus, lenke das Innere der Menschen, das vom menschlichen Gesetz nicht ergriffen werde, und stelle sicher, dass keine Sünden unbestraft blieben.[44] Damit ergibt sich: In den vom Naturgesetz geregelten Fällen ist etwas geboten, weil es gut ist, in den vom Naturgesetz nicht erfassten, vom menschlichen Gesetz gestalteten Fällen dagegen ist etwas gut, weil es geboten ist. Ähnliches gelte für das göttliche Gesetz: Auch hier gebe es Fälle, in denen das göttliche Gesetz Gebote ausspreche, die dem natürlichen Guten entsprächen (wenn dies auch den Menschen verborgen bleiben möge) und solche, in denen etwas nur deswegen gut sei, weil Gott es geboten habe.[45]

### 4. Reformation

23 Die Reformation war ein ideengeschichtlich vielschichtiges Ereignis. Hier soll der Blick beispielhaft auf *Martin Luthers* (1483–1546) Vorstellungen fallen, ohne zu übersehen, dass andere reformatorische Ansätze die weitere christliche Diskussion in ebenfalls wichtiger Hinsicht geprägt haben. Der Hintergrund von Luthers theologischer Neuorientierung ist ein voluntaristischer Gottesbegriff: Das Wollen Gottes sei entscheidend, Ursprung der Welt und ihrer Gesetze. Er orientiert sich dabei an der Gnadenlehre des Augustinus, die zu dessen Zeit etwa von Pelagius bestritten wurde. Nach Luther ist keine Rechtfertigung durch Taten möglich, Rechtfertigung sei allein durch die Gnade Gottes zu erreichen. Die „Freiheit eines Christenmenschen" werde durch Glauben, nicht durch Werke gewonnen, durch Liebe zum Nächsten, deren Motiv sein müsse, diesem nützlich zu sein, nicht die Gnade Gottes zu erringen.[46]

24 Ein staatstheoretisches Element von Luthers Überlegungen zur rechtlich-politischen Ordnung ist die sog. *Zwei-Reiche-Lehre*: In ihr werden das göttliche und das weltliche Regiment unterschieden. Das göttliche Regiment umfasse die rechtgläubigen Christen und bilde eine geistige Ordnung, keinen weltlichen Herrschaftsverband. Der Wille Gottes bestimme den Inhalt der Ordnung, die auf Gottes- und Nächstenliebe gerichtet sei. Das weltliche Regiment dagegen bilde eine Zwangsordnung, um Menschen in Not- und Verstandesordnungen ein erträgliches Leben zu garantieren. Diese Ordnung sei vor allem für Nichtchristen gemacht, Christen brauchten diese Ordnung im Grunde wegen der moralischen Gebote des Christentums nicht, unterstellten sich ihr aber aus Nächstenliebe. Die weltliche Ordnung sei auf Gottes Willen zurückführbar, der sie

---

43 *T. v. Aquin*, Summa Theologica, I-II, q. 90, 2; II-II, q. 57, 2.
44 *T. v. Aquin*, Summa Theologica, I-II, q. 91, 4.
45 *T. v. Aquin*, Summa Theologica, II-II, q. 57, 2. Zur Frage der Möglichkeit des Dispenses vom Dekalog, mit dem Argument, dass alle scheinbaren Dispense den Geboten des Dekalogs entsprächen, vgl. ebd., I, q. 100, 8. Eine Gegenüberstellung von Intellektualismus bei T. v. Aquin und Voluntarismus, z.B. bei *Duns Scotus*, wird dieser differenzierten Argumentation nicht gerecht, so z.B. bei *H. Welzel*, Naturrecht und materiale Gerechtigkeit, 4. Aufl., 1990, S. 48 ff.
46 *M. Luther*, Von der Freiheit eines Christenmenschen, Weimarer Ausgabe, Bd. 7, 1888, S. 20 ff.

schaffe, um in falsches Wollen verstrickten Menschen beizustehen. Deshalb bestehe kein Widerstandsrecht gegen die Obrigkeit, ihr Verhalten sei zu dulden.[47]

Die Fürsten hätten sich den Geboten der christlichen Religion gemäß am Wohl der Untertanen zu orientieren. Dabei sei nicht das geschriebene Recht, sondern Liebe, Vernunft und Naturrecht entscheidend.[48] In einen unrechtmäßigen Krieg müsse man Fürsten nicht folgen.[49]

Auch bei der Spezialproblematik der Glaubensfreiheit folgt Luther in manchem Augustinus. Das weltliche Regiment richte sich nur auf die äußeren Dinge, nicht auf Glaubensfragen.[50] Deshalb findet Luther deutliche Worte gegen Glaubenszwang, wobei er auf das Argument zurückgreift, dass Glauben nur aus frei gebildeter Überzeugung gewonnen werden könne, durch Zwang dagegen nur äußere, heuchlerische Anpassung erzeugt werde.[51] Nach Aufkommen innerprotestantischer Verwerfungen und der Verbindung von protestantischen Kirchen mit den fürstlichen Gewalten verteidigte er allerdings die Bestrafung von Abweichlern, auch die Todesstrafe.[52]

### 5. Menschenwürde und Gerechtigkeit

Ausgehend von den Texten des Pentateuchs ist die Gottesebenbildlichkeit seit der Patristik zum zentralen Bezugspunkt der christlichen Tradition der Reflexion der menschlichen Würde geworden. Aufschlussreich und ideengeschichtlich entscheidend wichtig ist das Werk Thomas v. Aquins. Die Menschen existieren nach Thomas, weil zur Vollkommenheit des Universums ein Wesen gehöre, das Gott ähnlich sei.[53] Der Mensch teile mit Vernunftbegabung, moralischer Orientierung und Willensfreiheit die wesentlichen Eigenschaften Gottes. Die Willensfreiheit ist dabei ein zentrales Attribut. Thomas formuliert mit Aristoteles, dass Menschen frei seien, weil sie die Ursache ihrer eigenen Handlungen seien – „liberum est quod sui causa".[54] Sie würden durch die Vernunft zu Handlungen hingeneigt, stünden aber nicht unter der Herrschaft der Triebe. Menschen bestehen aus Thomas' Sicht um ihrer selbst willen – „propter seipsum existens".[55] Diese Freiheit, sich selbst Zweck zu sein, unterscheide den Herren vom Sklaven, der den Zwecksetzungen des Herren gehorche.

Die Gottesebenbildlichkeit bestehe aber nur bis zum Sündenfall. Durch die Auflehnung gegen den Willen Gottes sei der Urzustand zerstört worden. Die Natur des Menschen sei nun korrumpiert.[56] Die Menschen bedürften deshalb der Erlösung von den Sünden, die nur durch Gottes Gnade erreicht werden könne.

---

47 *M. Luther*, Von weltlicher Oberkeit, Weimarer Ausgabe, Bd. 11, 1900, S. 245 ff.
48 *M. Luther*, Von weltlicher Oberkeit, S. 280: „Darumb sollt man geschriebene recht unter der Vernunfft hallten, darauß sie doch gequollen sind als auß dem rechts brunnen, und nit den brunn an seyne floßlin bynden und die vernunfft mitt buchstaben gefangen furen".
49 *M. Luther*, Von weltlicher Oberkeit, S. 277.
50 *M. Luther*, Von weltlicher Oberkeit, S. 262.
51 *M. Luther*, Von weltlicher Oberkeit, S. 262, 264.
52 *M. Luther*, Der 82. Psalm ausgelegt 1530, Weimarer Ausgabe Bd. 31, 1913, I, S. 208; Weimarer Ausgabe, Bd. 50, S. 12, 15.
53 *T. v. Aquin*, Summa contra gentiles, lateinisch und deutsch, hrsg. und übersetzt v. K. Albert und P. Engelhardt unter Mitarbeit von L. Dümpelmann, 2001, II, q. 46.
54 *T. v. Aquin*, Summa contra gentiles, I, q. 88; II, q. 48.
55 *T. v. Aquin*, Summa theologica, II-II, q. 64, 2.
56 *T. v. Aquin*, Summa theologica, I-II, q. 82, 1.

29 Menschen können aus Thomas' Sicht ihre Würde auch wieder verlieren: „Wiewohl es also in sich schlecht ist, einen Menschen, solange er in seiner Würde beharrt, zu töten, so kann es doch gut sein, einen Menschen, der in Sünden lebt, zu töten wie ein Tier; denn der schlechte Mensch ist schlimmer als ein Tier und bringt größeren Schaden, wie der Philosoph sagt".[57]

30 Auch in der modernen katholischen Theologie begründet die Gottesebenbildlichkeit die Würde des Menschen. Sie bestehe darin, dass Menschen das einzige Wesen bildeten, das um seiner selbst willen geschaffen sei.[58] Menschen seien nicht nur Dinge, sondern hätten die Würde einer Person.[59] Zentrale Eigenschaften des Menschen, die diese Würde begründen helfen, seien die unsterbliche Seele der Menschen, die Willensfreiheit und die Fähigkeit zum moralischen Handeln. Auch der menschliche Körper teile die Würde der Gottesebenbildlichkeit.

31 In der protestantischen Theologie der Reformation wird die Verworfenheit der menschlichen Natur noch deutlicher als in der katholischen Reflexion betont. Das Bild Gottes – so Luther – sei durch den Sündenfall vollständig zerbrochen. Die natürlichen Eigenschaften könnten die Gottesebenbildlichkeit des Menschen nicht begründen, denn diese Eigenschaften könne auch der Satan besitzen, z.B. die Vernunft. Der Mensch sei durch den Sündenfall „dem Teufel ehnlich worden".[60] Nur der Glaube könne die Menschen rechtfertigen und erlösen, allein Jesus sei das wahre Ebenbild Gottes. Die Verwerfung der Natur des Menschen hat sich auch in Teilen der späteren protestantischen Theologie erhalten. Ausdrücklich wird die Idee zurückgewiesen, dass die menschliche Würde auf dem Weg eines religiösen Humanismus begründet werden könne, der mit den spezifischen Attributen der Menschen argumentiert.[61] Menschliche Würde sei letztlich nur durch Gottes Verhältnis zum Menschen zu begründen.[62]

32 Insgesamt wird in der christlichen Ethik der Gegenwart eine entschiedene Stellungnahme zugunsten des Eigenwerts der einzelnen Menschen formuliert. Nicht zuletzt aufgrund dieser Würde der Menschen wird von der christlichen Ethik soziale Gerechtigkeit eingefordert.

### V. Islam

33 Auch der Islam kennt eine differenzierte religiöse Rechtsethik. Grundlegend für die religiös-moralischen Vorstellungen ist wie in anderen Religionen die Auffassung vom Eigenwert der Menschen. Aufschlussreich ist hierfür die Konzeption der Schöpfung: Nach dem *Koran* hat Gott den Menschen bei der Erschaffung der Welt aus feuchter Tonmasse gemacht und ihm seinen Geist eingeblasen.[63] Gott habe den Menschen auf der Erde eine besondere Stellung eingeräumt, die je nach Koranübersetzung als „Nach-

---

57 *T. v. Aquin*, Summa theologica, II-II, q. 64, 2. Der Philosoph ist Aristoteles.
58 *Concilium Vaticanum II*, Constitutio Pastoralis Gaudium et spes, 24, Acta Apostolicae Sedis 58, 1966, 1050.
59 Catechismus *Catholicae Ecclesiae*, 357.
60 *M. Luther*, Über das 1. Buch Mose, Predigten 1527, Weimarer Ausgabe, Bd. 24, 1900, S. 51.
61 Vgl. z.B. *G. Ebeling*, Dogmatik des christlichen Glaubens, 1979, S. 410.
62 *W. Huber*, Gerechtigkeit und Recht, 3. Aufl., 2006, S. 274, 296, 302 f.
63 Sure 15, 26-29, Der *Koran*, Übersetzung R. Paret, 10. Aufl., 2007.

folger" oder „Stellvertreter" *(ḫalīfa)* beschrieben wird.⁶⁴ Der Mensch könnte „Nachfolger" der Engel⁶⁵ oder anderer Erdenbewohner⁶⁶ sein. Als „Stellvertreter" Gottes ergeben sich deutliche Parallelen – wie bei der Vorstellung der Belebung durch den Geist Gottes – zur Gottesebenbildlichkeit im Judentum und Christentum.⁶⁷ Die Engel werden entsprechend von Gott angehalten, sich vor dem Menschen niederzuwerfen, weil er Adam, nicht aber den Engeln „alle Namen" gelehrt, also Geisteskräfte wie begriffliches Denken verliehen habe, über die die Engel nicht verfügen.⁶⁸

Gott habe die Menschen aus dem Urmenschen in verschiedenen Geschlechtern erzeugt⁶⁹ und dabei „vor vielen, von denen, die wir erschaffen haben, sichtlich ausgezeichnet".⁷⁰ Die Menschen hätten eine besondere Gabe angenommen: „Wir haben das Gut, das der Welt anvertraut werden sollte, dem Himmel, der Erde und den Bergen angetragen. Sie aber weigerten sich, es auf sich zu nehmen, und hatten Angst davor. Doch der Mensch nahm es auf sich".⁷¹ Der Mensch hat dabei aber womöglich die Größe des Anvertrauten und die eigenen Kräfte überschätzt.⁷² Was mit diesem Gut gemeint ist, ist unklar – die Vorschläge reichen vom Gut des Heiles oder des Lebens,⁷³ dem Gehorsam gegenüber den Geboten Gottes, der Verpflichtung der Erfüllung religiöser Normen bis zur sittlichen Verantwortung des Menschen.⁷⁴

Die menschliche Existenz, die von der Natur und anderen Lebewesen ermöglicht wird, sei der eigentliche Zweck der Ordnung der Welt.⁷⁵ „Darin liegt ein Zeichen für Leute, die nachdenken",⁷⁶ wie der Koran anmerkt.

Im Koran – wie in anderen religiösen Quellen – gibt es aber auch Stellen, die mit einem modernen Verständnis einer menschenrechtsorientierten Rechtskultur nicht vereinbar sind, z.B. zur Stellung von Sklaven oder Frauen,⁷⁷ von konkreten Elementen der gegenwärtigen Interpretation der Scharia, wie etwa brutalen Körperstrafen in bestimmten Ländern, ganz zu schweigen.

Auch zu Fragen der Glaubensfreiheit gibt es im Koran unterschiedliche Aussagen – solche, die religiöse Freiheit einschränken und solche, die gerade religiöse Pluralität

---

64 Sure 2, 30. Vgl. zu Übersetzungsvarianten *R. Wielandt*, Menschenwürde und Freiheit in der Reflexion zeitgenössischer muslimischer Denker, in: J. Schwartländer (Hrsg.), Freiheit der Religion, 1993, S. 187.
65 So *R. Paret*, Der Koran, Kommentar und Konkordanz, 7. Aufl., 2005, 2, 30.
66 *R. Wielandt*, Menschenwürde und Freiheit in der Reflexion zeitgenössischer muslimischer Denker, S. 187.
67 Vgl. zur Stellung als „Stellvertreter" in dieser Beziehung *R. Wielandt*, Menschenwürde und Freiheit in der Reflexion zeitgenössischer muslimischer Denker, S. 188, die diese Interpretation als herrschend in der Gegenwart bezeichnet. Vgl. *M. Talbi*, Religionsfreiheit – eine muslimische Perspektive, in: J. Schwartländer (Hrsg.), Freiheit der Religion, 1993, S. 57.
68 Sure 2, 31–34.
69 Sure 4, 1.
70 Sure 17, 70. In Sure 50, 16 wird festgehalten, dass Gott den Menschen näher sei als „die Halsschlagader".
71 Sure, 33, 72.
72 Die Sure fährt fort: „Er ist ja wirklich frevelhaft und töricht".
73 So *R. Paret*, Der Koran. Kommentar und Konkordanz, 33, 72.
74 Vgl. zu den verschiedenen Interpretationen *R. Wielandt*, Menschenwürde und Freiheit in der Reflexion zeitgenössischer muslimischer Denker, S. 189.
75 Sure 16, 3–21; 45, 12 f.
76 Sure 16, 11; 45, 13.
77 Vgl. z.B. zur Sklaverei Sure 16, 71; zu Frauen etwa Sure 4. Für ein vieldiskutiertes Beispiel Sure 4, 34. Hierzu auch *R. Wielandt*, Menschenwürde und Freiheit in der Reflexion zeitgenössischer muslimischer Denker, S. 192.

und friedliches Zusammenleben der Religionen fordern. Auch die historische Bilanz verschiedener islamischer Gesellschaften ist in dieser Beziehung gemischt, wenn auch keineswegs schlechter als die von Gemeinschaften, die durch andere Religionen geprägt wurden.[78]

38 Nicht anders als im Rahmen der anderen diskutierten Weltreligionen bilden diese spannungsvollen textlichen Befunde und Traditionen den Ausgangspunkt im Bemühen, die religiöse Ethik und konkrete Rechtsbegriffe in neuen kulturellen Zusammenhängen zu bestimmen. Diese Reflexionen der langen Kulturgeschichte des Islams sind vielfältig. Sie werden gerade in der Gegenwart kontrovers geführt. Diese Kontroversen sind in Anbetracht extremistischer Strömungen im Islam und ihrer politischen Bedeutung von großer Wichtigkeit. Festgehalten kann aber jedenfalls werden, dass auch die Grundlagen des Islams die Tür zu humanen ethischen Konzeptionen nicht weniger weit öffnen als die anderer Weltreligionen.

**VI. Kritische Einschätzungen**

39 Wie einleitend angedeutet, ist der Gehalt religiöser Ethiken aus verschiedenen Gründen schwer zu bestimmen. Die Quellen sind häufig heterogen, sogar widersprüchlich, die Praktiken kein sicherer Schlüssel zum ethischen Gehalt der verschiedenen Religionen und die Glaubensinhalte wandelbar. Die erste wichtige Schlussfolgerung aus dieser Ausgangslage (abgesehen von hermeneutischer Vorsicht) ist die Unzulässigkeit einer vorschnellen Essentialisierung einer religiösen Lehre und womöglich sogar parteilichen Zuschreibung bestimmter unwandelbarer Wesensgehalte. Was kritikwürdig in einer religiösen Ethik ist – einige Beispiele wurden gerade rekapituliert –, kann im Rahmen der betreffenden Religion häufig selbst verändert und überwunden werden. Das Christentum mit seiner wechselvollen inhaltlichen und politischen Geschichte illustriert dies ebenso sehr wie andere Weltreligionen. Wenn also unter Berufung auf eine Religion bestimmte Normen, die unakzeptabel sind, verteidigt werden, ist dies nicht das Ende, sondern der mögliche Anfang einer kritischen innerreligiösen Reflexion, die – wenn ihre Ergebnisse genug Anhänger finden – zu grundlegendem Wandel innerhalb eines religiösen Glaubenssystems führen kann. Diese Erkenntnis ist heute etwa für ein zivilisiertes Verständnis des Islams wichtig, der von manchen Kommentatoren notwendig mit Theokratie, Unterdrückung der Frau oder gar Glaubenskrieg und Terrorismus verbunden und im Kern für unvereinbar mit Demokratie und Menschenrechten gehalten wird, wenn die politischen Hoffnungen, die im „Arabischen Frühlings" viele Menschen bewegten, auch in eine ganz andere Richtung deuten. Die demokratische und menschenrechtsorientierte Praxis und das in ihr ausgedrückte Verständnis des Islams vieler Millionen Muslime zeigen schon heute – wie manche Elemente der Weltoffenheit und Toleranz in der Vergangenheit dieser Religion –, dass die Vorstellungen gegenwärtig existierender islamistischer Strömungen keineswegs die notwendige Folge des Wesenscharakters dieser Religion bilden – so wenig wie Kreuzzüge und Inquisition das Wesen des Christentums in der Weltgeschichte erfassen.

---

78 Vgl. *G. Krämer*, „Kein Zwang in der Religion"? Religiöse Toleranz im Islam, in: M. Mahlmann/H. Rottleuthner (Hrsg.), Ein neuer Kampf der Religionen? Staat, Recht und religiöse Toleranz, 2006, S. 141 ff.

Die zweite Schlussfolgerung betrifft die Unhintergehbarkeit und Unausweichlichkeit menschlichen Nachdenkens: Was eine religiöse Ethik ausmacht, ist nicht einfach unstreitig gegeben, sondern das Produkt der menschlichen kulturgeschichtlich durchaus wechselhaften Reflexion. Man kann dieser Reflexion, ihren Möglichkeiten und Grenzen, mithin auch dann nicht entgehen, wenn man sich an einer religiösen Ethik orientiert, weil diese selbst in letzter Instanz auf menschlichem Urteil (Welches sind die autoritativen religiösen Quellen? Welches ist ihr Gehalt?) beruht. Das bedeutet erstens, dass auch in dieser Hinsicht aller Grund zur Bescheidenheit bei der Einschätzung der Reichweite der eigenen, fehlbaren menschlichen Einsichten besteht und zweitens, dass auch für das Recht der Bezug auf religiöse Traditionen nicht mehr Orientierungsgewissheit liefert als eine philosophische Ethik, die Mühen der rechtsethischen Urteilsbildung folglich unausweichlich sind.

Die Abhängigkeit der Bestimmung des konkreten Gehalts religiöser Gesetze von menschlicher Urteilsbildung wird auch in religiöser Perspektive bewusst reflektiert: Im Talmud wird z.B. berichtet, dass sich Rabbi *Eliezer* mit einer Auslegung des religiösen Gesetzes nicht habe durchsetzen können. Er rief zum Zeichen der Richtigkeit seiner Meinungen einen Johannisbrotbaum, der sich bewegte, einen Wasserarm, der zurücktrat und die Wände des Lehrgebäudes, die sich neigten, an – ohne Erfolg. Denn seine Widersacher wandten kühl ein, dass sich bewegende Johannisbrotbäume, zurücktretende Wasserarme oder sich neigende Wände keine Argumente bildeten. Rabbi *Eliezer* bat nun in seiner Bedrängnis den göttlichen Urheber des religiösen Gesetzes selbst um Klärung der Frage und dieser bestätigte tatsächlich die Richtigkeit seiner Auslegung. Aber auch das beeindruckte die anderen Interpreten nicht. Das religiöse Gesetz sei nicht im Himmel, es sei den Menschen gegeben worden. Der Urheber des Gesetzes selbst habe dabei die Anweisung gegeben, nach Mehrheit zu entscheiden. Auch auf seine direkten Auslegungshilfen komme es deshalb nicht mehr an. Der Talmud berichtet, dass man die Reaktion des Urhebers des religiösen Gesetzes auf diese doch immerhin ein wenig aufmüpfige Haltung zu seinen Äußerungen habe ermitteln können: Er habe gelächelt und gesagt: „Meine Kinder haben mich besiegt, meine Kinder haben mich besiegt".[79]

---

79  Vgl. z.B. die Geschichte im Talmud: Baba Meçia IV, X (59,2), Der Babylonische *Talmud*.

## § 3 Rechte auch für Mayas, Inkas und Azteken? Die Eroberung der Neuen Welt

I. Natürliche Rechte ohne Grenzen? .. 7
II. Die legitime Freiheit amerikanischer Ureinwohner ........................ 17
III. Kritische Einschätzungen ............ 26

1 Im Oktober 1492 sichtete *Christopher Columbus* die Bahamas, für ihn eine neue Welt. Seine zweite Reise 1493–1496 führte zu verschiedenen karibischen Inseln, u.a. Puerto Rico und Kuba. Auf seiner dritten Reise 1498–1500 erreichte er dann die südamerikanische Küste, auf der vierten Reise 1502–1504 Mittelamerika. 1497 landete der italienische Seefahrer *John Cabot* im Auftrag Englands an der nordamerikanischen Küste. Die Expedition *Ferdinand Magellans* umrundete 1519–1522 die Welt und klärte damit endgültig über die Gestalt der Erde auf.

2 Die vielfältigen Kulturen Amerikas, auf die die Neuankömmlinge stießen, umfassten Jäger und Sammler ebenso wie politisch hochorganisierte Gemeinschaften, die bedeutende architektonische, technologische und intellektuelle Leistungen hinterließen, wie etwa den Maya-Kalender. Die mittelamerikanischen Kulturen kannten auch eine Schrift. Die Hauptstadt des Aztekenreiches Tenochtitlan war vor der Eroberung und Zerstörung durch die spanischen Konquistadoren und ihre indigenen Verbündeten mit geschätzten 200 000 Einwohnern eine der größten der Welt. Das Inkareich erstreckte sich vom heutigen Kolumbien bis Chile mit 10 bis 15 Millionen Einwohnern und war damit eines der ausgedehntesten der damaligen Welt. Nach Erschließung des Seeweges nach Amerika wurden die Bewohner des amerikanischen Kontinents allmählich unterworfen. Spanien und Portugal wurden im Süden, England im Norden langfristig zu den führenden Mächten. Aber auch andere europäische Kräfte waren mit mehr oder weniger dauerndem Erfolg an der Eroberung des Kontinents beteiligt. Die Mittel waren dabei vielfältig und umfassten keineswegs nur oder vorwiegend klassische militärische Gewaltmittel von Staaten, sondern wurden wesentlich von Unternehmungen einzelner Abenteurer vorangetrieben, mit unterschiedlichen Formen staatlicher Unterstützung oder Belohnung und privater Finanzierung.[1] Wesentlicher Anreiz war die erhoffte Beute: Dazu gehörten die geraubten Güter und die Zuteilung einzelner Distrikte an die Konquistadoren, um die Unterworfenen als Sklaven oder Tributpflichtige im sog. Encomienda-System auszubeuten,[2] das auf indigenen Tributstrukturen aufbauen konnte. Damit verbunden war die Hoffnung, durch Reichtum in der Hierarchie der spanischen Gesellschaft aufzusteigen – was dauerhaft nur Wenigen gelang.

3 Die Kriege wurden dabei häufig wie bei der Eroberung des Aztekenreichs entscheidend durch indigene Verbündete der Eroberer geführt und gewonnen – es wird geschätzt, dass bei der Belagerung und Eroberung Tenochtitlans, bei der ein großer Teil der Einwohner umkam, zehntausende indigene Unterstützer der spanischen Konquistadoren beteiligt waren, die ihrerseits von den Azteken unterdrückt worden waren.[3]

---

1 Vgl. z.B. *W. Reinhard*, Die Unterwerfung der Welt, 4. Aufl., 2018, S. 291 ff.
2 Vgl. *V. Huber*, Beute und Conquista. Die politische Ökonomie der Eroberung Neuspaniens, 2018.
3 *P. Russell*, The Essential History of Mexico, 2016, S. 34.

## § 3 Rechte auch für Mayas, Inkas und Azteken? Die Eroberung der Neuen Welt

Über die Zahl der Opfer herrscht bis heute Unklarheit. Unstreitig gab es einen katastrophalen Rückgang der indigenen Bevölkerung. Dabei spielten von den Europäern eingeschleppte Krankheiten eine große Rolle, die vermutlich allein Dutzende Millionen von Toten forderten. Kriege, Massaker, Unterdrückung und vor allem die Ausbeutung der Arbeitskraft von Menschen als Sklaven oder in sklavenähnlichen Stellungen wie dem spanischen Encomienda-System kosteten vermutlich über die Jahrhunderte weiteren Millionen von Menschen das Leben.[4]

Schon im frühen 16. Jahrhundert erreichten glaubhafte Berichte von Massentötungen, sexueller Gewalt, großer, auch strategisch eingesetzter Grausamkeit bei der Eroberung und der Ausbeutung der Menschen Europa. Diese Berichte waren der Grund für Debatten, die um die Frage kreisten, welchen ethischen oder rechtlichen Grenzen der Eroberung eines Kontinents gesetzt sein könnten und in denen rechtsphilosophische Fragen unmittelbar politisch wurden.

Einen berühmten Anstoß lieferte eine Adventspredigt im Jahr 1511 des Dominikanerpaters *Antonio de Montesinos*, der die Ausbeutung der indigenen Bevölkerung auf Hispaniola (heute Dominikanische Republik und Haiti) anprangerte und die vom dominikanischen Ordensgeneral Cajetan aufgegriffen wurde. Einen Höhepunkt der Auseinandersetzung bilden die Überlegungen, die von der spanischen Spätscholastik in der sog. Schule von Salamanca im 16. Jahrhundert entwickelt wurden und die direkt in die hindernisreiche Geschichte der Menschenrechte hineinführen. Zentral war die Frage nach der Einheit der Spezies Mensch. Ein Beispiel für die Art der Auseinandersetzung um diese Frage ist die bekannte Disputation von Valladolid (1550–1551) zwischen *Juan Ginés de* Sepúlveda und dem heute berühmten Kritiker der *Conquista Bartholomé de Las Casas*, der die Verhältnisse in Amerika als Augenzeuge der Eroberung kannte, Montesinos' Predigt angehört hatte und von Cajetans Überlegungen zum zulässigen Verhalten gegenüber den Ureinwohnern Amerikas beeinflusst worden war.[5] Ein wichtiges Argument für die Apologeten der Grausamkeiten in Amerika wie etwa *Juan Ginés de Sepúlveda* lag darin, dass die Ureinwohner Amerikas nicht im vollen Sinne Menschen und deswegen im aristotelischen Sinne natürliche Sklaven seien, was ihre Gegner bestritten. Die Debatten schlugen sich in verschiedenen die Ureinwohner zu einem gewissen Grade schützenden Gesetzen mit unterschiedlicher Geltungsdauer nieder (z.B. Leyes de Burgos (1512) und die Leyes Nuevas (1542)), ohne aber die sich entfaltende humane Katastrophe zu verhindern. 1573 verbot Philipp II. weitere Eroberungen mit Gewalt – die Conquista fand damit im Wesentlichen ihr Ende. Die Kritik an diesem Eroberungszug verebbte oder wurde unterdrückt. Las Casas' *Kurzgefasster*

---

4  Die Einschätzungen zu den Opfern weichen z.T. erheblich voneinander ab. Es wird auch von einer „Leyenda negra" gesprochen, einer „schwarzen Legende", die die Opferzahl übertreibe. Umgekehrt wird vor einer Beschönigung der Vergangenheit gewarnt. Vgl. zur Debatte um den genauen Umfang und die Ursachen der unstreitigen „demografischen Katastrophe" *W. Reinhard*, Die Unterwerfung der Welt, S. 314 ff. (54 Mio. Einwohner in präkolumbianischer Zeit), zum Encomienda-System S. 313 f.; *R. Thornton*, American Indian Holocaust and Survival. A Population History since 1492, 1987, S. 42 schätzt einen Rückgang von ca. 72 Mio. Einwohnern von Amerika in der präkolumbianischen Zeit auf ca. 4,5 Mio. Einwohner einige Jahrhunderte danach; ähnlich *D. E. Stannard*, American Holocaust: Columbus and the Conquest of the New World, 1992, S. 266 ff.; zu Nordamerika z.B. *B. Madley*, An American Genocide, 2016.
5  *B. de Las Casas*, Die Disputation von Valladolid (1550–1551), in: Werkauswahl, Bd. 1, hrsg. v. M. Delgado, 1994, S. 41, 336 ff.

*Bericht von der Verwüstung der Westindischen Inseln* wurde – wie andere kritische Berichte – 1660 von der Inquisition verboten.

### I. Natürliche Rechte ohne Grenzen?

7   Die Idee des Naturrechts bildet eine der einflussreichsten Gedanken in der Ideengeschichte von Ethik und Recht. Ihren Kern bildet die Annahme, dass es eine von Menschen unabhängige, objektive, von Menschen aber erkennbare normative Ordnung, ein System von Regeln gibt, die für Menschen unmittelbar verbindlich sind.

8   Diese Idee hat in ihrer langen Geschichte verschiedene Verwandlungen erlebt. Beeindruckende Gedankengebäude wurden auf ihr als Fundament errichtet. Sie kann in religiösem Rahmen formuliert werden, muss es aber nicht. Einige Beispiele wurden schon genannt, insbesondere antike Naturrechtsgedanken oder das religiös fundierte Naturrecht T. von Aquins. Letzteres zeigt, dass auch ein auf der Grundlage von religiösen Glaubenssätzen entwickeltes Naturrecht so konzipiert werden kann, dass praktische Einsicht zählt, ja, sogar angenommen wird, dass Gott wesenhaft das objektiv Gute und Richtige wolle, es also nicht einfach durch einen Willensakt schaffe.

9   In der Naturrechtstheorie spielen auch subjektive Rechte eine wichtige Rolle. Subjektive Rechte formen eine Grundkategorie des Rechts, die man in verschiedenen Rechtstraditionen nachweisen kann und die auch in antiken Kulturen rechtliches ebenso wie ethisches Denken strukturieren. Thesen zur Bildung des Begriffs von subjektiven Rechten in der Kanonistik oder gar erst in der späteren Naturrechtstradition werden der reichen ideengeschichtlichen Tradition dieses Begriffs deshalb nicht gerecht[6] – man denke etwa nur an die Bedeutung (gleicher) politischer Rechte als Kern der *isonomia*, der politischen Ordnung der athenischen Demokratie, wenn diese auch unter Ausschluss so großer Menschengruppen wie Frauen und Sklaven verwirklicht wurden.[7]

10  Welche Rolle spielen nun genau subjektive Rechte in den verschiedenen naturrechtlichen Ansätzen seit der Antike? Ein zentrales Beispiel für diese Frage und ihre praktische Bedeutung bilden die genannten Auseinandersetzungen in der spanischen Spätscholastik über die Rechtfertigungsmöglichkeiten der Eroberung Amerikas, für die natürliche Rechte aller Menschen von ausschlaggebender und politisch unmittelbar relevanter Bedeutung waren.

11  Der Gründer der Schule von Salamanca, *Francisco de Vitoria* (1483–1546), häufig als „Vater des Völkerrechts" bezeichnet, hat insbesondere in seinen Kommentaren zu Thomas von Aquin eine differenzierte Theorie natürlicher Rechte als Teil des in diesem Rahmen konzipierten Naturrechts entwickelt.[8] Vitoria betont bei seinen Überlegungen

---

6   Vgl. aber z.B. *R. Tuck*, Natural Rights Theories. Their origin and development, 1979; *B. Tierney*, The Idea of Natural Rights, 1997.
7   *G. Vlastos*, Isonomia, The American Journal of Philology 74 (1953), S. 337–366, S. 355–356: „It promised the poorest citizen an equal right in the law-making, law-administering, law-enforcing power of the state. It expressed the spirit of a constitution, hitherto undreamed of in civilized society, which declared that the poor man's share in law and political office was equal to that of the noble and the rich." Gleiches gilt für das römische Recht, vgl. *M. Kaser/R. Knütel/S. Lohsse*, Römisches Privatrecht, 22. Aufl., 2020, § 4.
8   *F. de Vitoria*, *Lectures on St. Thomas Aquinas*, in: Vitoria. Political Writings, ed. by A. Pagden/J. Lawrence, 1991, S. 155 ff.

## § 3 Rechte auch für Mayas, Inkas und Azteken? Die Eroberung der Neuen Welt

die Bedeutung der Reflexion über die Rechte und Verpflichtungen von Menschen, die nicht notwendig in vollem Umfang selbstevident seien – eine Aufforderung, es sich bei der Bewertung von schwierigen ethischen und rechtlichen Fragen nicht zu leicht zu machen.[9] Aus seiner thomistischen Sicht ist das Naturrecht für alle Menschen verbindlich, auch für Nichtchristen und daher auch für die Ureinwohner Amerikas. Vitoria greift gängige Definitionen der Naturrechtstradition für subjektive Rechte auf: „Recht ist die Ermächtigung oder Erlaubnis, die jemandem nach den Gesetzen zukommt, d.h. es ist eine Erlaubnis, die z.B. mir vom Gesetz verliehen wird, zu welcher Sache auch immer es nötig sei."[10] Ein wichtiges Beispiel für die Bedeutung solcher subjektiven Rechte ist Vitorias Eigentumstheorie, die auf die Idee gegründet ist, dass jeder Mensch ein Anrecht auf die Güter dieser Erde habe. Die spezifische Eigentumsordnung versteht er als Produkt einer Übereinstimmung unter Menschen, die ein menschliches Gesetz schaffe. Auf dieser Basis untersucht Vitoria kritisch die Rechte Spaniens in Amerika. Eine zentrale Frage ist dabei, ob die amerikanischen Ureinwohner – in seiner Sprache „die Barbaren" – *dominium* besitzen oder nicht.[11] Dominium ist in der scholastischen Tradition als subjektives Herrschaftsrecht aufzufassen, im Konkreten allerdings mit sehr unterschiedlichem Gehalt. Das Dominium wird als subjektives Recht verstanden, weil ausdrücklich unterstrichen wird, dass es sich nicht nur um die faktische Position handele, etwas tun zu können – wie etwa ein Räuber, der faktisch in der Lage ist, jemanden zu zwingen, ihm sein Geld zu geben – sondern um einen normativen Anspruch, dass etwas getan werden soll.[12]

Das natürliche Gesetz und die natürlichen Rechte, die daraus abgeleitet werden, sind universell. Diese natürlichen Rechte haben zudem einen Schutzbereich, der in wichtigen Bereichen dem entspricht, was später durch Menschenrechte erfasst wird, insbesondere der Schutz von Leben, körperlicher Integrität, Freiheit und nicht zuletzt Eigentum. Das heißt, dass die Ureinwohner Amerikas einen Anspruch auf ihr Land hatten, dass es nicht eine *terra nullius* war, also kein Land, das niemandem gehörte und deswegen durch Eroberung angeeignet werden konnte – eine zentrale Legitimationsformel für die Kolonialisierung der Welt durch europäische Mächte. Darüber hinaus umfassen diese natürlichen Rechte auch politische Rechte, nicht zuletzt das Recht, die Form der Regierung zu bestimmen.

Im Hintergrund von Vitorias Argument steht ersichtlich eine Grundannahme zum normativen Status von Menschen unter dem Naturrecht: Sie besitzen als Subjekte, die über sich selbst bestimmen können, frei sind und um ihrer selbst willen existieren, natürliche Rechte.[13] Das wird durch die vier Gründe dafür deutlich, dass die Eingeborenen Südamerikas *keine* Rechte besitzen könnten, die Vitoria erörtert: Das Dominium der Ureinwohner Südamerikas könnte verneint werden, wenn sie Sünder, Ungläubige,

---

9   Ebd., S. 375 ff.
10  „Ius est potestas vel facultas conveniens alicui secundum leges, id est, est facultas data, v. g. mihi a lege ad quamcumque rem opus sit.": *F. de Vitoria*, De Iustitia. Über die Gerechtigkeit, Teil 2, hrsg. v. J. Stüben, 2017, qu. LXII, art. I, S. 8.
11  *F. de Vitoria*, De Indis, in: Vorlesungen II (Relectiones), hrsg. v. U. Horst/Heinz-Gerhard Justenhoven/J. Stüben, 1997, S. 370 ff.
12  Ebd., S. 401.
13  Ebd., S. 403.

Verrückte oder Unzurechnungsfähige wären.[14] Vitoria argumentiert, dass Sünder Dominium nicht verlören, weil sie, und das ist ein wichtiger Gedanke, weiterhin ein Ebenbild Gottes seien und, wie er ausdrücklich festhält, für sich selbst und nicht für den Gebrauch anderer existierten.[15] Letzterer Gedanke nimmt einen scholastischen Gedanken auf, der bei Thomas von Aquin wichtig für die Bestimmung des Inhalts der Menschenwürde ist und den dieser auf Aristoteles zurückführt (vgl. o. § 2 IV 5). Dass Ungläubige auch Dominium besitzen können, wird durch religiöse Argumente und historische Praxis illustriert. Unvernünftige Wesen könnten keine Rechte begründen, Kinder oder Verrückte hätten aber sehr wohl Rechte, wenn diese auch gegebenenfalls durch einen Vormund ausgeübt werden müssten. Außerdem seien, wie Vitoria klarstellt, die Ureinwohner Nordamerikas keineswegs Verrückte. Er kommt deswegen zu der Schlussfolgerung, dass sie sehr wohl Dominium besäßen und zwar sowohl im privaten Bereich als auch in der öffentlichen Sphäre.[16]

14 Vitoria fährt fort, indem er sieben ungerechtfertigte Gründe durchdenkt, den Eingeborenen Amerikas das Dominium vorzuenthalten.[17] Der Kaiser, argumentiert er, sei nicht der Herr der ganzen Welt und selbst wenn er es wäre, dann würde sich seine Herrschaftsmacht nicht darauf erstrecken, den Eingeborenen Amerikas Eigentum und Güter zu entziehen, sondern lediglich eine legislative Gewalt schaffen. Der Papst sei ebenfalls kein zeitlicher Herrscher der Welt. Die Entdeckung bilde erst recht kein Argument, sie verleihe keine Ansprüche, sich Land anzueignen, genauso wenig wie im Fall, dass die Ureinwohner Amerikas Europa entdeckt hätten, wie er anschaulich festhält.[18]

15 Die Ablehnung der Ureinwohner Amerikas, das Christentum anzunehmen, sei ebenfalls keine Rechtfertigung, ihnen das Dominium zu versagen. Sie hätten bisher nicht genug gute Gründe wie etwa die Glaubenslehre belegende Wunder, um an die christliche Religion zu glauben. Gewalt, und erst recht Krieg, lieferten keinen Grund zu glauben. Er unterstreicht zudem, dass ein durch Gewalt aufgezwungener Glaube für das Christentum ohne Wert sei. Die etwaigen Sünden der amerikanischen Ureinwohner seien keine Rechtfertigung, wie sich ebenfalls aus religiösen Lehren und historischen Praktiken ergebe, nicht zuletzt, weil viele Länder voll von Sündern seien, ohne dass das einen Grund liefern würde, sie alle zu erobern. Eine weitere Möglichkeit der Rechtfertigung spanischer Herrschaft bestehe in ihrer freiwilligen Wahl. Es gebe aber keine Hinweise, dass die Ureinwohner Amerikas tatsächlich in dieser Weise die spanische Herrschaft gewählt hätten. Dieses Argument zeigt deutlich, dass die Ureinwohner Amerikas als selbstbestimmte Akteure angesehen werden. Schließlich verneint Vitoria die Idee, dass Amerika ein Geschenk Gottes an Spanien gewesen sei.

16 Seine Aufmerksamkeit gilt dann den Titeln, die tatsächlich die spanische Herrschaft in Amerika rechtfertigen könnten.[19] Er nimmt die Existenz eines Rechts an, in fried-

---

14 Ebd., S. 387 ff.
15 Ebd., S. 387 ff., 403.
16 *F. de Vitoria*, De Indis, S. 405.
17 Ebd., S. 407 ff.
18 Ebd., S. 433.
19 Ebd., S. 457 ff.

§ 3 Rechte auch für Mayas, Inkas und Azteken? Die Eroberung der Neuen Welt

licher Form in anderen Ländern zu reisen, dort zu wohnen und Geschäfte zu betreiben und sich diejenigen Dinge anzueignen, die niemandem gehören. Dieses Recht könne, wenn es durch ungerechtfertigte Hindernisse beschränkt werde, mit Gewalt durchgesetzt werden. Das Gleiche gelte für das Recht, eine Religion mit friedlichen Mitteln zu verbreiten, wenn dieses Recht behindert werde. Der Schutz von Konvertiten könne Zwang ebenfalls rechtfertigen. Wenn es eine christliche Mehrheit in einer Gemeinschaft gebe, könne die Errichtung einer christlichen Herrschaft legitim sein. Der Schutz von Unschuldigen und die freiwillige Wahl von Herrschern lieferten weitere Gründe für solche Herrschaft. Wenn die Spanier in einem Krieg von verschiedenen Gruppen amerikanischer Ureinwohner einer Seite hülfen, sei die folgende Herrschaft ebenfalls gerechtfertigt. Schließlich erwägt er die Unzurechnungsfähigkeit der Eingeborenen Amerikas, die theoretisch eine vormundschaftliche Herrschaft der Spanier rechtfertigen könne, allerdings, wie er ausdrücklich festhält, begrenzt auf das, was für die Beförderung des Wohlergehens von Eingeborenen Amerikas notwendig sei. Hier sind rassistische Vorurteile spürbar. Vitoria hat zuvor unterstrichen, dass es keine Hinweise gebe, dass die Eingeborenen Amerikas Verrückte seien, räumt jetzt aber ein, dass sie so nah einem Zustand der Verrücktheit seien, dass sie ungeeignet sein könnten, eine eigene Herrschaft zu errichten oder zu verwalten, die sowohl legitim und in humanen und bürgerlichen Hinsichten geordnet sei.[20] Vitoria hat in seinen Überlegungen die aristotelische Idee, die (wie schon angedeutet) von Apologeten der Conquista wie Sepúlveda aufgegriffen wurde, dass es Sklaven von Natur gebe, verworfen. Menschen könnten kein Eigentum von anderen werden. Wenn es aber so sei, dass die Ureinwohner Amerikas tatsächlich unfähig seien, ihre eigenen Angelegenheiten verantwortlich zu gestalten, dann könnten sie in bestimmten Hinsichten wie natürliche Sklaven in Aristoteles' Sinn behandelt werden, ohne aber zu Eigentum ihrer Herren zu werden. Vitoria verpflichtet sich aber dieser Ansicht keineswegs: „Aber dies sei, wie gesagt, angeführt, ohne als gewiss behauptet zu werden, und auch mit der Einschränkung, dass es zum Wohl und Nutzen der Barbaren und nicht nur für den Gewinn der Spanier geschieht, wobei die Barbaren in jeder Beziehung nicht besser oder schlechter dastehen dürfen als vorher."[21]

**II. Die legitime Freiheit amerikanischer Ureinwohner**

Eine heute berühmte Stimme in der Auseinandersetzung um die Rechte der Ureinwohner Amerikas hat *Bartolomé de Las Casas* (1484/85–1566) erhoben. Als christlicher Bischof hatte Las Casas keine Einwände dagegen, das Christentum in Amerika zu verbreiten. Seine unmittelbaren Erfahrungen mit der Wirklichkeit der Conquista ließen ihn aber fragen, mit welchen Mitteln dies erfolgen dürfe und ob es überhaupt um die Verbreitung des Glaubens und nicht schlichtweg um einen Raubzug ging.

Der Ausgangspunkt seiner Kritik der spanischen Eroberung in Amerika führt in das Herz der Menschenrechtsidee: Zunächst hält er die Gleichheit von Menschen als Vernunftwesen fest, die mit der Fähigkeit zur autonomen Selbstbestimmung ausgestattet seien und mithin gleichen Wertstatus besäßen: „Alle Völker der Welt bestehen ja aus

17

18

---
20  Ebd., S. 484.
21  Ebd.

Menschen, und für alle Menschen und jeden einzelnen gibt es nur eine Definition, und diese ist, daß sie vernunftbegabte Lebewesen sind; alle haben eigenen Verstand und Willen und Entscheidungsfreiheit, weil sie nach dem Ebenbild Gottes geschaffen sind. Alle Menschen haben fünf äußere und vier innere Sinne und werden von deren gleichen Zwecken angetrieben; alle haben die natürlichen oder samenartigen Prinzipien, um die Wissenschaften und die Dinge, die sie nicht kennen, zu verstehen, zu studieren und zu erkennen, und das gilt nicht nur für Menschen mit tugendhaften Neigungen, sondern ist auch bei jenen zu finden, die ihrer schlechten Sitten wegen böse sind; alle freuen sich über das Gute und empfinden Lust bei angenehmen und vergnüglichen Dingen, und alle verwerfen und verabscheuen das Böse und ärgern sich über unangenehme und ihnen schädliche Dinge."[22]

19 Weiter hält er die Bedeutung von Selbstbestimmung und Freiheit für Menschen fest: „Es ist nämlich offenkundig: Es gibt auf Erden keine Macht, die die Freiheit freier Menschen ohne deren eigenes Verschulden einschränken darf, will man nicht gegen die Gerechtigkeit verstoßen; denn die Freiheit ist das kostbarste und höchste Gut aller zeitlichen Güter und wird von allen Geschöpfen als solches geliebt, den beseelten wie den unbeseelten, besonders aber von den vernunftbegabten. (…) Wenn es nicht aus dem von sich aus freien, nicht erzwungenen Willen der freien Menschen kommt, daß sie irgendeinem Nachteil ihrer besagten Freiheit zustimmen, beruht alles nur auf Zwang und Gewalt, ist ungerecht und verderbt und nach dem natürlichen Recht null und nichtig; es bedeutete nämlich, den Stand der Freiheit in den der Knechtschaft zu verwandeln, und dies ist der größte Nachteil, den es außer dem Tode gibt."[23]

20 Freiheit wird als natürliches Recht von Menschen verstanden: „Die Freiheit ist nämlich ein den Menschen notwendig und per se vom Anfang der vernunftbegabten Natur an angestammtes Recht. Und so ist sie eine Sache des Naturrechts."[24] Es ist schwer, einen prinzipiellen Unterschied zwischen diesem Recht und dem auszumachen, was heute als Kernannahmen von Menschenrechten verstanden wird. Es gibt einen weite-

---

[22] B. de Las Casas, Apologética Historia Sumaria, in: Obras Completas, Bd. 7, hrsg. v. V. A. Castelló/J. A. Barreda/B. A. Queija/M. J. A. Stoffels, 1992, cap. 48, S. 536: „todas las naciones del mundo son hombres y de todos los hombres y de cada uno dellos es una no más la definición, y ésta es que son racionales; todos tienen su entendimiento y su voluntad y su libre albedrió como sean formados a la imagen y semejenza de Dios. Todos los hombres tienen sus cinco sentidos exteriores y sus cuatro interiores y se mueven por los mismos objectos dellos; todos tienen los principios naturales o simientes para entender y para aprender y saber las sciencas y cosas que no saben, y esto no sólo es los bien inclinados, pero también se halla en los que por depravadas constumbres son malos; todos se huelgan con el bien y sienten placer con lo sabroso y alegre, y todos desechan y aborrecen el mal y se alteran con lo desabrido y que les hace daño." Übersetzung: ders., Kurze apologetische Geschichte, in: Werkauswahl, Bd. 2, hrsg. v. M. Delgado, 1995, S. 376 f.

[23] B. de Las Casas, Octavo Remedio, Razon Nona, in: Obras Completas, Bd. 10, hrsg. v. R. Hernández/L. Galmés, 1992, S. 327 f.: „Manifiesto es que (…) la libertad sea la cosa más preciosa y suprema en todos los bienes deste mundo temporales, y tan amada y amiga de todas las criaturas sensibles e insensibles, y mucho más de las racionales. (…) E, si non sale de su espóntanea e libre y no forzada voluntad des los mismos hombres libres aceptar y consentir cualquiera perjuicio a la dicha su libertad, todo es fuerza et violente, injusto y perverso, y según el derecho natural, de ningún valor y entidad, porque es mutación de estado de libertad a serviumbre, que después de la muerte, no hay otro mayor perjuicio. Übersetzung: ders., Das achte Heilmittel, Neunter Vernunftgrund, in: Werkauswahl, Bd. 3/2, hrsg. v. M. Delgado, 1997, S. 121.

[24] B. de Las Casas, De regia potestate, Notabile I, § I, 1, in:, Obras Completas, Bd. 12, hrsg. v. J. González Rodríguez, 1990, S. 34/36: „Nam libertas est ius insitum hominibus de necessitate et per se ab exordio rationalis naturae, et sic de iure naturalis". Übersetzung: ders., Traktat über die königliche Gewalt in: Werkauswahl, Bd. 3/2, hrsg. v. M. Delgado, S. 197, unter Bezug auf Dig. 1.1.4 and Decrtum Gratiani, D.1., c.7.

ren interessanten Aspekt: Las Casas argumentiert für die Bedeutung der Freiheit für Menschen unter Bezugnahme auf die Idee, die man auch bei Thomas von Aquin unter Rückgriff auf Aristoteles findet und von Vitoria aufgegriffen wird, dass Menschen aus sich heraus um ihrer selbst Willen und nicht als Werkzeug für andere existierten. Menschen sind ein Selbstzweck, um es mit anderen, modernen Worten zu formulieren.[25] Es gibt deswegen keine natürlichen Sklaven. Las Casas kritisiert damit aristotelische Argumente, die das Gegenteil behaupteten und die – wie gesehen – zu seiner Zeit von großer Bedeutung waren.[26]

Las Casas folgte für eine gewisse Weile der weithin geteilten Idee seiner Zeit, dass Sklaverei als Folge eines verlorenen Krieges gerechtfertigt sein könne und schlug sogar vor, Sklaven aus Afrika für die Arbeit in Südamerika zu verwenden. Eine Position, die er später als großen Irrtum korrigierte.

Freiheit ist für ihn auch die Wurzel der politischen Selbstbestimmung von Menschen, was die Wahl der Regierungsform umfasst.[27] Dieses Recht bezieht alle Menschen ein, auch die amerikanischen Ureinwohner, was die Legitimität der spanischen Herrschaft grundsätzlich in Frage stellt. Grund ist das Naturrecht, aus dem subjektive Rechte auf Selbstbestimmung folgten: „Alle Ungläubigen, welcher Sekte oder Religion sie auch immer angehören und welcher Sünden sie auch schuldig sein mögen, haben gemäß natürlichen und göttlichen Rechtes und auch nach dem sogenannten Völkerrecht völlig zu Recht die Herrschaft über die Dinge inne, die sie erworben haben, ohne einen anderen zu schädigen. Und mit dem gleichen Recht besitzen sie auch ihre Fürsten- und Königtümer, ihre Stände, Amtswürden, ihre Jurisdiktion und Herrschaftsrechte."[28]

---

25 *B. de Las Casas*, De regia potestate, Notabile I, § I, 1, in: Obras Completas, Bd. 12, hrsg. v. J. González Rodríguez, S. 34: „Quia in natura pari Deus non facit unum alterius servum, sed per omnibus concessit arbitrium. Cuius ratio est secundum Thomam (...), quia natura ‚rationalis, quantum est de se, non ordinatur ut ad finem ad alium, ut homo ad hominem'." Übersetzung: *ders.*, Traktat über die königliche Gewalt in: Werkauswahl, Bd. 3/2, hrsg. v. M. Delgado, S. 197: „Denn aufgrund dieser Natur machte Gott den einen nicht zum Diener des anderen, sondern er hat allen freien Willen geschenkt. Der Grund dafür liegt laut Thomas von Aquin (...) darin, dass die vernunftbegabte Natur an sich nicht auf etwas anderes als Ziel hingeordnet ist, so auch nicht ein Mensch auf einen anderen Menschen."
26 *B. de Las Casas*, De regia potestate, Notabile I, § I, 1, in: Obras Completas, Bd. 12, hrsg. v. J. González Rodríguez, S. 34/36. Übersetzung: *ders.*, Traktat über die königliche Gewalt in: Werkauswahl, Bd. 3/2, hrsg. v. M. Delgado, S. 197.
27 *B. de Las Casas*, Tratado Comprobatorio del Imperio Soberano, in: Obras Completas, Bd. 10, hrsg. v. R. Hernández/L. Galmés, S. 447: „La razón es porque la elección de los reyes e de quien hobiere de regir los hombres y pueblos libres, pertenece a los mismos que han de ser regidos, de ley natural y derecho de las gentes, sometiéndos ellos mismos al elegido por su proprio consentimiento, que es acto de la voluntad, que en ninguna manera ser (...) forzada, comoquiera que los hombres todos al principio nasciesen y fuesen libres." Übersetzung: *ders.*, Traktat zur Begründung der souveränen kaiserlichen Herrschaft in: Werkauswahl, Bd. 3/1, 1996, hrsg. v. M. Delgado, S. 226: „Der Vernunftgrund dafür lautet: Die Wahl der Könige und derer, die freie Menschen und Völker reigeren sollen, ist Sache just derer, die regiert werden sollen, und zwar kraft natürlichen und kraft Völkerrechts, unterwerfen sie sich doch dem Gewählten aus eigener Zustimmung, die ein Willensakt ist, der auf keine Weise (...) erzwungen werden darf, da ja alle Menschen zunächst als freie geboren werden."
28 *B. de Las Casas*, Las Doce Dudas, Respuesta, Cap I, Principio 1. in: Obras Completas, Bd. 11.2, hrsg. v. J. B. Lassegue, 1992, S. 35 : „Todos los infieles, de qualquiera secta o religión que sean, o por qualesquiera peccados que tengan quanto al derecho natural y divino y al que llaman derecho de las gentes, justamente tienen y poseen señorio sobre sus cosas que sin perjuycio de otro adquirieron. Y también con la misma justicia poseen sus principados, reynos, estados, dignitdades, jurisdicciones y *señorios*". Übersetzung: *ders.*, Traktat über die zwölf Zweifelsfälle, Antwort des Bartolomé de Las Casas, in: Werkauswahl, Bd. 3/2, hrsg. v. M. Delgado, S. 279 f.

23 Las Casas interpretierte aus diesen Gründen die Bulle *Inter Caetera* von Papst Alexander VI. aus dem Jahre 1493, die den spanischen Königen die Eroberung und Missionierung Amerikas erlaubte, eng. Einzig eine überwachende Rolle wird eingeräumt, um die existierende spanische Herrschaft auf sanfte Mittel des Lehrens zu verpflichten: „Friedfertig, liebevoll und nachgiebig, mildtätig und anlockend, durch Sanftheit, Bescheidenheit und gutes Beispiel."[29]

24 Auch bei einem dritten, beispielhaft für die Diskussionen der Zeit zu nennenden Autor, *Francisco Suárez* (1548–1617), spielte das natürliche Recht als subjektives Recht eine bedeutende Rolle. Das Naturrecht lässt aus seiner Sicht einen Raum für erlaubtes Handeln, aus dem subjektive Rechte erwüchsen, etwas zu tun oder nicht zu tun, was durch das Naturrecht erlaubt werde, etwa zu Heiraten oder die eigene Freiheit zu erhalten, um Suárez' Beispiele zu benutzen.[30] Freiheit ist von großer Wichtigkeit: Menschen sind von Natur aus frei und nur ihrem Schöpfer unterworfen.[31] Wie Las Casas lehnt Suárez die Idee natürlicher Sklaven ab. Suárez argumentiert aber, dass Menschen sich selbst der Sklaverei unterwerfen könnten und dass legitime Sklaverei durch Versklavung von Kriegsgefangenen begründet werden könne, sofern ein gerechter Krieg gewonnen worden sei.[32]

25 Politische Autorität wird in diesem Rahmen unter Bezugnahme auf die Erhaltung von Freiheit legitimiert, ihre Wurzel ist der Wunsch von allen, sich in einer politischen Gemeinschaft zu verbinden: „So ist folglich die perfekte bürgerliche Gemeinschaft von Natur aus in Wirklichkeit frei und nicht irgend einem Menschen außerhalb ihrer unterworfen; sie besitzt tatsächlich vollständige Macht über sich selbst, die, wenn sie nicht verändert würde, demokratisch wäre."[33] Das Naturrecht lege auf keine Staatsform fest, auch wenn man gelten lasse, dass die Monarchie die beste Staatsform sei.[34] Das Volk habe ein natürliches Recht *(naturalis potestas)*, sich selbst gegen Tyrannei zu verteidigen.[35] Seine Naturrechtstheorie umfasst die ganze Menschheit, die eine gewisse Einheit genieße *(aliqua unitatis)*, nicht nur als Gattung, sondern auch in politischen und moralischen Hinsichten, wie schon durch die natürliche Verpflichtung auf gegenseitige Liebe und Mitleid angedeutet. Diese Verpflichtung richte sich auf alle, auch auf die Angehörigen welcher Nation auch immer.[36] Die gegenseitige Abhängigkeit von

---

29 B. de Las Casas, Treinta proposiciónes muy jurídicas, Prop. XXII, in: Obras Completas, Bd. 10, hrsg. v. R. Hernández/L. Galmés, S. 210: „pacifica y amorosa y dulce, caritativa y allectivamente, por mansedumbre y humilidad y buenos exemplos.", Übersetzung: ders., Dreißig Rechtssätze, in: Werkauswahl, Bd. 3/1, hrsg. v. M. Delgado, S. 187.
30 F. Suárez, De Legibus ac deo legislatore, Liber secundus, hrsg. und übersetzt v. O. Bach/N. Brieskorn/G. Stienig, 2016, Kapitel 18, S. 399.
31 F. Suárez, De Legibus ac deo legislatore, Liber tertius, Teil 1, hrsg. und übersetzt v. O. Bach/N. Brieskorn/G. Stiening, 2014, Kapitel 1, S. 6/7: „homo natura sua liber est et nulli subiectus nisi creatori tantum."
32 Ebd., Kapitel 2, S. 29; Kapitel 4, S. 45; F. Suárez, De Legibus ac deo legislatore, Liber secundus, hrsg. und übersetzt v. O. Bach/N. Brieskorn/G. Stienig, 2016, Kapitel 18, S. 403.
33 F. Suárez, Defensio fidei catholicae et apostolicae, Pars Prima, 1872, S. 186: „Sic ergo perfecta communitas civilis vere naturae libera est, et nulli homini extra se subicitur, tota vero ipsa habet in se potestatem, quae si non mutaretur, democratica esset".
34 F. Suárez, De Legibus ac deo legislatore, Liber tertius, Teil 1, hrsg. und übersetzt v. O. Bach/N. Brieskorn/G. Stienig, Kapitel 4, S. 48 f.
35 F. Suárez, Defensio fidei catholicae et apostolicae, Pars Prima, S. 190.
36 F. Suárez, De Legibus ac deo legislatore, liber secundus, hrsg. und übersetzt v. O. Bach/N. Brieskorn/G. Stienig, Kapitel 19, S. 424 f.: „Ratio (...) est quia humanum genus, quantumvis in varios populos et regna divi-

Gemeinschaften verlange darüber hinaus Zusammenarbeit und gegenseitige Hilfe, die die Basis von Völkerrecht bildeten.³⁷

### III. Kritische Einschätzungen

Vitorias Argumentation zeigt, dass aus seiner Sicht bestimmte allgemein geteilte menschliche Eigenschaften die Bedingungen der Zuschreibung universeller natürlicher Rechte bilden, insbesondere das menschliche Vernunftvermögen. Auf der einen Seite schreibt er den Ureinwohnern Amerikas aufgrund seiner Informationen über ihre Lebensform Menschheit zu, woraus folgt, dass sie diese Rechte besitzen, teilt aber auf der anderen Seite Annahmen, dass sie eine geringer entwickelte Form von Menschen bilden könnten – zumindest ist er offen gegenüber dieser Möglichkeit, die in den Rassismus führt. Dies ist ein Beispiel für ein zentrales Element der Geschichte der Menschenrechte: Die strittige Bestimmung der Kriterien der Inklusion von Menschen in die Menge dessen, was vom Begriff des Menschen umfasst wird und – ebenso wichtig – die richtige Anwendung dieser Kriterien auf alle Menschen, ohne ungerechtfertigt bestimmte Gruppen auszuschließen. Die problematischsten Erwägungen Vitorias sind nicht die Folge eines völlig unplausiblen Menschenbegriffs, sie sind vielmehr die Konsequenz von falschen Annahmen über die tatsächlichen Eigenschaften der Ureinwohner Amerikas. Wenn Vitoria dagegen davon überzeugt gewesen wäre, dass die Ureinwohner Amerikas in vollem Sinne Menschen gewesen seien, hätten seine Erwägungen über ihren Status als Wesen, die gerechtfertigter Weise in bestimmten Hinsichten wie natürliche Sklaven, wenn auch zu ihrem eigenen Wohlergehen, regiert werden dürften, keinerlei Grundlage in seiner eigenen Theorie. Dies zeigt, wie wichtig *faktische anthropologische Annahmen* für die Entwicklung der Menschenrechte sind.

Diese Rechte, die Leben, Gesundheit, Freiheiten und den Status von Menschen als Selbstzweck schützen, können durch bestimmte normative Erwägungen begrenzt werden. Einige von diesen sind unproblematisch, etwa die freiwillige Wahl eines Herrschers, andere sind es weniger.

Das Recht zu reisen, zu wohnen und zu handeln wurde auch von anderen Autoren gerechtfertigt. Kants Weltbürgerrecht als Besuchsrecht knüpft an diese Tradition an.³⁸ Dieses Recht, so wie es von Vitoria gefasst wird, kann allerdings ersichtlich leicht missbraucht werden, um die Unterwerfung von amerikanischen Ureinwohnern zu rechtfertigen. Das Gleiche gilt für den Rückgriff auf das Recht, friedlich eine Religion zu verbreiten. Das ist insbesondere deshalb so, weil zu den Konsequenzen eines auf dieser Grundlage geführten, gerechten Krieges auch gehört, dass die besiegten Menschen versklavt werden dürften.

---

sum, semper habet aliquam unitatem, non solum specificam, sed etiam quasi politicam et moralem, quam indicat naturale praeceptum mutui amoris et misericordia quod ad omnes extenditur, etiam extraneos et uiusque nationis." Übersetzung ebd., S. 425 f.: „Der Grund (...) besteht darin, dass das menschliche Geschlecht, obwohl es sich in verschiedene Völker und Königreiche aufteilt, immer eine bestimmte Einheit aufweist, und zwar nicht bloß als natürliche Einheit, sondern auch als politisch-moralische, wie sie im natürlichen Gebot wechselseitiger Liebe und Barmherzigkeit zum Ausdruck kommt, das sich auf alle Menschen, auch auf Fremde und Angehörige jeder Nation, erstreckt."

37 Ebd., S. 426/427.
38 S. u. § 38; *Kant*, Zum ewigen Frieden, 1. Aufl., 1912, Akademie Ausgabe, Bd. VIII, S. 341 ff.

## § 3  1. Teil: Der Weg zu Demokratie und Menschenrechten – Geschichte

29 Aus Vitorias eigener Sicht liefern seine Gedanken ausreichende Gründe, die Rechtfertigung der Unterwerfung Amerikas durch Spanien zu bezweifeln, insbesondere aufgrund der Gewaltexzesse und der Plünderung der Güter der Ureinwohner.[39] Er endet schließlich mit Überlegungen zu den ökonomischen Konsequenzen eines Endes der Herrschaft von Spanien in Amerika, die er für geringer hält als weithin angenommen, weil durch friedlichen Handel ebenfalls großer Gewinn erzielt werden könne.[40] Die Schlussfolgerung, dass diese Herrschaft nicht zu rechtfertigen ist, drängt sich ersichtlich auch für ihn auf. Nichtsdestotrotz gibt es apologetische Passagen zur Präsenz Spaniens in Amerika. Dabei werden insbesondere Rechte der Spanier und ihre behauptete Verletzung benutzt, um die Anwendung von Gewalt gegen andere zu rechtfertigen.[41] Seine Argumentation ist in dieser Hinsicht ein frühes Beispiel für den möglichen Missbrauch dieser Ideen. Ein Besuchs- und Handelsrecht, für das gute Gründe sprechen, kann in einen Trumpf verwandelt werden, um ein Unternehmen wie die Conquista zu rechtfertigen. Das zeigt: Rechte sind keine ethisch unschuldigen Begriffe und sind es in der Geschichte niemals gewesen.

30 Nichtsdestotrotz hat Vitorias Argument eine bemerkenswert restriktive Stoßrichtung. Die normativen Grenzen, die er aufzeigt, sind von großer Bedeutung, weil sie in bindenden Berechtigungen der Eingeborenen Amerikas bestehen, nicht nur in sich selbst auferlegten, aber nicht durch Rechte verpflichtend gemachten Akten des Mitleids der Eroberer. Diese subjektiven Rechtspositionen hätten viele Menschen vor Leid und Schaden bewahrt, wenn sie während der Conquista (und den kommenden Jahrhunderten bei der Unterwerfung der Welt durch europäische Mächte) praktisch respektiert worden wären.

31 Las Casas macht einen entscheidenden Schritt vorwärts, wenn sich auch in seinen Ausführungen im Einzelnen problematische Elemente finden, wie etwa die wenigstens zeitweise verteidigte Versklavung afrikanischer Menschen. Insbesondere bezieht er mit Leidenschaft alle Menschen in den Schutzbereich von Menschenrechten ein und lehnt die Idee natürlicher Sklaverei deswegen grundsätzlich ab. Die zeitweise Rechtfertigung der Versklavung afrikanischer Menschen illustriert, wie schwierig es aus bestimmten Zeitperspektiven sein kann, (auch für ihn am Ende) naheliegende Schlussfolgerungen zu den Rechten von Menschen zu ziehen – etwa die schon in der Antike begründete fehlende Rechtfertigung der Sklaverei.

32 Suárez' Überlegungen bieten ein weiteres Beispiel für das Auf und Ab des Kampfes um Rechte auch im Reich der Ideen. Er verneint etwa die Existenz natürlicher Sklaven, rechtfertigt aber Versklavung im Krieg.

33 Die Metaphysik natürlicher Rechte, die diese Denker in vielen Zügen teilen, wenn sie auch in wichtigen Fragen unterschiedliche Schlüsse aus ihr ziehen, gehört zu einer bestimmten religiösen Interpretation der Welt und der in ihrem Rahmen entwickelten, nicht zuletzt thomistischen Konzeption des Naturrechts und der in ihm angelegten

---

39 Vgl. z.B. *F. de Vitoria*, Letter to Miguel de Arcos OP, Salamanca, 8 November 1534, in: Vitoria. Political Writings, ed. by A. Pagden/J. Lawrence, S. 331.
40 *Ders.*, On the American Indians in: Vitoria. Political Writings, ed. by A. Pagden/J. Lawrence, S. 291.
41 Ebd., S. 286.

### § 3 Rechte auch für Mayas, Inkas und Azteken? Die Eroberung der Neuen Welt § 3

natürlichen Rechte. Als solche bildet sie keine vielversprechende Basis, um in der Gegenwart eine Rechtfertigungstheorie der Menschenrechte zu formulieren, wenn es interessante Arbeiten im weiteren Rahmen dieser Orientierungen auch in der Gegenwart gibt.[42] Die Theorie der Rechte, die in den Überlegungen von Las Casas und in einem qualifizierteren Maß von Vitoria und Suárez entwickelt wird, ist nichtsdestotrotz in wesentlichen Hinsichten ein substantielles Äquivalent von Ideen von Menschenrechten, die später systematisiert und explizit gemacht wurden.

Die normativen Gründe für diese Argumente sind deshalb sehr bedeutsam für eine Geschichte der Menschenrechte und die Theorie ihrer Rechtfertigung – ebenso wie diejenigen Elemente, die sie von einem vollständig entwickelten Begriff universeller Menschenrechte unterscheiden.

Der politische und geschichtliche Hintergrund der Überlegungen zeigt aufgrund von Millionen betroffener Menschenleben, dass der Kampf für allgemeine, für alle Menschen gesicherte grundlegende Rechte keine intellektuelle Arabeske bildet. Die historischen Ereignisse, die Vielschichtigkeit der Faktoren, die zur Eroberung Amerikas führten und zu denen auch die Rolle gehört, die indigene Menschen selbst bei der Eroberung Amerikas als Verbündete der Konquistadoren gespielt haben, oder die Herrschafts- und Tributstrukturen, die die indigenen Kulturen errichtet hatten, gehören, unterstreichen wie weit der Weg für menschliche Gesellschaften ist, sich auch nur annäherungsweise an Freiheit, Gleichheit und Würde von Menschen zu orientieren, einen expliziten Begriff von Menschenrechten zu bilden oder sie gar rechtlich zu institutionalisieren. Die Ereignisse erinnern auch daran, dass die Vorstellung, solche Rechte würden anderen illegitime provinzielle Gehalte europäischer Kulturen aufdrängen, die historische Realität drastisch verfehlt: Diese Rechte wurden gegen die Herrschaftsansprüche europäischer Mächte eingefordert, im Rahmen der Conquista wie über Jahrhunderte danach, im Wesentlichen vergeblich. Erst nach langen Auseinandersetzungen, geistig und auf realen Barrikaden wurden sie gegen prägende Inhalte kultureller europäischer Traditionen durchgesetzt. Werke einer bemerkenswerten Stimme wie der von Las Casas bestimmten entsprechend keineswegs die Hauptströmungen des politischen Denkens Europas. Sie ereilte vielmehr der Bann der Inquisition.

Hier wie in anderen Fällen ist es hilfreich, einmal die Perspektive zu wechseln und zu überlegen, wie die Dinge eingeschätzt würden, wenn nicht die Europäer Amerika, sondern die Ureinwohner Amerikas Europa entdeckt, mithilfe europäischer Verbündeter erobert und die großen Städte Europas verwüstet hätten, um den Kontinent ökonomisch auszubeuten, wobei 90 % der Europäer an eingeschleppten Krankheiten, Gewalt und Versklavung gestorben wären.

Schließlich darf eine Lücke nicht vergessen werden: Die Sicht der betroffenen Ureinwohner Amerikas ist nur höchst bruchstückhaft dokumentiert. Dass sie ihre Unterwerfung, Enteignung und Tötung ohne moralische Begriffe und Empörung erlebten und keine Rechtsbegriffe für sie hatten, ist nicht vorstellbar und mit den Zeugnissen, die erhalten geblieben sind, unvereinbar. Auch dieses Fehlen der Stimmen der Opfer der

---

42  Z.B. *J. Finnis*, Natural Law and Natural Rights, 2nd ed., 2011.

europäischen Expansion gehört zur Geschichte der Menschenrechte und nicht nur als ihr unwichtigster Teil.

# § 4 Naturrecht und das Wagnis innerweltlicher Rechtsbegründung

I. Naturrecht und Vernunft ............ 1
II. Eine umfassende Theorie des Rechts ................................. 10
III. Ein Naturrechtssystem ............... 12
IV. Die naturrechtliche Ordnung der Welt .................................... 21
   1. Naturrecht und Rechtstradition ............................ 21
   2. Strafe, Gerechtigkeit und Schuld ............................ 23
   3. Strafzwecktheorie ................ 26
V. Das Recht von Krieg und Frieden ... 31
VI. Kritische Einschätzungen ............ 40

## I. Naturrecht und Vernunft

Eine in bestimmter Hinsicht exemplarische und praktisch besonders einflussreiche Naturrechtstheorie wurde von *Hugo Grotius* (1583–1645) formuliert, die weithin als Austritt aus dem Denken der Scholastik und als Aufbruch in eine neue Epoche angesehen wird.[1] Diese Theorie greift verschiedene Gedanken der Naturrechtstradition auf und entwickelt sie in differenzierter Weise weiter. Grotius' Ansatz ist bei aller Bedeutung nur einer – neben den bereits genannten – von vielen interessanten, anspruchsvollen und ideengeschichtlich bedeutsamen Naturrechtstheorien, etwa der spanischen Spätscholastik (vgl. o. § 3) oder der späteren Ideengeschichte, in vernunftrechtlichem und anderem Gewand.[2] Auf Grotius' Theorie soll deswegen ein genauerer Blick fallen, weil sie ein klassisches, gehaltvolles und lehrreiches Beispiel aus der Naturrechtstradition für ein geistiges Projekt bildet, das von andauernder Wichtigkeit ist: das Projekt innerweltlicher Moral- und Rechtsbegründung.

Hintergrund dieses Ansatzes ist die Erfahrung der Religionskriege in Europa, in denen sich die christlichen Konfessionen in unerbittlicher Feindschaft gegenüberstanden. Auf dem europäischen Kontinent ist die Zeit durch einen historischen Höhepunkt dieser religiösen Auseinandersetzungen geprägt, die – in Kants Worten – „die Welt so oft erschüttert und mit Blut besprützt haben",[3] den Dreißigjährigen Krieg (1618–1648). Auch die Erweiterung der Kenntnis der Vielfalt der Welt durch die Entdeckungen – allerdings natürlich nur für den eigenen, bis dahin begrenzten Wahrnehmungskreis –

---

1 Dass Grotius' Überlegungen zentrale Themen und Ideen der antiken und scholastischen Tradition aufnehmen, vgl. dazu z.B. *T. Irwin*, The Development of Ethics, Vol. II, 2008, S. 99, muss einen nicht daran hindern, Grotius in den ideengeschichtlichen Zusammenhang der Moderne einzuordnen, insbesondere wenn man die begrenzte Bedeutung ideengeschichtlicher Periodisierungen bedenkt. Als Beispiele der weitverbreiteten Interpretation von Grotius' Werk als Epochenumbruch vgl. z.B. *C. Thomasius*, Fundamenta Juris Naturae et Gentium, 4. Aufl., 1718 (Neudruck 1963), S. 3, § 1 zur Naturrechtslehre: „Uti enim Grotius hanc utilissimam disciplinam pulvere scholastico commaculatam & corruptam, ac tantum non exanimaram primus iterum suscitavit ac purgare incepit"; *R. W. Lee*, Hugo Grotius, Proceedings of the British Academy, 16 (1930), S. 259 ff., 267: „De jure belli ac pacis supplied the nations, particularly the protestant nations, of Europe with what they wanted – a rational theory of international relations emancipated from theology and the authority of churches. It was well adapted to be the textbook of the New Europe (a congeries of independent powers) to which the Peace of Westphalia had set its seal" oder *K. Haakonssen*, Hugo Grotius and the History of Political Thought, Political Theory, 13 (1985), S. 239 ff.: Grotius als Gründer des modernen Naturrechts. Die folgenden Überlegungen bauen auf den Ausführungen in *M. Mahlmann*, Der Schutz von individuellen Rechten, Strafe und Krieg in der Naturrechtstheorie von Hugo Grotius, in: T. Altwicker/F. Cheneval/O. Diggelmann (Hrsg.), Völkerrechtsphilosophie in der Frühaufklärung, 2015, S. 199 ff., auf.
2 Vgl. z.B. *S. Pufendorf*, De officio hominis et civis iuxta legem naturalem libri duo, in: *ders.*, Gesammelte Werke, Bd. 2, 1997, dt.: Über die Pflicht des Menschen und des Bürgers nach dem Gesetz der Natur, hrsg. und übersetzt v. K. Luig, 1994.
3 *I. Kant*, Die Religion innerhalb der Grenzen der bloßen Vernunft, Akademie Ausgabe Bd. VI, 1904, S. 1 ff., 108.

anderer Weltregionen durch die Europäer ist zu bedenken. Die Erfahrung der Vielfalt der Weltkulturen zwingt dazu, über die Möglichkeiten nachzudenken, wie ein gemeinsamer Boden gewonnen werden kann, auf dem man sich womöglich friedlich bewegen kann, wenn man nicht allein auf Eroberung und Unterwerfung setzt.

3   Der entscheidende methodische Schritt, den Grotius macht, besteht in Folgendem: Er verzichtet ausdrücklich auf Argumente religiösen Ursprungs zur Begründung normativer Positionen, ohne aber – und das ist wichtig – die Bedeutung von Religion zu leugnen. Er sucht nach naturrechtlichen Argumenten, die auch dann gelten würden, wenn man es wagte, zu denken, was undenkbar sei, nämlich, dass es Gott nicht gebe, und die gleichzeitig skeptischen Einwänden standhalten.[4] Diese praktischen Vernunfturteile sind unmittelbar verbindlich. Einer weltlichen oder außerweltlichen Autorität bedarf es nicht, um ihre Verpflichtungskraft durch Gebote zu begründen.[5] Grotius geht dabei davon aus, dass göttlicher Wille und durch Vernunft Gebotenes übereinstimmten: Gott habe das geboten und verboten, was objektiv gut oder schlecht sei. Das Naturrecht könne auch von ihm nicht abgeändert werden.[6]

4   Grotius knüpft damit an eine ältere Gedankenfigur an und macht sie zu einem legitimationstheoretischen Programm der Neuzeit.[7] Die Möglichkeit religiöser Begründung von Normen wird nicht geleugnet, es kommt nur legitimationstheoretisch nicht auf sie an. Der mögliche Gewinn ist beträchtlich: Gründen, die sich aus Vernunftgebrauch ergeben, sind alle Menschen verpflichtet, bestimmten Glaubensinhalten nur diejenigen, die bestimmte Glaubenssätze teilen. Die innerweltliche Normbegründung kann so religiös begründete Gegensätze überbrücken. Gleichzeitig bleiben die Glaubensinhalte durch diese innerweltlichen Moral- und Rechtsbegründungen im Grundsatz unberührt.

5   In dieser Begründung von Grundwertungen von Moral und Recht ohne Rückgriff auf religiöse Glaubenssätze verkörpert sich ein bestimmtes Verhältnis zum eigenen menschlichen Denkvermögen. Der menschlichen Vernunft wird Vertrauen entgegengebracht. Es wird angenommen, dass Menschen durch ihren Gebrauch das Richtige erschließen können. Das ist keine selbstverständliche Haltung. Aus religiöser Perspektive werden etwa nicht selten die Grenzen der menschlichen Vernunfteinsicht betont. Das unsichere menschliche Denken könne sich nicht anmaßen, die letzten Dinge zu erkennen, zu denen auch die höchsten Pflichten der Menschen gehörten. Menschen

---

4   Vgl. das berühmte, aus der scholastischen Naturrechtstradition aber übernommene „etiamsi daremus" in: *H. Grotius*, In Tres Libros de Iure Belli ac Pacis Prolegomena (fortan: IBP Prol.), in: *ders.*, De Iure Belli ac Pacis Libri Tres, Ed. nova, Vol. I, reproduction of the ed. of 1646 by J. Brown Scott, 1913, Para. 11. Als deutsche Übersetzung: Des Hugo Grotius drei Bücher über das Recht des Krieges und des Friedens, übersetzt von J. H. v. Kirchmann, 1869. Die verwendete lateinische Ausgabe hat im Prolegomena keine Seitenzahlen oder Paragrafen wie andere Editionen. Zur erleichterten Orientierung deshalb die gängigen Paragrafenangaben. Vgl. zum Gedanken des „etiamsi daremus" in der älteren Naturrechtstradition auch *G. v. Rimini*, Gregorii Ariminensis Lectura super primum et secundum Sententiarum, ed. by A. Damasus Trapp/V. Marcolino, Vol. VI Super secundum Dist. 24–44, in: Spätmittelalter und Reformation. Texte und Untersuchungen, Bd. 11, hrsg. v. HA Oberman, 1980, Dist. 34–37, q. 1 art. 2, S. 235. Vgl. auch den Verweis auf v. Rimini bei *F. Suárez*, De Legibus ac deo legislatore, Liber secundus, hrsg. und übersetzt v. O. Bach/N. Brieskorn/G. Stiening, 2016, Kap. 6, S. 101ff.
5   *H. Grotius*, De Iure Belli ac Pacis Libri Tres (fortan: IBP), Ed. nova, Vol. I, reproduction of the ed. of 1646 by J. Brown Scott, 1913, I, I, X.
6   *H. Grotius*, IBP, I, I, X.
7   Vgl. u. Fn. 7.

brauchen aus dieser Sicht Offenbarung, ihrem unzureichenden Verständnis aufhelfende Anleitung durch die Weisungen höherer Mächte, weil menschliches Denken zum Erkennen der höchsten Pflichten nicht tauge.

Das Vertrauen in menschliche Vernunft kann aber auch durch säkulare Theorien erschüttert werden. Die Epoche seit 1945 ist dafür ein Beispiel, da Vernunftskepsis, genährt aus verschiedenen Quellen, in dieser Epoche einflussreich geworden ist. Mancher traut in der Gegenwart der Vernunft nicht mehr so recht über den Weg – ob berechtigterweise, muss sich allerdings noch zeigen (vgl. u. § 21).

Grotius war diese Vernunftskepsis fremd. Seine Überlegungen gehören zu der anderen Tradition menschlichen Nachdenkens über Ethik und Recht, der der menschliche Vernunftgebrauch ein Weg zur möglichen Einsicht ist, kein Pfad zur Verstrickung in Irrtum, wenn es auch manche Frage gibt, deren Antwort schwer, vielleicht auch gar nicht zu finden sein mag.

Grotius' Überlegungen fallen – wie die Überlegungen der spanischen Spätscholastiker – in die Zeit der beginnenden, gewaltsamen Unterwerfung der Welt durch europäische Staaten und mächtige Akteure ohne Staatsgewalt wie die Ostindienkompanien. Das Zeitalter der europäischen Entdeckungen der Welt führt zu neuen Herrschaftssphären. Anfang des 16. Jahrhunderts beginnt die Eroberung Amerikas durch europäische Mächte, der Millionen von Menschen in kriegerischen Auseinandersetzungen und durch Krankheiten zum Opfer fallen. Das Zeitalter des Kolonialismus bricht an, der schließlich alle Kontinente erfasst. Grotius' Naturrechtstheorie führt deswegen zu grundsätzlichen Fragen zum Verhältnis von Vernunft, Ethik, Recht und der Ausübung von politischer Macht in einer Welt, die endgültig als eine gemeinsame vieler Menschen und Kulturen erkannt worden war – Fragen, die die Ethik wie die Rechtsphilosophie bis heute nicht mehr losgelassen haben.

Grotius entwirft Fundamente des Völkerrechts, aber nicht nur das. Er versucht die moralischen und rechtlichen Grundprinzipien herauszuarbeiten, die Menschen überhaupt anleiten sollen. Seine Überlegungen gehören deshalb in die Geschichte der Reflexion der ethischen und rechtlichen Prinzipien, die auf die menschliche Zivilisation über Kulturgrenzen hinweg Anwendung finden können.

**II. Eine umfassende Theorie des Rechts**

Grotius entwirft eine umfassend angelegte Theorie der Ethik und des Rechts. Er behandelt Materien, die in der Gegenwart von Moralphilosophie und Ethik, Rechtstheorie, Rechtswissenschaft, politischer Theorie oder Anthropologie behandelt werden. Diese Materien werden nicht selten als unterschieden und voneinander unabhängig angesehen und deswegen getrennt voneinander untersucht. Für Grotius führt kein Weg an einer Verknüpfung dieser verschiedenen Perspektiven vorbei. Ziel ist ein grundsätzliches Verständnis der normativen Prinzipien, die die Gestaltung der menschlichen Gesellschaft anleiten sollen. Um dieses Ziel zu erreichen, stellt Grotius Überlegungen zum Ursprung normativer Prinzipien an und versucht, ein einigermaßen wirklichkeitsnahes Bild menschlicher Existenz und der politischen Verhältnisse, unter denen Menschen leben, zu zeichnen. Die Theorie des Rechts ist – wie in vielen klassischen Ansätzen der Ideengeschichte – Teil einer allgemeinen praktischen Reflexion der menschlichen

Lebensverhältnisse und der Grundbedingungen menschlicher Existenz als Individuum und Gemeinschaftswesen.

11  Grotius betont, seine Ausführungen nicht in Hinblick auf konkrete Zeitfragen auszurichten, sondern beansprucht, „wie ein Mathematiker" zu argumentieren.[8] Seine Überlegungen bilden aufgrund ihrer scharfsichtigen Analysen auch mehr als den Ausdruck einer in einer bestimmten Zeit geborenen und in ihr beschlossenen Perspektive. Dennoch sind sie in einem bestimmten historischen Zusammenhang entstanden, der bedeutsam für ihr Verständnis ist und der bereits angesprochen wurde: die Eroberung der Welt durch die europäischen Mächte. In diesem Zusammenhang ist gerade die Bedeutung privater, nichtstaatlicher Akteure,[9] wie etwa der Ostindienkompanie der Niederlande, der auch Grotius diente, im Blick zu behalten.[10]

### III. Ein Naturrechtssystem

12  Grotius unterscheidet verschiedene normative Bereiche und zwar das Naturrecht (*ius naturale*)[11], das Völkerrecht (*ius gentium*)[12], das göttliche Recht (*ius divinum*) und das bürgerliche Recht (*ius civile*).[13] Diese verschiedenen normativen Bereiche sind miteinander verbunden. Es wäre aber zu undifferenziert, zu behaupten, es gäbe aus Grotius' Sicht nur eine Quelle von Normativität und dass insbesondere Moral und Recht einfach als Einheit behandelt würden. Dazu ist das Verhältnis von Naturrecht und gerade gesetztem Recht – wie in anderen Naturrechtstheorien auch – zu vielschichtig gedacht. Naturrecht eröffnet insbesondere die Möglichkeit naturrechtlich nicht gebotener, aber naturrechtlich erlaubter normativer Setzungen.[14]

13  Die Rechtswirklichkeit seiner Zeit würde eine andere Konzeption auch überraschend machen. Auch damals gab es positive Gesetze, die keineswegs naturrechtlichen Geboten entsprachen. Dieser Sachverhalt wurde auch immer wieder nachdrücklich in der Naturrechtstradition reflektiert (vgl. o. § 1 II ff.; § 4).

14  Das Naturrecht bildet den Ursprungsort für das theoretische Verständnis und die praktische Konzipierung einer umfassenden Theorie normativer Prinzipien, die nicht nur für Individuen, sondern auch für Staaten verbindlich sind. Grotius' Naturrechtstheorie ist deswegen nicht nur als Grundlage des neuzeitlichen Völkerrechts[15] oder des Rechts[16] insgesamt von Interesse, sondern bildet einen wichtigen Beitrag zur Theo-

---

8  *H. Grotius*, IBP Prol., Para. 58.
9  *H. Grotius*, IBP, I, I, II, 1 zum Privatkrieg.
10  Vgl. seine Expertise in *H. Grotius*, De jure praedae commentarius, hrsg. v. H. G. Hammaker, 1886. Zum Kontext z.B. *R. Tuck*, The Rights of War and Peace: Political Thought and the International Order from Grotius to Kant, 1999, S. 79 ff.
11  *H. Grotius*, IBP Prol., Para. 6 ff.; vgl. die Definition in *H. Grotius*, IBP, I, I, X.
12  *H. Grotius*, IBP Prol., Para. 17.
13  *H. Grotius*, IBP Prol., Para. 1 ff.
14  Vgl. z.B. *H. Grotius*, IBP, I, I, X ff. Zum Verhältnis von Naturrecht und willkürlichem göttlichen Recht I, II, V ff.
15  Vgl. *C. v. Vollenhoven*, The Three Stages in the Evolution of the Law of Nations, 1919; *H. Lauterpacht*, The Grotian Tradition in International Law, British Yearbook of International Law, 23 (1946), S. 193 ff.; *H. Bull*, The Grotian Conception of International Society, in: H. Butterfield/M. Wight (Hrsg.), Diplomatic Investigations. Essays in the Theory of International Politics, 1966, S. 51 ff. Zum Begriff des *ius gentium* z.B. *P. Haggenmacher*, Genèse et signification du concept de ‚ius gentium' chez Grotius, Grotiana, 2 (1981), S. 44 ff.
16  Vgl. z.B. *R. Pound*, Grotius in the Science of Law, American Journal of International Law, 19 (1925), S. 685 ff.

## § 4 Naturrecht und das Wagnis innerweltlicher Rechtsbegründung

rie der Quellen, Strukturmerkmale und Inhalte verbindlicher Prinzipien in Ethik und Recht.[17]

Die Menschen seien dabei selbst von ihrer Einsicht geleitete Gesetzgeber.[18] Die obersten normativen Prinzipien seien für sie erkennbar,[19] weswegen ihnen epistemische Autonomie zukommt – sie sind für die Erkenntnis der normativen Prinzipien nicht auf eine göttliche Offenbarung verwiesen, weil ihnen ihre Vernunft diese Prinzipien selbst erschließe.[20]

Die Prinzipien, die durch einen freien, selbstständigen und individuellen Vernunftgebrauch gerechtfertigt werden, haben differenzierte Inhalte, die Grotius' Theorie zu einem Teil der normativen Reflexion der Moderne machen. Menschen seien Gemeinschaftswesen. Grundsätzlich gehe es darum, durch Ethik und Recht Gemeinschaftsorientierung und gemeinschaftszerstörende Seiten von Menschen in einen Ausgleich zu bringen.[21] Ein für normative Strukturierung der modernen Welt entscheidender Gehalt besteht zunächst in Folgendem: Das Naturrecht ist für Grotius die Quelle grundlegender Rechte von Menschen. Dazu gehören in erster Linie das Recht auf Selbsterhaltung[22] und das Recht auf Verfolgung des eigenen Wohles,[23] dessen Bedingung der Schutz von Leben, Körper und Freiheit bildet.[24]

Welche Pflichten gegenüber anderen Menschen bestehen, bleibt im Einzelnen ungeklärt. Es gebe aber die naturrechtlichen Pflichten, sich fremden Gutes zu enthalten und es bei Verletzungen zu ersetzen, Versprechen zu erfüllen, zum Ersatz schuldhaft verursachten Schadens und zur Wiedervergeltung durch Strafe.[25] Die Rechte auf Schutz von Leben, Körper und Freiheit begründeten Pflichten auf Seiten der anderen Menschen, diese Güter nicht zu verletzen. Die christlichen Pflichten der Nächstenliebe werden bei Grotius abgemildert. Die Pflichten, die sie schüfen, stünden unter dem Vorbehalt der Wahrung eines Mindestmaßes der Interessen der Einzelnen: Zur Selbstaufgabe ist nach Grotius niemand verpflichtet. Diese These bildet auch einen Grundbaustein seiner Theorie gerechtfertigter Gewaltanwendung sowie der Bestimmung ihrer Grenzen und Bedingungen.[26]

Ein schwieriges Problem bildet das Verhältnis von Gerechtigkeit im klassischen aristotelischen Sinne distributiver Gerechtigkeit und dem strikten Recht in Grotius' Sinne. Mit diesem strikten Recht wird kein ausgebildeter Begriff austeilender Gerechtigkeit verknüpft. Wichtig ist in diesem Zusammenhang für Grotius, sich des Zugriffs auf

---

17 Zutreffend *J. B. Schneewind*, The Invention of Autonomy: A History of Modern Moral Philosophy, 1998, S. 66: „Historians of moral philosophy tend to give him at most a respectful nod. But I think we must treat him instead as the earlier historians of natural law did. We should see him as making the first modern effort to rethink morality in response to the kinds of questions that Montaigne raised". Vgl. auch *H. Hofmann*, Hugo Grotius, in: M. Stolleis (Hrsg.): Staatsdenker im 17. und 18. Jahrhundert, 2. Aufl., 1987, S. 52 ff., 68: Grotius' Theorie als allgemeine Rechtslehre.
18 *H. Grotius*, IBP Prol., Para. 8.
19 *H. Grotius*, IBP Prol., Para. 39 ff.
20 Vgl. das erwähnte „etiamsi daremus", *H. Grotius*, IBP Prol., Para. 11.
21 *H. Grotius*, IBP Prol., Para. 7 ff.
22 *H. Grotius*, IBP, I, II, III.
23 *H. Grotius*, IBP, I, II, I, 6.
24 *H. Grotius*, IBP, I, II, I.
25 *H. Grotius*, IBP Prol., Para. 8.
26 Ebd.

19 fremde Güter zu enthalten.[27] Er erörtert aber auch das Recht, das Seinige zu erhalten, was an Prinzipien austeilender Gerechtigkeit anknüpft.[28]

19 Grotius geht von der Gleichheit der Menschen aus. Die Autorität des Staates hänge von ihrer Zustimmung ab (was einen staatstheoretischen Anklang an die Gesellschaftsvertragstheorie schafft).[29] Die Herrschaftsgewalt unterliege aber keinen notwendigen normativen Grenzen, könne also absolut sein.[30] Eine vorbehaltslose Unterwerfung der Menschen unter eine absolute Macht sei naturrechtlich nicht ausgeschlossen. Menschen könnten ihre Freiheit durch eigenen Entschluss aufgeben.[31] Dieses Argument liefert auch die Begründung von Grotius' Rechtfertigung der Sklaverei, die in einem Gegensatz zu seinen Überlegungen zu naturrechtlichen Rechten von Menschen steht – keine Nebenfrage zur Zeit der allmählich einsetzenden humanen Katastrophe des Sklavenhandels.

20 Diese materiellen Überlegungen werden durch analytische Überlegungen zur Struktur normativer Grundphänomene ergänzt. Bemerkenswert sind z.B. die Analysen der normativen Gehalte subjektiver Rechte[32] oder von Urteilsakten, die den normativen Status von Handlungen bestimmen,[33] die z.T. von beträchtlichem systematischen Interesse für eine analytische Theorie dieser Phänomene sind.

### IV. Die naturrechtliche Ordnung der Welt
#### 1. Naturrecht und Rechtstradition

21 Grotius skizziert in diesem Rahmen die konkreten Gehalte einer Naturrechtsordnung. Er beschäftigt sich mit den Grundlagen der Eigentumsordnung,[34] dem Familien-[35] und Erbrecht,[36] von Versprechen[37] und Verträgen, auch von Staaten[38], Auslegungsfragen[39], unerlaubten Handlungen[40], dem Recht von Gesandten[41] oder von Begräbnissen.[42]

22 Er greift dabei breit auf den Rechtsbestand seiner Zeit zurück, insbesondere das seit dem Mittelalter rezipierte römische Recht, aber auch andere Quellen, die als Teil einer aus Vernunftgründen gerechtfertigten normativen Ordnung dem Naturrecht anverwandelt werden. Grotius entwickelt auch eine differenzierte naturrechtliche Theorie von Strafe und Strafzwecken, die von einigem Interesse ist, nicht zuletzt wegen ihrer Folgen für seine Konzeption des Völkerrechts.

---

27 *H. Grotius*, IBP, I, I, VII.
28 *H. Grotius*, IBP Prol., Para. 44.
29 *H. Grotius*, IBP, I, I, XIV.
30 *H. Grotius*, IBP, I, III, VIII.
31 Ebd.
32 *H. Grotius*, IBP, I, I, IV ff.; I, I, XVII, 2.
33 *H. Grotius*, IBP, I, I, X, 1.
34 *H. Grotius*, IBP, II, I.
35 *H. Grotius*, IBP, II, V.
36 *H. Grotius*, IBP, II, VII.
37 *H. Grotius*, IBP, II, XI.
38 *H. Grotius*, IBP, II, XII ff.
39 *H. Grotius*, IBP, II, XVI.
40 *H. Grotius*, IBP, II, VII.
41 *H. Grotius*, IBP, II, XVIII.
42 *H. Grotius*, IBP, II, XIX.

## § 4 Naturrecht und das Wagnis innerweltlicher Rechtsbegründung

### 2. Strafe, Gerechtigkeit und Schuld

Die Grundidee seiner Überlegungen ist die Verbindung der Strafbegründung und Strafzwecklehre mit einer Gerechtigkeitstheorie. Ausgangspunkt ist das sog. Gesetz des *Rhadamanthus*. Danach sei es gerecht, wenn derjenige, der anderen ein Übel zugefügt habe, selbst ein Übel erleide, das dem entspreche, das er zugefügt habe. Dann sei verhältnismäßige Gleichheit zwischen Strafe und Strafgrund gewahrt.[43] Strafgrund sei – und das ist entscheidend – nicht das durch den Täter zugefügte Übel, sondern seine Schuld. Zwischen Schuld und Strafe müsse verhältnismäßige Gleichheit herrschen (*aequalitas inter culpam* et *poenam*).[44]

Grotius skizziert keine schlichte Vergeltungstheorie der Strafe, sondern im Gegenteil eine differenzierte Theorie von Strafzwecken, Zurechnung und Strafbemessung.

Für Grotius ist menschliche Autonomie die Voraussetzung von Strafe. Ohne Fähigkeit, sich selbst zu bestimmen, kann es aus seiner Sicht keine gerechtfertigte Bestrafung geben.

Grotius erörtert verschiedene Gründe, die eine strafrechtliche Verantwortlichkeit ausschließen könnten. Dazu gehöre die Unfähigkeit, Unrecht zu erkennen und danach zu handeln, etwa aufgrund von mentalen Krankheiten.[45] Damit ist das Problem der Schuldfähigkeit angesprochen. Auch Strafmilderungsgründe werden erörtert, etwa bestimmte Leidenschaften, die die Kontrolle und Bestimmung des eigenen Willens beeinträchtigen könnten.[46] Diese subjektiven Umstände der Tat seien bei der Bemessung der Strafe zu berücksichtigen.[47] Grotius skizziert damit nicht weniger als zentrale Elemente dessen, was heute ein Schuldstrafrecht genannt wird.

### 3. Strafzwecktheorie

Die Strafzwecktheorie knüpft an platonischen Überlegungen an. Grundlage ist die Einsicht, dass mit der Strafe ein vergangenes Übel nicht ungeschehen gemacht werden könne.[48] Die Strafe muss sich also aus positiven Folgen in der Zukunft rechtfertigen lassen. Diese Forderung begründet Grotius mit der verwandtschaftlichen Verbindung der Menschen.[49] Solche sie legitimierenden Folgen von Strafe bildeten einerseits die Besserung des Verbrechers, der Schutz des Betroffenen und der Schutz der Gemeinschaft, nicht zuletzt durch Abschreckung anderer Straftäter.[50] In eindrucksvollen Passagen legt Grotius dar, warum Rache als kritikwürdiger persönlicher Impuls kein Strafgrund sein dürfe.[51]

Die Strafe müsse dem Deliktstyp angemessen sein.[52] Auch die Todesstrafe ist aus Grotius' Sicht dabei gerechtfertigt, weil sie das einzige Mittel bilden könne, bestimmten

---

43 *H. Grotius*, IBP, II, XX, I; II, XX, II.
44 *H. Grotius*, IBP, II, XX, II; II, XX, XXVIII; II, XX, XXXIII; aber II, XX, XXXII: mehr Strafe als Übel.
45 *H. Grotius*, IBP, II, XX, XXVI.
46 *H. Grotius*, IBP, II, XX, XIX; II, XX, XXVI; II, XX, XXXI.
47 *H. Grotius*, IBP, II, XX, XXVIII; II, XX, XXIX.
48 *H. Grotius*, IBP, II, XX, IV.
49 Ebd.
50 *H. Grotius*, IBP, II, XX, VI.
51 *H. Grotius*, IBP, II, XX, V.
52 *H. Grotius*, IBP, II, XX, XXX.

Gefährdungen zu begegnen.[53] Grotius legt dar, dass nur solche Taten strafwürdig seien, die direkte oder wenigstens indirekte Folgen für das Wohlergehen von Einzelnen oder der Gemeinschaft hätten.[54] Damit werden Gedanken formuliert, die in Mills Schadensprinzip aufgenommen werden (vgl. u. § 10 II). Bloße Handlungsabsichten seien deshalb kein ausreichender Strafgrund.[55] Man dürfe auch nicht versuchen, Tugenden durch Strafrecht zu erzwingen.[56]

28 Die Strafgewalt liegt – und das ist wichtig – für Grotius naturrechtlich nicht nur bei jedem Geschädigten, sondern bei jedem Menschen, wenn zwei Bedingungen erfüllt seien: vernünftiges Urteil und Fehlen einer Verstrickung in ähnliche Verbrechen.[57] Diese allgemeine Strafgewalt folge aus der Beistandspflicht der Menschen.[58]

29 Wie andere Naturrechtstheorien identifiziert Grotius als Hauptproblem einer naturrechtlichen Strafgewalt die Parteilichkeit und Unsicherheit von Strafen durch Private.[59] Deshalb müsse die Strafe öffentlich werden, d.h. in letzter Instanz vom Souverän unpersönlich durch seine Rechtsprechungsorgane ausgeübt werden,[60] es sei denn, ein solcher habe in einer Situation keine Gewalt, wie z.B. auf hoher See. Diese Strafgewalt wird von Souveränen ausgeübt, die niemandem gehorchen müssten, wie Grotius ausführt.[61]

30 Auch eine öffentliche Anklagekompetenz hält Grotius für wichtig, um persönliche Leidenschaften zu neutralisieren.[62] Er betont die Bedeutung der Bewahrung der Autorität der Gesetze,[63] schließt aber ein Gnadenregime nicht aus, um Einzelfallgerechtigkeit ermöglichen zu können.[64]

**V. Das Recht von Krieg und Frieden**

31 Die Naturrechtsgehalte werden im Rahmen der Entfaltung des Hauptthemas von Grotius' *De Iure Belli ac Pacis* entwickelt. Zentrales Problem ist das aus dem antiken Völkerrecht oder – wenn man diese Begriffsverwendung zu unvorsichtig findet – die aus den antiken Vorläufern des modernen Völkerrechts überkommene Frage nach dem *bellum iustum*, der Möglichkeit und den Bedingungen für einen gerechten Krieg.[65] Neben diese Frage nach den Bedingungen eines gerechtfertigten Eintritts in den Krieg, dem *ius ad bellum*, tritt die Frage nach den normativen Grenzen der Kriegsführung, dem *ius in bello*.[66] Für Grotius ist die Bestimmung dieser Grenzen aufgrund der Rohheit der Kriegsführung seiner Zeit eine dringend zu bewältigende Aufgabe.[67] Ohne die

---

53 *H. Grotius*, IBP, II, XX, VII; II, XX, XI: nicht modifiziert durch Gebote des Evangeliums.
54 *H. Grotius*, IBP, II, XX, XX.
55 *H. Grotius*, IBP, II, XX, XVIII.
56 *H. Grotius*, IBP, II, XX, XX.
57 *H. Grotius*, IBP, II, XX, III; II, XX, VII; II, XX, VIII; II, XX, IX.
58 *H. Grotius*, IBP, II, XX, VIII.
59 *H. Grotius*, IBP, II, XX, IX.
60 *H. Grotius*, IBP, II, XX, VIII, 4; II, XX, XIV.
61 *H. Grotius*, IBP, II, XX, XL.
62 *H. Grotius*, IBP, II, XX, XV.
63 *H. Grotius*, IBP, II, XX, XXIV.
64 *H. Grotius*, IBP, II, XX, XXIII ff.
65 *H. Grotius*, IBP, I, I, II.
66 *H. Grotius*, IBP Prol., Para. 25; III, I ff.
67 *H. Grotius*, IBP Prol., Para. 28.

## § 4 Naturrecht und das Wagnis innerweltlicher Rechtsbegründung

Bestimmung und Einhaltung solcher Maßstäbe kann aus seiner Sicht auch das Ziel, dem der Krieg zu dienen habe, nicht erreicht werden: die Vorbereitung des Friedens.[68] Er wendet sich ebenso gegen die Ansicht, dass die Gründe für die Entscheidung für Kriege kein Gegenstand der normativen Theorie seien, wie gegen die Vorstellung, im Krieg sei jede Handlung zulässig.

Für Grotius spielen dabei Selbstverteidigung, Ausgleich für Rechtsverletzungen sowie Strafe eine entscheidende Rolle, um den Eintritt in Kriegshandlungen zu rechtfertigen. Die letzteren beiden Ziele können verbunden sein.[69]

Strafkriege könnten gerechtfertigt werden, weil ein die Strafgewalt ausübender Souverän nicht nur aufgrund von Verbrechen an eigenen Gütern oder den Gütern seiner Untertanen die Legitimation zur Bestrafung des die Güter Verletzenden gewinnt, sondern auch aufgrund der Verletzung des Naturrechts und des *ius gentium*, hier verstanden als Völkerrecht.[70] Grotius rechtfertigt mithin eine universale Strafgewalt der Souveräne mit einer naturrechtlichen Theorie extraterritorialer Rechtsdurchsetzung.

Nicht jedes Delikt könne jedoch einen Strafkrieg rechtfertigen.[71] Grotius führt einige Beispiele wie gottlose Behandlung von Eltern, Kannibalismus oder Piraterie an, von denen immerhin die letzte auch im modernen Völkerrecht eine konkrete Rolle in diesem Problemkreis spielt.[72] Grotius versucht die Fälle eines zulässigen Strafkrieges aber einzuschränken, indem er Missverständnisse des Naturrechts zu vermeiden sucht. Dazu liefert er einen kleinen methodischen Exkurs zur Naturrechtskonkretisierung.[73]

Drei Dinge hebt er besonders hervor: Man dürfe Naturrecht erstens nicht mit anderen normativen Beständen, den *mores civiles*, den sozialen Sitten, verwechseln.[74] Zweitens müsse man vorsichtig sein, zu schnell anzunehmen, etwas gehöre zum Naturrecht, was nicht immer offensichtlich sei. Auch nur durch die Willkür Gottes gebotene Gesetze könnten nicht ausreichen, einen Strafkrieg zu rechtfertigen, z.B. das Verbot des Beischlafs Unverheirateter.[75] Drittens sei nicht zu vergessen, dass die naturrechtlichen Deduktionen mehr oder weniger einsichtig für alle seien – die weniger einsichtigen Ableitungen, so die Implikation, seien keine ausreichende Basis für Interventionen, wenn das entsprechende Verständnis fehle.[76]

Grotius erwähnt in seinen allgemeinen Überlegungen die Unzulässigkeit von präventiven Strafen. Seine Ablehnung eines Gesinnungsstrafrechts hat dabei kriegsvölkerrechtliche Implikationen: Nur unter bestimmten Bedingungen einer verdichteten Gefahr, schweren Übeln, verletzter Würde oder der Verhinderung eines schlechten Beispiels sei eine Ausnahme möglich.[77] Eine wichtige Nuance ist Grotius' Ansicht, dass Strafkriege die Vermutung der Ungerechtigkeit gegen sich hätten. Die Verbrechen müssten offen-

---

68 *H. Grotius*, IBP, I, I, I.
69 *H. Grotius*, IBP, II, XX, XXXVIII.
70 *H. Grotius*, IBP, II, XX, XL.
71 *H. Grotius*, IBP, II, XX, XXXVIII.
72 *H. Grotius*, IBP, II, XX, XL.
73 *H. Grotius*, IBP, II, XX, XLI – XLIII.
74 *H. Grotius*, IBP, II, XX, XLI.
75 *H. Grotius*, IBP, II, XX, XLII.
76 *H. Grotius*, IBP, II, XX, XLIII.
77 *H. Grotius*, IBP, II, XX, XXXIX.

bar und von der gröbsten Art sein (*atrocissima* et *manifestissima*) oder es müsse ein anderer ähnlicher Grund bestehen.[78]

37 Besonders wichtig ist, welche Rolle Religion in diesem Zusammenhang spielt. Religion könne ein Schutzobjekt sein, da die Religion ein Mittel der Erhaltung der Ordnung im Staat sei. Für die internationale Gemeinschaft sei das von besonderer Bedeutung, da im Staat Ersatz für die Religion in Gesetzen gefunden werden könne, dies aber für die internationale Gemeinschaft nicht gelte: Nur religiös begründete Verpflichtungen könnten die Souveräne anhalten, grundlegende Regeln einzuhalten. Respekt vor den Geboten des Völkerrechts ohne metaphysischen Sanktionsapparat ist für Grotius undenkbar.[79]

38 Grotius identifiziert bestimmte Kerngehalte dessen, was eine natürliche Religion heißen könne.[80] Dazu gehörten die Existenz Gottes und die Bestimmung der Geschicke der Menschen durch seine Leitung. Für Unglauben in Bezug auf diese Glaubensgehalte gebe es keine Entschuldigung, er könne bestraft werden.[81] Es gebe aber auch unklarere Vergehen, wo eine Straflegitimation fehle. Hinsichtlich der Unsichtbarkeit Gottes und der göttlichen Schöpfung der Welt fehle sie etwa, sofern keine Offenbarung vorliege,[82] was gerade für die Behandlung nichtchristlicher Religionen eine entscheidende Aussage bildet. Wenn in religiösem Gewand Güter von Menschen verletzt würden, sei aber Strafe möglich,[83] ebenso wenn gegen die eigenen Prinzipien einer Religion verstoßen werde.[84] Eine Legitimation für Strafen von Christen wegen Einzelfragen des Bekenntnisses, die Nebenfragen beträfen, gebe es nicht.[85]

39 Grotius lehnt grundsätzlich die Verbreitung des Christentums durch Gewalt ab, da es durch Überzeugung Anhänger gewinnen müsse. Das *Compelle-Intrare* des Gleichnisses des Gastmahls[86] ist für ihn – anders als für Augustinus (s. o. § 2 Rn. 17) und eine lange Tradition des christlichen Denkens – keine Legitimation des Glaubenszwanges.[87]

### VI. Kritische Einschätzungen

40 Grotius' Naturrechtsentwurf ist zunächst durch seinen Versuch bedeutsam, eine innerweltliche Moral- und Rechtsbegründung zu leisten. Dies ist kein grundsätzlicher Neuansatz. Die innerweltliche Ethik- und Rechtsbegründung knüpft an die sokratische Tradition des Selbstbewusstseins des Denkens an, für die die menschlichen geistigen Kräfte durchaus ausreichen, um die wichtigsten Fragen von Ethik und Recht selbst zu beantworten. Menschen können auch ethisch und in Bezug auf eine richtige Ordnung des Rechts auf eigenen Füßen stehen. Sokrates' Einladung zum Dialog liegt ja die Annahme zugrunde, dass seine Gesprächspartner zu einem autonomen Denken befähigt seien, das sich berechtigt den Fragen des richtigen Lebens zuwendet. Sokrates

---

78 *H. Grotius*, IBP, II, XX, XLIII, 3.
79 *H. Grotius*, IBP, II, XX, XLIV.
80 *H. Grotius*, IBP, II, XX, XLV.
81 *H. Grotius*, IBP, II, XX, XLVI Ende.
82 *H. Grotius*, IBP, II, XX, XLVII.
83 Ebd.
84 *H. Grotius*, IBP, II, XX, XLVI.
85 *H. Grotius*, IBP, II, XX, L.
86 Lukas 14, 23.
87 *H. Grotius*, IBP, II, XX, XLVIII; II, XX, XLIX.

## § 4 Naturrecht und das Wagnis innerweltlicher Rechtsbegründung § 4

predigt keine offenbarte Wahrheit, er lädt ein zum gemeinsamen Denken im Einsichten suchenden, nicht garantierenden, aber ihnen manchmal recht nahe kommenden, sie vielleicht sogar glücklich ergreifenden Gespräch.

Grotius' Theorie subjektiver Grundrechte bildet ein wichtiges Kapitel in der Geschichte der Entwicklung der Menschenrechtsidee. Seine Staatstheorie beruht auf der Annahme der Autonomie und Gleichheit der Individuen. Die wirksame Begrenzung von souveräner Gewalt und die Schaffung entsprechender Institutionen sind seinen Überlegungen allerdings fremd – ein Sachverhalt, der einen Anknüpfungspunkt bildet, um zu erklären, warum *Rousseau* zwischen Grotius und *Hobbes* keinen theoretisch erfreulichen Unterschied erblicken konnte.[88] Auch Sklaverei wird von ihm in bestimmten Fällen gerechtfertigt. 41

Grotius rekonstruiert vielschichtig eine umfassende Naturrechtsordnung. Die naturrechtliche Strafrechtstheorie als Schuldstrafrecht teilt dabei normative Grundprinzipien des Strafrechtsentwurfs der Gegenwart. Er entwickelt im Rückgriff auf die reiche Naturrechtstradition auch Grundlagen und Grundprinzipien des Völkerrechts. Er bemüht sich um eine systematische Begründung der Bedingungen der Rechtfertigung und der Einhegung von Gewaltanwendung in den internationalen Beziehungen – eine Aufgabe, die bis heute keineswegs gelöst ist. Ein höchst schwieriges Problemfeld betrifft die Frage, ob mit Grotius' Überlegungen die kolonialistische Unterwerfung der Welt durch europäische Mächte im Gewand naturrechtlicher Ideologeme legitimiert werde.[89] Die Gewaltausübung wird in diesem Zusammenhang z.T. gerechtfertigt, aber auch in wichtiger Hinsicht begrenzt. Eine schlichte Legitimationstheorie imperialer Gewaltanwendung bilden sie nicht. 42

Kriege können auch zur Durchsetzung von naturrechtlich gerechtfertigten Normen legitimiert sein. Zu Letzteren gehören Grundrechte, was diese Überlegungen zu Teilen der Geschichte der Durchsetzung von zwingendem, allgemeinverbindlichem Völkerrecht macht, die in der Gegenwart sehr kontrovers diskutiert wird – von humanitären Interventionen bis zu staatlichen Schutzverantwortungen. Wichtige Probleme werden dabei schon durch Grotius' Ausführungen aufgeworfen, etwa zur Frage eines wirksamen Kontrollregimes, der Unbestimmtheit der durchzusetzenden Normen, der Missbrauchsgefahr und der kulturellen und religiösen Parteilichkeit.[90] 43

Grotius' Naturrechtsentwurf ist ein Beispiel für den Detailreichtum des Naturrechts, das mit beträchtlicher systematischer Kraft versucht, überzeugende Antworten auf konkrete moralische und rechtliche Fragen zu formulieren. Seine analytische Theorie normativer Phänomene ist aufschlussreich und zeigt die Dauerhaftigkeit bestimmter Fragen, wie etwa zur Struktur von subjektiven Rechten oder des moralischen Urteils. Dieses Phänomen dauerhafter, kultur- und epochenübergreifender Gehalte des Nachdenkens über Moral und Recht, das in seiner systematischen Bedeutung für das Ver- 44

---

88 Vgl. J.-J. Rousseau, Émile, in: Œuvres complètes, hrsg. v. B. Gagnebin/M. Raymond, Vol. IV, 1969, S. 856.
89 Vgl. dazu z.B. *R. Tuck*, The Rights of War and Peace, S. 103. Zu den problematischen Konsequenzen von Grotius' Eigentumstheorie für die Legitimation der Aneignung von Land kolonialisierter Völker, ebd., S. 104 ff.
90 Vgl. dazu näher *M. Mahlmann*, Der Schutz von individuellen Rechten, Strafe und Krieg in der Naturrechtstheorie von Hugo Grotius.

ständnis von Recht manchmal unterschätzt wird, muss noch weiter bedacht werden (vgl. u. § 40 III).

45 In Grotius' Naturrechtstheorie keimt an wichtigen Stellen ein humaner Dämmerschein, manchmal glimmt sogar schon helles Morgenlicht. Die Idee von grundlegenden menschlichen Rechten ist ein Beispiel dafür. Andere Ausführungen rechtfertigen Handeln und politische Einrichtungen, für die schon in der frühen Neuzeit nichts sprach, denen die Zukunft aber noch lange gehörte, wie etwa die Sklaverei.

46 Grotius' Theorie bildet einen Abschnitt der langen Tradition eines kosmopolitischen Naturrechts, das nicht an eine bestimmte Rechtsgemeinschaft gebunden ist, weil es jede transzendiert. Diese grundsätzliche Perspektive einer kosmopolitischen Rechtskonzeption hat viele Wurzeln in der Ideengeschichte und wurde immer wieder aufgegriffen. Sie ist in keiner Weise historisch geworden, im Gegenteil. Unter den Bedingungen der in der Gegenwart durch Probleme und Güter eng verbundenen Menschheit besteht die dringende Aufgabe, über Prinzipien von Ethik und Recht über Grenzen hinweg ein Mindestmaß an Übereinstimmung zu schaffen. Dass dafür in letzter Instanz andere Ressourcen zur Verfügung stünden als der innerweltlich zu bahnende Pfad guter Gründe, den das Nachdenken über Naturrecht versuchte, ein Stück voranzuschreiten, ist nicht ersichtlich. Die Naturrechtsidee kann man aus verschiedenen Gründen, die bereits angedeutet wurden und noch deutlicher werden, nicht einfach in die Zukunft fortführen.[91] Die Naturrechtstradition hinterlässt aber eine Erbschaft, die anzutreten sich lohnt.

---

91 Vgl. zur aktuellen Naturrechtsdiskussion z.B. *J. Finnis*, Natural Law and Natural Rights, 2nd ed., 2011.

## § 5 Macht und Übereinstimmung – Theorien des Gesellschaftsvertrages

| | | | |
|---|---|---|---|
| I. Eine neue Idee | 1 | 1. Das Werden des konstitutionellen Liberalismus | 22 |
| II. Der Frieden der Unterwerfung – Hobbes | 3 | 2. Empirismus und Naturrechtskritik | 24 |
| 1. Bürgerkriege und die neuen Naturwissenschaften | 3 | 3. Die politische Organisation der subjektiven Rechte | 26 |
| 2. Die Moral der Selbsterhaltung | 5 | 4. Kritische Einschätzungen | 30 |
| 3. Krieg und Staat | 6 | V. Gemeinwillen und Republik – Rousseau | 33 |
| 4. Kritische Einschätzungen | 7 | 1. Das traurige und große System | 33 |
| III. Die geistige Liebe zur Welt – Spinoza | 11 | 2. Mitleid und Freiheit | 37 |
| 1. Gott oder Natur | 11 | 3. Kritische Einschätzungen | 44 |
| 2. Leidenschaft, Gleichmut und die Begründung des Staates | 15 | VI. Der Gehalt einer neuen Idee | 47 |
| 3. Kritische Einschätzungen | 20 | | |
| IV. Staat und ursprüngliche Rechte – Locke | 22 | | |

### I. Eine neue Idee

Eine zentrale Idee der Rechtsreflexion der Neuzeit besteht darin, die Legitimation von Staat und Recht auf die in einem Vertrag verkörperte Zustimmung der Betroffenen zu stützen. Das ist die Kernidee der Gesellschaftsvertragstheorie. Die spezifischen Lebensumstände der Menschen in einem *Naturzustand* führten danach zum Bedürfnis, sich auf die Gründung einer das Leben der Menschen verbessernden gesellschaftlichen Ordnung zu einigen. Ein *Vertrag* werde geschlossen, der einen sozialen Zusammenschluss, eine politische Struktur, einen Staat begründe. Diese legitimationstheoretische Grundfigur des Kontraktualismus wird in verschiedenen Varianten formuliert. Der Naturzustand kann z.B. als historische Realität oder als Gedankenexperiment, der Vertrag als Gesellschafts-, Herrschafts- oder Unterwerfungsvertrag verstanden werden. Der erste Vertrag ist auf den Zusammenschluss der Bürgerinnen und Bürger zur Gesellschaft, der zweite auf die Begründung gebundener hoheitlicher Gewalt, der dritte auf die Unterwerfung unter einen absoluten Herrscher gerichtet. Diese Vertragstypen können auch miteinander verbunden werden. Die aus diesen Verträgen entstehende Ordnung unterscheidet sich entsprechend dem zugrunde gelegten Naturzustand sowie der Art der vertraglichen Antwort auf seine Mängel und reicht von einer republikanischen Demokratie über eine konstitutionelle Monarchie bis zu einem diktatorischen Absolutismus. Auch die Motive für den Vertragsschluss unterscheiden sich. Der Vertrag kann zur Schaffung einer politischen Ordnung der Sicherheit dienen, eine ursprünglich gegebene normative Ordnung absichern oder auch – so bei Kant – aufgrund eines moralischen Gebotes geschlossen werden.

Die Kernidee der Gesellschaftsvertragstheorie hat den theoretisch einflussreichsten Ausdruck in den Konzeptionen von *Hobbes*, *Locke* und *Rousseau* gefunden, die deshalb nunmehr nachgezeichnet werden, wenn auch die Idee des Gesellschaftsvertrages von anderen ebenfalls erörtert wird. Ein Beispiel hierfür ist *Spinoza*, der an die Idee des Gesellschaftsvertrages anknüpft, diese aber in eine spezifische metaphysische Ethik einbettet und dadurch wesentlich modifiziert (es gibt auch manche historische Vorläufer, vgl. z.B. o. zu Epikur § 1 IV 2). Die Gesellschaftsvertragstheorie ist bis heute lebendig geblieben – mit *John Rawls*' Konzeption des politischen Liberalismus und der Gerechtigkeit nimmt sogar eine der zentralen Theorien der politischen Philosophie der Gegenwart von der modern transformierten Idee des Gesellschaftsvertrages ihren die aktuelle Debatte prägenden Ausgangspunkt.[1]

## II. Der Frieden der Unterwerfung – Hobbes
### 1. Bürgerkriege und die neuen Naturwissenschaften

3   Während der Regierungszeit von *Elisabeth I.* (1558–1603) steigt England zur protestantischen Weltmacht auf. 1584 wird die erste englische Kolonie (Virginia) begründet. 1588 vernichtet die englische Flotte die spanische Armada und bricht damit den Hegemonialanspruch des spanischen Weltreichs. Innenpolitisch ist die Periode von blutigen Auseinandersetzungen geprägt: Von 1642 bis 1648 dauert der Bürgerkrieg zwischen Krone und Parlament, in dem *Oliver Cromwell* (1599–1658) siegt. *Karl I.* (1600–1649) wird hingerichtet, die Monarchie abgeschafft und die englische Republik gegründet, deren Lordprotektor Cromwell bis zu seinem Tod 1658 bleibt. Die Republik endet 1660 mit der Restauration der Stuarts.

4   *Thomas Hobbes*' (1588–1679) vor diesem Hintergrund entwickelte Fassung des Gesellschaftsvertrages ist für die politische Ordnung seiner Zeit folgenlos geblieben. Sie ist jedoch in hohem Maß theoretisch einflussreich geworden. Hobbes hat dabei nicht nur zu Fragen der politischen Philosophie Stellung bezogen. Er vertritt im sog. *Universalienstreit*, also in Bezug auf die Frage, ob Allgemeinbegriffe etwas Reales bezeichneten oder nicht, eine nominalistische Position. Universalien seien keine Realien, sondern nur willkürlich gebildete Begriffe. Eine platonische Ethik, in der der Allgemeinbegriff des Guten die zentrale und reale Idee ist, wird damit bereits konzeptionell ausgeschlossen. Hobbes vertritt einen *mechanistischen Materialismus*: Der Geist wird als Teil des Körpers aufgefasst, mechanische Vorgänge erzeugten Bewusstseinserscheinungen, Willensfreiheit wird abgelehnt.[2] Für die praktische Reflexion ist eine weitere Weichenstellung relevant. Hobbes ist einer analytischen Methode verpflichtet, die versucht, sich an den Naturwissenschaften zu orientieren. Zentral sind nicht Teleologien und metaphysische Zweckordnungen, wie sie bei Aristoteles entwickelt wurden und für die Folgezeit für viele Ansätze prägend blieben, sondern wirkende Ursachen, deren Effekte man beobachten kann und die dann in eine erklärende Theorie einfließen. Auf den sinnstiftenden Bezug einer Zweckordnung wird dagegen verzichtet. Hobbes unternimmt es damit, Teile der Neukonzeption der Naturwissenschaften zu rezipieren – mit im Prinzip gutem Grund. Denn die Naturwissenschaften stoßen zu seiner Zeit die Tür zu einem neuen, revolutionären Verständnis der Natur und zu einer technischen Transformation der menschlichen Welt geistig auf, die die Menschen bis heute in Atem halten. Ob Hobbes' Verständnis des geistigen Projekts der Naturwissenschaften tief genug war, steht allerdings auf einem anderen Blatt. Man sollte deshalb zurückhaltend sein, Hobbes' Ansatz mit der Methode der Naturwissenschaften ohne Weiteres zu

---

[1] Vgl. u. § 19 II. Andere neuere Beispiele sind *J. Buchanan*, The Limits of Liberty, 1975; *T. M. Scanlon*, What We Owe to Each Other, 1998. Im Überlick *W. Kersting*, Die politische Philosophie des Gesellschaftsvertrags, 1994.
[2] *T. Hobbes*, Leviathan, ed. by C. B. Macpherson, 1985, Chap. 21.

## § 5 Macht und Übereinstimmung – Theorien des Gesellschaftsvertrages

identifizieren. Welche Überzeugungskraft seine Konzeption der politischen Philosophie erzeugt, soll sich jetzt erweisen.

### 2. Die Moral der Selbsterhaltung

Hobbes ist die Vorstellung absoluter Werte fremd. Werte seien abhängig vom Subjekt,[3] einziger allen Menschen gemeinsamer Wert sei die Selbsterhaltung. Es gebe deshalb keine natürliche Moral oder Gerechtigkeit,[4] nur Kalküle zur individuellen Nutzenmaximierung. Daraus folgten Klugheitsregeln wie die Goldene Regel oder die Bindung an Verträge (*pacta sunt servanda*).[5] Diese Regeln verpflichteten innerlich durch ihre Folgenabwägung, äußerlich verbindlich seien sie aber nur in einer Zwangsordnung, die sicherstelle, dass alle ihnen folgten.[6] Moralisch gerechtfertigt sei, was positiv gesetzt werde. Damit ist der Übergang zur Rechts- und Staatsphilosophie gemacht.

### 3. Krieg und Staat

Den Ausgangspunkt der Staatstheorie bildet bei Hobbes eine *pessimistische Anthropologie*, die sich in seiner Beschreibung des Naturzustands anschaulich entfaltet. Dieser Naturzustand ist bei Hobbes eine theoretisch-analytische Kategorie, keine historische Hypothese. Er dient im Ergebnis dazu, zu illustrieren, welche politische Anthropologie Hobbes in seiner Theoriebildung voraussetzt. Menschen seien durch ein unbeschränktes Machtstreben geprägt, das dazu diene, sich in die Lage zu versetzen, die eigenen Wünsche zu befriedigen. Es gibt aus Hobbes' Sicht keine ursprünglichen moralischen Hemmungen, die dieses Machtstreben eindämmten. Konkurrenz, Misstrauen und Ruhmsucht herrschten deshalb im Naturzustand.[7] Erstes natürliches Recht sei, alles zu tun, was der Selbsterhaltung dienlich sei.[8] Der Krieg aller gegen alle sei die Folge. Deshalb sei ein Gesellschaftsvertrag nötig, mit dem sich alle Gesellschaftsmitglieder dem Souverän (dem *Leviathan*, dem „sterblichen Gott") unterwürfen und in einen gesellschaftlichen Zustand einträten.[9] Es werde kein Herrschaftsvertrag mit dem Souverän geschlossen.[10] Die Macht des Souveräns sei deshalb praktisch unbegrenzt und umfasse das Recht zur Kriegsführung, Bestrafung, Zensur, Gestaltung der Eigentumsordnung und Staatsorganisation.[11] Ein Untertan müsse sich auch töten lassen, sich jedoch nicht

---

[3] *T. Hobbes*, Leviathan, Chap. 15.
[4] *T. Hobbes*, Leviathan, Chap. 15.
[5] Hobbes nennt verschiedene Klugheitsregeln, die die Richtung seiner Gedankengänge illustrieren: 1) Relative Friedenspflicht (solange Frieden möglich); 2) Goldene Regel; 3) pacta sunt servanda; 4) Dankbarkeit; 5) Entgegenkommen; 6) Verzeihung gegen Sicherheitsleistung; 7) Vergeltung nach künftigem Nutzen, nicht nach vergangenem Übel; 8) Vermeidung von Beleidigungen; 9) alle Menschen vom Einzelnen als Seinesgleichen zu betrachten; 10) kein Vorbehalt von Sonderrechten in Gemeinschaft; 11) Gleichheit vor Gericht; 12) Gemeinschaftlicher Besitz an unteilbaren Dingen; 13) Güterverteilung durch Los, wenn nicht teilbar oder gemeinschaftlich besitzbar; 14) natürliche Losverteilung durch Erstgeburt, ersten Zugriff; 15) freies Geleit für Friedensmittler; 16) Schiedsrichter sind bei Streit einzuschalten; 17) niemand ist Richter in eigener Sache; 18) kein Richten durch Parteiliche; 19) Ermittlung von Fakten durch ausreichende Zeugenaussagen, vgl. *T. Hobbes*, Leviathan, Chap. 14, 15.
[6] *T. Hobbes*, Leviathan, Chap. 15.
[7] *T. Hobbes*, Leviathan, Chap. 13.
[8] *T. Hobbes*, Leviathan, Chap. 14.
[9] *T. Hobbes*, Leviathan, Chap. 17.
[10] *T. Hobbes*, Leviathan, Chap. 18.
[11] *T. Hobbes*, Leviathan, Chap. 18.

selbst töten oder anklagen.[12] Die Genese der Herrschaft sei dabei gleichgültig: Ein Herrscher, der seine Stellung mit Gewalt begründe, habe die gleichen Rechte wie ein Herrscher, der durch die Gemeinschaft eingesetzt werde.[13] Der Souverän bestimme seine Nachfolge selbst.[14] Der Machthaber übe auch die Herrschaft über Glaubensfragen und kirchliche Angelegenheiten aus,[15] die innere Glaubensfreiheit könne aber nicht beschnitten werden.[16] Zentrale Glaubensartikel seien der Glaube an Christus und der Gehorsam gegenüber den Gesetzen. Bei diesen Glaubensartikeln habe der Mensch Gott mehr zu gehorchen als den Menschen.[17]

### 4. Kritische Einschätzungen

7 Ein klassischer Einwand bezieht sich auf den von Hobbes entworfenen *Naturzustand*. Dieser sei alles andere als Ausdruck der menschlichen Natur, sondern in Wirklichkeit ein historischer Verfallszustand, der das Entstehen moderner Konkurrenzgesellschaften widerspiegele. Die Menschen sind aus dieser Sicht nicht die rücksichtslosen Maximierer des eigenen Nutzens, wie sie Hobbes zeichnet. Sie würden es erst als Produkt einer fundamentalen gesellschaftlichen Transformation, deren Produkt eine neue historische Epoche bilde, die ökonomisch durch ein kapitalistisches Wirtschaftssystem ausgezeichnet sei.[18] Der Naturzustand ist dieser Kritik zufolge die Naturalisierung eines tatsächlich historisch relativen, sozial-ökonomischen Phänomens. Die Theorie missverstehe zwar deshalb das sozial Relative als universal-menschlich Natürliches, habe aber den Vorzug, in dieser falschen Form etwas Richtiges auszusagen: Sie mache deutlich, dass die moderne Welt auf der Grundlage ungebundener und inhumaner Konkurrenz- und Erwerbsbedingungen aufgebaut sei.

8 Diese Kritik ist ihrerseits dem Einwand ausgesetzt, dass die historische Erfahrung die Universalität der anthropologischen Annahmen zeige, die Hobbes mache, diese also nicht nur an bestimmte gesellschaftliche Formationen gebunden seien. In Bezug auf dieses Gegenargument ist zunächst anzumerken, dass man auf anthropologische Annahmen für ein theoretisches Verständnis der Ethik und des Rechts in der Tat nicht verzichten kann, wie sich im Durchgang der Ideengeschichte und in der systematischen Reflexion immer deutlicher zeigen wird. Auch bei einem nüchternen, illusionslosen Blick auf das Elend menschlicher Geschichte sind Hobbes' Annahmen aber nicht überzeugend, das Menschenbild ist insgesamt zu schlicht. Ebenso universal wie die Erfahrung menschlicher Niedrigkeiten ist die Erfahrung anderer menschlicher Seiten. Nicht nur Weltkriege, Shoah oder Gulag sind menschliche Realitäten, die in der Theorie verarbeitet werden müssen, sondern auch Achtung der Gerechtigkeit, mitmenschliche Fürsorge und Solidarität.

9 Eine weitere Kritik richtet sich auf die Theorie des Ursprungs von Normen sowie der Struktur und Inhalte der Verpflichtung. Hobbes' Theorie ermangelt es hier analyti-

---

12 *T. Hobbes*, Leviathan, Chap. 21.
13 *T. Hobbes*, Leviathan, Chap. 20.
14 *T. Hobbes*, Leviathan, Chap. 19.
15 *T. Hobbes*, Leviathan, Chap. 42.
16 *T. Hobbes*, Leviathan, Chap. 26.
17 *T. Hobbes*, Leviathan, Chap. 43.
18 *C. B. Macpherson*, The Political Theory of Possessive Individualism: From Hobbes to Locke, 1962.

scher Präzision. Normative Orientierung ist auch ohne staatliche Autorität möglich, wie eine individuelle Moral illustriert. Auch der Kern einer Verpflichtung wird nicht richtig erfasst. Grund dafür ist das Fehlen einer überzeugenden moralischen Phänomenologie, die moralisches Sollen von zweckrationalen Imperativen und Klugheitsregeln abgrenzt und in seiner Wirksamkeit bei der menschlichen Willensbestimmung erfasst. Schließlich ist das Fehlen bestimmter materialer Maßstäbe jenseits von Klugheitsregeln nicht überzeugend. Diese machen den Kern praktischer Orientierung aus.

Diese theoretischen Mängel führen zu einem allgemein geteilten Einwand gegen das entworfene Leitbild menschlicher Ordnung, gegen den *absolutistischen Charakter der Herrschaftsordnung*. Zwar gibt es in der Reflexion auch nach Hobbes immer wieder Verherrlichungen diktatorischer Gewalt. Die Erfahrungen der Geschichte, gerade die totalitären Systeme des 20. Jahrhunderts und ihre autoritären Verwandten der Gegenwart, haben aber deutlich genug gemacht, wie gefährlich derartige Herrschaftsformen sind. Die Sicherheit der Bürgerinnen und Bürger kann nicht nur durch andere Private, sondern auch und gerade durch eine ungebundene öffentliche Gewalt bedroht werden. Deren Macht ist deshalb durch Recht, insbesondere Verfassungen, einzuhegen, demokratisch rückzubinden und durch Menschenrechte material zu begrenzen – das ist der verfassungstheoretische Imperativ, den die Wirklichkeit der Diktaturen einigermaßen unübersehbar formuliert hat und der die Grenzen der Überzeugungskraft von Hobbes' Theoriegebäude umreißt.

### III. Die geistige Liebe zur Welt – Spinoza

#### 1. Gott oder Natur

*Baruch de Spinoza* (1632–1677) ist einer der originellsten und furchtlosesten Denker seiner Zeit. Sein Werk steht lange im Verdacht intellektueller Unberührbarkeit, den Spinozismus trifft in den Augen vieler der Bannstrahl der gefährlichen Häresie.[19] Der Ausgangspunkt von Spinozas Überlegungen ist eine bestimmte Auffassung der metaphysischen Struktur der Welt. Aus seiner Sicht gibt es nur eine Substanz, die die Gesamtheit der Welt ausmache. Alles andere, Naturgesetze, Einzeldinge oder auch der Geist der Menschen seien Eigenschaften dieser einen Substanz. Spinoza nennt diese Eigenschaften Attribute und Modi.[20] Die eine umfassende Substanz, das ewige und unendliche Seiende, ist nach Spinoza in einer berühmten (und für manche berüchtigten) Formulierung Gott oder die Natur – „Deus seu Natura".[21] Die Gleichsetzung von Gott und Natur bedeutet die Absage an die Existenz eines personalen Gottes, wie ihn z.B. das Judentum oder das Christentum annehmen, der mit Verstand und Wille auf die Welt einwirke[22] und – so wird Spinozas Werk bis heute überwiegend interpretiert – eine *pantheistische* Vision der Welt. Dies war für manche – wie Goethe

---

19 Berühmt ist etwa der Vorwurf Jacobis, Lessing sei Spinozist gewesen, und die daran anknüpfende Debatte, vgl. *H. Scholz* (Hrsg.), Die Hauptschriften zum Pantheismusstreit, 1916, S. 67. Zur langen Nicht-Rezeption Spinozas in der Rechtswissenschaft im deutschsprachigen Raum *M. Senn*, Spinoza und die deutsche Rechtswissenschaft, 1991.
20 Zu Attributen und Modi *B. Spinoza*, Ethica Ordine Geometrico demonstrata, in: *ders.*, Ethik in geometrischer Ordnung dargestellt, Lateinisch-Deutsch, Sämtliche Werke, Bd. 2, hrsg. und übersetzt v. W. Bartuschat, 1999, I. Teil, Def. 4, 5.
21 *B. Spinoza*, Ethica, IV. Teil, Vorwort.
22 Vgl. *B. Spinoza*, Ethica, I. Teil, Lehrsatz 15 Anmerkung, I. Teil, Lehrsatz 17 Anmerkung.

– eine höchst anziehende Idee, weil die Natur göttliche Würde gewinnt, für andere unerträglich, weil Gott in der Natur aufgeht und seine Transzendenz verliert. Aus dem Wesen dieser Substanz ergebe sich die weitere Struktur der Welt mit absoluter Notwendigkeit so, „wie aus der Natur eines Dreiecks von Ewigkeit her und in Ewigkeit folgt, daß seine drei Winkel gleich zwei rechten sind".[23] Die Struktur der Welt sei deshalb determiniert, alles sei vorherbestimmt, aber nicht aufgrund des Willens oder Gutdünkens Gottes, sondern aufgrund der Notwendigkeit von Gottes Natur.[24] Deswegen greift Spinoza methodisch auf die Prinzipien mathematischer Deduktionen zurück und argumentiert „more geometrico", was die Struktur seines Hauptwerkes prägt.[25] Er unterscheidet dabei drei Erkenntnisweisen: Die erste bilde die Erkenntnis aus Meinungen oder Vorstellungen, die zweite die Vernunft, die dritte die intuitive Erkenntnis. Letztere richte sich auf die Essenz von Attributen Gottes und schreite von diesem Ausgangspunkt zur Erkenntnis der Essenz von Dingen fort.[26] Die Natur habe zwei Seiten: die „Natura naturans", die „Gott, insofern er als freie Ursache angesehen wird", umfasse, und die „Natura naturata", d.h. die Dinge, die aus der Natur Gottes mit Notwendigkeit folgten.[27]

12  Spinoza kritisiert die (aristotelische) Idee von Zweckursachen. Eine Teleologie der Welt existiere nicht, nur Wirkursachen seien relevant, was wiederum theologische Konsequenzen hat, denn die auf Gott bezogene Zweckhaftigkeit der Welt ist eine klassische und wichtige religiöse Idee. Die Annahme, „Gott habe alles um der Menschen willen gemacht, den Menschen aber, damit dieser ihn verehre", sei aber nichts als ein Vorurteil.[28] Dieses Vorurteil sei Aberglauben geworden: Die Menschen schlössen von ihren eigenen egoistischen Antrieben auf die Motive Gottes (oder der Götter) und nähmen an, dass Gott die Welt nur geschaffen habe, um von den Menschen verehrt zu werden: „So ist es gekommen, daß jeder sich nach der eigenen Sinnesart unterschiedliche Weisen ausgedacht hat, in denen sich Gott so verehren läßt, daß er ihn mehr als die anderen liebt und die ganze Natur auf die Befriedigung der eigenen blinden Begierde und unersättlichen Habsucht hinlenkt".[29]

13  Spinoza skizziert so einen *logischen, metaphysisch-ontologischen Monismus*, in dem aus dem Wesen der einen allumfassenden Substanz die Gesamtheit der Eigenarten der Welt mit logischer Notwendigkeit folgt.

14  Erkenntnistheoretisch ist Spinoza voller Zuversicht. Die Menschen könnten sich über eine „verworrene und verstümmelte Erkenntnis"[30] erheben: „Der menschliche Geist hat eine adäquate Erkenntnis der ewigen und unendlichen Essenz Gottes".[31] Dabei betrachte die Vernunft die Dinge „sub specie aeternitatis", unter dem Aspekt der

---

23  *B. Spinoza*, Ethica, I. Teil, Lehrsatz 17 Anmerkung.
24  *B. Spinoza*, Ethica, I. Teil, Lehrsatz 29, I. Teil, Anhang.
25  Vgl. den Aufbau von *B. Spinoza*, Ethica.
26  *B. Spinoza*, Ethica, II. Teil, Lehrsatz 40 Anmerkung 2.
27  *B. Spinoza*, Ethica, I. Teil, Lehrsatz 29 Anmerkung.
28  *B. Spinoza*, Ethica, I. Teil, Anhang.
29  *B. Spinoza*, Ethica, I. Teil, Anhang.
30  *B. Spinoza*, Ethica, II. Teil, Lehrsatz 29 Folgesatz.
31  *B. Spinoza*, Ethica, II. Teil, Lehrsatz 47.

## 2. Leidenschaft, Gleichmut und die Begründung des Staates

Auch die Leidenschaften und Handlungen der Menschen gehorchten den Gesetzen der Notwendigkeit. Einen freien Willen hätten Menschen nicht: „Im Geist gibt es keinen unbedingten oder freien Willen, sondern der Geist wird von einer Ursache bestimmt, dieses oder jenes zu wollen, die ebenfalls von einer anderen bestimmt ist und diese wiederum von einer anderen und so weiter ins Unendliche".[33] Der menschliche Geist dauere nur, insofern er Teil der Essenz des Geistes sei.[34] Die Menschen würden von ihren Leidenschaften getrieben.[35] Das Bewusstsein der Notwendigkeit des Geschehensablaufs erlaube es aber, der Herrschaft der Leidenschaften zu entkommen: „Wir sehen nämlich, daß die Trauer, irgendein Gut verloren zu haben, gemildert wird, sobald der Mensch, der es verloren hat, sich klar macht, daß dieses Gut auf keine Weise erhalten werden konnte".[36] Gleichmut und Zufriedenheit würden sich deshalb einstellen: „Denn, insofern wir einsehen, können wir nach nichts verlangen als nach dem, was notwendig ist, und mit nichts uneingeschränkt zufrieden sein als mit dem, was wahr ist".[37] Damit eröffnet sich auch die Möglichkeit einer geistigen Liebe Gottes, die die Glückseligkeit, das Heil und die Freiheit der Menschen bilde.[38]

Das höchste Recht der Natur bestehe darin, nach eigenem Sinn zu beurteilen, was gut und gerecht sei, den eigenen Vorteil zu verfolgen, Schaden mit eigener Hand auszugleichen und zu erhalten, was der Einzelne liebe und zu zerstören, was er hasse.[39] Das natürliche Recht sei eine tatsächliche Handlungsmacht und richte sich auf Selbsterhaltung.[40] Dieses Recht müsse jedoch keineswegs schädlich sein, wenn es der Vernunft gemäß gebraucht werde. In diesem Fall würde es nämlich zum Ausgleich führen:[41] Unter der Leitung der Vernunft stimme ein Mensch mit der Natur eines anderen notwendig überein.[42] Wenn Menschen ihre eigenen Vorteile deshalb vernunftgeleitet ver-

---

32 *B. Spinoza*, Ethica, II. Teil, Lehrsatz 44 Folgesatz 2.
33 *B. Spinoza*, Ethica, II. Teil, Lehrsatz 48.
34 *B. Spinoza*, Ethica, V. Teil, Lehrsatz 23.
35 *B. Spinoza*, Ethica, III. Teil, Lehrsatz 59 Anmerkung.
36 *B. Spinoza*, Ethica, V. Teil, Lehrsatz 6 Anmerkung; IV. Teil, Lehrsatz 73 Anmerkung: „Ein Mensch von starkem Charakter bedenkt in erster Linie, daß alles aus Notwendigkeit der göttlichen Natur folgt und somit daß alles, was er als lästig und schlecht ansieht und was als unmoralisch, schrecklich, ungerecht und unanständig erscheint, dem entspringt, daß er die Dinge selbst in einer Weise begreift, die ungeordnet, verstümmelt und verworren ist; und aus diesem Grund strebt er vor allem, die Dinge zu begreifen, wie sie in sich selbst sind, und das heißt die Hindernisse wahrer Erkenntnis zu beseitigen, also Haß, Zorn, Neid, Spott, Hochmut und die anderen Affekte, die wir vorhin erwähnt haben. Mithin strebt er, wie gesagt, soviel er kann, gut zu handeln und im Zustand der Freude zu sein".
37 *B. Spinoza*, Ethica, IV. Teil, Hauptsatz 32.
38 *B. Spinoza*, Ethica, V. Teil, Lehrsatz 36 Anmerkung.
39 *B. Spinoza*, Ethica, IV. Teil, Lehrsatz 37 Anmerkung 2; *ders.*, Theologisch-politischer Traktat, Sämtliche Werke, Bd. 3, auf der Grundlage der Übersetzung von C. Gebhart neu bearbeitet, eingeleitet und hrsg. v. G. Gawlick, 1994, S. 232 ff.; *ders.*, Tractatus Politicus, in: *ders.*, Politischer Traktat, Lateinisch-Deutsch, Sämtliche Werke, Bd. 5.2, neu übersetzt und hrsg. v. W. Bartuschat, 1994, II, §§ 3 f., 8.
40 *B. Spinoza*, Tractatus Politicus, II, §§ 2 ff.
41 *B. Spinoza*, Ethica, IV. Teil, Lehrsatz 37 Anmerkung 2; *ders.*, Tractatus Politicus, II, § 5.
42 *B. Spinoza*, Ethica, IV. Teil, Lehrsatz 35.

folgten, seien sie sich deshalb im höchsten Maße wechselseitig nützlich.[43] Der Nutzen, den Menschen für Menschen bildeten, sei dabei offenbar.[44] Die menschliche Natur sei deshalb auf ein geselliges Leben ausgerichtet, der Mensch sei dem Menschen ein Gott.[45] Wenn Menschen bei ihrem Freiheitsstreben von der Vernunft geleitet würden, begehrten sie, die gemeinsamen Rechtsgesetze eines Staates einzuhalten, weil sich die Freiheit in einem gemeinsamen Leben eigentlich verwirkliche.[46]

17 Da die Menschen aber Affekten unterworfen seien und deswegen nicht allein unter der Leitung der Vernunft lebten,[47] sich vielmehr als Feinde begegneten, habe das natürliche Recht in einem vorstaatlichen Zustand keine praktische Bedeutung.[48] Die Menschen müssten sicherstellen, dass sie sich nicht schädigten. Dies geschehe durch einen Staat.[49] Die staatliche Ordnung beruhe auf Gesetzen und der Möglichkeit zu Zwang. Vor der staatlichen Ordnung gebe es keine Moral und Gerechtigkeit, auch kein Eigentum. Diese würden durch die staatliche Ordnung erzeugt und seien nicht durch die Natur des Geistes gegeben.[50] Die staatliche Ordnung werde durch eine gemeinsame Übereinstimmung, einen Vertrag, erzeugt,[51] in irgendeiner Form eines staatlichen Zustandes lebten Menschen aber immer.[52] Die Rechtsgesetze müssten in einem idealen Staat der Vernunft gemäß erlassen werden und ein vernunftgemäßes Leben ermöglichen.[53] Die angemessene Staatsform sei keine absolutistische Zwangsherrschaft wie bei Hobbes, sondern die Demokratie, die „natürlichste" Regierungsform.[54] Sie sei zu definieren „als eine allgemeine Vereinigung von Menschen, die in ihrer Gesamtheit das höchste Recht zu allem hat, was sie vermag".[55] Die höchste Macht sei an kein Gesetz gebunden und alle hätten ihr unbedingt zu gehorchen, soweit Gegenstände betroffen seien, die überhaupt Rechtsgesetzen unterworfen werden könnten.[56] Die Gefahr des Missbrauchs einer solchen Ordnung sei begrenzt, „denn es ist fast ausgeschlossen, daß in einer Versammlung, vorausgesetzt daß sie groß ist, sich die Mehrheit in einer

---

43 B. Spinoza, Ethica, IV. Teil, Lehrsatz 35 Folgesatz 2.
44 B. Spinoza, Ethica, IV. Teil, Lehrsatz 35.
45 B. Spinoza, Ethica, IV. Teil, Lehrsatz 35 Anmerkung.
46 B. Spinoza, Ethica, IV. Teil, Lehrsatz 73.
47 B. Spinoza, Tractatus Politicus, I, § 5: „Wer sich deshalb einredet eine Menschenmenge oder diejenigen, die in öffentlichen Angelegenheiten zerstritten sind, könnten dazu gebracht werden, nach einer bloßen Vorschrift der Vernunft zu leben, der träumt vom goldenen Zeitalter der Dichter oder von einem Märchen".
48 B. Spinoza, Tractatus Politicus, §§ 14 f.
49 B. Spinoza, Ethica, IV. Teil, Lehrsatz 37 Anmerkung 2; ders., Tractatus Politicus, II, § 15.
50 B. Spinoza, Ethica, IV. Teil, Lehrsatz 37 Anmerkung 2; ders., Tractatus Politicus, II, § 18: „Nichts ist von dem Recht der Natur her absolut verboten, es sei denn dasjenige, was ohnehin niemand kann"; § 23. Deswegen kann man etwa ein Versprechen nach Naturrecht brechen, ebd., § 12.
51 B. Spinoza, Theologisch-politischer Traktat, S. 234 ff.; ders., Tractatus Politicus, II, § 17: Regierungsgewalt des Staates „ex communi consensu"; IV, § 6 zum „Vertrag", „d.h. die Gesetze, durch die die Menge ihr Recht auf eine Versammlung oder auf einen einzigen Menschen überträgt". Auch in ders., Ethica, IV. Teil, Lehrsatz 37 Anmerkung 2, wird durch gemeinsame Übereinstimmung (ex communi consensu) bestimmt, was den Einzelnen gehört.
52 B. Spinoza, Tractatus Politicus, VI, § 1.
53 B. Spinoza, Tractatus Politicus, II, § 21; III, § 7; V, § 5.
54 B. Spinoza, Theologisch-politischer Traktat, S. 240. Zum Ausschluss von Frauen, ders., Tractatus Politicus, XI, § 4.
55 B. Spinoza, Theologisch-politischer Traktat, S. 237 f.
56 B. Spinoza, Theologisch-politischer Traktat, S. 238; jenseits der Grenzen des Gebietbaren lägen etwa die Aufgabe der eigenen Urteilsfähigkeit, Zeugnis gegen sich selbst abzulegen usw., ders., Tractatus Politicus, III, § 8, oder religiöse Fragen, ebd., III, § 10. Dazu auch ebd., IV, § 4.

## § 5 Macht und Übereinstimmung – Theorien des Gesellschaftsvertrages

Widersinnigkeit zusammenfindet; es ist ebenso ausgeschlossen wegen ihrer Grundlage und ihres Zweckes, welch letzterer, wie schon gezeigt wurde, eben darin besteht, die Widersinnigkeiten der Begierden auszuschalten und die Menschen soweit als möglich in den Schranken der Vernunft zu halten, damit sie in Eintracht und Frieden leben; wird diese Grundlage beseitigt, so stürzt der ganze Bau zusammen. Hiergegen Vorsorge zu treffen obliegt allein der höchsten Gewalt".[57] Durch Beachtung der Gesetze oder ein Bürgerheer könne zudem Missbrauch verhindert werden.[58] Der Vertrag mit dem Träger der Regierungsgewalt könne gebrochen werden, wenn es das Gemeinwohl verlange. Ob dies so sei, dürfe aber allein der Träger der Regierungsgewalt selbst beurteilen, so dass dieses Recht faktisch ins Leere geht. Die Verletzung des Vertrages könne aber in allgemeine Empörung umschlagen, durch die das Gemeinwesen und der Vertrag zerbräche. Der Inhaber der Regierungsgewalt habe deshalb ein Interesse, den Vertrag einzuhalten, um den eigenen Untergang zu vermeiden.[59] Die Bindung der Regierungsgewalt ergebe sich aus ihrem Selbsterhaltungsinteresse, nicht aus einer Bindung an staatliches Recht.[60]

18 In Religionsfragen argumentiert Spinoza dafür, dass die äußeren Praktiken der Religionen vom Staat geregelt würden, die Glaubensüberzeugungen aber frei bleiben müssten.[61] Seine Kritik der herkömmlichen Bibelexegese und der autoritativen Setzungen, die aus ihr folgten,[62] hat zudem ebenfalls normative Folgen: Sie mündet in die Forderung religiöser Toleranz. Der Staat sei am sichersten gegründet, „wenn er die Frömmigkeit und den Dienst der Religion bloß in den Werken bestehen läßt, d.h. bloß in der Übung der Liebe und Gerechtigkeit, und daß er in allen anderen Beziehungen jedem das Urteil freigibt".[63]

19 Spinoza formuliert über Religionsfreiheit hinaus ein leidenschaftliches Plädoyer für Meinungs- und Gedankenfreiheit im Allgemeinen, die nur durch den notwendigen Gehorsam gegenüber den Gesetzen begrenzt werden dürfe: „Wir sehen also, wie jedermann unbeschadet des Rechts und der Autorität der höchsten Gewalten, d.h. unbeschadet des Friedens im Staat, alles was er denkt, sagen und lehren kann; wenn er nämlich den Beschluß über alle Handlungen den höchsten Gewalten überläßt und nicht gegen ihren Beschluß handelt, auch wenn er oft gegen das handeln muß, was er für gut hält und unverhohlen denkt".[64] Diese Orientierung folge aus dem Sinn der Staatsordnung: „Es ist nicht der Zweck des Staates, die Menschen aus vernünftigen Wesen zu Tieren oder Automaten zu machen, sondern vielmehr zu bewirken, daß ihr Geist und ihr Körper ungefährdet seine Kräfte entfalten kann, daß sie selbst frei ihre Vernunft gebrauchen und daß sie nicht mit Zorn, Haß und Hinterlist sich bekämpfen

---

57 *B. Spinoza*, Theologisch-politischer Traktat, S. 238 f.
58 *B. Spinoza*, Theologisch-politischer Traktat, S. 263 ff.
59 *B. Spinoza*, Tractatus Politicus, III, § 9; IV, §§ 4–6.
60 *B. Spinoza*, Tractatus Politicus, IV, §§ 4–6. Zu konkreten Vorschlägen der Begrenzung des Machtmissbrauchs in der Monarchie, auch gegen den Willen des Monarchen, ebd., VI, §§ 8 ff.; zur Aristokratie ebd., VIII, §§ 1 ff.
61 *B. Spinoza*, Theologisch-politischer Traktat, S. 280 ff.
62 *B. Spinoza*, Theologisch-politischer Traktat, S. 3 ff.
63 *B. Spinoza*, Theologisch-politischer Traktat, S. 281, 309.
64 *B. Spinoza*, Theologisch-politischer Traktat, S. 302.

noch feindselig gegeneinander gesinnt sind. Der Zweck des Staates ist in Wahrheit die Freiheit".[65]

### 3. Kritische Einschätzungen

20 Spinozas metaphysischer Monismus ist wie andere derartige spekulativ-deduktive Theorien dem Einwand ausgesetzt, dass allein durch Ableitungen aus bestimmten, durch welche Erkenntnisweisen auch immer gewonnenen Prämissen keine Aussagen über die Struktur der Welt gemacht werden können. Derartige Aussagen müssen empirisch fundiert werden. Auch ethische Prinzipien kann man durch metaphysischen Monismus nicht gewinnen. Was getan werden soll, ergibt sich nicht aus der angenommenen Essenz der Welt. Spinozas emphatische Betonung der Bedeutung von Menschen für Menschen bildet einen wichtigen Grund für die moralische Anziehungskraft seiner Ethik. Die Idee der Versöhnung der Menschen mit ihrer Existenz durch Einsicht in die notwendigen Strukturen der Welt teilt eine bestimmte Zwiespältigkeit mit in dieser Hinsicht verwandten Theorien wie etwa der Stoa (vgl. o. § 1 IV 3). Dass das höchste geistige Verhältnis der Menschen zum Ganzen als Liebe erscheint, zeigt Spinozas Haltung zur Welt.

21 Konkret ist, wie bei Hobbes, zu bezweifeln, dass Normativität erst durch die staatliche Ordnung entstehe, es etwa keine vorstaatliche Gerechtigkeit gebe. Die Identifikation von natürlichem Recht mit einer faktischen Handlungsmacht erfasst die normative Dimension des Naturrechtsbegriffs nicht ausreichend. Trotz mancher Ansätze fehlt auch eine klare Konzeption der rechtlichen Einhegung politischer Gewalt. Spinozas politische und staatstheoretische Überlegungen leisten dennoch einen wichtigen Beitrag zur Konzipierung einer überzeugenden Gestaltung der menschlichen Gesellschaft, nicht zuletzt durch das Plädoyer für die Freiheit des Glaubens und der Meinung sowie die Verteidigung der Demokratie.

### IV. Staat und ursprüngliche Rechte – Locke

### 1. Das Werden des konstitutionellen Liberalismus

22 *John Locke* (1632–1704) ist theoretisch nicht weniger einflussreich geworden als Thomas Hobbes. Er hat allerdings zudem – anders als Hobbes – konkreten Einfluss auf die politische Entwicklung genommen. Seine Ideen sind wichtig für die Orientierung jener politischen Kräfte, die in der Amerikanischen und, in anderer Weise, in der Französischen Revolution sowie dem folgenden europäischen Konstitutionalismus ihren Ausdruck finden und das politische Projekt des Verfassungsstaates und damit der politischen Organisationsform, deren Epoche bis heute andauert, auf die historische Tagesordnung bringen.

23 Bis diese politische Perspektive konkret wird, ist allerdings noch ein weiter Weg zurückzulegen. Nach der Restauration der Stuarts, die *Cromwells* Republik ablöst, vollzieht sich in England 1688 die *Glorious Revolution*, die nur in beschränktem Maße als Schritt auf diesem Weg verstanden werden kann: Um eine katholische Thronfolge von *Jakob III.* (1688–1766) abzuwenden, wird *Willhelm III. von Oranien* (1650–1712)

---

[65] *B. Spinoza*, Theologisch-politischer Traktat, S. 301.

# § 5 Macht und Übereinstimmung – Theorien des Gesellschaftsvertrages

ins Land gerufen. 1689 folgt die *Declaration of Rights*, die das Recht zur Steuerbewilligung oder die Redefreiheit regelt und vorsieht, dass kein stehendes Heer unterhalten wird. Die parlamentarische Mitbestimmung wird gesichert, der Absolutismus in eine konstitutionelle Monarchie überführt. Englands Aufstieg zur führenden Weltmacht hält an, nicht nur politisch, sondern auch wirtschaftlich, befördert durch eine merkantile Kolonialpolitik. International gewinnt die Produktion von Zucker, Baumwolle und Tabak mithilfe von Sklaven immer mehr an Bedeutung. Bis zur Abschaffung der Sklaverei im 19. Jahrhundert werden von 1500 an ungefähr 12 Millionen Menschen nach Amerika verschleppt, von denen ein Sechstel beim Transport umkommt. Viele andere sterben bei der Ausbeutung ihrer Arbeitskraft – ein Los, das zahlreiche Nachkommen teilen.

## 2. Empirismus und Naturrechtskritik

Locke entwickelt seine ethischen und rechtsphilosophischen Gedanken im geistigen Rahmen der *empiristischen Philosophie*, die er zentral geprägt hat. Er kritisiert die Theorie eingeborener Ideen, die *René Descartes* (1596–1650) entwickelt hatte. Menschliches Wissen beruhe nicht auf solchen angeborenen Ideen, sondern werde durch Sinneserfahrung und Mechanismen der geistigen Verarbeitung von konkreten Sinneserfahrungen wie z.B. Verallgemeinerung erworben. Menschen seien „white paper, void of all characters", auf das Erfahrung erst nachträglich Eigenschaften schreibe.[66]

Entsprechend diesen erkenntnistheoretischen Grundannahmen gibt es für Locke keine angeborene Moral, etwa in der Form von eingeborenen moralischen Ideen, da moralische Urteile unklar, heterogen und umstritten seien, aber – wenn sie auf eingeborenen Ideen beruhen würden – klar, homogen und unumstritten sein müssten, weil ja alle Menschen die gleichen angeborenen Ideen teilten. Erziehung mache moralische Vorstellungen derartig selbstverständlich, dass sie für angeboren gehalten würden. Dies zu verkennen, nutze jenen, die die Inhalte der Moralerziehung bestimmten, da diese durch die Idee von angeborenen Ideen, die als unveränderlich aufgefasst würden, der Kritik entzogen seien. Dennoch gebe es aber Naturrecht. Dieses werde aber nicht durch eingeborene, sondern durch von der allgemeinen Vernunft erkannte Maximen gebildet.[67]

## 3. Die politische Organisation der subjektiven Rechte

Locke kritisiert die Idee einer göttlichen Legitimation der Herrschaft und formuliert als Alternative seine Variante der Gesellschaftsvertragstheorie. Im *Naturzustand* herrsche Freiheit und Gleichheit. Dieser Naturzustand sei durchaus real, z.B. bei Herrschern im Verhältnis zueinander noch anzutreffen.[68] Im Naturzustand bestehe ein natürliches (Vernunft-)Gesetz: Niemand solle Leben, Gesundheit, Freiheit, Eigentum eines anderen verletzen – der berühmte Schutz von *life, liberty and property*.[69] Des-

---

66  J. Locke, An essay concerning human understanding, ed. by R. Woolhouse, 1997, Book 2, Chap. I, § 2.
67  J. Locke, An essay concerning human understanding, Book 1, Chap. III, § 13.
68  J. Locke, Second Treatise on Government, in: ders., Two Treatises of Government, ed. by P. Laslett, 1991, § 14.
69  Diese Güter fasst Locke manchmal umfassend als *property* zusammen.

halb bestehe eine Pflicht zur Erhaltung der Menschheit.[70] Der Naturzustand tendiere aber dazu, sich in einen *Kriegszustand* zu verwandeln. Einzelne Personen versuchten nämlich, die natürliche Gleichheit aufzuheben und andere zu beherrschen. Deswegen sei ein Übertritt durch einen Vertrag in eine politische Gesellschaft (*Civil/Political Society*) nötig, die gemeinsame Gesetze und gemeinsame Institutionen besitze.[71] Die Vorteile der Gründung der politischen Ordnung bestünden in Eigentumsschutz, der Etablierung einer Gerichtsbarkeit und der gesicherten Normdurchsetzung.[72] Maßnahmen zur Selbsterhaltung und die Strafgewalt, die im Naturzustand beim Einzelnen lägen, würden an den Staat delegiert.[73] Der Absolutismus sei unvereinbar mit der ins Auge gefassten politischen Gesellschaft.[74] In der begründeten Gesellschaft herrsche das Mehrheitsprinzip.[75] Erst werde ein Gesellschaftsvertrag geschlossen, dann erfolge die Konstituierung der Regierung.[76] Nur ein (mindestens konkludenter) Konsens mache einen Einzelnen zum Mitglied eines Staates.[77] Da der Vertrag bei Locke kein einseitiger Unterwerfungsvertrag wie bei Hobbes ist, werden durch ihn auch die Regierenden gebunden. Entsprechend bestehe ein Recht auf Widerstand, wenn die Regierung Leben, Eigentum und Freiheit nicht mehr schütze.[78]

27 Die Herrschaft des durch die Legislative geschaffenen, für alle geltenden Gesetzes werde durch diese Ordnung begründet.[79] Die Legislative sei dabei an das Naturgesetz gebunden. Es könne keine Enteignung ohne Zustimmung des Eigentümers geben.[80]

28 Eigentum werde durch Arbeit geschaffen.[81] Zwei natürliche Eigentumsgrenzen bestünden: Erstens könne Eigentum nur insoweit begründet werden, als noch genug für andere übrig bleibe. Zweitens dürfe man nur so viel erwerben, wie man selbst nutzen könne, ohne etwas verderben zu lassen. Die Erfindung des Geldes hat in Bezug auf diese Eigentumsgrenzen allerdings eine Bedeutung, die radikal andere Perspektiven eröffnet: Die unbegrenzte Aneignung wird durch Geld naturrechtlich möglich, da sie nunmehr ohne Verstoß gegen die zweite natürliche Eigentumsgrenze erfolgen kann, denn Geld verdirbt nicht.[82] Materielle Ungleichheit verstoße daher nicht gegen das Naturgesetz: Durch Gebrauch des Geldes stimmten die Menschen dieser Verteilung implizit zu.[83]

29 Männer hätten das Entscheidungsrecht gegenüber Frauen, aber begrenzt auf bestimmte Bereiche, nicht z.B. über das Leben der Frau oder über das Ende der Ehe durch Scheidung.[84] Sklaverei sei nach dem Naturgesetz möglich, wenn die Versklavten in

---

70 *J. Locke*, Second Treatise on Government, Chap. 2.
71 *J. Locke*, Second Treatise on Government, §§ 21, 87.
72 *J. Locke*, Second Treatise on Government, Chap. IX.
73 *J. Locke*, Second Treatise on Government, §§ 129 f.
74 *J. Locke*, Second Treatise on Government, § 90.
75 *J. Locke*, Second Treatise on Government, § 96.
76 *J. Locke*, Second Treatise on Government, § 106.
77 *J. Locke*, Second Treatise on Government, § 117.
78 *J. Locke*, Second Treatise on Government, § 222.
79 *J. Locke*, Second Treatise on Government, § 22.
80 *J. Locke*, Second Treatise on Government, Chap. XI.
81 *J. Locke*, Second Treatise on Government, Chap. 5.
82 *J. Locke*, Second Treatise on Government, Chap. 5.
83 *J. Locke*, Second Treatise on Government, § 50.
84 *J. Locke*, Second Treatise on Government, § 82.

einem gerechten Krieg gefangen würden.[85] Locke selbst war übrigens als Investor und durch administrative Tätigkeiten am Sklavenhandel seiner Zeit beteiligt, ohne dass dieser – offensichtlich – durch seine theoretische Rechtfertigung der Sklaverei erfasst werden konnte, denn in einem gerechten Krieg wurden die Menschen nicht aus Afrika nach Amerika verschleppt. Dieses Engagement verringert nicht den theoretischen Wert von Lockes Überlegungen. Es sollte aber in Bezug auf das Verhältnis von Theorie und Praxis daran erinnert werden. Denn es zeigt: Menschen, die bedeutende Einsichten formulieren, erheben sich nicht notwendig über die Niedrigkeiten ihrer Zeit.

**4. Kritische Einschätzungen**

Locke ist ein Kernautor des Empirismus und Liberalismus geblieben. Breite Anerkennung finden bis heute der empiristische Ausgangspunkt seiner Erkenntnistheorie und die Kritik angeborener Ideen. Das gilt gerade für den moralischen Bereich. Es bildet eine weithin geteilte Annahme, dass Normen und Werte das Produkt sekundärer Prägungen der Menschen seien, die durch Kultur und Gesellschaft entwickelt und dann durch Erziehung tradiert würden. Diese Vorstellung kann in der Ideengeschichte in verschiedenen Varianten immer wieder gefunden werden und zwar bei Autoren ganz unterschiedlicher Orientierung von *Marx*, *Nietzsche*, *Habermas* bis zur Postmoderne. Auf der anderen Seite werden aber in der unmittelbaren Gegenwart Theorien formuliert, die an die von Locke kritisierte rationalistische Tradition von *Descartes*[86] und *Leibniz* (vgl. dazu § 6) in einem völlig neuen theoretischen Rahmen anknüpfen und diesen Konsens auf eine interessante Weise in Frage stellen. Diese Theorien werden noch zu beachten sein.

Eine klassische Kritik an Locke betrifft den faktischen Ausschluss bestimmter Bevölkerungsgruppen von den Rechten, die der liberale Staat gewährt, namentlich Frauen und Sklaven. Diese Kritik wird die allmählich sich entwickelnde und vertiefende Konzeption des, bald auch stärker als von Locke, demokratisch strukturierten, grundrechtsgebundenen Verfassungsstaats weiter begleiten – auch ihre ersten konkreten politisch-historischen Verkörperungen in den USA und Frankreich, bis diese Exklusionsmuster im 20. Jahrhundert schließlich, jedenfalls rechtlich, überwunden werden.

Auch die Eigentums- und Geldtheorie ist der Gegenstand zweifelnder Anmerkungen. Sie wird als Apologie unbegrenzter und deswegen sozial destruktiver Appropriation verstanden.[87] Stattdessen sei insbesondere die Sozialpflichtigkeit des Eigentums zu betonen, die weiter gehe als die von Locke konzipierten naturrechtlichen Grenzen.

**V. Gemeinwillen und Republik – Rousseau**

**1. Das traurige und große System**

Während Locke theoretisch die fehlende Legitimation des Absolutismus durch eine Gesellschaftsvertragstheorie begründet, findet diese Herrschaftsform in Frankreich zum paradigmatischen Höhepunkt ihrer Entwicklung unter der Regierung *Ludwigs*

---

85 *J. Locke*, Second Treatise on Government, § 85.
86 Vgl. z.B. *R. Descartes*, Discours de la méthode, in: C. Adam/P. Tannery (Hrsg.), Œuvres de Descartes, Bd. 6, 1973.
87 *C. B. Macpherson*, The Political Theory of Possessive Individualism: From Hobbes to Locke.

*XIV.* (1661–1715). Unbeeindruckt von derartigen Theorien erstrahlt der Absolutismus in pompösem Glanz. Die Gesellschaft ist sozial durch eine strenge, hierarchische Ständeordnung von Adel, Bürgertum und Bauern geprägt. Die Wirtschaft orientiert sich am Merkantilismus. 1701–1713/14 wird der Spanische Erbfolgekrieg zum ersten Weltkrieg der Neuzeit um das europäische Gleichgewicht. Die alte Ordnung, das „Ancien Régime", sieht noch zwei weitere Könige, bis sie untergeht: 1715–1774 *Ludwig XV.* und 1774–1792 *Ludwig XVI.* Unter der Herrschaft des Letzteren wird die Moderne auch politisch real durch die Schaffung des Institutionengefüges des Verfassungsstaats erreicht – erst in Nordamerika in einer Form, die sich als haltbar und bis heute als ein weltpolitisches Vorbild erweisen sollte, dann in Frankreich selbst mit einer zunächst ganz anderen Zukunft.

34 Mit diesen Entwicklungen, insbesondere mit den politischen Umwälzungen in Frankreich, wird häufig *Jean-Jacques Rousseau* (1712–1778) verbunden, dessen Werk als Inbegriff moderner Freiheitsphilosophie erscheint. Ausgangspunkt von Rousseaus Überlegungen ist eine frühe *Aufklärungs- und Wissenschaftskritik*.[88] Die Künste und die Wissenschaft seien nur für wenige gemacht. Die Menge der Menschen werde durch sie korrumpiert.[89] Deswegen gelte, dass ein „Mensch, der nachsinnt, ein depraviertes Tier ist".[90] Rousseau entwickelt eine *Geschichtsphilosophie ohne Teleologie* mit pessimistischem Grundton: Der Mensch sei im Naturzustand das am besten ausgestattete Tier – solitär, autark und in seinen Fähigkeiten beschränkt auf Springen, Laufen, Kämpfen, Werfen eines Steines oder Erklettern eines Baumes, ohne Sprache, Vernunft, Moral oder Liebe. Die Menschen existierten ohne Herrschaft und stünden nur unter dem Gesetz des Überlebens des Stärkeren. Sie seien bedürfnislos.[91] Die Menschen seien von Natur aus gut.[92] Vom Tier seien sie durch Freiheit, die Fähigkeit, sich zu vervollkommnen, unterschieden.[93] Der Naturmensch wird dabei implizit als Mann angesehen – Güter seien für ihn u.a. „Weibchen".[94] Rousseau formuliert nur Zweideutiges zur glücklichsten Lage der Menschen. Einerseits wird die Qualität des Naturzustandes betont,[95] andererseits die Periode einer beginnenden Vergesellschaftung deswegen gepriesen, weil sie die Mitte zwischen der „Indolenz des anfänglichen Zustandes und der ungestümen Aktivität unserer Eigenliebe" halte.[96]

35 Rousseau entwirft das folgende Bild des Zivilisationsprozesses: Am Anfang stehe der Eintritt in die Horde und in Familien. Eine „Art von Eigentum" werde gebildet.[97] Die Entwicklung von Sprache formt einen weiteren Schritt.[98] Die erste Revolution bilde die Entstehung von Gesellschaften, die „große Revolution", die Entwicklung von Metallurgie und Ackerbau. Als Folge wird Eigentum und daraus Prinzipien der

---

[88] *J.-J. Rousseau*, Discours sur les sciences et les arts, in: *ders.*, Œuvres complètes, III, 1964, S. 1 ff.
[89] *J.-J. Rousseau*, Lettre à Lecat, in: *ders.*, Œuvres complètes, III, 1964, S. 97 ff.
[90] *J.-J. Rousseau*, Discours sur l'inégalité, hrsg. und übersetzt v. H. Meier, 1993, S. 88.
[91] *J.-J. Rousseau*, Discours sur l'inégalité, S. 78 ff., 160, 290, 370.
[92] *J.-J. Rousseau*, Discours sur l'inégalité, S. 300.
[93] *J.-J. Rousseau*, Discours sur l'inégalité, S. 98 ff.
[94] *J.-J. Rousseau*, Discours sur l'inégalité, S. 106.
[95] *J.-J. Rousseau*, Discours sur l'inégalité, S. 136.
[96] *J.-J. Rousseau*, Discours sur l'inégalité, S. 192.
[97] *J.-J. Rousseau*, Discours sur l'inégalité, S. 181.
[98] *J.-J. Rousseau*, Discours sur l'inégalité, S. 122.

Gerechtigkeit gewonnen.[99] Aus der selbstgenügsamen, in sich ruhenden Selbstliebe (*amour de soi*) werde Eigenliebe (*amour propre*).[100] Künstliche Bedürfnisse entstünden durch Zivilisation und Kultur. Menschen machten sich von der Anerkennung der anderen abhängig und strebten die Erhebung über sie an, mit einem paradoxen Resultat: Der Mensch werde dadurch „Sklave" der anderen, „selbst, wenn er zu ihrem Herren wird".[101] Die Vergesellschaftung und kulturelle Vervollkommnung depravierten die Menschen.[102] Die natürliche Ungleichheit werde nunmehr eine moralische, d.h. für Rousseau eine gesellschaftlich erzeugte.[103] Das Ausmaß der Ungleichheit nehme durch die Entwicklung von Fertigkeiten der Menschen zu und werde durch Eigentum und Gesetze legitim.[104] Die Entstehung von Staaten erklärt Rousseau durch einen trügerischen Vertrag der Reichen mit den Armen, um den Kriegszustand zu beenden, der sich aus den sozialen Verhältnissen ergebe – das ist die erste Variante seiner Gesellschaftsvertragstheorie. Politische Gesellschaften könnten nicht auf Eroberung oder Usurpation zurückgeführt werden, da diese keinen Rechtszustand erzeugen könnten.[105] Die Entwicklung vollziehe sich nicht zwangsläufig, keine Geschichtsteleologie entfalte sich, die Geschichte werde vielmehr vorangetrieben aufgrund „irgendeines unheilvollen Zufalls".[106]

Rousseau ist skeptisch gegenüber den Erfolgsaussichten von politischen Revolutionen. Gewohnte Ketten würden von Völkern selten abgestreift, Revolutionen führten zu übleren Herren.[107] Eine Rückkehr zum Naturzustand sei für die (meisten) Menschen nicht möglich.[108] Rousseau formuliert deswegen keine fortschrittsfrohe Theorie. Im Gegenteil: Was er vorlegt, ist in seinen eigenen Augen der Entwurf eines „traurigen und großen Systems".[109]

**2. Mitleid und Freiheit**

In diese allgemeine Geschichtsphilosophie ist Rousseaus Ethik und Rechtsphilosophie eingebettet. Ausgangspunkt der ethischen Überlegungen ist die ursprüngliche Selbstliebe (*amour de soi*) und der Widerwille, andere empfindende Wesen leiden zu sehen. Die Sozialität sei dagegen nicht naturgegeben.[110] Ein Naturrecht könne nur auf Selbstliebe und Mitleid beruhen,[111] wobei Letzteres sich nur auf die Mitglieder der konkreten Gemeinschaft erstrecke, nicht auf die Menschheit insgesamt. Gesellschaftliche Un-

---

99 *J.-J. Rousseau*, Discours sur l'inégalité, S. 172, 196 ff., 200.
100 *J.-J. Rousseau*, Discours sur l'inégalité, S. 369.
101 *J.-J. Rousseau*, Discours sur l'inégalité, S. 206.
102 *J.-J. Rousseau*, Discours sur l'inégalité, S. 166.
103 *J.-J. Rousseau*, Discours sur l'inégalité, S. 67.
104 *J.-J. Rousseau*, Discours sur l'inégalité, S. 271.
105 *J.-J. Rousseau*, Discours sur l'inégalité, S. 214 ff.
106 *J.-J. Rousseau*, Discours sur l'inégalité, S. 192 f.
107 *J.-J. Rousseau*, Discours sur l'inégalité, S. 14; ders., Du Contrat Social, in: ders., Œuvres complètes, III, 1964, S. 347 ff.; dt.: Vom Gesellschaftsvertrag, in Zusammenarbeit mit E. Pietzcker neu übersetzt und hrsg. v. H. Brockard, 1977, II, 8.
108 *J.-J. Rousseau*, Discours sur l'inégalité, S. 318; ders., Lettre de J. J. Rousseau à Monsieur Philopolis, in: ders., Œuvres complètes, III, 1964, S. 230 ff., 234 f.
109 *J.-J. Rousseau*, Préface d'une seconde lettre à Bordes, in: ders., Œuvres complètes, III, 1964, S. 105: „triste et grand Système".
110 *J.-J. Rousseau*, Discours sur l'inégalité, S. 56.
111 Ebd.

gleichheiten widersprächen dem Naturrecht, wenn sie nicht natürliche Ungleichheiten widerspiegelten.[112]

38 Für die Rechts- und Staatsphilosophie ergeben sich verschiedene Konsequenzen. Im Naturzustand herrschten – nicht anders als bei Hobbes – eine natürliche Freiheit und ein Recht auf alles.[113] Als erstes Rechtsprinzip hält Rousseau fest, dass alles Recht nur Folge von Vereinbarungen sein könne.[114] Nur dies sei mit menschlicher Freiheit vereinbar, die auf der Natur des Menschen beruhe. Oberstes Gesetz des Menschen sei die Selbsterhaltung. Daraus folge das Recht, über die Mittel zur Erreichung dieses Zieles selbst zu bestimmen.[115] Rousseau kritisiert die Idee eines Rechts des Stärkeren: Da es nur auf faktischem Zwang beruhe, habe es keine normative Qualität.[116] Sklaverei sei grundsätzlich illegitim.[117] Ein Volk werde durch einen bewussten Akt erzeugt, den Gesellschaftsvertrag, ist also aus Rousseaus Sicht keine vorgegebene, ethnisch oder historisch bestimmte Entität.[118] Alle Beschlüsse der konstituierten Gesellschaft müssten auf Stimmenmehrheit beruhen. Einzige Ausnahme sei der Gesellschaftsvertrag selbst: hier sei Einstimmigkeit zu fordern.[119] Der Gesellschaftsvertrag werde aus Nützlichkeitserwägungen geschlossen. Ein Austritt aus dem Naturzustand sei sinnvoll, da der Aufwand, sich im Naturzustand zu erhalten, an einem bestimmten Punkt größer werde, als in den vergesellschafteten Zustand überzugehen.[120] Die Folge des Gesellschaftsvertrages sei die moralische und rechtliche Ordnung, die bürgerliche Freiheit.[121]

39 Der Gesellschaftsvertrag bedeutet dabei im Grundsatz die vollständige Entäußerung (*aliénation totale*) des Einzelnen an die Gemeinschaft, auch hinsichtlich seines Lebens.[122] Ein Schutz der Untertanen vor der souveränen Macht ist aus Rousseaus Sicht nicht notwendig, da eine notwendige Identität des Willens des Souveräns mit dem Guten bestehe, weil alle mit gleichen Rechten beteiligt seien und sich gegenseitig

---

112  J.-J. *Rousseau*, Discours sur l'inégalité, S. 270.
113  J.-J. *Rousseau*, Du Contrat Social, I, 8; II, 6.
114  J.-J. *Rousseau*, Du Contrat Social, I, 1, 5.
115  J.-J. *Rousseau*, Du Contrat Social, I, 2.
116  J.-J. *Rousseau*, Du Contrat Social, I, 3.
117  J.-J. *Rousseau*, Du Contrat Social, I, 4.
118  J.-J. *Rousseau*, Du Contrat Social, I, 5.
119  J.-J. *Rousseau*, Du Contrat Social, I, 5; IV, 2.
120  J.-J. *Rousseau*, Du Contrat Social, I, 6.
121  J.-J. *Rousseau*, Du Contrat Social, I, 8.
122  J.-J. *Rousseau*, Du Contrat Social, I, 6: „Ces clauses bien entendues se réduisent toutes à une seule, savoir l'aliénation totale de chaque associé avec tous ses droits à toute la communauté", S. 360; „Diese Bestimmungen lassen sich bei richtigem Verständnis sämtlich auf eine einzige zurückführen, die völlige Entäußerung jedes Mitglieds mit allen seinen Rechten an das Gemeinwesen als Ganzes", *ders.*, Vom Gesellschaftsvertrag, S. 17. Zum Recht des Souveräns über Leben und Tod *ders.*, Du Contrat Social, II, 4, S. 376: „Qui veut conserver s. a. vie aux dépens des autres, doit la donner aussi pour eux quand il faut. Or le Citoyen n'est plus juge du péril auquel la loi veut qu'il s'expose, et quand le Prince lui a dit, il est expédient à l'Etat que tu meures, il doit mourir; puisque ce n'est qu'à cette condition qu'il a vécu en sureté jusqu'alors, et que s. a. vie n'est plus seulement un bienfait de la nature, mais un don conditionnel de l'Etat"; „Wer sein Leben auf Kosten der anderen erhalten will, muß es auch für sie hingeben, wenn es nötig ist. Nun ist der Bürger aber nicht mehr Richter über die Gefahr, der sich auszusetzen das Gesetz will, und wenn der Fürst ihm gesagt hat: Es ist dem Staat dienlich, daß du stirbst, muß er sterben; denn einzig unter dieser Bedingung hat er bisher in Sicherheit gelebt, und sein Leben ist nicht mehr nur eine Gabe der Natur, sondern ein bedingtes Geschenk des Staates", *ders.*, Vom Gesellschaftsvertrag, S. 37 (Prince/Fürst bezeichnet hier die Exekutive allgemein).

## § 5 Macht und Übereinstimmung – Theorien des Gesellschaftsvertrages

keine Bürden schafften.[123] Der Einzelne werde Teil eines Ganzen, von dem er „Leben und Dasein empfängt".[124] Die Bindung der Individuen hat bei Rousseau aber auch Grenzen. Zentral ist vor allem die folgende Bedingung: Wenn der Gesellschaftsvertrag gebrochen werde, erlange jeder seine ursprünglichen Rechte wieder zurück.[125] Entsprechend dürften das Leben oder andere fundamentale Güter der Einzelnen nicht der Willkür der Mächtigen geopfert werden.[126] Eigentum werde durch ursprüngliche Aneignung begründet, die aber nur Rechtswirksamkeit zeitige, wenn der Gegenstand nicht anderen gehöre, das begründete Eigentum quantitativ durch Bedürfnis begrenzt sei und die Aneignung formell durch Arbeit erfolge. Es werde durch die Gemeinschaft gewährleistet.[127]

Geradezu sprichwörtlich ist die Unterscheidung verschiedener Willensarten der Gemeinschaft. Der Gemeinwille (*volonté générale*) repräsentiere das Gemeininteresse. Der Gesamtwille (*volonté de tous*) sei die Summe der Einzelwillen der Gesellschaftsmitglieder. Der Einzelwille (*volonté particulière*) sei auf das Privatinteresse der Einzelnen gerichtet. Der Gemeinwille könne nicht falsch sein. Der Gemeinwille könne aber durch Sonderverbindungen der Menschen untereinander verfälscht werden, weswegen Rousseau die (politische) Parteibildung im Gemeinwesen ablehnt.[128] Der Unterlegene in einer Abstimmung habe sich über den Gemeinwillen schlicht getäuscht.[129] Der Gemeinwille ist auf eine unbestimmte Weise mit einem tieferen Ethos der Gemeinschaft verbunden – er könne in einer zerfallenen Gemeinschaft verstummen.[130] Der Gesellschaftsvertrag müsse in der Reifezeit eines Volkes geschlossen werden, die verpasst werden könne. In Europa gibt es aus Rousseaus Sicht in der Zeit, in der er den *Gesellschaftsvertrag* schreibt, noch ein gesetzgebungsfähiges Land: Korsika.[131]

Die Staatsordnung, die Rousseau entwirft, hat folgende Charakterzüge: Der Souverän (die Versammlung von Bürgern) erlasse Gesetze und wähle die Regierung (Monarchie, Aristokratie, Demokratie, je nachdem wer die Regierung bilde).[132] Die Republik sei eine durch Gesetze, d.h. durch generell-abstrakte Regelungen, regierte Ordnung.[133]

---

123 *J.-J. Rousseau*, Du Contrat Social, I, 6; II, 4 f.
124 *J.-J. Rousseau*, Du Contrat Social, II, 7.
125 *J.-J. Rousseau*, Du Contrat Social, I, 6.
126 *J.-J. Rousseau*, Discours sur l'Économie Politique, in: *ders.*, Œuvres complètes, III, 1964, S. 241 ff., 256: „La sureté particuliere est tellement liée avec la confédération publique, que sans les égards que l'on doit à la foiblesse humaine, cette convention seroit dissoute par le droit, s'il périssoit dans l'état un seul citoyen qu'on eût pû secourir; si l'on en retenoit à tort un seul en prison, et s'il se perdoit un seul procès avec une injustice évidente"; „Die Sicherheit des Einzelnen ist derartig mit dem öffentlichen Zusammenschluss verbunden, dass diese Vereinbarung ohne die Rücksicht, die man der menschlichen Schwäche schuldet, von Rechts wegen aufgelöst würde, wenn in ihrem Staat ein einziger Bürger unterginge, den man hätte retten können; wenn ein einziger unrechtmäßig im Gefängnis festgehalten würde und wenn ein einziger Prozess aufgrund einer offensichtlichen Ungerechtigkeit verloren ginge". Einer Regierung zu erlauben, einen Unschuldigen dem Wohl der Menge zu opfern, sei eine der abscheulichsten Maximen, die die Tyrannei je erdacht habe („une des plus exécrables que jamais la tyrannie ait inventée"), ebd. Auf diese Stelle weist *J. P. Müller*, Die demokratische Verfassung, 2. Aufl., 2009, S. 34 ff., hin.
127 *J.-J. Rousseau*, Du Contrat Social, I, 9.
128 *J.-J. Rousseau*, Du Contrat Social, II, 3.
129 *J.-J. Rousseau*, Du Contrat Social, IV, 2.
130 *J.-J. Rousseau*, Du Contrat Social, IV, 1. Vgl. a. II, IV.
131 *J.-J. Rousseau*, Du Contrat Social, II, 8–10.
132 *J.-J. Rousseau*, Du Contrat Social, III, 3.
133 *J.-J. Rousseau*, Du Contrat Social, II, 6.

Die Regierung setze diese Gesetze um. Ein (charismatischer) Gesetzgeber schlage Gesetze dabei vor und fasse sie ab. Die Täuschung des Volkes sei zuweilen nötig, da es die Richtigkeit der Gesetze nicht immer erkenne. Die Täuschung könne z.b. durch Rückgriff auf religiöse Legitimationsvorstellungen erfolgen.[134] Als Ziel des Gemeinwesens wird Freiheit und Gleichheit genannt.[135] Die beste Regierungsform sei abhängig von der Individualität des Volkes und den historischen Umständen: Die Demokratie sei für kleine, arme, die Aristokratie für mittlere, wohlhabende, die Monarchie für große, reiche Staaten geeignet.[136] Rousseau lehnt das Repräsentationsprinzip ab.[137] Die Regierung werde nicht durch einen Herrschaftsvertrag geschaffen, sondern durch Gesetz.[138] Auch die Ämtervergabe hänge von der Art der Regierungsform ab: Sie erfolge durch Los in der Demokratie, durch Wahl in der Aristokratie und durch den Monarchen in der Monarchie.[139] Rousseaus Verfassungsordnung sieht weitere Institutionen vor: Ein Tribunat dient als Hüter der Zuständigkeiten der Gewalten,[140] die Censoren sind für die Anwendung der Gesetze auf den Einzelfall zuständig.[141]

42 Wichtig ist Rousseaus Überzeugung, dass eine bürgerliche Religion einzurichten sei, da das Gemeinwesen nur durch einen Kernbereich positiver Glaubensüberzeugungen zusammengehalten werden könne. Rousseau formuliert damit ein zentrales Beispiel einer Theorie politisch instrumentalisierter Religion – die Religion wird nicht um ihrer Bedeutung für die Individuen willen, sondern wegen ihrer politischen Funktionen für das Gemeinwesen geschützt. Die positiven Dogmen dieser bürgerlichen Religion sind ein allmächtiger Gott, Unsterblichkeit, Strafe oder Belohnung für böse oder gute Taten sowie die Heiligkeit des Gesellschaftsvertrages und des Gesetzes. Ein verbotener Glaubensinhalt ist die Intoleranz. Rousseau befürwortet aber die Verbannung jener, die an die bürgerliche Religion nicht glauben.[142]

43 Rousseau hofft, den *amour propre* in Staatsbürgertugend verwandeln zu können. Das Vehikel dazu sei der Wunsch nach Ämtern. Eine weitere zentrale Rolle spielt die Erziehung. Die soziale Basis dieser Staatsordnung sei nur stabil, wenn kein zu großes Wohlstandsgefälle bestehe – was nicht verwundert, der wirtschaftlich-soziale Ausgleich ist, wie sich gezeigt hat, bereits bei Aristoteles eine politische Kategorie.

### 3. Kritische Einschätzungen

44 Rousseaus Überlegungen haben ideengeschichtlich zentrale Anregungen für die Konzeption der menschlichen Freiheit und Gleichheit formuliert. Sie werfen aber auch verschiedene Probleme auf. Ethisch ist wiederum zunächst die Frage zu stellen, ob es nicht durchaus moralische Maßstäbe vor der Assoziierung der Menschen in der Gesellschaft und nicht nur Selbstliebe und Mitleid gibt. Mitleid ist im Übrigen eine unmittelbar auf

---

[134] J.-J. *Rousseau*, Du Contrat Social, II, 7.
[135] J.-J. *Rousseau*, Du Contrat Social, II, 11.
[136] J.-J. *Rousseau*, Du Contrat Social, III, 1, 3, 8.
[137] J.-J. *Rousseau*, Du Contrat Social, III, 15.
[138] J.-J. *Rousseau*, Du Contrat Social, III, 16 f.
[139] J.-J. *Rousseau*, Du Contrat Social, IV, 3.
[140] J.-J. *Rousseau*, Du Contrat Social, IV, 5.
[141] J.-J. *Rousseau*, Du Contrat Social, IV, 7.
[142] J.-J. *Rousseau*, Du Contrat Social, IV, 8.

andere gerichtete emotionale Haltung der Anteilnahme, keine eigentlich moralische Kategorie, die reflexiv gebildet wird. Deswegen kann man Mitleid empfinden, ohne den Grund, der das Leiden eines anderen verursacht, moralisch zu verurteilen, z.B. mit einem Straftäter Mitgefühl wegen der zu erduldenden Freiheitsstrafe verspüren, seine Bestrafung aber dennoch für moralisch gerechtfertigt halten.

Im Rahmen der Staats- und Verfassungstheorie sowie politischen Philosophie bildet die Veräußerung des Individuums an das Gemeinwesen die konzeptionelle Hauptschwäche der Rousseau'schen Theorie. Durch die Behauptung der Identität der Interessen von Individuum und Gemeinschaft besteht scheinbar kein Bedürfnis für den Schutz grundlegender Menschenrechte, die gerade eine Mindestrechtssphäre gegenüber der Gemeinschaft sichern. Es bedeutet zweifellos eine Verkürzung seiner vielschichtigen Überlegungen, sie aufgrund dieser Weichenstellungen mit einem Totalitarismusvorwurf zu belegen.[143] Rousseaus Theorie betont ja nicht nur das Aufgehen des Individuums in der Gemeinschaft, sondern auch seine Bedingungen und die Zielrichtung der Gemeinschaftskonstitution. Die Übertragung der Rechte der Einzelnen erfolgt – wie erwähnt – nur unter dem Vorbehalt, dass der Gesellschaftsvertrag eingehalten wird. Auch dürfen die Güter der Einzelnen nicht Partikularinteressen geopfert werden. Rousseau betont zudem, dass der Zweck des Gesellschaftsvertrages auf die Freiheit und Gleichheit der Individuen ausgerichtet sei. Ein grundsätzliches Problem bleibt aber bestehen, weil auch gegen die politischen Institutionen einer Demokratie gerichtete subjektive Rechte in der entworfenen Staatsstruktur keine ausreichende konzeptionelle Grundlage finden. Dieses Problem ist noch aktuell. Denn auch heute wird argumentiert, dass nur eine Demokratie den Anspruch auf die Gestaltung menschlicher Autonomie wirklich einlöse, die keine Grenzen ihrer Gestaltungsmöglichkeiten kenne, also radikal prozeduralisiert sei. Nur sie überlasse die Gesellschaftsgestaltung den Einzelnen und binde sie nicht an vorgängig gegebene materiale Inhalte wie Menschenrechte. Derartige Argumentationen überzeugen aber nicht: Die Normen, die die gleiche Teilhabe von Menschen auch an der demokratischen Entscheidungsfindung gewährleisten, sind selbst Menschenrechte und dürfen nicht zur Disposition derjenigen demokratischen Prozesse gestellt werden, die sie normativ garantieren, da sonst gerade diese Garantiefunktion unmöglich wird. Bestimmte Statusrechte (Würde, Leben), aber auch andere Freiheits- und Gleichheitsrechte sind im Übrigen unabhängig von ihrer demokratischen Funktion um der Individuen selbst willen zu gewährleisten.

Verfassungstheoretisch ist auch die Staatsorganisation in manchen Elementen wenig überzeugend, z.B. in Hinsicht auf die legitimierte Manipulation des Volkes durch den Gesetzgeber. Die bürgerliche Religion widerspricht der Idee eines freien Verfassungsstaats, zu dem gerade eine Religionsfreiheit zählt, die u.a. zulässt, an keines der positiven Dogmen der Rousseau'schen Zivilreligion zu glauben und doch Teil der Rechtsgemeinschaft zu bleiben.

---

143 Vgl. zu einer Kritik dieses Vorwurfs *I. Fetscher*, Rousseaus politische Philosophie, 3. Aufl., 1975, S. 14, 147; *J. P. Müller*, Die demokratische Verfassung, S. 32 ff.

## VI. Der Gehalt einer neuen Idee

47 Die erörterten spezifischen Varianten der Gesellschaftsvertragstheorie werfen also verschiedene Fragen auf. Aber auch grundsätzliche Probleme der Vertragskonzeption müssen mit kritischer Aufmerksamkeit bedacht werden. Die Idee eines humanen *Naturzustandes* wirft die Frage auf, ob dessen Eigenschaften nicht strategisch in Bezug auf das Interesse der Legitimation einer bestimmten Staatsform gewählt werden. Ein unabhängig ermittelter Naturzustand bestimmt dann nicht die Staatsform, sondern die bevorzugte Staatsform wird durch eine bestimmte Konzeption des Naturzustandes legitimationstheoretisch abgesichert. Weiter kann bezweifelt werden, dass es eine menschliche Natur überhaupt gebe – Gehalt und Problematik dieser Kritik wurden am Beispiel von Hobbes bereits erörtert. In Bezug auf den *Vertrag* wird der Einwand erhoben, dass ein Vertrag einem Staat keine Legitimation verleihen könne, da diese aus höherer Quelle entspringe als dem bloßen Konsens von Individuen, etwa einem historischen Entwicklungsgang und einer in ihm verkörperten geschichtlichen Vernunft.[144] Die Kraft dieser Kritik hängt davon ab, ob sich der normative Individualismus, gegen den sie sich letztendlich wendet, als haltbar erweist – ein Problem, das bereits angesprochen wurde und weiteres Nachdenken verlangt.

48 Die Realität des Vertragsschlusses, auch im Modus einer faktischen, konkludenten Zustimmung etwa durch Aktivität im Rahmen der Staatsordnung, wird als Fiktion kritisiert: Staaten seien regelmäßig auf Gewalt gegründet und man verbleibe in ihnen nicht zuletzt aufgrund des schlichten Mangels an Alternativen.[145] Ein weiteres Problem ist die Bindung zukünftiger Generationen, die nicht durch einen Vertrag verpflichtet werden können, den sie nicht geschlossen haben. Diese Argumente treffen ersichtlich nur Theorien, die von einem faktischen Vertragsschluss ausgehen, nicht aber diejenigen Ansätze, die den Vertrag explizit als nur gedachten, also als Legitimationsfigur der Reflexion auffassen.

49 Eine weitere Frage betrifft die instrumentellen Nutzenkalküle, die vielen Vertragstheorien zugrunde liegen, und die man auch bei Hobbes, Spinoza, Locke oder Rousseau findet. Welches sind die Konstruktionsgrenzen solcher Kalküle? Kann auf ihrer Grundlage eine Verpflichtung eines Einzelnen auch dann begründet werden, wenn dieser die Einhaltung sozialer Regeln befürwortet, sie selbst aber bricht, wenn es sanktionslos geschehen kann (das sog. *Free-Rider-Problem*)? Bedarf es womöglich deshalb mehr als egoistischer Nutzenkalküle, um Zentralinhalte der Moral und des Rechts zu begründen? Mit diesen Fragen nähert man sich dem Kern der Problematik der Gesellschaftsvertragstheorie, die in ihren eigenen, nicht selbst vertraglich begründbaren, weil selbst die Bedingung der (realen oder im Gedankenexperiment angenommenen) Geltungskraft der Gesellschaftsverträge bildenden normativen Voraussetzungen liegt. Die Gesellschaftsvertragstheorien verschleiern durch die Vertragsmetapher die moralische Aufladung der Bedingungen des ihnen zugrunde liegenden Nutzenkalküls, die in der Annahme der Freiheit und Gleichheit der Vertragsschließenden in einem normativen

---

144 Vgl. *E. Burke*, Reflections on the Revolution in France, ed. by C. C. O'Brien, 1968; *G. W. F. Hegel*, Grundlinien der Philosophie des Rechts, in: *ders.*, Werke, hrsg. v. E. Moldenhauer und K. M. Michel, Bd. 7, 1986, § 273.
145 *D. Hume*, Of the Original Contract, in: *ders.*, Essays, moral, political and literary, 1987, S. 465 ff., 471, 475.

## § 5 Macht und Übereinstimmung – Theorien des Gesellschaftsvertrages

Sinn liegt. Der Gesellschaftsvertrag als Legitimationsfigur beruht auf der normativen Prämisse, dass Menschen als Freie und Gleiche in die Begründung hoheitlicher Gewalt einbezogen werden *sollen*. Eine Ausnahme bildet Hobbes, der auf die faktische Gleichheit der Fähigkeit, Schaden zuzufügen, rekurriert, auf dieser Grundlage aber keine überzeugende Konzeption von Normativität entwickelt, wie erläutert wurde. Was ist aber die Grundlage der genannten normativen Prämisse? Warum *sollen* die Menschen gleiche Verhandlungspositionen beim Vertragsschluss einnehmen, warum frei von Nötigung entscheiden? Warum *sollen* die Menschen als einzelne Gleiche und Freie zählen? Dies ist die entscheidende Frage, die die Gesellschaftsvertragstheoretiker selbst über den Gesellschaftsvertrag hinaustreibt, Locke etwa zum Hinweis auf die sakrale Wurzel menschlicher Gleichheit und Freiheit.

Die Gesellschaftsvertragstheorie beantwortet also die entscheidende Frage nach den Legitimationsgrundlagen einer politischen, staatlichen Ordnung nicht, sie illustriert aber, worin eigentlich das Problem besteht. Sie leistet der Rechts- und Staatstheorie auch noch weitere wichtige Dienste: Sie führt zu einer Säkularisierung der Staatslegitimation, indem sie diese von religiösen Wurzeln befreit und auf die Ergebnisse des menschlichen Vernunftgebrauchs zurückführt. Sie bedeutet deswegen auch ein wichtiges Element der Rationalisierung der Legitimationstheorien. Diese müssen sich vor menschlicher Reflexion rechtfertigen können; die faktische Gewalt, die Aura der Tradition, die Behauptung des Sakralen oder ein bloßer dezisionistischer Willensakt reichen für die Erhebung eines Anspruchs auf Legitimität nicht aus. Diese säkulare Rationalisierung ist ein Gewinn auch aus religiöser Perspektive, weil sie die Tür zur interreligiösen Verständigung öffnet, die Religion von der Bürde der Herrschaftsbegründung entlastet und von der Gefahr der politischen Instrumentalisierung des Glaubens befreit. Die Gesellschaftsvertragstheorie führt weiter zu einer Individualisierung der Begründung von normativer Legitimation, indem sie die Einzelnen zum Ausgangspunkt der Theorieentwicklung macht. Sie bedeutet damit eine Humanisierung, weil die Interessen der einzelnen Menschen, nicht etwa der Ruhm einer Dynastie, die Macht eines Staates oder der Glanz einer Religion zum Maßstab politischer Ordnung werden. Die Gesellschaftsvertragstheorie ist egalitär, weil sie menschliche Gleichheit strukturell in den Prämissen der Argumentation verankert. Sie hat schließlich ein deutliches universalistisches Potenzial, weil ihre Überlegungen im Grundsatz für jede menschliche Gemeinschaft gelten. Der Gesellschaftsvertrag bildet so eine packende Metapher einer normativ durch Würde, Autonomie und Gerechtigkeit material begründeten Staatslegitimation.

## § 6 Gerechtigkeit als kluge Liebe in der besten aller Welten – G. W. F. Leibniz

I. Der Stufenbau des Naturrechts ..... 1
II. Leibniz' Theorie der eingeborenen Ideen ..... 8
III. Kritische Einschätzungen ..... 16

### I. Der Stufenbau des Naturrechts

1   G. W. F. *Leibniz* (1646–1716) hat verschiedene große wissenschaftliche Leistungen erbracht – von der Entwicklung der Differentialrechnung (gleichzeitig mit Newton) bis zur Weiterentwicklung der Logik. Berühmt ist er nicht zuletzt auch für seinen Versuch, eine Apologie der Schöpfung Gottes zu liefern, die keine vollkommene Welt, aber die beste aller möglichen Welten sei.[1] Elemente seiner Überlegungen zu Ethik und Recht sind für die Ideengeschichte der Rechtsphilosophie und die systematische Auseinandersetzung mit ihren Sachproblemen von großem Interesse.[2] Dabei finden sich die ausführlichsten Bemerkungen in Leibniz' frühen Werken, die allerdings eine Grundkonzeption entwerfen, der er auch später im Wesentlichen treu geblieben ist.[3]

2   Leibniz entwirft ein gestuftes Naturrechtssystem, das aus strengem Recht (*ius strictum*), Billigkeit (*aequitas*) und pflichtgemäßem Handeln (*pietas*) aufgebaut ist. Er macht dabei substantielle Aussagen zum Inhalt dieser Naturrechtsbereiche: Das *ius strictum* erfasse insbesondere das Recht auf Leben, körperliche und psychische Integrität, auf Freiheit und den Schutz des Eigentums.[4] Freiheit sei ein unveräußerliches Recht rationaler Seelen.[5] Das strenge Recht orientiere sich an der Gleichheit von Menschen[6] und – in aristotelischen Kategorien – an der ausgleichenden Gerechtigkeit.[7] Sein Prinzip sei, niemanden zu schädigen (*neminem laedere*).[8]

3   Die *aequitas* bestehe in einer proportionalen Ausgewogenheit von Rechtsansprüchen. Zu den Beispielen, die Leibniz nennt, zählt ein Ausgleichsfrieden, oder die Versagung von Rechtswirkungen von Verträgen, die aufgrund von Täuschung geschlossen wur-

---

1 Vgl. *G. W. F. Leibniz*, Theodizee, in: ders., Philosophische Schriften, Bd. 2. 1., hrsg. und übersetzt von H. H. Holz, 1996.
2 Einen ausgezeichneten Überblick gibt H. Busche, in: *G. W. F. Leibniz*, Frühe Schriften zum Naturrecht, Lateinisch-Deutsch, hrsg. und übersetzt v. H. Busche, 2003, XI ff., vgl. auch *M. Armgardt*, Die Rechtstheorie von Leibniz im Licht seiner Kritik an Hobbes und Pufendorf, in: W. Li (Hrsg.), „Das Recht kann nicht ungerecht sein...", 2015, S. 13 ff. Vgl. zum Folgenden *M. Mahlmann*, Rationalismus und Epistemologie in Leibniz' praktischer Philosophie, in: T. Altwicker/F. Cheneval/M. Mahlmann (Hrsg.), Rechts- und Staatsphilosophie bei G. W. Leibniz, 2020.
3 Aufschlussreich in dieser Hinsicht ist nicht zuletzt *G. W. F. Leibniz*, Sur la nature de la bonté et de la justice, in: W. Li (Hrsg.), „Das Recht kann nicht ungerecht sein...", S. 143 ff., im Folgenden: *G. W. F. Leibniz*, Sur la nature; sowie, *ders.*, Sur la notion commune de la justice, ebd., S. 164 ff., im Folgenden: *G. W. F. Leibniz*, Sur la notion commune. Beide Texte werden in weitverbreiteten Ausgaben als ein Text wiedergegeben, vgl. z.B. *P. Riley*, Leibniz, Political Writings, 1998, S. 45 ff.
4 Vgl. *G. W. F. Leibniz*, Neue Methode, Jurisprudenz zu lernen und zu lehren, in: ders., Frühe Schriften zum Naturrecht, hrsg. v. H. Busche, 2003, S. 79, im Folgenden: *G. W. F. Leibniz*, Neue Methode.
5 *G. W. F. Leibniz*, Sur la nature, S. 177. Eine interessante Frage betrifft die Bedeutung der Leibniz'schen Theorie der Monaden für die Konzeption von individuellen Rechten. Vgl. dazu *G. W. F. Leibniz*, Monadologie, in: ders., Monadologie und andere metaphysische Schriften, Französisch-Deutsch, hrsg. V. U. J. Schneider, 2003.
6 *G. W. F. Leibniz*, Vorrede zum Codex Juris Gentium Diplomaticus, in: G. I. Gerhardt (Hrsg.), Die philosophischen Schriften von G. W. F. Leibniz, 1887, S. 388.
7 Vgl. *G. W. F. Leibniz*, Neue Methode, S. 81.
8 *G. W. F. Leibniz*, Neue Methode, S. 81; *ders.*, Entwürfe zu den ‚Elementen des Naturrechts', in: Frühe Schriften zum Naturrecht, S. 137 (im Folgenden: *G. W. F. Leibniz*, Elemente).

## § 6 Gerechtigkeit als kluge Liebe in der besten aller Welten – G. W. F. Leibniz § 6

den.[9] Im Fall der *aequitas* wird nicht die Gleichheit von Menschen wie beim *ius strictum*, sondern die von Leibniz festgehaltene Ungleichheit von Menschen in Bezug auf Fähigkeiten, Leistungen und andere Charakteristika zum Ausgangspunkt genommen. Aus diesen Ungleichheiten werden unter Anwendung von aristotelischen Kategorien der austeilenden Gerechtigkeit Güter in der Gesellschaft verteilt und zwar so, dass es insgesamt dem Gemeinwohl nutzt.[10] Die Maxime der *aequitas* ist deshalb, jedem das ihm zustehende zuzuweisen (*suum cuique tribuere*), was durch Gesetz oder hoheitliche Gewalt erfolgen soll.[11] Die politische Ordnung hat sich aus Leibniz' Sicht an gerechter Ungleichheit zu orientieren, weil die Menschen ungleiche Fähigkeiten besäßen. Das gilt insbesondere für die Zuweisung von politischen Rechten – wie Kapitänen auf Schiffen das Kommando, solle die Regierungsgewalt den Fähigsten zustehen. Wenn Leibniz auch nicht an Kritik an der Aristokratie und den Monarchen seiner Zeit spart, zieht er eine Republik dennoch nicht vor, weil auch der Einbezug der übrigen Bevölkerung keine besseren politischen Entscheidungen garantiere.[12]

Die *pietas* wird mit dem Wirken für das Wohl anderer Menschen verbunden.[13] Ihre Maxime sei, anständig zu leben (*honeste vivere*).[14] Sie wird in den frühen Naturrechtsschriften quasi kontraktualistisch aus dem Vertrag der Bürger abgeleitet.[15] Gerechtigkeit bildet die Grundlage der Rechts- und Moralkonzeption, die Leibniz durch einen spezifischen Begriff der Liebe als Inbegriff der gebotenen Berücksichtigung der Interessen von anderen inhaltlich konkretisiert.[16] Gerechtigkeit sei die Liebe der Weisen.[17] Das Wohl eines geliebten Menschen befördere man wegen der Freude, die man daraus ziehen könne.[18] In der Liebe werde das Interesse anderer zum eigenen Interesse und doch um seiner selbst willen erstrebt.[19] Damit versucht Leibniz das Problem zu lösen, wie unter der Annahme in letzter Instanz immer eigennütziger Handlungsmotivation dennoch Gebote begründet werden können, die dem Wohl anderer nutzen.[20] Hier ist Leibniz keineswegs kleinlich: Nicht nur die Hilfe für andere zur Abwehr von Schäden, wenn keine eigenen überwiegenden Interessen entgegenstehen, hält er für geboten, sondern auch, anderen dabei zu helfen, Vorteile zu erlangen, wenn dies zumutbar sei.[21]

Leibniz ordnet die Normbereiche des *ius strictum*, der *aequitas* sowie der *pietas* dem Privatrecht, dem öffentlichen Recht und der innerlich verbindlichen Sollensordnung

---

9 *G. W. F. Leibniz*, Neue Methode, S. 81.
10 *G. W. F. Leibniz*, Sur la notion commune, S. 168, 173.
11 *G. W. F. Leibniz*, Neue Methode, S. 81.
12 Vgl. *G. W. F. Leibniz*, Brief an T. Burnett of Kemney, 2.2.1700, in: ders., Akademie Ausgabe, Bd. 18, Nr. 211, 2015, S. 380; Brief an T. Burnett of Kemney, 18.7.1701, in: ders., Akademie Ausgabe, Bd. 20, Nr. 185, 2006, S. 284.
13 *G. W. F. Leibniz*, Neue Methode, S. 83.
14 *G. W. F. Leibniz*, Neue Methode, S. 83.
15 *G. W. F. Leibniz*, Neue Methode, S. 83.
16 *G. W. F. Leibniz*, Universale Gerechtigkeit als klug verteilte Liebe zu allen, in: ders., Frühe Schriften zum Naturrecht, S. 215 ff.
17 *G. W. F. Leibniz*, Vorrede zum Codex Juris Gentium Diplomaticus, S. 386; ders., Elemente, S. 241.
18 *G. W. F. Leibniz*, Elemente, S. 225.
19 *G. W. F. Leibniz*, Elemente, S. 237.
20 Es gibt aber auch Passagen, in denen der Bezug auf eigene Interessen verschwindet, vgl. *G. W. F. Leibniz*, Sur la notion commune, S. 172.
21 *G. W. F. Leibniz*, Elemente, S. 101, 153; ders., Sur la notion commune, S. 166 f.; ders., La véritable piété, in: G. Grua (éd.), G. W. Leibniz, Textes Inédits, Tome II, 1948, S. 500.

zu, die man in heutiger Terminologie mit Moral oder Ethik bezeichnen würde. Er bestimmt auch die Hierarchie dieser Normbereiche. Danach sei das *ius strictum* der *aequitas*, und diese wiederum der *pietas*, untergeordnet. Im Grundsatz seien die Gebote dieser jeweiligen Bereiche zu beachten, es sei denn, es gebe ein Widerspruch zu einer höhren Normsphäre. In diesem Fall könne sich die höhere Norm durchsetzen.[22] Legitimes und tatsächlich existierendes, positives Recht können also auseinanderfallen: Das Recht könne nicht ungerecht sein, das wäre ein Widerspruch, wohl aber die Gesetze.[23] Allerdings sei schon das Befolgen der auf den verschiedenen Stufen maßgeblichen Prinzipien ein wichtiges Gut, weil das die Gesellschaft befriede. Im Übrigen sei immer die Maxime zu beachten, dass durch die Durchsetzung naturrechtlicher Prinzipien der höheren Stufe nicht mehr Übel geschaffen als beseitigt würden.[24]

6  Das an dieser Gerechtigkeit orientierte Naturrecht sei ein „Kompass", der helfe, sich auf den schwierigen Gewässern der Rechtsanwendung sicher zu bewegen.[25] Das „universale Recht" sei dabei das gleiche für Gott und die Menschen.[26] Macht könne keine Rechtfertigung für normative Prinzipien liefern, sondern nur einsichtige Gründe.[27] Die moralische Welt, die unter diesen Grundsätzen entstehe, sei keine Kleinigkeit, sondern der wahre Gottesstaat aller in ihm mit Gott vereinigten vernünftigen Seelen, der die wahre Ehre Gottes ausmache.[28] Diese moralische Gemeinschaft der Menschen sei nicht auf eine bestimmte Nation begrenzt, sondern erfasse alle, „die Teil des Gottesstaates sind und, sozusagen, des Gemeinwesens des Universums".[29]

7  Leibniz macht im Rahmen seiner Überlegungen viele sehr wichtige und gehaltreiche Anmerkungen zur Analyse von normativen Phänomenen. Dazu gehört ein wesentlicher Beitrag zur Entwicklung einer Analyse der logischen Beziehungen normativer Aussagen.[30] Erst im 20. Jahrhundert werden diese Fragen systematisch aufgegriffen und zu verschiedenen Systemen der deontischen Logik ausgebaut (vgl. u. § 32 II). Auch zum Begriff subjektiver Rechte hat Leibniz beispielsweise substantielle Analysen geliefert, die sehr interessante Fragen zur Kontinuität der Ergebnisse der Untersuchung dieser Phänomene über die Jahrhunderte hinweg aufwerfen.[31]

## II. Leibniz' Theorie der eingeborenen Ideen

8  Ein weiterer Aspekt, der verdient, nicht vernachlässigt zu werden, liegt in den erkenntnistheoretischen Aussagen, die Leibniz macht: Welches Wahrheitskriterium dient Leib-

---

22 *G. W. F. Leibniz*, Neue Methode, S. 79; *ders.*, Sur la notion commune, S. 174.
23 *G. W. F. Leibniz*, Sur la nature, S. 155.
24 *G. W. F. Leibniz*, Elemente, S. 207.
25 *G. W. F. Leibniz*, Elemente, S. 71.
26 *G. W. F. Leibniz*, Theodizee, S. 127.
27 *G. W. F. Leibniz*, Sur la nature, S. 145 ff.
28 *G. W. F. Leibniz*, Monadologie, Para. 85 f.
29 *G. W. F. Leibniz*, Initium institutionum juris perpetui, in: G. Mollat (Hrsg.), Rechtsphilosophisches aus Leibnizens ungedruckten Schriften, 1885, S. 1: „Itaque justum est, quod publice interest, et salus publica suprema lex est. Publicum autem non paucorum, non certae gentis, sed omnium intelligitur, qui sunt in civitate Dei et, ut sic dicam, republica universi" („Deshalb ist gerecht, was der Allgemeinheit dient, und das Gemeinwohl ist das höchste Gesetz. Unter Gemeinschaft ist allerdings nicht eine von von wenigen, nicht von bestimmten Völkern zu verstehen, sondern von allen, die Teil des Gottesstaates sind und, sozusagen, des Gemeinwesens des Universums").
30 Vgl. z.B. *G. W. F. Leibniz*, Elemente, S. 259.
31 Vgl. z.B. *G. W. F. Leibniz*, Elemente, S. 49, zur Gegenwartstheorie u. § 37.

# § 6 Gerechtigkeit als kluge Liebe in der besten aller Welten – G. W. F. Leibniz § 6

niz zur Absicherung seiner Aussagen zur Normlogik, zur Analyse von normativen Phänomenen wie subjektiven Rechten und zur Struktur und Inhalt des Naturrechts? Zentral ist dabei seine im spezifisch erkenntnistheoretischen Sinn *rationalistische* Perspektive, um die Terminologie zu verwenden, die sich im Verlaufe der Philosophiegeschichte eingebürgert hat. Diese rationalistische Perspektive ist durch die Vorstellung gekennzeichnet, dass der menschliche Erkenntnisprozess auf der Basis von eingeborenen Ideen anhebt und sich, durch sie ermöglicht und strukturiert, weiter entfaltet. Diese Position, prominent von Descartes[32] und Leibniz vertreten, steht im Gegensatz zu *empiristischen* Annahmen, nach denen im Geist der Menschen nur diejenigen Ideen vorhanden seien, die aufgrund von sinnlicher Erfahrung gebildet worden seien.[33] Leibniz antwortet auf die empiristische These, dass nichts im Geist existiere, was nicht vorher von den Sinnen aufgenommen worden sei, trocken, dass dies zutreffe, aber nur mit einer Ausnahme, nämlich des *intellectus ipse*, des Geistes selbst.[34] Wir sind uns sozusagen selbst angeboren, wie Leibniz in einer anderen bemerkenswerten Formulierung schreibt.[35] Der Geist sei keineswegs nur ein *white paper, void of all characters*[36], das von Erfahrungen beschrieben werde – er sei nicht nur passiver, sondern vielmehr aktiver Teil des Erkenntnisprozesses.[37] Die Erkenntnis beruhe auf einer Tätigkeit der Seele aus ihrem eigenen Grund.[38] Die eingeborenen Ideen seien die Muskeln und Sehnen des Denkens.[39] Sie ermöglichten erst die geistigen Vollzüge, die dieses Denken ausmachten.

Dass bestimmte Ideen eingeboren seien, sei für jede von ihnen genau zu begründen, um sich vor dogmatischen Behauptungen zu schützen. Ein Konsens sei dafür weder notwendig noch ausreichend.[40] Entscheidend sei, dass die Notwendigkeit von spezifischen Aussagen und damit ihr Wahrheitsanspruch nur mithilfe von angeborenen Ideen rekonstruiert werden könne. Ein leitendes Beispiel für solche angeborenen Ideen sind Aussagen der Arithmetik und der Geometrie.[41] Es gehören aber auch praktische Prinzipien[42] dazu: Gerechtigkeit sei nicht unsere Erfindung.[43] Interessanterweise sei die goldene Regel dabei kein Maßstab der Gerechtigkeit, sondern formuliere lediglich die

---

32  Vgl. z.B. *R. Descartes*, Discours de la méthode, in: C. Adam/P. Tannery (Hrsg.), Œuvres de Descartes, Bd. 6, 1973.
33  Klassische Vertreter dieser Idee sind *J. Locke*, An Essay Concerning Human Understanding, ed. by R. Woolhouse, 1997, und *D. Hume*, A Treatise of Human Nature, ed. by L. A. Selby-Bigge, 2nd ed., 1978, und *ders.*, Enquiry Concerning Human Understanding, in: *ders.*, Enquiries Concerning Human Understanding and Concerning the Principles of Morals, 1975.
34  *G. W. F. Leibniz*, Nouveaux essais sur l'entendement humain, in: *ders.*, Philosophische Schriften, hrsg. und übersetzt von W. v. Engelhardt und H. H. Holz, Philosophische Schriften Bd. 3. 1, 1996, S. 102, im Folgenden: *G. W. F. Leibniz*, NE: „Nihil est in intellectu, quod non fuerit in sensu, exipe: nisi intellectus ipse" (Herv. i. Org.).
35  *G. W. F. Leibniz*, NE, S. XVI.
36  *J. Locke*, An Essay Concerning Human Understanding, Book 2, Chap. I, § 2.
37  *G. W. F. Leibniz*, NE, S. 29.
38  *G. W. F. Leibniz*, NE, S. 25.
39  *G. W. F. Leibniz*, NE, S. 40.
40  *G. W. F. Leibniz*, NE, S. 19–21.
41  *G. W. F. Leibniz*, NE, S. 23–45.
42  *G. W. F. Leibniz*, NE, S. XIII, 49 ff.
43  *G. W. F. Leibniz*, Nouveaux essais sur l'entendement humain, in: *ders.*, Philosophische Schriften, hrsg. und übersetzt von W. v. E. und H. H. Holz, Philosophische Schriften Bd. 3.2, 1996, S. 320, im Folgenden *G. W. F. Leibniz*, NE II.

Aufforderung, sich beim moralischen Urteilen in die Lage von anderen hineinzuversetzen.⁴⁴

11 Leibniz entwickelt eine differenzierte Theorie der Eigenart dieser eingeborenen Ideen. Sie seien nicht wie das Edikt des Prätors oder ein Buch lesbar.⁴⁵ In einer wiederkehrenden Metapher werden sie mit den Adern im Marmor verglichen, die noch nicht die vollständige Figur bildeten, aber bereits eine bestimmte Figur nahelegten.⁴⁶

12 Diese angeborenen Ideen sind deswegen Menschen nicht unmittelbar bewusst. Leibniz nennt das Bespiel der impliziten Logik, die menschlichen Schlüssen zugrunde liege, ohne dass notwendigerweise die Gesetze der Logik explizit gemacht und dann bewusst angewendet würden.⁴⁷ Deswegen sei Lernen trotz der Existenz von eingeborenen Ideen möglich.⁴⁸ Der Lernprozess bestehe einerseits darin, Vorstellungen zu entwickeln, die gerade nicht eingeboren seien, andererseits aber auch darin, sich die eingeborenen Wahrheiten zu verdeutlichen, etwa die Gesetze der Logik, die das eigene Denken unbewusst bisher schon strukturierten. Dabei gebe es verschiedene Schwierigkeitsgrade, sich der eingeborenen Ideen bewusst zu werden.⁴⁹

13 Ein berühmtes Element der Leibniz'schen Überlegungen ist die Annahme von unbewussten Perzeptionen, die unser geistiges Leben in vieler Hinsicht kennzeichneten. Sie vermittelten einen Gesamteindruck der Welt, der im Ganzen klar sei, in Einzelheiten jedoch durchaus unbestimmt und der insgesamt das – wie Leibniz es formuliert – „*je ne scay quoy*"⁵⁰ einer spezifischen Welterfahrung ausmache. Diese unbewussten Perzeptionen seien auch wichtig für die unmerkliche Bestimmung des Willens.⁵¹ Die Existenz solcher unbewusster Denkakte ist offensichtlich begründungsbedürftig. Ein Beispiel, das ihre Existenz deutlich machen könne, sei die Struktur unserer Erinnerung, zu der gerade solche Elemente gehörten, die nicht immer bewusst seien, die wir aber erinnern und damit ins Bewusstsein heben könnten.⁵²

14 Die Analyse der Struktur des menschlichen Geistes hat bei Leibniz eine epistemologische Pointe: Die Eigenschaften des menschlichen Geistes sind für die Wahrheitsansprüche menschlicher Erkenntnis konstitutiv. Leibniz' Erkenntnistheorie unterliegt ein grundsätzliches Vertrauen darin, dass die menschliche Erkenntnistätigkeit tatsächlich zutreffende Aussagen über die Welt machen könne. Die eingeborenen Ideen erzeugen aus seiner Sicht nicht bloß einen täuschenden Schein: Die in ihnen ausgesprochenen Wahrheiten sagen etwas über die tatsächliche Struktur der Welt aus. Das Angeborensein der Grundlagen der Erkenntnis verbürgt aus seiner Sicht deshalb deren Richtigkeit. Natur und Geist kommen im Erkenntnisakt zur Deckung.⁵³

---

44 *G. W. F. Leibniz*, NE, S. 57.
45 *G. W. F. Leibniz*, NE, S. XII.
46 *G. W. F. Leibniz*, NE, S. XVII.
47 *G. W. F. Leibniz*, NE, S. 55.
48 *G. W. F. Leibniz*, NE, S. 43.
49 *G. W. F. Leibniz*, NE, S. 25.
50 *G. W. F. Leibniz*, NE, S. XXV.
51 *G. W. F. Leibniz*, NE, S. XXVII.
52 *G. W. F. Leibniz*, NE, S. 21.
53 *G. W. F. Leibniz*, NE, S. 41.

Die Elemente der menschlichen Psyche, die zur menschlichen Moralität gehörten, etwa die Gewissensbisse, die ein moralischer Verstoß hervorrufe, seien Stützen der Vernunft.[54] Das heißt aber für Leibniz nicht, dass sie allein es vermöchten, Menschen von Entschlüssen und Handlungen abzuhalten, die moralische Prinzipien verletzten. Er setzt sich deshalb ausführlich mit der Frage auseinander, warum, wenn eingeborene Ideen im moralischen Bereich existierten, die er sogar mit Einsichten der Arithmetik[55] vergleicht, moralisch verwerfliche Taten trotzdem geschähen und Unrecht begangen werde. Er weist zur Erklärung auf die Bedeutung verschiedener Faktoren hin, wie Erziehung oder andere Motive, die Menschen dazu bewegten, sich nicht entsprechend den moralischen Motiven zu verhalten:[56] „Wenn die Geometrie unseren Leidenschaften und gegenwärtigen Interessen so entgegenstünde wie die Moral, so würden wir sie nicht weniger bestreiten und verletzen, trotz aller Beweise des Euklid und des Archimedes, die man als Träume behandeln würde im Glauben, sie seien voller Trugschlüsse".[57]

## III. Kritische Einschätzungen

Die Leibniz'schen Überlegungen sind ein weiteres Beispiel für den Reichtum der Naturrechtstradition, gerade in ihrer analytischen Dimension. Interessant ist insbesondere die Annahme von Rechten der Menschen auf Schutz von Freiheit, Leben, körperlicher Integrität und Eigentum – Bemerkungen, die in die Geschichte der Entwicklung der Menschenrechtsidee gehören, gerade wenn man an Leibniz' Verteidigung der unveräußerlichen Freiheit von „rationalen Seelen" denkt. Wichtig ist zudem die Rechtfertigung der Naturrechtsgehalte durch Gerechtigkeitsprinzipien und genauer durch Rückgriff auf aristotelische Grundunterscheidungen. Eine Frage, die dabei auftaucht, lautet: Wie wird der Anspruch auf Schutz von Rechten der Menschen genau begründet? Die ausgleichende Gerechtigkeit kann Antworten auf die Frage liefern, wie auf Verletzungen dieser Rechte reagiert werden muss, sie gibt aber noch keinen Aufschluss darüber, warum diese Rechte überhaupt bestehen. Spielen auch hier Prinzipien der Verteilungsgerechtigkeit eine Rolle?

Auch die Fassung und Begründung menschlicher Gleichheit werfen produktive Fragen auf. Menschen haben aus heutiger Sicht den gleichen Wert, gleichen sich aber nicht in anderen Bereichen – von den Leistungen in der Ausbildung bis zu den unterschiedlichen Bedürfnissen aufgrund des unterschiedlichen Gesundheitszustandes. In welchem Verhältnis stehen die Gleichheit von Menschen in bestimmten Beziehungen und ihre Ungleichheit in anderen? Kann beides unter Gerechtigkeitsprinzipien überzeugend gedacht werden? Leibniz' Absage an politische Gleichheit überzeugt dabei nicht. Man muss die faktische Ungleichheit von Menschen in bestimmten, begrenzten Hinsichten nicht leugnen, um politische Gleichheit, verkörpert in einer Demokratie, für eine Gerechtigkeitsforderung zu halten. In ihrer Fähigkeit zur autonomen Selbstbestimmung und ihrer Wertstellung unterscheiden sich Menschen nämlich gerade nicht.

---

54 *G. W. F. Leibniz*, NE, S. 63.
55 *G. W. F. Leibniz*, NE, S. 59.
56 *G. W. F. Leibniz*, NE, S. 67–77.
57 *G. W. F. Leibniz*, NE, S. 67.

**18** Wichtig ist Leibniz' Verteidigung von Pflichten gegenüber anderen, die über die Vermeidung von Schädigungen hinausgehen. In seinem Liebesbegriff versucht Leibniz diese Dimension menschlicher Ethik in einen umfassenden Rahmen zu bringen. Auch das wirft Fragen auf. Trifft es zu, dass Menschen immer in letzter Instanz um des eigenen Vorteils willen handeln? Zweifellos ist die Freude geliebter Menschen ein Grund für eigene Freude. Ist man aber um deren Wohlergehen nur deswegen besorgt, weil man sich selbst danach besser fühlt? Kann man nicht auch um das Wohlergehen anderer Menschen besorgt sein, wenn dies nicht der Fall wäre? Schließt die Tatsache, dass die Freude, die das Freudebereiten macht, ein Handlungsmotiv ist, aus, dass sich die Handlungsabsicht dennoch primär auf das Befördern des Wohlergehens von anderen richtet? Ist also genuin altruistisches Handeln möglich? Kant war entschieden der Meinung, dass die Berücksichtigung egoistischer Motive, der Wünsche des „lieben Selbst", in der Moral gerade keinen Platz hätte.[58] Hatte er Recht damit?

**19** Leibniz' Werben für eine Ethik echter mitmenschlicher Güte und Zuwendung jenseits von kleinlicher Interessenverfolgung schlägt dennoch einen eigenen Ton an. Seine Verteidigung der hierarchischen Ordnungen der überkommenen Aristokratien und Monarchien und seine Skepsis gegenüber anderen, egalitäreren politischen Systemen bereitete – anders als etwa Lockes Gesellschaftsvertragstheorie – keine Zukunft vor. In seiner Begründung gehaltreicherer, auf ihr Wohl bezogener Pflichten anderen Menschen gegenüber greift er dagegen zentralen Problemen der politischen Philosophie der späteren Jahrhunderten vor, die – vom Sozialismus bis zur Legitimationstheorie des Sozialstaates – das Maß gebotener Solidarität und ihre politischen Ausdrucksformen betreffen.

**20** Die von Leibniz entworfene Hierarchie der Naturrechtsebenen zeigt, wie vielschichtig die Antworten der Naturrechtstradition zum Problem des Verhältnisses von gesetztem Recht und anderen normativen Bereichen waren. Auch bei ihm ist dabei der grundsätzliche Vorrang von höchsten moralischen Prinzipien vor dem Recht zu beachten, wobei gleichzeitig der Eigenwert einer stabilen Rechtsordnung betont wird. Leibniz' Mahnung, die Folgen von Relativierungen von Recht im Namen von moralischen Prinzipien genau zu bedenken, hat auch in der Gegenwart nichts von ihrer Aktualität verloren, gerade wenn man ethische Prinzipien als Bedingung von jedem Rechtsgehorsam versteht.

**21** Auch die Leibniz'sche Erkenntnistheorie ist mehr als eine pittoreske ideengeschichtliche Rarität. Die These vom menschlichen Geist als *tabula rasa*, als *white paper, void of all characters*,[59] ist zwar eine unhinterfragte Hintergrundannahme mancher Theoriegebäude der Gegenwart. Diese Diskussionslage sollte einen jedoch nicht einschüchtern und davon abhalten, kritisch zu befragen, welche substantiellen Einsichten in die Struktur menschlicher Erkenntnis sich unter manchen historisch gewordenen Denkschichten in der rationalistischen Konzeption womöglich verbergen. Dazu kann man nicht zuletzt dadurch ermutigt werden, dass die empiristischen Annahmen zur Struktur des menschlichen Geistes alles andere als unstreitig sind. Im Gegenteil, es gibt in

---

58 *I. Kant*, Grundlegung zur Metaphysik der Sitten, Akademie Ausgabe, Bd. IV, S. 407.
59 *J. Locke*, An Essay Concerning Human Understanding, Book 2, Chap. I, § 2.

## § 6 Gerechtigkeit als kluge Liebe in der besten aller Welten – G. W. F. Leibniz

ganz verschiedenen Bereichen der Auseinandersetzung mit Theorien des menschlichen Geistes diverse empirische Befunde, die sogar das Gegenteil der *tabula-rasa*-Hypothese immer schwerer bestreitbar machen (vgl. u. §§ 26, 41).

Das Eingeborensein von Ideen taugt allerdings schlecht als Wahrheitskriterium von Aussagen, denn auch solche Prinzipien, die uns systematisch täuschen, könnten eingeboren sein. Das ist das Problem, das Descartes umgetrieben hat, wenn er über die Möglichkeit nachgedacht hat, dass uns Gott oder ein böser Dämon womöglich in die Irre leiten könnten, indem sie uns Erkenntnisvermögen gegeben hätten, die uns den Charakter der Welt gerade nicht erschlössen. Für Descartes war das eine Möglichkeit, die durch Gottes Güte ausgeschlossen war – ein Weg der Absicherung, der für eine Erkenntnistheorie, die ohne solche Annahmen auskommen muss, um plausibel zu sein, nicht eröffnet ist.

Insgesamt bildet die Erkenntnistheorie, die Leibniz formuliert, mithin keine überholte Peinlichkeit aus der Mottenkiste der Theorie, sondern eine Erinnerung an ein wichtiges und interessantes Kapitel der menschlichen Suche nach dem Verständnis dessen, was den Kern der humanen geistigen Natur ausmacht. Sie ist zudem aus rechtsphilosophischer Sicht ein ideengeschichtlich wichtiger Vorläufer eines heute hochaktuellen intellektuellen Unterfangens, das darin besteht, die Reflexion der Bedingungen menschlicher Einsicht in der Rechtstheorie und praktischen Philosophie – wie in anderen Bereichen auch – als Analytik der Struktur und Voraussetzungen der menschlichen Verstandestätigkeit zu betreiben.

Leibniz' Theorie bietet ein weiteres Beispiel einer wichtigen Tradition des Nachdenkens über Ethik und Recht, die von Sokrates bis in die Gegenwart reicht, weil er auf die Begründbarkeit von normativen Prinzipien besteht. Nicht Macht – sei sie ideologisch oder durch nackte physische Gewalt vermittelt – ist der Ursprung der Gerechtigkeit, der Rechte und Pflichten der Menschen, sondern die auch für Menschen erkennbare Richtigkeit der sie tragenden Prinzipien – das ist die Grundthese dieser Tradition.

Leibniz hält fest: „Nachdem wir Sieger über den Erdball sind, hat allerdings in uns ein Feind überlebt".[60] Dieser bis heute mächtige Feind wird nicht dauerhaft überwunden werden können, wenn es für die Maßgeblichkeit von normativen Prinzipien nur auf die machtbegründete Durchsetzungsfähigkeit von Individuen oder Gruppen ankäme, deren Interessen, Vorurteilen und Ideologien diese Prinzipien dienen. Im Gegenteil, damit erränge dieser Feind einen wichtigen, vielleicht sogar entscheidenden Sieg. Im Folgenden wird deshalb weiter sorgfältig erwogen werden, ob diese Tradition noch Bedeutung für die Gegenwart haben kann. Ist sie bloß ein, wenn vielleicht auch bewegender, am Ende aber gehaltloser Ausdruck der menschlichen Sehnsucht nach echtem Wissen in Ethik und Recht? Oder gibt es tatsächlich so gute Gründe auf der Seite der Sache von Gerechtigkeit, Solidarität, Demokratie und Menschenrechten, wie es jenen vielen Menschen erscheint, die für diese Ideen kämpfen?

---

60  *G. W. F. Leibniz*, Elemente, S. 216: „Nimirum postquam victores orbis sumus, intra nos hostis superest".

## § 7 Der moralische Sinn und die Prinzipien der Humanität

| I. Theorien des moral sense ............ | 1 | 1. Skeptische Theorie des Geistes, moralisches Urteil und Emotion ............................... | 8 |
| 1. Prinzipien moralischer Selbstreflexion ........................... | 1 | | |
| 2. Kritische Einschätzungen ........ | 6 | 2. Kritische Einschätzungen ........ | 16 |
| II. Hume und die Kritik des moralischen Rationalismus ................ | 8 | | |

### I. Theorien des *moral sense*
### 1. Prinzipien moralischer Selbstreflexion

1 In der britischen Aufklärung wird eine neue Konzeption der Grundlagen des moralischen Urteils entwickelt: Die moralische Orientierung der Menschen wird auf einen spezifischen moralischen Sinn (*moral sense*) zurückgeführt. Dieser moralische Sinn ist aus der Sicht der Moral-Sense-Theoretiker ein spezifisches Reflexionsvermögen der Menschen, das bestimmt, was moralisch und unmoralisch sei.[1]

2 *Anthony Ashley-Cooper, third Earl of Shaftesbury* (1671–1713) formuliert diese Grundidee. Ausgangspunkt ist die Feststellung, dass die Fähigkeit der Menschen zur Reflexion über Handlungsmotive die Voraussetzung moralischen Handelns sei: Nur dann seien moralische Urteile möglich. Ein „sense of right and wrong" bewerte dabei Affekte und Handlungen nach ihren moralischen Qualitäten.[2] Die aus einer Handlung erwachsenden Vor- oder Nachteile seien für die moralische Bewertung irrelevant, die moralischen und nicht-moralischen Konsequenzen gehörten verschiedenen Sphären an.[3] Der Sinn für das moralisch Richtige und Falsche gehöre zur natürlichen Konstitution der Menschen. Es sei ein „first principle in our Constitution and Make".[4] Inhaltlich sei das moralische Urteil auf das Gemeinwohl ausgerichtet.[5] Unterschiedliche Moralauffassungen seien durch Erziehung, häufig im religiösen Rahmen, und Interessen, die die moralischen Antriebe verdrängten, zu erklären.[6]

3 *Joseph Butler* (1692–1752) entwickelt zunächst eine Kritik der These, dass alle menschlichen Motive notwendig in dem Sinne egoistisch seien, dass die Interessen anderer keine Berücksichtigung fänden. Die Eigenliebe setze primäre Affekte voraus, die sich direkt auf bestimmte Objekte bezögen, (z.B. Hunger auf Nahrung, Achtungsverlangen auf Respekt usw.). Die Gesamtheit dieser primären Affekte machten überhaupt erst das Selbst aus, dessen Wohlergehen von der Eigenliebe gefördert werden könne. Das Glück, das das Ziel der Eigenliebe bilde, bestehe in der Erfüllung der primären Bedürfnisse. Zu diesen Bedürfnissen gehöre aber eine uneigennützige Sorge für andere.[7] Dies sei eine Tatsache der menschlichen Natur und nicht durch Vernunftschlüsse zu

---

1 Man findet einen ähnlichen Rückgriff auf Prinzipien der menschlichen Natur auch bei *A. Smith*. Vgl. etwa *ders.*, The Theory of Moral Sentiments, 2000, S. 124 ff.
2 *A. Shaftesbury*, An Inquiry concerning Virtue in two Discourses, 1987, S. 67 ff.
3 *A. Shaftesbury*, An Inquiry concerning Virtue in two Discourses, S. 91, 211 ff.
4 *A. Shaftesbury*, An Inquiry concerning Virtue in two Discourses, S. 93; vgl. auch *ders.*, The Moralists. A Philosophical Rhapsody, 1987, S. 340.
5 *A. Shaftesbury*, An Inquiry concerning Virtue in two Discourses, S. 49 ff.
6 *A. Shaftesbury*, An Inquiry concerning Virtue in two Discourses, S. 87 ff.
7 *J. Butler*, Fifteen Sermons, in: *ders.*, The Works of Joseph Butler, Vol. II, 1896, S. 35 ff., 185 ff.

## § 7 Der moralische Sinn und die Prinzipien der Humanität

beweisen.[8] Die uneigennützige Sorge für andere ist für Butler mithin eine Realität und durch egoistische Nutzenkalküle nicht ableitbar. Auch Butler geht zudem von einem angeborenen moralischen Reflexionsvermögen aus: Für ihn ist das Gewissen zentral, das die höchste Instanz der moralischen Bewertung sei.[9]

*Francis Hutcheson* (1694–1746) sieht den moralischen Sinn in der Bestimmtheit der Menschen liegen, bei der Beobachtung moralischer Handlungen ein spezifisches Gefühl der Billigung zu empfinden.[10] Inhaltlich werde dieser besondere moralische Affekt durch Handlungen hervorgerufen, die das Wohlbefinden anderer steigerten, ohne am Nutzen der Handelnden ausgerichtet zu sein. Andere Tugenden wie Gerechtigkeit erwüchsen aus dieser altruistischen Haltung.[11] Die Menschen hätten eine natürliche Neigung zu fremdnützigem Verhalten, die durch den moralischen Sinn reflexiv moralisch gebilligt werde. Der moralische Sinn gehöre zur Natur der Menschen. Alle Menschen besäßen ihn in gleicher Weise.[12] Der Rückgriff auf ein moralisches Gefühl schließt für Hutcheson ethischen Universalismus nicht aus. Kulturelle Einflüsse erzeugten die moralischen Kategorien nicht, könnten aber dazu führen, den moralischen Sinn zu korrumpieren.[13] Moralische Entitäten seien keine objektiven Wesenheiten in der Welt, sondern reale, subjektive Sachverhalte, die die Wahrnehmung fremdnütziger Handlungen rationaler Akteure begleiteten.[14]

4

Die menschliche Vernunft könne dazu dienen, die Mittel zur Erreichung angestrebter Zwecke zu bestimmen und darüber aufklären, dass moralische Handlungen nicht im Gegensatz zum wohlverstandenen Eigeninteresse der Handelnden stünden. Sie diene auch dazu, über die Arbeit des moralischen Sinns selbstreflexiv aufzuklären.[15] Nicht die Vernunft, sondern allein der moralische Sinn bestimme aber das letzte menschliche Handlungsziel: das Wohlergehen anderer Menschen.[16] Hutcheson verneint keineswegs die Existenz selbstsüchtiger Antriebe der Menschen. Diese könnten auch durchaus gegenüber moralischen Antrieben das Übergewicht erlangen. Sie bildeten aber nicht den einzigen Handlungsgrund. Hutcheson räumt ein, dass Menschen so konstituiert sein könnten, dass sie nur aufgrund von selbstsüchtigen Kalkülen handelten. Er ist aber der Meinung, dass Menschen nicht so konstituiert seien, da Moral nicht auf ein selbstsüchtiges Kalkül reduziert werden könne. Deswegen sei eine Handlung nicht moralisch, wenn sie aus Berechnung oder unter Zwang erfolge.[17] Dies werde schnell deutlich, wenn man nur eines aufbringe: „a little attention to what passes in our hearts".[18] Hutcheson hält fest, dass ein moralischer Sinn ein merkwürdiges Vermögen sei. Aber dies gelte auch für andere Vermögen, z.B. die Beeinflussung des Körpers

5

---

8  *J. Butler*, Fifteen Sermons, S. 37.
9  *J. Butler*, Fifteen Sermons, S. 41, 59 ff.
10 *F. Hutcheson*, An Inquiry into the Original of Our Ideas of Beauty and Virtue: in two Treatises, 2nd ed., 1971, S. XIV ff., 115.
11 *F. Hutcheson*, An Inquiry into the Original of Our Ideas of Beauty and Virtue, S. 112, 137, 177.
12 *F. Hutcheson*, An Inquiry into the Original of Our Ideas of Beauty and Virtue, S. XVIII, 134, 196 ff., 270.
13 *F. Hutcheson*, An Inquiry into the Original of Our Ideas of Beauty and Virtue, S. 268.
14 *F. Hutcheson*, An Inquiry into the Original of Our Ideas of Beauty and Virtue, S. 117 ff.; ders., Illustrations on the Moral Sense, 1971, S. 164.
15 *F. Hutcheson*, Illustrations on the Moral Sense, S. 159 f.
16 *F. Hutcheson*, Illustrations on the Moral Sense, S. 123 ff.
17 *F. Hutcheson*, An Inquiry into the Original of Our Ideas of Beauty and Virtue, S. 119 ff.
18 *F. Hutcheson*, Illustrations on the Moral Sense, S. 106.

durch den Willen.[19] Der moralische Sinn habe auch rechtliche Konsequenzen: Das positive Recht könne moralische Gefühle verkörpern.[20]

### 2. Kritische Einschätzungen

6 Die *Moral-Sense-Theorien* bilden eine interessante und manchmal ideengeschichtlich unterschätzte Variante der praktischen Philosophie der Aufklärung. Sie betonen zu Recht die Realität moralischer Unterscheidungen auf einem reflexiven Niveau, das unmittelbare Handlungsmotivationen – auch fremdnützige – bewertet. Ihr Insistieren auf der Unableitbarkeit von Moral aus selbstsüchtigen Kalkülen berührt einen zentralen Aspekt des Inhalts des moralischen Urteils. Beachtenswert ist auch die empirische Orientierung, die Bereitschaft, Tatsachen der menschlichen Existenz zur Kenntnis zu nehmen, auch wenn sie herkömmlichen Vorstellungen widersprechen mögen.

7 Ein wichtiges Problem liegt aber im Fehlen einer genaueren Analyse der Struktur des moralischen Urteils, genauer: des Verhältnisses der moralischen Billigung, der Grundlagen dieses Urteils und seiner emotionalen Konsequenzen.

## II. Hume und die Kritik des moralischen Rationalismus
### 1. Skeptische Theorie des Geistes, moralisches Urteil und Emotion

8 *David Hume* (1711–1776) ist neben Locke der Hauptvertreter des klassischen philosophischen Empirismus. Er hat durch seine unerbittlich skeptische Haltung, die vor keiner Konsequenz seiner Gedanken, sei sie auch für das Alltagsverständnis noch so unverdaulich, zurückschreckt, viele Verdienste in der Theoriebildung über den menschlichen Geist erworben. Kant wurde durch Humes Kritik der herkömmlichen Vorstellungen zu den Strukturen des Geistes, zu Kausalität, Induktion, Freiheit oder dem Begriff des „Ichs" nach eigenem Bekunden aus seinem „dogmatischen Schlummer" geweckt[21] und hielt ihn in hohen Ehren.

9 Hume wird in der praktischen Philosophie bis heute vor allem durch seine Kritik der möglichen Vernünftigkeit moralischen Urteils rezipiert. Er begründet seine These, dass das moralische Urteil nicht Gegenstand von Vernunftschlüssen oder rationaler Urteilsbildung sei, mit drei zentralen Problemen:

10 Erstens das *Motivationsproblem*: Die Vernunft sei ein in Hinsicht auf das menschliche Begehren inaktives Prinzip, das keine Auswirkungen auf menschliche Gefühle habe, die Handlungen anregten oder verhinderten. Moral habe aber empirisch genau die Wirkung, zu Handlungen anzuregen oder sie zu verhindern. Moral könne deshalb kein Ausdruck der Vernunft sein.[22]

11 Zweitens das *Wahrheitsproblem*: Das moralische Urteil betreffe keine existierenden Tatsachen, weder objektive Relationen zwischen Gegenständen noch äußere Sachverhalte. Das moralische Urteil drücke vielmehr subjektive Haltungen des Bewertenden gegenüber dem Bewerteten aus, z.B. einer Handlung wie der Tötung eines Menschen: „Take any action allow'd to be vicious: Wilful murder, for instance. Examine it in all

---

[19] F. Hutcheson, An Inquiry into the Original of Our Ideas of Beauty and Virtue, S. 272.
[20] F. Hutcheson, An Inquiry into the Original of Our Ideas of Beauty and Virtue, S. 193.
[21] I. Kant, Prolegomena zu einer jeden künftigen Metaphysik, Akademie Ausgabe Bd. IV, 1911, S. 253 ff., 260.
[22] D. Hume, A Treatise of Human Nature, ed. by L. A. Selby-Bigge, 2nd ed., 1978, Book III, Part I, Section I.

## § 7 Der moralische Sinn und die Prinzipien der Humanität

lights, and see if you can find that matter of fact, or real existence, which you call *vice*. In which-ever way you take it, you find only certain passions, motives, volitions and thoughts. There is no other matter of fact in the case. The vice entirely escapes you, as long as you consider the object. You never find it, till you turn your reflexion into your own breast, and find a sentiment of disapprobation, which arises in you towards this action. Here is a matter of fact; but 'tis the object of feeling, not of reason. It lies in yourself, not in the object".[23]

Drittens der *Sein-Sollen-Fehlschluss*: Aus Aussagen über Fakten würden, ohne dass dies offengelegt und begründet werde, Gebote gewonnen. Beispiele für solche Fehlschlüsse sind z.B. „A ist der Mächtigste, deswegen *soll* ihm gehorcht werden"; „Gott ist das vollkommenste Wesen, deswegen *soll* seinem Willen gefolgt werden"; „zur menschlichen Natur gehört Geselligkeit, deswegen *soll* der Mensch gesellig leben"; „in der Natur überlebt der Stärkste, deswegen ist es *gerechtfertigt*, dass die Schwachen untergehen". Hume fasst das Problem in einer der am meisten zitierten Passagen der Philosophiegeschichte zusammen: „In every system of morality, which I have hitherto met with, I have always remark'd, that the author proceeds for some time in the ordinary way of reasoning, and establishes the being of God, or makes observations concerning human affairs; when of a sudden I am surpriz'd to find, that instead of the usual copulations of propositions, *is*, and *is not*, I meet with no proposition that is not connected with an *ought*, or an *ought not*. This change is imperceptible; but is, however, of the last consequence. For as this *ought*, or *ought not*, expresses some new relation or affirmation, ‚tis necessary that it shou'd be observ'd and explain'd; and at the same time that a reason should be given, for what seems altogether inconceivable, how this new relation can be a deduction from others, which are entirely different from it".[24]

Die *Rolle der Vernunft* liegt deswegen nach Hume nicht darin, das Gute und Gerechte objektiv zu bestimmen, sondern in einer anderen, instrumentellen Funktion. Vernunft und Rationalität sind aus seiner Sicht hilfreich erstens bei der Auszeichnung richtiger Objekte zur Befriedigung gefühlsmäßiger Neigungen. Der menschliche Verstand kann aus dieser Perspektive nicht bestimmen, ob man Pilze mag oder nicht, wohl aber

---

[23] D. Hume, A Treatise of Human Nature, Book III, Part I, Section I: „Nimm irgendeine Handlung, die für verwerflich gehalten wird: Absichtlicher Mord, zum Beispiel. Untersuche sie von allen Seiten und schau, ob du die Tatsache oder reale Existenz finden kannst, die du *Laster* nennst. Wie immer du die Sache betrachtest, du findest nur bestimmte Leidenschaften, Motive, Willensakte und Gedanken. Es gibt in diesem Fall keine anderen Tatsachen. Das Laster ist nicht zu greifen, so lange du den Gegenstand betrachtest. Du findest es so lange nicht, bis du dein Nachdenken auf das richtest, was in deiner eigenen Brust vorgeht und ein Gefühl der Ablehnung findest, das in dir gegenüber der Handlung entsteht. Hier ist eine Tatsache, aber sie ist das Objekt des Gefühls, nicht der Vernunft. Es liegt in dir selbst, nicht im Objekt" (Herv. i. Org.).
[24] D. Hume, A Treatise of Human Nature, Book III, Part I, Sect. I: „In jedem System der Moral, dem ich bisher begegnet bin, habe ich durchgehend bemerkt, dass der Autor eine zeitlang in gewöhnlicher Weise Gedanken entwickelt und das Sein Gottes begründet oder Beobachtungen in Bezug auf die menschlichen Verhältnisse macht. Auf ein Mal aber stelle ich zu meiner Überraschung fest, dass ich anstatt der gewöhnlichen Verbindungen von Propositionen, *ist* oder *ist nicht*, keine Proposition vorfinde, die nicht mit einem *soll* oder *soll nicht* verbunden wird. Dieser Wechsel ist unsichtbar, besitzt aber entscheidende Folgen. Da dies *soll* oder *soll nicht* eine neue Beziehung oder Behauptung ausdrückt, ist es notwendig, dass dies bemerkt und erklärt wird und gleichzeitig sollte ein Grund dafür gegeben werden, was ganz und gar unvorstellbar erscheint, wie diese Beziehung eine Ableitung von anderen sein kann, die gänzlich von ihr unterschieden sind" (Herv. i. Org.).

einen Pilzfreund belehren, dass Fliegenpilze giftig sind. Zweitens kann der menschliche Verstand die richtigen Mittel zur Erreichung dieser richtig bestimmten Objekte zur Befriedigung von Begehren benennen – z.B. durch Vermittlung der Erfahrung, dass man, um die schmackhaftesten Steinpilze zu finden, im Sommer am besten nach Schweden fährt. Entsprechend kann die Vernunft instrumental bei der Umsetzung moralischer Überzeugungen von Bedeutung sein, ohne selbst zu sagen, was gut und gerecht ist.

14 Hume geht davon aus, dass die Moral deswegen andere Wurzeln habe. Durch das Einfühlungsvermögen würden individuelle Genuss- und Leiderfahrungen auf andere Menschen erstreckt und so moralische Tugenden gebildet.[25] Gerechtigkeit sei eine künstliche Tugend zum Wohle der Menschen.[26]

15 Humes praktische Philosophie in ihrer späteren Fassung setzt andere Schwerpunkte, wohl unter dem Einfluss der *Moral-Sense-Theorien*. In Humes Theorie ist nunmehr „some internal sense or feeling, which nature has made universal to the whole species"[27] die Grundlage der Moral. Die moralischen Gefühle richteten sich auf das Wohlergehen anderer und seien Ausdruck der Prinzipien der Humanität (*principles of humanity*).[28]

### 2. Kritische Einschätzungen

16 Humes Beobachtung trifft zu, dass ein theoretisches Urteil nicht unmittelbar selbst zum Handeln motiviert. Eine Aussage wie „Der Mond ist kleiner als die Erde" hat keinen unmittelbaren Einfluss auf die Handlungsmotivation von Menschen. Das heißt nun aber nicht, dass ein moralisches Urteil sich nicht gerade in dieser Eigenschaft von einem theoretischen Urteil unterscheiden könnte. Hume hat deshalb recht, wenn er die rationalistischen Ethiken seiner Zeit kritisiert, die den Zusammenhang von moralischem Urteil und menschlichem Wollen nicht spezifizieren. Er liefert aber kein Argument dafür, dass es prinzipiell ausgeschlossen ist, dass ein moralischer Urteilsakt sich auf die Handlungsmotivation von Menschen auswirkt – neben Gefühlen und womöglich noch anderen Einflüssen.[29]

17 Auch das Argument der mangelnden Wahrheitsfähigkeit von moralischen Urteilen reicht weniger weit als es erscheinen mag. Humes ontologische Aussage, dass in einem zu bewertenden Gegenstand selbst keine moralischen Qualitäten zu entdecken seien, bildet ein starkes Argument gegen moralischen Realismus, der die entgegengesetzte These vertritt. Das heißt aber noch keineswegs, dass die moralische Bewertung in einem bloßen Gefühl bestünde – womit sich auch die Frage nach ihrer Rationalität oder auch Vernünftigkeit in neuer Weise stellt.

18 Die Nichtableitbarkeit von Sollen aus Sein wird bis heute in der Theorie immer wieder in Frage gestellt, bildet aber eine sachliche Grundunterscheidung, ohne die eine differenzierte Theorie von Moral und Recht nicht entworfen werden kann.

---

25 *D. Hume*, A Treatise of Human Nature, Book III, Part III, Section I.
26 *D. Hume*, A Treatise of Human Nature, Book III, Part II, Section I.
27 *D. Hume*, An Enquiry concerning the Principles of Morals, in: *ders.*, Enquiries, ed. by L. A. Selby-Bigge, 3rd ed., 1975, Section I: „einen inneren Sinn oder ein Gefühl, den die Natur der Gattung allgemein verliehen hat".
28 *D. Hume*, An Enquiry concerning the Principles of Morals, Section V, Part II.
29 Vgl. *J. Rawls*, Lectures on the History of Moral Philosophy, 2000, S. 80 f.

## § 7 Der moralische Sinn und die Prinzipien der Humanität

Durch die „Prinzipien der Humanität", die auf eine moralische Konstitution der Menschen zurückgeführt werden, erneuert Hume die Frage, die auch die Moral-Sense-Theoretiker gestellt haben und die die Aufklärungsphilosophie weiter beschäftigt: In welcher Weise und warum gehört die Moral zur Eigenart der menschlichen Existenz?

## § 8 Freiheit und die Not der Minderheit – Moses Mendelssohn und die Rechtsphilosophie der Aufklärung

I. Rechas besserer Vater ............... 1  III. Gründe der Toleranz ............... 15
II. Recht und Selbstbestimmung ........ 4  IV. Kritische Einschätzungen ........... 23

### I. Rechas besserer Vater

1 Kant hat gegen ihn verloren: *Moses Mendelssohn* (1729–1786) gewann den Preis der Königlichen Academie der Wissenschaften für das Jahr 1763 mit seiner *Abhandlung über die Evidenz in den metaphysischen Wissenschaften*.[1] Kant wurde Zweiter. Während langer Zeit war Mendelssohn der berühmtere der beiden, bis allmählich die Wirkung der Kantischen kritischen Philosophie einsetzte. Mendelssohns Ruhm war durch ein breites Werk erarbeitet worden, etwa zur rationalen Psychologie und Theologie,[2] Metaphysik[3] oder Ästhetik.[4] Er kämpfte zudem an philosophischen, politischen und gesellschaftlichen Fronten unter erheblichen persönlichen Opfern für die Anerkennung des Judentums. Als Inspiration für Nathan im Stück seines engen Freundes Lessing ist ein im Drama verdichtetes Bild seiner Person bis heute vielgespielt in der ästhetischen Imagination präsent: Der geliebte Ziehvater des von ihm aufgenommenen Christenkindes Recha.

2 Mendelssohn hat wichtige Beiträge zur Rechtsphilosophie der Aufklärung formuliert. Sein Werk macht zudem die existentielle Lage der Juden im 18. Jahrhundert deutlich, nicht zuletzt die Not, die eine selbstgerechte und oftmals feindliche Mehrheitskultur für Angehörige einer Minderheit erzeugen kann. Die Auseinandersetzung mit seinen Überlegungen schützt auch davor, die blinden Flecken verschiedener Vertreter aufklärerischer Ansätze zu übersehen, was gerade die die jüdische Religion und ihre Angehörigen mit wenig aufgeklärten Argumenten herabsetzende, auch antisemitische Elemente verschiedener Theorien einschließt.[5]

---

1 Vgl. zum Folgenden ausführlich *M. Mahlmann*, Recht der Toleranz – Mendelssohn und die Rechtsphilosophie der Aufklärung, in: U. Goldenbaum/S. Meder/M. Armgardt (Hrsg.), Moses Mendelssohns Rechtsphilosophie im Kontext, 2021, S. 371–393.
2 *M. Mendelssohn*, Phaedon oder über die Unsterblichkeit der Seele, in: Moses Mendelssohn, Gesammelte Schriften. Jubiläumsausgabe, Bd. 3,1, Schriften zur Philosophie und Ästhetik III,1, Bearbeitet von F. Bamberger und L. Strauss, 1972, S. 5–128.
3 *Ders.*, Abhandlung über die Evidenz in Metaphysischen Wissenschaften, in: Moses Mendelssohn, Gesammelte Schriften. Jubiläumsausgabe, Bd. 2, Schriften zur Philosophie und Ästhetik II, Bearbeitet von F. Bamberger und L. Strauss, 1972, S. 267–330; *ders.*, Morgenstunden oder Vorlesungen über das Daseyn Gottes, in: Moses Mendelssohn, Gesammelte Schriften. Jubiläumsausgabe, Bd. 3,2, Schriften zur Philosophie und Ästhetik III,2, Bearbeitet von L. Strauss, 1974, S. 1–175.
4 Vgl. z.B. *ders.*, Über die Empfindungen, in: Moses Mendelssohn, Gesammelte Schriften. Jubiläumsausgabe, Bd. 1, Schriften zur Philosophie und Ästhetik I, Bearbeitet von F. Bamberger, 1971, S. 233–334; *ders.*, Rhapsodie, oder Zusätze zu den Briefen über die Empfindungen, in: Moses Mendelssohn, Gesammelte Schriften. Jubiläumsausgabe, Bd. 1, Schriften zur Philosophie und Ästhetik I, Bearbeitet von F. Bamberger, 1971, S. 381–424; *ders.*, Ueber das Erhabene und Naive in den schönen Wissenschaften, in: Moses Mendelssohn, Gesammelte Schriften. Jubiläumsausgabe, Bd. 1, Schriften zur Philosophie und Ästhetik I, Bearbeitet von F. Bamberger, 1971, S. 453–494.
5 Vgl. z.B. *U. Goldenbaum*, Universal oder plural? Zum scheinbaren Gegensatz von Lessing und Mendelssohn über die Erziehung des Menschengeschlechts, in: S. Braese/M. Fick (Hrsg.), Lessing Yearbook/Jahrbuch XXXIX 2010/2011. Lessing und die jüdische Aufklärung, 2012, S. 241–260, insbesondere zur Idee, nur die christliche sei eine zur rein moralischen läuterbare Religion; dazu auch *L. Hochman*, Mendelssohn and Kant: Ethics and Aesthetics, in: M. Zank/I. Anderson (Hrsg.), The Value of the Particular: Lessons from Judaism and the Modern Jewish Experience. Festschrift for Steven T. Katz on the Occasion of His Seventieth Birthday, 2015,

## § 8 Freiheit und die Not der Minderheit - Mendelssohn

Mendelssohn hat einen klaren Sinn für die politische Bedeutung von Aufklärung: „Bildung, Kultur und Aufklärung sind Modifikationen des geselligen Lebens; Wirkungen des Fleißes und der Bemühungen der Menschen ihren geselligen Zustand zu verbessern."[6] Er unterhielt auch keine falschen Vorstellungen darüber, wohin die politisch einmal entfesselte Verachtung von Vernunftmaßstäben politische Massen leiten kann: „Eine Nation, die durch Bildung auf den höchsten Gipfel der Nationalglückseligkeit gekommen, ist eben dadurch in Gefahr zu stürzen, weil sie nicht höher steigen kann",[7] hält Mendelssohn warnend fest. Aus dieser skeptischen Einschätzung kann man jedenfalls so viel lernen, dass in jedem Gesellschaftszustand, auch dem gesichert scheinenden und tief legitimierten, die Rückkehr von Wahn und Grausamkeit mit allen ihren politischen Folgen möglich bleibt. Mendelssohns nachgeborene Glaubensgeschwister haben es bis zur letzten Neige des Schrecklichen erlebt. Aus diesen Blickwinkeln auf die Aufklärungsepoche und was dann folgte gewinnt man erst die richtigen Maßstäbe, um Mendelssohns Gedanken angemessen zu würdigen,[8] nicht zuletzt, weil ihre Humanität ihre Selbstverständlichkeit verliert.[9]

---

S. 122–137; zur These, dass „hermeneutische Konkurrenz um die Bibel" (und der Unwiderlegbarkeit der jüdischen Interpretation) die Quelle christlicher, auch aufklärerisch-christlicher Judenfeindschaft gewesen sei, *N. Mecklenburg*, Fingerzeige zur Erklärung christlicher Judenfeindschaft: Christen und Juden im Lichte von Lessings letzten theologiekritischen Arbeiten, in: S. Braese/M. Fick (Hrsg.), Lessing Yearbook/Jahrbuch XXXIX 2010/2011. Lessing und die jüdische Aufklärung, 2012, S. 263–281, 271.

6 *M. Mendelssohn*, Ueber die Frage: was heißt aufklären?, in: Moses Mendelssohn, Gesammelte Schriften. Jubiläumsausgabe, Bd. 6,1, Kleinere Schriften I, Bearbeitet von A. Altmann, 1981, S. 113–119, 115. Zu Mendelssohns Aufklärungsbegriff, *N. Hinske*, Mendelssohns Beantwortung der Frage: Was ist Aufklärung? Oder über die Aktualität Mendelssohns, in: ders. (Hrsg.), Ich handle mit Vernunft. Moses Mendelssohn und die europäische Aufklärung, 1981, S. 85–118. Zu einer Diskussion von Mendelssohns und Kants Aufklärungsbegriff im Zusammenhang mit Mendelssohns „Jerusalem", *J. C. McQuillan*, Oaths, Promises, and Compulsory Duties: Kant's Response to Mendelssohn's Jerusalem, Journal of the History of Ideas 75 (2014), S. 581–604.

7 *M. Mendelssohn*, Ueber die Frage: was heißt aufklären? (Jubiläumsausgabe), S. 118–119.

8 In der Diskussion um Mendelssohns Werk bildet seine Rolle für die Entwicklung des Judentums einen wichtigen Gegenstand, insbesondere, inwieweit Mendelssohn dessen religiöse Integrität womöglich geschwächt habe: „Hat er die Juden wirklich mit Haut und Haaren einem Heidentum ausgeliefert, das sich als Moderne herausputzt? Oder war er vielmehr der Spiegel dieser Moderne, derjenige, der immer wieder zeigte, daß sich das Judentum – was intellektuellen Scharfsinn und Toleranz angeht – von niemandem belehren lassen muß?" fasst *D. Bourel*, Moses Mendelssohn. Begründer des modernen Judentums, 2007, S. 577 die Diskussion Judentum und Aufklärung zusammen. Vgl. auch ebd., S. 10 ff., 563 ff. *D. Sorkin*, Moses Mendelssohn and the Religious Enlightenment, 1996, S. 148: „He was the preeminent *maskil*, but contemporary and later observers tended to confuse the Haskalah with the processes of embourgeoisement and assimilation which the Jews in central and western Europe subsequently experienced. The disappearance of the religious Enlightenment and the misinterpretation of the Haskalah meant the anchors of Mendelssohn's thought were lost, allowing the legend and symbol to float rudderless through history". Zwei Gesichter Mendelssohns waren die Folge: „the symbol of the fusion of Judaism with modern culture" und „the symbol and false prophet of assimilation", eine Herabstufung, die einherging „with the rise of postliberal ideologies. Since these ideologies repudiated emancipation, they also rejected Mendelssohn as its most visible symbol", ebd., S. 149 ff., 151 ff. Auch die Stellungnahme zu diesen Debatten hängt von der Beantwortung der Frage ab, wie man den Erkenntnisgehalt der Aufklärungsphilosophie einschätzt.

9 Vgl. *S. Feiner*, Moses Mendelssohn. Sage of Modernity, 2010, S. 215 hält zum „sober Jewish humanist" Mendelssohn fest: „His thought marks the beginning of a liberal Jewish philosophy seeking to promote such values as the love of man, religious tolerance, and a multicultural society that interprets Judaism according to rationalistic and moral criteria. But above all Mendelssohn's importance lies in his not having been a naïve representative of an Enlightenment that assumes a vital historical process culminating in triumph of reason progress, and the happiness of humankind. Even as he embraced dreams of opportunities presented by modernity, he feared that Enlightenment might fail – a fear fed by his experiences as a Jew."

## II. Recht und Selbstbestimmung

4 Ein zentrales Element eines Rechtssystems bilden subjektive Rechte von Menschen. Der Umgang mit subjektiven Rechten, ihrer Struktur und ihrem Gehalt ist deshalb ein Schlüssel zum Verständnis des Gehalts rechtsphilosophischer Theoriebildungen. Moses Mendelssohn definiert in seiner Entwicklung der „ersten Grundsätze des Naturrechts"[10] subjektive Rechte folgendermaßen:

5 „Die *Befugniß* (das sittliche Vermögen), sich eines Dinges als Mittel zu seiner Glückseligkeit zu bedienen, heißt ein *Recht*. Das Vermögen aber heißt sittlich, wenn es mit den Gesetzen der Weisheit und Güte bestehen kann, und die Dinge, die als Mittel zur Glückseligkeit dienen können, werden *Güter* genannt. Der Mensch hat also ein Recht auf gewisse Güter oder Mittel zur Glückseligkeit, in so weit solches den Gesetzen der Weisheit und Güte nicht widerspricht. Was nach den Gesetzen der Weisheit und Güte geschehn muß, oder dessen Gegentheil den Gesetzen der Weisheit oder der Güte widersprechen würde: heißt *sittlich nothwendig*. Die sittliche Nothwendigkeit (Schuldigkeit) etwas zu tun, oder zu unterlassen, ist eine *Pflicht*. Die Gesetze der Weisheit und Güte können sich nicht einander widersprechen. Wenn ich also ein Recht habe etwas zu thun; so kann mein Nebenmensch kein Recht haben, mich daran zu verhindern; sonst wäre eben dieselbe Handlung zu einerley Zeit sittlich möglich und sittlich unmöglich. Einem jeden Rechte entspricht also eine Pflicht; dem Rechte zu thun entspricht die Pflicht zu leiden; dem Rechte zu fordern die Pflicht zu leisten, usw. Weisheit mit Güte verbunden heißt *Gerechtigkeit*."[11]

6 Mit diesen Aussagen wird ein anspruchsvolles Programm der Analyse und Begründung subjektiver Rechte formuliert. Subjektive Rechte werden von Machtpositionen, normative Befugnisse von physischen Durchsetzungsmöglichkeiten in der Kritik Mendelssohns an Hobbes abgegrenzt.[12] Sie werden analytisch auf Grundkategorien zurückgeführt, die – wie andere Analysen in der Naturrechts- und Vernunftrechtstradition – die Erkenntnisse moderner analytischer Theorie antizipieren, etwa durch Auszeichnung der notwendigen Korrelation von Rechten und Pflichten.[13] Subjektive Rechte werden an eine Gütertheorie der philosophischen Anthropologie gebunden. Die Schutzgüter dieser Rechte sind auf menschliches Wohlergehen bezogen.[14]

7 Alle Menschen hätten einen Anspruch auf diese Mittel, ein gelungenes Leben zu führen – eine egalitäre Perspektive, die Mendelssohn religiös absichert, denn nach

---

10 M. *Mendelssohn*, Jerusalem oder über religiöse Macht und Judentum, in: Moses Mendelssohn, Jerusalem oder über religiöse Macht und Judentum. Mit dem Vorwort zu Menasse ben Israels Rettung der Juden und dem Entwurf zu Jerusalem sowie einer Einleitung, Anmerkungen und Register hrsg. v. Michael Albrecht, Felix Meiner Verlag, 2005, S. 31–142, S. 45; *ders.*, Jerusalem oder über religiöse Macht und Judentum, in: Moses Mendelssohn, Gesammelte Schriften. Jubiläumsausgabe, Bd. 8, Schriften zum Judentum II, Bearbeitet von *A. Altmann*, 1983, S. 99–204, 114.
11 *Ders.*, Jerusalem (Meiner-Ausgabe), S. 46; *ders.*, Jerusalem (Jubiläumsausgabe), S. 114–115.
12 *Ders.*, Jerusalem (Meiner-Ausgabe), S. 36 ff.; *ders.*, Jerusalem (Jubiläumsausgabe), S. 105 ff.
13 Vgl. z.B. die Korrelationsbegriffe Recht/Pflicht von *W. Newcomb Hohfeld* in: D. Campbell/P. Thomas (Hrsg.), Fundamental Legal Conceptions as Applied in Judicial Reasoning by Wesley Newcomb Hohfeld, 2001, s. u. § 31.
14 M. *Mendelssohn*, Jerusalem (Meiner-Ausgabe), S. 48; *ders.*, Jerusalem (Jubiläumsausgabe), S. 116.

# § 8 Freiheit und die Not der Minderheit - Mendelssohn

„den Begriffen des wahren Judentums sind alle Bewohner der Erde zur Glückseligkeit berufen".[15]

Der Gehalt der subjektiven Rechte wird unter normativen Gesetzen der „Weisheit und Güte" gedacht und näher bestimmt, deren Inbegriff Gerechtigkeit bilde. Die gebotene Gleichheit von Rechten durch Universalisierung von Rechtspositionen unter verbindlichen Gerechtigkeitsprinzipien verankert die Gleichwertigkeit von Menschen in der Theorie der Rechte. Subjektive Rechte werden dabei zunächst naturrechtlich, man könnte wohl auch sagen: moralisch gedacht. Sie sind ursprüngliche Kategorien des Naturrechts, keine Derivate des objektiven positiven Rechts. Dies bedeutet eine Stärkung der moralischen Status von Menschen, die bereits ethisch, nicht erst durch eine politische Entscheidung aufgrund von positivem Recht, Rechtsträger sind.

Zielpunkt ist nicht der Schutz einer überindividuellen religiösen Heils- oder metaphysisch perfektionistischen Zweckordnung ohne Rücksicht auf das Wohlergehen von Einzelnen, sondern die Sicherung der „Mittel zur Glückseligkeit" für jeden Menschen. Rechte werden damit inhaltlich an die Bedürfnisse, die Interessen und das Wohlergehen von Menschen geknüpft.

Einer klassischen Annahme des Naturrechts folgend, unterscheidet Mendelssohn zwischen *vollkommenen* und *unvollkommenen* Pflichten und Rechten. Die vollkommen Pflichten seien unmittelbar gebietend, die vollkommen Rechte unmittelbar ermächtigend. Bei den unvollkommenen Rechten dagegen sei die Entscheidungsmacht des Pflichtträgers von entscheidender Bedeutung.[16]

Die vollkommenen Rechte bezögen sich auf Unterlassungspflichten anderer, es seien also vollkommene negative Rechte. Sie könnten durch äußeren Zwang durchgesetzt werden. Sie existierten bereits im Naturzustand, seien also nicht abhängig von existierenden Institutionen oder von positivem Recht.[17] Die vollkommenen Rechte und Pflichten seien zwar bereits im Naturrecht verankert, legten aber die Etablierung von Durchsetzungsmechanismen nahe, verwiesen also auf eine positive Rechtsordnung, die diese Aufgabe erfülle. Die unvollkommenen Rechte dagegen seien diejenigen, die sich aus mitmenschlichen Solidaritätspflichten ergäben, also Leistungsrechte in moderner Terminologie, die aber nur insoweit bestünden, als der Pflichtträger eine Entscheidung dazu treffe, in welcher Weise er auf die Interessen anderer eingehen wolle. Sie verpflichteten unter einem Autonomievorbehalt zugunsten der Rechtsadressaten. Grundsätzlich besteht aus Mendelssohns Sicht ein Recht auf mitmenschliche Solidarität.[18] Materieller Überschuss müsse in die eigene moralische Vervollkommnung investiert werden, indem man anderen Bedürftigen beistehe. Das sei keine bittere Pille, die die Moral zu schlucken auferlege, sondern, im Gegenteil, ein Schlüssel zu einem gelingenden Leben.[19]

---

15  Ders., Jerusalem (Meiner-Ausgabe), S. 95; ders., Jerusalem (Jubiläumsausgabe), S. 161.
16  Ders., Jerusalem (Meiner-Ausgabe), S. 47; ders., Jerusalem (Jubiläumsausgabe), S. 115.
17  Ders., Jerusalem (Meiner-Ausgabe), S. 49; ders., Jerusalem (Jubiläumsausgabe), S. 117. Vgl. zur Distanz dieser Rechtskonzeption zu positivistischen Rechtsannahmen z.B. C.-F. Berghahn, Moses Mendelssohns „Jerusalem". Ein Beitrag zur Geschichte der Menschenrechte und der pluralistischen Gesellschaft in der deutschen Aufklärung, 2001, S. 234–235.
18  Ders., Jerusalem (Meiner-Ausgabe), S. 47–48; ders., Jerusalem (Jubiläumsausgabe), S. 116.
19  Ders., Jerusalem (Meiner-Ausgabe), S. 42 (Herv. i. Org.); ders., Jerusalem (Jubiläumsausgabe), S. 111.

12 Diese Freiheitsorientierung wird an solchen Regelungen wie den Rechtsverhältnissen zwischen Eltern und Kindern oder in der Ehe weiter ausformuliert. Sie bildet auch die Grundlage von Mendelssohns Vertragstheorie. Mendelssohn hält in seiner Kritik an Hobbes fest, dass Verträge eine naturrechtliche Wurzel haben müssten, da die Verpflichtung, Verträge einzuhalten, nicht selbst aus Verträgen ohne Regress hergeleitet werden könne. Diese Erkenntnis verweist auf die uneingestandenen normativen Voraussetzungen der Hobbes'schen Vertragstheorie.[20]

13 Auf diesen Ideen aufbauend wird die Staatsgründung normativ abgesichert, die auf Vertragsschlüssen und damit gerade der Bewahrung menschlicher Freiheit durch eigenständiges Entscheiden beruhe.[21] Ziel sei eine Freiheitsordnung, in der nicht nur die „fürchterliche Ruhe" der Despotie herrsche.[22] Eine solche Freiheitsordnung sei kein einfaches Gebilde, anders als ein autoritäres System: „Der Despotismus hat den Vorzug, daß er bündig ist."[23]

14 Der Staat setze die Moral und das Naturrecht durch äußeren Zwang durch, ohne anderes als äußere Konformität mit den Gesetzen zu fordern. Recht und Moral seien getrennt:[24] Der epistemische Ursprungsort dieser Überlegungen ist die Vernunft, ihr Fundament sind Gründe.[25] Das Recht des Hinterfragens von Grundsätzen wird selbstbewusst verteidigt,[26] sogar gegenüber Gott.[27] Die rechtsphilosophischen Erwägungen sind dabei in eine skeptische Geschichtsphilosophie eingebettet, in der Fortschritt für Individuen möglich sei, das Menschengeschlecht aber sich keineswegs zum Besseren entwickele wie sein Freund Lessing annahm.[28]

### III. Gründe der Toleranz

15 Aus Mendelssohns Sicht bestehen alle moralischen Pflichten in letzter Instanz gegenüber Gott.[29] Religion und Moralphilosophie gingen deswegen ineinander über und führten am Ende zu den gleichen Prinzipien. In Angesicht dieses Ausgangspunktes verwundert es nicht, dass Mendelssohn verneint, dass Atheisten tatsächlich eine moralische Orientierung gewinnen könnten. Ohne Gott sei Ethik eine Spielerei.[30]

16 Toleranz könne nicht aus der Orientierung des Staates an dem innerweltlichen Wohlergehen der Bürgerinnen und Bürger gewonnen werden, der religiösen Fragen deswegen neutral gegenüberstehe. Eine solche Trennung von weltlichem und religiösem Heil sei

---

20 *Ders.*, Jerusalem (Meiner-Ausgabe), S. 36; *ders.*, Jerusalem (Jubiläumsausgabe), S. 106. Ähnliches gilt für die religiösen Bindungen von Herrschern: „Allein eben diese Furcht vor der Allmacht, welche die Könige und Fürsten an gewisse Pflichten gegen ihre Untertanen binden soll, kann doch auch im Stande der Natur für jeden einzelnen Menschen eine Quelle der Obliegenheiten werden, und so hätten wir abermals ein solennes Recht der Natur, das Hobbes doch nicht zugeben will. – Auf solche Weise kann sich in unsern Tagen jeder Schüler des Naturrechts einen Triumph über Thomas Hobbes erwerben, den er im Grunde doch ihm zu verdanken hat."
21 *Ders.*, Jerusalem (Meiner-Ausgabe), S. 57; *ders.*, Jerusalem (Jubiläumsausgabe), S. 125.
22 *Ders.*, Jerusalem (Meiner-Ausgabe), S. 34; *ders.*, Jerusalem (Jubiläumsausgabe), S. 104.
23 *Ders.*, Jerusalem (Meiner-Ausgabe), S. 33; *ders.*, Jerusalem (Jubiläumsausgabe), S. 103.
24 *Ders.*, Jerusalem (Meiner-Ausgabe), S. 44; *ders.*, Jerusalem (Jubiläumsausgabe), S. 113.
25 *Ders.*, Jerusalem (Meiner-Ausgabe), S. 77; *ders.*, Jerusalem (Jubiläumsausgabe), S. 145.
26 *Ders.*, Jerusalem (Meiner-Ausgabe), S. 81; *ders.*, Jerusalem (Jubiläumsausgabe), S. 148–149.
27 *Ders.*, Jerusalem (Meiner-Ausgabe)' S. 86; *ders.*, Jerusalem (Jubiläumsausgabe), S. 153.
28 *Ders.*, Jerusalem (Meiner-Ausgabe), S. 96 ff.; *ders.*, Jerusalem (Jubiläumsausgabe), S. 162 ff.
29 *Ders.*, Jerusalem (Meiner-Ausgabe), S. 59–60; *ders.*, Jerusalem (Jubiläumsausgabe), S. 127.
30 *Ders.*, Jerusalem (Meiner-Ausgabe), S. 65; *ders.*, Jerusalem (Jubiläumsausgabe), S. 131.

## § 8 Freiheit und die Not der Minderheit - Mendelssohn

nicht nur künstlich,[31] sondern auch lebensfeindlich: „So mancher getraut sich nicht, die gegenwärtigen Wohltaten der Vorsehung zu genießen, aus Besorgnis eben so viel von denselben dort zu verlieren, und mancher ist ein schlechter Bürger auf Erden geworden, in Hoffnung dadurch ein desto besserer im Himmel zu werden."[32]

Aus diesen Prinzipien folge, dass die staatliche Ordnung befugt sei, Menschen zur Einhaltung von moralischen Prinzipien zu zwingen, nicht aber zu bestimmten Gesinnungen. Auch religiöse Institutionen könnten kein Recht auf Glaubenszwang haben, weil die Natur des Glaubens als höchstpersönlicher Akt einem solchen Recht widerspreche:[33] „Das Andachtshaus der Vernunft bedarf keiner verschlossenen Türen".[34] Die Religion sei auf andere Mittel verwiesen, nämlich die Überzeugungskraft der eigenen religiösen Argumente.[35] Mendelssohn appelliert deswegen eindringlich an die Menschen jüdischen Glaubens, von Unterdrückten nicht zu Unterdrückern zu werden; die Macht, unter der sie gelitten haben, nicht selbst genießen zu wollen.[36] Die Funktion der Kirche sei deshalb, die ethischen Grundlagen des Staates zu stärken.[37]

Mendelssohn führt als weitere Argumente, die für religiöse Freiheit sprechen, an, dass Glaubensfragen notorisch strittig seien und auch bei bestem Willen im Zwiegespräch von Freunden, wie er beispielhaft illustriert, nicht gelöst werden könnten.[38] Die sprachliche, gerade auch schriftliche Fassung von Glaubensinhalten sei zwar nötig, erzeuge aber auch Unklarheiten, insbesondere wenn auf eine andere Religion, als die eigene geblickt werde – symbolhafter Ausdruck werde dann schnell als obskurer Glaubensinhalt missverstanden.[39]

Toleranz hat damit bei Mendelssohn wie bei anderen Autoren eine epistemologische Wurzel. Was in spezifischer Weise durch epistemische Unsicherheit gekennzeichnet sei, eigne sich nicht, mit Gewalt und Zwang durchgesetzt zu werden. Mendelssohn schließt sich auch einer Tradition der Reflexion über die Gründe von Glaubensfreiheit an, die auf die Gemeinsamkeiten der Religionen pocht, die für Mendelssohn in letzter Instanz in dem Gebot der Nächstenliebe liegen.[40] Aufgrund seiner Annahmen zur Bedeutung von Glauben für die Begründung von Moral hält allerdings Mendelssohn

---

31 Ders., Jerusalem (Meiner-Ausgabe), S. 38; ders., Jerusalem (Jubiläumsausgabe), S. 107–108.
32 Ders., Jerusalem (Meiner-Ausgabe), S. 40; ders., Jerusalem (Jubiläumsausgabe), S. 109.
33 Ders., Jerusalem (Meiner-Ausgabe), S. 72, 59; ders., Jerusalem (Jubiläumsausgabe), S. 138, 126.
34 Ders., Menasse ben Israel: Rettung der Juden. Vorrede von Moses Mendelssohn, in: Moses Mendelssohn, Jerusalem oder über religiöse Macht und Judentum. Mit dem Vorwort zu Menasse ben Israels Rettung der Juden und dem Entwurf zu Jerusalem sowie einer Einleitung, Anmerkungen und Register hrsg. v. Michael Albrecht, Felix Meiner Verlag, 2005, S. 1–27, S. 23; ders., Menasse ben Israel: Rettung der Juden. Vorrede von Moses Mendelssohn, in: Moses Mendelssohn, Gesammelte Schriften. Jubiläumsausgabe, Bd. 8, Schriften zum Judentum II, Bearbeitet von A. Altmann, 1983, S. 1–25, S. 21.
35 Ders., Jerusalem (Meiner-Ausgabe), S. 61; ders., Jerusalem (Jubiläumsausgabe), S. 128. Vgl. auch ders., Jerusalem (Meiner-Ausgabe), S. 74; ders., Jerusalem (Jubiläumsausgabe), S. 139–140. Dazu A. Altmann, Moses Mendelssohn. A Biographical Study, 1973, S. 531: „Here the concept of natural religion was stated with a fervor probably unmatched by any other work of the Enlightenment".
36 M. Mendelssohn, Vorrede (Meiner-Ausgabe), S. 27; ders., Vorrede (Jubiläumsausgabe), S. 25.
37 Ders., Jerusalem (Meiner-Ausgabe), S. 43; ders., Jerusalem (Jubiläumsausgabe), S. 112.
38 Ders., Jerusalem (Meiner-Ausgabe), S. 68; ders., Jerusalem (Jubiläumsausgabe), S. 134–135.
39 Ders., Jerusalem (Meiner-Ausgabe), S. 115; ders., Jerusalem (Jubiläumsausgabe), S. 179. Vgl. dazu M. Gottlieb, „Moses Mendelssohn's Metaphysical Defense of Religious Pluralism", in: ders., Faith, Reason, Politics. Essays on the History of Jewish Thought, 2013, S. 98 ff.
40 M. Mendelssohn, Jerusalem (Meiner-Ausgabe), S. 102–103; ders., Jerusalem (Jubiläumsausgabe), S. 168.

20 Atheisten nicht für Vertreter einer Gewissensorientierung, die respektiert werden müsste.[41] Der Staat könne aber nur indirekt auf die Veränderung atheistischer Einstellungen einwirken.[42] Das Judentum erscheint ihm – wie Kant das Christentum[43] – als Vernunftreligion, ihm allerdings gerade im Unterschied zum Christentum.[44]

20 Die religiösen Gesetze seien Erkenntnishilfen, die zu den eigentlich wichtigen Glaubensinhalten hinführten.[45] Sie müssten eingehalten werden – die Sanktion, die Mendelssohn für die Gegenwart nennt, bestehe aber in nichts als der, die sich derjenige, der die Gesetze gebrochen habe, selbst auferlege.[46]

21 In Worten, in denen das Leid der Unterdrückung der Juden schmerzhaft spürbar ist, unterstreicht Mendelssohn, dass die jüdischen Gesetze auch nicht aufgegeben werden dürften, wenn der Preis der weitere Ausschluss aus der bürgerlichen Gesellschaft sei.[47] Die Selbstbehauptung der jüdischen Glaubensgemeinschaft sei ein kategorischer Imperativ. Eine Vereinigung unter einer Einheitsreligion lehnt er ab.[48]

22 Der Fluchtpunkt der Toleranz seien die Rechte der Menschheit. Die Gleichstellung von Menschen jüdischen Glaubens vindiziere ihnen die Menschenrechte, die den Rahmen von Mendelssohns Überlegungen bilden.[49] Diese Rechte schaffen zudem Gründe für Hoffnung, weil sie eine Kultur des gegenseitigen Respekts verkörperten, die Misstrauen und Unterdrückung von Schwächeren ablöse.[50]

### IV. Kritische Einschätzungen

23 Manche dieser Weichenstellungen Mendelssohns werfen Fragen auf, im Großen der Epistemologie wie im theoretischen Detail. Als Beispiel für Letzteres kann etwa auf plausibel begründbare – in Mendelssohns Terminologie – vollkommene Solidaritätspflichten verwiesen werden. Diese existieren in der moralischen Sphäre, ebenso wie in der rechtlichen, wie grundrechtliche Garantien des Existenzminimums und ihr moralisches Äquivalent ebenso anschaulich illustrieren wie die vollkommenen Fürsorge-

---

41 Ders., Jerusalem (Meiner-Ausgabe), S. 64; ders., Jerusalem (Jubiläumsausgabe), S. 130–131.
42 Ders., Jerusalem (Meiner-Ausgabe), S. 64–65; ders., Jerusalem (Jubiläumsausgabe), S. 131–132.
43 I. Kant, Die Religion innerhalb der Grenzen der bloßen Vernunft, in: ders., Gesammelte Schriften, hrsg. v. der Königlich Preußischen Akademie der Wissenschaften, Bd. VI, 1913, S. 1–202.
44 M. Mendelssohn, Jerusalem (Meiner-Ausgabe), S. 90; ders., Jerusalem (Jubiläumsausgabe), S. 156–157.
45 Ders., Jerusalem (Meiner-Ausgabe), S. 98, 119, 128, 131ff.; ders., Jerusalem (Jubiläumsausgabe), S. 164, 183, 191, 194 ff. Ernst Cassirer sieht drei Weisen, das Verhältnis von Religion und Wahrheit zu bestimmen: Die erste, theologisch-dogmatische, erhebt die geschichtliche Offenbarung zum entscheidenden Gesichtspunkt. Die zweite Weise, die Mendelssohns, macht die Vernunft zur Schiedsrichterin über die Wahrheit der Glaubenssätze und unterstreicht gleichzeitig die Bedeutung der Religionsgesetze als geschichtlich verankerter Weg, Religion zu sein. Die dritte, Lessings, sieht die Geschichte als Ort ständiger Neugeburt der Wahrheit, auch der religiösen. Die beiden letzten weisen aus seiner Sicht in die Zukunft, auch des Judentums, ders., Die Idee der Religion bei Lessing und Mendelssohn, in: J. Guttmann (Hrsg.), Festgabe zum zehnjährigen Bestehen der Akademie für die Wissenschaft des Judentums. 1919–1929, 1929, S. 22–41, 28 ff.
46 M. Mendelssohn, Jerusalem (Meiner-Ausgabe), S. 132–133; ders., Jerusalem (Jubiläumsausgabe), S. 195–196.
47 Ders., Jerusalem (Meiner-Ausgabe), S. 135ff.; ders., Jerusalem (Jubiläumsausgabe), S. 198 ff.
48 Ders., Jerusalem (Meiner-Ausgabe), S. 138; ders., Jerusalem (Jubiläumsausgabe), S. 200.
49 Ders., Vorrede (Meiner-Ausgabe), S. 11; ders., Vorrede (Jubiläumsausgabe), S. 11; ders., Jerusalem (Meiner-Ausgabe), S. 63, 138; ders., Jerusalem (Jubiläumsausgabe), S. 129–130, 200.
50 Ders., Vorrede (Meiner-Ausgabe), S. 3; ders., Vorrede (Jubiläumsausgabe), S. 3.

pflichten gegenüber Kindern.[51] Dass schließlich auch Atheisten moralische Prinzipien bilden können, ist ebenso selbstverständlich geworden, wie ihr Einbezug in moralische Überlegungen zur Glaubensfreiheit und ihre rechtliche Absicherung. Die Ethik und Legitimationstheorie des Rechts hat sich zudem begründungstheoretisch von der Religion emanzipiert. Die rechtfertigungstheoretische Autarkie moralischer Prinzipien ist nicht erst seit Kant zum Programm erhoben worden.[52] Grotius' Überlegungen zur innerweltlichen Rechtsbegründung liefern dafür ein berühmtes Beispiel.

Insgesamt illustrieren Mendelssohns Überlegungen eindrucksvoll die analytische Differenziertheit der naturrechtlichen Theorie der subjektiven Rechte und gerade auch der Menschenrechte. Sie orientieren sich an Freiheit und Selbstbestimmung: Die Gewissensfreiheit ist für Mendelssohn „das edelste Kleinod der menschlichen Glückseligkeit".[53]

Die Autonomie von Menschen verschafft ihnen Rechte, aber nur im Einklang mit den Rechten anderer Menschen, deren gleicher Eigenwert damit geachtet wird. Solidarität mit ihnen ist ein wichtiger Teil eines erfüllten Lebens. Die Gesellschaftsvertragstheorie – wie andere ihrer Art – denkt auch die Legitimation des Staates vom freien Individuum her. Seine Toleranztheorie bildet in ihrem humanen Kern ein Versprechen, dessen Einlösung bis heute aussteht.

---

51 Vgl. z.B. Art. 12 BV oder die Ableitung der Garantie des Existenzminimums aus der Menschenwürde, Art. 1 Abs. 1 GG durch das deutsche Bundesverfassungsgericht, 19. Oktober 2022, 1 BvL 3/21.
52 Vgl. *I. Kant*, Die Religion innerhalb der Grenzen der bloßen Vernunft, S. 1; vgl. o. § 4.
53 *M. Mendelssohn*, Jerusalem (Meiner-Ausgabe), S. 33; *ders.*, Jerusalem (Jubiläumsausgabe), S. 103.

## § 9 Menschliche Würde und praktische Vernunft – Kant

I. Aufgeklärter Absolutismus und das Zeitalter der bürgerlichen Revolutionen .................................. 1
II. Die Aufgabe der Vernunftkritik ..... 6
III. Die Moral des kategorischen Imperativs .................................. 11
IV. Das Recht der Selbstzweckhaftigkeit .................................. 16
V. Kritische Einschätzungen ............ 23

### I. Aufgeklärter Absolutismus und das Zeitalter der bürgerlichen Revolutionen

1 Mit *Immanuel Kant* (1724–1804) wird ein weiterer Höhepunkt der Philosophiegeschichte erreicht. In Kants Lebenszeit vollzieht sich der Aufstieg Preußens zur europäischen Großmacht. 1713–1740 regiert König *Friedrich Wilhelm I.* (1688–1740, der sog. Soldatenkönig), der Vater von *Friedrich II.*, genannt der Große (1712–1786). Letzterer prägt das Bild Preußens bis heute. In seine Regierungszeit fallen kriegerische Expansionsversuche, zentral dabei der Siebenjährige Krieg (1756–1763), und innerstaatlich manche Modernisierung des Staatswesens in den Grenzen, die die monarchische Ordnung zieht. 1794 wird mit dem Preußischen Allgemeinen Landrecht eine beispielhafte Kodifikation des aufgeklärten Absolutismus geschaffen.

2 International bricht das Zeitalter der Revolutionen an: 1776 erfolgt die Unabhängigkeitserklärung der amerikanischen Kolonien, 1787 wird die Verfassung der USA geschaffen, die 1791 um die ersten Teile der *Bill of Rights* ergänzt wird. 1803 wird durch den *US-Supreme Court* mittels Interpretation der eigenen Kompetenzen eine echte Verfassungsgerichtsbarkeit errichtet.[1] Damit wird historisch der Durchbruch zur Verfassungsform der Gegenwart geschafft: Der demokratische, grundrechtsgebundene, gerichtlich garantierte Verfassungsstaat wird (wenn auch mit tiefgreifenden Schwächen, undemokratischen Elementen, unter Ausschluss von Frauen und sogar unter Fortführung der Sklaverei) als politische Realität geboren, der seit dem Zusammenbruch des Staatssozialismus zu einer Bedingung einer guten Ordnung im Bereich der Politik und des Rechts geworden ist.

3 Für Kant persönlich ist die *Französische Revolution* im Jahr 1789 mit der Erklärung der Menschenrechte von größerer Bedeutung. 1791 wird auch in Frankreich eine Verfassung geschaffen, die eine konstitutionelle Monarchie errichtet. 1792–1795 folgt die Zeit des Konvents, 1793/94 verwirklicht sich die Schreckensherrschaft, *La Terreur*, der Jakobiner.

4 *La Terreur* bildet für die Moderne einen zentralen Einschnitt. Viele Menschen der Zeit haben das Anliegen der revolutionären Bewegung – wie *Schiller* oder *Hölderlin* – mit Achtung und Hoffnung verbunden. Dies gilt auch – bis zu seinem Lebensende – für Kant, der die Französische Revolution insgesamt nicht verurteilt, sondern sogar zu einem Geschichtszeichen erhebt: Nicht ihr Ablauf, wohl aber die menschliche Anteilnahme an ihren Zielen, wies sogar nach, dass die Menschheit sich auf einem Weg des allmählichen Fortschreitens zum Besseren befinde.[2] Mit der Schreckensherrschaft wird jedoch die Illusion zu Grabe getragen (sofern man sie denn unterhielt), dass eine

---
[1] *Marbury v. Madison*, 5 U.S. (1 Cranch) 137 (1803).
[2] *I. Kant*, Der Streit der Fakultäten, Akademie Ausgabe Bd. VII, 1917, S. 85 ff.

Bewegung, die welthistorisch mit der Abschaffung der Monarchie und der feudalistischen Gesellschaftsordnung ein legitimes Ziel von hohem Rang verfolgt, selbst auch notwendig eine gute, andere Ordnung schaffen wird. Es zeigt sich im Gegenteil, dass sie einen anderen Schrecken als den überwundenen des *Ancien Régime* erzeugen kann. Damit ist keineswegs gesagt, dass jede Revolution, d.h. jede grundlegende Umwälzung einer politischen Ordnung jenseits der in dieser Ordnung vorgesehenen Formen, ungerechtfertigt wäre, weil sie notwendig Übel erzeugte. Der Fall der Berliner Mauer – wie andere Umwälzungen, die nach 1989 den Staatssozialismus durch neue politische Ordnungen ersetzten – oder die Versuche, die Herrschaft autoritärer und diktatorischer Regime im „Arabischen Frühling" abzuschütteln, illustrieren die mögliche Legitimität solcher Prozesse in der unmittelbaren Zeitgeschichte. Politisch und theoretisch war aber die eschatologische Romantik der Revolution, die Verklärung von historischen Ereignissen voller Tragik und Verzweiflung zu sicheren Wegen zu Freiheit und Gerechtigkeit, durch die Schreckensherrschaft sichtbar zerbrochen worden – jedenfalls, wenn man bereit war, seinen Augen zu trauen.

Der Terror mündete in das Direktorium 1795–1799 und mit dem 18. Brumaire 1799 in das Konsulat, das den Weg freimachte zum 1804 errichteten Kaiserreich *Napoleons* (1769–1821). 1806, zwei Jahre nach Kants Tod, fand die tausendjährige Geschichte des Heiligen Römischen Reiches Deutscher Nation durch seine Auflösung ihr politisches Ende.

## II. Die Aufgabe der Vernunftkritik

Kant hat die Idee der *Aufklärung* in eine bis heute geflügelte Umschreibung gefasst: Aufklärung sei der Ausgang aus „selbstverschuldeter Unmündigkeit" durch konsequenten Verstandesgebrauch. Das autonome Wagnis, zu denken, ist eine Anforderung, der sich die Menschen aus Kants Sicht zu stellen haben.[3] Geht man auf diesem Weg vorwärts, ergäben sich drei Fragen, die die Gegenstände seiner Überlegungen umreißen: „Alles Interesse meiner Vernunft (das speculative sowohl, als das praktische) vereinigt sich in folgenden drei Fragen: Was kann ich wissen? Was soll ich thun? Was darf ich hoffen?"[4] Die erste richtet sich auf den Umfang menschlicher Erkenntnis, die zweite auf den Gegenstand der Ethik und der Rechtsphilosophie, die dritte auf den Gehalt der Religion.

Kants erkenntnistheoretisches Vorhaben und damit die Antwort auf die erste Frage besteht darin, eine *kritische Transzendentalphilosophie* zu formulieren. Sie bildete aus seiner – bis heute von vielen geteilten – Sicht eine Alternative zu Rationalismus und Empirismus, also den Hauptströmungen der Philosophie, wie sie Kant vorfand. Es gibt aus Kants Sicht keine eingeborenen Ideen, wie rationalistische Philosophen, etwa Des-

---

3 *I. Kant*, Beantwortung der Frage: Was ist Aufklärung?, Akademie Ausgabe Bd. VIII, 1923, S. 33 ff., 35: „*Aufklärung ist der Ausgang des Menschen aus seiner selbst verschuldeten Unmündigkeit*. Unmündigkeit ist das Unvermögen, sich seines Verstandes ohne Leitung eines anderen zu bedienen. *Selbstverschuldet* ist diese Unmündigkeit, wenn die Ursache derselben nicht am Mangel des Verstandes, sondern der Entschließung und des Muthes liegt, sich seiner ohne Leitung eines anderen zu bedienen. Sapere aude! Habe Muth dich deines eigenen Verstandes zu bedienen! ist also der Wahlspruch der Aufklärung" (Herv. i. Org.).
4 *I. Kant*, Kritik der reinen Vernunft, 2. Aufl. 1787, Akademie Ausgabe Bd. III, 1911, S. 1 ff., 522.

cartes[5] oder Leibniz,[6] behaupten. Aber auch aus Erfahrung gebildete geistige Strukturen seien nicht die Basis menschlicher Erkenntnis, wie es empiristische Theoretiker wie Locke[7] und Hume[8] gegen die Rationalisten angenommen hatten. Die eigentliche erkenntnistheoretische Aufgabe sei vielmehr die Bestimmung der notwendigen Bedingungen der Möglichkeit von Erfahrung überhaupt. Die gesuchten Bedingungen seien notwendig *a priori*, d.h. unabhängig von Erfahrung, weil sie Erfahrung überhaupt erst möglich machten, ihr also vorgelagert sein müssten. „Ich nenne alle Erkenntnis transzendental, die sich nicht sowohl mit Gegenständen, sondern mit unserer Erkenntnisart von Gegenständen, so fern diese *a priori* möglich sein soll, überhaupt beschäftigt".[9] Die notwendigen Bedingungen der Erfahrung würden durch Bestimmung der Voraussetzungen der Erfahrung der Welt ermittelt: Da diese Erfahrung sich in Raum und Zeit entfalte, gehörten Raum und Zeit zu den Anschauungsformen *a priori*.[10] Da Erfahrung nur denkbar sei, wenn Ursachen Wirkungen hervorriefen, sei Kausalität ein apriorischer Verstandesbegriff.[11] Die Verstandesbegriffe dienten dazu, „Erscheinungen zu buchstabieren, um sie als Erfahrung lesen zu können".[12]

8    Auf diese Weise wird für Kant ein Hauptproblem der theoretischen Philosophie gelöst:[13] Wie sind *synthetische Urteile a priori* möglich?[14] Synthetische Urteile sind gehaltvolle Aussagen über Sachverhalte, z.B. „Die Erde ist keine Scheibe". Sie stehen analytischen Urteilen gegenüber, die lediglich den Gehalt einer Aussage explizieren, z.B. „Alle Junggesellen sind unverheiratet".[15] Synthetische Urteile kann man ohne Widerspruch verneinen, analytische Urteile nicht. Die Aussage, dass das Kausalitätsgesetz gilt, ist aus Kants Sicht ein synthetisches Urteil, weil es eine substantielle Aussage über die Struktur der Welt mache: Diese sei durch Beziehungen von Ursache und Wirkung ausgezeichnet. Sie bilde zudem ein Urteil *a priori*, weil Kausalität die notwendige Bedingung von Erfahrung sei. Das Kausalitätsgesetz werde nicht aufgrund von Erfahrung gebildet, sondern umgekehrt Erfahrung unter der Bedingung seiner Geltung gewonnen.[16]

---

5   Vgl. z.B. *R. Descartes*, Discours de la méthode, in: C. Adam/P. Tannery (Hrsg.), Œuvres de Descartes, Bd. 6, 1973.
6   *G. W. F. Leibniz*, Nouveaux essais sur l'entendement humain, in: ders., Philosophische Schriften, hrsg. und übersetzt v. W. v. Engelhardt und H. H. Holz, Bd. 3.1 und 3.2, 1996. Vgl. o. § 6.
7   *J. Locke*, An Essay Concerning Human Understanding.
8   *D. Hume*, A Treatise of Human Nature.
9   *I. Kant*, Kritik der reinen Vernunft, 2. Aufl. 1787, S. 43.
10  *I. Kant*, Kritik der reinen Vernunft, 2. Aufl. 1787, S. 49 ff.
11  *I. Kant*, Prolegomena zu einer jeden künftigen Metaphysik, S. 312: „Ich sehe also den Begriff der Ursache als zur bloßen Form der Erfahrung nothwendig gehörigen Begriff und dessen Möglichkeit als einer synthetischen Vereinigung der Wahrnehmungen in einem Bewußtsein überhaupt sehr wohl ein: die Möglichkeit eines Dinges überhaupt aber als einer Ursache sehe ich gar nicht ein und zwar darum, weil der Begriff der Ursache ganz und gar keine den Dingen, sondern nur der Erfahrung anhängende Bedingung andeutet, nämlich daß diese nur eine objectiv-gültige Erkenntnis von Erscheinungen und ihrer Zeitfolge sein könne, so fern die vorhergehende mit der nachfolgenden nach der Regel hypothetischer Urtheile verbunden werden kann".
12  *I. Kant*, Prolegomena zu einer jeden künftigen Metaphysik, S. 312.
13  Dieses Problem beschäftigt auch die Philosophie der Gegenwart. Klassisch und skeptisch z.B. *W. v. O. Quine*, Two Dogmas of Empiricism, The Philosophical Review, 60 (1951), S. 20 ff.
14  *I. Kant*, Kritik der reinen Vernunft, 2. Aufl. 1787, S. 39 f.
15  *I. Kant*, Kritik der reinen Vernunft, 2. Aufl. 1787, S. 33 ff.
16  *I. Kant*, Prolegomena zu einer jeden künftigen Metaphysik, S. 313.

## § 9 Menschliche Würde und praktische Vernunft – Kant

Die die menschliche Erkenntnis überhaupt erst konstituierenden Verstandesbegriffe erhielten nur durch sinnliche Anschauung Gehalt, blieben ohne diese aber leer. Menschen könnten deswegen nur von den Dingen als Erscheinungen Erkenntnisse gewinnen. Die Welt der Dinge jenseits der Erscheinungen, deren Existenz angenommen werden müsse, weil sie das sei, was erscheine, könne von den Menschen dagegen nicht erkannt werden. Die *Dinge an sich selbst* blieben im Dunkeln.[17] Grenzen und Möglichkeiten der Vernunft sollen so durch kritische Reflexion abgesichert werden: „Der größte und vielleicht einzige Nutzen aller Philosophie der reinen Vernunft ist also wohl nur negativ: da sie nämlich nicht als Organon zur Erweiterung, sondern als Disciplin zur Grenzbestimmung dient und, anstatt Wahrheit zu entdecken, nur das stille Verdienst hat, Irrthümer zu verhüten".[18] Dieses „stille Verdienst" ist in Wirklichkeit ein großes, wenn man die Bedeutung der Verstrickung in Irrtümer in der menschlichen Reflexion bedenkt. Das „Land der Wahrheit" ist – wie Kant bemerkt – „umgeben von einem weiten und stürmischen Oceane, dem eigentlichen Sitz des Scheins, wo manche Nebelbank und manches bald wegschmelzende Eis neue Länder lügt und, indem es den auf Entdeckungen herumschwärmenden Seefahrer unaufhörlich mit leeren Hoffnungen täuscht, ihn in Abenteuer verflechtet, von denen er niemals ablassen und sie doch auch niemals zu Ende bringen kann".[19] Kant setzt damit ein Beispiel für ein Ethos der Wissenschaft, das aus ähnlichem Holz wie die sokratische Bescheidenheit geschnitzt ist. Nicht die Enthüllung letzter Geheimnisse wird behauptet, sondern das Bemühen um beschränkten, aber gesicherten Fortschritt, der die Grenzen menschlicher Erkenntnisfähigkeiten im Sinn behält, zum Leitbild der Wissenschaft erhoben.

Kant bestreitet in Bezug auf die dritte erwähnte Leitfrage nach den Gegenständen menschlicher Hoffnung die Überzeugungskraft der klassischen (bis heute nicht substantiell ergänzten) Beweise für die Existenz Gottes. Gott spielt in der kantischen Philosophie aber weiter eine wichtige Rolle. In theoretischer Hinsicht bedeutet Gott das Postulat, dass die Welt einen letzten Grund besitze.[20] Die Annahme seiner Existenz sei außerdem in praktischer Hinsicht dadurch gerechtfertigt, dass er die Bedingung des ewigen Lebens sei. Eine Existenz nach dem Tode sei aber für ein sittliches Leben unverzichtbar, weil nur so Gutes und Böses wirklichen Ausgleich finden könnten, der im irdischen Leben nicht zu haben sei.[21] Als Bedingung dieses moralisch ausgleichenden ewigen Lebens müsse daher Gottes Existenz angenommen werden. Die zweite

---

17 *I. Kant*, Kritik der reinen Vernunft, 2. Aufl. 1787, S. 16 f., 202 ff., 207: „Die transscendentale Analytik hat demnach dieses wichtige Resultat: daß der Verstand a priori niemals mehr leisten könne, als die Form einer möglichen Erfahrung überhaupt zu anticipiren, und da dasjenige, was nicht Erscheinung ist, kein Gegenstand der Erfahrung sein kann, daß er die Schranken der Sinnlichkeit, innerhalb denen uns allein Gegenstände gegeben werden, niemals überschreiten könne. Seine Grundsätze sind bloß Principien der Exposition der Erscheinungen, und der stolze Name einer Ontologie, welche sich anmaßt, von Dingen überhaupt synthetische Erkenntnisse a priori in einer systematischen Doctrin zu geben (z.E. den Grundsatz der Causalität), muß dem bescheidenen einer bloßen Analytik des reinen Verstandes Platz machen".
18 *I. Kant*, Kritik der reinen Vernunft, 2. Aufl. 1787, S. 517.
19 *I. Kant*, Kritik der reinen Vernunft, 2. Aufl. 1787, S. 202.
20 *I. Kant*, Kritik der reinen Vernunft, 2. Aufl. 1787, S. 443.
21 *I. Kant*, Kritik der reinen Vernunft, 2. Aufl. 1787, S. 525 ff. Diese Theorie wird theoretisch von vielen für wenig überzeugend gehalten, vgl. etwa *J. Rawls*, Lectures on the History of Moral Philosophy, S. 313 ff.; positiver *O. Höffe*, Kants Kritik der reinen Vernunft, 2003, S. 256. Sie ist in der Tat theoretisch nicht haltbar, ist aber ein Beispiel für Kants Humanität, die unausgeglichenes Übel nicht hinnehmen wollte.

Frage nach dem, was Menschen tun sollen, wird in der Ethik und Rechtsphilosophie beantwortet.

### III. Die Moral des kategorischen Imperativs

11 Kants praktische Philosophie entwickelt eine Ethik, die mit einem entschlossenen Respekt vor anderen Menschen Ernst macht. Dabei war ihm das Gegenteil dieses Respekts, die Vorstellung, über andere erhoben zu sein und auf sie herabblicken zu können, keineswegs fremd, wie eine bekannte Äußerung belegt, die gleichzeitig die Art der Befreiung von dieser Vorstellung beschreibt: „Ich bin selbst aus Neigung ein Forscher. Ich fühle den gantzen Durst nach Erkenntnis und die begierige Unruhe darin weiter zu kommen oder auch die Zufriedenheit bey jedem Erwerb. Es war eine Zeit da ich glaubte dieses allein könnte die Ehre der Menschheit machen und ich verachtete den Pöbel der von nichts weis. *Rousseau* hat mich zurechtgebracht. Dieser verblendende Vorzug verschwindet, ich lerne die Menschen ehren und ich würde mich unnützer finden wie den gemeinen Arbeiter wenn ich nicht glaubte daß diese Betrachtung allen übrigen einen Werth ertheilen könne, die Rechte der Menschheit herzustellen".[22] Inbegriff dieser Ethik ist der *kategorische Imperativ*. Alle Imperative seien entweder *hypothetisch* oder *kategorisch*. Erstere geböten eine Handlung als Mittel zu einem Zweck unter der Bedingung, dass dieser angestrebt werde. Letztere geböten eine Handlung als solche ohne Rücksicht auf einen anderen Zweck.[23] Kant formuliert den kategorischen Imperativ in drei Versionen: 1. *„Handle nur nach derjenigen Maxime, durch die du zugleich wollen kannst, dass sie ein allgemeines Gesetz werde"*[24] oder *„Handle so, dass die Maxime deines Willens jederzeit zugleich als Princip einer allgemeinen Gesetzgebung gelten könne".*[25] 2. *„Handle so, dass du die Menschheit, sowohl in deiner Person als in der Person eines jeden anderen, jederzeit zugleich als Zweck, niemals bloß als Mittel brauchst".*[26] 3. *„Handle nach Maximen, die sich selbst zugleich als allgemeine Naturgesetze zum Gegenstande haben können".*[27] Das moralische Gesetz, das durch diese drei Fassungen inhaltlich umrissen wird, gelte *a priori*. Es sei unabhängig von Erfahrung oder Neigungen von Menschen. Das Gesetz sei auch *formal*: Materiale Maximen, also individuell als verbindlich betrachtete Handlungsnormen, können an ihm gemessen werden, es stellt aber aus Kants Sicht nicht selbst materiale Gebote auf. Die erste und dritte Variante formulieren das Gebot der Universalisierung von Maximen. Nur wenn diese allgemeine Geltung beanspruchen könnten, seien sie zur Schaffung von moralischen Geboten qualifiziert. Führe die Universalisierung dagegen entweder schon zu einer in sich widersprüchlichen Maxime oder jedenfalls dazu, sie nicht wollen zu können, sei die Maxime zu verwerfen.[28] Ein Beispiel: Es sei unmöglich zu wollen, dass alle Menschen im Eigeninteresse lügen dürften. Grundlagen der Verständigung würden damit erschüttert und andere Menschen zu Objekten der Manipu-

---

22 *I. Kant*, Kant's handschriftlicher Nachlaß, Akademie Ausgabe Bd. XX, 1942, S. 44 („u." aufgelöst, „rechte" im Original klein geschrieben).
23 *I. Kant*, Grundlegung zur Metaphysik der Sitten, Akademie Ausgabe Bd. IV, 1911, S. 385 ff., 414.
24 *I. Kant*, Grundlegung zur Metaphysik der Sitten, S. 421.
25 *I. Kant*, Kritik der praktischen Vernunft, Akademie Ausgabe Bd. V, 1913, S. 1 ff., 30.
26 *I. Kant*, Grundlegung zur Metaphysik der Sitten, S. 429.
27 *I. Kant*, Grundlegung zur Metaphysik der Sitten, S. 437.
28 *I. Kant*, Grundlegung zur Metaphysik der Sitten, S. 421 ff.

lation gemacht. Die Erlaubnis, zu lügen, sei mithin nicht universalisierbar und könne deswegen kein allgemeines Gesetz bilden.[29] Die zweite Formel ist mit einem anderen Kernbegriff der kantischen Ethik verbunden: Sie liefert den Inhalt für das, was Kant in Moral und Recht unter menschlicher Würde versteht.[30]

Kant greift die klassische und bis heute diskutierte Unterscheidung von vollkommenen und unvollkommenen Pflichten auf, die gegenüber sich selbst oder anderen bestehen könnten. Vollkommen sei eine Pflicht, die keine „Ausnahme zum Vortheil der Neigung verstattet".[31] Die beiden (unvollkommenen) Tugendpflichten, die sich aus dem kategorischen Imperativ ergäben, seien, die eigene Vollkommenheit und die fremde Glückseligkeit zu fördern, denn fremde Vervollkommnung könne man nicht und das Befördern der eigenen Glückseligkeit müsse man nicht gebieten.[32] Eine vollkommene Pflicht gegen sich selbst bestehe im Verbot des Selbstmordes, eine vollkommene gegenüber anderen im genannten Beispiel des Verbots der Lüge.[33]

Das Objekt der Bestimmung durch das moralische Gesetz ist der menschliche Wille. Nur der menschliche Wille könne wirklich gut sein, nicht aber menschliches Handeln, weil dessen Folgen unabsehbar seien.[34] Kant unterstreicht die moralische *Autonomie des Subjekts*: Der Mensch sei nur Untertan solcher moralischer Gesetze, deren Urheber er auch sei, was auch für den kategorischen Imperativ gelte. Moralität und Freiheit seien unmittelbar miteinander verbunden. Das moralische Gesetz sei Erkenntnisgrund (*ratio cognoscendi*) der Freiheit, die Freiheit aber Seinsgrund (*ratio essendi*) des moralischen Gesetzes: Durch das Faktum des moralischen Sollens erkenne man die Wirklichkeit der menschlichen Freiheit. Das Sollen beruht aber aus Kants Sicht auf Freiheit, die das im Sollen vorausgesetzte Anders-Handeln-Können verbürgt. Die Willensfreiheit sei mit Moralität notwendig verknüpft, weil moralisch ungebundene Freiheit undenkbar sei. Das moralische Gesetz sei das Äquivalent zum Kausalgesetz in der Natur, jenes bestimme den Willen wie dieses die Naturereignisse.[35]

Die letzte Triebfeder zum moralischen Handeln sei ein moralisches Gefühl, die Achtung vor dem Sittengesetz,[36] nicht aber die Furcht vor Bestrafung oder die Hoffnung auf Belohnung, etwa durch übernatürliche Mächte. Die menschliche Pflicht müsse um der Pflicht selbst willen getan werden, nicht um anderer Ziele willen. Die Moral emanzipiert sich in Kants Theorie grundsätzlich von religiösen Grundlagen: „Die Moral, so fern sie auf dem Begriffe des Menschen als eines freien, eben darum aber auch sich selbst durch seine Vernunft an unbedingte Gesetze bindenden Wesens gegründet ist,

---

29 *I. Kant*, Grundlegung zur Metaphysik der Sitten, S. 422, 429 f.
30 Allgemein gilt, dass der Rechtsbegriff aus dem kategorischen Imperativ inhaltlich abgeleitet wird, vgl. neben den weiteren Ausführungen auch *I. Kant*, Die Metaphysik der Sitten, Akademie Ausgabe Bd. VI, 1914, S. 204 ff., 239. Die These, die Menschenwürde sei bei Kant auf die Tugendlehre beschränkt, trifft deswegen nicht zu.
31 *I. Kant*, Grundlegung zur Metaphysik der Sitten, S. 421 Fn. Vgl. zur gegenwärtigen Debatte um vollkommene und unvollkommene Pflichten, insbesondere von Tugendpflichten als Rechtspflichten, *K. Seelmann*, Rechtsphilosophie, 5. Aufl., 2010, S. 71 ff., 210 ff.
32 *I. Kant*, Die Metaphysik der Sitten, S. 385; *ders.*, Grundlegung zur Metaphysik der Sitten, S. 421 ff.
33 *I. Kant*, Grundlegung zur Metaphysik der Sitten, S. 421 ff.
34 *I. Kant*, Grundlegung zur Metaphysik der Sitten, S. 393 f.
35 *I. Kant*, Grundlegung zur Metaphysik der Sitten, S. 446 f.
36 *I. Kant*, Kritik der praktischen Vernunft, S. 71 ff.

15 bedarf weder der Idee eines anderen Wesens über ihm, um seine Pflicht zu erkennen, noch einer anderen Triebfeder als des Gesetzes selbst, um sie zu beobachten".[37]

Kant hat versucht, das moralische Gesetz so wie die theoretischen Elemente seiner Philosophie transzendental zu deduzieren, allerdings in diesem Fall aus seiner eigenen Sicht ohne Erfolg.[38] Er hat deshalb einen anderen Weg eingeschlagen, um das Fundament des moralischen Gesetzes zu bestimmen: Der kategorische Imperativ sei in letzter Instanz ein *Faktum der Vernunft*, eine unbezweifelbare, aber nicht empirische Gegebenheit der praktischen Vernunft.[39]

### IV. Das Recht der Selbstzweckhaftigkeit

16 Kant entwickelt aufgrund dieser moralphilosophischen Weichenstellungen ein subjektzentriertes *Vernunftrecht*. Er gewinnt aus seinen Überlegungen den folgenden Begriff des Rechts: *"Das Recht ist also der Inbegriff der Bedingungen, unter denen die Willkür des einen mit der Willkür des anderen nach einem allgemeinen Gesetze der Freiheit zusammen vereinigt werden kann"*.[40] Recht beziehe sich dabei auf das äußerliche, praktische Verhältnis von Personen zueinander.[41] Die Moral, nicht das Recht, fordere, dass die Rechtsgebote von Einzelnen zu ihrer Maxime, ihrem subjektiven Handlungsgrund, gemacht würden.[42] Recht sei äußerlich, Moral innerlich verbindlich. Moral formuliere ein den subjektiven Willen bindendes Sollensgebot. Eine rechtliche Norm müsse den subjektiven Willen des Normadressaten dagegen nicht berühren. Sie verlange *äußere Konformität* mit ihrem Inhalt, ohne dass der Adressat die Norm selbst innerlich als verpflichtend empfinden müsse. Alles, was das Recht vom Normadressaten verlange, seien deshalb bestimmte Handlungen, nicht aber eine bestimmte innere Einstellung. Das normgemäße Verhalten kann mithin auch aus anderen Gründen als dem Pflichtgefühl erfolgen, z.B. aus zweckrationalen Erwägungen. Andererseits wird die mögliche innerliche Verbindlichkeit des Rechts keineswegs ausgeschlossen – sie wird vom Recht nur nicht geboten. Das in diesem Sinne begrenzte Recht sei mit der Befugnis, Gehorsam zu erzwingen, verbunden.[43] Kant fasst zusammen: „Alle Gesetzgebung also (sie mag auch in Ansehung der Handlung, die sie zur Pflicht macht, mit einer anderen übereinkommen, z.B. die Handlungen mögen in allen Fällen äußere sein), kann doch in Ansehung der Triebfedern unterschieden sein. Diejenige, welche eine Handlung zur Pflicht, und diese Pflicht zugleich zur Triebfeder macht, ist *ethisch*. Diejenige aber, welche das Letztere nicht im Gesetze mit einschließt, mithin auch eine andere Triebfeder, als die Idee der Pflicht selbst, zulässt, ist *juridisch*. (…) Man nennt die bloße Übereinstimmung oder Nichtübereinstimmung einer Handlung mit dem Ge-

---

37 *I. Kant*, Religion innerhalb der Grenzen der bloßen Vernunft, S. 3.
38 *D. Henrich*, Der Begriff der sittlichen Einsicht und Kants Lehre vom Faktum der Vernunft, in: ders./W. Schulz/K.-H. Volkmann-Schluck (Hrsg.), Die Gegenwart der Griechen im neueren Denken, FS für Gadamer, 1960, S. 110 ff.; ders., Die Deduktion des Sittengesetzes. Über die Gründe der Dunkelheit des letzten Abschnitts von Kants „Grundlegung zur Metaphysik der Sitten", in: A. Schwan (Hrsg.), Denken im Schatten des Nihilismus, FS für Wilhelm Weischedel, 1975, S. 111 ff.
39 *I. Kant*, Kritik der praktischen Vernunft, S. 31.
40 *I. Kant*, Die Metaphysik der Sitten, S. 230. Zum Rechtsbegriff *W. Kersting*, Wohlgeordnete Freiheit, 3. Aufl., 2007, S. 79 ff.
41 *I. Kant*, Die Metaphysik der Sitten, S. 230.
42 *I. Kant*, Die Metaphysik der Sitten, S. 231.
43 *I. Kant*, Die Metaphysik der Sitten, S. 231.

setze, ohne Rücksicht auf die Triebfeder derselben, die *Legalität* (Gesetzmäßigkeit), diejenige aber, in welcher die Idee der Pflicht aus dem Gesetze zugleich die Triebfeder der Handlung ist, die *Moralität* (Sittlichkeit) derselben".[44]

Damit wird ein zentrales Strukturelement des modernen Rechtsbegriffs theoretisch abgesichert: die *Trennung von Recht und Moral.* Zuweilen wird *Christian Thomasius* (1655–1728) die Urheberschaft dieser Trennung zugeschrieben. Thomasius hat allerdings keinen überzeugenden Begriff moralischen Sollens formuliert, bei ihm treten vielmehr zweckrationale Erwägungen den rechtlichen Geboten gegenüber.[45] Man kann die Unterscheidung der Sache nach im Übrigen bis in die Naturrechtstradition zurückverfolgen, wenn terminologisch auch andere Weichen gestellt werden.[46] Kant hat aber das Verdienst, die Unterscheidung von Recht und Moral in eine bis heute maßgebliche Fassung gebracht zu haben. Diese Trennung ist nicht nur theoretisch bedeutsam: Sie hat den praktischen Effekt der Erhöhung des Freiheitsniveaus der Gesellschaft. Denn das so konzipierte Recht schafft einen Handlungsraum äußerer, allgemeiner Freiheit, der nicht zu moralischen Zwecken genutzt werden muss (aber natürlich genutzt werden kann). Das Recht verzichtet auf den Anspruch, die subjektiven Haltungen, Gesinnungen und Vorstellungen seinen Geboten unterstellen zu wollen. Solange die Handlungen des Einzelnen äußerlich mit den Rechtsgeboten übereinstimmen, hat das Recht keine weiteren Ansprüche und Fragen zu stellen. Damit wird ohne politische Trompetenstöße ein Konzept formuliert, das bis heute Maßstäbe einer liberalen Konzeption des Rechts geschaffen hat. [17]

Auch *positives Recht und Vernunftrecht* werden bei Kant getrennt: Vernunftrecht gelte *a priori*, das positive Recht nur aufgrund von Setzung – mit einer entscheidenden Ausnahme: Die Autorität des Gesetzgebers müsse auf Prinzipien des Vernunftrechts beruhen.[47] Es gebe ein einziges *angeborenes Recht*: „Freiheit (Unabhängigkeit von eines Anderen nöthigender Willkür), sofern sie mit jedes Anderen Freiheit nach einem allgemeinen Gesetz zusammen bestehen kann, ist dieses einzige, ursprüngliche, jedem Menschen kraft seiner Menschheit zustehende Recht".[48] Andere (Gleichheit, Autonomie) folgten aus diesem Recht.[49] Diese Aussage Kants ist allerdings nicht präzise, denn das angeborene Freiheitsrecht wird ja ursprünglich durch das Universalisierbarkeitserfordernis des kategorischen Imperativs begrenzt – die Freiheit ist nur insoweit geschützt, als sie „mit jedes Anderen Freiheit nach einem allgemeinen Gesetz zusammen bestehen kann". Ein solches Universalisierungserfordernis setzt nicht nur normative Gleichheit der Rechtssubjekte, sondern auch ihre Selbstzweckhaftigkeit bereits voraus, denn nur unter der Bedingung der gleichen Stellung als Rechtszweck ist der Einbezug jedes Einzelnen durch Universalisierung geboten. Kants Freiheitsrecht ist also mehr als die philosophische Legitimation eines robusten Individualismus, der Ellenbogenfreiheit ohne Rücksicht auf andere sucht, denn es wird durch ein komplexes Bündel verschiedener [18]

---

44 *I. Kant*, Die Metaphysik der Sitten, S. 218 f. (Herv. i. Org.).
45 Vgl. *C. Thomasius*, Fundamenta Juris Naturae et Gentium, I, IV, § LXI; I, IV, §§ LXIII–LXV, zusammenfassend *M. Mahlmann*, Elemente einer ethischen Grundrechtstheorie, 2008, S. 43 ff.
46 Vgl. *M. Mahlmann*, Elemente einer ethischen Grundrechtstheorie, S. 27 ff.
47 *I. Kant*, Die Metaphysik der Sitten, S. 224.
48 *I. Kant*, Die Metaphysik der Sitten, S. 237 f.
49 *I. Kant*, Die Metaphysik der Sitten, S. 237 f.

19 Im *Privatrecht* liefert Kant für das zentrale Institut des Eigentums eine Begriffsbestimmung, die diesen Grundlinien des Freiheitsrechts folgt. (Legitimes) Eigentum bilde ein äußeres Mein, das mit der Freiheit aller vereinbar sei.[50] Auch hier wird also der Vorbehalt der Universalisierbarkeit formuliert. Das Eigentum werde nur im bürgerlichen Zustand unter öffentlich-gesetzgebender Gewalt gesichert, im Naturzustand könne die Zuordnung von Objekten des Eigentumsrechts nach Vernunftrecht zwar legitim sein, bleibe aber provisorisch. Kant zieht keine konkreten Schlussfolgerungen aus dem Vernunftrecht hinsichtlich der Verteilung des Eigentums in der Gesellschaft.[51] Er formuliert, dass Eigentum keine Sach- sondern eine Sozialbeziehung sei.[52] Dies ist eine wichtige Beobachtung: Die Eigentumsordnung regelt, welche Befugnisse Rechtssubjekte hinsichtlich der Objekte des Eigentumsrechts einander gegenüber haben, z.B. indem eine absolute Herrschaftsgewalt über ein Rechtsobjekt einem Rechtssubjekt verliehen wird, die den Zugriff von anderen ausschließt, oder durch komplexere Verhältnisse, wie in vielen Ordnungen der Gegenwart, die das Eigentumsrecht expliziten (wie z.B. in Art. 14 Abs. 2 GG) oder impliziten Sozialverträglichkeitsklauseln unterwerfen.

20 Auch bei Kant spielt die Idee eines *ursprünglichen Kontrakts* für die Legitimationsgrundlage von Recht und Staat eine wichtige Rolle: Die wilde, gesetzlose Freiheit des Naturzustandes werde durch den Vertragsschluss aufgegeben, um die Freiheit im rechtlichen Zustande unvermindert wiederzufinden[53] – ein Gedanke, der aus anderen Gesellschaftsvertragstheorien wohlvertraut ist. Der Vertrag wird dabei ausdrücklich als theoretische Figur, nicht als historische Realität konzipiert.

21 Das *Öffentliche Recht* ist nach Kant ein System von Gesetzen für eine Menge von Menschen oder Völkern, die einer Verfassung bedürfen, um dessen, was rechtens ist, teilhaftig zu werden.[54] Man müsse aus dem Naturzustand in den bürgerlichen übergehen, in dem die wechselseitige Übereinstimmung der Freiheitssphären gewährleistet werde. Der Übergang erfolge aus Vernunftgründen *a priori*, denn die Willkür der Einzelnen müsse durch Recht eingeschränkt werden.[55] Der Staatsbildung unterliegt also ein normatives Prinzip, die Pflicht zur Schaffung einer Rechtsordnung. Die Schaffung von Recht ist ein moralisches Gebot. Der Begriff des Staates wird an das Recht gebunden: „Ein Staat (civitas) ist die Vereinigung einer Menge von Menschen unter Rechtsgesetzen".[56] Die Gewaltenteilung müsse im Staat verwirklicht werden.[57] Die gesetzgebende Gewalt liege dabei beim Volk. Staatsbürgerliche Gleichheit wird gefordert, allerdings könnten nur Selbstständige, nicht Dienstboten, Unmündige oder Frauen

---

50 *I. Kant*, Die Metaphysik der Sitten, S. 248 ff.
51 *I. Kant*, Die Metaphysik der Sitten, S. 256 ff.
52 *I. Kant*, Die Metaphysik der Sitten, S. 261.
53 *I. Kant*, Die Metaphysik der Sitten, S. 315 f.
54 *I. Kant*, Die Metaphysik der Sitten, S. 311.
55 *I. Kant*, Die Metaphysik der Sitten, S. 312.
56 *I. Kant*, Die Metaphysik der Sitten, S. 313.
57 *I. Kant*, Die Metaphysik der Sitten, S. 313.

## § 9 Menschliche Würde und praktische Vernunft – Kant

aktive Staatsbürger sein.[58] Männer herrschten im Hausstand.[59] Die einzig rechtmäßige Verfassungsform bilde eine Republik mit Repräsentativsystem, die durch Reform (von Seiten des Souveräns) allmählich zu erreichen sei.[60] Die Republik ist die Staatsform universalisierter Freiheit und Gleichheit sich selbst bestimmender Subjekte: „Die erstlich nach Principien der Freiheit der Glieder einer Gesellschaft (als Menschen), zweitens nach Grundsätzen der Abhängigkeit aller von einer einzigen gemeinsamen Gesetzgebung (als Unterthanen) und drittens die nach dem Gesetz der Gleichheit derselben (als Staatsbürger) gestiftete Verfassung – die einzige, welche aus der Idee des ursprünglichen Vertrags hervorgeht, auf der alle rechtliche Gesetzgebung eines Volks gegründet sein muß – ist die republikanische."[61] Es bestehe kein Widerstandsrecht.[62] Kant formuliert auch eine Theorie der *Strafzwecke*. Zentraler Strafzweck sei die Vergeltung. Deshalb müsse die Todesstrafe auch dann einen Mörder treffen, wenn die Gesellschaft, in der er lebe, ihr Ende finde: „Selbst wenn sich die bürgerliche Gesellschaft mit aller Glieder Einstimmung auflösete (z.B. das eine Insel bewohnende Volk beschlösse auseinander zu gehen und sich in alle Welt zu zerstreuen), müßte der letzte im Gefängnis befindliche Mörder vorher hingerichtet werden, damit jedermann das widerfahre, was seine Thaten werth sind, und die Blutschuld nicht auf dem Volke hafte, das auf diese Bestrafung nicht gedrungen hat: weil es als Theilnehmer an dieser öffentlichen Verletzung der Gerechtigkeit betrachtet werden kann".[63] Die Strafzwecke sind bis heute umstritten geblieben. Dass diese rigorose Strafzwecktheorie nicht überzeugen kann, bildet aber einen Grundkonsens. Auch hat sich in den letzten Jahrzehnten die Ablehnung der Todesstrafe als Strafart, unabhängig vom verfolgten Strafzweck, mag dieser auch Vergeltung sein, durchgesetzt[64] – eine erfreuliche Entwicklung, wenn man mit *von Humboldt* der Meinung ist, dass die „Vollkommenheit der Strafen immer – versteht sich jedoch bei gleicher Wirksamkeit – mit dem Grade ihrer Gelindigkeit wächst".[65]

Die Strafzwecktheorie Kants bildet eines der am wenigsten überzeugenden Elemente seiner Theorie. Seine Begründung der *Völkerrechtsordnung* ist dagegen eine der bemerkenswertesten Leistungen der Rechtsphilosophie überhaupt. Es bestehe – nicht anders als für die Individuen im vorrechtlichen Zustand – die Pflicht der Völker, aus dem Naturzustand heraus in den bürgerlichen Status hinüberzutreten.[66] Das *Weltbürgerrecht* bestehe in einem Recht zur Vereinigung der Völker zu friedlichem (wenn auch nicht notwendig freundschaftlichem) Verkehr.[67] Auf der Grundlage dieser Überlegungen entwickelt Kant die Perspektive einer internationalen Ordnung des Friedens, auf

22

---

58 *I. Kant*, Die Metaphysik der Sitten, S. 313 ff.
59 *I. Kant*, Die Metaphysik der Sitten, S. 279.
60 *I. Kant*, Die Metaphysik der Sitten, S. 321 f., 340 f.
61 *I. Kant*, Zum Ewigen Frieden, Akademie Ausgabe Bd. VIII, 1923, S. 349 f.
62 *I. Kant*, Die Metaphysik der Sitten, S. 318 ff.
63 *I. Kant*, Die Metaphysik der Sitten, S. 331 ff., 333 (Zitat).
64 Vgl. z.B. 2. Fakultativprotokoll zum Internationalen Pakt über bürgerliche und politische Rechte v. 15.12.1989, Zusatzprotokolle zur EMRK Nr. 6 v. 28.4.1983 und Nr. 13 v. 3.5.2002.
65 *W. v. Humboldt*, Ideen zu einem Versuch die Gränzen der Wirksamkeit des Staates zu bestimmen, in: *ders.*, Werke in fünf Bänden, Bd. I, 2002, S. 179.
66 *I. Kant*, Die Metaphysik der Sitten, S. 350.
67 *I. Kant*, Die Metaphysik der Sitten, S. 352 ff.

die noch im systematischen Zusammenhang einzugehen sein wird (vgl. u. § 38). Sie bildet eine rechtsethisch fein gesponnene Vision, die weiterhin (trotz völkerrechtlichen Gewaltverbots) zu den praktisch uneingelösten politischen Hoffnungen der Menschen gehört.[68]

## V. Kritische Einschätzungen

23 Kants Überlegungen bilden bis heute für manchen den Inbegriff großer Philosophie. Grundlegende Kritik hat Kants Vorstellungen aber seit ihrer Formulierung ebenfalls begleitet. Sie richtet sich schon gegen das allgemeine philosophische Projekt, das Kant entwickelt. Wichtig ist hierbei vor allem die *Kritik der Subjekts- oder Bewusstseinsphilosophie*, also der Annahme, dass die Voraussetzungen der geistigen Konstruktion einer Erfahrungswelt im menschlichen Subjekt und seinem Bewusstsein lägen und es deshalb eine wichtige Aufgabe bilde, diese zu bestimmen. Diese Kritik wird von verschiedenen Strömungen der Gegenwart formuliert – etwa der analytischen Philosophie, der Kritischen Theorie, der Diskurstheorie oder dem postmodernen Dekonstruktivismus. Für *Martin Heidegger* (1889–1976) und seinen Entwurf einer Fundamentalontologie bedeutete die Wendung seit Descartes zur Analyse des Subjekts und seines Bewusstseins, in dessen Rahmen sich auch Kant bei allen Unterschieden bewege, sogar den zentralen Fehler der neuzeitlichen Theoriebildung.[69] Statt Subjekt und Bewusstsein treten andere Gegenstände in den Vordergrund des Interesses – in der analytischen Philosophie die Analyse von Begriffen und ihren sprachlichen Verwendungsweisen, in der Kritischen Theorie gesellschaftliche Zusammenhänge, die Erkenntnisformen und Moral erzeugten, in der Diskurstheorie sprachliche Verständigungsformen und ihre Einbettung in die Lebensweisen von Menschen, ihre „Lebenswelt", im Dekonstruktivismus nicht zuletzt sprachlich vermittelte Machtstrukturen, in der Fundamentalontologie bestimmte Seinsstrukturen oder „Existentiale".

24 Diese vielfältige Kritik hat manche Erweiterung der Perspektive und neue Einsichten in Einzelprobleme gebracht. Sie hat aber keineswegs die grundsätzliche Notwendigkeit in Frage gestellt, zu untersuchen, welche Eigenschaften des Geistes der Menschen von konstitutiver Bedeutung für das menschliche Bild der Welt sind und – vermittelt mit anderen Faktoren – auch den sozialen Phänomenen menschlicher Zivilisation unterliegen. Die Struktur des Verhältnisses einer Person zur Welt wird bei aller kulturellen Prägung durch den subjektiven menschlichen Geist geschaffen und dieser Geist hat ersichtlich Eigenschaften, die die Art des Weltzugangs bestimmen. Das gilt schon für die elementare Ebene der Wahrnehmung von Dingen. Man nimmt Gegenstände nicht einfach wahr, wie sie wirklich sind – so dachten es sich z.B. manche Vorsokratiker – sondern so, wie sie spezifische kognitive Prozesse aus bestimmten Umweltreizen konstruieren. *Keplers* Beobachtung, dass das Bild eines Gegenstandes auf der Retina des menschlichen Auges auf dem Kopf steht, bildet einen entscheidenden Schritt, traditionelle Vorstellungen in dieser Hinsicht zu erschüttern. Eine der wichtigen konstruktiven Leistungen von *Descartes* ist es vor diesem Hintergrund, eine Theorie des menschli-

---

[68] *I. Kant*, Zum Ewigen Frieden, Akademie Ausgabe Bd. VIII, 1923, S. 341 ff. Zum Gewaltverbot vgl. Art. 2 Ziff. 4 UN-Charta.
[69] *M. Heidegger*, Sein und Zeit, 1984, §§ 13 ff.

chen Geistes zu entwickeln, die das visuelle Bild der Welt als durch geistige Prozesse geschaffene und durch ihre Eigenart bedingte Repräsentation fasst.[70] Auch wenn man andere geistige Phänomene – von der Sprache bis zur wissenschaftlichen Theoriebildung – betrachtet, stößt man auf Hinweise, dass der menschliche Geist nicht einfach „white paper, void of all characters" (vgl. o. § 5 IV) ist, sondern reiche Strukturen besitzt. Es bildet eine Fehleinschätzung mancher Theorieströmungen der Gegenwart, diesem Sachverhalt nicht genug Bedeutung beizumessen, mit übrigens ganz konkreten Auswirkungen für die Rechtsphilosophie und -theorie, wie sich aus den weiteren Überlegungen langsam herausschälen wird. Einige der interessantesten wissenschaftlichen Ansätze der Gegenwart, die Theorie des menschlichen Geistes und die Kognitionswissenschaften, sind denn auch in ihren vielversprechenden Varianten in gewisser Weise nichts anderes als eine neu konzipierte Subjekts- oder Bewusstseinsphilosophie, wenn auch mit ganz anderen theoretischen Hintergrundannahmen als die klassische, da sie ebenfalls versuchen zu ermitteln, welche geistigen Eigenschaften Menschen genau besitzen. Kants Theorie des menschlichen Geistes enthält manches Element, das der Kritik nicht standhält. Kants Grundansatz der Vernunftkritik liefert aber zentrale wissenschaftliche Einsichten, die manche moderne Kritik nicht überschreitet, sondern verkennt.

*Eine* methodische Weichenstellung Kants weist allerdings nicht in die Zukunft. Sein grundlegendes transzendentalphilosophisches Argument bestimmt, was notwendige Voraussetzung von Erfahrung sei, etwa Raum, Zeit oder Kausalität, da Erfahrung ohne diese Anschauungsformen und Verstandesbegriffe nicht möglich sei. Dabei wird implizit menschliche Erfahrung als Erfahrung schlechthin aufgefasst, denn Ansatzpunkt des Gedankens ist ja genau diese menschliche Erfahrung, die in der Tat etwa durch Kausalitätsstrukturen gekennzeichnet ist. Für diese Identifikation von menschlicher Erfahrung und Erfahrung schlechthin gibt es – wenn man anthropozentrische Perspektiven vermeidet – keinen Grund. Organismen mit anderen geistigen Strukturen mögen die Welt ganz anders konstruieren, etwa ohne Kausalitätsbegriff. Diese Kritik hat eine wichtige Konsequenz für die Theorie des menschlichen Geistes insgesamt: Wenn man sich auf das Projekt der Bestimmung der Eigenschaften des menschlichen Geistes einlässt, ist dies ein empirisch zu fundierendes, kein transzendentalphilosophisches Projekt. Es geht um die Eigenschaften des Geistes der Menschen, nicht um eine Theorie des Geistes aller Vernunftwesen überhaupt.[71]

Kants praktische Philosophie ist der heute wohl einflussreichste Teil seiner Überlegungen. Einzelne Positionen (z.B. zur Stellung von Frauen) stehen heute nicht mehr ernsthaft zur Debatte, laden aber immerhin dazu ein, sich die Gründe dieser Lage zu vergegenwärtigen, etwa warum die Gleichberechtigung der Geschlechter heute rechtfertigungstheoretisch so selbstverständlich geworden ist. Auch ein Vergeltungsrigorismus, wie ihn die Strafzwecktheorie und die Verteidigung der Todesstrafe zeigen, findet, wie bereits angemerkt, heute zu Recht wenig Anhänger. Kants Absage nicht

---

70 Vgl. dazu im Überblick *S. Gaukroger*, Descartes: an intellectual biography, 1995, S. 283 ff. Vgl. zu Leibniz o. § 6.
71 Vgl. zum klassischen Problem der psychologischen Dimension der kantianischen Vernunftkritik *P. F. Strawson*, The Bounds of Sense, 2004, S. 19 ff.

nur an revolutionäre Umstürze, sondern auch einzelne Widerstandshandlungen gegen eine illegitime Herrschaft überzeugt wenig – wie erwähnt illustrieren etwa die demokratischen Revolutionen, die die Ordnung des autoritären Sozialismus überwanden, die mögliche Legitimität von Widerstand deutlich genug. Der Vorwurf vorauseilender Unterwürfigkeit Kants gegenüber einer Obrigkeit, die nach seiner eigenen Theorie keine Legitimität genoss, wäre aber zu streng. Denn die Erörterung des Widerstandsrechts darf sicher nicht ohne Bewusstsein der konkreten politischen Bedrohungen gewürdigt werden, denen ein Denker wie Kant im Preußen des 18. Jahrhunderts ausgesetzt war und die ihn in der Form von Zensurmaßnahmen auch tatsächlich trafen. Zudem ist die blutige Wendung der Französischen Revolution nicht zu vergessen.

27 Schwieriger sind andere Einwände zu beurteilen, die konzeptioneller Art sind. Die moderne Diskurstheorie kritisiert einflussreich die „monologische" Natur der kantischen Ethik. Die moralischen Imperative und Maximen würden von einzelnen, isolierten Menschen entwickelt und seien deshalb nicht das Produkt einer gesellschaftlichen Auseinandersetzung Vieler, die verschiedene Perspektiven einbeziehe. Der Legitimationsanspruch solcher Ansätze sei mithin von vornherein beschränkt. Für die entwickelten ethischen Maximen bestünde die Gefahr, subjektiv und beschränkt zu sein, etwa durch Geschlechterperspektiven, historische und soziale Umstände, politische Meinungen oder die kulturelle Einbettung der spezifischen Person. Moralische Prinzipien müssten das Produkt deliberativer gesellschaftlicher Diskurse sein, die alle Betroffenen miteinbezögen, um diese partikularen Perspektiven zu überwinden (vgl. zum Konzept der Diskursethik u. § 21 II).

28 Dieser Einwand ist wichtig, weil er daran erinnert, die Grenzen – auch eigener – moralischer Einsichten nicht zu vergessen und sich kritisch ihrer eigenen partikularen, kulturellen und persönlichen Prägungen immer wieder zu erinnern. Kants Bemerkungen zur Stellung von Frauen oder zur Todesstrafe wurden erwähnt – sie bilden sicher keine Beispiele reiner praktischer Vernunfteinsicht. Jede Ethik gewinnt auch dadurch, dass viele Menschen an ihrer Verbesserung mitwirken, denn der genialische Einzelne, der allein die ganze Wahrheit vom Baum der Erkenntnis pflückt, ist eine verstaubte und eitle Illusion. Eine ganz andere Frage ist allerdings, ob in einem tieferen Sinn die moralische Urteilsbildung diskursiv erfolgen kann, wie behauptet wird. Der Diskurs, die öffentliche Auseinandersetzung, ist nur ein Mittel, einen geistigen Urteilsakt vorzubereiten, durch den die Gegenstände, um die es geht, bewertet werden. Der Diskurs kann diesen geistigen Akt aber nicht ersetzen. Auch die Frage, ob im Diskurs ein Konsens hinsichtlich einer bestimmten Frage erzielt wurde, kann nicht im Diskurs beantwortet werden, da sich sonst ein infiniter Regress eröffnen würde: Der notwendige Konsens über das Vorliegen eines Konsenses wäre ja wieder durch einen Konsens im Diskurs festzustellen.

29 Ethische Theorien werden geläufig in *konsequentialistische* und *deontologische* unterteilt. Eine *konsequentialistische* Ethik macht die Folgen einer Handlung zum Kriterium für die moralische Bewertung der Handlung. Eine *deontologische* Ethik dagegen bewertet eine Handlung oder auch eine Handlungsintention aufgrund von bestimmten Prinzipien unabhängig von den konkreten Folgen der Handlung. Kant wird traditionell als zentraler Vertreter einer deontologischen Ethik angesehen, weil er betont, dass

das Gebotene um seiner selbst willen getan werden müsse, nicht aber aufgrund von erfreulichen Folgen der gebotenen Handlung. Einige Beispiele von Kant scheinen die Berechtigung der konsequentialistischen Kritik, die an Kants Ethik geübt wird, selbst zu illustrieren. Kann man wirklich dem Verbot zu lügen ohne Rücksicht auf die Folgen gehorchen? Wie ist es etwa um den Fall bestellt, dass durch die Lüge großes Unheil verhindert werden kann? Ist es nicht gerechtfertigt und sogar geboten, auf die Frage eines Tötungswilligen, wo das Opfer sei, diesen in die falsche Richtung und in die Arme der Polizei zu schicken? Derartige Beispiele werden zum Anlass genommen, eine deontologische Ethik als *Gesinnungsethik* zu bezeichnen, die anders als eine konsequentialistische *Verantwortungsethik* die Folgen des Handelns nicht bedenke und Geboten ohne Rücksicht auf die Ergebnisse mit potenziell destruktiven Konsequenzen folge.

Diese Schlüsse führen in die Irre. Auch eine deontologische Ethik bedenkt die Folgen eines Handelns. Die Folgenorientierung einer deontologischen Ethik zeigt sich auch bei Kant und sogar in besonders nachdrücklicher Weise, denn der entscheidende Maßstab für die Bewertung einer moralischen Maxime sind ja ihre Auswirkungen, wenn man sie universalisiert. Kant fragt deswegen z.B., was denn die Folgen wären, wenn man Lügen allgemein zulassen würde. Die Antwort ist, dass dann das Zusammenleben unmöglich würde, weil niemand sich mehr auf die Aussagen der anderen verlassen könnte. Gleichzeitig würden andere Menschen nicht mehr als Zweck verstanden werden, da man sie mit der Lüge als Mittel für eigene Ziele gebrauche. Beide Argumente haben sachlichen Gehalt. Wegen ihrer ersichtlich destruktiven Konsequenzen verteidigt deshalb auch der Konsequentialismus keineswegs eine Ordnung der Lüge, sondern lediglich einzelne Notlügen. Auch ist es selbstverständlich richtig, dass es die Voraussetzung der Selbstbestimmung des eigenen Lebens ist, überhaupt zu wissen, welche sachliche Grundlage Handlungsentscheidungen haben. Dieses Wissen wird durch Kommunikation ohne Vertrauen unmöglich gemacht. Mit der Fehlinformation in der Lüge manipuliert der eine den anderen – das ist der Sinn der Lüge – und instrumentalisiert ihn deshalb. Die Folgen von Handlungen – im Beispiel die Destruktivität einer Ordnung der Lüge, das Untergraben der Stellung der Einzelnen als Subjekte ihres Handelns – sind deshalb ein Kern auch eines deontologischen Arguments.

Das, was mit der gängigen Bezeichnung *deontologisch* richtig bezeichnet werden kann (aber häufig durchaus nicht präzise bestimmt wird), ist ein anderes Element der kantischen, aber nicht nur der kantischen Ethik. In letzter Instanz wird die Frage, warum man dem kategorischen Imperativ überhaupt folgen, warum man sein eigenes Verhalten unter den ethisch anspruchsvollen Vorbehalt der Universalisierbarkeit stellen *soll*, in der Tat von Kant nicht mit Hinweis auf die positiven Folgen dieser Orientierung, vor allem dem Glück der Menschen, beantwortet. In einer der abgründigsten Passagen der *Kritik der reinen Vernunft* formuliert Kant ausdrücklich, dass die Moralität nicht notwendig zum Glück der Menschen führe, sondern zu einem herberen Gut: der *Würdigkeit zur Glückseligkeit*.[72] Wenn man sich moralisch verhält, verbürgt das nicht, wie es seit Sokrates immer wieder angenommen wurde, dass ein glückliches Leben

---

72  *I. Kant*, Kritik der reinen Vernunft, 2. Aufl. 1787, S. 523 ff.

erreicht wird. Man gewinnt nur (aber – immerhin – welch ein Gut) die Berechtigung, ein möglicherweise gewonnenes Glück ohne Vorbehalt zu genießen, weil sein Besitz den moralischen Gesetzen nicht widerspricht. Das ist der richtige Kern dieser Aussage. Die Moralität ist die befreiende Bedingung gerechtfertigter Glückseligkeit.

32 Das moralische Gesetz aber ist um seiner selbst willen zu befolgen, die Pflicht um der Pflicht willen zu erfüllen. Das klingt für manche Ohren verdächtig nach preußischem Unteroffizierston, nach philosophischer Weihe einer krummbeinigen, autoritätshörigen Moral der falschen Untertänigkeit. Ein solches Misstrauen ist aber unbegründet. Es geht nicht um eine rigoristische Überhöhung bestimmter einzelner Gebote, gar um Unterwürfigkeit und devote Einfügung in autoritäre Strukturen. Denn der materiale Kern der kantischen Ethik ist ja ausdrücklich die Selbstzweckhaftigkeit der einzelnen Menschen und die Freiheit und Gleichheit, die daraus folgt, also gerade das glatte Gegenteil jeder gehorsamsfrohen Untertanenmoral. Es geht ihr deshalb um ein Stück humaner Unerbittlichkeit, die keinen Strich von der Forderung zurückweicht, dass die einzelnen Menschen als letzte Zwecke menschlichen Handelns geachtet werden müssen, ohne dass dabei auf die womöglich erfreulichen Folgen für den Achtenden gehofft werden dürfte.

33 Kant hat auch die Phänomenologie der Moral auf seiner Seite. Denn wenn jemand beispielsweise sagte, ich helfe dem A, damit dieser mir mein Auto wäscht (also bestimmte Interessen befriedigt), würde dies sicher kein Beispiel für moralisches Handeln bilden. Es ist eine konstitutive Eigenschaft der moralischen Gebote, dass sie solche egoistischen Interessenberücksichtigungen ausschließen (vgl. u. § 21 II).

34 Schließlich gibt es noch ein wichtiges systematisches Argument für die Unausweichlichkeit von um ihrer selbst willen zu befolgenden Geboten. Eine Folgenbewertung setzt notwendig einen Maßstab der Bewertung voraus, der bestimmt, welche Folgen erstrebenswert sind und welche nicht. Dieser Bewertungsmaßstab erster Ordnung kann nun aber nicht selbst durch die Folgen gerechtfertigt werden, die seine Anwendung hervorruft, denn dieser Akt der Bewertung der Folgen des ursprünglich herangezogenen Folgenbewertungsmaßstabs erster Ordnung setzt ja wieder selbst einen Maßstab der Folgenbewertung zweiter Ordnung voraus. Angenommen man zieht als Folgenbewertungsmaßstab das Glück der Menschen heran, hält also genau die Handlungen für moralisch gerechtfertigt, die das Glück der Menschen erhöhen. Es fragt sich dann, warum gerade die Folgen für das Glück der Menschen entscheidend sein sollen, gerade dies den Folgenbewertungsmaßstab erster Ordnung bilden soll. Wenn nun geantwortet würde, dass dieser Folgenbewertungsmaßstab erster Ordnung durch seine Folgen für das Glück der Menschen gerechtfertigt sei, also die Bewertung von Handlungen aufgrund ihrer Folgen für das Glück der Menschen das Glück der Menschen befördere, wird die Ursprungsfrage nur erneut auf höherer Ebene gestellt. Der (letzte, entscheidende) Maßstab der Bewertung eines Gegenstandes wird seine Verbindlichkeit deshalb jedenfalls nicht aus konsequentialistischen Argumenten gewinnen können, wie auch das Durchdenken der zentralen Gegenposition von deontologischen Ethiken, des Utilitarismus, zeigen wird. Auf der letzten Stufe moralischer Systembildung ist deshalb Deontologie nicht zu vermeiden, wenn Folgenberücksichtigung auch ein wichtiges und

## § 9 Menschliche Würde und praktische Vernunft – Kant

zentrales Element der moralischen Beurteilung, allerdings nicht als letzter Maßstab, bildet. Auch hier hat Kant also wichtige Klärungen geleistet.

Mit der Idee, die Moralität gewährleiste die Würdigkeit zur Glückseligkeit, ist der Ort erreicht, das Verhältnis von Moral und Neigung sowie seine Problematik genauer zu durchdenken. Eine weitere klassische Kritik lautet nämlich, dass Kant die Moral zu unversöhnlich den menschlichen Neigungen gegenübergestellt habe. Die schönste Form dieser Kritik, die gleichzeitig ein keineswegs selbstverständliches Gefühl für die eigentliche Tendenz der kantischen Ethik zeigt, wurde von *Friedrich Schiller* (1759–1805) formuliert.[73] Er fragt, ob man nicht aus Neigung moralisch sein könne, weil das Gute anmutig und deshalb anziehend sei. Und sei das Gute, das aus Neigung getan werde, nicht besonders lobenswert? Kant hat darauf geantwortet: „Ich gestehe gern: dass ich dem *Pflichtbegriffe* gerade um seiner Würde willen keine Anmuth beigesellen kann. Denn er enthält unbedingte Nöthigung, womit Anmuth in geradem Widerspruch steht. Die Majestät des Gesetzes (gleich dem auf Sinai) flößt Ehrfurcht ein (nicht Scheu, welche zurückstößt, auch nicht Reiz, der zur Vertraulichkeit einladet), welche *Achtung* des Untergebenen gegen seinen Gebieter, in diesem Fall aber, da dieser in uns selbst liegt, ein *Gefühl des Erhabenen* unserer eigenen Bestimmung erweckt, was uns mehr hinreißt als alles Schöne".[74]

Kant beschreibt ein wesentliches Element der Eigenart moralischer Gebote, wenn er skeptisch gegenüber der Annahme ihrer anziehenden Anmut bleibt. Was *Hans* und *Sophie Scholl* (1918/1921–1943) empfunden haben mögen, als sie sich zum Widerstand gegen den Nationalsozialismus entschlossen, kann man aufgrund ihrer Aufzeichnungen nur ahnen. Ist es aber einleuchtend, in solchen Situationen existentieller moralischer Grundentscheidungen unter Einsatz des eigenen Lebens die Motivation aus der Anmut der moralischen Gebote entspringen zu sehen? Ist hier die Idee einer „Majestät des Gesetzes" nicht lebensnäher, deren hohe Macht eben manche Menschen auch zu moralischen Taten letzter Konsequenz bringen kann?

Auf der anderen Seite spürt Schiller mit seiner Überlegung einem wichtigen Element der Moral nach. Zwar wollen moralische Gebote um ihrer selbst willen befolgt werden und nicht aufgrund erfreulicher Folgen wie einem bezweckten Wohlgefühl nach der moralischen Tat. Die Bedeutung und praktische Wirksamkeit moralischer Gebote im menschlichen Leben wird aber ohne Zweifel dadurch gestärkt, dass moralisches Handeln (neben womöglich anderen vorteilhaften Effekten) für die Handelnden eben auch die Freude bewahrter eigener moralischer Integrität als Versprechen bereit hält – eine Perspektive mit für manche vielleicht sogar anmutigem Reiz.

Ein häufig erhobener Einwand gegen Kants Moral- und Rechtstheorie ist, dass sie aufgrund ihrer Formalität leer und nicht geeignet sei, materiale normative Kriterien

---

[73] *F. Schiller*, Über Anmut und Würde, in: *ders.*, Sämtliche Werke, hrsg. v. G. Fricke und H. G. Göpfert, Bd. V., 1993, S. 433: „In der Kantischen Moralphilosophie ist die Idee der *Pflicht* mit einer Härte vorgetragen, die alle Grazien davon zurückschreckt und einen schwachen Verstand leicht versuchen könnte, auf dem Weg einer finstern und mönchischen Asketik die moralische Vollkommenheit zu suchen" (Herv. i. Org.).
[74] *I. Kant*, Die Religion innerhalb der Grenzen der bloßen Vernunft, S. 23 Fn.

zu liefern.[75] Widerspruchsfrei denkbar sind in der Tat viele Regeln, auch sehr unmoralische. Wenn niemand etwas dagegen hätte, getötet zu werden, wenn nur getötet werden dürfte (etwa in einer Gemeinschaft von Anhängern eines nihilistischen Gewalt- und Todeskultes), wäre die Regel „Du darfst töten" ohne Weiteres ohne Widerspruch universalisierbar. Dieser in verschiedener Form immer wieder erhobene Einwand der Leere formaler Ethiken verkennt aber, dass der Formalismus keineswegs – und wohl entgegen Kants eigener Ansicht – den Kern der kantischen Ethik ausmacht, da sie einen klar identifizierbaren materialen Gehalt besitzt. Kant benennt diesen materialen Gehalt sogar selbst (und stellt damit allerdings die eigene Betonung der Formalität seiner Ethik in Frage, eine festzuhaltende Schwachstelle seiner Theorie). Dieser Gehalt besteht letzten Endes in der gleichen, freien Selbstzweckhaftigkeit menschlicher Existenz. Die Formalität der kantischen praktischen Prinzipien ist nur die durchschaubare Hülle einer materialen, human egalitären, dem Wohl anderer verpflichteten Freiheitsethik menschlicher Würde, die auch das Recht inhaltlich bestimmt. Diese materiale Orientierung schließt die Zulässigkeit der Tötungserlaubnis beispielsweise aus, denn diese Erlaubnis verneint ja gerade den Wert der menschlichen Existenz, indem sie deren gewaltsame Vernichtung zulässt. Ähnliches gilt für andere Beispiele, die diskutiert werden.[76]

39 Mit dieser Erwägung kann man auch eine weitere mögliche Kritik an Kants Rechtsbegriff gewinnbringend bedenken. Man kann ja fragen, ob in seinem Begriff des Rechts nicht die Idee Ausdruck findet, dass die Freiheit nur von der Freiheit anderer begrenzt werde, nicht aber um anderer Rechtsgüter willen. Das subjektive Freiheitsrecht wird ausdrücklich entsprechend formuliert, wie rekapituliert wurde. Rechtsordnungen (wie entsprechenden ethischen Systemen) ist es aber keineswegs fremd, Freiheitsrechte auch aufgrund von anderen Rechtsgütern einzuschränken. Man kann etwa das Verbot einer Beleidigung nicht vollständig als Freiheitsschutznorm rekonstruieren, es geht bei ihm auch originär um den Schutz von Persönlichkeitsrechten, die über Freiheitsverbürgungen hinausgehen. Mit der Idee der Menschenwürde bietet sich auch in diesem Zusammenhang ein Ansatzpunkt, dieses Problem systematisch überzeugend zu lösen (vgl. u. § 19 II 6).

40 Man kann an diesem Punkt eine allgemeine, nützliche Einsicht der Beschäftigung mit der Ideengeschichte festhalten: Sie lehrt einen, dass man eine Theorie nicht nur nach den Ansprüchen ihres Urhebers und aus seiner Sicht erbrachten Leistungen bewerten, sondern sich die wohlwollende Mühe machen sollte, ihrem tatsächlichen Gewinn nachzuspüren. Nicht nur in der Literatur gilt, dass die Autoren von Werken nicht notwendig ihre eigenen besten Interpreten sind – ein zur Beschäftigung mit der Ideengeschichte ermutigendes, weil ihren eigenständigen und kreativen Wert unterstreichendes Ergebnis.

---

75 Vgl. als Auftakt dieser Kritik *G. W. F. Hegel*, Über die wissenschaftlichen Behandlungsarten des Naturrechts, seine Stelle in der praktischen Philosophie und sein Verhältnis zu den Rechtswissenschaften, in: *ders.*, Jenaer Schriften, Werke, hrsg. v. E. Moldenhauer und K. M. Michel, Bd. 2, 1970, S. 434 ff. Das Universalisierungskriterium spielt ethisch allerdings weiter eine wichtige Rolle, vgl. z.B. seine Verwendung in *O. Höffe*, Lebenskunst und Moral, 2009, S. 265 ff.
76 Kants Ethik ist deshalb eine gute Grundlage, seine eigene Theorie der Todesstrafe zu kritisieren.

## § 9 Menschliche Würde und praktische Vernunft – Kant

Ein letzter, wichtiger Einwand gegen Kant soll noch diskutiert werden: Nach einer weithin geteilten Meinung kann ein „Faktum der Vernunft" keineswegs ein Fundament einer Ethik sein. Zunächst ist zu Recht manchem unklar geblieben, was ein „Faktum der Vernunft" eigentlich sein könne, das laut Kant gleichzeitig ist, was es nicht ist, nämlich ein Faktum, aber kein empirisches (wo doch empirische Gegebenheit einen Wesenszug eines Faktums bildet).[77] Weiter wird eingewandt, dass ein solches Faktum, wollte man es denn annehmen, jedenfalls nicht den Grundstein einer Ethik bilden könne – diese frage ja nicht nach dem, was *sei*, sondern was sein *solle*. Der Rückgriff werde dem Bedürfnis nach Rechtfertigung von Normen nicht gerecht, da diese durch ein bloßes Faktum nicht erfolgen könne.

Diese Gedanken führen zu einem der Kernprobleme der Letztbegründung von Normen. Wenn man einräumt, dass Kants Bestimmung des genauen Status dieses Faktums (ist es eine psychologische Gegebenheit? Wenn nicht – was sonst?) unbefriedigend ist, bleibt noch die These bestehen, dass das komplexe Phänomen der Moral eine unhintergehbare Gegebenheit der menschlichen Existenz bilde und in einer schwierig zu bestimmenden Weise in der praktischen Vernunft, oder anders, weniger ideengeschichtlich geladen ausgedrückt, im menschlichen Geist oder auch dem menschlichen Gewissen verwurzelt sei. Das ist eine interessante und substantielle These zum Ursprung der Moral. Dass Kant dabei sein Begründungsunterfangen an einem bestimmten Punkt für nicht weiter hintergehbar erklärt, sollte nicht überraschen. Die Auszeichnung einer letzten Stufe der Begründung kann keine ernstgemeinte Theorie der Moral vermeiden. Dass dies so ist, wird sich gerade auch an den modernen Theorien zeigen, die andere Möglichkeiten behaupten. Die Frage ist mithin nicht, ob es solch eine letzte Stufe der Begründung gibt, sondern ob Kants Idee, sie im menschlichen Geist zu suchen und nicht etwa in der impliziten Moralität einer menschlichen Lebenswelt, ihren Sprachstrukturen oder einer übernatürlichen Offenbarung, um nur einige mögliche und gegenwärtig diskutierte Alternativen zu nennen, in die richtige Richtung weist.

Noch eine Nuance der kantischen Theorie ist erwähnenswert: Kant hatte – wie das Scheitern seiner Deduktionsversuche illustriert – erhebliche Schwierigkeiten, das letzte Fundament der Moral zu bestimmen. Dass aber diese Moral ein Faktum der menschlichen Existenz sei, dass sie etwas Eigenes und Besonderes bilde, war ihm so gewiss, dass er auf der Moral ein Kernanliegen seiner ganzen Philosophie aufbauen konnte, das in der Verteidigung der Realität menschlicher Freiheit liegt. Denn der entscheidende Erkenntnisgrund menschlicher Freiheit findet sich, wie erwähnt wurde, im moralischen Gebot – fiele die Moral dem skeptischen Zweifel an ihrer Existenz anheim, erginge es der Freiheit der Menschen nicht besser. Und das Wesen, das dann nur noch die „Freiheit eines Bratenwenders" besäße,[78] sich nach vorgegebenen Gesetzen zu dre-

---

[77] Die Bedeutung des „Faktums der Vernunft" wird deswegen sehr unterschiedlich interpretiert, auch in dem Sinne, dass es sich gerade nicht um eine Gegebenheit handele, sondern z.B. etwas Gemachtes sei, was sich aber mit Kants Ausführungen schwer vereinbaren lässt. Zur Diskussion z.B. *K. Ameriks*, Kant and the Fate of Autonomy, 2000, S. 70 ff.; *A. Wood*, Kant's ethical thought, 1999, S. 171; *L. W. Beck*, A Commentary on Kant's Critique of Practical Reason, 1960, S. 167, meint, es handle sich um „famous but obscure passages". Zur Verteidigung des Faktums der Vernunft durch Autonomie, *O. O'Neill*, Autonomy and the Fact of Reason, in: O. Höffe (Hrsg.), Kritik der praktischen Vernunft, 2002, S. 81 ff.

[78] *I. Kant*, Kritik der praktischen Vernunft, S. 97.

hen, verlöre womöglich sogar den Anspruch auf Achtung seiner Würde, die sich nach Kant aus moralischer Freiheit speist. Diese Thesen (ob man ihnen zustimmen mag oder nicht) illustrieren jedenfalls die mögliche Bedeutung des Bewusstseins der Realität der Moralität, die zu erinnern ist, wenn man sich in den Diskurs der Gegenwart wagt.

## § 10 Die politische Ordnung der Freiheit

I. Freiheit und Bildung – Wilhelm von Humboldt .................. 1
  1. Revolution und Restauration ... 1
  2. Freiheit und das Wohl der anderen .................. 4
  3. Ein gemeinschaftszugewandter Liberalismus .................. 10
  4. Kritische Einschätzungen ........ 13

II. John Stuart Mill und der frühe Liberalismus .................. 15
  1. Die produktive Freiheit zum Experiment .................. 15
  2. Kritische Einschätzungen ........ 28

### I. Freiheit und Bildung – Wilhelm von Humboldt

#### 1. Revolution und Restauration

*Wilhelm von Humboldt* (1767–1835) war praktischer Politiker, Pionier des Bildungswesens und einer der interessantesten Sprachforscher des 18. und 19. Jahrhunderts. Er wird innerhalb der Ideengeschichte der Rechtsphilosophie und -theorie mit einer gewissen Zurückhaltung rezipiert, vielleicht weil sein Werk hier schmal geblieben ist. Er ist aber für zwei zentrale Autoren des angelsächsischen Liberalismus – Mill und Rawls – mit unterschiedlichen Aspekten zu einem wichtigen Bezugspunkt geworden, so dass seine Ideen tief in die gegenwärtige Konzeption des Liberalismus hineinwirken. Im Übrigen liefert er einige der originellsten Gedankengänge zur Begründung einer an individueller Freiheit orientierten Ordnung seiner Zeit, die nicht vergessen werden sollten.

V. Humboldt wächst im aufgeklärten Absolutismus Preußens auf und erlebt als junger Mann die Französische Revolution. Die Niederlage Preußens gegen die napoleonischen Truppen leitet die Befreiungskriege und die inneren Reformen des Landes ein, deren Notwendigkeit die in der Niederlage dokumentierte Schwäche weithin sichtbar macht. 1807–1812 werden die *Stein/Hardenberg'schen Reformen* (Bauernbefreiung, Städteordnung, Judenemanzipation) durchgeführt. Nach der endgültigen Niederlage *Napoleons* 1815 erfasst Europa die monarchistische, religiös-politische Restauration unter den Führungsmächten Russland, Österreich und Preußen, der sog. Heiligen Allianz, die sich auf dem Wiener Kongress (1814/15) formiert. 1815–1866 sind 66 deutsche Staaten im deutschen Bund organisiert. 1819 schaffen die *Karlsbader Beschlüsse* nach der Ermordung des Schriftstellers *Kotzebue* und die folgende sog. Demagogenverfolgung eine bis zur Märzrevolution 1848 dauernde repressive Ordnung in den deutschen Staaten, um die politische Bedrohung der restaurierten Monarchie durch demokratische und nationale Bestrebungen abzuwenden. Die Maßnahmen beschränken drakonisch die politische Meinungsfreiheit, insbesondere in der Presse und in den Universitäten, aber auch der verschiedenen demokratischen und nationalen Vereinigungen, etwa der Burschenschaften und der Turnerbewegung. Diese politischen Entwicklungen besiegeln für Deutschland das Ende der demokratischen Hoffnungen der Befreiungskriege. V. Humboldt hatte Charakter genug, diesen Maßnahmen entgegenzutreten, worauf er 1819 aus seinem Regierungsamt entlassen wurde.

1830 markiert die Julirevolution in Frankreich mit der Einsetzung des Bürgerkönigs Louis Philippe die nächste Welle des politischen Widerstandes in Europa gegen die überkommenen Ordnungen der Monarchien, die den Kontinent weiter dominieren, wenn es auch andere Staatsstrukturen gibt, die neue Akzente setzen, wie etwa in der Schweiz. Die Suche nach einer den Menschen angemesseneren politischen Ordnung, die auch v. Humboldt zu seinem Entwurf der Grundprinzipen der Staatstätigkeit bewegt, geht weiter.

### 2. Freiheit und das Wohl der anderen

4   Die ethische Grundlage der v. Humboldt'schen Staatstheorie ist zum einen die *Autonomie* der Menschen. Alle Staatsgrundsätze „gründen sich allein darauf, dass dem selbstdenkenden und selbstthätigen Menschen nie die Fähigkeit geraubt werden darf, sich, nach gehöriger Prüfung aller Momente der Ueberlegung, willkührlich zu bestimmen".[1] Zum anderen geht es um die Selbstverwirklichung der Einzelnen, also um *normativen Individualismus*: „Das höchste Ideal des Zusammenexistirens menschlicher Wesen wäre mir dasjenige, in dem jedes nur aus sich selbst, und um seiner selbst willen sich entwickelte".[2] Der Endzweck der menschlichen Existenz ist das Produkt eines Bildungsprozesses: „Der wahre Zwek des Menschen – nicht der, welchen die wechselnde Neigung, sondern welchen die ewig unveränderliche Vernunft ihm vorschreibt – ist die höchste und proportionirlichste Bildung seiner Kräfte zu einem Ganzen".[3] Es kommt also aus seiner Sicht nicht nur auf die Menge von Kenntnissen und Fähigkeiten an, sondern auch auf ihr Verhältnis zueinander. Keine einseitige Vertiefung von Fertigkeiten wird angestrebt, sondern die Wahrung eines Zusammenhangs der Seiten einer Persönlichkeit, die das Ganze des Menschseins erhält.

5   Die Menschennatur sei dabei auf Aktivität, auf das Verfolgen von bestimmten Zielen gerichtet, nicht auf den passiven Genuss eines einmal Erreichten: „Nach Einem Ziele streben und diess Ziel mit Aufwand physischer und moralischer Kraft erringen, darauf beruht das Glük des rüstigen, kraftvollen Menschen. Der Besiz, welcher die angestrengte Kraft der Ruhe übergibt, reizt nur in der täuschenden Phantasie".[4] Jede als Selbstzweck betriebene Beschäftigung adele Menschen, ganz unabhängig von ihrem Gegenstand: „So liessen sich vielleicht aus allen Bauern und Handwerkern *Künstler* bilden, d.h. Menschen, die ihr Gewerbe um ihres Gewerbes willen liebten, durch eigen gelenkte Kraft und eigne Erfindsamkeit verbesserten, und dadurch ihre intellektuellen Kräfte kultivirten, ihren Charakter veredelten, ihre Genüsse erhöhten".[5] Die Entwicklung der Kräfte sei nur bei eigener freier Tätigkeit möglich: „Was nicht von dem Menschen selbst gewählt, worin er auch nur eingeschränkt und geleitet wird, das geht nicht in sein Wesen über, das bleibt ihm ewig fremd, das verrichtet er nicht eigentlich mit menschlicher Kraft, sondern mit mechanischer Fertigkeit".[6] Bildung könne nicht von außen aufgezwungen werden: „Denn alle Bildung hat ihren Ursprung allein in

---

1  W. v. *Humboldt*, Ideen zu einem Versuch die Gränzen der Wirksamkeit des Staates zu bestimmen, S. 56 ff., 199.
2  W. v. *Humboldt*, Ideen zu einem Versuch die Gränzen der Wirksamkeit des Staates zu bestimmen, S. 67.
3  W. v. *Humboldt*, Ideen zu einem Versuch die Gränzen der Wirksamkeit des Staates zu bestimmen, S. 64.
4  W. v. *Humboldt*, Ideen zu einem Versuch die Gränzen der Wirksamkeit des Staates zu bestimmen, S. 57.
5  W. v. *Humboldt*, Ideen zu einem Versuch die Gränzen der Wirksamkeit des Staates zu bestimmen, S. 76 (Herv. i. Org.).
6  W. v. *Humboldt*, Ideen zu einem Versuch die Gränzen der Wirksamkeit des Staates zu bestimmen, S. 77.

## § 10 Die politische Ordnung der Freiheit

dem Innern der Seele, und kann durch äussre Veranstaltungen nur veranlasst, nie hervorgebracht werden".[7]

Dieses Bildungsideal hat auch ganz konkrete bildungspolitische Konsequenzen. In der Bildung dürfe der Mensch nicht dem Bürger geopfert werden. „Daher müsste, meiner Meinung zufolge, die freieste, so wenig als möglich schon auf die bürgerlichen Verhältnisse gerichtete Bildung des Menschen überall vorangehen. Der so gebildete Mensch müsste dann in den Staat treten, und die Verfassung des Staates sich gleichsam an ihm prüfen".[8] Menschen sollen also nicht staatlichen (und damit auch sozialen) Verhältnissen angepasst, sondern umgekehrt diese am vorstaatlich entfalteten Menschsein ausgerichtet werden.

Ein einzelner Mensch sei nun allerdings nur zu beschränkter Ausbildung von Fähigkeiten in der Lage, auch bei verschiedenen Schwerpunktsetzungen in verschiedenen Lebensaltern. Deswegen sei er auf den Zusammenschluss mit anderen Menschen angewiesen, denn nur so könne er von den Kenntnissen und Fertigkeiten anderer selbst profitieren. Wenn man etwa ein Musikstück hören will – so kann man v. Humboldts Gedanken illustrieren –, selbst aber zu dessen Erzeugung oder Wiedergabe kein Talent hat, bleibt einem nichts, als auf die musikalischen Gaben anderer Menschen zurückzugreifen, die einem die musikalische Erfahrungswelt eröffnen. Gleiches gilt nicht nur für andere besondere Tätigkeiten, sondern auch für alle Fertigkeiten der Menschen in ihrer ganzen alltäglichen Vielfalt – von der Zubereitung eines Rahmgeschnetzelten bis zum Sinn für gute Witze. Die einzelnen Menschen überwinden aus v. Humboldts Sicht die Einseitigkeit, zu der ihr Leben als Einzelne verdammt ist, durch die Wendung zu anderen: „Durch Verbindungen also, die aus dem Innren der Wesen entspringen, muss einer den Reichthum des andren sich eigen machen".[9] Die menschliche Gemeinschaft liegt im Interesse der Individuen, um sich die Vielfalt des menschlichen Lebens insgesamt zu erschließen. Der an Persönlichkeitsbildung orientierte Individualismus führt nicht zu einer Ordnung der aneinander desinteressierten Einzelnen, in der die Freiheitsansprüche anderer die Freiheit der Person nur begrenzen. Im Gegenteil: „Und die ganze Absicht der hier vorgetragenen Ideen liesse sich ja vielleicht nicht unrichtig darin sezen, dass sie alle Fesseln in der Gesellschaft zu zerbrechen, aber auch dieselbe mit so viel Banden, als möglich, unter einander zu verschlingen bemüht sind. Der Isolirte vermag sich eben so wenig zu bilden, als der Gefesselte".[10] Die Menschen müssen es sich deshalb angelegen sein lassen, die Entfaltungsmöglichkeiten ihrer Mitmenschen sicherzustellen, auch in materieller Hinsicht – eine Konsequenz, die v. Humboldt nicht formuliert, die sich aber aus dem Gang seines Arguments ergibt. Wenn einem etwa an musikalischen Erlebnissen liegt, ist es sinnvoll, sich zu bemühen, dass kein Mozart in einem Slum verhungert oder als zufälliges Opfer eines Krieges endet. Damit ist die überraschende Pointe der v. Humboldt'schen Theorie erreicht: Der humanistische Individualismus gebiert eine solidarische Sozialunion, in der das Wohlergehen und die

---

7 W. v. Humboldt, Ideen zu einem Versuch die Gränzen der Wirksamkeit des Staates zu bestimmen, S. 121.
8 W. v. Humboldt, Ideen zu einem Versuch die Gränzen der Wirksamkeit des Staates zu bestimmen, S. 106.
9 W. v. Humboldt, Ideen zu einem Versuch die Gränzen der Wirksamkeit des Staates zu bestimmen, S. 64 f.
10 W. v. Humboldt, Ideen zu einem Versuch die Gränzen der Wirksamkeit des Staates zu bestimmen, S. 166 f.

Chance der Persönlichkeitsentwicklung der anderen die Grundlage der Qualität der eigenen Existenz sind.

8 Freiheit ist damit für v. Humboldt in doppelter Hinsicht ein Lebensgut: Erstens als Voraussetzung der eigenen Persönlichkeitsentwicklung. Diese hängt, wie dargelegt, auch von der Entfaltung der anderen ab, die selbst wieder nur durch Freiheit möglich wird. Denn nur diese erzeugt die „Mannigfaltigkeit der Situationen", deren die Einzelnen bedürfen, um ihre Potenziale auszubilden.

9 Freiheit ist zweitens aber auch selbst, unabhängig von ihrer Funktion für die Entfaltung der Menschen, ein wertvolles Lebensgut. Die Menschen spürten dabei durchaus nicht alle Unfreiheiten, die existierten, aber zumindest die bedrückendsten. Politische Reife einer Bevölkerung sei keine Voraussetzung für die Einführung einer liberalen Ordnung, denn die Freiheit selbst schaffe eigentlich die Fähigkeit zur Freiheit.[11] Freiheit versetze die Menschen schließlich in die innere Lage, anderen zugewandt zu leben. Je freier ein Mensch sei, „desto selbstständiger wird er in sich, und desto wohlwollender gegen andre".[12]

### 3. Ein gemeinschaftszugewandter Liberalismus

10 Aufgrund dieser Überlegungen zu Ethik, Anthropologie, Bildungsideal und dem Wert der Freiheit entwickelt v. Humboldt Grundzüge eines *staatskritischen, gemeinschaftszugewandten Liberalismus*. Staatliches Handeln sei richtigerweise auf „höhere Freiheit der Kräfte, und größere Mannigfaltigkeit der Situationen" gerichtet, aber gegen die Erzeugung einförmig verbundener Massen.[13] Die vorteilhafteste Lage der Menschen im Staat werde erreicht, wenn „die mannigfaltigste Individualität, die originellste Selbstständigkeit mit der gleichfalls mannigfaltigsten und innigsten Vereinigung mehrerer Menschen nebeneinander aufgestellt würde – ein Problem, welches nur die höchste Freiheit zu lösen vermag".[14] Der Schutz der Freiheit wird damit Staatszweck. V. Humboldt wendet sich gegen die positive Wohlstandsförderung, da jedes Bemühen des Staates verwerflich sei, „sich in die Privatangelegenheiten der Bürger überall da einzumischen, wo dieselben nicht unmittelbaren Bezug auf die Kränkung der Rechte des einen durch den andren haben".[15] Jede Wohlstandsförderung führe zu Eintönigkeit der Lebensverhältnisse, zur Schwächung der Initiative und Eigenständigkeit des menschlichen Lebens sowie zur Aufblähung des Staatsapparates. Deswegen sei Staatsziel nur der Schutz dieser Rechte nach innen und nach außen.[16] Die Sicherheit bestehe in der „Gewissheit der gesetzmäßigen Freiheit" der Bürger.[17]

11 V. Humboldt sieht dabei durchaus – auch in der vorindustriellen Zeit, in der er schreibt – das Problem der *sozialen Vorsorge* für die „Verhütung oder Abwehrung großer Unglücksfälle, Hungersnot, Überschwemmung usw." Diese könne durch die Gesellschaft selbst besorgt werden, durch „National-" statt „Staatsanstalten", wenn

---

11 W. v. *Humboldt*, Ideen zu einem Versuch die Grenzen der Wirksamkeit des Staates zu bestimmen, S. 218.
12 W. v. *Humboldt*, Ideen zu einem Versuch die Grenzen der Wirksamkeit des Staates zu bestimmen, S. 129.
13 W. v. *Humboldt*, Ideen zu einem Versuch die Grenzen der Wirksamkeit des Staates zu bestimmen, S. 58.
14 W. v. *Humboldt*, Ideen zu einem Versuch die Grenzen der Wirksamkeit des Staates zu bestimmen, S. 211.
15 W. v. *Humboldt*, Ideen zu einem Versuch die Grenzen der Wirksamkeit des Staates zu bestimmen, S. 69.
16 W. v. *Humboldt*, Ideen zu einem Versuch die Grenzen der Wirksamkeit des Staates zu bestimmen, S. 90.
17 W. v. *Humboldt*, Ideen zu einem Versuch die Grenzen der Wirksamkeit des Staates zu bestimmen, S. 147.

der „Nation" nur Gelegenheit gegeben werde, sich durch Verträge zu verbinden.[18] Die Sorge für Leben und Gesundheit sei aber keine Staatsaufgabe.[19] Ebenso liege die „Aufsicht über Erziehung, Religionsanstalten, Luxusgesetze usf." außerhalb der Wirksamkeit des Staates.[20] V. Humboldt formuliert Skepsis gegenüber dem Mehrheitsprinzip und politischer Repräsentation.[21] Der *Krieg* verdiene keine Förderung durch den Staat, sei aber wenn nötig zu führen und könne positive Effekte als Bildungskraft des Menschengeschlechts entfalten.[22] V. Humboldt tritt für die Trennung von Staat und Kirche ein.[23] Den *Strafzweck* liefert eine aufgeklärte Abschreckungstheorie, wobei sich v. Humboldt für eine humane Strafzumessung ausspricht: Mildere Strafen seien bei gleicher Wirksamkeit die besseren Strafen.[24] Die Geltung der Menschenrechte wird vorausgesetzt.[25] Der politische Wechsel wird, wie bei Kant, durch *Reform* angestrebt.[26]

Jenseits der Ordnung eines konkreten Staates eröffnen sich für v. Humboldt wie für Kant *kosmopolitische Perspektiven*: „Wenn es eine Idee gibt, die durch die ganze Geschichte hindurch in immer mehr erweiterter Geltung sichtbar ist, wenn irgend eine vielfach bestrittene, aber noch vielfacher misverstandne Vervollkommnung des ganzen Geschlechts beweist, so ist es die der Menschlichkeit, das Bestreben, die Gränzen, welche Vorurtheile und einseitige Ansichten aller Art feindselig zwischen die Menschen stellen, aufzuheben, und die gesammte Menschheit, ohne Rücksicht auf Religion, Nation und Farbe, als Einen grossen, nahe verbrüderten Stamm zu behandeln".[27]

### 4. Kritische Einschätzungen

V. Humboldt wird als Theoretiker des sog. *Nachtwächterstaats* rezipiert und dafür kritisiert. Aus der Perspektive moderner Staatlichkeit wird die v. Humboldt'sche Konzeption der Aufgaben des Staates den ordnungspolitischen, sozialen und – wie die jüngste Finanz- und Wirtschaftskrise, in der Staaten den Kollaps wohl nicht nur der Finanzwirtschaft abwenden mussten, in Erinnerung gerufen hat – ökonomischen Herausforderungen an moderne Gemeinwesen sicher nicht gerecht. Die Covid-19 Pandemie hat diese Lehren nachdrücklich unterstrichen. Man sollte aber die historischen Voraussetzungen der v. Humboldt'schen Theorie beachten. V. Humboldt hat seine konkreten Vorstellungen zur Rolle des Staates in einer vorindustriellen, präkapitalistischen Gesellschaft formuliert, in der eine zentrale politische Emanzipationsaufgabe darin bestand, sich von monarchistischer Bevormundung zu befreien, und nicht in einer modernen Industrie- und Dienstleistungsgesellschaft mit ihren neuen politischen

---

18 *W. v. Humboldt*, Ideen zu einem Versuch die Gränzen der Wirksamkeit des Staates zu bestimmen, S. 92.
19 *W. v. Humboldt*, Ideen zu einem Versuch die Gränzen der Wirksamkeit des Staates zu bestimmen, S. 154.
20 *W. v. Humboldt*, Ideen zu einem Versuch die Gränzen der Wirksamkeit des Staates zu bestimmen, S. 145.
21 *W. v. Humboldt*, Ideen zu einem Versuch die Gränzen der Wirksamkeit des Staates zu bestimmen, S. 93 f.
22 *W. v. Humboldt*, Ideen zu einem Versuch die Gränzen der Wirksamkeit des Staates zu bestimmen, S. 98 ff.
23 *W. v. Humboldt*, Ideen zu einem Versuch die Gränzen der Wirksamkeit des Staates zu bestimmen, S. 130.
24 *W. v. Humboldt*, Ideen zu einem Versuch die Gränzen der Wirksamkeit des Staates zu bestimmen, S. 179. Vgl. bereits o. § 9 Fn. 65.
25 *W. v. Humboldt*, Ideen zu einem Versuch die Gränzen der Wirksamkeit des Staates zu bestimmen, S. 59, 198 f.
26 *W. v. Humboldt*, Ideen zu einem Versuch die Gränzen der Wirksamkeit des Staates zu bestimmen, S. 216.
27 *W. v. Humboldt*, Über die Verschiedenheiten des menschlichen Sprachbaus, in: *ders.*, Werke in Fünf Bänden, Bd. III, 2002, S. 144 ff., 147 f.

Anforderungen. Auch v. Humboldt hat nicht übersehen, dass sich Gemeinschaftsaufgaben ergeben, die er nur von gesellschaftlichen „Nationalanstalten" gelöst wissen wollte – mit vielleicht weiter beachtenswertem Bürgersinn, wenn auch der institutionelle Rahmen modernen Anforderungen nicht genügt.

14  V. Humboldts Gedanken zur Bedeutung der Freiheit und Entfaltung der Persönlichkeit unter der Bedingung der Verbundenheit mit anderen Menschen bilden ein systematisch originelles, wichtiges und haltbares Argument. Es macht bewusst, dass Selbstverwirklichung in einem genügend anspruchsvollen Sinn kein einsames Geschäft ist, sondern von mitmenschlichen Bindungen abhängt. Gerade wenn einem also an einem persönlich reichen und guten Leben gelegen ist, muss man sich – nur scheinbar paradoxerweise – für das Wohlergehen seiner Mitmenschen und ihre freie Entfaltung interessieren. Es gibt noch andere Arten, Bänder zwischen den Menschen zu knüpfen. Aber auch dieses Argument hat belastbaren Gehalt.

## II. John Stuart Mill und der frühe Liberalismus
### 1. Die produktive Freiheit zum Experiment

15  Die Erinnerung an *John Stuart Mills* (1806–1873) Überlegungen fehlt in kaum einer Stellungnahme der Gegenwart zu den Grundlagen der Freiheitsrechte. Mill ist darüber hinaus wie *Adam Smith* (1723–1790) oder *David Ricardo* (1772–1823) ein zentraler Autor der klassischen Nationalökonomie, die den ökonomischen Wandel der namentlich in England vorangetriebenen industriellen Revolution theoretisch verarbeitet. Diese beginnt im 18. Jahrhundert mit technischen Innovationen wie der Dampfmaschine und verändert die soziale Struktur der Gesellschaften, die sie erfasst, grundlegend. Die bürgerlichen Gesellschaftsschichten gewinnen entscheidende ökonomische Funktionen, die existierende politische Ansprüche stärken. Eine lohnabhängige Industriearbeiterschaft entsteht. Dazu werden feudale Bindungen gegen den zum Teil erheblichen Widerstand der landbesitzenden Aristokratie aufgelöst und die Menschen in eine neue, schwierige ökonomische Freiheit entlassen. Die Menschen können sich im Prinzip nach ihrem Willen binden, haben also insofern den Zwang vorgegebener Lebenswege hinter sich gelassen, sind aber faktisch häufig nicht freier als zuvor. An die Stelle der Bindungen der Feudalgesellschaft kann nun der nackte und manchmal unerbittlichere Zwang der wirtschaftlichen Notwendigkeit, sich unter den Bedingungen der neuen Wirtschaftsform zu erhalten, treten. Die entstandene ökonomische Ordnung des Kapitalismus zeichnet sich durch Privateigentum an den Mitteln der Gütererzeugung, also Fabriken, Maschinen usw., einen Markt als Instrument der Güterverteilung innerhalb der Gesellschaft und Vertragsfreiheit aus, wobei Letztere für den freien Warenverkehr ebenso wichtig ist wie für die Begründung und Gestaltung der Arbeitsverhältnisse mit den Beschäftigten. Ein Rechtssicherheit gewährender, die ökonomische Entwicklung ordnungspolitisch gestaltender Staat und eine die Staatlichkeit organisierende rationale Bürokratie sind weitere wichtige Elemente der politisch-ökonomischen Transformation, die in die Entwicklung globaler Machtstrukturen – etwa des britischen Empire – eingebettet ist.

16  Die neue Wirtschaftsform schafft Wohlstand und Elend. Die Gesellschaften, die von der Industrialisierung erfasst werden, erleben eine grundlegende Verbesserung des

## § 10 Die politische Ordnung der Freiheit

Lebensstandards und gleichzeitig die Verarmung bestimmter Teile der Gesellschaft. Dieses Phänomen formuliert eine zentrale Herausforderung der ökonomischen Entwicklung des 19. an die folgenden Jahrhunderte: die Wohlstandsentwicklung zu einer Wohltat für alle Menschen zu machen.

Die vor diesem Hintergrund entwickelte Freiheitsphilosophie Mills besitzt noch eine klassische, politische Ausrichtung, die die wirtschaftlichen Herausforderungen an eine Freiheitsordnung nicht systematisch bedenkt. Diese Freiheitsphilosophie bildet den ersten entscheidenden rechtsphilosophischen und -theoretischen Beitrag Mills. Der zweite besteht in einer spezifischen Variante des Utilitarismus, der im Zusammenhang der verschiedenen utilitaristischen Theorien aufgegriffen werden wird (vgl. u. § 12).

Mills freiheitsphilosophisches Thema sind die *Gehalte und Grenzen der sozialen Freiheit*, nicht die Willensfreiheit der Menschen. Traditionelle Mittel gegen die Tyrannei seien Rechte von Individuen und Verfassungen. Aber nicht nur demokratisch nicht legitimierte Herrscher könnten Freiheit gefährden, sondern auch (demokratische) Mehrheiten. Mill wendet sich damit gegen den Optimismus von Theoretikern radikaler Demokratie, insbesondere von Rousseau, die glaubten, demokratische Verfahren allein sicherten schon die Rechte der Menschen.

Auch in Demokratien müsse deshalb den möglichen Freiheitseinschränkungen eine Grenze gezogen werden: „There is a limit to the legitimate interference of collective opinion with individual independence: and to find that limit, and maintain it against encroachment, is as indispensable to a good condition of human affairs, as protection against political despotism".[28]

In der (kritikwürdigen) Gesellschaftspraxis entschieden faktisch die Vorlieben der Gesellschaftsmitglieder, ihre Traditionen und Konventionen über Handlungsgrenzen: „The practical principle which guides them to their opinions on the regulation of human conduct, is the feeling in each person's mind that everybody should be required to act as he, and those with whom he sympathises, would like them to act".[29] Eine andere Quelle für Freiheitseinschränkungen sei die Unterwürfigkeit der Menschen gegenüber den angenommenen Vorlieben ihrer zeitlichen Herren oder Götter: „Another grand determining principle of the rules of conduct, both in act and forbearance, which have been enforced by law or opinion, has been the servility of mankind towards the supposed preferences or aversions of their temporal masters, or of their gods. This servility, though essentially selfish, is not hypocrisy; it gives rise of perfectly genuine sentiments of abhorrence; it made them burn magicians and heretics".[30]

---

28 *J. S. Mill*, On Liberty, in ders., On Liberty and other Essays, ed. by J. Gray, 1991, S. 5 ff., 9: „Es gibt eine Grenze für legitime Eingriffe der Meinung der Allgemeinheit in die individuelle Unabhängigkeit: Und diese Grenze zu bestimmen und sie gegen Verletzungen zu behaupten, ist ebenso unverzichtbar für eine gelungene Gestaltung menschlicher Angelegenheiten wie der Schutz gegen politischen Despotismus".
29 *J. S. Mill*, On Liberty, S. 10: „Das praktische Prinzip, das ihre Meinungen zur Regulierung menschlichen Verhaltens anleitet, ist das Gefühl in jedermanns Vorstellung, dass alle so handeln sollten, wie er und die, mit denen er sympathisiert, sie handeln sehen wollen".
30 *J. S. Mill*, On Liberty, S. 11: „Ein anderes, in hohem Maße die Regeln des Verhaltens bestimmendes Prinzip, sowohl in Bezug auf Handlungen wie auf Unterlassungen, die durch Gesetz oder Meinung durchgesetzt wurden, ist die Servilität der Menschen gegenüber den angenommenen Vorlieben oder Abneigungen ihrer zeitlichen Herren oder ihrer Götter. Diese Servilität, obwohl im Wesentlichen selbstsüchtig, ist keine Heu-

21 Die rationale Alternative zu diesen illiberalen Vorstellungen bilde das Schadensprinzip (*harm principle*) – eine bis heute immer wieder durchdachte Idee zur Begrenzung der Beschränkung von Freiheit: „That principle is, that the sole end for which mankind are warranted, individually or collectively, in interfering with the liberty of action of any of their number, is self-protection. That the only purpose for which power can be rightfully exercised over any member of a civilized community, against his will, is to prevent harm to others".[31]

22 Wenn die Sozialsphäre nicht berührt sei, könne ein Einzelner Freiheit unbeschränkt genießen: „In the part which merely concerns himself, his independence is, of right, absolute. Over himself, over his own body and mind, the individual is sovereign".[32] Mills Verteidigung der Freiheitsrechte hat aber eine entscheidende Grenze: Das Schadensprinzip gelte nicht für Menschen, die sich nicht selbst bestimmen könnten. Dazu gehörten Kinder, aber auch unterentwickelte Menschengruppen, „those backward states of society in which the race itself may be considered as in its nonage".[33] Diese Menschengruppen könnten einer autokratischen Herrschaftsform, allerdings nur zum eigenen Wohle, unterworfen werden: „Despotism is a legitimate mode of government in dealing with barbarians, provided the end be their improvement, and the means justified by actually effecting that end".[34]

23 Neben diesen allgemeinen Überlegungen zur Freiheit und ihren Grenzen liefert Mill eine konkrete Theorie der Grundlagen der Meinungsfreiheit, die gleichzeitig exemplarisch die Stoßrichtung seines liberalen, politisch-rechtlichen Projekts illustriert. Ein zentrales Argument Mills bildet die These, dass von den Ergebnissen gewährter Meinungsfreiheit nur profitiert werden könne. Sei eine Meinung richtig, würde ihre Unterdrückung die Unterdrückung der Wahrheit bedeuten. Sei sie falsch, verliere die Wahrheit die Gelegenheit, ihren Wahrheitscharakter durch Widerlegung ihres Gegenteils zu beweisen: „Were an opinion a personal possession of no value except to the owner; if to be obstructed in the enjoyment of it were simply a private injury, it would make some difference whether the injury was inflicted only on a few persons or on many. But the peculiar evil of silencing the expression of an opinion is, that it is robbing the human race; posterity as well as the existing generation; those who dissent from the opinion, still more than those who hold it. If the opinion is right, they are deprived of the opportunity of exchanging error for truth: if wrong, they lose, what is almost as

---

chelei; sie lässt vollständig echte Empfindungen der Abwehr entstehen; sie hat sie Zauberer und Ketzer verbrennen lassen".

31 *J. S. Mill*, On Liberty, S. 14: „Dieses Prinzip lautet, dass das einzige Ziel, das es Menschen erlaubt, individuell oder als Allgemeinheit, in die Handlungsfreiheit von irgendeiner Anzahl anderer einzugreifen, der Selbstschutz ist. Dass der einzige Zweck wegen dessen Macht gerechtfertigt gegenüber irgendeinem Mitglied einer zivilisierten Gemeinschaft gegen seinen Willen ausgeübt werden kann, darin besteht, Schaden von anderen abzuwenden".

32 *J. S. Mill*, On Liberty, S. 14: „In jenem Bereich, der nur ihn selbst betrifft, ist seine Unabhängigkeit, als Recht, absolut. In Bezug auf sich selbst, seinen eigenen Körper und Geist, ist das Individuum der Souverän".

33 *J. S. Mill*, On Liberty, S. 14: „diese zurückgebliebenen Zustände der Gesellschaft, in denen die Rasse selbst als unmündig angesehen werden kann."

34 *J. S. Mill*, On Liberty, S. 14f: „Despotismus bildet eine legitime Regierungsform für Barbaren, sofern er ihrer Entwicklung dient und die Mittel diesem Ziel tatsächlich dienen."

§ 10 Die politische Ordnung der Freiheit

great a benefit, the clearer perception and livelier impression of truth, produced by its collision with error".[35]

Die Meinungsfreiheit wird zur Quelle der Handlungsberechtigung unter den Bedingungen der Unsicherheit, weil nur sie sicherstelle, dass die Annahmen, die der Handlung zugrunde lägen, ausreichend geprüft würden, um ihre Wahrheit zu unterstellen: „Complete liberty of contradicting and disproving our opinion, is the very condition which justifies us in assuming its truth for purposes of action".[36] Sie erstrecke sich auch auf extreme Fälle: „Unless the reasons are good for an extreme case, they are not good for any case".[37]

Mill erinnert auch daran, dass Einsichten erfolgreich unterdrückt werden können, dass es also ein Kinderglaube ist, anzunehmen, die Wahrheit werde sich gegen andere Kräfte notwendig durchsetzen: „It is a piece of idle sentimentality that truth, merely as truth, has any inherent power denied to error, of prevailing against the dungeon and the stake".[38] Die Meinungsfreiheit habe nicht nur Bedeutung für das Erreichen und Absichern von Einsichten, sondern sei auch für die Charakterbildung der Menschen wichtig, denn ohne sie verkümmere der moralische Mut im geistigen Leben: „But it is not the minds of heretics that are deteriorated most, by the ban placed on all inquiry which does not end in the orthodox conclusions. The greatest harm done is to those who are not heretics, and whose whole mental development is cramped, and their reason cowed, by the fear of heresy".[39]

Gleiche Argumente gelten auch für andere Freiheitsrechte und insgesamt für ganze Lebensentwürfe, „experiments in living", die gelebt und ausprobiert werden wollen.[40]

Auch Mill verfolgt ein individualistisches Konzept. Durchgängiger (impliziter) Bezugspunkt ist v. Humboldts philosophisch-anthropologische Zweckbestimmung des Menschen, die Mill rezipiert hat. Unabhängigkeit und Autonomie seien ebenso entscheidend wie Freiheit und Vielfalt der Situationen: „The human faculties of perception, judgment, discriminative feeling, mental activity, and even moral preference, are exercised only in making a choice. He who does anything because it is the custom, makes

---

35  *J. S. Mill*, On Liberty, S. 21: „Wenn eine Meinung ein persönlicher Besitz wäre, der nur für den Eigentümer Wert hätte, wenn die Verhinderung ihres Genusses nur eine private Verletzung bedeutete, würde es einen Unterschied machen, ob die Verletzung einige wenige oder viele trifft. Das besondere Übel der Unterdrückung einer Meinungsäußerung ist aber, dass sie die Menschheit beraubt, die Nachwelt ebenso wie die gegenwärtige Generation, die, die der Meinung nicht zustimmen noch mehr als die, die sie für richtig halten. Wenn die Meinung richtig ist, werden sie der Gelegenheit beraubt, Irrtum durch Wahrheit zu ersetzen. Wenn sie falsch ist, verlieren sie, was beinahe ein ebenso großer Gewinn ist, die deutlichere Wahrnehmung und lebendigere Einsicht in die Wahrheit, erzeugt durch ihre Kollision mit Irrtum".
36  *J. S. Mill*, On Liberty, S. 24: „Vollständige Freiheit, unserer Meinung zu widersprechen und sie abzulehnen, ist genau die Bedingung, die uns berechtigt, ihre Wahrheit zum Zwecke der Handlung anzunehmen".
37  *J. S. Mill*, On Liberty, S. 26: „Wenn Gründe nicht gut genug sind für einen extremen Fall, sind sie für keinen Fall gut genug".
38  *J. S. Mill*, On Liberty, S. 34: „Es ist ein Stück müßige Sentimentalität davon auszugehen, dass die Wahrheit, nur als Wahrheit, die selbst innewohnende Kraft besitze, die dem Irrtum versagt geblieben sei, sich gegen den Kerker und Scheiterhaufen durchzusetzen".
39  *J. S. Mill*, On Liberty, S. 38 f.: „Es sind aber nicht die Geister der Ketzer, die am meisten durch den Bann, der alles Nachdenken trifft, das nicht mit den orthodoxen Ergebnissen endet, zerstört werden. Der größte Schaden wird denen angetan, die keine Ketzer sind und deren ganze geistige Entwicklung beengt und deren Vernunft durch die Angst vor Ketzerei eingeschüchtert wird".
40  *J. S. Mill*, On Liberty, S. 89.

no choice. He gains no practice either in discerning or in desiring what is best".[41] Der Mangel an Freiheit führe zu einer verarmten Existenzweise: „He who lets the world, or his own portion of it, choose his plan of life for him, has no need of any other faculty than the ape-like one of imitation".[42] Mill kritisiert deshalb mechanische Konzeptionen des Menschen, die Autonomie, Selbstbestimmung und innerlich bestimmte Entwicklung ausschließen: „Human nature is not a machine to be built after a model, and set to do exactly the work prescribed for it, but a tree, which requires to grow and develop itself on all sides, according to the tendency of the inward forces which make it a living thing".[43]

### 2. Kritische Einschätzungen

28   Gegen Mills *Schadensprinzip* kann eingewandt werden, dass unklar sei, was unter Schaden eigentlich verstanden werden könne. Mill formuliert hier in der Tat ein offenes Prinzip, keine geschlossene Liste von konkreten Schadensarten, was man aber auch als Vorteil auffassen kann, weil es das Prinzip flexibel hält. Wichtiger ist, dass das Vorliegen eines Schadens bei einer anderen Person durch einen Freiheitsgebrauch allein nicht ausreicht, um die Möglichkeit einer Beschränkung der Freiheit zu eröffnen. Es muss vielmehr eine Rechtsposition durch die Schadenszufügung verletzt werden. Ein Dieb hat auch nach dem Schadensprinzip nicht das Recht, dass ihm das Diebesgut nicht wieder abgenommen wird (für ihn ein Schaden und eine Beschränkung seiner Freiheit, sich am Diebesgut zu erfreuen). Damit taucht aber ein Problem auf. Das Schadensprinzip soll ja gerade die Grenzen der Rechte bestimmen, die nun selbst entscheidend sind für das, was als Schaden gilt. Deshalb ist das Vorhandensein eines Schadens keine hinreichende Bedingung von zulässigen Freiheitseinschränkungen, die mithin noch auf andere Prinzipien gestützt werden müssen. Immerhin ist es aber plausibel anzunehmen, dass nur wenn ein Schaden vorliegt, an eine Freiheitsbeschränkung gedacht werden kann.

29   Weiter kann gefragt werden, ob Einschränkungen gerechtfertigt werden können, die nicht unter das Schadensprinzip fallen, etwa konventioneller oder in einem weiten Sinn moralischer Art. Dies scheint aber zweifelhaft. Denn was ist der Grund dieser Beschränkungen? Wenn niemand in irgendeiner Form Nachteile von einer Handlung erleidet, ist kein guter Grund ersichtlich, diese Handlung nicht für erlaubt zu halten.

30   Dennoch gibt es Freiheitseinschränkungen, die anders als durch Rückgriff auf das Schadensprinzip gerechtfertigt werden. Es gibt Pflichten zu Handlungen, die über die mit dem Schadensprinzip vereinbare Abwendung von Verletzungen durch Unterlassen hinausgehen (selbstverständlich muss ein Vater sein Kind retten, das ins Wasser ge-

---

41   J. S. *Mill*, On Liberty, S. 65: „Die menschlichen Vermögen der Wahrnehmung, des Urteils, des unterscheidenden Gefühls, der geistigen Aktivität und selbst der moralischen Präferenzen werden nur durch Auswahlentscheidungen ausgeübt. Derjenige, der alles nur deswegen tut, weil es das Überlieferte ist, trifft keine Wahl. Er gewinnt weder eine Praxis der Wahrnehmung noch des Wollens dessen, was am besten ist".
42   J. S. *Mill*, On Liberty, S. 65: „Derjenige, der die Welt oder seinen eigenen Anteil an ihr, für ihn seinen Lebensplan auswählen lässt, bedarf keines anderen Vermögens als desjenigen der äffischen Nachahmung".
43   J. S. *Mill*, On Liberty, S. 66: „Die menschliche Natur ist keine Maschine, die einem Modell nachzubauen ist, dazu gemacht, genau die Arbeit zu leisten, die ihr vorgeschrieben ist, sondern ein Baum, der des Wachstums und der Entwicklung nach allen Seiten bedarf, nach Maßgabe der inneren Kräfte, die ihn zu einem lebendigen Ding machen".

fallen ist, eine Rechtsgutverletzung also abwenden). Dazu gehören Solidarpflichten allgemeiner Art aus Prinzipien der Fürsorge oder Gerechtigkeit, etwa der Hilfe für Bedürftige, die für den Handelnden eine Freiheitseinschränkung bedeuten, ohne dass dem Handelnden dabei eine Schadenszufügung (durch Unterlassen) zugerechnet werden könnte, die die Freiheitseinschränkung rechtfertigte. Dies gilt sicher für die Moral, aber auch für das Recht, wo es allgemeine Hilfspflichten konstituiert, etwa im Strafrecht, oder durch ein progressives Steuersystem, bei dem das Einstehen der Wohlhabenderen für andere die Grundlage der Erhebung der staatlichen Finanzmittel bildet.

Man kann deshalb gegen Mills Schadensprinzip verschiedene Einwände erheben. Es leistet aber bis heute einen wesentlichen Beitrag dazu, dass die Begründungslast für Freiheitseinschränkungen legitimationstheoretisch bei jenen liegt, die Freiheitseinschränkungen rechtfertigen wollen.

31

Seine Ausführungen zur Nichtanwendbarkeit dieser Prinzipien auf bestimmte angeblich zurückgebliebene Menschengruppen bilden dagegen ein wichtiges Beispiel für eine philosophische Rechtfertigung von Unfreiheit. Konkret handelt es sich um die Legitimation eines Kolonialregimes, hier des Vereinigten Königreichs, mit dem Arsenal einer relativistischen Theorie, die behauptet, zentrale normative Maßstäbe wie das Schadensprinzip seien auf die Menschen in den Kolonien nicht anwendbar – auf diese bezieht sich Mills Äußerung ja offensichtlich. Diese relativistische Begründung von geringeren oder gar fehlenden Rechten bestimmter Menschengruppen findet sich bis heute in Auseinandersetzungen um die Begründung von Menschenrechten. Sie zeigt, dass die politischen Folgen einer Abkehr von universalistischen normativen Grundsätzen bis hin zur Verteidigung der Entrechtung vieler Menschen reichen können. Wichtige Argumente gegen diese Rechtfertigung der Unfreiheit von ganzen Menschengruppen können dabei aus Mills eigenen Überlegungen gewonnen werden. Man muss nur seine zutreffenden Beobachtungen zum Wert der Freiheit für Menschen, zu ihrer Natur, die auf selbstbestimmte Entfaltung angelegt ist, und zur Bedeutung auch konkreter Freiheiten wie der Meinungsfreiheit auf alle Menschen anwenden, wie es naheliegt, wenn eurozentrische, z.T. auch rassistische grundierte Vorurteile auch in den Höhen der Rechtsphilosophie überwunden worden sind.

## § 11 Geist und Sittlichkeit jenseits des Subjekts – Hegel

I. Hegels Optimismus .................. 1
II. Objektiver Idealismus ............... 2
III. Moralität, Recht und Sittlichkeit ... 7
IV. Kritische Einschätzungen ............ 16

### I. Hegels Optimismus

1   Die Philosophie *Georg Wilhelm Friedrich Hegels* (1770–1831) ist ebenso schwierig wie von großem Reiz. Die Entwicklung der Gedanken vollzieht sich in überraschenden Bewegungen, in denen blitzend scharfe Thesen von theoretischen Wendungen abgelöst werden, die den Boden, auf dem man eben noch sicher zu stehen meinte, schwanken lassen. Gleichzeitig versprechen packende Formulierungen mit ihrem Glanz Einsichten von besonderem Gewicht. Auch der hohe Ton lässt aufhorchen: Behauptet wird nicht weniger als absolute und sichere Einsicht, eine Wissenschaft vom Ganzen der Welt und damit ganz etwas anderes als das, was etwa Sokrates oder Kant meinten, leisten zu können. Denn bei Letzteren wird ja gerade betont, was Menschen alles nicht erkennen können, bei Kant sogar aus prinzipiellen Gründen der Grenzen ihres Vernunftvermögens. In Hegels Philosophie weicht diese skeptische Haltung einem Erkenntnisoptimismus, der selbstbewusst von sich behauptet, die Grenzen überschritten zu haben, die anderen Theorien gesetzt sein mochten: „(D)as verschloßene Wesen des Universums *hat keine Kraft in sich*, welche dem Mute des Erkennens Widerstand leisten könnte; es muß sich vor ihm auftun und seinen Reichtum und seine Tiefen ihm vor Augen und zum Genusse bringen".[1] Hegels Theorie zieht deshalb bis heute immer wieder in ihren wortgewaltigen und gedankenreichen Bann.

### II. Objektiver Idealismus

2   Hegels Überlegungen sind Teil des *deutschen Idealismus*, der sich nach Kants Vernunftkritik vor allem in den Werken von Hegel selbst, von *Johann Gottlieb Fichte* (1762–1814) und *Friedrich Wilhelm Joseph Schelling* (1775–1854) ausprägte. Hegels idealistische Philosophie formuliert als Kernthese, dass Vernunft und Wirklichkeit, Subjekt und Objekt, das Denken der Menschen und die erkannte Welt nicht unterschieden, sondern identisch und Arten der Verwirklichung des absoluten Geistes seien.[2] Der Geist der Menschen stehe der Welt, die er erkenne, nicht als ein von ihr Getrenntes gegenüber. Die Unterscheidung von Geist und Welt, Subjekt und Objekt sei nur ein Schein: In Wirklichkeit liege hinter den Dingen, die den Menschen als äußere Welt begegneten, der Geist selbst verborgen, was im Erkenntnisprozess deutlich werden könne. Die Objekte träten den Subjekten zwar zunächst als etwas von ihnen Unterschiedenes gegenüber, aber nicht direkt, sondern nur geistig vermittelt und erwiesen sich deshalb letztlich selbst als Gedachtes: Der Tisch, über den man nachdenkt, sei tatsächlich ein Produkt des Denkens. Anders als bei Kant besteht kein (sogar unaufhebbarer) Unterschied zwischen Denken und Gegenständen des Denkens, kein „Ding an sich" bleibt unerkannt: Die Welt sei in ihrer Gesamtheit Geist, dieser sei der

---

[1] G. W. F. *Hegel*, Konzept der Rede beim Antritt des philosophischen Lehramtes an der Universität Berlin, 22. Okt. 1818, in: *ders*.: Werke, hrsg. v. E. Moldenhauer und K. M. Michel, Bd. 10, 1986, S. 404 (Herv. i. Org.).
[2] Zum Begriff des absoluten Geistes vgl. G. W. F. *Hegel*, Enzyklopädie der philosophischen Wissenschaften, § 553 ff., in: *ders*., Werke, hrsg. v. E. Moldenhauer und K. M. Michel, Bd. 10, 1986, S. 366 ff. Wenn hier von „objektivem Idealismus" gesprochen wird, wird damit nicht Hegels eigene Terminologie übernommen.

Stoff, aus dem die Welt gemacht sei. Der Geist begegnet sich aus dieser Perspektive in den Dingen selbst, die deshalb vollständig erkannt werden könnten. Hegel bestimmt den Inhalt des Idealismus als Erkenntnis dieser Identität von Geist und Welt: Der Idealismus ist die „Gewissheit des Bewusstseins alle Realität zu sein."[3]

Dieser Begriff des Geistes hat nichts mehr mit einer realen psychischen Leistung der Menschen zu tun. Es ist ein metaphysischer Begriff, eine Behauptung zur ontologischen Struktur der Welt. Diese Identität von Geist und Welt ist für Hegel kein statischer Zustand, sondern ein *dialektischer Prozess* der Selbstentfaltung des absoluten Geistes in der Geschichte durch verschiedene Formen seiner Verwirklichung. Der Begriff Dialektik gewinnt dabei einen eigenen Sinn. In der Antike bezeichnet er die Wahrheitsgewinnung durch kontroverse Erörterung im Gespräch, bei Kant die Verirrungen der Vernunft, die gerade zu vermeiden sind. Bei Hegel ist Dialektik der Übergang von einer These zu ihrer Negation in einer Antithese und der Negation dieser Negation in der Synthese von These und Antithese. Diese Negation der Negation habe einen positiven Gehalt. Der Inhalt der These und der Antithese würden in der Synthese im doppelten Sinn des Wortes „aufgehoben". Sie würden gleichzeitig überschritten und bewahrt: „Das Einzige, *um den wissenschaftlichen Fortgang zu gewinnen* – und um dessen ganz *einfache* Einsicht sich wesentlich zu bemühen ist –, ist die Erkenntnis des logischen Satzes, daß das Negative ebensosehr positiv ist oder daß das sich Widersprechende sich nicht in Null, in das abstrakte Nichts auflöst, sondern wesentlich nur in die Negation seines *besonderen* Inhalts, oder daß eine solche Negation nicht alle Negation, sondern *die Negation der bestimmten Sache*, die sich auflöst, somit bestimmte Negation ist; daß also im Resultate wesentlich das enthalten ist, woraus es resultiert".[4] Der Widerspruch von These und Antithese treibe den dialektischen Prozess voran, der nichts anderes sei als die Selbstbewegung des Begriffs: Der volle Inhalt eines Begriffs ist aus Hegels Sicht nicht einfach gegeben, sondern entfalte sich erst in diesem Prozess. Begriffe seien dabei nicht nur äußere Bezeichnungen von Sachverhalten, sondern erfassten das Wesen der Dinge selbst. Für den sozialen, historisch-realen Teil der Phänomene ist für Hegel die Bewegung der Begriffe nichts anderes als die Entwicklung der Wirklichkeit, die ja – so die metaphysische Grundannahme – geistig sei. Bei anderen Gegenständen, wie z.B. „Sein" oder „Nichts", entfaltet sich in der Entwicklung der begrifflichen Momente ihr substantieller Gehalt.[5]

---

3 G. W. F. Hegel, Phänomenologie des Geistes, in: ders.: Werke, hrsg. v. E. Moldenhauer und K. M. Michel, Bd. 3, 1970, S. 179.
4 G. W. F. Hegel, Wissenschaft der Logik I, in: ders.: Werke, hrsg. v. E. Moldenhauer und K. M. Michel, Bd. 5, 1986, S. 49 (Herv. i. Org.).
5 G. W. F. Hegel, Wissenschaft der Logik I, S. 16 f.: „(E)s kann nur *die Natur des Inhalts* sein, welche sich im wissenschaftlichen Erkennen *bewegt*, indem zugleich diese *eigene Reflexion* des Inhalts es ist, welche seine Bestimmung selbst erst setzt und *erzeugt*. Der *Verstand bestimmt* und hält die Bestimmungen fest; die *Vernunft* ist negativ und *dialektisch*, weil sie die Bestimmungen des Verstandes in nichts auflöst; sie ist *positiv*, weil sie das *Allgemeine* erzeugt und das Besondere darin begreift. Wie der Verstand als etwas Getrenntes von der Vernunft überhaupt, so pflegt auch die dialektische Vernunft als etwas Getrenntes von der positiven Vernunft genommen zu werden. Aber in ihrer Wahrheit ist die Vernunft *Geist*, der höher als beides, verständige Vernunft und vernünftiger Verstand ist. Er ist das Negative, dasjenige, welches die Qualität sowohl der dialektischen Vernunft als des Verstandes ausmacht; – er negiert das Einfache, so setzt er den bestimmten Unterschied des Verstandes; er löst ihn ebenso sehr auf, so ist er dialektisch. Er hält sich aber nicht im Nichts dieses Resultates, sondern ist darin ebenso positiv und hat so das erste Einfache damit hergestellt, aber als Allgemeines, das in sich konkret ist; unter dieses wird nicht ein Gegebenes subsumiert, sondern in jenem

4 Hegel entwirft als einen weiteren charakteristischen Zug seiner Philosophie eine *Geschichtsteleologie*, die die ganze Menschheitsgeschichte als einen gerichteten Prozess interpretiert. Die Verwirklichung des absoluten Geistes erfolge zwangsläufig, die Handlungen der Menschen, von Leidenschaften gelenkt, die auf bestimmte andere, nähere Ziele gerichtet seien, beförderten unbewusst diese Entwicklung. Die Menschen durchschauten diesen Prozess nicht und verwirklichten damit ungewollt die Zwecke des sich entfaltenden Geistes. Dies sei die *List der Vernunft*.[6]

5 Hegels Denken führt zu einer *Philosophie der Versöhnung*: „Die Vernunft als die Rose im Kreuze der Gegenwart zu erkennen und damit dieser sich zu erfreuen, diese vernünftige Einsicht ist die *Versöhnung* mit der Wirklichkeit, welche die Philosophie denen gewährt, an die einmal die innere Anforderung ergangen ist, *zu begreifen*".[7] Diese Versöhnung ist möglich, weil die philosophische Reflexion hinter dem scheinbar Widersinnigen und Absurden des individuellen Lebens, dem Gang der Geschichte und der Gestaltung der sozialen Welt eine versteckte Vernunftstruktur des Wirklichen enthüllt. Deswegen kann Hegel seine ebenso berühmte wie umstrittene Sentenz prägen: „Was vernünftig ist, das ist wirklich; und was wirklich ist, das ist vernünftig".[8] Der Begriff der Wirklichkeit, der hier verwandt wird, ist allerdings ein anspruchsvoller. Nicht jedes Element der Wirklichkeit, nicht das vorübergehende, äußerlich zufällige Dasein in seiner Gänze ist damit gemeint, sondern die Wirklichkeit, insofern sie ein Moment der Verwirklichung der Vernunft ist. Die Sentenz handelt von der werdenden Kongruenz von Vernunft und Wirklichkeit in der Selbstbewegung des Begriffs und Entfaltung des absoluten Geistes.

6 Da die menschliche Erkenntnis den Gang des Geistes nachzeichne, sei die Welt ihrem Verständnis immer einen Schritt voraus. Es sei töricht zu glauben, die Philosophie könne ihrer Zeit vorausgreifen: „Was das Individuum betrifft, so ist es ohnehin jedes ein *Sohn seiner Zeit*; so ist auch die Philosophie *ihre Zeit in Gedanken erfaßt*".[9] Die kritisch gestaltende Kraft menschlichen Denkens sei deshalb beschränkt, gerade aufgrund von normativen Maßstäben: „Um noch über das Belehren, wie die Welt sein soll, ein Wort zu sagen, so kommt dazu ohnehin die Philosophie immer zu spät. Als der *Gedanke* der Welt erscheint sie erst in der Zeit, nachdem die Wirklichkeit ihren Bildungsprozess vollendet und sich fertig gemacht hat. (…) Wenn die Philosophie ihr Grau in Grau malt, dann ist eine Gestalt des Lebens alt geworden, und mit Grau in Grau läßt sie sich nicht verjüngen, sondern nur erkennen; die Eule der Minerva beginnt erst mit der einbrechenden Dämmerung ihren Flug".[10]

---

Bestimmen und in der Auflösung desselben hat sich das Besondere schon mit bestimmt. Diese geistige Bewegung, die sich in ihrer Einfachheit ihre Bestimmtheit und in dieser ihre Gleichheit mit sich selbst gibt, die somit die immanente Entwicklung des Begriffes ist, ist die absolute Methode des Erkennens und zugleich die immanente Seele des Inhalts selbst. – Auf diesem sich selbst konstruierenden Wege allein, behaupte ich, ist die Philosophie fähig, objektive, demonstrierte Wissenschaft zu sein" (Herv. i. Org.).

6 G. W. F. *Hegel*, Vorlesungen über die Philosophie der Geschichte, in: ders., Werke, hrsg. v. E. Moldenhauer und K. M. Michel, Bd. 12, 1970, S. 49.
7 G. W. F. *Hegel*, Grundlinien der Philosophie des Rechts, Vorrede, S. 26 f. (Herv. i. Org.).
8 G. W. F. *Hegel*, Grundlinien der Philosophie des Rechts, Vorrede, S. 24.
9 G. W. F. *Hegel*, Grundlinien der Philosophie des Rechts, Vorrede, S. 26 (Herv. i. Org.).
10 G. W. F. *Hegel*, Grundlinien der Philosophie des Rechts, Vorrede, S. 28 (Herv. i. Org.).

## III. Moralität, Recht und Sittlichkeit

In der Ethik ist zunächst die Unterscheidung von *Moralität* und *Sittlichkeit* wichtig. Beide sind inhaltlich mit Freiheit verbunden. Die Moralität sei ein subjektives Phänomen, da die Freiheit sich in der Subjektivität des Willens der einzelnen Menschen verwirkliche.[11] Die Bedeutung des Gewissens wird betont, es sei „heilig".[12] Das Sollen bestehe in der Diskrepanz zwischen dem, was objektiv das Gute sei (in Hegels Terminologie: dem Willen *an sich*) und den Handlungsneigungen des Menschen (dem Willen *für sich*).[13] Die Sittlichkeit sei dagegen subjektiv und objektiv dem Begriff und damit dem Wesen des Guten gemäß: „Das Sittliche ist subjektive Gesinnung, aber des an sich seienden Rechts".[14] Das subjektive Bewusstsein der Einzelnen und ihr Handeln verwirkliche den Begriff der Freiheit, der seinerseits die objektive Grundlage der normativen Maßstäbe sei: „Die Sittlichkeit ist die Idee der Freiheit, als das lebendige Gute, das in dem Selbstbewusstsein sein Wissen, Wollen und durch dessen Handeln seine Wirklichkeit, so wie dieses an dem sittlichen Sein seine an und für sich seiende Grundlage und bewegenden Zweck hat, – der *zur vorhandenen Welt und zur Natur des Selbstbewusstseins gewordenen Begriff der Freiheit*".[15]

Konkrete Ausformungen finde die Sittlichkeit in der Familie, der bürgerlichen Gesellschaft und dem Staat. An die Stelle der subjektiven Moralität tritt in Hegels Konzeption mit der Sittlichkeit ein überindividueller Ordnungszusammenhang als oberster normativer Orientierungspunkt. Die faktische institutionelle Wirklichkeit entfaltet damit normativ verbindliche Kraft. Diese Wendung wird zu Recht als charakteristischer Zug der Hegel'schen Philosophie angesehen, bis heute auch als wichtiger Erkenntnisgewinn. Die Ethik werde auf diese Weise in der realen Welt verankert und gebe den gesellschaftlichen Gegebenheiten ihr angemessenes Gewicht.[16]

Auch das Recht wird inhaltlich mit Freiheit verbunden. Hegels Bestimmung des *Rechtsbegriffs* lautet deswegen: „Dies, dass ein Dasein überhaupt *Dasein des freien Willens* ist, ist das *Recht*. – Es ist somit überhaupt die Freiheit, als Idee".[17] Das Rechtsgebot fordere: „(S)ei eine Person und respektiere die anderen als Personen".[18] Der Rechtsbegriff entfalte sich im *abstrakten Recht* (von Person, Eigentum, Vertrag), in *Moralität* und *Sittlichkeit*. Diese Grundkategorien bilden ein Beispiel für die abstrakt geschilderte dialektische Entfaltung eines Begriffs: Die Moralität ist die Antithese zum abstrakten Recht, die Sittlichkeit die Aufhebung von abstraktem Recht und Moralität in einem umfassenden Ganzen, das die Elemente von abstraktem Recht und Moralität in sich bewahre: „Das Rechtliche und das Moralische kann nicht für sich existieren, und sie müssen das Sittliche zum Träger und zur Grundlage haben, denn

---

11 G. W. F. Hegel, Grundlinien der Philosophie des Rechts, § 106.
12 G. W. F. Hegel, Grundlinien der Philosophie des Rechts, § 137.
13 G. W. F. Hegel, Grundlinien der Philosophie des Rechts, § 108. Vgl. dazu H. Schnädelbach, Hegels praktische Philosophie, 2000, S. 227 f., 348 ff.
14 G. W. F. Hegel, Grundlinien der Philosophie des Rechts, § 141.
15 G. W. F. Hegel, Grundlinien der Philosophie des Rechts, § 142 (Herv. i. Org.).
16 J. Rawls, Lectures on the History of Moral Philosophy, S. 330, 365 ff.
17 G. W. F. Hegel, Grundlinien der Philosophie des Rechts, § 29 (Herv. i. Org.).
18 G. W. F. Hegel, Grundlinien der Philosophie des Rechts, § 36.

dem Rechte fehlt das Moment der Subjektivität, das die Moral wiederum für sich allein hat, und so haben beide Momente für sich keine Wirklichkeit".[19]

10   Das Böse besteht aus Hegels Sicht darin, „die *eigene Besonderheit* über das Allgemeine zum Prinzipe zu machen und sie durch Handeln zu realisieren".[20] Auf dieses Handeln wird mit Strafe reagiert. Hegels Straftheorie fasst die Übertretung eines rechtlichen Gebotes als Negation des Rechts. Dieses Unrecht werde seinerseits in der Strafe verneint. Die Verneinung des Unrechts verwandle das Recht, das nur an sich und unmittelbar gewesen sei, in ein Wirkliches und Geltendes: Das Recht erhalte sich durch die Strafe und zeige damit seine wirksame Wirklichkeit, die ohne Strafe noch ungewiss gewesen sei – auch dies ein Beispiel für den Gang der dialektischen Argumentation.[21] Deswegen sei Vergeltung der Kern der Strafe. Hegel formuliert dabei skeptische Anmerkungen zu einem naiven Talionsprinzip, das auf eine Rechtsgutverletzung hin die genau gleiche Rechtsgutverletzung beim Täter gebietet. Nicht dies, sondern eine Vergeltung nach dem Wert von Tat und Strafe sei demgegenüber zu fordern.[22] Auf Mord stehe aber notwendig die Todesstrafe.[23] Die Strafe sei nicht nur gerecht, in ihr vollziehe sich noch etwas anderes und Wichtiges: In ihr „wird der Verbrecher als Vernünftiges *geehrt*".[24] Er habe sich durch seine Tat unter ein allgemeines Gesetz begeben, dessen Wiederherstellung die Strafe verlange. „(D)er Begriff und der Maßstab seiner Strafe" müssten deshalb aus der Tat genommen werden. Der Verbrecher dürfe deswegen auch nicht als „schädliches Tier" betrachtet werden, das unschädlich zu machen sei, noch die Strafe der Abschreckung und Besserung dienen.[25]

11   Konkret zeigt sich der Gehalt der *Sittlichkeit* in den Institutionen, in denen sie sich entfaltet. Das ist erstens die *Familienordnung*, die Hegel hierarchisch-patriarchal konzipiert, mit Leitungsbefugnissen von Männern und der Einschätzung, dass Frauen „pflanzlich" seien.[26] Die Ordnung der Familie gehe in die *bürgerliche Gesellschaft* über, deren Analyse einen der wirkungsmächtigsten konkreten Teile von Hegels Sozialphilosophie ausmacht. Die Einzelnen assoziierten sich in der bürgerlichen Gesellschaft, weil es ihnen nütze. Sie bildeten ein „System der Bedürfnisse".[27] Die einzelnen Bürger orientierten sich nicht am Gemeinwohl, sie nähmen nur die Grenzen ihrer Freiheit hin, die die Allgemeinheit von ihnen fordere: „Die Besonderheit, beschränkt durch die Allgemeinheit, ist allein das Maß, wodurch jede Besonderheit ihr Wohl befördert".[28] Die Verwirklichung der Bedürfnisse werde in diesem System nur zufällig erreicht, die bürgerliche Gesellschaft biete deshalb ein Bild des physischen und sittlichen Verderbens.[29] Die bürgerliche Gesellschaft erzeuge Reichtum und Armut in gleicher Weise,

---

19  *G. W. F. Hegel*, Grundlinien der Philosophie des Rechts, § 141 Zusatz.
20  *G. W. F. Hegel*, Grundlinien der Philosophie des Rechts, § 139 (Herv. i. Org.).
21  *G. W. F. Hegel*, Grundlinien der Philosophie des Rechts, § 83.
22  *G. W. F. Hegel*, Grundlinien der Philosophie des Rechts, § 101.
23  *G. W. F. Hegel*, Grundlinien der Philosophie des Rechts, § 101 Zusatz.
24  *G. W. F. Hegel*, Grundlinien der Philosophie des Rechts, § 100 (Herv. i. Org.).
25  Ebd.
26  *G. W. F. Hegel*, Grundlinien der Philosophie des Rechts, § 166. Männer verwirklichten dagegen ein tierisches Element, was ebenfalls keine erfreuliche Einschätzung ist.
27  *G. W. F. Hegel*, Grundlinien der Philosophie des Rechts, §§ 189 ff.
28  *G. W. F. Hegel*, Grundlinien der Philosophie des Rechts, § 182 Zusatz.
29  *G. W. F. Hegel*, Grundlinien der Philosophie des Rechts, § 185.

der „Pöbel" sei dem „öffentlichen Bettel" anzuweisen.[30] Um Konsumenten zu finden, müsse die bürgerliche Gesellschaft zwangsweise expandieren.[31]

In der bürgerlichen Gesellschaft sei das positive Recht maßgeblich. Polizei und Verwaltung vermittelten in der bürgerlichen Gesellschaft den Vereinzelten mit der Allgemeinheit.[32] Nur das Gesetz sei dabei verbindlich. Es könne sich von dem unterscheiden, was an sich Recht sei.[33] Hegel polemisiert zwar gegen die nur positivistische Rechtswissenschaft. Er formuliert aber in der *Rechtsphilosophie* keine (kritische) systematische Entgegensetzung von positivem Recht und Naturrecht. Das positive Recht erscheint als Verwirklichung des Naturrechts in der Geschichte,[34] allerdings mit einer entscheidenden Qualifikation: Ob dies für konkrete Regelungen so gelte, ergebe sich aus einer Rechtfertigung aus dem Begriff, nicht allein aus einer historisch-genealogischen Betrachtung.[35] Die römisch-rechtliche Regelung der väterlichen Gewalt oder der Ehe seien deshalb aus dem historischen Zusammenhang heraus erklärbar, aber „an und für sich unrechtlich und unvernünftig".[36] Die Rechtfertigung der Sklaverei ist ein anderes, auch für Hegels Zeit wichtiges Beispiel, in der ja die Abschaffung der Sklaverei auf der historischen Tagesordnung stand. Das Recht an der eigenen Person ist für Hegel unveräußerlich, weil es um das Personsein an sich gehe. Der Sklave habe deshalb ein „absolutes Recht (...), sich frei zu machen" – eine Position, um die immerhin der Amerikanische Bürgerkrieg eine Generation später ausgefochten werden würde.[37] Diese Kritik an einer bloß historischen Betrachtung des Rechts bildet ein Beispiel für die Ambivalenz der These von der Vernünftigkeit der Wirklichkeit, die eben nicht nur eine schlichte Identität der gesamten Wirklichkeit mit dem aus der Vernunft begrifflich Begründeten meint: Das positive Recht ist zwar selbst Teil der (werdenden) vernünftigen Ordnung, gleichzeitig sind Teile aber der mögliche Gegenstand von Kritik, die sich inhaltlich aus dem Begriff des Rechts speist.

Die Sphäre der Sittlichkeit kulminiert im *Staat*. Der Staat sei objektiver Geist: Das Individuum habe nur „Objektivität, Wahrheit und Sittlichkeit", soweit es Glied des Staates sei.[38] Der Staat umfasse dabei nicht nur die Organisation der öffentlichen Gewalt, sondern auch die sittlichen Institutionen jenseits der Staatsgewalt, der Ehe, Familie und bürgerlichen Gesellschaft.[39] Diese Institutionen machten die „*Verfassung, d. i. die* entwickelte und verwirklichte Vernünftigkeit, *im Besonderen*" aus.[40] Von dieser sei „der *Organismus* des Staates, der eigentlich politische Staat und *seine Verfassung*" zu unterscheiden.[41] Auch für die Staatstheorie gilt, dass die Aufgabe der Reflexion darin besteht, die untersuchte Wirklichkeit in ihren Vernunftstrukturen zu erhellen: Es

---

30 *G. W. F. Hegel*, Grundlinien der Philosophie des Rechts, §§ 243 ff.
31 *G. W. F. Hegel*, Grundlinien der Philosophie des Rechts, § 246.
32 *G. W. F. Hegel*, Grundlinien der Philosophie des Rechts, §§ 230 ff.
33 *G. W. F. Hegel*, Grundlinien der Philosophie des Rechts, § 212.
34 *G. W. F. Hegel*, Grundlinien der Philosophie des Rechts, § 3. Zum Hintergrund *H. Schnädelbach*, Hegels praktische Philosophie, S. 173 ff.
35 *G. W. F. Hegel*, Grundlinien der Philosophie des Rechts, § 3.
36 *G. W. F. Hegel*, Grundlinien der Philosophie des Rechts, § 3.
37 *G. W. F. Hegel*, Grundlinien der Philosophie des Rechts, § 66 und § 66 Zusatz.
38 *G. W. F. Hegel*, Grundlinien der Philosophie des Rechts, § 258.
39 *G. W. F. Hegel*, Grundlinien der Philosophie des Rechts, §§ 260–263.
40 *G. W. F. Hegel*, Grundlinien der Philosophie des Rechts, § 265 (Herv. i. Org.).
41 *G. W. F. Hegel*, Grundlinien der Philosophie des Rechts, § 267 (Herv. i. Org.).

gehe darum, *„den Staat als ein in sich Vernünftiges zu begreifen und darzustellen"*.[42] In Anbetracht dieser herausgehobenen Rolle des Staates für die ganze Rechtsphilosophie ist von besonderem Interesse, welche konkrete Staatsform diesen Inbegriff des Sittlichen ausmacht. Der die Sittlichkeit verkörpernde Staat ist aus Hegels Sicht eine konstitutionelle Monarchie, in der der Monarch durch Geburt bestimmt wird[43] mit einer spezifischen Form der Gewaltenteilung, die nicht dem klassischen konstitutionellen Modell einer gegenseitigen Gewaltenkontrolle entspricht.[44] Mit einer Trennung der Gewalten sei sogar „die Zertrümmerung des Staates unmittelbar gesetzt".[45] Machtmissbrauch werde durch die „Hierarchie und Verantwortlichkeit" der Behörden und Beamten sowie den Einfluss der Gemeinden und Korporationen gesichert.[46] Die Regierungsgewalt diene der „Ausführung und Anwendung der fürstlichen Entscheidungen" und umfasse die richterliche und polizeiliche Gewalt.[47] Die Gesetzgebung erfolge durch den Monarchen, der das höchste Entscheidungsrecht besitze, die Regierung und zwei Stände,[48] die Landwirtschaftbetreibenden und die Erwerbsbürger, vertreten in zwei Kammern.[49] Hegel erhebt die „Freiheit der Subjektivität" für Verfassungen zum Maßstab,[50] kritisiert aber das demokratische Prinzip.[51] Der Volkssouveränität steht er skeptisch gegenüber,[52] auch in Bezug auf die Verfassungsgebung: Eine Verfassung sei nicht von Individuen machbar, sondern geschichtlich geworden.[53]

14 Eine Schlüsselfrage für jede Staats- und Rechtstheorie nach der Amerikanischen und Französischen Revolution und des damit einsetzenden Zeitalters des modernen Konstitutionalismus bildet die Haltung zu subjektiven Grundrechten. Den höchsten normativen Zweck bildet für Hegel zwar der Staat selbst, nicht die Individuen. Hegel betont aber, dass dem Individuum „aus seinem Verhältnis im Staat ein Recht erwachsen (muss), wodurch die allgemeine Sache *seine eigene besondere Sache* wird. Das besondere Interesse soll wahrhaft nicht beiseite gesetzt oder gar unterdrückt, sondern mit dem Allgemeinen in Übereinstimmung gesetzt werden, wodurch es selbst und das Allgemeine erhalten wird. Das Individuum, nach seinen Pflichten Untertan, findet als Bürger in ihrer Erfüllung den Schutz seiner Person und Eigentums, die Berücksichtigung seines besonderen Wohls und die Befriedigung seines substantiellen Wesens,

---

42 *G. W. F. Hegel*, Grundlinien der Philosophie des Rechts, Vorrede, S. 26 (Herv. i. Org.).
43 *G. W. F. Hegel*, Grundlinien der Philosophie des Rechts, § 280.
44 *G. W. F. Hegel*, Grundlinien der Philosophie des Rechts, §§ 273, 279.
45 *G. W. F. Hegel*, Grundlinien der Philosophie des Rechts, § 272.
46 *G. W. F. Hegel*, Grundlinien der Philosophie des Rechts, § 295.
47 *G. W. F. Hegel*, Grundlinien der Philosophie des Rechts, § 287.
48 *G. W. F. Hegel*, Grundlinien der Philosophie des Rechts, § 300.
49 *G. W. F. Hegel*, Grundlinien der Philosophie des Rechts, §§ 305 ff.
50 *G. W. F. Hegel*, Grundlinien der Philosophie des Rechts, § 273 Zusatz.
51 *G. W. F. Hegel*, Grundlinien der Philosophie des Rechts, § 308.
52 *G. W. F. Hegel*, Grundlinien der Philosophie des Rechts, § 279: „Aber Volkssouveränität, *als im Gegensatze gegen die im Monarchen existierende Souveränität* genommen, ist der gewöhnliche Sinn, in welchem man in neueren Zeiten von Volkssouveränität zu sprechen angefangen hat, – in diesem Gegensatze gehört die Volkssouveränität zu den verworrenen Gedanken, denen die *wüste* Vorstellung des *Volkes* zugrunde liegt. Das Volk, *ohne* seinen Monarchen und die eben damit notwendig und unmittelbar zusammenhängende *Gliederung* des Ganzen genommen ist die formlose Masse, die kein Staat mehr ist und der *keine* der Bestimmungen, die nur in dem *in sich geformten* Ganzen vorhanden sind – Souveränität, Regierung, Gerichte, Obrigkeit, Stände und was es sei –, mehr zukommt" (Herv. i. Org.).
53 *G. W. F. Hegel*, Grundlinien der Philosophie des Rechts, §§ 273 f.

das Bewußtsein und das Selbstgefühl, Mitglied dieses Ganzen zu sein, und in dieser Vollbringung der Pflichten als Leistungen und Geschäfte für den Staat hat dieser seine Erhaltung und sein Bestehen".[54] Bei konkreten und für die demokratisch-konstitutionelle Entwicklung entscheidenden Rechten wie der Meinungsfreiheit und Pressefreiheit hält Hegel fest, dass die öffentliche Meinung verdiene, ebenso „geachtet als verachtet" zu werden, weil sich in ihr subjektives Meinen und objektive Einsicht vermischten.[55] Gesetzliche Beschränkungen der Meinungs- und Pressefreiheit, des „prickelnden Triebes, seine Meinung zu sagen und gesagt zu haben" werden von Hegel in weitem Umfang gerechtfertigt.[56]

Zu Hegels Überlegungen zur Sittlichkeit gehört auch eine Metaphysik des Krieges. Der Krieg sei notwendig, um Besitz und Leben dem Begriff des Endlichen gemäß als Zufälliges zu setzen. Deshalb besitze der Krieg sittliche Kraft.[57] Der Krieg entscheide auch den Streit zwischen Staaten, da eine internationale Friedensordnung durch einen Staatenbund (wie ihn etwa Kant erwogen hatte) wegen der souveränen Willkür der Staaten hinsichtlich der Kriegsgründe keine Perspektive habe.[58] Der Idee einer sittlichen Ordnung jenseits des Staates, etwa einer Ordnung des *Völkerrechts*, erteilt Hegel damit eine Absage. Zwischen den Staaten richte eine andere Instanz. Die *Weltgeschichte* sei das Gericht des Weltgeistes.[59] Die Staaten, Völker und Individuen verkörperten historisch je ein besonderes Prinzip, das zum herrschenden würde, wenn es das Prinzip der Epoche sei.[60] Vier welthistorische Reiche seien zu unterscheiden: das orientalische, griechische, römische und das germanische, wobei Letzteres objektive Wahrheit und Freiheit verwirkliche.[61] Höchstes Gut ist für Hegel allerdings ein geistiges: das Denken des Denkens, „der sich als Geist wissende Geist".[62]

### IV. Kritische Einschätzungen

Die Philosophie Hegels ist in vielfältiger Weise rezipiert worden. Zwei Aspekte sind dabei wichtig: Erstens die systematische Philosophie und zweitens die Ethik und Rechtsphilosophie, die gleichzeitig eine politische Theorie bilden. Erstere hat anhaltende Debatten hervorgerufen, nach längerer Distanz in jüngerer Zeit auch in der stärker von der analytischen Tradition geprägten angelsächsischen Welt.[63] Besonders intensiv wurde und wird jedoch der zweite Aspekt erörtert: Rechts- und Linkshegelia-

---

54 G. W. F. *Hegel*, Grundlinien der Philosophie des Rechts, § 261 (Herv. i. Org.).
55 G. W. F. *Hegel*, Grundlinien der Philosophie des Rechts, § 318.
56 G. W. F. *Hegel*, Grundlinien der Philosophie des Rechts, § 319: „Die Freiheit der öffentlichen Mitteilung (deren eines Mittel, die Presse, was es an weitreichender Berührung vor dem anderen, der mündlichen Rede, voraus hat, ihm dagegen an Lebendigkeit zurücksteht), die Befriedigung jenes prickelnden Triebes, seine Meinung zu sagen und gesagt zu haben, hat ihre direkte Sicherung in den ihre Ausschweifungen teils verhindernden, teils bestrafenden polizeilichen und Rechtsgesetzen und Anordnungen". Die Grenzen ergäben sich aus der „Verletzung der Ehre von Individuen überhaupt, Verleumdung, Schmähung, Verächtlichmachung der Regierung, ihrer Behörden und Beamten, der Person des Fürsten insbesondere, Verhöhnung der Gesetze, Aufforderung zum Aufruhr usf.", ebd.
57 G. W. F. *Hegel*, Grundlinien der Philosophie des Rechts, § 324.
58 G. W. F. *Hegel*, Grundlinien der Philosophie des Rechts, §§ 333 f.
59 G. W. F. *Hegel*, Grundlinien der Philosophie des Rechts, § 340.
60 G. W. F. *Hegel*, Grundlinien der Philosophie des Rechts, §§ 344 ff.
61 G. W. F. *Hegel*, Grundlinien der Philosophie des Rechts, § 358.
62 G. W. F. *Hegel*, Phänomenologie des Geistes, S. 591.
63 Grundlegung für die Rezeption C. Taylor, Hegel, 1975.

ner zogen sehr unterschiedliche Konsequenzen aus Hegels Philosophie – diejenigen von Marx werden noch näher untersucht werden. Hegel erscheint in diesen Debatten als preussischer Staats- und Restaurationsphilosoph,[64] als Theoretiker des autoritären Staates oder Präfaschismus,[65] gar als Urheber eines „New Tribalism", eines „Neuen Hordentums",[66] aber auch in ganz anderem Licht, etwa als moderater Liberaler.[67]

17 Der erste Aspekt, die systematische Perspektive, ist auch dann wichtig, wenn man sich vor allem für die praktische und politische Theorie Hegels interessiert. Ethik, Rechtstheorie und politische Philosophie werden durch Hegels spezifische Methode einer dialektischen begrifflichen Demonstration entwickelt – wenn diese Methode einleuchtenden Einwänden ausgesetzt ist, verlieren die mit ihrer Hilfe gewonnenen Schlussfolgerungen an Plausibilität. Umgekehrt muss eine nicht überzeugende praktische Theorie nicht gegen die systematische Philosophie sprechen – die Fehler der Ersteren können womöglich sogar durch die richtige und konsequente Anwendung von Hegels Methode korrigiert werden. Hegels systematische Philosophie ist allerdings einigen grundlegenden Einwänden ausgesetzt.

18 *Methodisch* ist der Rückgriff auf Dialektik problematisch. Hegel meint die formale Logik, soweit sie zu seiner Zeit entwickelt war, mit seinen eigenen dialektischen Denkoperationen überbieten zu können. Deswegen ist für ihn die Negation der Negation nicht schlicht wieder die Assertion der Ausgangsthese, wie es sich aus der Sicht der formalen Logik ergibt. (Wenn man die Verneinung der Aussage „Der Stuhl ist blau" verneint, heißt das, dass der Stuhl blau ist.) Die Grundlagen, der Status und der Gehalt der Logik sind in der Erkenntnistheorie der Gegenwart keineswegs geklärt, sogar im Einzelnen sehr umstritten. Trotzdem sollte man vorsichtig sein, die Bedeutung von Grundaxiomen der Logik wie etwa dem Satz vom ausgeschlossenen Widerspruch zu unterschätzen, wie es bei Hegel in der Figur der Identität des Nicht-Identischen geschieht: Die Vorstellung von der Überbietbarkeit dieser logischen Gesetze führt nämlich nicht zu notwendig tieferen Erkenntnissen. Wenn man Grundsätze der Logik als Maßstab der Kritik aufgibt, öffnet das vielmehr nur die Tür zur Unbegründbarkeit jeder These.[68]

19 Auch die Hegel'sche *Begriffsmetaphysik* ist Einwänden ausgesetzt. Man kann den Gehalt von Begriffen zweifellos analytisch erhellen – jemanden zu „überzeugen" setzt etwa die kausale Veränderung einer gedanklichen Einstellung voraus. Aus bloßen Begriffen ist aber nicht die Fülle der Elemente deduzierbar, die Hegel aus ihnen gewinnt. Die Ableitung der konstitutionellen Monarchie aus dem Begriff des Rechts illustriert dies beispielsweise anschaulich. Die konstitutionelle Monarchie ist keineswegs ein Element einer notwendigen Entfaltung des Rechtsbegriffs, sie ist vielmehr eine historisch kontingente, vielfach bedingte Herrschaftsordnung, die entstehen konnte, aber nicht entstehen musste (und mancherorts keineswegs entwickelt wurde). Sie ist die Folge

---

64 Vgl. R. *Haym*, Preußen und die Rechtsphilosophie, in: *ders.*, Hegel und seine Zeit, 1857, S. 357 ff., wiederabgedruckt in: M. Riedel (Hrsg.), Materialien zu Hegels Rechtsphilosophie, Bd. 1, 1975, S. 365 ff.
65 Vgl. z.B. E. *Cassirer*, The Myth of the State, 1974, S. 248 ff.
66 Vgl. K. *Popper*, The Open Society and Its Enemies, Vol. 2 (Hegel and Marx), 2003, S. 30 ff.
67 So etwa J. *Rawls*, Lectures on the History of Moral Philosophy, S. 330: „moderately progressive reform-minded liberal".
68 Vgl. K. *Popper*, What is dialectic?, in: *ders.*, Conjectures and Refutations, 1963, S. 312 ff.

eines Patts widerstreitender sozialer Kräfte: der politische Selbstbestimmung suchenden Bürger und der monarchischen Gewalten. Erstere konnten die Monarchie nicht abschaffen, nur konstitutionell einhegen, Letztere nicht mehr unbeschränkt regieren wie im Absolutismus. Mit begrifflichen Notwendigkeiten haben diese historischen Ereignisse nichts zu tun. Wenn man in ähnlicher Weise andere Beispiele aus Hegels Argumentation analysiert, erweisen sich die behaupteten begrifflichen Deduktionen als wenig überzeugend. Die Begriffsmetaphysik hält die Entfaltung der Begriffe für eine Entfaltung der Wirklichkeit. Auch hier wird man Zweifel anmelden müssen: Begriffssysteme oder Theorien sind gedankliche Konstrukte mit explikativer Intention, die Aspekte der Wirklichkeit erklären können oder auch nicht, in jedem Falle aber nicht die Wirklichkeit selbst.

Hegels Philosophie ist nichtsdestotrotz reich und gesättigt von interessanten Anmerkungen und Einsichten – die Beschreibung der bürgerlichen Gesellschaft ist etwa bis heute ein Bezugspunkt der Analyse bestimmter Formen menschlichen Zusammenlebens. Diese Bemerkungen schöpfen ihre Plausibilität aber keineswegs daraus, dass sie notwendige Entfaltungen eines Begriffes wären. Sie gewinnen ihren Wert vielmehr durch Hegels Aufmerksamkeit für bestimmte empirische, historische Gegebenheiten, die Fähigkeit zu ihrer gedanklichen Reflexion und immer wieder scharfen sprachlichen Fassung. 20

Ein weiteres grundlegendes Problem ist *erkenntnistheoretisch*. Hegel glaubt, die Subjektphilosophie überschreiten und die Dinge selbst erkennen zu können. Diese Vorstellung ist epistemologisch nicht haltbar. Menschen konstruieren mit ihren geistigen Fähigkeiten ein Bild der Welt, ohne sicher sein zu können, dass dieses Bild die Welt tatsächlich objektiv erfasst. Hegels Versuch, über Kant hinaus zu kommen, fällt deshalb tatsächlich hinter Kants (oder Descartes') Einsichten zu den unüberschreitbaren Grenzen menschlicher Erkenntnis zurück (vgl. zum epistemologischen Gehalt der Bewusstseinsphilosophie o. § 9). 21

Eine weitere Kritik ist *ontologisch* ausgerichtet: Hegels Metaphysik behauptet eine falsche Vergeistigung der Welt. Es ist eine auch heute noch offene Frage, welches der genaue Stoff ist, aus dem die Welt gemacht ist – die moderne Wissenschaft diskutiert in dieser Hinsicht verschiedene interessante Möglichkeiten. Objektiver Geist bildet dafür aber sicherlich keine plausible Option. 22

*Geschichtstheoretisch* liefert Hegel eine historische Teleologie, die für die Geschichte den Fehler seiner Begriffsmetaphysik wiederholt, der in der Annahme einer notwendigen, sich selbst entfaltenden Entwicklung des Geistes besteht. Dies ist die idealistische Variante des Irrtums des Historismus, der bei Marx in einer materialistischen Variante begangen wird. Die Geschichte der Menschen kennt eine solche gerichtete Entwicklung nicht, vielleicht bedauerlicherweise, vielleicht zu ihrem Glück. 23

Auch die praktischen Schlussfolgerungen Hegels sind offen für Kritik: *Ethisch* unterschätzt Hegel die Bedeutung individueller Moral. Das bildet zunächst ein analytisches Defizit, weil der Ursprung von moralischen Prinzipien in der autonomen praktischen Urteilskraft der Subjekte übersehen wird. Seine Philosophie delegitimiert zudem die kritische Kraft des subjektiven Gewissens, trotz der scheinbaren Emphase, mit der 24 seine Achtung behauptet wird, weil letzte Instanz der normativen Orientierung die objektiven Gestalten der Sittlichkeit sind. Dies bedeutet aber keinen Fortschritt in der Ethik, sondern die Überhöhung überkommener sozialer Institutionen zu normativen Maßstäben. Das gilt auch dann, wenn man – wie erläutert – bedenkt, dass Hegel durchaus kritisch gegenüber bestimmten gegebenen Phänomenen eingestellt war, weil sie aus seiner Sicht begrifflich nicht zu rechtfertigen sind, wie etwa die Sklaverei. Dies führt sicherlich dazu, von einem undifferenzierten Hegelbild Abstand zu nehmen – der Theoretiker der Restauration nach dem Wiener Kongress war *Karl Ludwig von Haller*, nicht Hegel, der Haller scharf wegen der Verteidigung des Rechts des Stärkeren und seiner Kritik an rechtlicher Gesetzesherrschaft kritisierte.[69] Dennoch ist die Tendenz von Hegels Rechtsphilosophie unübersehbar, mit dem Instrumentarium der Metaphysik die politisch-institutionellen Gegebenheiten seiner Zeit zu legitimieren, konkret durch den Entwurf eines Ständestaats mit autoritären Zügen, der sicher nicht zu den reaktionärsten Vorstellungen der Zeit gehörte, in manchem sogar in Bezug auf die damaligen Umstände kritische Kraft entfalten konnte, dem aber die Zukunft – für viele schon damals sichtbar – nicht gehörte.

25  Dieses Problem ist auch für die *Konzeption des Rechts* wichtig. Recht wird zwar mit einiger Emphase als Freiheitsordnung bezeichnet. Dieser Freiheitskern des Rechts wird aber durch den institutionellen Entwurf keineswegs eingelöst. Moderner Konstitutionalismus ist durch das Bewusstsein der Notwendigkeit der vorausschauenden Kontrolle von Macht geprägt. Dieses Misstrauen schließt eine normative Orientierung des Staatswesens keineswegs aus, die von manchem vielleicht gewünscht und in der Sittlichkeit des Staates theoretisch begründet gesehen wird. Ein menschenrechtsorientierter demokratischer Verfassungsstaat ist sogar an hohen normativen Ansprüchen orientiert. Die Wirklichkeit dieser Ausrichtung muss aber institutionell durch den Verfassungsstaat und seine Erben jenseits des nationalen Rahmens gesichert werden. Dies prägt sich etwa in den verschiedenen Formen der Gewaltenteilung, der „checks and balances" aus, in entwickelter judizieller Kontrolle oder in den Mechanismen politischer Kontrolle einer Demokratie.

26  Das praktische Kernproblem von Hegels Rechtsphilosophie besteht darin, dass sie keinen angemessen Begriff des Wertes des Individuums entwickelt, da dieser vom Wert des Staates bloß abgeleitet wird, nicht aber im Menschsein selbst wurzelt. Deswegen gelingt Hegel keine Grundrechtskonzeption, die mit dem Eigenwert des Individuums ernst macht und seinen Schutz zumindest in Ansätzen entfaltet. Die sperrige Selbstzweckhaftigkeit der einzelnen Person, die letztlich die Idee der Menschenrechte begründet, wird von Hegel nicht gedacht.

27  Die Metaphysik des Krieges, die Hegel skizziert, überrascht zunächst konzeptionell, denn nach der dialektischen Grundanlage seiner Überlegungen sollte man erwarten, dass auch der Widerstreit der Staaten (wie der Individuen in der bürgerlichen Gesellschaft im Staat) auf einer höheren Ebene überwunden, in einer sittlichen Völkerrechtsordnung „aufgehoben" wird. Sie bedeutet zudem gegenüber dem Kosmopolitismus

---

69 Vgl. *G. W. F. Hegel*, Grundlinien der Philosophie des Rechts, § 258 und Fn. zu *K. L. von Haller*, Restauration der Staatswissenschaft, 1816–34.

## § 11 Geist und Sittlichkeit jenseits des Subjekts – Hegel

der Aufklärung keinen theoretischen Gewinn, im Gegenteil, sie gibt dem politischen Antagonismus der Staaten mit seinen destruktiven Folgen theoretische Weihen, die dieser nicht verdient.

Auch die abschließende Perspektive der Hegel'schen Rechtsphilosophie wird durch die Fehleinschätzung der Bedeutung individuellen moralischen Urteils getrübt. Das letzte Urteil über Ereignisse und Institutionen, Staaten und Kulturen wird nicht dadurch gesprochen, dass sich etwas welthistorisch durchsetzt. Das Weltgericht ist nicht die Weltgeschichte, sondern die ethische Reflexion der Menschen, ihr Gewissen, das die Geschichte kritisch begleitet und sie den Mut aufbringen lassen muss, gegen die eigenen Zeiten Prinzipien zu folgen, wenn sie denn nur gerechtfertigt erscheinen, dabei ein Element zur Bewirkung des besseren Gangs der Dinge zu sein hofft, es manchmal sogar ist, manchmal aber auch im Geschichtslauf verzweifelt und machtlos untergeht.

## § 12 Der Utilitarismus und die kalkulierte Ethik des Glücks

I. Das Nützlichkeitsprinzip ............ 1
II. Konsequentialismus ................. 4
III. Kritischer Egalitarismus ............. 10
IV. Moderne Diskussion ................ 15
V. Kritische Einschätzungen ........... 16

### I. Das Nützlichkeitsprinzip

1 Der Utilitarismus hat im 19. Jahrhundert seine klassische Form gefunden und ist seitdem zu einem der vorherrschenden Systeme normativer Orientierung geworden. Der klassische Utilitarismus hat verschiedene Vorläufer, z.B. in der Schottischen Aufklärung des 18. Jahrhunderts bei *Francis Hutcheson* (1694–1746). Seine Grundgedanken haben aber *Jeremy Bentham* (1748–1832) und *John Stuart Mill* formuliert und damit den Rahmen gesteckt, in dem die moderne Diskussion weitere Differenzierungen entwickelt hat.

2 Der Utilitarismus formuliert als zentrales Grundprinzip das Nützlichkeitsprinzip (*principle of utility*): Eine Handlung ist danach dann moralisch gerechtfertigt, wenn sie zum größten möglichen Wohlergehen der größten möglichen Zahl von Menschen führe. Das moralische Urteil über eine Handlung wird auf die *Folgen* dieser Handlung für das Wohlergehen von Menschen gestützt. Dies gilt für die Einzelnen hinsichtlich konkreter Handlungen, aber auch für Handlungen einer Gemeinschaft. Das Nützlichkeitsprinzip ist damit nicht nur eine Maxime individueller Moral, sondern auch der Sozialethik und Politik. Auch der Ausdruck „Greatest Happiness Principle" (Glücksprinzip) wird benutzt: „(T)his for shortness, instead of saying at length that principle which states the greatest happiness of all those whose interest is in question, as being the right and proper, and only right and proper and universally desirable, end of human action: of human action in every situation, and in particular in that of a functionary or set of functionaries exercising the powers of Government. The word utility does not so clearly point to the ideas of pleasure and pain as the words happiness and felicity do: nor does it lead us to the consideration of the number, of the interest affected; to the number, as being the circumstance, which contributes, in the largest proportion, to the formation of the standard here in question; the standard of right and wrong, by which alone the propriety of human conduct, in every situation, can with propriety be tried".[1]

3 Menschliches Wohlergehen und Glück ist der betonte, zentrale Bezugspunkt des Utilitarismus: „The creed which accepts as the foundation of morals, Utility, or the

---

[1] J. *Bentham*, An Introduction to the Principles of Morals and Legislation, I, 1 Note July 1822, ed. by J. H. Burns/H. L. A. Hart, 1996: „Dies aus Gründen der Kürze, anstatt ausführlich zu formulieren: das Prinzip, das aussagt, dass das Glück all derer, deren Interessen betroffen werden, das richtige und zutreffende und einzige richtige und zutreffende allgemein wünschenswerte Ziel menschlichen Handelns ist: menschlichen Handelns in jeder Situation und insbesondere von Amtsträgern oder einer Menge von Amtsträgern, die Regierungsgewalt ausüben. Das Wort Nützlichkeit unterstreicht nicht so deutlich die Ideen von Genuss und Schmerz wie die Worte Glück und Glückseligkeit; noch führt es uns zur Berücksichtigung der Anzahl derer, deren Interessen berührt werden, zur Anzahl als Umstand der im höchsten Maße zur Bildung des Maßstabs beiträgt, um den es hier geht: den Maßstab von richtig und falsch, durch den allein die Angemessenheit menschlichen Verhaltens in jeder Situation zutreffend beurteilt werden kann".

Greatest Happiness Principle, holds that actions are right in proportion as they tend to promote happiness, wrong as they tend to produce the reverse of happiness".[2]

**II. Konsequentialismus**

Durch den Blick auf die Folgen einer Handlung als Grundlage ihrer Bewertung ist der Utilitarismus nach einer herkömmlichen und bereits erläuterten Unterscheidung eine konsequentialistische, keine deontologische Ethik. Letztere behauptet anders als der Konsequentialismus die Existenz von normativen Regeln (z.B. Versprechen zu halten), die unabhängig von ihren Folgen verpflichten. Kants Ethik wird – wie erörtert wurde – wegen einer solchen angenommenen deontologischen Orientierung kritisiert.

Grundlage des Nützlichkeitsprinzips ist ein *psychologischer Hedonismus*: Menschen werden aus der Sicht der Utilitaristen allein vom Glücksstreben bewegt. Der Utilitarismus ist deswegen einerseits eine normative Theorie für individuelles und gemeinschaftliches Handeln, andererseits aber Teil einer deskriptiven Theorie menschlicher Motivation. „By the natural constitution of the human frame, on most occasions of their lives men in general embrace this principle, without thinking of it: if not for the ordering of their own actions, yet for the trying of their own actions, as well as those of other men".[3]

Der Utilitarismus versucht normativ die Konsequenz aus dieser psychologischen Tatsache zu ziehen. „Nature has placed mankind under the governance of two sovereign masters, *pain* and *pleasure*. It is for them alone to point out what we ought to do (…). The principle of utility recognises this subjection, and assumes it for the foundation of that system, the object of which is to rear the fabric of felicity by the hands of reason and of law. Systems which attempt to question it, deal in sounds instead of sense, in caprice instead of reason, in darkness instead of light".[4]

Bentham ist dabei allein an der Quantität der Glücksbefriedigung, die sich als Folge einer Handlung einstellt, interessiert, die für ein Individuum und dann für eine Menge von Individuen aggregiert werden müsse.[5] Bei Mill werden dagegen die Arten des Vergnügens qualitativ bewertet. Es gehe beim Nützlichkeitsprinzip darum, die qualitativ hervorgehobenen Vergnügungen zu maximieren.

---

2 *J. S. Mill*, Utilitarianism, II, in: *ders.*, On Liberty and other Essays, 1991, S. 131 ff., 137: „Die Überzeugung, die als Grundlage der Moral die Nützlichkeit akzeptiert, oder auch das Prinzip-des-größten-Glücks, behauptet, dass Handlungen in dem Ausmaß richtig sind, in dem sie die Tendenz besitzen, Glück zu befördern, falsch insoweit sie die Tendenz besitzen, das Gegenteil von Glück zu erzeugen".
3 *J. Bentham*, An Introduction to the Principles of Morals and Legislation, I, 12: „Aufgrund der natürlichen Verfassung der menschlichen Natur wenden Menschen bei den meisten Gelegenheiten ihres Lebens im Allgemeinen dieses Prinzip an, ohne daran zu denken: wenn nicht für die Ordnung ihrer Handlungen so doch zur Überprüfung ihrer eigenen Handlungen und der von anderen".
4 *J. Bentham*, An Introduction to the Principles of Morals and Legislation, I, 1: „Die Natur hat die Menschheit der Regierungsgewalt von zwei souveränen Herren unterworfen, *Schmerz* und *Genuss*. Es ist nur an ihnen, das auszuzeichnen, was wir tun sollen (…). Das Nützlichkeitsprinzip erkennt dieses Unterwerfungsverhältnis an und nimmt es als Grundlage für jenes System, dessen Gegenstand es ist, das Gebäude des Glücks mit den Händen von Vernunft und Gesetz zu errichten. Systeme, die versuchen, es in Frage zu stellen, handeln mit Tönen anstatt mit Sinn, mit Launen anstatt mit Vernunft, mit Dunkelheit anstatt mit Licht" (Herv. i. Org.).
5 *J. Bentham*, An Introduction to the Principles of Morals and Legislation, IV, 5, 6, V f. Kein Motiv ist an sich schlecht, wenn es Vergnügen bringt, selbst Grausamkeit, nur in Hinblick auf Folgen kann auch hier eine Bewertung erfolgen, X, 10, 29.

8   Maßstab sei dabei die Einschätzung derer, die sowohl die niedrigeren als auch die höheren Vergnügungen kennten: „According to the Greatest Happiness Principle, as above explained, the ultimate end, with reference to and for the sake of which all other things are desirable (whether we are considering our own good or that of other people), is an existence exempt as far as possible from pain, and as rich as possible in enjoyments, both in point of quantity and quality; the test of quality, and the rule for measuring it against quantity, being the preference felt by those who, in their opportunities of experience, to which must be added their habits of self-consciousness and self-observation, are best furnished with the means of comparison. This, being, according to the utilitarian opinion, the end of human action, is necessarily also the standard of morality; which may accordingly be defined, the rules and precepts for human conduct, by the observance of which an existence such has been described might be, to the greatest extent possible, secured to all mankind; and not to them only, but so far as the nature of things admit, to the whole sentient creation".[6] Die letzte Seitenbemerkung zeigt die Offenheit des Utilitarismus: Bei Mill wie schon bei Bentham impliziert er schon eine mögliche Tierethik.[7] Aufgrund der qualitativen Bewertung von bestimmten Vergnügen zählt nicht jeder Glückszustand, sondern nur der, der den besseren menschlichen Möglichkeiten angemessen ist. „It is better to be a human being dissatisfied than a pig satisfied; better to be Socrates dissatisfied than a fool satisfied".[8]

9   Bei Mill ist auch die Fürsorge für andere Menschen Teil des angestrebten Guten, wobei aber diese Fürsorge sich auf das Glück der anderen zu richten habe – nur dann sei z.B. ein Märtyrer bewundernswert.[9] Das soziale Gefühl, die Vorstellung einer Interessenharmonie von Einzelnem und Gesellschaft sei die „ultimate sanction of the greatest-happiness morality".[10]

### III. Kritischer Egalitarismus

10  Der Utilitarismus formuliert der Intention der klassischen Vertreter nach ein kritisches Prinzip gegen die Privilegien weniger, denn die Interessen, das Glückverlangen aller Menschen zählt bei ihnen gleichermaßen.[11] Bentham antwortet auf die Kritik, dass das

---

6   *J. S. Mill*, Utilitarianism, II, S. 142 ff.: „Nach dem Prinzip des größten Glücks, wie es erläutert wurde, ist das letzte Ziel in Bezug auf welches und um dessen willen alle anderen Dinge wünschenswert sind (ob wir unser eigenes Wohlergehen oder das anderer betrachten), eine Existenz, die sowohl quantitativ wie qualitativ so weit wie möglich schmerzlos und so reich wie möglich an Freuden ist, wobei der Test der Qualität und die Regel, um sie gegenüber der Quantität abzumessen, die Vorlieben sind, die jene empfinden, die durch ihre Gelegenheiten zur Erfahrung, zu denen ihre Gewohnheiten des Selbstbewusstseins und der Selbstbeobachtung hinzugefügt werden müssen, am besten mit den Mitteln zum Vergleich ausgestattet sind. Dies ist nach der utilitaristischen Ansicht als Ziel menschlichen Handelns notwendig auch der Maßstab der Moral, der entsprechend definiert werden kann als die Regeln und Vorschriften für menschliches Handeln, durch deren Befolgung eine Existenz wie sie gerade beschrieben wurde im größtmöglichen Maße für die ganze Menschheit gesichert werden kann und soweit die Natur der Dinge es erlaubt für die ganze fühlende Schöpfung".
7   Vgl. *J. Bentham*, An Introduction to the Principles of Morals and Legislation, XVII, 4 note b, S. 283.
8   *J. S. Mill*, Utilitarianism, II, S. 140, vgl. a. S. 137, 139: „Es ist besser, ein unzufriedenes menschliches Wesen als ein zufriedenes Schwein zu sein, besser ein unzufriedener Sokrates als ein zufriedener Narr zu sein".
9   *J. S. Mill*, Utilitarianism, II, S. 147, 163, 169; Utilitaristen meinen, es gebe ein desinteressiertes Verlangen nach Tugend, das Verlangen nach Tugend werde aber daraus abgeleitet, dass sie zum Glück führe, S. 171.
10  *J. S. Mill*, Utilitarianism, II, S. 167.
11  *J. S. Mill*, Utilitarianism, V, S. 198. *H. Sidgwick*, The Methods of Ethics, 7th ed., 1981, S. 411 ff., betont deshalb ausdrücklich den universalistischen Charakter des Utilitarismus und schlägt den Begriff „Universalistic Hedonism" vor, um dies deutlich zu machen.

## § 12 Der Utilitarismus und die kalkulierte Ethik des Glücks

Nützlichkeitsprinzip gefährlich sei: „(A) principle, which lays down, as the only *right* and justifiable end of Government, the greatest happiness of the greatest number – how can it be denied to be a dangerous one? Dangerous it unquestionably is, to every government which has for its actual end or object, the greatest happiness of a certain one, with or without the addition of some comparatively small number of others, whom it is matter of pleasure or accommodation to him to admit, each of them, to a share in the concern".[12]

Dieses Prinzip habe die Befreiung der Menschen vorangetrieben: „The entire history of social improvement has been a series of transitions, by which one custom or institution after another, from being a supposed primary necessity of social existence, has passed into the rank of a universally stigmatized injustice and tyranny. So it has been with the distinctions of slaves and freemen, nobles and serfs, patricians and plebeians; and so it will be, and in part already is, with the aristocracies of colour, race, and sex".[13] Auch Mill betont die Bedeutung des Prinzips der Gleichbehandlung: „It is involved in the very meaning of Utility, or the Greatest Happiness Principle. That principle is a mere form of words without rational signification, unless one person's happiness, supposed equal in degree (with proper allowance made for kind), is counted for exactly as much as another's".[14]

Aus Mills Sicht ist der Utilitarismus den Rechten des Individuums nicht entgegengesetzt. Im Gegenteil seien die Rechte jedes Individuums gerade geschützt, was nicht verwundert, wenn man seine Betonung der Notwendigkeit von Minderheitenrechten in seiner Freiheitsphilosophie bedenkt (s. o. § 10 II). Der Utilitarismus fordere Gerechtigkeit im Unterschied zu Wohltaten, die zu tun keine Verpflichtung bestehe, und sei deshalb mit Rechten anderer verbunden (z.B. auf Leben und Freiheit).[15]

Durch das Verständnis des Gemeinwohls als aggregiertes Wohl der Einzelnen, bedeute der Utilitarismus eine Abkehr von Vorstellungen eines kollektiven, überpersönlichen Gemeingutes, z.B. dem Wohl der Nation unabhängig vom Wohlergehen der einzelnen Menschen, die die Nation bildeten.[16]

Laut Bentham ist keine Begründung des Nutzenprinzips möglich, da es selbst die letzte Begründung der Moral sei.[17] Glück sei evident für Menschen ein Selbstzweck, deswegen gebe es kein weiteres Bedürfnis, nach Begründungen zu suchen, warum Glück ein

---

12 *J. Bentham*, An Introduction to the Principles of Morals and Legislation, I, 13 note d, S. 14 f: „(Ein) Prinzip, das als einzig *richtiges* und gerechtfertigtes Ziel der Regierung das größte Glück der größten Zahl festhält – wie kann geleugnet werden, dass es ein gefährliches ist? Gefährlich ist es unzweifelhaft, für jede Regierung, deren tatsächliches Ziel oder Handlungsgegenstand das größte Glück eines bestimmten Einzelnen ist, mit oder ohne Hinzufügung einer vergleichsweise kleinen Zahl von anderen, von denen er jeden aus Gründen des Beliebens oder des Entgegenkommens an den Vorteilen anteilnehmen lässt".
13 *J. S. Mill*, Utilitarianism, V, S. 200: „Die ganze Geschichte sozialer Verbesserungen bildet eine Reihe von Wandlungen, durch die eine Gewohnheit oder Institution nach der anderen von einer angenommenen ersten Notwendigkeit des sozialen Lebens in den Rang einer allgemeinen stigmatisierten Ungerechtigkeit und Tyrannei herabsank. So war es mit der Unterscheidung von Sklaven und Freien, Adligen und Hörigen, Patriziern und Plebejern; und so wird es sein – und ist es schon teilweise jetzt – mit den Aristokratien der Hautfarbe, Rasse und des Geschlechts".
14 *J. S. Mill*, Utilitarianism, V, S. 198.
15 *J. S. Mill*, Utilitarianism, V, S. 185, 195 ff.
16 *J. Bentham*, An Introduction to the Principles of Morals and Legislation, I, 4, S. 12.
17 *J. Bentham*, An Introduction to the Principles of Morals and Legislation, I, 11, S. 13.

Wert sei.[18] Man könne – so Mill in einer vieldiskutierten Passage – nicht über das Faktum hinauskommen, dass Menschen eben bestimmte Dinge begehrten, andere aber nicht: „The only proof capable of being given that an object is visible, is that people actually see it. The only proof that a sound is audible, is that people hear it: and so of the other sources of our experience. In like manner, I apprehend, the sole evidence it is possible to produce that anything is desirable, is that people do actually desire it".[19]

### IV. Moderne Diskussion

15 In der Gegenwart wurden verschiedene Versuche unternommen, den Utilitarismus weiterzuentwickeln, zu verfeinern und durch Differenzierungen gegen Kritik abzusichern. Die wichtigste Unterscheidung ist die zwischen *Handlungs- und Regelutilitarismus*.[20] Ersterer bewertet die Folgen einer einzelnen Handlung für das Glück der größten Zahl. Letzterer bewertet dagegen die Folgen einer bestimmten Regel (unabhängig von einer konkreten Situation). Heute wird der Utilitarismus meistens als Regelutilitarismus vertreten. Anstelle von Begriffen wie Glück, Vergnügen, Schmerz usw. wird der aus der Wohlfahrtsökonomie stammende Begriff der Präferenz verwandt, um zu bezeichnen, was die Handelnden zu erreichen und zu erlangen wünschen.[21]

### V. Kritische Einschätzungen

16 Der Utilitarismus als eine der dominanten normativen Theorien der letzten beiden Jahrhunderte hat manche Kritik herausgefordert. Es wird etwa eingewandt, dass das Glückskalkül die Einzelnen überfordere, die für einzelne Handlungen oder allgemeine Regeln den Gesamtnutzen faktisch nicht ermitteln können. Dieser Einwand ist sicher im Grundsatz zutreffend und verweist auf das allgemeine Problem der Unsicherheit von Handlungsfolgen, das Kant z.B. zu dem Schluss bewog, dass moralisch gut nur der Wille eines Handelnden sein könne, weil die Konsequenzen seiner Handlung unabsehbar seien. Auf der anderen Seite kann keine Ethik auf derartige Abschätzungen ganz verzichten. Auch Kant fragt z.B., welche Folgen die Universalisierung der Erlaubnis zu lügen haben würde, die er dazu abschätzen muss. Dass der Utilitarismus sich hier einer spezifischen Schwierigkeit stellen müsste, ist deshalb nicht ersichtlich.

17 Ein anderes Problem ist die Vergleichbarkeit von Genüssen von Mensch zu Mensch in quantitativer Hinsicht. Wie sollen diese Folgen irgendwie objektiv gemessen werden? Beim qualitativen Hedonismus stellt sich die Frage: Kann man Vergnügungen oder

---

18 *J. Bentham*, An Introduction to the Principles of Morals and Legislation, VIII, 13, S. 88 f; X, 10, S. 100; *J. S. Mill*, Utilitarianism, I, S. 134 f.
19 *J. S. Mill*, Utilitarianism, IV, S. 168: „Der einzige Beweis, der dafür geliefert werden kann, dass ein Objekt sichtbar ist, ist, dass Menschen es tatsächlich sehen. Der einzige Beweis dafür, dass ein Ton hörbar ist, ist, dass Menschen ihn hören, und so weiter für die anderen Quellen unserer Erfahrung. In ähnlicher Weise ist in meiner Wahrnehmung der einzig mögliche Beweis, der dafür gegeben werden kann, dass etwas wünschenswert ist, dass Menschen es tatsächlich wünschen".
20 Eine weitere Variante bildet der negative Utilitarismus, der das geringste Maß an vermeidbarem Leid für alle einfordert, vgl. *K. Popper*, The Open Society and Its Enemies, Vol. 1, S. 317. Eine weitere Diskussion betrifft das Problem, ob der Gesamtnutzen der Gesellschaft maximiert werden solle oder der Durchschnittsnutzen der Gesellschaftsmitglieder.
21 Vgl. zur Diskussion des Utilitarismus *J. Smart/B. Williams*, Utilitarianism for and against, 1980; *A. Sen/B. Williams* (Hrsg.), Utilitarianism and beyond, 1990; *R. Brandt*, Morality, Utilitarianism, and Rights, 1992; *J. Nida-Rümelin*, Kritik des Konsequentialismus, 2. Aufl., 1995.

Glücksgefühle qualitativ bewerten? Muss jeder z.B. geistige Genüsse mehr schätzen als andere? Wieso soll das Glück, das einer dabei verspürt, seine Gartenzwerge neu zu arrangieren, weniger wert sein als das Glück von Thomas Mann, als er Goethe las? Ist eine solche qualitative Bewertung nicht hochmütig und auf eine bevormundende Weise naiv?

Auch hier besteht ein echtes Problem. Die angedeuteten Schwierigkeiten sind real. Niemand kann in das Innere anderer blicken und ermitteln, wie groß das Glück oder wie tief das Leid ist, das diese anderen gerade empfinden. Auch die Bewertung von bestimmten Arten des Vergnügens muss sich vor dem Fehler hüten, anderen die eigenen Geschmacksurteile aufzuzwingen. Andererseits kommt keine Ethik und kein Rechtssystem ohne die Auszeichnung mindestens bestimmter Güter als grundlegend aus, z.B. dass die Freiheit, seine Meinung auszudrücken, ein wichtigeres Lebensgut bildet als die Freiheit, montagnachts in einem Mehrfamilienhaus die Trompete zu blasen, weswegen Letztere leichter einzuschränken ist als Erstere. Damit wird intersubjektive Vergleichbarkeit dieser Güter und die Möglichkeit ihrer Gewichtung impliziert. Diese implizierten Bewertungen findet man auch bei der Argumentation mit moralischen Prinzipien wie der Goldenen Regel. Sie setzt z.B. voraus, dass das, was man dem anderen nicht antut, weil man es selbst nicht erdulden will, für den anderen dasselbe bedeutet wie für einen selbst. Auch eine so selbstverständlich akzeptierte Norm wie die Goldene Regel setzt deshalb die quantitativ-qualitative Vergleichbarkeit der Empfindungen von verschiedenen Subjekten voraus. Auch dies ist also kein für den Utilitarismus spezifisches Problem. Ein größeres Problem besteht in der Aggregation unterschiedlicher Lebensgüter eines Individuuums in einem umfassenden Glückskalkül. Ist das möglich? Kann man die Bedeutung der Freiheit, seine Meinung zu äussern, mit den Folgen der Wohnungsgröße für das eigene Wohlbefinden auf einen Nenner bringen? Gehen hier nicht wichtige Unterscheidungen zur Bedeutung der verschiedenen Lebensgüter verloren? Verliert der Begriff der Lebensqualität damit nicht seine Vielschichtigkeit?

Es gibt nicht nur eine Kritik der deontologischen Ethik aus konsequentialistischer Sicht, sondern auch eine Kritik des Konsequentialismus aus dem Geist deontologischer Ethik. Das Verhältnis von Deontologie und Konsequentialismus wurde im Rahmen der kantischen Ethik angesprochen und entfaltet. Es ergab sich, dass dieses Verhältnis differenzierter ist als oftmals angenommen (s. o. § 9). Es stellte sich heraus, dass bei kollidierenden Handlungsnormen eine Folgenabwägung auch aus deontologischer Sicht unternommen wird. Ein Versprechen darf gebrochen werden, um ein Menschenleben zu schützen, weil der Wert des Schutzes eines menschlichen Lebens das Gewicht der Schädigung der durch Vertrauen auf Versprechen gebildeten menschlichen Beziehungen durch das eine gebrochene Versprechen überwiegt. Das Prinzip der Moral selbst, das den Bewertungsmaßstab bildet (bei Kant der kategorische Imperativ) kann aber nicht konsequentialistisch aus den Folgen seiner Beachtung begründet werden, weil auch diese Folgen eine Bewertung und damit einen weiteren Maßstab ihrer Bewertung verlangen, der folgenunabhängig sein muss, um einen Regress zu vermeiden.

Das Glücksverlangen der Menschen allein ist nun noch keine ausreichende Basis für moralische Regeln, die einen solchen Bewertungsmaßstab bilden könnten, denn es bezieht auch die Befriedigung von Antrieben mit ein (Habgier, Ruhmsucht, Herrschsucht usw.), die mit Moral nicht vereinbar sind. Moral ist von Glückswünschen unabhängig und ihnen häufig gerade entgegengesetzt.

21 Es bildet allerdings einen Fortschritt, individuelles Glück überhaupt zum Gegenstand der Ethik zu machen, denn damit wird sie jedenfalls an die Wünsche der Menschen zurückgebunden. Man darf deshalb nicht übersehen, welchen Beitrag der Utilitarismus zur Humanisierung der Moral geleistet hat. Das Ziel der Moral ist deshalb nicht, ein anderes Gut als Glück für Menschen als erstrebenswert auszuzeichnen, sondern die Frage der richtigen Verteilung des Glücks (genauer: der Chancen, es zu erlangen) unter verschiedenen Menschen zu beantworten und die erlaubten Mittel, es zu erreichen, auszuzeichnen.

22 Man muss auch einen unzulässigen Schluss vom real von Menschen Erstrebten auf das Erstrebens*werte*, also vom Sein auf das Sollen vermeiden, denn die Frage ist ja: Ist das Erstrebte wirklich gut und erstrebens*wert*? Diese Problematik wird als sog. Open-Question-Argument wieder auftauchen, wenn die analytische Ethik behandelt wird (vgl. u. § 15 II).

23 Aber auch hier kann etwas Wahres in den klassischen utilitaristischen Überlegungen aufgespürt werden. Denn kann man eine Antwort auf die Frage finden, ob Menschen Glück nicht nur faktisch erstreben, sondern ob es auch in einem *nicht-moralischen* Sinn erstrebenswert ist? Ob Glück wirklich glücklicher macht als Unglück? Sinnvoll ist nur zu fragen, ob das konkret erstrebte Glück und die Mittel zu seiner Erreichung moralisch erlaubt sind oder nicht, Letzteres z.B. wegen der Verletzung der Interessen anderer, also in diesem Sinne moralisch erstrebens*wert* sind. Und damit ist der Kern der Problematik des Utilitarismus deutlich geworden: der *Vorbehalt der Moral* beim Streben nach Glück. Das Glück des Einzelnen kann wegen dieses Vorbehalts nur unter der Bedingung seiner Verträglichkeit mit den Glückswünschen anderer verfolgt werden. Die Versklavung einer Minderheit mag etwa das größte Glück der größten Zahl ergeben, da diese durch die Arbeit der Sklaven besonders erfreulich leben und ihr Glücksgewinn das Leiden der Sklaven überwiegt. Dennoch ist die Versklavung der Minderheit moralisch nicht gerechtfertigt. Individuelle Menschen sind nicht nur der belanglose Schauplatz von Glücksmomenten, die aggregiert werden und so zu Handlungsregelungen führen, in denen den Individuen selbst keine eigene Bedeutung zukommt. Das Wohlergehen einer Person kann nicht mit dem Wohlergehen anderer verrechnet werden. Der normative Grund hierfür ist das Prinzip der Wertgleichheit der Menschen und damit der Wertgleichheit ihrer Lebensentwürfe und -wünsche, die aus Gerechtigkeitsgründen gleich berücksichtigt werden müssen.

24 Das Nützlichkeitsprinzip ersetzt also moralische Prinzipien, z.B. der Gerechtigkeit, nicht. Dies wird interessanterweise durch die utilitaristische Theorie selbst am besten illustriert, denn diese impliziert eine Gemeinwohlorientierung, die nicht aus dem Nützlichkeitsprinzip folgt, da sie dieses gerade begründet. Das Problem ist: Warum sollen denn die Einzelnen das Glück der größten Zahl zu ihrem Anliegen machen? Warum nicht schlicht das größte eigene Glück? Der Schluss vom individuellen Hedonismus auf das Nützlichkeitsprinzip, das andere mit einbezieht, ist deswegen aus den Prämissen des Utilitarismus nicht ableitbar. Die Lücke in der Argumentation wird z.B. in folgen-

## § 12 Der Utilitarismus und die kalkulierte Ethik des Glücks

der Passage deutlich sichtbar: „No reason can be given why the *general* happiness is desirable, except that each person, so far as he believes it to be attainable, desires his *own* happiness".[22] Aus dem Faktum, dass jeder Mensch sein Glück anstrebt, folgt aber gerade nicht, dass das allgemeine Glück angestrebt werden soll, sondern nur, dass der Einzelne durch seine Handlungen sein eigenes Glück maximieren sollte, wenn er seine Interessen verwirklichen will. Deswegen ist der eigentliche normative Kern des Utilitarismus nicht das Nützlichkeitsprinzip, wie es Utilitaristen bis heute erscheint, sondern eine implizierte, wenn auch unvollkommene Theorie der Gerechtigkeit und des Guten. Diese liefert nämlich allein die Gründe, warum jeder Mensch gleich zählt und es deswegen legitim ist, sein Glücksverlangen im Nützlichkeitskalkül im Grundsatz, wenn auch in den geschilderten Grenzen des Nützlichkeitsprinzips in Bezug auf den Minderheitenschutz, zu berücksichtigen. Ohne ein solches Prinzip bleibt ungeklärt, warum jeder Mensch zählen soll und nicht nur das Glück des Individuums selbst oder einer Gruppe von Menschen, der es angehört.

---

22 J. S. *Mill*, Utilitarianism, IV, S. 168: „Es kann kein anderer Grund dafür geliefert werden, dass das *allgemeine* Glück wünschenswert ist, außer dass jede Person, soweit sie glaubt, dass es erreichbar ist, ihr *eigenes* Glück wünscht".

## § 13 Die historische Logik des Kapitals – Marx und der Marxismus

I. Veränderung der Welt und die Wurzeln der Diktatur ............ 1
II. Historischer Materialismus ......... 6
III. Basis und Normativität ............ 9
IV. Marxismus jenseits von Marx ....... 13
V. Kritische Einschätzungen ............ 16

### I. Veränderung der Welt und die Wurzeln der Diktatur

1 Karl Marx' (1818–1883) Ideen bestimmten die industrielle Revolution, die sich in seiner Lebenszeit mit aller Macht entfaltet. Seine Überlegungen sind dabei nicht nur theoretischer, sondern praktisch-revolutionärer Natur und zwar aus prinzipiellen Gründen. Für ihn ist es die wichtigste Aufgabe der Philosophie, die Welt nicht nur zu verstehen, sondern das Verstandene auch zu verändern.[1] Marx' Arbeiten werden der Ausgangspunkt einer welthistorischen, politischen Bewegung, die die im 19. Jahrhundert entstehende politische Arbeiterbewegung beeinflusst. Sie werden im *Marxismus-Leninismus* zur geistigen Legitimationsgrundlage der russischen Revolution, der Sowjetunion und der Staatenwelt des sog. „real existierenden Sozialismus" bis zu ihrem Zusammenbruch am Ende des 20. Jahrhunderts transformiert. Sie inspirieren jenseits dieses Lagers sehr unterschiedliche politische Strömungen und regen bis heute kritische Reflexionen über die gerechte Gesellschaftsordnung der Gegenwart an.

2 Der Marxismus-Leninismus bildet eine der großen politischen Ideologien, die Menschen bis zur Selbstaufopferung motivieren und zum unerbittlichen geistigen Herrschaftsinstrument geformt werden. Er ist das Instrument, mit dem Lenin die politische Doktrin der autoritären Strukturen der Sowjetunion schmiedet, die Stalin zur Legitimation der massenhaften Tötung von Menschen nutzt. Der Marxismus-Leninismus formt nach dem Ende des Stalinismus den Schild, mit dem die autoritären Parteioligarchien ihre Macht geistig absichern – neben den handfesten Methoden politischer Unterdrückung. Die Gedanken von Marx führen so mitten in zentrale tragische historische Ereignisse des 19. und 20. Jahrhunderts hinein. Diese Tragödie hat eine besondere philosophisch-theoretische Dimension, weil der Marxismus wie kaum ein anderes Gedankensystem auf die politische Orientierung von vielen Intellektuellen gewirkt hat und zwar auch solchen, die mehr waren als Apologeten und sich kritisch gegen den autoritären Sozialismus wandten.

3 Nachdem Marx' Theorien ihre Funktion der Herrschaftslegitimation verloren haben, ist es leichter geworden, sie unbefangen zu würdigen, d.h. ohne dass das Ergebnis ihrer Verwerfung oder weihevollen Bestätigung je nach politischer Orientierung vor einer genaueren Erörterung bereits feststeht. Das ist eine erfreuliche Entwicklung, denn man kann Marx' Theorien unter diesen Voraussetzungen als das erkennen, was sie eigentlich und nicht überraschenderweise sind: Theorien wie andere auch, mit interessanten Ideen und manchem Irrtum.

4 Marx' Jugend fällt in den Vormärz, also jene Epoche zwischen der Julirevolution 1830 in Frankreich und den Revolutionen von 1848 erst in Frankreich, dann in Deutschland. Die französische Februarrevolution von 1848 endet in der Herrschaft Napoleons

---

1 Vgl. die 11. Feuerbachthese: „Die Philosophen haben die Welt nur interpretiert, es kömmt darauf an, sie zu verändern", *K. Marx*, Thesen über Feuerbach, MEW 3, S. 5 ff.

III. Die Märzrevolution 1848 in Deutschland ist die erste, die einer demokratischen Weiterentwicklung der politischen Verhältnisse in Deutschland nahekommt. Eine Nationalversammlung tritt zusammen, die geschichtlich bedeutende Paulskirchenverfassung wird entworfen, der Versuch der politischen Selbstbefreiung endet aber 1849 mit der militärischen Niederschlagung des Widerstandes und der politischen Restauration. Weitere fehlschlagende Aufstände durchziehen Europa, z.B. in Italien und Österreich. Der Wunsch nach Freiheit erfasst auch Russland, in dem 1861 die Leibeigenschaft aufgehoben wird.

Nach der Niederschlagung der Revolution von 1848 verstärkt sich das preußische Hegemonialstreben, das 1866 zum sog. Deutschen Krieg führt, den Preußen gegen Österreich gewinnt. 1870/71 endet der Deutsch-Französische Krieg mit dem Sieg der deutschen Truppen. 1871 entsteht das zweite deutsche Kaiserreich. Deutschland ist vereint, aber nicht demokratisch konstituiert. *Bismarcks* Macht erreicht ihren Höhepunkt. In Paris flackern neue politische Visionen in der Pariser Kommune kurz, aber weithin sichtbar auf. In Marx' letzten Lebensjahren formieren sich die politischen Kräfte – die sozialdemokratische und kommunistische Bewegung, die bürgerlichen Parteien, Militarismus und Imperialismus oder politischer Antisemitismus –, die die nächsten Jahrzehnte bis zur Katastrophe des Dritten Reiches bestimmen – in einer Weise, die Marx' Erwartungen übrigens in keiner Weise entsprach.

## II. Historischer Materialismus

Marx' Grundansatz ist ein *historischer Materialismus*: Entscheidend für die existentielle Lage der Menschen seien die Bedingungen ihrer materiellen Reproduktion. Sie müssten ihren Lebensunterhalt in Auseinandersetzung mit der Natur erarbeiten und entwickelten dabei immer neue technische Lösungen. Marx unterscheidet die Produktivkräfte von den Produktionsverhältnissen. Die Produktivkräfte bildeten die technischen Möglichkeiten, mit denen die Menschen die Wirtschaftsgüter erzeugten – in einer Gesellschaft von Ackerbauern z.B. ein Pflug, in der Gegenwart etwa ein Industrieroboter. Die Produktionsverhältnisse würden von der sozialen Ordnung des Wirtschaftslebens gebildet – in einer Sklavenhaltergesellschaft die Herrschaftsbefugnisse über die Sklaven, in einer Feudalgesellschaft die Hörigkeitsverhältnisse von Ackerbauern, in der modernen kapitalistischen Verkehrsgesellschaft etwa Privateigentum und Vertragsfreiheit. Die Produktionsverhältnisse gerieten nun in Widerspruch mit den Produktivkräften, weil Letztere sich durch technische Innovation dynamisch entwickelten, ohne dass die Produktionsverhältnisse dieser Entwicklung automatisch folgten. Die Notwendigkeiten des Produktionsprozesses setzten sich am Ende aber durch und erzwängen die Veränderung der Produktionsverhältnisse und so den Übergang von der Sklavenhaltergesellschaft zum Feudalismus, vom Feudalismus zum Kapitalismus und schließlich zum Sozialismus und Kommunismus. Mit dieser Theorie nimmt Marx die idealistische Dialektik Hegels auf und formt aus ihr eine *materialistische, dialektische Geschichtsphilosophie*. Sie ist materialistisch, weil sie an die wirtschaftliche Reproduktion als Kausalfaktor anknüpft, sie ist dialektisch, weil der Widerspruch von Produktivkräften und Produktionsverhältnissen den Prozess vorantreibe. Damit meint Marx die Hegel'sche Philosophie vom Kopf auf die Füße gestellt zu haben.

7   Geistige Phänomene wie Moral, Recht, Kunst oder Religion bildeten den „Überbau" der Gesellschaft, der abhängig von den ökonomischen Verhältnissen, der Basis sei: „Es ist nicht das Bewußtsein der Menschen, das ihr Sein, sondern umgekehrt ihr gesellschaftliches Sein, das ihr Bewußtsein bestimmt".[2]

8   In der konkreten ökonomischen Analyse der Wirtschaft seiner Zeit orientiert sich Marx in vieler Hinsicht an der klassischen Nationalökonomie. Insbesondere knüpft er an die Arbeitswerttheorie an,[3] mit weitreichenden Folgen für seine Überlegungen: Der Gebrauchswert wird vom Tauschwert unterschieden.[4] Der Gebrauchswert sei der Nutzen, den eine Ware unmittelbar verschaffe – ein Paar Joggingschuhe etwa bequemes Laufen auf Asphalt. Der Tauschwert einer Ware sei durch die Arbeit bestimmt, die investiert werde, die Ware zu produzieren – also die Kosten für die Reproduktion der Arbeitskraft, Abschreibungen auf eingesetzte Maschinen usw. Auf dieser Analyse ist ein Kernstück der marxistischen ökonomischen Theorie, die Mehrwerttheorie, aufgebaut: Die Arbeiter produzierten einen größeren Wert als die Unternehmer ihnen zur Reproduktion ihrer Arbeitskraft als Lohn auszahlten. Der Überschuss werde als Mehrwert von Kapitalisten angeeignet.[5] Diese Aneignung des Mehrwerts sei der Kern des durch den Sozialismus zu überwindenden Ausbeutungsverhältnisses der kapitalistischen Produktionsform.

### III. Basis und Normativität

9   Die marxistische Theorie hofft, ihre revolutionären Forderungen auf ein festeres Fundament als die Moral gegründet zu haben, das eben im historisch-dialektischen Prozess der Entfaltung der Produktivkräfte und entsprechenden Umformung der Produktionsverhältnisse liege. Der Übergang vom Kapitalismus in den Sozialismus erscheint deshalb nicht als moralisches Gebot, sondern als ökonomische Notwendigkeit. Die Produktivkräfte hatten nach Ansicht von Marx und seinen Anhängern im 19. Jahrhundert einen solchen Entwicklungsstand gewonnen, dass der Übergang in die sozialistischen Produktionsverhältnisse eine ökonomische Notwendigkeit geworden war, wenn man weiter effektiv und rational produzieren und fundamentale Krisen des Kapitalismus vermeiden wollte.

10  Hinzu kam eine weitere wichtige Vorstellung: Ein Überbauphänomen wie die Moral hänge vom Entwicklungsstand der ökonomischen Basis ab – eine kapitalistische Ökonomie könne deswegen nur eine kapitalistische Moral hervorbringen, wie der Feudalismus eine feudalistische Moral erzeugt habe. Moralischer Relativismus folgt im Marxismus so aus der materialistischen Historisierung der Moral. Moralisch motivierte politische Reformvorstellungen werden in der Folge dieser Einschätzungen als unwissenschaftlich und naiv angesehen. Diese Art von Fragen bildet die Grundlage scharfer Fraktionsstreitigkeiten in der Arbeiterbewegung, die Opfer kosten und konkrete politische Folgen haben.

---

2   *K. Marx*, Zur Kritik der politischen Ökonomie. Vorwort, MEW 13, S. 7 ff., 9.
3   *A. Smith*, The Wealth of Nations, 1986, Book I, Chap. V; *D. Ricardo*, The Principles of Political Economy and Taxation, 1987, Chap. I (mit Differenzierungen).
4   Vgl. zu dieser Unterscheidung, *A. Smith*, The Wealth of Nations, Chap. IV.
5   *K. Marx*, Das Kapital, Bd. 1, MEW 23, S. 165 ff.

Die marxistische Rechtsphilosophie ist wichtig und interessant, weil sie eine bestimmte radikale Herausforderung neu formuliert. Wie beim frühen Platon wird bei Marx eine grundlegende Skepsis gegenüber dem Recht ausgedrückt, die sich in der späteren marxistischen Theorie sogar zum aggressiven Rechtsnihilismus steigert. Ausgangspunkt der Überlegungen bei Marx ist die Vorstellung, das Recht sei wie auch die Moral und andere Teile des Überbaus abhängig von der Entwicklung der ökonomischen Basis.[6] Das Recht habe deswegen keine eigene Geschichte,[7] sondern sei von der gesellschaftlichen Entwicklung abhängig. Bei *Friedrich Engels* (1820–1895) wird später differenzierend eine Rückwirkung des Rechts auf die Basis eingeräumt. Beide stünden in dialektischer Wechselwirkung. Das Recht könne sogar eine *relative Autonomie* von der Basis entwickeln. Die materielle Basis entscheide aber in letzter Instanz über die Inhalte des Rechts.[8]

Der Staat sei im Kapitalismus auf die Interessenverwirklichung der herrschenden Klasse ausgerichtet: „Die moderne Staatsgewalt ist nur ein Ausschuss, der die gemeinschaftlichen Geschäfte der ganzen Bourgeoisklasse verwaltet".[9] Die Staatsgewalt müsse von der Arbeiterklasse erobert werden, um die Gesellschaftstransformation mittels einer Diktatur des Proletariats durchzusetzen.[10] Nach der Einführung sozialistischer Produktionsformen falle aber das Bedürfnis nach dem Staat als Herrschaftsinstrument weg.[11] Die Interessenidentität von Gemeinschaftszielen der sozialistischen Ordnung und der Individualinteressen mache institutionelle Sicherungen (Grundrechte, Rechtsstaat usw.) überflüssig.

**IV. Marxismus jenseits von Marx**

Viele Autoren haben an Marx' Überlegungen angeknüpft. Für die Rechtsphilosophie und -theorie sind folgende erwähnenswert: Der österreichische Rechtswissenschaftler und Politiker *Karl Renner* (1870–1950) hat die Eigenständigkeit des Sollens gegen Marx und Engels betont. Dem Wortlaut nach gleichbleibende Normen könnten bei einem gesellschaftlichen Wandel unterschiedliche Funktionen erfüllen. Das Privateigentum sei deshalb mit der Ständeordnung ebenso vereinbar wie mit dem Industriekapitalismus. Deshalb habe das Recht auch im Sozialismus, z.B. durch die Verwandlung des individuellen Dienstvertrages zum kollektiven Tarifvertrag, eine wichtige Funktion.[12]

Für *Wladimir Iljitsch Lenin* (1870–1924) ist das Recht ein Mittel, um die Menschen an die neuen Verhältnisse im Sozialismus zu gewöhnen, zur Aufrechterhaltung der dazu nötigen „Fabrikdisziplin". Nach diesem Übergangsstadium trete dann aber das von Engels vorausgesagte „Absterben" von Staat und Recht ein. In der sozialistischen Gesellschaft reiche die Selbsthilfe zur Interessendurchsetzung.[13] Der sowjetische Rechts-

---

6 *K. Marx/F. Engels*, Die deutsche Ideologie, MEW 3, S. 311; *K. Marx*, Der Prozeß gegen den Rheinischen Kreisausschuß der Demokraten, Neue Rheinische Zeitung, 25.2.1849, MEW 6, S. 245.
7 *K. Marx/F. Engels*, Die deutsche Ideologie, MEW 3, S. 63.
8 *F. Engels*, Herrn Eugen Dührings Umwälzung der Wissenschaft (Anti-Dühring), MEW 20, S. 1 ff., 25.
9 *K. Marx/F. Engels*, Manifest der Kommunistischen Partei, MEW 4, S. 464.
10 *K. Marx*, Kritik des Gothaer Programms, MEW 19, S. 27 f.
11 *K. Marx/F. Engels*, Rezensionen aus der Neuen Rheinischen Zeitung. Politisch-ökonomische Revue. Viertes Heft, April 1850, MEW 7, S. 288.
12 *K. Renner*, Die Rechtsinstitute des Privatrechts und ihre soziale Funktion, 1929.
13 *W. I. Lenin*, Staat und Revolution, 1918.

wissenschaftler *Eugen Paschukanis* (1891–1937) sah im Rechtssubjekt eine Abstraktion aus dem nur für die kapitalistische Gesellschaft konstitutiven Warenaustausch. Die Annahme von Rechtssubjekten im Strafrecht erfolge aufgrund indeterministisch-individualistischer Irrtümer. Ergebnis der Analyse ist die Forderung nach Aufgabe der Rechtsform selbst, weil diese mit der kapitalistischen Gesellschaft untergehen müsse. Stattdessen könne es im Sozialismus nur noch technische Regeln und im Strafrecht eine Abkehr vom Schuldprinzip geben, so dass auch hier den Bedürfnissen einer klassenlosen Gesellschaft, faktisch Verhalten lenken zu können, gehorcht werden könne.[14]

15 *Ernst Bloch* (1885–1977) ist der originellste der unmittelbar an Marx orientierten Philosophen des 20. Jahrhunderts. Er hat mit dem *Prinzip Hoffnung* einen weiten, auch sprachlich bemerkenswerten Bogen durch die Kulturgeschichte geschlagen, um zu erläutern, dass die Zukunftsoffenheit, das *Noch-Nicht* der besseren Welt, der gesellschaftlich gestaltete *aufrechte Gang* eine reale, ontologisch begründete Möglichkeit sei.[15] Bloch hat seine ursprüngliche skeptische Haltung zum Recht im Laufe seines Lebens geändert, nicht zuletzt unter dem persönlichen Eindruck der Realität des autoritären sozialistischen Systems der DDR. Seine Rechtsphilosophie liefert als Ergebnis seiner Neuorientierung eine aus der Geschichte des Naturrechts gewonnene Verteidigung der Menschenrechte.[16] Bloch schildert dazu im historischen Durchgang die Ambivalenz der Naturrechtstradition, die repressiv, aber auch befreiend gewirkt habe. Er entwickelt die Idee eines materialistisch begründeten Erbes des Naturrechts, in dem an die Stelle der Natur die gesellschaftlich-ökonomischen Entwicklungen träten. Inhaltlich ergänze das Naturrecht das traditionelle Anliegen der marxistischen Theorie, die „Mühseligen und Beladenen" sozial besser zu stellen, um den Schutz der Achtungsansprüche ihrer Person – auch die „Erniedrigten und Beleidigten" verdienten die Beachtung derer, die über soziale Reformen nachdächten.

**V. Kritische Einschätzungen**

16 Marx' Theorie ist verschiedenen Einwänden ausgesetzt, die z.T. ein materialistisches Spiegelbild der Schwächen der Hegel'schen Theorie bilden. Dies gilt etwa für die teleologisch-historistische Geschichtsmetaphysik, die einer kritischen Reflexion nicht stand-

---

14 E. Paschukanis, Allgemeine Rechtslehre und Marxismus, 2. Aufl., 1966, S. 160f, S. 169f: „Der Tauschende muss Egoist sein, d.h. er muss sich an die nackte wirtschaftliche Kalkulation halten, sonst kann das Wertverhältnis nicht als gesellschaftlich notwendiges Verhältnis zutage treten. Der Tauschende muss der Träger von Rechten sein, d.h. er muss die Möglichkeit einer autonomen Entscheidung haben, denn sein Wille soll ja ‚in den Dingen hausen' (MEW 23/99). Endlich verkörpert der Tauschende den Grundsatz der prinzipiellen Gleichwertigkeit der menschlichen Persönlichkeit, denn im Tausch gleichen sich alle Arten von Arbeit einander an und werden auf abstrakte menschliche Arbeit reduziert. Somit sind die drei (...) Momente oder, wie man sich früher auszudrücken liebte, die drei Prinzipien des Egoismus, der Freiheit und der Höchstwertigkeit der Persönlichkeit untrennbar miteinander verbunden und stellen in ihrer Gesamtheit den rationellen Ausdruck ein und desselben gesellschaftlichen Verhältnisses dar. Das egoistische Subjekt, das Rechtssubjekt und die moralische Persönlichkeit sind die drei wichtigsten Charaktermasken, unter denen der Mensch in der warenproduzierenden Gesellschaft auftritt. (...) Wenn das lebendige Band, das das Individuum mit der Klasse verbindet, tatsächlich so stark ist, dass die Grenzen des Ichs sozusagen verwischt werden und der Vorteil der Klasse tatsächlich mit dem persönlichen Vorteil identisch wird, dann hat es keinen Sinn mehr, von der Erfüllung einer moralischen Pflicht zu reden, dann fehlt überhaupt das Phänomen der Moral."
15 E. Bloch, Das Prinzip Hoffnung, 1985.
16 E. Bloch, Naturrecht und menschliche Würde, 1985.

hält. Es trifft zu, dass bestimmte Produktivkräfte nicht im Rahmen von spezifischen sozialen Organisationsmustern des Wirtschaftsprozesses am besten entfaltet werden können, der Feudalismus etwa mit seinen personalen Bindungen der Arbeitskräfte an bestimmte Patrimonialherren nicht den Bedürfnissen der modernen Industriegesellschaft entspricht. Ein Determinationszusammenhang zwischen technischer Entwicklung und sozialer Gestaltung, wie ihn Marx entwirft, ist in der Geschichte aber nicht zu erkennen, die vielfältiger und komplexer bedingt ist. Diese Feststellung verweist auf eine weitere Schwäche der Theoriebildung: die monokausalen ökonomischen Erklärungsmuster, die andere historisch wirkungskräftige Faktoren unberücksichtigt lassen. Marx und die marxistische Theorie unterschätzen dabei nicht zuletzt die Bedeutung der Subjekte in der Geschichte. Handelnde Individuen beeinflussen den Gang der historischen Dinge und orientieren sich dabei keineswegs nur am ökonomischen Kalkül oder befördern es ungewollt und indirekt, weil sich in ihrem Handeln als materialistische Variante der „List der Vernunft" Hegels die ökonomischen Notwendigkeiten insgeheim und gegen ihren Willen durchsetzen würden. Zu den Beweggründen des Handelns gehören dabei auch jene menschlichen Antriebe, die jenseits von materiellen Interessen liegen, etwa das Streben nach Macht, Ansehen oder Reichtum oder (eine berühmte Idee *Max Webers*) die Auswirkungen von Religionen auf die Mentalitäten, die Wirtschaftsordnungen formen.[17] Die komplexe Gesamtheit dieser Faktoren hat verschiedene historische Phänomene verursacht, die mit ökonomischen Gründen nicht erklärt werden können. *Napoleon* war wichtig für die europäische Geschichte, ohne dass sein Aufstieg und Fall mit den vielen Opfern, die sein Weg forderte, irgendeinen direkten oder indirekten ökonomischen Sinn gehabt hätte. Das dunkelste Beispiel dieser historischen Erscheinungsformen ist der nicht nur moralisch barbarische, sondern auch ökonomisch zerstörerische Irrationalismus des Nationalsozialismus. Dieses Phänomen wird in der marxistischen Theorie nicht überzeugend erklärt. Das explikative Scheitern der marxistischen Theorien des Nationalsozialismus und Faschismus weist deshalb auf einen strukturellen Mangel der marxistischen Theorie insgesamt hin.

Ein wichtiges Problem von Marx' ökonomischer Theoriebildung bildet die Akzeptanz der klassischen Arbeitswerttheorie. Marx erwägt die zentrale Alternative, die Bildung des Wertes durch Angebot und Nachfrage, lehnt diese aber ab, weil dann jeder objektive Bezugspunkt der Werttheorie, den in der Arbeitswerttheorie der Arbeitswert liefere, verloren gehe, damit aber eine politische Ökonomie als Wissenschaft nicht mehr möglich sei. Genau das Zusammenspiel von Angebot und Nachfrage formt aber einen wichtigen Teil einer ökonomischen Werttheorie: Ein Designermöbel kann auch bei geringerem Arbeitsaufwand zu seiner Produktion einen höheren Preis erzielen (in dem sich sein ökonomischer Wert manifestiert) als ein Warenhausmöbel, das mit größerem Arbeitsaufwand produziert wurde, weil für Ersteres aufgrund seiner ästhetischen und funktionalen Attraktivität eine größere Nachfrage besteht. Deshalb fällt mit der Arbeitswerttheorie ein zentraler Pfeiler der Marx'schen ökonomischen Theorie weg.

---

17 Vgl. *M. Weber*, Die protestantische Ethik und der Geist des Kapitalismus, 1981.

18 Der Marx'sche Gebrauch der Dialektik bildet ein methodisches Problem. Der Begriff Dialektik, vielgebraucht in der marxistischen Theorie und auch darüber hinaus, meint häufig nichts anderes als eine auch wechselseitige Beeinflussung verschiedener Faktoren, ohne diese Kausalverhältnisse präzise aufzuschlüsseln. Dialektik tendiert dazu, zum rhetorisch-theoretischen Rettungsbegriff zu werden: Dass Zusammenhänge komplex und nicht hinreichend analysiert wurden, kann mit diesem Begriff verschleiert werden.

19 Mit der Kritik der Dialektik als allgemeiner Methode ist die Kritik konkreter Behauptungen zu dialektischen Beziehungen verbunden. Dazu gehört das Bewusstsein der Eigenständigkeit und – nicht nur relativen – Autonomie von Überbauphänomenen wie Moral und Recht. Der marxistische Ökonomismus übersieht die notwendige moralische Basis jeder Kritik gegebener Umstände und jeder Bestimmung einer gelungeneren Ordnung. Der Marxismus beweist dies übrigens selbst. Die Selbsteinschätzung der marxistischen Theorie, ohne moralische Grundlagen auszukommen, beruht auf einem Irrtum, denn sie ist gesättigt mit moralischen Prinzipien. Marx formuliert zum einen selbst konkrete moralische Prinzipien, z.B. das Gerechtigkeitsprinzip *Jeder nach seinen Fähigkeiten, jedem nach seinen Bedürfnissen*.[18] Darüber hinaus impliziert das ganze Marx'sche Werk energische, kämpferisch entschiedene normative Stellungnahmen und zwar in doppelter Weise. Erstens durch die Kritik der gesellschaftlichen Verhältnisse, die ersichtlich auf Forderungen nach Würde- und Freiheitsschutz sowie Gerechtigkeit beruht.[19] Zweitens durch die Auszeichnung normativer Zielvorstellungen. Das *Kommunistische Manifest* formuliert etwa die normative Leitidee, eine Assoziation von Menschen zu errichten, in der die freie Entwicklung eines jeden die freie Entwicklung aller ist,[20] nicht aber, Produktionsverhältnisse zu schaffen, in denen die Produktivkräfte am besten genutzt werden können – Letzteres eine in der Tat magere Vision, die kaum welthistorische Kraft entfaltet hätte.

20 Ähnliches gilt auch für das Recht. Selbstverständlich haben gerade rechtliche Verhältnisse etwas mit ökonomischen Einflüssen zu tun. Jede Reformgesetzgebung in einem modernen Parlament, der intensive, praktisch wirksame Lobbyismus, der sie – zum Guten oder Schlechten – beeinflusst, zeugen davon. Es ist durchaus als Verdienst der Marx'schen Argumentation anzusehen, hier jede Naivität beseitigt zu haben. Auf der anderen Seite formen rechtliche Strukturen selbst die ökonomischen Verhältnisse entscheidend, z.B. durch die Eigentumsordnung oder das Vertragsrecht. Diese Beobachtung hat Konsequenzen für die Bestimmung des Verhältnisses von Wirtschaft und

---

18 *K. Marx*, Kritik des Gothaer Programms, MEW 19, S. 21. Dieses Prinzip steht in einem Spannungsverhältnis zum Prinzip des Rechts auf den eigenen Arbeitsertrag, das Marx' Kritik der Ausbeutung unterliegt, zutreffend *A. Sen*, The Idea of Justice, S. 14 Fn.
19 „Die Kritik der Religion endet mit der Lehre, daß der *Mensch das höchste Wesen für den Menschen sei*, also mit dem *kategorischen Imperativ, alle Verhältnisse umzuwerfen*, in denen der Mensch ein erniedrigtes, ein geknechtetes, ein verächtliches, ein verlassenes Wesen ist" (Herv. i. Org.), *K. Marx*, Zur Kritik der Hegelschen Rechtsphilosophie. Einleitung, MEW 1, S. 385.
20 *K. Marx/F. Engels*, Manifest der Kommunistischen Partei, MEW 4, S. 482.

Recht: Das Recht kann durch die ökonomische Basis nicht determiniert werden, wenn es selbst Teil dieser Basis ist.[21]

Auch die Grenzen einer historistischen Gesellschaftsanalyse werden bei der Analyse des Rechts deutlich. Ein zentrales Problem bildet die geschichtliche Kontinuität bestimmter Elemente des Rechts. Marx hat das Problem der Dauer von rechtlichen Formen über die historischen Umstände hinaus, die sie ursprünglich geschaffen haben, übrigens selbst bemerkt. Paradebeispiel ist das Römische Recht, das der antiken Agrargesellschaft ebenso diente wie der Wirtschaftsordnung des europäischen Mittelalters, im Zeitalter der industriellen Revolution aktuell war und bis heute rechtliche Institutionen beeinflusst. Ein paralleles Problem, das Marx zu Recht ebenfalls anführt, ist die fortdauernde Anziehungskraft der antiken Kunst – wenn sie nichts wäre als der Ausdruck einer vergangenen ökonomischen Struktur, wäre die Faszination, die sie durch die Zeiten ausübt, unerklärlich.

Auch konkrete Analysen der marxistischen Rechtstheorie werfen Fragen auf. Analytisch können die Grundbegriffe des Rechts nicht aus dem Warenaustausch gewonnen werden. Rechtssubjektivität ist auch jenseits eines Austauschverhältnisses zentral. Menschenrechte setzen z.B. ein Subjekt als ihren Träger voraus, unabhängig von der Wirtschaftsordnung, in der sie bestehen.

Bei Marx selbst und im Marxismus insgesamt ist eine Unterbewertung der zivilisatorischen Bedeutung des Rechts anzutreffen, die bis zum Rechtsnihilismus (etwa bei Lenin) führen kann. Der praktische Ausdruck dieser Haltung ist die ungebundene Diktatur, bis hin zum stalinistischen Massenmord, in dem auch Theoretiker der radikalen Kritik der Rechtsform wie Paschukanis, den Stalins Verfolgungen trafen, selbst untergingen.

Auch *Blochs* Überlegungen, die in manchem neue Wege gehen, sind Einwänden ausgesetzt. Seine Ontologie des Besseren überzeugt zunächst grundsätzlich nicht. Die menschliche Welt mag humaner gestaltet werden können, eine Eigenschaft objektiver Tendenzen der Materie ist diese Möglichkeit aber nicht – sie kann nur das Produkt der reflektierten Entscheidungen und Handlungen der menschlichen Subjekte sein. Blochs Überlegungen illustrieren im Übrigen, dass der marxistische Rechtsnihilismus auch aus interner Sicht in eine Sackgasse geraten war. Sie zeigen zudem, wie sichtbar manchmal menschliches Leid werden muss, um theoretisch gefasste Positionen im Geist ihrer Anhänger zu erschüttern. Blochs Theorie vollzieht deshalb bei aller Originalität und knorriger Wortgewalt im Ergebnis lediglich nach, was spätestens seit Kant bereits auf der Tagesordnung des Nachdenkens über Recht steht: den Wert des Individuums und zwar jedes Individuums in gleicher Weise zum Kerngehalt der Rechtskonzeption zu machen.

Die oft genug erschütternde Kritik von ungerechtfertigten Machtverhältnissen und nackter Habgier, die großes Elend bei vielen Menschen erzeugte, von der Kinderarbeit über Hunger bis zu frühem Tod, und die ein Verdienst von Marx bleibt, führt mithin

---

21 Zum Verhältnis von Basis und Überbau vgl. *H. Rottleuthner*, Marxistische und analytische Rechtstheorie, in: ders. (Hrsg.), Probleme der marxistischen Rechtstheorie, 1975, S. 159 ff., 199 ff.; *H. Collins*, Marxism and Law, 1984, S. 77 ff.

zu einer Theorie, die selbst neue ungerechtfertigte Machtverhältnisse legitimiert – vielleicht nicht zuletzt bei einigen ihrer ehrlichen Vertreter aufgrund der Kurzsichtigkeit der berechtigten Verzweiflung. Dieses Ergebnis mahnt zur Vorsicht, wie die Tragödie der Französischen Revolution. Die begründete Kritik von bestimmten sozialen Verhältnissen stößt noch nicht notwendig die Tür zur Kenntnis des Wegs zu ihrer Verbesserung auf. Es erinnert aber auch daran, welche Bedeutung es hat, Verhältnisse gar nicht erst entstehen zu lassen oder jedenfalls zu überwinden, die Verzweiflung und ihren möglichen Folgen Nahrung geben.

## § 14 Heimatlos jenseits von Gut und Böse – Friedrich Nietzsche

| | |
|---|---|
| I. Löwenmut und „geistige Nordpolfahrten" ............................. 1 | 2. Genealogie der Moral ........... 29 |
| II. Hintergrundannahmen ............... 8 | 3. Recht und Politik ................ 31 |
| 1. Kulturmetaphysik und neuer Mythos .......................... 9 | IV. Kritische Einschätzungen ............ 33 |
| 2. Perspektivismus .................. 13 | 1. Perspektive und Einsicht ......... 33 |
| 3. Biologie, Rasse und Denken .... 15 | 2. Metaethische Defizite und die anderen Parameter der Genealogie der Moral ..................... 37 |
| 4. Wille zur Macht und ewige Wiederkehr des Gleichen ....... 19 | 3. Gerechtigkeit, Recht und der Wille zur Macht .................. 40 |
| 5. Kritik der Religion ............... 21 | 4. Menschsein diesseits von Gut und Böse ........................ 44 |
| III. Moral, Ethik und Recht ............. 23 | |
| 1. Die Herrschaftsrechte der neuen Aristokratie ..................... 23 | |

### I. Löwenmut und „geistige Nordpolfahrten"

*Friedrich Nietzsche* (1844 – 1900) lebte ein relativ kurzes, von Krankheit geprägtes, im Ganzen gesehen einsames, nach schneller und steiler Karriere als Altphilologe bald auch wissenschaftlich weitgehend isoliertes Leben. Die Zeiten, während derer ihm die Krankheit die größten Schwierigkeiten bereitete, zählte er aber zu seinen besten, weil seine Leiden, so schien es ihm, seine geistigen Leistungen steigerten.[1] Die letzten zehn Jahre seines Lebens verbrachte er nach einem Zusammenbruch in geistiger Umnachtung.

Während seines produktiven Lebens im Wesentlichen wenig gelesen, lieferten seine Überlegungen nach ihrer immer breiteren und stürmischeren Rezeption dann Schlüsselideen für einflussreiche philosophischen und kulturelle Strömungen in der ersten Hälfte des 20. Jahrhunderts, vor allem in Europa und nicht nur, aber zu allererst im deutschsprachigen Raum.[2] Nietzsche gewann die Aura eines tiefdenkenden Welterschütterers, der die Fragwürdigkeit der Grundlagen der europäischen Zivilisation enthüllt habe. Aufmerksamkeit erregten dabei seine Kritik an der Kultur seiner Zeit, an der kapitalistischen Warenwelt und ihren Mentalitäten, und insbesondere sein Zweifel an der Möglichkeit von Wahrheit sowie seine Kritik von Religion und Moral, die diese Säulen der überkommenen Zivilisation umzustürzen schienen. Seine unerbittlichen Angriffe auf Religionen und ihre Psychologie, dabei vor allem auf das Christentum, vertieften den Ruf eines radikalen Denkers, der die Schleier zerreißt, die gesellschaftliche Konventionen und religiöse Lehren in angenehmem Selbstbetrug von den abstoßenden Seiten des Lebens ausbreiteten, und der den Weg in einer höhere, reinere Lebensform eines „Übermenschen" weise, der den bisherigen Menschen (wie nötig) überwinde: „Der Mensch ist ein Seil, geknüpft zwischen Thier und Übermensch – ein Seil über einem Abgrunde."[3]

Nietzsche hat seine Werke mit bilderreicher Sprachmacht geschrieben. Er wendet große rhetorische Mühen auf, seine Ideen als die des einsamen, vorurteilslosen, wahrhaft

---

1 *F. Nietzsche*, Ecce Homo, in: *ders.*, Sämtliche Werke, hrsg. v. G. Colli/M. Montinari, Bd. 6, 1999, S. 265.
2 Vgl. z.B. *M. Heidegger*, Nietzsche I und II, 8. Aufl., 2020.
3 *F. Nietzsche*, Also sprach Zarathustra, in: *ders.*, Sämtliche Werke, hrsg. v. G. Colli/M. Montinari, Bd. 4, 1999, S. 14, 16.

glücklichen, vor Lebensfreude tanzenden Philosophen darzustellen, dem die Zukunft gehöre. Er glaubt, „an seinen Namen werde sich „die Erinnerung an etwas Ungeheures anknüpfen", an eine „Krisis, wie es keine auf Erden gab", wobei diese Einschätzungen aber wohl schon von pathologischem Größenwahn gezeichnet sind.[4] Viel ist die Rede von Kühnheit, von unerschrockenen „geistigen Nordpol-Expeditionen"[5], von vollem Leben, Löwenmut, homerischem Lachen, von abenteuerlichem Denken unter weiten offenen Himmeln und kindlich unschuldigem Neubeginn eines neuen „großen Mittags".[6]

4   Nach den Erfahrungen mit den Katastrophen des Nationalsozialismus schienen verschiedene Ideen jedoch unbehebbar diskreditiert, z.B. die Idee eines Übermenschen, der „blonden Bestie", der Feier des Willens zur Macht, der Verachtung der Herdenmoral von Gleichheit, von Mitleiden und Solidarität mit Schwachen, der schwelende Antisemitismus (trotz Nietzsches Kritik der Antisemiten seiner Zeit) oder die Haltung zu Frauen. Die Parole: „Gehst du zu Frauen? Vergiss die Peitsche nicht!"[7] wird wenigen überhaupt noch einen Kommentar wert sein – außer vielleicht zur Erhellung der trüben psychologischer Wurzeln der Fantasien von Überlegenheit und Herrschaft von Männern über Frauen.

5   Aber Nietzsche hat eine internationale Renaissance erfahren, in der die Auflösung von Ideen von Wahrheit und Moral in unausweichlich vielfältige Perspektiven, ihre genealogische Rekonstruktion, ihre psychologische, psychoanalytische Einsichten scheinbar antizipierende Reflexion, und die Behauptung in ihnen verkörperter Machtstrukturen gerade, aber nicht nur postmoderne Ideenwelten interessiert haben.[8] Auch jüngere Strömungen des Pragmatismus haben in Nietzsches Ideen Anknüpfungspunkte gefunden.[9]

6   Recht spielt systematisch auf den ersten Blick eine untergeordnete Rolle in Nietzsches Überlegungen. Seine Attacken gegen die Moral und Ethik beziehen aber ausdrücklich zentrale Elemente der modernen Rechtskonzeption ein. Dazu gehören die menschliche Gleichheit, die Idee von gleichen Menschenrechten, die politische Organisationsform der Demokratie, Verfassungsstaatlichkeit und eine internationale Friedensordnung. Auch Nietzsches praktische Philosophie selbst ist von großer Bedeutung für die Rechtsphilosophie und -theorie, weil sie ein einflussreiches Beispiel für eine radikale Kritik von Moral und Ethik, eingebettet in eine allerdings nicht ganz leicht genau rekonstruierbare metaethische Theorie liefert, die aus Sicht mancher die Totenglocke herkömmlicher Vorstellungen von dem, was Menschen berechtigt und verpflichtet, unüberhörbar erklingen lässt.

---

4   *F. Nietzsche*, Ecce Homo, S. 365.
5   *F. Nietzsche*, Jenseits von Gut und Böse, Aphorismus 209, in: *ders.*, Sämtliche Werke, hrsg. v. G. Colli/M. Montinari, Bd. 5, 1999.
6   *F. Nietzsche*, Also sprach Zarathustra, S. 240.
7   *F. Nietzsche*, Also sprach Zarathustra, S. 86.
8   Vgl. z.B. *G. Deleuze*, Nietzsche et la philosophie, 1962; *J. Derrida*, Politik der Freundschaft, 2002, S. 362 ff., z.B. zum „Übermenschen"; *J. Derrida*, Éperons: Les Styles de Nietzsche, 2010; *M. Foucault*, Les mots et les choses, 1966, S. 316 ff.
9   Vgl. z.B. *R. Rorty*, Contingency, Irony, and Solidarity, 1989, S. 25 ff.

## § 14 Heimatlos jenseits von Gut und Böse – Friedrich Nietzsche

Nietzsche hat verschiedene Anläufe unternommen, die Fragen, die ihn umtrieben, zu beantworten – mit unterschiedlichen, z.T. widersprüchlichen Ergebnissen und tiefgreifenden Neuanfängen, die er selbst in seinen Schriften kritisch kommentiert hat.[10] Er hat seine Thesen nach seinen ersten Arbeiten im Wesentlichen nicht systematisch in geschlossenen Werken, sondern in aphoristischer Form und mit literarischen Mitteln wie Gedichten und lyrischer Prosa wie in seinem berühmtesten Werk, *Also sprach Zarathustra*, entfaltet.[11] In diesen besonders interpretationsoffenen Formen lassen sich aber einige klare, in wichtigen Fällen auch sein ganzes Werk durchziehende Grundaussagen finden, die nun genauer bedacht werden sollen.

**II. Hintergrundannahmen**

Nietzsches Überlegungen zur Kritik von Moral, Religion, Gesellschaft und Kultur seiner Zeit und der europäischen Zivilisation, die sie schaffen und die sein Bezugspunkt ist, sind in eine bestimmte Erkenntnistheorie, Metaphysik und Anthropologie eingebettet. Seine Analyse von Phänomenen von Recht und Moral, ihren Gehalten und ihre Grenzen kann man nicht nachvollziehen und kritisch reflektieren, ohne sich dieser Thesen zu vergewissern.

**1. Kulturmetaphysik und neuer Mythos**

Aus Nietzsches zunächst wesentlich von *Arthur Schopenhauer* (1788–1860) beeinflusster Sicht, besteht das Wesen der Welt in einem irrationalen Prozess des Werdens, dem ein das Weltganze gestaltendes, jenseits konkreter Personen entspringendes Wollen unterliege. Diese Welt müsse wegen ihrer Sinn- und Zwecklosigkeit verneint und überwunden und der Schmerz über diese Weltverneinung ausgehalten werden – dies seien die in einem „heroischen Lebenslauf" zu ertragenden „freiwilligen Leiden der Wahrhaftigkeit".[12] Der wahrhaftige Akt der Weltüberwindung bilde dabei selbst aber ein Element eines Daseins, das nicht sinnlos sei.[13] Der Lebenssinn zieht sich in den geistigen Akt der Weltüberwindung und seine Voraussetzungen in Charakter und Gefühl zurück.

Dieser erste wesentliche Versuch einer Interpretation der Welt im Ganzen, die Nietzsche für die Aufgabe der Philosophie hält,[14] ist mit der Unterscheidung von *Dionysischem* und *Apollinischem* verbunden. Das Dionysische und eigentlich Musikalische bezeichnet eine rauschhafte Erfahrung der Auflösung von Individualität und Getrenntsein von der Natur, „als ob der Schleier der Maja zerrissen wäre und nur noch in

---

10 Vgl. z.B. *F. Nietzsche*, Die Geburt der Tragödie, in: ders., Sämtliche Werke, hrsg. v. G. Colli/M. Montinari, Bd. 1, 1999, S. 11 ff.; *F. Nietzsche*, Ecce Homo.
11 Nicht jeder ist von diesem Text allerdings beeindruckt. Vgl. z.B. *T. Mann*, Nietzsche's Philosophie im Lichte unserer Erfahrung, in: ders., Gesammelte Werke, Bd. IX, 1990, S. 675 ff., 683: „Dieser gesicht- und gestaltlose Unhold und Flügelmann Zarathustra mit der Rosenkrone des Lachens und dem unkenntlichen Haupt, seinem 'Werdet hart!' und seinen Tänzerbeinen ist keine Schöpfung, er ist Rhetorik, erregter Wortwitz, gequälte Stimme und zweifelhafte Prophetie, ein Schemen von hilfloser Grandezza, oft rührend und allermeist peinlich – eine an der Grenze des Lächerlichen schwankende Unfigur."
12 *F. Nietzsche*, Unzeitgemässe Betrachtungen III, Schopenhauer als Erzieher, in: ders., Sämtliche Werke, hrsg. v. G. Colli/M. Montinari, Bd. 1, 1999, S. 373 ff.
13 *F. Nietzsche*, Unzeitgemässe Betrachtungen III, S. 372.
14 *F. Nietzsche*, Unzeitgemässe Betrachtungen III, S. 380 ff.

Fetzen vor dem geheimnisvollen ‚Ur-Einen' herumflattere."[15] Demgegenüber stehe das Apollinische, das durch Rationalität und Vernunft ausgezeichnet sei und das Dionysische bändige. Das Dionysische sei dabei aber gleichzeitig das unmittelbar Lebendige, seine Zähmung deswegen ein Verlust an Lebenskraft. Aus diesem Spannungsverhältnis entspringe die Kunstform der Tragödie.[16] Nietzsche erhofft dabei, dass der „deutsche Genius" sich aus dem „Dienst tückischer Zwerge" befreie und seine dionysische Kraft zurückgewinne.[17]

11   Aus Nietzsches Sicht sind die menschlichen Lebensformen in Europa verflacht, nicht zuletzt durch das ökonomische Nützlichkeitsdenken der bürgerlichen Gesellschaft. Die Erneuerung der Kultur, die Nietzsche deswegen für nötig hält, soll in dieser Phase seiner Überlegungen durch einen neuen Mythos, geschaffen in ästhetischen Formen, bewirkt werden. Hoffnungsträger ist dabei die Kunst Richard Wagners, mit dem Nietzsche zunächst Bewunderung und Freundschaft verbindet. In dieser Phase verteidigt Nietzsche den Wert der „Menschlichkeit", klagt die „gröbsten und bösesten Kräfte" an, „den Egoismus der Erwerbenden und die militärischen Gewaltherrscher", die „fast alles auf Erden" bestimmten,[18] und ehrt Gerechtigkeit als höchste Tugend, „denn in ihr vereinigen und verbergen sich die höchsten und seltensten Tugenden wie in einem unergründlichen Meere, das von allen Seiten Ströme empfängt und in sich verschlingt".[19] Er formuliert aber auch bereits den Grundgedanken seiner ethischen und rechtsphilosophischen Theorien, dass der Zweck menschlichen Lebens die Ermöglichung der Existenz neuer Genies sei. Wer dazu nicht zähle, wer ein „misslungenes Werk der Natur" sei, habe den Sinn seines Lebens darin zu sehen, daran zu arbeiten, dass seine Zeit „einzelne grosse Menschen" erzeuge.[20]

12   Nietzsche kehrt dieser Idee der Kulturerneuerung durch neugeschaffene ästhetische Mythen aber den Rücken, wodurch es zum kulturtheoretischen und persönlichen Bruch mit Wagner kommt, dem er insbesondere Parsifal übel nimmt als „Apostasie und Umkehr zu christlich-krankhaften und obskurantistischen Idealen".[21] Er hält Wagner nun für ein Symptom der Dekadenz.[22] Man kann aus Nietzsches Sicht nicht gleichzeitig durch kritisches Denken erkennen, dass die Mythen in ästhetischer Form bewusst neu geschaffen wurden und von ihnen gleichzeitig eine Erlösung von der sinnlosen Welt erwarten: Das Bewusstsein ihres Charakters einer ästhetischen Illusi-

---

15  *F. Nietzsche*, Die Geburt der Tragödie, in: *ders.*, Sämtliche Werke, hrsg. v. G. Colli/M. Montinari, Bd. 1, 1999, S. 29 f.
16  *F. Nietzsche*, Die Geburt der Tragödie, S. 154 f.
17  *F. Nietzsche*, Die Geburt der Tragödie, S. 153 f.
18  *F. Nietzsche*, Unzeitgemässe Betrachtungen III, S. 368.
19  *F. Nietzsche*, Unzeitgemässe Betrachtungen II, Vom Nutzen und Nachtheil der Historie für das Leben, in: *ders.*, Sämtliche Werke, hrsg. v. G. Colli/M. Montinari, Bd. 1, 1999, S. 286.
20  *F. Nietzsche*, Unzeitgemässe Betrachtungen III, S. 382 ff., 385.
21  *F. Nietzsche*, Zur Genealogie der Moral III, Aphorismus 3, in: *ders.*, Sämtliche Werke, hrsg. v. G. Colli/M. Montinari, Bd. 5, 1999; *F. Nietzsche*, Der Fall Wagner, Aphorismus 11, in: *ders.*, Sämtliche Werke, hrsg. v. G. Colli/M. Montinari, Bd. 6, 1999.
22  Vgl. z.B. *F. Nietzsche*, Die Geburt der Tragödie, S. 11 ff.; 23 f.; 141 ff.; *F. Nietzsche*, Unzeitgemässe Betrachtungen IV, Richard Wagner in Bayreuth, in: *ders.*, Sämtliche Werke, hrsg. v. G. Colli/M. Montinari, Bd. 1, 1999, S. 429 ff.

on untergräbt die Möglichkeit, sie für eine tröstende Wahrheit halten zu können.[23] Der Weg vorwärts sieht Nietzsche in einer Wertschätzung des ständig neue Formen hervorbringenden Lebens, „jene dunkle, treibende, unersättlich sich selbst begehrende Macht",[24] dessen Sinn in nichts als diesen Lebensvollzügen selbst liege, die nur hohe Formen annehmen müssten. Das bereitet den Boden für die weiteren Stufen seiner Überlegungen.

## 2. Perspektivismus

Dass menschliche Erkenntnis unausweichlich aus einer Vielzahl von Perspektiven bestehe, bildet eine Kernidee Nietzsches, die zu den Teilen seines Werkes gehört, die in der Gegenwart konkret nachwirken. Woher komme überhaupt der Wille zur Wahrheit?, fragt Nietzsche.[25] Unwahrheit sei kein Einwand gegen ein Urteil, denn Unwahrheit könne lebenssteigernd wirken.[26] Das Leben bestehe ja aus „perspektivischen Schätzungen und Scheinbarkeiten".[27] Es sei eine gefährliche alte „Begriffs-Fabelei" ein „reines, willenloses, schmerzloses, zeitloses Subjekt der Erkenntnis" anzunehmen. Erkenntnis als geistiges ‚Sehen' der Dinge sei an bestimmte Affekte gebunden, die eine bestimmte, begrenzte Perspektive auf die Dinge schüfen: „Es gibt *nur* ein perspektivisches Sehen, *nur* ein perspektivisches ‚Erkennen'; und *je mehr* Affekte wir über eine Sache zu Wort kommen lassen, *je mehr* Augen, verschiedne Augen wir uns für dieselbe Sache einzusetzen wissen, um so vollständiger wird unser ‚Begriff' dieser Sache, unsre ‚Objektivität' sein. Den Willen aber überhaupt eliminiren, die Affekte sammt und sonders aushängen, gesetzt, das wir dies vermöchten: wie? hiesse das nicht den Intellekt castriren?..."[28]

Der Umgang mit der Vielfalt dieser Perspektiven sei eine Produktivkraft in der Erkenntnissuche. Interessanterweise helfe der Einbezug der vielen Perspektiven, näher an „Objektivität" der Erkenntnis heranzukommen:

„Seien wir zuletzt, gerade als Erkennende, nicht undankbar gegen solche resolute Umkehrungen der gewohnten Perspektiven und Werthungen, mit denen der Geist allzulange scheinbar frevntlich und nutzlos gegen sich selbst gewüthet hat: dergestalt einmal anders sehn, anders-sehn-*wollen* ist keine kleine Zucht und Vorbereitung des Intellekts zu seiner einstmaligen ‚Objektivität', - letztere nicht als ‚interesselose Anschauung' verstanden (als welche ein Unbegriff und Widersinn ist), sondern als das Vermögen, sein für und Wider *in der Gewalt zu haben* und aus- und einzuhängen: so dass man sich gerade die *Verschiedenheit* der Perspektiven und der Affekt-Interpretationen für die Erkenntnis nutzbar zu machen weiss."[29]

---

23 *F. Nietzsche*, Nachgelassene Fragmente 1882–1884, in: ders., Sämtliche Werke, hrsg. v. G. Colli/M. Montinari, Bd. 10, 1999, S. 507: „Hinter meiner ersten Periode grinst das Gesicht des Jesuitismus: Ich meine: das bewußte Festhalten an der Illusion und zwangsweise Einverleibung derselben als Basis der Cultur."
24 *F. Nietzsche*, Unzeitgemässe Betrachtungen, S. 269.
25 *F. Nietzsche*, Jenseits von Gut und Böse, Aphorismus 1.
26 *F. Nietzsche*, Jenseits von Gut und Böse, Aphorismus 4.
27 *F. Nietzsche*, Jenseits von Gut und Böse, Aphorismus 34.
28 *F. Nietzsche*, Zur Genealogie der Moral III, Aphorismus 12.
29 *F. Nietzsche*, Zur Genealogie der Moral III, Aphorismus 12. Vgl. ähnlich *F. Nietzsche*, Menschliches, Allzumenschliches I, Aphorismus 6, in: ders., Sämtliche Werke, hrsg. v. G. Colli/M. Montinari, Bd. 2, 1999. Nietzsche hält hier fest: „Du sollst Herr über dich werden, Herr auch über die eigenen Tugenden. Früher waren

### 3. Biologie, Rasse und Denken

15  Philosophische Theorien werden aus Nietzsches Sicht nicht so gefasst, wie es ein richtiges Verständnis der Welt erfordert, was immer der Denkende sich als Ergebnis der Erkenntnissuche wünscht oder erhofft. Sie seien vielmehr Ausdruck des Charakters, der Antriebe und Neigungen desjenigen, der die Theorie bilde: „(D)as meiste bewusste Denken eines Philosophen ist durch seine Instinkte heimlich geführt".[30] Es entspringe „physiologischen Forderungen zur Erhaltung einer bestimmten Art von Leben".[31] Die Philosophen seien „Fürsprecher ihrer Vorurtheile, die sie ‚Wahrheiten' taufen".[32] Gerade die Moral gebe Auskunft über die Rangordnung ihrer Triebe[33] – Kant etwa habe gerne gehorcht und wünschte deswegen auch andere gehorchen zu sehen.[34] Das Denken sei das Verhalten der Triebe eines Menschen zueinander, die Psychologie mithin die Herrin der Wissenschaften, da sie über diese Mechanismen aufkläre.[35]

16  Der Charakter eines Menschen werde nicht nur durch Herkommen, Tradition und Kultur, sondern auch durch biologische Faktoren geformt. Dabei spielen für Nietzsche Rassegedanken eine wesentliche Rolle. Das Problem der „Rasse" bestehe darin, dass man bestimmte Eigenschaften der Vorfahren aufgrund von Vererbung zwangsläufig übernehme - Erziehung, Bildung könnten darüber nur hinwegtäuschen.[36] Die Determiniertheit durch Rasseeigenschaften greift bis zum Grundverständnis der Welt durch: Die Grundschemata der Philosophie – z.B. ein bestimmter Subjektbegriff – seien von bestimmten „Rassebedingungen" abhängig,[37] ja selbst eine spezifische fachwissenschaftliche Perspektive seiner Zeit wie Auguste Comtes positivistische Soziologie sei durch „keltisches Blut" zu erklären.[38]

---

sie deine Herren; aber sie dürfen nur deine Werkzeuge neben anderen Werkzeugen sein. Du solltest Gewalt über dein Für und Wider bekommen und verstehn lernen, sie aus- und wieder einzuhängen, je nach deinem höheren Zwecke. Du solltest das Perspektivische in jeder Werthschätzung begreifen lernen – die Verschiebung, Verzerrung und scheinbare Teleologie der Horizonte und was Alles zum Perspektivischen gehört; auch das Stück Dummheit in Bezug auf entgegengesetzte Werthe, und die ganze intellektuelle Einbusse, mit der sich jedes Für, jedes Wider bezahlt macht. Du sollst die *nothwendige* Ungerechtigkeit in jedem Für und Wider begreifen lernen, die Ungerechtigkeit als unablösbar vom Leben, das Leben selbst als *bedingt* durch das Perspektivische und seine Ungerechtigkeit. Du solltest vor allem mit Augen sehn, wo die Ungerechtigkeit immer am größten ist: dort nämlich, wo das Leben am kleinsten, engsten, dürftigsten, anfänglichsten entwickelt ist und dennoch nicht umhin kann, *sich* als Zweck und Maass der Dinge zu nehmen und seiner Erhaltung zu Liebe das Höhere, Grössere, Reichere heimlich und kleinlich und unablässig anzubröckeln und in Frage zu stellen, - du solltest das Problem der *Rangordnung* mit Augen sehn und wie Macht und Recht und Umfänglichkeit der Perspektive mit einander in die Höhe wachsen." (Herv. i. Org.). Man kann an dieser Passage gut verfolgen, wie die scheinbar gleichberechtigten Perspektiven einer herausgehobenen, mit Richtigkeitsanspruch auftretenden Sichtweise weichen – derjenigen, die „Macht und Recht und Umfänglichkeit" gewinnt, weil sie die Bedeutung der Rangordnung versteht, die die Opferung des Niederen um des Höheren willen rechtfertigt – eine These, die sich wie erwähnt als Leitmotiv durch die Überlegungen Nietzsches zieht.

30  *F. Nietzsche*, Jenseits von Gut und Böse, Aphorismus 3.
31  *F. Nietzsche*, Jenseits von Gut und Böse, Aphorismus 3.
32  *F. Nietzsche*, Jenseits von Gut und Böse, Aphorismus 5.
33  *F. Nietzsche*, Jenseits von Gut und Böse, Aphorismus 6.
34  *F. Nietzsche*, Jenseits von Gut und Böse, Aphorismus 187.
35  *F. Nietzsche*, Jenseits von Gut und Böse, Aphorismus 23, 35.
36  *F. Nietzsche*, Jenseits von Gut und Böse, Aphorismus 264.
37  *F. Nietzsche*, Jenseits von Gut und Böse, Aphorismus 20, 28.
38  *F. Nietzsche*, Jenseits von Gut und Böse, Aphorismus 48.

## § 14 Heimatlos jenseits von Gut und Böse – Friedrich Nietzsche

Nietzsche hat sich verschiedentlich über die „Antisemiterei" aufgeregt, und gefordert, die „antisemitischen Schreihälse des Landes zu verweisen",[39] allerdings nicht, weil ihm selbst antisemitische Vorurteile fremd waren. Keiner möge Juden, es gebe zuviele von ihnen, um sie zu verdauen.[40] Europa verdanke den Juden (in den üblichen allgemeinen Aussagen über heterogene Personengruppen) „vom Schlimmsten und vom Besten": den „grossen Stil in der Moral", den „anziehendsten, verfänglichsten und ausgesuchtesten Theil jener Farbenspiele und Verführungen zum Leben, in deren Nachschimmer heute der Himmel unsrer europäischen Cultur, ihr Abend-Himmel, glüht, - vielleicht verglüht".[41] Diese „Farbenspiele" sieht er als ästhetische Bereicherung des Dramas der Genealogie der Moral an – „wir Artisten unter den Zuschauern und Philosophen sind dafür den Juden – dankbar".[42] Die Juden hätten gleichzeitig eine epochale Fehlentwicklung zu verantworten. Sie seien für eine fatale Umkehrung der Werte verantwortlich: Reich sei mit gottlos, böse mit gewaltthätig gleichgesetzt worden.[43] Juden seien dabei selbst zur Sklaverei geboren.[44]

Nietzsche sieht auch sich wandelnde soziale Hierarchien aus einer Rassenperspektive: Er beklagt die Mischung von Ständen in Europa als Rassenmischung.[45] Biologische Züchtung von Menschen ist deswegen naheliegenderweise ein Mittel, auf das Nietzsche immer wieder verweist, wenn es um die erfolgversprechenden Wege zur Verbesserung der Menschen geht, z.T. mit sehr konkreten Züchtungszielen: Durch Ehen etwa von märkischen Junkern und Jüdinnen könnte man der „erblichen Kunst des Befehlens und Gehorchens", das „Genie des Geldes und der Geduld (…) hinzuzüchten" versuchen.[46] Eine neu gezüchtete Menschenrasse könnte dann als Herrschaftskaste die „Erdherrschaft" übernehmen.[47]

### 4. Wille zur Macht und ewige Wiederkehr des Gleichen

Ein Zentralbegriff der Überlegungen Nietzsches ist der „Wille zur Macht", der den „intelligiblen Charakter der Welt" erfasse.[48] Mit dem Begriff ist nicht primär politische Herrschsucht gemeint, sondern ein tieferliegendes Prinzip, ein unbedingter, unbändigbarer Drang von lebenden Wesen, sich zu entfalten, gelenkt nur durch die eigenen Bedürfnisse, ohne Rücksicht auf die Interessen anderer, vitalistisch-arrational, eine nackte, rohe Lebenskraft, deren Stärke und Durchsetzungsfähigkeit allein über ihr Schicksal entscheide, nicht der Inhalt der Ziele, um die es gehe, oder gar die normative Rechtfertigung oder Legitimität der Gestalt, die sich entfalte. Leben wolle sich ausbreiten, anderes Leben verdrängen oder unterwerfen: „Vor allem will etwas Lebendiges seine Kraft *auslassen*. – Leben selbst ist Willen zur Macht – : die Selbsterhaltung ist

---

39  *F. Nietzsche*, Jenseits von Gut und Böse, Aphorismus 251.
40  *F. Nietzsche*, Jenseits von Gut und Böse, Aphorismus 251.
41  *F. Nietzsche*, Jenseits von Gut und Böse, Aphorismus 250.
42  *F. Nietzsche*, Jenseits von Gut und Böse, Aphorismus 250.
43  *F. Nietzsche*, Jenseits von Gut und Böse, Aphorismus 195.
44  *F. Nietzsche*, Jenseits von Gut und Böse, Aphorismus 195.
45  *F. Nietzsche*, Jenseits von Gut und Böse, Aphorismus 208.
46  *F. Nietzsche*, Jenseits von Gut und Böse, Aphorismus 251.
47  *F. Nietzsche*, Jenseits von Gut und Böse, Aphorismus 208, 251.
48  *F. Nietzsche*, Jenseits von Gut und Böse, Aphorismus 36.

nur eine der indirekten und häufigen Folgen davon".[49] Alles Wollen sei ein Befehlen und Gehorchen. Der Wille zur Macht regiere, nicht Gesetze.[50] Philosophie sei geistiger Wille zur Macht, eigentliche Philosophen seien Befehlende und Gesetzgeber,[51] von denen es in der Geschichte aus Nietzsches Sicht vor ihm allerdings nicht viele gab.

20   Das so wuchernde Leben stehe unter dem Gesetz der ewigen Wiederkehr, das Nietzsche für eine welterschütternde Einsicht hielt: Die Möglichkeiten der Veränderungen der Welt sei naturgesetzlich begrenzt, weswegen sich die Lebenskonstellationen in gleicher Form wiederholten: „Aber der Knoten der Ursachen kehrt wieder, in den ich verschlungen bin, - der wird mich wieder schaffen! Ich selber gehöre zu den Ursachen der ewigen Wiederkunft."[52] Die Wiederkehr der Gegenwart in der Zukunft stößt aus Nietzsches Sicht die Tür zur Ewigkeit scheinbar vergänglicher Augenblicke auf.

### 5. Kritik der Religion

21   Nietzsche ist berühmt und berüchtigt, auch bewundert gerade wegen dieses Berüchtigtseins, weil er nicht nur festgestellt hat: „Gott ist tot",[53] sondern auch Religionen allgemein, insbesondere aber das Christentum einer scharfen Kritik unterzogen hat. Der Hinweis auf das Ableben Gottes hat dabei an sich geringen philosophischen Neuigkeitsgehalt – derartige Aussagen haben eine lange philosophische Tradition. Nietzsche reiht sich in die Reihe derjenigen wie Ludwig Feuerbach oder Karl Marx ein, die nach psychologischen Gründen für das Entstehen von Religionen und spezifischen Gottesvorstellungen suchten – ein bis heute gepflegte Tradition, etwa im Rahmen der evolutionären Psychologie.[54]

22   Das Christentum schien Nietzsche aus dieser Perspektive als das Gegenteil des Selbstbildes, das es pflege, da es das eigentliche Menschseins durch seine Glaubensinhalte zerstöre: „Der christliche Glaube ist von Anbeginn Opferung: Opferung aller Freiheit, alles Stolzes, aller Selbstgewissheit des Geistes; zugleich Verknechtung und Selbst-Verhöhnung".[55] Das Christentum sei ein Erzeugnis leiblicher Bedürfnisse nach Erlösung, nichts eigentlich auf Außerweltliches bezogen, sondern auf Innerweltliches, dass nur als Jenseits maskiert werde. Eine kranke Lebenskraft drücke sich im Christentum aus. Dies gelte auch für Religionsstifter: Jesus erscheint Nietzsche als unglücklich Liebender, der Gott habe erschaffen müssen, weil er unter Menschen nicht genug Liebe gefunden habe.[56]

### III. Moral, Ethik und Recht
#### 1. Die Herrschaftsrechte der neuen Aristokratie

23   Besonderes Interesse wird bis heute philosophisch Nietzsches Attacken auf die Moral entgegengebracht. Er argumentiert, dass Moral – wie andere scheinbar durch Gründe

---

49  *F. Nietzsche*, Jenseits von Gut und Böse, Aphorismus 13.
50  *F. Nietzsche*, Jenseits von Gut und Böse, Aphorismus 19, 21.
51  *F. Nietzsche*, Jenseits von Gut und Böse, Aphorismus 9, 211.
52  *F. Nietzsche*, Also sprach Zarathustra, S. 276.
53  *F. Nietzsche*, Also sprach Zarathustra, S. 14.
54  Vgl. z.B. *R. Dawkins*, The God Delusion, 2008.
55  *F. Nietzsche*, Jenseits von Gut und Böse, Aphorismus 46.
56  *F. Nietzsche*, Jenseits von Gut und Böse, Aphorismus 269.

gerechtfertigte geistige Phänomene – ein Produkt des Willens zur Macht sei, „Moral nämlich als Lehre von den Herrschaftsverhältnissen verstanden, unter denen das Phänomen ‚Leben' entsteht".[57]

Die Idee der Gleichheit der Menschen ist Nietzsche ein besonderer Dorn im Auge – die Vorstellung, nicht über andere Menschen erhoben sein zu können, ein Gleicher unter anderen im Wert gleichen Menschen zu sein, egal, wie sehr man sich in philosophische Höhen gedanklich auch schraubte, ist ihm ersichtlich unerträglich. Er attackiert daher die „Herdenmoral" der Gleichheit, die nicht nur, aber wesentlich durch das Christentum geschaffen worden sei, die „Verzwergung" der Menschen, die damit einhergehe.[58] Menschen seien nicht gleich, es gebe viele unwichtige, wie er immer wieder unterstreicht, die zum Dienen bestimmt seien, ohne eigenen Wert außer dem abgeleiteten ihrer Nützlichkeit für die Lebensentwürfe der wenigen Großen, die aufgrund ihrer vornehmen Wesensart allein Lebensrecht genössen. Gleichheit herrsche dabei nur unter diesen Großen,[59] anderes führe zu einer ungerechten Benachteiligung der Großen,[60] deren Vorrecht es sei, unabhängig zu sein.[61]

Als Großer, Starker, Adliger im wahren Sinne werde man geboren, möglicherweise in einer zukünftigen Welt gezüchtet, denn das „Geblüt" sei entscheidend,[62] das durch eine Kette der Geschlechter erworben werde.[63] Gegenüber den vielen Kleinen hätten diese Großen ein Recht zur Herrschaft. Nietzsche lädt dabei zur Grausamkeit ein und belächelt Mitleid: keine Gefühle für andere zu haben, erscheint ihm als Tugend.[64]

Die geborenen Sklaven suchten „Tyrannisches auch in der Moral" und ertrügen keine aristokratische Gleichgültigkeit: „Was sie mit allen Kräften erstreben möchten, ist das allgemeine grüne Weide-Glück der Heerde, mit Sicherheit, Ungefährlichkeit, Behagen, Erleichterung des Lebens für Jedermann; ihre beiden am reichlichsten abgesungenen Lieder und Lehren heissen ‚Gleichheit der Rechte' und ‚Mitgefühl für alles Leidende', und das Leiden selbst wird von ihm als Etwas genommen das man *abschaffen* muss."[65] Die Religion kann dabei zur Beförderung des gegen solche egalitären Tendenzen wirkenden „Züchtigungs- und Erziehungswerks" herangezogen werden: „Den gewöhnlichen Menschen endlich, den Allermeisten, welche zum Dienen und allgemeinen Nutzen dasind und nur insofern dasein dürfen, giebt die Religion eine unschätzbare Genügsamkeit mit ihrer Lage und Art, vielfachen Frieden des Herzens, eine Veredelung des Gehorsams, ein Glück und Leid mehr mit Ihres-Gleichen und etwas Verklärung und Verschönerung, Etwas von Rechtfertigung des ganzen Alltags, der ganzen Niedrigkeit, der ganzen Halbthier-Armut ihrer Seele."[66] Falsche Skrupel verbittet sich Nietzsche: Nur Verzicht auf Rücksicht auf die Kleinen führe zu den Berggipfeln der Kultur,

---

57 *F. Nietzsche*, Jenseits von Gut und Böse, Aphorismus 19.
58 *F. Nietzsche*, Jenseits von Gut und Böse, Aphorismus 201, 203.
59 *F. Nietzsche*, Jenseits von Gut und Böse, Aphorismus 259, 260.
60 *F. Nietzsche*, Jenseits von Gut und Böse, Aphorismus 212, 219, 228, 265, 272, 273.
61 *F. Nietzsche*, Jenseits von Gut und Böse, Aphorismus 29.
62 *F. Nietzsche*, Jenseits von Gut und Böse, Aphorismus 213.
63 *F. Nietzsche*, Jenseits von Gut und Böse, Aphorismus 219.
64 *F. Nietzsche*, Jenseits von Gut und Böse, Aphorismus 33.
65 *F. Nietzsche*, Jenseits von Gut und Böse, Aphorismus 44.
66 *F. Nietzsche*, Jenseits von Gut und Böse, Aphorismus 61.

auf denen die Großen hausten, die Leiden der Vielen seien das notwendige Opfer, das der Erhöhung der wenigen Großen erbracht werden müsse.[67] Mitleid schaffe nur einen Überschuss an misslungenen Fällen, gerade Religionen erhielten Menschen, die zugrunde gehen sollten. Die Sorge für die Kranken und Leidenden sei eine „Arbeit an der Verschlechterung der europäischen Rasse".[68] Genuin altruistische Handlungen gebe es nicht. Wer das Verbot, anderen Schaden zuzufügen und das Gebot, ihnen, soweit möglich, beizustehen, für ein Grundprinzip der Moral halte, blase in einer „Welt, deren Essenz Wille zur Macht ist" sentimental die „Flöte".[69]

27   Die kulturbildenden neuen Aristokraten stellt sich Nietzsche als besonders lebensfroh, vorurteilslos ungehemmt, schaffend und tatendurstig, als „aus sich rollendes Rad",[70] mit „wilde(r) Weisheit" , sogar als „prachtvolle nach Beute und Sieg lüstern schweifende blonde Bestie"[71] und als „tropische Raubtiere" vor.[72] Der Weg zu diesen höheren Existenzformen setze das Abschütteln moralischer Bindungen voraus, den „Geist der Schwere",[73] der niederdrückt; das Ersetzen mit Löwenmut, wie Nietzsche schreibt, des *Du sollst!* durch ein *Du willst!*[74] Ein freier Wille erscheint ihm dabei aber als eine Illusion.[75]

28   Frauen erscheinen ihm als fremde, unterlegene Wesen, voller sexueller Anziehungskraft und dem Bedürfnis nach Unterwerfung unter die strenge Hand von Männern. Die beiden Frauen, denen er Heiratsanträge machte und zu denen mit Lou-Andreas Salomé eine berühmte Schriftstellerin und Psychoanalytikerin gehörte, spürten diesen Drang ihm gegenüber allerdings nicht und lehnten sie ab.

### 2. Genealogie der Moral

29   Aus Nietzsches Sicht gibt es keine ursprünglichen moralischen Kategorien wie „gut" und „böse". Diese seien historisch entwickelt worden: Ursprünglich sei die amoralische Unterscheidung von „gut" und „schlecht": „Das Pathos der Vornehmheit und Distanz, (…), das dauernde und dominirende Gesammt- und Grundgefühl einer höheren herrschenden Art, zu einem ‚Unten' – das ist der Ursprung des Gegensatzes von „gut" und ‚schlecht'".[76] Diese ursprüngliche Bedeutung bezeichne eine natürliche Überlegenheit einer Herrenrasse wie der „Arier"[77] und habe nichts „unegoistisches", oder mit Gerechtigkeit Verbundenes.[78] Eine Auffassung von Moral, die Pflichten gegenüber anderen und Gerechtigkeitsprinzipien der Gleichheit akzeptiere, sei das Produkt des Ressentiments der Schwachen, die sich durch eine „imaginäre Rache schadlos halten" wollten,[79] ein Produkt des Aufstands der „unterworfenen Rasse", die damit

---

67   *F. Nietzsche*, Also sprach Zarathustra, S. 55; *F. Nietzsche*, Jenseits von Gut und Böse, Aphorismus 61.
68   *F. Nietzsche*, Jenseits von Gut und Böse, Aphorismus 62.
69   *F. Nietzsche*, Jenseits von Gut und Böse, Aphorismus 186.
70   *F. Nietzsche*, Also sprach Zarathustra, S. 90.
71   *F. Nietzsche*, Zur Genealogie der Moral I, Aphorismus 11.
72   *F. Nietzsche*, Jenseits von Gut und Böse, Aphorismus 197.
73   *F. Nietzsche*, Also sprach Zarathustra, S. 241.
74   *F. Nietzsche*, Also sprach Zarathustra, S. 30.
75   *F. Nietzsche*, Jenseits von Gut und Böse, Aphorismus 18.
76   *F. Nietzsche*, Zur Genealogie der Moral I, Aphorismus 2.
77   *F. Nietzsche*, Zur Genealogie der Moral I, Aphorismus 3.
78   *F. Nietzsche*, Zur Genealogie der Moral I, Aphorismus 2.
79   *F. Nietzsche*, Zur Genealogie der Moral I, Aphorismus 10.

den Starken und Edlen durch verwinkelte psychologische Schachzüge Ketten anlegten, die vom „Übermenschen" der Zukunft und derjenigen heute, die die Brücke zu seinem Kommen bauen, gesprengt werden müssten.[80] Das sei aber in Europa keineswegs leicht: „(I)m Wesentlichen hat die unterworfene Rasse schliesslich daselbst wieder die Oberhand bekommen, in Farbe, Kürze des Schädels, vielleicht sogar in den intellektuellen und socialen Instinkten: wer steht uns dafür, ob nicht die moderne Demokratie, der noch modernere Anarchismus und namentlich jener Hang zur ‚Commune', zur primitivsten Gesellschafts-Form, der allen Socialisten Europa's jetzt gemeinsam ist, in der Hauptsache einen ungeheuren *Nachschlag* zu bedeuten hat – und dass die Eroberer- und *Herren*-Rasse, die der Arier, auch physiologisch im Unterliegen ist?"[81]

Diese genealogischen Rekonstruktionsthesen erfassen auch Schuld und Gewissen – diese entsprängen den Institutionen des Vertrages und seien im Rahmen des Siegeszugs der Herdenmoral psychologisch breit verankert worden – das „schlechte Gewissen" etwa von Menschen des Ressentiments.[82] Der Hang zur Grausamkeit sei eine vergessene Wurzel der Moral: Selbstlosigkeit, Selbstverleugnung, Selbstaufopferung gehörten zur „Lust zur Grausamkeit", gewendet als Wille zur „Selbstmisshandlung" im schlechten Gewissen gegen sich selbst.[83]

### 3. Recht und Politik

Da es aus Nietzsches Sicht keine gerechtfertigten moralischen Prinzipien gibt, kann auch das Recht nicht als Gerechtigkeitsordnung konzipiert werden – im Gegenteil, es werde lebensfeindlich, wenn es nicht Mittel sei, „Macht-Einheiten" zu dienen: „An sich von Recht und Unrecht zu reden entbehrt allen Sinns, an sich kann natürlich ein Verletzen, Vergewaltigen, Ausbeuten, Vernichten, nichts ‚Unrechtes' sein, insofern das Leben *essentiell*, nämlich in seinen Grundfunktionen verletzend, vergewaltigend, ausbeutend, vernichtend fungirt und gar nicht gedacht werden kann ohne diesen Charakter. Man muss sich sogar noch etwas Bedenklicheres eingestehn: dass, vom höchsten biologischen Standpunkte aus, Rechtszustände immer nur *Ausnahme-Zustände* sein dürfen, als theilweise Restriktionen des eigentlichen Lebenswillens, der auf Macht aus ist, und sich dessen Gesammtzwecke als Einzelmittel unterordnend: nämlich als Mittel, *grössere* Macht-Einheiten zu schaffen. Eine Rechtsordnung souverän und allgemein gedacht, nicht als Mittel im Kampf von Macht-Complexen, sondern als Mittel gegen allen Kampf überhaupt, etwas gemäss der Communisten-Schablonen Dühring's, dass jeder Wille jeden Willen gleich zu nehmen habe, wäre ein *lebensfeindliches* Princip, eine Zerstörerin und Auflöserin des Menschen, ein Attentat auf die Zukunft des Menschen, ein Zeichen von Ermüdung, ein Schleichweg zum Nichts."[84]

Repräsentative Verfassungen hält er für ein blosses „Zusammenaddieren der Herdenmenschen",[85] Demokratie sei Ausdruck der Herdenmoral,[86] die aber durch die „An-

---

80  *F. Nietzsche*, Zur Genealogie der Moral I, Aphorismus 13.
81  *F. Nietzsche*, Zur Genealogie der Moral I, Aphorismus 5 (Herv. i. Org.), 11.
82  *F. Nietzsche*, Zur Genealogie der Moral II, Aphorismus 11.
83  *F. Nietzsche*, Zur Genealogie der Moral II, Aphorismus 18.
84  *F. Nietzsche*, Zur Genealogie der Moral II, Aphorismus 11 (Herv. i. Org.).
85  *F. Nietzsche*, Jenseits von Gut und Böse, Aphorismus 199.
86  *F. Nietzsche*, Jenseits von Gut und Böse, Aphorismus 242.

ähnlichkeit der Europäer" die Möglichkeit schaffe, Ausnahmemenschen und – ebenso vielversprechend – zur Versklavung vorbereitete Menschen zu gewinnen.[87] Sozialismus bilde eine lächerliche Religion des Mitleidens.[88] In einer Aristokratie, in der die wirklich Edlen herrschten, würde eine Unzahl von Menschen ihretwegen berechtigt ausgebeutet: „Das Wesentliche an einer guten und gesunden Aristokratie ist aber, dass sie sich *nicht* als Funktion (sei es des Königthums, sei es des Gemeinwesens), sondern als dessen *Sinn* und höchste Rechtfertigung fühlt, - dass sie deshalb mit gutem Gewissen das Opfer eine Unzahl Menschen hinnimmt, welche um *ihretwillen* zu unvollständigen Menschen, zu Sklaven, zu Werkzeugen herabgedrückt und vermindert werden müssen."[89] Nietzsche denkt dabei in europäischen, manchmal sogar in globalen Dimensionen und hält deswegen wenig von „Vaterländerei und Schollenkleberei".[90]

**IV. Kritische Einschätzungen**
**1. Perspektive und Einsicht**

33  Erschließt Nietzsche ein neues Weltverständnis und eine neue Lebensform des „Übermenschen", jenseits der Vorurteile der Vergangenheit, wie er mit prophetischem Selbstbewusstsein und voller bitterer hochmütiger Verachtung für andere Ideen und Lebensentwürfe verheißt? Verschiedene Probleme seiner Überlegungen lassen daran zweifeln, die sich sowohl aus seinen theoretischen Hintergrundüberlegungen als auch aus seinen Thesen zur praktischen Philosophie ergeben.

34  Eine heute einflussreiches Theorieelement bildet der *Perspektivismus* in Nietzsches Bemerkungen zu erkenntnistheoretischen Fragen, was nicht verwunderlich ist, weil sie Alltagsintuitionen aufnehmen. In der Tat existieren ja viele subjektive Perspektiven und Ansichten unter Menschen, die wir auch zur Kenntnis nehmen müssen, aus Respekt vor anderen und weil sie unseren Erfahrungsraum erweitern und unser Denken bereichern. Diese Perspektiven sind in bestimmten Bereichen irreduzibel persönlich – etwa unsere Auffassung der gefühlsmäßigen Bedeutung uns nahestehender Menschen. Die aus der Vielfalt der Wahrnehmungen allmählich im Prozess der Wissenschaftsgeschichte gebildeten theoretischen Haltungen zur Welt sind jedoch keineswegs bloß Ausdruck der Persönlichkeitsstruktur der sie bildenden Person oder gar letztlich rassisch determiniert – letzteres schon deshalb, weil die unterschiedlichen Menschenrassen, die Nietzsche imaginiert, wissenschaftlich unbestritten gar nicht existieren. Zudem gibt es einen gemeinsamen Raum des Denkens und Erkennens, zu dem alle Menschen Zutritt haben und in dem auch wissenschaftliche Überlegungen ihren Ort finden.

35  Eine Ermutigung, diese epistemische Möglichkeit ernst zu nehmen, bildet, dass Nietzsche selbst dauernd auf diesen erkenntnistheoretischen Pfaden wandelt, den Perspektivismus als begründete erkenntnistheoretische Position entwickelt, seinen Perspektivismus also im Moment seiner Formulierung selbst überwindet und widerlegt. Auch er argumentiert ja mit Gründen und nimmt dabei an, das andere ihn verstehen und durch diese Gründe überzeugt werden können. Diese Gründe sind der Art nach Ver-

---

87  *F. Nietzsche*, Jenseits von Gut und Böse, Aphorismus 242.
88  *F. Nietzsche*, Jenseits von Gut und Böse, Aphorismus 242.
89  *F. Nietzsche*, Jenseits von Gut und Böse, Aphorismus 258 (Herv. i. Org).
90  *F. Nietzsche*, Jenseits von Gut und Böse, Aphorismus 241.

nunftgründe: Er argumentiert historisch-genealogisch, philosophisch, versucht Kausalverhältnisse aufzuklären, prangert Widersprüche in anderen Theorien an, impliziert damit die Gültigkeit logischer Prinzipien, operiert mit von ihm als Fakten angesehenen Sachverhalten, die unabhängig von unterschiedlichen Perspektiven bestehen, liefert phänomenologische Analysen, die die Existenz der untersuchten Phänomene und die Möglichkeit ihrer treffenden Erfassung voraussetzen, bezieht sich auf naturwissenschaftliche Erkenntnisse etwa der Biologie und Physik und betreibt sogar eines seiner Kernthemen, die Moral- und Religionspsychologie, empirisch, weil er versucht nachzuzeichnen, welche psychologische Mechanismen Moral und Religion faktisch unterliegen.

Viele seiner Argumente überzeugen nicht, seine schein-biologischen und rassentheoretischen Überlegungen sind offensichtlich absurd. Das ändert aber nichts daran, dass er sich – nicht überraschender Weise – mit seinen Einsichten und Irrtümern in dem Raum der Gründe bewegt, den Menschen allgemein teilen.

**2. Metaethische Defizite und die anderen Parameter der Genealogie der Moral**

Nietzsches Metaethik weist verschiedene analytische Defizite auf. *Moralisch* Gutes und Böses und ein nicht-moralisches Gutes, verstanden als *Vornehmes*, das in einer starken Herrenrasse verkörpert liegen soll, sind kategorial unterschieden. Gutes und Gerechtes beziehen sich auf Intentionen und Handlungen zur Beförderung des Wohlergehens von anderen und die normative Relevanz differenzierter Gleichheitsrelationen zwischen Personen und Sachverhalten, nicht auf amoralische hierarchische Vorrangverhältnisse zwischen Menschen – abgesehen davon, dass an Herrschaftsstrukturen, wie sie Nietzsche beschreibt, nichts Vornehmes zu finden ist.

Die gegenwärtigen anthropologischen Erkenntnisse weisen zudem in eine ganz andere Richtung als Nietzsches weitgehend spekulative Thesen – und dies sowohl historisch-genealogisch als auch moralpsychologisch: Die wachsenden Erkenntnisse zu differenzierten normativen Ordnungen schon der Frühgeschichte der Menschen[91] oder zur historischen Entwicklung grundlegender moralischer Ideen[92] sind mit Nietzsches schlichten historischen Annahmen unvereinbar. Wie wir noch genauer sehen werden, spricht zudem moralpsychologisch viel für die Existenz angeborener kognitiver Anlagen von Menschen zur Entwicklung differenzierter normativer Begriffswelten, wenn die Einzelheiten auch heiß umstritten sind (vgl. u. § 41). Derartige psychologischen Befunde schaffen keine normativen Gründe, müssen aber in einer Genealogie der Moral auf der Höhe des Erkenntnisstandes der Gegenwart berücksichtigt werden. Nietzsches Vertragstheorie von Schuld hilft aus diesen Gründen ebenfalls nicht weiter. Umgekehrt ist vielmehr zu fragen, warum eigentlich auch im Vertragsrecht eine solche komplexe normative Kategorie wie eine Pflicht, eine Leistung zu erbringen, entstehen konnte. Das gleiche gilt für die komplexe psychologische Realität des menschlichen Gewissens, die man mit Nietzsches begrenzten theoretischen Ressourcen wie der Lust

---

91 *D. Graeber/D. Wengrow*, The Dawn of Everything, 2021.
92 *M. Mahlmann*, Mind and Rights: Neuroscience, Philosophy, and the Foundations of Legal Justice, 2023.

zur „Selbstmisshandlung" nicht erklären kann. Bewahrte moralische Integrität hat dazu schon einen zu anziehenden Gehalt.

39 Religionen haben eine wichtige und häufig zwiespältige Rolle für die Entwicklung von Ethik und Recht gespielt. Eine interessante Frage, deren Antwort in die entgegengesetzte Richtung von Nietzsches Theorien weist, und die uns bereits begegnet ist, betrifft dabei den Einfluss, den menschliches normatives Denken auf die Entwicklung der religiösen Ethiken hatte (und nicht umgekehrt den Einfluss, den Religionen auf normatives Denken hatten) – was zu unterstreichen scheint, dass menschliche Ethik unabhängig von Religionen entwickelt werden und diese dann wesentlich prägen kann (s. o. § 2).

### 3. Gerechtigkeit, Recht und der Wille zur Macht

40 Nietzsches materiale Ethik ist ebenfalls wenig überzeugend: Der Respekt vor Gleichheitsprinzipien, und vor wechselseitig verpflichtenden Rechten ist ebenso wenig wie die Verpflichtung, wenn denn möglich, einen Beitrag zu ihrem Wohlergehen zu leisten, Ausdruck einer ressentimentgeborenen Herdenmoral der Schwachen. Derartige ethische Prinzipien bilden nichts Niedriges, keine verachtenswerte Kuhwärme liegt in ihnen, in der sich die ethischen Wiederkäuer Geborgenheit suchend aneinander reiben, sondern der Stolz, ein Mensch unter gleichberechtigten Mitmenschen zu sein, das Bewusstsein der damit von allen Menschen genossenen Würde, und der Respekt vor dem, was in jedem Menschen aufgrund seines Menschseins liegt. Grausamkeit ohne Mitleiden, „Verletzen, Vergewaltigen, Ausbeuten, Vernichten" können dagegen nicht nur nicht moralisch gerechtfertigt werden, sie haben auch sonst nichts Anziehendes – wer einmal aus der Nähe gesehen hat, was mit den vielen Verletzten, Vergewaltigten, Ausgebeuteten und Vernichteten genau geschieht, bedarf darüber keinerlei Belehrung.

41 Dass es auch nur ansatzweise plausible normative Gründe gebe, Nietzsches hierarchische Ordnung blonder Bestien, der die Mehrzahl der Menschen zu dienen hätten, einer Ordnung gleicher Rechte und Pflichten vorzuziehen, lässt sich nicht erkennen. Werte sind auch keineswegs beliebig setz- und umwertbar – durch bloßes Wollen seiner Gerechtigkeit macht man eine Ungerechtigkeit nicht gerecht. Was immer Männer wollten, wieviel politischen Willen zur Macht sie entfalteten, – eine patriarchale Gesellschaftsstruktur wird dadurch beispielsweise keineswegs gerecht. Im Übrigen holen Gleichheitsprinzipien der Gerechtigkeit Nietzsche selbst wieder ein – er will sie nur auf die Starken untereinander angewendet wissen.

42 Mit der Betonung der Bedeutung der ethischen und rechtlichen Grundprinzipien der Gerechtigkeit, Solidarität und Würde wird keine sentimentale Melodie auf der philosophischen Flöte gespielt, weil sie mit der rauen Welt unter dem Regiment eines „Willens zur Macht" unvereinbar wären. Aufgrund der normativen Grenzen, die dem menschlichen Handlungswillen gezogen sind, triff im Gegenteil schon für Menschen die Idee eines Regiments eines bindungslosen Willens zur Macht nicht zu, von der grundsätzlichen fehlenden Überzeugungskraft eines solchen spekulativen metaphysischen Grundprinzips als Erklärungsgrund der Welt und ihres Geschehens ganz zu schweigen.

43 Recht nur als lebensfördernd zu verstehen, wenn es „Macht-Zuständen" jenseits von Demokratie, Verfassung und internationaler Friedensordnung diene, ist in Anbetracht

### 4. Menschsein diesseits von Gut und Böse

Nietzsches Anziehungskraft lebt wesentlich von seiner im *Zarathustra* sogar im Ton religiöser Verkündigung vorgetragenen Kritik eines verfehlten Lebens. Sie spürt vielen Impulsen in der menschlichen Brust nach, gerade auch den unappetitlichen, scharf, immer wieder treffend, und oftmals psychologisch feingeschliffen, wenn er auch zentralen Elementen des menschlichen Inneren gegenüber überraschend blind geblieben ist. Er kämpft gegen das graue, matte, staubige, verarmte, innerlich verknotete Leben, dass nicht nur in seiner Zeit bessere menschliche Möglichkeiten vergeudet. Wer sich einen Sinn für frische, direkte, vorurteilslose gedankliche Unbekümmertheit erhalten hat, für Überlegungen zu den großen Fragen menschlichen Lebens fern jeder akademischen Pedanterie, die sich mit wichtiger Miene in spitzfindigen Belanglosigkeiten verliert, fern von knisternd trockenen Gedankengängen, die sich von Argument zu Gegenargument, von Hypothese zu ihrer Widerlegung und schließlich zu schmalbrüstigen Ergebnissen fortschleppen – wird der bei Nietzsche nicht folgen müssen?

In berührenden Passagen lässt Nietzsche sein Propheten-Alter-Ego *Zarathustra* den Wert der menschlichen Existenz in der Welt, der sich ihm im Traum erschließ, beschreiben:

> *Wie sicher schaute mein Traum auf diese endliche Welt, nicht neugierig, nicht altgierig, nicht fürchtend, nicht bittend:*
>
> *als ob ein voller Apfel sich meiner Hand böte, ein reifer Goldapfel, mit kühl-sanfter sammtener Haut: – so bot sich mir die Welt:*
>
> *als ob ein Baum mir winke, ein breitästiger, stark williger, gekrümmt zur Lehne und noch zum Fussbrett für den Wegmüden: so stand die Welt auf meinem Vorgebirge: –*
>
> *also ob zierliche Hände mir einen Schrein entgegentrügen, – einen Schrein offen für das Entzücken schamhafter verehrender Augen: also bot sich mir heute die Welt entgegen: –*
>
> *nicht Räthsel genug, um Menschen-Liebe davon zu scheuchen, nicht Lösung genug, um Menschen-Weisheit einzuschläfern: – ein menschlich gutes Ding war mir heut die Welt, der man so Böses nachredet!*[93]

Auch zur Moral finden sich Bemerkungen von berückender Zartheit, bei denen man zu spüren meint, dass Nietzsche einmal die Anziehungskraft dieser Sphäre der menschlichen Lebensform empfunden hat, wenn sie ihm auch nur noch als Ton einer Melodie erscheint, die verklingt.[94]

---

93 F. Nietzsche, Also sprach Zarathustra, S. 235 f.
94 F. Nietzsche, Jenseits von Gut und Böse, Aphorismus 255: „Ich könnte mir eine Musik denken, deren seltenster Zauber darin bestünde, dass sie von Gut und Böse nichts mehr wüsste, nur dass vielleicht irgend ein Schiffer-Heimweh, irgend welche goldne Schatten und zärtliche Schwächen hier und da über sie hinwegliefen: eine Kunst, welche von grosser Ferne her die Farben einer untergehenden, fast unverständlichen ge-

47 Diesen Bemerkungen zum unbezweifelbaren Zauber dieser Welt, auch der moralischen menschlichen Welt, folgen aber Weichenstellungen, die ihn in Sackgassen führen. Er denkt sich mit ungenügenden Gründen aus Wahrheit und Moral heraus und findet sich in einem Nichts, das mit Willen zur Macht, schierer Lebendigkeit, der atemlosen Jagd nach großem, tiefem, entfesseltem Leben, nach wildem Wind, Fröhlichkeit, Lachen, Abenteuerromantik, Grausamkeit und Raubtierbrüllen nicht gefüllt werden kann. Es besteht ein schwer zu übersehendes Missverhältnis zwischen der beschwörenden Intensität der Anrufung des anderen höheren Lebens, des sich prophetisch in Verkündigungspose In-die-Brust-Werfens und der am Ende präsentierten Fassung des Gehalts des erhofften Übermenschentums. Die Hinweise, die es gibt, beschreiben ja keineswegs eine höhere, reinere, wildere Lebensform. Das Dasein als „blonde Bestie" ist wenig reizvoll, die Herrschaftsfantasien über Schwache abstoßend, das Lachen über die Irrgänge der Welt klingt durchweg zu gezwungen, zu aufgesetzt, sich selbst aus herbeigedachten Gründen verordnet, um glaubwürdig zu wirken. Nietzsches Gegenwelt der „tropischen Raubthiere" lässt dies Lachen in Anbetracht der Erfahrungen in der jüngeren politischen Geschichte zudem im Halse stecken bleiben – mit Ausnahme der unfreiwilligen Komik, die seine Ausführungen (immerhin) produzieren, etwa seine Züchtungsphantasien von preußischen Junkern und geistvollen Jüdinnen oder die Ableitung der frühen positivistischen Soziologie aus den Einflüssen (immerhin blonder)[95] Kelten.

48 Die Rolle Nietzsches im Prozess der ideologischen Formation des Faschismus und Nationalsozialismus ist umstritten. Einfache Antworten sind hier fehl am Platze, wenn man nicht die Probleme der Theorien Nietzsches ebenso verfehlen will wie den Kern einer Ideologiekritik des Faschismus und Nationalsozialismus. Als Kulturgipfel bildende Übermenschen wären Nietzsche Hitler oder Himmler vermutlich nicht erschienen. Unzweifelhaft aber gehört die philosophische Inthronisierung von Macht und Gewalt, ihre Umhüllung mit rhetorischem Weihrauch, der ihren wirklichen Geruch allerdings nur unvollkommen verbirgt, und die Verachtung von ethischen Bindungen in den politisch-kulturellen Zusammenhang, der diesen Ideologien ihren Sieg leichter gemacht hat und bis heute immer wieder Raum zum Atmen verschafft.[96]

49 Nietzsches versichert, dass ein Leben ohne Moral, ohne Wahrheit das Leben eines weltbejahendsten Menschen sei. Das Welt als Schauspiel gesehen fordere zu Da-Capo-Rufen heraus, zum Menschen, „der gerade dieses Schauspiel nöthig hat – und nötig macht."[97] Menschen haben sich in der Tat nötig, haben auch die ihnen mögliche und eigene Geschichte nötig – aber als Geschichte, die durch die Suche nach Wahrheit und Gerechtigkeit überhaupt erst zu einer eigenen menschlichen wird. *Dieses* Leben lädt zu

---

wordenen *moralischen* Welt zu sich flüchten sähe, die gastfreundlich und tief genug zum Empfang solcher späten Flüchtlinge wäre." Vgl. auch seine Aufforderung, sich eines „ungeheuren Reichs zarter Werthgefühle und Werthunterschiede" zu vergewissern, *F. Nietzsche*, Jenseits von Gut und Böse, Aphorismus 186.
95 *F. Nietzsche*, Zur Genealogie der Moral I, Aphorismus 5.
96 *Thomas Mann*, Nietzsche's Philosophie, S. 702: Nietzsche habe „mit seinem Macht-Philosophem den heraufsteigenden Imperialismus vorempfunden und die faschistische Epoche des Abendlandes, in der wir leben und trotz dem militärischen Sieg über den Faschismus noch lange leben werden, als zitternde Nadel angekündigt."
97 *F. Nietzsche*, Jenseits von Gut und Böse, Aphorismus 56.

## § 14 Heimatlos jenseits von Gut und Böse – Friedrich Nietzsche

Da-Capo-Rufen ein. Das tiefe Leben erschließt sich nicht als einsames grausames mitleidloses Raubtier, nicht als aristokratischer Kulturschöpfer der die vielen Schwachen frohgemut ausbeutet, sondern als solidarischer Mensch unter Menschen, mit denen einen mindestens das Band gegenseitiger Achtung und geteilter Prinzipien von Moral und Gerechtigkeit verbindet, manchmal sogar noch mehr.

Nietzsche greift mit großer Geste nach dem wahrhaft tiefen Leben und präsentiert einen schalen, abgestandenen Lebensentwurf, der keinen Menschen bei Laune halten kann, der von anderen Seiten des Lebens probiert hat – etwa weil er die Gründe für zentrale ethische Prinzipien und ihre erkenntnistheoretische Absicherung durchdacht und einmal verspürt hat, dass sich jenseits von Gut und Böse bestenfalls nur recht öde Lebensformen eröffnen. Deswegen wird seit der Antike unter dem Begriff der *Eudämonie* in verschiedenen Formen, aber aufgrund einer geteilten Lebenserfahrung die Idee verfolgt, dass ein gutes, gelungenes Leben ohne ethische Orientierung und sie wiederspiegelnde rechtliche Ordnungen nicht zu haben sei (vgl. o. § 1). Das ist der Gegenentwurf zu Nietzsches Willensbeschwörung und Raubtierkitsch. Dieser Gegenentwurf eröffnet die Wege über das Meer der Vorstellungen, Gedanken und Empfindungen der Menschen, das Nietzsche als „Abenteurer und Weltumsegler jener inneren Welt, die ‚Mensch' heisst", bereisen will[98] und das er nicht findet, weswegen er auf kleinen und trüben Gewässern, die er als Ozean imaginiert, seine engen Kreise zieht.

---

98  F. *Nietzsche*, Menschliches, Allzumenschliches I, Vorrede 7.

## § 15 Intuitionismus, Nonkognitivismus und die Analyse der Sprache der Moral

I. Kritik und Nüchternheit ............. 1
II. Intuitionismus ........................ 3
   1. Naturalistischer Fehlschluss und das Open-Question-Argument ............................. 3
   2. Kritische Einschätzungen ........ 6
III. Moral und Gefühl .................... 8
   1. Emotivismus ...................... 8
   2. Kritische Einschätzungen ........ 10
IV. Die Sprache der Moral ............... 13
   1. Linguistic turn und die Metaethik ............................. 13
   2. Kritische Einschätzungen ........ 15

### I. Kritik und Nüchternheit

1 Zu Beginn des 20. Jahrhunderts bildet sich die analytische Philosophie heraus, die bis heute eine Hauptströmung der Philosophie geblieben ist. Sie setzt bei der präzisen Analyse von sprachlichen Ausdrücken an, hält im Wesentlichen Distanz zu metaphysischen Annahmen und versucht mit einer logisch-empirischen Haltung zu vermeiden, der Verführungskraft großer Worte und Systeme zu erliegen, die keine festen wissenschaftlichen Grundlagen besitzen. Die analytische Philosophie hat mit dieser Haltung bis heute wesentlich dazu beigetragen, den Geist kritischer Nüchternheit zu stärken, der für ernsthafte wissenschaftliche Arbeit nötig ist.

2 Ein wichtiges Anliegen der analytischen Philosophie ist es, eine Metaethik zu entwickeln, also nicht nur eine konkrete Moral in eine philosophische Ethik einzubetten, sondern darüber hinaus zu klären, was Ethik und Moral überhaupt ausmacht.

### II. Intuitionismus

#### 1. Naturalistischer Fehlschluss und das Open-Question-Argument

3 Den Beginn der modernen analytischen Metaethik markiert der *Intuitionismus*, wie ihn *George Edward Moore* (1873–1958) gefasst hat: Welche Dinge ein Gut bildeten (wenn auch nicht der Gehalt der moralischen Handlungsregeln) werde durch einen intuitiven Akt erschlossen.[1] „Gut" sei kein auf andere Prädikate reduzierbares Prädikat eines Objekts der Bewertung. Diese These ist zentral für einen weiteren Gedanken, der ein Kernargument moderner Ethik geworden ist: die Vermeidung naturalistischer Fehlschlüsse. Ein *naturalistischer Fehlschluss* (naturalistic fallacy) bestehe darin, „gut" durch andere Prädikate zu ersetzen, z.B. die Aussage „Die Handlung A ist gut" aufzulösen in „Die Handlung A bereitet Vergnügen", weil „gut" nichts anderes meine, als dass etwas Vergnügen bereite. „Yet a mistake of this simple kind has commonly been made about ‚good'. It may be true that all things which are good are *also* something else, just as it is true that all things which are yellow produce a certain kind of vibration in the light. And it is a fact, that Ethics aims at discovering what are those other properties belonging to all things which are good. But far too many philosophers have thought that when they named those other properties they were actually defining good; that these properties, in fact, were simply not ‚other', but absolutely and entirely the same with goodness. This view I propose to call the ‚naturalistic fallacy'".[2]

---

[1] G. E. Moore, Principia Ethica, ed. by T. Baldwin, revised ed., 1993, No. 64, 90.
[2] G. E. Moore, Principia Ethica, No. 10: „Dennoch wurde ein Fehler dieser einfachen Art in Bezug auf ‚gut' oftmals begangen. Es mag wahr sein, dass alle Dinge, die gut sind, auch noch etwas anderes sind, so wie es

## § 15 Intuitionismus, Nonkognitivismus und die Analyse der Sprache der Moral

Das Fehlerhafte der Reduktion des Prädikats „gut" auf nicht-moralische Sachverhalte im naturalistischen Fehlschluss werde erkennbar durch das „open-question argument": Man könne bei jeder derartigen Reduktion fragen, ob das Prädikat, auf das „gut" zurückgeführt werde, tatsächlich gut sei.[3] Zur These „Gut ist, was Vergnügen bereitet", könne man z.B. die Frage bilden: „Ist gut, was Vergnügen bereitet?", ohne dass diese Frage sinnlos wäre. Dies müsste aber der Fall sein, wenn „gut" durch andere Prädikate ersetzt werden könnte. Denn dann wäre „Ist gut, was Vergnügen bereitet?" ein Synonym für „Bereitet Vergnügen, was Vergnügen bereitet?", also tautologisch. Da dies aber nicht so ist, erweist sich – so das Argument – das Prädikat „gut" als irreduzibel.

Inhaltlich gelte, dass bestimmte Bewusstseinszustände gut seien: das Vergnügen an menschlichen Beziehungen (*pleasures of human intercourse*) und ästhetisches Wohlgefallen (*enjoyment of beautiful objects*).[4]

### 2. Kritische Einschätzungen

Der klassische Intuitionismus wird heute kaum noch als ernstzunehmender Ansatz der Ethik verstanden. Hauptgrund ist, dass er einen willkürlichen Abbruch der Begründung des Inhalts des Guten impliziere, indem er auf eine grundlegende Intuition verweise. Intuitionen seien aber nicht geeignet, eine letzte Begründung für Werturteile zu liefern, da sie subjektiv und willkürlich seien.

An diesem Einwand überzeugt, dass man sich mit dem Rückgriff auf Intuitionen, die in der Tat sehr subjektiv sein können, nicht einer kritischen Rechtfertigung der eigenen moralischen oder rechtsethischen Ansichten entziehen kann. Auf die Frage: „Warum glaubst Du, dass jede menschliche Person einen Wert besitzt?", reicht der Hinweis auf eine entsprechende Intuition sicher nicht aus. Eine ganz andere Frage ist allerdings, ob man in der moralischen Theorie auf die Moral konstituierende Urteilsakte verzichten kann, die nicht mehr sinnvoll bezweifelt werden können. Tatsache ist jedenfalls, dass in der modernen Diskussion zwar der Intuitionismus keine Rolle mehr spielt, interessanterweise aber sehr häufig Argumente gebraucht werden, die bestimmte Intuitionen heranziehen, um in Erörterungen ethischer und rechtlicher Probleme eine Bewertung plausibel zu machen.

### III. Moral und Gefühl

#### 1. Emotivismus

Die wichtigste metaethische Strömung ist der *Nonkognitivismus*, der im Gegensatz zum *Kognitivismus* die Wahrheitsfähigkeit und Rationalität von moralischen Urteilen bestreitet. Stattdessen wird das moralische Urteil als Ausdruck von persönlichen

---

wahr ist, dass alle Dinge, die gelb sind, eine bestimmte Schwingung im Licht erzeugen. Und es ist eine Tatsache, dass die Ethik darauf abzielt, diejenigen Eigenschaften zu entdecken, die zu allen Dingen, die gut sind, gehören. Aber bei weitem zu viele Philosophen haben angenommen, dass wenn sie diese Eigenschaften benannten, sie gut tatsächlich definierten, dass diese Eigenschaften in Wirklichkeit nicht ‚andere', sondern absolut und vollständig die gleichen wie das Gute waren. Ich schlage vor, diese Ansicht den ‚naturalistischen Fehlschluss' zu nennen."

[3] *G. E. Moore*, Principia Ethica, No. 13.
[4] *G. E. Moore*, Principia Ethica, No. 113.

Präferenzen, Neigungen und Gefühlen verstanden. Zentraler ideengeschichtlicher Bezugspunkt ist für den Nonkognitivismus *Humes* Kritik einer konstitutiven Rolle der Vernunft in der Moral (vgl. o. § 7 II).

9 Der *Emotivismus* fasst entsprechend der nonkognitivistischen Grundhypothese Gefühle als Kern von moralischen Wertungen auf. Moralische Auseinandersetzungen hätten keinen rationalen Kern, sondern bildeten letztendlich emotionale Beeinflussungen aufgrund von manipulativen, auf Überzeugung strategisch angelegten Begriffsbildungen (*persuasive definitions*). Die moralischen Auseinandersetzungen gingen daher im Grundsatz in Propaganda über.[5] Derartige Überlegungen spielen auch eine einflussreiche Rolle in der modernen *Theorie der Menschenrechte*. Über diese sei keine rationale ethische Verständigung möglich, vielmehr müsse eine „long, sad, sentimental story" zu ihrer Stützung entwickelt werden, die die Gefühle der Menschen manipuliere.[6]

## 2. Kritische Einschätzungen

10 Bei der Erörterung des Problems der Herkunft der moralischen Motivation bei Hume hat sich Folgendes ergeben: Die Tatsache, dass theoretische Urteile nicht unmittelbar zum Handeln motivieren, schließt keineswegs aus, dass moralische Urteile (eine andere Klasse von geistigen Urteilsakten als theoretische) diese Handlungsmotivation erzeugen. Ein moralisches Urteil, etwa „Das wäre ja eine unglaubliche Ungerechtigkeit!", hat ersichtlich genau diese Konsequenz der Erzeugung einer Handlungsmotivation – das, was als Ungerechtigkeit erscheint, darf nicht getan werden. Die Affizierung des menschlichen Willens durch ein Sollen aufgrund eines moralischen Urteilsakts gehört in einer Situation mit Handlungsoptionen zu seinen konstitutiven Elementen. Die Frage, ob ein moralisches Urteil mehr als ein Gefühl ist, wird also noch nicht durch seine motivationalen Konsequenzen beantwortet, denn diese könnten auch einem geistigen Urteilsakt mit kognitiven Gehalten jenseits von Gefühlen zukommen.

11 Um einer Antwort auf die Frage nach dem Verhältnis von Moral und Gefühl näher zu kommen, ist es wichtig, keinen undifferenzierten Begriff der (emotionalen) Billigung zu verwenden, der naturale, ästhetische und moralische Wertprädikationen nicht unterscheidet. Das „gut" in der Aussage: „Dies ist ein gutes Sofa" bezeichnet ein naturales Gut – das z.B. Bandscheiben schonende Sitzmöbel. Das „schön" in „Das ist aber ein schöner Palast" bezieht sich auf ein ästhetisches Werturteil, das „gut" in „Das war aber eine gute Tat" auf ein moralisches Urteil. Das Sofa, die Bauweise des Palastes oder die Tat kann man mit einem Gefühl der Billigung oder sogar Freude zur Kenntnis nehmen, wobei die Gefühle dabei aber sehr unterschiedlich sind. Man kann sogar ein Objekt in gewisser Hinsicht billigen, in anderer aber nicht, den Palast etwa für zwar ästhetisch beeindruckend, die sozialen Bedingungen seiner Konstruktion (etwa Ausbeutung von großen Bevölkerungskreisen, um die Mittel für den Bau zu gewinnen) aber für entsetzlich halten.[7] Schon bei der Art des Gefühls sind also wesentliche Unterschiede zwischen diesen drei Sphären auszumachen.

---

5 *C. L. Stevenson*, Ethics and language, 1950, Chap. XI.
6 *R. Rorty*, Human Rights, Rationality and Sentimentality, in: S. Shute/S. Hurley (Hrsg.), On Human Rights, 1993, S. 133.
7 Vgl. dazu *I. Kant*, Kritik der Urteilskraft, Akademie Ausgabe, Bd. V, S. 204 f.

Diese unterschiedlichen Gefühle machen zudem nicht selbst den entscheidenden Urteilsakt aus. Dem moralischen Urteil unterliegen Prinzipien der formalen Analyse einer Handlung und der materialen Bewertung, etwa des Altruismus oder der Gerechtigkeit – wie näher im systematischen Teil erläutert werden wird –, die mit bloßen gefühlsmäßigen Billigungen nichts zu tun haben, sondern seinen kognitiven Gehalt ausmachen (s. u. § 29). Das moralische Urteil erhebt deshalb auch einen Geltungsanspruch, der sich von bloßem Austausch von „long, sad, sentimental stories" zur Gefühlsmanipulation qualitativ unterscheidet. Kritischer Maßstab dieses Geltungsanspruchs sind dabei die noch näher zu entfaltenden konstitutiven Grundprinzipien des moralischen Urteils.

### IV. Die Sprache der Moral

#### 1. *Linguistic turn* und die Metaethik

Die Philosophie vollzieht im 20. Jahrhundert einen *„linguistic turn"*, eine sprachtheoretische Wende. Es wird wiederentdeckt, dass Sprache mehr ist als nur ein neutrales Medium des Ausdrucks von Gedanken und deswegen ein eigenständig zu analysierendes Objekt bildet: „Die Philosophie ist ein Kampf gegen die Verhexung unsres Verstandes durch die Mittel unserer Sprache".[8] Auch die analytische Metaethik wendet sich der Analyse der Sprache, in der moralische Urteile ausgedrückt werden, zu. Im *Präskriptivismus* wird etwa die These formuliert, dass mit moralischen Aussagen impliziert werde, dass die zugrunde liegenden Normen universalisiert werden könnten.[9] Wichtig ist vor allem die *Sprechakttheorie*, die deutlich macht, dass mit Sprache nicht nur Gedanken symbolisch vermittelt, sondern auch Handlungen vollzogen werden. Mit ihrem Handlungsaspekt eröffnet sich die pragmatische Dimension der Sprache, ihr performativer Gehalt, da es um die Bedeutung des tatsächlichen, situativ eingebetteten Vollzugs von Sprache geht. Die Sprechakttheorie bildet den analytischen Hintergrund der meisten modernen Diskussionen um diese Dimension der Sprache und ihre Bedeutung für normative Phänomene, auch etwa der Universalpragmatik. Die Grundbeobachtung, von der diese Theorie ausgeht, dass Sprache nicht nur der Vermittlung von Inhalten diene, sondern auch Teil eines menschlichen Handlungsvollzugs bilde, der eine weitere Sinndimension erschließe, lässt sich mit alltäglichen Beispielen illustrieren.[10] Eine „Bitte" um einen Bleistift etwa bildet keine Mitteilung von Informationen, sondern das Nachsuchen um einen Gegenstand. Die Sprechakttheorie hat hier grundlegende Differenzierungen eingeführt, die den Ausgangspunkt für weitere Analysen bilden: Sie unterscheidet den *lokutionären* Gehalt einer Äußerung vom *illokutionären* und *perlokutionären* Gehalt.[11] Der *lokutionäre* Gehalt betrifft den Inhalt der sprachlichen Äußerung, der *illokutionäre* den Handlungsaspekt, der

---

8   *L. Wittgenstein*, Philosophische Untersuchungen, in: *ders.*, Werkausgabe, Bd. 1, 1984, PU 109. Zu früheren Reflexionen vgl. u. § 32.
9   *R. M. Hare*, Moral Thinking, 1981.
10  Für die moderne Diskussion grundlegend *J. Austin*, How to Do Things with Words, 1962; *J. Searle*, Speech Acts, 1969. Einen interessanten Vorläufer bildet die phänomenologische Analyse in *A. Reinach*, Zur Phänomenologie des Rechts, 1953 (ursprünglich: Die apriorischen Grundlagen des bürgerlichen Rechts, Jahrbuch für Philosophie und phänomenologische Forschung, 1913).
11  Auch andere Analysen der moralischen Sprache wurden entwickelt, die weitere Differenzierungen vorschlagen, z.B. die Unterscheidung von „phrastic" und „neustic", wobei sich Ersteres auf den deskriptiven, Letzteres auf den normativen Modus einer Äußerung bezieht, *R. M. Hare*, The Language of Morals, 1952, S. 17 ff.

*perlokutionäre* die Effekte eines Sprechakts. Der Bezug auf ein Ding namens „Bleistift" ist der lokutionäre Gehalt der genannten Bitte, das höfliche Erfragen des Bleistifts ihr illokutionärer Sinn. Der perlokutionäre Sinn liegt darin, den erbetenen Gegenstand tatsächlich zu erhalten. Derselbe lokutionäre Gehalt kann verschiedene illokutionäre Bedeutungen haben. Die Äußerung „Ein Bier!" kann eine Bestellung, die Beschreibung einer (erfreulichen) Überraschung im leer geglaubten Kühlschrank oder auch den Ausdruck einer Sehnsucht ohne Hoffnung auf Erfüllung nach einem Fußballspiel fern von jeder Kneipe – je nach Kontext – bedeuten. Es ist umstritten, wie Sprechakte eigentlich ihren illokutionären und perlokutionären Sinn gewinnen, welche Rolle dabei insbesondere Sprecherintentionen oder soziale Konventionen spielen.

14 Auch normative Phänomene werden in diesem Rahmen analysiert. Ein Versprechen etwa des A an seine Partnerin B, die Hälfte der Betreuung der gemeinsamen Kinder zu übernehmen, hat aus dieser Sicht den illokutionären Gehalt, eine Bindung des A zu erzeugen: Er ist nunmehr moralisch durch das Versprechen verpflichtet, das Versprochene zu tun und damit das Versprechen zu halten.[12] Auch Normsetzungen besitzen einen Handlungsaspekt, da ihr performativer Sinn (die Bedeutung des Vollzugs der Setzung) die Begründung der Geltung der Normen ist. Dies ist mithin ihr illokutionärer Sinn.[13] Der perlokutionäre Sinn einer rechtlichen Normsetzung ist z.B., dass sich die Normadressaten an sie gebunden fühlen (was – anders als die Bindung des Versprechenden durch die Normsetzung durch ein Versprechen – illokutionär noch nicht impliziert ist).

**2. Kritische Einschätzungen**

15 Die Analyse der Sprache der Moral hat insgesamt das Bewusstsein für die komplexe Vielgestaltigkeit der menschlichen Ausdrucksformen auch im Bereich der Moral und des Rechts deutlich erhöht und viele Einsichten geliefert, nicht zuletzt zum Handlungsaspekt von Sprache. Ein grundsätzliches Problem kann dann entstehen, wenn übersehen wird, dass die Analyse der Sprache der Moral notwendig, aber nicht ausreichend für die umfassende praktische Theoriebildung ist. Es ist nicht nur von Interesse, wie bestimmte materiale, normative Positionen sprachlich gefasst werden, sondern auch, ob und wie diese Positionen gerechtfertigt werden können. Es muss nicht nur gefragt werden, welche Eigenschaften der sprachliche Ausdruck eines Tötungsverbotes besitzt, sondern über die Wurzeln des Tötungsverbotes selbst Klarheit geschaffen werden. Die Notwendigkeit einer materialen, normativen Ethik und Legitimationstheorie des Rechts wird durch die Erkenntnisse der Sprachanalyse nicht beseitigt.

16 Die Aufmerksamkeit, die der Sprache aus einer bestimmten theoretischen Perspektive geschenkt wird, kann weiter dazu führen, geistige Prozesse, die hinter der Sprache liegen, zu vernachlässigen. Zentrale, bis heute auch in dieser Hinsicht schulbildende Vertreter der modernen Sprachphilosophie wie Wittgenstein behaupteten sogar die

---

12 Vgl. *J. Austin*, How to Do Things with Words, S. 102.
13 Vgl. als Beispiel für derartige Analysen *J. Habermas*, Faktizität und Geltung, Beiträge zur Diskurstheorie des Rechts und des demokratischen Rechtsstaats, 1992, S. 192 f.: „Die Rechtsgeltung hat den illokutionären Sinn einer Deklaration: die staatliche Autorität erklärt, daß eine in Kraft gesetzte Norm hinreichend gerechtfertigt worden ist und faktisch akzeptiert wird".

## § 15 Intuitionismus, Nonkognitivismus und die Analyse der Sprache der Moral

Irrelevanz dieser geistigen Prozesse: „Eine der philosophisch gefährlichsten Ideen ist, merkwürdigerweise, daß wir mit dem Kopf oder im Kopf denken".[14] Hintergrund ist die Annahme, dass das, was gemeinhin für geistige Vorgänge gehalten wird, z.B. die Bedeutungsverleihung eines sprachlichen Ausdrucks, in Wirklichkeit eine soziale Praxis sei, für die geistige Prozesse unerheblich blieben. Die Grundlagen dieser Annahmen sind in jüngster Zeit in der Sprachtheorie nachdrücklich in Frage gestellt worden. Andere Theorieansätze sind zu führenden linguistischen Forschungsperspektiven geworden, die ihre Aufmerksamkeit auf geistige Strukturen richten, die jenseits von sozialen Praktiken liegen und diese überhaupt ermöglichen.[15] Diese Perspektiven haben die Theorie des menschlichen Geistes insgesamt belebt und auch die Rechtsphilosophie und -theorie erfasst.[16]

Die geistigen Prozesse, die sich in der Sprache der Moral manifestieren, aber in ihr nicht aufgehen, sind deshalb ebenfalls von theoretischem Interesse. Das subjektive Bewusstseinsphänomen des Sollens, des Zu-etwas-verpflichtet-seins, z.B. muss vom sprachlichen Ausdruck, der dieses Bewusstseinsphänomen bezeichnet, unterschieden und eigenständig untersucht werden, ohne dass dadurch die Analyse des sprachlichen Ausdrucks überflüssig würde oder an Interesse verlöre.

17

---

14  *L. Wittgenstein*, Zettel, 2007, 605. Vgl. a. H. *Putnam*, Pragmatism, 1995, S. 79.
15  Grundlegend *N. Chomsky*, Aspects of the Theory of Syntax, 1965; *ders.*, New Horizons in the Study of Language and Mind, 2000; im Überblick *S. Pinker*, The Language Instinct, 1994; *M. C. Baker*, The Atoms of Language, 2001.
16  Vgl. u. §§ 26, 41.

## § 16 Varianten des Pragmatismus

I. Praxis und Demokratie .............. 1  II. Kritische Einschätzungen ............ 6

### I. Praxis und Demokratie

1   Der *Pragmatismus* wurde von *Charles Sanders Peirce* (1839–1914), *William James* (1842–1910) und *John Dewey* (1859–1952) entwickelt und hat in den letzten Jahrzehnten eine (kritische) Wiederbelebung durch Autoren wie *Richard Rorty* (1931–2007),[1] *Robert Brandom* (geb. 1950)[2] oder *Hilary Putnam* (1926–2016)[3] erfahren. Die zentrale These bestimmt den theoretischen, aber auch normativen Wert einer Aussage durch ihre praktischen Konsequenzen. Wahr und richtig ist – vereinfacht formuliert –, was sich in einer Praxis als nützlich erweist. Die Unterscheidung von theoretischen und praktischen Fragen verliert dabei ihre Bedeutung.

2   Dabei unterscheiden sich die genaueren Vorstellungen durchaus. *Peirce* verbindet in einer klassischen Formulierung den Begriff eines Objekts mit seinen praktischen Wirkungen.[4] Wahrheit wird durch Bezugnahme auf einen sich einstellenden idealen Konsens aller Forschenden identifiziert.[5] Dabei nimmt Peirce für Wahrheitsfragen eine zwangsläufige Konvergenz der Überzeugungen an.[6]

3   *James* macht die Wahrheit einer Aussage und die Richtigkeit einer normativen Vorstellung von ihrer Nützlichkeit abhängig, sie seien Mittel zur langfristigen Befriedigung von Lebensbedürfnissen.[7] Dies gelte auch für religiöse Fragen. Weil etwa die Annahme der Existenz Gottes Trost spende, also positive praktische Konsequenzen habe, könne von seiner Existenz ausgegangen werden.[8]

4   *Dewey* folgt dieser Richtung und schlägt vor, die Natur des Wissens durch berechtigte Behauptbarkeit zu definieren (*warranted assertability*), die sich in einem Prozess der offenen wissenschaftlichen Untersuchung ergebe.[9] Diese Art des Vorgehens gelte für

---

1   R. Rorty, Contingency, Irony, and Solidarity, 1989.
2   R. Brandom, Making it Explicit, 1994, S. 285 ff.
3   H. Putnam, Pragmatism; ders., Ethics without Ontology, 2004, S. 89 ff.
4   C. S. Peirce, How to Make our Ideas Clear, in: Writings of C. S. Peirce, Vol. 3, hrsg. v. M. H. Fisch, 1986, S. 257 ff., 266: „Consider what effects, which might conceivably have practical bearings, we conceive the object of our conception to have. Then, our conception of those effects is the whole of our conception of the object".
5   C. S. Peirce, How to Make our Ideas Clear, S. 273: „The opinion which is fated to be ultimately agreed to by all who investigate, is what we mean by the truth, and the object represented in this opinion is the real. That is the way I would explain reality".
6   C. S. Peirce, How to Make our Ideas Clear, S. 273: „So with all scientific research. Different minds may set out with the most antagonistic views, but the progress of investigations carries them by a force outside of themselves to one and the same conclusion. This activity of thought by which we are carried, not where we wish, but to a foreordained goal, is like the operation of destiny. No modification of the point of view taken, no selection of other facts for study, not natural bent of mind even, can enable a man to escape a predestinate opinion".
7   W. James, Pragmatism: A New Name for Old Ways of Thinking, 1908, S. 222: „*The true*', to put it very briefly, is only the expedient in the way of our thinking, just as ‚the right' is only the expedient in the way of our behaving. Expedient in almost any fashion; and expedient in the long run and on the whole, of course" (Herv. i. Org.).
8   W. James, Pragmatism: A New Name for Old Ways of Thinking, S. 299: „On pragmatistic principles, if the hypothesis of God works satisfactorily in the widest sense of the word, it is true".
9   J. Dewey, Logic: The Theory of Inquiry, in: ders., The Later Works, Vol. 12, 1986, S. 15 ff.

theoretische und praktische Fragen gleichermaßen.[10] Dewey war eine zentrale Persönlichkeit des progressiven Liberalismus in den USA und hat von diesem Ausgangspunkt aus besonders nachdrücklich zu ethischen und sozialphilosophischen Fragen Stellung bezogen. Er wendet sich gegen abstrakte ethische Systeme, da sich normative Orientierung nur in einer kontextspezifischen Auseinandersetzung mit praktischen Fragen ergebe. Eine wertende Antwort ermögliche die Lösung einer problematischen Situation, indem die Bewertung als Mittel angesehen werde, bestimmte geschätzte Konsequenzen herbeizuführen. Die Konsequenzen von Wertungen werden in einem weiteren Kontext beurteilt. Auch die Bewertungen von Zielen würden nach diesen Maßstäben erfolgen.[11] Sie würden durch die praktische Auseinandersetzung neue Lebensmöglichkeiten erschließen, die abstrakten, feststehenden Ethiken nicht zugänglich seien. Dabei wird gesellschaftlichen, nicht nur individuellen Perspektiven entscheidende Aufmerksamkeit geschenkt.[12]

Insbesondere Dewey gewinnt aus diesen Weichenstellungen eine nachhaltige Stellungnahme für die Demokratie, wobei es ihm nicht nur um politische und rechtliche Strukturen, sondern soziale Realitäten geht. Demokratie verkörpere auf sozialem Niveau die experimentierende, auf Gleichberechtigung und gegenseitige Verbundenheit gegründete Auseinandersetzung um das Wahre und Gute.[13] Erziehung sei dabei ein zentrales Fundament der sozialen Demokratisierung der Gesellschaft. Zu einer funktionierenden Demokratie gehörten aber auch sich verständigende, wohl informierte Bürgerinnen und Bürger, ohne die ein demokratisches System undenkbar sei.[14]

## II. Kritische Einschätzungen

Der Pragmatismus beansprucht, einen Ausweg aus einem epistemologischen Dilemma zu weisen: Die Frage nach letzten Wahrheits- und Richtigkeitskriterien, die scheinbar ausweglos die Folgefrage nach der Begründung dieser Kriterien und der Begründung dieser Begründung aufwerfen, wird aufgegeben und der Ausweg in einer Praxis gesucht, die durch ihr Gelingen oder Misslingen über Wahrheit und Richtigkeit entscheidet. Bei Peirce ist der Ansatz allerdings komplexer: Da nicht nur die Praxis der Zustimmung entscheidet, sondern diese Praxis selbst sich aufgrund von im Hintergrund wirkenden Mechanismen einstellt, wird der pragmatische Grundansatz überschritten und die Frage nach den Gründen der angenommenen Konvergenz der Überzeugungen aufgeworfen. Das ist eine zentrale Frage und sie aufzuwerfen eine wichtige Qualität der Theorie von Peirce.

Der konsequent auf praktische Konsequenzen setzende Weg von *James* und *Dewey* wirft verschiedene Probleme auf. Viele wissenschaftliche Fragen können durch praktische Kriterien nicht beantwortet werden. Welche Praxis kann durch nützliche Folgen

---

10 *J. Dewey*, Reconstruction in Philosophy, in: *ders.*, The Middle Works, Vol. 12, 1982, S. 77 ff., 174: „After all, then, we are only pleading for the adoption in moral reflection of the logic that has been proved to make for security, stringency and fertility in passing judgments upon physical phenomena".
11 *J. Dewey*, Theory of Valuation, in: *ders.*, The Later Works, Vol. 13, 1988, S. 209 ff., 220 ff.
12 *J. Dewey*, Ethics, in: *ders.*, The Later Works, Vol. 7, 1985, S. 314 ff.
13 *J. Dewey*, The School and Society, 2002; *ders.*, Democracy and Education, in: *ders.*, The Middle Works, Vol. 9, 1985, S. 87, 89 ff.
14 *J. Dewey*, The Public and its Problems, in: *ders.*, The Later Works, Vol. 2, 1984, S. 235 ff.

etwa entscheiden, ob eine These zur Position eines Fixsternes zutrifft oder nicht? Wie steht es in dieser Hinsicht mit der Datierung einer steinzeitlichen Figur? Ist es nicht auch gerade die Pointe von Wahrheit, dass sie unabhängig vom Nutzen, den sie verspricht, gerechtfertigt werden muss? Wäre die Aussage, dass die Erde eine Scheibe ist, wahr, wenn sie nützlich wäre?[15] Kann man diesen Einwänden wirklich entgehen, indem man auf den Nutzen im Ganzen oder die weiteren Konsequenzen verweist? Gilt dies nicht ebenso für praktische Fragen? Es ist vermutlich nützlich, zum eigenen Vorteil hin und wieder nicht aufrichtig zu sein oder Ungerechtigkeiten hinzunehmen. Wird dieses Verhalten deswegen gerechtfertigt? Zudem stellt sich das Problem der Bestimmung der Kriterien der Nützlichkeit – können diese begründet werden, ohne selbst in genau den infiniten Regress einzutreten, der gerade vermieden werden sollte? Denn wie kann die Nützlichkeit einer Behauptung aus der Sicht des Pragmatismus anders als durch die Nützlichkeit der Annahme der Nützlichkeit der Behauptung begründet werden – usw., wenn Nützlichkeit das Wahrheitskriterium bildet? Man ist deshalb auf das Problem zurückverwiesen, was gerechtfertigterweise als wahr und richtig angesehen werden und was deswegen (neben anderen Konsequenzen) den Menschen vielleicht auch nützlich werden kann. Der Pragmatismus überwindet die Probleme nicht, denen er zu entkommen sucht.

---

15 *B. Russell* hat in einer bekannten Stelle bissig formuliert, dass es nach *W. James'* Theorie auch wahr sein könne, dass „Santa Claus" existiere, wenn es nur hinreichend viele Menschen mit Wohlbefinden erfülle, vgl. *ders.*, A History of Western Philosophy, S. 818. Zu einer Kritik *Russells* vgl. z.B. *H. Putnam*, Pragmatism, S. 8 ff., wonach Typen von Stellungnahmen auf bestimmte Nützlichkeitstypen bezogen seien, was allerdings das Problem keineswegs löst.

## § 17 Die Faktizität des Rechts – Formen des Positivismus

I. Die Geburt des Positivismus ......... 1
II. Kelsen und die Reinheit der rechtswissenschaftlichen Theorie .......... 8
   1. Relativismus und Grundnorm .. 9
   2. Kritische Einschätzungen ........ 16
III. Der Begriff des Rechts – H. L. A. Hart ................................... 21
   1. Regeln und Verbindlichkeit ..... 22
   2. Kritische Einschätzungen ........ 29

### I. Die Geburt des Positivismus

Im 16. und 17. Jahrhundert begann sich die moderne Naturwissenschaft zu entfalten. Dieser Prozess beendete eine seit der Antike andauernde Stagnation des wissenschaftlichen Nachdenkens über die Natur, das zwar manche technische Innovation gebracht, aber keinen systematisch erklärenden Zugang zu den Eigenarten der Welt gefunden hatte. Die moderne Wissenschaft hat nicht nur das Verständnis der Welt und der Stellung der Menschen in ihr umgewälzt, sondern ist die Grundlage von sozialen Prozessen geworden, die das praktische Leben der Menschen in vieler Hinsicht verändert haben. Diese Entwicklung hat viele Fortschritte ermöglicht, besitzt aber auch manche Schattenseiten, und ihre Problematik ist im 20. Jahrhundert in verschiedener Weise zum Kern zentraler Herausforderungen geworden – von Hiroshima bis zu den ökologischen Folgen des technologischen Fortschritts. Die geistige Bedeutung der Naturwissenschaften ist nicht unumstritten. Es gibt manche philosophische Ansätze, die dem naturwissenschaftlichen Weltbild und der Methode seiner Begründung mit grundsätzlicher Skepsis gegenüberstehen.[1] Die Naturwissenschaften sind auch ohne Zweifel nicht das Ganze des geistigen Lebens der Menschen. Die modernen Naturwissenschaften haben aber ein beeindruckendes Kapitel der intellektuellen Geschichte der Menschen geschrieben, nicht nur aufgrund ihrer konstruktiven Leistungen, die ein neues, überraschendes, faszinierendes und sich weiter wandelndes Bild der Welt geschaffen haben, sondern auch aufgrund mancher ihrer kulturellen Wirkungen, zu deren wichtigeren eine Befreiung des menschlichen Geistes von Herkommen und Dogma gehört.

Die Erfolge der Naturwissenschaften machen sie zunehmend zum Beispiel für eine vielversprechende wissenschaftliche Methodik auch für andere Untersuchungsgegenstände. Dies ist der theoretisch-methodische Ausgangspunkt des Positivismus – wobei allerdings in der Wissenschaftstheorie der Gegenwart zweifelhaft geworden ist, ob der Positivismus das Projekt der Naturwissenschaften und dessen Grundlagen nicht zu einfach konzipiert hat.[2]

Grundannahme des *Positivismus* ist, dass der Gegenstand der Wissenschaft empirische Gegebenheiten seien. Diese seien nicht durch Deduktionen oder gar Spekulationen erkennbar, sondern nur durch empirische Forschung. Aus der Sicht der Positivisten sind synthetische Urteile *a priori*, denen Kant nachspürte, also gehaltvolle, nicht tautologische Aussagen über die Welt ohne Erfahrung der Welt, unmöglich. Synthetische

---

1 Vgl. z.B. *E. Husserl*, Die Krisis der europäischen Wissenschaften und die transzendentale Phänomenologie, 3. Aufl., 1996; für *M. Heidegger*, Sein und Zeit, S. 69 ff., ist die „Zuhandenheit" von Dingen, also ihre Bedeutung in menschlichen Lebenszusammenhängen, der zentrale Zugang zur Welt, nicht die wissenschaftliche Theorie. Vgl. u. § 40.
2 Vgl. z.B. zur Debatte um Paradigmen, also heuristische Leitannahmen, die die wissenschaftliche Forschung anleiten, *T. S. Kuhn*, The Structure of Scientific Revolution, 4th ed., 2012, und u. § 40.

Urteile könnten nur auf Erfahrung gestützt werden. Insbesondere der *Logische Positivismus* (Wiener Kreis) hat betont, dass neben Erfahrung auch logische Kategorien eine zentrale Rolle bei der Wissenskonstitution spielten. Logische Urteile werden aber als analytisch aufgefasst. Sie informierten nicht über Eigenschaften der Welt, sondern lieferten Bedingungen der Konsistenz von Aussagen über die Welt.

4 Der Grundansatz des Positivismus wurde auch auf Phänomene wie Werte, Normen oder Moral ausgedehnt – mit dem Ergebnis, diesen jeden wissenschaftlich fassbaren Gehalt abzusprechen, weil ihnen das empirische Substrat fehle und es sich bei ihnen auch nicht um logische Kategorien handele.

5 Dieser Wertskeptizismus hindert zentrale Vertreter des Logischen Positivismus nicht daran, politisch und sozial Stellung zu beziehen, häufig für Demokratie und sozialen Ausgleich übrigens, was einer der Gründe dafür ist, dass viele, um dem Nationalsozialismus zu entkommen, ins Exil gehen. Der dem Positivismus gemachte Vorwurf des Wertnihilismus, der interessanterweise gerade auch von Vertretern der politisch-kulturellen Strömungen, die Europa ins barbarische Elend stürzten, formuliert wurde, traf auf viele seiner Vertreter im praktisch-politischen Leben (das doch auch immerhin einiges zählt) gerade nicht zu.

6 Der moderne Positivismus in der Rechtswissenschaft hat seine Wurzeln im 19. Jahrhundert.[3] Entfaltet wird er vor dem Hintergrund der großen Umwälzungen und Katastrophen der ersten Hälfte des 20. Jahrhunderts in Europa: Der Erste Weltkrieg erschüttert die Grundfesten der Zivilisation und führt zu dem verspäteten Ende der Monarchien u.a. in Deutschland und Österreich sowie dem fragilen Versuch, in diesen bis dahin autoritär-hierarchisch regierten Ländern den Weg zur demokratischen Republik zu bahnen, der anderswo, etwa in der Schweiz, bereits politische Realität geworden ist. Ansätze einer internationalen Friedensordnung werden entwickelt. Die sozialen Gegensätze führen zu einer politischen Radikalisierung und verschiedenen praktischen Versuchen, sozialen Ausgleich zu finden. Anstelle des schwierigen Wegs allmählicher sozialstaatlicher Reformen lockt der radikale Neuanfang der Revolution. Die Russische Revolution und die Etablierung eines sozialistischen Staates in der Sowjetunion bleiben lange das Beispiel für einen solchen Weg, trotz der sich bis zur Schreckensherrschaft des Stalinismus verdichtenden diktatorischen Strukturen der neuen Herrschaftsordnung. Schließlich wird auch der Faschismus und Nationalsozialismus geboren, der die Menschen in den Zweiten Weltkrieg und den Abgrund der Shoa führt.

7 Diesem Geschichtsverlauf in blutigen Extremen steht eine vielfältige und reiche, aber auch in vieler Hinsicht geistig verunsicherte kulturelle Entwicklung gegenüber. Die Moderne der Kunst führt zu Umwälzungen der Ästhetik, die neue und frische Ausdrucksformen erschließt und sich nachdrücklich dem Zwiespältigen, Absurden, Abstoßenden, Grotesken und Schmerzhaften der menschlichen Erfahrung zuwendet. Gleichzeitig werden verschiedenartige Kulturphilosophien entworfen, die durch eine dunkle Stimmung von Niedergang, schicksalhaften Willensentscheidungen, Gewaltver-

---

3 Vgl. z.B. *J. Bentham*, An Introduction to the Principles of Morals and Legislation, S. 301; *J. Austin*, The Province of Jurisprudence Determined, ed. by W. E. Rumble, 2001, S. 18 ff.

# § 17 Die Faktizität des Rechts – Formen des Positivismus

herrlichung und Verachtung von Vernunft und sachlichem Denken unter manchen Oberflächenunterschieden doch verbunden bleiben. Von diesen auch die Rechtswissenschaften beeinflussenden Strömungen hebt sich der Positivismus durch ganz andere Weichenstellungen deutlich ab.

## II. Kelsen und die Reinheit der rechtswissenschaftlichen Theorie

Zentraler Autor des rechtswissenschaftlichen Positivismus und einer der einflussreichsten Rechtswissenschaftler des 20. Jahrhunderts ist *Hans Kelsen* (1881–1973). Nach dem Ersten Weltkrieg wirkt Kelsen 1919 an der Ausarbeitung der österreichischen Bundesverfassung maßgeblich mit, die zur Entwicklung einer eigenständigen Verfassungsgerichtsbarkeit führt, die anders als der verfassungsgeschichtlich für die Verfassungsgerichtsbarkeit beispielhafte US-Supreme-Court unabhängig von der ordentlichen Gerichtsbarkeit organisiert ist. Kelsen ist bis 1930 Verfassungsrichter. 1933 verliert er wegen des jüdischen Glaubens seiner Eltern – Kelsen selbst war zum Christentum übergetreten – seine Professur in Köln. Nach Tätigkeiten im Exil in Genf und Prag emigriert Kelsen 1940 in die USA, wo er in Harvard und schließlich Berkeley lehrt.

### 1. Relativismus und Grundnorm

In der Ethik geht Kelsen wie viele seiner Zeitgenossen der positivistischen und analytischen Strömungen von der Überzeugungskraft des *Nonkognitivismus* und *Relativismus* aus. Moralische Urteile sind für ihn nicht wahrheitsfähig. Wahrheitsfähigkeit sei den Aussagen der Naturwissenschaften vorbehalten. Es gebe deshalb keine absoluten Werte.[4] Klassische *Gerechtigkeitsformeln* (*suum cuique*; Goldene Regel; kategorischer Imperativ; tue das Gute, meide das Böse; jeder nach seinen Fähigkeiten, jedem nach seinen Bedürfnissen) seien leer, da sie abstrakt blieben. Sie setzten eine Werteordnung voraus, die ihre Aussagen ausfülle, etablierten sie aber nicht. Sie böten deshalb keine Lösung für konkrete Fälle. Gerechtigkeitsfragen als zentrale Wertstreitigkeiten seien deshalb rational nicht entscheidbar.[5]

Der zentrale Beitrag Kelsens zur Etablierung des modernen Positivismus ist die Formulierung des Projekts einer *Reinen Rechtslehre*, also einer Rechtstheorie ohne politische Ideologie, moralische und naturwissenschaftliche Einflüsse. Diese Weichenstellung impliziert nicht, das Kelsen übersehen hätte, das positives Recht faktisch durch politische, ökonomische, religiöse oder ethische Vorstellungen geformt wird. Kelsen fordert aber die theoretisch radikale *Trennung von Recht und Moral*: Die Moral sei notwendig subjektiv, die Rechtswissenschaft suche aber einen Gegenstand jenseits subjektiver Willkür und finde ihn in einer Rechtskonzeption ohne außerrechtliche Bezüge. Das Recht sei gegenüber der Moral neutral und nicht auf einen bestimmten materialen Inhalt festgelegt.[6] Der Staat sei mit der Rechtsordnung identisch, jeder Staat sei deshalb ein Rechtsstaat.[7] Recht und Moral seien klar geschieden: Beide operierten zwar mit *Sollen*, das Recht sei aber – anders als die Moral – eine äußere Zwangsordnung mit

---

4 *H. Kelsen*, Reine Rechtslehre, 2. Aufl., 1960, S. 65 ff.
5 *H. Kelsen*, Das Problem der Gerechtigkeit, in: *ders.*, Reine Rechtslehre, S. 357 ff.
6 *H. Kelsen*, Reine Rechtslehre, S. 68.
7 *H. Kelsen*, Reine Rechtslehre, S. 319 f.

sanktionsbewehrter Verbindlichkeit.⁸ Die Reine Rechtslehre sei keine Theorie einer bestimmten Rechtsordnung, sondern des positiven Rechts schlechthin. Die Grundunterscheidung von *Sein und Sollen* sei dem Bewusstsein dabei unmittelbar gegeben und nicht weiter erklärbar.⁹ Aufgrund dieser Grundkategorien könnten fundamentale Wissenschaftsperspektiven unterschieden werden: Eine Normenwissenschaft bestehe aus Sollsätzen, die Naturwissenschaft dagegen aus Seinssätzen. Kelsen verteidigt eine ungewöhnliche Perspektive auf den Gehalt des Sollens: In der Zwangsordnung des Rechts betreffe das Sollen nicht das gebotene Verhalten. Gesollt sei vielmehr die Sanktion, die die Rechtsordnung bei Verletzung der Verhaltensnorm anordne.¹⁰

11 Eine wichtige Unterscheidung Kelsens betrifft den *objektiven und subjektiven Sinn* von Sollensakten. Der subjektive Sinn sei der vom Akteur vermeinte Sinn, der objektive Sinn der durch eine Norm zugemessene Sinn. Nicht der subjektive Sinn mache einen Akt zum Rechtsakt, sondern sein objektiver Sinn. Ein Schlag mit dem Gummiknüppel beispielsweise ist danach dann ein Rechtsakt, wenn eine Norm existiert, die Gewaltanwendung erlaubt (etwa im Polizeirecht). Wenn diese Norm nicht existiert, ist der Schlag eine Straftat und zwar auch dann, wenn der Handelnde mit dem Akt den Sinn der Rechtmäßigkeit verbindet.¹¹

12 Die Unterscheidung des objektiven vom subjektiven Sinn führt zum *Stufenbau der Rechtsordnung*.¹² Der subjektive Sinn eines Rechtsaktes wird durch eine höherrangige Norm als sein objektiver garantiert. Das Recht bildet insofern ein Deutungsschema. Die Normativität einer Norm muss durch normhierarchisch über ihr angesiedelte weitere Normen gesichert werden. Diese Stufenordnung führt vom Gesetz über die Verfassung zur *Grundnorm*, dem berühmtesten und umstrittensten Teil der Kelsen'schen Theorie. Die Grundnorm wird in zwei Varianten formuliert. Die erste lautet „Zwangsakte sollen gesetzt werden unter den Bedingungen und auf die Weise, die die historisch erste Staatsverfassung und die ihr gemäß gesetzten Normen statuieren. (In verkürzter Form: Man soll sich so verhalten, wie die Verfassung vorschreibt)".¹³ Mit der historisch ersten Verfassung ist dabei die Verfassung gemeint, durch die nach dem letzten revolutionären Bruch eine Verfassungstradition etabliert wurde, aus der sich neue Verfassungen in legaler Weise ableiten. Ein gewisser Grad von sozialer Wirksamkeit ist nach Kelsens Analyse Voraussetzung der Geltung. Deshalb kann die Grundnorm knapp so formuliert werden: Man soll sich so verhalten, wie die *wirksame* Verfassung vorschreibt.

13 Wenn Völkerrecht einbezogen wird, ergibt sich eine komplexere Konstellation. Die Rechtsordnung von Völkerrecht und Staatsrecht muss aus Kelsens Sicht monistisch, nicht dualistisch konzipiert werden. Dies könne sowohl von einer einzelnen, allein als souverän aufgefassten Rechtsordnung aus geschehen als auch auf der Basis des Primats des Völkerrechts, also auf Grundlage der Annahme des Vorrangs des Völkerrechts

---

8  *H. Kelsen*, Reine Rechtslehre, S. 64 f.
9  *H. Kelsen*, Reine Rechtslehre, S. 5; gegen psychologisches Verständnis: *ders.*, Das Problem der Souveränität und die Theorie des Völkerrechts: Beitrag zu einer reinen Rechtslehre, 1928, S. 9 f. Fn. 1.
10 *H. Kelsen*, Reine Rechtslehre, S. 26.
11 *H. Kelsen*, Reine Rechtslehre, S. 2 ff.
12 *H. Kelsen*, Reine Rechtslehre, S. 228.
13 *H. Kelsen*, Reine Rechtslehre, S. 203 f.

## § 17 Die Faktizität des Rechts – Formen des Positivismus

vor staatlichem Recht.[14] Bei einem Primat des staatlichen Rechts bleibe es bei der genannten Grundnorm. Bei einem Primat des Völkerrechts ergebe sich eine andere Grundnorm: „Die Staaten, das heißt die Regierungen der Staaten, sollen sich in ihren gegenseitigen Beziehungen so verhalten, oder, Zwang von Staat gegen Staat soll unter den Bedingungen und in der Weise geübt werden, wie es einer gegebenen Staatengewohnheit entspricht. Das ist die – rechtslogische – Verfassung des Völkerrechts".[15]

Die Grundnorm sei die transzendental-logische Bedingung der Möglichkeit von Recht.[16] Nach einer zurückhaltenderen Formulierung handle es sich um eine „fingierte Norm".[17] Sie bilde eine notwendige Annahme der Rechtswissenschaft, weil nur sie die Stufenordnung des Rechts abrunde. In ihr liege in letzter Instanz die Quelle der Sollensqualität des ganzen Normsystems und damit des objektiven Sinns der in ihrem Rahmen vollzogenen Handlungen. Man müsse die Existenz dieser Norm annehmen, wenn man eine Sozialordnung nicht nur als Gesamtheit von reinen Machtbeziehungen interpretieren wolle. Die Grundnorm hat deshalb eine schwache Basis: Sie liegt in letzter Instanz im Willen zu einer bestimmten Weltinterpretation, die eine normative Ordnung des Rechts beinhaltet. Es sei aber auch möglich, auf diese Art der Weltinterpretation zu verzichten: Dann erscheine die Sozialordnung als pures Machtgefüge. Aus Kelsens Sicht gibt es zwingende theoretische Gründe für die Aussage, dass man die Normativität einer sozialen Ordnung nur unter der Bedingung der Grundnorm denken kann. Es gibt aber keine zwingenden theoretischen Gründe dafür, die Geltung der Grundnorm tatsächlich anzuerkennen. Man kann es auch mit einer Sichtweise auf die Sozialordnung als Machtgebilde belassen. Die Interpretation eines sozialen Ordnungsgefüges als Rechtsordnung ist in letzter Instanz kein Erkenntnis-, sondern ein Willensakt.[18]

Kelsen hat auch eine spezifische Theorie der Auslegung von Recht entwickelt. Für diese Theorie ist seine Auffassung wichtig, dass nur ein relativer Gegensatz zwischen Rechtserzeugung und Rechtsanwendung bestehe – auch die Rechtsanwendung erzeuge im Einzelfall neues Recht. Die rechtswissenschaftliche Auslegung, so Kelsen in seiner Interpretationstheorie, bestimme nur den Rahmen möglicher Entscheidungen, könne aber keine Entscheidung als (womöglich einzig) richtig vorgeben.[19] Diese Sichtweise erklärt, warum Kelsen sich selbst in der Tradition der Freirechtsschule verortet und als Verfassungsrichter mutige Rechtsfortbildung betrieben hat, z.B. zur Gleichberechtigung von Frauen. Damit wird ein interessanter Aspekt der Theorie Kelsens erreicht: Die Trennung von Recht und Moral führt bei Kelsen, wie auch bei anderen Rechtspositivisten, zu einer umso nachdrücklicheren Politisierung und womöglich Moralisierung der Entscheidungsfindung durch Gerichte, der authentischen Interpretation von Recht in Kelsens Terminologie. Um einer Machtverschiebung von Parlamenten zu

---

14  *H. Kelsen*, Das Problem der Souveränität; ders., Reine Rechtslehre, S. 328 ff.
15  *H. Kelsen*, Reine Rechtslehre, S. 222.
16  *H. Kelsen*, Reine Rechtslehre, S. 204 ff.
17  *H. Kelsen*, Allgemeine Theorie der Normen, 1979, S. 206.
18  Dies spricht gegen eine transzendentalphilosophische Interpretation der Grundnorm. Die Verstandesbegriffe und Anschauungsformen bei Kant werden nicht aufgrund eines Willensaktes angenommen, sondern bilden notwendige Bedingungen, um Erfahrung überhaupt möglich zu machen.
19  *H. Kelsen*, Reine Rechtslehre, S. 346 ff.

Gerichten zu begegnen, schien Kelsen der Verzicht auf abstrakte Begriffe wie Freiheit, Gleichheit oder Menschenwürde, die große Auslegungsspielräume eröffneten, als ein vielversprechender Weg.

Für Kelsen ist die *Demokratie* eine gedankliche Konsequenz des Werterelativismus – da es keine objektiven Kriterien für zutreffende Wertentscheidungen gebe, müsse deren Festlegung dem demokratischen Prozess überlassen bleiben. Die Wurzel der demokratischen Idee sei der „Urinstinkt" der Freiheit, die „Qual der Heteronomie".[20] In der repräsentativen, parlamentarischen Demokratie mit organisierten Parteien werde dabei mit dem Mehrheitsprinzip ein Maximum an Freiheit gleichberechtigter Menschen realisiert.[21] Kelsen hat sich nachdrücklich für die Demokratie gegen ihre Feinde vor und nach der Machtübernahme durch die Nationalsozialisten eingesetzt. Ideen einer wehrhaften Demokratie hat er aber eine Absage erteilt: Eine Demokratie dürfe nicht gegen den Willen einer Mehrheit verteidigt werden: „Eine Volksherrschaft kann nicht gegen das Volk bestehen bleiben. (…) Man muß seiner Fahne treu bleiben, auch wenn das Schiff sinkt; und kann in die Tiefe nur die Hoffnung mitnehmen, daß das Ideal der Freiheit unzerstörbar ist und daß es, je tiefer es gesunken, um so leidenschaftlicher wieder aufleben wird."[22]

### 2. Kritische Einschätzungen

16 Kelsens Theorie des rechtswissenschaftlichen Positivismus ist bis heute besonders strittig geblieben. Die Abstandnahme von moralischen, politischen oder soziologischen Elementen in der Rechtswissenschaft wird zutreffend als methodische Verarmung aufgefasst, da die tatsächlich gegebenen außerrechtlichen Einflüsse auf das Recht in die wissenschaftliche Analyse- und Interpretationsarbeit einbezogen werden müssen. Auf der anderen Seite hat Kelsen der Rechtswissenschaft mit seiner Forderung nach klarer Abgrenzung normativer von anderen Fragen einen großen Dienst erwiesen, weil man jedenfalls seit seinen scharfen Analysen nicht mehr naiv verschiedene Dimensionen der rechtswissenschaftlichen Arbeit vermischen kann.

17 Die Bedeutung der Trennung von Sein und Sollen wurde bereits unterstrichen (vgl. o. § 7 II). Sollen allein auf die Sanktion eines Regelbruchs zu beziehen, überzeugt aber nicht, weil damit der Anspruch und die Funktion von Recht verkannt wird, individuelles Verhalten durch Sollensgebote zu lenken.

Auch das Konzept einer *Grundnorm* erscheint vielen mit unterschiedlichen, nicht gleichermaßen überzeugenden Gründen zweifelhaft und zwar in beiden Fassungen einer transzendentallogischen Bedingung und einer fingierten Norm. Der Kern des Problems ist Folgendes: Die Grundnorm ist für Kelsen die Voraussetzung der Normativität der Rechtsordnung. Die Grundnorm hält Kelsen für eine notwendige Voraussetzung für ein Rechtssystem, weil sonst die Normativität dieses Systems keinen Grund habe. Die

---

20 H. *Kelsen*, Vom Wesen und Wert der Demokratie (1929), in: *ders.*, Verteidigung der Demokratie. Abhandlungen zur Demokratietheorie, ausgewählt und herausgegeben von M. Jestaedt und O. Lespius, 2006, S. 149 ff., 154 ff.
21 H. *Kelsen*, Vom Wesen und Wert der Demokratie, S. 162 ff.
22 H. *Kelsen*, Verteidigung der Demokratie (1932), in: *ders.*, Verteidigung der Demokratie. Abhandlungen zur Demokratietheorie, ausgewählt und herausgegeben von M. Jestaedt und O. Lespius, 2006, S. 229 ff., S. 237.

Gegebenheit der Normativität der Rechtsordnung wird dabei vorausgesetzt – sie ist es aber gerade, was in Frage steht. Man kann die Normativität der Rechtsordnung nicht aus einer Grundnorm ableiten, die postuliert wird, weil die Rechtsordnung normativ ist, ohne sich in einen Zirkelschluss zu verstricken, denn die Normativität der Rechtsordnung soll ja gerade gerechtfertigt werden. Kelsen versucht diesem Problem zu entgehen, indem die Entscheidung, ob man bestimmte soziale Beziehungen als Rechtsordnung ansieht oder nicht, letztlich als ein Willensakt aufgefasst wird. Mit diesem Schritt wird nun nicht offengelegt, dass für die normative Geltung von Rechtssystemen keine theoretischen Gründe sprächen. Man kann sicher bestimmte Sozialverhältnisse, die man auch anders beschreiben könnte, aufgrund verschiedener Gründe als Recht bezeichnen und deswegen in einem übertragenen Sinn, z.B. aus sozialwissenschaftlichen Perspektiven, von „Mafia-Recht" sprechen. Für bestimmte Normen gilt aber anderes, weil sie materiellen, reflexiv begründeten Legitimationsanforderungen entsprechen. Wie Kant richtig festgehalten hat, muss die Normativität der Rechtsordnung aus materialen Prinzipien entspringen, zu denen jedenfalls die Legitimitätsbedingungen der Rechtssetzung durch den Gesetzgeber gehören. Es gibt beispielsweise nicht nur gute, sondern zwingende Gründe die Normen eines demokratischen, grundrechtsgebundenen Verfassungsstaats als Recht anzusehen. Man missversteht den normativen Anspruch eines solchen Verfassungsstaates, wenn man meinte, man könne ihn nur als reines Machtgebilde auffassen. Die Akzeptanz der Geltung des Rechts eines solchen Verfassungsstaates beruht mithin nicht auf einem Willensakt, sondern einer Erkenntnis in die Bedingungen der Legitimität von Recht, die seine Geltung begründet.

Die Einsicht, dass dem Recht ein Anspruch eingeschrieben ist, eine normativ begründete, legitime Ordnung zu schaffen, führt zu einer Kernkritik an Kelsen (und dem Positivismus allgemein). Sie richtet sich gegen den Mangel an inhaltlicher Orientierung, also gegen die These, Recht könne jeden beliebigen Inhalt annehmen und dabei doch Recht bleiben, so wie die Staatsordnung jeden Inhalt haben könne und doch Rechtsstaat bleibe, weil Staat und Recht identifiziert werden. Ohne inhaltliche Orientierung stehe die Tür für jede Form der Barbarei in Rechtsform offen. Das Recht könne zu beliebigen inhumanen Zwecken instrumentalisiert werden. Berühmtester Ausdruck dieser Kritik ist die These *Radbruchs*: „Der Positivismus hat in der Tat mit seiner Überzeugung ‚Gesetz ist Gesetz' den deutschen Juristenstand wehrlos gemacht gegen Gesetze willkürlichen oder verbrecherischen Inhalts".[23]

Diese These Radbruchs ist heute allerdings historisch widerlegt. Das nationalsozialistische Rechtssystem baute keineswegs auf positivistischen Prinzipien auf. Im Gegenteil wurden bestehende rechtliche Regelungen missachtet und im Sinne der nationalsozialistischen Ideologie *contra legem* interpretiert. Zunehmend wurde ein Recht geschaffen, das die Rechtsform selbst und damit auch gerade von Positivisten betonte Maßstäbe von Bestimmtheit und Rechtsstaatlichkeit aufgab.[24] Die Kritik verkennt zudem, welche konkreten politischen Positionen ein Positivist wie Kelsen vertreten hat. Hier

---

23  G. *Radbruch*, Gesetzliches Unrecht und übergesetzliches Recht, SJZ, 43 (1946), S. 105 ff., wiederabgedruckt in: *ders.*, Rechtsphilosophie Studienausgabe, hrsg. v. R. Dreier und S. Paulson, 2. Aufl., 2003, S. 211 ff., 215.
24  Vgl. im Überblick M. *Mahlmann*, Judicial Methodology and Fascist and Nazi Law, in: C. Joerges/N. Ghaleigh (Hrsg.), Darker Legacies of Law in Europe, 2003, S. 229 ff.

zeigt sich, dass Kelsen sicher das Gegenteil eines Wegbereiters des Nazi-Unrechts gewesen ist, denn er hat sich schon in der Zeit der Weimarer Republik für die Demokratie engagiert und bis heute mit Recht vielrezipierte demokratietheoretische Überlegungen angestellt.

20 Wenn also die konkrete historische Kritik auch in die Irre geht, ist die These von der Beliebigkeit der Inhalte des Rechts doch gewichtigen Einwänden ausgesetzt. Der grundsätzliche Wertrelativismus Kelsens ist bereits zweifelhaft, wie sich immer deutlicher in den weiteren Überlegungen zeigen wird. Damit verliert ein wichtiges Argument für die Unausweichlichkeit einer positivistischen Orientierung seine theoretische Grundlage.

Die positivistische Konzeption lässt sich zudem nicht widerspruchslos durchführen, da das Recht mit nicht-rechtlichen Einflüssen, auch denen der Ethik, verbunden bleibt. Dies gilt nicht zuletzt für die Theorie der Auslegung von Recht: Es überzeugt keineswegs, die Rechtsanwendung so ungebunden zu konzipieren, wie es Kelsen tut. Im Gegenteil ist es eine wichtige Aufgabe der Rechtswissenschaft und -praxis die konkreten Auslegungsergebnisse reflexiv normativ abzusichern. Dies gilt auch für abstrakte Begriffe wie Freiheit, Gleichheit und Würde, die sich gerade in Grundrechtskatalogen finden. Die rechtswissenschaftliche Bändigung dieser Begriff hat sich in der Grundrechtsdogmatik als durchaus möglich erwiesen. Dabei spielen Grundrechtstheorien, die das Grundrechtsverständnis anleiten, eine zentrale Rolle. Abstrakte Grundrechtsnormen sind deshalb zu einer produktiven Kraft der Rechtsentwicklung des Verfassungsstaates und der internationalen Rechtsordnung geworden. Diese Interpretationsaufgabe stellt sich in gleicher Weise für eine Konzeption von Recht als Rahmenordnung: Der Inhalt dieses Rahmens ist ja genauso auslegungsbedürftig wie jedes Recht. Auch hier führt kein Weg an einer Auslegung des positiven Rechts vorbei, die sich an wohlbegründeten Rechtsprinzipien orientiert. Entsprechend überzeugt es nicht, den Rechtsstaatsbegriff inhaltlich so zu entleeren, wie es Kelsen vorschlägt: Der Rechtsstaatsbegriff muss, um zu überzeugen, an materialen Mindestgehalten, nicht zuletzt Grundrechten, orientiert bleiben. Wenn es, wie gerade dargelegt, zutrifft, dass der Geltungsgrund von Recht in materialen Prinzipien seiner Legitimation liegt, ist Recht ohne ethische Grundlagen auch normtheoretisch nicht zu konzipieren.

Die Überlegungen Kelsens zu den Grundlagen der Demokratie bilden einen bedeutenden Versuch, Demokratietheorie als Teil einer Freiheitsphilosophie zu konzipieren, die an menschlicher Gleichheit orientiert ist. Kelsens Ansatz, Demokratie als Konsequenz einer relativistischen Moraltheorie herzuleiten, überzeugt aber nicht. Es gibt keinen theoretischen Zusammenhang zwischen Demokratie und Relativismus. Im Gegenteil: Mit der Anerkennung der gleichen Freiheit aller Menschen, die Kelsens Demokratietheorie unterliegt, hat er seine eigene relativistische Werttheorie bereits hinter sich gelassen. Demokratie muss deshalb universalistisch aus der Achtung vor dem Recht jedes Menschen auf autonome Selbstbestimmung gerechtfertigt werden.

### III. Der Begriff des Rechts – H. L. A. Hart

21 Der zweite zentrale Rechtspositivist neben Kelsen im 20. Jahrhundert ist *Herbert Lionel Adolphus Hart* (1907–1992). Mit seinem Werk findet die Rechtsreflexion An-

schluss an das theoretische Niveau der analytischen Philosophie und ihrer Theorie der Sprache. Hart hat allerdings andere wichtige wissenschaftliche Entwicklungen der zweiten Hälfte des 20. Jahrhunderts gerade auf dem Gebiet der Sprachtheorie interessanterweise nicht rezipiert.[25] Neben Arbeiten zur Rechtsphilosophie ist Hart mit großem Nachdruck für eine liberale Rechtskultur eingetreten, etwa in der Auseinandersetzung um die Strafbarkeit homosexueller Handlungen in Großbritannien, die Legalisierung von Schwangerschaftsabbrüchen oder die Abschaffung der Todesstrafe.[26]

### 1. Regeln und Verbindlichkeit

*Methodisch* will Hart eine analytische allgemeine Rechtslehre, eine „analytical jurisprudence" betreiben, die sich als *deskriptive Soziologie (descriptive sociology)*[27] versteht. Hart will klären, wie sich Recht und Moral unterscheiden, welches das Verhältnis von Recht und moralischer Verpflichtung ist, was Regeln eigentlich sind und in welchem Verhältnis sie zum Recht stehen.[28]

Um die Frage nach der Natur von Regeln zu beantworten, unterscheidet Hart zwischen *Regeln (rules)* und *Gewohnheiten (habits)*. Entscheidender Unterschied sei ein interner, subjektiver Aspekt: Regeln ermöglichten Fehleridentifikation, bildeten die Grundlage von Kritik und könnten einen Grund von Handlungen bilden. Gewohnheiten seien dagegen bloß eingeschliffene Handlungsvollzüge.[29]

Beim *Begriff der Verpflichtung (obligation)* grenzt sich Hart von Sanktionstheorien ab, also solchen Auffassungen, die eine Verpflichtung von einer tatsächlich vollzogenen oder wahrscheinlichen Sanktion abhängig machen. Die Ordnung des Rechts sei nicht deshalb verbindlich, weil sie eine durch Drohungen gestützte Ordnung (*order backed by threats*) sei, wie die Sanktionstheorie *John Austins* (1790–1859),[30] die Harts wesentlicher Bezugspunkt ist, behauptet. Die Verbindlichkeit einer Norm lasse sich weder in eine Drohung mit einem Übel, noch in eine Wahrscheinlichkeit der Zufügung eines Übels auflösen.[31] Der Grund dafür liege in der Natur der Regeln, die z.B. Gründe für Sanktionen lieferten. Ein Richter etwa fasse die Regel nicht als Voraussage von eigenem Verhalten (der Sanktion oder ihrem Ausbleiben) auf, sondern als dessen Motiv und Ursache.[32]

Außerdem könnten Verpflichtungen bestehen, ohne dass eine Sanktion wahrscheinlich, ja sogar dann, wenn sie den Umständen nach ausgeschlossen sei, etwa weil man die Sanktionsorgane bestochen habe. Auch in solchen Situationen könne ohne Widerspruch vom Bestehen einer Verpflichtung gesprochen werden, was entsprechend auch

---

25 Vgl. *J. Mikhail*, ‚Plucking the Mask of Mystery from its Face': Jurisprudence and H. L. A. Hart, Georgetown Law Journal, 95 (2007), S. 733 ff.
26 Vgl. etwa die Auseinandersetzung mit *P. Devlin* im Jahr 1959, in der Hart gegen die Bestrafung von konsensuellen homosexuellen Akten unter Erwachsenen eintrat, im Überblick *N. Lacey*, A Life of H. L. A. Hart, 2004, S. 220 f., 259 f. Zum Schwangerschaftsabbruch ebd., S. 1 ff., 301 ff.; zur Todesstrafe ebd., S. 6, 219.
27 *H. L. A. Hart*, The Concept of Law, 1961, v.
28 *H. L. A. Hart*, The Concept of Law, S. 13: „How does law differ from, and how is it related to, moral obligation? What are rules and to what extent is law an affair of rules?".
29 *H. L. A. Hart*, The Concept of Law, S. 54 ff.
30 *J. Austin*, The Province of Jurisprudence Determined.
31 *H. L. A. Hart*, The Concept of Law, S. 80 ff.
32 *H. L. A. Hart*, The Concept of Law, S. 10.

laufend geschehe.³³ Entscheidend für das Existieren einer Verbindlichkeit seien deshalb keine Sanktionen, sondern drei andere Faktoren: Erstens sozialer Druck, zweitens ein für das öffentliche Leben essentieller Regelinhalt, der drittens von den Wünschen der Handelnden unabhängig sei: „The figure of a *bond* binding the person obligated, which is buried in the word ‚obligation', and the similar notion of a debt latent in the word ‚duty' are explicable in terms of these three factors, which distinguish rules of obligation or duty from other rules. In this figure, which haunts much legal thought, the social pressure appears as a chain binding those who have obligations so that they are not free to do what they want".³⁴ Ein subjektives Bindungsgefühl sei dagegen nicht entscheidend, denn auch Regeldissidenten könnten verpflichtet werden.³⁵ Trotz dieses Rückgriffs auf sozialen Druck bleibe ein Unterschied zur Sanktionstheorie, die sich auf eine *externe Perspektive* beschränke, die aber den Kern der Regeln nicht erfasse, sondern bei der Wahrnehmung von Regelmäßigkeiten stehen bleibe. Nur eine *interne Perspektive* erschließe den Begriff der Verpflichtung.³⁶

26 Zur Beantwortung der Frage nach dem Verhältnis von Regeln und Recht unterscheidet Hart Primär- und Sekundärregeln (*primary and secondary rules*). Primärregeln seien Regeln, die Handlungsanweisungen gäben. Sekundärregeln seien Regeln, die zum Aufstellen von Regeln ermächtigten.³⁷ Sie schafften auch Handlungsmöglichkeiten, z.B. durch die Schöpfung des Instituts „Ehe", die man eingehen könne, aber nicht eingehen müsse.³⁸ Moral bestehe nur aus Regeln erster Ordnung.³⁹ Bei Rechtsregeln gebe es einen „Luxus":⁴⁰ Rechtsregeln beruhten auf einer Sekundärregel der besonderen Art, Harts berühmter Erkenntnisregel, der *rule of recognition*, die bestimme, welche Regeln Rechtsregeln seien. In einer Monarchie könne etwa die Regel, dass Recht sei, was der König in Kraft gesetzt habe, eine solche *rule of recognition* bilden.⁴¹ Diese *rule of recognition* sei einerseits eine soziologische Beschreibung, andererseits aber auch eine Quelle von Verbindlichkeit für die Rechtsanwender.⁴² Die Probleme der Unsicherheit, Statik und Ineffizienz der Moral würden durch sekundäre Regeln gelöst: Rechtsinhalte würden durch sie autoritativ festgestellt und gleichzeitig änder- sowie durchsetzbar.⁴³

27 *Moral und Recht* seien deutlich getrennt. Die Moral sei anders als das Recht in allen Geboten von zentraler Wichtigkeit, könne nicht absichtlich geändert werden (da ihr

---

33 *H. L. A. Hart*, The Concept of Law, S. 82.
34 *H. L. A. Hart*, The Concept of Law, S. 85: „Die Denkfigur eines *Bandes*, das die verpflichtete Person bindet, die im Wort ‚Verbindlichkeit' enthalten ist und die ähnliche Vorstellung einer Schuld, die dem Wort ‚Verpflichtung' unterliegt, können durch diese drei Faktoren erklärt werden, die verbindliche oder verpflichtende Regeln von anderen Regeln unterscheiden. In dieser Denkfigur, die große Teile des Rechtsdenkens verfolgt, erscheint der soziale Druck als eine Kette, die jene bindet, die Verpflichtungen haben, so dass sie nicht frei sind, zu tun, was sie wollen" (Herv. i. Org.).
35 *H. L. A. Hart*, The Concept of Law, S. 85 f.
36 *H. L. A. Hart*, The Concept of Law, S. 86 ff.
37 *H. L. A. Hart*, The Concept of Law, S. 77 ff.
38 *H. L. A. Hart*, The Concept of Law, S. 27.
39 *H. L. A. Hart*, The Concept of Law, S. 165.
40 *H. L. A. Hart*, The Concept of Law, S. 229.
41 *H. L. A. Hart*, The Concept of Law, S. 97 ff.
42 *H. L. A. Hart*, The Concept of Law, S. 106 ff., 112, 148.
43 *H. L. A. Hart*, The Concept of Law, S. 89.

die Sekundärregeln fehlten), setze Verantwortlichkeit voraus und werde mit psychologischem Druck durchgesetzt.[44]

Hart schließt sich inhaltlich einem formalen Rechtsbegriff an, wie ihn auch Kelsen vertritt. Recht müsse im Prinzip, um Recht zu sein, nicht materialen Maßstäben entsprechen. Hart formuliert jedoch dennoch einen Minimalgehalt des Naturrechts (*minimum content of natural law*), gewisse aus der Natur des Menschen sich ergebende materiale Mindestgehalte von Recht, die vorliegen müssten, damit Recht wirklich Recht sei.[45] Er verteidigt auch die Bedeutung subjektiver Freiheitsrechte, nicht zuletzt gegen utilitaristische Theorien, die Personen im Ergebnis keinen intrinsischen Wert zusprächen.[46] Hart betont dabei – ganz im Gegensatz zu der klassischen Kritik am Positivismus, er mache wehrlos gegen inhumanen Missbrauch von Recht –, dass gerade die klare Trennung von Recht und Moral im Positivismus ein *Gegenmittel* gegen den politischen Missbrauch von Recht sei, weil diese Trennung die Menschen zur politischen Wachsamkeit ermahne und sie daran erinnere, dass kein Recht moralischer Kritik entgehen dürfe: „So long as human beings can gain sufficient co-operation from some to enable them to dominate others, they will use the forms of law as one of their instruments. Wicked men will enact wicked rules which others will enforce. What surely is most needed in order to make men clear sighted in confronting the official abuse of power, is that they should preserve the sense that the certification of something as legally valid is not conclusive of the question of obedience, and that, however great the aura of majesty or authority which the official system may have, its demands must in the end be submitted to a moral scrutiny".[47]

### 2. Kritische Einschätzungen

Hart kritisiert mit guten Gründen eine Sanktionstheorie der rechtlichen Verbindlichkeit. Allerdings führt diese Kritik auf Umwegen zu einer Art modifizierten Sanktionstheorie zurück, weil die rechtliche Verpflichtung auf sozialen Druck zurückgeführt wird, der selbst eine Art Sanktion bildet. Eine Verpflichtung ist aber auf sozialen Druck nicht zu reduzieren und zwar aus genau den Gründen, die Hart gegen Sanktionstheorien im Allgemeinen anführt, insbesondere weil es Verpflichtungen ohne solchen sozialen Druck geben kann. Immerhin aber betont Hart den internen Aspekt der Regelbefolgung und damit einen wichtigen Aspekt von Regeln. Problematisch ist auch der ungeklärte Status der *rule of recognition*: Ist diese selbst eine verbindliche Regel oder nur eine faktische Verhaltenspraxis, die soziologisch beschrieben wird? Für beide Interpretationen finden sich Anhaltspunkte bei Hart. Richtig kann nur sein, sie als ver-

---

44 *H. L. A. Hart*, The Concept of Law, S. 169 ff.
45 *H. L. A. Hart*, The Concept of Law, S. 189 ff.
46 *H. L. A. Hart*, Natural Rights: Bentham and John Stuart Mill, in; *ders.*, Essays on Bentham. Studies in Jurisprudence and Political Theory, 1982, S. 97 ff: Utilitarismus sei kein „respecter of persons".
47 *H. L. A. Hart*, The Concept of Law, S. 205 f.: „So lange Menschen genügend Unterstützung von anderen gewinnen können, um andere zu dominieren, werden sie die Formen des Rechts als eines ihrer Instrumente benutzen. Niederträchtige Menschen werden niederträchtige Regeln erlassen, die andere durchsetzen werden. Was ohne Zweifel am nötigsten ist, um Menschen klarsichtig bei der Auseinandersetzung mit dem offiziellen Missbrauch von Macht zu machen, ist, dass sie den Sinn dafür bewahren sollten, dass die Bestätigung von etwas als legal geltend noch nicht die Frage des Gehorsams entscheidet und dass – wie groß auch immer die Aura der Majestät und Autorität sein mag, die das offizielle System besitzt –, seine Forderungen doch am Ende moralischer Beurteilung unterworfen werden müssen".

pflichtende Regel aufzufassen – es besteht etwa für einen Richter oder eine Richterin in einem demokratisch verfassten Gemeinwesen eine Verpflichtung, die vom Parlament erlassenen Gesetze als Recht aufzufassen, dies bildet nicht nur eine änderbare faktische Praxis.

30   Hart hat einerseits die Trennung von Recht und Moral betont, andererseits einen materialen Minimalgehalt des Rechts für selbstverständlich gehalten. Mit dieser These voll interner Spannungen wird die Frage nach einem notwendigen moralischen Inhalt des Rechts aufgeworfen, wie er von sog. *Verbindungstheorien* behauptet wird. Mit zentralen Vertretern dieser Theorie, der jetzt die Aufmerksamkeit gilt, – Radbruch und Dworkin – hat sich Hart entsprechend kontrovers auseinandergesetzt.[48]

---

[48]   Vgl. insbesondere zu Dworkin das Postscript in: *H. L. A. Hart*, The Concept of Law, 3rd ed., 2012, S. 238 ff.

## § 18 Theorien moralischen Rechts

    I. Eine Frage ohne Müßigkeit .......... 1
    II. Radbruch ............................ 5
        1. Politik und Neukantianismus ... 5
        2. Relativismus und die Suche nach dem festen Grund .......... 7
        3. Kritische Einschätzungen ........ 14
    III. Regeln und die Prinzipien des Rechts ................................ 15
        1. Dworkins Liberalismus und die Theorie der besten Interpretation ................................ 15
            a) Regeln, Prinzipien und interpretational stance ............ 15
            b) Liberalismus, Würde und Gerechtigkeitstheorie ........ 21
        2. Prinzipien und die Strukturtheorie der Grundrechte ............. 22
        3. Kritische Einschätzungen ........ 26
    IV. Die Moral der Rechtsstaatlichkeit ................................... 31
        1. Positivismus und rule of law .... 31
        2. Kritische Einschätzungen ........ 33

### I. Eine Frage ohne Müßigkeit

Nach der politisch-moralischen Katastrophe des Dritten Reiches und des Zweiten Weltkrieges stehen die Menschen – Sieger wie Besiegte – wie vielleicht niemals zuvor in ihrer Geschichte vor der Notwendigkeit eines zivilisatorischen Neuanfangs. Die letzten Tage des Krieges mit Japan setzen mit Hiroshima und Nagasaki darüber hinaus ein neues Problem auf die Tagesordnung der Geschichte: Zum ersten Mal in der Entwicklung der Menschheit wird nicht nur der Untergang von Einzelnen und Gruppen, sondern das Ende der Menschheit insgesamt im Krieg eine technische und durch die politische Konstellation eines Kalten Krieges auch eine politische Möglichkeit. Am Horizont der Epoche dämmert zudem allmählich die ökologische Problematik auf, die die Gefahr des selbstverursachten Untergangs sogar noch verdoppelt.

Der vergangene Krieg und die neuen Bedrohungen fordern eine internationale Friedensordnung, die Massenmorde des Dritten Reiches neue Instrumente des Schutzes von Menschen vor der Missachtung ihres Menschseins. Beide Bedürfnisse sind bis heute wichtige Gründe für die Etablierung und Weiterentwicklung der modernen Völkerrechtsordnung mit ihrem institutionellen Herz, den Vereinten Nationen, die den Völkerbund ablösen, und ihrem normativen Kern, den durch verschiedene Instrumente geschützten Menschenrechten. Auch auf regionaler Ebene wurden neue Strukturen geschaffen, um den Herausforderungen zu genügen, in Europa vor allem der Europarat mit der Europäischen Menschrechtskonvention und dem Europäischen Gerichtshof für Menschenrechte und die Europäischen Gemeinschaften, die zur Europäischen Union weiterentwickelt werden.

Die neue existentielle Unsicherheit der Epoche fordert aber nicht nur die politische Praxis, sondern bis heute auch die Theorie und Philosophie des Rechts, nicht zuletzt weil die Grundlagen und Gehalte der materialen Koordinaten des nationalen und internationalen Rechts bestimmt werden müssen, damit das Recht seinen Beitrag leisten kann, die menschliche Zivilisation zu erhalten.

Diese zivilisatorische Ausgangslage formuliert die Frage, ob gerade die Verbindungstheorien vielleicht die genannte fundamentale Herausforderung in überzeugender Weise aufgenommen und praktisch hilfreiche Lösungsansätze entwickelt haben, weil sie die begrifflich notwendigen moralischen Inhalte des Rechts ja ausdrücklich betonen.

## II. Radbruch
### 1. Politik und Neukantianismus

5 *Gustav Radbruch* (1878–1949) ist ein praktisch besonders einflussreicher Rechtsphilosoph des 20. Jahrhunderts, weil seine philosophischen Überlegungen direkt in Leiturteile der Rechtsprechung eingegangen sind. Der sozialdemokratische Strafrechtler Radbruch ist zwischen 1920–1923 zweimal Reichsminister der Justiz. In seine Amtszeit fällt u.a. der „Entwurf eines Allgemeinen Deutschen Strafgesetzbuches" (1922), eine wichtige Etappe der modernen Strafrechtsreform. Radbruch wird wegen seiner politischen Haltung nach der nationalsozialistischen Machtübernahme aus seinem Amt entlassen. Er verbleibt darauf in Deutschland, publiziert aber im Ausland. Nach dem Zusammenbruch des Dritten Reiches nimmt er Anteil am Aufbau eines neuen Rechtssystems in Deutschland.

6 Radbruch wird vom *Neukantianismus* beeinflusst. Der Neukantianismus mit seinen verschiedenen Strömungen und Vertretern (insbesondere *Cohen*, *Natorp*, *Windelband*, *Rickert*) versucht die Bedingung der Möglichkeit (einzel-)wissenschaftlicher Erkenntnis zu klären und bildet insofern eine Wissenschaftstheorie. Diese Bedingung bestehe allgemein in der produktiven Tätigkeit des menschlichen Verstandes, die die Wirklichkeit konstituiere. Die Verstandestätigkeit sei auch der Ursprung des Wertbezugs der Wirklichkeit. Im Neukantianismus wurde die Forderung Kants, die Menschen als Selbstzweck zu behandeln, als Leitprinzip für die politisch-soziale Gestaltung der Gesellschaft aufgefasst und aus dieser Forderung von einigen Vertretern ein ethischer Sozialismus entwickelt, der aufgrund seiner moralischen Orientierung der scharfen und verachtenden Kritik der Marxisten anheimfiel, die aber – wie sich bei der Diskussion von Marxismus und Moral gezeigt hat – jedenfalls aus diesem Grund unberechtigt war.[1] Auch die neuentstandene *Rechtssoziologie*, insbesondere das Werk *Max Webers*, ist für Radbruch von Bedeutung.

### 2. Relativismus und die Suche nach dem festen Grund

7 Radbruch vertritt zunächst einen historischen und sozialen Relativismus in der Ethik: Werte seien historisch und sozial bedingt, nicht aber rational letztbegründbar.[2] Werte würden von Menschen nicht objektiv in der Welt erkannt, sondern von ihnen an die Dinge herangetragen (ebenso wie die Verstandesbegriffe und Anschauungsformen bei Kant Leistungen des erkennenden Subjekts seien, die Erfahrung erst konstituierten. Wie das „Ding-an-sich" bleibe der „Wert-an-sich" unerkannt).[3]

8 Radbruchs Rechtstheorie setzt entsprechend in dieser Phase ohne Bindung an materiale Rechtsinhalte ein. Recht sei zwar nur richtig in Bezug auf eine höchste Wertidee, diese könne aber keinen objektiven Geltungsanspruch erheben.[4] Der Rechtsbegriff werde durch drei Elemente gebildet: erstens *Gerechtigkeit*, die vorschreibe, dass Gleiches gleich, Ungleiches dagegen ungleich behandelt werden müsse.[5] Das Problem dabei

---

1 Vgl. im Überblick *H. Holzhey* (Hrsg.), Ethischer Sozialismus, 1994.
2 *G. Radbruch*, Rechtsphilosophie, 3. Aufl., 1932, in: *ders.*, Gesamtausgabe, Bd. 2, 1993.
3 *G. Radbruch*, Rechtsphilosophie, § 1.
4 *G. Radbruch*, Rechtsphilosophie, § 2.
5 *G. Radbruch*, Rechtsphilosophie, § 4.

sei, dass diese Formel nicht benenne, welches der entscheidende Gesichtspunkt der Gleichheit sei und welche Art der Behandlung erfolgen solle. Beides sei abhängig vom zweiten Element des Rechtsbegriffs, dem *Zweck* des Rechts.[6] Der Zweck des Rechts werde dadurch bestimmt, welchen Werten das Recht zu dienen habe. Es gebe drei Wertauffassungen: die individualistische richte sich auf die Verwirklichung der einzelnen Persönlichkeit, die überindividualistische auf das Wohl eines Kollektivs, die transpersonale auf die Realisierung von Werken (z.B. der Kunst). Diese Werte seien nicht unabhängig von einander zu verwirklichen, sondern bildeten ein dialektisches Ganzes. Diese Wertauffassungen prägten sich in Parteiauffassungen politisch aus. Deswegen sei eine rechtsphilosophische Parteienlehre notwendig.[7] Die individualistische Wertauffassung existiere in liberalen, demokratischen sowie sozialen Varianten. Der liberale Individualismus betone die Rechte der Einzelnen, der demokratische dagegen die höheren Rechte der Mehrheit, der soziale schließlich die Gebotenheit des sozialen Ausgleichs. Die überindividualistische Wertauffassung führe zu einem Konservatismus mit organischer, romantischer Staatsauffassung. Der politische Katholizismus nehme eine Mittelstellung ein und könne sowohl bei individualistischen wie überindividualistischen Parteien Anschluss finden. Eine rechtsphilosophische Entscheidung zwischen diesen Strömungen sei aufgrund der fehlenden Wahrheitsfähigkeit von Werten nicht möglich.

Als drittes Element des Rechtsbegriffs nennt Radbruch *Rechtssicherheit*, die die Einheit der Rechtsordnung gegenüber dem Relativismus der Rechtszwecke verbürge.[8] Für die Rechtsanwender sei die juristische Geltung entscheidend, ohne dass die absolute Geltung der durchgesetzten Gesetze bewiesen werden könne.[9]

Es ist umstritten, ob aus diesem Rechtsbegriff geschlossen werden kann, dass Radbruch Positivist gewesen sei. Die Betonung der Rechtssicherheit, Radbruchs Relativismus und sein Begriff der Geltung deuten in diese Richtung. Die Bedeutung der Gerechtigkeit als Rechtsidee spricht jedoch gegen diese Einschätzung.

Nach dem Krieg vollzieht Radbruch eine Neuausrichtung seiner Theorie, die den Rechtsbegriff an Rechtswerte bindet, die nicht relativ sind. Zusammengefasst werden seine Gedanken in der *Radbruch-Formel*: „Der Konflikt zwischen der Gerechtigkeit und der Rechtssicherheit dürfte dahin zu lösen sein, daß das positive, durch Satzung und Macht gesicherte Recht auch dann den Vorrang hat, wenn es inhaltlich ungerecht und unzweckmäßig ist, es sei denn, daß der Widerspruch des positiven Gesetzes zur Gerechtigkeit ein so unerträgliches Maß erreicht, daß das Gesetz als ‚unrichtiges Recht' der Gerechtigkeit zu weichen hat. Es ist unmöglich, eine schärfere Linie zu ziehen zwischen den Fällen des gesetzlichen Unrechts und den trotz unrichtigen Inhalts dennoch geltenden Gesetzen; eine andere Grenzziehung aber kann mit aller Schärfe vorgenommen werden: wo Gerechtigkeit nicht einmal erstrebt wird, wo die Gleichheit, die den Kern der Gerechtigkeit ausmacht, bei der Setzung positiven Rechts bewusst

---

6  *G. Radbruch*, Rechtsphilosophie, § 7.
7  *G. Radbruch*, Rechtsphilosophie, § 8.
8  *G. Radbruch*, Rechtsphilosophie, § 9.
9  *G. Radbruch*, Rechtsphilosophie, § 10.

verleugnet wurde, da ist das Gesetz nicht etwa nur ‚unrichtiges Recht', vielmehr entbehrt es überhaupt der Rechtsnatur".[10]

12 Der Maßstab der Unerträglichkeit wird von Radbruch nicht weiter spezifiziert. Er deutet aber an, dass die Menschenrechte hier Orientierung liefern können: „Es gibt also Rechtsgrundsätze, die stärker sind als jede rechtliche Satzung, so daß ein Gesetz, das ihnen widerspricht, der Geltung bar ist. Man nennt diese Grundsätze das Naturrecht oder das Vernunftrecht. Gewiß sind sie im Einzelnen von manchem Zweifel umgeben, aber die Arbeit der Jahrhunderte hat doch einen festen Bestand herausgearbeitet, und in den sogenannten Erklärungen der Menschen- und Bürgerrechte mit so weitreichender Übereinstimmung gesammelt, daß in Hinsicht auf manche von ihnen nur noch gewollte Skepsis den Zweifel aufrechterhalten kann".[11]

13 Die Radbruch-Formel hat immer wieder Verwendung in der Rechtsprechung gefunden und zwar genau dann, wenn es darum ging, sich mit moralischer Verwerflichkeit in Rechtsform auseinanderzusetzen – in Deutschland im Rahmen der allmählichen und lange zögerlichen rechtlichen Aufarbeitung des nationalsozialistischen Unrechts und dann wieder nach der friedlichen Revolution in der DDR, z.B. im Rahmen der Mauerschützenprozesse. Konkreter rechtlicher Ansatzpunkt ist dabei das Rückwirkungsverbot[12] und die Frage, ob diese Garantie wenigstens bei bestimmten schweren Straftaten eingeschränkt werden könne. Die Antwort wurde von deutschen Gerichten mit Rückgriff auf Radbruch gesucht. Sie haben diese Frage bejaht,[13] was durchaus im Einklang mit internationalen menschenrechtlichen Standards steht.[14]

### 3. Kritische Einschätzungen

14 Radbruch hat eine zentrale und weithin anerkannte konstruktive Leistung erbracht, indem er die These der notwendigen Verbindung von Recht und Moral in eine knappe, das Problem schlaglichtartig beleuchtende Formel gebracht hat. Mit dieser Neuorientierung wird der eigene frühere Relativismus allerdings in Frage gestellt, ohne dass die theoretischen Grundlagen der späteren Weichenstellungen noch geklärt würden. Deswegen kann gefragt werden, welche konzeptionelle Basis das Unerträglichkeitsurteil nach der Radbruch-Formel eigentlich hat. Warum ist Gleichheit ein notwendiger Teil des Rechtsbegriffs? Was ist der Ursprung, was der genauere Gehalt der damit in Bezug genommenen Prinzipien? Spielt der Neukantianismus hier noch irgendeine konstruktive Rolle? Wie steht es gerade mit der – inhaltlich sehr plausiblen – Bezugnahme auf die

---

10 G. Radbruch, Gesetzliches Unrecht und übergesetzliches Recht, S. 216.
11 G. Radbruch, Fünf Minuten Rechtsphilosophie, wiederabgedruckt in: ders., Rechtsphilosophie, Studienausgabe, hrsg. v. R. Dreier und S. Paulson, 2. Aufl., 2003, S. 209 f., Fünfte Minute. Ein gutes Beispiel für Radbruchs zwiespältige Position findet sich in ders., Vorschule der Rechtsphilosophie, 2. Aufl., 1959, S. 20, wo einerseits auf R. Stammlers „Naturrecht mit wechselndem Inhalt" Bezug genommen wird, an anderer Stelle aber gerade universale Rechtsprinzipien betont werden, vgl. z.B. S. 32 f. zu Rechtssicherheit und Gerechtigkeit; S. 97 zur Humanität im Recht; S. 29, wo die „völlige Leugnung der Menschenrechte" als „absolut unrichtiges Recht" angesehen wird.
12 Vgl. Art. 7 EMRK, wobei Art. 7 Abs. 2 eine Einschränkung des Rückwirkungsverbots für qualifizierte Taten vorsieht; Art. 103 Abs. 2 GG; Art. 2 StGB-Schweiz, in der schweizerischen BV nicht ausdrücklich erwähnt, aber wohl in Art. 29 BV zu verankern. Vgl. zudem Art. 15 Abs. 1 Internationaler Pakt über bürgerliche und politische Rechte v. 16.12.1966.
13 Vgl. z.B. BGHSt 39, 1 ff.; BVerfGE 95, 96.
14 Vgl. z.B. Art. 7 Abs. 2 EMRK.

Menschenrechte? Welche Geltungsansprüche lassen sich hier rechtfertigen, was liegt den Ergebnissen der „Arbeit der Jahrhunderte" legitimationstheoretisch zugrunde? Diese großen Fragen aufgeworfen und mit allem Ernst, der ihnen gebührt, erneuert zu haben, ist ein weiterer bedeutender Verdienst der Radbruch'schen Theorie.

### III. Regeln und die Prinzipien des Rechts
#### 1. Dworkins Liberalismus und die Theorie der besten Interpretation

a) *Regeln, Prinzipien und interpretational stance*. *Ronald Dworkin* (1931–2013) gehört zu den wenigen Rechtstheoretikern der unmittelbaren Gegenwart mit weltweitem Einfluss. Ausgangspunkt seiner Überlegungen ist eine *Kritik des Positivismus*.[15] Kern des Positivismus bilde die These, dass Recht aus Regeln bestehe, die durch einen bestimmten Test identifizierbar (z.B. eine *rule of recognition*) und von anderen Regeln abgrenzbar seien. Die Gesamtheit dieser Regeln mache das Recht aus. In Fällen, die nicht unter diese Regeln fielen, haben die Rechtsanwender einen Ermessensspielraum. Eine rechtliche Verpflichtung existiere genau dann, wenn ein Sachverhalt unter eine Regel falle.

15

Dworkin hält diese Annahmen für unhaltbar. Es gebe keinen allgemeingültigen Test für die Feststellung, was geltendes Recht sei (etwa die *rule of recognition*).[16] Bei der Entscheidung von strittigen Fällen, sog. *hard cases*, werde unausweichlich auf Prinzipien zurückgegriffen, die einer solchen „master rule" nicht zugänglich seien.

16

Damit ist mit *Prinzipien* ein zentraler Begriff eingeführt worden. Prinzipien seien von Regeln deutlich unterschieden. Diese Unterscheidung sei logischer Natur. Sowohl Regeln *(rules)* als auch Prinzipien *(principles)* seien Standards für die Entscheidung von bestimmten Rechtsfällen. Regeln gälten in einer Alles-oder-nichts-Weise. Wenn der Tatbestand einer Norm gegeben sei und die Norm gelte, sei die Rechtsfolge eindeutig bestimmt. Regeln liefern also aus Dworkins Sicht definite Rechtspositionen. Andernfalls trage eine Regel nichts zur Entscheidung bei.[17] Regeln könnten deshalb abschließend formuliert werden (wenn es auch wegen möglicher Ausnahmen sehr schwierig sei, sie genau zu fassen).[18]

17

Prinzipien *(principles)* seien Standards, die nicht deswegen beachtet werden müssten, weil sie ein ökonomisches, politisches oder soziales Ziel beförderten, sondern weil sie der Gerechtigkeit und Fairness oder einer anderen Dimension der Moral dienten.[19] Als Beispiel nennt Dworkin das Prinzip, dass niemand von seinem eigenen Unrecht profitieren dürfe. Gegenbeispiele für die Anwendbarkeit eines Prinzips seien keine Ausnahmen wie bei Regeln, da sie bei Prinzipien nicht umfassend aufgeführt werden könnten.[20] Anders als Regeln hätten Prinzipien Gewicht *(weight)* oder Wichtigkeit *(importance)*.[21] Deswegen könne sich ein Prinzip gegen ein anderes Prinzip durchsetzen, wenn es gewichtiger sei. Regeln dagegen könnten andere Regeln in einem

18

---

15 Bezugspunkt ist dabei insbesondere Hart, dessen Lehrstuhl in Oxford er 1969 übernahm.
16 *R. Dworkin*, Taking Rights Seriously, 1977, Chap. 2, 3.
17 *R. Dworkin*, Taking Rights Seriously, S. 24.
18 *R. Dworkin*, Taking Rights Seriously, S. 25.
19 *R. Dworkin*, Taking Rights Seriously, S. 22.
20 *R. Dworkin*, Taking Rights Seriously, S. 25.
21 *R. Dworkin*, Taking Rights Seriously, S. 26.

Rechtssystem nicht wegen ihres größeren Gewichts außer Kraft setzen. Konflikte zwischen Regeln würden durch andere Regeln entschieden, z.B. durch den Vorrang der höherrangigen Norm.[22] Prinzipien entstünden nicht durch Entscheidung, etwa eines Gesetzgebers, sondern wurzelten in einem öffentlichen Sinn für ihre moralische Angemessenheit, der sich historisch entwickelt habe. Ihre Bedeutung hänge davon ab, dass dieser Sinn erhalten bleibe.[23]

19  Eine rechtliche *Verpflichtung* bestehe, wenn gewichtigere Prinzipien für die Verpflichtung als gegen sie sprächen.[24] Deswegen sei jenseits klarer Regeln keine Willkür der Rechtsanwender, sondern die an Prinzipien gebundene Urteilskraft entscheidend.

20  Dworkin entwickelt auf der Basis der Unterscheidung von Regeln und Prinzipien eine *Interpretationstheorie* des Rechts (*interpretational stance*): Fälle würden in letzter Instanz durch Rückgriff auf die beste Interpretation der Gesamtheit der Prinzipien gelöst, die in der Praxis des Rechts- und Sozialsystems verkörpert seien. Die Rechtsanwender haben die Aufgabe, aus dieser Gesamtheit Kerninhalte der entscheidenden Prinzipien zu destillieren und damit auch *hard cases* befriedigend zu lösen.[25] Es ergibt sich daraus die *Richtige-Antwort-These* (*right-answer-thesis*) Dworkins: Der von Dworkin in einem Gedankenexperiment geschaffene Richter *Hercules*, der alle Aspekte des Rechtssystems kenne und genügend Zeit zur Entscheidungsfindung habe, könne die eine richtige Antwort auf die Frage nach der Lösung des Falles finden. Es existierten also nicht mehrere gleich gute Lösungen eines rechtlichen Problems.

21  b) Liberalismus, Würde und Gerechtigkeitstheorie. Dworkin ist inhaltlich ein Vertreter eines politischen Liberalismus (was nicht mit konkreten politischen Parteien in verschiedenen Ländern, die den Begriff Liberalismus verwenden, verwechselt werden sollte). Für ihn sind Grundrechte „Trümpfe" gegenüber anderen Interessen, die sich gegen einfache utilitaristische Nutzenabwägungen zur Rechtfertigung von Rechtsbeschränkungen durchsetzen.[26] Entsprechend nimmt er auch zu konkreten rechtlichen Auslegungsfragen Stellung, nicht nur des amerikanischen Verfassungsrechts. Er ist etwa ein Verteidiger einer liberalen Regelung des Schwangerschaftsabbruchs und tritt für ein Recht auf selbstbestimmtes Sterben ein, das aktive Sterbehilfe umfasst.[27] Seine Gerechtigkeitstheorie wird im Zusammenhang mit seiner umfassenden Theorie eines würdebegründeten Rechts erörtert (s. u. § 20).

### 2. Prinzipien und die Strukturtheorie der Grundrechte

22  *Robert Alexy* (geb. 1945) hat an Dworkins Unterscheidung von Regeln und Prinzipien angeknüpft und darauf aufbauend eine Theorie der allgemeinen Struktur der Grundrechte entwickelt.[28] Regeln und Prinzipien seien Normen, die Gebote, Verbote und Erlaubnisse aussprächen.[29] Die Unterscheidung von Regeln und Prinzipien ergebe sich

---

22  R. *Dworkin*, Taking Rights Seriously, S. 27.
23  R. *Dworkin*, Taking Rights Seriously, S. 40.
24  R. *Dworkin*, Taking Rights Seriously, S. 44.
25  R. *Dworkin*, Law's Empire, 1986; *ders.*, Justice for Hedgehogs, 2011, S. 123 ff.
26  R. *Dworkin*, Taking Rights Seriously, Chap. 7.
27  R. *Dworkin*, Life's Dominion, An Argument about Abortion, Euthanasia, and Individual Freedom, 1994.
28  R. *Alexy*, Theorie der Grundrechte, 1985; *ders.*, Law's Ideal Dimension, 2021.
29  R. *Alexy*, Theorie der Grundrechte, S. 72.

aber nicht daraus, dass Regeln abschließend formuliert werden könnten, wie Dworkin argumentiert. Ausnahmen seien vielmehr immer denkbar. Regeln und Prinzipien hätten deshalb beide einen *prima facie* Charakter, allerdings in unterschiedlicher Weise. Der *prima facie* Charakter von Regeln sei stärker, weil hinter ihnen die (formellen) Prinzipien stünden, die die Geltungsintensität der Regeln spezifizierten, etwa dass in einer Rechtsordnung erzeugte Regeln grundsätzlich befolgt werden müssten. Umgekehrt hätten keine Prinzipien, auch nicht gewichtige wie grundrechtlich verankerte, eine so starke *prima facie* Geltung wie Regeln.[30] Der Kern der Unterscheidung liege darüber hinaus darin, dass Prinzipien Optimierungsgebote bildeten, die mehr oder minder verwirklicht, Regeln dagegen entweder erfüllt oder nicht erfüllt würden.[31]

Grundrechtsnormen formulierten zunächst Prinzipien. Aus der Abwägung verschiedener grundrechtlicher Prinzipien resultierten Regeln, die der Grundrechtsnorm zugeordnet würden. Regeln seien das Produkt einer reflexiv ermittelten Präferenzrelation. Die Bedingungen des Vorranges des einen Prinzips vor dem anderen Prinzip ergäben den Tatbestand der Regel: „Die Bedingungen, unter denen das eine Prinzip dem anderen vorgeht, bilden den Tatbestand einer Regel, die die Rechtsfolge des vorgehenden Prinzips ausspricht".[32] Ein Beispiel: Das Grundrecht auf Meinungsfreiheit verkörpert das Prinzip, seine Meinung ungehindert ausdrücken zu können. Das Grundrecht auf Schutz von Persönlichkeitsrechten verkörpert das Prinzip, dass ein Mensch in seiner Persönlichkeit geachtet werden muss. Wenn eine Person (scharf) kritisiert wird, kann die Notwendigkeit entstehen, diese Prinzipien zum Ausgleich zu bringen und für verschiedene Fallkonstellationen gegeneinander abzuwägen. Man kann aus einer solchen Abwägung z.B. das Ergebnis gewinnen, dass die Meinungsfreiheit nur dann weniger Gewicht als Persönlichkeitsrechte hat, wenn die geäußerte Meinung im Kern eine Herabsetzung der anderen Person ist, also eine Schmähkritik bildet. Dann ergibt sich die Regel, dass die Meinungsfreiheit auch die scharfe Kritik anderer Personen erlaubt, es sei denn, es handele sich um Schmähkritik.

Durch diese theoretischen Weichenstellungen sei zu erklären, warum Grundrechte nur *prima facie* Rechtspositionen lieferten und sich ihr genauer Gehalt aus dem Abwägungsprozess ergebe. Entfaltete Grundrechtsnormen bildeten ein Bündel komplexer Rechtspositionen, die einerseits aus Prinzipien, andererseits aus durch Abwägung von Prinzipien gewonnenen Regeln als zugeordneten Grundrechtsnormen bestünden.[33] Wegen der Eigenart und des Gewichts der in die Abwägung eingestellten Prinzipien gebe es nicht nur eine einzige richtige Lösung eines Falles.

Die Prinzipientheorie hat eine weitere, wichtige philosophische Perspektive. Sie beansprucht nämlich mit dem Begriff des Prinzips eine Alternative zum Begriff des Wertes gefunden zu haben. Werttheorien seien aufgrund ihrer metaphysischen Basis theoretisch nicht attraktiv. Ihren sachlichen Gehalt könne eine Prinzipientheorie aber

---

30  *R. Alexy*, Theorie der Grundrechte, S. 87 ff.
31  *R. Alexy*, Theorie der Grundrechte, S. 75 f.
32  *R. Alexy*, Theorie der Grundrechte, S. 84. Zu einem Versuch, die Abwägung durch Quantifizierung der Gewichtung normativer Positionen mathematisch berechenbar zu machen, *ders.*, Die Gewichtsformel, J. Jickeli/P. Kreutz/D. Reuter (Hrsg.), Gedächtnisschrift für Jürgen Sonnenschein, 2003, S. 771–792.
33  *R. Alexy*, Theorie der Grundrechte, S. 78 ff.

überzeugend rekonstruieren. Durch den Bezug auf Prinzipien wird der Begriff des Rechts mit der Moral verbunden, also über einen positivistischen Rechtsbegriff hinausgegangen.[34] Die Bestimmung der genaueren Inhalte der Prinzipien erfolge dabei im *Diskurs*.[35]

### 3. Kritische Einschätzungen

26 Manchmal wird gegen die Prinzipientheorie eingewandt, sie führe zu einer Auflösung klarer Maßstäbe der Rechtsanwendung durch letztlich willkürliche Abwägungen. Dies könne sogar rechtsstaatliche Grundsätze wie die Verbindlichkeit des gesetzten Rechts erfassen, die als formelle Prinzipien aufgefasst würden und damit der Abwägung ebenfalls offenstünden. Die These Dworkins der einzigen richtigen Antwort verkenne die Möglichkeit unterschiedlicher, aber gleich gut begründeter Antworten auf Rechtsfragen. Das Optimierungsgebot verstärke die Auflösung der Rechtsbindung in einem Abwägungsexzess.

27 Diese Kritik wird der Prinzipientheorie nicht gerecht. Diese hat im Gegenteil das Verdienst, unstreitig zu vollziehende Abwägungen in ihren Elementen verständlicher und transparenter gemacht zu haben. Die Kritik missversteht auch das Optimierungsgebot, das als die sinnvolle (und wenig revolutionäre) Forderung aufgefasst werden kann, die beste mögliche Lösung zu finden. Die These der einzig richtigen Antwort Dworkins wird der Komplexität von manchen Rechtsfragen sicher nicht gerecht, lädt aber immerhin dazu ein, sich bei der Suche nach Lösungen nicht zu schnell mit Meinungsverschiedenheiten abzufinden.

28 Die analytische Trennung von Regeln und Prinzipien wirft verschiedene Probleme auf. Dabei ist es zunächst wichtig festzuhalten, dass zwischen Normen unterschieden werden muss, die vor Berücksichtigung aller Umstände eines konkreten Anwendungsfalles unter dem impliziten Vorbehalt von möglichen Ausnahmen und solchen, die nach der Berücksichtigung dieser Umstände gelten, weil es keine weiteren normativen Gründe gibt, sie zu modifizieren. Erstere sprechen Gebote, Verbote oder Erlaubnisse *prima facie*, Letztere *sans phrase* aus, um eine bestimmte technische moralphilosophische Terminologie zu verwenden.[36] Die Norm „Meinungen dürfen frei geäußert werden" gilt moralisch und auch weithin rechtlich *prima facie*; die Norm „Meinungen dürfen frei geäußert werden, wenn sie keine Schmähkritik bilden", auch nach Berücksichtigung der Fallkonstellationen, in denen Persönlichkeitsrechte in Frage stehen, und deswegen für den Beispielsfall *sans phrase*. Man kann diesen Sachverhalt durch die Unterscheidung von *prima facie* geltenden Prinzipien und definiten Regeln terminologisch beschreiben. Man sollte sich nur hüten, durch diese terminologische Weichenstellung

---

34 R. Alexy, Begriff und Geltung des Rechts, 1992.
35 Vgl. R. Alexy, Diskurstheorie und Menschenrechte, in: ders., Recht, Vernunft, Diskurs, 1995, S. 127 ff. Zur Diskurstheorie vgl. u. § 21 II.
36 Die Terminologie schwankt. Vgl. W. D. Ross, The Right and the Good, 1930, S. 19: „I suggest ‚prima facie duty' or ‚conditional duty' as a brief way of referring to the characteristic (quite distinct from that of being a duty proper) which an act has, in virtue of being of a certain kind (e.g. the keeping of a promise), of being an act which would be a duty proper if it were not at the same time of another kind which is morally significant". Im Gegensatz dazu bildeten wirkliche Pflichten Verpflichtungen zu einem besonderen Akt unter besonderen Umständen, ebd., S. 28. Vgl. a. z.B. K. Baier, The Moral Point of View, 1958, S. 102 ff.; R. M. Hare, Moral Thinking, S. 38; R. Alexy, Theorie der Grundrechte, S. 87.

den sachlichen Unterschied von präskriptiven *Regeln* iSv Geboten, Verboten und Erlaubnissen und *Wertaussagen* zu verwischen. „Du sollst nicht töten" ist ein Beispiel für Erstere, „Leben ist ein hohes Gut" ein Beispiel für Letztere. Diese Gefahr besteht, weil innerhalb der Prinzipientheorie präskriptive Regeln (Gebote, Verbote, Erlaubnisse) sowohl Regeln als auch Prinzipien im technischen Sinne der Prinzipientheorie sein können, gleichzeitig Prinzipien aber ein werttheoretisches Element besitzen. Sie drücken etwa aus, dass eine Freiheit, z.b. die Meinungsfreiheit, ein bestimmtes Gewicht, also einen spezifischen Wert hat. Damit kann die Abgrenzung von Handlungsanweisungen und Wertaussagen durch die prinzipientheoretische Terminologie undeutlich werden.

Im Übrigen liefern auch Regeln nicht einfach Alles-oder-nichts-Anweisungen. Viele Regeln sind vielmehr *prima facie* Regeln, z.B. die Regel „Versprechen sollen gehalten werden", die in besonderen Situationen modifiziert werden können. (Wenn B A versprochen hat, ihn am Mittwoch zu treffen, am Mittwoch B aber Vater wird und die Verabredung deshalb nicht einhält, wird man den Bruch des Versprechens nicht nur für gerechtfertigt, sondern für geboten halten). Diesen Sachverhalt kann man nicht durch die Annahme von implizierten Ausnahmen, die zum Tatbestand der Regel gehören, auffangen, denn diese Ausnahmen sind in der Tat nicht abschließend aufzählbar. Im Übrigen werden Regeln nie so formuliert und bleiben dennoch handhabbar. Durch die prinzipientheoretischen Weichenstellungen von Alexy, der diesen Einwand gegen Dworkins Ansatz teilt, wird ein anderer Weg eingeschlagen. Dieser gibt aber die klare Unterscheidung von Regeln und Prinzipien der Sache nach auf, da beiden im Grundsatz ein *prima facie* Charakter zugeschrieben wird. Man kann schließlich auch das Gewicht von Regeln gegeneinander abwägen, z.B. der beiden Regeln *Du sollst ein Versprechen halten* und *Du sollst Dich um Deine Familie kümmern*, ohne damit etwas Unverständliches und Seltsames zu versuchen. Es spricht deswegen terminologisch alles dafür, den Begriff Regel in einem weiteren (und vertrauteren) Sinn zu gebrauchen als in der Prinzipientheorie üblich. Die sachliche normtheoretische Unterscheidung ist zwischen Werten einerseits und Regeln und Rechten andererseits zu ziehen. Erstere bezeichnen Gegenstände als Gut, Letztere haben handlungsleitenden (gebietenden, verbietenden, erlaubenden) Sinn. Dieser kann dabei *prima facie* formuliert werden oder *sans phrase*, wenn mögliche Normkollisionen berücksichtigt werden.

Ein wichtiges Problem ist die wertkritische Orientierung der Prinzipientheorie. Es ist zutreffend, dass in der Vergangenheit viele Werttheorien metaphysisch waren. Das heißt aber nicht, dass alle Werttheorien metaphysisch sein müssten. Wie an konkreten Beispielen gezeigt werden wird, kommt eine überzeugende Werttheorie gerade ohne Metaphysik aus. Es gibt deswegen keinen Grund, auf den traditionellen und wichtigen Begriff der Werte zu verzichten. Er wird deswegen im Folgenden weiter verwandt und theoretisch eingehegt werden.

### IV. Die Moral der Rechtsstaatlichkeit
#### 1. Positivismus und *rule of law*

Eine Theorie, die über den Positivismus hinausweist und Recht und Moral auf eine interessante Weise verbindet, wurde von *Lon Fuller* (1902–1978) entwickelt. Die Moral des Rechts bestehe nicht in materialen Prinzipien, sondern in bestimmten formalen

Eigenschaften des Prinzips der *rule of law*, der Rechtsstaatlichkeit.³⁷ Acht zentrale Weisen, die *rule of law* zu verletzen, illustrierten, um welche Eigenschaften es dabei gehe: 1. Es gibt keine rechtlichen Regeln, Entscheidungen ergehen *ad hoc*. 2. Die Regeln sind nicht öffentlich. 3. Die rückwirkende Gesetzgebung wird missbraucht. 4. Die Regeln sind unverständlich. 5. Die Regeln sind widersprüchlich. 6. Die Regeln verlangen mehr, als der Adressat leisten kann. 7. Die Regeln wechseln so häufig, dass die Adressaten sich nicht mehr an ihnen orientieren können. 8. Es herrscht eine Diskrepanz zwischen Regeln und ihrer Anwendung.³⁸

32  Die formalen Eigenschaften des Rechts, die die Berechenbarkeit, Transparenz und Bestimmtheit des Rechts konstituierten und die so verletzt würden, hätten eine moralische Implikation: Durch sie würden Menschen als autonome Wesen ernst genommen, da nur unter der Bedingung der menschlichen Autonomie diese Eigenschaften des Rechts plausibel seien.³⁹

### 2. Kritische Einschätzungen

33  Fullers Analyse greift traditionelle Elemente der Rechtsstaatlichkeit auf und bringt ihre rechtsethische Begründung in Erinnerung: die Wahrung der Autonomie der Menschen, die in der Tat nicht geschützt werden kann, wenn eine Praxis existiert, die die genannten Eigenschaften besitzt. Damit sind gleichzeitig aber auch materiale Fragen neu gestellt: Warum ist menschliche Autonomie, der die Rechtsstaatlichkeit dient, eigentlich ein Rechtswert? Gibt es inhaltliche Maßstäbe für den individuellen und kollektiven Autonomiegebrauch? Diese Fragen weisen über Fullers Überlegungen hinaus.

---

37 Es gibt eine Diskussion, ob *rule of law* und Rechtsstaatlichkeit dasselbe meinten – hier kommt es auf die möglichen Unterschiede nicht an.
38 *L. L. Fuller*, The Morality of Law, revised ed., 1969, S. 33 ff. Einflussreiche Kritik von *H. L. A. Hart*, Review of Lon L. Fuller, The Morality of Law, Harvard Law Review, 78 (1965), S. 1281 ff.; zur Diskussion *H. Rottleuthner*, Foundations of Law, 2005, S. 169 ff.
39 *L. L. Fuller*, The Morality of Law, S. 162 ff.

# § 19 Gerechtigkeitstheorie und Gemeinschaften der Freiheit

I. Gerechtigkeit und das Werden der politischen Ordnung der Nachkriegszeit ........................... 1
II. Eine Theorie der Gerechtigkeit ..... 4
   1. Liberaler Kontraktualismus ..... 4
   2. Zwei Prinzipien der Gerechtigkeit ............................... 10
   3. Kantianismus und politischer Konstruktivismus ................ 18
   4. Institutionelle Ordnung .......... 24
   5. Internationale Ordnung ......... 25
   6. Kritische Einschätzungen ........ 35
III. Kommunitarismus und Gerechtigkeit ................................... 44
   1. Einfache und komplexe Gleichheit ................................. 44
   2. Kritische Einschätzungen ........ 46
IV. Transzendentaler Institutionalismus und die vergleichende Verbesserung der Welt ................................. 47
   1. Gerechtigkeit jenseits des Kontraktualismus .................... 47
   2. Kritische Einschätzungen ........ 55

## I. Gerechtigkeit und das Werden der politischen Ordnung der Nachkriegszeit

In der Nachkriegszeit stehen Gerechtigkeitsfragen national wie international in verschiedener Hinsicht zur Debatte. Für alle Gesellschaften ist das Problem innerer sozialer Gerechtigkeit zu lösen. Dieses Problem hat das 19. Jahrhundert für die Länder, die von der industriellen Revolution in Europa erfasst wurden, nachdrücklich gestellt. Es muss aber auch im Rahmen anderer sozialer Strukturen, etwa in agrarischen Gesellschaften, bewältigt werden. Die sozialistischen Gesellschaftsordnungen bilden eine Antwort auf diese Herausforderung, eine andere formt der demokratische Verfassungsstaat, der sozial konstituiert wird. Grundsätzliche Alternativen zu den bestehenden Gesellschaftsordnungen werden in verschiedener Form nicht nur von den Protestbewegungen am Ende der sechziger Jahre des 20. Jahrhunderts gefordert, z.T. im Rahmen traditioneller sozialistischer und kommunistischer Vorstellungen, z.T. jenseits dieser Bahnen. Die Suche nach Alternativen zur orthodoxen sozialistischen Theorie wird dabei nicht zuletzt aufgrund der schon früh formulierten Beobachtung angetrieben, dass die geschaffene Form des Staatssozialismus nicht nur autoritär ist, sondern auch eine neue hierarchische materielle Ungleichheit der Menschen schafft.

International endet nach dem Zweiten Weltkrieg die seit dem Beginn der Neuzeit bestehende europäische Hegemonie. Die zweipolige Machtkonstellation des Kalten Krieges entsteht. Mit dem Ende der Weltmachtstellung der europäischen Staaten geht die Dekolonisation einher. Politisch wird eine neue Kritik der ungerechten, globalen Machtverteilung formuliert. Dieser Prozess bedeutet eine überfällige Befreiung von illegitimen Machtstrukturen. Er führt aber auch zu neuen Formen autoritärer Herrschaft, die manchmal ein Schachzug in der Partie der Großmächte sind, manchmal aber auch ein von den ehemals Beherrschten selbstbewirktes Unglück bilden. Für die mögliche Tragik politischer Emanzipationsbemühungen fehlt es auch in der Gegenwart nicht an Anschauungsmaterial. Kriege wie der Frankreichs in Algerien, der der USA in Vietnam oder der der Sowjetunion in Afghanistan werden zum Symbol des Elends moderner bewaffneter Auseinandersetzungen und verfehlter Außenpolitik zur Behauptung von politischen Einflusssphären.

Die politischen Umwälzungen der internationalen Ordnung gehen aber nicht nur einher mit der Kritik der globalen Macht-, sondern auch der globalen Wohlstandsverteilung. Nachdrücklich wird seitdem nicht nur nach innerstaatlicher, sondern auch nach globaler sozialer Gerechtigkeit gefragt. Aufgrund des Elends und der Zahl durch Armut bedingter und vermeidbarer Tode in vielen Regionen der Welt bildet die theoretische Fundierung von Gerechtigkeitsvorstellungen ein Problem, das sich mit ethischer und politischer Dringlichkeit stellt.

## II. Eine Theorie der Gerechtigkeit

### 1. Liberaler Kontraktualismus

4  *John Rawls'* (1921–2002) Theorie der Gerechtigkeit hat die internationale Gerechtigkeitsdiskussion der Gegenwart wie kaum eine andere beeinflusst. Ausgangspunkt von Rawls' Überlegungen sind soziale Arrangements, nicht individuelles Handeln: Gerechtigkeit sei die zentrale Tugend sozialer Institutionen wie Wahrheit die von geistigen Systemen bilde: „Justice is the first virtue of social institutions, as truth is of systems of thought".[1] Rawls unterscheidet dabei eine ideale von einer nicht-idealen Theorie: Erstere geht davon aus, dass die Menschen gewählten Gerechtigkeitsprinzipien folgten und dabei auf hinlänglich vorteilhafte äußere Umstände stießen, die ihre Verwirklichung möglich machten. Letztere bezieht sich auf den Umgang (und die Wege der Überwindung) realer Ungerechtigkeiten.[2]

5  Rawls' Gerechtigkeitstheorie behauptet zwei grundlegende moralische Vermögen der Menschen: Erstens seien sie fähig, einen eigenen Lebensentwurf zu bilden und ihn mit einem rationalen Lebensplan zu verfolgen. Zweitens hätten sie einen Sinn für Gerechtigkeit (*sense of justice*). Aufgrund dieses Gerechtigkeitssinns könnten sie Gerechtigkeitsprinzipien anwenden und zum Maßstab des eigenen Handelns machen.[3]

6  Rawls knüpft bewusst und ausdrücklich an die Tradition der Gesellschaftsvertragstheorie an, indem er auf eine Übereinkunft von Menschen als Wurzel moralischer Prinzipien zurückgreift. Diese Übereinkunft ist keine reale, sondern das Produkt eines Gedankenexperiments. Gerecht seien die Arrangements, die Menschen in einer Ausgangsposition (*original position*), unter bestimmten Bedingungen treffen würden. Entscheidend sei dabei ein Schleier des Nichtwissens (*veil of ignorance*), der den Menschen verberge, welche Eigenschaften sie tatsächlich haben werden: „Among the essential features of this situation is that no one knows his place in society, his class position or social status, nor does any one know his fortune in the distribution of natural assets and abilities, his intelligence, strength, and the like. I shall even assume that the parties do not know their conception of the good or their special psychological propensities. The principles of justice are chosen behind a veil of ignorance".[4] Im Moment

---

[1] J. *Rawls*, A Theory of Justice, 1971, S. 3 (revised ed. 1999, Zitate nach der Ursprungsversion, soweit nicht anders vermerkt).
[2] J. *Rawls*, Justice as Fairness: Political not Metaphysical, in: *ders.*, Collected Papers, 2001, S. 13; *ders.*, The Law of Peoples, 1999, S. 4 f.
[3] J. *Rawls*, A Theory of Justice, S. 505.
[4] J. *Rawls*, A Theory of Justice, S. 12: „Zu den entscheidenden Eigenschaften dieser Lage gehört, dass niemand seinen Platz in der Gesellschaft, seine Klassenzugehörigkeit oder soziale Stellung kennt, noch sein Glück bei der Verteilung von natürlichen Anlagen und Fähigkeiten, seine Intelligenz, Stärke und Ähnliches. Ich möchte sogar annehmen, dass die Parteien ihre Konzeption des Guten oder ihre besonderen psychologischen Neigungen nicht kennen. Die Prinzipien der Gerechtigkeit werden hinter einem Schleier des Nichtwissens gewählt".

# § 19 Gerechtigkeitstheorie und Gemeinschaften der Freiheit

der Entscheidung über die gesellschaftlichen Arrangements wissen die Beteiligten also nicht, ob sie von bestimmten Einrichtungen profitieren werden oder nicht. Grund für dieses Charakteristikum der Ausgangsposition sei die Zufälligkeit menschlicher Eigenschaften. Sie beruhten im Wesentlichen auf einer „natural lottery",[5] einem Glücksspiel der Natur, das manchen Menschen besondere Talente zuweise, anderen aber nicht. Die natürlichen Eigenschaften der Menschen, ihre individuellen Vorzüge und Talente seien deshalb für die Gerechtigkeitstheorie irrelevant: „In justice as fairness men agree to share one another's fate".[6]

Die Akteure der Ausgangsposition kennten zwar ihre individuellen Vorstellungen vom Glück nicht, auch diese sind ja vom Schleier des Nichtwissens verborgen, wohl besäßen sie aber eine Vorstellung von bestimmten Grundgütern, nicht zuletzt vom Wert menschlicher Freiheit.[7] Die Akteure wählten unter dem Einfluss bestimmter psychologischer Eigenschaften: Sie seien risikoscheu, wagten also keine großen Verluste um große Gewinne zu erzielen. Sie wählten auch rational, da sie für ein gegebenes Ziel die effizienten Mittel zu seiner Erreichung ergriffen. Dabei interessierten sie sich für den eigenen Vorteil und seien nicht unmittelbar bemüht um den Vorteil anderer. Sie seien aber auch nicht neidisch.[8] Die Ausgangsposition ist durch diese Eigenschaften aus Rawls' Sicht ein Mittel der Darstellung (*device of representation*) bestimmter Vorstellungen von Fairness der ihre normativen Positionen reflektierenden Bürgerinnen und Bürger.[9]

Da die Gerechtigkeitsprinzipien sich nicht aus bestimmten materialen Prinzipien ergeben, sondern aus einem in einem Gedankenexperiment durchgespielten Verfahren (nämlich der Entscheidungsfindung hinter dem Schleier des Nichtwissens), hat die Theorie einen prozeduralistischen Zug: Gerecht sei, was sich aus einem fairen Verfahren ergebe (*justice as fairness*).[10] Das zentrale Legitimationskriterium der Gerechtigkeitsprinzipien ist der gedachte Konsens von Betroffenen unter spezifischen, restriktiven Bedingungen der Entscheidungsfindung.

Die entwickelten Prinzipien werden aber noch einem zweiten Test unterzogen. Die Gerechtigkeitsprinzipien, die sich aufgrund der Ausgangsposition ergeben, werden mit wohl erwogenen moralischen Urteilen (*considered judgments*) verglichen. Wohl erwogene moralische Urteile werden unter für die Bewertung vorteilhaften Bedingungen vollzogen, etwa ohne Furcht oder Beeinflussung durch persönliche Interessen.[11] Bei einer Abweichung der Prinzipien von diesen wohlerwogenen Urteilen müsse eine

---

5   *J. Rawls*, A Theory of Justice, S. 15, 72 ff.
6   *J. Rawls*, A Theory of Justice, S. 102: „Durch Gerechtigkeit als Fairness verabreden Menschen, dass einer des anderen Schicksal teilt".
7   Diese Grundgüter umfassten Rechte wie Gedanken- und Gewissensfreiheit, Freizügigkeit und Berufsfreiheit, Einflusssphären durch Ämter und Positionen von Autorität und Verantwortung, Einkommen und Wohlstand sowie die soziale Basis der Selbstachtung, vgl. *J. Rawls*, A Theory of Justice, S. 92 ff.; *ders.*, Justice as Fairness, S. 58 f. Anders als in *A Theory of Justice*, die insoweit unklar sei, betont Rawls später, dass diese Grundgüter von einer normativen, politischen Konzeption des Personseins abhingen, von der Freiheit und Gleichheit in einer Gesellschaft in vollem Umfange mitwirkender Bürgerinnen und Bürger. Sie seien nicht einfach durch das Menschsein gegeben. Vgl. *ders.*, Justice as Fairness, S. 58.
8   *J. Rawls*, A Theory of Justice, S. 142 ff.
9   *J. Rawls*, Political Liberalism, 1996, S. 24 f.
10  *J. Rawls*, A Theory of Justice, S. 11 ff.
11  *J. Rawls*, A Theory of Justice, S. 47 f.

Veränderung der Prinzipien oder eine Veränderung der Eigenschaften der Ausgangsposition erfolgen, bis ein Reflexionsgleichgewicht (*reflective equilibrium*) zwischen Prinzipien und wohl erwogenen Urteilen erreicht werde.[12]

## 2. Zwei Prinzipien der Gerechtigkeit

10   Rawls formuliert die folgenden beiden Gerechtigkeitsprinzipien, die zu den meistbedachten Formulierungen der modernen Ethik gehören:

> „First: each person is to have an equal right to the most extensive basic liberty compatible with a similar liberty for others.
>
> Second: social and economic inequalities are to be arranged so that they are both (a) reasonably expected to be to everyone's advantage, and (b) attached to positions and offices open to all".[13]

11   Zwischen beiden Prinzipien herrsche eine Rangordnung (*lexical order*): Das erste Prinzip genieße Vorrang vor dem zweiten.[14] Eine Abweichung von einem System gleicher Freiheit, das vom ersten Prinzip gefordert werde, könne nicht aufgrund größerer sozialer oder ökonomischer Vorteile von ungleich verteilter Freiheit gerechtfertigt werden.[15] Eine Ausnahme bilde ein gesellschaftlicher Entwicklungsstand, in dem ein System von Freiheiten noch nicht verwirklicht werden könne. Hier dürften Freiheiten eingeschränkt werden, um das Zivilisationsniveau so zu heben, dass ein System der Freiheiten möglich werde.[16] Innerhalb des zweiten Gerechtigkeitsprinzips habe die Chancengleichheit Priorität vor dem Differenzprinzip (*difference principle*).[17]

12   Beide Prinzipien werden damit begründet, dass die Entscheidenden in der Ausgangsposition nur diese Grundsätze hinter dem Schleier des Nichtwissens unter der Bedingung der Unkenntnis ihrer Eigenschaften und der skizzierten Struktur ihres Entscheidungs-

---

12   *J. Rawls*, A Theory of Justice, S. 20.
13   *J. Rawls*, A Theory of Justice, S. 60: „Erstens: Jede Person soll ein gleiches Recht auf die weitestgehende grundlegende Freiheit haben, die mit ähnlicher Freiheit anderer vereinbar ist. Zweitens. Soziale und ökonomische Ungleichheiten sollen so eingerichtet werden, dass sowohl (a) von ihnen vernünftigerweise erwartet werden kann, dass sie zum Vorteil von allen sind und (b) sie verbunden sind mit Positionen und Ämtern, die allen offen stehen". Rawls hat nach Kritik klargestellt, dass es im ersten Prinzip um eine Anzahl spezifischer Freiheiten gehe, nicht um „Freiheit" (liberty) insgesamt, *ders.*, Justice as Fairness, S. 44 ff.
14   *J. Rawls*, A Theory of Justice, S. 42 f.
15   Rawls hat den Gerechtigkeitsprinzipien eine ausführlichere Fassung gegeben:
1. Prinzip: „Each person is to have an equal right to the most extensive total system of equal basic liberties compatible with a similar system of liberty for all".
2. Prinzip: „Social and economic inequalities are to be arranged so that they are both: (a) to the greatest benefit of the least advantaged, consistent with the just saving principle, and (b) attached to offices and positions open to all under conditions of fair equality of opportunity".
„First Priority Rule (Priority of Liberty)": „The principles of justice are to be ranked in lexical order and therefore the basic liberties can be restricted only for the sake of liberty. There are two cases: (a) a less extensive liberty must strengthen the total system of liberties shared by all; (b) a less than equal liberty must be acceptable to those with the lesser liberty".
„Second Priority Rule (The Priority of Justice over Efficiency and Welfare)": „The second principle of justice is lexically prior to the principle of efficiency and to that of maximizing the sum of advantages; and fair opportunity is prior to the difference principle. There are two cases: (a) an inequality of opportunity must enhance the opportunities of those with lesser opportunity; (b) an excessive rate of saving must on balance mitigate the burden of those bearing this hardship", *J. Rawls*, A Theory of Justice, revised ed., S. 266 f.
16   *J. Rawls*, A Theory of Justice, S. 152, 452 f.
17   *J. Rawls*, Justice as Fairness, S. 43.

verhaltens akzeptieren würden. Ein System von ungleich verteilten Freiheiten würde nicht gewählt werden, weil den Entscheidenden unklar sei, ob sie von diesem System selbst profitieren würden. Für ein System mit mehr Freiheiten für die Angehörigen einer bestimmten Menschengruppe, etwa identifiziert durch die Hautfarbe, würden die Entscheidenden aus Rawls' Sicht beispielsweise nicht votieren, weil sie nicht wissen, welche Hautfarbe sie selbst besitzen.

Ökonomische Ungleichheiten würden nur dann akzeptiert werden, wenn die am schlechtesten Gestellten absolut dabei gewännen – dies formuliert das Differenzprinzip. Wenn also eine absolut gleiche Verteilung von Gütern allen Empfängern 50 Einheiten materieller Vorteile brächten, eine ungleiche Verteilung aber den besser Gestellten 100, den schlechter Gestellten 60 Einheiten, dann würde von rational Entscheidenden die Ungleichbehandlung gewählt, weil es besser sei 60 als 50 Einheiten zu genießen.[18] Damit wird die Möglichkeit eines Anreizsystems gerechtigkeitstheoretisch abgesichert, wenn es die Lage auch der am schlechtesten Gestellten hebt. Dies kann beispielsweise der Fall sein, wenn durch die verstärkten Bemühungen der durch die Anreize Belohnten der Wohlstand auch der am schlechtesten Gestellten gesteigert wird.

|  | Verteilung I | Verteilung II |
|---|---|---|
| Gütermenge der Gruppe 1 | 50 | 60 |
| Gütermenge der Gruppe 2 | 50 | 100 |
|  | Vorzugswürdig nach Prinzip absoluter Gleichheit | Vorzugswürdig nach Differenzprinzip |

Diese Überlegungen illustrieren, welche Konsequenzen die Risikoscheu der Akteure in der Ausgangssituation hat. Es werde von ihnen nicht auf die Möglichkeit gesetzt, zu den Privilegierten zu gehören und für diese Möglichkeit das Risiko eingegangen, am Ende, wenn dies nicht der Fall ist, zu den Verlierern der Verteilung zu gehören. Sie erkaufen sich also nicht die Chance großer Freiheiten mit dem Risiko, am Ende selbst weniger Freiheiten zu genießen. Sie akzeptierten auch keine Verteilung, etwa 200 Einheiten materieller Vorteile für besser und 10 Einheiten für schlechter Gestellte, in der Hoffnung, zu denen zu gehören, die 200 Einheiten erhalten werden. Sie maximierten also das Minimum dessen, was sie jedenfalls erreichen werden (*Maximin-Prinzip*).[19] Aus Rawls' Sicht würden deshalb auch keine utilitaristischen Prinzipien gewählt werden, wobei das Prinzip der Maximierung des Durchschnittsnutzens in einer Gesellschaft die zentrale diskutierte Alternative zu den beiden Gerechtigkeitsprinzipien bildet.[20] Der Hauptgrund dafür ist zunächst wiederum das Maximin-Prinzip.

---

18 Rawls räumt ein, dass man bezweifeln könne, ob bei einem Gewinn von 1 Milliarde Dollar der besser Gestellten bei einer damit einhergehenden Steigerung von 1 Penny für die schlechter Gestellten von Gerechtigkeit gesprochen werden könne. Das Differenz-Prinzip sei auf solche abstrakten Möglichkeiten aber nicht zugeschnitten, in einer Wettbewerbsgesellschaft würden extreme Unterschiede sich auch nicht erhalten, *ders.*, A Theory of Justice, S. 157 f.
19 *J. Rawls*, A Theory of Justice, S. 152 ff.
20 *J. Rawls*, A Theory of Justice, S. 150 ff. Die Idee einer Steigerung des absoluten gesellschaftlichen Gesamtnutzens findet weniger Aufmerksamkeit, weil man diesen schon dadurch steigern könne, dass die Bevölkerungszahl schneller steige als der Pro-Kopf-Nutzen sinke. Dies taugt aus Rawls' Sicht nicht als Leitprinzip.

Der Durchschnittsnutzen in einer Gesellschaft kann auch dann hoch sein, wenn wenige Gesellschaftsmitglieder sehr viele Güter, die Mehrheit aber nur eine geringe Gütermenge besitzt. Das Risiko, zu den Verlierern dieser Güterverteilung zu gehören, würde von den Entscheidenden in der Ausgangsposition nicht eingegangen werden. Diese Argumentation hat Rawls später modifiziert und auf die Verteilung von Freiheiten und Chancen beschränkt. Das Differenzprinzip wird dadurch begründet, dass es den sozialen Zusammenhalt einer Gesellschaft befördere.[21] Über Generationen hinweg soll ein Prinzip gerechten Sparens (*just saving principle*) Gerechtigkeit wahren, indem solche Rücklagen erfolgen, die die Lebensbedingungen nachfolgender Generationen sicherten.[22]

15 Rawls meint weiter, dass in der Ausgangsposition auch bestimmte natürliche Pflichten geschaffen würden (*natural duties and obligations*), die sich etwa auf die Erhaltung der Verfassungsordnung, Respekt vor anderen oder Hilfeleistungen bezögen.[23]

16 Rawls' Gedanken zum *Verhältnis des Rechten und des Guten* führen zu seiner Begründung des Wertes der sozialen Verbindung von Menschen. Das Rechte umfasse die Prinzipien, die in der Ausgangsposition vereinbart würden. Das Gute beziehe sich auf die materialen Lebensziele der Menschen. Das Rechte sei von einer schwachen Theorie des Guten abhängig: Bestimmte Präferenzen werden ja vom Schleier des Nichtwissens nicht verhüllt, etwa dass Menschen größere Freiheit für ein höheres Gut halten als geringere, um Entscheidungen in der Ausgangssituation überhaupt zu ermöglichen. Das so begründete Rechte habe aber einen Vorrang vor dem Guten im starken, substantiellumfassenden Sinne, also einer voll ausgebildeten individuellen Präferenzordnung.[24]

17 Die soziale Verbindung (*social union*) von Menschen sei ein Element des Guten in diesem substantiell-umfassenden Sinn, weil sie zur Verwirklichung der Eigenschaften der Menschen beitrage. Diesen Gedanken formuliert Rawls im ausdrücklichen Anschluss an das dargestellte Argument von v. Humboldt (s. o. § 10 I). Eine wohlgeordnete Gesellschaft (*well-ordered society*) fasse die verschiedenen Zusammenschlüsse von Menschen zusammen (*union of social unions*). Sie verfolge dabei aber kein materiales Ziel (menschliche Vervollkommnung, nationale Größe usw.), sondern nur die Verwirklichung der Gerechtigkeitsprinzipien als Selbstzweck.[25] Das Rechte und das Gute konvergierten, weil Gerechtigkeit als das Rechte selbst ein Gut sei. Der Gerechtigkeitssinn entspreche damit im Effekt einer schwachen Theorie des Guten, was für die Stabilität der wohlgeordneten Gemeinschaft sorge. Gegen einzelne Dissidenten gebe es allerdings kein letztes rationales Argument, was aber nicht ihre notfalls zwangsweise Integration in die Gemeinschaft ausschließe.[26]

---

21 *J. Rawls*, Justice as Fairness, S. 94 ff.
22 *J. Rawls*, A Theory of Justice, S. 284 ff.
23 *J. Rawls*, A Theory of Justice, S. 333 ff.
24 *J. Rawls*, A Theory of Justice, S. 395 f.
25 *J. Rawls*, A Theory of Justice, S. 523 ff.
26 *J. Rawls*, A Theory of Justice, S. 567 ff.

## 3. Kantianismus und politischer Konstruktivismus

Rawls kritisiert bei der ideengeschichtlichen Pointierung seiner Theorie den Perfektionismus – etwa von Leibniz –, der von einer objektiven Wertordnung ausgehe, weil die Existenz einer solchen Wertordnung nicht nachweisbar sei. Rawls hält auch Humes Überlegungen für unzureichend, da dieser keinen Begriff praktischer Vernunft formuliere, sondern die Moral unzulässig psychologisiere. Hume kenne nur von konkreten Objekten bestimmtes Begehren (*object-dependent desires*), kein von Prinzipien (z.B. der Gerechtigkeit) bestimmtes Begehren (*principle-dependent desires*). Kant sei ideengeschichtlich für eine moderne ethische Theorie der entscheidende Orientierungspunkt, weil er diese Fehler vermeide.[27] Als Kern von Kants moralischer Theorie wird eine Konzeption vom Menschsein aufgefasst, die Menschen wesentlich als Freie und Gleiche verstehe. Eine derartige Konzeption „einer allgemeinen Aristokratie" (*aristocracy of all*)[28] bewege zum moralischen Handeln: „(w)e cannot help but be deeply moved to identify with that ideal and act in accordance with that conception".[29]

Diese Bemerkungen erfassen mit Feinsinn wichtige Aspekte von Kants praktischer Philosophie, wenn sie ihren Gehalt auch nicht ausschöpfen.[30] Das Verständnis von Menschen als Freie und Gleiche, das er bei Kant ausgedrückt findet, hat für Rawls' eigene Überlegungen konstitutive Bedeutung: Es ist das Fundament der weiteren theoretischen Absicherung von Rawls' Gerechtigkeitstheorie selbst. Rawls' Gedanken münden dabei in einen *politischen, nicht metaphysischen Liberalismus*, der sich in einem kantianischen Konstruktivismus reflexiv verankert. Ein kantianischer Konstruktivismus ist in Rawls' Augen dadurch gekennzeichnet, dass eine Konzeption der Person mit Gerechtigkeitsprinzipien durch ein bestimmtes vernünftiges Verfahren der Konstruktion verbunden wird[31] – in seinem Fall das Verständnis der Menschen als Freie und Gleiche mit den beiden Prinzipien der Gerechtigkeit durch den Entscheidungsprozess in der Ausgangsposition hinter dem Schleier des Nichtwissens. Rawls beschreibt seinen moralischen Konstruktivismus als politisch, nicht metaphysisch orientiert, weil er in Bezug auf die Wurzeln der ethischen Grundorientierungen nicht auf metaphysische Quellen, sondern konkrete Gemeinschaften zurückgreift.[32] Dieser Liberalismus ist deshalb mit einem moralischen Relativismus verbunden, der zunächst durchaus fraglich ist, sich im späteren Werk von Rawls aber deutlich ausprägt. Der Relativismus ist bei Rawls mit dem unausweichlichen Pluralismus moderner Gesellschaften verbunden. Unter den Bedingungen moderner Gesellschaften stelle sich ein Pluralismus der Wertorientierungen nämlich nicht als pathologische Verfallserscheinung, sondern

---

27 Vgl. *J. Rawls*, Lectures on the History of Moral Philosophy. Zu Hobbes, Locke, Hume, Rousseau, Mill, Marx, Sidgewick und Butler, *ders.*, Lectures on the History of Political Philosophy, 2007.
28 *J. Rawls*, Lectures on the History of Moral Philosophy, S. 211, 306.
29 *J. Rawls*, Lectures on the History of Moral Philosophy, S. 308: „(W)ir können nicht anders als zutiefst dazu bewegt zu werden, uns mit diesem Ideal zu identifizieren und in Übereinstimmung mit diesem Ideal zu handeln".
30 S. o. § 9.
31 *J. Rawls*, Kantian Constructivism in Moral Theory, in: *ders.*, Collected Papers, 2001, S. 304 ff.
32 *J. Rawls*, Justice as Fairness, in: *ders.*, Collected Papers, 2001, S. 390 ff. Die Verbindung von normativen Prinzipien mit konkreten institutionalisierten Ordnungen im Begriff der Sittlichkeit würdigt Rawls deshalb als wichtigen Gewinn der Rechtsphilosophie Hegels, vgl. *J. Rawls*, Lectures on the History of Moral Philosophy, S. 366.

natürlich ein. Es gebe einen vernünftigen Pluralismus gleich gut begründeter umfassender Konzeptionen (*comprehensive doctrines*) des Guten. Diese umfassenden Konzeptionen könnten aber einen gemeinsamen Nenner finden, der sich ergebe, wenn die Gesellschaft sich nur unter der Bedingung zusammenschließe, eine Assoziation von Freien und Gleichen zu formen. Dieser gemeinsame Nenner bilde den übergreifenden Konsens (*overlapping consensus*), auf dessen Basis die pluralistischen Orientierungen nebeneinander existieren könnten: „The fact of reasonable pluralism is not an unfortunate condition of human life, as we might say of pluralism as such, allowing for doctrines that are not only irrational but mad and aggressive. In framing a political conception of justice so it can gain an overlapping consensus, we are not bending it to existing unreason, but to the fact of reasonable pluralism, itself the outcome of the free exercise of free human reason under conditions of liberty".[33]

20 Das liberale Prinzip der Legitimität eines derartigen politischen Liberalismus sei das folgende: Die Ausübung von politischer Macht sei nur dann zulässig, wenn sie in Übereinstimmung mit einer Verfassung angewandt werde, von deren wesentlichen Inhalten erwartet werden könne, dass sie alle Bürgerinnen und Bürger als Freie und Gleiche im Licht der Prinzipien und Ideale, die für ihre gemeinsame menschliche Vernunft akzeptabel seien, billigten.[34] Später modifiziert Rawls diesen Gedanken, indem er auf einen Rekurs auf praktische Vernunft, aus deren Grundsätzen die Prinzipien der Gerechtigkeit folgten, ausdrücklich verzichtet.[35]

21 Mit der Idee der Legitimation durch mögliche Billigung aller wird auf das Prinzip der Reziprozität zurückgegriffen, das sozialer Kooperation allgemein zugrunde liege. Dieses Prinzip verlange, dass alle sozial Kooperierenden in angemessener Weise von der Kooperation profitieren müssten. Die Prinzipien der Gerechtigkeit spezifizierten dabei, welche Vorteile angemessen seien.[36] Die Begründungen müssten dabei vor der öffentlichen Vernunft (*public reason*) bestehen können: In ihrer Sphäre seien nur Gründe zugelassen, die von allen als Freie und Gleiche geteilt werden könnten. Gründe, die aus umfassenden Konzeptionen des Guten stammten, müssten – wenn sie zählen sollen – in öffentlich geteilte übersetzt werden können.[37] Diese Theorie des politischen Liberalismus ist nach Rawls' Ansicht nicht nur prozeduralistisch, weil sich substantielle Prinzipien der Gerechtigkeit ergäben.[38]

22 Während die Gerechtigkeit-als-Fairness Konzeption zunächst als umfassende Konzeption (*comprehensive doctrine*) erscheint, stellt Rawls später klar, dass es sich um eine politische Konzeption handele: Sie gehe von den in der öffentlichen politischen Kultur

---

33 *J. Rawls*, Political Liberalism, S. 144: „Die Tatsache eines vernünftigen Pluralismus ist kein bedauerlicher Umstand des menschlichen Lebens, wie wir es womöglich vom Pluralismus als solchem sagen können, der Doktrinen erlaubt, die nicht nur irrational, sondern verrückt und agressiv sind. Indem wir eine politische Konzeption der Gerechtigkeit formen, die einen übergreifenden Konsens schaffen kann, passen wir sie nicht der existierenden Unvernunft, sondern der Tatsache des vernünftigen Pluralismus an, der selbst das Resultat der freien Verwendung der menschlichen Vernunft unter Bedingungen der Freiheit ist".
34 *J. Rawls*, Political Liberalism, S. 137.
35 *J. Rawls*, The Law of Peoples, S. 86 ff.
36 *J. Rawls*, Political Liberalism, S. 16.
37 *J. Rawls*, The Idea of Public Reason revisited, in: *ders.*, The Law of Peoples, S. 129 ff., 138.
38 *J. Rawls*, The Law of Peoples, S. 14 f.

implizierten Grundideen aus, um Gerechtigkeitsprinzipien zu entwickeln, die freie und begründete Zustimmung finden könnten.[39]

Rawls verfolgt deshalb kein moralepistemologisches Programm der Letztbegründung: Es gebe kein letztes siegreiches Argument,[40] normative Überzeugungen bildeten sich in den konkreten Bemühungen um Begründung im „hier und jetzt" (*here and now*).[41] Dem Begriff der praktischen Vernunft und seinen Komponenten der Vernünftigkeit, des Anstands und der Rationalität würden im Prozess der Begründung Inhalt gegeben.[42]

### 4. Institutionelle Ordnung

Rawls gewinnt auf der Grundlage dieser Gerechtigkeitsprinzipien Aussagen über die *institutionellen Arrangements* einer Gesellschaft, die ja das eigentliche Objekt der Gerechtigkeit seien. Diese werden in einem Vier-Stufen-Modell entwickelt: Nach der ersten Stufe der Ausgangsposition arbeitet eine verfassungsgebende Versammlung aufgrund der Gerechtigkeitsprinzipien die Verfassung aus. Nach der dann folgenden Gesetzgebung schließen die Anwendung der Gesetze auf den Einzelfall durch Verwaltung und Rechtsprechung und das normkonforme Verhalten der Bürgerinnen und Bürger die Stufenfolge ab. Die Akteure haben in Rawls' Modell dabei immer mehr Wissen, bis auf der letzten Stufe alle Fakten bekannt sind – der Schleier des Nichtwissens wird gelüftet.[43] Staatsstrukturell hält er einen demokratischen Verfassungsstaat für gerecht. Ökonomisch könne sowohl eine Marktwirtschaft auf der Basis von Privateigentum als auch eine Form des Sozialismus mit Gerechtigkeitsprinzipien vereinbart werden.[44] Später präzisiert Rawls, dass zwei Wirtschaftssysteme den Gerechtigkeitsprinzipien nicht entsprächen: Im wohlfahrtsstaatlichen Kapitalismus (*welfare-state capitalism*) werde das Prinzip der Reziprozität nicht gewahrt, weil das Eigentum am produktiven Anlagevermögen und den natürlichen Ressourcen in hohem Maße ungleich verteilt sei, so dass die Kontrolle der Wirtschaft und wichtiger Teile des politischen Lebens in relativ wenigen Händen liege. Ebenso gerechtigkeitstheoretisch illegitim sei eine staatssozialistische Planwirtschaft wegen ihrer Freiheitsverletzungen und undemokratischen Struktur.[45] Vorzugswürdig seien deshalb eine Demokratie mit partizipatorischen Eigentumsstrukturen (*property-owning democracy*) oder ein liberaler Sozialismus (*liberal socialism*). Ersteres erlaube Privateigentum am Produktivvermögen, strebe aber eine breite Verteilung in der Gesellschaft an, um die Wirtschaft und indirekt auch die Politik zu kontrollieren. Bei Letzterem befänden sich zwar die Produktivmittel in den Händen des Staates, ihre Nutzung liege aber bei den unabhängigen Unternehmen und erfolge im Rahmen von Freiheitsrechten sowie freier und wettbewerbsorientierter

---

39 *J. Rawls*, Justice as Fairness, S. xvii; *ders.*, Political Liberalism, S. 100 f.
40 *J. Rawls*, The Law of Peoples, S. 123.
41 Vgl. z.B. *J. Rawls*, The Law of Peoples, S. 30 ff.
42 *J. Rawls*, The Law of Peoples, S. 86 ff.
43 *J. Rawls*, A Theory of Justice, S. 195 ff.
44 *J. Rawls*, A Theory of Justice, S. 258.
45 *J. Rawls*, Justice as Fairness, S. 138 ff.

Märkte. Die Beschäftigten übten dabei eine mehr oder minder direkte Kontrolle über diese Unternehmen aus.[46]

### 5. Internationale Ordnung

25 Rawls hat auf der Basis seines kontraktualistischen Modells auch Grundprinzipien des Völkerrechts und der internationalen Ordnung sowie rechtsethische Prinzipien der Außenpolitik entwickelt. Entscheidungssubjekte seien dabei nicht Staaten, sondern Völker (*peoples*) in einem spezifischen Sinn: Völker in Rawls' Sinn werden durch Gemeinschaften von Bürgerinnen und Bürgern gebildet, die durch gemeinsame Institutionen und moralische Prinzipien verbunden seien. Anders als Staaten besäßen sie keine unbegrenzte Souveränität, die insbesondere ein Recht auf Krieg beinhalte, und keine unbeschränkte innere Autonomie. Auch seien sie keine Träger von engen machtpolitischen Eigeninteressen.[47]

26 Rawls unterscheidet verschiedene Arten von Völkern: Es gebe neben liberalen auch „anständige" Völker (*decent peoples*), die zwar nicht demokratisch organisiert seien, aber eine anerkennenswerte hierarchische Konsultationsstruktur besäßen, die es tatsächlich ermögliche, die Interessen der Bürgerinnen und Bürger einzubeziehen, und die bestimmte Grundrechte anerkennten.[48] Beide Arten der Völker machten die „wohlgeordneten" Völker aus (*well-ordered peoples*). Daneben gebe es Unrechtsstaaten (*outlaw-states*), die Menschenrechte verletzten, und belastete Gesellschaften (*burdened societies*), die unter unvorteilhaften Bedingungen existierten. Schließlich nennt Rawls noch wohlwollende Absolutismen (*benevolent absolutisms*): Diese respektierten die meisten Grundrechte, räumten aber ihren Bürgerinnen und Bürgern keine politischen Mitentscheidungsrechte ein.[49]

27 Die Völker werden nun von Rawls ebenfalls in eine Ausgangsposition und hinter einen Schleier des Nichtwissens versetzt. Sie kennen etwa die Größe ihres Territoriums, die Bevölkerungszahl oder ihre Stärke nicht. Sie haben aber bestimmte Interessen – die Verteidigung ihrer Unabhängigkeit, das Wohlergehen der Bewohner oder ihre Sicherheit und die Wahrung ihrer Achtungsansprüche.[50] Wie auch auf der Ebene der Einzelstaaten versteht Rawls die Ausgangsposition als Darstellungsmodell: Während sie auf der ersten Stufe die Selbstauffassung der Entscheidenden, Freie und Gleiche zu sein, wiedergibt, modelliert sie auf der internationalen Ebene die Vorstellung der Gleichberechtigung der Völker.[51] Die mögliche interne Ungleichheit der anständigen, hierarchischen Völker hindere sie nicht, internationale Gleichheit anzuerkennen.[52]

28 Der Entscheidungsprozess in der zweiten Ausgangsposition ergebe acht Fundamentalprinzipien des Völkerverkehrs:[53]

---

46 Ebd.
47 *J. Rawls*, The Law of Peoples, S. 23 ff.
48 *J. Rawls*, The Law of Peoples, S. 62 ff.
49 *J. Rawls*, The Law of Peoples, S. 63.
50 *J. Rawls*, The Law of Peoples, S. 34 ff., 68 ff.
51 *J. Rawls*, The Law of Peoples, S. 33.
52 *J. Rawls*, The Law of Peoples, S. 70.
53 *J. Rawls*, The Law of Peoples, S. 37.

1. Völker sind frei und unabhängig. Andere Völker müssen ihre Freiheit und Unabhängigkeit respektieren.
2. Völker sollen Verträge und Abmachungen einhalten.
3. Völker sind gleich und Parteien der Vereinbarungen, die sie binden.
4. Völker beachten die Pflicht der Nicht-Intervention.
5. Völker haben das Recht auf Selbstverteidigung, aber kein Recht, Krieg aus anderen Gründen als der Selbstverteidigung zu beginnen.
6. Völker sollen die Menschenrechte respektieren.
7. Völker sollen bestimmte Grenzen der Kriegsführung beachten.
8. Völker haben die Pflicht, anderen Völkern zu helfen, die unter unvorteilhaften Bedingungen leben, die sie daran hindern, gerechte oder anständige politische und soziale Regime zu etablieren.

Auch auf der internationalen Ebene würden keine utilitaristischen Prinzipien gewählt werden, weil kein Volk die Vorteile für andere als Ausgleich für eigene Nachteile akzeptieren würde.[54] Rawls folgt Kants Skepsis gegenüber einer Weltregierung und setzt stattdessen wie dieser auf eine Föderation von unabhängigen Staaten, die aber nicht nur eine universelle Organisation wie die UN, sondern auch weitere, z.T. institutionalisierte Kooperationsformen vorsieht, wie Organisationen des fairen Handels oder eine internationale Zentralbank.[55]

Der Begriff der Menschenrechte, den Rawls in diesen Zusammenhängen benutzt, ist ein spezifischer und engerer als gebräuchlich. Sein Katalog umfasst weniger Rechte als man in den zentralen internationalen Menschenrechtskatalogen findet. Rawls zählt dazu das Recht auf Leben (Mittel der Selbsterhaltung und Sicherheit), Freiheit (von Sklaverei, Unterwerfung, Zwangsarbeit und des Gewissens, um Religions- und Gedankenfreiheit sicherzustellen), Eigentum und ein Recht auf „natürliche" Gleichheit, was heiße, dass Gleiches gleich behandelt werden müsse. Diese Rechte entsprächen nicht jenen in einem liberalen Staat, etwa müssten Freiheiten nicht für alle gleich gewährt werden.[56]

Zwischen liberalen Völkern herrsche ein demokratischer Frieden und Stabilität der Beziehungen, weil Demokratien keine Kriege gegeneinander führten, was historisch belegt sei.[57] Zu den internen Strukturen der Demokratien gehöre auch eine umfassende soziale Absicherung, die Einbeziehung der sozial Schwachen in die Gesellschaft sowie der Schutz des politischen Prozesses gegen undemokratische Einflussnahmen durch öffentliche Finanzierung von Wahlkämpfen und Medien.[58] Dieser Frieden könne auf die anständigen Völker ausgedehnt werden.

---

54  *J. Rawls*, The Law of Peoples, S. 40, 60.
55  *J. Rawls*, The Law of Peoples, S. 36, 42 ff.
56  *J. Rawls*, The Law of Peoples, S. 65, 78 ff.
57  *J. Rawls*, The Law of Peoples, S. 44 ff. Interventionen der USA, die wie etwa in den Fällen von *Allende* in Chile, *Arbenz* in Guatemala oder *Mossadegh* im Iran demokratische Regime gestürzt hätten, seien ohne Wissen der Öffentlichkeit durchgeführt worden, ebd., S. 53.
58  *J. Rawls*, The Law of Peoples, S. 50. Dies sei ein Unterscheidungsmerkmal zum „libertarianism", ebd., S. 49.

32 Ein Krieg zur Selbstverteidigung könne allgemein gerechtfertigt werden, wenn die folgenden Prinzipien beobachtet würden: Ziel des Krieges müsse ein dauerhafter Frieden sein. Wohlgeordnete Völker führten zudem keine Kriege gegeneinander, sondern nur gegen solche Völker, die die Sicherheit und die freien Institutionen der wohlgeordneten Völker bedrohen. Auch bei Unrechtsstaaten sei zwischen der Bevölkerung und der Regierung zu unterscheiden und Erstere bei Kriegshandlungen zu schonen. Die Menschenrechte sowohl der Zivilisten wie der Soldaten der Gegenseite müssten soweit möglich respektiert werden. Die Art des folgenden Friedens sei bereits im Krieg möglichst anzudeuten. Schließlich müssten Zweck-Mittel-Relationen gewahrt bleiben.[59] Eine Notstandsklausel erlaube den direkten Angriff auf Zivilisten, wenn dies kriegsentscheidend sei.[60] Gegen Unrechtsstaaten könne dagegen eine gewaltsame Intervention zum Selbstschutz und zur Veränderung ihrer inneren Struktur gerechtfertigt sein.[61]

33 Gegenüber belasteten Gesellschaften bestehe eine Hilfspflicht, die solange zu erfüllen sei, wie diese Gesellschaften noch keine Bedingungen erreicht hätten, die es ihnen erlaubten, gerechte oder anständige Institutionen aufzubauen. Die Hilfspflicht sei deshalb nichts als ein Transitionsprinzip, ein normatives Gebot, die betroffenen Gesellschaften von einem Zustand in einen anderen zu überführen. Auch nach Erfüllung dieser Hilfspflicht könnten zwischen den Gesellschaften große materielle Unterschiede bestehen, da auch auf geringerem Wohlstandsniveau derartige gerechte oder anständige Institutionen denkbar seien, ohne dass dadurch Gerechtigkeitsprinzipien verletzt würden.[62] Rawls wendet sich damit gegen Schlussfolgerungen, die aus seiner Gerechtigkeitstheorie, insbesondere dem Differenzprinzip, für Fragen globaler Gerechtigkeit gezogen werden und globale Gleichheit über das von Rawls angenommene Maß für geboten halten.[63]

34 Die sich so ergebende, kontraktualistisch begründete Weltordnung sei mehr als ein bloßer *modus vivendi*. Es handele sich um eine realistische Utopie (*realistic utopia*), die die Grenzen der bisherigen Reflexion herausfordere. Dies bilde eine wichtige Funktion der politischen Philosophie neben ihrer praktischen Rolle der begründeten Konfliktlösung in einer Gesellschaft und ihrer Orientierungsfunktion für die Bürgerinnen und Bürger. Die Formulierung einer realistischen Utopie trage zudem zur Erfüllung einer weiteren Aufgabe der politischen Philosophie bei: der geistigen Versöhnung mit der Realität durch Vermittlung ihrer normativen Sinnstrukturen.[64]

---

59 *J. Rawls*, The Law of Peoples, S. 94 ff.
60 *J. Rawls*, The Law of Peoples, S. 98 ff. Dies sei für die britischen Bombardements deutscher Städte in den Jahren 1941/42 anzunehmen, nicht aber für die amerikanische Bombardierung japanischer Städte mit Brandbomben oder den Einsatz von Atombomben in Hiroshima und Nagasaki, ebd.
61 *J. Rawls*, The Law of Peoples, S. 81.
62 *J. Rawls*, The Law of Peoples, S. 113 ff.
63 Zur Erstreckung des Rawls'schen Modells auf die internationale Ordnung *T. W. Pogge*, Realizing Rawls, 1989, S. 211 ff.; zu Menschenrechten als Teil der internationalen Gerechtigkeit, *ders.*, World Poverty and Human Rights, 2nd ed., 2008, S. 43 ff.
64 Zu den vier Funktionen der politischen Philosophie, vgl. *J. Rawls*, Justice as Fairness, S. 1 ff.; zur realistischen Utopie in der internationalen Ordnung, *ders.*, Law of Peoples, S. 19, 124 ff.

## 6. Kritische Einschätzungen

Rawls' Theorie hat für die moderne Theorie der Gerechtigkeit zentrale Beiträge geleistet – nicht nur für ihr theoretisches Niveau, sondern auch für das Ausmaß ihrer moralischen Ernsthaftigkeit. Sie hat aber auch verschiedene kritische Fragen veranlasst. Rawls' Liberalismus ist das Objekt der Kritik des *Kommunitarismus*, einer heterogenen Strömung der modernen Sozialphilosophie auch politisch unterschiedlich orientierter Autoren.[65] Ausgangspunkt der Kritik ist der individualistische Kontraktualismus, der Rawls' Liberalismus zugrunde liege: Das Individuum besitze Rechte, die es gegen die Gemeinschaft durchsetzen könne. Dagegen setzt der Kommunitarismus unter Berufung auf Aristoteles und Hegel bei der Gemeinschaft an: Es bestehe ein *ontologisches Primat der Gemeinschaft* vor dem Individuum. Die Gemeinschaft werde nicht atomistisch durch die einzelnen Individuen aufgebaut, sondern es würden umgekehrt die Individuen erst durch die Gemeinschaft konstituiert. Menschen seien immer schon in einer Gemeinschaft verankert, in der sie aufwüchsen und die ihre Werte und ethischen Orientierungen bestimme. Diese Gemeinschaft forme die Individuen und erzeuge erst ihre Charakteristika und Eigenschaften; die Individuen bildeten nicht unabhängig von den Gemeinschaften ihre Orientierungen aus. Individuen seien deshalb viel stärker als dem Liberalismus vorschwebe den Gemeinschaften verpflichtet, die sie geformt hätten. Es gebe natürliche Pflichten gegenüber allen Menschen, die ohne Zustimmung der Verpflichteten aus ethischen Prinzipien erwüchsen; Verpflichtungen, die freiwillig eingegangen würden, etwa aufgrund eines Vertrages und Verpflichtungen, die wie die natürlichen Pflichten nicht von einer Zustimmung der Verpflichteten abhingen, aber anders als diese aus der Zugehörigkeit zu einer Gruppe, z.B. einer Nation, erwüchsen. Konkrete Beispiel für letztere seien die Verpflichtungen, sich den Verbrechen der eigenen Nation in der Vergangenheit zu stellen oder zur Landesverteidigung bereit zu sein.[66] Ein Rechts-Kommunitarismus formuliert dabei eine konservativ-patriotische, ein Links-Kommunitarismus eine solidarisch-partizipative Fassung der Gemeinschaftsgebundenheit. Rawls hat dieser Kritik im Grundsatz zugestimmt und die Einbettung von Individuen in kollektive Zusammenhänge mit den entsprechenden Auswirkungen auf die Werthaltungen akzeptiert.[67] Ob dies allerdings mit guten Gründen geschieht, ist zu bezweifeln, wenn sich eine bestimmte Fassung des normativen Individualismus verteidigen lässt, was im Rahmen der systematischen Werttheorie der Freiheit geklärt werden wird (vgl. u. § 35).

Andere Einwände gelten den Bedingungen der Herleitung und der Formulierung der Gerechtigkeitsprinzipien. Eine grundsätzliche Kritik richtet sich dabei gegen den Grundansatz, ein ideales Institutionengefüge anhand von Gerechtigkeitsprinzipien zu entwickeln, statt vergleichend das konkret Bessere anzustreben. Dabei werde zudem der individuellen Handlungsdimension nicht genug Beachtung geschenkt. Auch die Beschränkung auf eine (hypothetische) konkrete Gemeinschaft entspreche nicht den Anforderungen der Theoriebildung einer global verflochtenen Welt (vgl. u. § 19 IV).

---

65 Vgl. *M. Sandel*, Liberalism and the Limits of Justice, 2nd ed., 1998; *A. MacIntyre*, After Virtue, 2nd ed., 1984; *C. Taylor*, Sources of the Self, 1989.
66 *M. Sandel*, Justice. What's the Right Thing to Do?, 2009, S. 223 ff.
67 S. o. Fn. 33.

37 Auch die psychologischen Voraussetzungen der Entscheidungen in der Ausgangsposition, etwa die Risikoscheu der Akteure, können das Objekt zweifelnder Nachfragen werden. Dieses Problem stellt sich nur, wenn man die kontraktualistische Grundweichenstellung für plausibel hält, was alles andere als selbstverständlich ist, wie sich zeigen wird. Wichtig ist allerdings die Frage, ob es überzeugt, davon auszugehen, die Akteure seien nur an der Verwirklichung ihres Eigeninteresses interessiert, weil die Bedeutung dieser Annahme über ein Folgeproblem der kontraktualistischen Orientierung hinausgeht. Es handelt sich vielmehr um ein Kernproblem der Ethik: die Realität des Altruismus. Rawls strebt durch verschiedene Weichenstellungen an, seine Theorie dadurch gegen Kritik zu immunisieren, dass möglichst unstrittige Annahmen gemacht werden, und verzichtet deshalb auf die Behauptung einer ursprünglich altruistischen Motivation. Es ist aber durchaus begründungsbedürftig, von anderen als auf die eigenen Interessen gerichtete Präferenzen abzusehen – Menschen berücksichtigen in vieler Hinsicht das Wohl anderer und nicht nur nahestehender Personen. Diese Beobachtung verlangt nachdrücklich nach theoretischer Reflexion, die nicht durch die Anlage der kontraktualistischen Theoriestruktur umgangen werden kann.

38 Ein weiteres Problem entsteht, weil die Idee des reflexiven Äquilibriums in einen argumentativen Zirkel führt. Moralische Grundintentionen der wohl erwogenen Urteile werden mit den Prinzipien abgeglichen, ohne dass klar würde, was nun in letzter Instanz im Konfliktfall entscheidend sein soll – die Urteile oder die gebildeten Prinzipien.

39 In Bezug auf die Gerechtigkeitskriterien kann gefragt werden, ob die beiden Prinzipien der Gerechtigkeit übertrieben egalitäre Konsequenzen haben, die nicht gerechtfertigt werden können.[68] Umgekehrt kann bezweifelt werden, ob die Idee der Gleichheit nicht zu sehr abgeschwächt wird, etwa durch die Inkorporation eines Anreizgedankens in das Differenzprinzip.[69] Rawls' erwähnte eigene Relativierung dieses Prinzips mag dabei diese Zweifel bestärken. Bei der Erwägung dieses Problems muss allerdings die Bedeutung der Gleichheit in Rawls' Konzeption gerechter Freiheiten angemessen berücksichtigt werden. Wie schon im Rahmen der Diskussion des Kantischen Freiheitsprinzips erläutert wurde, das Rawls im Kern wiederholt, wird menschliche Gleichheit von diesem Prinzip impliziert, weil es ja um *gleiche* Freiheit geht. Die normative Gleichheit der die Freiheitsrechte genießenden Menschen wird also vorausgesetzt. Diese Probleme verweisen auf die Grundfrage der Verbindung von Gerechtigkeit und Gleichheit nicht nur in Rawls' Theorie.

40 Der Vorrang der Freiheit vor anderen Gütern kann ebenfalls zweifelhaft erscheinen, weil damit dem Wert anderer Güter nicht genug Gewicht gegeben wird. Hier stellt sich erneut ein grundsätzliches Problem, das im Rahmen des Nachdenkens über Kants Freiheitsbegriff bereits erörtert wurde (s. o. § 9). Freiheit kann legitimerweise nicht nur um der Freiheit willen beschränkt werden, sondern auch, um andere Werte und

---

[68] Dies kann etwa damit begründet werden, dass Ungleichheiten gerechtfertigt seien, die auf den Transfer von Gütern aufgrund von gerechtfertigten Transferregeln zurückzuführen seien, wenn der ursprüngliche Erwerb der Güter gerechtfertigt gewesen sei (etwa nach Lockes Prinzipien), vgl. R. *Nozick*, Anarchy, State, and Utopia, 1974, S. 150 ff.
[69] Vgl. dazu die Diskussion in *G. A. Cohen*, Rescuing Justice and Equality, 2008, S. 27 ff.

Rechtsgüter zu verwirklichen, etwa Persönlichkeitsrechte.[70] Bei Rawls sind diese Werte und Rechtsgüter im Rahmen der natürlichen Pflichten von Bedeutung, ohne sich in die Architektur seiner Argumentation zur Priorität der Freiheiten und ihrer Begrenzung allein zum Freiheitsschutz nahtlos einzufügen. Denn diese Werte und Rechtsgüter betreffen nicht nur Freiheitssphären. Ein Begriff menschlicher Würde, der weiterführt, weil er diese Werte und Rechtsgüter fundieren kann, spielt bei Rawls systematisch keine Rolle. Auch wenn Freiheiten kollidieren, kommt es zudem bei der Lösung des Konflikts nicht nur auf die Quantität der Freiheitssphären an. Es geht nicht allein um die „Größe", sondern auch um das *Gewicht* der betroffenen Freiheiten. Deswegen hat in vielen Rechtsordnungen die Meinungsfreiheit in öffentlichen Angelegenheiten etwa gegenüber anderem Freiheitsgebrauch (der genauso „groß" sein mag) einen häufig verfassungsrechtlich abgesicherten Vorrang. Eine solche Gewichtung der Freiheiten setzt aber Maßstäbe ihrer Bewertung voraus, die zu begründen wären, ohne dass Rawls hier einen überzeugenden Weg weisen würde.

Diese Bemerkungen leiten zum eigentlichen Hauptproblem der Rawls'schen Theorie über. Sie knüpft an die Gesellschaftsvertragstheorien an und teilt ihre grundsätzliche Problematik. Gesellschaftsvertragstheorien bilden eine hilfreiche metaphorische Veranschaulichung von moralischen Prinzipien, nicht aber die Herleitung dieser Prinzipien selbst, die ihren theoretischen Ursprung klärte. Dies sieht Rawls keineswegs anders, wie seine Auszeichnung der Ausgangsposition als Darstellungsmittel (*device of representation*) deutlich macht. Auch Rawls' Gerechtigkeitstheorie setzt ihr eigenes Begründungsobjekt, nämlich bestimmte Gerechtigkeitsprinzipien, wie die klassischen Gesellschaftsvertragstheorien damit bereits voraus. Diese werden nur scheinbar ursprünglich in einem Verfahren ohne substantielle normative Prämissen hergeleitet. Tatsächlich werden nicht nur faktische Annahmen (wie die Risikoscheue der Entscheidenden) gemacht, sondern normative Prämissen durch die Konzeption der Ausgangsposition gesetzt, die selbst nicht (prozedural und kontraktualistisch) gerechtfertigt werden. Die Fairness des Verfahrens ist nur durch Gerechtigkeitsprinzipien begründbar, die spezifizieren, warum die Modellierung der Entscheidungssituation, die die Freiheit und Gleichheit der Menschen als Maßstab nimmt, überhaupt legitim ist. Die Ausgangsposition ist durch die normativen Gerechtigkeitsprinzipien der Gleichheit in ihrer Struktur bereits geprägt, die in spezifischer Form aus dem durch sie beschränkten Entscheidungsprozess gewonnen werden. Diese Prinzipien der egalitären Gleichheit sind die Legitimation dafür, den Schleier des Nichtwissens überhaupt niedergehen zu lassen, der die Menschen mit nichts zurücklässt als ihrer humanen, freien Gleichheit, weil von ihm alle die Vorstellung von Ungleichheit begründenden Eigenschaften verdeckt werden. Vorausgesetzt wird damit, was in einer Gerechtigkeitstheorie begründet werden soll, dass nämlich Menschen trotz faktischer Verschiedenheit normativ als Gleiche zu behandeln sind. Der Verweis auf die Selbstkonzeption der Menschen hilft hier nicht weiter, denn diese Selbstkonzeption könnte täuschen oder geändert werden. Rawls' Selbstkennzeichnung der Ausgangsposition als Darstellungsmittel macht die Problematik unmittelbar deutlich: Es geht um die Veranschaulichung von operativen

---

70 Vgl. die Kritik von *H. L. A. Hart*, Rawls on Liberty and Its Priority, The University of Chicago Law Review, 40 (1973), S. 534 ff., die Rawls zur Reformulierung seiner Gerechtigkeitskriteren bewogen hat.

Prinzipien, nicht um ihre theoretische Absicherung. Die Gerechtigkeitsprinzipien, die Rawls entwickelt, sind deshalb interessante derivative, spezielle Gerechtigkeitsprinzipien, die die eigentlichen normativen Kernfragen der Theorie der Gerechtigkeit aber nicht beantworten: Wird Gerechtigkeit überhaupt, wenn ja, warum und in welcher Weise durch Gleichheit konstituiert? Die nichtkontraktualistischen Voraussetzungen des Rawls'schen konstruktivistischen Kontraktualismus bleiben so ungeklärt.

42 Diese Probleme sind auch für Rawls' Theorie des politischen Liberalismus von Bedeutung. Die Idee eines übergreifenden Konsenses (*overlapping consensus*), der von verschiedenen ethischen (religiösen oder säkularen) Grundpositionen aus gebildet werden kann, hat für moderne pluralistische Gesellschaften große Anziehungskraft, weil er einerseits das Faktum der Vielfalt der Meinungen und Orientierungen ernst nimmt, andererseits aber doch einen gemeinsamen Grund gewinnt, auf dem die Gesellschaftsorganisation gelingen kann. Die Grenze des Rawls'schen Entwurfs eines *politischen Liberalismus* liegt darin, dass die Voraussetzungen, unter denen sich nach Rawls dieser übergreifende Konsens ergibt, die Freiheit und Gleichheit der Menschen, selbst höchst strittig und begründungsbedürftig sind. Wenn in einer Gesellschaft akzeptiert wird, dass Menschen als Freie und Gleiche zu behandeln sind, ist die zentrale rechtsethische Auseinandersetzung bereits gewonnen. Aber woher speist sich diese Akzeptanz? Der übergreifende Konsens ergibt sich aufgrund von Werten (der Freiheit und Gleichheit), die man nicht begründen kann, ohne einen Standpunkt einzunehmen, der jenseits des übergreifenden Konsenses selbst liegt. Die Hoffnung der weltanschaulichen Neutralisierung der Begründungsweisen dieser Werte ist eine Illusion. Ohne inhaltliche Stellungnahme, die zwischen verschiedenen Wertkonzeptionen entscheidet, sind diese Grundwerte begründungstheoretisch nicht zu legitimieren. Auch hier zehrt die Plausibilität der Theorie von normativen Prämissen, deren Begründung jenseits der konzeptionellen Grenzen dieser Theorie gewonnen werden muss.

43 Rawls' konkrete Schlussfolgerungen sind schon deswegen bedeutsam, weil sie die Reichweite von Gerechtigkeitsbegriffen an politischen und institutionellen Realitäten erproben und die Forderung erneuern, die sozialen Ordnungen insgesamt an Maßstäben der Gerechtigkeit zu messen. Dabei sind neben seinen Bemerkungen zum demokratischen Verfassungsstaat auch die zur Wirtschaftsverfassung interessant, die immerhin versuchen, kritisch zu durchdenken, wie Freiheit und Gleichheit der Menschen in diesem sozialen Bereich über das erreichte Maß hinaus verwirklicht werden könnten, wenn auch Rawls nicht mehr als Andeutungen in dieser Hinsicht macht. Rawls' Theorie der internationalen Ordnung wirft dagegen manche Fragen auf: Sind Völker im Sinne von Rawls, als moralisch-institutionelle Einheiten, wirklich die Subjekte der internationalen Ordnung? Wird durch diesen Ansatz die gerade im modernen Völkerrecht entscheidend gestärkte Rolle von Individuen, die zu Völkerrechtssubjekten geworden sind, befriedigend erfasst? Geht es in einer internationalen Ordnung nicht darum, auch global Organisationsformen zu finden, die die Rechte dieser Individuen wahren? Sind Rawls' Überlegungen zum Staatsbegriff überzeugend? Werden hier womöglich naheliegende Eigenschaften zivilisierter Staatlichkeit, die in internationale Zusammenhänge eingebunden ist, übersehen? Wie passt eine supranationale Ordnung in Rawls' Konzept? Wie steht es mit der rechtlichen Regulierung von Kriegshandlungen

§ 19 Gerechtigkeitstheorie und Gemeinschaften der Freiheit

– ist hier vielleicht das Verhältnismäßigkeitsprinzip stärker zu betonen? Wie hilfreich ist – um ein letztes und wichtiges Beispiel zu nennen – der enge Begriff der Menschenrechte, den Rawls prägt? Welchen triftigen Grund gibt es, diesen nicht mindestens so anspruchsvoll zu formulieren, wie es den erreichten Standards der internationalen völkerrechtlichen Menschenrechtsregime entspricht? Rawls' Überlegungen bleiben hier wohl hinter dem nicht zuletzt rechtswissenschaftlich erarbeiteten Reflexionsstand der Gegenwart zurück.

### III. Kommunitarismus und Gerechtigkeit
#### 1. Einfache und komplexe Gleichheit

*Michael Walzer* (geb. 1935) ist ein Hauptvertreter des *Kommunitarismus*, dessen Gehalt im Rahmen der Kritik am Liberalismus und seinem Hauptvertreter Rawls bereits erläutert wurde (s. o. § 19 II 6). Walzer hat durch verschiedene Beiträge Aufmerksamkeit erregt, nicht zuletzt durch seine Thesen zu den Bedingungen eines gerechten Krieges.[71] Der wesentliche systematische Beitrag Walzers zur Ethik besteht in einer *Gerechtigkeitstheorie*. Ausgangspunkt ist die Feststellung, dass die menschliche Gemeinschaft eine Verteilungsgemeinschaft sei.[72] Es gebe dabei kein einzelnes, universelles Gerechtigkeitskriterium und auch keinen zentralen übergeordneten Verteilungsagenten. Es existierten vielmehr eine Vielzahl von Kriterien und verschiedene Verteilungsinstitutionen, die von den unterschiedlichen Sozialgütern selbst und den historischen und kulturellen Besonderheiten abhingen.[73] Die Sozialgüter seien dabei selbst historisch relativ – was als solches Gut erscheine, bestimme der kulturelle Kontext.[74] Einzelne Gütersphären bildeten relativ autonome Bereiche, die eigenen Verteilungskriterien gehorchten, und in die die Verteilungskriterien anderer Bereiche nicht eindringen sollten. Walzer nennt als historisches Beispiel die Vergabe geistlicher Ämter. Diese bildeten ein soziales Gut einer Verteilungssphäre, in der Geld keinen Einfluss haben sollte, es historisch beim Ämterkauf (Simonie) allerdings durchaus hatte.[75] Bestimmte Güter tendierten aber dazu, den Wert anderer Güter zu bestimmen und würden zu *dominanten Gütern*, z.B. im Kapitalismus das einsetzbare Kapital, in einer Technokratie die Technik. Walzer unterscheidet zwischen *einfacher und komplexer Gleichheit*. Einfache Gleichheit sei gegeben, wenn alle Menschen alle Güter in gleichem Maße erhielten. Eine Variante einfacher Gleichheit bestehe darin, dass alle Menschen Güter entsprechend Rawls' zweitem Gerechtigkeitsprinzip besäßen. Das Problem der einfachen Gleichheit sei, dass starke Umverteilungsinstanzen nötig seien, um sie herzustellen.[76] Komplexe Gleichheit strebe dagegen keine Vereinheitlichung innerhalb jeder Gütersphäre an. Menschen können also aus dieser Sicht in unterschiedlichem Maße Reichtum, Ehren, politische Ämter, also verschiedene Güter verschiedener Verteilungssphären (Wohlstand, Anerkennung, Macht) genießen, ohne gegen Gerechtigkeitsprinzipien zu verstoßen. Ungleichheit bleibe möglich, solange kein Gut ein dominantes Gut werde, z.B. Geld nicht andere Güter

---

71 *M. Walzer*, Just and Unjust Wars: A Moral Argument with Historical Illustrations, 1977.
72 *M. Walzer*, Spheres of Justice, 1983, S. 3.
73 *M. Walzer*, Spheres of Justice, S. 6 ff.
74 *M. Walzer*, Spheres of Justice, S. 8.
75 *M. Walzer*, Spheres of Justice, S. 9.
76 *M. Walzer*, Spheres of Justice, S. 13 ff.

(Anerkennung, Macht) kaufen könne. Ungleichheiten glichen sich dann insgesamt aus: Dem Reichtum des einen stehe die größere Macht des anderen gegenüber usw. Ungleichheiten bedeuteten zudem keinen Weg zur Dominanz in anderen Gütersphären, Reichtum beispielsweise im Bereich der Bildung, weil es eben kein dominantes Gut gebe.[77] Walzer formuliert ein *offenes Distributionsprinzip*: Kein soziales Gut X soll ungeachtet seiner Bedeutung an Männer und Frauen, die im Besitz eines anderen Gutes Y sind, einzig und allein deshalb verteilt werden, weil sie dieses Y besitzen.[78] Wie im Einzelnen zu verteilen sei, sei nur durch Einzelanalyse der Gütersphären zu ermitteln. Kriterien seien dabei Austausch, Verdienst oder Bedürfnis.[79] Bezugsrahmen der Theorie ist nicht die Menschheit, sondern konkrete politische Gemeinschaften.[80] Sie impliziert also einen Gerechtigkeitsrelativismus, der keine universellen Maßstäbe aufstellt. Kritik sei nur möglich in Hinsicht auf die inkonsequente Anwendung von faktisch in einer Gemeinschaft vorhandenen Gerechtigkeitskriterien. Wenn z.B. extreme Verteilungsungleichheit in einer Gemeinschaft für gerecht gehalten werde, sei dagegen nichts einzuwenden.[81]

45 Konkret folgten aus diesen Prinzipien bestimmte Güterverteilungen: Die Staatsangehörigkeit bilde ein wichtiges Gut der Verteilung, die im Prinzip nach politischem Belieben erfolgen könne. Wenn aber eine Einbürgerung erfolge, dann nur mit vollen Rechten. Flüchtlinge hätten einen Einwanderungsanspruch. Die Mitglieder einer Gemeinschaft schuldeten einander Sicherheit und Wohlfahrt, mindestens die Sicherung des Lebens, womit im Grundsatz *sozialstaatliche Strukturen* begründet werden.[82] Die zur Verfügung stehenden Güter müssten gemäß den Bedürfnissen verteilt werden. Dabei müsse jede politische Gemeinschaft den Bedürfnissen ihrer Mitglieder gemäß der Bedeutung dieser Bedürfnisse nachkommen, die diesen von allen gemeinsam beigelegt werde. Die Verteilung müsse die zugrunde liegende Gleichheit der Mitgliedschaft in der Gemeinschaft anerkennen und bewahren, was Walzer z.B. zu einer Kritik des amerikanischen Gesundheitssystems führt.[83] Hinsichtlich Geld und Warenwirtschaft dürften verschiedene Güter wie z.B. Freundschaft nicht käuflich sein. Es müsse verhindert werden, dass Schwache durch Marktkräfte von der Verteilung abgeschnitten würden.[84] Weitere Gerechtigkeitssphären seien Ämter, Arbeit, Freizeit, Bildung, Verwandtschaft und Liebe, göttliche Gnade, Anerkennung und Macht.

### 2. Kritische Einschätzungen

46 Walzers Betonung der verschiedenen Sphären der Gerechtigkeit ist wichtig, um einen hinreichend differenzierten Begriff dafür zu entwickeln, wie eine gerechte Gesellschaft aussehen könnte. Denn in der Tat sind viele Güter zu verteilen, wobei jeweils unterschiedliche Maßstäbe von Bedeutung sind. Ein Problem ist aber das Fehlen eines

---

77 *M. Walzer*, Spheres of Justice, S. 17 ff.
78 *M. Walzer*, Spheres of Justice, S. 20.
79 *M. Walzer*, Spheres of Justice, S. 21 ff.
80 *M. Walzer*, Spheres of Justice, S. 28 ff.
81 *M. Walzer*, Spheres of Justice, S. 313 ff.
82 *M. Walzer*, Spheres of Justice, S. 31 ff.
83 *M. Walzer*, Spheres of Justice, S. 86 ff.
84 *M. Walzer*, Spheres of Justice, S. 95 ff.

einschränkenden Bezugs auf die grundsätzliche Wertgleichheit der Menschen, die über die gleichen Rechte, die aus der Mitgliedschaft in einer bestimmten Gemeinschaft erwachsen, hinausgeht. Die Idee der Menschenrechte, die nicht durch die Zugehörigkeit zu einer konkreten Gemeinschaft vermittelt werden, lebt von dieser universalistischen Perspektive. Der gemeinschaftsbezogene Relativismus fängt auch universelle Gerechtigkeitsgehalte nicht ein. Die Kritik an der extremen Ungerechtigkeit der Apartheid in Südafrika wäre etwa auch dann gerechtfertigt gewesen, wenn innerhalb der Gesellschaft Südafrikas die Rassenungleichbehandlung für angemessen gehalten worden wäre. Die systematische Entfaltung des Begriffs der Gerechtigkeit wird die Reichweite der notwendigen Differenzierung der Gerechtigkeit in Sphären und ihre Grenzen näher darlegen (s. u. § 34).

### IV. Transzendentaler Institutionalismus und die vergleichende Verbesserung der Welt
### 1. Gerechtigkeit jenseits des Kontraktualismus

*Amartya Sen* (geb. 1933) formuliert eine Kritik der Grundannahmen der vorherrschenden Gerechtigkeitstheorien, deren Muster Rawls' Überlegungen lieferten.[85] Zentral sei der Entwurf idealer Ordnungen auf kontraktualistischer Basis, wobei die Gestaltung von Institutionen im Vordergrund stünde. Das sei der Kern des vorherrschenden *transzendentalen Institutionalismus*. Sen setzt dieser Konzeption einen Ansatz entgegen, der vom Versuch der Konzipierung der idealen gerechten Ordnung Abstand nimmt und stattdessen auf die vergleichende Bewertung von sozialen Gegebenheiten und Handlungen setzt, wobei besondere Aufmerksamkeit den Folgen dieser Bewertungsgegenstände gewidmet wird (*realization-focused comparison*).[86] Dieser Vergleich erlaube eine partielle, wertende Ordnung dieser sozialen Gegebenheiten und Handlungen, ohne dabei notwendig auf eine Konzeption der besten Ordnung zurückgreifen oder sie entwerfen zu müssen.[87] Es könnten auch in manchen Bereichen unüberwindliche Meinungsverschiedenheiten bestehen bleiben, weil sich verschiedene Positionen gleichermaßen vernünftig begründen ließen. Es sei z.B. nicht ohne Weiteres klar, ob eine Verteilung nach der Fähigkeit zur besten Nutzung eines Verteilungsgegenstandes, nach sozialen Ausgleichsgesichtspunkten oder aufgrund eines Rechts an den Früchten der eigenen Arbeit zu erfolgen habe.[88] Die Möglichkeit unterschiedlicher Wertungen nehme aber den immerhin begründbaren Vergleichen und Einschätzungen keineswegs ihre Bedeutung. Wenn Zustand x und y besser als Zustand z seien, müsse jedenfalls Zustand z überwunden werden. Um dies zu begründen, müsse keineswegs abschließend geklärt werden, ob x oder y relativ vorzugswürdig oder gar die Verkörperung eines Gerechtigkeitsideals seien.[89] Man könne sich deshalb auf die Notwendigkeit der Ab-

---

85  *A. Sen*, The Idea of Justice, 2009.
86  *A. Sen*, The Idea of Justice, S. 7.
87  *A. Sen*, The Idea of Justice, S. 98 ff.: Der entworfene ideale Zustand sei weder notwendig noch ausreichend für Vergleiche.
88  *Sen* illustriert dies mit dem Fall einer Flöte, die eines von drei Kindern erhalten soll. Das erste Kind allein könne das Instrument spielen. Das zweite habe aufgrund von Armut keine anderen Spielzeuge und mit der Flöte wenigstens einen Gegenstand, um sich damit zu beschäftigen. Das dritte Kind habe die Flöte hergestellt, vgl. *ders.*, The Idea of Justice, S. 13.
89  *A. Sen*, The Idea of Justice, S. 398 ff.

48 Eine weitere andere Weichenstellung liegt in der Betonung der Bedeutung von menschlichen Handlungen für eine Gerechtigkeitstheorie. Es komme nicht nur auf die gebildeten Institutionen an.[91] Auch die Folgen ihrer Existenz müssten im Auge behalten werden. Zudem hätten im Verhältnis der Menschen zueinander Gerechtigkeitsfragen eine große Bedeutung.[92] Dabei seien die Konsequenzen von Handlungen ebenso wie der Prozess ihres Entstehens zu berücksichtigen, es gehe nicht nur um die Befolgung allgemeiner normativer Prinzipien.[93]

49 Die kontraktualistische Theorie neige zudem zu einer illegitimen Begrenzung der Perspektive, weil der gedachte Vertrag auf eine bestimmte Gemeinschaft bezogen bleibe. Dem stellt Sen unter Rückgriff auf *Smith* die Idee eines unbeteiligten Betrachters (*impartial spectator*) entgegen, die keine derartigen Begrenzungen impliziere, sondern die Perspektive der Menschheit insgesamt in die normative Diskussion einbringe. Nur so werde auch zu eng entworfenen Gruppenidentitäten als Grundlage von normativen Argumenten vorgebeugt.[94]

50 Als Kriterium für jedenfalls komparativ vorzugswürdige Zustände oder Handlungen nennt Sen ihre Eignung, sich in offenen, im Prinzip globalen Auseinandersetzungen zu behaupten.[95] Dabei sind demokratische Strukturen zentral, die sich nicht nur auf politische Mitwirkungsrechte, sondern auch auf tatsächliche sachliche und informierte Auseinandersetzung bezögen.[96] Inhaltliche, materiale Kriterien nennt er damit nicht, sondern entwickelt Ideen, die prozeduralen Überlegungen nahe stehen.

51 Ein zentraler Gegenstand der Gerechtigkeitstheorie seien *Befähigungen* (*capabilities*). Derartige Befähigungen sind Mittel, Informationen darüber zu gewinnen, was für Menschen einen Vorteil bildet. Befähigungen bilden eine Alternative zu Begriffen wie Wohlfahrt, Glück oder Vergnügen, die als Kriterium für Vorteile von Menschen in einflussreichen Theorien der Ökonomie herangezogen werden. Die abstrakte Möglichkeit allein, in bestimmter Weise sein Leben zu leben (*functioning*), d.h. einen bestimmten Zustand zu erreichen und zu erhalten (*being*) und Handlungen zu vollziehen, die man zu vollziehen wünscht (*acting*), sei nicht ausreichend, um zu bestimmen, was von Vorteil für Menschen ist. Vielmehr sei die tatsächliche Befähigung, diese Möglichkeit zu nutzen, entscheidend. Reale Selbstverwirklichungsmöglichkeiten seien der richtige

---

90  A. *Sen*, The Idea of Justice, S. 396.
91  A. *Sen*, The Idea of Justice, S. 82 ff.
92  A. *Sen*, The Idea of Justice, S. 413 Fn.
93  *Sen* illustriert dies mit der Debatte von *Arjuna* und *Krishna* im *Mahabharata*, in der Ersterer vor der Entscheidungsschlacht Bedenken wegen der zu erwartenden Opfer formuliert, Letzterer zur Erfüllung der Pflicht auffordert. Beides sei Ausdruck von bestimmten normativen Konzeptionen, die Sen mit Begriffen der frühen indischen Rechtsreflexion benennt. Ersteres sei ein Beispiel von *nyaya*, einer umfassenden prozessorientierten Betrachtung, Letzteres von *niti*, einer Bewertung aufgrund von normativen Prinzipien, vgl. *ders.*, The Idea of Justice, S. XV, 20 ff., 69 ff., 208 ff.
94  A. *Sen*, The Idea of Justice, S. 44 ff., 124 ff.
95  A. *Sen*, The Idea of Justice, S. 180: „Rationality of choice, in this view, is primarily a matter of basing our choices – explicitly or by implication – on reasoning that we can reflectively *sustain* if we subject them to critical scrutiny" (Herv. i. Org.).
96  A. *Sen*, The Idea of Justice, S. 321 ff.

# § 19 Gerechtigkeitstheorie und Gemeinschaften der Freiheit

Maßstab, nicht nur Einkommen, Ressourcen oder Primärgüter wie bei Rawls.[97] Über diese realen Handlungsmöglichkeiten sage z.B. das Einkommen nichts aus. Auch bei hohem Einkommen könnten beispielsweise bei einem Menschen mit Behinderungen die Handlungsmöglichkeiten begrenzt sein, etwa aufgrund der Struktur der sozialen Verhältnisse, in denen er lebe. In patriarchalen Gesellschaften könne das Familieneinkommen auch innerhalb der Familie zwischen den Geschlechtern zuungunsten der Frauen unterschiedlich verteilt sein. Die Transformationsmöglichkeiten von Einkommen oder Ressourcen in reale Handlungsoptionen müssten deshalb von einer Gerechtigkeitstheorie berücksichtigt werden.[98] Ein wichtiges Element von Befähigungen sei die Freiheit, über das Ob und die Art der Nutzung der Befähigung selbst zu entscheiden.[99]

Sen betont zwar, dass Gleichheit ein zentrales Element von Gerechtigkeitstheorien sei.[100] Er fordert jedoch keineswegs die Gleichheit der Befähigungen aller Menschen, weil auch noch andere normative Erwägungen eine Rolle spielten. Auch gelte die Pluralität von normativen Begründungen, die andere Schlussfolgerungen zulasse.[101] Zu einer Gerechtigkeitstheorie gehöre die Erkenntnis, dass Menschen sich nicht notwendig in einem engen Sinn an eigenen Interessen orientierten. Die Identifikation von Rationalität mit der Verfolgung des eigenen Wohles ohne genuines Interesse an anderen sei deshalb ein Fehlschluss.[102] Sen kritisiert deshalb entscheidende Weichenstellungen der modernen *Rational-Choice*-Theorie und Wohlfahrtsökonomie.[103]

Menschenrechte seien ein zentrales Element einer Gerechtigkeitstheorie. Sie bildeten wichtige ethische Prinzipien, die sich auf fundamentale Freiheiten der Wahl und entsprechende Handlungsmöglichkeiten bezögen. Auch hier werden keine genauen, an normative Prinzipien rückgebundenen Kriterien der Begründung formuliert, sondern letztlich auf die argumentative Durchsetzungskraft der Idee der Menschenrechte verwiesen.[104]

Sen betont schließlich – unter Rückgriff auf buddhistische Überlegungen – die Verantwortung, die aus genossenen Freiheiten erwachse.[105]

## 2. Kritische Einschätzungen

Sen weist in seinen Überlegungen richtig darauf hin, dass man keineswegs eine ideale Ordnung entwerfen muss, um bestimmte gegenwärtige Missstände kritisieren zu können. Auch die Betonung der Bedeutung individuellen Handelns leuchtet ein: Ge-

---

97  Vgl. A. *Sen*, The Idea of Justice, S. 231 ff., und als weitere Hauptvertreterin des Befähigungsansatzes M. *Nussbaum*, Women and Human Development, 2000, S. 70 ff.
98  A. *Sen*, The Idea of Justice, S. 225 ff.
99  A. *Sen*, The Idea of Justice, S. 228 ff., 235 ff., 370 ff.; M. *Nussbaum*, Women and Human Development, S. 88.
100  A. *Sen*, The Idea of Justice, S. 291 ff.
101  A. *Sen*, The Idea of Justice, S. 295 ff.
102  A. *Sen*, The Idea of Justice, S. 175 ff.
103  A. *Sen*, The Idea of Justice, S. 176 ff., 184 ff.
104  A. *Sen*, The Idea of Justice, S. 386: „In practice we do not, of course, have any actual worldwide undertaking of public scrutiny of putative human rights. Actions are undertaken on the basis of a general belief that if such impartial scrutiny were to occur, the claims made would be sustained. In the absence of powerful contrary arguments coming from well-informed and reflective critics, a presumption of sustainability tends to be made".
105  A. *Sen*, The Idea of Justice, S. 205 ff.

rechtigkeit ist nicht nur für Institutionen relevant. Dabei ist das Wohlergehen anderer und die Verantwortung für sie ein wichtiger Aspekt, wenn auch nicht nur unter Gerechtigkeitsgesichtspunkten, wie die Analytik der Moral noch genauer ergeben wird. Es gibt weiter tatsächlich schwierige Abwägungsfragen hinsichtlich derer verschiedene Meinungen plausibel begründet werden können, etwa, um ein genanntes Beispiel aufzugreifen, inwieweit, jenseits von klaren Fällen der Beleidigung, Persönlichkeitsrechte sich gegen die Meinungsäußerungsfreiheit durchsetzen können. Der Befähigungsansatz erhöht die Sensibilität für reale Ungleichheiten erheblich.

56 Sen unterstreicht die Bedeutung von Gleichheit für die Gerechtigkeitstheorie. Der Begriff der Gleichheit und seine Bedeutung werden aber nicht differenziert entfaltet, was dem Niveau der gegenwärtigen Gerechtigkeitstheorie entsprechen würde.[106] Das ist ein erhebliches Defizit, denn der Gehalt der Gleichheit ist gerade das zentrale und konstitutive Problem der Gerechtigkeitstheorie. Ein weiteres grundsätzliches Problem betrifft die Kriterien für auch nur komparativ bessere Einsichten. Der Hinweis auf die faktische Durchsetzung in globalen Diskussionen, zuweilen sogar mit Hinweis auf fehlende wohl informierte und reflexive Kritiker (vgl. o. Fn. 108), beantwortet eine weitere zentrale theoretische Frage nicht, was nämlich die Gründe für die Durchsetzungsfähigkeit bilden könnte. Dieses Problem wird bei der Erörterung der Diskurstheorie wieder aufgenommen werden, die den reflektiertesten und differenziertesten Prozeduralismus der Gegenwart bildet.[107] Das spezifische Problem der Reichweite des Befähigungsansatzes für die Theorie der Menschenrechte wird noch genauer zu erörtern sein (vgl. näher zu Menschenrechtsbegründungen im Rahmen des Befähigungsansatzes § 37 II). Ein sehr wichtiger Beitrag Sens besteht darin, gerade auch die ökonomische Theorie daran zu erinnern, dass es keine überzeugenden Gründe gibt, Rationalität oder Vernünftigkeit auf Orientierung an Eigennutz und sei es auch in indirekter Form, zu reduzieren. Die praktische Vernunft beherrscht ein weiteres Gebiet.

---

106 Vgl. z.B. *S. Gosepath*, Gleiche Gerechtigkeit, 2004.
107 Vgl. den Bezug auf Habermas in *A. Sen*, The Idea of Justice, S. 42 f., 325.

## § 20 Freiheit, Gerechtigkeit und die Würde der Anerkennung und Authentizität

| | | | |
|---|---|---|---|
| I. Der Markt der Ressourcen | 1 | a) Menschenwürde | 18 |
| II. Respekt vor anderen und die Humanität des Selbst | 3 | b) Moralprinzipien | 20 |
| | | c) Politische Moral | 24 |
| 1. Die Verbindung von Ethik, Moral und Recht | 3 | aa) Rechte | 24 |
| | | bb) Gleichheit | 25 |
| 2. Moralische Epistemologie und Ontologie | 6 | cc) Freiheit | 26 |
| | | dd) Demokratie | 27 |
| a) Moral und Erkenntnis | 6 | ee) Recht | 29 |
| b) Moral und der Stoff, aus dem die Welt ist | 11 | 4. Die unteilbare Würde | 33 |
| | | III. Kritische Einschätzungen | 35 |
| c) Begriffsarten | 15 | | |
| 3. Die Einheit der Werte konkret | 18 | | |

## I. Der Markt der Ressourcen

*Dworkin* hat eine vielschichtige und höchst einflussreiche Theorie des Rechts entwickelt, die Überlegungen zur Normstruktur, zu Interpretation, Liberalismus und Gerechtigkeit zu einer Theorie erweitert, die die Würde von Menschen schließlich zum Kern von Ethik und Recht macht. Zu Dworkins Theorie der Normstruktur, Interpretation und liberalistischen Argumenten wurden schon einige Bemerkungen im Rahmen der Erörterung moralischer Theorien des Rechts gemacht (vgl. o. § 18 III 1).

Seine Gerechtigkeitstheorie argumentiert für Gleichheit der *Ressourcen*. Diese Gleichheit wird durch eine gedachte Prozedur hergestellt: Die vorhandenen Ressourcen werden durch eine Auktion verteilt, in der jeder die Objekte ersteigert, die er oder sie vorzieht.[1] Damit sei klargestellt, dass das korrekte Maß für die Verteilung der sozialen Ressourcen, die gerechterweise für ein individuelles Leben zur Verfügung gestellt werden könnten, in der Wichtigkeit dieser Ressourcen für andere bestehe.[2] Diese Wichtigkeit manifestiert sich für Dworkin im zu zahlenden Preis. Die sich durch diese Auktion ergebende Verteilung sei ein kritischer Standard für die Zustände der realen Welt. Die in der Wirklichkeit existierenden Institutionen könnten als Surrogate der gedachten Auktion modelliert werden.[3] Voraussetzung der Überlegung sei, dass die Menschen in den Markt als Gleiche einträten, also niemand größere Kaufkraft habe.[4] Dworkin unterscheidet *option luck* von *brute luck*.[5] Ersteres sei das Glück, das bei gewählten Risiken über Erfolg und Misserfolg entscheide, etwa den Erfolg einer Börsenspekulation. Letzteres werde durch reinen Zufall bestimmt. Der Tod durch einen Meteoriteneinschlag sei deshalb *brute luck*. Die Ungleichheiten, die aus *option luck* erwüchsen, seien unter Gerechtigkeitsgesichtspunkten grundsätzlich zulässig.[6] Um aber gegebene, von den Individuen unbeeinflussbare Ungleichheiten wie beispielswei-

---

1 *R. Dworkin*, Sovereign Virtue, S. 65 ff.
2 *R. Dworkin*, Sovereign Virtue, S. 70.
3 *R. Dworkin*, Sovereign Virtue, S. 71 ff.
4 *R. Dworkin*, Sovereign Virtue, S. 70.
5 *R. Dworkin*, Sovereign Virtue, S. 73.
6 *R. Dworkin*, Sovereign Virtue, S. 74 ff.

se die genetische Ausstattung auszugleichen, entwickelt Dworkin ein hypothetisches Versicherungssystem. Zentrale Lebensrisiken seien durch einen sozialen Fonds auszugleichen, dessen Umfang sich aus der Summe der Beiträge ergebe, die Durchschnittsindividuen aufwenden würden, um sich gegen derartige Lebensrisiken zu versichern.[7]

## II. Respekt vor anderen und die Humanität des Selbst

### 1. Die Verbindung von Ethik, Moral und Recht

3   Dworkins Reflexionen zu menschlicher Würde als letzter Grundlage von Recht haben ein ehrgeiziges Ziel: Es geht um nicht weniger als einen Entwurf des guten, gelungenen Lebens und insofern, in Dworkins Terminologie, die auch von anderen verwandt wird, um eine ethische Frage.[8] Ein solches Leben sei ohne moralische Orientierung nicht zu haben: Der Respekt vor der eigenen Würde und der Würde anderer sei der Weg zu einem sinnerfüllten Leben. Diese Idee sei „a creed; it proposes a way to live".[9] Dworkin konzipiert praktische Philosophie als eine Einheit, die sowohl Lebenskunst, Moral im Sinne von auf andere bezogene Normen als auch Recht umfasst und damit als holistische Werttheorie.

4   Das gute Leben sei nicht nur ein angenehmes, erfreuliches, genussreiches Leben, sondern eines, das bestimmten moralischen Standards entspreche. Es komme auf die Art des Vollzugs dieses gelungenen Lebens an. „We value human lives well lived not for the completed narrative, as if fiction would do as well, but because they too embody a performance: a rising to the challenge of having a life to lead. The final value of our lives is adverbial, not adjectival. It [is] the value of the performance, not anything that is left when the performance is subtracted. It is the value of a brilliant dance or dive when the memories have faded and the ripples died away".[10]

5   Zentralbegriff ist dabei das Gebot der Achtung der Menschenwürde und zwar sowohl verstanden als Gebot der Selbstachtung als auch als Gebot der Anerkennung des Respekts, den man anderen schuldet. Dworkin knüpft dabei ausdrücklich an Kant an und zwar in einer Weise, die grundlegend für seinen ganzen Gedankengang ist. Dworkin nennt sein zentrales ethisches Prinzip „Kant's principle".[11] Menschen könnten nur Gründe für Selbstrespekt gewinnen, wenn sie das Menschsein überhaupt achten. Der Begriff der Würde ist für Dworkin aber nicht nur das Fundament seines ethischen, moralischen und rechtsphilosophischen Projekts, sondern auch das Mittel, die angestrebte Einheit der Werte zu erreichen. „A person can achieve the dignity and self-respect that are indispensable to a successful life only if he shows respect for humanity itself in all its forms. That is a template for unification of ethics and morality".[12]

---

7  *R. Dworkin*, Sovereign Virtue, S. 77.
8  Vgl. ausführlich die Bemerkungen in *M. Mahlmann*, Würde und die Einheit der Werte – zum Projekt eines axiologischen Holismus, in: RphZ, 1 (2015), S. 137 ff., worauf das Folgende aufbaut. Zum Begriff der ‚Ethik' vgl. o. § 1 Fn. 36.
9  *R. Dworkin*, Justice for Hedgehogs, S. 1.
10  *R. Dworkin*, Justice for Hedgehogs, S. 197.
11  *R. Dworkin*, Justice for Hedgehogs, S. 19.
12  Ebd.

## 2. Moralische Epistemologie und Ontologie

a) **Moral und Erkenntnis.** Dworkin identifiziert verschiedene Formen von Skeptizismus. Er unterscheidet zunächst einen *internen* und einen *externen* Skeptizismus.[13] Interner Skeptizismus bezweifle die Begründetheit von einzelnen Aussagen der Moral, ohne grundsätzlich in Frage zu stellen, dass wahre Aussagen in der Moral möglich seien. Ein Beispiel für einen solchen internen Skeptizismus bilde etwa die These, dass Moral nur von Gott stammen könne, es aber keinen Gott gebe und deswegen für Menschen keine moralische Orientierung zugänglich sei. Damit werde ein globaler, interner Skeptizismus vertreten. Es könne aber auch einen partialen oder lokalen internen Skeptizismus geben, etwa in der Form eines Kulturrelativismus, der begründbare Aussagen zu moralischen Positionen nur in Bezug auf spezifische kulturelle Zusammenhänge erlaube.

Ein externer Skeptizismus lasse sich auf das Projekt moralischer Begründung nicht einmal ansatzweise ein, sondern behaupte, dass moralische Urteile grundsätzlich nicht möglich seien. Der interne und externe Skeptizismus könne als Irrtums- oder Statusskeptizismus ausgeprägt werden.[14] Ein interner Irrtumsskeptizismus werde etwa von der Position vertreten, die gerade beispielhaft genannt wurde, d.h. durch die These, jede Moral sei göttlichen Ursprungs, Gott existiere aber nicht und deswegen sei eine moralische Begründung nicht möglich. Ein externer Irrtumsskeptizismus behauptet aus Dworkins Sicht, dass alle moralischen Urteile grundsätzlich falsch seien.[15] Ein interner Statusskeptizismus könne nicht existieren, weil ein Statusskeptizismus sich auf das beziehe, was moralische Urteile eigentlich ausmache: Er behaupte, dass sie nur scheinbar moralische Einsichten vermittelten, in Wirklichkeit aber ganz andere Gehalte hätten, etwa den Ausdruck einer inneren Haltung beträfen, die der Akteur jeweils einnehme. In Dworkins konziser Formulierung: „Status sceptics therefore do not say, as error sceptics do, that morality is a misconceived enterprise. They say it is a misunderstood enterprise".[16] Externer Statusskeptizismus umfasst deswegen aus Dworkins Sicht all diejenigen vielfältigen Positionen der Metaethik, die bestreiten, dass es tatsächlich einen eigenständigen epistemischen Raum des Moralischen gebe.[17]

Dworkin entwickelt nun eine Kritik der skeptizistischen Positionen, wobei sein Hauptaugenmerk auf dem externen Statusskeptizismus liegt, der die eigentliche Herausforderung bilde, denn interner Skeptizismus räume im Grundsatz die Möglichkeit normativer Urteile ein.

Aus Dworkins Sicht spricht nun ein fundamentales Argument gegen die Möglichkeit von Statusskeptizismus. Dieses Argument besteht darin, dass jeder Statusskeptiker unweigerlich durch seine Zweifel an der Möglichkeit moralischer Argumentation sich in diese moralische Argumentation selbst verstricke. Dworkin illustriert dies mit folgendem Beispiel: Vier Personen diskutieren über Moral. Person A behauptet, dass es moralisch unzulässig sei, einen Schwangerschaftsabbruch vorzunehmen. Person B wi-

---

13 *R. Dworkin*, Justice for Hedgehogs, S. 30 ff.
14 *R. Dworkin*, Justice for Hedgehogs, S. 32 ff.
15 *R. Dworkin*, Justice for Hedgehogs, S. 46.
16 *R. Dworkin*, Justice for Hedgehogs, S. 32.
17 *R. Dworkin*, Justice for Hedgehogs, S. 52 ff.

derspricht und sagt, im Gegenteil, unter bestimmten Umständen, etwa bei minderjährigen Müttern, sei ein Schwangerschaftsabbruch sogar geboten. Person C widerspricht beiden und behauptet, dass ein Schwangerschaftsabbruch weder verboten noch geboten sei. Er sei immer erlaubt und nie verboten. Er habe keinen anderen Status als das Schneiden der eigenen Fingernägel. Person D behauptet schließlich, dass alle drei Unrecht hätten, da ein Schwangerschaftsabbruch weder verboten noch geboten oder erlaubt sei, weil aus seiner statusskeptischen Sicht diese Kategorien überhaupt keinen sinnvollen Gehalt hätten. Die Pointe von Dworkins Argumentation ist, dass auch der radikale Statusskeptiker D eine moralische Aussage mache, nicht nur diejenigen, welche dies ausdrücklich tun, wie in den Fällen A, B und C, die formulieren, dass ein Schwangerschaftsabbruch immer verboten sei (A), es im Gegenteil geboten sei, unter bestimmten Umständen einen Schwangerschaftsabbruch vorzunehmen (B), oder behaupten, dass er immer erlaubt sei (C). Denn, so Dworkin, auch D's Aussage habe eine moralische Konsequenz, nämlich die, dass Schwangerschaftsabbrüche vorgenommen werden könnten. In Wirklichkeit stimme er deshalb C zu.[18]

10  Damit ist ein zentraler Punkt der Argumentation erreicht, nämlich die These von der Unumgänglichkeit und Unabhängigkeit normativer Interpretation. Dieses Prinzip nennt Dworkin durchgängig „Hume's principle" im Anschluss an Humes Unterscheidung von Aussagen über Fakten und Aussagen über Sollensgebote.[19] Man könne, so Dworkin, um normative Argumentationen nicht herumkommen, selbst die radikalste Kritik der Möglichkeit solcher normativen Argumentationen habe am Ende normative Konsequenzen. Deswegen sei die eigentliche Aufgabe, sich auf das interpretative Geschäft einzulassen und zu begründen, welche normativen Positionen tatsächlich überzeugend seien: „External skepticism should disappear from the philosophical landscape. We should not regret its disappearance. We have enough to worry about without it. We want to live well and to behave decently; we want our communities to be fair and good and our laws to be wise and just. These are very difficult goals, in part because the issues at stake are complex and puzzling and in part because selfishness so often stands in the way. When we are told that whatever convictions we do struggle to reach cannot in any case be true or false, or objective, or part of what we know, or that they are just moves in a game of language, or just steam from the turbines of our emotions, or just experimental projects we should try on for size, to see how we get on, or just invitations to thoughts that we might find diverting or amusing or less boring than the ways we used to think, we should reply that these observations are all pointless distractions from the real challenges at hand".[20] Diese reale Herausforderung bestehe in der Konstruktion einer überzeugenden ethischen, moralischen und rechtlichen Konzeption der Einheit der Werte.

11  **b) Moral und der Stoff, aus dem die Welt ist.** Dworkin beschäftigt sich neben diesen erkenntnistheoretischen Fragen mit denjenigen der Moralontologie und kommt auch hier zu einem Ergebnis, das die Bedeutung metaethischer, moralontologischer Überle-

---

18  *R. Dworkin*, Justice for Hedgehogs, S. 42 ff.
19  *R. Dworkin*, Justice for Hedgehogs, S. 44 ff.
20  *R. Dworkin*, Justice for Hedgehogs, S. 68.

gungen für gering hält.²¹ Er meint, dass die klassische Opposition von moralischen Realisten und moralischen Nicht-Realisten das wirkliche Problem der normativen Theoriebildung nicht erfasse. Moralische Realisten behaupteten, dass es objektive Sachverhalte in der Welt gebe, die die Wahrheitsbedingungen für moralische Aussagen bildeten. Nicht-Realisten bestritten die Existenz solcher moralischer Sachverhalte und fassten Moral deswegen als Ausdruck von subjektiven Haltungen, etwa von Präferenzen von Individuen, auf (vgl. u. § 29 III).

Dworkin meint, dass diese Debatte für die eigentliche ethische Diskussion unerheblich sei. Die ontologischen Aussagen hätten in Wirklichkeit keine erkenntnistheoretischen Konsequenzen. Es sei für die eigentliche normative Argumentation gleichgültig, ob man moralische Sachverhalte in der Welt annehme oder nicht. Die Unabhängigkeit der moralischen Argumentation beweise sich in der Auseinandersetzung mit derartigen ontologischen Fragen. Diese hätten zwei wesentliche Dimensionen. Erstens gehe es um die Frage, ob die Überzeugungsbildung bei der Reflexion über moralische Fragen abhängig von der Existenz moralischer Sachverhalte sei, diese also kausale Auswirkungen auf die Urteilsbildung habe.²² Zweitens sei zu klären, ob dieser Einfluss auch zur Abhängigkeit der Wahrheit moralischer Aussagen von der Existenz oder Nichtexistenz von moralischen Sachverhalten führe.²³

Beides sei aber nicht der Fall. Kausale Auswirkungen seien nicht feststellbar.²⁴ Die These von der Abhängigkeit von moralischen Aussagen von bestimmten moralischen Sachverhalten in der Welt sei selbst nicht dem Kriterium der Korrespondenz mit Sachverhalten in der Außenwelt unterworfen. Die These von der Abhängigkeit der Wahrheit moralischer Aussagen von moralischen Sachverhalten in der Welt werde ja nicht dadurch begründet, dass es andere objektive Sachverhalte in der Welt gebe, die gerade mit dieser epistemologischen These korrespondierten. Moral sei deswegen ein am Ende von ontologischen Gegebenheiten unabhängiges Projekt.²⁵

Dworkin unterscheidet bei seinen Überlegungen zwischen Unbestimmtheit und Unsicherheit (*indeterminacy/uncertainty*).²⁶ Unbestimmtheit fasst die Idee, dass Wertkonflikte letztendlich nicht auflösbar seien, Unsicherheit dagegen die Annahme, dass es zwar in konkreten Fällen häufig ungewiss sein kann, wie Konflikte bewältigt werden könnten, ohne dabei auszuschließen, dass eine solche Auflösung jedenfalls im Prinzip möglich wäre. Dworkin bestreitet die vielfältige Unsicherheit von Wertfragen nicht, wohl aber die These, dass die Unbestimmtheit von Wertfragen die Möglichkeit der rationalen Auseinandersetzung über diese Werte unmöglich mache.²⁷ Die moralischen Akteure seien also auf eine moralische Argumentation verwiesen, und damit ergebe sich für sie die Verantwortung, sich ernsthaft und so gut wie sie es können auf das interpretatorische Unterfangen einzulassen und entsprechend zu handeln.²⁸ Das

---

21  *R. Dworkin*, Justice for Hedgehogs, S. 99 ff.
22  *R. Dworkin*, Justice for Hedgehogs, S. 70 ff.
23  *R. Dworkin*, Justice for Hedgehogs, S. 76 ff.
24  *R. Dworkin*, Justice for Hedgehogs, S. 72 ff.
25  *R. Dworkin*, Justice for Hedgehogs, S. 76 ff.
26  *R. Dworkin*, Justice for Hedgehogs, S. 90 ff.
27  Ebd.
28  *R. Dworkin*, Justice for Hedgehogs, S. 99 ff.

Wahrnehmen derartiger Verantwortung hänge mit dem Prinzip menschlicher Würde zusammen: „In brief: we try to act out of moral conviction in our dealings with other people because that is what our own self-respect requires. It requires this because we cannot consistently treat our own lives as objectively important unless we accept that everyone's life has the same objective importance. We can – and do – expect others to accept that fundamental principle of humanity. It is, we think, the basis of civilization".[29] Da es kein letztes fundierendes Oberprinzip der Ethik gebe[30], bleibe nichts, als das Projekt der Interpretation voranzutreiben, über das schon berichtet wurde (vgl. o. § 18 III 1).

c) **Begriffsarten.** Dworkin erweitert fundiert seine Interpretationstheorie in einer Begriffstheorie. Er unterscheidet drei Arten von Begriffen, erstens kriteriale Begriffe, zweitens natürliche Artbegriffe und drittens interpretative Begriffe.[31] Für ihn ist es zentral, dass normative Begriffe notwendig interpretative, keine kriterialen Begriffe seien.

Kriteriale Begriffe seien dadurch ausgezeichnet, dass es bestimmte benennbare Kriterien für die richtige Verwendung dieser Begriffe gebe. Derselbe Begriff könne deswegen von unterschiedlichen Verwendern unterschiedlich benutzt werden, ohne dass es dabei tatsächlich eine substantielle Meinungsverschiedenheit gebe, wenn beide schlicht unterschiedliche Kriterien verwenden würden. Wenn jemand beispielsweise eine Broschüre aufgrund seiner weiten Kriterien als Buch bezeichne, während jemand anders eine Broschüre nicht mehr zu den Büchern zähle, dann gebe es zwischen den beiden keine substantielle Meinungsverschiedenheit über den Sinn des Begriffs „Buch", sondern schlicht unterschiedliche Verwendungsweisen. Natürliche Artbegriffe bezögen sich auf eine fixierte Natur des Bezeichneten in der Natur, zum Beispiel der Begriff „Löwe" auf ein bestimmtes Raubtier.[32]

Es gebe aber noch eine dritte Kategorie von Begriffen, interpretative Begriffe, zu denen normative Begriffe gehörten. Diese Kategorie der interpretativen Begriffe übersehen zu haben, habe einen äußerst schädlichen Einfluss gerade auf die Rechtsphilosophie gehabt.[33] Auseinandersetzungen über normative als interpretative Begriffe hätten einen anderen Charakter als die über kriteriale Begriffe. Bei normativen Begriffen lägen tatsächliche unterschiedliche Auffassungen vor. Es seien keine Scheindispute, sondern substantielle Auseinandersetzungen über die Bedeutung dieser Begriffe, wie etwa Würde, Gerechtigkeit, Freiheit und so weiter. Diese Auseinandersetzungen müssten im Rahmen der Interpretation dieser Begriffe ausgetragen werden.[34]

### 3. Die Einheit der Werte konkret

a) **Menschenwürde.** Der Zentralbegriff der Menschenwürde wird mit zwei Prinzipien verbunden: „The first principle is a principle of self-respect. Each person must take

---

29  *R. Dworkin*, Justice for Hedgehogs, S. 112.
30  *R. Dworkin*, Justice for Hedgehogs, S. 117.
31  *R. Dworkin*, Justice for Hedgehogs, S. 158 ff.
32  *R. Dworkin*, Justice for Hedgehogs, S. 159.
33  *R. Dworkin*, Justice for Hedgehogs, S. 160.
34  *R. Dworkin*, Justice for Hedgehogs, S. 123 ff., 151.

his own life seriously: he must accept that it is a matter of importance that his life be a successful performance rather than a wasted opportunity. The second is a principle of authenticity. Each person has a special, personal responsibility for identifying what counts as success in his own life; he has a personal responsibility to create that life through a coherent narrative or style that he himself endorses. Together the two principles offer a conception of human dignity: dignity requires self-respect and authenticity".[35]

Der zentrale Schritt von dieser Konzeption der Würde als Selbstrespekt und Authentizität zur Moral bestehe darin, das erste Prinzip des Selbstrespekts mit dem Respekt vor anderen Menschen zu verbinden. Das ist der Kern dessen, was Dworkin als Kants Prinzip bezeichnet:[36] „This holds that a proper form of self-respect – the self-respect demanded by that first principle of dignity – entails a parallel respect for the lives of all human beings. If you are to respect yourself, you must treat their lives, too, as having an objective importance".[37]

b) **Moralprinzipien.** Die für Dworkin moralische Dimension seines theoretischen Unterfangens wird durch die Probleme umrissen, welche Hilfe man anderen schuldet, welche Schäden man anderen nicht zufügen darf und welche Verpflichtungen gegenüber anderen bestehen.[38]

Politische Verpflichtungen erwüchsen aus gegenseitigem Respekt. Eine politische Organisation werde der Würde ihrer Mitglieder nicht gerecht, wenn nicht jedes eine reziproke Verpflichtung gegenüber anderen besitze, allgemeine Entscheidungen zu akzeptieren, sofern diese Entscheidungen bestimmte angemessene Bedingungen erfüllten.

Die Demokratie schaffe das Problem, dass die reale Möglichkeit bestehe, dass alle in ihr Organisierten sich gegenseitig durch kollektive Entscheidungen schädigten.[39] Die politischen Verpflichtungen hingen deswegen von der Legitimation der Staatsordnung ab, die in unterschiedlichem Grade gegeben sein könne. Den Bürgerinnen und Bürgern stünden verschiedene politische Mittel zur Verfügung, um ihre eigene Würde zu schützen und sich selbst daran zu hindern, zu Tyrannen zu werden: Dazu gehört, so wenig wie möglich Ungerechtigkeiten zu unterstützen, am politischen Prozess teilzunehmen, um Ungerechtigkeiten zu beseitigen, und gegebenenfalls zu zivilem Ungehorsam zu greifen, wenn dies nötig sei, um die Legitimität des politischen Handelns sicherzustellen. Sollte eine Ordnung diese Basislegitimation verlieren, stelle sich die Frage – und zwar die legitime Frage – der Revolution.[40]

Andere politische Verpflichtungen existierten nicht, insbesondere erwüchsen keine aus der Zugehörigkeit zu bestimmten Gruppen. Das ist der Kern von Dworkins Kritik des politischen Nationalismus. „Tribal obligations" haben für ihn keinen Platz in

---

35  *R. Dworkin*, Justice for Hedgehogs, S. 203 f.
36  *R. Dworkin*, Justice for Hedgehogs, S. 255 ff.
37  *R. Dworkin*, Justice for Hedgehogs, S. 255.
38  *R. Dworkin*, Justice for Hedgehogs, S. 300.
39  *R. Dworkin*, Justice for Hedgehogs, S. 320.
40  *R. Dworkin*, Justice for Hedgehogs, S. 323.

der Moral.⁴¹ Zentral seien vielmehr partnerschaftliche Beziehungen, die derartigen Assoziationen gerade fehlten.⁴²

24  c) **Politische Moral. aa) Rechte.** Eine zentrale Aussage von Dworkins Theorie besteht in der Fundierung von Recht in der politischen Moral, die selbst aus der persönlichen Moral und ethischen Orientierung ihre zentralen normativen Inhalte gewinne. Politische Rechte seien politisch-moralische Rechte beziehungsweise legale Rechte.⁴³ Zentraler Bezugspunkt zur Identifikation von Menschenrechen sei die menschliche Würde.⁴⁴ Von diesem Maßstab aus könnten verschiedene zentrale menschenrechtliche Positionen begründet werden, etwa das Verbot von Folter, das Verbot der Bestrafung Unschuldiger, das Verbot der Verurteilung ohne Verfahren oder die Gleichberechtigung von Frauen.⁴⁵ Dieser abstrakte zentrale Maßstab der Menschenwürde sei universal gültig, wenn es auch Möglichkeiten der kontextspezifischen Verständnisse des Begriffs gebe.⁴⁶

25  **bb) Gleichheit.** Das nächste Element der Theorie ist Gleichheit. Dworkin betont die Gleichheit und auch die Relevanz der Gleichheitsansprüche, die erhoben werden. „Left-of-center politicians struggle, with at most moderate success, to achieve incremental gains for those at the bottom, and the best politics is politics that does not ask more than the comfortable majority is willing to give. The gap between theory and politics is particularly great and depressing in racially or ethnically diverse communities; majorities continue to be reluctant to help poor people who are markedly different from them. It is nevertheless important to continue to trouble the comfortable with argument, especially when, as I believe is now the case, their selfishness impairs the legitimacy of the politics that makes them comfortable. At a minimum they must not be allowed to think that they have justification as well as selfishness on their side".⁴⁷ Aus Dworkins Sicht liefert weder eine Konzeption des Laissez-faire noch des Utilitarismus oder der Wohlfahrtstheorien eine überzeugende Gerechtigkeitskonzeption.⁴⁸ Vorzugswürdig sei vielmehr seine Theorie der Gleichheit von Ressourcen durch Auktion (vgl. o. § 20 Rn. 2).

26  **cc) Freiheit.** Das zentrale Element seiner Konzeption bildet die Idee, dass Freiheiten inhaltlich von Anfang an auf einen ethisch und moralisch gerechtfertigten Freiheitsgebrauch begrenzt seien. Dabei spielen Maßstäbe der Verhältnismäßigkeit eine Rolle.⁴⁹

---

41 Ebd.
42 *R. Dworkin*, Justice for Hedgehogs, S. 324: „Many people do believe, as I do not, that their racial, ethnic, religious, and linguistic connections bestow associational rights and obligations. Perhaps some of these convictions have a genetic foundation; if so they will prove particularly hard to ignore and perhaps pointless to disparage. But the idea of these special rights and obligations has been and remains a powerful resource of evil. Throw a dart at a spinning globe, and the odds are good that it will land where tribes of race, religion, or language are killing each other and destroying their communities in the name of some supposed group right or destiny. These hatreds may be as enduring as they are destructive, and we should have no illusions that they will disappear or even ebb from human affairs".
43 *R. Dworkin*, Justice for Hedgehogs, S. 331.
44 *R. Dworkin*, Justice for Hedgehogs, S. 335.
45 *R. Dworkin*, Justice for Hedgehogs, S. 336 ff.
46 *R. Dworkin*, Justice for Hedgehogs, S. 338.
47 *R. Dworkin*, Justice for Hedgehogs, S. 351.
48 *R. Dworkin*, Justice for Hedgehogs, S. 352 ff.
49 *R. Dworkin*, Justice for Hedgehogs, S. 369.

Auf Grundlage dieser Weichenstellung versucht Dworkin, Antworten auf Fragen etwa der Meinungsäußerungsfreiheit und ihrer Grenzen, der Eigentumsfreiheit oder Religionsfreiheit zu konzipieren.[50] Freiheit in diesem Sinne verstanden widerspreche Gleichheit nicht, sondern verkörpere die Integration von Gleichheitsgesichtspunkten in den Begriff der Freiheit.

**dd) Demokratie.** Dworkin unterscheidet eine statistische Konzeption der Demokratie von einer partnerschaftlichen.[51] Er wendet sich gegen eine bloß statistische Konzeption, die in letzter Instanz auf das Mehrheitsprinzip rekurriere, und verbindet Demokratie mit der gleichberechtigten Anerkennung der in ihr organisierten Bürgerinnen und Bürger. Es gehe nicht nur um politische Macht, sondern um politische Berücksichtigung.[52] Unterschiedliche Einflussmöglichkeiten (*impact*) seien nur unter zwei Bedingungen mit der Idee der Demokratie vereinbar. „First, it must not signal or presuppose that some people are born to rule others. There must be no aristocracy of birth, which includes an aristocracy of gender, caste, race, or ethnicity, and there must be no aristocracy of wealth or talent. Second, it must be plausible to suppose that the constitutional arrangement that creates the difference in impact improves the legitimacy of the community".[53]

Aus dieser Konzeption der Demokratie erwachse auch eine plausible Verteidigung von Verfassungsgerichtsbarkeit. Sie müsse in letzter Instanz auf der erhöhten Legitimität der in der Staatsordnung verwirklichten Freiheitskonzeption und der in ihr erreichten gerechten Verteilung von Ressourcen und Möglichkeiten, wie auch der positiven Freiheiten, die sie gewährt, beruhen.[54] Es sei allerdings eine politisch-historische Frage, ob tatsächlich unter den gegebenen politischen Umständen die Demokratie durch die Verfassungsgerichtsbarkeit befördert werde oder nicht. Für die gegenwärtige Entwicklung in den USA sieht dabei Dworkin ernstzunehmende Gründe für Zweifel.[55]

**ee) Recht.** Der letzte Schritt der Verteidigung eines holistischen Wertbegriffs gilt dem Recht. Hier entwickelt Dworkin die These, dass Recht ein Teil der Moral sei. Es gehe beim Verhältnis von Recht und Moral nicht um eine Verbindung, sondern um eine Einheit: „We now treat law as part of political morality".[56]

Zentral gerade für den rechtlichen Teil der politischen Moral sei die Institutionalisierung.[57] Damit werde nicht die Unterscheidung zwischen dem, was das Recht ist, und dem, was es sein solle, aufgehoben. Klassische Probleme könnten so gelöst werden, etwa das Problem des schlechten Rechts wie es das Sklavenhalterrecht oder Nazi-Recht stellen. Entscheidend sei hier, ob es sich um zumindest *prima facie* geltendes Recht handle, dem aus moralischen Gründen die Anwendung versagt werden könne, oder ob das Recht so sehr gegen legitime Maßstäbe verstoße, dass es gar kein Recht

---

50  *R. Dworkin*, Justice for Hedgehogs, S. 368 ff.
51  *R. Dworkin*, Justice for Hedgehogs, S. 379 ff., 383. Vgl. bereits *ders.*, Is Democracy Possible Here? Principles for a New Political Debate, 2008.
52  *R. Dworkin*, Justice for Hedgehogs, S. 393.
53  *R. Dworkin*, Justice for Hedgehogs, S. 392.
54  *R. Dworkin*, Justice for Hedgehogs, S. 398.
55  *R. Dworkin*, Justice for Hedgehogs, S. 399 ff.
56  *R. Dworkin*, Justice for Hedgehogs, S. 405.
57  Ebd.

sei. Die Streitigkeiten, ob in diesen Fällen von Recht oder eben nicht von Recht gesprochen werden solle, dürfe diese zentrale Dimension nicht verdunkeln. Klassische Auseinandersetzungen in diesem Bereich gerieten in die Nähe von Streitigkeiten über Begrifflichkeiten: „The ancient jurisprudential problem of evil law is sadly close to a verbal dispute".[58]

31　Ein anderes Beispiel für die Bedeutung der theoretischen Integration von Recht in Moral ist die Frage, inwieweit die Entstehung von Recht an ein bestimmtes Verfahren gebunden sei. Auch hier betont Dworkin die Wichtigkeit politischer Moral für die Beantwortung dieser Fragen. „The answer seems clear enough. Once, in Coke's time, the idea that individuals have rights as trumps over the collective good – natural rights – was very widely accepted. In the nineteenth century a different political morality was dominant. Jeremy Bentham declared natural rights nonsense on stilts, and lawyers of that opinion created the idea of absolute parliamentary sovereignty. Now the wheel is turning again: utilitarianism is giving way once again to recognition of individual rights, now called human rights, and parliamentary sovereignty is no longer evidently just. The status of Parliament as lawgiver, among the most fundamental of legal issues, has once again become a deep question of political morality. Law is effectively integrated with morality: lawyers and judges are working political philosophers of a democratic state".[59]

32　Die rechtliche Reflektion ist aus Dworkins Sicht ebenso wie die rechtliche Praxis ein Teil des ethischen Selbstentwurfs einer Gesellschaft. „We must therefore do our best, within the constraints of interpretation, to make our country's fundamental law what our sense of justice would approve, not because we must sometimes compromise law with morality, but because that is exactly what the law, properly understood, itself requires".[60]

### 4. Die unteilbare Würde

33　Aus Dworkins Sicht ist die Würde der Person unteilbar. Das erste Prinzip des Selbstrespekts und das zweite der Authentizität des Selbstentwurfes können nicht verwirklicht werden ohne den Respekt vor anderen. Dies werde insbesondere durch eine Kultur anschaulich gemacht, die auf den Erwerb von Wohlstand und die Macht, die mit ihm einhergeht, ausgerichtet sei. Eine solche Kultur verletze nämlich nicht nur die Rechte der Schwächeren, sondern verschließe auch den Weg zu einem gelungenen Leben. „No respectable or even intelligible theory of value supposes that making and spending money has any value or importance in itself and almost everything people buy with that money lacks any importance as well. The ridiculous dream of a princely life is kept alive by ethical sleepwalkers. And they in turn keep injustice alive because their self-contempt breeds a politics of contempt for others. Dignity is indivisible".[61]

34　Es gehe dabei um viel. Es handele sich in letzter Instanz um den Sinn menschlichen Lebens, der ohne diese Prinzipien der Würde nicht zu haben sei. „Remember, too, that

---

58　*R. Dworkin*, Justice for Hedgehogs, S. 412.
59　*R. Dworkin*, Justice for Hedgehogs, S. 414.
60　*R. Dworkin*, Justice for Hedgehogs, S. 415.
61　*R. Dworkin*, Justice for Hedgehogs, S. 422.

the stakes are more than mortal. Without dignity our lives are only blinks of duration. But if we managed to lead a good life well, we create something more. We write a subscript to our mortality. We make our lives tiny diamonds in the cosmic sands".[62]

### III. Kritische Einschätzungen

Dworkins Gerechtigkeitstheorie greift ein wichtiges Problem auf: Wie kann die Gleichheit der Menschen als Teil der Gerechtigkeit verwirklicht werden, ohne dabei die wirklich gegebenen Wünsche und Vorlieben der Menschen in ihrer Unterschiedlichkeit zu vernachlässigen? Die Lösung durch eine gedachte Auktion und ein hypothetisches Versicherungssystem führt jedoch zu verschiedenen Schwierigkeiten. Die grundlegende ist eine, die bereits in der Kritik der klassischen Gesellschaftsvertragstheorie von Bedeutung war und die auch in den neueren Varianten eine zentrale Rolle spielt, wie sich bei Rawls exemplarisch gezeigt hat (vgl. o. §§ 5, 19 II): die Voraussetzung der Gleichheit der Menschen (bei Dworkin in der gedachten Auktion und Entwicklung des Versicherungssystems), deren Begründung nicht ausreichend geleistet wird. Die Auktions- und Versicherungsidee berücksichtigt zudem die Frage nicht genügend, ob es Grenzen der Ungleichheit aufgrund von eigenverantwortlichem Handeln gibt und wie diese begründet werden können. Dass es solche Grenzen gibt, ist zumindest die Annahme, die einem Sozialsystem zugrunde liegt, das ein Existenzminimum für alle garantiert, also auch für diejenigen, die durch eigene Entscheidungen in Not geraten sind.

Dworkins Rechtstheorie setzt eine klassische und der Sache nach alternativlose Tradition fort: Die theoretische Behandlung von rechtlichen Fragen im Kontext einer allgemeinen praktischen Philosophie, die Ethik und Moral im Hinblick auf ihre rechtlichen Konsequenzen und Recht in seiner ethischen Fundierung reflektiert. Die Betonung der grundlegenden Bedeutung der Menschenwürde für Ethik und Recht greift eine charakterbestimmende Weichenstellung der modernen Rechtskultur auf, für die gute Gründe sprechen (vgl. u. § 36).

Die Konzeption wirft aber auch Fragen auf. Die erste betrifft das Problem, ob eine konsequente externe skeptische Position tatsächlich unmöglich ist.[63] Kern von Dworkins Argument ist die These, dass eine externe skeptische Position in Wirklichkeit selbst eine moralische Aussage treffe, nämlich zur Erlaubtheit, Gebotenheit oder Verbotenheit von Handlungen. Sein Argument beruht auf einer impliziten Annahme: Es setzt voraus, dass jede Haltung eines Akteurs zu Handlungsalternativen eine moralische Haltung sei. Dies ist genau unter einer Bedingung wahr, nämlich unter der Bedingung, dass Moral tatsächlich existiert. Das ist es aber gerade, was der moralische Skeptiker verneint.

Ein externer Skeptiker muss deswegen nicht notwendig annehmen, dass eine gewählte Handlung erlaubt, verboten oder geboten ist, wenn er konsequent bei der Voraussetzung bleibt, dass eine normative Bewertung von Situationen unmöglich ist. In dieser

---

62 *R. Dworkin*, Justice for Hedgehogs, S. 423.
63 Vgl. zur Diskussion z.B. *R. Shafer-Landau*, The Possibility of Metaethics, Boston University Law Review, 90 (2010), S. 479 ff.; *D. Star*, Moral Scepticism for Foxes, Boston University Law Review, 90 (2010), S. 497 ff.; *M. Smith*, Dworkin on External Scepticism, Boston University Law Review, 90 (2010), S. 509 ff.

39 Welt ohne Moral handeln Menschen schlicht, wenn sie mit einer bestimmten Handlungsalternative konfrontiert werden. Ihre Handlungsgründe können vielfältig sein, etwa Interessen, Vorlieben oder vielleicht in einer Dandykultur der ästhetische Schein und Reiz, der durch eine bestimmte Handlung erzeugt wird.

Die Orientierung an derartigen Handlungsgründen impliziert keine normative Stellungnahme, insbesondere nicht, dass die Handlung geboten oder erlaubt wäre. Wenn sie faktisch möglich ist, vollzieht der Akteur die Handlung aus den genannten Gründen, etwa weil er sie schick findet. Wenn nicht, wird sie unterlassen. Dabei ist zu beachten, dass diese Art von moralischem Skeptizismus keinen allgemeinen Skeptizismus impliziert, weil der moralische Skeptiker behauptet, dass bestimmte Urteilsakte über die Nichtexistenz von moralischen Sachverhalten wahr seien. Man kann deswegen ein radikaler moralischer Skeptiker sein ohne ein radikaler allgemeiner Skeptiker zu sein.

40 Moralische Erkenntnistheorie ist mithin wichtig, um die Herausforderung des externen Statusskeptizismus zu beantworten, und das Gleiche gilt für eine moralische Ontologie. Auch diese ist möglich und sinnvoll, denn es bildet in der Tat eine relevante Frage, was eigentlich die Wahrheitsbedingungen moralischer Urteile ausmacht und ob der Bezug zu objektiven moralischen Sachverhalten in der Welt dazugehört. Man muss den Geltungsanspruch moralischer Propositionen ebenso begründen wie die Art der Wirklichkeit der Moral. Man kann also mit Dworkins Gedanken der Selbstwidersprüchlichkeit des externen Statusskeptizismus der Aufgabe nicht entgehen, zu bestimmen, was die epistemischen Erfolgsbedingungen der, in Dworkin'scher Terminologie, interpretatorischen Entwicklung des Gehalts von Grundbegriffen der praktischen Philosophie wie Würde, Gleichheit, Freiheit oder Demokratie eigentlich bilden und welche Moralontologie dabei zugrunde zu legen ist (vgl. dazu u. § 29). Damit ist gleichzeitig ausgesagt, dass man Dworkins moralepistemologische und moralontologische Haltung für nicht ausreichend halten kann, ohne gleichzeitig in eine Form von moralischem Skeptizismus und erst recht nicht in eine Form des externen Skeptizismus zu verfallen. Es stellt sich vielmehr genau die gleiche Aufgabe, der sich auch Dworkin zuwendet, allerdings von einem anderen epistemologischen und ontologischen Ausgangspunkt aus, nämlich eine überzeugende Theorie normativer Gehalte zu skizzieren.

41 Eine weitere interessante Frage betrifft den Gehalt von Begriffen. Dworkin unterscheidet kriteriale Begriffe, Begriffe die sich auf natürliche Gegenstände beziehen, sowie interpretatorische Begriffe.[64] Man kann die Frage stellen, inwieweit kriteriale Begriffe tatsächlich aufgrund von spezifischen Kriterien benutzt werden oder ob natürliche Artbegriffe in der Weise existieren, wie Dworkin annimmt, und ob es nicht in hohem Maße für die Bedeutung dieser Begriffe auf den Kontext im Rahmen einer allgemeinen menschlichen Begriffsstruktur ankommt (s.u. § 32). Entscheidend für den folgenden Zusammenhang ist die Frage, inwieweit Gerechtigkeit nicht als Wort, sondern im Sinne einer Idee einen feststehenden Gehalt hat, um den es in der Auseinandersetzung um den Inhalt ihrer Gebote letztlich geht. Kann etwa ein Begriff der Gerechtigkeit interpretatorisch plausibel gemacht werden, der nicht in spezifischer Form auf Gleich-

---

[64] Zu Dworkins Interpretationstheorie vgl. z.B. *L. B. Solum*, The Unity of Interpretation, Boston University Law Review, 90 (2010), S. 551 ff.

heitsbeziehungen rekurriert? Es mag strittig sein, wer unter welchen Umständen gleich sei, welche Behandlung aus dieser Gleichheit folge und wie hier zwischen verschiedenen Verteilungssphären zu differenzieren sei. Dass aber Gleichheit keine Rolle bei Gerechtigkeitsurteilen spielt, scheint nicht zu begründen zu sein. Und damit stellt sich die Frage, wie dieser feststehende Gehalt von Gerechtigkeit theoretisch erfasst werden kann und damit das Problem der Grenzen der Spielräume bei der Auslegung solcher fundamentalen Begriffe – ein Problem, das nicht nur das Beispiel Gerechtigkeit aufwirft. Interpretation ‚*all the way down*' ist mithin nicht die letzte Perspektive der normativen Theorie, sondern die Identifizierung und Rechtfertigung fundamentaler, begründender Prinzipien in Ethik und Recht, deren Unhintergehbarkeit nicht *a priori* feststeht, sondern sich im Erkenntnisprozess immer wieder neu beweist (vgl. u. § 39).

Ein weiteres wichtiges Problem betrifft die Freiheitskonzeption Dworkins, die Freiheiten von vornherein als von Gleichheit begrenzt denkt. Ein Modell, das Freiheiten *prima facie* gewährt sieht und sie dann in Abwägungsprozessen einschränkt, wie es einer gegenwärtigen, auch international weitverbreiteten Grundrechtspraxis entspricht, erscheint demgegenüber vielversprechender.[65] Dieses Modell macht nämlich transparent, dass tatsächlich, etwa aus Respekt vor anderen, Freiheiten legitimerweise aufgegeben werden müssen, auch wenn der Freiheitsgebrauch als solcher in keiner Weise kritisierbar ist. Gerade in politisch strittigen Fragen ist es wichtig, keine Einheit von Freiheit, Gleichheit und anderen normativen Positionen vorzuspiegeln, wenn diese tatsächlich nicht existieren, damit deutlich wird, welcher normative Preis jeweils für bestimmte Lösungen von den Betroffenen zu bezahlen ist und um überprüfen zu können, ob dies auch gerechtfertigt ist.

In ähnlicher Weise kann in Bezug auf Dworkins Konzeption der Demokratie[66] argumentiert werden, denn auch hier werden mögliche Konflikte zwischen dem Recht politischer autonomer Selbstbestimmung, das sich in der Demokratie institutionell verkörpert, und anderen normativ zu berücksichtigenden Gesichtspunkten, etwa dem Schutz von legitimen Rechtspositionen von Minderheiten, unzureichend erfasst, wenn man derartige Konflikte durch eine Konzeption der Demokratie, wie sie Dworkin entwirft, von vornherein theoretisch ausschließt. Wichtig ist vielmehr auch hier, Wertkonflikte politisch transparent zu machen, um kritisch hinterfragen zu können, ob die jeweilige Lösung den betroffenen Wertpositionen und Prinzipien der Gerechtigkeit tatsächlich genügt. Das Projekt einer holistischen Wertphilosophie ist deswegen wohl nicht zu verwirklichen, jedenfalls nicht in dem Sinne, in dem es Dworkin anstrebt.

Dass dabei Recht und Moral zwar unterschieden werden müssen, die Reflexion über und die Anwendung und Schaffung von Recht aber im Rahmen moralischer Parameter erfolgt, ist eine Einsicht, die nicht neu ist, die aber Dworkin mit guten Gründen zu stärken sucht. Ein Problem besteht in Dworkins Konzeption insofern in Bezug auf das Verhältnis von Recht, wie es ist, und Recht, wie es sein soll. In seiner Konzeption verschwimmt dieser Unterschied, weil in letzter Instanz im Prozess der Interpretation Recht immer das Recht sei, was Recht sein solle, genauer unter Gerechtigkeitsgesichts-

---

65  Vgl. dazu *M. Mahlmann*, Elemente einer ethischen Grundrechtstheorie, 2008.
66  Vgl. *J. Waldron*, A Majority in the Lifeboat, Boston University Law Review, 90 (2010), S. 1043 ff.

punkten gerechtfertigt sei.[67] Dass Recht interpretatorisch so offen ist, dass jede Ungerechtigkeit oder auch jedes kleine Gerechtigkeitsdefizit durch Interpretation beseitigt werden könnte, scheint wenig einleuchtend zu sein. Es ist schon aus Gründen der Rechtssicherheit und der Achtung vor demokratischen Entscheidungen wichtig zu betonen, dass Interpretation sicherlich dazu aufgerufen ist, im Rahmen des interpretatorisch Möglichen sinnvolle und ethisch orientierte Auslegungen zu produzieren, der Rahmen dessen, was mit Auslegung möglich ist, aber auch respektiert werden muss. Die Gerechtigkeit des Rechtssystems ist nicht allein durch Interpretation, sondern in letzter Instanz durch den demokratischen Gesetzgebungsprozess selbst zu verwirklichen. Schließlich sollte der Unterschied zwischen der Moral als einer das Subjekt innerlich verpflichtenden Sollensordnung und dem Recht als äußerlich verbindlicher, institutionalisierter und zwangsbewehrter Normordnung im Blick behalten werden.

45  Das vielleicht größte Verdienst von Dworkins Überlegungen ist, dass sie mit guten Gründen davor warnen, Moral und Recht zu klein zu denken. Moral und eine legitime rechtliche Ordnung sind keine Schlüssel zum Glück der Menschen. Dass aber Moralität und ein an ihr orientiertes Recht eine wichtige Bedingung eines zivilisierten individuellen und gesellschaftlichen Lebens ist, das seinem eigenen Rang gerecht wird, bildet eine jener Erkenntnisse, die nicht nur Sokrates (vgl. o. § 1 II 4 b) und Kant (vgl. o. § 9 V Rn. 31) unausweichlich erschienen.

---

67  *R. Dworkin*, Justice for Hedgehogs, S. 409.

# § 21 Kritik und Rekonstruktion der Vernunft: Kritische Theorie, Diskursethik, Systemtheorie und Postmoderne

| | |
|---|---|
| I. Kritische Theorie .................... 1 | 4. Kritische Einschätzungen ........ 49 |
|   1. Die Dialektik der Aufklärung und der Zwiespalt der Vernunft ............................. 1 | III. Systemtheorie und die methodische Dehumanisierung des Rechts ........ 59 |
| |   1. Gesellschaft und Autopoiese .... 59 |
|   2. Kritische Gesellschaftstheorie und Aufklärung ................. 2 |   2. Moral und Recht ................. 61 |
| |   3. Kritische Einschätzungen ........ 67 |
|   3. Kritik und praktische Orientierung ............................. 13 | IV. Jenseits der Erzählungen – die Postmoderne ............................. 73 |
|   4. Kritische Einschätzungen ........ 19 |   1. Strukturalismus und Poststrukturalismus ...................... 73 |
| II. Rationalität und Verständigung – die Diskurstheorie .................... 26 |   2. Die Ethik der Ethik, das Gesetz der Gesetze ...................... 76 |
|   1. Kommunikatives Handeln und gesellschaftliche Vernunft ....... 26 |   3. Die postmoderne Kritik der Rechtsform und die Alternative der Pluralität ..................... 77 |
|   2. Die verschiedenartige Prozeduralisierung der Kriterien der Wahrheit und Richtigkeit ........ 32 | |
|   3. Diskurs, Moral und Recht ...... 41 |   4. Kritische Einschätzungen ........ 79 |

## I. Kritische Theorie

### 1. Die Dialektik der Aufklärung und der Zwiespalt der Vernunft

Die sog. *Kritische Theorie* ist eine heterogene theoretische Strömung,[1] die in mancher Weise auf die intellektuelle Kultur der Nachkriegszeit und der Gegenwart einwirkt. Sie geht von der gesellschaftlichen Bestimmtheit des Individuums und seiner kulturellen und politischen Lebensformen aus. Das vor allem in der ersten Generation der Kritischen Theorie bedeutsame marxistische Erbe prägt dabei die These, dass die moderne Gesellschaft zentral durch die kapitalistische Warenwirtschaft bestimmt sei. Diese Wirtschaftsform sei der Grund der Entfremdung der Menschen von einer humanen Zivilisation und ihrer Befangenheit in einer schlechten sozialen Gegebenheit. Die Analysen brechen allerdings zu anderen theoretischen Ufern als denen des orthodoxen Marxismus und historischen Materialismus auf, nicht zuletzt durch sozialpsychologische Noten.[2] Den Auftakt ihrer breiten Wirkung bildet die *Dialektik der Aufklärung*, ein Werk, das in das Herz der Epoche trifft.[3] Der Titel formuliert bereits die Grundthese: Das Aufklärungszeitalter mit seinen Hoffnungen auf eine humane Zukunft sei im Nationalsozialismus zu einem endgültigen Ende gekommen und habe dabei seine eigene Zwiespältigkeit, seine übersehenen dunklen Seiten offenbart. Zweifel am Gehalt der Aufklärung, der Reichweite menschlicher Vernunft und an den von der Aufklärung formulierten moralischen Prinzipien von Würde, Freiheit und

---

[1] Zum Begriff vgl. *M. Horkheimer*, Traditionelle und Kritische Theorie, Zeitschrift für Sozialforschung, 8 (1937), S. 245 ff. Die Kritische Theorie ist institutionell mit dem in den 20er Jahren gegründeten Frankfurter Institut für Sozialforschung verbunden *(Frankfurter Schule)*. *T. W. Adorno* (1903–1969), *M. Horkheimer* (1895–1973) oder *H. Marcuse* (1898–1979) werden zur ersten Generation, Autoren wie *J. Habermas*, *K. O. Apel* zur zweiten Generation der Kritischen Theorie gezählt. Vgl. im Überblick *R. Wiggershaus*, Die Frankfurter Schule, 7. Aufl. 2008.

[2] Zum Rückgriff auf die Psychoanalyse vgl. z.B. *M. Horkheimer/T. W. Adorno*, Dialektik der Aufklärung, 1969, S. 201 f.; *H. Marcuse*, Eros and Civilization, 2nd ed., 1984.

[3] *M. Horkheimer/T. W. Adorno*, Dialektik der Aufklärung.

Gleichheit gehören seitdem für viele zum Rüstzeug des Nachdenkens über ethische und politisch-rechtliche Fragen und der philosophischen Orientierung insgesamt. Diese Skepsis gegenüber Aufklärung und Vernunft ist kein zu vernachlässigendes Phänomen in den für die Wirklichkeit unerheblichen Sphären der Theorie. Mit dem Projekt der Aufklärung und der Idee der Vernunft sind fundamentale Hoffnungen der Menschen auf zivilisiertes Leben verbunden. Auch ihr Selbstbewusstsein als möglicherweise das historische Geschehen zum Besseren gestaltende, bewusste und urteilsfähige Subjekte wird durch Zweifel an der Begründbarkeit von Vernunftansprüchen erschüttert. Die Vernunftkritik hat tiefe Wurzeln in der Ideengeschichte und auch im 20. Jahrhundert noch anderen Ausdruck gefunden als in der Kritischen Theorie, worauf im Rahmen der geistigen Voraussetzungen der Postmoderne noch eingegangen wird. Die These von der Dialektik der Aufklärung hat aber wesentlichen Anteil daran, den Rahmen zu bestimmen, in dem heute weithin über Aufklärung und Vernunft nachgedacht wird. Die Auseinandersetzung mit der Kritischen Theorie ist deshalb in einer Weise lehrreich, die über die Einschätzung des theoretischen Wertes ihrer Thesen hinausgeht und in den Kern des Gehalts der modernen Aufklärungs- und Vernunftkritik führt. Für das theoretische Verständnis der Grundlagen des Rechts ist aber nicht nur dies interessant, sondern auch, ob die Kritische Theorie als normative Gesellschaftstheorie das Recht allgemein zu orientieren vermag.

## 2. Kritische Gesellschaftstheorie und Aufklärung

2  *Theodor W. Adorno* (1903–1969) und *Max Horkheimer* (1895–1973) wollen mit der Analyse der Dialektik der Aufklärung Elemente einer kritischen Gesellschaftstheorie liefern. Diese müsse mit einer Faschismustheorie ansetzen, wobei der Begriff Faschismus vor allem den Nationalsozialismus meint. Es gehe um „nicht weniger als die Erkenntnis, warum die Menschheit, anstatt in einen wahrhaft menschlichen Zustand einzutreten, in eine neue Art von Barbarei versinkt".[4] Der Faschismus wird dabei als Symptom und konsequentester Ausdruck von epochalen Weichenstellungen begriffen, die weit in die Kulturgeschichte bis zur Antike zurück reichen. Er sei also kein Unfall der Geschichte, sondern gerade der Vollzug in ihr angelegter objektiver Tendenzen. Zur Analyse des Faschismus gehöre eine Theorie des Antisemitismus. Dieser sei Ausdruck der sich psycho-pathologisch entladenden Unvernunft des auf Herrschaft und Unterdrückung beruhenden modernen Gesellschaftssystems im Hass auf eine Minderheit.[5] Die Unterdrückten duldeten ihre eigene Unterdrückung, weil sie andere verfolgen dürften. „Der Widersinn der Herrschaft ist heute fürs gesunde Bewusstsein so einfach zu durchschauen, dass sie des kranken Bewusstseins bedarf, um sich am Leben zu erhalten. Nur Verfolgungswahnsinnige lassen sich die Verfolgung, in welche Herrschaft übergehen muss, gefallen, indem sie andere verfolgen dürfen".[6] Diese Thesen zum Ursprung des Antisemitismus bilden ein gutes Beispiel für die Verbindung von Gesellschaftstheorie und Sozialpsychologie, die ein wichtiges Merkmal der Kritischen Theorie ausmacht.

---

4  *M. Horkheimer/T. W. Adorno*, Dialektik der Aufklärung, S. 1.
5  *M. Horkheimer/T. W. Adorno*, Dialektik der Aufklärung, S. 177 ff.
6  *M. Horkheimer/T. W. Adorno*, Dialektik der Aufklärung, S. 207.

## § 21 Kritik und Rekonstruktion der Vernunft

Der Faschismus habe die „Tendenz zur totalen Integration" des einzelnen Subjekts in den Gesellschaftszusammenhang gezeigt. Der Einzelne sei in der Massenorganisation gleichgeschaltet worden. Auch nach dem Ende des Faschismus bestehe diese Tendenz fort.[7] Der materielle Wohlstand der modernen Industriegesellschaft werde mit dem Preis der Freiheit bezahlt: „Während der Einzelne vor dem Apparat verschwindet, den er bedient, wird er von diesem besser als je versorgt".[8] Der materielle Wohlstand sei aufgrund der gesellschaftlichen Bedingungen, unter denen ihn der Einzelne produziere, keine Wohltat: „Unter den gegebenen Verhältnissen werden die Glücksgüter selbst zu Elementen des Unglücks".[9] Die Integration des Subjekts in die Gesellschaft werde wesentlich durch die Kulturindustrie vollzogen, die den Einzelnen im Sinne der gesellschaftlichen Anforderungen durch Massenmedien innerlich formiere.

Der Kern der Kritik der *Aufklärung* ist, dass sich die Beziehung des Subjekts zur Welt als Herrschaftsbeziehung geschichtlich konstituiere. Das sei die Wurzel der Aufklärung und ihrer Dialektik sowie der Ansatzpunkt einer Theorie, die die Aufklärung aufhebe, um sie erst tatsächlich zu verwirklichen. Denn das Ziel der Kritik sei nicht, Aufklärung schlechthin zu delegitimieren, sondern die Aufklärung über ihre eigene dunkle Seite als Herrschaftsbeziehung selbst aufzuklären, um mit dieser reflexiv gewordenen Aufklärung gesellschaftliche Freiheit zu sichern.[10] Dem Denken der Aufklärung soll ein Spiegel vorgehalten werden, der auch die dunklen Seiten zeigt. Die Kritik an der Aufklärung könne so „einen positiven Begriff von ihr vorbereiten, der sie aus ihrer Verstrickung in blinder Herrschaft löst".[11] Dabei wird aber Skepsis gegenüber Annahmen einer notwendigen Überwindung der gesellschaftlichen Zustände wie im Marxismus-Leninismus aufgrund angenommener ökonomischer Gesetzlichkeiten formuliert: In deterministischen Utopien schäme sich die revolutionäre Phantasie vor sich selbst und überantworte sich deshalb objektiven (ökonomischen) Tendenzen.[12]

Aufklärung sei dabei nicht nur geistesgeschichtlich, sondern realgeschichtlich mit der bürgerlichen Gesellschaft verbunden. Sie sei als „die wirkliche Bewegung der bürgerlichen Gesellschaft als ganzer unter dem Aspekt ihrer in Personen und Institutionen verkörperten Idee" zu verstehen.[13] Den sozialen Grund der Entwicklung bilde dabei die bürgerliche Warenwirtschaft.

Aufklärung sei auch keineswegs klar vom Mythos getrennt. Die Vorstellung, Aufklärung sei klarem Denken verpflichtet, ein Mythos aber der Irrationalität, sei naiv. Es bestehe eine *Dialektik von Mythos und Aufklärung*, da der Mythos schon ein Teil der Aufklärung sei, während Aufklärung selbst in einen Mythos umschlage.[14] Ein Mythos sei Aufklärung, weil er „berichten, nennen, den Ursprung sagen: damit aber darstellen, festhalten, erklären" wolle.[15] Zentrales Beispiel ist die *Odyssee*. Die *Odyssee* sei eine

---

7 *M. Horkheimer/T. W. Adorno*, Dialektik der Aufklärung, S. IX.
8 *M. Horkheimer/T. W. Adorno*, Dialektik der Aufklärung, S. 4.
9 *M. Horkheimer/T. W. Adorno*, Dialektik der Aufklärung, S. 5.
10 *M. Horkheimer*, Eclipse of Reason, 1947, S. 187; *M. Horkheimer/T. W. Adorno*, Dialektik der Aufklärung, S. 3.
11 *M. Horkheimer/T. W. Adorno*, Dialektik der Aufklärung, S. 6.
12 *M. Horkheimer/T. W. Adorno*, Dialektik der Aufklärung, S. 48.
13 *M. Horkheimer/T. W. Adorno*, Dialektik der Aufklärung, S. 4.
14 *M. Horkheimer/T. W. Adorno*, Dialektik der Aufklärung, S. 6.
15 *M. Horkheimer/T. W. Adorno*, Dialektik der Aufklärung, S. 14.

Urgeschichte der Subjektivität.[16] Im Mythos der Heimkehr nach Ithaka werde die Bildung des sich als Identisches erhaltenden Subjekts gegenüber den bedrohenden, versuchenden Mächten der Natur beschrieben. Diese Bildung des Selbst werde durch Anerkennung der Macht als Prinzip aller Beziehungen erkauft. „Die Gottesebenbildlichkeit der Menschen besteht in der Souveränität übers Dasein, im Blick des Herrn, im Kommando".[17]

7   Die Geschichte der Menschen sei dadurch gekennzeichnet, dass Mittel zum Überleben zum Lebenszweck würden. Diese Inthronisierung des Mittels als Zweck, die ihren Höhepunkt im Kapitalismus finde, sei schon in der „Urgeschichte der Subjektivität" wahrnehmbar, weil in der Selbstbildung die Selbsterhaltung zum Zweck werde, dem das eigentliche Leben, das sich jenseits der bloßen Selbsterhaltung eröffne, geopfert werde.[18]

8   Umgekehrt schlage Aufklärung in Mythos um, weil sie die Dinge nur noch als manipulierbare, beherrschbare betrachte und deswegen in den Aspekten verkenne, die jenseits der Manipulier- und technischen Beherrschbarkeit lägen. Inkommensurables, Besonderes, Differentes an den Dingen werde von der aufgeklärten Reflexion verdrängt oder beseitigt[19] – eine Analyse, die Zentralthesen der Postmoderne bereits antizipiert.

9   Entsprechend diesen Grundthesen wird auch die *Erkenntnis- und Wissenschaftstheorie* formuliert: Das Wissen der Aufklärung sei patriarchal, sei naturbeherrschende Technik.[20] Begriffe würden durch Formeln, Ursachen durch Regeln und Wahrscheinlichkeit ersetzt.[21] Aufklärung sei „totalitär", alles was nicht erklärt werden könne, sei verdächtig. Das *System des Wissens* sei das Ideal, die *Zahl* der Kanon der Aufklärung.[22] Die erkenntnistheoretischen Weichenstellungen hätten unmittelbare politisch-kulturelle Konsequenzen: Der in der Aufklärung angelegte Hass gegen die Differenz werde im Antisemitismus barbarisch und auf Menschen gerichtet.[23] Entsprechend wird eine bis heute wirksame Kritik des sog. *Szientismus*, also einer Orientierung, die die Methoden der Naturwissenschaften zum Leitbild erhebt, und des (logischen) Positivismus formuliert.

10  Auch sprachtheoretisch sei die Aufklärung problematisch. In ihr werde Sprache zu bloßen, auswechselbaren, kontingenten Zeichen.[24] Ein Begriff werde nur in äußerlicher Weise auf Besonderes angewandt.[25] Die Erkenntnisweisen, die sich schon in der Antike geformt hätten, seien eine Form von gesellschaftlichen Herrschaftsbeziehungen: Die Allgemeinheit des Gedankens, die Allgemeinbegriffe, seien Widerspiegelungen antiker Herrschaftsverhältnisse, die logische Ordnung ein Produkt der Arbeitsteilung.[26]

---

16 *M. Horkheimer/T. W. Adorno*, Dialektik der Aufklärung, S. 39 ff., 50 ff.
17 *M. Horkheimer/T. W. Adorno*, Dialektik der Aufklärung, S. 15.
18 *M. Horkheimer/T. W. Adorno*, Dialektik der Aufklärung, S. 62 f.
19 *M. Horkheimer/T. W. Adorno*, Dialektik der Aufklärung, S. 18, 22, 217.
20 *M. Horkheimer/T. W. Adorno*, Dialektik der Aufklärung, S. 10; *H. Marcuse*, Der eindimensionale Mensch, 1970, S. 152.
21 *M. Horkheimer/T. W. Adorno*, Dialektik der Aufklärung, S. 11.
22 *M. Horkheimer/T. W. Adorno*, Dialektik der Aufklärung, S. 12 f.
23 *M. Horkheimer/T. W. Adorno*, Dialektik der Aufklärung, S. 217.
24 *M. Horkheimer/T. W. Adorno*, Dialektik der Aufklärung, S. 11, 173 ff.
25 *M. Horkheimer/T. W. Adorno*, Dialektik der Aufklärung, S. 212.
26 *M. Horkheimer/T. W. Adorno*, Dialektik der Aufklärung, S. 20, 28.

# § 21 Kritik und Rekonstruktion der Vernunft

Die Alternative zu diesen Erkenntnisformen sei die *bestimmte Negation*. Diese gedankliche Operation versuche einen Gegenstand in einem Urteilsakt zu erfassen, dabei aber nicht stehen zu bleiben, sondern sich das Defiziente der Erfassung sofort vor Augen zu führen, also gerade nicht zu übersehen, dass Inkommensurables und Besonderes weiter existierten: „Gerettet wird das Recht des Bildes in der treuen Durchführung seines Verbots".[27] Der Anspruch der Erkenntnis bestehe nicht im bloßen Wahrnehmen, Klassifizieren und Berechnen, sondern gerade in der bestimmten Negation des je Unmittelbaren.[28] Der Gedanke, der sein kritisches Element verlasse und affirmativ werde, verwandle sich in Negatives, Zerstörerisches.[29] Begriffe müssten aber weiter dialektisch verstanden werden. „Der Begriff, den man gern als Merkmalseinheit des darunter Befaßten definiert, war vielmehr seit Beginn das Produkt dialektischen Denkens, worin jedes stets nur ist, was es ist, indem es zu dem wird, was es nicht ist".[30]

Für das richtige Verhältnis von Subjekt und Gegenstand wird der Begriff der *Mimesis* aufgegriffen.[31] Das Subjekt müsse mit den Gegenständen in eine es bereichernde Wechselbeziehung treten, statt sie wie in der Aufklärung zu unterwerfen oder zu meinen, sie aus sich selbst heraus zu schaffen:[32] „In nichts anderem als in der Zartheit und dem Reichtum der äußeren Wahrnehmungswelt besteht die innere Tiefe des Subjekts. Wenn die Verschränkung unterbrochen wird, erstarrt das Ich. Geht es, positivistisch, im Registrieren von Gegebenem auf, ohne selbst zu geben, so schrumpft es zum Punkt, und wenn es, idealistisch, die Welt aus dem grundlosen Ursprung seiner selbst entwirft, erschöpft es sich in sturer Wiederholung. Beide Male gibt es den Geist auf. Nur in der Vermittlung, in der das nichtige Sinnesdatum den Gedanken zur ganzen Produktivität bringt, deren er fähig ist, und andererseits der Gedanke vorbehaltlos dem übermächtigen Eindruck sich hingibt, wird die kranke Einsamkeit überwunden, in der die ganze Natur befangen ist".[33]

### 3. Kritik und praktische Orientierung

Damit ist deutlich geworden, dass für die Kritische Theorie die Erkenntnistheorie ein Element der Analyse der modernen Herrschaftsordnung ist. Die Epistemologie ist politisch, sie ist der Hintergrund einer normativen Beziehung zu anderen Menschen. Kritisiert man die Erkenntnistheorie, kritisiert man gleichzeitig die durch sie begründeten praktischen Verhältnisse. Die Kritische Theorie formuliert gegen die Ethik der Aufklärung Einwände aber auch ohne Umweg über die Epistemologie. In der Ethik der Aufklärung werde Selbsterhaltung zentral, die Vernunft zweckrational[34] und formal. Sie könne keine Lebensinhalte vor anderen als vorzugswürdig ausweisen.[35] Damit gebe es kein Argument mehr gegen Bestialitäten, z.B. Mord. *De Sade* (1740–1814) oder *Friedrich Nietzsche* (1844–1900) seien damit die wirklich konsequenten Vollender der

---

27 *M. Horkheimer/T. W. Adorno*, Dialektik der Aufklärung, S. 30.
28 *M. Horkheimer/T. W. Adorno*, Dialektik der Aufklärung, S. 32 f.
29 *M. Horkheimer/T. W. Adorno*, Dialektik der Aufklärung, S. 2.
30 *M. Horkheimer/T. W. Adorno*, Dialektik der Aufklärung, S. 21.
31 Dieser Begriff stammt aus der antiken Philosophie und Ästhetik und meint Nachahmung.
32 *M. Horkheimer/T. W. Adorno*, Dialektik der Aufklärung, S. 20.
33 *M. Horkheimer/T. W. Adorno*, Dialektik der Aufklärung, S. 198.
34 *M. Horkheimer/T. W. Adorno*, Dialektik der Aufklärung, S. 35 ff.
35 *M. Horkheimer/T. W. Adorno*, Dialektik der Aufklärung, S. 111.

Aufklärung, weil sie den Gehalt der aufklärerischen Moral gerade bestritten.³⁶ „Die privaten Laster sind bei Sade wie bei Mandeville die vorwegnehmende Geschichtsschreibung der öffentlichen Tugenden der totalitären Ära. Die Unmöglichkeit, aus der Vernunft ein grundsätzliches Argument gegen den Mord vorzubringen, nicht vertuscht, sondern in alle Welt geschrien zu haben, hat den Haß entzündet, mit dem gerade die Progressiven Sade und Nietzsche heute noch verfolgen".³⁷

14 Kants Ethik als Paradigma aufgeklärter Moralphilosophie scheitere an diesen Schwächen: „Sein Unterfangen, die Pflicht der gegenwärtigen Achtung, wenn auch noch vorsichtiger als die ganze westliche Philosophie, aus einem Gesetz der Vernunft abzuleiten, findet keine Stütze in der Kritik. Es ist der übliche Versuch des bürgerlichen Denkens, die Rücksicht, ohne welche Zivilisation nicht existieren kann, anders zu begründen als durch materielles Interesse oder Gewalt, sublim und paradox wie keiner zuvor, und ephemer wie alle. Der Bürger, der aus dem kantischen Motiv der Achtung vor der bloßen Form des Gesetzes allein einen Gewinn sich entgehen ließe, wäre nicht aufgeklärt, sondern abergläubisch – ein Narr".³⁸

15 Die Gerechtigkeit als Ausgleich zu verstehen sei Ausdruck der Ideologie des Äquivalents der bürgerlichen Gesellschaft, die im Warenaustausch wurzle.³⁹ Gerechtigkeit gehe im positiven Recht unter. Die Waage des Zeus sei eine Versinnbildlichung der Gerechtigkeit der patriarchalen Welt, in der die Gleichheit zum Fetisch werde.⁴⁰

16 Die methodischen Weichenstellungen führen zu einer Absage an allgemeine Formulierungen von moralischen Regeln. Moralische Probleme würden durch Aussagen wie: „Es soll nicht gefoltert werden; es sollen keine Konzentrationslager sein" bündig geklärt.⁴¹ Allgemeine moralische Maßstäbe ließen sich aber nicht bilden: „Wahr sind die Sätze als Impuls, wenn gemeldet wird, irgendwo sei gefoltert worden. Sie dürfen sich nicht rationalisieren; als abstraktes Prinzip gerieten sie sogleich in die schlechte Unendlichkeit ihrer Ableitung und Gültigkeit".⁴²

17 Trotz der methodischen Abstandnahme gegenüber positiven Bestimmungen des Guten und Gerechten findet man auch in der klassischen Kritischen Theorie weitere normative Leitvorstellungen. Dabei wird vor der Behandlung von letzten Dingen und entsprechendem messianisch-eschatologischen Tonfall nicht zurückgescheut.⁴³

18 Dass menschliches Leben wert sei gelebt zu werden, sei die Grundlage jeder Gesellschaftstheorie.⁴⁴ Freiheit spielt eine zentrale Rolle, denn es komme darauf an, „Freiheit zu bewahren, sie auszubreiten und zu entfalten, anstatt, wie immer mittelbar, den Lauf der verwalteten Welt zu beschleunigen".⁴⁵ Denken solle mit befreitem Lebendi-

---

36 *M. Horkheimer/T. W. Adorno*, Dialektik der Aufklärung, S. 93 ff., 126 f.
37 *M. Horkheimer/T. W. Adorno*, Dialektik der Aufklärung, S. 127.
38 *M. Horkheimer/T. W. Adorno*, Dialektik der Aufklärung, S. 92.
39 *M. Horkheimer/T. W. Adorno*, Dialektik der Aufklärung, S. 13.
40 *M. Horkheimer/T. W. Adorno*, Dialektik der Aufklärung, S. 22 f.
41 *T. W. Adorno*, Negative Dialektik, in: *ders.*, Gesammelte Schriften, hrsg. v. R. Tiedemann, Bd. 6, 1997, S. 281.
42 Ebd.
43 *T. W. Adorno*, Minima Moralia, in: *ders.*, Gesammelte Schriften, hrsg. v. R. Tiedemann, Bd. 4, Nr. 153, 1997: „Philosophie, wie sie im Angesicht der Verzweiflung einzig noch zu verantworten ist, wäre der Versuch, alle Dinge so zu betrachten, wie sie vom Standpunkt der Erlösung aus sich darstellten".
44 *H. Marcuse*, Der eindimensionale Mensch, S. 12.
45 *M. Horkheimer/T. W. Adorno*, Dialektik der Aufklärung, S. X.

gem versöhnt werden und auf Gesellschaft als sein reales Subjekt bezogen werden.[46] Gesellschaft werde unter veränderten Bedingungen ihrer selbst mächtig, nicht zur Herrschaft, sondern zur Versöhnung.[47] Entsprechend wird eine „Parteinahme für die Residuen der Freiheit" gefordert, bevor eine bessere Gesellschaftsgestaltung gelinge.[48] Diese verkörpere ein freies Zusammenleben von Menschen, die sich zum allgemeinen Subjekt einer Gesellschaft organisierten, in der bewussten Solidarität des Ganzen.[49] Liebe sei die eigentlich humane Leidenschaft,[50] eine unentstellte Menschheit die zentrale Utopie.[51] Das Gewissen liege nicht in der Innerlichkeit, sondern in der „Hingabe des Ichs an das Substantielle draußen, in der Fähigkeit, das wahre Anliegen der anderen zum eigenen zu machen".[52] Während für Adorno die Sphäre des Ästhetischen den radikalen Bruch mit den zu überwindenden Elementen der Aufklärung eröffnet[53] und auch für *Marcuse* die Kunst als Ort der „Großen Weigerung", des Protests „gegen das was ist", den Ausgangspunkt radikaler Kritikformen bildet,[54] finden sich bei Horkheimer auch religiöse Motive.[55] Die Utopie zielt aus der Sicht Adornos dabei nicht auf aktive Selbstverwirklichung, denn dies setze am Modell der Produktion als Selbstzweck an, sondern auf ein reines genießendes Sein: „Die Vorstellung vom fessellosen Tun, dem ununterbrochenen Zeugen, der pausbäckigen Unersättlichkeit, der Freiheit als Hochbetrieb zehrt von jenem bürgerlichen Naturbegriff, der von je einzig dazu getaugt hat, die gesellschaftliche Gewalt als unabänderliche, als ein Stück gesunder Ewigkeit zu proklamieren. Darin und nicht in der vorgeblichen Gleichmacherei verharrten die positiven Entwürfe des Sozialismus, gegen die Marx sich sträubte, in der Barbarei. (...) Rien faire comme une bête, auf dem Wasser liegen und friedlich in den Himmel schauen, sein, sonst nichts, ohne alle weitere Bestimmung und Erfüllung' könnte an Stelle von Prozeß, Tun, Erfüllen treten und so wahrhaft das Versprechen der dialektischen Logik einlösen, in ihren Ursprung zu münden. Keiner unter den abstrakten Begriffen kommt der erfüllten Utopie näher als der vom ewigen Frieden".[56]

### 4. Kritische Einschätzungen

Die skizzierten Überlegungen entwickeln eine kritische, normativ orientierte, aus verschiedenen theoretischen Quellen gespeiste umfassende Gesellschaftsanalyse. Die Kernthese bildet die Behauptung, dass Aufklärung und ihr Vernunftbegriff in die Schaffung und Perpetuierung von Herrschaftsverhältnissen über Natur und Menschen verstrickt seien. Wenn dies so wäre, würde dies auch den Legitimitätsanspruch von (aufgeklär-

---

46 M. Horkheimer/T. W. Adorno, Dialektik der Aufklärung, S. 44.
47 M. Horkheimer/T. W. Adorno, Dialektik der Aufklärung, S. 62 f.
48 M. Horkheimer/T. W. Adorno, Dialektik der Aufklärung, S. IX.
49 M. Horkheimer/T. W. Adorno, Dialektik der Aufklärung, S. 90.
50 M. Horkheimer/T. W. Adorno, Dialektik der Aufklärung, S. 114.
51 M. Horkheimer/T. W. Adorno, Dialektik der Aufklärung, S. 127.
52 M. Horkheimer/T. W. Adorno, Dialektik der Aufklärung, S. 208.
53 T. W. Adorno, Ästhetische Theorie, in: ders., Gesammelte Schriften, hrsg. v. R. Tiedemann, Bd. 7, 1997, S. 374: „Leben hat sich, auch mit dem Prospekt eines richtigen, durch Kultur perpetuiert; in authentischen Kunstwerken hallt das Echo davon wider".
54 H. Marcuse, Der eindimensionale Mensch, S. 83 (Zitat), 268.
55 M. Horkheimer, Bemerkungen zur Liberalisierung der Religion, in: ders., Gesammelte Schriften, Bd. 7, 1985, S. 233 ff., 238 f.
56 T. W. Adorno, Minima Moralia, Nr. 100.

tem) Recht treffen, das ein wichtiger Teil der auf derartigen Fundamenten ruhenden Gesellschaftsordnung ist. Die Gleichsetzung von Aufklärung und Herrschaftskonstitution ist aber einigen Einwänden ausgesetzt, die sowohl die erkenntnistheoretischen Annahmen mit ihren politischen (und damit für das Recht unmittelbar relevanten) Konsequenzen als auch die normativen Analysen betreffen. Zu den Elementen der politischen Erkenntnistheorie ist Folgendes anzumerken: Die Elemente einer aufgeklärten Wissenschaft implizieren keineswegs notwendig den Versuch, eine Herrschaftsbeziehung vom Subjekt über das Objekt, vom erkennenden Menschen über die erkannte Welt herzustellen, die alles Unverstandene verdrängt, wenn man Wissenschaft auch sicher in dieser Weise missverstehen kann. Der Zweck der Wissenschaft ist durchaus nicht vorwiegend Naturbeherrschung, sondern auch Naturverständnis. Viele theoretische Bildungen haben keinen klaren praktischen Wert, was ihr Interesse für die Wissenschaft in keiner Weise schmälert. Der Erkenntnisanspruch ist dabei keineswegs totalitär, im Gegenteil. Eine methodisch reflektierte Wissenschaft begreift die eigenen Theorien als nicht mehr als (bisher) beste explikative Annäherungen an die in weiten Zügen unverstandene und vielleicht immer unverstehbare Welt. Dieser erkenntnistheoretischen Skepsis hat Kant als zentraler Autor der Aufklärung mit seiner These von der Unerkennbarkeit des Dings an sich im transzendentalphilosophischen Rahmen eine berühmte Fassung gegeben (vgl. o. § 9). Im Übrigen kann partielle Naturbeherrschung, z.B. durch die Therapie einer Krankheit, sehr sinnvoll und wünschenswert sein.

20 Die menschliche Subjektivität ist auch kein Ausdruck einer notwendig auf Herrschaft gegründeten Beziehung zu allen Dingen, sondern eine anthropologische Grundgegebenheit, die übrigens eine wichtige Wurzel der Kritik von illegitimer Herrschaft bildet. Der einzelne Mensch bildet dabei das Subjekt der Erkenntnis, nicht die Gesellschaft insgesamt. Der Einzelne organisiert sich nicht in der Gesellschaft, um ein allgemeines Subjekt zu begründen, sondern um die Subjektivität aller (auch die eigene) in der Gesellschaft auf der Grundlage von moralischen Prinzipien zu entfalten. Es besteht kein erkennbarer Zusammenhang von Elementen der menschlichen Erkenntnis wie Allgemeinbegriffen, empirischen Theorien usw. und sozialen Herrschaftsbeziehungen. Soziale und politische Herrschaftsstrukturen konstituieren sich aus anderen Gründen, z.B. konkreten Interessen, als der Konzeption der erkenntnistheoretischen Beziehungen von menschlichem Verständnis und verstandenem Objekt.

21 Die Ideen der *konkreten Negation* oder der *Mimesis* bleiben im Gehalt unklar. Selbstverständlich ist jede Aussage das mögliche Objekt von Kritik. Jede formulierte wissenschaftliche Theorie kann prinzipiell falsifiziert werden. Eine einzelne Aussage kann aber (in ihrem begrenzten Aussagegehalt) durchaus einen Wahrheitsanspruch erheben, nur eben einen widerlegbaren. Die Aussage „Menschen haben Rechte" verlangt viele Qualifikationen, die aber keine konkreten Negationen, sondern Präzisierungen sind. Begriffe und Theorien bieten keine mimetische „Anschmiegung" an Dinge, sondern sind Teil der falliblen Konstruktionen zum Verständnis der Welt durch den Geist der Menschen. Sprachtheoretisch kann gefragt werden, in welcher Weise sprachliche Repräsentationen von Dingen diesen anders als äußerlich sein können.

22 Ethisch erfasst die Kritische Theorie die humanistische Pointe der kantischen praktischen Philosophie nicht. Diese ist keineswegs nur auf die „Achtung vor der bloßen

§ 21 Kritik und Rekonstruktion der Vernunft  §  21

Form des Gesetzes" gegründet. Sie verkörpert durch den kategorischen Imperativ, der nicht nur die Bedingung der Universalisierbarkeit moralischer Maximen, sondern auch die Selbstzweckformel umfasst, die Idee gleicher Freiheitsrechte und die moralische Pflicht zur Beförderung der Glückseligkeit anderer die ethischen Fundamente eines substantiellen Humanismus. Die Kritik der Aufklärung verfehlt deshalb den sozial emanzipativen Gehalt der Aufklärung, für die Kant paradigmatisch steht.

Die Kritische Theorie klärt weiter nicht, wie das eigene normative Leitbild und die Kritik dessen, was hinter ihm zurück bleibt, abgesichert werden. Warum sind Freiheit, Solidarität, Liebe zentral, warum darf nicht gefoltert werden, warum sind Konzentrationslager der Abgrund der Barbarei? Warum wird die Gleichheit als Teil des Gerechtigkeitsbegriffs kritisiert, wenn menschliche Gleichheit gerade gefordert wird? Die normativen Ziele beruhen ersichtlich auf materialen und durchaus benennbaren normativen Prinzipien und Werten, die genau jene der Freiheit, Gleichheit und Würde sind, die in der Aufklärung zum Leitbild erhoben werden. Ob bei ihrer moralepistemologischen Verankerung ein subjektiver Gewissensbegriff zu überwinden ist, wird sich noch zeigen. Wie bei Hegels Begriff der Sittlichkeit ist jedenfalls zu fragen, welchem substantiellen Äußeren sich ein Gewissen angleichen soll und wie dieses Äußere seinen normativen Status gewinnt, das der kritischen Kraft des moralischen Urteilsvermögens überlegen sein soll. Ist das passive Sein im Übrigen wirklich das letzte Ziel und aktiver Lebensvollzug nur das etwas peinliche Lebensideal bärtiger Sozialdemokraten, wie Adorno frotzelnd schreibt?[57] Diese Vorstellung wird nicht durchweg geteilt und mit manchem guten Grund (vgl. z.B. o. § 10 I zu v. Humboldts Vorstellungen eines gelungenen Lebens).

23

Es gehört heute zum Allgemeingut, dass die moderne Gesellschaft durch Massenmedien in vielen Aspekten geformt wird und in mancher Hinsicht in durchaus besorgniserregender Weise. Große Medienkonzerne nehmen dabei erheblichen Einfluss auf die öffentliche Meinungsbildung in allen entwickelten Gesellschaften. Der Kampf um politische Macht wird zu einem wichtigen Teil auf dem Boden der Medien ausgefochten. Die Kritische Theorie hat hier wichtige Anstöße gegeben, die Folgen solcher Einflussnahmen ohne Naivität zu bedenken. Auf der anderen Seite sind moderne Gesellschaften (interessanterweise auch durch den Einfluss der Kulturindustrie) nicht weniger durch andere Tendenzen gekennzeichnet. Innerstaatlich ist ein allgemeiner Liberalisierungsschub in den westlichen Demokratien seit den 60er Jahren zu beobachten. Nach dem Zusammenbruch der autoritären Regime des Staatssozialismus hat auch in den Nachfolgestaaten eine verwandte Entwicklung eingesetzt, wenn auch fragil und durch autoritäre Regressionen unmittelbar bedroht. Die „totale Integration" der Subjekte in die formierte Massengesellschaft hat nicht stattgefunden, und auch dies sollte die Reflexion von Recht nicht übersehen.

24

Die Kritische Theorie hat manche befreiende Wirkung gehabt, in Bezug auf konkrete autoritäre Sozialverhältnisse und Lebensentwürfe sowie die theoretischen Parameter der Zeit. Sie hat den Anspruch auf ein richtiges Leben mit der Emphase aufrechterhalten, die dieser zerbrechliche Anspruch verdient. Die Substanz ihrer Kritik der Aufklä-

25

---

57 *T. W. Adorno*, Minima Moralia, Nr. 100.

rung ist aber geringer als ihr Widerhall in der Theorie der Gegenwart nahelegt, wenn auch ohne Zweifel vieles, was als Aufklärung firmiert, dieses Siegel unberechtigt trägt. Dies ist ein interessanter Befund, und es wird zu fragen sein, ob er sich in anderen Ansätzen bestätigen lässt. Die Kritische Theorie macht sich zudem die humanisierende Wirkung von Recht nicht deutlich genug: Gerade die Menschenrechte beruhen auf einem Begriff der Menschen, der diese einer instrumentellen Gesellschaftsorganisation entzieht.

## II. Rationalität und Verständigung – die Diskurstheorie
### 1. Kommunikatives Handeln und gesellschaftliche Vernunft

26 Die Diskurstheorie wurde durch *Karl-Otto Apel* (1922–2017) und *Jürgen Habermas* (geb. 1929) entwickelt. Letzterer hat neben seinem philosophischen Werk immer wieder in besonders sichtbarer Weise in die politischen Ereignisse seiner Zeit interveniert – vom Vorwurf des Linksfaschismus gegenüber Teilen der 68er-Protestbewegungen, über den Historikerstreit zur Relativierung des Holocaust oder die Verfassungsdiskussion nach der deutschen Wiedervereinigung bis zur Bioethik sowie Fragen der Zukunft Europas und der internationalen Rechtsordnung. Habermas ist so zu einer international besonders aufmerksam gehörten Stimme der republikanischen Kultur der Gegenwart geworden.

27 Die Diskurstheorie ist in eine allgemeine Gesellschaftstheorie eingebettet, die als Kritik von Rationalitätsformen entfaltet wird. Ausgangspunkt ist die Anerkennung der Berechtigung einer bestimmten Art von Vernunftkritik. Die Vernunft bildet aus dieser Sicht nicht – wie in der Bewusstseinsphilosophie angenommen worden sei – ein Vermögen der Subjekte, das der Welt reflektierend und von ihr losgelöst gegenüberstehe. Der Begriff der Vernunft müsse vielmehr „detranszendentalisiert" werden, d.h. als Teil der menschlichen Lebensstrukturen jenseits des subjektiven Bewusstseins verstanden werden.[58] Dies ist eine wichtige Erbschaft der Rezeption der Philosophie *Heideggers* durch Habermas.[59] Heidegger hat in seiner Existentialontologie eine Kritik der Bewusstseinsphilosophie formuliert, um Phänomene, die in Descartes' oder Kants Analyse Teil der geistigen Eigenschaften der Subjekte sind, als Elemente der Struktur des Seins (nicht des Bewusstseins der Menschen) zu verstehen.[60] Die in die Welt zurückgeholte Vernunft findet sich für Habermas in den menschlichen Verständigungsverhältnissen, dem kommunikativen Handeln. Dessen Gehalt und Verhältnis zu anderen Handlungsformen sei deshalb zu ermitteln, methodisch durch Rekonstruktion der nicht notwendig expliziten Gehalte der Sozialverhältnisse.[61]

28 Zentral ist dabei der Begriff der Rationalität. Rationalität bestehe nicht im Haben von bestimmten Erkenntnissen, sondern in der Kritisierbarkeit und Begründungsfähigkeit dessen, was einen Rationalitätsanspruch erhebe, wobei Habermas vor allem Aussagen und zielgerichtetes Handeln interessieren. Eine instrumentelle müsse von einer kom-

---

58 Vgl. z.B. *J. Habermas*, Faktizität und Geltung, S. 34.
59 Vgl. *J. Habermas*, Heidegger – Werk und Weltanschauung, in: V. Farías (Hrsg.), Heidegger und der Nationalsozialismus, 1989, S. 11 ff., 11, 13.
60 *M. Heidegger*, Sein und Zeit, § 13 ff.
61 *J. Habermas*, Theorie des kommunikativen Handelns, Bd. 2, 1988, S. 587.

## § 21 Kritik und Rekonstruktion der Vernunft

munikativen Rationalität unterschieden werden.[62] Instrumentelle Rationalität bestehe darin, für gegebene Ziele effiziente Mittel auszuwählen und sich so erfolgreich gegenüber einer kontingenten Umwelt zu behaupten. Kommunikative Rationalität greife auf die „Erfahrung der zwanglos einigenden, konsensstiftenden Kraft argumentativer Rede" zurück.[63] Diesen Rationalitätsformen korrespondierten entsprechende Handlungsformen im sozialen Bereich: *Strategisches Handeln* sei auf instrumentelle Erfolgsverwirklichung gerichtet, wobei in das Erfolgskalkül die Erwartung von Entscheidungen mindestens eines anderen Akteurs eingehe.[64] *Kommunikatives Handeln* beziehe sich auf die „Interaktion von mindestens zwei sprach- und handlungsfähigen Subjekten, die (sei es mit verbalen oder extraverbalen Mitteln) eine interpersonale Beziehung eingehen".[65]

Die Äußerungen und das Handeln der Menschen seien dabei in ein Netz von kulturellen Praktiken eingebunden, die ihren Lebenszusammenhang, ihre „Lebenswelt" ausmachten. Diese Lebenswelt liefere den Hintergrund für die Verständigungsakte: Diese seien kooperative Deutungsvorgänge, die sich im Rahmen der lebensweltlichen Gegebenheiten vollzögen: „Die Lebenswelt speichert die vorgetane Interpretationsarbeit vorangegangener Generationen; sie ist das konservative Gegengewicht gegen das Dissensrisiko, das mit jedem aktuellen Verständigungsvorgang entsteht".[66]

Die Lebenswelt unterliege sozialgeschichtlich in der Moderne einem Rationalisierungsprozess. Rationale Handlungsorientierung sei möglich, wenn die kulturelle Überlieferung eine objektive, eine soziale und eine subjektive Welt durch entsprechende Konzepte erschlösse und ein reflexives Verhältnis zu sich selbst gestatte. Es müsse möglich sein, Argumentations- und Lernprozesse zu institutionalisieren sowie verständigungsorientiertes Handeln von strategischem Handeln zu entkoppeln.[67] Letzteres Element führt zur Unterscheidung von *System* und *Lebenswelt*: Die Rationalisierung der Lebenswelt schaffe die Voraussetzung für andere gesellschaftliche Integrationsmechanismen als kommunikatives Handeln. Diese Integrationsmechanismen bildeten das von der Lebenswelt unterschiedene System. Elemente des Systems seien ein über Geld gesteuerter Markt oder eine durch Macht wirkende Bürokratie.[68] Diese Rationalisierungsprodukte wirkten auf die Lebenswelt zurück und bedrohten die lebensweltlichen Strukturen kommunikativer Rationalität: Die „Kolonialisierung der Lebenswelt" durch erfolgsorientierte soziale Integrationsmechanismen wie Markt und Bürokratie bilde deshalb ein Charakteristikum moderner Gesellschaften.[69] Die geschichtsphilosophische These der ersten Generation der Kritischen Theorie, dass die Dialektik der Aufklärung zum Sieg der instrumentellen Vernunft geführt habe, wird so durch die Behauptung der Verdrängung kommunikativer Rationalität durch erfolgsorientiertes Handeln neu gefasst.

---

62 *J. Habermas*, Theorie des kommunikativen Handelns, Bd. 1, S. 27 f.
63 Ebd.
64 *J. Habermas*, Theorie des kommunikativen Handelns, Bd. 1, S. 127 f.
65 *J. Habermas*, Theorie des kommunikativen Handelns, Bd. 1, S. 128.
66 *J. Habermas*, Theorie des kommunikativen Handelns, Bd. 1, S. 107.
67 *J. Habermas*, Theorie des kommunikativen Handelns, Bd. 1, S. 109.
68 *J. Habermas*, Theorie des kommunikativen Handelns, Bd. 1, S. 109; Bd. 2, S. 225 ff.
69 *J. Habermas*, Theorie des kommunikativen Handelns, Bd. 2, S. 451 ff.

31  Verständigungsorientiertes Handeln formt aus Habermas' Sicht das zentrale kritische soziale Potenzial, das das eigentlich angemessene menschliche Leben verkörpere. Im Prozess der Ersetzung der sakralen Grundlagen der sozialen Integration durch verständigungsorientiertes Handeln ergebe sich ein „*Vorschein einer posttraditionalen Alltagskommunikation*, die auf eigenen Füßen steht, die der Eigendynamik verselbstständigter Subsysteme Schranken setzt, die die eingekapselten Expertenkulturen aufsprengt und damit den kombinierten Gefahren der Verdinglichung wie der Verödung entgeht".[70] Das kommunikative Handeln bilde den realen Gehalt der verschiedenen in der Theorie formulierten Ideen einer „Vergesellschaftung ohne Repression". Diese bestehe in einer „Form der Intersubjektivität", die eine „zwanglose Verständigung der Individuen im Umgang miteinander ebenso ermöglicht wie die Identität eines sich zwanglos mit sich selbst verständigenden Individuums".[71] Da Kommunikation für die Selbsterhaltung der Gattung notwendig sei, müssten auch die Bedingungen der kommunikativen Rationalität sichergestellt werden. Die Verständigungsformen der Menschen bildeten deshalb einen Vorgriff auf eine normativ bessere Welt: „Die utopische Perspektive von Versöhnung und Freiheit ist in den Bedingungen einer kommunikativen Vergesellschaftung der Individuen angelegt, sie ist in den sprachlichen Reproduktionsmechanismus der Gattung schon eingebaut".[72]

### 2. Die verschiedenartige Prozeduralisierung der Kriterien der Wahrheit und Richtigkeit

32  Wenn Verständigung zwischen Akteuren problematisch wird, treten sie aus Sicht der Diskurstheorie in eine besondere Verständigungsform über, in dem die Geltungsansprüche überprüft werden können, die die Akteure erheben: den Diskurs. Ein Geltungsanspruch ist dabei der Anspruch, die Bedingungen der Gültigkeit einer Äußerung seien erfüllt. Die dabei in Frage stehenden Geltungsansprüche beziehen sich auf die Wahrheit des Gesagten, die Richtigkeit normativer Aussagen und die Wahrhaftigkeit des Sprechenden. Diese Geltungsansprüche würden nicht durch objektive Kriterien gerechtfertigt, sondern in Diskursen, die je nach Geltungsanspruch jeweils unterschiedliche Eigenarten aufwiesen, in der Argumentation eingelöst oder fallengelassen.[73] Die ideale Sprechsituation sei durch die Öffentlichkeit und vollständige Inklusion aller Betroffenen, die Gleichverteilung der Kommunikationsrechte, die Gewaltlosigkeit der Situation, die nur den zwanglosen Zwang des besseren Arguments zum Zuge kommen lasse, und die Aufrichtigkeit der Äußerungen aller Beteiligten gekennzeichnet.[74] Jeder könne Diskurse eröffnen und durch eigene Beiträge gestalten, alle Meinungen kritisieren oder bestätigen, die eigenen subjektiven Haltungen frei ausdrücken und auch regulative Beiträge wie Gebieten oder Verbieten gleichberechtigt verwenden. Der herrschaftsfreie Diskurs sei dabei eine kontrafaktische Unterstellung, eine Annahme, die

---

70  *J. Habermas*, Theorie des kommunikativen Handelns, Bd. 2, S. 486 (Herv. i. Org.).
71  *J. Habermas*, Theorie des kommunikativen Handelns, Bd. 1, S. 524.
72  *J. Habermas*, Theorie des kommunikativen Handelns, Bd. 1, S. 533. Die Wertschätzung einer verständigungsorientierten Vergesellschaftungsform ist bereits ein Grundton von *ders.*, Strukturwandel der Öffentlichkeit, 1962.
73  *J. Habermas*, Theorie des kommunikativen Handelns, Bd. 1, S. 29 ff., 37, 148.
74  *J. Habermas*, Wahrheit und Rechtfertigung, 2. Aufl., 2004, S. 49.

der Wirklichkeit nicht entspreche, keine deskriptive Aussage über die kommunikative Wirklichkeit.

Beim Geltungsanspruch der Wahrhaftigkeit geht es in der diskursiven Überprüfung um die Frage, ob der Akteur die eigene innere Haltung anderen glaubwürdig erschließen kann. In Bezug auf Wahrheitsfragen formuliert die Diskurstheorie erkenntnistheoretisch zunächst eine Abwendung von der Korrespondenztheorie der Wahrheit.[75] Nach dieser ist Wahrheitskriterium die Korrespondenz von Erkenntnis und Sachverhalt in der Welt. Da aber das Vorliegen einer tatsächlichen Korrespondenz von Erkenntnis und Sachverhalt selbst wieder korrespondenztheoretisch begründet werden müsse, führe die Korrespondenztheorie der Wahrheit in den infiniten Regress. Deswegen ist Wahrheitskriterium in der Diskurstheorie in ihrer frühen Fassung nicht mehr eine Korrespondenzbeziehung von Erkenntnis und Sachverhalt, sondern die Übereinstimmung aller Beteiligten in einem herrschaftsfreien Diskurs. Das Wahrheitskriterium wird hierdurch prozeduralisiert: Wahr sei, was sich in einem bestimmten Verfahren, dem Diskurs, als wahr erweise.[76] Diese Konzeption wird aber später revidiert: Rechtfertigung in einem Diskurs allein sei danach kein hinreichendes Wahrheitskriterium mehr, ohne dass durch diese Revision zur Korrespondenztheorie der Wahrheit zurückgekehrt werde.[77]

Auch in der Ethik wird die Diskurstheorie angewandt. Zu beachten ist dabei ein bestimmter Sprachgebrauch bei Habermas: Der Begriff der Moral beziehe sich auf universalisierbare Fragen des Richtigen, der Begriff der Ethik dagegen auf Fragen des gelungenen Lebens, die individuell von der Lebensgeschichte, sozial von gesellschaftlichen Traditionen abhingen und deswegen nicht universalisiert werden könnten. Moralische Fragen hätten die Menschheit als Bezugspunkt, ethische dagegen eine konkrete Gemeinschaft.[78] Den Begriff Diskursethik, der diesen terminologischen Weichenstellungen nicht entspricht, will Habermas aber beibehalten.[79]

So wie es in der Erkenntnistheorie kein materiales Wahrheitskriterium gebe (wenn diese Aussage auch in jüngeren Fassungen der Diskurstheorie relativiert wird), sei in der Ethik von materialen Kriterien des moralisch Guten und Gerechten Abschied zu nehmen. Die klassischen Begründungsinstanzen (Teleologie der Geschichte, menschliche Natur, Tradition, individuelle praktische Vernunft) seien gleichermaßen ungeeignet, diese Begründung zu leisten.[80] Deswegen erfolgt auch für die Moraltheorie ein Rückgriff auf den herrschaftsfreien Diskurs. Dieser stehe notwendig unter der Argumentationsregel U: Wenn man sich auf einen Verständigungsprozess einlasse, habe man diese Regel bereits akzeptiert: „Jede gültige Norm muß der Bedingung genügen, daß die voraussichtlichen Folgen und Nebenwirkungen, die sich aus ihrer *allgemeinen* Befolgung für die Befriedigung der Interessen eines jeden voraussichtlich ergeben, *von allen* Betroffenen zwanglos akzeptiert (und den Auswirkungen der bekannten alternativen Re-

---

75 *J. Habermas*, Wahrheitstheorien, in: *ders.*, Vorstudien und Ergänzungen zur Theorie des kommunikativen Handelns, 1984, S. 127 ff.
76 So auch noch in *J. Habermas*, Faktizität und Geltung, S. 29.
77 *J. Habermas*, Wahrheit und Rechtfertigung, S. 50 ff.
78 *J. Habermas*, Faktizität und Geltung, S. 139.
79 *J. Habermas*, Erläuterungen zur Diskursethik, 1991, S. 7.
80 *J. Habermas*, Faktizität und Geltung, S. 17.

gelungsmöglichkeiten vorgezogen) werden können".⁸¹ Aus dieser Argumentationsregel ergebe sich das zentrale Prinzip der Diskursethik, das für Handlungsnormen schlechthin gelte, also für Moral und Recht: „Gültig sind genau die Handlungsnormen, denen alle möglicherweise Betroffenen als Teilnehmer an rationalen Diskursen zustimmen können".⁸² Damit werde die „monologische", von einem Einzelnen in seiner eigenen Reflexion entwickelte Ethik der Vergangenheit abgelöst durch den realen Einbezug der Angehörigen einer Gesellschaft in die moralische Entscheidungsfindung (vgl. zu dieser Kritik etwa der kantischen Ethik bereits o. § 9 V). Auf die Auszeichnung konkreter moralischer Inhalte wird dabei verzichtet: Die beiden hervorstechenden Eigenschaften einer modernen Moral seien, dass sie erstens universalistisch und egalitär, zweitens aber formal und inhaltsleer sei.⁸³

36  Die Diskursethik hat insofern eine konstruktivistische Perspektive, denn die moralischen und rechtlichen Handlungsnormen werden diskursiv *erzeugt*. Sie greift aber auch auf etwas Gegebenes zurück: die moralischen Alltagsintuitionen, die in der Diskursethik rekonstruiert würden.⁸⁴ Das Moment des Willens, der sich Normen gibt, und der Vernunft, die vom Willen unabhängige Normen erkennt, werden verschränkt: „Autonom ist nur der Wille, der sich durch das, was alle gemeinsam wollen könnten, also durch moralische Einsicht leiten läßt; und praktisch ist die Vernunft, die alles, was ihrem unparteilichen Urteil gemäß gerechtfertigt ist, als Produkte eines gesetzgebenden Willens denkt".⁸⁵

37  Entwicklungspsychologisch knüpft die Theorie an die *konstruktivistische Psychologie* von *Piaget* und *Kohlberg* an: Der Mensch durchlaufe in seiner Entwicklung notwendige Stadien der Entwicklung der Moral, die am Ende zu einer universalistischen Moral führten, die im Fall der Diskurstheorie von der Diskursethik gebildet werde. Vorangetrieben werde dieser Prozess durch neue moralische Herausforderungen und die Fähigkeit, die Perspektiven Dritter in die eigene moralische Entscheidungsfindung zu integrieren und sich zum Standpunkt der Unparteilichkeit zu erheben.⁸⁶

38  Legitimationstheoretisch bestehen Unterschiede zwischen verschiedenen Varianten der Diskursethik. Z.T. wird beansprucht, eine Letztbegründung moralischer Prinzipien leisten zu können, denn der Eintritt in den Diskurs setze eine Minimalethik bereits als notwendige Präsupposition der Verständigung voraus: Wenn man sich auf einen Diskurs einlasse, also argumentiere, habe man den Diskussionspartner notwendig als Gleichen anerkannt. Der Beginn der Argumentation impliziere, dass der andere sich äußern, andere Standpunkte kritisieren, eigene Meinungen vertreten dürfe und damit gleichberechtigt sei. Verneine man diese normative Gleichheit, verstricke man sich in einen performativen Selbstwiderspruch – man bestreite mit der Gleichheit theoretisch, was man durch sein Handeln, die eigene „Performanz", notwendig voraussetze, wenn man sich an Verständigung orientiere. Da diese normativen Präsuppositionen

---

81 *J. Habermas*, Erläuterungen zur Diskursethik, S. 134 (Herv. i. Org.).
82 *J. Habermas*, Faktizität und Geltung, S. 138.
83 *J. Habermas*, Erläuterungen zur Diskursethik, S. 151.
84 Vgl. *J. Habermas*, Erläuterungen zur Diskursethik, S. 125, 142 f.
85 Vgl. *J. Habermas*, Erläuterungen zur Diskursethik, S. 145.
86 Vgl. *J. Habermas*, Moralbewußtsein und kommunikatives Handeln, 1983, S. 127 ff.

aus der Sicht dieser Variante der Diskurstheorie die Bedingungen der Möglichkeit der Verständigung sind (wie Zeit und Raum die Bedingungen der Möglichkeit menschlicher Erkenntnis in Kants Transzendentalphilosophie), wird die Diskurstheorie als Teil einer anderen Form der Transzendentalphilosophie, der Transzendentalpragmatik, aufgefasst und daraus ein Anspruch auf Letztbegründung abgeleitet.[87]

Für andere Varianten der Diskurstheorie wurzelt der Diskurs in letzter Instanz in bestimmten kulturell-sozialen Lebensformen. Die transzendentalpragmatische Analyse habe einen schwächeren Sinn als den einer Letztbegründung von Normen. Die Kommunikationsformen mit ihrer egalitären Struktur seien faktisch nicht verwerfbar, wenn man an der verständigungsorientierten Lebensform teilnehmen wolle.[88] Das Fundament der Moral ist daher in der Diskurstheorie aus dieser Perspektive die Faktizität einer kulturellen Lebensform. Eine Letztbegründung der Moral sei dagegen nicht möglich. Die Nichtverwerfbarkeit der Argumentationsregeln und ihrer normativen Gehalte stehe unter dem Vorbehalt der Konstanz dieser Lebensform,[89] die keineswegs garantiert sei. Das Bewusstsein der Vorzüge dieser Kultur für ein gelungenes Leben sei deshalb wach zu halten.[90] Dabei könnte die Rezeption von religiösen Vorstellungen durch die säkulare Gesellschaft von großer Bedeutung sein, weil sich in religiösen Zusammenhängen wichtige Gehalte für die normativen Grundlagen einer Gemeinschaft fänden.[91]

Die kulturellen Voraussetzungen seien auch für die moralische Motivation bedeutsam. Gerechtfertigte Normen hätten nur die schwach motivierende Kraft guter Gründe. Ihre Befolgung durch die Adressaten beruhe daher letztendlich auf entgegenkommenden Sozialisationsprozessen, Identitäten, Institutionen und Kontexten, die zur Beachtung der Gebote motivierten.[92]

### 3. Diskurs, Moral und Recht

Das Recht spiele im gesellschaftlichen Rationalisierungsprozess eine ambivalente Rolle. Habermas konstatiert in der Neuzeit vier Verrechtlichungsschübe – zum bürgerlichen Staat, bürgerlichen Rechtsstaat, demokratischen Rechtsstaat und schließlich zum demokratischen und sozialen Rechtsstaat.[93] Diese Verrechtlichungsschübe bedeuteten einerseits die Organisation der verstärkten gesellschaftlichen Integration durch das System. Nach der Konstituierung des bürgerlichen Staates dienten die weiteren Verrechtlichungsschübe aber auch gerade der Durchsetzung lebensweltlicher Ansprüche an die Sozialorganisation.[94] Diese freiheitsverbürgende Verrechtlichung führe in der

---

87 *K. O. Apel*, Transformation der Philosophie, Bd. 2, 1994, S. 418 ff.; ders., Diskurs und Verantwortung, 1988, S. 352 ff.
88 *J. Habermas*, Erläuterungen zur Diskursethik, S. 194. Ähnlich, aber vorsichtiger *R. Alexy*, Recht, Vernunft, Diskurs, Studien zur Rechtsphilosophie, 1995, S. 139 ff. Vgl. a. *J. Habermas*, Was ist Universalpragmatik?, in: K. O. Apel (Hrsg.), Sprachpragmatik und Philosophie, 1976, S. 198 ff.
89 *J. Habermas*, Erläuterungen zur Diskursethik, S. 194.
90 Vgl. die Bemerkungen in *J. Habermas*, Die Zukunft der menschlichen Natur, 2005, S. 124.
91 *J. Habermas*, Vorpolitische Grundlagen des demokratischen Rechtsstaats?, in: ders./J. Ratzinger, Dialektik der Säkularisierung, 2005, S. 15 ff., 31 ff.; ders., Glauben und Wissen, 2001.
92 *J. Habermas*, Erläuterungen zur Diskursethik, S. 135.
93 *J. Habermas*, Theorie des kommunikativen Handelns, Bd. II, S. 524 ff.
94 *J. Habermas*, Theorie des kommunikativen Handelns, Bd. II, S. 527.

Gegenwart aber auch zu Phänomenen – etwa in einer Sozialverwaltung, die zu Paternalismus neige –, die die Freiheit gerade gefährdeten.[95]

42 Das Recht spiele trotz dieser Ambivalenzen im Grundsatz eine für die gesellschaftliche Integration zentrale Rolle: Es kompensiere die Instabilitäten einer naturwüchsigen lebensweltlichen, verständigungsorientierten Gesellschaftsintegration. Nach Habermas haben Sprache, Moral und Recht die Gemeinsamkeit, der Handlungskoordination zu dienen. Im Fall der Sprache erfolge dies durch Geltungsansprüche, die ein normativer Überschuss über faktische Verständigungsleistungen seien. Sprache mit ihren illokutionären Bindungsenergien könne aber die Vergesellschaftung autonomer Subjekte der Moderne nicht alleine leisten. Deswegen trete Moral und – da die Moral an Unbestimmtheit, fehlender Institutionalisierung und Durchsetzungskraft leide – das Recht hinzu, welches diese Mängel kompensiere: Es lege normative Inhalte im Rahmen von Institutionen autoritativ fest und setze diese durch Sanktionen durch.[96] Im Rahmen des positiven Rechts könnten sich Subjekte egoistisch verhalten. Das Recht fange so die gesellschaftliche Entwicklung auf, die die Möglichkeiten des erfolgsorientierten, strategischen Handelns erweitere, das in den Grenzen des positiven Rechts frei möglich sei. Das Recht selbst müsse aber legitim bleiben.[97] Der „Witz" von Rechtsnormen sei es gerade, einerseits Legalität durch Sanktionen sicherzustellen, andererseits aber Legitimität zu verkörpern.[98] Die Legitimität entspringe verständigungsorientiertem, nicht strategischem Handeln. Dies sei der Kern der Staatsbürgerrolle, die eine Form der Solidarität bilde, die letztlich aus kommunikativem Handeln hervorgehe.[99] „In der Positivität des Rechts gelangt nicht die Faktizität eines beliebigen, schlechthin kontingenten Willens zum Ausdruck, sondern der legitime Wille, der sich einer präsumptiv vernünftigen Selbstgesetzgebung politisch autonomer Staatsbürger verdankt".[100]

43 Die Legitimität des Rechts erweise sich im gesellschaftlichen Diskurs:[101] Die Handlungsnormen nicht nur der Moral, sondern auch des Rechts müssten deshalb dem Diskursprinzip D entsprechen. Durch diesen Rückbezug auf diskursiv erzeugte Legitimität zeige sich, dass im modernen Begriff des Rechts die Idee der Demokratie bereits angelegt sei.[102] Denn in der Demokratie entfaltet sich aus Habermas' Sicht die diskursive Rationalität. Die vom Recht vorausgesetzten Verständigungsprozesse würden selbst rechtlich verfasst: Dies sei der Grundgedanke des Rechtsstaates. Recht kompensiert durch seine sanktionsbewehrte Positivität mithin nach Habermas' Meinung die Überforderung der verständigungsorientierten, sprachlichen Lebenswelt, allein die Gesellschaftsintegration zu garantieren. Gleichzeitig bleibe die kommunikative Vernunft aber entscheidend, weil sie im Medium der Gesetzgebung die Legitimität des Rechts erzeuge.

---

95 *J. Habermas*, Theorie des kommunikativen Handelns, Bd. II, S. 531 ff.
96 *J. Habermas*, Faktizität und Geltung, S. 143 ff.
97 *J. Habermas*, Faktizität und Geltung, S. 49.
98 Ebd.
99 *J. Habermas*, Faktizität und Geltung, S. 52.
100 *J. Habermas*, Faktizität und Geltung, S. 51.
101 *J. Habermas*, Faktizität und Geltung, S. 154 f.
102 *J. Habermas*, Faktizität und Geltung, S. 50.

## § 21 Kritik und Rekonstruktion der Vernunft

Die Verbindung von positivem Recht mit den systemischen Imperativen von Geld und administrativer Macht mache es noch nicht illegitim.[103] Diese Mechanismen haben aus Habermas' Sicht ihren berechtigten Platz in modernen Gesellschaften, sofern sie in eine legitime Rechtsordnung insgesamt eingebettet blieben. Recht könne aber die Verbindung zur Legitimität auch verlieren, etwa wenn es der Bemäntelung faktischer Machtverhältnisse diene.[104]

44

Das Verhältnis von Volkssouveränität und Menschenrechten ist ein Grundproblem der Theorie von Politik und Recht. Es wirft die Frage auf, inwieweit der demokratischen Gestaltungsbefugnis der Bürgerinnen und Bürger durch die Menschenrechte eine Grenze gezogen wird, die auch durch eine demokratische Entscheidung nicht verrückt werden darf. Dieses Problem verkörpert sich institutionell in jedem Verfassungsgericht, das die Befugnis besitzt, Parlamentsgesetze wegen Verstoßes gegen Grundrechte für verfassungswidrig zu erklären. Rousseau und Mill haben hierzu in der Ideengeschichte entgegengesetzte Antwortmöglichkeiten formuliert (s.o. §§ 5 V, 10 II). Habermas schenkt diesem Grundproblem einige Aufmerksamkeit. Aus Habermas' Sicht ist eine Versöhnung von Volkssouveränität und Menschenrechten durch den diskursiven Modus der Ausübung politischer Autonomie möglich.[105] Eine diskursive Meinungs- und Willensbildung könne Volkssouveränität und Menschenrechte gleichzeitig verwirklichen: Die Anwendung des Diskursprinzips auf das Recht auf subjektive Handlungsfreiheiten führe zur Demokratie, zur „rechtlichen Institutionalisierung von Bedingungen für eine diskursive Ausübung der politischen Autonomie, mit der rückwirkend die zunächst abstrakt gesetzte private Autonomie rechtlich ausgestaltet werden kann".[106]

45

Eine „absolute" Begründung von bestimmten Menschenrechten sei dabei möglich: Wenn Menschen sich mit den Mitteln des positiven Rechts einer legitimen Ordnung unterstellen wollten, müsse das etablierte System der Rechte Freiheitsrechte, Statusrechte (Staatsangehörigkeit), Verfahrensrechte, politische Mitwirkungsrechte und – abgeleitet – soziale Rechte enthalten, die diskursiv entwickelt werden müssten.[107] Eine konkrete politisch-rechtliche Ausgestaltung der Gemeinschaft könne von der Philosophie aber nicht mit Richtigkeitsanspruch skizziert werden, da hierbei subjektive Wertüberzeugungen entscheidend seien.[108] Ein System der Rechte sei nicht als Naturrecht vorgegeben, sondern abhängig von kulturellen Traditionen.[109]

46

In der *Staatstheorie* plädiert Habermas für eine parlamentarische Demokratie mit starker Öffentlichkeit, die „deliberative" Politik möglich mache.[110] Die Öffentlichkeit wirke auf Institutionen, die primär eigener Systemrationalität gehorchten, dadurch ein, dass sie mögliche Gründe „bewirtschafte": Sie regle die Maßstäbe, an denen institutionelles Handeln gemessen werde.[111] Die Rationalität der Rechtsprechung werde

47

---

103 *J. Habermas*, Faktizität und Geltung, S. 59 f.
104 *J. Habermas*, Faktizität und Geltung, S. 59.
105 *J. Habermas*, Faktizität und Geltung, S. 133.
106 *J. Habermas*, Faktizität und Geltung, S. 155.
107 *J. Habermas*, Faktizität und Geltung, S. 156 f.
108 *J. Habermas*, Faktizität und Geltung, S. 192 f.
109 *J. Habermas*, Faktizität und Geltung, S. 163 f.
110 *J. Habermas*, Faktizität und Geltung, S. 349 f.
111 *J. Habermas*, Faktizität und Geltung, S. 626.

durch Anwendungsdiskurse gesichert, d.h. durch die diskursive Ermittlung der Lösung eines Einzelfalles.[112] Der Maßstab der Legitimität der Verfassungsrechtsprechung sei die Erhaltung der Bedingung der Möglichkeit der diskursiven Meinungsbildung.[113] Habermas formuliert so ein *prozeduralistisches Rechtsparadigma*: „Eine Rechtsordnung *ist* in dem Maße legitim, wie sie die gleichursprüngliche private und staatsbürgerliche Autonomie ihrer Bürger gleichmäßig sichert; aber zugleich *verdankt* sie ihre Legitimität den Formen der Kommunikation, in denen sich diese Autonomie alleine äußern und bewähren kann".[114] Der Rechtsstaat sei „ohne radikale Demokratie nicht zu haben und nicht zu erhalten".[115]

48 Eine normativ überzeugende *internationale Ordnung* wird als Mehrebenensystem konzipiert: Neben die UN träten Zusammenschlüsse von Staaten – wie beispielhaft in der EU vollzogen –, die in Bezug auf Energie- und Umwelt-, Finanz- und Wirtschaftspolitik eine Weltinnenpolitik betrieben, in den gängigen Formen internationaler Beziehungen, unter dem Vorbehalt allerdings der Sicherheitsstrukturen der UN, die den Rückgriff auf den Krieg als Mittel der Interessenverfolgung ausschlössen. Daneben träten die verschiedenen globalen Netzwerke, Foren, Gruppierungen und Organisationen, die einen im weiteren Sinne technischen Koordinierungsbedarf befriedigten, etwa in Hinblick auf Maße, Telekommunikation, Bekämpfung von Epidemien oder organisiertem Verbrechen.[116] Für Nationalstaaten ergäben sich daraus zwei Herausforderungen. Zum einen gelte: „In der politisch verfassten Weltgesellschaft müssen sich die souveränen Staaten auch ohne formale Preisgabe ihres Gewaltmonopols zugleich als pazifizierte Mitglieder der internationalen Gemeinschaft und als potente Mitspieler in transnationalen Netzwerken und Organisationen verstehen".[117] Zum anderen müsse eine Bewusstseinslage geschaffen werden, die über nationale Solidaritätsformen hinausweise.[118]

### 4. Kritische Einschätzungen

49 Die Diskurstheorie hat viele Verdienste. Sie hat das Bewusstsein der Notwendigkeit des realen Einbezugs von Betroffenen in Entscheidungsprozesse vertieft und damit zur philosophischen Fundierung der Demokratie und eines offenen Republikanismus beigetragen, für den sich Vertreter der Diskurstheorie auch in konkreten Fragen immer wieder mit dem Mut zur Kontroverse eingesetzt haben. Paternalistische Gesellschaftsentwürfe in Theorie und Praxis stehen durch die Wucht der diskurstheoretischen Kritik unter

---

112 *J. Habermas*, Faktizität und Geltung, S. 238 f.; grundlegend *K. Günther*, Der Sinn für Angemessenheit, 1988.
113 *J. Habermas*, Faktizität und Geltung, S. 292 f.
114 *J. Habermas*, Faktizität und Geltung, S. 493 (Herv. i. Org.). Vgl. zur Diskussion *A. Tschentscher*, Prozedurale Theorien der Gerechtigkeit, 2000.
115 *J. Habermas*, Faktizität und Geltung, S. 13.
116 *J. Habermas*, Die Reform der Vereinten Nationen, in: T. Stein/H. Buchstein/C. Offe (Hrsg.), Souveränität, Recht, Moral, 2007, S. 213 ff.
117 *J. Habermas*, Die Reform der Vereinten Nationen, S. 216.
118 Vgl. mit z.T. unterschiedlichen Nuancen *J. Habermas*, Kants Idee des ewigen Friedens – aus dem historischen Abstand von 200 Jahren, in: *ders.*, Die Einbeziehung des Anderen, 1996, S. 192 ff.; *ders.*, Die postnationale Konstellation und die Zukunft der Demokratie, in: *ders.*, Die postnationale Konstellation, 1998, S. 91 ff.; *ders.*, Eine politische Verfassung für die pluralistische Weltgesellschaft?, in: *ders.*, Zwischen Naturalismus und Religion, 2005, S. 324 ff.

demokratiefreundlich erhöhtem Begründungsdruck. Die Betonung der Notwendigkeit der „Einbeziehung des Anderen", des unvertretbar Einzelnen, hat die Ethik und Rechtstheorie aus mancher partikularen Befangenheit gelöst.[119] Die Diskurstheorie hat zudem einen kritischen Fallibilismus, die Forderung einer immer wieder neuen Überprüfung einmal formulierter Normen und damit selbstreflexive Offenheit wie kaum ein anderer ethischer Ansatz in die eigene konzeptionelle Architektur integriert.[120]

Es gibt aber auch konzeptionelle Probleme. Einige werden dabei bereits von den theoretischen Hintergrundannahmen aufgeworfen. Es wurde angedeutet und wird noch deutlicher werden, dass die Kritik der Bewusstseinsphilosophie und die Forderung nach „Detranszendentalisierung" der Vernunft keineswegs ohne Alternative sind. Trifft dieser Befund zu, wirft dies weitreichende und interessante Fragen nicht nur unmittelbar für die Theorie des menschlichen Geistes, sondern darüber hinaus auch für die soziologische Rationalitätstheorie, in die die Diskursethik und Rechtstheorie eingebettet sind, und den Begriff der Vernunft insgesamt auf. Auch der Rückzug der Vernunft in die Struktur von Verständigungsverhältnissen ist womöglich nicht das letzte Wort der Theorie.

Wie bei der Erörterung der Kritik an *Kant* deutlich wurde, kann auch die Diskurstheorie bei aller Betonung der Notwendigkeit deliberativer Diskurse individuellen Urteilsakten nicht entkommen (s.o. § 9). Moralpsychologisch haben sich manche Perspektiven aufgetan, die von der Diskurstheorie nicht reflektiert werden und einige ihrer Annahmen in Frage stellen (vgl. u. §§ 26, 41).

Ein weiteres Problem besteht darin, dass die Diskurstheorie die moralischen Implikationen von menschlicher Verständigung überschätzt. Es trifft zwar durchaus zu, dass menschliche Verständigung eine egalitäre Dimension besitzt. Die Auseinandersetzung durch Sprache und Gedanken, die gemeinsames Verstehen zum Ziel hat, ist nicht durch Über- oder Unterordnungsverhältnisse geprägt, weil nicht die persönliche Stellung der Argumentierenden über den Fortgang und das Ergebnis des Gesprächs entscheidet, sondern die unpersönliche Kraft der nicht abweisbaren Einsicht.[121] Die kommunikative Gleichheit der Verständigungsorientierung ist aber beschränkt auf die Gesprächssituation und reicht inhaltlich nicht über sie hinaus. Man kann mit einem Sklaven über bestimmte Gegenstände kommunizieren, ohne ihn dabei normativ als Gleichen in jeder Hinsicht anerkennen zu müssen. *Epaphroditus* kann mit seinem Sklaven *Epiktet* über philosophische Fragen, z.B. die Rechtfertigung der Sklaverei, verständigungsorientiert gesprochen haben. In diesem Gespräch kann Gleichheit der kommunikativen Rechte geherrscht haben. Beide Seiten können Geltungsansprüche erhoben und kritisiert haben, ohne dass ein einseitiger autoritärer Entscheid über die diskutierte Frage in Betracht gekommen wäre, bis das Gespräch sein Ende fand, etwa weil einer der Gesprächspartner die Lust verlor, weiter zu disputieren – erlaubterwei-

---

119 *J. Habermas*, Die Einbeziehung des Anderen; zum unvertretbar Einzelnen *L. Wingert*, Gemeinsinn und Moral, 1993, 179 ff. Die Einzelnen seien „unvertretbar im Durchlaufen des Begründungswegs", ebd., S. 290.
120 Vgl. zu den komparativen Vorteilen dieser Ethik *L. Wingert*, Gemeinsinn und Moral, S. 281 ff.
121 Die Unpersönlichkeit der Einsicht bedeutet nicht, dass sie nicht von partikularen Einzelnen gebildet würde: „Der Begründungsweg ist zwar ein persönlicher, aber kein privater, sondern ein öffentlicher Weg, der unabhängig davon, wer ihn begeht, zum gleichen Ergebnis führt", *L. Wingert*, Gemeinsinn und Moral, S. 291.

se, denn es gibt kein Recht auf die endlose Fortsetzung eines Gesprächs, oder weil ein Konsens erzielt wurde. Diese Verständigungsorientierung des Epaphroditus führt keineswegs dazu, dass er einen performativen Selbstwiderspruch dadurch begeht, dass er Epiktet weiter als seinen Sklaven betrachtet. Mit dem Beginn auch eines verständigungsorientierten Gesprächs impliziert man nicht, dass man die Ausdehnung der spezifischen Gleichheit der Verständigung auf alle Lebensbereiche akzeptiert. Die Einladung an Epiktet: „Jetzt reden wir, bis wir uns geeinigt haben", auch die Einlösung dieses Versprechens, hat nicht gleichzeitig den Sinn, eine allgemeine Gleichheitsbeziehung zu akzeptieren. Die Gleichheit des Gesprächs existiert, hat aber auch Grenzen und ein (performatives) Ende. Die Verständigungsorientierung liegt zudem inhaltlich nur darin, dass die besten Gründe entscheiden sollen, was keineswegs schon heißt, dass Normen im Diskurs gerechtfertigt würden, die egalitären Prinzipien folgten. Wenn die Gesprächspartner Aristoteles' Argumenten für die Rechtfertigung der Sklaverei (zwanglos) zustimmen, ist sogar das Gegenteil von egalitären Prinzipien das Ergebnis der verständigungsorientierten Unterhaltung. Die Diskurstheorie unterstellt in der formulierten Argumentationsregel U, dass selbstverständlich für die Legitimation einer Norm alle Interessen einbezogen werden müssten. Dies ist aber keine Voraussetzung der Argumentation, sondern eines ihrer möglichen *Ergebnisse* – wenn es nämlich den Gesprächspartnern einleuchtet, dass alle Interessen (auch ihre eigenen) gleich zählen. Das ist keineswegs selbstverständlich. V. Humboldt hat richtig festgehalten, dass nicht jeder Mensch alle Ketten fühlt, die ihn beengen (vgl. o. § 10 I). Historisch waren viele Frauen etwa durchaus der Meinung, dass ihre Interessen weniger zählten und ihre Zustimmung berechtigterweise durch einen Entscheid des Ehemannes ersetzt werden konnte. Die Diskurstheorie beantwortet mithin eine Frage nicht, deren Antwort der Ausgangspunkt ihrer Argumentation ist: Warum *soll* Gleichheit zwischen Menschen herrschen? Was sind die Gründe, dass die Gleichheit der Menschen tatsächlich von allen akzeptiert wird?[122]

53 Die Bedeutung der Beantwortung dieser Fragen kann auch am Problem des Einbezugs von Menschen in geistige Auseinandersetzungen erläutert werden. Kommunikative Gleichheit kann ja auf bestimmte Gruppen unter Ausschluss von anderen bezogen sein. Die Anerkennung aller als Gleiche ist deshalb die Voraussetzung dafür, dass man sich auf bestimmte Gespräche *mit allen* überhaupt einlässt – nicht nur Sklaven, sondern auch Frauen haben das in der Geschichte häufig genug erlebt, die etwa nicht nur von politischen Mitwirkungsrechten, sondern auch schon der politischen Meinungsbildung und darüber hinaus in mancher Hinsicht von den menschlichen Kulturleistungen, die Verständigung voraussetzen, ausgeschlossen waren.[123] Solche exklusiven Verständigungsstrukturen heben in keiner Weise die menschliche Lebensform auf, sondern waren sogar historisch der (kritikwürdige) Normalfall sozialer Arrangements.

---

122 Vgl. dazu den Selbsteinwand und seine Diskussion bei *L. Wingert*, Gemeinsinn und Moral, S. 292 ff.
123 Ein solcher Ausschluss führt schon aufgrund der Zugehörigkeit der Ausschließenden zu einer Gruppe und der Möglichkeit der Teilnahme am Gruppenleben nicht dazu, dass diese nicht mehr an der menschlichen Lebensform partizipierten, was für das Individuum destruktive Konsequenzen habe, wie in der Diskursethik argumentiert wird, vgl. *K. O. Apel*, Transformation der Philosophie, Bd. II, S. 414; *J. Habermas*, Moralbewußtsein und kommunikatives Handeln, S. 112; zurückhaltend dagegen *R. Alexy*, Recht, Vernunft, Diskurs, S. 139 ff.

## § 21 Kritik und Rekonstruktion der Vernunft

Der Status der Gleichheit bildet schließlich keine normative Folge von Rationalitätskriterien.[124] Es trifft zwar zu, dass es für eine rationale Urteilsbildung unabdingbar ist, möglichst viele, idealerweise sogar alle denkbaren Gegenargumente in die Überlegungen einzubeziehen, wenn auch die Übereinstimmung aller nicht nur kein Kriterium für die Wahrheit einer Aussage ist (wie Habermas inzwischen konzediert), sondern auch nicht für die Richtigkeit, wie sich sogleich zeigen wird. Die Menge dieser möglichen Gegenargumente muss dabei keineswegs durch die in einer Gemeinschaft real präsenten ausgeschöpft werden – für oder gegen eine Theorie können Argumente sprechen, auf die zur Zeit ihrer Formulierung niemand kommt. Die Entwicklung von Gründen und Gegengründen ist deshalb manchmal ein einsames Geschäft. Die immerhin vorhandenen Argumente können nun einerseits berücksichtigt werden, ohne allgemeine Gleichheitsstrukturen schaffen zu müssen, die über bestimmte Verständigungsstrukturen hinausgehen. Andererseits sind Individuen auch dann in existierende Meinungsbildungsprozesse einzubeziehen, wenn dadurch keine Rationalitätsgewinne zu erwarten sind und zwar aus Respekt vor ihnen als Personen, der unabhängig von ihrem Beitrag zur Verständigung begründet ist.[125] Der Diskurs, der niemanden ausschließt, beruht deshalb selbst auf anspruchsvollen normativen Gleichheitsprinzipien, die u.a. den Einbezug aller in Verständigungsprozesse gebieten, konstituiert diese Prinzipien aber nicht. Die ursprüngliche Gleichheit der Menschen ist im Übrigen für den Inhalt und die Begründung von moralischen Verpflichtungen und Rechten über die Erhaltung von Kommunikationsmöglichkeiten hinaus bedeutsam. Diese normativen Grundsätze können auch für diejenigen gerechtfertigt werden, die aufgrund von Alter, Krankheit, Behinderung usw. nicht in der Lage sind, sich zu verständigen.

Mit dem Hinweis auf die fehlenden normativen Implikationen sprachlicher Verständigung ist nicht nur eine Fassung der Diskurstheorie zweifelhaft geworden, die einen Letztbegründungsanspruch erhebt. Auch die Bindung moralischer Prinzipien an kontingente Kulturformen der Moderne, die flüchtigen Lebenswelten, die sie geboren hat, trägt dann nicht – was keineswegs einen Sturz ins legitimationstheoretische Nichts bedeutet, wenn es – wie sich zeigen wird – festere Fundamente gibt, die diesen schwankenden Grund kontingenter Kulturformen verlassen.

Die Formalität der entworfenen Ethik ist auch in der Diskurstheorie eine Schwäche (zur Formalität von Kants Ethik und den Einwänden, die aus ihr erwachsen, s.o. § 9). Es reicht nicht aus, auf die manchmal sehr drängende Frage: „Was ist moralisch?" als letzte mögliche Auskunft der Theorie zu antworten: „Nun, worauf sich alle Betroffenen einigen könnten". Die Formalität der Ethik verkehrt das Verhältnis von Konsens und Legitimation: Nicht das ist moralisch begründet, was Zustimmung findet, wie in der Diskursethik behauptet, sondern umgekehrt wird das Zustimmung

---

124 Diese Vorstellung wird zuweilen im Anschluss an *K.-H. Ilting*, Der Geltungsgrund moralischer Normen, in: *ders.*, Grundfragen der praktischen Philosophie, 1994, S. 138, „intellektualistischer Fehlschluß" genannt: „Als intellektualistischen Fehlschluß möchte ich nun den Versuch bezeichnen, verbindliche Normen aus den Bedingungen unseres Verstandesgebrauchs abzuleiten oder den Geltungsgrund ihrer Verbindlichkeit in diesen Bedingungen aufzudecken".
125 Diese Probleme sind der Hintergrund der Bemerkung von *A. Wellmer*, Ethik und Dialog, 1986, S. 108: „Rationalitäts-Verpflichtungen beziehen sich auf Argumente ohne Ansehen der Person; moralische Verpflichtungen beziehen sich auf Personen ohne Ansehen ihrer Argumente".

finden, was moralisch begründet ist. Die Aufgabe des formalen Konsenskriteriums – wie von Habermas vollzogen – ist nicht nur für theoretische Diskurse plausibel. Man kann sich durch eine formale Ethik deshalb nicht vor der Benennung und materialen Rechtfertigung strittiger normativer Prinzipien retten.[126]

57 In Bezug auf das Verhältnis von Volkssouveränität und Menschenrechten ist Folgendes anzumerken: Grundlage des Rechts auf Selbstbestimmung und damit menschlicher Autonomie in ihren verschiedenen Formen, sei es im privaten Leben, sei es in der politischen Welt, ist die Subjektstellung der Menschen, ihre Stellung als Selbstzweck, die den normativen Gehalt ihrer Würde ausmacht. Der Ausdruck dieser Autonomie auf der Ebene der Gesellschaft ist die Demokratie, in der diese Autonomie politisch gestaltet wird. Das legitimationstheoretische Primat der Menschenwürde bildet keinen Widerspruch zur Demokratie, weil diese gerade der Ausdruck der durch die Menschenwürde geforderten Subjektstellung des Menschen im politischen Raum ist.

58 Die Kritik der Formalität der Diskurstheorie hat für die Begründung von Rechten einen positiven Kern: Ein System von Rechten kommt ohne eine materiale Legitimationstheorie nicht aus, die begründet, welche Rechte Zustimmung der Mitglieder einer Rechtsgemeinschaft verdienen. Damit ist die Notwendigkeit des Schritts über das prozeduralistische Rechtsparadigma mit seinen angedeuteten konkreten Konsequenzen hinaus deutlich geworden, wie schwierig der Weg, der damit zu beschreiben ist, theoretisch auch sein mag.

### III. Systemtheorie und die methodische Dehumanisierung des Rechts
#### 1. Gesellschaft und Autopoiese

59 *Niklas Luhmann* (1927–1998) hat die *Systemtheorie* geprägt, die rechtssoziologische Perspektiven und gleichzeitig eine bestimmte Theorie des Rechts formuliert. Die Systemtheorie bricht dabei mit herkömmlichen Annahmen zur Natur des Rechts und seiner Funktion in der Gesellschaft. Diese neuen Perspektiven sind in allgemeine theoretische Annahmen eingebettet, die für alle sozialen Phänomene relevant seien – von der Wirtschaft bis zur Wissenschaft. Eine erste zentrale Weichenstellung besteht darin, dass aus Sicht der Systemtheorie *Kommunikationen* der Kern gesellschaftlicher Zusammenhänge und damit der Ausgangspunkt der Theoriebildung seien, nicht andere Gegenstände, insbesondere nicht Menschen und ihr Handeln.[127] Die Theorie wird dadurch methodisch dehumanisiert. Objekt der Kommunikationen sei Sinn. Um Sinn zu konstituieren, seien Unterscheidungen nötig, die bestimmten, was etwas sei und was es nicht sei. Die Unterscheidungen würden vom System selbst durch seine Operationen festgelegt. Das System differenziere sich dadurch aus seiner Umwelt aus und werde damit in seiner Eigenart unterscheidbar. Dabei spielten *Codes* und *Programme* eine wichtige Rolle. Codes seien die Basisunterscheidungen eines Systems, z.B. wahr/falsch für

---

[126] Wenn man die faktische Zustimmung zu einer Norm in eine ideale Zustimmungsfähigkeit unter idealen Verständigungsbedingungen transformiert, hat man der Substanz nach den Übergang in eine materiale Legitimationstheorie bereits gemacht. Hinter dem scheinbar formalen Kriterium der idealen Zustimmungsfähigkeit verbirgt sich dann nämlich nichts anderes als die materiale Rechtfertigung der in Frage stehenden Norm.
[127] *N. Luhmann*, Soziale Systeme, 1984, S. 346.

§ 21 Kritik und Rekonstruktion der Vernunft

die Wissenschaft oder Recht/Unrecht für das Recht. Programme legten dagegen fest, was inhaltlich hinter diesen Basisunterscheidungen stehe, z.b. was Recht und Unrecht im Einzelfall sei.[128] Die Grundrechte einer Verfassung, die über die Verfassungsmäßigkeit von Gesetzen entscheiden, können beispielsweise als solche Programme einer modernen Rechtsordnung aufgefasst werden. Erfolgte eine Bestimmung von Rechtsinhalten aufgrund von Naturrecht, gehörte dies zum Rechtsprogramm dieser Zeiten. Die ersten Unterscheidungen der Systeme seien Beobachtungen erster Ordnung, ein unterscheidender Bezug auf diese Beobachtung erster Ordnung, z.b. durch Reflexion, Beobachtung zweiter Ordnung.[129] Die Unterscheidung von Recht und Unrecht sei notwendig Beobachtung zweiter Ordnung der bewerteten Handlungen.[130] Systeme seien autopoietisch, wenn sie ihre Elemente durch eigene Operationen reproduzierten. Die Unterscheidungen und ihre inhaltliche Füllung sind aus Luhmanns Sicht das Produkt historisch-evolutionärer Entwicklungen, die durch zufällige Veränderungen, „Mutationen", vorangetrieben würden, die sich aus funktionalen Gründen erhielten. Wenn sie der Selbstreproduktion des Systems dienten, würden sie durch die Operationen des Systems ausgewählt und reproduziert. Die veränderte Struktur werde dann stabilisiert. Hinter diesen Veränderungen stünden keine inhaltlichen Kriterien. Die Entwicklung der Wissenschaft etwa verwirkliche keineswegs allmählich höhere Formen der Einsicht. Die Arten der Wissenschaft verändern sich nur, gegebenenfalls mit funktionalen Vorteilen, ohne aufgrund eines substantiellen Wahrheitsbegriffs bewertet werden zu können.[131] Folge dieser Weichenstellungen ist eine *konstruktivistische Epistemologie*: Es gebe keine apriorischen Maßstäbe für menschliche Erkenntnis, alle Kriterien seien Ergebnisse der zufällig gewählten Richtung der Operationen des Systems. Dies gelte auch für die Systemtheorie selbst. Auch ihre theoretischen Weichenstellungen könnten keinen Wahrheitsanspruch erheben: „Es sind gleichsam auszuprobierende Selbstfestlegungen, es sind Forschungsprogramme, die unentbehrlich, aber auswechselbar sind, wenn es überhaupt um den Unterschied von Wahrheit und Unwahrheit gehen soll".[132] Auch die Theoretiker der Gesellschaft sind Teile der autopoietischen Maschinerie.

Unter den Begriff der *Ausdifferenzierung* fasst Luhmann folgenden Prozess: In der Gesellschaft entwickelten sich verschiedene Funktionsbereiche, die eigene Aufgaben mit eigenen spezifischen Mitteln erfüllten, z.B. Wissenschaft, Wirtschaft, Recht oder Politik. Diese Bereiche bildeten jeweils unterschiedliche autopoietische Systeme mit eigenen, spezifischen Strukturen, die nur indirekt aufeinander einwirkten.

## 2. Moral und Recht

Luhmann hält moralische Prinzipien für nicht wahrheitsfähig und subjektiv. Die Moral bilde kein autopoietisches System, sondern sei nichts als die Gesamtheit heterogener

---

128 *N. Luhmann*, Das Recht der Gesellschaft, 1995, S. 168.
129 Der Begriff Beobachtung wird hier in einem technischen, kontraintuitiven Sinn verwandt. Er bezeichnet die „Handhabung von Unterscheidungen", keinen notwendig psychischen Vorgang, vgl. *N. Luhmann*, Soziale Systeme, S. 63. Zu den Ebenen der Beobachtung z.B. *ders.*, Die Gesellschaft der Gesellschaft, 1998, S. 92 ff., 151 f.
130 *N. Luhmann*, Das Recht der Gesellschaft, S. 61 f., 70.
131 *N. Luhmann*, Die Wissenschaft der Gesellschaft, 1990.
132 *N. Luhmann*, Die Gesellschaft der Gesellschaft, S. 34.

individueller Präferenzen.¹³³ Das Recht dagegen sei ein autopoietisches System: Nur das Recht bestimme, was Recht sei (z.B. durch Normen, die das Rechtssetzungsverfahren kodifizieren). Das Rechtssystem sei dabei *operativ geschlossen*: „Das Recht hat seine Realität nicht in irgendeiner stabilen Idealität, sondern ausschließlich in den Operationen, die den rechtsspezifischen Sinn produzieren und reproduzieren".¹³⁴ Luhmann prägt einen spezifischen *Normbegriff*: Eine Rechtsnorm sei keine Verhaltensanweisung, sondern diene der sachlich, zeitlich und sozial generalisierten Erwartungsstabilisierung.¹³⁵ Luhmann unterscheidet dabei kognitive und normative Erwartungen. Kognitive Erwartungen würden im Enttäuschungsfall geändert, normative beibehalten. Ein Beispiel: Wenn man erwartet, dass heute das Wetter sonnig sein wird, bei Regen diese Erwartung aber ändert, handelt es sich nach Luhmann um eine kognitive Erwartung. Wenn man erwartet, dass Fahrräder nicht gestohlen werden und diese Erwartung auch beim Erleiden eines Fahrraddiebstahls nicht ändert, um eine normative Erwartung. Diesem Normbegriff entsprechend bestehe die *Funktion des Rechts* nicht in der Verhaltenssteuerung, sondern in der Stabilisierung von Erwartungen: „Die Norm verspricht nicht ein normgemäßes Verhalten, sie schützt aber den, der dies erwartet".¹³⁶ Ein Sollen spielt für die Analyse keine Rolle, im Gegenteil, die „Sollens-Symbolik" führe in die Irre.¹³⁷ *Gerechtigkeit* sei nur eine Kontingenzformel: Sie verschleiere, dass das ganze Recht nur kontingent sei, d.h. keine Basis in begründbaren materialen Werten habe.¹³⁸

62 Luhmann liefert auch eine Theorie der *Evolution des Rechts*: Die Entwicklung werde durch Variation, Selektion und Stabilisierung vorangetrieben, ohne dass mit dieser Entwicklung ein materiales Ziel verwirklicht oder eine höhere funktionelle Anpassung an die Umwelt des Systems erreicht würde. Es gehe nur um das „Austesten", wie komplex ein System organisiert werden könne.¹³⁹ Absichtsvolle Akte von Akteuren werden in die Evolutionstheorie integriert: Das System verändere sich, allerdings nicht notwendig oder auch nur regelmäßig den Absichten der Planenden gemäß. Die Mechanismen des Systems, nicht die Intentionen der Handelnden, entschieden über die Art der Entwicklung.¹⁴⁰

63 Die *Rechtsprechung* sei eine Antwort auf die Kontingenz des Systems. Rechtsfälle seien aufgrund der Kontingenz aller Wertmaßstäbe eigentlich unentscheidbar. Die Interpretation einer Norm liefere keine Erkenntnis eines durch die rechtliche Regelung festgelegten Sinns, sondern durchmesse einen Auslegungszirkel, in dem das, was in der Norm vorausgesetzt werde, ihr Sinn, in der Auslegung eigentlich erst geschaffen werde: „Die Norm wird durch ihre Anwendung überhaupt erst erzeugt, jedenfalls erst mit

---

133 *N. Luhmann*, Das Recht der Gesellschaft, S. 78.
134 *N. Luhmann*, Das Recht der Gesellschaft, S. 41. Laut *G. Teubner*, Recht als autopoietisches System, 1989, S. 15 ff., werde die logisch unzulässige Zirkularität und Selbstbezüglichkeit des Rechts in die gesellschaftliche Realität verlagert.
135 *N. Luhmann*, Das Recht der Gesellschaft, S. 131 ff.
136 *N. Luhmann*, Das Recht der Gesellschaft, S. 135.
137 *N. Luhmann*, Das Recht der Gesellschaft, S. 129.
138 *N. Luhmann*, Das Recht der Gesellschaft, S. 235.
139 *N. Luhmann*, Das Recht der Gesellschaft, S. 239 ff.
140 *N. Luhmann*, Die Gesellschaft der Gesellschaft, S. 430.

erkennbarem Sinn aufgeladen".¹⁴¹ Die deshalb unentscheidbaren Fälle würden durch dazu eingerichtete Institutionen, die Gerichte, doch entschieden, die Unentscheidbarkeit durch den Mythos des Gerichts verdeckt und dadurch das Paradox der Unentscheidbarkeit (entschieden werden muss, was nicht entscheidbar ist) invisibilisiert, d.h. unsichtbar gemacht.¹⁴²

Auch *Menschenrechte* können aus systemtheoretischer Sicht funktional erklärt werden. Ihr Sinn bestehe darin, eine hinreichend differenzierte Gesellschaft zu erhalten, die für die Reproduktion des Systems auf einem bestimmten Komplexitätsniveau nützlich sei: „Die latente Funktion dieser Menschenrechte liegt also gerade nicht in einer Honorierung und Ratifikation von Vorgaben, die mit der ‚Natur des Menschen' gegeben sind. Sie liegt vielmehr darin, daß in der modernen Gesellschaft prinzipiell nicht vorausgesagt werden kann, in welchen Sozialkontexten wer was zu sagen oder sonstwie beizutragen hat. Sie liegt im Offenhalten der Zukunft gegen alle Vorwegfestlegungen, die sich aus einer Einteilung oder Klassifikation von Menschen (zum Beispiel: in höhere oder niedrigere) und vor allem aus politischen Sortierungen ergeben könnten".¹⁴³

*Politik und Recht* seien getrennte Systeme, die aber strukturell gekoppelt würden: Sie wirkten aufeinander in verfestigter Form ein, verarbeiteten aber diese Einwirkungen im Rahmen der eigenen Systemrationalität. Die Einwirkungen seien deshalb nichts als „Irritationen, Überraschungen, Störungen" des jeweils anderen Systems.¹⁴⁴ Entsprechend schwer sei es, durch Veränderungen in einem System, etwa dem Recht, auf andere Systeme einzuwirken, was Steuerungsprobleme der gegenwärtigen Gesellschaft erläutere.

Klassische rechtsphilosophische Theorien, die scheinbar über Recht reflektierten und Vorstellungen materialer Legitimation entwickelten, überschritten nicht die Grenzen des Systems, sondern seien vielmehr selbst ein Ausdruck der systemischen Zusammenhänge. Sie bildeten *Selbstbeschreibungen des Systems*, also Vorstellungen, die im System über dieses System selbst entstünden, ohne seine Wirkungsweise wirklich zu durchschauen. Bestimmte Rechtsinhalte, z.B. Menschenrechte, würden so für legitim gehalten, ohne dass erkannt würde, dass diese Legitimationsvorstellungen das Produkt des Systems seien, weil sie nützlich seien, das Funktionieren des Systems zu stabilisieren. Eine externe Perspektive werde erst durch die Systemtheorie eingenommen, die diese Selbsttäuschungen theoretisch durchschaue und sich somit eine überlegene Sichtweise erschließe.¹⁴⁵ Legitimation werde in modernen Rechtssystemen durch die Verfahren der Entscheidungsfindung erzeugt.¹⁴⁶ In Hinblick auf die globale Rechtskultur ist Luhmann unentschieden, ob es eine Perspektive einer rechtlichen Weltgesellschaft geben könne oder eine Abschwächung der Verrechtlichung der Welt zu erwarten sei, da das Recht womöglich nur „europäische Anomalie" sei.¹⁴⁷

---

141 *N. Luhmann*, Das Recht der Gesellschaft, S. 404.
142 *N. Luhmann*, Das Recht der Gesellschaft, S. 297 ff.
143 *N. Luhmann*, Die Gesellschaft der Gesellschaft, S. 1075 f.
144 *N. Luhmann*, Das Recht der Gesellschaft, S. 407 ff., 442.
145 *N. Luhmann*, Das Recht der Gesellschaft, S. 496 ff.
146 *N. Luhmann*, Legitimation durch Verfahren, 1983.
147 *N. Luhmann*, Das Recht der Gesellschaft, S. 586.

### 3. Kritische Einschätzungen

67 Ein großer Vorzug namentlich von Luhmanns Beiträgen ist ihre theoretische Unerschrockenheit, die vor keinen Konsequenzen der Überlegungen zurückweicht, auch wenn diese grundlegende Elemente von weitverbreiteten Vorstellungen vom Recht in Frage stellen. Die Systemtheorie wird durch diese Schlussfolgerungen zuweilen als bemerkenswerte Befreiung von fundamentalen Missverständnissen über das Recht verstanden. In gewisser Weise ist der systemtheoretische Gestus dabei mit dem des Marxismus verwandt, wenn auch der Inhalt der Theorie ganz unterschiedlich ist. Beide beanspruchen, hinter die Fassade eines falschen Bewusstseins zu blicken, indem sie den Inhalt der Vorstellungen, die dieses Bewusstsein bilden, aus sozialen Kausalfaktoren ableiten. Im Marxismus sind ökonomische Determinanten diese Faktoren, in der Systemtheorie die funktionalen Notwendigkeiten der Autopoiese des Systems. Diese Perspektiven versprechen einen distanzierten Blick von außen gerade auf material (rechts-)ethische Positionen, die einmal als Ausdruck einer Klassenstruktur, einmal als Selbstbeschreibung des Systems verstanden werden. Theorien, die materiale normative Positionen mit Legitimitätsanspruch entwerfen, wirken aus diesem Blickwinkel schlicht gestrickt, da sie diese Zusammenhänge nicht zu durchschauen vermögen. Diese Haltung trifft die skeptisch-distanzierte Stimmung einer Zeit, der viele klassische Begründungswege normativer Prinzipien wie Traditionen, religiöse Überlieferungen, die menschliche Natur, eine teleologische Geschichtsmetaphysik oder die praktische Vernunft fraglich geworden sind. Eine der Theorieoptionen, die von diesem Ausgangspunkt aus noch offenstehen, bildet ein formaler Prozeduralismus, wie ihn die Diskurstheorie entwirft, eine andere der systemtheoretische Funktionalismus. Der Funktionalismus scheint dabei die radikaleren und richtigen Konsequenzen aus der Kritik der praktischen Vernunft zu ziehen, indem ein Vernunftanspruch ganz aufgegeben und stattdessen analysiert wird, wie sich die Vernunftansprüche trotz ihrer Unbegründbarkeit doch in die Reproduktion der Gesellschaft funktional einfügen. Auch die Systemtheorie bildet damit einen wichtigen theoretischen Teil der gegenwärtigen Vernunftkritik.

68 Der systemtheoretische Ansatz wirft jedoch viele Fragen auf.[148] Es ist zunächst analytisch nicht überzeugend, von Kommunikationen als Grundelementen einer sozialen Ordnung auszugehen. Vielversprechender ist es, den klassischen Ansatz der Soziologie weiterzuverfolgen, der das sinnorientierte Handeln von Menschen zum Ausgangspunkt wählt, das soziale Zusammenhänge konstituiert.[149] Die Vorstellung von Kommunikationen in Systemen mit ihrem weitgehend unklaren Gehalt verdunkelt diesen wichtigen Ansatzpunkt der Theoriebildung. Es ist etwa hoffnungslos, eine Soziologie der Kriegsideologie, die dem Angriff der Russischen Föderation auf die Ukraine zugrunde liegt, zu entwickeln, ohne auf die Kategorie sozialen Handelns von Individuen und ihren Wurzeln, z.B. den imperialen Ideen Putins zurückzugreifen und die vielfältigen

---

[148] Zu einigen grundsätzlichen Anmerkungen M. Mahlmann, Katastrophen der Rechtsgeschichte und die autopoietische Evolution des Rechts, Zeitschrift für Rechtssoziologie, 21 (2000), S. 247 ff.
[149] M. Weber, Wirtschaft und Gesellschaft, 5. Aufl., 1972, S. 1 ff., hat diesen methodischen Individualismus bereits in der soziologischen Kategorienlehre erläutert.

gesellschaftlichen Voraussetzungen zu entschlüsseln, die zur massenhaften Duldung der Aggression führen.

Ein weiteres Problem der Systemtheorie bildet ihr Sozialfunktionalismus. Dieser geht von der These aus, soziale Phänomene dienten der Reproduktion von autopoietischen Systemen und seien durch diese Reproduktionsfunktion zu erklären. Dies ist für verschiedene soziale Phänomene wenig plausibel und für das Recht nicht haltbar, was am Beispiel der Menschenrechte gut illustriert werden kann. Die Genealogie der Menschenrechte ist sozialfunktionalistisch nicht rekonstruierbar, weil Grundrechte keineswegs von Gesellschaften naturwüchsig aus funktionalen Bedürfnissen erzeugt, sondern gerade in langen politischen Auseinandersetzungen mühsam durchgesetzt werden. Menschenrechte dienen zudem nicht dazu, die funktionale Systemreproduktion zu sichern. Menschenrechte ziehen der Funktionalisierung von Menschen durch Systeminteressen gerade eine normative Grenze. Was immer an Behandlungen systemfunktional sein mag – unter einem Regime von Menschenrechten darf eine Behandlung diese Grenze jedenfalls nicht verletzen. Menschenrechte werden um der Personen willen geschaffen, die sie schützen, nicht um – wie Luhmann meint – die Offenheit des Systems zu gewährleisten. Auch hier ist das Beispiel des Ukrainekriegs lehrreich: Systemfunktionalistische Analysen haben zu den Ursachen dieses offensichtlich sozial dysfunktionalen Angriffs nichts zu sagen – kein kleines Defizit für eine soziologische Theorie.

Das Beispiel Menschenrechte leitet zu einem weiteren Fragenkomplex über. Die Systemtheorie erfasst theoretisch die Verbindung von Recht und materialen Wertungen in unbefriedigender Weise. Recht ist keineswegs autopoietisch geschlossen. Der erste Grund dafür hat mit der Unbestimmtheit vieler rechtlicher Normen zu tun, gerade solcher hochabstrakten und dabei für den Charakter einer Rechtsordnung entscheidenden wie den Grundrechten. Bei der Auslegung von derartigen Normen muss auf Maßstäbe, etwa einer Grundrechtstheorie, zurückgegriffen werden, die notwendig jenseits des positiven Rechts liegen, weil dessen Unbestimmtheit ja gerade das Problem seiner Auslegung aufwirft. Das positive Recht kann die Frage nicht beantworten, die es selbst stellt. Was etwa Menschenwürde ausmacht, kann ohne Rückgriff auf eine theoretische Konzeption nicht verstanden werden, die nicht selbst allein aus dem positiven Recht gewonnen werden kann. Zweitens endet die Bestimmung dessen, was Recht ist, durch das Recht selbst spätestens dann, wenn es um den Rechtscharakter der Verfassung (oder anderer höchster Rechtsnormen) geht. Dieser wird in der historischen Realität selten aus einer vorher geltenden Verfassung gewonnen, die Verfassungsartikel zur Verfassungsneuschöpfung vorsieht. Die Verfassungsgebung ist häufig das Produkt revolutionärer Umwälzungen – in jüngster Vergangenheit z.B. im Rahmen der Transformation der sozialistischen Staatenwelt. In jedem Fall kann die erste Verfassung nicht selbst positivrechtlich abgeleitet werden – wie auch immer der Rechtscharakter der Verfassung sonst begründet werden mag –, weil sie die positive Rechtsordnung erst schafft.

Der Normbegriff der Systemtheorie ist ebenfalls analytisch defizitär. Der Begriff der normativen Erwartung identifiziert – nimmt man seinen erläuterten Gehalt ernst – Normen mit nicht falsifizierbaren Hypothesen über faktische Geschehensabläufe. Das verkennt den Kerngehalt von Normen, die mit derartigen gegen Änderung immunisierten faktischen Annahmen gerade nichts zu tun haben. Normen formulieren, was geschehen *soll*, was völlig unabhängig davon ist, was aus der Sicht der Akteure geschehen *wird*. Man kann etwa als beinahe sicher erwarten, dass ein unabgeschlossenes Fahrrad selbst vor einem Schweizer Bahnhof gestohlen werden wird und gleichzeig überzeugt sein, dass dies nicht geschehen sollte. Normen sind ohne ihre Sollensdimension nicht zu verstehen, also gerade jene Kategorie, die Luhmann als irreführend erscheint.

72 Auch die konstruktivistischen Annahmen zur Kontingenz von theoretischen oder praktischen Urteilen sind keineswegs einleuchtend, da diese nicht maßstabslos sind. Die Wissenschaft treibt nicht orientierungslos auf den Wogen wechselnder historischer Semantiken dahin. Auch in Hinsicht auf praktische Urteile ist dies nicht anders. Es besteht z.B. ein Zusammenhang zwischen Gleichheit und Gerechtigkeit, der mehr ist als die kontingente Festlegung eines sich im Selbsterzeugungsprozess ständig verändernden Systems. Auf welchem erkenntnistheoretischen Boden sich diese Aussagen bewegen, wird noch zu klären sein. Die Erklärungskraft der Systemtheorie für konkrete historische Phänomene ist beschränkt. Das Dritte Reich war etwa keine sozialevolutionäre „Variation", die nur aus Dysfunktionalität nicht stabilisiert worden wäre.[150] Die erwähnte Entstehung der Menschenrechte ist ein anderes Beispiel.[151] In Anbetracht dieser verschiedenen Befunde ist die Selbsteinschätzung der Systemtheorie, „eine besonders eindrucksvolle Supertheorie"[152] zu bilden, durchaus begründungsbedürftig.

### IV. Jenseits der Erzählungen – die Postmoderne
#### 1. Strukturalismus und Poststrukturalismus

73 „Postmodern" ist ein Gattungsbegriff, der für sehr unterschiedliche Phänomene in Literatur, Architektur und anderen Bereichen menschlicher Kultur verwandt wird. Im Hintergrund steht der Strukturalismus, eine interdisziplinäre Forschungsrichtung, in der ersten Hälfte des 20. Jahrhunderts geformt, die ihre theoretischen Objekte als strukturierte Systeme konstruiert und auf ihre Formations- und Transformationsregeln hin untersucht.[153] In den 60er und 70er Jahren bildet der Strukturalismus eine populäre Sozialphilosophie, die Strukturanalysen der Gesellschaft aus verschiedenen Perspektiven liefert, z.B. marxistisch (*Althusser*), psychoanalytisch (*Lacan*) oder im Hinblick auf historische Diskursformationen (*Foucault*). In den 70er Jahren wird zunehmend Distanz zum Begriff des Strukturalismus hergestellt, z.B. von Althusser und Foucault

---

150 Vgl. M. *Mahlmann*, Katastrophen der Rechtsgeschichte und die autopoietische Evolution des Rechts, Zeitschrift für Rechtssoziologie, 21 (2000), S. 247 ff.
151 Vgl. M. *Mahlmann*, Neue Perspektiven einer Soziologie der Menschenrechte, in: *ders.* (Hrsg.), Gesellschaft und Gerechtigkeit, 2010, S. 331 ff. Ein anderes, konkretes Beispiel bei: A. *Thier*, Systemtheorie und kirchliche Rechtsgeschichte, in: R. Helmholz/P. Mikat/J. Müller/M. Stolleis (Hrsg.), Grundlagen des Rechts. FS für Peter Landau zum 65. Geburtstag, 2000, S. 1065 ff., der die Gefahr einer versteckten Teleologie sieht und die Systemtheorie – bei Anerkennung ihrer Leistungen – für nur beschränkt geeignet hält, das Phänomen der rechtlich organisierten Kirche zu erklären.
152 N. *Luhmann*, Soziale Systeme, S. 19. Supertheorien seien „Theorien mit universalistischen (und das heißt auch: sich selbst und den Gegner einbeziehenden) Ansprüchen", ebd.
153 In der Linguistik insbesondere F. *Saussure*, Cours de linguistique générale, 1916.

selbst, ein Prozess, der schließlich in die „poststrukturalistische" Postmoderne einmündet.

Philosophisch gewinnt die Strömung der Postmoderne in den späten 70er Jahren Einfluss. Zentral ist die Behauptung, die großen Gedankensysteme der Moderne, z.B. der Aufklärung, des objektiven Idealismus oder Marxismus, die darauf abzielten, soziale und politische Praktiken und Ordnungen, Rechtssysteme, Moralvorstellungen und theoretische Konzepte zu legitimieren, seien in ihren Begründungsversuchen gescheitert. Die feste Überzeugung der Grundlosigkeit dieser Bemühungen drückt sich terminologisch dadurch aus, dass diese Theorien als große *Erzählungen* erscheinen, also als vielleicht beeindruckende, aber doch erfundene, phantasievoll gewobene Gespinste ohne einlösbaren Anspruch auf Wahrheit oder Richtigkeit. An die Stelle dieser überholten Vorstellungen habe ein neues Bewusstsein der Unterschiede und des Inkommensurablen der verschiedenen Sprachspiele und kulturellen Semantiken zu treten, weil die Heterogenität der Phänomene durch die großen Erzählungen nicht aufgehoben werden könne.[154] Man müsse sich gegen den in den klassischen Theorien verkörperten Essentialismus wenden, der bestimmte Inhalte und Methoden von Wissenschaft, politischen Orientierungen oder Ethik für wesenhaft halte, die tatsächlich nur zufällige geschichtliche Festlegungen widerspiegelten. Die jeweiligen theoretischen Grundorientierungen seien nur auswechselbare *final languages*.[155]

In der Erkenntnistheorie wird ein radikaler Konstruktivismus entworfen: Ein Weltverständnis erscheint als ein durch menschliche Kulturen bedingtes Konstrukt. Deswegen wird Kritik an Vorstellungen objektiver Wahrheit von Propositionen über Sachverhalte in der Welt oder der objektiven Legitimität von Normen geübt – jede derartige Vorstellung sei selbst ein kulturell-soziales Produkt. Der Begriff der Vernunft sei insgesamt als historisch partikulares Konstrukt mit falschem Universalitätsanspruch zu kritisieren und so zu dekonstruieren. Stattdessen sei ein neuer Wahrheits- und Gerechtigkeitsbegriff zu bilden: Die theoretische Akzeptanz der unüberwindlichen Heterogenität der Vorstellungswelten impliziere die Forderung nach einer neuen Fähigkeit, diese Heterogenität zu ertragen.[156]

**2. Die Ethik der Ethik, das Gesetz der Gesetze**

Ein Teil der einflussreichsten Überlegungen der Postmoderne sind ethisch. Es gehe um nicht weniger als die Formulierung einer „Ethik der Ethik" (*Éthique de l'Éthique*), eines „Gesetzes der Gesetze" (*une Loi des lois*).[157] Gerade Gerechtigkeit spielt dabei im Dekonstruktivismus eine große Rolle. Dekonstruktivismus sei sogar die Gerechtigkeit selbst.[158] Gerechtigkeit sei nicht in abstrakten Regeln formulierbar, sie sei „infinite, incalculable, rebellious to rule and foreign to symmetry, heterogenous and heterotro-

---

154 *J.-F. Lyotard*, La condition postmoderne, 1983.
155 *R. Rorty*, Contingency, Irony, and Solidarity, S. 73 ff.
156 *J. F. Lyotard*, La condition postmoderne.
157 *J. Derrida*, L'Écriture et la Différence, 1967, S. 164.
158 *J. Derrida*, Force of Law: The ‚Mystical Foundation of Authority', in: D. Cornell/M. Rosenfeld/D. G. Carlson (Hrsg.), Deconstruction and the Possibility of Justice, 1992, S. 3 ff., 15. Zu *M. Heidegger*, dessen Werk eine Inspirationsquelle der Postmoderne bildet *M. Mahlmann*, Heidegger's Political Philosophy and the Theory of the Liberal State, Law and Critique, 14 (2003), S. 229 ff.

pic".[159] Ein wichtiger Aspekt der postmodernen Ethik ist die Kritik von Gewalt und Machtverhältnissen. Diese werden nicht nur im Großen, sondern auch im Kleinen der sozialen Konventionen aufgespürt. Auch in der Sprache werden entsprechende Muster ausgemacht. Diese Kritik der Gewalt wird mit bestimmten materialen Vorstellungen begründet. Zentral ist dabei der Respekt für andere, dessen Wurzel das Bewusstsein des Andersseins der anderen sei. Dies ist ein wiederkehrendes Motiv der postmodernen Literatur, das häufig mit großem Pathos vorgetragen wird. Zentraler Bezugspunkt ist dabei *Levinas*, der das Antlitz (*visage*) für ein Symbol des unüberwindlichen Andersseins des anderen, begründet durch dessen Innerlichkeit, ansieht: „Dieses Unendliche, stärker als der Mord, widersteht uns schon in seinem Antlitz, ist sein Antlitz, ist der ursprüngliche *Ausdruck*, ist das erste Wort ‚Du sollst nicht töten'. Das Unendliche lähmt die Macht durch seinen unendlichen Widerstand gegen den Mord, der hart und unüberwindlich, im Antlitz des Anderen liegt, in der totalen Nacktheit seiner Augen, ohne Verteidigung, in der Nacktheit der absoluten Öffnung des Transzendenten. Es gibt hier nicht nur ein Verhältnis mit einem großen Widerstand, sondern mit etwas absolut *Anderem*: Der Widerstand dessen, das keinen Widerstand leistet, dem ethischen Widerstand. (…) Die Epiphanie des Angesichts ist ethisch".[160] Ohne diesen Respekt sei Gewalt gegen andere nicht zu überwinden, „Die Gewalt würde bis zu so einem Gerade regieren, dass sie nicht einmal mehr erscheinen oder sich benennen könnte".[161] Das Dasein für andere wird als Kern aller Moral bezeichnet, „that un-founded, non-rational, unarguable, no-excuses-given and non-calculable urge to stretch towards the other, to caress, to be for, happen what may".[162]

### 3. Die postmoderne Kritik der Rechtsform und die Alternative der Pluralität

77  Die Postmoderne formuliert eine grundlegende Kritik der Rechtsform. Das Recht sei abstrakt und generell. Es verfehle deshalb in seiner Allgemeinheit das Einzelne und Besondere. Dies gelte auch für Menschenrechte. Sogar Antisemitismus und Konzentrationslager werden mit der Menschenrechtsidee in Verbindung gebracht, die das Menschsein abstrakt fasse und damit das Besondere aussondere.[163] Recht entspringe im Ergebnis sozialer, auch sprachlicher Gewalt, dies sei der mythische Ursprung aller Rechtsordnungen: „Its very moment of foundation or institution (…) the operation that amounts to founding, inaugurating, justifying law (*droit*), making law, would consist of a *coup de force*, of a performative and therefore interpretative violence

---

159 J. Derrida, Force of Law: The ‚Mystical Foundation of Authority', S. 22: „unendlich, unberechenbar, Regeln widerstehend und fremd der Symmetrie, vielgestaltig und heterotroph".
160 E. Levinas, Totalité et Infini, 1961, S. 173 f.: „Cet infini, plus fort que le meurtre, nous résiste déjà dans son visage, est son visage, est l'*expression* originelle, est le premier mot.: « tu ne commettras pas de meurtre ». L'infini paralyse le pouvoir par s. a. résistance infinie au meurtre, qui, dure et insurmontable, luit dans le visage d'autrui, dans la nudité totale de ses yeux, sans défense, dans la nudité de l'ouverture absolue du Transcendant. Il y a là une relation non pas avec une résistance très grande, mais avec quelque chose d'absolument *Autre*.: la résistance de ce qui n'a pas de résistance – la résistance éthique. (…) L'épiphanie du visage est éthique" (Herv. i. Org.).
161 J. Derrida, L'Écriture et la Différence, S. 203: „la violence règnerait a un tel point qu'elle ne pourrait même plus s'apparaître et se nommer".
162 Z. Bauman, Postmodern Ethics, 1993, S. 244, 247: „dieser unbegründete, nicht-rationale, nicht diskutierbare, nicht zu entschuldigende, nicht berechenbare Antrieb, sich dem Anderen zuzuwenden, zu streicheln, da zu sein, was auch geschieht".
163 J. Derrida, Force of Law: The ‚Mystical Foundation of Authority', S. 59 ff.

that in itself is neither just nor unjust and that no justice and no previous law with its founding anterior moment could guarantee or contradict or invalidate. No justificatory discourse could or should ensure the role of metalanguage in relation to the performativity of institutive language or its dominant interpretation".[164]

Eine weitere Konsequenz des relativistischen Konstruktivismus der Postmoderne ist eine bestimmte Theorie des *Rechtspluralismus*. Faktisch sei das moderne Recht – gerade in globaler Perspektive – durch eine Vielfalt von heterogenen Rechtskreisen ausgezeichnet, wobei Recht auch von privaten Akteuren erzeugt werde. Keinem dieser Rechtskreise könne aufgrund von höherer Legitimität ein grundsätzlicher Vorrang zukommen, die Aufgabe liege vielmehr darin, die existierende Vielfalt zu koordinieren.[165]

### 4. Kritische Einschätzungen

Zu den allgemeinen, auch hier für die konkrete ethische und rechtsphilosophische und -theoretische Betrachtung wichtigen philosophischen Hintergrundannahmen ist Folgendes anzumerken: Theorien bilden zunächst keine Geschichten. Theorien besitzen einen Weltbezug und erheben einen Wahrheitsanspruch. An sie werden bestimmte inhaltliche Kriterien angelegt, z.B. Konsistenz, explikative Reichweite oder empirische Fundierung. Geschichten sind dagegen freie Produkte kreativer Einbildungskraft, die ästhetischem Wohlgefallen und dem Verständnis und der Auslegung der Existenz dienen können, aber keinen Anspruch wissenschaftlicher Erklärung erheben. Es bildet ein fundamentales wissenschaftstheoretisches Missverständnis zu glauben, dieser Unterschied sei durch moderne Überlegungen in irgendeiner Weise obsolet geworden. Es bedeutet im Übrigen eine Banalisierung sowohl der ästhetischen Welt als auch der Wissenschaft und der jeweils verschiedenartigen Großartigkeit ihrer Produkte, beides unterschiedslos in vagen Begriffen zu verschmelzen.

Wie schon bei anderen Theorien angemerkt, etwa der Systemtheorie, die ähnliche erkenntnistheoretische Ansichten entwickelt, ist ein radikaler Konstruktivismus keine überzeugende Epistemologie, weil es für Menschen bestimmte Kriterien für die Plausibilität von wissenschaftlichen Theorien gibt. Die Kriterien sind die Grundlage täglicher einzelwissenschaftlicher Praxis (vgl. u. § 40).

---

164 *J. Derrida*, Force of Law: The ‚Mystical Foundation of Authority', S. 13.: „Im Moment der Gründung oder Einsetzung würde die Operation, die das Gründen, Inaugurieren, Rechtfertigen von Recht (*droit*), das Machen von Recht bildet, in einem *coup de force* bestehen, in einer performativen und deswegen interpretativen Gewalt, die in sich selbst weder gerecht noch ungerecht ist und die keine Gerechtigkeit und kein vorangehendes Gesetz mit seinem gründenden vorhergehenden Moment garantieren oder ungültig machen könnte. Kein rechtfertigender Diskurs könnte oder sollte die Rolle einer Meta-Sprache im Verhältnis zur Performativität der einsetzenden Sprache oder seiner dominanten Interpretation sichern". Vgl. ähnlich z.B. A. Fischer-Lescano, Rechtskraft, Berlin 2013, S. 105 ff., in dem „Kampf" anstelle von Begründung tritt. Zu einem „neuen Recht", das das „bürgerliche Programm", „gegen die Gewalt – die Gewalt überhaupt – zu sichern" aufgebe, weil es eine neue Gewalt verkörpere: „Die Gewalt des neuen Rechts ist die Gewalt der Befreiung", C. Menke, Kritik der Rechte, Berlin 2015, S. 406 f.
165 Vgl. z.B. zur Diskussion *M. Koskenniemi*, Global Legal Pluralism: Multiple Regimes and Multiple Modes of Thought, http://www.helsinki.fi/eci/Publications/talks_papers_MK.html; *K. Günther*, Rechtspluralismus und universaler Code der Legalität: Globalisierung als rechtstheoretisches Problem, in: L. Wingert/K. Günther (Hrsg.), Die Öffentlichkeit der Vernunft und die Vernunft der Öffentlichkeit, FS für J. Habermas, 2001, S. 539 ff.

81 Man kann also festhalten, dass die verschiedenen philosophischen Quellen, auf die von postmodernen Theoretikern zurückgegriffen wird, die skizzierte Art von Skepsis keineswegs speisen. Nicht anders ergeht es der postmodernen Skepsis in der Ethik und Rechtsphilosophie. Hier ist vor allem ein grundlegender Selbstwiderspruch festzuhalten. Hinter dem rhetorischen Pathos der Ethik des anderen verbergen sich nur schlecht verborgen allgemeine und wohlbekannte Normen wie Gleichheit als Gerechtigkeitsprinzip oder Altruismus. Diese Prinzipien sind die Grundlage dafür, dass Fürsorge für andere geboten oder ungerechte Machtstrukturen kritisiert werden. Diese Prinzipien sind allgemein und abstrakt und besitzen damit genau die Eigenschaft, deren Existenz von der Postmoderne in anderen Ethiken kritisiert wird. Dieser implizite, unreflektierte Rückgriff auf diese ethischen Grundprinzipien sollte nicht verwundern, denn die Anwendung solcher Prinzipien kann keine Ethik vermeiden. Derartige normative Grundlagen einer Ethik sollten aber explizit gemacht werden. Im Zustand der Begründungslosigkeit, ohne rationale und transparente Fundierung, als verstecktes Element, bleibt die Forderung nach Respekt des anderen ein pathetischer Appell, der schnell und ungehört verhallen kann.

82 Die Kritik der allgemeinen und generellen Form von Rechtsnormen verkennt die liberale Konsequenz der Allgemeinheit des Rechts, die Freiräume für Einzelne unabhängig von besonderen Eigenschaften gerade schaffen soll. Es bedeutet ein Missverständnis der Grundfunktionen von Recht, aus der Rechtsform zu schließen, das Eingehen auf die Besonderheiten und Verschiedenheit der Einzelfälle sei dem Recht fremd. Dies geschieht tagtäglich in der Rechtspraxis, aber aus guten Gründen im Rahmen allgemeiner und für alle geltender Gesetze.

83 Die Vielfalt normativer Ordnungen ist ein altes Thema des Rechts. Sie wird z.B. alltäglich organisiert im Rahmen von (föderalen) Mehrebenensystemen, in denen auf jeder Ebene ein gewisses Maß an normativer Autonomie verwirklicht wird, z.B. von Bundesländern oder Kantonen. Diese Pluralität ist ein Ausdruck willkommener Freiheit zur Selbstbestimmung der betroffenen Menschen. Dies gilt gerade in Bezug auf indigene Rechtsordnungen, denen in der Vergangenheit der Respekt versagt wurde. Ein in letzter Instanz verbindliches Normensystem bleibt aber dennoch unverzichtbar. Dieses Problem wird etwa virulent bei der Kollision von indigenen Rechtsordnungen, deren Akzeptanz im Grundsatz aus Respekt vor den Angehörigen der Gruppe geboten ist, mit bestimmten menschenrechtlichen Prinzipien, in der Praxis nicht selten den Rechten von Frauen. Hier muss den Menschenrechten der Vorrang eingeräumt werden, gerade wenn man es mit dem Respekt vor anderen ernst meint, was denn auch häufig von indigenen Frauen praktisch geltend gemacht wird.

Die Verschmelzung der Legitimationsquellen von Recht mit Gewalt schließlich ist analytisch unplausibel. Es bildet eine Grundeinsicht der Rechtsphilosophie, dass die faktische Fähigkeit zum Zwang keine Legitimation erzeugen kann. Darauf hat Rousseau z.B. anschaulich hingewiesen (s.o. § 5 V). Die These schafft rechtskulturell zudem die Gefahr einer Regression zum Recht des Stärkeren, denn die materiale Legitimationstheorie muss ja aus postmoderner Sicht wegen ihrer Unfähigkeit, ihre Begründungsansprüche wirklich einzulösen, resigniert die Waffen strecken, kann also Gewalt nicht mehr begründet kritisieren. Wenn die Postmoderne die Radikalität der eigenen Theoriebildung, die Absage an materiale Legitimationstheorien, ernst nimmt und auch auf den von ihr beschworenen Respekt vor dem anderen erstreckt, hat auch sie keine Mittel mehr, den Herrschaftsanspruch der Gewalt zu bestreiten. Diese theoretische Wehrlosigkeit der Ethik der Postmoderne gegen Gewaltordnungen – ihrem kritischen Gestus zum Trotz – ist die notwendige Folge ihrer legitimationstheoretischen Abstinenz. Beharrt sie dagegen auf der Legitimität des geforderten Respekts vor dem anderen, ist sie bereits in die Praxis der Legitimationstheorie verstrickt, deren Möglichkeit sie bestreitet.[166]

---

[166] Interessant ist in diesem Zusammenhang, dass M. Foucault in seinem späten Werk Qu'est-ce que la critique? suivi de La culture de soi, 2015, S. 38, zur normativen Orientierung auf die Menschenrechte und sogar ausdrücklich auf das Naturrecht zurückgreift. Kritik bestehe gerade darin, Macht durch Rückgriff auf Menschenrechte und Naturrecht zu begrenzen: „La critique, c'est donc, de ce point de vue, en face du gouvernement et à l'obéissance qu'il demande, opposer des droits universels et imprescriptibles, auxquels tout gouvernement quel qu'il soit, qu'il s'agisse du monarque, du magistrat, de l'éducateur, du père de famille, devra se soumettre. En somme, si vous voulez, on retrouve le problème du droit naturel. Le droit naturel n'est certainement pas une invention de la Renaissance, mais il a pris, à partir du XVIe siècle, une fonction critique qu'il conservera toujours. À la question ‚comment n'être pas gouverné' il répond en disant: ‚quelles sont les limites du droit de gouverner?'. Disons que là, la critique est essentiellement juridique."

## § 22 Andere Stimmen – feministische Perspektiven auf das Recht

I. Ein Kontinuum der Unfreiheit ...... 1
II. Zwischen Gleichheit und Differenz ................................. 8
III. Kritische Einschätzungen ............ 11

### I. Ein Kontinuum der Unfreiheit

1 Es gibt wenige universale Kontinuitäten in der Weltgeschichte mit ihren Brüchen, Neuanfängen und verschlungenen Wegen. Die Unfreiheit von Frauen, die Missachtung ihrer Rechte, bilden eine der traurigsten und erstaunlichsten. Ebenso bemerkenswert wie die realgeschichtliche Behandlung von Frauen ist, dass wesentliche Teile der Ideengeschichte diese Unfreiheit und Ungleichheit mit erheblichem intellektuellem Aufwand und großem Einfluss legitimiert haben. Die Kritik der Herrschaft von Männern, des Loses, das patriarchale Gesellschaften für Frauen bereit halten, ist dabei kein Produkt der Neuzeit. Es ist keineswegs so, dass den vergangenen Zeiten und anderen Kulturen die Problematik der Stellung der Frau nicht deutlich werden konnte. *Penelope* beschreibt in der *Odyssee* ihr Schicksal, sollte sie eine ungewünschte Heirat eingehen müssen, weil *Odysseus* nicht zurückkehrt, mit folgenden Versen:

> *Kommen wird einst die Nacht, die schreckliche Nacht der Vermählung,*
> *Mir unglücklicher Frau, die Zeus des Heiles beraubt hat!*[1]

*Euripides* lässt Hekabe in den *Troerinnen* singen:

> *Als Sklavin schleppt man mich fort,*
> *als Greisin aus meinem Haus, deren Haupt*
> *zum Zeichen der Trauer erbärmlich verwüstet ist.*
> *Auf, ihr, der lanzenbewehrten Troer*
> *unglückliche Gattinnen,*
> *und ihr Mädchen, verdammt zu trauriger Hochzeit,*
> *Ilion raucht, laßt uns klagen!*[2]

2 Wer diese Stimmen hören wollte, konnte seine Schlüsse ziehen. Die philosophische Verteidigung der Missachtung weiblicher Rechte kann nicht damit begründet werden, dass das Leid, das sie implizierte, keinen kulturell sichtbaren Ausdruck gefunden hätte. Die Kritik realer patriarchalischer Sozialverhältnisse führte aber erst spät zu durchgreifenden politischen Reformen, etwa dem Wahlrecht (in Deutschland 1918, in den USA 1920, in der Schweiz 1971), im Familienrecht (männliche Letztentscheidungsrechte, Namensrecht usw.) oder dem Arbeitsleben. Bis in die Gegenwart hinein ist die Benachteiligung von Frauen in verschiedenen Bereichen des sozialen Lebens trotz vieler Fortschritte ein wohl dokumentiertes Faktum, das konkrete rechtliche Schritte veranlasst hat, z.B. im Bereich des modernen Gleichstellungsrechts. In manchen Ländern sind diese Benachteiligungsformen weiterhin erschreckend.

3 Die moderne Kritik der Rechtsstellung der Frau mit politischem Nachdruck setzt im 18. und 19. Jahrhundert ein. *Olympe de Gouges* (1748–1793) entwirft im Rahmen

---

1 *Homer*, Odyssee, übersetzt v. J. H. Voß, 1995, Zeilen 271–272.
2 *Euripides*, Troerinnen, übersetzt v. K. Steinmann, 1987, Zeilen 140–145.

der Umwälzungen der Französischen Revolution, die Frauen weiter benachteiligten, als Ergänzung und Kritik der Französischen Erklärung der Menschenrechte eine Erklärung der Rechte der Frau und Bürgerin (*Declaration des droits de la femme et de la citoyenne*, 1791). *Mary Wollstonecraft* (1759–1797) schreibt über die Vindizierung der Rechte,[3] *Mill* kritisiert die Unterdrückung von Frauen, wobei er den bemerkenswerten Gedanken seiner Frau *Harriet Taylor Mill* folgt.[4] Auch in der Literatur findet das Verlangen nach Freiheit und Gleichberechtigung bedeutenden Ausdruck.[5]

Aus diesen Anfängen ist heute ein breites feministisches Forschungsspektrum geworden, mit z.T. erheblichen Unterschieden in der theoretischen Orientierung und politischen Stoßrichtung, die entsprechende Kontroversen verursachen. Eine weithin geteilte Grundunterscheidung ist die von *sex* und *gender*: *Sex* bezeichnet dabei das biologische; *gender* das sozial konstruierte Geschlecht, also die Gesamtheit der Rollenmuster einer Gesellschaft und Kultur, die internalisiert würden: Man komme nicht als Frau zur Welt, man werde zu einer Frau im traditionellen Sinn gemacht.[6] Scheinbar biologische Sachverhalte werden von diesem Ausgangspunkt als Ausdruck männlich geprägter Machtverhältnisse und Stereotypenbildungen, die kulturell konstruiert würden, kritisiert. Die Reichweite der Unterscheidung von *sex* und *gender* wird allerdings auch hinterfragt.[7]

Man kann im heterogenen Theorienspektrum des Feminismus drei Grundansätze unterscheiden. Der erste betont die Gleichheit der Geschlechter,[8] der zweite gerade ihre Differenz (vgl. dazu sogleich das Beispiel der Moral), der dritte schließlich versucht die Dekonstruktion der Geschlechtsidentitäten voranzutreiben.[9] Diese Ansätze haben unterschiedliche ethische und rechtliche Konzeptionen zur Folge, auf die einzugehen sein wird.

Ein weiteres wichtiges Thema ist die Kritik der Unterscheidung von Privatem und Öffentlichem. Durch die Konzipierung einer Sphäre des Privaten, die vor Einwirkung von außen geschützt werde, würden gerade die Machtstrukturen perpetuiert, die Frauen in dieser Sphäre besonders träfen, etwa die traditionelle Rollenverteilung in der Familie.[10] Der moderne Feminismus nimmt auch die Bedeutung der Unterschiede – etwa aufgrund der sozialen Stellung oder der ethnischen Herkunft – zwischen verschiedenen Gruppen von Frauen wahr. Die Intersektionalität, also das Phänomen von

---

3   *M. Wollstonecraft*, A Vindication of the Rights of Woman, revised ed. by M. Brody, 2004.
4   Vgl. *J. S. Mill*, The Subjection of Women, in: *ders.*, On Liberty and other Essays, ed. by J. Gray, 1991, S. 471 ff. und *H. T. Mill*, Enfranchisement of Women, in: J. E. Jacobs, (ed.), The Complete Works of Harriet Taylor Mill, 1998, S. 51 ff.
5   Vgl. z.B. *G. Eliot*, Middlemarch, 1874.
6   So bereits *S. de Beauvoir*, Le Deuxième Sexe, 1949.
7   Z.B. *J. Butler*, Gender Trouble. Feminism and the Subversion of Identity, 2nd ed., 1990, S. 16 ff.; *dies.*, Undoing Gender, 2004.
8   Vgl. *M. Wollstonecraft*, A Vindication of the Rights of Woman, Introduction: „the first object of laudable ambition is to obtain a character as a human being, regardless of the distinction of sex".
9   Vgl. z.B. *J. Butler*, Undoing Gender, 2004; *dies.*, Contingent Foundations, in: S. Benhabib/J. Butler/N. Fraser/D. Cornell (Hrsg.), Feminist Contentions: A Philosophical Exchange, 1995, S. 35 ff., 50: „To deconstruct the subject of feminism is not, then, to censure its usage, but, on the contrary, to release the term into a future of multiple significations, to emancipate it from the maternal or racialist ontologies to which it has been restricted, and to give it play as a site where unanticipated meanings might come to bear".
10  Zur Familie etwa *S. M. Okin*, Women in Western Political Thought, 1979.

Diskriminierungsmustern, die nicht nur aufgrund des Geschlechts, sondern im Zusammenspiel mit sozialer Stellung oder ethnischer Herkunft erwachsen, wird entsprechend diskutiert.[11]

7  In der feministischen Theorie wird nicht nur die Tatsache festgehalten, dass bis vor kurzem (wenn auch heute nicht mehr) die großen Kapitel der Ideengeschichte vor allem von Männern geschrieben wurden, sondern auch eine inhaltliche Bestimmung der philosophisch-wissenschaftlichen Theorien durch das männliche Geschlecht, z.B. hinsichtlich eines „Logozentrismus", „androzentrischer Metaphysik", der Rolle der Logik und allgemein der wissenschaftlichen Rationalitätsvorstellungen, behauptet. Neue, genuin weibliche Reflexionsformen müssten deshalb erschlossen werden.[12]

## II. Zwischen Gleichheit und Differenz

8  Eine klassische Grundlage der Forderung nach der Gleichberechtigung von Frauen ist es, gängige Ethikkonzepte beim eigenen Wort zu nehmen. Das Problem der Vergangenheit ist aus dieser Sicht nicht der Inhalt dieser moralischen Systeme, sondern die fehlende Konsequenz ihrer Erstreckung auch auf Frauen. Aus dieser Sicht wird etwa nicht das Konzept der Menschenwürde kritisiert, sondern im Gegenteil gefordert, dieses Wertprädikat auch auf Frauen anzuwenden und zwar in konsequenter Weise, denn Männer und Frauen seien in ethisch relevanter Weise in nichts unterschieden.[13]

9  Eine andere Perspektive kritisiert die Anwendung traditioneller Ethikkonzepte auf Frauen. Diese Konzepte seien inhaltlich männlich geprägt und deshalb auf Frauen nicht anwendbar. Scheinbar allgemein Menschliches sei nur Ausdruck gewohnter patriarchalischer Anschauungen. Männlich sei, was sich hinter dem traditionell gefüllten Begriff Mensch wirklich verberge. Von diesem Standpunkt aus werden einerseits übergreifende neue ethische Konzepte, die für Männer und Frauen gleichermaßen gelten sollen, entwickelt, andererseits wird eine unüberwindliche Differenz betont, die Partikularethiken für Männer und Frauen fordere. Eine weithin diskutierte Problematik ist in dieser letzteren Hinsicht die Frage nach einer geschlechterspezifischen *Fürsorge- bzw. Gerechtigkeitsethik*. Ausgangspunkt ist die Kritik moralisch-psychologischer Studien zur Ontogenese der Moral, die von einer Stufenfolge der moralischen Entwicklung ausgehen, wobei weibliche Probanden die von der Theorie angenommene höchste Stufe einer allgemeinen Gerechtigkeitsmoral im Regelfall aber nicht erreichen. Diese Studien verkennten, dass Frauen keine niedrigere, sondern eine andere Form der Moral ausbildeten. Frauen orientierten sich an Fürsorge, die sich auf konkrete Bedürfnisse von Einzelnen richte, nicht aber an abstrakten Regeln.[14] Die Fürsorgemoral ist seitdem

---

11 Vgl. z.B. *C. MacKinnon*, Feminism Unmodified, 1987, S. 2.
12 Vgl. im Überblick zur Rationalitätskritik *G. Lloyd*, Rationality, in: A. M. Jaggar/I. M. Young (Hrsg.), A Companion to Feminist Philosophy, 1998, S. 165 ff.; *dies.*, The Man of Reason: ‚Male' and ‚Female' in Western Philosophy, 2nd ed., 1993.
13 Vgl. *M. Wollstonecraft*, A Vindication of the Rights of Woman; *S. M. Okin*, Women in Western Political Thought, S. 303 f.
14 *C. Gilligan*, In a different voice, 1982. Die Kritik richtet sich insbesondere gegen die Arbeiten von *L. Kohlberg*, Essays on Moral Development, Vol. 1 und 2, 1981–1984.

ein intensiv diskutiertes Thema des Feminismus. Moral wird auch grundsätzlich als Machtstruktur dekonstruiert.[15]

In der Rechtstheorie und -philosophie lassen sich zwei Grundströmungen unterscheiden: Erstens eine *reformorientierte immanente Rechtskritik*. Diese setzt an konkreten rechtlichen Regelungen an, die offen patriarchal geprägt oder scheinbar neutral seien, Frauen aber tatsächlich benachteiligten, und die deswegen aufgehoben oder angepasst werden müssten. Auch die faktische Gleichstellung von Frauen wird gefordert, was zu rechtlichen Gleichstellungsaufträgen auf verschiedenen Ebenen des Rechts geführt hat (vgl. z.B. Art. 3 Abs. 2 S. 2 GG; Art. 8 Abs. 3 S. 2 BV). Mittel der faktischen Gleichstellung durch Recht reichen von positiven Förderungsmaßnahmen, etwa Ausbildungsmaßnahmen, bis zu Quoten. Zweitens wird eine radikale *feministische Kritik der Rechtsform* formuliert, da diese wegen ihrer Allgemeinheit der Heterogenität des Besonderen nicht gerecht werden könne. Regulierungen würden ein Normales festlegen, was das Einzelne, von dieser Normalität Abweichende einer potenziell zerstörerischen Machtbeziehung unterwerfen könne.[16]

### III. Kritische Einschätzungen

Die Schaffung spezieller rechtlicher Regelungen zur Abwehr von rechtlichen Diskriminierungen und faktischer Gleichstellung ist eine der auffälligsten Entwicklungen nationaler und internationaler Rechtsordnungen der letzten Jahrzehnte. Diese Entwicklung und die damit einhergehende (und ihr zugrunde liegende) Veränderung des Geschlechterverhältnisses bedeuten – wie weithin selbstverständlich geworden ist – einen großen Gewinn für beide Geschlechter. Denn dass Frauen die Voraussetzungen fehlten – in *Virginia Woolfs* trockener Formulierung Geld und ein eigenes Zimmer[17] –, um ihre Talente zu entwickeln, bildet eine der großen historischen Ungerechtigkeiten, deren Beendigung ein Wert an sich ist, selbstverständlich nicht nur für ein Geschlecht, denn die Luft traditional-patriarchaler Gesellschaften kann auch Männern zu stickig werden. Es ist außerdem ein Teil der allgemeinen Tragödie des Geschlechterverhältnisses, dass soviel vorhandenes, weibliches Talent in der Geschichte unentfaltet blieb – die menschliche Geschichte nicht nur der Ideen wäre reicher, wäre dies anders gewesen. Der kultivierende Nutzen, den die Gegenwart aus den Leistungen von Frauen ziehen kann, illustriert dies deutlich genug.

Der Befund vom Verlust weiblicher Beiträge zur menschlichen Theoriegeschichte (und nicht nur dieser) impliziert nun keineswegs eine notwendige Verwerfung der Einsichten, die von Menschen männlichen (biologischen) Geschlechts formuliert wurden. Soweit von bestimmten Teilen der feministischen Theorie die These vertreten wird,

---

15 Vgl. *J. Butler*, Contingent Foundations, S. 39 und die Kritik von *S. Benhabib*, Feminism and Postmodernism, in: *dies.*/*J. Butler*/*N. Fraser*/*D. Cornell* (Hrsg.), Feminist Contentions: A Philosophical Exchange, 1995, S. 17 ff., 29, die einen „retreat from utopia" konstatiert.
16 Vgl. *J. Butler*, Undoing Gender, S. 40 ff.; *C. MacKinnon*, Toward a Feminist Theory of the State, 1989, S. 238, formuliert eine apodiktische Rechtskritik: „In the liberal state, the rule of law – neutral, abstract, elevated, pervasive – both institutionalizes the power of men over women and institutionalizes power in its male form". Sie verteidigt aber das Anliegen der sozialen Reform durch Recht, vgl. *dies.*, Women's lives, men's laws, 2005, S. 41 ff.
17 *V. Woolf*, A Room of One's Own, 1929.

dass sich in der Philosophiegeschichte, die in der Tat im Wesentlichen von Männern geschrieben wurde, inhaltlich hinter Begriffen wie Rationaliät oder Vernunft spezifisch männliche Denkmuster wiederfänden, wird der sachliche Gehalt dieser Theorien unterschätzt und ein Determinationszusammenhang zwischen biologischem Geschlecht und Theoriebildung behauptet, der nicht belegbar ist. Dass Sokrates' Ethik, Platons Ideenlehre, Humes Kritik des Kausalitätsgesetzes oder v. Humboldts Theorie der Freiheit in ihren Stärken und Schwächen in irgendeiner aufschlussreichen Hinsicht vom biologischen Geschlecht ihrer Urheber abhinge, ist nicht ersichtlich. Man sollte sich übrigens hüten, mit der These, Frauen hätten andere als die in der klassischen Reflexion benutzten geistigen Fähigkeiten, unwillentlich ein Argument zu bestärken, das Frauen den Zugang zur Wissenschaft lange verwehrt hat: Dass nämlich Frauen nicht die geistigen Fähigkeiten besäßen, um Wissenschaft zu betreiben.

13  So wie die Idee einer geschlechterspezifischen Rationalität wenig für sich hat, ist auch die Idee einer geschlechterspezifischen Ethik nicht überzeugend. Dass es tatsächlich eine spezifisch weibliche Moral gebe, wurde keineswegs nachgewiesen – genauso wenig übrigens wie die Existenz von Stufen der Ontogenese der Moral, die die feministische Kritik provozierten, und gegen die ebenfalls durchschlagende Einwände formuliert wurden.[18] Wichtige Einwände gegen diese Theorie treffen dabei auch bestimmte Fassungen ihrer feministischen Kritik, die von ähnlichen methodischen Prämissen ausgehen.[19] Zentral ist dabei, dass nicht nur Gerechtigkeit, sondern auch mitmenschliche Fürsorge in der klassischen Ethik ihren selbstverständlichen und zentralen Platz besitzt. Kants Ansicht, dass die Beförderung der Glückseligkeit anderer die einzige Tugendpflicht sei (eine starke fürsorgeethische Formulierung), bildet dafür nur ein Beispiel. Es gibt auch sonst keinen guten Grund, moralische und rechtliche Begriffe wie Gerechtigkeit oder Menschenwürde nicht auf Frauen und Männer (und jede andere Geschlechtsidentität) in gleicher Weise zu erstrecken, für die nicht das biologische oder soziale Geschlecht, sondern allein das geteilte Menschsein entscheidend ist. Das Emanzipationsanliegen von Frauen beruht im Übrigen letztlich auf der normativen Kraft genau dieser Prinzipien.

14  In Bezug auf die Kritik an der Rechtsform überhaupt, die von Teilen der feministischen Theorie formuliert wird, ist Folgendes zu bedenken: Allgemeine und generelle Normen haben einen wichtigen liberalen Sinn, wie bereits angemerkt wurde. Bestimmte Freiräume werden gerade ohne Ansehen von besonderen Eigenschaften von Menschen, z.B. ihrem Geschlecht gesichert. Derartige Normen sind in keiner zivilisierten Vergesellschaftungsform verzichtbar. Aufgrund dieser Normen sind Diskriminierungen gerade abzubauen, die mit ihnen unvereinbar sind. Die Gleichstellung von Frauen wird sicherlich nicht allein durch das Recht bewirkt, sondern ist das Produkt eines komplexen soziokulturellen Prozesses. Das Recht kann aber einen wichtigen Beitrag leisten und hat dazu eine Reihe von differenzierten Instrumenten entwickelt, die die Bedeutung der Rechtsform auch für die Gleichstellung von Frauen praktisch wirksam unterstreichen.

---

18  Vgl. im Überblick *M. Mahlmann*, Rationalismus in der praktischen Theorie, 2. Aufl., 2009, S. 220 ff.
19  Ebd.

# § 23 Das Leitbild der Effizienz – Ökonomische Analyse des Rechts

I. Ein zentrales Paradigma ............. 1
II. Recht und Effizienz .................. 5
III. Behavioral Law and Economics und Neuroeconomics ................ 10
IV. Kritische Einschätzungen ............ 11

## I. Ein zentrales Paradigma

In den letzten Jahrzehnten hat die ökonomische Analyse des Rechts ein sehr großes theoretisches Gewicht gewonnen. In Nordamerika ist sie ohne Zweifel das einflussreichste theoretische Forschungsparadigma im Recht, das diskutiert wird. In der Gegenwart ist dabei eine interessante Differenzierung zu beobachten, die die theoretischen Ansätze durch die Rezeption der *Behavioral Economics* und *Neuroeconomics* produktiv erweitert.

Im Hintergrund steht die utilitaristische Ethik der Nutzenmaximierung auf individuellem und gesellschaftlichem Niveau, die einer ökonomischen Analyse in mancher Hinsicht nahe steht – wenn auch der klassische Utilitarismus normative Prinzipien impliziert, die weit über die schlichte Nutzenmaximierung hinausweisen (s. o. § 12).

Die klassische ökonomische Analyse des Rechts[1] geht von einem zweckrational orientierten Menschen, dem sog. *homo oeconomicus* aus. Dieses Menschenbild beruht auf der Annahme, dass menschliche Motivation auf die Maximierung der Erfüllung von Präferenzen ausgerichtet sei, für die rationale (d.h. effiziente, wirksame) Mittel gewählt würden. Die ökonomische Analyse des Rechts nimmt dabei eine *Präferenzautonomie* der Menschen an. Diese legten ihre Präferenzen eigenverantwortlich fest, wobei die Präferenzen individuell ordinal skaliert, d.h. in eine wertende Stufenfolge von wichtigeren und weniger wichtigeren gebracht werden könnten, sich aber zu interpersonellen (auf kardinaler oder absoluter Wertskala beruhenden) Vergleichen nicht eigneten. Im Prinzip ist dieses Konzept offen für altruistische Präferenzen der Menschen: Der eigene Nutzen wird in diesem Fall durch die Bewirkung von fremdem Nutzen befördert. Im Regelfall der Analysen aber wird implizit oder explizit eine im engeren Sinne eigennützige Motivation der Handelnden angenommen, also Präferenzen, für die das Wohlergehen anderer keine oder nur ein instrumentelle Rolle spielt.

Die ökonomische Analyse des Rechts erhebt z.T. einen deskriptiven Anspruch auf Beschreibung menschlicher Motivation in allen Bereichen menschlichen Handelns, z.T. wird dieser Anspruch zurückgenommen auf die Skizzierung einer Modellannahme, die für bestimmte Bereiche nützlich sein soll.

## II. Recht und Effizienz

Die ökonomische Analyse des Rechts macht aufgrund ihrer Analysen zur menschlichen Motivation Effizienz zum normativen Kriterium des Rechts und zwar potenziell für alle Rechtsgebiete. Strafe wird dann z.B. als Steuer oder Preis eines bestimmten Verhal-

---

[1] Vgl. grundlegend *R. Coase*, The Problem of Social Cost, Journal of Law and Economics, 3 (1960), S. 1 ff.; *G. Calabresi*, Some Thoughts on Risk Distribution and the Law of Torts, Yale Law Journal, 70 (1961), S. 499 ff.; *R. Posner*, Economic Analysis of Law, 8th ed., 2011; im Überblick, *H. Eidenmüller*, Effizienz als Rechtsprinzip, 4. Aufl., 2015.

tens, etwa der Verletzung eines Menschen verstanden. Die ökonomische Analyse des Rechts verfolgt nicht nur ein analytisches, sondern auch ein präskriptives Programm. Sie richtet sich an die Gesetzgeber, die ökonomisch effiziente Gesetze erlassen, und an Gerichte, die Normen ökonomisch effizient ausgestalten sollen.

6   Die Effizienz einer Norm wird ermittelt, indem die Folgen der Norm für die Steigerung der Wohlfahrt, d.h. der individuellen Präferenzverwirklichung, bestimmt werden. Je größer die Wohlfahrtssteigerung, desto effizienter sei die Norm. Es wird dabei angenommen, dass sich Menschen auch gegenüber Normen effizienzorientiert verhielten. Werde etwa eine Sanktion verringert, steige die Begehungsrate des betreffenden Delikts; werde die Sanktion erhöht, verringere sich diese Rate.

7   Der nähere Inhalt des Effizienzbegriffs wird durch einige weitere Annahmen konkretisiert. Erstens ist der Gedanke der *Pareto-Optimalität* wichtig. Pareto-optimal ist ein Zustand, in dem niemand besser gestellt werden kann, ohne dass ein anderer schlechter gestellt wird. Das Problem dieses Effizienzkriteriums besteht darin, dass keine Veränderung eines Zustandes möglich ist, indem nur einer schlechter gestellt wird, ohne dass das Kriterium verletzt wird. Ein Zustand, indem 10 % der Bevölkerung alles, 90 % nichts haben, ohne dass den 90 % etwas gegeben werden könnte, das den 10 % nicht genommen würde, ist deshalb Pareto-optimal, ohne ein wirklich befriedigendes Effizienzkriterium zu liefern. Eine Ergänzung bildet das *Kaldor-Hicks-Kriterium*: Die Besserstellung von x und die Schlechterstellung von y im Zustand B gegenüber Zustand A ist danach effizient, wenn die Vorteile bei x so groß sind, dass x die Verluste von y kompensieren könnte und noch einen Gewinn übrig behielte. Dabei müssen diese Kompensationen faktisch nicht geleistet werden. Eine weitere Ergänzung liefert das *Coase-Theorem*,[2] das besagt, dass private Verhandlungen zu einer invarianten und effizienten Allokation von Gütern führten, wenn keine Transaktionskosten entstünden. Ein Beispiel: X baut ein Einkaufszentrum. Beim Bau wird das Wohnhaus des y auf dessen Grundstück durch einen Unfall zerstört. X gewinnt durch unterlassene Maßnahmen der Verkehrssicherung 500.000 EUR. Ys Verlust beläuft sich auf 250.000 EUR. Nach dem Coase-Theorem würde x y sein Eigentumsrecht abkaufen, weil sein Nutzen größer ist, im Ergebnis die Güter also unabhängig von der Ausgangsverteilung effizient alloziert werden, sofern keine prohibitiven Transaktionskosten existieren.

8   Ein klassisches Beispiel der Anwendung dieser Prinzipien auf das Recht sind Maßstäbe für das Vorliegen von Fahrlässigkeit im Haftungsrecht. Fahrlässigkeit durch unterlassene Schadensvermeidung sei dann gegeben, wenn die Wahrscheinlichkeit eines Schadenseintritts multipliziert mit der Schadenshöhe einen größeren Wert ergebe, als die Kosten für die Schadensvermeidung. Rechtliche Regelungen dieses Inhalts seien effizient.[3]

9   Diese Überlegungen setzen voraus, dass Rechtspositionen frei handelbar sind, rechtliche Regelungen Marktmechanismen erleichtern sollen und – im Falle des Versagens eines Marktmechanismus aufgrund von prohibitiven Transaktionskosten – das Recht

---

2  *R. Coase*, The Problem of Social Cost, Journal of Law and Economics, 3 (1960), S. 1 ff.
3  *R. Posner*, The Economic Analysis of Law, S. 213 ff.

## § 23 Das Leitbild der Effizienz – Ökonomische Analyse des Rechts § 23

effiziente Lösungen sichern soll. Recht gewinnt damit eine instrumentelle Rolle bei der Herstellung von Effizienz.

### III. *Behavioral Law and Economics* und *Neuroeconomics*

Die klassische ökonomische Analyse wurde in den letzten Jahren durch *Behavioral Economics* ergänzt.[4] Diese setzt bei einer empirischen Analyse des menschlichen Entscheidungsverhaltens an und differenziert aufgrund ihrer Befunde die Annahmen zur Struktur menschlicher Motivation, die der klassischen Analyse zugrunde liegen. Menschliche Motivation ist danach komplexer und in realen Entscheidungssituationen keineswegs durchweg auf eine konsequente Nutzenmaximierung nach Maximen instrumenteller Vernunft gerichtet. Eine wichtige Rolle spielen dabei psychologische Erkenntnisse zu verschiedenen psychischen Mechanismen bei der Entscheidungsfindung von Menschen, die Maßstäben rationaler Entscheidungsfindung nicht entsprechen.[5] Dazu gehören etwa *Framing-Effekte*: Die Art und Weise der Präsentation von Entscheidungsoptionen bestimme die Entscheidungsfindung, auch wenn die Entscheidungsoptionen inhaltlich gleich seien.[6] Menschen seien „*loss-averse*": Sie hätten eine größere Neigung, Verluste zu vermeiden, als Gewinne zu erzielen, was für die Theorie von Entscheidungen (*prospect theory*) von zentraler Bedeutung sei.[7] Weitere Beispiele bilden bestimmte, entscheidungsleitende Heuristiken, also Einschätzungsschemata, die faktisch wirkten und von instrumenteller Rationalität abwichen.[8] Diese begrenzte Rationalität könne aber bewusst gemacht und einer kritischen Kontrolle unterzogen werden. Menschliche Entscheidungsfindung beruhe auf zwei geistigen Systemen: Einem schnell arbeitenden, das häufig, aber nicht immer brauchbare Ergebnisse etwa durch Heuristiken erziele und einem langsamen System bewusster Reflexion, das rationalen Standards unterliege.[9] Das zweite geistige System könne die Ergebnisse des ersten kritisch überprüfen und müsse für rationale Entscheidungsfindung letztlich maßgeblich

10

---

4 *C. Jolls/C. R. Sunstein/R. Thaler*, A Behavioral Approach to Law and Economics, in: C. R. Sunstein (Hrsg.), Behavioral Law and Economics, 2000, S. 13 ff., 14: „The task of behavioral law and economics, simply stated, is to explore the implications of actual (not hypothesized) human behaviour for the law. How do ‚real people' differ from *homo economicus*?".
5 Vgl. *D. Kahneman*, Thinking, Fast and Slow, 2011.
6 Vgl. *A. Tversky/D. Kahneman*, The Framing of Decisions and the Psychology of Choice, 211 Science (1981), S. 453 ff.; *D. Kahneman*, Thinking, Fast and Slow, S. 363 ff. Das klassische Beispiel ist das „Asian disease problem", ebd., S. 368, dem folgende zwei Szenarien zugrunde liegen: „Imagine that the United States is preparing for the outbreak of an unusual Asian disease, which is expected to kill 600 people. Two alternative programs to combat the disease have been proposed. Assume that the exact scientific estimates of the consequences of the programs are as follows: If program A is adopted, 200 people will be saved. If program B is adopted, there is a one-third probability that 600 people will be saved and a two-thirds probability that no people will be saved". In einer Variante werden folgende Konsequenzen beschrieben: „If program A' is adopted, 400 people will die. If program B' is adopted, there is a one-third probability that nobody will die and a two-thirds probability that 600 people will die". Die Konsequenzen von A und A' und von B und B' sind identisch. Dennoch wählt in Versuchen die Mehrheit der Probanden A, die sichere Option, und nicht die mit ungewissen Folgen. In der Variante wählt die Mehrheit Option B', also die Option mit ungewissen Folgen. Die Art der Präsentation der Entscheidungsmöglichkeiten bestimmt das Entscheidungsverhalten.
7 Vgl. *D. Kahneman*, Thinking, Fast and Slow, S. 278 ff.
8 Vgl. *A. Tversky/D. Kahneman*, Judgements under Uncertainty: Heuristics and Biases, Science, 185 (1974), 1124 ff.; *C. R. Sunstein*, Moral Heuristics, Behavioral and Brain Sciences, 28 (2005), S. 531 ff. zu bestimmten moralischen und aus seiner Sicht zu zweifelhaften Einflüssen auf Entscheidungen im Recht und die grundsätzlichen und kritischen Kommentare von *J. Mikhail*, Moral Heuristics or Moral Competence? Reflections on Sunstein, Behavioral and Brain Sciences, 28 (2005), S. 557 ff. hierzu.
9 Vgl. *D. Kahneman*, Thinking, Fast and Slow.

sein. Andere Ansätze untersuchen bestimmte normative Maßstäbe, etwa Vorstellungen von Fairness, die sich in Entscheidungsmustern zeigten.[10] Diese Ideen, nicht zuletzt zur *loss aversion* von Menschen, haben beträchtliche Forschungsanstrengungen gerade in der Rechtswissenschaft inspiriert. Die *Neuroeconomics* verbindet die empirische Entscheidungstheorie mit den Neurowissenschaften.[11]

### IV. Kritische Einschätzungen

11 Die Vorstellung von einem zweckrational individuelle Präferenzen maximierenden *homo oeconomicus* bildet einen traditionellen Grundansatz der Kritik an der ökonomischen Analyse des Rechts. Diese Kritik wendet mit Recht ein, dass diese These – verstanden als deskriptive Theorie der Grundlagen menschlicher Motivation und ihr folgenden Handelns – ihr Objekt nicht zutreffend erfasst, denn die menschliche Motivation wird auch von Einflüssen jenseits von Effizienzkalkülen bestimmt, z.B. von Fürsorge für andere oder Gerechtigkeitsprinzipien. Diese Kritik hat in den letzten Jahren interessanterweise zu einem gewissen Grad Schützenhilfe durch die *Behavioral Economics* aus der ökonomischen Theorie selbst erhalten, wo derartige Prinzipien einiges Interesse erregen. Weiteren Auftrieb erhält die Kritik durch die moderne Theorie des menschlichen Geistes und die Kognitionswissenschaften, deren noch zu skizzierende Befunde in mancher Hinsicht gleichfalls in eine ganz andere Richtung weisen als die Leitvorstellung des *homo oeconomicus* andeutet. Auch die politische Geschichte hält grausame Lektionen bereit, wie mächtig irrationale selbstzerstörerische politische Vorstellungen Menschen antreiben können. Der Nationalsozialismus ist nur ein Beispiel hierfür. Seine Anführer verfolgten ihre ideologischen Ziele wie den Massenmord an jüdischen Menschen selbst um den Preis eines verlorenen Krieges, der Zerstörung Deutschlands und damit des eigenen Untergangs.

12 Ein weiteres Problem ist der mehr oder minder ausgeprägte methodische Wertrelativismus der ökonomischen Analyse des Rechts. Ein Rechtssystem ist ohne irgendeine intersubjektive materiale Güterordnung, die ihm zugrunde liegt, nicht möglich. Freiheitsrechte implizieren z.B., dass Freiheit ein menschliches Gut ist, sonst hat ihr Schutz keinen Sinn. Deswegen sind stärkere Annahmen zu Werten von Menschen nötig als die Präferenzautonomie in der ökonomischen Analyse nahelegt, ohne dass durch diese Annahmen der zu vermeidende Pfad des Paternalismus beschritten würde. Dies wurde bei der Diskussion des Utilitarismus bereits erläutert (s. o. § 12).

13 Eine Grenze der Theorie wird erreicht, wenn die Orientierung an Effizienz nicht nur als ein Kriterium der Regulierung bestimmter beschränkter Bereiche herangezogen wird, sondern als gesellschaftliche Entscheidungsregel, denn auf dieser Ebene sind noch ganz andere Maßstäbe wirksam. Das Recht ist nicht nur auf Maximierung von Effizienz der Güterallokation, sondern auch auf die Verwirklichung materialer Werte gerichtet. Bestimmte Rechte (z.B. Persönlichkeitsrechte) sind deshalb nicht marktfähig. Die Frage taucht deswegen überhaupt nicht auf, ob z.B. die Versklavung des B dem A einen Gewinn gewähren würde, der größer ist als der Verlust bei B, so dass A

---

10 Vgl. z.B. *E. Fehr/U. Fischbacher*, The Nature of Human Altruism, Nature, 425 (2003), 785 ff.
11 Vgl. z.B. *P. W. Glimcher/E. Fehr*, Neuroeconomics, 2nd ed., 2014.

die Verluste des B kompensieren und doch noch einen Gewinn übrigbehalten könnte, weswegen die Versklavung nach dem Kaldor-Hicks-Kriterium effizient sein würde. Sie ist – auch bei Zustimmung des B – in keinem Fall gerechtfertigt und dies aufgrund der Idee der Menschenwürde, die Versklavung schlechthin ausschließt. Man kann die gleiche Problematik auch anhand des Beispiels der Voraussetzungen für die Haftung von Schäden illustrieren. Die Schadensvermeidung kann auch dann geboten sein, wenn wirtschaftlich Werte berührt werden, die unter Berücksichtigung der Wahrscheinlichkeit des Schadenseintritts geringer sind als die Schadensvermeidungskosten. Der Bauherr einer Großbaustelle darf beispielsweise nicht deswegen auf Vorsichtsmaßnahmen verzichten, weil nur das (wirtschaftlich) geringwertigere Eigentum einer angrenzenden Siedlung gefährdet ist und die Kosten der Vorsichtsmaßnahmen die nach Wahrscheinlichkeit des Schadenseintritts gewichteten möglichen Schäden übersteigen. Der Grund für dieses – sich in verschiedenen rechtlichen Regelungen ausprägende – Prinzip ist nicht ein weiteres Effizienzkalkül, sondern der aus Gerechtigkeitsprinzipien erwachsende gleiche Anspruch aller Menschen, dass ihre Güter vor Verletzung geschützt werden und damit die Wertgleichheit der Menschen gewahrt wird.

Recht räumt ohne Zweifel die wichtige und sinnvolle Möglichkeit ein, sich instrumentell zu seinen Normen zu verhalten, was schon beim kantischen Rechtsbegriff erläutert wurde. Es bleibt aber offen dafür und strebt sogar idealtypisch an, dass für die Rechtsgenossen eine über ein instrumentelles Verhältnis hinausgehende Bindung besteht, sie also aus moralischen Gründen Rechtsnormen gehorchen. Diese Bindung führt praktisch u.a. dazu, dass Normen auch dann befolgt werden, wenn keine Sanktionen existieren oder konkret aufgrund von Free-Rider-Situationen nicht drohen. Man soll die körperliche Integrität von anderen etwa auch dann nicht schädigen, wenn man keine Sanktion erwarten muss. Der Grund sind ethische Prinzipien, die dem Recht zugrunde liegen und vom Recht teilweise positiviert werden und die eine andere Sphäre erschließen als die der instrumentellen Vernunft. Ist sich die ökonomische Analyse des Rechts dieser Grenzen bewusst, kann sie einen wichtigen Beitrag zur rationalen Gestaltung von Recht leisten.[12] Wenn nicht, bedeutet sie eine Verengung der Perspektive, die den eigentlichen Kern des Rechts verfehlt.

---

12   Vgl. zu den Grenzen auch *R. Posner*, Economic Analysis of Law, S. 35.

## § 24 Tugendethik und Tugendjurisprudenz?

| I. Der *aretaic turn*: Tugend und Recht | 1 | 2. Tugendethischer Naturalismus | 9 |
|---|---|---|---|
| II. Tugend als Leitfaden der Ethik | 4 | III. Kritische Einschätzungen | 14 |
| 1. Charakter und Handlung | 4 | | |

### I. Der *aretaic turn*: Tugend und Recht

1 Die Tugendethik bildet mit dem Utilitarismus und deontologischen Konzepten eine der drei Hauptströmungen der Ethik der Gegenwart.[1] Seit einigen Jahren werden Leitideen der Tugendethik in zunehmendem Maße auch auf das Recht angewandt – von der Gesetzgebungstheorie[2], über die juristische Professionsethik,[3] den Begriff von Recht[4] und Gerechtigkeit[5] bis zu Einzelstudien aus tugendethischer Sicht zu Spezialgebieten des Rechts.[6]

2 Ein „aretaic turn" in der Rechtstheorie wird ausgemacht,[7] der eine neue Leitvorstellung des Rechts liefere: Eudämonie oder, wie gängig ins Englische übersetzt wird, „human flourishing".[8]

3 Noch ein weiterer Gesichtspunkt ist von Interesse: Die Tugendethik entwickelt eine bestimmte Rechtfertigungsweise von normativen Positionen, wobei ein – wenn auch spezifisch qualifizierter – Objektivitätsanspruch erhoben wird.[9] Dieser Anspruch, objektive Kriterien für die Richtigkeit von ethischen Prinzipien zu spezifizieren, fordert zu seiner kritischen Würdigung heraus.

### II. Tugend als Leitfaden der Ethik
#### 1. Charakter und Handlung

4 Die Tugendethik ist aus der Kritik des Utilitarismus und (vor allem kantianisch inspirierten) deontologischen Ansätzen erwachsen. Anlass ist in Bezug auf utilitaristische Konzepte die auch von anderer Seite häufig formulierte Kritik, dass für Einschränkungen von grundlegenden Rechten, die auf Nutzenkalkülen basieren, keine ausreichenden Grenzen formuliert werden.[10] Den deontologischen Konzepten wird entgegengehalten, ihre Kernvorstellungen von Sollen oder Pflicht seien Überbleibsel einer vergan-

---

1 Vgl. z.B. *R. Hursthouse*, On Virtue Ethics, 1999; *J. Annas*, Intelligent Virtue, 2011; *P. Foot*, Virtues and Vices, 1978; *A. MacIntyre*, After Virtue; *R. Crisp/M. Slote* (Hrsg.), Virtue Ethics, 1997; *M. Mahlmann*, Tugendjurisprudenz?, in: A. Good/B. Platipodis (Hrsg.), Direkte Demokratie. Herausforderungen zwischen Politik und Recht. FS für Andreas Auer zum 65. Geburtstag, 2013, S. 23 ff.
2 *L. B. Solum*, Virtue Jurisprudence: A Virtue-Centered Theory of Judging, Metaphilosophy, 34 (2003), S. 178 ff., 181.
3 Ebd.
4 Ebd.
5 *L. B. Solum*, Natural Justice, The American Journal of Jurisprudence, 51 (2006), S. 65 ff.; *M. Slote*, Law in Virtue Ethics, Law and Philosophy, 14 (1995), S. 91 ff.
6 Vgl. z.B. *H. L. Feldman*, Prudence, Benevolence, and Negligence: Virtue Ethics and Tort Law, Chicago-Kent Law Review, 74 (2000), S. 1431 ff.
7 *C. Farelly/L. B. Solum*, An Introduction to Aretaic Theories of Law, in: *dies.* (Hrsg.), Virtue Jurisprudence, 2008, S. 2; *L. B. Solum*, The Aretaic Turn in American Philosophy of Law, in: F. J. Mootz (Hrsg.), On Philosophy in American Law, 2009, S. 122 ff.
8 *L. B. Solum*, The Aretaic Turn in American Philosophy of Law, S. 2.
9 *R. Hursthouse*, On Virtue Ethics, S. 239 ff.
10 *G. E. M. Anscombe*, Modern Moral Philosophy, Philosophy, 33 (1958), S. 1 ff.

## § 24 Tugendethik und Tugendjurisprudenz?

genen Epoche des theologischen Naturrechts, die in der Gegenwart ihren Sinn verloren hätten.[11]

Anstelle dieser Perspektiven wird der Tugendbegriff aufgegriffen und mit neuem Leben erfüllt.[12] Die aristotelische Ethik ist dabei von zentraler Bedeutung.[13] Ausgangspunkt der Überlegungen ist nicht der Vollzug einer moralischen Handlung, sondern der Charakter der Akteure. Tugenden seien dadurch ausgezeichnet, den betreffenden Menschen tief und umfassend zu ergreifen, „all the way down".[14] Es gehe nicht nur um Regelanwendung im Einzelfall, sondern um ein tugendhaftes Handeln mit tugendgemäßen Gefühlen aus tugendhaften Gründen und Motivationen. Ein Mensch, der tugendhaft aus selbstverständlicher Neigung handele, sei einem Menschen moralisch überlegen, der nur aus Pflichtgefühl einer bestimmten Regel folge.[15]

Die Tugendethik entwickelt keine neuen, unbekannten Tugenden. Sie präsentiert vielmehr eine „Standardliste", die schlicht dasjenige umfasse, was im Alltagsverständnis (und aus tugendethischer Sicht durchaus zutreffend) unter Tugenden verstanden werde, wie etwa Mut, Großzügigkeit, Gerechtigkeit, Sensibilität, Freundlichkeit usw.[16]

Aus dieser Tugendliste werden Handlungsanweisungen gewonnen, nicht anders als in anderen ethischen Ansätzen auch. Orientierungspunkt der Ethik ist aus dieser Sicht nicht ein höchstes abstraktes Prinzip, sei es ein kategorischer Imperativ oder spezifische Gerechtigkeitsregeln, sondern das ideale Vorbild des vollständig Tugendhaften. Die Handlungsanweisung ergibt sich mithin aus dem Charakter des Tugendhaften: Man handelt aus tugendethischer Sicht etwa gerecht, wenn man so wie ein Gerechter handele.[17]

Ein weiterer wichtiger Aspekt der tugendethischen Theoriebildung ist die Betonung der Bedeutung praktischer Klugheit. Dabei wird häufig auf den aristotelischen Begriff der *phronesis* zurückgegriffen.[18] Die praktische Klugheit umfasse mehr als eine bloße Subsumtion eines Falles unter eine moralische Regel. Es sei eine Illusion deontologischer Theorien zu meinen, man könne spezifische Regeln aufstellen, die zusammen mit Sekundärregeln zur Gewichtung und Regelkollision alle ethisch zu bewertenden Fälle erfassten und von rationalen Menschen ohne Schwierigkeiten angewandt werden könnten.[19] Stattdessen bedürfe es einer umfassenden ethischen Würdigung einer komplexen Situation, die mehr als Regelanwendung sei.[20]

---

11 G. E. M. Anscombe, Modern Moral Philosophy, Philosophy, 33 (1958), S. 6.
12 G. E. M. Anscombe, Modern Moral Philosophy, Philosophy, 33 (1958), S. 14.
13 Vier Elemente spielen dabei eine wichtige Rolle: Der Eudämonismus, der Begriff der Tugend, die spezifische aristotelische Moralpsychologie und die Behauptung möglicherweise rationalen Wollens, vgl. R. Hursthouse, On Virtue Ethics, S. 8 f.
14 R. Hursthouse, On Virtue Ethics, S. 12.
15 R. Hursthouse, On Virtue Ethics, S. 91 ff.
16 R. Hursthouse, On Virtue Ethics, S. 35 ff.
17 R. Hursthouse, On Virtue Ethics, S. 26 ff.
18 R. Hursthouse, On Virtue Ethics, S. 12 f.
19 R. Hursthouse, On Virtue Ethics, S. 39 ff.
20 R. Hursthouse, On Virtue Ethics, S. 59 f.

## 2. Tugendethischer Naturalismus

9 Der tugendethische Naturalismus ergibt sich aus dem (neben dem Augenmerk auf Charaktereigenschaften) vielleicht für die Theoriebildung wichtigsten Gedanken der Tugendethik: Die Verbindung der Ethik mit Eudämonismus. Eudämonie wird dabei nicht als bloßes Wohlbefinden verstanden, für das die Freude eines Verbrechers an den Früchten seiner Taten den gleichen Status hat wie das Lebensglück eines tugendhaften Menschen. Eudämonie sei vielmehr in einem umfassenden, weiteren Sinn als gelingendes Leben zu verstehen, zu dem tugendhaftes Handeln konstitutiv gehöre. Eudämonie beziehe sich auf ein Glück „worth having",[21] ein Glück, das es wert sei, genossen zu werden und deswegen auf ein Glück in einem qualifizierten Sinn.

10 Der Eudämonismus ist der Schlüssel zur Rechtfertigungstheorie der Tugendethik. Der Inhalt eines guten, blühenden, gedeihenden menschlichen Lebens könne nicht anders bestimmt werden, als durch das, was das gute Leben eines anderen Organismus ausmache.[22] In einer klassischen Darstellung der modernen tugendethischen Position werden vier Bedingungen identifiziert, die eine Eigenschaft (z.B. eine Tugend) erfüllen müsse, damit sie ein gutes, geglücktes, Eudämonie verwirklichendes Leben für ein soziales Wesen wie den Menschen sicherstelle: Die Eigenschaft müsse dazu beitragen, erstens das Überleben des Individuums, zweitens das Fortbestehen der Gattung, drittens das Fehlen von Schmerzen und Verwirklichung von Wohlbefinden, sowie viertens die gute Funktion der sozialen Gruppe zu sichern.[23] Diesen Zielen müsse das soziale Wesen durch seine Eigenschaften, seine Funktionsweise, sein Handeln und seine Gefühle und Antriebe dienen.[24]

11 Mit diesen Überlegungen wird eine naturalistische Perspektive eingenommen, weil das gute, geglückte Leben auf natürliche Funktionsweisen eines sozialen Wesens, konkret des Menschen zurückgeführt wird. Dass moralisches und tugendhaftes Handeln ins Unglück führen könne, wird von der Tugendethik ausdrücklich eingeräumt.[25] Entscheidend sei aber, dass tugendhaftes Handeln im Allgemeinen der beste Weg zu einem geglückten Leben sei. Aus einer ex ante Sicht sei es „the only reliable bet", da tugendhaftes Handeln im Allgemeinen zu einem Leben führe, das den höchsten Grad an Zufriedenheit verwirkliche.[26]

12 Mit dieser naturalistischen Wendung wird aus der Sicht der Tugendethik ein bestimmtes Maß an Objektivität erreicht. Tugenden würden nicht einfach nach subjektivem Belieben identifiziert, sondern müssten sich dem Test unterziehen lassen, den die genannten vier Kriterien formulierten.[27] Diese Kriterien des tugendethischen Naturalismus liefern kritische Einschränkungen für jeden möglichen Tugendbegriff.

---

21 *R. Hursthouse*, On Virtue Ethics, S. 59 f.
22 Vgl. *P. Foot*, Natural Goodness, 2001, S. 5: „For I believe that evaluations of human will and action share a conceptual structure with evaluations of characteristics and operations of other living things, and can only be understood in these terms. I want to show moral evil as ‚a kind of natural defect'."
23 *R. Hursthouse*, On Virtue Ethics, S. 202.
24 Ebd.
25 *P. Foot*, Natural Goodness, S. 171.
26 *P. Foot*, Natural Goodness, S. 172.
27 *P. Foot*, Natural Goodness, S. 226.

Unter der Gegebenheit einer ethischen Perspektive und eines plausiblen Begriffs menschlicher Natur sei deshalb eine – durch diese Bedingungen qualifizierte – Objektivität moralischer Urteile erreichbar.[28] Moralischer Streit sei für argumentative Auseinandersetzungen offen. Es gibt auch Stimmen, die weiter gehen, und einen intrinsischen Wert von Handlungen gegen eine nietzscheanische Umwertung von Gut und Böse verteidigen: Dieser sei aus der Rolle dieser Handlungen für die menschliche Lebensform zu gewinnen.[29]

**III. Kritische Einschätzungen**

Die Tugendethik betont mit Recht, dass ein schlichtes Subsumtionsmodell der Regelanwendung oder eine utilitaristische Nutzenkalkulation die Vielfalt der Faktoren, die für die moralische Urteilsbildung und beim moralischen Handeln eine Rolle spielen, nicht genügend berücksichtigen. Dazu gehört nicht zuletzt der Charakter einer Person, der sie befähigt, moralisch als richtig Erkanntem auch tatsächlich zu folgen, auch wenn dadurch die Unbequemlichkeiten des Lebens gesteigert werden. Auch der Hinweis auf die Komplexität normativer Bewertungen und die Erinnerung an die Verbindung von moralischer Orientierung und entsprechendem Handeln und Glück ist wertvoll. Diese Aspekte liefern allerdings kaum neue Einsichten, sondern beleben – verdienstvoller Weise – traditionelle Fragen.

Die tugendethischen Antworten werfen dabei ihrerseits durchaus weitreichende Probleme auf. Eine zentrale Frage betrifft die von der Tugendethik entwickelte Theorie der Rechtfertigung materialer normativer Positionen. Das Problem, das sich aus diesem Rechtfertigungsgang ergibt, besteht darin, dass in den Kriterien naturalistischer Rechtfertigung ein Bezug auf normative Prinzipien eingelassen ist, der das Rechtfertigungsproblem nicht löst, sondern neu stellt. Das Problem liegt auf der Hand beim expliziten Bezug auf ein „gutes" Leben der sozialen Gruppe. Damit ist aus tugendethischer Sicht ja nicht ein rein amoralisches Wohlbefinden gemeint, sondern ein soziales Leben, das bestimmte normative Ansprüche erfüllt, wie z.B. der Gerechtigkeit. Damit wirft der Rückbezug auf ein natürliches menschliches Leben das Rechtfertigungsproblem normativer Prinzipien wie Gerechtigkeit wieder auf, weil das natürliche menschliche Leben selbst in der tugendethischen Konzeption durch diese Prinzipien von vornherein geprägt ist. Die Tugendethik entkommt deshalb durch ihre spezifische naturalistische Wendung nicht dem legitimationstheoretischen Prinzipienstreit. Wie jede andere Theorie muss sie ihn vielmehr ausfechten, um darzulegen, warum diese Prinzipien eine Bedingung gelingenden Lebens sind.[30]

Ein weiteres Problem betrifft die tugendethische Konzeption des Eudämonismus. Moralität ist kein Königsweg zum Glück (vgl. o. § 1 II 4 c). Das Verhältnis von Moralität und Glück ist auf eine grundsätzliche Weise lockerer, als in der Tugendethik aufscheint. Dass tugendhaftes Handeln ein „reliable bet" zum Erreichen eines gelingenden

---

28 P. Foot, Natural Goodness, S. 240.
29 P. Foot, Natural Goodness, S. 99 ff.
30 Zu den Tugenden, die in der Tugendethik wichtig sind, gehören auch solche, die nicht im eigentlichen Sinne moralisch sind, weil sie sich auf den Akteur und dessen Interessenverwirklichung beziehen, nicht aber auf andere, z.B. die Willensstärke, seine Wünsche konsequent zu verfolgen. Auch um diese Art von Tugenden von moralischen Tugenden abgrenzen zu können, benötigt man moralische Prinzipien.

Lebens sei, mag eingeräumt werden, ist aber irrelevant, wenn es ernst wird und das eigene Wohlbefinden, womöglich gar das Leben auf dem Spiel steht und aus moralischen Gründen tatsächlich gefährdet wird. Dass tugendhaftes Handeln regelmäßig zu menschlichem Gedeihen führt, ist kein Argument, auch dann moralischen Prinzipien zu folgen, wenn die Folgen moralischen Handelns die Aussichten auf weiteres Gedeihen in wesentlichen Hinsichten in einer konkreten Situation gerade beseitigen, etwa weil moralisches Handeln wie in Sokrates' Fall schwere Nachteile nach sich zieht. Dass Moral aber genau das verlangen kann, hat die ethische Reflexion höchst eindrücklich schon an einem ihrer Anfänge vermerkt.[31]

17  Ein drittes wichtiges Problem besteht darin, dass die Tugendethik zu starke Anforderungen an die Moral ebenso wie an das Recht formuliert. Sie sind zu stark für die Moral, weil es moralisches Handeln ohne Tugend im Sinne der tugendethischen Konzeption, d.h. als dauernde, den Menschen insgesamt erfassende Charaktereigenschaft, gibt. Eine einzelne Handlung kann großen moralischen Wert besitzen, auch wenn sie von jemandem vollbracht wird, der (wie die meisten Menschen übrigens) kaum beanspruchen kann, in einem substantiellen Sinn tugendhaft zu sein. Beschränkt man die Anforderungen auf ein Handeln wie ein Tugendhafter im Einzelfall, ohne selbst ein Tugendhafter zu sein, verschwimmen die Unterschiede zu einer deontologischen Ethik, wenn auch die Herleitung der Prämissen unterschiedlich bleibt.

18  Für das Recht stellt sich das Problem einer tugendethischen Überforderung in anderer und noch deutlicherer Weise: Recht kann nicht das Gedeihen der Rechtsunterworfenen in einem umfassenden Sinn garantieren. Das Recht hat ein bescheideneres, aber dennoch sehr wichtiges Ziel: Eine Ordnung, die sich an den Leitprinzipien der gegenwärtigen Rechtsepoche orientiert – an Menschenrechten, der institutionalisierten Sicherung von Autonomie in demokratischen Verfassungsstaaten und einer entsprechenden internationalen Struktur – schafft die Bedingungen, unter denen das eigene Wohlergehen eigentlich erst ohne Gewissensnöte genossen werden kann, weil sichergestellt ist, dass fundamentale normative Prinzipien eingehalten werden. Eine Rechtsordnung, die wie etwa das Apartheid-Regime in Südafrika keine Rechtsgleichheit verwirklicht, in der bestimmte Gruppen von Menschen Rechtsprivilegien beanspruchen dürfen, die anderen verschlossen sind, ist keine, in der das Glück der Privilegierten normative Weihen genießt. Nur auf der Basis des Respekts vor derartigen Prinzipien kann die Befriedigung gewonnen werden, die aus ethisch orientiertem Handeln und der bewahrten moralischen Integrität stammt.

19  Die Tugendethik und ihre Rechtstheorie führen so auf verschiedenen Wegen zu ihrem Ausgangspunkt, den Fragen des materialen Gehalts des Rechts und seiner theoretischen Legitimation zurück, deren Antworten deswegen weiter auf anderen als tugendethischen Bahnen gesucht werden müssen.

---

31  Vgl. *Platon*, Gorgias, 512d, e.

## § 25 Das Recht auf Rechte und die innerweltliche Heimat der politischen Welt – Hannah Arendt

| | |
|---|---|
| I Philosophie, Flucht und Weltruhm .................. 1 | IV. Die Aporie der Menschenrechte und das Recht auf Rechte .......... 37 |
| II. Verlassenheit und Totalitarismus ... 4 | V. Die erweiterte Denkungsart und politische Urteilskraft ............... 43 |
| 1. Elemente totaler Herrschaft ..... 4 | VI. Kritische Einschätzungen ............ 50 |
| 2. Antisemitismus und Imperialismus ............................... 15 | 1. Diktatur und Massenmord als Lackmustest der Rechtsphilosophie ............................... 50 |
| 3. Krise der Zivilisation ............ 18 | 2. Analyse der Gewaltherrschaft ... 51 |
| III. Die politische Heimat der Menschen ............................... 20 | 3. Die neue Polis der Freiheit ...... 56 |
| 1. Handeln und Politik ............. 20 | 4. Würde als Recht, Rechte zu haben ............................... 62 |
| 2. Öffentlichkeit, Pluralität, Macht .......................... 24 | 5. Verteidigung der Urteilskraft .... 64 |
| 3. Politik und Heimat ............... 30 | |
| 4. Natalität und Freiheit ............ 33 | |

### I Philosophie, Flucht und Weltruhm

*Hannah Arendt* (1906 – 1975) hat eine der einflussreichsten Theorien der politischen Philosophie des 20. und 21. Jahrhundert entwickelt. Weltberühmt wurde sie durch ihre Studien zum Nationalsozialismus und Stalinismus. Ihr Hauptwerk dazu, *Elemente und Ursprünge totaler Herrschaft*,[1] wird unter dem Eindruck der autoritären Bedrohungen der Demokratie der Gegenwart und der politisch erfolgreichen Schaffung ideologischer Gegenwelten zu Ordnungen der Freiheit, Gleichheit und Würde mit erneuerter Aufmerksamkeit gelesen. Darüber hinaus hat sie eine substantielle politische Theorie entwickelt, die politisches Handeln zum Wichtigsten zählt, was eine menschliche Existenz zu bieten habe. Gleichheit, Freiheit, Pluralität, Öffentlichkeit, die Fähigkeit zum Neuanfang, Common Sense und Urteilskraft sind dabei tragende Begriffe, die in ihren Überlegungen eine spezifische eigene Bedeutung gewinnen. Ihre Überlegungen verbinden die Analyse von Nationalsozialismus und Stalinismus, die Orientierung an Freiheit und Gleichheit und Pluralität mit einer Kritik an der modernen Massengesellschaft, der Schwächen der repräsentativen Demokratie, von Entwicklungen der kapitalistischen Wirtschaftsform und der epochalen Rolle des Christentums für die Konzeption der Politik. Das Recht spielt bei vielen dieser Fragen eine wichtige Rolle. Die Idee eines „Rechts auf Rechte" ist ebenso zum geflügelten Wort geworden, wie die „Banalität des Bösen"[2] die sie bei einem Haupttäter des Holocausts erschüttert beobachtete. Hannah Arendt hält fest, dass die Schrecken des Totalitarismus alle scheinbaren Gewissheiten zur Philosophie von Politik, Geschichte, Ethik, Staat und Recht beseitigt hätten. Es sei deshalb unerlässlich vorurteilslos, ohne ideologische oder theoretische Scheuklappen „gleichsam ohne Geländer zu denken"[3] – eine Forderung, die ihre Theorien in klarer Sprache und gedanklicher und politische Unerschrockenheit zweifellos einlösen – mit eindeutigem Ziel: Es gebe „nichts mehr, wofür es sich zu

1

---

1  *H. Arendt*, Elemente und Ursprünge totaler Herrschaft: Antisemitismus, Imperialismus, totale Herrschaft, 2005 (engl. Original: Origins of Totalitarianism).
2  *H. Arendt*, Eichmann in Jerusalem, 2007.
3  *H. Arendt*, Elemente und Ursprünge totaler Herrschaft, S. 42.

kämpfen lohnte, als das, was das Älteste ist und von allem Anfang an, jedenfalls im Abendland, das eigentliche Wesen von Politik bestimmt hat – nämlich die Sache der Freiheit gegen das Unheil der Zwangsherrschaft jeglicher Art".[4]

2   Die kulturellen Grundlagen der politischen und rechtlichen Ordnungen spielen in ihren Überlegungen eine große Rolle, zu denen sie bedeutende Essays geschrieben hat, etwa zu Lessing, Heine, Kafka, Benjamin und Brecht und ihren manchmal großartigen, manchmal zwiespältigen Beiträgen zu einem Verständnis des menschlichen Lebens, das dessen Tiefe und Würde gerecht wird.[5]

3   Hannah Arendts Lebensgeschichte ist mit den Themen eng verwoben, die sie reflektierte. Sie studierte Philosophie u.a. bei Martin Heidegger und Karl Jaspers, bei dem sie promovierte. 1933 half sie politischen Flüchtlingen beim Entkommen aus Deutschland und wurde dann wegen Recherchetätigkeiten für eine zionistische Organisation von der Gestapo verhaftet, mit Glück entlassen und konnte nach Paris entkommen, wo sie für jüdische Organisationen arbeitete, die versuchten, jüdischen Menschen das Entkommen vor Verfolgung zu ermöglichen. Sie wurde in Frankreich in einem Internierungslager inhaftiert, rettete sich aber mit ihrer Mutter nach dem Überfall Deutschlands auf Frankreich weiter in die USA, wo sie bis zu ihrem Tod lebte und lehrte.

## II. Verlassenheit und Totalitarismus
### 1. Elemente totaler Herrschaft

4   Hannah Arendt hat ihre Analyse der politischen Systeme des Nationalsozialismus, Faschismus und Stalinismus unter dem Begriff des Totalitarismus gestellt. Sie hat dabei Wert auf Differenzierungen gelegt – die „grundlose Grausamkeit" in den deutschen KZ habe etwa in den russischen Lagern gefehlt.[6] Der Begriff des Totalitarismus solle sparsam verwendet werden – auf die poststalinistische Diktatur der Sowjetunion wollte sie ihn etwa nicht angewandt wissen.[7]

5   Das totalitäre Herrschaftssystem sei auf die vollständige Beherrschung von Menschen bis in den letzten Winkel ihres Denkens und Fühlens angelegt. Ziel sei ein ideologisch konditioniertes „Reaktionsbündel" zu erzeugen, das ohne eigene Initiative und autonome Gedanken den Willen der Machthaber vollziehe.[8] Dieses Herrschaftssystem bedeutet die Vernichtung jeder Individualität und Freiheit von Menschen.[9] Das zentrale Merkmal und der radikale Bruch mit der Politik der Vergangenheit, selbst der Praxis tyrannischer Systeme, sei es, bestimmten Menschen und Menschengruppen die Existenzberechtigung abzusprechen, als „überflüssig" anzusehen und entsprechend zu behandeln.[10] Ihre Vernichtung sei in der totalitären Ideologie durch Gesetze der Natur und Geschichte determiniert – im Fall des Nationalsozialismus durch rassistische

---

4   *H. Arendt,* Über die Revolution, 2019, S. 9.
5   *H. Arendt,* Menschen in finsteren Zeiten, 2014, S. 11 ff., 195 ff., 259 ff.; *dies.,* Die verborgene Tradition: Essays, 2000, S. 50 ff., 95 ff.
6   *H. Arendt,* Elemente und Ursprünge totaler Herrschaft, S. 636.
7   *H. Arendt,* Elemente und Ursprünge totaler Herrschaft, S. 636, 651.
8   *H. Arendt,* Elemente und Ursprünge totaler Herrschaft, S. 907, 936.
9   *H. Arendt,* Elemente und Ursprünge totaler Herrschaft, S. 843.
10  *H. Arendt,* Elemente und Ursprünge totaler Herrschaft, S. 657, 926, 939.

Konzeptionen der Gesellschaftsentwicklung, im Stalinismus durch Annahmen zur Geschichte der Klassenkämpfe und notwendigen Entwicklung ökonomischer Organisationsformen. Das totalitäre Regime vollziehe durch ihre Ermordung einen von diesen Gesetzen vorgegebenen Schritt – es liquidiere, was der Entwicklung im Wege stehe und kein Lebensrecht mehr genieße.

Das totalitäre System gehe in der Bewegung auf – es gebe keine Ziele oder Handlungen, die einen Selbstzweck bildeten, alles geschehe um der Verwirklichung der Ideologie willen.[11]

Zentrales Element der totalitären Systeme sei der Terror. Er sei kein Mittel zum Zweck, etwa der Unterdrückung der Opposition, sondern Ausdrucksform des politischen Wesens des Totalitarismus – der vollständigen Beherrschung von Menschen: „Terror aber ist mehr, Terror bleibt grundsätzlich die Herrschaftsform totalitärer Regierungen, wenn seine psychologischen Ziele längst erreicht sind; das wirkliche Grauen setzt erst ein, wenn Terror eine vollkommen unterworfene Bevölkerung beherrscht. (…) Terror (…) ist das wahre Wesen totaler Herrschaft. Terror hat in totalitär regierten Ländern so wenig mit der Existenz von Gegnern des Regimes zu tun, wie die Gesetze in konstitutionell regierten Ländern von denjenigen abhängen, die sie brechen."[12] Deswegen sei es im System angelegt, dass der Terror völlig Unschuldige treffe.[13] Die maßgeblichen Gesetze seien nicht die des positiven Rechts, „dessen relative Stabilität den Raum der Freiheit schafft und behütet", sondern die der übermenschlichen Natur und Geschichte, deren Diktat die totalitäre Bewegung vollziehe.[14]

Die Konzentrationslager seien das Laboratorium des Totalitarismus.[15] Hier werde das Herrschaftssystem erprobt und die reale Möglichkeit seines zentralen Ziels bewiesen: Diese bestehe nicht nur in der vollständigen Unterwerfung der Individuen, sondern in einer veränderten menschlichen Natur, geformt nach den ideologischen Zielen des Regimes mit den Mitteln des Terrors. Eine feststehende Natur, die dem widerstehe, gebe es nicht, weil „die ‚Natur' nur insofern ‚menschlich' ist, als sie es dem Menschen freistellt, etwas höchst Unnatürliches, nämlich ein Mensch, zu werden."[16]

Totalitäre Regime benötigten eine Massenbasis: „Totale Herrschaft ist ohne Massenbewegung und ohne Unterstützung durch die von ihr terrorisierten Massen nicht möglich".[17] Ein zentrales Element dieses Herrschaftssystems sei deshalb die totalitäre Propaganda. Wesentlich sei hierbei, dass es gelinge, Menschen massenhaft in einem ideologischen Netz sich verfangen zu lassen, das ihren Bezug zur Wirklichkeit beseitige. Die Menschen lebten dann vollständig in der Gegenwelt der Ideologie, sodass selbst offensichtliche Widerlegungen der Behauptungen und Voraussagen des ideologischen Systems den Glauben an die Ideologie nicht erschüttern könnten. Die Ideologie weise durchweg auf die Zukunft hin, die die Behauptungen über Vergangenheit und

---

11 *H. Arendt*, Elemente und Ursprünge totaler Herrschaft, S. 695 ff.
12 *H. Arendt*, Elemente und Ursprünge totaler Herrschaft, S. 731, 823.
13 *H. Arendt*, Elemente und Ursprünge totaler Herrschaft, S. 925.
14 *H. Arendt*, Elemente und Ursprünge totaler Herrschaft, S. 948 ff., 950.
15 *H. Arendt*, Elemente und Ursprünge totaler Herrschaft, S. 822, 907 ff.
16 *H. Arendt*, Elemente und Ursprünge totaler Herrschaft, S. 934, 936, 940 f., hier aber mit dem Hinweis auf eine Natur, die sich der totalitären Umformung widersetze.
17 *H. Arendt*, Elemente und Ursprünge totaler Herrschaft, S. 658.

Gegenwart bestätigen werde, die dadurch gegen Kritik immunisiert werden.[18] Mit der Ergreifung der Macht kann ein totalitäres Regime seine Voraussagen dann auch selbst wahrmachen – die Unausweichlichkeit eines Krieges dadurch, dass man andere Staaten angreift, die Behauptung der Überlegenheit der „Arier" durch Massenmord an jüdischen Menschen.[19]

10 Voraussetzung für den Erfolg dieser Propaganda ist, dass Menschen ihre Fähigkeit zum kritischen Denken aufgeben und bereit sind, die absurden Behauptungen und Wertungen der Ideologie sich zu eigen zu machen[20]. Eine wesentliche Quelle der Selbstaufgabe kritischen Denkens liege darin, dass die moderne Welt mit ihren ökonomischen und politischen Krisen und kulturellen Erschütterungen für viele Menschen unverständlich geworden sei. Der Nationalstaat sei im 20. Jahrhundert in eine Krise geraten, die Klassengesellschaft habe sich aufgelöst, wodurch Menschen ihren Platz im sozialen Gefüge verloren hätten. Eine unorganisierte, unstrukturierte Masse verzweifelter und hasserfüllter Individuen sei entstanden, die die ehemaligen Führer für korrupte Narren hielten.[21] Die Akzeptanz des Zufälligen, nicht Vorhersehbaren in der Geschichte, von Ereignissen, die Leiden bereiten, ohne das eine tiefere Notwendigkeit oder ein Sinn erkennbar seien, falle vielen schwer.[22] Die scheinbare Orientierungskraft der Ideologie mit ihrem trügerischen Schein schlüssiger Antworten auf die Frage nach den Funktionsmechanismen der modernen Welt biete in dieser Situation einen Ausweg: „In einer Situation völliger geistiger und sozialer Heimatlosigkeit ergibt eine wohlabgewogene Einsicht in die gegenseitige Bedingtheit des Willkürlichen und des Geplanten, des Zufälligen und Notwendigen, durch die sich der Lauf der Welt konstituiert, keinen Sinn mehr. Nur wo der gesunde Menschenverstand seinen Sinn verloren hat, kann ihm die totalitäre Propaganda ungestraft ins Gesicht schlagen. Wo immer aber Menschen vor die an sich unerhörte Alternative gestellt werden, entweder inmitten eines anarchisch wuchernden und jeder Willkür preisgegebenen Verfalls dahinzuvegetieren oder sich der starren und verrückten Stimmigkeit einer Ideologie zu unterwerfen, werden sie den Tod der Konsequenz wählen und bereit sein, für ihn auch den physischen Tod zu erleiden – und dies nicht, weil sie dumm sind oder schlecht, sondern weil im allgemeinen Zusammenbruch des Chaos diese Flucht in die Fiktion ihnen immerhin noch ein Minimum von Selbstachtung und Menschenwürde zu garantieren scheint."[23]

11 Die Ideologie, die propagiert wird, zehre von dem Verlangen, durch sie tiefe menschliche Bedürfnisse nach Orientierung in der Welt befriedigt zu sehen: „Bevor die totalitären Bewegungen die Macht haben, die Welt wirklich auf das Prokrustesbett ihrer Doktrinen zu schnallen, beschwören sie eine Lügenwelt der Konsequenz herauf, die den Bedürfnissen des menschlichen Gemüts besser entspricht als die Wirklichkeit selbst, eine Welt, in der die entwurzelten Massen mit Hilfe der menschlichen Einbildungskraft

---

18 H. Arendt, Elemente und Ursprünge totaler Herrschaft, S. 735.
19 H. Arendt, Elemente und Ursprünge totaler Herrschaft, S. 741, 858.
20 H. Arendt, Elemente und Ursprünge totaler Herrschaft, S. 737, 802, 805.
21 H. Arendt, Elemente und Ursprünge totaler Herrschaft, S. 677.
22 H. Arendt, Elemente und Ursprünge totaler Herrschaft, S. 745 zur Mentalität von Massen: „Auf sie wirkt nur die Konsequenz und Stimmigkeit frei erfundener Systeme, die sie mit einzuschließen versprechen. (...) Was die Massen sich weigern anzuerkennen, ist die Zufälligkeit, die eine Komponente alles Wirklichen bildet."
23 H. Arendt, Elemente und Ursprünge totaler Herrschaft, S. 747.

sich erst einmal einrichten können und in der ihnen jene ständigen Erschütterungen erspart bleiben, welche wirkliches Leben den Menschen und ihren Erwartungen dauernd bereitet. Bevor die Bewegungen noch die Macht haben, den Eisernen Vorhang herunterzulassen, um jede Störung der furchtbaren Stille ihrer in der Wirklichkeit errichteten total imaginären Welt durch den leisesten Ton von außen zu verhindern, besitzt totalitäre Propaganda bereits die Kraft, die Massen imaginär von der wirklichen Welt abzuschließen."[24]

Die Aufgabe selbständigen Denkens ist Teil einer schrecklichen Selbstlosigkeit der Massen, die bereit seien, ihre elementarsten Interessen der Ideologie zu opfern.[25] Diese Ablösung politischen Handelns von rationaler Interessenpolitik sei Kern des Neuartigen des Totalitarismus, der die Traditionen bisherigen politischen Handelns sprenge: „Totalitäre Politik ist nicht Machtpolitik im alten Sinne, auch nicht im Sinne einer noch nie dagewesenen Übertreibung und Radikalisierung des alten Strebens nach Macht nur um der Macht willen; hinter totalitärer Machtpolitik wie hinter totalitärer Realpolitik liegen neue, in der Geschichte bisher unbekannte Vorstellungen von Realität und Macht überhaupt. Auf diese Begriffsverschiebung kommt alles an, denn sie, und nicht bloße Brutalität, bestimmt die außerordentliche Schlagkraft wie die ungeheuren Verbrechen totaler Herrschaft. Es handelt sich bei totalitären Methoden nicht um Rücksichtslosigkeit, sondern um die völlige Nichtachtung aller berechenbaren äußeren Konsequenzen, nicht um chauvinistische Greueltaten, sondern um die Nichtachtung aller nationalen Interessen und die völlige Wurzellosigkeit derer, die sich der Bewegung als solcher verschrieben haben, nicht um die vulgäre Durchsetzung irgendwelcher personaler oder Cliqueninteressen, sondern um die ruchlose Verachtung aller Zweckmäßigkeitserwägungen. Das, was man zu Unrecht oft als den ‚Idealismus' der Bewegung beschrieben findet, nämlich der unerschütterliche Glaube an eine ideologisch-fiktive Welt, die es herzustellen gilt, hat die politischen Verhältnisse der Gegenwart tiefer und entscheidender erschüttert, als Machthunger oder Angriffslust es je hätten tun können."[26]

Hannah Arendt hat in ihre Theorie des Totalitarismus den Stalinismus ebenso einbezogen wie den Nationalsozialismus. Letzterer bildet in ihren Augen aber die höchste Stufe der Unmenschlichkeit. Sie hat mit kühler Klarheit dessen besondere Schrecken herausgearbeitet. Dazu gehören in erster Linie die Tode, die Leiden und Qualen, die Menschen zugefügt wurden. Dazu gehört aber auch der Charakter der Ideologie, die diese Taten motivierte und die Art der Täter, die diese Verbrechen begangen haben. Beides vertiefe die Bitterkeit der Lehren der Geschichte. Wahnwitzige Ideologien reichten aus, um historische Katastrophen heraufzubeschwören, begangen von Tätern und Täterinnen, die den Ereignissen den Zug einer schrecklichen Groteske, eines „blutigen Spektakels" einschrieben,[27] in Geschichtsverläufen, in denen „das Entsetzliche und das Lächerliche sich in einer menschlich nicht mehr begreiflichen Mischung zusammenfan-

---

24 *H. Arendt*, Elemente und Ursprünge totaler Herrschaft, S. 748 f.
25 *H. Arendt*, Elemente und Ursprünge totaler Herrschaft, S. 738 ff.
26 *H. Arendt*, Elemente und Ursprünge totaler Herrschaft, S. 864 f.
27 *H. Arendt*, Elemente und Ursprünge totaler Herrschaft, S. 303.

den".²⁸ In diesen Zusammenhang gehört die berühmte Aussage von der „Banalität des Bösen". Damit ist – offensichtlich – nicht gemeint, dass Millionen Tote und das weitere Leid des Holocaust oder – als ein Einzelschicksal – Hannah Arendts Verfolgung, Verhaftung und knappes Entkommen mit ihrer Mutter, die vielen Todesfälle ihr nahestehender Menschen, banal wären. Damit soll vielmehr ausgedrückt werden, das an diesem historischen Bösen nichts Tiefes, womöglich noch insgeheim Faszination oder gar Bewunderung Einflößendes zu finden ist. Die nackte, dreckige Schrecklichkeit der Ereignisse wird betont und damit jeder ästhetisierenden Romantik des Bösen vorgebeugt. Das wirklich Böse lässt keine Blumen von morbider Schönheit wachsen. Es konstruiert Gaskammern und Krematorien.

14 Dass dies eine wichtige Beobachtung sein könnte, ergibt sich auch aus Arendts eigener Analyse der Kultur in der ersten Hälfte der 20. Jahrhunderts, in der Intellektuelle und breitere Gesellschaftsschichten Laster und Verbrechen zu goutieren begonnen hätten.²⁹ Antihumanistische, antiliberale, antiindividualistische und zivilisationsfeindliche Instinkte hätten ihren Ausdruck gefunden, begleitet von einer „geistvollen, paradoxen und oft brillanten Verherrlichung von Gewalttätigkeit, Macht und Grausamkeit"³⁰: „Freiwilliges Untertauchen in einen übermenschlichen Kraftprozeß der Zerstörung schien auf jeden Fall alle Bindungen an vorgegebene Funktionen der Gesellschaft zu lösen und aus der Verstrickung in nichtssagende Banalität zu erlösen".³¹ Die intellektuelle und künstlerische Avantgarde überschätzte aber die eigene Radikalität: „Die Avantgarde wußte nicht, daß diese Gesellschaft nicht mehr zu schockieren war und daß ihre Amoralität mit großer Anstrengung offene Türen einrannte."³²

### 2. Antisemitismus und Imperialismus

15 Arendt analysiert auch die Voraussetzungen der Ideologie des Nationalsozialismus sehr viel detaillierter als die des Stalinismus. Ein wichtiges, nicht zufällig gewähltes ideologisches Element ist der Antisemitismus, den sie vom vor allem religiös motivierten Judenhass unterscheidet. Arendt rekapituliert verschiedene Wellen des Antisemitismus seit dem Ende des 18. Jahrhunderts, mit durchaus unterschiedlichen politischen Gehalten, um zu zeigen, warum der Antisemitismus diese Rolle gespielt habe.³³ Zentral sei das historische Verhältnis jüdischer Menschen zum Staat und ihre Stellung in der Gesellschaft.³⁴ Durch das Operieren einiger jüdischer Finanziers bei der Finanzierung von Staatsaufgaben und ihre Internationalität,³⁵ aber auch durch herausgehobene Rollen in Kultur und Gesellschaft bei Versagung gleichberechtigter Mitgliedschaft, seien jüdische Menschen gerade von denen, die die gegebene Gesellschaftsordnung ablehnten, mit politischer Macht, Staat und Gesellschaft identifiziert, gleichzeitig aber auch verdächtigt worden, die gesellschaftliche Ordnung zu zerstören.³⁶ Jüdische Menschen seien

---

28 *H. Arendt*, Elemente und Ursprünge totaler Herrschaft, S. 379.
29 *H. Arendt*, Elemente und Ursprünge totaler Herrschaft, S. 174 ff., 256.
30 *H. Arendt*, Elemente und Ursprünge totaler Herrschaft, S. 709.
31 *H. Arendt*, Elemente und Ursprünge totaler Herrschaft, S. 710.
32 *H. Arendt*, Elemente und Ursprünge totaler Herrschaft, S. 716.
33 *H. Arendt*, Elemente und Ursprünge totaler Herrschaft, S. 56 ff.
34 *H. Arendt*, Elemente und Ursprünge totaler Herrschaft, S. 42.
35 *H. Arendt*, Elemente und Ursprünge totaler Herrschaft, S. 162.
36 *H. Arendt*, Elemente und Ursprünge totaler Herrschaft, S. 83 ff., 136, 248.

deshalb in Ursachen realer politischer Probleme oder in Gegner alternativer politischer Vorstellungen verwandelt worden.[37] Schon im 19. Jahrhundert sei man von der „Welle von Brutalität, Verdorbenheit, phantastisch-sadistischen Träumen und hysterischer Anbetung des Verbrechens" überrascht worden, die der Antisemitismus freisetzen könne.[38] In diesem Klima sei Zugehörigkeit zum Judentum zum Laster geworden, das ausgemerzt werden müsse.[39] Diese Stellung jüdischer Menschen und der Versuch, sie individuell zu verarbeiten, hätte zu schädlichen psychologischen Verarbeitungsmechanismen geführt, etwa des Selbstbildes der „Fremdheit der jüdischen Individuen", die die realen politischen Probleme unberührt gelassen hätten, unglücklicherweise: „Ein politischer Konflikt kann nur entstellt werden, wenn er als seelischer gelöst wird; und die Seelen von Menschen werden sehr merkwürdige Gebilde, wenn Politik zum Erlebnis und öffentliche Wirklichkeit zu privatem Gefühl werden."[40]

Im 20. Jahrhundert habe sich dabei der Antisemitismus von jeder Tatsachengrundlage gelöst und sei ein reines ideologischen Phantasiegebilde geworden, was seine politische Schlagkraft nur erhöht habe.[41] Die Nazis hätten den Antisemitismus in ein Element der Selbstbestimmung der inneren Existenz erhoben. Das entfesselte Ausleben dieser Haltung habe vielen Menschen, die durch Auflösung der Klassengesellschaft ihren Platz in der sozialen Ordnung verloren hätten, eine intensive Steigerung des pervertierten Selbstwertgefühls als Massenphänomen geboten: „Den Massen atomisierter, undefinierbarer und substanzloser Individuen wurde ein Mittel der Selbstidentifizierung in die Hand gegeben, das ihnen ein durchaus brauchbares Surrogat für das verlorengegangene gesellschaftliche Prestige bot und sie zugleich, aufgrund der fiktiven Stabilität einer neuen Selbstidentifizierung, zu erheblich besseren Kandidaten der Organisation machte. Diese Propaganda, die von vornherein auf Organisation abzielte, konnte in der Tat die Bewegung als eine Art in Permanenz erklärter Massenversammlung etablieren, das heißt, sie konnte jene wesentlich temporären Stimmungen überhitzten Selbst- und hysterischen Sicherheitsgefühls, die die Massenversammlung dem isolierten Individuum einer atomisierten Gesellschaft inspiriert, rationalisieren und institutionalisieren."[42] Das Neue im Rassismus des 20. Jahrhunderts sei es gewesen, eine bestimmte Geschichtsphilosophie der Rassekämpfe, ihres Ausgangs und Versprechens zu implizieren.[43] Die Utopie der Volksgemeinschaft sei geworden, alle Angehörigen in Sklavenhalter zu verwandeln.[44]

Das imperialistische Zeitalter habe weitere Grundlagen für die Möglichkeit totalitärer Systeme gelegt. Wichtig seien das Streben nach Macht als Selbstzweck der imperialis-

---

37 *H. Arendt*, Elemente und Ursprünge totaler Herrschaft, S. 136, 138 ff.
38 *H. Arendt*, Elemente und Ursprünge totaler Herrschaft, S. 200. Arendt bezieht sich dabei auf die Dreyfus-Affäre.
39 *H. Arendt*, Elemente und Ursprünge totaler Herrschaft, S. 210 ff.
40 *H. Arendt*, Elemente und Ursprünge totaler Herrschaft, S. 168. Vgl. auch die Fallstudie, *H. Arendt*, Rahel Varnhagen, 2020.
41 *H. Arendt*, Elemente und Ursprünge totaler Herrschaft, S. 486 f., 511.
42 *H. Arendt*, Elemente und Ursprünge totaler Herrschaft, S. 754.
43 *H. Arendt*, Elemente und Ursprünge totaler Herrschaft, S. 963.
44 *H. Arendt*, Elemente und Ursprünge totaler Herrschaft, S. 761.

tischen Staaten[45] und die Nutzung des Rassismus als politische Waffe[46] durch die „Einteilung der Menschheit in Herren- und Sklavenrassen".[47] Auch die politischen Mentalitätsmuster seien bedeutsam, zu denen nicht nur Macht- und Profitstreben gezählt hätten. Die Menschen hätten die Kraft verloren, „das Leben um seiner selbst willen zu leben und zu lieben" und deshalb in Abenteuer und gefährlichem Spiel „die letzten großen Lebenssymbole" gesucht.[48]

### 3. Krise der Zivilisation

18  Das radikale politische Neue des Totalitarismus weise auf eine tiefgreifende Krise moderner Gesellschaften hin.[49] Der Kern dieser Krise sei die Verlassenheit moderner Menschen. Verlassenheit bedeute nicht Einsamkeit, sondern soziale Bindungslosigkeit in einem tiefen Sinn.[50] Sie sei das Produkt der Entstehung atomisierter Massen, in denen die Menschen alle Beziehungen zu anderen Menschen verloren hätten. Gleichzeitig suchten sie aber weiter nach Verständnis und Sinn der Welt, den ihnen die moderne Welt aber nicht biete. Die Massenideologie verschaffe ihnen dafür einen Ersatz – etwa durch das Gefühl, in der Masse aufgehoben zu sein und Sinnerlebnisse zu teilen.

19  Hannah Arendts zentrales Urteil über den Nationalsozialismus lautet: Das hätte nicht geschehen dürfen.[51] Dieser schlichte Satz unterstreicht, dass es sich um einen radikalen Zivilisationsbruch gehandelt habe und, dass man daran nichts wieder gut machen könne. Es gebe keine Bewältigung dieser Verbrechen. Die moralischen und rechtlichen Kategorien fehlten dafür.[52] Man könne nur erinnern, was geschehen sei und versuchen, neue Anfänge zu ermöglichen, die humane Gegenwelten zum Totalitarismus schafften.

## III. Die politische Heimat der Menschen
### 1. Handeln und Politik

20  Das Gegenmodell zur totalitären Ordnung ist eine politische Gemeinschaft, in der Menschen durch politisches Handeln ihre Freiheit beweisen und realisieren und dadurch eine Heimat in der Welt finden. Hannah Arendt unterscheidet in einer Art philosophisch-anthropologischen Handlungsontologie drei zentrale Formen menschlicher Tätigkeit, das *Arbeiten*, das *Herstellen* und das *Handeln*. Das Arbeiten schaffe die Lebensgrundlagen der Menschen, das Herstellen auf Dauer angelegte Gegenstände der Welt, das Handeln die politische Welt.

21  Während die Arbeit die Naturdinge zubereite, „um sie als Lebensnotwendigkeiten" den Menschen zuzuführen, habe Herstellen eine weltbildende Funktion. Es schaffe eine künstliche Welt von Dingen, die der Natur widerstünden und von lebendigen Prozessen nicht einfach zerrieben würden:

---

45 *H. Arendt*, Elemente und Ursprünge totaler Herrschaft, S. 314.
46 *H. Arendt*, Elemente und Ursprünge totaler Herrschaft, S. 356.
47 *H. Arendt*, Elemente und Ursprünge totaler Herrschaft, S. 289.
48 *H. Arendt*, Elemente und Ursprünge totaler Herrschaft, S. 462.
49 *H. Arendt*, Elemente und Ursprünge totaler Herrschaft, S. 944 ff.
50 *H. Arendt*, Elemente und Ursprünge totaler Herrschaft, S. 978.
51 *H. Arendt*, Elemente und Ursprünge totaler Herrschaft, S. 945.
52 *H. Arendt*, Elemente und Ursprünge totaler Herrschaft, S. 945 ff.

§ 25 Das Recht auf Rechte und die innerweltliche Heimat der politischen Welt § 25

„In dieser Dingwelt ist menschliches Leben zu Hause, das von Natur in der Natur heimatlos ist; und die Welt bietet Menschen eine Heimat in dem Maße, in dem sie menschliches Leben überdauert, ihm widersteht und als objektiv-gegenständlich gegenübertritt. Die Grundbedingung, unter der die Tätigkeit des Herstellens steht, ist Weltlichkeit, nämlich die Angewiesenheit menschlicher Existenz auf Gegenständlichkeit und Objektivität."[53]

„Welt" ist dabei ein Zentralbegriff Arendts. Er bezeichnet im politischen Sinn nicht die Gesamtheit der Naturphänomene, sondern eine durch Menschen und ihre durch aufeinander bezogene Tätigkeiten erzeugte soziale und kulturelle Umwelt mit informalen gesellschaftlichen Strukturen, vielfältigen menschlichen Beziehungen und spezifischen Institutionen, auch des Rechts. Die im eigentlichen Sinne politische Welt werde durch Handeln geschaffen, der einzigen Tätigkeit die sich „ohne Vermittlung von Materie, Material und Dingen direkt zwischen Menschen abspielt", und in dem sich Menschen in ihrer Persönlichkeit ausdrückten und in der Öffentlichkeit auszeichnen wollten.[54] Die Freiheit und Gleichheit der Menschen sei die Grundlage der menschlichen politischen Handlungen. Das Handeln der Menschen in der politischen Gemeinschaft sei gleichzeitig das Mittel, Freiheit und Gleichheit eine soziale Wirklichkeit zu verschaffen. Diese politische Welt bestehe zwischen den Menschen, flüchtig und zerbrechlich, am Leben gehalten allein durch das beständige Handeln der Menschen, das sie erzeuge. Handeln und – mit ihm verknüpft – das Sprechen formten den Kern des Menschseins: „Die antike Einschätzung des Politischen wurzelt in der Überzeugung, daß die Einzigartigkeit des Menschen als solchen im Handeln und Sprechen in Erscheinung tritt und sich bestätigt, daß ferner diesen Tätigkeiten, trotz der ihnen eigenen Flüchtigkeit und materiellen Ungreifbarkeit, eine potentielle Unvergänglichkeit eignet, weil sie sich von sich aus der andenkenden Erinnerung der Menschen einprägen."[55] Die politische Ordnung sei der „Erscheinungsraum"[56] des unentfremdeten Menschseins. Arendt kritisiert deswegen moderne Theorien, die die menschliche Existenz auf die Arbeit und zu einem gewissen Grade das Herstellen reduzierten und das Handeln unberücksichtigt ließen.[57]

Das Handeln „soweit es der Gründung und Erhaltung politischer Gemeinwesen dient, schafft die Bedingungen für eine Kontinuität der Generationen, für Erinnerung und damit für Geschichte".[58] Das politische Handeln erzeuge Sinn in der Welt. Entscheidend seien dabei die Geschichten, die das Handeln der Menschen webten und die ihre eigentliche Gestalt erst durch ihr Erzähltwerden durch Beobachter wie Dichter und Historikerinnen gewönnen.[59] Arendt hält indigene Kulturen etwa in Afrika für „weltlos", weil diese durch Handeln geschaffenen Beziehungen und Geschichten fehlten. Sie verurteil die rassistischen Massaker, meint aber, dass diese Weltlosigkeit die betroffenen Menschen als nicht wirklich menschlich habe erscheinen lassen: „Es ist diese mit ihrer Weltlosigkeit gegebene Unwirklichkeit der Eingeborenenstämme, die zu

---

53 H. Arendt, Vita Activa: oder Vom tätigen Leben, 2006, S. 16.
54 H. Arendt, Vita Activa, S. 17, 247, 263 ff.
55 H. Arendt, Vita Activa, S. 263, 211.
56 H. Arendt, Vita Activa, S. 251.
57 Vgl. die ausführliche Auseinandersetzung insbesondere mit Marx, H. Arendt, Vita Activa, S. 98 ff.
58 H. Arendt, Vita Activa, S. 18.
59 H. Arendt, Vita Activa, S. 226 ff., 240 ff.

den mörderischen Vernichtungen und zu der völligen Gesetzlosigkeit in Afrika verführt hat".[60]

### 2. Öffentlichkeit, Pluralität, Macht

24  Ein konstitutives Element der politischen Welt sei die Öffentlichkeit. Damit ist nicht nur ein Ensemble von Publikationsformen und Debattenforen gemeint, sondern eine von Menschen geschaffene und geteilte Auffassung der Welt. Öffentlichkeit bedeute erstens, dass „alles, was vor der Allgemeinheit erscheint, für jedermann sichtbar und hörbar ist".[61] Zweitens bezeichne der Begriff „die Welt selbst, insofern sie das uns gemeinsame ist und als solches sich von dem unterscheidet, was uns privat zu eigen ist, also dem Ort, den wir unser Privateigentum nennen".[62] Die Öffentlichkeit schaffe die gemeinsame menschliche Welt eigentlich erst, sie erzeuge den gemeinsamen Raum von Annahmen zur Natur der Dinge, zu den Eigenschaften der Wirklichkeit, wie sie sich entwickele und wie ihre Vergangenheit gewesen sei. Objektivität und Wahrheit sind deswegen wesentlich auf diesen von Menschen geschaffenen Raum bezogen und werden in ihm ursprünglich erzeugt.

25  Die Öffentlichkeit sei eine zentrale Bedingung der Dauer der Welt: „Ohne dies Übersteigen in eine mögliche irdische Unsterblichkeit kann es im Ernst weder Politik noch eine gemeinsame Welt noch eine Öffentlichkeit geben. (…) Die Welt haben wir nicht nur gemeinsam mit denen, die mit uns leben, sondern auch mit denen, die vor uns waren, und denen, die nach uns kommen werden. Aber nur in dem Maße, in dem sie in der Öffentlichkeit erscheint, kann eine solche Welt das Kommen und Gehen der Generationen in ihr überdauern."[63] Die politische Ordnung ist ein Mittel gegen Vergeblichkeit und Vergänglichkeit. Das geteilte, in der und durch die Öffentlichkeit hergestellte „Bewusstsein der Selbigkeit der Gegenstände" müsse aufrecht erhalten werden, sonst drohe ein Zerfall der politischen Ordnung, weil sich die Menschen in die „Isolierzelle der Subjektivität" zurückzögen.[64]

26  Die Menschen seien auf Privatheit, aber auch auf die Auseinandersetzung in politischen Gemeinschaften angewiesen. Es gebe Dinge, die ein Recht auf Verborgenheit hätten und andere die nur, wenn sie öffentlich zur Schau gestellt werden, gedeihen könnten.[65] „Nur ein Privatleben führen heißt in erster Linie, in einem Zustand leben, in dem man bestimmter, wesentlich menschlicher Dinge beraubt ist. (…) In der modernen Welt haben diese Beraubungen und der ihnen inhärente Realitätsverlust zu jener Verlassenheit geführt, die nachgerade ein Massenphänomen geworden ist, in welchem menschliche Beziehungslosigkeit sich in ihrer extremsten und unmenschlichsten Form äußert."[66] Diese Verarmung menschlichen Lebens durch Rückzug aus der öffentlichen politischen Sphäre führt mithin zu einer der soziokulturellen Hauptursachen des Totalitarismus zurück, der Verlassenheit der Menschen in modernen Massengesellschaften,

---

60 *H. Arendt*, Elemente und Ursprünge totaler Herrschaft, S. 427. Vgl. auch S. 408 ff., 422 ff., 441.
61 *H. Arendt*, Vita Activa, S. 62.
62 *H. Arendt*, Vita Activa, S. 65.
63 *H. Arendt*, Vita Activa, S. 68 f.
64 *H. Arendt*, Vita Activa, S. 72 f.
65 *H. Arendt*, Vita Activa, S. 90.
66 *H. Arendt*, Vita Activa, S. 73.

§ 25 Das Recht auf Rechte und die innerweltliche Heimat der politischen Welt

die Menschen in die fatale Umarmung der Ideologien des Nationalsozialismus und Stalinismus aus Arendts Sicht getrieben haben.

Die soziale Welt sei durch Pluralität gekennzeichnet. Menschen seien sich zwar in ihrer Menschheit gleich, als Individuum aber voneinander unterschieden.[67] Diese Unterschiede erzeugten eine Vielzahl von Perspektiven, die nicht aufgehoben, wohl aber unterdrückt werden könnten, wie es im Totalitarismus geschehe. Erst aufgrund dieser Pluralität könne eine Welt entstehen und Freiheit möglich werden.

Die politische Ordnung bestehe wesentlich aus menschlichen Beziehungen. Andere Elemente wie ein bestimmtes Territorium, die etwa in ethno-nationalistischen Theorien besondere politische Bedeutung gewinnen, seien nebensächlich. Auch hier bilde die griechische Polis ein Muster: „So ist die Polis genaugenommen nicht die Stadt im Sinne ihrer geographischen Lokalisierbarkeit, sie ist vielmehr die Organisationsstruktur ihrer Bevölkerung, wie sie sich aus dem Miteinanderhandeln und -sprechen ergibt; ihr wirklicher Raum liegt zwischen denen, die um dieses Miteinander willen zusammenleben, unabhängig davon, wo sie gerade sind."[68]

Macht ist eine weitere zentrale Kategorie der politischen Philosophie Arendts. Macht ist für sie nicht mit der Fähigkeit verbunden, mit der Drohung oder Anwendung physischer Gewalt Gehorsam zu erzwingen. Gewaltlosigkeit sei vielmehr der Kern der Politik.[69] Macht wird durch das politische Zusammenwirken von Menschen unter den Bedingungen von Freiheit und Gleichheit erzeugt, die das Wohl von allen im Blick haben und durch Verfahren der Verständigung verwirklichen wollen: „Die einzige rein materielle, unerläßliche Vorbedingung der Machterzeugung ist das menschliche Zusammen selbst."[70] Macht werde durch eine Gemeinschaft erzeugt: „Macht aber besitzt eigentlich niemand, sie entsteht zwischen Menschen, wenn sie zusammen handeln, und sie verschwindet, sobald sie sich wieder zerstreuen."[71] Sie sei Ausdruck kooperativerer Politik: „Mit realisierter Macht haben wir es immer dann zu tun, wenn Worte und Taten untrennbar miteinander verflochten erscheinen, wo also Worte nicht leer und Taten nicht gewalttätig stumm sind, wo Worte nicht mißbraucht werden, um Absichten zu verschleiern, sondern gesprochen sind, um Wirklichkeiten zu enthüllen, und wo Taten nicht mißbraucht werden, um zu vergewaltigen und zu zerstören, sondern um neue Bezüge zu etablieren und zu festigen, und damit neue Realitäten zu schaffen."[72] In diesem Zwischenraum, der entstehe, wenn Menschen etwas Gemeinsames unternähmen, „wächst gleichsam von selbst jedem einzelnen Macht zu, wenn alle zusammen handeln."[73]

## 3. Politik und Heimat

Die politische Welt, die durch Handeln erzeugt wird, bilde eines der wertvollsten Dinge, die Menschen schaffen könnten, um sich während ihres Lebens eine Heimat

---

67 *H. Arendt*, Vita Activa, S. 16 f., 214.
68 *H. Arendt*, Vita Activa, S. 249 f.
69 *H. Arendt*, Über die Revolution, 2019, S. 11.
70 *H. Arendt*, Vita Activa, S. 253.
71 *H. Arendt*, Vita Activa, S. 252.
72 *H. Arendt*, Vita Activa, S. 252.
73 *H. Arendt*, Elemente und Ursprünge totaler Herrschaft, S. 974.

zu schaffen. Politik verfolgt nach Arendt als höchstes Ziel nicht bestimmte Interessen durchzusetzen. Politik ist keine Dienerin für andere Zwecke, die die eigentlichen Lebensinhalte ausmachten. Die politische Welt selbst besitzt aus ihrer Sicht intrinsischen Wert, ihre Schaffung und Erhaltung ist selbst ein Zweck. Der Raum der „freien Tat und des lebendigen Wortes", sei das, was das Leben „aufglänzen" mache.[74]

31   Welche zentrale existentielle Bedeutung die politische Welt aus Arendt Sicht hat, lässt sich mit der Rolle, die Arendt dem Christentum bei der Entwicklung von Haltungen zur Politik zuschreibt, illustrieren: Das Christentum habe das antike Verhältnis zur Welt umgekehrt. In der (griechischen) Antike seien die Menschen als sterblich angesehen worden, den Institutionen und Strukturen der politischen Welt der Polis war es dagegen möglich, ewig zu dauern. Das Christentum sehe die Welt umgekehrt als vergänglich, den Menschen aber durch seine Seele als unsterblich an. Damit werde die politische Welt ihrer Bedeutung beraubt – sie diene bestenfalls dazu, das ewige Leben vorzubereiten, nicht aber dazu selbst, die Tür zur Dauer in der Welt aufzustoßen: „Politisch gesprochen aber ist kein Zweifel, daß diese hoffende Umkehr für Würde und Relevanz des Bereichs menschlicher Angelegenheiten katastrophale Folgen haben mußte. Denn gerade die eigentlich politische Betätigung war bis dahin entscheidend von der Hoffnung auf eine weltlich-irdische Unsterblichkeit beseelt gewesen; von diesem höheren Rang menschlichen Strebens sank sie nun auf das Niveau einer Betätigung, die sich zwangsläufig aus der Sündhaftigkeit des Menschengeschlechts und den berechtigten Bedürfnissen und Nöten eines noch im Diesseits festgehaltenen Lebens ergibt. Angesichts der möglichen Unsterblichkeit des Einzellebens konnte dem Trachten nach weltlicher Unsterblichkeit keine große Bedeutung mehr zukommen, und das, was die Welt an Ruhm und Ehre zu verleihen vermag, wird eitel, wenn die Welt vergänglicher ist als man selbst."[75]

32   Aus Arendts Sicht muss die Antike, nicht das Christentum das Muster für eine überzeugende Konzeption der Politik bilden. Die durch Handeln und Sprechen geschaffene politische Welt tritt also in ihrer Theorie an die Stelle der höchsten religiösen Sehnsucht der Glaubenslehre des Christentums, der Hoffnung auf ewiges Leben. Die politische Gemeinschaft, durch Handeln geschaffen, löst innerweltlich ein, was das Christentum verspricht, aber für sterbliche Menschen nicht einlösen kann.[76] Nicht nur Ewigkeit, auch Trost, nicht durch Gott, im Aufgehobensein in seiner Liebe, sondern durch Aufgehobensein im Miteinanderleben ist das Versprechen der politischen Welt.

---

[74] *H. Arendt*, Über die Revolution, S. 362.
[75] *H. Arendt*, Vita Activa, S. 400 f.
[76] In der Dauerhaftigkeit von Kunstwerken verkörpere sich sinnlich anschaulich etwas von dieser menschengemachten Unsterblichkeit: „Und in diesem Währen des Beständigen tritt die Weltlichkeit der Welt, die als solche niemals absolut sein kann, weil sie von Sterblichen bewohnt und benutzt wird, selbst in Erscheinung, ja in ein Leuchten, in dessen Glanz auch der Wandel und Gang aufleuchtet. Was hier aufleuchtet, ist die sonst in der Dingwelt, trotz ihrer relativen Dauerhaftigkeit, nie rein und klar erscheinende Beständigkeit der Welt, das Währen selbst, in dem sterbliche Menschen eine nicht-sterbliche Heimat finden. Es ist, als würde in dem Währen des Kunstwerkes das weltlich Dauerhafte transparent, und als offenbare sich hinter ihm ein Wink möglichen Unsterblichseins – nicht etwa der Unsterblichkeit der Seele oder des Lebens, sondern dessen, was sterbliche Hände gemacht haben; und das Ergreifende dieses Tatbestandes ist, daß er nicht eine sehnende Regung des Gemüts ist, sondern im Gegenteil greifbar und den Sinnen gegenwärtig vorliegt, leuchtend, um gesehen zu werden, tönend, um gehört zu werden, in die Welt noch hineinsprechend aus den Zeilen des gelesenen Buchs." *H. Arendt*, Vita Activa, S. 202.

§ 25 Das Recht auf Rechte und die innerweltliche Heimat der politischen Welt

Dabei unterlässt Arendt die Verklärung der politischen Welt, die eine der Auseinandersetzung und Unsicherheit bleibe. Die Moderne sei ein Zeitalter der Entfremdung von der Welt, der Weltlosigkeit, im spezifischen Sinn einer verarmten politischen Praxis.[77] In modernen Gesellschaften werde die Entlastung von bestimmten Tätigkeiten, die zur Erhaltung des Lebens notwendig sind, durch technischen und sozialen Fortschritt nicht dazu benutzt, „sich der Freiheit der Welt zuzuwenden", sondern dazu „seine Zeit im wesentlichen mit den privaten und weltunbezogenen Liebhabereien" zu vertun, „die wir Hobby nennen."[78] In der Konsumgesellschaft erreiche menschliche Tätigkeit ein besonders niedriges Niveau, weil es nur noch um Arbeit und Konsumieren gehe, nicht aber um Herstellen und Handeln.[79] Die menschliche Geschichte ist deshalb aus ihrer Sicht in wesentlichen Hinsichten die Geschichte des Verfalls politischer Formen.

**4. Natalität und Freiheit**

Eine grundlegende Kategorie von Arendts Theorie bildet die Tatsache, dass immer wieder Menschen geboren werden, ihre „Natalität". Diese Tatsache ist aus ihrer Sicht keineswegs trivial, sondern eine politische Grundkategorie wie die Sterblichkeit der Menschen. Die Natalität formuliert zunächst eine Aufgabe: Die Eingliederung der beständig neu hinzukommenden Menschen in die bestehende menschliche, gerade auch politische Welt.[80] Sie bildet gleichzeitig eine große Chance: Mit der Tatsache des Geborenwerdens komme das Anfangen in die Welt, der „Anfang des Anfangens".[81] Die Natalität sei deshalb mit Freiheit verbunden. Arendt meint sogar, das Anfangen, dass in jeder Geburt liege, sei der „ontologische" Grund der Freiheit.[82] Diese Freiheit sei keine Illusion: Die Bedingungen menschlicher Existenz – Leben, Natalität, Mortalität, Weltlichkeit, Pluralität, bedingten diese Existenz nicht absolut.[83] Das Setzen von Anfängen biete die „elementarste und ursprünglichste Erfahrung des gewaltigen Vermögens menschlicher Freiheit".[84]

Echte Revolutionen spiegeln diese Fähigkeit im Politischen, da sie sich auf Freiheit richteten.[85] Die Überwindung von Armut, die Lösung sozialer Probleme ist für sie in der modernen Welt eine Frage der Technik, keine eigentlich politische Frage.[86] Die einzige Revolution, die einen wirklichen Gründungsakt der Freiheit verkörpere, sei die Amerikanische Revolution, wenn der ursprüngliche revolutionäre Geist auch verflogen sei.[87] Revolutionäre, die sich als Vollstrecker geschichtlicher Notwendigkeiten sähen, hielten sich deshalb selbst zum Narren.[88]

---

77  *H. Arendt*, Vita Activa, S. 408.
78  *H. Arendt*, Vita Activa, S. 138.
79  *H. Arendt*, Vita Activa, S. 149 f.
80  *H. Arendt*, Vita Activa, S. 18, 238.
81  *H. Arendt*, Vita Activa, S. 216.
82  *H. Arendt*, Vita Activa, S. 316.
83  *H. Arendt*, Vita Activa, S. 21.
84  *H. Arendt*, Vita Activa, S. 285; *H. Arendt*, Über die Revolution, S. 272.
85  *H. Arendt*, Über die Revolution, S. 23. Ein Element der Willkür sei mit dem unabgeleiteten Anfangen der Revolution verbunden, *H. Arendt*, Über die Revolution, S. 265.
86  *H. Arendt*, Über die Revolution, S. 145.
87  *H. Arendt*, Über die Revolution, S. 147 ff., 201, 227, 235, 263, 279, 299.
88  *H. Arendt*, Über die Revolution, S. 72: „Was sie zum Narren hielt, war die Geschichte und die historische Notwendigkeit. Seither ist die Revolution von dem Unheil des Genarrtwerdens befallen, dem die Freiheit zur

35 Die Folgen des freien Handelns seien allerdings für Individuen aufgrund der Komplexität der Weltläufe unabsehbar. Deswegen seien Verzeihen und Versprechen von zentraler Bedeutung für politisches Handeln. Verzeihen schließe mit bestimmten schädigenden Ereignissen ab, Versprechen (und dadurch mögliche Verträge) schafften Handlungssicherheit in der Zukunft: „Nur durch dieses dauernde gegenseitige Sich-Entlasten und Entbinden können Menschen, die mit der Mitgift der Freiheit auf die Welt kommen, auch in der Welt frei bleiben, und nur in dem Maße, in dem sie gewillt sind, ihren Sinn zu ändern und neu anzufangen, werden sie instand gesetzt, ein so ungeheures und ungeheuer gefährliches Vermögen wie das der Freiheit und des Beginnens einigermaßen zu handhaben."[89]

36 Arendts politische Philosophie ist eine der aktiven Bürger- und Bürgerinnenschaft. Nur in der aktiven Beteiligung können Menschen durch Handeln und Sprechen zu ihrer eigentlichen Existenz finden. Das hat für Arendt verschiedene konkrete Konsequenzen. Eine strukturell institutionelle besteht in ihrem Vorschlag, sich statt an repräsentativen Demokratien an rätedemokratischen Formen zu orientieren. Damit greift sie Ideen der europäischen Arbeiterbewegung auf: „In der Geschichte der Revolutionen von 1848 bis 1956, dem Jahr der Ungarischen Revolution, hat die europäische Arbeiterklasse eines der glorreichsten und vielleicht das einzige Kapitel geschrieben, das zu einer Hoffnung auf eine erwachende politische Produktivität der abendländischen Völker berechtigt."[90] Diese Bewegung sei revolutionär, weil sie mit dem Rätesystem Anspruch auf eine neue Staatsform erhebe.[91] Arendt denkt selbst aber nicht an sozialistische Arbeiterräte, sondern an kommunale, föderal assoziierte Gremien, die aktive politische Beteiligung organisieren.[92] Eine andere Konsequenz ist ihr Gedanke, dass nur wirklich aktive Bürgerinnen und Bürger demokratisch mitbestimmen dürften.[93]

### IV. Die Aporie der Menschenrechte und das Recht auf Rechte

37 Eine der meistdiskutierten Fragen, die Hannah Arendt aufgeworfen hat, betrifft das Problem, ob es ein „Recht auf Rechte" gebe und woher es stamme. Die Menschenrechte, um die es dabei geht, spielen in Arendts Überlegungen eine ambivalente Rolle. Sie betont ihre Rolle, eine neue Menschheitsepoche der Mündigkeit eingeläutet zu haben.[94]

38 Die positivierten Menschenrechte litten aber unter einer Schwäche, die der Umgang mit Staatenlosen während der Naziherrschaft deutlich gemacht habe: „Worum es in Wahrheit geht, ist, daß keine dieser Menschengruppen ihrer elementaren Menschenrechte sicher sein kann, wo diese nicht von einem Staate geschützt sind, dessen Oberhoheit man durch Geburt und internationale Zugehörigkeit untersteht."[95] Auf die

---

Notwendigkeit wird und die Erfahrung des Handelns und Gründens untergeht in dem Gefühl einer furchtbaren Ohnmacht."
89 H. Arendt, Vita Activa, S. 306, 311 f. zur zentralen politischen Kategorie des Vertrages.
90 H. Arendt, Vita Activa, S. 273.
91 H. Arendt, Vita Activa, S. 274 ff.; H. Arendt, Über die Revolution, S. 341 ff.
92 H. Arendt, Über die Revolution, S. 321, 326. Sie knüpft an Überlegungen Thomas Jeffersons an.
93 H. Arendt, Über die Revolution, S. 361.
94 H. Arendt, Elemente und Ursprünge totaler Herrschaft, S. 601. Vgl. die Rolle von Menschenrechtsideen als Schutz vor totalitären Ideen, ebd., S. 222, 245.
95 H. Arendt, Elemente und Ursprünge totaler Herrschaft, S. 606.

§ 25 Das Recht auf Rechte und die innerweltliche Heimat der politischen Welt § 25

Zugehörigkeit zu einer konkreten politischen Gemeinschaft komme es entscheidend an: „Denn das Unglück der Rechtlosen liegt nicht darin, daß er des Rechtes auf Leben, auf Freiheit, auf Streben nach Glück, der Gleichheit vor dem Gesetz oder gar der Meinungsfreiheit beraubt ist; alle diese Formeln stehen deshalb in gar keiner Beziehung zu seiner Situation, weil sie entworfen wurden, um Rechte innerhalb gegebener Gemeinschaften sicherzustellen. Die Rechtlosigkeit hingegen entspringt einzig der Tatsache, daß der von ihr Befallene zu keiner irgendwie gearteten Gemeinschaft gehört."[96] Diese Zugehörigkeit zu einer politischen Gemeinschaft lasse Menschen überhaupt erst als Menschen zählen: „Der Verlust der Menschenrechte findet nicht dann statt, wenn dieses oder jenes Recht, das gewöhnlich unter die Menschenrechte gezählt wird, verlorengeht, sondern nur wenn der Mensch den Standort in der Welt verliert, durch den allein er überhaupt Rechte haben kann und der die Bedingung dafür bildet, daß seine Meinungen Gewicht haben und seine Handlungen von Belang sind."[97]

Das „Recht, Rechte zu haben" entspringe dieser Einbindung in ein Beziehungssystem zu anderen Menschen: „Daß es so etwas gibt wie ein Recht, Rechte zu haben – und dies ist gleichbedeutend damit, in einem Beziehungssystem zu leben, in dem man aufgrund von Handlungen und Meinungen beurteilt wird –, wissen wir erst, seitdem Millionen von Menschen aufgetaucht sind, die dieses Recht verloren haben und zufolge der neuen globalen Organisation der Welt nicht imstande sind, es wiederzugewinnen."[98] Die Menschenwürde könne nur durch Verlust der Mitgliedschaft in politischer Gemeinschaft verloren werden.[99]

Ohne Zugehörigkeit zu einer menschlichen Gemeinschaft verlieren Menschenrechte aus Arendts Sicht also ihre verpflichtende Kraft und tatsächliche Wirksamkeit: „Der Begriff der Menschenrechte brach (…) in dem Augenblick zusammen, wo Menschen sich wirklich nur noch auf sie und auf keine national garantierten Rechte mehr berufen konnten. Sobald alle anderen gesellschaftlichen und politischen Qualitäten verloren waren, entsprang dem bloßen Menschsein keinerlei Recht mehr. Vor der abstrakten Nacktheit des Menschseines hat die Welt keinerlei Ehrfurcht empfunden: die Menschenwürde war offenbar durch das bloße Auch-ein-Menschsein nicht zu realisieren."[100]

Immerhin aber erwägt sie, ob die Menschheit insgesamt nicht die Rolle eines Garanten der Menschenrechte übernehmen könne: „Diese neue Situation, in der die ‚Menschheit' faktisch die Rolle übernommen hat, die früher der Natur oder der Geschichte zugeschrieben wurde, würde in diesem Zusammenhang besagen, daß das Recht auf Rechte oder das Recht jedes Menschen, zur Menschheit zu gehören, von der Menschheit selbst garantiert werden müßte. Und ob dies möglich ist, ist durchaus nicht ausgemacht."[101]

---

96  *H. Arendt*, Elemente und Ursprünge totaler Herrschaft, S. 611 f.
97  *H. Arendt*, Elemente und Ursprünge totaler Herrschaft, S. 613.
98  *H. Arendt*, Elemente und Ursprünge totaler Herrschaft, S. 614.
99  *H. Arendt*, Elemente und Ursprünge totaler Herrschaft, S. 616.
100 *H. Arendt*, Elemente und Ursprünge totaler Herrschaft, S. 619 f.
101 *H. Arendt*, Elemente und Ursprünge totaler Herrschaft, S. 617 f.

42  Die dabei besonders wichtige Idee normativer Gleichwertigkeit von Menschen sei dabei nicht an kreatürliche Eigenschaften von Menschen gebunden, sondern Produkt einer bewussten politischen Entscheidung: „Gleichheit ist nicht gegeben, und als Gleiche nur sind wir das Produkt menschlichen Handelns. Gleiche werden wir als Glieder einer Gruppe, in der wir uns kraft unserer eigenen Entscheidung gleiche Rechte gegenseitig garantieren."[102]

### V. Die erweiterte Denkungsart und politische Urteilskraft

43  Eine zentrale Kategorie von Hannah Arendts Denken ist die politische Urteilskraft. Ihr Mangel ist, wie wir gesehen haben, eine wesentliche Vorbedingung für den Erfolg einer Massenideologie, die die Zerstörung der menschlichen Lebensform im Totalitarismus bewirkt. Damit bezieht sich Arendt auf ein spezifisches geistiges Vermögen, das neben Denken und Wollen stehe.[103] Es bezeichnet die Fähigkeit, unberührt von verzerrenden Einflüssen wie Ideologien und politischen Wunschvorstellungen Grundzüge der Wirklichkeit, so wie sie sind, zu erkennen. Ob es Wahrheit überhaupt gibt, und was haltbare Kriterien für ihr Vorliegen bilden, ist erkenntnistheoretisch höchst umstritten.[104] Was Hannah Arendt erfassen will, zeigt folgende Anekdote, die sie heranzieht: „Ende der zwanziger Jahre, so wird berichtet, wurde Clemenceau von einem Vertreter der Weimarer Republik gefragt, was künftige Historiker wohl über die damals sehr aktuelle und strittige Kriegsschuldfrage denken werden. ‚Das weiß ich nicht', soll Clemenceau geantwortet haben, ‚aber eine Sache ist sicher, sie werden nicht sagen: Belgien fiel in Deutschland ein"[105].

44  Arendt wurde durch ihren Tod daran gehindert, ihr Urteilskonzept auszuarbeiten, die Grundzüge können aber rekonstruiert werden. Sie hat dabei an Kants *Kritik der Urteilkraft* angeknüpft und sie als Teil seiner politischen Philosophie verstanden. Ausgangspunkt ist Kants Analyse des ästhetischen Urteils. Das ästhetische Urteil, das etwas als schön oder nicht schön beurteilt, erscheint auf den ersten Blick als subjektiv nicht nur im Sinne von im Subjekt verwurzelt, sondern auch im Sinne von rein persönlich, grundsätzlich relativ zum Geschmack des Individuums. Arendt argumentiert nun, dass Kants Theorie der Urteilskraft zeige, dass dieses scheinbar subjektive Urteil dennoch einen spezifischen, auch für andere relevanten, unparteilichen, intersubjektiven Gültigkeitsanspruch erheben könne. Der Schlüssel dafür liege in der Einbildungskraft und dem Gemeinsinn der Menschen. Durch die Einbildungskraft werde das subjektive Berührt- oder Affiziertsein von einem Objekt in eine gedankliche Vorstellung verwandelt. Diese könne man sprachlich ausdrücken und der „Operation der Reflexion" unterwerfen, die die Gültigkeit des Urteils überprüfe. Dies geschehe, indem man sein eigenes Urteil kritisch mit dem Urteil anderer abgleiche und so verobjektiviere.[106] Arendt bezieht sich dabei auf folgende Ausführungen Kants:

---

[102] *H. Arendt*, Elemente und Ursprünge totaler Herrschaft, S. 622, 138 ff., 497 ff.; *H. Arendt*, Über die Revolution, S. 36, 48, 354, hier zu räumlichen Grenzen von Gleichheitsvorstellungen.
[103] *H. Arendt*, Vom Leben des Geistes: Das Denken, Das Wollen, 2022, S. 443.
[104] Vgl. *H. Arendt*, Vita Activa, S. 348 ff.
[105] *H. Arendt*, Zwischen Vergangenheit und Zukunft: Übungen im politischen Denken I, 2020, S. 339.
[106] *H. Arendt*, Das Urteilen, 2021, S. 106 ff.

"Unter dem sensus communis aber muß man die Idee eines gemeinschaftlichen Sinnes, d.i. eines Beurtheilungsvermögens verstehen, welches in seiner Reflexion auf die Vorstellungsart jedes andern in Gedanken (a priori) Rücksicht nimmt, um gleichsam an die gesammte Menschenvernunft sein Urtheil zu halten (…). Dies geschieht nun dadurch, daß man sein Urtheil an anderer nicht sowohl wirkliche als vielmehr bloß mögliche Urtheile hält und sich in die Stelle jedes anderen versetzt, indem man bloß von den Beschränkungen, die unserer eigenen Beurtheilung zufälliger Weise anhängen, abstrahiert (…)."[107]

Kant nennt drei Maximen, die diesen Reflexionsprozess, der die subjektive Perspektive durch Einbezug der Urteile anderer kontrolliert, korrigiert und erweitert, anleiten sollen:[108] „1. Selbstdenken; 2. An der Stelle jedes anderen denken; 3. Jederzeit mit sich selbst einstimmig denken. Die erste ist die Maxime der vorurtheilsfreien, die zweite der erweiterten, die dritte der consequenten Denkungsart."[109]

Die erweiterte Denkungsart hängt für Kant wie für Arendt nicht von allgemeinen geistigen Fähigkeiten ab: „Allein hier ist nicht die Rede vom Vermögen des Erkenntnisses, sondern von der *Denkungsart*, einen zweckmäßigen Gebrauch davon zu machen: welche, so klein auch der Umfang und Grad sei, wohin die Naturgabe des Menschen reicht, dennoch einen Mann von erweiterter Denkungsart anzeigt, wenn er sich über die subjectiven Privatbedingungen des Urtheils, wozwischen so viele andere wie eingeklammert sind, wegsetzt und aus einem allgemeinen Standpunkte (den er dadurch nur bestimmen kann, daß er sich in den Standpunkt anderer versetzt) über sein eigenes Urtheil reflectirt."[110]

Diese erweiterte Denkungsart ist für Arendt im Kontext ihrer politischen Philosophie von ausschlaggebender Bedeutung. Sie zeigt für sie die epistemische Verwiesenheit von Menschen auf andere Menschen. Zutreffend urteilen könne man nur zusammen mit anderen Menschen und dies letztendlich nur in weltbürgerlicher Perspektive: „Man urteilt immer als Mitglied einer Gemeinschaft, geleitet von seinem gemeinschaftlichen Sinn, seinem sensus communis. Doch letztendlich ist man Mitglied einer Weltgemeinschaft durch die einfache Tatsache, ein Mensch zu sein; das ist unsere ‚weltbürgerliche Existenz'. Wenn man urteilt und wenn man in politischen Angelegenheiten handelt, so soll man sich an der Idee, nicht der Tatsächlichkeit des Weltbürger-Seins und damit auch des Weltbetrachter-Seins orientieren."[111] Die Welt der Menschen wird so als gemeinsame notwendig epistemisch mit anderen konstituiert.[112] Auch in diesem Sinn

---

107 *I. Kant*, Kritik der Urteilskraft, in: *ders.*, Kant's gesammelte Schriften: Kritik der praktischen Vernunft, Kritik der Urteilskraft, hrsg. v. der königlichen preussischen Akademie der Wissenschaften, Bd. 5, 1908/13, § 40, S. 293 f.
108 *H. Arendt*, Das Urteilen, S. 111.
109 *I. Kant*, Kritik der Urteilskraft, § 40, S. 294.
110 *I. Kant*, Kritik der Urteilskraft, § 40, S. 295.
111 *H. Arendt*, Das Urteilen, S. 117.
112 *H. Arendt*, Vita Activa, S. 264 f: „(…) der Gemeinsinn steht so hoch an Rang und Ansehen in der Hierarchie politischer Qualitäten, weil er derjenige Sinn ist, der unsere anderen fünf Sinne und die radikale Subjektivität des sinnlich Gegebenen in ein objektiv Gemeinsames und darum eben Wirkliches fügt. (…) Ein merkliches Abnehmen des gesunden Menschenverstands und ein merkliches Zunehmen von Aberglauben und Leichtgläubigkeit deuten daher immer darauf hin, daß die Gemeinsamkeit der Welt innerhalb einer bestimmten Welt abbröckelt, daß der Wirklichkeitssinn gestört ist, mit dem wir uns in der Welt orientieren,

gilt für das Leben mit anderen Menschen: „In ihren Zusammenhang gebunden und mit ihnen verbunden, bin ich erst wirklich als Einer in der Welt und erhalte mein Teil Welt von allen anderen."[113]

48 Aus dieser weltbürgerlichen Perspektive einer bewusst erweiterten Denkungsart kann man Ideologien als das erkennen, was sie sind und sich aus der totalitären Fiktion befreien, so ersichtlich Arendts Hoffnung. Gleichermaßen muss sie als Weg verstanden werden, die Gleichheit von Menschen zu begründen, eine Aussage, die – anders als Vernunftwahrheiten etwa der Mathematik – der „Diskussion offensteht und also der Einigung bedarf".[114] Auch die Erkenntnistheorie führt Arendt so zu einer existentiellen Verbundenheit von Menschen, dem Gegenkonzept zur bindungslosen Verlassenheit atomisierter Massenmenschen.

49 Ein weiteres Element von Hannah Arendts Theorie des Urteilens ist ihre Forderung, sich bei allem kritischen Denken ein Urteil in bestimmten Dingen zuzutrauen, das Selbstbewusstsein nicht zu verlieren, das, was nach menschlichen Erkenntnismaßstäben für wahr und moralisch richtig angesehen werden kann, auch für wahr und richtig zu halten[115] – z.B. das jüdische Menschen keine Weltverschwörung verfolgen oder dass kein Mensch überflüssig ist und so auch der Versuchung zu entgehen, als Mitläufer des Regimes die eigenen moralischen Prinzipien aufzugeben.[116] Das sei wichtig, weil der Wunsch der Bewahrung der eigenen, moralischen Integrität ein zentraler Beweggrund für moralisches Handeln sei: Das letzte Fundament der ethischen Orientierung liege nicht in allgemeinen Prinzipien, sondern in der Notwendigkeit, mit sich selbst leben zu können.[117]

### VI. Kritische Einschätzungen

#### 1. Diktatur und Massenmord als Lackmustest der Rechtsphilosophie

50 Die Auseinandersetzung mit den Gewaltregimen der Menschheitsgeschichte und gerade solcher wie des Nationalsozialismus und Stalinismus bilden eine Art Lackmustest für die Ethik und Rechtsphilosophie. Ob ethische und rechtsphilosophische Erwägungen etwas zu sagen haben oder (vielleicht jargongesättigt und voller Selbstgefälligkeit wegen ihrer scheinbaren kritischen Vorurteilslosigkeit) heiße Luft produzieren, beweist sich an ihrer kritischen Kraft gegenüber Diktatur und Massenmord und ihren politischen und kulturellen Voraussetzungen. Gleiches gilt für die Erkenntnistheorie: Der Wahrheitsgehalt der Aussage „Juden streben die Vernichtung des deutschen Volkes an" muss von dem der Aussage „Es gab Gaskammern in Konzentrationslagern" unterscheidbar bleiben: offensichtlich falsche Behauptung im ersten, offensichtliche Wahrheit im zweiten Fall. Ebenso darf der epistemische Status der Wertung „Juden haben kein Lebensrecht" nicht mit dem der Wertung „Alle Menschen besitzen das gleiche Recht zu leben" verwechselt werden: rassistische Ideologie im ersten, richtige

---

und daß daher die Menschen sich der Welt entfremden und begonnen haben, sich auf ihre Subjektivität zurückzuziehen."
113 H. Arendt, Elemente und Ursprünge totaler Herrschaft, S. 977.
114 H. Arendt, Über die Revolution, S. 250.
115 Vgl. z.B. H. Arendt, Was heißt persönliche Verantwortung in einer Diktatur?, 2019, S. 12 f.
116 Zu diesem Problem H. Arendt, Über das Böse: Eine Vorlesung zu Fragen der Ethik, 2007, S. 16.
117 H. Arendt, Über das Böse, S. 81 ff.

normative Erkenntnis im zweiten Fall. Eine Erkenntnistheorie, die die Kategorien der sachlichen Wahrheit und normativen Richtigkeit sowie ihres jeweiligen Gegenteils aufgibt oder ihre Unterscheidung durch Relativierungen unkenntlich macht, hat deshalb ausgesprochen schlechte Karten als vielsprechende Theorie menschlicher Einsichten ernstgenommen zu werden – jedenfalls wenn es wirklich um das Verständnis der Orientierung von Menschen in der Wirklichkeit und nicht nur um ein intellektuelles Spiel geht.

## 2. Analyse der Gewaltherrschaft

Hannah Arendts Totalitarismusanalyse ist aus dieser Perspektive von großer Bedeutung, um das ganze Ausmaß dieser Aufgabe zu erfassen. Sie zeichnet aller Möglichkeit der Kritik im Einzelnen die Klarsichtigkeit aus, mit der sie das radikal Neue der ideologischen Gewaltherrschaft in Nationalsozialismus und Stalinismus herausarbeitet. Dies besteht in letzter Instanz in der restlosen Verneinung des Eigenwerts von Menschen aufgrund ihres Menschseins nicht aufgrund von materiellen Interessen oder Machtverlangen, sondern aufgrund eines ideologischen Glaubenssystems. Diese Verneinung drückt sich unmissverständlich in Terror – in letzter Radikalität in den deutschen Vernichtungslagern aus. Auch wenn man die Unterschiede zwischen Nationalsozialismus und Stalinismus nicht verwischen sollte, die auch Arendt betont, besteht hier eine Gemeinsamkeit, die es rechtfertigt, von totalitären Systemen als historische und politische Kategorie zu sprechen.

Ihre Analysen der Geschichte des Antisemitismus spüren der Vielfalt seiner Erscheinungsformen nach, insbesondere den realgeschichtlichen Ausgangspunkten für die ideologischen Lügen des Antisemitismus. Ihre Bemerkungen zu den psychologischen Folgen des Objektseins von Ausgrenzung und Verachtung, die tragischen Lebensgeschichten, die es provoziert, sind ein Lehrstück über die Übel, die die Benachteiligung und Verachtung von Menschengruppen schaffen. Die politische Geschichte von Antisemitismus und Imperialismus verfolgt den Pfad der Menschenverachtung in politischen, ökonomischen und gesellschaftlichen Formationen sowie zugrundeliegenden politischen Mentalitäten, die an der Schwelle zum Aufkommen von totalitären Systemen stehen, aber mit ihnen keineswegs identisch sind. Sie vertreibt idyllische Vorstellungen von Vergangenheit und zeigt, wie weitverbreitet und einflussreich Vorstellungen von der Minderwertigkeit bestimmter Menschengruppen gerade in der europäischen Geschichte waren.

Arendt sieht die totalitären Systeme als Ausdruck einer tiefen, epochalen Zivilisationskrise, die keineswegs auf Deutschland oder die damalige Sowjetunion beschränkt sei. Anders wird man diese Ereignisse tatsächlich nicht verstehen können, wenn auch über die Eigenart der Krise und ihrer Ursachen die Meinung auseinander gehen werden. Die anhaltende, in den letzten Jahren gewachsene Anziehungskraft von menschenverachtenden Ideologien auch in Europa deutet zudem darauf hin, dass die politischen, sozialen und ökonomischen Umstände sich zwar weitreichend seit der Zeit des Nationalsozialismus und Stalinismus gewandelt haben, die Kräfte jedoch, die das totalitäre Unheil heraufbeschworen oder jedenfalls sein Wirklichwerden erleichtert haben, noch lebendig sind – ein zutiefst beunruhigender Befund.

54 Man kann fragen, ob man diese Krise allein auf den Begriff der Verlassenheit bringen kann, ob nicht andere Faktoren, auch materieller Not, eine ebenfalls große Rolle spielen. Die Analyse unterstreicht aber jedenfalls zutreffend die politische Bedeutung eines Gefühls der wertgeschätzten Zugehörigkeit zur menschlichen Welt, das viele Menschen suchen – in der Gegenwart wieder zunehmend im Rahmen ethno-nationalistischer Strömungen und ihren imaginierten Identitäten, die die Überlegenheit gegenüber anderen Gruppen begründen sollen.

55 Mit dem Fehlen eines solchen Gefühls der sinngeladenen Zugehörigkeit kann man allerdings die Verachtung des Wertes des Menschseins in der Ideologie des Nationalsozialismus allein nicht erklären, was zu weiteren Fragen führt, die Arendts Überlegungen hinterlassen: Woher stammt die Bereitschaft von vielen Menschen, das Menschsein zu verachten? Welche Gründe gibt es, welche Neigungen trieben Menschen dazu, ganze Menschengruppen für überflüssig zu erklären? Wie kann man menschliches Leben so geringschätzen? Wie kann man blind gegenüber all dem sein, was ein menschliches Leben jenseits von Herrschaftsphantasien, Hass und Ressentiment bietet? Was macht die Attraktivität der Aufgabe des Subjektseins, des Aufgehens in Massenbewegungen, gelenkt und legitimiert von tieferen historischen Gesetzen aus?

### 3. Die neue Polis der Freiheit

56 Arendt entwirft als Gegenmodell eine Theorie politischer Gemeinschaft, deren Kern die Verbundenheit von Menschen in einer politischen Praxis ist. Ihre Methode ist eine Art anthropologische Ontologie, die mit vielen Behauptungen zur wesentlichen Eigenart von Phänomenen, wie etwa dem Handeln arbeitet, die aber auch anders beschrieben und verstanden werden können, Handeln z.B. wie geläufig ohne die weitreichenden Implikationen von Arendts Handlungsbegriffs im Sinne eines zurechenbaren Tätigseins eines Subjekts. Arendt erläutert nicht, warum ihr Verständnis dieser Begriffe ihr Wesen allein erfasse. Epochen wie die der griechischen Antike werden zudem Eigenschaften und Sozialverhältnisse zugeschrieben ohne hinreichend deutlich zu machen, dass die beschriebene Epoche wirklich so war, wie sie dargestellt wird – das perikleische Zeitalter etwa ein Muster für freies politisches Handeln.

57 Arendt weist mit Recht auf die Bedeutung der Natalität für die Philosophie hin, des Faktums, dass Menschen immer wieder aufs Neue ihre Lebensreise beginnen. Dies formuliert beispielsweise die Aufgabe für die Rechtsphilosophie einen bestimmten Stand der Erkenntnis zu zentralen Ergebnissen der Reflexion immer wieder neues Leben einzuhauchen – kein leichthin erledigtes Unterfangen. Die Fähigkeit zur Freiheit ist damit allerdings nicht gesetzt, auch determinierte Wesen können (und werden) immer wieder neu geboren. Die Freiheitsproblematik weist deshalb auf spezifische Eigenschaften von Menschen jenseits des bloßen Geborenseins zurück.

58 Der entscheidende Kern der politischen Philosophie Arendts ist, die aktive Teilnahme an der politischen Welt als Teil des richtigen Lebens der Menschen aufzufassen. Mitschöpfer dieser sich beständig neu schaffenden Welt zu sein ist nicht nur das Gebot eines egoistischen Interessenkalküls, sondern bietet die Aussicht, etwas sehr Wertvolles zu ergreifen, das allerdings nicht nur im Ausdrücken der eigenen Persönlichkeit oder dem Sich-Auszeichnen liegt. Man ergreift und realisiert vielmehr auf diese Weise einen

wesentlichen Teil des eigenen Subjektseins und achtet damit die Würde, die in diesem Subjektsein liegt. Es gibt vielfältige andere wichtige Lebensinhalte jenseits der politischen Welt. Aber auch dies gehört zu einem Lebensentwurf, der verspricht, einige sehr interessante Seiten des Menschseins praktisch werden zu lassen. Freiheit bildet dabei ein wichtiges politisches Ziel. Aber auch soziale Gerechtigkeit in einer Gemeinschaft bildet ein Gut, das ebenso politischen Einsatz lohnt.

Ihre Skepsis gegenüber einer menschlichen Natur, mit deren Grundeigenschaften wie der Freiheitsfähigkeit und -bedürftigkeit nicht nur totalitäre, sondern auch autoritäre Systeme unvereinbar sind, ist ambivalent. Hier stellt sich die Frage, wie man Freiheit als zentrales Ziel menschlichen Lebens auszeichnen kann, wenn Menschen nicht freiheitsfähig sind und kein Freiheitsverlangen besitzen. Das menschliche Wesen beliebig formbar wären, haben die totalitären Systeme gerade nicht bewiesen – ihr Ergebnis waren nicht zufriedene Reaktionsbündel, sondern Menschen, die in diesen Systemen in der unterschiedlichsten Form tief litten, weil diese Systeme mit wesentlichen Elementen des Menschseins unvereinbar sind.

Arendts unhaltbare Bemerkungen zur Weltlosigkeit indigener Völker in Afrika zeigen eine Gefahr von Theorien, die Menschsein mit einem bestimmten kulturellen Werdensprozess identifizieren: Die Wertstellung von Menschen kann vom Durchlaufen dieses spezifischen (regelmäßig europäischen) Prozesses abhängig erscheinen, und nicht, wie zutreffend, vom Menschsein, das alle Menschen unabhängig von kontingenten kulturellen Entwicklungen teilen.

Ihr konkreter Vorschlag, den Potentialen von Rätedemokratien nachzuspüren, sollte eine Einladung sein, repräsentative oder direktdemokratische Systeme kritisch zu überprüfen, aber vielleicht auch, ihre Vorzüge neu zu entdecken. Dass nur aktiv tätige Bürgerinnen und Bürger Stimmrecht genießen sollen, überzeugt nicht.

**4. Würde als Recht, Rechte zu haben**

Arendt hat auf die Bedeutung eines Rechts, Rechte zu haben, mit guten Gründen hingewiesen. Sie hat aber das Potential neuer Mechanismen unterschätzt, universale Menschenrechte zur Geltung zu verhelfen. Dazu gehört in erster Linie eine nationalstaatliche Verfassungsordnung, die nicht nur Rechte für Bürger und Bürgerinnen garantiert, sondern für alle Menschen, was in verschiedenen Verfassungsordnung für die wichtigsten Rechte selbstverständlich geschieht. Auch supranationale Ordnungen wie die EU sind diesem Beispiel durch die Europäische Grundrechtecharta gefolgt. Es gibt wirksame regionale Schutzmechanismen, wie die Systeme der EMRK oder der AMRK. Schließlich ist auch das schwächste Glied in der Kette, der universale Menschenrechtsschutz, nicht völlig wirkungslos geblieben. Auch wenn man nicht zu einer bestimmten politischen Gemeinschaft zählt, ist man deshalb keineswegs schutz- und rechtlos, jedenfalls in vielen Verfassungsstaaten. Dieses mehrschichtige Schutzsystem hat viele Schwächen und ist ständig politisch bedroht. Dass es aber konzeptionell unmöglich wäre, ein solches System wirksam zu machen, hat die verfassungsrechtliche und völkerrechtliche Praxis der letzten Jahre widerlegt.

Dieser Entwicklung unterliegt ein anderes Recht, Rechte zu haben, als Arendt ins Auge fasst: Dieses liegt in der Würde, der Selbstzweckhaftigkeit von Menschen, in ihrem Subjektstatus, der den Respekt vor ihren Rechten verlangt. Arendts These, dass Gleichheit politische Entscheidungen unterliege, trifft zwar zu, führt aber zum Folgeproblem, warum es geboten ist, diese Entscheidungen für eine politische Ordnung der Gleichheit zu treffen. Die Antwort liegt ebenfalls in der Würde der Menschen, die die Wertgleichheit von Menschen schafft und die auch aus Arendts Sicht die gebotene Solidarität zwischen Menschen begründet,[118] sowie Gerechtigkeitsprinzipien, die Gleichbehandlung des Wertgleichen verlangen. Der Verweis auf ein Mit-sich-selber-leben-können wirft die Frage auf: Unter welchen Bedingungen ist dies möglich? Wenn eine Person beanspruchen kann, die Würde von Menschen ernst zu nehmen, hat sie auf dem Weg zu diesem Ziel einen großen Schritt vorwärts gemacht.

### 5. Verteidigung der Urteilskraft

64 Ein sehr wichtiger Beitrag Arendts zur politischen und praktischen Erkenntnistheorie besteht in ihrer Verteidigung der Bedeutung der Urteilskraft, der Möglichkeit, Wahrheit, Irrtum und Lüge sowie richtig und falsch hinlänglich zuverlässig zu unterscheiden und die Einsicht zu verteidigen, dass nichts in der Erkenntnistheorie diese Haltung verschließt. Für sie ist der kritische Einbezug des Denkens anderer Menschen im Anschluss an Kants Theorie der Urteilskraft und die Maximen der erweiterten Denkungsart der Schlüssel dazu, nicht in den Fallen des solipsistischen Subjektivismus gefangen zu verenden. Diese Wendung zu einem gemeinsamen, intersubjektiven Prozess der Wahrheitssuche, der das Antidot zur „furchtbaren Stille" der geschlossen Welt der Ideologie bildet, ist sicher unverzichtbar, in der Wissenschaft mit ihren vielfältigen kollektiven Reflexionsroutinen, aber auch in der Demokratie mit ihren Prozessen der politischen Auseinandersetzung um Entscheidungsfragen. Man kann jedoch nachdem dieser Schritt gemacht wurde weiterfragen, inwieweit auch in diesen Prozessen Urteilsakte von Subjekten das letzte Fundament von menschlicher Erkenntnis bilden, da in solchen Urteilsakten alle Reflexionsprozesse unweigerlich münden und welchen Wahrheitsanspruch aufgrund welcher Wahrheitskriterien solche Urteilsakte erheben können – Fragen, die im Fortgang dieser Reflexionen beantwortet werden sollen. Die erkenntnistheoretische Rolle der Öffentlichkeit ist aus dieser Sicht ebenso zu relativieren wie ihre Rolle bei der Konstituierung eines zutreffenden Bildes der Welt.

65 Arendts Arbeiten zeigen mit großer Klarheit die existentielle Bedeutung der Unterscheidung von Wahrem und Falschen, von Richtigem und nicht Rechtfertigbarem. Ihre Analyse der geistigen Tragödie der Selbstaufgaben des Denkens, die jeder erfolgreichen Propaganda zugrunde liegt, ist von Bedeutung gerade in einer Zeit, in der eine Politik jenseits von Fakten unfassbare Erfolge einfährt. Ohne die Unterscheidung von Wahrem und Falschen, von moralisch Richtigem und nicht Rechtfertigbarem (wohlgemerkt verstanden in den qualifizierten Begriffen einer anspruchsvollen Erkenntnistheorie) verlieren wir die Orientierung in dieser sowieso schwer zu durchschauenden Welt, verirren uns womöglich sogar in den Sümpfen von fiktiven Welten und pervertierten Vorstellungen des ethisch Gebotenen, deren hohen Preis immer auch und manchmal nur andere zahlen. Arendt macht deutlich, was die Alternative zu einer Welt von Grün-

---

118 *H. Arendt*, Über die Revolution, S. 112 f.

## § 25 Das Recht auf Rechte und die innerweltliche Heimat der politischen Welt

den bildet: In der Verachtung von Tatsachen „drückt sich bereits die Überzeugung aus, daß Tatsachen nur von dem abhängen, der die Macht hat, sie zu etablieren."[119] In der Welt zählt dann nur noch das epistemische Faustrecht der Gewalt.

Hannah Arendt hat durch ihre Überlegungen aufgrund ihrer analytischen Tiefe und Originalität viel zu einer politischen Philosophie der Freiheit beigetragen. Ein weiterer, wesentlicher Grund der Anziehungskraft ihrer Überlegungen liegt aber in dem humanen Licht, das sie ausstrahlen und dessen Quelle unübersehbar der Respekt vor dem Menschsein in all seiner Rätselhaftigkeit bildet, und die Fähigkeit, vom Leben um seiner offensichtlichen und manchmal versteckten, nur mit Mühen auffindbaren Reichtümer willen anhaltend bezaubert zu sein.

Von der Kraft ihrer oder anderer Argumente für zentrale Werte eines humanen Rechts und für die Erhaltung der Überzeugung, dass es hier überhaupt um Rechtfertigen durch Gründe, die für alle gelten, geht und nicht nur um ein irrationales Spiel der Gewalt, hängt viel ab. Dies gilt nicht zuletzt aufgrund der „Erkenntnis, daß es in der modernen Politik um etwas zu gehen scheint, worum es eigentlich in der Politik, wie wir sie gewöhnlich verstehen, nie gehen dürfte, nämlich um alles oder nichts – um alles, und das ist eine unbestimmte Unendlichkeit von Formen menschlichen Zusammenlebens, oder nichts, und das ist im Falle der Konzentrationslager ebenso exakt der Untergang des Menschen wie im Falle der Wasserstoffbombe der Untergang des Menschengeschlechts."[120]

---

119 *H. Arendt*, Elemente und Ursprünge totaler Herrschaft, S. 742.
120 *H. Arendt*, Elemente und Ursprünge totaler Herrschaft, S. 916.

## § 26 Kognitionswissenschaften, Hirnforschung und die Konzeption der Ethik

I. Die kognitive Revolution ............ 1
II. Perspektiven der Ethik und Rechtstheorie .................................. 8
   1. Evolutionäre Psychologie ........ 9
      a) Selektion und Reproduktion ........................... 9
      b) Kritische Einschätzungen .... 14
   2. Neuroethischer Emotivismus ... 18
      a) Gefühl und Rationalisierung ........................... 18
      b) Kritische Einschätzungen .... 22
   3. Mentalistische Theorien in Ethik und Recht ................. 29

### I. Die kognitive Revolution

1 In den letzten Jahren hat ein Forschungsparadigma Gestalt angenommen, das womöglich neue Perspektiven für die Rechtsphilosophie und -theorie eröffnet. Hintergrund sind die modernen Kognitionswissenschaften, die Hirnforschung und die Theorien des menschlichen Geistes, die im Zuge der sog. kognitiven Revolution der 60er Jahre entwickelt und in der unmittelbaren Gegenwart mit großem öffentlichen Interesse diskutiert werden.

2 Die wissenschaftlichen Debatten entfalten sich auf zwei Ebenen – der des konkreten Experiments und der der theoretischen Konzeption. Die experimentelle Dimension der Kognitionswissenschaften wurde durch die Entwicklung nicht-invasiver Abbildverfahren wie etwa der funktionellen Magnetresonanztomografie (fMRT/fMRI) möglich, die bestimmte physiologische Prozesse im Gehirn wiedergeben,[1] ohne das Gehirn zu verletzen, die weithin als Schlüssel zu mentalen Phänomenen verstanden werden. Diese Experimente beherrschen die öffentliche Wahrnehmung und Diskussion der Forschungen, weil sie eine unmittelbare Anschauung der Hirnaktivitäten zu ermöglichen scheinen. Die Gedanken seien lesbar geworden, so meinen manche. Besondere Aufmerksamkeit hat dabei die Frage der Willensfreiheit erregt, die durch die Hirnforschung – so eine weithin geteilte Ansicht – in Frage gestellt werde (s. zu diesem Problemkreis ausführlich u. § 33). Aber nicht nur die Willensfreiheit, sondern auch andere Grundfragen werden auf diese Weise zu beantworten versucht, nicht zuletzt diejenigen, die um die materialen Prinzipien kreisen, die dem moralischen Urteil zugrunde liegen und das Recht anleiten. Abbildverfahren sollen Daten liefern, die bestimmte substantielle Fragen zum Inhalt der Moral zu klären vermögen.

3 Die zweite genannte Ebene der theoretischen Konzeption wird mit weniger Intensität bedacht und diskutiert, ja oftmals noch nicht einmal in ihrer Vielfalt wahrgenommen. Kognitionswissenschaften werden deshalb häufig mit einem reduktionistischen, deterministischen Naturalismus identifiziert – nicht nur von Kritikern, sondern auch von manchen, die sich als Hirnforscher oder Kognitionswissenschaftler verstehen. Das Bewusstsein der existierenden theoretischen Vielfalt ist aber von großer Bedeutung, weil die neuen Forschungen zu Geist und Gehirn keineswegs einen monolithischen Block mit einheitlichem Methodenkanon und gefestigten Kernbereich von Ergebnissen, sondern eine kreative und faszinierende Vielfalt von kontroversen Ansätzen bilden, die einen neuen Aufbruch der Wissenschaft vielleicht immer kennzeichnet.

---

[1] Bei der fMRT/fMRI wird aus statistischen Kennwerten zur regionalen Konzentration des im Blut gelösten Sauerstoffes im Gehirn auf die Aktivität von bestimmten Hirnregionen geschlossen.

## § 26 Kognitionswissenschaften, Hirnforschung und die Konzeption der Ethik

Die konzeptionellen Weichenstellungen, die mithin alles andere als geklärt sind, sollten nicht zuletzt deshalb mit großer Sorgfalt bedacht werden, weil sie – eine wichtige Standardeinsicht der Wissenschaftstheorie – über die Interpretation der experimentell gewonnenen Ergebnisse entscheiden. Das Verständnis von empirischen Befunden ist grundsätzlich abhängig von der Theorie, in die ihre Interpretation eingebettet ist. Daten erläutern ihre Bedeutung nicht selbst. Das sollte man nicht übersehen, um eine schädliche Dosis methodologischer Naivität zu vermeiden.

Auf der konzeptionellen Ebene der Theorie des menschlichen Geistes verzweigen sich nun die Analysen, wobei insbesondere das Verhältnis von Geist und Gehirn (oder auch das Leib-Seele-Problem) kontrovers diskutiert wird. Ein klassischer Ansatz ist der *Substanzdualismus*, der Geist und Gehirn als voneinander ontologisch unterschiedene Entitäten auffasst.[2] Der *Eigenschaftsdualismus* hält Geist und physiologische Gehirnfunktionen für unterschiedliche Eigenschaften des Gehirns. Der *Epiphänomenalismus* beschreibt den Geist als Epiphänomen der Gehirnfunktionen – real aber unerheblich. Der *Funktionalismus* versucht den menschlichen Geist als kausale Input-Output-Relationen zu rekonstruieren. Der *eliminative Materialismus* geht davon aus, dass es nur hirnphysiologische Vorgänge gebe und deshalb die aus der inneren Warte oder Teilnehmerperspektive wahrgenommenen Bewusstseinszustände, die Intentionalität des menschlichen Geistes, in der Theoriebildung keine Rolle spielten. Diese naturalistische Perspektive ist ein Hauptansatzpunkt der von verschiedener Seite formulierten philosophischen Kritik, die betont, dass geistige Phänomene gerade nicht auf hirnphysiologische Vorgänge reduziert werden könnten. Wenn man, wie Wittgenstein einflussreich formulierte, der Meinung ist, dass das Denken nicht im Kopf angesiedelt sei, sondern in sozialen Praktiken,[3] ist naturalistischer Reduktionismus schon im Ansatz verfehlt.

Andere, z.B. *mentalistische* Ansätze der modernen Theorie des menschlichen Geistes gehen Wege, die sie der Kritik des reduktionistischen Naturalismus entziehen. Ausgangspunkt der Überlegungen ist auch hier die – ideengeschichtlich und auch in der Gegenwart wie angedeutet hoch umstrittene – kognitionswissenschaftliche Grundthese, dass der menschliche Geist auf hirnphysiologischen Vorgängen beruhe, Geist und Gehirn also (irgendwie) als verbunden aufgefasst werden müssten.[4]

Eine mentalistische Perspektive betont aber, dass eine vielversprechende Theorie des menschlichen Geistes, im Gegensatz zu Annahmen von reduktionistischen Theorien, von inneren Zuständen der Menschen, von durch die Teilnehmerperspektive erschlossenen Gefühlen, Intentionen, Hoffnungen, Wünschen usw., Kenntnis nehmen muss, ja, dass diese gerade das empirische Material bilden, auf dessen Grundlage eine Theorie allein überzeugend gebildet werden kann. Kognitionswissenschaften sind aus dieser Sicht deswegen in keiner Weise notwendig auf einen reduktionistischen Naturalismus festgelegt. Ganz im Gegenteil: Der menschliche Geist ist eine funktionale Manifestation des menschlichen Gehirns, zu dem die Erzeugung innerer, bewusster, aus der Teil-

---

2 Der Substanzdualismus wird *Descartes* zugeschrieben. Dessen Theorie von Geist und Gehirn ist aber durchaus komplex und umfasst auch kausale Wechselwirkungen von Geist und Gehirn, vgl. *R. Descartes*, Meditationes de prima philosophia, in: C. Adam/P. Tannery (Hrsg.), Œuvres de Descartes, Bd. 7, 1964, 6. Meditation.
3 Vgl. z.B. *L. Wittgenstein*, Zettel, 2007, Nr. 606.
4 Vgl. im Überblick *M. Mahlmann*, Rationalismus in der praktischen Theorie, S. 70 ff.

nehmerperspektive zugänglicher Zustände konstitutiv gehört. Vor dem Hintergrund dieser konzeptionellen Weichenstellungen entfalten sich die verschiedenen Überlegungen zu Ethik und Recht.

## II. Perspektiven der Ethik und Rechtstheorie

8   In der Ethik und Rechtstheorie mit kognitionswissenschaftlichen Interessen werden vor allem drei unterschiedliche Ansätze verfolgt, wobei der erste und der zweite häufig verbunden werden. Der erste wird durch die *evolutionäre Psychologie* geprägt. Der zweite formuliert einen kognitionswissenschaftlichen oder auch *neuroethischen Emotivismus*. Der dritte entwirft eine *mentalistische Ethik und Rechtstheorie*.

### 1. Evolutionäre Psychologie

9   a) **Selektion und Reproduktion.** Die evolutionäre Psychologie geht im Anschluss an Ethologie und Soziobiologie davon aus, dass Organismen, Menschen nicht weniger als Tieren, soziale Verhaltensweisen wie ihre körperlichen Eigenschaften angeboren seien.[5] Die evolutionäre Psychologie betont dabei die Bedeutung der neuronal verankerten, psychischen Mechanismen, die diesen Verhaltensweisen zugrunde lägen. Auch kulturelle und soziale Einrichtungen und Institutionen – nicht zuletzt das Recht – hätten ihre biologischen Wurzeln in diesen psychischen Strukturen von Organismen.[6] Zentral für die Art der psychologischen Mechanismen sei die Maximierung der Reproduktion von einzelnen Genen, die die Eigenschaften von Organismen bestimmten, durch natürliche Selektion.[7] Das ist die adaptionistische Grundannahme der evolutionären Psychologie.[8] Das Gehirn ist aus Sicht der evolutionären Psychologie ein funktional durch natürliche Selektion optimiertes Instrument genetischer Reproduktion. Der Ansatzpunkt der Auslesemechanismen der Evolution sei nicht der Phäno-, sondern der Genotyp eines Organismus. Allein solche Eigenschaften eines Organismus könnten sich dabei aufgrund der natürlichen Selektion durchsetzen, die die Reproduktion derjenigen Gene sicherstellten, die der Ausbildung dieser Eigenschaften zugrunde lägen. Die einzelnen Mechanismen seien auf die Lösung bestimmter Probleme ausgerichtet. Entscheidend seien dabei die prähistorischen Lebensumstände gewesen, in denen sich das Überleben der Spezies Mensch entschieden habe. Entwickelte Eigenschaften müssten deswegen keineswegs auch unter den gegenwärtigen Lebensumständen vorteilhaft sein.

10   Ein bekanntes Beispiel für den Gang der Argumentation der evolutionären Psychologie ist das Sexualverhalten von Menschen. Ein klassischer Ansatz behauptet hier evolutio-

---

5   Zur Ethologie vgl. *I. Eibl-Eibesfeldt*, Die Biologie menschlichen Verhaltens, 5. Aufl., 2004; zur Soziobiologie *E. O. Wilson*, Sociobiology, 1975.
6   Vgl. z.B. zu den Fundamenten der Kultur *J. Tooby/L. Cosmides*, The Psychological Foundations of Culture, in: H. Barkow/L. Cosmides/J. Tooby (Hrsg.), The Adapted Mind, 1992, S. 19 ff. Zum Recht im Überblick, z.B. *O. Jones*, Evolutionary Psychology and the Law, in: D. Buss (Hrsg.), The Handbook of Evolutionary Psychology, 2005, S. 953 ff.
7   Grundlegend *R. Dawkins*, The Selfish Gene, 2nd ed., 2009.
8   Als Überblick zu den Grundlagen der evolutionären Psychologie *J. Tooby/L. Cosmides*, Conceptual Foundations of Evolutionary Psychology, in: D. Buss (Hrsg.), The Handbook of Evolutionary Psychology, S. 5 ff. Vgl. a. *W. D. Hamilton*, The Genetical Evolution of Social Behavior, Journal of Theoretical Biology, 7 (1964), S. 1 ff.; *G. C. Williams*, Adaptation and Natural Selection, 1966; *J. Maynard Smith*, Evolution and the Theory of Games, 1982.

när erklärbare geschlechterspezifische Differenzen:[9] Da Frauen in die Kinderaufzucht aufgrund von Schwangerschaft und Stillen mehr investieren müssten als Männer, sei es reproduktionsfunktional für Frauen, sexuell wählerisch zu sein. Sie würden versuchen, einen Partner mit Eigenschaften zu finden, die sicherstellten, dass ihr Kind als Träger eines Teiles ihrer Gene überlebe. Männer müssten dagegen aufgrund der geringeren Investition sexuell weniger wählerisch sein, und sogar im Gegenteil versuchen, möglichst viele Kinder zu erzeugen, um die Chance durch hohe Nachkommenzahl zu erhöhen, dass ihre Gene überlebten. Frauen stehe aufgrund der hohen Investitionen in den Nachwuchs diese Variante der Reproduktionssicherung nicht offen.

In ähnlicher Weise wird eine Vielzahl von Verhaltensweisen als genetisch determiniert verstanden, z.B. Territorialverhalten, Eltern-Kind- oder Geschwister-Konflikte, Nepotismus usw.[10] Verschiedene psychologische Tests und Studien sollen das universale Vorliegen der entsprechenden psychologischen Mechanismen belegen. In der evolutionären Psychologie wird auch eine umfassende Kulturtheorie entworfen und z.B. in diesem Rahmen menschliche Religiosität erklärt.[11] Aus der Sicht der evolutionären Psychologie ist es von großer Wichtigkeit, bei der Bestimmung der Ursachen von Verhalten die Unterscheidung von *proximate* und *ultimate causation*, von unmittelbarer und entscheidender Verursachung, zu beachten. Die Maximierung der genetischen Reproduktion sei nicht die unmittelbare Ursache für eine Verhaltensweise. Der Sexualtrieb oder Liebe mag z.B. als *proximate causation*, als unmittelbarer Grund, für das Sexualverhalten erscheinen – Menschen wollen nicht bewusst ihre Gene reproduzieren, dies ist nicht der ihnen vorschwebende Zweck für das Eingehen von Partnerschaften. Hinter dieser unmittelbaren Ursache des Sexualtriebs oder der Verliebtheit steht der evolutionären Psychologie zufolge aber eine andere Ursache, und diese ist in letzter Instanz die Reproduktionsmaximierung. Die unmittelbar wirkende sexuelle Anziehung oder Verliebtheit werden aus dieser Sicht selbst zu (den Handelnden unbewussten) Mitteln, die Reproduktionsmaximierung von Genen durchzusetzen, indem man sich gerade in die Menschen verliebt oder von ihnen sexuell angezogen wird, die Reproduktionsmaximierung versprechen.

In der Ethik wird auch Altruismus adaptionistisch erklärt, allerdings vorwiegend in begrenzter, nämlich reziproker Form, wonach anderen Vorteile gewährt werden, um selbst von diesen Vorteile zu erhalten – man hilft anderen in einer Notlage, damit einem selbst in einer Notlage auch geholfen wird. Dabei spielen zwei Theorieelemente eine wichtige Rolle: Die Gesamtfitness (*inclusive fitness*) eines Organismus ergebe sich nicht nur aus dem Fortpflanzungserfolg eines konkreten Individuums, sondern auch aus dem seiner genetischen Verwandten, der ursächlich auf das Verhalten des Individuums zurückgeht. Die Verwandtenselektion (*kin selection*) führe zur Bevorzugung genetisch nah Verwandter, weil diese hinlänglich viele gleiche Gene besäßen.

---

9  Vgl. *R. Trivers*, Parental Investment and Sexual Selection, in: B. Campbell (Hrsg.), Sexual Selection and the Descent of Man, 1972, S. 136 ff.; zusammenfassend *D. Schmitt*, Fundamentals of Human Mating Strategies, in: D. Buss (Hrsg.), The Handbook of Evolutionary Psychology, 2005, S. 258 ff., 268 ff., zur *parental investment theory*.
10  Vgl. im Überblick *S. Pinker*, The Blank Slate, 2002, S. 241 ff.
11  Vgl. *R. Dawkins*, The God Delusion, 2008.

Durch Kooperation mit anderen könne die Überlebenswahrscheinlichkeit von Genen, deren Träger der Organismus ist, der sich altruistisch verhalte, sogar dann hinreichend erhöht werden, wenn der Genträger aufgrund seines altruistischen Verhaltens sterbe. Ein Beispiel hierfür ist Verhalten von Tieren, die sich selbst in Gefahr bringen, um andere zu schützen. Voraussetzung dafür sei lediglich, dass die Organismen, die von dem altruistischen Verhalten profitierten, nah genug mit dem altruistisch sich Verhaltenden verwandt seien. Nicht durch das Überleben des sich altruistisch Verhaltenden selbst, sondern durch das Überleben der mit ihm hinlänglich nah Verwandten werde wegen der mit ihnen geteilten Gene die Reproduktion der Gene sichergestellt, die dem altruistischen Verhalten zugrunde lägen. Auch über Altruismus jenseits dieser Grenzen wird nachgedacht, weil durch Kooperation allgemein Reproduktionsgewinne erzielt werden könnten.[12]

13 Für das Recht ergebe sich aus diesen Überlegungen verschiedenes.[13] Die evolutionäre Psychologie liefere eine für das Recht aus zwei Gründen wichtige Theorie menschlichen Verhaltens. Erstens könne aufgrund einer solchen Theorie die Wirkung von Recht verstanden und verbessert werden, weil die biologischen Grundlagen geklärt würden. Effizientere, auf das Verhalten abgestimmte Regelungen würden deshalb möglich, etwa indem geklärt werde, warum schärfere Strafen nötig seien, um angeborene Verhaltensweisen zu beeinflussen. Zweitens sei auch die Rechtsanwendung menschliches Verhalten und damit im Rahmen der evolutionären Psychologie zu erklären.[14] Eine andere Konsequenz ist Skepsis gegenüber universalistischen Entwürfen, weil menschliche Moral notwendig auf eine begrenzte Gruppe bezogen sei.[15] Wenn moralischer Universalismus aus der Sicht der evolutionären Psychologie biologisch zweifelhaft ist, ist rechtlicher umso unrealistischer.

14 **b) Kritische Einschätzungen.** Die evolutionäre Psychologie ist in der Gegenwart im internationalen Rahmen sehr einflussreich geworden. Sie erreicht gerade in der angelsächsischen Welt sogar ein Massenpublikum. Ihre Grundweichenstellungen erweisen sich aber bei näherer Betrachtung als wenig überzeugend. Wichtig ist zunächst, die evolutionäre Psychologie nicht für eine zwangsläufige Folge der Akzeptanz der biologischen Evolutionstheorie insgesamt zu halten. Die Menschen sind – wie immer man selbst die menschliche Existenz *religiös* auch interpretieren mag – sicherlich aus einer *wissenschaftlichen* Perspektive ein Produkt der Naturgeschichte und damit auch der Evolution des Lebens. Diese Evolution des Lebens ist nun aber keineswegs so zu rekonstruieren, wie es die evolutionäre Psychologie vorschlägt. Im Gegenteil versäumt es die evolutionäre Psychologie, einige Kerneinsichten der modernen Evolutionstheorie zu rezipieren.[16]

---

12 S. *Pinker*, The Blank Slate, S. 242 ff.
13 Vgl. zu Fragen der Normentheorie M. *Mahlmann*, Rationalismus in der praktischen Theorie, S. 253 ff.
14 Vgl. *O. Jones*, Evolutionary Psychology and the Law.
15 Vgl. S. *Pinker*, The Blank Slate, S. 246.
16 Eine klassische Kritik liefern *S. J. Gould/R. Lewontin*, The Spandrels of San Marco and the Panglossian Paradigm: A Critique of the Adaptionist Programme, Proceedings of the Royal Society London B, 205 (1979), S. 581 ff. Die Realität dieser Faktoren räumen auch prominente Vertreter der evolutionären Psychologie ein, vgl. *J. Tooby/L. Cosmides*, Conceptual Foundations of Evolutionary Psychology, in: D. Buss (Hrsg.), The Handbook of Evolutionary Psychology, S. 9 Fn. 1. Zu Elementen einer komplexen Evolutionstheorie, die Evolution

Ein wichtiges erstes Defizit ist die Annahme, für die Evolution eines Organismus sei allein die natürliche Selektion entscheidend. Tatsächlich sind aber auch andere Faktoren für eine Evolutionstheorie wichtig, z.B. bestimmte Grenzen möglicher Entwicklung aufgrund der Grundarchitektur des Entwicklungspfades eines Organismus. Wirbeltiere bilden etwa nie mehr als vier Gliedmaßen aus. Die Anpassung der Organismen und Einwirkung der natürlichen Selektion kann dazu führen, dass Beine Flossen werden, nicht aber dazu, die Zahl der Gliedmaßen zu erhöhen – alle Anpassungen sind nur in diesen engen und keineswegs für die Reproduktion optimalen Grenzen möglich. Andere Faktoren sind etwa nicht-adaptive Mutationen mit für die natürliche Selektion neutralen Eigenschaften oder Beiprodukte von adaptiven Mutationen mit erst später realisierten Potenzialen.[17]

Ein weiteres Defizit besteht darin, dass aufgrund der adaptionistischen Weichenstellungen angenommen wird, Organismen müssten genau die Eigenschaften haben, die reproduktionsmaximierend wirkten, weil andere der natürlichen Selektion notwendig zum Opfer fallen würden. Ein solches Vorgehen übersieht die Voraussetzungen einer evolutionären Erklärung eines Phänomens. Man muss zuerst die Eigenschaften eines Organismus empirisch bestimmen und kann dann erst die Frage stellen, wie diese Eigenschaften evolutionstheoretisch womöglich zu erklären sind. Es würde die Überlebenschancen von Menschen wahrscheinlich steigern, wenn sie sich in der Nacht mit Ultraschall wie Fledermäuse orientieren könnten. Dennoch niemand nähme an, dass Menschen diese Eigenschaft allein aufgrund ihrer adaptionistischen Nützlichkeit auch besäßen. Im Gegenteil wird man untersuchen, welche Orientierungssysteme dem Organismus Mensch zur Verfügung stehen (Ultraschall gehört nicht dazu) und dann überlegen, wie man ihre evolutionäre Entstehung erklären kann, was alles andere als einfach ist. Eine solche notwendige und überzeugende Bestimmung der empirischen Eigenschaften von Menschen gelingt der evolutionären Psychologie aufgrund ihrer adaptionistischen Fehlschlüsse nun keineswegs, auch nicht den in ihrem konzeptionellen Rahmen unternommenen empirischen Studien. Um das genannte Beispiel aufzugreifen: Männer sind etwa nicht einfach promiskuitiv – Romeo ist eine literarische Schöpfung, sein Ende, das er wählte, weil er Julia tot wähnte und ohne diesen einen Menschen nicht leben mochte, bewegt aber, weil es eine menschliche Möglichkeit illustriert, die das schlichte Bild der evolutionären Psychologie der Beziehungen von Männern und Frauen schon sprengt. Ähnliches gilt für andere behauptete Eigenschaften von Menschen, nicht zuletzt ihre moralischen Orientierungen, mit den daraus sich ergebenden, angedeuteten Konsequenzen für das Recht. Die Erklärungsversuche der evolutionären Psychologie leiden auch hier an einem Defizit – wie für die Moral im systematischen Teil noch näher illustriert werden wird: der Verarmung der Phänomenologie des zu erklärenden Objekts (vgl. u. § 29).

Die evolutionäre Psychologie bleibt mithin mit ihren evolutionstheoretischen Annahmen hinter dem Stand der methodenkritischen Evolutionstheorie der Gegenwart zu-

---

insbesondere als stochastischen Prozess auffasst, vgl. *R. C. Berwick/N. Chomsky*, Why Only Us. Language and Evolution, 2016.
17 *S. J. Gould/R. Lewontin*, The Spandrels of San Marco and the Panglossian Paradigm: A Critique of the Adaptionist Programme, Proceedings of the Royal Society London B, 205 (1979), S. 581 ff.

rück. Für geistige Eigenschaften bestehen im Übrigen aus evolutionsbiologischer Sicht auch jenseits der Grenzen der evolutionären Psychologie spezifische Schwierigkeiten, irgendwelche substantiellen Aussagen zur Evolution des menschlichen Geistes zu machen, die mehr als Spekulationen bilden (sog. *just-so-stories*).[18] Wichtige Evolutionsbiologen vertreten deshalb mit guten Gründen die These, dass man über die Evolution der Kognition praktisch gar nichts wisse.[19] Es wird plausibel argumentiert, dass es keineswegs sicher sei, dass man diese Wissenslücken wird schließen können. Denn in der Evolutionstheorie – wie auch in anderen Bereichen der Wissenschaft – ist es wissenschaftstheoretisch naiv zu glauben, dass jede interessante Frage mit den Mitteln der Wissenschaft auch beantwortbar sein müsse.[20]

## 2. Neuroethischer Emotivismus

**a) Gefühl und Rationalisierung.** Eine weitere Strömung der Neuroethik knüpft an die nonkognitivistische, emotivistische Diskussion der Ethik an (s. o. § 15 III). Sie behauptet, Kern eines moralischen Urteils sei eine evolutionär verankerte, emotionale Reaktion auf bestimmte Situationen.[21] Diese emotionalen Reaktionen werden unterschiedlich beschrieben. Eine Kernthese lautet aber, dass sie in Aversionen dagegen bestünden, unmittelbar gegenwärtigen Personen durch Handlungen (nicht Unterlassungen) Schaden zuzufügen.[22] Die schädigenden Folgen seien dabei für die emotionalen Reaktionen nur relevant, wenn sie Mittel zur Zielerreichung, nicht nur Nebeneffekte seien.[23] Deonto-

---

18 Z.B. 1. Unklarheit, was reproduktionsfunktional innerhalb der Spezies (nicht für die Spezies insgesamt) war, also für die ersten Individuen, die kognitive Fähigkeit besaßen, im Verhältnis zu anderen Individuen derselben Spezies. Die Sprachfähigkeit mag der Spezies nützen – war sie auch hilfreich für die ersten Individuen, die über sie verfügten oder wurden diese Individuen womöglich ausgegrenzt? Wie steht es in dieser Hinsicht mit dem Beispiel promiskuitiver Männer? 2. Schwierigkeiten evolutionsgeschichtlicher Beschreibung: Wer ist direkter Vorfahre der Menschen? Welcher Vorfahre hatte welche kognitiven Fähigkeiten, die häufig (abgesehen von indirekten Hinweisen, z.B. von Werkzeugen auf Vermögen, diese herzustellen) keine Spuren hinterlassen, weswegen entsprechende Armut der fossilen Hinweise in dieser Beziehung herrscht? Weiter gibt es wenig nahe Verwandte (Schimpansen, Gorillas als vermutlich nächste Verwandte sind ungefähr 14 Millionen Entwicklungsjahre entfernt), ja weniger unmittelbare Verwandte des Menschen überhaupt, so dass die Evolutionsgeschichte schwer zu rekonstruieren ist. 3. Möglichkeit des funktionalen Wandels, der weiter entfernt verwandte Organismen in bestimmten Eigenschaften ähnlicher macht als näher verwandte. 4. Probleme der Bestimmung von Vorteilen in der natürlichen Auslese (Vergleichsgruppenbildung, Feststellung relevanter Unterschiede in Reproduktionsrate, genetische Fundierung des Reproduktionsvorteils, Verschwinden nicht-adaptiver Alternativen). 5. Probleme der Differenzierung von homologen und analogen Strukturen; Möglichkeit einer Eigenschaft, die *de novo* auftritt, z.B. indem anatomisch homologe Strukturen für neue Funktionen rekrutiert werden (etwa Beine zu Flügeln sich wandeln, neuroanatomische Hinweise zu anderen Funktionen von menschlichen Hirnregionen gegenüber den neuroanatomisch homologen Strukturen bei Primaten). Vgl. zum Ganzen den Überblick bei *R. Lewontin*, The Evolution of Cognition: Questions We Will Never Answer, in: D. Scarborough/S. Sternberg (Hrsg.), An Invitation to Cognitive Science, Vol. 4, 1998, S. 107 ff.
19 *R. Lewontin*, The Evolution of Cognition: Questions We Will Never Answer, S. 107 ff.
20 *R. Lewontin*, The Evolution of Cognition: Questions We Will Never Answer, S. 107 ff.
21 Vgl. zusammenfassend z.B. *M. Gazzaniga*, The Ethical Brain, 2005, S. 167.
22 Vgl. etwa *J. D. Greene/R. B. Sommerville/L. E. Nystrom/J. M. Darley/J. D. Cohen*, An fMRI Investigation of Emotional Engagement in Moral Judgment, Science, 293 (2001), S. 2105 ff.; *J. D. Greene*, Moral Tribes, 2013, S. 106 ff.; ähnlich, aber sozialisationstheoretisch orientiert *J. Haidt*, The Emotional Dog and its Rational Tail: A Social Intuitionist Approach to Moral Judgment, Psychological Review, 108 (2001), S. 814 ff., 824; *J. Haidt*, The Righteous Mind: Why Good People are Divided by Politics and Religion, 2012 sowie *J. D. Greene/J. Haidt*, How (and Where) Does Moral Judgment Work, Trends in Cognitive Science, 6 (2002), S. 517 ff., 522.
23 *J. D. Greene*, Moral Tribes, S. 228 ff. Fälle, bei denen die Schädigung einer Person Mittel zur Zweckerreichung sei, aber keine ablehnende Reaktion bei Probanden hervorrufe, seien durch die besondere kausale Strukturierung des Handlungsablaufs zu erklären, ebd., S. 236.

logische Prinzipien wie ein Verbot der Instrumentalisierung von Menschen seien Ausdruck derartiger emotionaler Reaktionsmuster.[24] Rechte, auch Grund- und Menschenrechte seien ebenfalls bloße kognitive Illusionen ohne sachlichen Gehalt. Eine Folge dieses Ansatzes ist deshalb ein radikaler psychologischer Grundrechtsskeptizismus.[25] Evolutionstheoretisch wird zur Erklärung der Entstehung der Reaktionsmuster auf die evolutionäre Psychologie zurückgegriffen. Sie dienten der Reproduktionsmaximierung in kleinen Gruppen, die Menschen am Anfang als Jäger und Sammler gebildet hätten, weil sie den Zusammenhalt und die Zusammenarbeit in der Gruppe stärkten. Moral wird instrumental als Mittel verstanden, Kooperation zu ermöglichen und von ihren Vorteilen zu profitieren.[26] Evolutionäre Erklärungen werden dabei mit adaptionistischen Theorien identifiziert.[27] Rationale ethische Entscheidungen beruhen dagegen auf utilitaristischen Überlegungen.[28]

Ethische Argumentationen seien eine *post-hoc* Rationalisierung dieser emotionalen Reaktionen. Kants Ideen einer praktischen Vernunft etwa haben (wie andere Theorien der Geistesgeschichte von Platon bis Rawls) aus dieser Sicht keinen wirklichen Gehalt. Sie dienten keineswegs dazu, das moralische Urteil tatsächlich anzuleiten. Dies sei eine Selbsttäuschung von Philosophen wie Kant, Rawls und all derjenigen, die meinen, durch einen bewussten geistigen Klärungsprozess moralische Prinzipien nicht nur behaupten, sondern begründen zu können. In Wirklichkeit setzten sich die neuronal verankerten, emotionalen Reaktionsmuster in moralischen Urteilen durch, die dann von den Akteuren einem ihnen selbst nicht transparenten geistigen Rationalisierungsprozess unterworfen würden. Die Menschen (auch die Rechtsphilosophen und -theoretiker) reagieren aus dieser Sicht emotional auf moralische Probleme und kleiden ihre gefühlsmäßigen Reaktionen danach in ein scheinbar geistig akzeptableres Gewand, z.B. die Argumente der Kritik der praktischen Vernunft oder der Theorie der Gerechtigkeit.[29] Deontologische Theorien seien mithin die scheinbar rationalen Erscheinungsformen emotionaler Reaktionsmuster.

Erhärtet würden diese Thesen durch Ergebnisse von fMRT-Untersuchungen. Dazu werden den Versuchspersonen bestimmte moralische Dilemmata vorgelegt, die sie moralisch bewerten, um die dabei sich vollziehenden Prozesse im Gehirn zu analysieren. Diese Untersuchungen ergäben, dass diejenigen Hirnregionen bei der moralischen Urteilsbildung in Fällen, in denen unmittelbar gegenwärtigen Personen ein Schaden zugefügt werde, besonders aktiv seien, die mit emotionalen Prozessen verbunden seien, insbesondere des ventromedialen prefrontalen Kortex. Utilitaristische Entscheidungen zeigten dagegen die Aktivität anderer, mit rationalen Prozessen verbundenen Hirnregionen, insbesondere des dorsolateralen prefrontalen Kortex.[30] Ein Beispiel ist das sog.

19

20

---

24 *J. D. Greene*, Moral Tribes, S. 219 ff.
25 *J. D. Greene*, Moral Tribes, S. 301 ff.
26 Vgl. z.B. *J. D. Greene*, Moral Tribes, S. 23: „Morality is a set of psychological adaptations that allow otherwise selfish individuals to reap the benefits of cooperation".
27 Vgl. *J. D. Greene*, Moral Tribes, S. 188.
28 Vgl. *J. D. Greene*, Moral Tribes, S. 105 ff.
29 Vgl. *J. D. Greene*, The Secret Joke of Kant's Soul, in: W. Sinnott-Armstrong (Hrsg.), Moral Psychology, Vol. 3, S. 35 ff.; *ders.*, Moral Tribes, 298 ff., 333.
30 Vgl. *J. D. Greene*, Moral Tribes, S. 119 ff.

*Roadside-Dilemma*: Ein Mann findet einen Verletzten am Straßenrand, den er nur dann mit seinem Auto in das rettende Krankenhaus fahren kann, wenn er bereit ist, Blutflecken auf seinen Autositzen hinzunehmen, die ihn 500 EUR für die Reinigung kosten werden. Hier wird von den Probanden von einer Pflicht zur Rettung ausgegangen, wobei Hirnzentren aktiv seien, die mit emotionalen Reaktionen verbunden werden. Bei der Frage hingegen, ob eine Pflicht zur Spende an eine Hilfsorganisation, die Elend in der Dritten Welt lindert, in Höhe von 500 EUR bestehe, sei die Reaktion der Probanden anders. Das Bestehen dieser Pflicht wird von Probanden verneint, wobei Hirnregionen, die mit rationalen Operationen verbunden würden, aktiv seien. Dies deute an, dass jenseits des unmittelbar gegenwärtigen Leids utilitaristische Nutzenkalküle entscheidend seien.[31]

21 Diese Ansätze werden in den weiteren psychologischen Zusammenhang des bereits umrissenen Modells menschlicher Entscheidungsfindung gestellt, nach dem schnelle, Rationalitätsstandards nicht immer entsprechende geistige Prozesse wie Heuristiken neben langsamen, rationalen die Entscheidungsfindung anleiteten (*Dual System Model/Dual Process Model*). Deontologische Prinzipien seien Teil des schnellen, irrationalen Systems, dessen Funktionsweise für bestimmte Bereiche sinnvolle Ergebnisse liefern könne, das aber menschliche Entscheidungsfindung nicht in letzter Instanz anleiten dürfe. Stattdessen sei auf rationale Prozesse zurückzugreifen, die mit utilitaristischen Kalkülen identifiziert werden.[32] Deontologische moralische Urteile, z.B. ein Verbot der Instrumentalisierung von Menschen, oder Argumente, die auf Grundrechte zurückgreifen, seien deshalb als bloße emotionale Bewertungsmuster für bestimmte Bereiche alltäglichen Urteilens sinnvoll, im Zweifel aber durch utilitaristische Erwägungen zu ersetzen.[33]

22 **b) Kritische Einschätzungen.** Die Argumente des neuroethischen Emotivismus haben potenziell weitreichende praktische Konsequenzen, deren Einfluss nicht unterschätzt werden sollte, nicht zuletzt, weil sie im Gewand anspruchsvoller, empirisch abgesicherter Wissenschaft auftreten. Sie haben das Format, die moralpsychologische Debatte und ihre Rezeption in der Rechtsphilosophie für lange Zeit wesentlich so zu beeinflussen, wie es in der Vergangenheit etwa Theorien von Piaget oder Kohlberg getan haben. Sie besitzen dabei explizite, unmittelbare ethische und rechtstheoretische Konsequenzen, die in nicht weniger bestehen als einer offenen und radikalen Delegitimierung grundlegender ethischer und rechtlicher Prinzipien mit den Mitteln der Kognitionspsychologie. Instrumentalisierungsverbote etwa sind ja ein Kerngehalt von zentralen ethischen und gerade auch rechtlichen Normen, nicht zuletzt von Menschenwürdegarantien. Grundrechte gehören ganz allgemein zu den unverzichtbaren Fundamenten einer anspruchsvollen Rechtszivilisation (vgl. u. § 37).

23 Der neuroethische Emotivismus wirft allerdings verschiedene Fragen auf. Er leidet zunächst an den gleichen analytischen Mängeln wie seine Vorgänger ohne neurologische Fundierungsversuche. Wie angedeutet wurde und noch näher zu entfalten ist, geht

---

31 J. D. Greene, From neural ‚is' to moral ‚ought': what are the moral implications of neuroscientific moral psychology?, Nature Reviews Neuroscience, 4 (2003), S. 846 ff., 849.
32 Vgl. J. D. Greene, Moral Tribes, S. 147 ff.
33 Vgl. J. D. Greene, Moral Tribes, S. 289 ff.

moralisches Urteil nicht in einer bloßen emotionalen Reaktion auf eine Entscheidungssituation auf, sondern beruht auf einer strukturellen Analyse der zu bewertenden Situation, z.B. in Hinsicht auf Intentionen der Handelnden und ihre Eigenart, die Folgen der Handlung, die Mittel zur Erreichung des Handlungszwecks oder ihre Nebeneffekte und wird durch moralische Prinzipien geleitet – etwa der Gerechtigkeit als Gebot der Bewahrung von proportionalen Gleichheitsverhältnissen (vgl. näher u. § 29). Diese Wirkung von Prinzipien wird übrigens auch von neo-emotivistischen Neuroethikern anerkannt, ohne sich allerdings Rechenschaft über den Gehalt der eigenen Argumente abzulegen, wenn z.B. auf Zweck-Mittel-Relationen oder die Bedeutung von Nebeneffekten für die moralische Entscheidungsfindung zurückgegriffen wird. Auch der Bezug auf „Fairness" als Leitfaden von menschlichen Entscheidungen kann als Beispiel dienen.[34] Fairness als Teil von Gerechtigkeit, die die Wahrung von Gleichheitsrelationen betrifft, geht über emotionale Bauchreaktionen qualitativ hinaus und verweist auf die Ebene von (egalitären) kognitiven Prinzipien. Dieses Problem wird noch durch den Bezug auf utilitaristische Prinzipien als Verkörperung rationaler, langsamer Entscheidungsprozesse vertieft. Programmatisch wird formuliert: „Happiness is what matters, and everyone's happiness counts the same".[35] Das für den Utilitarismus grundlegende Prinzip, dass dem Wohlergehen jeder Person gleiches Gewicht beizumessen sei, beruht nun aber nicht auf dem Nützlichkeitsprinzip selbst, sondern auf dem Prinzip der gebotenen Gleichbehandlung von Personen und moralischen Annahmen zu deren moralischem Eigenwert. Nur unter der Bedingung der Gültigkeit dieser normativen Prämissen folgt, dass verschiedene Personen normativ gleich viel zählen und deswegen ihr Glücksverlangen in gleicher Weise zu berücksichtigen ist. Beide Prinzipien sind nicht utilitaristisch (was zudem zirkulär wäre), sondern nur durch eine Theorie der Gerechtigkeit und des normativen Status der menschlichen Person begründbar. Letzteres umfasst notwendig individuelle Rechtspositionen, nämlich das Recht jeder Person auf Gleichbehandlung und auf Anerkennung ihres gleichen Werts. Diese nicht selbst utilitaristisch legitimierbaren Prinzipien sind der implizite deontologische Grund utilitaristischer Theorien (vgl. dazu oben § 12). Die geistigen Prozesse utilitaristischen Urteilens, die als langsame, verlässliche geistige Prozesse die Anwendung deontologischer Prinzipien im Zweifel ersetzen sollen, führen also selbst zur Deontologie zurück. Damit ergibt sich ein fundamentales Problem: Deontologische Prinzipien und Rechte werden – wie erläutert – nur als Ausdruck und Rationalisierungen von emotionalen Reaktionsmustern angesehen, bilden aber die Grundlage genau der utilitaristischen Theorien, die die Alternative zu solchen emotionalen Bewertungsmechanismen formen sollen. Der neuroethische Emotivismus verstrickt sich im Selbstwiderspruch: Entweder sind die utilitaristischen Bewertungen genauso emotional bewirkt wie alle deontologischen Urteile und mithin keine Alternative zu schnellen, irrationalen Entscheidungsprozessen, sondern selbst Teil von ihnen, weil sie letztlich auf deontologischen (und damit emotional bewirkten) Prinzipien der Gleichbehandlung und des gleichen Wertstatus von Menschen beruhen. Oder aber die utilitaristischen Urteile sind rational,

---

34 Vgl. *J. D. Greene*, The Secret Joke of Kant's Soul, in: W. Sinnott-Armstrong (Hrsg.), Moral Psychology, Vol. 3, 2008, S. 35 ff., 54.
35 *J. D. Greene*, Moral Tribes, S. 170.

was aber dann auch für die deontologischen Prinzipien, etwa menschlicher Gleichheit, die ihnen zugrunde liegen, gelten muss. Die Annahme einer größeren Rationalität utilitaristischer Prinzipien beruht damit im Ergebnis auf einer unzureichenden Analyse der Grenzen der utilitaristischen Konzeption.

24 Es ist im Übrigen auch unabhängig von diesen Erwägungen unplausibel, dem Nützlichkeitsprinzip höhere Rationalität als etwa einem Instrumentalisierungsverbot zuzumessen. Die Bedeutung eines Instrumentalisierungsverbots kann im Einzelfall ohne Zweifel Fragen aufwerfen. Dass es aber grundsätzlich geringere Rationalisierungsleistungen erbringen würde als das Nützlichkeitsprinzip ist nicht begründbar und das schon, wenn man nur die praktischen Fragen bedenkt, die dieses Prinzip – etwa bei der Folgenabschätzung – selbst aufwirft. Gleiches gilt für Grundrechtspositionen. Auch diese schaffen schwierige Anwendungsprobleme. Dass mit einer Grundrechtsordnung aber keine Rationalisierungsleistungen erbracht werden könnten, wird durch die Praxis der Grundrechtsrechtsprechung durch nationale und internationale Gerichte jeden Tag praktisch widerlegt. Schließlich sei erwähnt, dass die empirische Basis des neuroethischen Emotivismus alles andere als belastbar ist – ernstzunehmende empirische Ergebnisse weisen in entscheidender Hinsicht in ganz andere Richtungen.[36] Diese Befunde stellen die psychologische Annahme von Framing-Effekten oder Heuristiken oder das zugrunde liegende Dual-Process-Modell des menschlichen Geistes nicht notwendig in Frage. Sie zeigen nur, dass man vorsichtig sein sollte, der komplexen Welt moralischen Urteils und ethischer Prinzipienbildung vorschnell im Rahmen bestimmter psychologischer Theorien einen Platz zuzuweisen.

25 Eine weitere Anmerkung betrifft ein allgemeines methodisches Problem. Auch wenn man anerkennt – was man tun sollte – dass mit den verschiedenen Abbildtechniken neue und faszinierende Möglichkeiten der Untersuchung der physiologischen Grundlagen menschlicher geistiger Leistungen möglich werden, müssen ihre Befunde methodenkritisch reflektiert werden. Dabei ist die beschränkte Reichweite der technischen Möglichkeiten durchwegs im Auge zu behalten – auch die modernsten Methoden erfassen Hirnaktivitaten nur auf einem sehr abstrakten und indirekten Niveau. Man liest nicht Gedanken, man beobachtet hirnphysiologische Vorgänge, die auf eine keineswegs geklärte Weise mit der Produktion des subjektiven mentalen Prozesses des Denkens verbunden sind – was ein großer Unterschied ist. Weiter ist die Theorieabhängigkeit der Interpretation der Befunde zu bedenken. Wenn sich halten lässt, was angedeutet (vgl. dazu u. § 29) und durch die Analyse der Theorien des neuroethischen Emotivismus bestätigt wurde, dass nämlich das moralische Urteil kognitiven Gehalt besitzt, müssen gegebene Befunde durch fMRT deshalb entsprechend interpretiert werden. Die Möglichkeiten sind hier vielfältig, nicht zuletzt aus zwei wichtigen Gründen. Erstens existiert das Problem von Umkehrschlüssen (*reverse inference*), das in den Neurowissenschaften häufig diskutiert wird. Das Problem besteht darin, dass aus der Aktivität einer Hirnregion bei der Lösung einer Aufgabe X durch den kognitiven Prozess Y nicht geschlossen werden kann, dass immer wenn diese Hirnregion aktiv

---

36 Ein wichtiges Beispiel sind Befunde zu den sog. Trolley-Fällen, etwa dem Footbridge-Case, vgl. dazu *J. D. Greene*, Moral Tribes, S. 215 auf der einen und *J. Mikhail*, Elements of Moral Cognition, S. 319 ff. auf der anderen Seite.

ist, gerade dieser kognitive Prozess Y vollzogen wird. Der Grund dafür ist, dass Hirnregionen verschiedene Funktionen ausüben, ohne dass aus den Aktivitätsmustern entnommen werden könnte, welche es gerade sind. Nur unter Einbezug der subjektiven Perspektive von Menschen können die Daten gewonnen werden, auf deren Grundlage man Theorien zu mentalen Prozessen wie moralisches Urteilen bilden kann.[37] Der zweite Grund ist das Fehlen einer überzeugenden Theorie der Funktionen des Gehirns, die die beobachteten Aktivierungsmuster insgesamt in einen gehaltvollen explikativen Rahmen bringen würde.

Mit diesen Anmerkungen wird nicht in Abrede gestellt, dass Emotionen eine Rolle im Rahmen moralischen Urteilens spielen – moralisches Urteil geht z.B. mit Empörung oder Bewunderung einher. Außerdem sind Emotionen Teil einer moralischen Heuristik, also ein Mittel des auch emotionalen Verständnisses dessen, worum es in einer Entscheidungssituation für die anderen geht. Wenn das Leiden an einem entfernten Ort hinreichend konkret wird (man denke etwa an die weltweiten Reaktionen auf Naturkatastrophen), wird Hilfe schnell zu einer dringend empfundenen moralischen Pflicht, nicht zuletzt wegen eines klaren Verständnisses dessen, worum es für die betroffenen Menschen geht.[38]

Die evolutionstheoretische Einbettung neuroethischer Theorien wirft all die Fragen auf, die in Bezug auf die evolutionäre Psychologie diskutiert wurden. Werden die Grenzen evolutionärer Theorien der Moral betont, stellt sich die Frage, welche konstruktive Rolle evolutionstheoretische Annahmen (im spezifischen adaptionistischen Rahmen) für die Theoriebildung eigentlich noch spielen.

Wie die gemachten Einwände zeigen, gibt es mithin keine guten Gründe, die Delegitimierung von fundamentalen ethischen Prinzipien, die konstitutiv für die Grundlagen der modernen Rechtszivilisation sind, durch neuroethische Überlegungen der skizzierten Art für überzeugend zu halten und Prinzipien wie die der Gerechtigkeit, Menschenwürde oder Grundrechte ganz allgemein für kognitive Illusionen zu halten, deren Einfluss auf praktisches Handeln begrenzt werden müsse.[39] Umso wichtiger wird damit die Aufgabe, diese Prinzipien in einem überzeugenden theoretischen Rahmen zu verankern. Genau dies ist die Aufgabe, die sich der letzte zu erwähnende mentalistische Ansatz stellt.

### 3. Mentalistische Theorien in Ethik und Recht

In den letzten Jahren hat sich schließlich ein *mentalistisches Forschungsparadigma* herausgebildet, das nicht nur für die Grundkonzeption einer Theorie des menschlichen Geistes von Interesse ist, sondern auch für die Untersuchung spezieller Objektbereiche, wie Sprache, visuelle Wahrnehmung usw.[40] Auch für die Ethik und Rechtstheorie hat es an Bedeutung gewonnen: Eine mentalistische Ethik und Rechtstheorie rekonstruiert

---

37 Vgl. zur Diskussion um Voraussetzungen von Wissensbildung *L. Wingert*, Lebensweltliche Gewissheit versus wissenschaftliches Wissen?, DZPhil, 55 (2007), S. 911 ff.
38 Vgl. zu einer ausführlicheren Kritik *M. Mahlmann*, Cognitive Science, Ethics and Law, German Law Journal (2007), S. 577 ff.
39 Vgl. *M. Mahlmann*, Mind and Rights, S. 329 ff.
40 *M. Mahlmann*, Rationalismus in der praktischen Theorie, S. 70 ff.

die Idee einer praktischen Vernunft als prinzipiengeleiteten kognitive moralische Urteilskraft, die zu den konstituiven Eigenschaften des menschlichen Geistes gehört.[41] Der nähere Gehalt dieses dritten, mentalistischen Forschungsansatzes wird am deutlichsten werden, wenn der Durchgang durch bestimmte systematische Probleme der Rechtstheorie und -philosophie abgeschlossen ist, und wird deshalb im Rahmen der systematischen Überlegungen aufgegriffen werden (s. u. § 41).

---

41 *J. Mikhail*, Elements of Moral Cognition; *M. Mahlmann*, Rationalismus in der praktischen Theorie, S. 88 ff; *M. Mahlmann*, Mind and Rights, S. 402 ff. Vgl. zu einer Theorie, die die Moralentwicklung bei Menschen auf angeborene Grundlagen der Moralentwicklung und Mechanismen der Kooperation zurückführt, *M. Tomasello*, A Natural History of Human Morality, 2016; *ders.*, Becoming Human. A Theory of Ontogeny, 2019.

## § 27 Übergang

Damit wurde der ausgewählte Teil der Ideengeschichte durchmessen. Manches andere könnte angesprochen werden – von den Regelungsformen prähistorischer Gemeinschaften, der Ethik des *Mahabharata* über das konfuzianische Rechtsdenken, die psychoanalytische Theorie des Rechts, Recht und Literatur,[1] bis zu manchen weiteren Verzweigungen der praktischen Debatten der Gegenwart. Die Grenzen der Ideengeschichte des Rechts sind keineswegs eng gesteckt. Zentrale Theorien wurden aber immerhin behandelt und jedenfalls angedeutet, wie vielfältig die Ansätze und wie schwierig die Probleme sind, die oftmals sogar nach Jahrhunderten der ernsthaften Reflexion auf eine befriedigende Lösung warten. Bemerkenswert ist auch, wie weit gespannt und wunderbar die Tradition des Nachdenkens über Recht und Moral sich schon in den wenigen erörterten Beispielen entfaltet hat. Dabei wurde eine ganze Reihe von systematischen Fragen formuliert und sogar die eine oder andere Erkenntnis gewonnen, die nunmehr die Grundlage bilden für einen Perspektivwechsel hin zu einer systematischen Erörterung zentraler Probleme der Rechtsphilosophie und -theorie – weiter ohne die vielfache Begrenztheit der Überlegungen zu vergessen, aber mit gespannter Neugier, was an Einsichten wohl noch festgehalten werden kann.

---

1 A. *Kilcher*/M. *Mahlmann*/D. *Müller-Nielaba* (Hrsg.), Fechtschulen und phantastische Gärten – Recht und Literatur, 2013; darin: M. *Mahlmann*, Hölderlin und die Tragödie der Freiheit, S. 171 ff.; M. *Mahlmann*, Politische Verbrechen und europäische Kultur – Joseph Conrads „Heart of Darkness" und die Gegenwelten der Gerechtigkeit, in J. C. Bublitz/J. Bung/A. Grünewald/D. Magnus/H. Putzke/J. Scheinfeld, Recht – Philosophie – Literatur. FS für Reinhard Merkel, 2020; M. *Mahlmann*, On the Foundations of a Democratic Culture of Freedom: Law and the Normative Resources of Art, in: K. Ghanayim/Y. Shany (Hrsg.), The Quest for Core Values in the Application of Legal Norms. Essays in Honor of Mordechai Kremnitzer, 2021, S. 15–35.

# 2. Teil: Recht und ethische Orientierung – Systematik

## § 28 Recht und Moral

I. Naturrechtstradition und Verbindungsthese .......................... 2
 1. Naturrecht, Moral und Recht ... 2
 2. Moderne Verbindungstheorien .............................. 6
II. Positivismus und Trennungsthese ... 8
III. Die materialen Probleme des Streites um Recht und Moral ............. 12
IV. Recht und Moral – was bleibt? ..... 25

Dass das Nachdenken über Recht nicht ohne das gleichzeitige Mitbedenken der Probleme der Moral auskommt, hat sich als ein roter Faden der Ideengeschichte der Rechtsphilosophie und -theorie erwiesen. Es gibt in ihr kaum einen wichtigen theoretischen Ansatz, der nicht zu Fragen der Moral Stellung bezogen hätte, wenn auch ihr Gegenstand nicht immer unter dem Begriff der Moral behandelt wird. Das Verhältnis von Recht und Moral ist deshalb das erste grundlegende systematisch zu bedenkende Problem. Zuerst können einige Ergebnisse der bisherigen Überlegungen festgehalten werden. Dabei darf als unstreitig vorausgesetzt werden, dass bei der Neuschaffung von Recht ethische Standards beachtet werden müssen. Recht, das Gerechtigkeitsmaßstäbe einfach ignoriert und offen Partikularinteressen dient, kann keinen Legitimitätsanspruch erheben. In dieser grundlegenden Weise ist Recht auf jeden Fall auf ethische Prinzipien verwiesen.

### I. Naturrechtstradition und Verbindungsthese

#### 1. Naturrecht, Moral und Recht

Über viele Jahrhunderte fand die Annahme, dass Moral und Recht verbunden seien, im Rahmen der Naturrechtstradition verschiedenartigen Ausdruck. Diese Tradition setzt in der Antike ein, in der die rechtlichen Ordnungen mit dem Naturrecht identifiziert werden oder den gegebenen positiven Normen eine natürliche Ordnung entgegengesetzt wird. Derartige Vorstellungen werden in der frühen griechischen Poesie angedeutet und in der klassischen Zeit der griechischen Philosophie etwa bei den *Sophisten* oder *Aristoteles* weiter bedacht. In der hellenistischen und römischen *Stoa* werden sie in der Fassung formuliert, die im Christentum, der scholastischen Reflexion und dem Vernunftrecht der Neuzeit vor allem weiter wirkte (vgl. o. § 1).

Die Kernthese der Naturrechtstradition – die Vorstellung einer unabhängig von menschlichen Setzungen existierenden, unveränderlichen, für Menschen erkennbaren normativen Ordnung – sollte dabei nicht als die Behauptung missverstanden werden, das Naturrecht, das göttlich offenbart oder durch Vernunft eingesehen werden könne, bilde das einzige verbindliche Recht. Die Tradition ist – wie exemplarisch verdeutlicht wurde – im Gegenteil durch eine sehr differenzierte Analyse der verschiedenen normativen Ordnungen ausgezeichnet, in der auch das positive Recht seinen selbstverständlichen Platz hat. Die Kritik, die manchmal an der Naturrechtsidee geäußert wird, dass nur positives Recht eigentliches Recht sei, dem Naturrecht folglich die Rechtsqualität abgehe,[1] verkennt diese differenzierte Analyse. Die Naturrechtstradition hat die äußere Verbindlichkeit von Normen, auch ihre Durchsetzung durch Sanktionen und ihre Existenzform als positives, gesetztes Recht sehr wohl zur Kenntnis genommen (vgl. o. §§ 1, 2 IV, 4). Sie hat lediglich – zu Recht oder zu Unrecht – darüber hinaus die Existenz einer weiteren normativen Ordnung mit eigener Verbindlichkeit behauptet – die Existenz des Naturrechts. Dieses komplexe Verhältnis gilt insbesondere auch für die Kernfrage des Problems des Verhältnisses von Recht und Moral, ob und unter welchen Bedingungen positives Recht nicht angewandt werden darf, wenn es gegen moralische Grundprinzipien verstößt. Die Naturrechtstradition hält auf diese Frage vielschichtige Antworten bereit, wobei – wie nachgezeichnet wurde – etwa *T. v. Aquins* Antwort *Radbruchs* keineswegs an Differenziertheit nachsteht (s. o. §§ 2 IV 3, 18 II).

4  Eine weitere Quelle für das durchaus nicht unübliche Unterschätzen des systematischen Gehalts der Naturrechtstradition entspringt der gängigen These, die reflektierte Trennung von Recht und Moral sei im 18. Jahrhundert anzusiedeln. Als zentrale Autoren werden dabei vor allem *Thomasius* und *Kant* genannt. Bei Ersterem ist dies allerdings alles andere als klar, weil Thomasius keinen Begriff einer verpflichtenden Moral bildet, sondern im Kern individuelle Nutzenkalküle von Recht unterscheidet, die theoretisch vor allem an Hobbes anknüpfen (vgl. o. § 5 II). Jedenfalls Kant aber vollzog in der Tat eine klare und begrifflich bis heute maßgebliche Unterscheidung von Moral und Recht. Erstere bildet – wie erläutert wurde – eine innere Pflichtenordnung, die durch Sollensgebote unmittelbar motiviert und das Innere der Menschen ergreift. Letzteres bildet eine Ordnung, deren Gegenstand das äußere Verhalten der Menschen, nicht aber ihre innere Gesinnung bildet und die durch äußeren Zwang durchgesetzt wird. Inhaltlich sind beide am kategorischen Imperativ in seinen verschiedenen formalen und materialen Gehalten orientiert (vgl. o. § 9). Dies sind ohne Zweifel entscheidende theoretische Klärungen. Aber auch vor Kant wurde in der Naturrechtstradition eine sachlich ähnliche Unterscheidung entwickelt. Der Begriff, der für die im modernen Sinne moralische Ordnung – Kants Moralität oder Sittlichkeit – verwandt wird, ist nur der des Naturrechts selbst. Es teilt nämlich bei näherer Analyse aus der Sicht der wesentlichen Naturrechtstheoretiker genau die entscheidenden Eigenschaften, die in der Gegenwart der Moral zugeschrieben werden. Dazu gehören vor allem das Fehlen von Positivität und formalisierten Sanktionen, seine Letztverbindlichkeit, die Generierung in einem Gewissen oder einer praktischen Vernunft, sowie die inhaltliche Orientierung am Wohl anderer und an Gerechtigkeit.

5  In der klassischen Naturrechtstradition wurde das Naturrecht ontologisch in einer Welt jenseits der Menschen verankert. Naturrecht wurde als reale Entität verstanden, die der Welt immanent (z.B. in der Stoa) oder von Gott – mindestens teilweise – geschaffen und durch die Vernunft erkennbar sei (z.B. bei T. v. Aquin). Die moderne Ethik subjektiviert diese überpositive, unabhängig vom Menschen existierende Normenordnung. Das Gesetz des Naturrechts wird bei Kant etwa zu einem notwendigen, den Willen der Menschen bestimmenden, nicht von ihm geschaffenen Gesetz der autonomen praktischen Vernunft. Einen Schritt weiter geht die moderne Metaethik, in der

---

[1] Vgl. z.B. *H. Welzel*, Naturrecht und materiale Gerechtigkeit, S. 162 ff.

die Menschen die moralische Orientierung originär schaffen und nicht gegebene Gesetzlichkeiten auffinden, wobei ihre subjektiven Präferenzen (Nonkognitivismus), ihre Nützlichkeitsbestimmungen (Utilitarismus), diskursive Normbildungen (Diskursethik), kontraktualistische Gerechtigkeitsprinzipien (Rawls) oder angeborene Gefühlschemata (neuroethischer Neoemotivismus) entscheidend sein können. Die anderen ontologischen Weichenstellungen der Naturrechtstradition ändern aber am systematischen Zusammenhang ihrer Gedanken mit dem Problem des Verhältnisses von Recht und Moral nichts – das Phänomen der Moral wird nur im theoretischen Rahmen des Naturrechts verstanden. Diese Einsicht ist nicht unerheblich. Sie erschließt der modernen Diskussion den großen Reichtum der Naturrechtstradition, wobei das naturrechtliche Erbe allerdings auf ontologisch vielversprechenderen Pfaden rekonstruiert und weiterentwickelt werden muss.

### 2. Moderne Verbindungstheorien

Moderne Verbindungstheorien (z.B. Radbruch, Dworkin, Alexy) gehen von einer notwendigen Verbindung von Recht und Moral aus (s. o. § 18). Der Begriff des Rechts verweist aus dieser Sicht notwendig auf moralische Maßstäbe. Wenn das positive Normmaterial zwei Interpretationen A und B zulasse, A aber die moralisch vorzugswürdigere Interpretation sei, müsse A von den Rechtsanwendern gewählt werden. Eine andere Entscheidung wäre eine rechtlich unvollkommene Entscheidung. Der Rechtsbegriff wird deshalb heute aus verbindungstheoretischer Sicht weit gefasst: „Das Recht ist ein Normensystem, das (1) einen Anspruch auf Richtigkeit erhebt, (2) aus der Gesamtheit der Normen besteht, die zu einer im Großen und Ganzen sozial wirksamen Verfassung gehören und nicht extrem ungerecht sind, sowie aus der Gesamtheit der Normen, die gemäß dieser Verfassung gesetzt sind, ein Minimum an sozialer Wirksamkeit oder Wirksamkeitschance aufweisen und nicht extrem ungerecht sind, und zu dem (3) die Prinzipien und die sonstigen normativen Argumente gehören, auf die sich die Prozedur der Rechtsanwendung stützt und / oder stützen muß, um den Anspruch auf Richtigkeit zu erfüllen".[2]

Für das praktische Problem des Umgangs mit barbarischem Recht, z.B. NS-Recht, folge daraus, dass dieses Recht Nicht-Recht sei und deshalb keine Geltung beanspruchen könne – mit den entsprechenden juristischen Konsequenzen etwa hinsichtlich der Bestrafung derjenigen, die dieses Recht angewandt oder befolgt haben. Wenn Nicht-Recht vorlag, verletzt diese Bestrafung nicht das Rückwirkungsverbot, wie es rechtsstaatliche Ordnungen in verschiedener Form kennen.

---

2 Vgl. *R. Alexy*, Begriff und Geltung des Rechts, S. 201. *R. Dreier*, Der Begriff des Rechts, NJW, 39 (1986), S. 890 ff., 896 formuliert etwas enger: „Recht ist die Gesamtheit der Normen, die zur Verfassung eines staatlich organisierten oder zwischenstaatlichen Normensystems gehören, sofern dieses im großen und ganzen sozial wirksam ist und ein Minimum an ethischer Rechtfertigung oder Rechtfertigungsfähigkeit aufweist, und der Normen, die gemäß dieser Verfassung gesetzt sind, sofern sie, für sich genommen, ein Minimum an sozialer Wirksamkeit oder Wirksamkeitschance und ein Minimum an ethischer Rechtfertigung oder Rechtfertigungsfähigkeit aufweisen".

## II. Positivismus und Trennungsthese

**8** Der Positivismus (z.B. Kelsen, Hart) dagegen trennt die Bereiche von Recht und Moral (vgl. o. § 17). Die Grundthese lautet, dass das positive Recht, so wie es ist, von einem Recht unterschieden werden müsse, wie es sein solle. Positives Recht sei häufig unvollkommenes oder schlechtes, manchmal sogar unmenschliches Recht. Dennoch sei es aufgrund seiner Positivität Recht. Die Verbindungstheoretiker verwischten diese Unterscheidung von Sein und Sollen, der Realität des Rechts und seinem Idealzustand.

**9** Recht sei ohne Rückgriff auf Moral identifizierbar, etwa durch Rückführung auf eine Grundnorm (Kelsen) oder eine sekundäre Rechtserkenntnisregel (Harts *rule of recognition*, vgl. o. § 17 III). Die faktische soziale Wirksamkeit wird durchweg als Kriterium herangezogen, Recht als Recht zu identifizieren.

**10** Klassische positivistische Theorien, wie die Kelsens, streben an, die Trennung von Recht und Moral strikt zu vollziehen. Recht müsse gründlich von moralischen Einflüssen gereinigt werden. In modernen positivistischen Theorien wird häufig ein differenziertes Verhältnis von Recht und Moral entwickelt. Es wird dabei etwa auf die moralischen Gründe für die Existenz eines Rechtssystems hingewiesen. Es wird auch nicht bestritten, dass es Fälle gibt, in denen das Recht keine Antwort auf einen zu entscheidenden Fall bereit hält. Es wird unterstrichen, dass in diesen Fällen eine moralisch bessere Entscheidung die selbstverständlich vorzugswürdige sei. Bei dieser Entscheidung des Richters handele es sich aber nicht mehr um die Anwendung gegebenen Rechts, sondern die Setzung von neuen Normen. Dies sei offen einzuräumen.[3]

**11** Die Verpflichtung zur Befolgung von Normen sei im Übrigen mit der Identifizierung von Recht als Recht noch nicht begründet. Den letzten Maßstab bildet für manche Positivisten vielmehr die Moral, die entsprechend entscheidet, ob die Verpflichtung besteht, einem Rechtsakt zu folgen oder nicht (so z.B. Hart, vgl. o. § 17 III). Die Fälle extremen Unrechts seien am besten durch offen rückwirkende Gesetze zu lösen, nicht dadurch, dass man faktisch vorhandenes Recht zu Nicht-Recht erkläre.

## III. Die materialen Probleme des Streites um Recht und Moral

**12** Dieser Streit um das Verhältnis von Recht und Moral wird mit guten Gründen mit großem Ernst geführt. Im Hintergrund stehen wichtige Fragen der Grundlagen und des Gehalts rechtlicher Ordnungen, die man nicht aus den Augen verlieren sollte, damit der Streit nicht nur zum terminologischen und damit beschränkt bedeutsamen wird. Ein erstes wichtiges Problem betrifft die Frage, wie mit extrem ungerechten Rechtsnormen umgegangen werden soll. Aus der Sicht der Verbindungstheoretiker sind – wie gerade rekapituliert – diese Normen gar kein Recht, sondern Nicht-Recht. Für Positivisten ist dagegen auch extrem ungerechtes Recht. Es sind nun positivistische Theorien denkbar, die eine moralische Kritik des Rechts ganz ausschließen und deswe-

---

3 In der Gegenwartsdebatte stehen sich „inclusive positivists" und „exclusive positivists" gegenüber, vgl. zu Ersterem *W. J. Waluchow*, Inclusive Legal Positivism, 1994, und *J. Coleman*, The Practice of Principle, 2001, zu Letzterem z.B. *J. Raz*, The Authority of Law, 2nd ed., 2009, S. 49 f. Erstere argumentieren, dass moralische Prinzipien durch Recht zu Recht gemacht werden könnten, z.B. durch konstitutionelle Inkorporationsnormen, also Normen, die sich direkt oder indirekt auf extra-legale Standards wie Moral beziehen. Letztere betonen, dass Recht aus rechtlichen Quellen, die soziale Fakten bilden, abgeleitet werde. Wenn Richter (womöglich notwendigerweise) auf Moral zurückgriffen, handele es sich um Rechtsfortbildung.

## § 28 Recht und Moral

gen folgern, dass auch Nazi-Recht nicht nur Recht, sondern auch letztverbindlich und deshalb anzuwenden sei. Eine solche Position kann z.B. durch einen konsequenten Relativismus begründet werden, der nichts als das jeweils gegebene Recht als gesellschaftlich verbindliche Ordnung anerkennt. Heute wird vom Positivismus diese Position aber keineswegs unzweideutig vertreten, wie das genannte Beispiel Harts illustriert.

Das ist ein entscheidender Schritt. Damit wird die materiale Richtigkeit, die Orientierung an ethischen Maßstäben zu einer zentralen Frage. Das Recht kann sich nicht mit seiner schlichten Gegebenheit begnügen, selbstzufrieden in seiner Positivität ruhen, sondern ist der kritischen normativ-ethischen Reflexion ausgesetzt.

Das erste wichtige sachliche Problem besteht damit für die Reflexion über Recht darin, zu spezifizieren, welche Maßstäbe der Moral verbindlich sind und welches Maß an Abweichung des positiven Rechts von diesen Maßstäben Normungehorsam der Rechtsadressaten rechtfertigt, weil das Recht seine Verbindlichkeit verliert. Anders formuliert: Was sind die ethischen Maßstäbe der Legitimität des Rechts?

Besteht hier Einigkeit, ist es nicht entscheidend, ob man die nicht verbindlichen Normen Nicht-Recht (Verbindungstheoretiker) oder nicht verbindliches Recht (Positivisten) nennt. Für Letzteres spricht immerhin, dass z.B. die Terminologie „Nazi-Nicht-Recht" etwa für die Nürnberger Gesetze gekünstelt erscheint, man die Begriffe Nazi-Recht, Nazi-Gesetze usw. selbstverständlich verwendet und Nazi-Unrecht (als möglicher Alternativbegriff) ein allgemeines Unwerturteil ausspricht, nicht aber den Rechtscharakter des bewerteten Rechts verneint. Dieser Sprachgebrauch spiegelt die ernüchternde Tatsache, dass selbst extrem ungerechte und inhumane Normen sozial als maßgebliches Recht wirken können. Mit einer solchen terminologischen Weichenstellung wird keineswegs notwendig einer positivistischen Theorie gefolgt. Indem die Letztinstanzlichkeit der Moral als Handlungsmaßstab eingeräumt wird, bewegt man sich bereits außerhalb dessen, was sinnvoll Positivismus genannt wird, wenn wichtige Vertreter des Positivismus dies auch (nicht nur terminologisch) anders sehen.

Wie die Moralkonzeption, die verfolgt wird, inhaltlich bestimmt ist, hängt entgegen einer weitverbreiteten Überzeugung nicht von der Frage ab, ob eine Verbindungstheorie oder eine positivistische Theorie vorliegt. Es ist zwar historisch in der Tat so, dass viele Verbindungstheoretiker universalistischen Maßstäben verbunden sind und bedeutende Positivisten, etwa Kelsen, ausgesprochene Relativisten waren. Dieser Zusammenhang von Verbindungstheorie mit Universalismus und Positivismus mit Relativismus ist aber keineswegs notwendig. Ein Verbindungstheoretiker kann z.B. durchaus Kulturrelativist sein. Die Moral, die Teil des Rechts ist, ist dann eben aus seiner Sicht eine kulturrelative. Umgekehrt kann eine positivistische Theorie mit einer universalistischen Ethik verbunden werden – der letzte Handlungsmaßstab, der über die Befolgung von Recht entscheidet, ist dann diese universalistische Orientierung. Die positivistischen oder verbindungstheoretischen Weichenstellungen lassen die Frage nach der Art der maßgeblichen Moral schlicht offen.

Das zweite sachlich wichtige Problem betrifft die Frage, ob Recht ohne den Bezug auf Moral ausgelegt und angewandt werden kann. Gegen eine Rechtsanwendung ohne moralische Einflüsse sprechen mindestens zwei Phänomene: Abstrakte Normen, insbesondere Grundrechte, aber auch klassische Generalklauseln und sog. *hard cases*. Bei Generalklauseln ist die – auch moralische – Konkretisierungsbedürftigkeit offensichtlich. Was etwa „Gute Sitten" oder „Treu und Glauben" bildet, kann ohne Bezüge auf ethische Prinzipien nicht bestimmt werden. Das ist heute nicht zuletzt deswegen der Fall, weil Generalklauseln nicht nur auf eine faktisch gegebene Sozialethik verweisen, sondern im Licht der normativen Ordnung der Grundrechte ausgelegt werden müssen. Diese nationalen, supra- und internationalen Grundrechte bilden die wichtigsten abstrakten Normen, die heute die ganze (nicht nur nationale) Rechtsordnung im Prozess ihrer Konstitutionalisierung als zentrale Quelle von Wertungen durchdringen. Grundrechte sind deshalb gute Beispiele, um die Bedeutung von ethischen Prinzipien bei der Auslegung von abstrakten Rechtsnormen zu veranschaulichen. Wortlaut, Entstehungsgeschichte oder Systematik konkretisieren den Gehalt dieser Normen ohne Zweifel zu einem gewissen Grade. Die methodisch letztendlich entscheidenden teleologischen Auslegungen verweisen aber auf materiale Maßstäbe jenseits des bloßen Normtexts. Dieser Sachverhalt begründet in der modernen Methodendiskussion die Notwendigkeit der Formulierung einer Grundrechtstheorie.[4] Eine Grundrechtstheorie ist eine allgemeine Auffassung von Struktur und Gehalt einzelner Grundrechte und einer Grundrechtsordnung insgesamt, die die Beantwortung bestimmter Auslegungsfragen anleitet. Diese Theorie wird durch eine gegebene Grundrechtsordnung zu einem gewissen Grade bestimmt. Eine Grundrechtstheorie kann aber nicht vollständig durch den Normtext der Grundrechte bestimmt werden, deren Unbestimmtheit sie gerade beseitigen soll. Sie kann deshalb auf einen Rückgriff auf nicht-rechtliche Maßstäbe nicht verzichten, um überzeugende inhaltliche Ansatzpunkte zu gewinnen. Hier können Erwägungen der ökonomischen Effizienz oder andere zweckrationale Überlegungen relevant werden. Eine Grundrechtsauslegung, die nicht auch ethische Gesichtspunkte einbezieht, etwa der Gerechtigkeit, würde aber wenig Überzeugungskraft entfalten. Eine aufgeklärte Rechtswissenschaft kommt mithin um die Erkenntnis nicht herum, dass die Auslegung von Grundrechtskatalogen ethische Einflüsse nicht vermeiden, sie nur verkennen und als bloße Normanwendung, als moralisch unberührte Legalität missverstehen kann. Ein solches Missverständnis ist wenig hilfreich, weil es die kritische Rationalisierung moralischer Einflüsse auf die Grundrechtskonkretisierung unmöglich macht.[5] Ein gutes Beispiel für die Bedeutung einer ethischen Grundrechtstheorie liefern dabei Menschenwürdegarantien und ihre Auslegung in verschiedenen Rechtskontexten. Ob man diese Garantien kantianisch, utilitaristisch oder in anderer Weise versteht, ist eine Frage, die die rechtswissenschaftliche Normkonkretisierung notwendig mit der Ethik verbindet.[6]

18 Die *hard cases* beschäftigen die angelsächsische und die internationale Diskussion in hohem Maße, nicht zuletzt bedingt durch die Rechtsfindungsweisen des *Common Law*. Diese Fälle machen konkret die Grenzen einer positivierten Rechtsordnung deut-

---

4 Vgl. M. Mahlmann, Elemente einer ethischen Grundrechtstheorie.
5 *H. Hofmann*, Einführung in die Rechts- und Staatsphilosophie, 5. Aufl., 2011, S. 43, hält deswegen zu Recht fest: „Die Rechtsethik ist keine Art von divinem antiken Gesetzgeber, der nach eingerichteter Verfassung verschwindet und nichts zurücklässt als pures positives Recht, das einfach als solches festzuhalten wäre".
6 Vgl. u. § 37 und ausführlich *M. Mahlmann*, Elemente einer ethischen Grundrechtstheorie, S. 97 ff.

## § 28 Recht und Moral

lich, weil sie Probleme erzeugen, auf die diese Rechtsordnungen keine klaren Lösungen formuliert haben und die deshalb durch Rückgriff auf normative Prinzipien und damit letztlich auf ethische Überlegungen geklärt werden müssen. Die meisten Probleme, die im Zusammenhang mit *hard cases* diskutiert werden, bilden in einer grundrechtsgeprägten Rechtsordnung Fragen der Auslegung von abstrakten Normen, insbesondere eben der Grundrechte, deren auch moralische Bedingtheit gerade erläutert wurde.

Eine Verbindungstheorie integriert diese moralischen Einflüsse auf Rechtsauslegung und Rechtsanwendung in ihren Rechtsbegriff. Klassische positivistische Theorien versuchen das positive Recht zwar von diesen Einflüssen zu befreien – dies ist etwa das Programm der *Reinen Rechtslehre*. Viele Positivisten akzeptieren aber auch die Realität und die Notwendigkeit des Rückgriffs auf ethische Prinzipien, bezeichnen sie aber nicht als Rechtsfindung, sondern als Rechtssetzung. Der Richter oder die Richterin schafft also in diesen Fällen Recht neu, wendet es nicht an, ohne dass dieses Vorgehen von Positivisten als unzulässig angesehen würde (vgl. o. § 28 Rn. 10 und die Nachweise dort).

Wieder scheinen, sofern nur überhaupt moralische Einflüsse auf die Rechtsauslegung und Rechtsanwendung zugelassen werden, die Unterschiede zwischen den Lagern zu verschwimmen. Der substantiell gleiche Vorgang wird einmal Rechtsanwendung, das andere Mal Rechtssetzung genannt, ohne dass sich die Grundanalyse und die Einschätzung der Zulässigkeit unterscheiden würden.

Mit den Begriffen der Rechtssetzung und Rechtsanwendung wird die Frage nach den Kompetenzen von Richtern berührt und damit das dritte sachliche Problem, das für das Verhältnis von Recht und Moral von Bedeutung ist. Dieses dritte Problem betrifft das Verhältnis von Verbindungstheorien und Rechtspositivismus mit der demokratischen Idee. Verbindungstheorien werden zuweilen mit anti-demokratischen Tendenzen verbunden, weil sie Richtern und dem Rechtsstab insgesamt, die letztlich die Auslegung des Rechts und damit die Bestimmung seiner moralischen Gehalte autoritativ festlegten, zu viel Macht gäben. Der Positivismus wird dagegen als demokratienah verstanden. Demokratie lebe von der Durchsetzung des Mehrheitswillens durch positives Recht. Dieses Recht sei so anzuwenden, wie es erlassen worden sei, und nicht moralisch durch Richter im Auslegungsprozess nach ihren eigenen subjektiven Präferenzen zu überformen.

Umgekehrt wird dem Positivismus Wehrlosigkeit gegenüber einem totalitären System vorgeworfen, dem nur eine Verbindungstheorie sinnvoll vorbeugen könne, weil eben jedes Recht für Positivisten Recht sei.[7]

Beide Analysen treffen nur für einige, heute nicht vorwiegend vertretene Konzeptionen von Verbindungstheorien und Positivismus zu. Es ist richtig, dass in einer Demokratie das Parlament nicht zugunsten einer expertokratischen Richteroligarchie entmachtet werden darf. Sobald sich eine Gesellschaft aber für ein Grundrechtsregime entschieden hat, taucht das Problem der Konkretisierung auf, das aus praktischen Gründen nicht jeweils durch das Parlament durch Änderung des Grundrechtskatalogs gelöst werden

---

7 Vgl. die klassische These *Radbruchs*, § 18 II.

kann. Der Kontrolle des Parlaments soll die Grundrechtsgerichtsbarkeit ja im Übrigen gerade dienen. Ein demokratisch gebundenes Recht muss deshalb durch Mechanismen wie die funktionalrechtliche Beschränkung einer Verfassungsgerichtsbarkeit,[8] der Einräumung von Einschätzungsprärogativen des Gesetzgebers und letztendlich durch eine interessierte und breite Rechtsöffentlichkeit gesichert werden, die Rechtsprechungsentwicklungen rezipiert und auf sie gegebenenfalls parlamentarisch durch Gesetzes- oder sogar Verfassungsänderung reagiert. Gegenüber diesen harten rechtlichen und politischen Kontrollmechanismen kommt der verbindungstheoretischen oder positivistischen Fassung des Problems im Ergebnis wenig Bedeutung zu, wenn einerseits klar ist, dass die Rechtsanwendung das positive Normmaterial respektieren muss (das wichtige Erbe des Positivismus) und andererseits nicht übersehen wird, dass Rechtsanwendung ohne Wertungen nicht auskommt, die ihren letzten Ursprung nicht im Recht selbst haben können (die richtige Einsicht der Verbindungstheorien).

24 Wenn der Positivismus schließlich Moral als letzten Handlungsmaßstab auszeichnet, geht der Einwand einer Wehrlosigkeit des Positivismus gegenüber dem Missbrauch von Recht ersichtlich ins Leere – was übrigens das demokratische Engagement wichtiger Positivisten wie Kelsen auch persönlich belegt.

### IV. Recht und Moral – was bleibt?

25 Die Kernprobleme des Verhältnisses von Recht und Moral werden mithin durch die folgenden Fragen erfasst:

1. Ist bei extrem ungerechtem Recht Normungehorsam legitim? Können vielleicht sogar nachträglich Sanktionen wegen Normgehorsam verhängt werden? Wird die Legitimität von Recht wesentlich ethisch vermittelt?
2. Gibt es notwendige und legitime moralische Einflüsse bei Auslegung und Anwendung von Recht?
3. Wie sind moralische Einflüsse auf das Recht mit einer demokratischen Rechtskonzeption vereinbar, nach der die Bürgerinnen und Bürger, nicht aber die Gerichte die Kernfragen der Gestaltung des Gemeinschaftslebens bestimmen sollen?

26 Alle diese Fragen, so hat sich gezeigt, können in bestimmten (wenn auch nicht allen) Fassungen einer Verbindungstheorie oder des Positivismus beantwortet werden. Voraussetzung ist dafür Folgendes: Man muss zunächst einen klaren Begriff von Moral entwickeln und deren Inhalte bestimmen und legitimieren können. Das letztinstanzliche Vorrangverhältnis der Moral gegenüber dem positiven Recht muss verteidigt werden. Rechtsordnungen können zwar nur funktionieren, wenn nicht jeder, auch berechtigte moralische Zweifel zur Befugnis führt, Rechtsnormen nicht zu gehorchen. Der grundsätzlichen Forderung nach ethischer Legitimität muss sich eine Rechtsordnung aber stellen, was die Möglichkeit impliziert, ethischen Prinzipien vor rechtlichen Geboten den Vorrang einzuräumen. Dies kann praktisch zivilen Ungehorsam und ein Widerstandsrecht rechtfertigen. Weiter darf keine methodologisch naive Vorstellung von einer Praxis der Rechtsanwendung ohne ethische Einflüsse unterhalten werden.

---

[8] Die Überprüfbarkeit von Rechtsnormen kann vielfältig beschränkt werden. Vgl. z.B. Art. 190 BV, der Bundesgesetze und Völkerrecht für das schweizerische Bundesgericht für maßgebend erklärt.

# § 28 Recht und Moral

Die Erkenntnisse zum Verhältnis von Recht und Moral müssen in rechtliche Strukturen und eine Rechtskultur einfließen, die die Selbstbestimmung in einer Demokratie schützt. Neugeschaffenes Recht schließlich kann Legitimität ohne Orientierung an ethischen Prinzipien nicht gewinnen.

Damit ist zweierlei klargestellt: Erstens wurde die Bedeutung der Moral für das Verständnis des Rechts bestätigt, die seit der Antike immer wieder betont wurde. Zweitens wird deutlich, dass es in der modernen Debatte (jenseits der erbitterten terminologischen Auseinandersetzungen) eine interessante Konvergenz von Verbindungstheorien und Positivismus bei bestimmten Sachfragen gibt, die die erste Beobachtung bestätigen.

Auch wenn Recht mithin in entscheidenden Hinsichten auf ethischen Grundlagen beruht, ist die Scheidung von Moral und Recht doch weiter sinnvoll geblieben. Wichtig hierfür ist nicht nur der Begriff des Rechts, dem zumindest aus rechtstheoretischer Sicht gemeinhin besondere Aufmerksamkeit geschenkt wird, sondern auch und in besonderer Weise der Begriff der Moral. Die folgenden Begriffsbestimmungen bieten sich an, um einerseits eine Sollensordnung, die Menschen mit ihrer moralischen Urteilskraft bilden und anwenden, die sich am Guten und Gerechten orientiert, und andererseits ein kulturell entwickeltes, sozial institutionalisiertes und formal sanktioniertes Regelsystem zu unterscheiden:

> *Moral ist eine subjektive, inhaltlich wesentlich am Guten und an Gerechtigkeit orientierte, durch Urteilsakte im Gewissen der einzelnen Menschen gebildete, durch den individuellen Willen unmittelbar affizierende Sollensgebote verbindliche, jedenfalls psychisch sanktionierte, spezifische Gefühle bedingende Ordnung.*
>
> *Recht ist eine spezifisch gesetzte, veränderliche, sozial wirksame, äußerlich durch Sanktionen bewehrte Ordnung aus Normen, die sich auf äußeres Verhalten von Menschen richten, deren innere Verbindlichkeit für die Rechtsgenossen möglich, aber nicht zwingend ist, die durch einen speziellen Stab von Menschen ausgelegt und durchgesetzt wird und inhaltlich vielfältig, z.B. auch zweckrational motiviert sein kann, aber auf die Verwirklichung des Guten und Gerechten gerichtet ist.*

Von diesem Ausgangspunkt kann man sich an die Problemfälle der Identifikation des Rechts – archaisches Recht, Gewohnheitsrecht, Völkerrecht, nicht-staatliches Recht – terminologisch herantasten und das Verhältnis von Recht und Moral auch in Bezug auf Übergangsformen sinnvoll diskutieren. In bestimmten Zusammenhängen ist es dabei durchaus sinnvoll, von „Recht" zu sprechen, auch wenn nicht alle idealtypisch genannten Elemente des Rechtsbegriffs gegeben sind – z.B. um bei „Nazi-Recht" deutlich zu machen, dass es sich um ein Normensystem handelte, das Recht im vollen Sinn zu sein beanspruchte und faktisch (zu lange) so wirkte. Die Elemente dieser Begriffsbestimmungen, die bisher noch nicht plausibel gemacht wurden, werden im Laufe der weiteren systematischen Überlegungen aufgegriffen werden.

## § 29 Analytik des moralischen Urteils

| | |
|---|---|
| I. Die Phänomenologie der Moral ..... 1 | VI. Nicht-moralische Voraussetzungen des moralischen Urteils, Interessen, Abwägungskonflikte ................. 20 |
| II. Altruismus und Gerechtigkeit ....... 5 | |
| III. Die Ontologie der Moral ............ 13 | |
| IV. Die moralische Motivation .......... 16 | |
| V. Moral und andere Handlungsmotive ..................................... 17 | |

### I. Die Phänomenologie der Moral

1  Im vorigen Kapitel ist deutlich geworden, warum Moral für die Rechtsphilosophie und -theorie wichtig ist und ihre Reflexion ideengeschichtlich deswegen zu Recht einigen Raum eingenommen hat. In der theoretischen Betrachtung von Recht kommt man um moralphilosophische Stellungnahmen nicht herum. Damit stellt sich aber die Frage, was ein moralisches Urteil eigentlich genauer ausmacht, da dieses der Erkenntnisakt ist, der im konkreten Fall die Moralität oder Immoralität des zu beurteilenden Gegenstandes feststellt.

2  Im historischen Rückblick wurden sehr verschiedene Dinge mit einem moralischen Urteil verbunden. *Sokrates* sah das Wirken einer inneren Stimme (vgl. o. § 1 II 4), bei *Platon* wurde die Idee des objektiv Guten in einem Akt der Wiedererinnerung erfasst (vgl. o. § 1 II 5). Mit *Aristoteles' Phronesis* wird eine moralische Form erkannt (vgl. o. § 1 III). *T. v. Aquin* sieht im Gewissen eine Teilhabe am Naturgesetz, das selbst mit dem ewigen Gesetz verbunden sei (vgl. o. § 2 IV 3). Für *Kant* ist das moralische Urteil Ausdruck der unmittelbar den Willen bestimmenden praktischen Vernunft (vgl. o. § 9). *Hegel* sieht in der praktischen Erkenntnis das Für-sich-werden des objektiv Sittlichen (vgl. o. § 11). *Utilitaristen* rekonstruieren moralische Urteile als geglückte Kalkulation des größten Nutzens für die größte Zahl von Betroffenen (vgl. o. § 12). Die *Nonkognitivisten* und *Emotivisten* dagegen halten moralische Bewertungen für einen Ausdruck gefühlsmäßiger Präferenzen (vgl. o. § 15). Nach *Rawls* sind wohlerwogene moralische Urteile eine Mischung aus prinzipiengeleiteter Reflexion und alltäglicher Intuition (vgl. o. § 19 II).

3  Auch die geistige Grundlage des Vollzugs solcher Urteilsakte, das Vermögen, das ihnen zugrunde liegt, wird unterschiedlich gefasst. Im Alltag (und übrigens auch Teilen der philosophischen Tradition) wird es Gewissen genannt. In der Ideengeschichte bilden *Sokrates' Daimonion* (vgl. o. § 1 II) *T. v. Aquins syneresis* (vgl. o. § 2 IV 3), *Kants* praktische Vernunft (vgl. o. § 9) oder *Rawls'* Gerechtigkeitssinn (vgl. o. § 19 II) theoretisch unterschiedlich konzipierte, interessante Beispiele.

4  Um den Gehalt dieser vielfältigen theoretischen Ansätze (die Liste ließe sich verlängern) beurteilen zu können, ist es sinnvoll, sich des Inhalts des analysierten geistigen Akts der Menschen zu vergewissern und eine *Phänomenologie des moralischen Urteils* zu entwickeln. Um hier festen Boden unter den Füßen zu gewinnen, beginnt man am besten mit einem einfachen Fall und versucht, durch seine Analyse grundlegende Inhalte des moralischen Urteils festzuhalten.

## § 29 Analytik des moralischen Urteils

### II. Altruismus und Gerechtigkeit

Nehmen wir folgendes Beispiel: Ein Mann gibt zwei Kindern je eine Tafel Schokolade. Die Handlung des Gebenden erfolgt mit der Absicht, den Kindern eine Freude zu bereiten. Ein Beobachter dieser Handlung bildet nun über diesen Vorgang ein moralisches Urteil. Bemerkenswert ist zunächst, dass es mit dem moralischen Urteil überhaupt zu einem geistigen Urteilsakt eigener Art kommt. Das ist keineswegs selbstverständlich. Es könnte durchaus bei der schlichten, konstatierenden, Veränderungen der Außenwelt interesse- und bewertungslos protokollierenden Beobachtung der Handlung bleiben: Schokolade wird übergeben, den Kindern will jemand eine Freude bereiten – dies und nichts anderes wird festgehalten. Diese Beobachtung ist aber keineswegs der einzige mentale Prozess, den die Handlung bei Menschen auslöst. Der Geist der Menschen ist mehr als ein reiner Spiegel, der dieses Bild – den Mann und die Kinder, die Tafeln Schokolade, den inneren Zustand des Mannes, seine freundliche Motivation – wiedergibt als Information über einen Vorgang in der Außenwelt, vielleicht aus irgendeinem Grund festhält oder gleichgültig vergisst. Der Geist der Menschen nimmt den beobachteten Vorgang als Material, als Anlass für einen Prozess, der ein bestimmtes geistiges Resultat erzeugt, das über die schiere, nüchterne Beobachtung hinausweist: Der Absicht und Handlung wird durch ein Prädikat ein bestimmter Status zugewiesen – in einfachen Fällen wie dem genannten unwillkürlich, spontan, ohne lange Überlegung. Mit diesem Prädikat wird die beobachtete Handlung in bestimmte Klassen von Handlungen gebracht. Sie wird *moralisch* bewertet, sie erscheint (auf eine alltäglich-unauffällige Weise) als *gut* und *gerecht*. Dieses Prädikat kann sprachlich realisiert werden, muss es aber nicht: Nicht jedes moralische Urteil wird ausgesprochen oder auch nur sprachlich gefasst bewusst gedacht (allgemeiner zum Verhältnis von Sprache und normativen Phänomenen, s. u. § 32).

Das Prädikat „gut" ist dabei ein Begriff mit verschiedenen Bedeutungen, einer moralischen und einer nicht-moralischen. Die beobachtete Handlung, das Überreichen der Tafeln Schokolade, um den Kindern eine Freude zu machen, ist eine moralisch gute Handlung. Ein Sofa dagegen, das bequem, preiswert und bandscheibenfreundlich gepolstert wurde, ist ein gutes Sofa, aber in keinem moralischen Sinne gut (vgl. zur Bedeutung dieser Beobachtung für die Beurteilung des Nonkognitivismus, o. § 15 III). „Gerecht" hat diesen Doppelsinn nicht. Hier liegen die Dinge einfacher. Es gibt keine gerechten Sofas in einem nicht-moralischen Sinn. Wenn von „gerechten" Absichten, Handlungen oder Zuständen die Rede ist, ist klar, dass es sich um eine moralische Frage handelt.

Warum wird nun die genannte Handlung als „gut" und „gerecht" bezeichnet? Andere Beispiele machen die Gründe deutlicher. Würde der Mann aus Bosheit den Kindern die Tafeln Schokolade geben, damit sie daran in ihrer Gier ersticken, wäre das Geschenk keine gute Handlung. Seine *Absicht*, etwas für das Wohlbefinden der Kinder zu tun, zählt also für die Bewertung. Wenn er ihnen vergiftete Schokolade geben würde, um ihnen schnell aus dem Elend des Daseins zu verhelfen (für ihn aus Welthass und Sehnsucht nach dem Jenseits das wünschenswerteste aller Ziele), wäre die Absicht zwar verrückt, aber innerhalb dieser Verrücktheit durchaus davon geleitet, den Kindern einen Gefallen zu tun. Dennoch ist die Verteilung der vergifteten Schokolade keine moralisch gute Handlung, weil die Kinder durch sie in Lebensgefahr geraten. Es kommt also auch auf das Resultat der Handlung an. Eine Handlung, die objektiv, unabhängig von den Absichten, schädliche Folgen für den Handlungsadressaten hat, ist nicht moralisch gut.

8   Gesetzt nun, der Mann gibt den Kindern die Schokolade, damit sie sein Auto waschen. Mit der unterschiedlichen Motivation verändert sich auch die Bewertung. Die Handlung ist nicht mehr moralisch gut. Sie ist auch nicht moralisch schlecht, sondern schlicht moralisch neutral. Sie ist ein Handel, ein Geschäft, kein Ereignis in der Sphäre der Moral. Das gleiche gilt, wenn er die Schokolade dafür einsetzt, dass die Kinder das Auto seiner Frau waschen, um dieser eine Freude zu bereiten. Dies ist seinerseits eine gute Tat in Bezug auf die Frau, zwischen ihm und den Kindern bleibt es ein Geschäft. Das Fehlen eines Vorteils bei dem Mann macht seine Handlung gegenüber den Kindern nicht zu einer moralisch guten, weil deren Wohlergehen nicht unmittelbar intendiert wird. Handelt der Mann im Ausgangsfall mit der einzigen Absicht, sich danach als moralischer Wohltäter zu fühlen, ohne die Beförderung des Wohlergehens der Kinder zu beabsichtigen, bildet dies ebenfalls keine moralisch gute Handlung. Dies gilt auch dann, wenn die Handlung mit dem Wissen erfolgt, dass eine Nebenfolge seines Handelns darin besteht, den Kindern eine Freude zu bereiten. Die Beförderung des Wohlergehens anderer muss für eine moralisch gute Handlung beabsichtigt, nicht nur als (sichere) Handlungsfolge vorausgesehen werden. Dieser Befund ist wichtig, um ein traditionelles Argument zur Möglichkeit von Altruismus, das auch in der Gegenwart eine wichtige Rolle spielt, bewerten zu können.[1] Danach handelten Menschen nur (scheinbar) altruistisch, wenn sie das Wohlergehen anderer beförderten, weil sie in Wirklichkeit dabei eigenen Interessen dienten, etwa dem Wunsch, Zufriedenheit mit ihrem eigenen Handeln zu erreichen und unangenehme Gefühle wie Scham zu vermeiden oder die Vorteile von wechselseitiger Kooperation zu ernten. All dies kann eine Rolle bei der Bestärkung einer moralischen Motivation spielen. Wie das erwähnte Beispiel aber zeigt, ist eine notwendige Bedingung moralischen Handelns, dass die Befriedigung eines solchen Selbstinteresses nicht allein beabsichtigt ist. Eine notwendige Bedingung moralischen Handelns ist die beabsichtigte, nicht nur vorausgesehene Beförderung des Wohlergehens anderer um ihrer selbst willen.

9   Es gibt noch andere Eigenschaften der Handlung, die notwendige Voraussetzung dafür sind, dass sie im moralischen Urteilsakt als „gut" bewertet werden. Hier die vollständige Anzahl zu spezifizieren, ist keineswegs leicht. Ein Beispiel soll noch erwähnt werden, um die Probleme anzudeuten, die in dieser Hinsicht zu lösen sind. Wenn ein Kirschbaum von einem Windstoß ergriffen wird, der seine Äste schüttelt, und einigen unter ihm stehenden Kindern Kirschen, die sie nicht erreichen konnten, vor die Füße fallen, so ist dies keine moralisch gute Handlung des Kirschbaumes oder des Windstoßes. Es bedarf vielmehr einer *Person* mit *Handlungsfähigkeit*, die handelt, damit sich überhaupt die Möglichkeit eröffnet, von moralisch bedeutsamen Vorgängen

---

[1] Vgl. o. § 7. Für die gegenwärtige Debatte einflussreich *T. Nagel*, The Possibility of Altruism, 1970, der mit der auf Objektivität gerichteten Struktur von Begründungen argumentiert, die einen subjektiven Standpunkt überschritten. Vgl. auch *A. Sen*, The Idea of Justice, S. 175 ff. (s. o. § 19 IV).

zu sprechen. Was eine Person ist und Handlungsfähigkeit ausmacht, bilden aber theoretische Fundamentalfragen.

Ohne diese weiteren Dimensionen einer umfassenden Analytik des moralischen Urteils zu vergessen, kann man mit ein wenig Vorsicht ein erstes Prinzip umrißhaft formulieren, das nach den genannten Beispielen bei der moralischen Urteilsbildung eine Rolle spielt: Das Wollen einer Handlung ist moralisch gut, wenn es in der Absicht besteht oder jedenfalls die Absicht einschließt, das Wohlbefinden eines anderen fühlenden Wesens um seiner selbst willen ohne Rücksicht auf die Interessen des Handelnden (oder eines Dritten) zu befördern. Eine Handlung ist gut, wenn sie mit dieser Absicht erfolgt und das Handlungsziel tatsächlich zu bewirken geeignet ist. Das bloße, wenn auch sichere Voraussehen des Beförderns des Wohlbefindens anderer als Nebenfolge eigenen Handelns, reicht dagegen nicht aus, um moralisch gut zu handeln. Die beabsichtigte, nicht nur vorausgesehene Beförderung des Wohlergehens anderer ist eine notwendige Bedingung moralischen Handelns. Man kann dieses Prinzip kurz das Prinzip des Altruismus nennen.

Warum ist die beispielhaft genannte Handlung auch gerecht? Wenn der Mann dem einen Kind beide Tafeln Schokolade geben und dafür kein anderer Grund existieren würde als eine Laune, so wäre diese Verteilung wegen der ungleichen Behandlung ungerecht. Auch hier lauern manche analytischen Schwierigkeiten, die im Rahmen der noch folgenden Ausführungen zum Gerechtigkeitsbegriff wenigstens angedeutet werden sollen (vgl. u. § 34). Für den hier verfolgten Zusammenhang kann aber als zweites Prinzip vorläufig festgehalten werden: Gerecht sind eine Handlungsintention und eine entsprechende Handlung, wenn das Gleichbehandlungsprinzip gewahrt wird, Gleiches gleich und damit – impliziert – Ungleiches ungleich behandelt wird. Das ist ein Grundprinzip der Gerechtigkeit, das schon am Beginn der überlieferten Reflexion über Gerechtigkeitsfragen formuliert wurde, wie z.B. bei Platon und Aristoteles deutlich wurde (vgl. o. § 1 II 5; III). Man sollte dieses Prinzip nicht wegen seiner Vertrautheit für inhaltslos halten. Zwar wirft es wichtige Folgefragen auf, etwa was und in welcher Hinsicht gleich oder welche Behandlung wegen der Gleichheit geboten sei (dazu später). Das sind gerade in der Rechtswissenschaft in Bezug auf die Auslegung von grundrechtlichen Gleichheitssätzen vertraute Probleme. Wenn diese Fragen aber geklärt sind (und manchmal lassen sie sich beantworten), dann formuliert das Prinzip eine klare normative Richtschnur, die Gleichheit zu einem konstitutiven Element der Gerechtigkeit macht. Der Gerechtigkeitsreflexion seit ihren frühen Zeugnissen erschien dieses Prinzip deshalb mit Recht keineswegs als nebensächlich. Mit diesem Gerechtigkeitsprinzip und dem Prinzip des Altruismus sind zwei wichtige Elemente im Umriss bestimmt worden, die die geistigen Akte des moralischen Urteils inhaltlich anleiten. Diese Elemente illustrieren, dass moralische Urteile einen kognitiven Gehalt besitzen. Die Feststellung einer Gleichheitsrelation oder die Analyse der intendierten Handlungsfolgen für das Wohlergehen eines anderen sind keine Gefühlsäußerungen, sondern das Produkt einer komplexen, rational beherrsch- und kritisierbaren Analyse der zu bewertenden Situation.

Diese Befunde sind auch für das Problem des Verhältnisses von Autonomie und Rechtfertigung aufschlussreich. Ein wichtiges Element der praktischen Reflexion seit Sokrates' Beispiel ist das Gebot, die moralische Autonomie der Einzelnen zu achten. Dies wirft aber die Frage auf, ob damit gleichzeitig gesagt ist, dass autonome moralische Urteile solche sind, die im Belieben des Einzelnen liegen. Begründet Autonomie das Regiment eines ethischen Voluntarismus? Die entwickelten analytischen Befunde weisen in eine andere Richtung. Die genannten Bewertungen werden ja nicht willkürlich geschaffen. Man kann nicht Gerechtigkeit am Dienstag mit Gleichheit verbinden und am Mittwoch aus einer Laune heraus mit einem anderen Prinzip. Diese Prinzipiengeleitetheit moralischer Urteile zeigt, worum es bei moralischer Autonomie tatsächlich geht: Sie bedeutet, dass das moralische Urteil eines Subjekts nicht durch andere Instanzen ersetzbar ist, nicht aber, dass moralische Erkenntnis beliebig ist.

### III. Die Ontologie der Moral

13 Die nächste Frage, die zu beantworten ist, lautet, ob das moralische Urteil überhaupt etwas und – wenn ja – was geistig erfasst. Worauf beziehen sich die Prädikate „gut" oder „gerecht"? Eine klassische These lautet, ein moralisches Urteil sage etwas aus über eine objektiv und unabhängig von diesem Urteil gegebene Eigenschaft der bewerteten Handlung. Die Handlung sei gewissermaßen moralisch gut, wie die verteilte Schokolade eckig sei. Dem moralischen Prädikat korrespondiere eine moralische Gegebenheit in der äußeren Welt. Diese Ansicht wird *moralischer Realismus*[2] oder – aufgrund von *Platons* Überlegungen zu unabhängig vom Menschen existierenden normativen Ideen – manchmal auch *moralischer Platonismus* genannt.

14 Wenn man die Existenz moralischer Entitäten in der Welt bezweifelt, eröffnen sich zwei Möglichkeiten. Die eine ist, moralisches Urteil mit einer empfundenen Präferenz der bewertenden Person gleichzusetzen. Moralische Prädikate sind dann nicht weiter begründ- und rational beherrschbare Vorlieben. Diese nonkognitivistische Position wurde erörtert und herausgearbeitet, dass sie den kognitiven Gehalt moralischen Urteils nicht erfasst (vgl. o. § 15 III). Die zweite Möglichkeit geht einen anderen, kognitivistischen Weg. Danach wird mit dem moralischen Urteil den Objekten der Bewertung (einer Absicht, einer Handlung) durch den Geist der Menschen eine bestimmte zusätzliche Qualität zugeschrieben. Die moralische Qualität der bewerteten Gegenstände sei also nichts in der Außenwelt objektiv Gegebenes, sondern etwas durch den Bewertungsakt selbst Geschaffenes. Der Unterschied zum moralischen Realismus lässt sich anhand von Farbwahrnehmungen illustrieren: Äußere Gegenstände sind nicht objektiv blau, grün oder lila. Diese Farbwahrnehmungen sind Produkte des Geistes der Menschen, genauer der kognitiven Systeme der visuellen Wahrnehmung, die Dingen Farben (nicht willentlich, unwillkürlich) zuschreiben, wenn sie unter bestimmten Bedingungen (Lichtverhältnisse usw.) wahrgenommen werden. Die moralischen Kategorien sind aus der zweiten Sicht in einem allgemeinen Sinn damit vergleichbar. Das Geschenk der Schokolade ist nicht an sich und unabhängig von menschlichen Beurteilungen gut oder gerecht, diese Eigenschaften werden im moralischen Urteil (nicht voluntativ kontrolliert) dem Beurteilten unter bestimmten Bedingungen prädiziert. Leitend sind

---

2 Vgl. z.B. *D. Enoch*, Taking Morality Seriously. A Defense of Robust Realism, 2011; *M. S. Moore*, Objectivity in Law and Ethics. Essays in Moral and Legal Ontology, 2004; *R. Shafer-Landau*, Moral Realism. A Defence, 2003.

§ 29 Analytik des moralischen Urteils

dabei kognitive Prinzipien der moralischen Urteilsbildung, nicht nur die schwankenden Vorlieben des bewertenden Subjekts.

Dieser letztere Ansatz hat gegenüber der Theorie des moralischen Realismus den Vorteil, ohne die Annahme einer eigenen Seinssphäre moralischer Entitäten auszukommen. Er ist ontologisch damit weniger voraussetzungsreich und deswegen vorzugswürdig. Der Ursprung der moralischen Kategorien im Geist der Menschen macht sie dabei keineswegs irreal oder zu einem Nichts. Mit den moralischen Kategorien eröffnet sich vielmehr eine fundamentale Weltperspektive, die die geistige Welt der Menschen in einem Teil ihres Reichtums begründet. Die moralischen Kategorien sind mentale Realien und als solche ontologisch ein Element der einen, unteilbaren Welt.

**IV. Die moralische Motivation**

Nachdem angedeutet wurde, welche Grundsätze zu den materialen Prinzipien gehören, die ein moralisches Urteil anleiten, und ob ein moralisches Urteil etwas über Gegenstände in der Welt aussagt, kann ein weiteres Element einer Analytik des moralischen Urteils benannt werden: die moralische Motivation. Auch dieser Aspekt des moralischen Urteils ist mit Interesse festzuhalten. Der untersuchte geistige Akt – die Bewertung, das moralische Urteil – könnte ja einfach eine zusätzliche Information über die Welt (wenn die moralischen Realisten Recht hätten) oder eine spezifische Art der Wahrnehmung der Welt bilden (wenn die hier vertretene Ansicht zutrifft). Damit könnte es wiederum sein Bewenden haben. Nach einem moralischen Urteil würde man dann einfach ausrufen: „Oh, das ist ja interessant! Das ist also moralisch gut, na so was!" Oder: „Da schau her, gerecht ist das also!", so wie man sagt: „Nein, heute ist aber schönes Wetter!" oder „Dieses Haus hat ein schräges Dach!" Das moralische Urteil hat aber eine andere Konsequenz: Es schafft eine bestimmte Handlungsmotivation. Das Ergebnis des Prozesses im Geist der Menschen, das einer Handlung durch das moralische Urteil zugewiesene Wertprädikat, ist den Menschen nicht gleichgültig, es geht die Menschen potenziell im Kern ihres Wollens an. Wenn eine Handlung als moralisch gut oder gerecht bewertet wird, dann besteht eine Verpflichtung für einen bewertenden Akteur, sie zu tun, wenn der Vollzug der Handlung noch möglich ist. Eine Ausnahme bilden hier lediglich sog. supererogatorische Handlungen, also solche Handlungen, die moralisch gut, aber nicht geboten sind, wie etwa die Opferung der eigenen Person, um andere zu retten. Es bedarf also nicht notwendig eines motivierenden Grundes jenseits des moralischen Gebots, um zum moralischen Handeln zu bewegen.³ Diese Verbindung zwischen moralischem Urteil und Handlungsmotivation verwirklicht sich in einem *Sollen*, genauer als Gebot, Verbot oder Erlaubnis. Der Gehalt dieses Sollens ist nicht leicht zu beschreiben, auch wenn jeder Mensch ein solches Sollen wieder und wieder empfindet. Was geschieht in einem Menschen, wenn er etwas *soll*? Kants Bestimmung des Sollens ist hier weiter hilfreich. Nach Kant handelt es sich beim

---

3 Dieser Befund (wenn auch nicht notwendig in dieser konkreten Fassung) wird manchmal als Internalismus bezeichnet, während eine externalistische Perspektive die Notwendigkeit außermoralischer Handlungsgründe behauptet. Vgl. zu Ersterem *R. M. Hare*, The Language of Morals, S. 20, 30 ff., 169, 197; *ders.*, Moral Thinking, S. 23 ff.; *D. O. Brink*, Moral Realism and the Foundation of Ethics, 1989, S. 39 ff.; *G. Harman*, Explaining Value, 2000, S. 30 ff.; zu Letzterem *P. Foot*, Virtues and Vices, S. 148 ff.; zur Diskussion *A. Leist*, Die gute Handlung, 2000, S. 160 ff.

Sollen um eine Nötigung des Willens, also um die Erzeugung eines Handlungsantriebs. Dabei ist dieses Sollen kein Müssen: Der Wille wird affiziert, gedrängt, aber nicht überwältigt. Man *soll* in gewisser Weise handeln heißt, dass man weiterhin noch anders handeln kann.

### V. Moral und andere Handlungsmotive

17 Wie verhalten sich das moralische Urteil und sein Produkt, das Sollen, die moralische Motivation, zu anderen Neigungen der Menschen? Auch dies ist seit dem antiken Streit um das Lustprinzip in der Ethik eine traditionelle Frage der praktischen Philosophie, die sehr unterschiedlich beantwortet wird, wie im historischen Teil deutlich wurde.[4] Wie erörtert, bildet es keine moralische Handlung, sondern ein Geschäft, wenn der Mann den Kindern die Schokolade gibt, damit diese sein Auto waschen. Dieses Beispiel zeigt bereits: Die Moralität einer Handlung wird nicht aus ihren erfreulichen Konsequenzen für den Handelnden gewonnen – im Beispiel dem sauberen Auto. Im Gegenteil: Die Intention dieser Konsequenzen neutralisiert eine Handlung moralisch. Das ist eine wichtige Einsicht deontologischer und ein Kernproblem konsequentialistischer Ethiken, wie sich bei der Erörterung der Kritik an Kant und den Problemen und Gehalten des Utilitarismus erwiesen hat (vgl. o. §§ 9, 12).

18 Das moralische Urteil ist damit zwar nicht bedingt durch die positiven (emotionalen) Konsequenzen für den Handelnden.[5] Es ist aber auch nicht emotional neutral. Die damit angesprochene Theorie moralischer Gefühle ist ein komplexes Unterfangen. Soviel ist allerdings unzweifelhaft: Moralische Urteile können spezifische Gefühle bedingen – das Urteil, dass eine eigene Handlung ungerecht war, z.B. das Gefühl des Bedauerns oder sogar der Scham. Moralische Prinzipien können auch selbst das Objekt von Gefühlen sein – dem spürt etwa Kants Idee der Achtung vor dem Sittengesetz nach (vgl. o. § 9).

19 Zu den Gefühlen, die moralisches Handeln entstehen lassen kann, gehört auch eine gewisse Art von feiner und herber Befriedigung. Wenn man sich morgens im Spiegel gelassen anzuschauen vermag, weil man moralischen Anstand (in wie immer bescheidenem Umfang) mit ein wenig charaktervoller Standhaftigkeit bewahrt hat, ist dies durchaus ein Stück wichtiger Lebensqualität. Diese Folge moralischen Handelns darf aber nicht mit der Motivation für moralisches Handeln verwechselt, der Effekt des moralischen Handelns nicht als seine Ursache missverstanden werden. Interessanterweise tritt die emotionale Folge moralischer Befriedigung nach moralischem Handeln nämlich nur ein, wenn sie – oder andere Eigeninteressen – nicht die einzige beabsichtigte Handlungsfolge bilden – dies ist ein motivationales Paradox der Moral. Sagt jemand, der anderen hilft: „Gut, ich tue was für sie, aber eigentlich ist mir das Wohlergehen der anderen völlig egal, ich helfe ihnen, weil ich mich danach so edel fühle", so beschreibt er kein Verhalten, das moralische Zufriedenheit auslösen kann, wie

---

[4] Vgl. z.B. Sokrates', Platons oder Aristoteles' Überlegungen zum Verhältnis von Tugend und Lust, Kants Vorstellungen, die Auseinandersetzung um den Utilitarismus oder den Nonkognitivismus, vgl. o. §§ 1 II f., 9, 12, 15 III.
[5] Dieser Befund sollte nicht verschwimmen, wenn die Bedeutung von Gefühlen für Bewertungen entwickelt wird. Vgl. dazu *M. Nussbaum*, Upheavals of Thought, 2001, zu Moral und Mitleid insbesondere S. 297 ff.

## § 29 Analytik des moralischen Urteils

bereits erläutert wurde. Erfolgt die Hilfeleistung dagegen mit der Absicht, das Wohlergehen eines anderen zu befördern, hält die Handlung die kleine Genugtuung bereit, die zur moralischen Welt der Menschen gehört. Moralische Befriedigung wird einem geschenkt, wenn man durch eine Handlung nicht allein sie zu erzwingen begehrt.

### VI. Nicht-moralische Voraussetzungen des moralischen Urteils, Interessen, Abwägungskonflikte

Für eine Analytik des moralischen Urteils sind noch andere Probleme zu beachten. Zunächst können die nicht-moralischen Voraussetzungen moralischer Urteilsbildung von großer Bedeutung sein. Schon bei dem simplen Beispiel der Schokolade, die Kindern gegeben wird, setzt die Bewertung der Handlung z.B. Wissen über die Wünsche der Kinder (dass sie Schokolade mögen) und die Beschaffenheit der Schokolade (dass sie z.B. ein Genussmittel und kein Gift ist) voraus. Bei komplizierteren Sachverhalten ist die Bedeutung dieser nicht-moralischen Voraussetzungen des moralischen Urteils entsprechend größer. Wenn man etwa die Gerechtigkeit einer Steuerreform beurteilen will, bedarf es sehr komplexer Kenntnisse der Effekte der Reform auf die Einkommensstruktur einer Gesellschaft. Diese Effekte betreffen im Prinzip empirisch ermittelbare, faktische Fragen (Welche Vorteile haben hohe, welche niedrige Einkommensgruppen? Wie ist es mit Verheirateten, Menschen mit Kindern usw.?). Der Streit um diese faktische Dimension der zu bewertenden Handlung (z.B. der Reform der Einkommensteuer) macht einen wichtigen Teil der Auseinandersetzung um den moralischen Gehalt der Handlung aus (z.B. die Gerechtigkeit der Reform). Sie bildet die Voraussetzung der Bewertung, die von dieser Bewertung selbst zu unterscheiden ist. Zwei Urteilende A und B können die Reform deshalb ganz unterschiedlich bewerten, obwohl sie ähnliche Gerechtigkeitsprinzipien für maßgeblich halten, da sich ihre faktischen Annahmen unterscheiden (z.B. A: Die Menschen mit Kindern werden gewinnen. B: Die Menschen mit Kindern werden verlieren). Wenn man die Meinungsunterschiede hinsichtlich der faktischen Grundlagen eines moralischen Urteils bei moralischen Auseinandersetzungen berücksichtigt, verringert sich der Bereich echter moralischer Konflikte ganz erheblich.

Wichtig ist es auch, Interessen von Handelnden vom eigentlichen moralischen Urteil zu unterscheiden. Eine Handlung kann moralisch gut oder gerecht erscheinen (ohne es bei näherer Betrachtung zu sein), weil sie bestimmten Interessen von Menschen dient. Interessen verfälschen regelmäßig moralische Bewertungen, ohne dass dies unbedingt bewusst sein müsste. Bestimmte Aspekte des zu bewertenden Sachverhalts werden übersehen, andere besonders ernst genommen, bestimmte Konsequenzen nicht eingestanden oder zu Ende gedacht – die psychologischen Varianten sind vielfältig, die dies möglich machen. Der Einfluss von Interessen auf moralisches Urteilen zeigt sich in der großen Politik ebenso wie im Fußballstadion – ein spielentscheidender Elfmeter in der 94. Minute nach einer gelungenen Schwalbe kann sogar als besonders beeindruckendes Beispiel höherer Gerechtigkeit erscheinen, wenn ihn der Schiedsrichter für die richtige Mannschaft pfeift.

Als drittes Element sind Wertkonflikte zu nennen, die bei der moralischen Urteilsbildung eine Rolle spielen und komplexe Fragen aufwerfen. Es gibt eine Reihe von

Situationen, in denen man bestimmte Werte gegeneinander abwägen muss – mit nicht immer klaren Lösungen. Im Recht ist diese Abwägung etwa bei der Konkretisierung von Grundrechtsgehalten bei der Bestimmung der Angemessenheit einer Regelung (Zumutbarkeit, Verhältnismäßigkeit im engeren Sinne) ein Tagesgeschäft. Wie schwierig die Antworten hier zu finden sind, illustrieren Konflikte von Menschenrechtsgerichtshöfen, die von abstrakt ähnlichen Ausgangspunkten zu unterschiedlichen Lösungen im Detail kommen – der Dialog des Europäischen Gerichtshofes für Menschenrechte und des deutschen Bundesverfassungsgerichts um die Abwägung von Pressefreiheit und Persönlichkeitsrechten von Prominenten ist dafür nur ein anschauliches Beispiel.[6] Diese Wertkonflikte setzen allerdings bestimmte moralische Urteilsprinzipien voraus, weil nur diese die primären Wertungen generieren, die dann kollidieren können. Diese primären moralischen Urteilsprinzipien und ihre Rolle in komplexen Normen wie z.B. Grundrechten müssen daher zunächst bestimmt werden, um dann zu überlegen, wie Wertkonflikte entschieden werden können. Einige konkrete Überlegungen zu Freiheit, Gleichheit und Menschenwürde werden in dieser Hinsicht noch angestellt werden.

23  Damit sind formal durch das Sollen, durch Gebote, Verbote und Erlaubnisse und material durch die moralischen Prinzipien des Altruismus und der Gerechtigkeit der Modus der Existenz der Moral und ihre Kerninhalte beschrieben. Die Moralität der Menschen ist dabei auf eine komplexe Weise mit bestimmten Gefühlen verbunden, zu denen neben Gefühlen wie Scham, auch Empfindungen gegenüber moralischen Prinzipien selbst und die Befriedigung gehören, die die bewahrte moralische Integrität bereiten kann. Der Gehalt des formulierten Begriffs der Moral ist damit anschaulicher geworden und gleichzeitig die skizzierte Unterscheidung von Moral und Recht.

---

6   Vgl. BVerfGE 120, 180 ff.

## § 30 Norm, Geltung, Verpflichtung

I. Norm und Normsatz .................. 1
II. Existenz und Begründbarkeit von Normen ............................. 5
III. Theorien der Geltung und Legitimität ................................... 8
IV. Verpflichtung und der Gehalt der deontischen Modalitäten ............ 21

### I. Norm und Normsatz

Ein Grundelement jedes moralischen Systems und jeder Rechtsordnung sind Normen. Eine Norm ist dabei von Sätzen über Normen und Normsätzen zu unterscheiden.[1] Sätze über Normen machen Aussagen, die Normen betreffen, z.B. „Norm A gilt". Der Normsatz ist die sprachliche Fassung einer Norm, die in dieser Fassung nicht aufgeht, weil verschiedene Normsätze dieselbe Norm ausdrücken können. Die Normsätze „Tötungen sind verboten" und „Wer einen anderen Menschen umbringt, wird bestraft" drücken z.B. dieselbe Norm aus. Manchmal wird formuliert, dass die Norm die Bedeutung des Normsatzes bilde.[2] Die Frage, die damit auftaucht, lautet, ob es auch Normen ohne Sätze, die sie ausdrücken, gibt, ob also Normen ohne sie formulierende Sprache existieren können. Dies verweist auf das große Problem, ob es generell geistige Phänomene ohne Sprache geben kann. Dafür sprechen verschiedene Gründe, z.B. das sog. Tip-of-the-Tongue-Phänomen – man weiß, was man ausdrücken will, es liegt auf der Zunge, ohne es sprachlich realisieren zu können – das auch für Normen gilt. Auch die Vielfalt der Normsätze, die die gleiche Norm ausdrücken, spricht dafür, dass es Normen ohne Normsätze geben kann. Denn diese Vielfalt zeigt, dass Normen nicht an eine bestimmte sprachliche Fassung in Normsätzen gebunden sind, also in einer Form jenseits konkreter sprachlicher Realisierung geistig zugänglich sein müssen.

Es wird häufig von sozialen Normen gesprochen, und in der Tat regeln Normen alle möglichen sozialen Beziehungen. Es wird auch betont, dass Normen einen gesellschaftlichen Ursprung haben – moralische, aber auch rechtliche Normen entstehen aus dieser Sicht in der kulturellen Sozialität von Gruppen von Menschen. Auch das ist für viele Normen zutreffend, die sich in einer Menschengruppe gebildet haben. Einen Sonderfall solcher Normen bilden etwa die in einem häufig formellen Verfahren geschaffenen Normen des Rechts. Der Ausdruck „soziale Normen" sollte aber nicht verdecken, dass Normen mehr sind als äußerlich beobachtbare Regelmäßigkeiten von Verhaltensweisen und damit nicht nur als eine soziale Praxis existieren können. Ein Tötungsverbot ist mehr als eine Beschreibung der Praxis des Nicht-Tötens einer Gemeinschaft oder ihrer negativen Sanktionen auf eine Tötungshandlung. Normen haben vielmehr einen inneren Aspekt, auf den beispielsweise Hart zu Recht hingewiesen hat (s. o. § 17 III), und damit eine notwendige geistige Dimension.[3] Deswegen kann man sie in der Weise befolgen, brechen, missverstehen, richtig interpretieren, umgehen usw., wie es alltäglich geschieht.

---

1 Die Terminologie schwankt, vgl. *H. Rottleuthner*, Rechtstheorie und Rechtssoziologie, 1981, S. 41 ff.
2 *R. Alexy*, Theorie der Grundrechte, S. 42 ff. mwN.
3 Vgl. ausführlich hierzu *M. Mahlmann*, Rationalismus in der praktischen Theorie, S. 109 ff.

3   Normen können – entgegen einer besonders einflussreichen These Wittgensteins[4] – sogar privaten Charakter haben.[5] Dies illustrieren nicht nur spielerisch entwickelte, von niemandem geteilte, anderen nicht einmal bekannte Privatregeln, z.B. „Heute ist es nur erlaubt, auf jede zweite Gehwegplatte zu treten", die vielleicht sinnlos, aber denkbar sind, sondern auch ein so wichtiges Phänomen wie Gewissensmaximen. Diese können ein Gebot aussprechen, mit dem der Einzelne in düsteren Zeiten sehr einsam sein kann. Diese Beobachtung ist für das Recht aufgrund seiner Struktur weniger bedeutsam. Da aber aufgrund des Verhältnisses von Recht und Moral gerade Gewissensmaximen in bestimmten Fällen rechtlich relevant werden können, ist sie aber auch für die Theorie des Rechts nicht nur für das Verständnis der Normstruktur festzuhalten.

4   Damit werden Normen als geistige, sprachlich ausdrückbare, aber nicht notwendig sprachlich ausgedrückte Phänomene erkennbar, die menschliche Beziehungen regeln, aber nicht nur in der Sozialität, sondern auch der Privatheit eines Gewissens existieren können.

## II. Existenz und Begründbarkeit von Normen

5   Geltung wird gewöhnlich als die Existenzweise von Normen aufgefasst. Normen existieren aus dieser Sicht, wenn sie gelten. Wie der Begriff des Rechts ist auch der Begriff der Geltung von changierender Bedeutung. Mit Geltung kann die reale, sozialtatsächliche Gegebenheit von Normen gemeint sein, aber auch die Begründetheit ihres Verpflichtungsanspruchs. Man kann sich hier terminologisch behelfen, indem man den Begriff der Geltung je nach Zusammenhang qualifiziert und etwa von sozialer im Gegensatz zu materialer Geltung spricht oder Geltung von Legitimität abgrenzt, wie es im Folgenden vorwiegend geschehen wird. Legitimität bedeutet hier, dass eine Norm begründet ist.

6   Für eine positivistische Rechtstheorie ist die Trennung von Geltung und Legitimität im Grundsatz in reiner Form möglich. Die Geltung ergibt sich aus dieser Sicht aus dem positiven Setzungsakt, die Legitimität ist eine Frage der Rechtspolitik, vielleicht der Rechtsphilosophie, vielleicht auch gar nicht zu beantworten, jedenfalls keine genuine der Rechtswissenschaft. Wenn allerdings die positivistische Theorie (wie ihr heute einflussreichster Vertreter Hart vorschlägt) die Rechtsgeltung unter den Vorbehalt des Urteils der Moral stellt, besteht für sie nur eine moralisch bedingte Rechtsgeltung (vgl. o. § 17 III). Auch in Verbindungstheorien können Geltung und Legitimität im Prinzip unterschieden werden. Für einflussreiche Varianten dieses Ansatzes ist zwar die Geltung einer Norm letztendlich an ihre Legitimität gebunden. Nur material zu einem Mindestmaß gerechtfertigte Normen (z.B. weil sie auf eine selbst zu einem materialen Mindestmaß gerechtfertigte Verfassung zurückführbar sind) sind danach geltende Normen. Nicht derartig gerechtfertigte Normen (z.B. Nazi-Recht) sind für

---

4  Vgl. *L. Wittgenstein*, Philosophische Untersuchungen, PU 199: „Es kann nicht ein einziges Mal nur ein Mensch einer Regel gefolgt sein. Es kann nicht ein einziges Mal nur eine Mitteilung gemacht, ein Befehl gegeben, oder verstanden worden sein, usw. – Einer Regel folgen, eine Mitteilung machen, einen Befehl geben, eine Schachpartie spielen, sind *Gepflogenheiten* (Gebräuche, Institutionen)" (Herv. i. Org.); dazu *S. A. Kripke*, Wittgenstein on rules and private language: an elementary exposition, 1982.
5  Zur Möglichkeit von Privatregeln ausführlich *M. Mahlmann*, Rationalismus in der praktischen Theorie, S. 152 ff.

solche klassischen Verbindungstheorien Nicht-Recht, wie rekapituliert wurde (vgl. o. § 18). Die Unterscheidung von Geltung und Legitimität ist aber auch aus dieser Sicht deshalb wichtig, weil jede differenzierte Verbindungstheorie Normen kennt, die zwar illegitim sind, aber deshalb gelten, weil sie ein bestimmtes Maß der Illegitimität nicht überschreiten.

Die Verbindung von tatsächlicher Gegebenheit eines Sollens und seiner Begründetheit, von Geltung und Legitimität ist auch für den Begriff der Moral relevant. Es gibt faktische Moralordnungen, die in der sozialen Realität gelten – für einzelne oder viele Menschen – ohne dass sie begründet wären. Sie wurzeln in Traditionen, Konventionen, autoritären Setzungen oder ähnlichem. Eine Moral, die ernst genommen werden will, kann es dabei aber nicht bewenden lassen, denn eine reflektierte Moral ist so unverzichtbar wie ein wohlbegründetes Recht. Für sie können nur gültige, begründete und reflektierte Normen verpflichtende Kraft entfalten, wenn auch faktisch etwas anderes der Fall sein mag. Für die moralische Beurteilung einer Handlung X kann es deshalb nicht ausreichen, dass Traditionen oder Autoritäten die Handlung X moralisch verurteilen oder gutheißen. Traditionen wie Autoritäten können irren und reflexive Begründung nicht ersetzen.

### III. Theorien der Geltung und Legitimität

Es gibt verschiedene Typen von Theorien normativer Geltung. Dabei wird allerdings nicht immer zwischen sozialer und materialer Geltung oder Legitimität unterschieden. Bei den Geltungstheorien, die nun skizziert werden sollen, geht es deshalb auch um Fragen der Legitimität von Recht und seines Geltungsgrundes. Zentrale Beispiele sind die folgenden:

*Faktische Befolgungstheorien* nehmen die faktische Befolgung einer Norm als Geltungskriterium, positiv im Sinne der Verhaltensregelung, negativ unter Bezug auf die Sanktionschance eines Normverstoßes. Eine Norm gilt danach, wenn sich eine Mehrzahl von Rechtssubjekten tatsächlich entsprechend ihren Geboten verhält oder wenn bei nicht normkonformem Verhalten mit hinreichend großer Wahrscheinlichkeit Sanktionen drohen. Z.T. werden sogar numerische Effektivitätsquoten gebildet.[6] Bei rechtlichen Normen spricht viel dafür, ein Mindestmaß an Befolgung jedenfalls der rechtlichen Grundordnung, etwa einer Verfassung, zur Voraussetzung von Geltung zu machen. Einer Rechtsnorm, die auf einer Verfassung beruht, die niemand befolgt, wird man nicht rechtliche Geltung zusprechen wollen. Befolgungshäufigkeiten erschöpfen den Begriff der Geltung aber nicht, da sie seine materiale Dimension nicht erfassen, die sich als zentral erwiesen hat. Eine Sanktionstheorie des Rechts erzeugt zudem weitere Probleme, auf die beim Begriff des Sollens oder der Verbindlichkeit zurückzukommen ist. Für die Moral ist schon der Ausgangspunkt anders. Eine moralische Norm kann auch ohne Mindestmaß an Befolgung gelten. „Alle Menschen haben gleiche Rechte" ist z.B. nicht nur eine legitime, sondern auch eine geltende Norm einer reflexiven Moral, selbst wenn die soziale Praxis diese Norm missachtet.

---

6 Vgl. *T. Geiger*, Vorstudien zu einer Soziologie des Rechts, 4. Aufl., 1987, S. 64 ff.

10 *Willenstheorien*: Nach diesen Theorien (z.B. *Austin*) beruht die Geltung einer Norm letztendlich auf dem Wollen einer Autorität (vgl. o. § 17 III zur Kritik Harts an diesem Ansatz). Eine Variante von Willenstheorien sind *dezisionistische Theorien*. Ein klassisches Beispiel ist *Carl Schmitt* und seine Idee, die Grundordnung einer Gemeinschaft sei auf eine Grundentscheidung des Souveräns zurückzuführen. Der Souverän sei dabei derjenige, der den Ausnahmezustand beherrsche. Die Entscheidung sei normativ ungebunden, weil sie normative Bindungen selbst erst schaffe.[7]

11 Für diese Theorien spricht, dass viele normative Phänomene auf Willensakte zurückzuführen sind, z.B. ein Verbot der Eltern gegenüber ihrem Kind, das Verwaltungswollen einer Behörde, verkörpert in einer Verfügung, einem Verwaltungsakt oder der politische Wille einer Parlamentsmehrheit, die ein Gesetz erlässt. Aber nicht jedes Wollen erzeugt ein Gebot, ein Verbot oder eine Erlaubnis. Dazu muss die Autorität, die das Wollen ausdrückt, normative Legitimität besitzen oder in ihrem Wollen eine Norm anwenden, die Legitimität beanspruchen kann. Die Legitimität der gesetzgebenden Autorität ist aber selbst kein Ausdruck eines Wollens, sondern beruht auf den Gründen, die ihre Annahme rechtfertigen. Das lässt sich an der grundlegenden Quelle der Legitimation rechtlicher Ordnungen der Neuzeit, der Volkssouveränität, verdeutlichen: Volkssouveränität und ihr Ausdruck, die verfassungsgebende Gewalt des Volkes, sowie ihr Sollensgebot, dass Quelle der Grundregeln des politischen Systems die Entscheidungen der Bürger und Bürgerinnen im Rahmen bestimmter materialer Maßstäbe wie der Menschenrechte sein sollen, ist nicht Ausdruck des Wollens eines nur noch metaphysisch zu fassenden Subjekts jenseits des Volkes, sondern das Ergebnis einer normativen Theorie der Legitimität politischer Herrschaftsgewalt.

12 Verwandt mit Willenstheorien sind *Gewalttheorien* der Geltung, die die analytischen Schwächen und bedenklichen Gefahren dieser Art von Theorien besonders anschaulich machen. Diese Theorien lehnen die Idee materialer Begründbarkeit von Normen ab. Geltung beruhe daher allein auf einem vergangenen, die Ordnung stiftenden Gewaltakt. Solche Theorien werden z.B. von *Derrida*[8] im Rahmen eines dekonstruktivistischen Projekts, das jede materiale Gültigkeitsvorstellung kritisiert,[9] formuliert. Jede Vorstellung von Legitimität sei selbst das Produkt vergangener, unsichtbar gewordener, aber noch nachwirkender Gewaltakte, die auch sprachlich performativ sein könnten.

---

[7] Vgl. *C. Schmitt*, Politische Theologie, 2. Aufl., 1934, S. 11, 20: „Der Ausnahmefall offenbart das Wesen der staatlichen Autorität am klarsten. Hier sondert sich die Entscheidung von der Rechtsnorm, und (um es paradox zu formulieren) die Autorität beweist, daß sie, um Recht zu schaffen, nicht Recht zu haben braucht". Vgl. die postmoderne Rezeption durch *G. Agamben*, Homo Sacer. Die souveräne Macht und das nackte Leben, 2002, S. 25 ff. *C. Schmitt* hat dem Dezisionismus, dem er zunächst verpflichtet war, das konkrete Ordnungsdenken gegenübergestellt, das normative Orientierung durch Rückgriff auf reale soziale Ordnungen liefern soll, vgl. *ders.*, Über die drei Arten des rechtswissenschaftlichen Denkens, 1934. Das konkrete Ordnungsdenken bildet einen wichtigen Hintergrund für Schmitts Engagement für die Etablierung einer nationalsozialistischen Rechtsordnung.
[8] *J. Derrida*, Force of Law: The ‚Mystical Foundation of Authority', S. 3 ff., vgl. o. § 21 IV.
[9] Vgl. *M. Mahlmann*, Law and Force, 20th Century Radical Legal Philosophy, Post-Modernism and the Foundations of Law, Res Publica, 9 (2003), S. 19 ff.

Ein anderes bekanntes Beispiel ist *Walter Benjamin*, der diese Ideen im Rahmen einer eschatologisch-mystischen Geschichtsmetaphysik vertritt.[10]

Gewalttheorien stoßen auf das Problem, dass ein faktisches Müssen, mit dem der Gewaltakt andere zwingt, keineswegs die Berechtigung erzeugt, diesen Zwang auszuüben. Die faktische Möglichkeit, andere durch Gewalt (oder ihre Androhung) zu etwas zu zwingen, ist etwas kategorial anderes als die normative Berechtigung, es zu tun. Ein Räuber kann A zwingen, eine Geldkarte mit PIN-Nummer herauszugeben, ohne dass deswegen eine Norm Geltung gewänne, die diese Herausgabe geböte. Es gibt keine Brücke vom Zwang zur normativen, materialen Geltung. Gewalttheorien verdunkeln daher nur den Ursprung von Sollen, klären ihn nicht. Sie verkörpern zudem die Gefahr (es wurde bereits angedeutet), durch unscharfe Analysen die Mittel der Kritik von Gewaltordnungen diesen selbst unbewusst auszuliefern. Die Kritik von politischer Gewaltherrschaft setzt einen Begriff der Legitimität voraus, der die Gewalt transzendiert, die er überwinden will und der untergraben wird, wenn man ihn mit Gewalt identifiziert oder das Andere der Gewalt in dekonstruktiver Unbestimmtheit lässt.

*Anerkennungstheorien* gehen davon aus, dass nur die Normen gelten, die die Anerkennung der Normunterworfenen genießen oder jedenfalls von einer Autorität gesetzt wurden, die selbst anerkannt wird, z.B. einem Parlament. Anerkennungstheorien haben eine lange Tradition.[11] Das Diskursprinzip der Diskursethik, welches besagt, dass nur diejenigen Normen begründet seien, denen jeder Betroffene unter den (kontrafaktischen) Bedingungen des herrschaftsfreien Diskurses zustimmen könne, bildet ein aktuelles Beispiel für eine solche Theorie, wenn auch in der verdünnten Form einer gedachten, nicht psychologisch realen Anerkennung.

Anerkennungstheorien haben den Vorzug, ein demokratisches Element zu besitzen, in dem die Geltung und Legitimität von Normen in verschiedener Weise an die Anerkennung der Normunterworfenen gebunden wird. Ein klassisches Problem dieser Theorie ist die Geltungsbegründung für diejenigen, die die normsetzende Autorität gerade nicht anerkennen. (Diese Normadressaten können sich auch gegen die Anerkennungstheorie selbst richten und nicht anerkennen, dass Legitimation durch Anerkennung geschaffen wird und z.B. befürworten, eine Diktatur zu errichten.) Da keine Rechtsordnung unter dem generellen Vorbehalt der Zustimmung aller Rechtsunterworfenen funktionieren kann, muss ihre Geltung jedenfalls im Grundsatz auch auf diejenigen erstreckt werden können, die sie nicht anerkennen. Auch wenn man annimmt, dass in bestimmten Fällen geltendem Recht nicht gehorcht werden muss (oder sogar nicht gehorcht werden darf), weil es etwa extrem ungerecht ist, müssen Rechtsnormen, die diese Schwelle nicht überschreiten, im Alltag Geltungskraft besitzen, ob die Normadressaten ihnen zustimmen oder nicht. Ähnliches gilt übrigens auch für die Moral: Das moralische

---

[10] Vgl. *W. Benjamin*, Zur Kritik der Gewalt, in: *ders.*, Angelus Novus, Ausgewählte Schriften 2, 1988, S. 42 ff.; vgl. näher *M. Mahlmann*, Law and Force: 20th Century Radical Legal Philosophy, Post-Modernism and the Foundations of Law, Res Publica, 9 (2003), S. 19 ff.

[11] Vgl. z.B. die anerkennungstheoretischen Momente im Kontraktualismus, o. § 5; *C. T. Welcker*, Die letzten Gründe von Recht, Staat und Strafe, 1813 (Nachdruck 2001), S. 81, wo (mit liberalen Intentionen) unterstrichen wird, dass die Zustimmung zum Staat nicht nur in der Idee, sondern wirklich existieren müsse.

Tötungsverbot gilt auch für diejenigen, die es – aus welchen Gründen auch immer – nicht anerkennen.

16 Wichtig ist zudem ein anderes Problem, das mit dem eben genannten zusammenhängt: Legitimität weist über bloßen Voluntarismus hinaus. Man anerkennt (rechtliche und moralische) Normen, weil sie legitim sind; sie sind nicht legitim, weil sie anerkannt werden (vgl. hierzu etwa das Beispiel der Diskurstheorie, o. § 21 II). Wenn man Geltung mit Legitimität verknüpft sieht, und sei es auch nur durch die Legitimation der normsetzenden Instanz (etwa der verfassungsgebenden Gewalt des Volkes), kommt eine Geltungstheorie um die Frage nicht herum, wann eine Norm begründet ist und deshalb anerkannt werden muss. Dasselbe gilt für eine positivistische Theorie des Rechts, die Geltung und Legitimität von Normen streng trennt. Denn auch diese Theorie kann (und sollte) sich dafür interessieren, was legitime Normen sind, ob die geltenden Normen diesen Normen entsprechen oder ihnen angepasst werden müssen, wenn sie nicht sowieso eine Prärogative der Moral formuliert.

17 Die bisher genannten Geltungstheorien verweisen deshalb zwangsläufig auf die Frage nach dem material Richtigen, Guten und Gerechten, die den Kern der Ethik und materialen Rechtsreflexion bilden.

18 *Materiale Geltungstheorien* nehmen dieses Problem auf und versuchen Kriterien zu entwickeln, wann Normen Legitimität beanspruchen können. Die Naturrechtstradition (vgl. o. §§ 1 IV, 2 IV, 4), das Vernunftrecht, etwa Kant (vgl. o. § 9), oder moderne materiale Rechtsethiken (vgl. o. § 18 II) sind Beispiele für solche Ansätze.

19 Zuweilen wird zwischen *juristischen, soziologischen* und *normativen Geltungstheorien* unterschieden.[12] Juristische Theorien verwiesen auf die juristischen Normerzeugungszusammenhänge. Ein Gesetz gelte danach z.B., wenn es gemäß der Verfassung erlassen wurde. Eine soziologische Theorie mache die faktische soziale Wirksamkeit von Normen, eine normative Theorie ein inhaltliches Kriterium, z.B. die Entsprechung von Norm und Menschenwürdegedanken, zum Geltungskriterium.

20 Juristische Theorien verweisen auf eine der zuvor erörterten Geltungstheorien, spätestens auf dem Niveau der Norm, die der Verfassung Geltung verschafft. Diese, etwa die verfassungsgebende Gewalt des Volkes im Rahmen von materialen Grundnormen wie Menschenrechten, kann nicht mehr selbst juristisch im verwandten Sinn, sondern muss durch faktische Befolgung, faktisches Wollen, Dezision, Gewalt, Anerkennung oder materiale Richtigkeit (oder anders) begründet werden. Soziologische Theorien der genannten (keineswegs alternativlosen) Art sind faktische Befolgungstheorien. Normative Theorien sind materiale Geltungstheorien, die zum genannten geistigen Kern der Rechtsphilosophie führen, nämlich den materialen Gehalten der Rechtsethik, die im Folgenden noch umrissen werden.

### IV. Verpflichtung und der Gehalt der deontischen Modalitäten

21 Identifiziert werden Normen (und Normsätze) durch Gebot, Verbot, Erlaubnis, die deontischen Modalitäten, die ein *Sollen* ausdrücken. Im Gegensatz dazu stehen Aussagen (Propositionen), die formulieren, was der Fall ist. Die Geltung von Normen

---

12 Zur Diskussion *H. Rottleuthner*, Rechtstheorie und Rechtssoziologie, S. 31 ff.

## § 30 Norm, Geltung, Verpflichtung

erzeugt in der Regel ein derartiges Sollen, beispielsweise eine Verpflichtung. Gebot, Verbot, Erlaubnis können durch einander definiert werden. Es gilt deshalb: Erlaubt ist, was nicht verboten ist. Was nicht erlaubt ist, ist verboten. Oder: Was nicht zu tun, nicht erlaubt ist, ist geboten. Man kann sich fragen, ob eine dieser Modalitäten die grundlegende ist und wenn ja, welche? Man kann sie aber auch – naheliegender – für gleichursprünglich und nur durch einander definierbar auffassen. Weiter – und wichtiger – ist zu fragen, ob diese Begriffe irgendwie durch andere ersetzt oder auf andere zurückgeführt werden können oder nicht. Damit ist gleichzeitig das Problem angeschnitten, wie sich die in der Analytik des moralischen Urteils herausgearbeiteten Folgen eines moralischen Urteils für die individuelle menschliche Motivation, beispielsweise eine Verpflichtung, zur allgemeinen *Theorie des Sollens* verhalten.

Es gibt verschiedene Strömungen eines normtheoretischen Reduktionismus, die die Ansicht vertreten, Sollen sei keine eigenständige normtheoretische Kategorie: Der Rechtsrealismus sieht z.B. im Sollen letztendlich eine Sanktionschance ausgedrückt.[13] Man soll etwas tun heiße, dass das Nichttun wahrscheinlich sanktioniert wird. Sanktionslose Normen sind aus dieser Sicht undenkbar.

Auch Hart spricht von sozialem Druck, der eine innere Verbindlichkeit erzeuge (s. o. § 17 III). Diese innere Seite der Verbindlichkeit ist für ihn von großer Bedeutung. Sein Normbegriff wird von Gewohnheiten gerade dadurch abgegrenzt, dass Normen Gründe und Motive für Handlungen bieten, die Gewohnheiten als bloßen faktischen Verhaltensregelmäßigkeiten abgehen.

Der systemtheoretische Normbegriff kann als drittes Beispiel genannt werden: Luhmann will durch seinen Normbegriff die überholte „Sollens-Symbolik" verabschieden.[14] Der Normbegriff sei von der Idee zu befreien, dass Normen durch Sollen motivierten. Dazu wird der Normbegriff mit Erwartungen verknüpft: Kognitive Erwartungen werden im Enttäuschungsfall geändert, normative Erwartungen dagegen beibehalten (s. o. § 21 III).

Das Problem dieser Reduktionsversuche ist, dass sie das Phänomen des Sollens in seiner Komplexität und Eigenart nicht zutreffend erfassen, also analytisch unzureichend bleiben (vgl. bereits o. § 30). Ein Sollen kann auch ohne Sanktion oder Sanktionschance existieren. Sanktionen werden verhängt, um ein Sollen durchzusetzen, sie konstituieren das Sollen aber nicht. Gewissenspflichten können sogar verbindlich sein, wenn nicht der Verstoß gegen ihre Gebote, sondern ihre Befolgung in einer Diktatur sanktioniert wird. Der Verweis auf innere Sanktionen, wie ein schlechtes Gewissen oder Scham, ändert an dieser Analyse nichts. Diese Sanktionen setzen die Existenz des Sollens der Gewissenspflichten voraus, erzeugen es nicht: Man schämt sich, weil eine moralische Verpflichtung verletzt wurde; die moralische Verpflichtung existiert nicht, weil man sich schämt.

Entsprechend unzureichend ist der Hinweis auf äußeren Druck bei Hart, der nichts anderes bildet als eine spezifische Form der Sanktion. Die innere Seite der Regeln, die

---

13 Vgl. z.B. *T. Geiger*, Vorstudien zu einer Soziologie des Rechts, S. 64 ff.
14 *N. Luhmann*, Das Recht der Gesellschaft, S. 129 ff.

27 Hart hervorhebt, verweist dagegen auf den Kern der Sache: Sollen leitet Handeln an und bildet ein Handlungsmotiv.

27 Auch der Luhmann'sche Normbegriff überzeugt deshalb nicht. Normen sind – wie sich gezeigt hat – mehr als kontrafaktische, gegen Enttäuschungen immunisierte Prognosen von Geschehensabläufen. Der Kern des Tötungsverbots ist nicht, dass Menschen weiter annehmen, Menschen würden nicht getötet werden, auch wenn Tötungsdelikte vorkommen, sondern dass sie nicht getötet werden *sollen*, ob nun Tötungsdelikte vorkommen oder nicht. Der sachliche Gehalt dieses Verbots ist durch das Sollen markiert, das gerade den Gehalt hat, den Luhmann verneint, nämlich eine Handlungsanleitung zu geben (s. o. § 30).

28 Hält man die Reduktionsversuche für gescheitert, muss man versuchen, für den Status der Gegebenheit der Sollenskategorien eine Erklärung zu finden. Verschiedene Möglichkeiten bieten sich hier an. Kelsen z.B. sah im Sollen eine nicht hintergehbare Bewusstseinsgegebenheit. Er greift dabei eine weitverbreitete These auf und verbindet das Sollen mit einem Wollen. Das Sollen sei die Folge eines Wollens.[15] Sollen hängt aber wie die Geltung von Normen keineswegs von einem Wollen ab. Von einer Autorität (einem Individuum, dem Staat) gewollte Sanktionen sind – wie gerade erörtert – nicht konstitutiv für das Sollen. Auch individuell sind Sollen und Wollen zu unterscheiden. Die Prinzipien der Moral etablieren etwa ein Sollen für die Einzelnen, ohne dass hinter ihnen ein irgendwie identifizierbares Wollen stünde. Ein moralisches Sollen ist kein verstecktes Wollen des Einzelnen gegenüber sich selbst. Der Kern des Sollens ist gerade, dass es nicht auf dem eigenen Willen beruht, sondern diesen bestimmt.

29 Andere Ansätze gehen zurückhaltender vor und argumentieren folgendermaßen: Kein Begriff könne ohne die Voraussetzung anderer Begriffe definiert werden, die selbst nicht weiter definierbar seien, weil dies in den infiniten Regress münden würde. Für die Rechtswissenschaft bildeten Gebote, Verbote oder Erlaubnisse solche Grundbegriffe. Mit diesen Begriffen könne die gegebene Sprache des Rechts am besten rekonstruiert werden.[16] Diese begrifflich-semantische Analyse ist hilfreich, liefert aber keine klare Konzeption des realen psychischen Phänomens des Sollens, das nicht nur einen Grundbegriff, sondern ein reales Grundelement der Moralkognition der Menschen bildet. Das ist der Sache nach in klassischen Theorien ganz deutlich formuliert, nicht zuletzt wiederum bei Kant, und bildet ein Ergebnis der unternommenen Analytik des moralischen Urteils. Man muss deshalb das Sollensphänomen als konstituierenden Teil der geistigen Subjektivität des Menschen auffassen.[17]

30 Dies kann allerdings nicht der letzte Schritt der Analyse sein. Das Gesollt-Sein einer Rechtsordnung (und ihrer Teile) ist nämlich kein ausschließlich psychisches Faktum, wenn Rechtsnormen auch individuell als verbindlich empfunden werden können, z.B. das Tötungsverbot. Rechtliche Gebote sind aber nicht nur gesollt, wenn dies von den Normadressaten so empfunden wird. Sie verpflichten rechtlich gerade jedes Rechtssubjekt der Rechtsordnung unabhängig von subjektiven Verpflichtungsgefühlen, wie bei

---

15 *H. Kelsen*, Allgemeine Theorie der Normen, S. 2; *ders.*, Reine Rechtslehre, S. 4.
16 *R. Alexy*, Theorie der Grundrechte, S. 44.
17 Vgl. näher *M. Mahlmann*, Rationalismus in der praktischen Theorie, S. 158 ff.

den Anerkennungstheorien der Geltung erläutert wurde (vgl. o. § 30 III). Deswegen existiert das Sollen, das rechtliche Regelungen schaffen, auch gegenüber denjenigen, die sie ablehnen oder für ungültig halten (und entsprechend für die anderen deontischen Modalitäten, etwa bei Rechten, auch bei einem Dürfen, von dem man nichts weiß). Das Sollen einer Rechtsordnung und ihrer einzelnen Elemente ist deshalb eine Abstraktion von realem psychologischem Gesollt-Sein. Das rechtliche Sollen kann im konkreten Fall wieder in eine psychische Realität übergehen, wenn eine Rechtsnorm von einem Individuum tatsächlich als verbindlich empfunden wird. Es kann aber auch – wie bei der Diskussion des Verhältnisses von Recht und Moral angedeutet – das Gegenteil geschehen, wenn der Rechtsnorm aus moralischen Gründen jedenfalls die Legitimität und Verbindlichkeit fehlt. Dem Sollen der Rechtsnorm steht dann das moralische Sollen gegenüber, dem Sollen der Rechtsnorm nicht zu gehorchen.

Auch für die Ethik ist dieser komplexe Zusammenhang zu beachten. Eine moralische Norm kann für diejenigen ein verbindliches Sollen schaffen, die dieses Sollen keineswegs empfinden. Das ist z.B. die Basis der Kritik einer moralisch nicht gerechtfertigten Praxis, sei es einer Minderheit, sei es der Mehrheit einer Gesellschaft.

## § 31 Subjektive Rechte und die Kritik der Werttheorie

I. Subjektive Rechte .................... 1
  1. Rechte in Moral und Recht ..... 1
  2. Ein analytischer Begriff des subjektiven Rechts ................... 5

II. Regeln, Prinzipien, Werte ............ 12

### I. Subjektive Rechte

#### 1. Rechte in Moral und Recht

1 Der Begriff des subjektiven Rechts ist ein Konstitutionselement jeder modernen Rechtsordnung. In der Ideengeschichte gibt es eine große Fülle von expliziten oder impliziten Überlegungen zu subjektiven Rechten, nicht zuletzt im Zusammenhang mit der Entwicklung der Idee der Menschenrechte (vgl. etwa o. §§ 5, 9). Klassische neuere rechtswissenschaftliche Definitionsversuche von subjektiven Rechten verbinden diese mit garantierten Freiheitssphären, in denen ein Individuum autonom seinen Willen bestimmen und entsprechend handeln kann: „Betrachten wir den Rechtszustand, so wie er uns im wirklichen Leben von allen Seiten umgibt und durchdringt, so erscheint uns darin zunächst die der einzelnen Person zustehende Macht: ein Gebiet, worin ihr Wille herrscht, und mit unserer Einstimmung herrscht. Diese Macht nennen wir *ein Recht* dieser Person, gleichbedeutend mit Befugnis: Manche nennen es das Recht im subjectiven Sinn".[1] Ein subjektives Recht sei „eine von der Rechtsordnung verliehene Willensmacht oder Willensherrschaft".[2] Die Bedeutung der Freiheitssphäre des Willens wird aber auch relativiert und stattdessen der gerichtlich durchsetzbare Interessenschutz in den Vordergrund gerückt, der jeder Willensherrschaft eine normative Grenze ziehe: „Der Begriff des Rechts beruht auf der rechtlichen Sicherheit des Genusses, Rechte sind rechtlich geschützte Interessen".[3] Wille und Interesse können auch zusammengeführt werden, etwa wenn formuliert wird, dass ein subjektives Recht „die von der Rechtsordnung anerkannte und geschützte auf ein Gut oder Interesse gerichtete menschliche Willensmacht"[4] sei. Diese Fragen sind auch in der Gegenwart weiter zentrale Elemente der Diskussion. Der Stellenwert individueller Wahlfreiheit wird in einflussreichen Stellungnahmen gegenüber der klassischen Interessentheorie betont, Bedürfnisse aber auch einbezogen,[5] während andere Theorien Rechte grundsätzlich aus gewichtigen Interessen gewinnen möchten.[6]

2 Diese Definitionen werfen mit ihrem Bezug auf den Willen, die Willensmacht, die durch eine Rechtsordnung verliehen werde, also nicht originär bestehe, oder den Interessenbezug verschiedene Fragen auf: Was ist der normative Gehalt eines subjekti-

---

1 *F. C. v. Savigny*, System des heutigen Römischen Rechts, Bd. 1, 1981, § 4 (Herv. i. Org.), vgl. a.a.O. § 53.
2 *B. Windscheid*, Lehrbuch des Pandektenrechts, Bd. 1, 9. Aufl., bearbeitet durch T. Kipp, 1906, § 37.
3 *R. v. Jhering*, Geist des römischen Rechts, Teil III, 1924, S. 337 ff., insbes. 339. Damit ist der Kernpunkt des Streits der Willens- und Interessentheorie benannt.
4 *G. Jellinek*, System der subjektiven öffentlichen Rechte, 2. Aufl., 1905, S. 44; bei *J. Austin*, The Province of Jurisprudence Determined, S. 137 ff., konstituiert die Pflicht, die ein sanktionsbewehrtes Gesetz schafft, das subjektive Recht. Ähnlich *H. Kelsen*, Allgemeine Theorie der Normen, S. 269, der das Recht von der Pflicht gedacht hat. Ein subjektives Recht sei „die Rechtsmacht, die Erfüllung einer bestehenden Pflicht geltend zu machen". Vgl. o. § 17 II.
5 Vgl. z.B. *H. L. A. Hart*, Natural Rights: Bentham and John Stuart Mill, in: *ders.*, Essays on Bentham. Studies in Jurisprudence and Political Theory, 1982, S. 79 ff.
6 Vgl. *J. Raz*, The Morality of Freedom, 1986, S. 165 ff.

ven Rechts, den Begriffe wie Willensherrschaft oder Willensmacht umkreisen? Welches sind die Zwecke oder intendierten Funktionen von subjektiven Rechten? Welche Bedeutung hat die Fähigkeit der Durchsetzung des Rechtsinhalts für den Begriff der subjektiven Rechte? Gibt es subjektive Rechte außerhalb von positiven Rechtsordnungen auch ohne formelle oder informelle Sanktionsformen?

Die letzten beiden Fragen führen zu einem bedeutenden Problem, dem Problem der Möglichkeit moralischer Rechte.[7] Diese Möglichkeit wird man einräumen müssen. Wie sich gezeigt hat, ist das Sollen, das Normen etablieren, keineswegs abhängig von verhängten oder drohenden, rechtlichen oder andersartigen Sanktionen eines Normbruchs (vgl. o. § 30). Normen allgemein und damit auch subjektive Rechte können zudem unabhängig von einer sozialen Ordnung, auch einer Rechtsordnung, existieren.[8] Die wirkungsmächtige Existenz von moralischen Rechten illustrieren denn auch nachdrücklich die moralischen Menschenrechte, die gegen die bestehende positive Rechtsordnung geltend gemacht werden können und historisch gegen sie tatsächlich durchgesetzt wurden.

Was macht aber ein moralisches oder rechtliches subjektives Recht eigentlich aus? Was ist der Inhalt und was der Zweck von subjektiven Rechten? Diese Fragen kann man nur mit einer analytischen Theorie des subjektiven Rechts beantworten, die über die genannten Definitionen hinausgeht und unversehens mitten in Kernfragen materialer Rechtsethik hineinführt.

## 2. Ein analytischer Begriff des subjektiven Rechts

In seiner einflussreichen Analyse verschiedener Phänomene, die häufig unter dem Begriff „Recht" im subjektiven Sinn zusammengefasst würden, macht *Wesley Newcomb Hohfeld* wichtige differenzierende Unterscheidungen, die heute zu Standardelementen des Verständnisses von subjektiven Rechten gehören:[9]

### Jural Opposites (Juristische Gegensätze)

| Recht (right) | Nicht-Recht (no-right) |
| --- | --- |
| Privileg (privilege) | Pflicht (duty) |
| Gestaltungsmacht (power) | Fehlende Gestaltungsmacht (disability) |
| Nicht-Unterworfensein (immunity) | Unterworfensein (liability) |

### Jural Correlatives (Juristische Korrelate)

| Recht (right) | Pflicht (duty) |
| --- | --- |
| Privileg (privilege) | Nicht-Recht (no-right) |
| Gestaltungsmacht (power) | Unterworfensein (liability) |
| Nicht-Unterworfensein (immunity) | Fehlende Gestaltungsmacht (disability) |

---

7  Vgl. z.B. *J. Austin*, The Province of Jurisprudence Determined, S. 137 ff.
8  Ebd.
9  *W. N. Hohfeld*, Fundamental Legal Conceptions as Applied in Judicial Reasoning, 2001, S. 12. Vgl. zu Vorläufern auch *J. Bentham*, An Introduction to the Principles of Morals and Legislation, XVI, 25, note e2; *H. L. A. Hart*, Legal Rights, in: *ders.*, Essays on Bentham. Studies in Jurisprudence and Political Theory, 1982, S. 162 ff.

6   Rechten im engeren Sinne von Ansprüchen (*rights*) stehen danach Pflichten (*duties*) gegenüber, Privilegien (*privileges*) dagegen Nicht-Rechte (*no-rights*). Als Beispiel nennt Hohfeld das Recht des x, dass y nicht das Grundeigentum des x betritt, während x selbst das Privileg habe, es zu betreten, oder umgekehrt, nicht die Pflicht, dem Grundeigentum fern zu bleiben. Y habe dagegen neben der Pflicht, das Land nicht zu betreten, ein Nicht-Recht, dass x dem Land fernbleibe.[10] Mangels Verpflichtung des x genieße dieser daher ein Privileg. Dieses sei mithin eine „negation of a duty", eine Negation einer Pflicht.[11] Ob diese Unterscheidung von Rechten und Privilegien durch alle Beispiele Hohfelds gelungen illustriert wird, scheint zweifelhaft. Denn y hat im genannten Fall auch eine Pflicht in Bezug auf das Nicht-Betreten des Landes durch x – nämlich x nicht am Betreten zu hindern. Des x normative Position geht deswegen über ein (bloßes) Privileg hinaus. Diese Kritik trifft auch andere Beispiele Hohfelds, die sich z.T. auf klassische subjektive Rechte beziehen, denen ohne Zweifel Pflichten gegenüberstehen, etwa „freedom of speech" (Meinungsfreiheit).[12] Es mag sich auch die Frage aufdrängen, ob es eine bloße Erlaubnis geben könne, der keine Verpflichtung von irgendwem gegenübersteht. Das kann zweifelhaft erscheinen, denn die Erlaubnis, dass x F tun (oder unterlassen) könne, ist auf den ersten Blick nicht mit der Erlaubnis vereinbar, dass y alles tun könne, um x an F zu hindern. Hohfeld bildet zur Illustration seiner Analyse folgenden Fall: X räumt y das Recht ein, seinen Shrimp-Salat zu essen, wenn y ihn ergreifen kann. X sagt aber nicht zu, nicht zu verhindern, dass y den Salat isst. Ys normative Position ist in diesem Fall schwach, aber in der Tat nicht leer. Wenn er den Salat ergreift und verspeist, kann x danach keine normativen Einwendungen erheben und z.B. Ersatz des Salates verlangen. Der Kern des Privilegs ist danach, dass seine, dem Privilegieninhaber freistehende Ausübung kein Recht eines anderen, die Verhinderung seiner Ausübung kein Recht des Ausübenden verletzt.[13]

7   Der Begriff der normativen Gestaltungsmacht (*power*) und sein Korrelationsbegriff des Unterworfenseins (*liability*) unter diese Gestaltungsmacht sowie die damit im Zusammenhang stehenden Begriffe Nicht-Unterworfensein (*immunity*) und fehlende Gestaltungsmacht (*disability*) bezeichnen wichtige Elemente von Rechtsordnungen.[14] Diese werden nicht nur durch verhaltensleitende Normen gebildet, sondern verleihen auch die Fähigkeit der Rechtssubjekte, normative Beziehungen zu gestalten. Hart hat dies besonders in seiner Kritik der Imperativtheorie des Rechts betont (vgl. o. § 17 III). Die Fähigkeit, privatautonom Verträge zu schließen, ist ein Beispiel für eine Gestaltungsmacht; die Bindung an ein Angebot eines für ein Unterworfensein unter eine Gestaltungsmacht. Die Unfähigkeit eines Privaten x, einen anderen y einseitig vertraglich zu binden, illustriert eine fehlende Gestaltungsmacht des x und das Nicht-Unterworfensein des y.

---

10  W. N. *Hohfeld*, Fundamental Legal Conceptions as Applied in Judicial Reasoning, S. 14.
11  W. N. *Hohfeld*, Fundamental Legal Conceptions as Applied in Judicial Reasoning, S. 14, 18.
12  W. N. *Hohfeld*, Fundamental Legal Conceptions as Applied in Judicial Reasoning, S. 20 Fn. 61. Vgl. die ähnliche Kritik durch *J. J. Thomson*, The Realm of Rights, 1990, S. 53.
13  Vgl. W. N. *Hohfeld*, Fundamental Legal Conceptions as Applied in Judicial Reasoning, S. 16.
14  R. *Alexy*, Theorie der Grundrechte, S. 219, übersetzt Kompetenz, Subjektion, Nicht-Subjektion und Nicht-Kompetenz. Er weist auch zutreffend auf die Notwendigkeit hin, eine Rechtsmacht von gesetzlichen Folgen einer Handlung abzugrenzen, etwa den Folgen einer deliktischen Handlung, ebd., S. 214.

## § 31 Subjektive Rechte und die Kritik der Werttheorie

Die Gestaltungsmacht und die mit ihr verbundenen Phänomene sind auf einer anderen Ebene angesiedelt als ein subjektives Recht. Bei Letzterem geht es um ein Dürfen, bei Ersterem um ein Können (oder bei *disability* und *immunity* um dessen Negation, also ein Nicht-Können). Das Dürfen eines subjektiven Rechts kann durchaus die Ausübung einer Gestaltungsmacht betreffen, wie z.B. der grundrechtliche Schutz der Vertragsfreiheit zeigt. Die Ausübung einer Gestaltungsmacht kann aber auch verboten oder geboten sein, Letzteres z.B. beim Kontrahierungszwang.

Diese Analysen gelten ähnlich übrigens auch für die Moral, wenn dies auch weniger theoretische Aufmerksamkeit gefunden hat. Für moralische Rechte und Pflichten, Privilegien und Nicht-Rechte wird dies unmittelbar einleuchten. Es gilt aber auch für die Vorstellung einer Gestaltungsmacht und die damit zusammenhängenden Begriffe. Ein Versprechen oder eine Abmachung zwischen zwei Personen, die einseitige oder wechselseitige moralische Verpflichtungen und Berechtigungen erzeugen, illustrieren die moralische normative Gestaltungsmacht von Subjekten. Wenn zwei Personen x und y die Abmachung treffen, sich am Dienstag um sechs Uhr morgens zum Rudern am Zürichsee zu treffen, erzeugt das die moralische Verpflichtung, zu kommen, und die Berechtigung, dass der andere es tut. Die Unfähigkeit des x oder des y, den jeweils anderen vor einer solchen Verabredung zum Kommen zu verpflichten, illustriert das Nicht-Unterworfensein von x und y unter die Gestaltungsmacht des jeweils anderen, die mithin in dieser Hinsicht beiden fehlt.

Damit lässt sich hinreichend präzise bestimmen, was ein subjektives Recht ausmacht: Ein subjektives Recht ist eine komplexe normative Relation, die verschiedene Funktionen entfaltet. Ein Recht konstituiert ein spezifisches Dürfen eines Rechtssubjekts gegenüber einem oder mehreren Adressaten in einer bestimmten sachlichen Hinsicht, das sich auf ein (auch normativ gestaltendes) Tun oder Unterlassen, bei einem Leistungsrecht auf ein Fordern oder Empfangen, bei einem Statusrecht auf die Bewahrung eines Zustands (etwa der körperlichen Integrität) richten kann. Diesem Dürfen entspricht ein Anspruch des Rechtssubjekts gegenüber dem oder den Adressaten auf ein bestimmtes Verhalten, nämlich in der erlaubten Handlung oder Unterlassung nicht gestört zu werden, auf Vollzug der Leistung oder in einem bestimmten Zustand nicht verletzt zu werden. Umgekehrt etabliert ein subjektives Recht eine Verpflichtung beim Adressaten gegenüber dem Rechtssubjekt. Einem subjektiven Recht des x gegenüber dem Staat auf F – etwa die Meinung frei zu äußern – entspricht der Anspruch, in F – der Meinungsäußerung (oder ihrer Unterlassung) – nicht gestört zu werden, und die Pflicht des Adressaten, Störungen zu unterlassen. Der Adressat des Rechts hat keinen Anspruch darauf, dass der Rechtsträger sein Recht nutzt oder nicht nutzt – die Nutzung des Rechts ist diesem freigestellt. Vielen Pflichten korrespondieren Rechte. Wenn die Pflicht besteht, z.B. einzelne Menschen als Mensch zu respektieren, besitzen diese Menschen auch das Recht auf diesen Respekt.

Es kann eine – z.B. vertraglich begründete – Pflicht bestehen, einzelne Ansprüche gegenüber einem anderen geltend zu machen. Rechte verstanden als komplexe normative Position, die die Freistellung von Handlungen umfasst, müssen dagegen nicht ausgeübt werden – sie sichern schlicht die Möglichkeit der Äußerung menschlicher Freiheit und Entfaltung, ohne dass andere auf den Gebrauch einen normativ begründeten Einfluss hätten. Dass Rechte mit der Freiheit, dem eigenen Willen zu folgen, zu tun haben, wird also zu Recht betont. Der Inhalt von subjektiven Rechten kann in einer normativen Gestaltungsmacht liegen, die selbst wieder komplexe normative Relationen impliziert, z.B. wer unter welchen Umständen dieser Gestaltungsmacht unterworfen ist. Von subjektiven Rechten in diesem Sinn ist eine schwache normative Position abzugrenzen, in der das durch sie gewährte Dürfen nur darin besteht, dass eine bestimmte, dem Einzelnen freistehende Handlung normative Positionen anderer nicht verletzt, ohne dass bei den Adressaten eine Pflicht bestünde, den Vollzug der Handlung nicht zu hindern.

**II. Regeln, Prinzipien, Werte**

12   Subjektive Rechte implizieren jedenfalls auf Grundrechtsebene im Modus des gewährten Dürfens spezifische moralische oder rechtliche Wertaussagen materialer Art. Sie formulieren beispielsweise ein Recht auf freie Meinungsäußerung und drücken gleichzeitig aus, dass Meinungsfreiheit einen Wert für die betreffende Rechtsordnung bildet. Die Prinzipientheorie ist die gegenwärtig analytisch schärfste Strukturtheorie von Rechten, die diese Wertaussagen genauer zu erfassen versucht. Wie sich gezeigt hat, ist der sachliche Kern der ihr zugrunde liegenden normtheoretischen Unterscheidung von Regeln und Prinzipien die Unterscheidung von Normen (Verboten, Geboten, Erlaubnissen), die *prima facie*, d.h. vor Berücksichtigung aller Umstände, und Normen, die *sans phrase*, d.h. nach Berücksichtigung aller Umstände, gelten, sowie Wertaussagen. Dieser Sachverhalt kann, muss aber nicht mit der Regel-Prinzipien-Terminologie eingefangen werden. Gegen diese durchaus mögliche Terminologie spricht immerhin – wie sich gezeigt hat – die klare Abgrenzung von Normen, die Gebote, Verbote und Erlaubnisse aussprechen, und Wertaussagen, die die Regel-Prinzipien-Terminologie verwischen kann (vgl. o. § 18 III).

13   Rechte können als Sonderfall von Regeln verstanden werden. *Regeln* im engeren Sinn sind Normen, die ein Gebot oder Verbot aussprechen, *Rechte* Normen, die eine Erlaubnis und entsprechende Ansprüche formulieren. Wenn das Bedürfnis nach Präzisierung besteht, kann klargestellt werden, ob es sich um Regeln oder Rechte mit *Prima-Facie*-Status oder Regeln oder Rechte *sans phrase* handelt.

14   Ein interessanteres Problem wirft die Frage nach dem Gehalt von Wertaussagen auf. Beispiele für Wertaussagen sind z.B. „Meinungsfreiheit ist ein Gut" oder „Zu unseren Werten gehört der Respekt vor der Persönlichkeit des Menschen". Formulierungen wie „Meinungen dürfen frei geäußert werden" oder „Die Persönlichkeit der Menschen soll respektiert werden" implizieren dagegen in der Form einer (*prima facie* oder *sans phrase*) Norm, was Erstere direkt aussprechen: dass bestimmte Gegenstände oder Verhaltensweisen einen Wert (ein Gut) bilden können. Eine wichtige Funktion dieser Werte besteht darin, Gründe für Normen zu liefern, die Gebote, Verbote und Erlaubnisse formulieren. Weil Meinungsfreiheit oder Respekt vor der Persönlichkeit von Menschen Werte bilden, können sie Gründe ausmachen, entsprechende Normen zu legitimieren.

15   Die Werte können dabei in naturale und moralische unterschieden werden. Die Wertaussage „Ein gutes Essen ist doch viel wert!" drückt den naturalen Wert eines geglück-

ten kulinarischen Erlebnisses aus. Es ist aber nicht moralisch wertvoll, gut zu essen. Es ist nur angenehm für das betroffene Individuum. Naturale Werte können auch immaterielle (und durchaus fundamentale) Güter und Bedürfnisse betreffen – die konkrete Werttheorie der Freiheit wird dies am Beispiel des Wertes menschlicher Selbstbestimmung deutlich machen. Die Aussage „Die Sorge für das Wohl anderer ist ein wichtiger Lebensinhalt" bezeichnet dagegen einen moralischen Wert. Die Fürsorge ist nicht nur ein naturales Gut, wie ein genossenes Essen, sondern moralisch billigenswert. Gleiches gilt z.B. für gerechtes Handeln. Auch geübte Gerechtigkeit ist ein moralischer Wert. Naturale und moralische Werte können in eine komplexe Wertaussage zusammengeführt werden, z.B. „Die gleiche Grundversorgung aller Menschen mit Nahrungsmitteln ist ein hohes Gut". Die Grundunterscheidungen lassen sich vereinfacht so zusammenfassen:

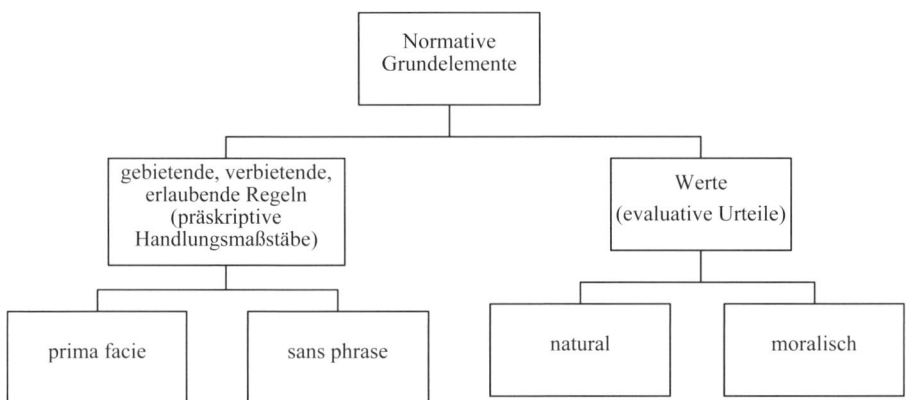

Wertungselemente im Recht, z.B. in der Grundrechtsauslegung, können also in einem doppelten Sinn mit der Moral in Verbindung stehen: Durch direkten Bezug, z.B. auf Gerechtigkeit, oder durch komplexe Wertaussagen, in denen naturale und moralische Werte verbunden werden.

16

Diese Art von Wertaussagen impliziert keineswegs zwangsläufig eine metaphysische Werttheorie, wenn man diesem changierenden und zur Abwertung fremder Positionen oft missbrauchten Begriff als Bezeichnung eines jenseits der Welt angesiedelten, transzendenten Reichs der Dinge versteht. Dass klassische Werttheorien metaphysisch waren, heißt nicht, wie bereits angedeutet,[15] dass alle metaphysisch und deswegen unhaltbar sein müssten. Das ist bei den naturalen Werten im genannten Sinn offensicht-

17

---

15 Vgl. o. § 17 III 3 und *M. Scheler*, Der Formalismus in der Ethik und die materiale Wertethik, 5. Aufl., 1966, S. 37 f., der schreibt, „daß es *echte* und *wahre* Wertqualitäten gibt, die einen eigenen Bereich von *Gegenständen* darstellen, die ihre *besonderen* Verhältnisse und Zusammenhänge haben, und schon als Wert*qualitäten* z.B. höher und niedriger usw. sein können. Ist aber dies der Fall, so kann zwischen ihnen auch eine *Ordnung* und eine *Rangordnung* obwalten, die vom Dasein einer *Güterwelt*, in der sie zur Erscheinung kommt, desgleichen von der Bewegung und Veränderung dieser Güterwelt in der Geschichte ganz unabhängig und für deren Erfahrung ‚a priori' ist" (Herv. i. Org.), oder *N. Hartmann*, Ethik, 3. Aufl., 1949.

lich, gilt aber auch für die moralischen Werte, wenn man das geistige Urteil, das diesen Wertstatus einem Objekt prädiziert, als einer nicht-metaphysischen Quelle entsprungen auffasst, was z.b. dann der Fall ist, wenn man es – wie es nahe liegt – als Urteilsakt des menschlichen Subjekts, seines Gewissens oder seiner praktischen Vernunft begreift. Es spricht deshalb viel dafür, der Einfachheit halber am traditionellen Begriff des Werts festzuhalten und mit ihm zu versuchen, das zu entwerfen, worauf es eigentlich ankommt: eine inhaltliche, die zentralen Herausforderungen der Gegenwart reflektierende materiale Werttheorie, die jenseits von rhetorischer Wert-Prophetie überzeugend begründet werden kann.[16]

---

16 Die Prädikate „gut" und „gerecht" unterscheiden sich qualitativ erheblich von anderen Prädikaten, z.B. „heiß". Ihr metaphysischer Status bildet dieses Unterscheidungskriterium aber nicht. Die Vernünftigkeit einer derartigen nicht-metaphysischen Werttheorie beruht – wie sich noch näher zeigen wird – auf anderen Maßstäben als der Wahrheit von empirischen Aussagen über die Welt. Insofern ist z.B. *M. Webers* klassischen Ausführungen zum Wertproblem zuzustimmen, vgl. *ders.*, Die ‚Objektivität' sozialwissenschaftlicher und sozialpolitischer Erkenntnis; Der Sinn der ‚Wertfreiheit' der soziologischen und ökonomischen Wissenschaften; Wissenschaft als Beruf, alle in: *ders.*, Gesammelte Aufsätze zur Wissenschaftslehre, hrsg. v. J. Winckelmann, 7. Aufl., 1988, S. 146 ff., 489 ff., 582 ff., zur nonkognitivistischen Fassung dieses Problems s. o. § 15. Da aber der Anspruch auf die Vernünftigkeit der Werttheorie theoretisch durchaus begründet werden kann, es also nicht nur auf „Bekenntnisse" und den Ausgang des Kampfes um die Wertvorstellungen ankommt, wie Weber meint, vgl. *ders.*, Die ‚Objektivität' sozialwissenschaftlicher und sozialpolitischer Erkenntnis, S. 150 ff.; Der Sinn der ‚Wertfreiheit' der soziologischen und ökonomischen Wissenschaften, S. 501, 507 f.; Wissenschaft als Beruf, S. 599 ff., 603 ff., 608, schöpfen diese Ansätze die Problematik keineswegs aus, auch wenn man sich von „Wert-Prophetie" fernhalten will. Deshalb kann eine nicht-metaphysische Werttheorie auch Wertbegründungen liefern und referiert nicht nur eine kontingente (verdeckte oder offene) Wertauffassung, wie *E.-W. Böckenförde* gegen bestimmte Werttheorien einwendet, vgl. *ders.*, Zur Kritik der Wertbegründung des Rechts, in: *ders.*, Recht, Staat, Freiheit, 1991, S. 67 ff., 89 f., der gleichzeitig selbst „die unabweisbare, im Recht selbst angelegte Frage nach dem (metapositiven) Grund und Maß des Rechts" aufwirft, ebd., S. 91. Die inhaltlich näher zu entfaltende Werttheorie beruht nicht nur auf anderen Prämissen als eine pragmatistische Werttheorie, die Werte aus „Selbstbildung und Selbsttranszendenz" ableitet, *H. Joas*, Die Entstehung der Werte, 1999, S. 10, 255, sondern ist auch in einem stärkeren Sinn universalistisch, vgl. dazu ebd., S. 272 ff. Die theoretischen Weichen werden dabei nicht ontologisch wie bei *H. Jonas*, Das Prinzip Verantwortung, 1984, S. 161, gestellt, „Wert" und „Gut" werden austauschbar gebraucht. Die tyrannischen Konsequenzen, die *C. Schmitt*, Die Tyrannei der Werte, in: S. Buve (Hrsg.), Säkularisation und Utopie, Ebracher Studien, Ernst Forsthoff zum 65. Geburtstag, 1967, S. 37 ff., drastisch ausmalt (vgl. S. 59 ff.), ergeben sich nicht, sondern eine normative, menschenrechtliche (und damit das Gegenteil von Tyrannei implizierende) Bindung, die einem (seine Gestalt wandelnden) Dezisionismus allerdings fremd ist. Dass eine Werttheorie in irgendeiner Weise Teil der metaphysischen Verfallsgeschichte des Nihilismus wäre, ist nicht ersichtlich, so aber *M. Heidegger*, Nietzsches Wort „Gott ist tot", in: *ders.*, Holzwege, 8. Aufl., 2003, S. 209 ff., 263. Eine Werttheorie kann auch nicht nur als historisch-genetische Psychologie rekonstruiert werden, vgl. dazu *N. Elias*, Über den Prozess der Zivilisation, Bd. 1, 1978, S. VII ff.; Bd. 2, 1978, S. 316 ff.

## § 32 Sprache, Logik, Ethik und Recht

I. Sprache und Normativität ........... 1
 1. Bedeutung, Verständnis und Auslegung von Normen ......... 1
 2. Humboldts These und die Zeit der Hopi ........................ 4
 3. Philosophische Hermeneutik und Vorverständnis .............. 6
 4. Analytische Philosophie und die Philosophie der normalen Sprache ................................. 10
 5. Postmoderne Sprachtheorie ..... 13
 6. Neue Perspektiven auf Sprache und Recht ......................... 17
II. Fragen der deontischen Logik ....... 22

### I. Sprache und Normativität

#### 1. Bedeutung, Verständnis und Auslegung von Normen

Recht besteht aus Normen. Normen sind von Normsätzen zwar zu unterscheiden, werden aber in Normsätzen ausgedrückt, in frühen Gesellschaften durch mündliche Tradierung, seit Erfindung der Schrift im 4. Jahrtausend v. Chr. in schriftlich fixierter Form – vom Codex Hammurabi bis heute. Das Verhältnis von Sprache und Recht, von Medium und Inhalt, ist deshalb ein Grundproblem der Rechtsphilosophie und -theorie. Ähnliches gilt für die Ethik, weil auch moralische Urteile und Normen sprachlich vermittelt werden. Das Verhältnis von Sprache, Ethik und Recht hat zusätzliche Bedeutung im 20. Jahrhundert gewonnen, weil mit der Konzipierung der analytischen Philosophie und später der Philosophie der normalen Sprache, aber auch aufgrund von anderen Ansätzen wie etwa der Universalpragmatik, die Philosophie zu einem maßgeblichen Teil in einem *linguistic turn* zu einer wissenschaftlichen Reflexion der Sprache geworden ist (vgl. o. § 15 IV). Dabei ist auch der Handlungsaspekt von sprachlichen Äußerungen bedacht worden, was im Rahmen der Sprechakttheorie zu interessanten Ergebnissen geführt hat (vgl. o. § 15 IV).

Eine Hauptfrage richtet sich darauf, wie Normsätze (und damit die in ihnen ausgedrückten Normen) *verstanden* werden können. Damit ist das Fundamentalproblem der *Bedeutung* von sprachlichen Äußerungen angesprochen, dem in der Gegenwart philosophisch und sprachtheoretisch viel Aufmerksamkeit geschenkt wird. Da *Begriffe* eine wichtige Rolle bei der Bedeutungskonstitution spielen, gilt dies auch für die traditionsreiche Frage nach ihrem Gehalt.[1] Rechtswissenschaftlich wird dieses Problem bei der Auslegung von Normen konkret. Es bildet den Ausgangspunkt der rechtswissenschaftlichen Methodenreflexion, dass der Wortlaut einer Norm keineswegs alle Auslegungsfragen beantwortet und man deshalb auf die weiteren klassischen Auslegungsmethoden – Systematik, Historie und Teleologie – zurückgreifen muss. Wertungselemente spielen dabei in doppelter Weise eine zentrale Rolle. Sie bilden den Kerngehalt der Argumentation, insbesondere bei der teleologischen Auslegung, und unterliegen zudem der Gewichtung der einzelnen Methoden selbst, die darüber entscheidet, in welcher Weise sie das Ergebnis der Auslegung beeinflussen. Soll etwa eine historische Auslegung, womöglich in der Form des „Originalism", der einflussreich im US-amerikanischen Verfassungsrecht vertreten wird, die Bedeutungsermittlung von Normen anleiten oder teleologische Gesichtspunkte? Verschiedene Rechtssysteme beantworten

---

1 Die Bedeutung von Begriffen als Zentralgegenstand der Rechtsphilosophie unterstreicht *D. v. d. Pfordten*, About Concepts in Law, in: J. Hage/D. v. d. Pfordten (Hrsg.), Concepts in Law, 2009, S. 17 ff.

diese Frage unterschiedlich, manchmal sogar durch ausdrückliche Festlegungen wie in Art. 31, 32 Wiener Vertragsrechtskonvention, die den *travaux préparatoire* im Verhältnis zu Wortlaut, Systematik und Teleologie eine subsidiäre Rolle zuweisen.

3   Man kann sich dem Fundamentalproblem der Bedeutung von sprachlichen Äußerungen von verschiedenen Seiten nähern. Eine wichtige These, die manchmal offen verfolgt, manchmal implizit im Hintergrund der Überlegungen steht und die nützlich für die Annäherung an die Problematik ist, behauptet die *sprachliche Determiniertheit von Denken* und – für die praktische Philosophie besonders interessant – von normativem Denken insgesamt. Diese These nimmt dabei nicht nur eine grundsätzliche Abhängigkeit des Denkens von menschlicher Sprache an, sondern seine Abhängigkeit von *einzelnen natürlichen Sprachen*, meistens der Sprachen, die seit einigen Jahrhunderten mit bestimmten Nationen verbunden werden. Die These der partikularsprachlichen Determiniertheit normativen Denkens ist für eine Rechtsepoche wie die der Gegenwart von besonderer Bedeutung, die von der Idee universalistischer Rechtsstrukturen, vor allem der Menschenrechte, geprägt ist. Universalistische Rechtsstrukturen und ihre ethischen Voraussetzungen setzen die Möglichkeit universaler Verständigung über die Grenzen partikularer Wertkulturen hinweg voraus – was die Determiniertheitsthese gerade in Frage stellt. Diese These soll deshalb zunächst genauer untersucht werden.

### 2. Humboldts These und die Zeit der Hopi

4   Ein klassischer Bezugspunkt der These der nationalsprachlichen Determiniertheit normativen menschlichen Denkens ist *v. Humboldt*. Er weist darauf hin, dass die Objektivität der sprachlichen Vermittlung vom Betrachter überschätzt, der Anteil der Sprache an der Vermittlung von Gedanken unterschätzt werde: „Immer in Objecten lebend, webend und handelnd, bringt er die Subjectivitaet zu wenig in Anschlag, und gelangt schwer zu dem Begriff einer durch die Natur selbstgegebenen, sich allem Objectiven in ihm beimischenden, und es, nicht zufällig, launisch oder willkürlich, sondern nach innern Gesetzen so umgestaltenden, dass das scheinbare Object selbst nur zu subjectiver, und doch mit vollem Recht auf Allgemeingültigkeit Anspruch machender Auffassung wird".[2] Deshalb gelte: „Die wahre Wichtigkeit des Sprachstudiums liegt in dem Antheil der Sprache an der Bildung der Vorstellungen".[3] Sprache sei ein Medium, das die Weltsicht in spezifischer Weise färbe, sie bedeute – das ist die Kernthese – eine „eigenthümliche Weltansicht".[4] Diese Weltsicht wird an bestimmte Nationen, verstanden als kulturelle Überlieferungszusammenhänge, gebunden. Als eines der wenigen konkreten Beispiele wird die englische Akzentsetzung genannt, die an die „rasche Regsamkeit" der englischen Nation erinnere.[5]

5   In der modernen Sprachwissenschaft wird die These von der sprachlichen Determinierung des menschlichen, auch normativen Denkens als *Sapir-Whorf-Hypothese* formuliert – nach den bekannten Sprachethnologen *Sapir* und *Whorf*, die meinten, Beweise gefunden zu haben, dass verschiedene Sprachen durch ihre Begrifflichkeit verschiedene

---

[2] W. v. *Humboldt*, Über die Verschiedenheit des menschlichen Sprachbaus, S. 153.
[3] Ebd.
[4] W. v. *Humboldt*, Über die Verschiedenheit des menschlichen Sprachbaus, S. 224.
[5] W. v. *Humboldt*, Über die Verschiedenheit des menschlichen Sprachbaus, S. 165.

## § 32 Sprache, Logik, Ethik und Recht

Vorstellungswelten repräsentierten.⁶ Bekannte Beispiele sind die vielen Ausdrücke von Eskimos für Schnee oder die Behauptung, es gebe einen besonderen Zeitbegriff der Hopi-Indianer. Derartige Thesen tauchen auch heute noch als frische Erkenntnisse in der Diskussion auf. In Anbetracht der Forschungsergebnisse der modernen Sprachwissenschaft spricht allerdings nichts für diese These. Dafür gibt es im Wesentlichen zwei Gründe. Erstens haben sich die konkreten Beispiele als unzutreffend erwiesen. Eskimos besitzen durchaus nicht mehr Begriffe für Schnee als die Sprecher anderer Sprachen, die Hopi-Indianer operieren selbstverständlich mit einer linear verlaufenden Zeit.⁷ Die entgegengesetzten Thesen hatten mehr mit der Vorurteilsstruktur der Forscher gegenüber anderen Kulturen als mit deren empirischer Realität zu tun. Zweitens ist es keineswegs so, dass unterschiedliche sprachliche Ausdrucksformen eine unterschiedliche menschliche Vorstellungswelt implizieren. „Angst" (oder „Kindergarten") sind Begriffe, die das Englische nicht kennt und die deswegen ins englische Vokabular aufgenommen wurden. Niemand wird aber annehmen, Angst oder Kindergärten seien kein möglicher Teil der gedanklichen Welt der Engländer – so wenig wie „fairness" oder „blog" die Vorstellungswelt deutschsprachiger Menschen übersteigt. Dass die Idee einer sprachbedingten Vorstellungswelt geringe Plausibilität besitzt, zeigt auch eindrücklich die Tatsache, dass die wesentlichen unterschiedlichen inhaltlichen Standpunkte zu allen möglichen Fragen, auch den normativen, innerhalb der gleichen Sprache formuliert werden. Zwischen *Thomas Manns* Ansprachen an die Deutschen im Zweiten Weltkrieg und *Goebbels'* Reden liegt der Abgrund, der Humanität von Barbarei trennt, den aber keineswegs unterschiedliche sprachbedingte Vorstellungswelten schaffen. V. Humboldts These von Sprachen als Weltsichten und ihre modernen Varianten wie die Sapir-Whorf-Hypothese können als insgesamt sprachtheoretisch widerlegt gelten.

### 3. Philosophische Hermeneutik und Vorverständnis

Einen einflussreichen Versuch einer Theorie des Verständnisses von Sprache hat *H.-G. Gadamer* (1900–2002) in seiner philosophischen Hermeneutik formuliert. Gadamer baut allgemein auf Heideggers Theorie des Verstehens auf.⁸ Verstehen ist nach Heidegger ein Existential, also eine ontologische Grundstruktur des Seins der Menschen.⁹ Gadamer gibt dieser Vorstellung eine sprachphilosophische Note, die dazu führt, dass die Welt insgesamt als ein zu verstehender Text erscheint. Entscheidend bei diesem Prozess des Verstehens sei die Gesamtheit der historisch-kulturellen Vorprägungen des Interpreten, sein *Vorverständnis*. Dieses Vorverständnis präge die Interpretation und mache Verstehen zu einem „Geschehen", einem verändernden Einrücken in einen Überlieferungszusammenhang.¹⁰ Das Vorverständnis sei kein zu überwinden-

6

---

6 Vgl. *B. L. Whorf*, Language, Thought and Reality, 1956, S. 212 ff.
7 *S. Pinker*, The Language Instinct, S. 59 ff., der die folgende Übersetzung aus Hopi wiedergibt: „Then indeed, the following day, quite early in the morning at the hour when people pray to the sun, around that time then he woke up the girl again", ebd., S. 63. Selbst wenn übrigens Eskimos mehr Begriffe für Schnee hätten, wäre dies so aufschlussreich für die zugrunde liegende Vorstellungswelt wie die Vielfalt der Begriffe für Verträge für die Vorstellungswelt von Juristen und Juristinnen. Ein spezifisches (Fach-)Vokabular indiziert keine qualitativ eigene Vorstellungswelt. Auch dies ist keine neue Beobachtung, vgl. ebd., S. 64 f.
8 *H.-G. Gadamer*, Wahrheit und Methode, 6. Aufl., 1990, S. 270 ff.
9 Vgl. *M. Heidegger*, Sein und Zeit, S. 152 ff.
10 *H.-G. Gadamer*, Wahrheit und Methode, S. 295.

des Defizit des Verständnisprozesses, sondern im Gegenteil seine produktive Voraussetzung. Es bedeute den Einstieg in den *hermeneutischen Zirkel* des Verstehens: Das Vorverständnis lege eine bestimmte Auslegung des auszulegenden Texts nahe, die im Prozess der Auslegung modifiziert werden könne und auf das Vorverständnis selbst schließlich zurückwirke.[11] Das juristische Verstehen hat dabei einen besonderen, exemplarischen Status. Die rechtliche Norm habe keinen eindeutigen Sinn, sondern sei aus der Gegenwart heraus neu zu verstehen, Normanwendung (Applikation) sei produktive Rechtsergänzung: „Wenn der Jurist in richterlicher Funktion sich gegenüber dem ursprünglichen Sinn eines Gesetzestextes zur Rechtsergänzung legitimiert weiß, so tut er genau das, was in allem Verstehen auch sonst geschieht".[12] Gadamer schließt sich im Übrigen v. Humboldts These von Sprachen als Weltsichten an.

7 Diese Thesen sind im rechtlichen Diskurs sehr einflussreich geworden.[13] Es ist heute eine Standardansicht, dass am Ende von juristischen oder allgemeinen, praktisch-philosophischen Wertungen die Erkenntnis eines faktisch gegebenen, unterschiedlichen Vorverständnisses stehe. Dieses könne beschrieben und transparent gemacht, aber nicht kritisch überwunden werden, weil alle Wertung letztendlich auf derartigen kulturell vermittelten Vorverständnissen beruhe. In der Debatte wird dabei der konkrete sprachphilosophische Hintergrund des Begriffs zuweilen aus den Augen verloren oder bewusst nicht weiter verfolgt. Dann ist der Begriff des unhintergehbaren Vorverständnisses nur eine spezifische Terminologie für das allgemeine Problem des Relativismus. In Anbetracht des erwähnten methodologischen Konsenses, dass juristische Normanwendung ohne Wertungen nicht auskommt, ist dies ein folgenreicher Befund. Juristische Auslegung verliert damit ihre universalistische Perspektive.

8 Nun ist Gadamers Theorie allerdings allein kaum geeignet, diese Schlüsse zu rechtfertigen, denn die philosophische Hermeneutik wirft auf verschiedenen Ebenen Probleme auf. Zunächst sollte man sich vor einem undifferenzierten Begriff des Verstehens hüten. Eine Erklärung bestimmter Aspekte der Welt durch eine naturwissenschaftliche Theorie ist etwas anderes als das Verständnis eines Gedichts. Dass die Sprache-als-Weltsicht-These nicht überzeugt, wurde bereits angedeutet. Die konkrete Theorie des Verständnisses von Texten bleibt zudem vage und metaphorisch. Was bedeutet etwa das Einrücken in einen Überlieferungszusammenhang, die Auffassung des Verstehens als Geschehen genau, etwa in Bezug auf die Auslegung von Art. 8 EMRK (Recht auf Privatleben) für das Problem aktiver Sterbehilfe? Welchen Beitrag liefern diese Thesen für das Verständnis der komplexen, letztlich teleologischen, stark rechtsvergleichend orientierten Argumentation des EGMR, die das Verbot der aktiven Sterbehilfe für konventionsgemäß erklärt hat?[14] Gadamers Theorie ist zudem durch ihre Zwiespältigkeit geprägt, die die historische Bedingtheit des Verstehens ebenso betont, wie universale, diese historische Bedingtheit gerade überwindende Aspekte.[15]

---

11 Vgl. *M. Heidegger*, Sein und Zeit, S. 153; *H.-G. Gadamer*, Wahrheit und Methode, S. 270 ff.
12 *H.-G. Gadamer*, Wahrheit und Methode, S. 346.
13 Grundlegend *J. Esser*, Vorverständnis und Methodenwahl in der Rechtsfindung, 2. Aufl., 1972.
14 EGMR, Pretty v. The United Kingdom, 29. 4. 2002, no. 2346/02.
15 Vgl. z.B. die Anmerkungen zu Sprache, Vernunft, Weltperspektiven oder der Einheit des Geistes, *H.-G. Gadamer*, Wahrheit und Methode, S. 405 ff., 441, 452.

# § 32 Sprache, Logik, Ethik und Recht

Man wird deshalb jenseits der philosophischen Hermeneutik nach einer überzeugenden Theorie des Verstehens und der Ermittlung der Bedeutung von Sprache suchen müssen. Einflussreich sind hier international insbesondere die analytische und die postmoderne Sprachtheorie.

### 4. Analytische Philosophie und die Philosophie der normalen Sprache

Die analytische Philosophie knüpft der Sache nach an das Humboldt'sche Forschungsprogramm der Analyse der sprachlichen Prägung und wohl auch Trübung menschlicher Erkenntnis durch Sprache an. Insbesondere der mangelnde Ausdruck logischer Beziehungen ist ein Objekt des Interesses: „Die Umgangssprache ist ein Teil des menschlichen Organismus und nicht weniger kompliziert als dieser. Es ist menschenunmöglich, die Sprachlogik aus ihr unmittelbar zu entnehmen. Die Sprache verkleidet den Gedanken. Und zwar so, daß man nach der äußeren Form des Kleides nicht auf die Form der bekleideten Gedanken schließen kann; weil die äußere Form des Kleides nach ganz anderen Zwecken gebildet ist als danach, die Form des Körpers erkennen zu lassen".[16] Dieser Befund zu den Schwächen natürlicher Sprachen führte zum Projekt der Bildung einer exakten Kunstsprache: „Die hervorgehobenen Mängel haben ihren Grund in einer gewissen Weichheit und Veränderlichkeit der Sprache, die andererseits Bedingung ihrer Entwicklungsfähigkeit und vielseitigen Tauglichkeit ist. Die Sprache kann in dieser Hinsicht mit der Hand verglichen werden, die uns trotz ihrer Fähigkeit, sich den verschiedensten Aufgaben anzupassen, nicht genügt. Wir schaffen uns künstliche Hände, Werkzeuge für besondere Zwecke, die so genau arbeiten, wie die Hand es nicht vermöchte. Und wodurch wird diese Genauigkeit möglich? Durch eben die Starrheit, die Unveränderlichkeit der Teile, deren Mangel die Hand so vielseitig geschickt macht. So genügt auch die Wortsprache nicht. Wir bedürfen eines Ganzen von Zeichen, aus dem jede Vieldeutigkeit verbannt ist, dessen strenger logischer Form der Inhalt nicht entschlüpfen kann".[17]

Dieses Projekt hat die moderne Logik entscheidend befördert und über die zuvor lange Zeit bestimmende aristotelische Reflexion hinausgebracht.[18] Das Projekt einer logischen Kunstsprache der frühen analytischen Philosophie wird in der Gegenwart allerdings mit weniger Energie betrieben, weil auch die Grenzen dieses Projekts deutlich geworden sind. Wesentlich für eine Neuorientierung der analytischen Sprachphilosophie ist *Ludwig Wittgensteins* (1889–1951) spätes Werk, das sich einer Philosophie der normalen Sprache (*ordinary language philosophy*) zuwendet.[19] Die klare Festlegung von Referenzbeziehungen zwischen sprachlichem Ausdruck und bezeichnetem Gegenstand war ein Kern des Projekts der logischen Kunstsprache. Wittgenstein hält dieses Projekt (das auch sein eigenes war) für nicht erfolgversprechend. Ausgangspunkt seiner Kritik

---

16 *L. Wittgenstein*, Tractatus Logico-Philosophicus, in: *ders.*, Werkausgabe, Bd. 1, 1984, S. 7 ff., 4.002.
17 *G. Frege*, Über die wissenschaftliche Berechtigung einer Begriffsschrift, in: *ders.*, Funktion, Begriff, Bedeutung, 2002, S. 72.
18 Vgl. *B. Russell*, Our Knowledge of the External World, 1926, S. 42: „Logic, in the Middle Ages, and down to the present day in teaching, meant no more that a scholastic collection of technical terms and rules of syllogistic inference". Seit dem 17. Jahrhundert habe sich der Gehalt der Logik erweitert, z.B. durch die Einführung des Induktionsprinzips u.a. durch Galilei. Die Logik sei deswegen etwas anderes geworden als „trivial nonsense" und „solemn humbug", ebd. S. 42 ff.
19 *L. Wittgenstein*, Philosophische Untersuchungen.

ist die Beobachtung, dass natürliche Sprachen nicht nur einfache Referenzbeziehungen von sprachlichen Ausdrücken und Dingen in der Welt begründen, sondern noch ganz andere Funktionen haben, z.b. expressive wie in dem Ausdruck „Au!".[20] Die Bedeutung von sprachlichen Ausdrücken geht aber aus Wittgensteins Sicht nicht nur über Referenzbeziehungen hinaus. Die Bedeutung lässt sich nach dem gewöhnlichen Regelmodell, das auch dem Kunstsprachenprojekt unterliegt, überhaupt nicht erklären. Dieses Regelmodel geht davon aus, dass eine Regel abstrakt, generell und von einem Einzelnen erkennbar einem Tatbestand eine bestimmte Regelfolge zuweist, z.b. einem Gegenstand einen bestimmten Sprachausdruck. Diese Idee der Regelbefolgung sei aber naiv. Es gebe keinen originären Akt der richtigen Regelerkenntnis in einem Individuum. Dieser müsste sich – wenn auf nichts zurückgegriffen wird als einen Erkenntnisakt des Individuums – selbst verifizieren, da andere Instanzen nicht zur Verfügung stünden, was unmöglich sei. Auch wenn es einen solchen Erkenntnisakt gäbe, könne er doch nicht im mentalen Prozess konserviert werden, weil die eigene Erinnerung nicht die Richtigkeit der eigenen Erinnerung sichern könne.[21] Regelbefolgung sei deshalb an eine soziale Praxis gebunden.[22] Diese – und nicht ein individueller Akt der Regelerkenntnis – unterscheide die Regelbefolgung vom Regelbruch. Dies gelte auch für die Regeln, die die Bedeutung von sprachlichen Ausdrücken festlegten: Die Bedeutung von sprachlichen Ausdrücken ergebe sich aus einer sozialen Praxis, dem Gebrauch einer Sprachgemeinschaft, den existierenden „Sprachspielen".[23] Diesen Sprachspielen lägen bestimmte historisch und kulturell relative, veränderliche Lebensformen zugrunde, die sie bestimmten.[24] Da die Reichweite der Verständnismöglichkeiten über die Grenzen verschiedener Lebensformen hinweg bezweifelt wird, ergibt sich eine Nähe zu der Sprache-als-Weltsicht-These.

12 Von diesen Ausgangspunkten haben sich verschiedene Varianten der gegenwärtigen analytischen Sprachphilosophie verzweigt.[25] Eine Variante dieser Ideen ist die Auffas-

---

20 *L. Wittgenstein*, Philosophische Untersuchungen, PU 27.
21 / *Wittgenstein*, Philosophische Untersuchungen, PU 258: „Stellen wir uns diesen Fall vor. Ich will über das Wiederkehren einer gewissen Empfindung ein Tagebuch führen. Dazu assoziiere ich sie mit dem Zeichen ‚E' und schreibe in einem Kalender zu jedem Tag, an dem ich die Empfindung habe, dieses Zeichen. – Ich will zuerst bemerken, daß sich eine Definition des Zeichens nicht aussprechen lässt. – Aber ich kann sie doch mir selbst als eine Art hinweisende Definition geben! – Wie? kann ich auf die Empfindung zeigen? – Nicht im gewöhnlichen Sinne. Aber ich spreche und schreibe das Zeichen, und dabei konzentriere ich meine Aufmerksamkeit auf die Empfindung – zeige also gleichsam im Innern auf sie. – Aber wozu diese Zeremonie? denn nur eine solche scheint es zu sein! Eine Definition dient doch dazu, die Bedeutung eines Zeichens festzulegen. – Nun, das geschieht eben durch das Konzentrieren der Aufmerksamkeit; denn dadurch präge ich mir die Verbindung des Zeichens mit der Empfindung ein. – „Ich präge sie mir ein" kann doch nur heißen: dieser Vorgang bewirkt, daß sich mich in Zukunft *richtig* an die Verbindung erinnere. Aber in unserm Falle habe ich ja kein Kriterium für die Richtigkeit. Man möchte hier sagen: richtig ist, was immer mir als richtig erscheinen wird. Und das heißt nur, daß hier von ‚richtig' nicht geredet werden kann". Diese Probleme sind der Kern des sog. skeptischen Paradoxes und des Privatsprachenarguments, vgl. *S. A. Kripke*, Wittgenstein on rules and private language; *M. Mahlmann*, Rationalismus in der praktischen Theorie, S. 121 ff.
22 *L. Wittgenstein*, Philosophische Untersuchungen, PU 201 f.
23 *L. Wittgenstein*, Philosophische Untersuchungen, PU 23.
24 *L. Wittgenstein*, Philosophische Untersuchungen, S. 568.
25 Zur Fortführung der Frege'schen Bedeutungstheorie vgl. *M. Dummett*, Frege: philosophy of language, revised ed., 1993; *ders.*, The Seas of Language, 1996. Zum behaviouristischen Holismus: *W. v. O. Quine*, Word and Object, 1960; zur radikalen Interpretation: *D. Davidson*, Inquiries into Truth and Interpretation, 2nd ed., 2001; zu sozialem Externalismus: *H. Putnam*, The Meaning of ‚Meaning', in: *ders.*, Mind, Language and Reality, Philosophical Papers, Vol. 2, 1975, S. 215 ff.

§ 32 Sprache, Logik, Ethik und Recht § 32

sung, Menschen tauschten durch die Praxis einer bestimmten Sprachverwendung gegenseitige normative Verpflichtungen aus, die die Sprachphilosophie transparent und explizit machen könne.[26]

5. Postmoderne Sprachtheorie

Grundthese der postmodernen Sprachtheorie ist, dass sozial konstruierte Bedeutungszusammenhänge Sprache konstituierten.[27] Foucault (der an der Schwelle zur Postmoderne steht) analysiert die sich historisch wandelnden Sprachauffassungen, insbesondere die Rolle der Repräsentation der Welt durch Sprache.[28] Zentral seien Diskursformationen, die bestimmte regelmäßige Streuungen von Phänomenen in einem diskursiven Zusammenhang bezeichneten.[29] Diese Diskursformationen seien der analytische Kern von Begriffen wie Wissenschaft, Theorie, Ideologie usw. und bestimmten Formationsregeln unterworfen. Die historische Analyse dieser Diskurse erschüttere die Gewissheiten der Menschen, insbesondere ihre eigene Rolle als Subjekte der Entwicklung.

Auch Derrida betont die historische Kontingenz von sprachlich vermittelten Bedeutungszusammenhängen. Die sprachlichen Semantiken seien das Produkt performativer Akte, von geschichtlich-faktischen Setzungen, die sozial tradiert würden, deren Quelle aber nicht eine ungeschichtliche Vernunft, sondern die Macht des Setzungsaktes sei.[30]

Die Postmoderne wird durch eine bestimmte *Semiotik* stark beeinflusst. Eine poststrukturalistische Zeichenlehre und Sprachtheorie geht davon aus, dass Zeichen ihre Bedeutung nur aus anderen Zeichen gewännen, diese sich also nur im Gewebe vieler Zeichen, insbesondere von Texten, ergebe. Im Begriff der *Intertextualität* wird die These von der Bedeutungskonstituierung durch Verweisungszusammenhänge zwischen verschiedenen Texten zusammengefasst. Die angenommene Bindung der klassischen Hermeneutik an Sprecherintentionen wird kritisiert, denn diese sei nicht objektiv im Text manifestiert. Stattdessen wird die Dekonstruktion verschiedener Lesarten betrieben und der Aufweis ihrer Abhängigkeit von bestimmten Interessen und Machtkonstellationen versucht. Nach Derrida ist der *Phonozentrismus* zu kritisieren, da dieser in einer falschen Orientierung an gesprochener Sprache anstatt an Texten bestehe. Die Semiotik sei dabei nicht nur Leitwissenschaft für das Verständnis von Texten, sondern der Welt selbst, weil die Welt wie ein Text zu verstehen sei.

Als drittes Beispiel kann die Systemtheorie genannt werden, die jedenfalls in das geistige Umfeld der Postmoderne gehört. Auch Luhmann betont die soziale Konstruktion von Semantiken, die durch systemische Mechanismen gefestigt und tradiert würden.[31]

---

26   *R. Brandom*, Making it Explicit.
27   Vgl. z.B. *J. Derridas* Grundbegriff der *différance*. Bei ihr handele es sich „um jene Bewegung, durch die sich die Sprache oder jeder Code, jedes Verweisungssystem im allgemeinen ‚historisch' als Gewebe von Differenzen konstituiert", *ders.*, Randgänge der Philosophie, 2. Aufl., 1999, S. 38.
28   *M. Foucault*, Die Ordnung der Dinge, 1971.
29   Vgl. *M. Foucault*, Archäologie des Wissens, 1995, S. 58.
30   Vgl. *J. Derrida*, Force of Law: The ‚Mystical Foundation of Authority', S. 3 ff.
31   Vgl. *N. Luhmann*, Die Gesellschaft der Gesellschaft, S. 108 ff., 205 ff.

## 6. Neue Perspektiven auf Sprache und Recht

17 Die Gebrauchstheorie der Bedeutung erfasst mit der Betonung der Wichtigkeit des Kontexts zutreffend Merkmale der Bedeutungskonstitution, die auch von anderem theoretischen Ausgangspunkt unterstrichen werden.[32] Eine Sprachtheorie, die in die richtige Richtung weist, wird Wittgensteins Analyse allerdings in zwei entscheidenden Richtungen ergänzen. Erstens ist die Bedeutungszuweisung in radikalerer Weise individuell als es in der Gebrauchstheorie theoretisch gefasst werden kann. Die Bedeutungszuweisung ist eine mindestens vierstellige Relation von Sprachzeichen, Bezeichnetem, Sprachverwender und Sprachverwendungssituation. Ob sich ein Städtename, z.B. „London", auf eine Gebäudemenge, die Menschen, die auf einem Territorium wohnen, ihr soziales Zusammenleben und Interagieren oder auf eine abstrakte Entität bezieht, oder gar auf alles auf einmal, hängt deshalb vom Zusammenhang ab, ohne dass es ein Ding geben würde, dass alle diese Eigenschaften auf sich vereinen würde.[33] Es ist auch keineswegs unmöglich, eine Privatsprache in dem Sinne zu bilden, wie Wittgenstein und manche folgende Theoretiker es für ausgeschlossen halten.[34] Ein Kind, das als Zeitvertreib einen Tag lang zu allen Tischen „Stuhl" und zu allen Stühlen „Tisch" sagt, illustriert dies bereits.

18 Gleichzeitig unterschätzen die diskutierten Ansätze der gegenwärtigen Sprachtheorie das universalistische Potenzial menschlicher Sprachen. Auch hier kann v. Humboldt als Anknüpfungspunkt dienen. Denn neben der Sprache-als-Weltsicht-These gibt es bei v. Humboldt eine andere, universalistische Tendenz, die über diese These gerade hinausweist und wichtige Einsichten der Sprachforschung der Gegenwart antizipiert. V. Humboldt betont nämlich die Gemeinsamkeiten der verschiedenen Sprachen, die sie aus seiner Sicht zum Ausdruck *einer* menschlichen Sprache machen. Die Sprachen trennten die Menschen nicht einfach, sondern verbänden sie auch. „Die Sprachen trennen allerdings die Nationen, aber nur um sie auf eine tiefere und schönere Weise wieder inniger zu verbinden; sie gleichen darin den Meeren, die, anfangs furchtsam an den Küsten umschifft, die länderverbindendsten Strassen geworden sind".[35] Die Menschen teilten zudem die gleichen „Sprachwerkzeuge" und – entscheidend – eine gemeinsame innere Natur. Diese sei der Schlüssel zum Rätsel des gegenseitigen Verstehens bei der Sprachverwendung: „Man versteht das gehörte Wort nur, weil man es selbst hätte sagen können".[36]

19 Diese universalistische Sprachphilosophie hat in der Gegenwart eine Renaissance durch die generative Grammatik erfahren.[37] Nach dieser die Sprachwissenschaft revo-

---

32 Ein historisch wichtiger Vorläufer ist dabei *v. Humboldt*, der die Individualität des Gebrauchs von Sprache betont, was voraussetzt, dass die Bedeutung der sprachlichen Äußerungen individuell modifizierbar, also gebrauchsabhängig ist, *ders.*, Über die Verschiedenheit des menschlichen Sprachbaus, S. 228 f.
33 Ein Beispiel für einen Bezug auf alle diese Aspekte bildet folgender Satz: „London is so unhappy, ugly, and polluted that it should be destroyed and rebuilt 100 miles away", vgl. *N. Chomsky*, Language and Thought, 1993, S. 22 f.
34 Ausführlich zu den Grundlagen des Privatsprachen-Arguments *M. Mahlmann*, Rationalismus in der praktischen Theorie, S. 121 ff. Zum privaten Regelgebrauch vgl. bereits o. § 30 I.
35 *W. v. Humboldt*, Über die Verschiedenheit des menschlichen Sprachbaus, S. 158 f.
36 *W. v. Humboldt*, Über die Verschiedenheit des menschlichen Sprachbaus, S. 217.
37 Grundlegend *N. Chomsky*, Aspects of the Theory of Syntax; im Überblick *S. Pinker*, The Language Instinct; *M. C. Baker*, The Atoms of Language.

lutionierenden Theorie haben Menschen ein angeborenes Sprachvermögen, in dessen beschränkendem aber auch ermöglichendem Rahmen sich die einzelnen Sprachen entfalten. Gleichzeitig wird von einem universalen menschlichen Begriffsapparat ausgegangen, der in den Sprachen ausgedrückt wird.[38] Mit Hilfe, aber auch nur unter der Bedingung der Existenz dieses komplexen Begriffsapparats beziehen sich Menschen mit sprachlichen Ausdrücken in kreativer Weise auf die Gegenstände der Welt.[39] Auch die Annahme einer im Grundsatz gemeinsamen inneren Natur, wie von v. Humboldt und anderen formuliert oder vorausgesetzt, ist aus dieser Perspektive ohne rationale wissenschaftliche Alternative. Die damit angedeutete Begriffstheorie rekonstruiert Begriffe mithin als mentale Repräsentationen mit komplexen Eigenschaften, die in kreativer Weise einen sprachlichen, mit anderen Menschen geteilten Weltbezug erlauben.

Nimmt man diese Befunde der modernen Sprachwissenschaft und wichtiger Theorien des menschlichen Geistes ernst, kann das Verstehen von Normsätzen in Rechtswissenschaft und Ethik im allgemeinen Rahmen des Verstehens von sprachlichen Äußerungen rekonstruiert werden. Eine Grundlage des Verstehens solcher Sätze ist zunächst der geteilte menschliche Begriffsapparat – für Normsätze sind etwa Grundbegriffe wie *Sollen, Rechte, Geltung* usw. Kandidaten für Elemente dieses Begriffssystems. Konkrete Normsätze werden nicht anders als andere sprachliche Zeichen durch Analyse der Relation von Sprachzeichen, Bezeichnetem, Verwender und Verwendungssituation verstanden. Die Bedeutung kann danach immer noch nicht eindeutig sein, weil Kommunikation im Regelfall nie vollkommen, sondern nur mehr oder minder gelingt, sprachliche Äußerungen deshalb mehrdeutig bleiben. Eine Interpretation anhand der juristischen Auslegungsmethoden (mit allen ihren Schwierigkeiten) wird deswegen durch die sprachliche Analyse nicht überflüssig gemacht, im Gegenteil, ihre Bedeutung wird durch die moderne Sprachtheorie unterstrichen. Wenn man etwa wissen möchte, ob der Begriff „Meinung" in einem Grundrechtskatalog auch kommerzielle Werbung erfasst oder nicht, gilt es deshalb nicht, eine eindeutige Referenzbeziehung des Begriffs „Meinung" zum Bezeichneten zu ergründen oder herzustellen (der Ansatz der logischen Analyse der Sprache), den sozialen Gebrauch des Begriffs „Meinung" im Sprachspiel der betreffenden Lebensform zu bestimmen (der Ansatz der Gebrauchstheorie der Bedeutung) oder den historisch-performativen Determinationen der sozialen Semantik des Begriffs „Meinung" nachzugehen und diese gegebenenfalls zu dekonstruieren (wie es in der Postmoderne geschehen würde). Es gilt vielmehr auch aus sprachtheoretischer Perspektive, den konkreten menschenrechtlichen Kontext der Begriffsverwendung zu bestimmen, insbesondere den *telos* der Meinungsäußerungsfreiheit, etwa in personaler oder demokratiefunktionaler Hinsicht, um die Bedeutung dieser Norm zu verstehen.

---

38  *N. Chomsky*, New Horizons in the Study of Language and Mind, S. 62: „The *a priori* framework of human thought, within which language is acquired, provides necessary connections among concepts, reflected in connections of meaning among words and, more broadly, among expressions involving these words" (Herv. i. Org.). Begriffe sind mithin von den verschiedenen sprachlichen Mitteln zu unterscheiden, die sie ausdrücken, z.B. Wörtern.

39  *N. Chomsky*, Language and Thought, S. 23: „In general, a linguistic expression provides a complex perspective from which to think about, talk about, and refer to things, or what we take to be things; the conclusion only becomes clearer as we move from the simplest case – proper names and common nouns – to words with inherent relational structures and more complex constructions".

21 Mit diesen sprachwissenschaftlichen Perspektiven wird auch der entscheidende Grund deutlich, warum die Sprache-als-Weltsicht-These (*v. Humboldt*) und die Annahme eines sprachbedingten Vorverständnisses (*philosophische Hermeneutik*), eines an eine Lebensform gebundenen Sprachspieles (*Wittgenstein*) oder der radikalen Kontingenz der Semantik (*Postmoderne*) nicht in die richtige Richtung weisen. Es spricht nämlich viel für die Annahme, dass die Vielfalt der Sprachen nur scheinbar und auf den ersten Blick die Menschen im Allgemeinen und auch in Fragen des normativen Denkens trennt, in Wirklichkeit aber Ausdruck einer durch ein geteiltes Sprachvermögen verbundenen geistigen Welt der Menschen ist.

**II. Fragen der deontischen Logik**

22 Ein zentrales wissenschaftliches Projekt der Sprachphilosophie des 20. Jahrhunderts besteht – wie angedeutet wurde – in der logischen Disziplinierung natürlicher Sprachen. Die Logik wird aber auch unabhängig von diesem Projekt für die normativen Wissenschaften genutzt. Dazu wurde über die traditionellen Formen der Logik hinaus ein spezieller Zweig, die deontische Logik, entwickelt. Dieser Zweig der Logik befasst sich mit den logischen Beziehungen von Sollenssätzen, also Erlaubnissen, Geboten und Verboten. Die deontische Logik ist dabei ein relativ junger Zweig der Logik, die erst im 20. Jahrhundert differenziert ausgearbeitet wurde, wenn es auch Vorläufer wie Leibniz oder Benthams „Logik des Willens" gibt.[40]

23 Es gibt inzwischen verschiedene Ansätze der deontischen Logik, aber auch ein übliches Standardsystem. Gängige Symbole sind:

$O=_{df}$ Sollen (Gebotsoperator)

$F=_{df}$ Verboten (Verbotsoperator)

$P=_{df}$ Erlaubt (Erlaubnisoperator)

Ox heißt dann: x ist geboten, Fx: x ist verboten, Px: x ist erlaubt. Dass die deontischen Modalitäten durcheinander definiert werden können, wurde bereits angesprochen. Diese logischen Beziehungen können formalisiert werden. Dass die Aussage „x ist geboten" äquivalent der Nicht-Erlaubtheit von Nicht-x ist, lässt sich dann als $Ox=_{df} \neg P\neg x$ ausdrücken.[41] Dass „x ist geboten" auch äquivalent der Verbotenheit von Nicht-x ist, sagt $Ox=_{df} F\neg x$. Entsprechend kann man für die anderen deontischen Modalitäten verfahren: Die Verbotenheit von x ist äquivalent der Nicht-Erlaubtheit von x, $Fx=_{df} \neg Px$, und der Gebotenheit von Nicht-x, $Fx=_{df} O\neg x$. Die Erlaubtheit von x ist äquivalent der Nicht-Verbotenheit von x, $Px=_{df} \neg Fx$ und der Nicht-Gebotenheit von Nicht-x, $Px=_{df} \neg O\neg x$. Weil das, was erlaubt im Sinne von nicht verboten ist, geboten sein kann, ein gängiges Verständnis der Erlaubnis von x aber sowohl die Erlaubtheit, x zu tun als auch die Erlaubtheit, x nicht zu tun, umfasst, wird auch die Freistellung

---

[40] Grundlegend für die moderne deontische Logik G. H. v. Wright, Deontic Logic, Mind, 60 (1951), S. 1 ff. Zu früheren Reflexionen vgl. *G. W. F. Leibniz*, Elementa juris naturalis, Konzept und Reinschrift (1671), in: *ders.*, Sämtliche Schriften und Briefe, hrsg. v. der Preussischen Akademie der Wissenschaften, 6. Reihe, Bd. 1, 1930, S. 465 ff., 480 ff.; *J. Bentham*, An Introduction to the Principles of Morals and Legislation, S. 8, XVII, 29, note b2. Zu Ansätzen im klassischen Denken des Islams *J. Mikhail*, Islamic Rationalism and the Foundation of Human Rights, in: A. Soetemann (Hrsg.), Pluralism and Law, Vol. 3, 2004, S. 61 ff.

[41] ¬ = nicht (Negation), ∧ = und (Konjunktion).

manchmal als eigener Operator aufgefasst. Die Freistellung beinhaltet, dass x und Nicht-x erlaubt sind, $Ix =_{df} Px \land P\neg x$.

Diese Relationen fasst das folgende deontische Quadrat zusammen, dass verschiedentlich ergänzt wird, etwa zur Markierung der Freistellung:[42]

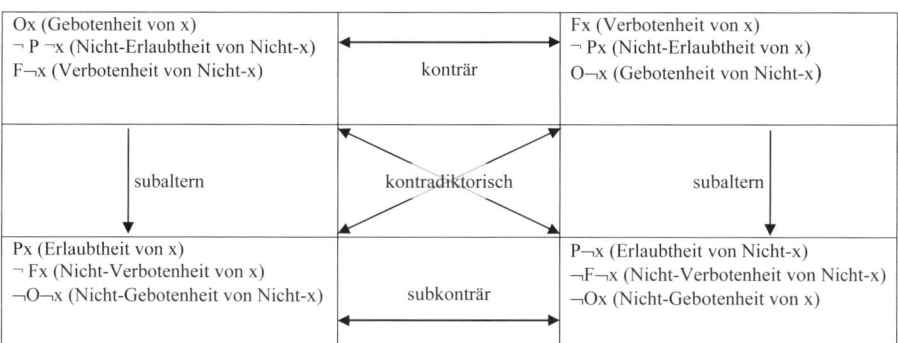

Mithilfe von Formalisierungen, die auf diesen Bestimmungen aufbauen, kann die analytische Dichte von Aussagen über normative Phänomene erheblich erhöht werden.[43] Die Struktur von Regeln der Form „Für alle Normadressaten x gilt: Wenn x die Eigenschaft F hat, dann soll x G" kann etwa durch die Fassung (x)(Fx → OGx) verdeutlicht[44] oder der Erlaubnisaspekt eines subjektiven Rechts durch $Px \land P\neg x$ bündig gefasst werden.

Es gibt aber auch Grenzen des Nutzens der deontischen Logik. Zunächst bestehen verschiedene ungelöste Grundsatzfragen und interne technische Probleme.[45] Auch mit Hilfe der Mittel der deontischen Logik lassen sich Lösungen für konkrete Fälle nicht einfach aus gegebenen Regeln ableiten, was insbesondere für die Rechtswissenschaft von Bedeutung ist. Dafür gibt es verschiedene Gründe, etwa die kontextabhängige Bedeutung der sprachlichen Fassung der Norm mit den entsprechenden, herausgearbeiteten Folgen für die Interpretation der Norm (z.B. durch eine Auslegung, die den Wortlaut aus teleologischen Gründen einschränkt oder über ihn hinausgeht) oder Normkollisionen. Größere Theorien können mit einem formalisierten Kalkül nicht

---

42 *Konträr*: Ox und Fx sind logisch unvereinbar, ohne dass aus der Negation des einen der andere Satz folgt. *Kontradiktorisch*: Ox und P¬x, weil aus der Negation des einen Satzes der andere folgt, ebenso für Fx und Px. *Subaltern*: Weil aus Ox Px folgt, ebenso für Fx und P¬x. *Subkonträr*: Weil Px und P¬x logisch vereinbar sind. Für die äquivalenten Ausdrücke gilt jeweils dasselbe.
43 Exemplarisch *R. Alexy*, Theorie der juristischen Argumentation, 1983; ders., Theorie der Grundrechte.
44 (x) = für alle x gilt (Allquantor); → = wenn..., dann... (Konditional).
45 Zu den diskutierten Grundsatzproblemen gehört etwa das Jörgensen-Dilemma: Nur wahrheitsfähige Sätze könnten in logischen Schlüssen eine Prämisse oder Konklusion bilden. Imperative bildeten keine solchen wahrheitsfähigen Sätze. Dennoch seien aber Schlussfolgerungen wie: „Du sollst Versprechen halten. Du hast dies versprochen. Also musst du dieses Versprechen halten" möglich, vgl. *J. Jörgensen*, Imperatives and Logic, Erkenntnis, 7 (1937/38), S. 288 ff., 288, 290, 296. Es gibt ferner die Problematik, dass im Standardsystem Sätze logisch ableitbar erscheinen, die inakzeptabel sind. Z.B. könne aus der Gebotenheit, einen Brief in den Briefkasten zu werfen, bei Anwendung von gewöhnlichen Schlussregeln gefolgert werden, dass es geboten sei, einen Brief in den Briefkasten zu werfen oder ihn zu verbrennen, vgl. zu diesem klassischen Problem *A. Ross*, Imperatives and Logic, Philosophy of Science, 11 (1944), S. 30 ff., 30, 38 (Wiederabdruck aus Theoria, 7 (1941), S. 53 ff.).

formuliert werden, weil die Formalisierung zu aufwendig und manchmal unmöglich ist.

# § 33 Willensfreiheit, Schuld, Verantwortung

I. Determinismus, Indeterminismus, Kompatibilismus ................... 1
   1. Determinismus .................. 4
   2. Indeterminismus................ 11
   3. Kompatibilismus ................ 17
II. Das Ende der Freiheit? ............... 22
   1. Das Scheitern des Kompatibilismus ................................ 22
   2. Determinismus oder Indeterminismus? ........................... 27
      a) Die Notwendigkeit der theoretischen Phantasie .......... 28
      b) Die Phänomenologie der Freiheit ....................... 34

## I. Determinismus, Indeterminismus, Kompatibilismus

Freiheit hat verschiedene Aspekte. Menschliche Freiheit kann die Fähigkeit betreffen, sich gemäß dem eigenen Willen tatsächlich zu verhalten, weil keine äußeren Widerstände es verhindern. Freiheit kann sich aber auch auf die grundlegende Fähigkeit beziehen, überhaupt autonom einen Willen zu bilden. Letzteres führt zum Problem der Möglichkeit und des Inhalts menschlicher Willensfreiheit, das die menschliche Reflexion über die humane Natur und Eigenart seit ihren Anfängen als Zentralfrage des menschlichen Selbstverständnisses begleitet. Die Willensfreiheit, so scheint es, bildet die Voraussetzung für Moral und die Verantwortung von Menschen für ihr Handeln und damit für die darauf aufbauenden menschlichen Lebensweisen und Kulturschöpfungen, nicht zuletzt das Rechtssystem, in dem die Zurechnung von Handlungen mit ihren verschiedenen Konsequenzen, strafrechtlich die Schuld, mit der Fähigkeit zur freien Selbstbestimmung verbunden wird.

Willensfreiheit formt deshalb den Ausgangspunkt für die Theorie und politische Praxis menschlicher Freiheit, die aus dieser anthropologischen Bestimmung Konsequenzen nicht nur für die Einzelnen, sondern auch für die Gesellschaftsorganisation insgesamt ziehen. Das geistige und politische Aufbegehren gegen Herrschaftssysteme und gedankliche Zwangsordnungen von antiken Gottkönigen, über autoritäre religiöse Glaubenssysteme, diktatorische Zentralkomitees einer Partei, wirtschaftliche Oligarchien bis zu neuen Theokratien der Gegenwart scheint ohne die Möglichkeit der Selbstbestimmung seinen Sinn zu verlieren. Dasselbe gilt für die Etablierung von freiheitlich orientierten Ordnungen. Die Freiheitsphilosophie ist die Grundlage des modernen grundrechtsgebundenen Verfassungsstaates mit einem liberalen und sozial orientierten Recht, das die Möglichkeit der Ausübung der Fähigkeit zur freien Selbstbestimmung schützt und die materiellen Voraussetzungen individueller Selbstbestimmung wenigstens im Kernbereich erhält. Ist die Legitimität dieses politisch-rechtlichen Ordnungsmodells wirklich denkbar, wenn die Autonomie der Menschen, die geschützt werden soll, gar nicht existiert?

Man kann drei wesentliche theoretische Hauptströmungen unterscheiden, die zum damit eindringlich aufgeworfenen Problem menschlicher Willensfreiheit Stellung beziehen: den Determinismus, den Indeterminismus und den Kompatibilismus. Der Determinismus meint, dass der Wille nicht frei, sondern durch Ursachen bestimmt, der Indeterminismus dagegen, dass der menschliche Wille frei und nicht durch Ursachen bestimmt sei. Der Kompatibilismus formuliert die These, dass die Idee der Determiniertheit des menschlichen Willens mit der Idee der Willensfreiheit vereinbar sei, wenn man deren Sinn nur richtig verstehe. Der Inkompatibilismus verneint diese Vereinbarkeitsthese – sei es aus indeterministischer oder deterministischer Sicht. Er bildet deswegen keinen eigenen Ansatz in der theoretischen Auseinandersetzung, sondern weist auf eine der Grundpositionen zurück.

## 1. Determinismus

4   Der Determinismus geht von der Annahme aus, dass jedes Ereignis in der Welt durch einen anderen Umstand verursacht werde. Dies sei die fundamentale Voraussetzung jeder Wissenschaft, die zu spezifizieren suche, welche konkreten Kausalzusammenhänge bestünden. Es gebe nun keinen Grund, diese unverzichtbare wissenschaftliche Fundamentalannahme in der Theorie menschlicher Handlungen zu suspendieren. Auch menschliche Handlungen unterlägen deshalb dem Kausalgesetz. Für jede menschliche Handlung gebe es also einen oder mehrere vorhergehende Umstände, die diese Handlung verursachten. Für die Diskussion dieser Theorie sind drei Handlungstypen von besonderem Interesse: unwillkürliche, wie beispielsweise Reflexhandlungen, (irgendwie) erzwungene[1] sowie freiwillige, wie etwa der wohlbedachte Abschluss eines Vertrages. Im deterministischen Rahmen werden zur Erklärung dieser Handlungsformen verschieden differenzierte Handlungstheorien formuliert. Eine erste Variante besteht in Ansätzen wie dem Behaviourismus mit seinem Stimulus-Response-Schema, die sich auf eine reine Beobachterperspektive beschränken und versuchen, Zusammenhänge zwischen äußerlich beobachtbaren Ereignissen und menschlichem Verhalten herzustellen (z.B. zwischen einer Belohnung als Stimulus und einem Verhalten A als Antwort auf diese Belohnung).[2] Diese Art von Handlungstheorie besitzt keine Überzeugungskraft, weil menschliches Verhalten ohne Berücksichtigung der Handlungsmotive nicht erklärt werden kann. Anspruchsvollere Handlungstheorien beziehen auch die innere Seite einer Handlung, die bewussten Motive, Gründe und Antriebe wie die innere Entscheidung oder den Handlungsentschluss als Voraussetzung einer Handlung in ihre Überlegungen ein. Der Begriff der Urheberschaft oder auch der Zurechnung einer Handlung kann in diesen Handlungstheorien entsprechend differenzierter diskutiert werden. Man kann Urheberschaft einer Handlung dabei sehr weit verstehen und sie schon dann annehmen, wenn ein Akteur eine Handlung überhaupt selbst vollzieht, aus welchen Gründen auch immer. Dieser Begriff der Urheberschaft erfasst aber wesentliche Unterschiede zwischen den Handlungstypen nicht. Das Problem der Willensfreiheit stellt sich beim ersten Handlungstyp wie etwa einer Reflexhandlung überhaupt nicht. Beim zweiten der erzwungenen Handlungen ist es nur insofern relevant, als es zu bestimmen gilt, was eigentlich fehlen muss, damit eine Form des Zwanges existiert. Der dritte Handlungstyp der freiwilligen Handlungen wirft das Problem dagegen unmittelbar auf. Für einen engeren und handlungstheoretisch sinnvolleren Begriff der Urheberschaft bedarf es deshalb nicht nur einer irgendwie gearteten Handlungsverursachung,

---

1   Vgl. die Kategorien der *vis compulsiva* und *vis absoluta*.
2   Man kann zwischen methodologischem und logischem Behaviourismus unterscheiden. Beim methodologischen geht es darum, Korrelationen zwischen Reiz-Eingaben und Verhaltensausgaben zu beschreiben, vgl. *J. Watson*, Behaviorism, 1924. Introspektion ist dabei methodisch unzulässig. Für den logischen Behaviourismus ist der Geist nichts anderes als Verhalten oder Verhaltensdispositionen, vgl. *G. Ryle*, The Concept of Mind, 1949.

## § 33 Willensfreiheit, Schuld, Verantwortung

sondern eines qualifizierten inneren Verhältnisses des Akteurs zu seiner Handlung. Erst dann ist die Handlung dem Akteur auch zurechenbar, wie in Zurechnungstheorien differenziert entwickelt wird.

Die Frage der Determiniertheit einer Handlung kann aus Sicht einer entsprechend differenzierteren Handlungstheorie zur Frage nach der Determiniertheit des Handlungsentschlusses, der in die Handlung mündet, verfeinert werden. Dies ist nicht nur wichtig, weil nur so eine einigermaßen plausible Handlungstheorie der Handlungsanalyse zugrunde gelegt wird, sondern auch, um die Fälle zu erfassen, in denen es zu der Handlung nicht kommt, weil der Handlungsurheber die Handlung wegen äußerer Umstände nicht ausführen kann. Derartige deterministische Theorien sehen deshalb den Handlungsentschluss als Gegenstand des angenommenen Kausalzusammenhanges an. Als Ursachen werden verschiedene Phänomene genannt, z.B. die Präferenzen, Neigungen, Wünsche oder auch Charaktere der handelnden Personen.[3]

Die Präferenzen, Neigungen, Wünsche oder Charakterzüge können, müssen aber nicht bewusst sein. Deterministische Theorien greifen deshalb seit dem modernen Siegeszug der Idee unbewusster, aber höchst wirksamer Handlungsantriebe, vorangetrieben vor allem durch die Psychoanalyse, nachdrücklich auf derartige Einflüsse zurück. Durch neurowissenschaftliche Forschungen der Gegenwart wird diese Tendenz bestärkt.[4] Neurophysiologische Vorgänge im Gehirn sind naturgemäß dem Akteur nicht bewusst, sondern nur experimentell rekonstruierbar. Einige neurowissenschaftlich orientierte, deterministische Theorien verweisen auf solche im Gehirn nachweisbaren Phänomene, z.B. „Bereitschaftspotenziale",[5] die zeigen sollen, dass ein Handlungsentschluss bereits gefällt wurde, bevor es dem Agenten bewusst wird, also zu einem Zeitpunkt, an dem er sich noch frei und als Urheber einer Handlung fühlt, deren Vollzug in Wirklichkeit aber schon feststeht.

Die innere Freiheitserfahrung ist aus dieser Perspektive eine Illusion, die subjektiv als evident erscheinen mag, objektiv aber in die Irre führt.[6] In Wirklichkeit regiere nicht eine Freiheit des menschlichen Wollens, Entscheidens und schließlich Handelns jenseits der Kausalität, sondern die sich hinter der Illusion der Freiheit durchsetzenden, bewussten oder unbewussten Handlungsantriebe, die durch moderne neurowissenschaftliche Abbildungsverfahren sogar nachweisbar seien.

Der Determinismus bezieht seine Plausibilität neben dem klassischen Argument der Universalität des Kausalgesetzes und der Bezeichnung tatsächlich wirkender Ursachen (etwa einem Bereitschaftspotenzial) aus dem Hinweis auf die sich selbst ad absurdum führende Behauptung wirklicher Handlungsfreiheit jenseits von Kausalzusammenhängen. Eine solche spontane, durch Motive, Gründe, Neigungen usw., ihre neurophysiologische Äquivalente oder andere neurophysiologische Mechanismen unbeeinflusste

---
[3] Vgl. z.B. *P. Bieri*, Das Handwerk der Freiheit, 2005, der eine Art Kompatibilismus vertritt, dazu u. § 33 Rn. 19.
[4] Vgl. z.B. *M. Pauen/G. Roth*, Freiheit, Schuld, Verantwortung, 2008.
[5] In Nachfolge der Experimente von *B. Libet* zu einem solchen „readiness potential" vor einem Handlungsentschluss, vgl. zusammenfassend *ders.*, Mind Time: The Temporal Factor in Consciousness, 2004, S. 123 ff.
[6] Es gibt verschiedene Theorien zur Erklärung des Entstehens dieser Illusion. Vgl. z.B. zur subjektiven Freiheitsempfindung als intersubjektives Sozialisationsprodukt *W. Singer*, Vom Gehirn zum Bewußtsein, in: N. Elsner/G. Lüer (Hrsg.), Das Gehirn und sein Geist, 2000, S. 189 ff. Zur Kritik *M. Mahlmann*, Elemente einer ethischen Grundrechtstheorie, S. 164 Fn. 326.

Freiheit würde nämlich gerade keine Urheberschaft von Handlungen begründen, sondern den Handelnden als Fremdes, mit der eigenen Person, ihrer Geschichte und ihrem Charakter Unverbundenes begegnen. Denn diese Freiheit wäre ja gerade dadurch ausgezeichnet, dass keiner dieser Faktoren auf den Handlungsentschluss Einfluss nehmen könnte. Die Entscheidung würde den Handelnden aus dem Nirgendwo der Unbestimmtheit zustoßen, zufällig werden und gerade nicht ihre eigene, selbst zu verantwortende sein. Deshalb führe der Indeterminismus selbst zur Unmöglichkeit der Freiheit, entgegen seinen eigenen Intentionen.[7] Dieses Argument hat noch in einer weiteren Dimension Bedeutung. Manchmal wird versucht, die Möglichkeit der Durchbrechung des Kausalgesetzes durch den Hinweis auf die moderne Physik, genauer die Quantenmechanik, zu begründen. Hier sei die Herrschaft des Kausalgesetzes ja gelockert – keiner Einwirkung könne in bestimmten Bereichen eindeutig eine bestimmte Folge zugeordnet werden, die Folgen bewegten sich in einem Unbestimmtheitsraum. Dieses Argument führt aber nicht weit. *Max Planck* selbst hat darauf hingewiesen, dass die in diesem Bereich womöglich gegebene Lockerung des Kausalgesetzes für die Diskussion um die menschliche Freiheit keine große Bedeutung gewinnen könne – denn die menschliche Freiheit, die gegen den Determinismus verteidigt werde, sei nicht die Freiheit des bloßen Zufalls der Quantenmechanik.[8]

9 Gegen die Idee einer kausal ungebundenen Freiheit wird auch eingewandt, dass der Indeterminismus eine Entscheidung zur Entscheidung unterstellen müsse und in einen infiniten Regress gerate. Denn man müsse sich nicht nur für das Handeln (frei) entscheiden, sondern auch eine (freie) Entscheidung treffen, sich (frei) zum Handeln zu entscheiden – und so fort. In wirklichen Entscheidungssituationen entscheide man aber einfach, ohne weiteren Regress. Dieses schlichte Entscheiden sei ohne Rückgriff auf ungebundene Freiheit rekonstruierbar.[9]

10 Die Idee einer ungebundenen Freiheit führe schließlich in eine falsche Metaphysik und zwar auf doppeltem Wege. Durch die Basisannahme einer kausal ungebundenen Freiheit werde ein geheimnisvolles Phänomen jenseits der gewöhnlichen, kausal bedingten Weltkonstitution behauptet, dessen Existenz unerklärlich und wissenschaftlich unakzeptabel sei. Die Idee einer ungebundenen Freiheit impliziere auch eine falsche Metaphysik der Person. Jenseits der konkreten, handelnden, körperlich gegebenen Person werde ein von dieser irgendwie getrenntes, entscheidendes Subjekt postuliert, denn nur ein solches könne unabhängig von den Neigungen des Menschen entscheiden.[10] Dieses Subjekt sei der Metaphysik einer *res cogitans* (der denkenden Substanz von Descartes) oder eines transzendentalen Ichs (dem kantischen Ansatz) verschrieben. Die Existenz eines solchen Subjekts könne aber ohne eine unbegründbare Metaphysik nicht plausibel gemacht werden.

---

7 Vgl. bereits zu diesem Argument *D. Hume*, A Treatise of Human Nature, Book II, Part III, Sec. I f.
8 Vgl. *M. Planck*, Vom Wesen der Willensfreiheit, in: *ders.*, Vorträge und Erinnerungen, 1975, S. 301 ff.
9 *P. Bieri*, Das Handwerk der Freiheit, S. 230 ff.
10 Vgl. *P. Bieri*, Das Handwerk der Freiheit, S. 264 ff.

## 2. Indeterminismus

Ein zentrales Argument des Indeterminismus ist der Hinweis auf die Unvereinbarkeit des Determinismus mit Grundbegriffen der Handlungstheorie und der Moral. Wenn Handlungsentschlüsse durch Umstände gänzlich (voraus)bestimmt seien, sei schon keine Urheberschaft eines Menschen von Handlungen gegeben. Diese Urheberschaft setze gerade voraus, dass die Handlung nicht vorherbestimmt erfolge. Nur wenn ein Mensch freien Einfluss auf eine eigene Handlung nehmen könne, sei er als Urheber dieser Handlung aufzufassen. Nur eine Handlung, deren Urheber ein Mensch sei, sei aber eine moralisch (und auch rechtlich) zurechenbare Handlung. Deswegen sei etwa ein Reflex keine Handlung im eigentlichen Sinne. An die Folgen einer Reflexhandlung würden deshalb auch keine moralischen oder rechtlichen Folgen geknüpft. Gleiches gelte für die Fallgruppe der *vis absoluta*: Wenn jemand den Finger eines anderen um einen Abzug einer Pistole krümmt, einen Schuss auslöst und einen Dritten damit verletzt oder tötet, sei dies keine zurechenbare Handlung. Auch andere moralische und rechtliche Zurechnungsbegrenzungen (*vis compulsiva*, Schuldunfähigkeit) würden nur verständlich, wenn man im Grundsatz von der möglichen freien Urheberschaft von Handlungen ausgehe. Sonst gebe es keinen Zustand, von dem sich diese Zurechnungsbegrenzungen unterschieden – ein Angeklagter könne nur schuldunfähig sein, wenn seine Schuldfähigkeit denkbar sei. Der Einbezug von Motiven, Gründen usw. reiche nicht aus, die freie Entscheidung jenseits dieser Motive und Gründe sei notwendig, um von Urheberschaft einer Handlung zu sprechen.

Der Determinismus führe deshalb zwangsläufig dazu, dass Moral oder Recht, die auf Zurechnung, Verantwortung und Schuld setzten, ihren Sinn verlören. Denn Menschen hätten eben aus deterministischer Sicht keine Verantwortung für ihre Handlungen, weil diese durch Kausalfaktoren vorherbestimmt seien. Die Praxis informaler oder – im Recht – formaler Sanktionen sei dann illegitim.

Gegen den Determinismus spreche auch das innere Freiheitserlebnis. Menschen könnten jenseits von gegebenen Handlungsantrieben, Motiven, Lebensgeschichten und Charakterzügen entscheiden, wie zu handeln sei – und gerade im Gegensatz zu Handlungsantrieben, Motiven, Lebensgeschichten und Charakterzügen. Die Fähigkeit, sich über derartige Antriebe zu erheben, mache gerade das Menschsein aus. Eine Entscheidung sei keineswegs durch diese Einflüsse gebunden.[11]

Die bestehende Freiheit sei dabei keineswegs völlig losgelöst von diesen Einflüssen aufzufassen. Die Entscheidung sei kein bloßer, dem Menschen begegnender, ihn gerade nicht zum Urheber von Handlungen machender Zufall. Eine klassische Formulierung lautet in diesem Zusammenhang, dass Menschen durch Antriebe, Motive usw. geneigt gemacht werden, eine bestimmte Handlung zu vollziehen, diese Handlung aber nicht durch diese Antriebe determiniert werde.[12]

---

[11] Manchmal wird sogar im Rückgriff auf Aristoteles formuliert, dass der Mensch deshalb ein von kausalen Einflüssen unbewegter Beweger sei, vgl. R. *Chisholm*, Human Freedom and the Self, in: G. Watson (Hrsg.), Free Will, 1982, S. 24 ff., 32.

[12] *G. W. F. Leibniz*, Nouveau Essais de L'Entendement Humain, Livre II, Chapitre XXI, § 8: „incline sans necessiter". Vgl. a. R. *Descartes*, Principia philosophiae, in: Œuvres de Descartes, C. Adam/P. Tannery (Hrsg.), Bd. 8, 1, 1973, Pars I, XXXIX.

15 Die Fähigkeit zur freien Selbstbestimmung wird mit der Erfahrung des Anders-Handeln-Könnens in jedem Moment illustriert. Man könne in jedem Moment eine Handlung A ausführen oder es auch unterlassen – z.B. den Arm heben oder Kopfstand machen. Es wird darüber hinaus auf das kantische Argument verwiesen, nach dem das Phänomen des Sollens als *ratio cognoscendi*, als Erkenntnismittel der Freiheit dienen könne, während umgekehrt Freiheit der Seinsgrund, die *ratio essendi*, des Sollens sei.[13] Von der Eigenart der Freiheit, so Kant, könne man positiv gar nichts erkennen. Ihre erkenntnistheoretische Möglichkeit erweist aus seiner Sicht die Kritik der reinen Vernunft durch die Trennung des Bereichs des Phänomenalen, in dem das Kausalitätsgesetz gelte, und des Bereichs des Noumenalen, wo die Freiheit angesiedelt sei.[14] Der indirekte Beweis ihrer Wirklichkeit erfolge durch das Sollensgesetz. Ein Sollen als Anders-Handeln-Können setze Freiheit voraus, denn es sei kein Müssen, das keine Handlungsmöglichkeit offen lasse.[15]

16 In der modernen Debatte wird häufig auch auf den Unterschied von Gründen und Ursachen hingewiesen. Gründe bewegten die Handelnden aus der Binnenperspektive, Ursachen dagegen wirkten aus der Beobachterperspektive kausal. Gründe ließen sich nicht in Ursachen für Handlungen überführen, weil beide Elemente kategorial verschieden seien.[16]

### 3. Kompatibilismus

17 Der Kompatibilismus hält den Streit von Determinismus und Indeterminismus für müßig, weil beide Positionen miteinander vereinbar seien. Dies gelte gerade für eine rechtliche Perspektive.[17] Entscheidend für die Annahme von Willensfreiheit sei die Möglichkeit des faktischen Anders-Handeln-Könnens. Freiheit bedeute Handeln gemäß den eigenen Entscheidungen, nicht weniger, nicht mehr. Wenn jemand, wenn er anders entschieden hätte, anders hätte handeln können (weil nämlich keine äußeren Widerstände im Weg waren), seien alle Anforderungen an eine freie Entscheidung erfüllt. Die Entscheidung selbst sei durch Motive, Neigungen usw. bestimmt. Ein darüber hinausgehendes Freiheitserlebnis sei eine Illusion. Eine Handlung, die z.B. scheinbar entgegen den eigenen Motiven zur Illustration der Freiheit erfolge, sei jedenfalls durch das Motiv determiniert, die Existenz der Freiheit nachzuweisen. Die Beeinflussbarkeit von Menschen durch Sanktionen reiche aus, diese Sanktionen zu rechtfertigen. Diese These wird in klassischer Form von Hume formuliert,[18] später sprachphilosophisch vertreten, wobei die Bedeutung von sprachlichen Ausdrücken des Anders-Handeln-Könnens entsprechend analytisch bestimmt wird,[19] und ist einflussreich auch in der

---

13 *I. Kant*, Kritik der praktischen Vernunft, S. 4 Fn. *P. v. Inwagen*, An Essay on Free Will, 1983, S. 209 ff., greift auf moralische Verantwortung zur Begründung des freien Willens zurück.
14 *I. Kant*, Kritik der reinen Vernunft, 2. Aufl. 1787, S. 362 ff.
15 *I. Kant*, Kritik der reinen Vernunft, 2. Aufl. 1787, S. 370 ff.
16 Vgl. z.B. *J. Nida-Rümelin*, Über menschliche Freiheit, 2005, S. 29 ff.; *L. Wingert*, Grenzen der naturalistischen Selbstobjektivierung, in: D. Sturma (Hrsg.), Philosophie und Neurowissenschaften, 2006, S. 240 ff., 249 ff.
17 Vgl. z.B. einflussreich für die internationale Strafrechtsdiskussion *S. Morse*, Determinism and the Death of Folk Psychology: Two Challenges to Responsibility from Neuroscience, Minnesota Journal of Law, Science & Technology, 9 (2008), S. 1 ff. und dazu *M. S. Moore*, Stephen Morse on the Fundamental Psycho-Legal Error, Criminal Law and Philosophy, 10 (2016), S. 45 ff.
18 *D. Hume*, A Treatise of Human Nature, Book II, Part III, Sect I f.
19 *G. E. Moore*, Ethics, ed. by W. H. Shaw, 2005, S. 102 ff.

## § 33 Willensfreiheit, Schuld, Verantwortung

modernen Debatte präsent.[20] Hier wird argumentiert, dass auch wenn der Determinismus wahr sei, dennoch keineswegs die Praxis der Verantwortung, des Übelnehmens und die ganze höchst differenzierte Palette von menschlichem Verhalten, die an die Vorstellung von menschlicher Verantwortung für Handlungen (abgesehen von den klassischen Zurechnungsausnahmen) anknüpfen und sie voraussetzen, aufzugeben seien. Für diese Praxis sprächen nämlich Gründe, die unabhängig von der Wahrheit des Determinismus Überzeugungskraft entwickelten. Diese Gründe bezögen sich auf die Vorzugswürdigkeit der Lebensform, die durch Verantwortung und Zurechnung ausgezeichnet sei und die für Menschen nicht aufgegeben werden könne. Die Wahrheit des Determinismus sei für diese Entscheidung unerheblich.

Verwandt mit dieser Position sind Argumentationen, die auf die faktisch entstandene Lebensform oder Lebenswelt, z.T. unter besonderer Betonung ihrer sprachlichen Konstituierung verweisen, die Freiheit inkorporiere und hinter die nicht zurückgegangen werden könne oder dürfe.[21]

Das Phänomen der Überlegung, der Er- und Abwägung von Handlungsgründen, wird als mit der Bestimmtheit von Handlungen vereinbar angesehen. Überlegung und abschließende Entscheidung seien ein wesentliches Element der Urheberschaft von Handlungen, die aber nicht ausschlössen, dass die Entscheidung durch Motive, Lebensweg, Charakter usw. bestimmt sei. Entscheidend für die Existenz eines freien Willens sei einer einflussreichen Überlegung zufolge ein Willen zweiter Ordnung (*second order volitions*), der sich auf das Haben bestimmter Handlungsantriebe richte. Dieser Wille mache Menschen eigentlich erst zu Personen. Das eigene Wollen entspreche dem Willen zweiter Ordnung, wenn man tatsächlich erstrebe, was man erstreben möchte, etwa tatsächlich den Willen zu so disziplinierter Arbeit habe, wie man es wünsche. Wenn diese Kongruenz zwischen Wollen erster und zweiter Ordnung existiere, sei der Wille frei, auch bei deterministischen Annahmen zu Kausalzusammenhängen.[22] Ein „Ich konnte nicht anders" ist aus dieser Sicht gerade Ausdruck wirklicher angeeigneter Freiheit, wenn es Ausdruck einer transparenten, durchdachten, reflektierten, innerlich gebilligten und von äußeren Zwängen oder inneren Pathologien unbeeinflussten Entscheidung sei.[23]

Auch ein sog. epistemischer Indeterminismus wird vertreten, der ein Kompatibilismus ist. Aus dieser Sicht ist zwar davon auszugehen, dass Willensentscheidungen kausal bedingt seien. Aus der Sicht des Agenten könne diese Verursachung aber niemals transparent werden, weil das Wissen um die eigenen Antriebe die Motivationslage verändern und aus der Binnenperspektive zudem immer auch anders gehandelt werden könne.[24]

---

20  Eine einflussreiche und interessante Version des Kompatibilismus hat *P. F. Strawson* formuliert, vgl. *ders.*, Freedom and Resentment, in: *ders.*, Freedom and Resentment and other Essays, 1974, S. 1 ff.
21  Vgl. zum „objektiven Geist" einer symbolisch repräsentierten Kultur, eines „Raums der Gründe", *J. Habermas*, Freiheit und Determinismus, in: H.-P. Krüger (Hrsg.), Hirn als Subjekt, 2007, S. 101 ff., 116 ff.
22  *H. G. Frankfurt*, Freedom of the Will and the Concept of the Person, in: *ders.*, The Importance of What We Care About, 1988, S. 11 ff. Die Begründung der Bildung des Willens zweiter Ordnung durch einen Willen dritter Ordnung (ein Wollen, ein Wollen zu wollen) usw. hält er für „humanization gone mad".
23  Vgl. im Anschluss an Frankfurt z.B. *P. Bieri*, Das Handwerk der Freiheit, S. 381 ff.
24  Vgl. z.B. *M. Planck*, Vom Wesen der Willensfreiheit.

21 Schließlich ist noch die manchmal hegelianisch begründete, auch im Marxismus verfolgte These anzutreffen, dass Freiheit in der Einsicht in die Notwendigkeit einer sich in der Geschichte verwirklichenden absoluten Idee[25] oder der materialistischen Geschichtsteleologie bestehe.[26] Eine freie Entscheidung sei danach eine solche, die die Notwendigkeiten des historischen Moments erkenne und entsprechend handle und nicht hinter dem historisch Möglichen zurückbleibe, aktionistisch über es hinausschieße oder in Zerstörung ende.[27] In einer Ethik wie der Spinozas macht die Einsicht in die determinierte Struktur der Welt die Einzelnen durch ihre Wahrheit frei (vgl. o. § 5 III).

**II. Das Ende der Freiheit?**

**1. Das Scheitern des Kompatibilismus**

22 Wäre der Kompatibilismus korrekt, wäre eine elegante Lösung des alten Streits um die menschliche Willensfreiheit gewonnen worden. Die folgenden Gründe sprechen aber gegen den Erfolg dieser Lösung: Die klassische Argumentation, dass Freiheit im Handeln gemäß der eigenen Entscheidung bestehe, es mithin ausreiche, wenn bei einer anderen Entscheidung anders hätte gehandelt werden können, also äußere Hindernisse nicht gegeben sein dürften, nimmt den Gegensatz dieser Position zur Idee der Freiheit nicht ernst genug. Von Freiheit des Handelns zu sprechen, wenn die Entscheidung durch bestimmte innere Ursachen bedingt ist und nicht zur Disposition steht, überzeugt nicht. Es ist gleichgültig, ob ein äußeres Hindernis eine andere als die vollzogene Handlung (oder den ihr zugrunde liegenden Entschluss) unmöglich macht oder die innere Vorausbestimmtheit des Willens das gleiche Ergebnis erzielt. In beiden Fällen kann von einer Freiheit des Willens keine Rede sein.

23 Die Reduktion von Willensfreiheit auf eigenes Entscheiden verweist zudem über Determinismus hinaus, jedenfalls wenn Bedingungen wie Klarheit, Transparenz der Gründe, Überlegung usw. herangezogen werden, also ein Begriff richtigen Entscheidens (in irgendeiner Form) verwandt wird. Dies ist unvermeidlich, denn das eigene Entscheiden kann ja nicht nur heißen, dass der Akteur selbst irgendwie entscheidet. Es muss auch bedeuten, dass er in der Entscheidung das Eigene tatsächlich ergreift. Entsprechend argumentieren kompatibilistische Theorien auch, wie angedeutet wurde. Dieses richtige Entscheiden setzt aber – wenn man es als Ziel formuliert – voraus, dass die Handelnden nicht zum falschen Entscheiden determiniert sind, falsches Entscheiden möglich, aber überwindbar ist. Richtiges Entscheiden, das das Eigene erfasst, impliziert Entscheidungsoptionen, die der (kompatibilistische) Determinismus gerade verschließt.

24 Dass Sanktionen Handeln auch bei Zugrundelegen von deterministischen Annahmen beeinflussten, legitimiert Sanktionen nicht, auch wenn man es als wahr unterstellt (was

---

25 Vgl. *G. W. F. Hegel*, Wissenschaft der Logik II, 1969, S. 238 ff., 246: „*Freiheit* als die *Wahrheit der Notwendigkeit*" (Herv. i. Org.).
26 Vgl. z.B. *F. Engels*, Anti-Dühring, MEW 20, S. 106; *E. Bloch*, Naturrecht und menschliche Würde, S. 176 ff., wobei Bloch eine kompatibilistische Position andeutet, vgl. ebd., S. 177: „Psychologische Freiheit wird von der politisch-sozialen Freiheit mithin nicht als Willkür vorausgesetzt, nicht als antikausale Kraft zur beständigen Richtungsänderung, sondern lediglich als jene Willensnötigung, in der die Nötigung durch die eigene Person (gegebenenfalls durch das Klassenbewußtsein der Person) die anderen Nötigungen überwiegt".
27 Wie es nach Hegel für die „allgemeine Freiheit" gelte, die zu einer „Furie des Verschwindens" werde, vgl. *G. W. F. Hegel*, Phänomenologie des Geistes, S. 435 f.

## § 33 Willensfreiheit, Schuld, Verantwortung

allerdings alles andere als selbstverständlich ist: Die Determiniertheit könnte sich ja auch gegen jede Sanktion durchsetzen). Sanktionen werden gerade nicht allein instrumental, als erfolgreiche Sozialtechnologie, begründet, sondern durch das Verantwortungs- oder (juristisch-technisch) Schuldprinzip gerechtfertigt.[28] Im Übrigen impliziert die Erörterung des Sinns von Sanktionen die Möglichkeit einer Wahl zwischen Alternativen – Sanktionen beizubehalten oder abzuschaffen. Die Entscheidung zwischen diesen Alternativen kann nicht determiniert sein, weil sonst die Erörterung dieser Alternativen sinnlos ist.

Der Hinweis auf die aus Gründen, die nicht mit der Wahrheit des Determinismus zusammenhängen, gewonnene Unverzichtbarkeit der menschlichen Praxis der Verantwortung führt ebenfalls nicht weiter. Denn wenn der Determinismus wahr wäre, würde man Menschen, von denen man weiß, dass sie nach den Maßstäben der zugrunde liegenden Praxis nicht verantwortlich sind (weil ihr Handeln determiniert ist) weiter so behandeln, als seien sie verantwortlich und ihnen z.T. schweres Leid in der Form von Sanktionen zufügen. Das ist aber mit den Maßstäben dieser Praxis (die von Verantwortung ausgeht) unvereinbar, die deshalb sofort aufgegeben werden müsste, wenn ihre normativen Prämissen irgendeine Bedeutung haben sollen. Auf die Gegebenheit von Lebensformen zu verweisen, hilft im Übrigen grundsätzlich wenig, wenn die Legitimität dieser Lebensformen selbst gerade zur Debatte steht.

Zu den Defiziten eines geschichtsphilosophischen Determinismus wurde bereits genügend angemerkt (vgl. o. § 11 IV; § 33 I). Der Kompatibilismus bildet mithin insgesamt keinen Ausweg. Man kommt deshalb um eine Entscheidung zwischen Determinismus und Indeterminismus nicht herum.

### 2. Determinismus oder Indeterminismus?

Mit der menschlichen Freiheit steht, wie einleitend angemerkt, eine bestimmte Auffassung des Menschen von sich selbst insgesamt auf dem Spiel. Aus deterministischer Sicht wird menschliches Leben zum mechanischen Vollzug entlang der Linien vorgegebener Bahnen, der durch das falsche Selbstbild eigenen Entscheidens erträglich gemacht wird. Wie Kant plastisch formulierte, bedeutet der Determinismus deshalb die Etablierung der „Freiheit eines Bratenwenders".[29] Diese womöglich als unerfreulich empfundene Perspektive ist aber natürlich hinzunehmen, wenn sie theoretisch überzeugt. Dazu ist Folgendes anzumerken:

a) **Die Notwendigkeit der theoretischen Phantasie.** Wenn man versucht, zwischen Determinismus und Indeterminismus zu entscheiden, muss man von vornherein Aussagen darüber vermeiden, was in der Welt möglicherweise der Fall sein kann und was nicht. Dies ist die Grundlehre der ganzen wissenschaftlichen Revolution seit ihrem Beginn im 16. Jahrhundert. Die Entwicklung der modernen Wissenschaften ist nämlich durch Theorien gekennzeichnet, die sich grundlegend von Alltagsvorstellungen der Konstituierung der Welt entfernt haben und immer wieder z.T. sehr festgefügte Vorstellungen, was der Fall sein könne und was nicht, widerlegt haben. Leibniz konnte sich eine

---

28 Auch Sanktionslegitimierung durch Normschutzargumente, vgl. dazu etwa *R. Merkel*, Willensfreiheit und strafrechtliche Schuld, 2008, S. 124 ff., überzeugt deswegen nicht.
29 *I. Kant*, Kritik der praktischen Vernunft, S. 97, vgl. bereits o. § 9.

Einwirkung von Massen aufeinander ohne Berührung nicht vorstellen, die Newton mit der Gravitationstheorie zu einem Angelpunkt eines neuen physikalischen Zeitalters gemacht hat.[30] Newton selbst hat die Gravitationstheorie für unvereinbar mit (eigenen) Grundannahmen zur Struktur der Welt gehalten.[31] Die Theorie der Relativität von Zeit und Raum widerspricht einem Alltagsverständnis der Welt und hat doch wiederum ein neues Kapitel der Physik aufgeschlagen. Die moderne Wissenschaftstheorie hat deshalb zu Recht die Vorstellung aufgegeben, dass wissenschaftliche Theorien den gängigen Erwartungen über Eigenschaften der Welt entsprechen müssten. Das Beste, was aus dieser Sicht erreicht werden kann, ist, möglichst gute Theorien über die Welt aufzustellen, die mit Alltagstheorien häufig wenig gemein haben.

29  Was also in der Welt der Fall ist, ist eine empirische Frage und eine Frage der besten konstruierbaren Theorie, aber nicht durch Postulate vorweg zu beantworten. Ein absoluter Anfang, ein Beginn ohne Vorher in einer bestimmten Big-Bang-Theorie ist keineswegs weniger rätselhaft als eine unbedingte Bedingung in der Theorie menschlicher Freiheit und dennoch ein ernstzunehmender Ansatz der Kosmologie.[32] Das Argument, dass alles in einem gewissen herkömmlichen Sinne kausal bedingt sein müsse, formuliert deshalb eine sinnvolle heuristische, die Forschung anleitende Idee, aber kein unverletzliches Prinzip. Es kann so sein, dass jedes Ereignis in der Welt eine Ursache im herkömmlichen Sinne hat, es kann aber auch nicht so sein, je nachdem, was die beste konstruierbare Theorie über diese Frage im Lichte der empirischen Phänomene aussagt. Das Argument von der Unverbrüchlichkeit des Kausalgesetzes spricht deshalb weder für noch gegen den Determinismus – es formuliert lediglich eine Art der Erklärung von menschlichem Handeln, die möglicherweise gelingt, vielleicht aber auch das Phänomen nicht erfasst und deshalb keine vielversprechende Grundlage für eine Theorie menschlichen Handelns bildet. Die Wichtigkeit theoretischer Unvoreingenommenheit gilt auch für die biologischen Fundamente angenommener Mechanismen der Willensbildung: Die plausible Annahme, dass subjektive geistige Phänomene eine neuronale Grundlage haben, zwingt keineswegs zu Determinismus. Auch hier ist es

---

30  Zur Kritik von *Leibniz* an *Newton* (und Lockes Rezeption von Newton), vgl. z.B. ders., Nouveaux Essais Sur L'Entendement Humain, S. XXXVIII.
31  Vgl. *I. Newton*, Letter to Bentley February 1692/93, The Newton Project, http://www.newtonproject.sussex.ac.uk/; „Tis unconceivable that inanimate brute matter should (without the mediation of something else which is not material) operate upon & affect other matter without mutual contact; as it must if gravitation in the sense of Epicurus be essential & inherent in it. And this is one reason why I desired you would not ascribe {innate} gravity to me. That gravity should be innate inherent & {essential} to matter so that one body may act upon another at a distance through a vacuum without the mediation of any thing else by & through which their action or force {may} be conveyed from one to another is to me so great an absurdity that I believe no man who has in philosophical matters any competent faculty of thinking can ever fall into it. Gravity must be caused by an agent {acting} consta{ntl}y according to certain laws, but whether this agent be material or immaterial is a question I have left to the consideration of my readers".
32  Kosmologische Theorien können in Debatten um die Auswirkungen von neurowissenschaftlichen Forschungen auf das Recht ausdrücklich eine Rolle spielen. Vgl. z.B. den folgenden Gedanken aus einem einflussreichen Beitrag zu diesen Fragen: „After thousands of years of our thinking of one another as uncaused causers, science comes along and tells us that there is no such thing – that all causes, *with the possible exception of the Big Bang*, are caused causes (determinism)", *J. D. Greene/J. Cohen*, For the law, neuroscience changes nothing and everything, Philosophical Transactions of the Royal Society London B, 359 (2004), S. 1775 ff., 1782 (Herv. MM). Welchen Grund könnte es dafür geben, unbedingte Ursachen (uncaused causes) wie von diesen Autoren (die in dieser Hinsicht durchaus exemplarisch sind) in der Kosmologie mindestens für wissenschaftlich möglich zu halten, nicht aber in der Theorie menschlicher Freiheit?

eine *a priori* nicht zu beantwortende Frage, wie der Organismus Mensch in dieser Hinsicht beschaffen ist und ob hier womöglich eine weitere jener fundamentalen Überraschungen wartet, deren die Wissenschaftsgeschichte so reich ist.

Der Zweifel an apriorischen Beschränkungen zugelassener Theorien wird durch einen weiteren Umstand bestärkt: Der Determinismus ist ein seit Jahrhunderten erwogener Ansatz. Bisher gibt es aber keine deterministische Theorie menschlichen Verhaltens, die wissenschaftlichen Mindestansprüchen an Stichhaltigkeit genügte. Es wird lediglich in der Geschichte (in immer wieder unterschiedlicher Gestalt) die Behauptung aufgestellt, dass eine wahre Theorie menschlichen Handelns nur eine deterministische Theorie sein könne – eine Behauptung, die, wie gezeigt, wissenschaftstheoretisch keine Grundlage besitzt und zudem jedenfalls in keiner Weise die Formulierung einer deterministischen Theorie ersetzt, die ihre eigenen Ansprüche erfüllt. Eine deterministische Theorie müsste menschliches Handeln tatsächlich erklären und menschliches Verhalten individuell mindestens in Ansätzen voraussagen können (wenn auch Determiniertheit und Voraussagbarkeit nicht dasselbe sind). Dies wird zwar in sehr unterschiedlichem Rahmen immer wieder beansprucht. Dieser Anspruch wird aber bei näherem Hinsehen keineswegs eingelöst. Ein klassisches Beispiel ist der Behaviourismus, der einige Zeit eine Leitdisziplin der Psychologie war, bis er sowohl für das Spezialgebiet der Sprache als auch für menschliches Handeln einer solch durchschlagenden Kritik unterzogen wurde, dass er heute kaum noch verfolgt wird (wenn es auch neo-behaviouristische Ansätze in den Kognitionswissenschaften gibt, z.B. im Konnektionismus). Das Fehlen einer wirklichen deterministischen Theorie gilt auch für Ansätze der unmittelbaren Gegenwart. Die vieldiskutierten *Libet*-Experimente führen schon aus ihrer eigenen Sicht zu keiner deterministischen Theorie, im Gegenteil. Ihre Konsequenz ist lediglich, dass sich (lässt man methodische Fragen über die Aussagekraft dieser Experimente einmal außer Acht)[33] vor einer Entscheidung ein „Bereitschaftspotenzial" entwickele, nicht aber die Annahme, dass dieses die Handlung dann auch inhaltlich determiniere. Libet selbst spricht von einer „Veto-Möglichkeit" des Handelnden.[34] Damit ist aber gerade keine deterministische Theorie gewonnen, denn die Frage bleibt offen, ob dieses Veto seinerseits determiniert ist oder nicht. Viele deterministische Interpretationen dieser Experimente und Kritiken dieser Interpretationen gehen daher in die Leere eines nicht vorhandenen Problems, weil diese Experimente gar keine deterministischen Schlussfolgerungen zulassen. Andere Theorien sagen menschliches Verhalten aufgrund von Untersuchungen auf dem Aggregationsniveau von Gruppen in Wahrscheinlichkeitsgraden voraus.[35] Solche Voraussagen sind selbstverständlich möglich. Wenn man A eine Woche hungern lässt, ist es in der Tat sehr wahrscheinlich, dass A nach dieser Zeit sogar einen Fast-Food-Burger verschlingt. Dennoch determiniert selbst ein solcher Fundamentalantrieb wie Hunger den A nicht notwendig – wie jeder Hungerstreik

---

33 Ein Problem besteht etwa darin, dass die Versuchspersonen Mehrfachtätigkeiten durchführen mussten (auf die Uhr schauen, Zeigerposition merken und gleichzeitig die Taste drücken). Damit sind mindestens drei psychische Funktionen beteiligt (Wahrnehmung, Gedächtnis, motorische Prozesse), die die Befunde beeinflussen. Dies wird aus experimentalpsychologischer Sicht als eine zentrale Schwäche der Experimente angesehen (persönliche Mitteilung v. *L. Jäncke*).
34 *B. Libet*, Mind Time, S. 137 ff. Es gebe ein „free won't".
35 Vgl. zu einer solchen Studie zu Gewalt *M. Pauen/G. Roth*, Freiheit, Schuld, Verantwortung, S. 156 ff.

(manchmal bis zum Tod) illustriert. Theorien zu Verhaltenswahrscheinlichkeiten dieser Art haben ihren sozialwissenschaftlichen Wert – eine deterministische Theorie bilden sie aber nicht, weil sie sich nicht auf Individuen beziehen.[36]

31 Es sollte auch nicht übersehen werden, dass die Kognitionswissenschaften keineswegs zwangsläufig zu einer Absage an die Vorstellung menschlicher Freiheit führen müssen. Dies ist ein weitverbreitetes, aus der selektiven Wahrnehmung dessen, was Kognitionswissenschaften bilden, gespeistes Fehlurteil. Denn kognitionswissenschaftliche Theorien oder Hirnforschung sind in keiner Weise zwangsläufig einem Determinismus verpflichtet. Es wurde von Gründerfiguren der modernen Kognitionswissenschaften im Gegenteil immer wieder zu Recht betont, dass nichts in der modernen Theorie des menschlichen Geistes gegen Indeterminismus spreche (inklusive, wie erwähnt, die plausible Annahme der neuronalen Grundlagen des menschlichen Geistes) und von einem klassischen Begriff der Willensfreiheit auszugehen sei.[37] Die Willensfreiheit bildet dabei eines jener Phänomene, die im Moment einem ernsthaften wissenschaftlichen Verständnis entzogen sind und deren Verständnis womöglich die Erkenntniskräfte der Menschen überhaupt übersteigt, deswegen aber natürlich nicht von den Kognitionswissenschaften dogmatisch aus ihrem Objektbereich ausgeschlossen werden können.

32 Wenn aber mangels erfolgreicher deterministischer Theorien nicht nachgewiesen wird, dass die innere Phänomenologie der Freiheit nichts als eine Illusion ist, muss man von dieser inneren Erfahrung und den entsprechenden äußeren Beobachtungen bei der Theoriebildung ausgehen.

33 Damit wird nicht das Projekt eines epistemischen Indeterminismus verfolgt. Die Frage nach der Eigenart der Freiheit ist radikaler offen als in dieser Theorie. Es ist nicht nur möglich, dass Menschen die Art ihrer eigenen Determiniertheit nicht einsehen können, die aber tatsächlich vorliegt, sondern dass diese Determiniertheit selbst, ontologisch, empirisch, nicht gegeben ist.

34 **b) Die Phänomenologie der Freiheit.** Die indeterministische Theorie ist in ihren differenzierten Fassungen der deterministischen hinsichtlich der Ermittlung des erklärungsbedürftigen Phänomenbestands überlegen. Eine menschliche Entscheidung, in bestimmter, im Regelfall situationsangemessener Weise zu handeln, ist nicht unbeeinflusst von Motiven, Beweggründen usw. Dies haben die anspruchsvolleren Analysen wie z.B. von Descartes oder Leibniz zutreffend durch die klassische Formulierung betont, dass durch Motive, Beweggründe usw. eine Neigung zur Handlung geschaffen werde, diese aber Handlungen nicht abschließend bestimme.[38]

---

[36] Was denn auch bei *M. Pauen/G. Roth*, Freiheit, Schuld, Verantwortung, S. 162 ff., evident wird, wenn darauf hingewiesen wird, dass eine neurobiologische und soziale Determinierung einzelner Personen zur Gewalt gerade nicht nachgewiesen wird.
[37] *N. Chomsky*, Language and Thought, S. 53: „The fundamental Cartesian issues still lie far beyond reach: the creative aspect of language use, and more generally, the nature of actions that are appropriate, coherent, and intelligible but apparently uncaused, those we may be ‚incited and inclined' to perform, though not ‚compelled' and the properties of free creation that are ‚properly called mind.'".
[38] Wenn also Experimente wie die von *Libet* methodisch einen Wert haben, dann führen sie zu keinen qualitativen Einsichten über Descartes oder Leibniz hinaus, die selbstverständlich davon ausgingen, dass einer bewussten Entscheidung eine Motivationslage vorausgehe.

## § 33 Willensfreiheit, Schuld, Verantwortung

Über diese Handlungsmotive hinaus existiert das Moment der Entscheidung, sich von bestimmten Motiven und Antrieben bei der Handlung leiten zu lassen, etwa bestimmte eigene Interessen zu verwirklichen oder auch moralischen Prinzipien, vielleicht gegen diese Interessen, zu folgen. Dabei ist keine Entscheidung zur Entscheidung, keine eigene Verursachung eines Menschen seiner Handlungsverursachung[39] (oder ein weiter fortgesetzter Regress) vorausgesetzt oder impliziert, wenn man sich auch in einem anderen Sinn ohne Zweifel entscheiden kann, sich zu entscheiden (z.B. morgen nach langem Überlegen festzulegen, ob man wirklich weiter ein seltsames Buch über Rechtsphilosophie und Rechtstheorie lesen will).

Die Auswahl unter den gegebenen Handlungsmotiven und folgenden Handlungsweisen ist dabei eine eigene, der Handelnde ist das Subjekt der Entscheidung, das Handeln ist kein bloßes Geschehen, das den Handelnden mit sich fort trägt oder ihm geschieht (wenn es natürlich auch Situationen gibt, die ein solches Erlebnis bereithalten).

Dieses Eigenschaftsbündel einer freien Entscheidung – Beeinflussung, aber nicht Bestimmung durch Motive, Handlungsgründe usw.; unbedingte Verursachung, d.h. Setzung einer Kausalkette ohne erkennbare Bestimmtheit des setzenden Akts durch ein vorheriges Ereignis; ursprüngliche Urheberschaft des Subjekts; Situationsangemessenheit – bildet ohne Zweifel ein Phänomen, das zu denen gehört, die sich dem Alltagsverständnis, das in Kausalitätsbeziehungen die Welt konstruiert, entzieht. Dies kann aber nur zur prinzipiellen Ablehnung der Möglichkeit der Freiheit führen, wenn man eine zu optimistische Vorstellung von der Transparenz der Welt hat, die für das menschliche Projekt der Wissenschaft dem Alltagsverstand Widersprechendes oder Unerklärliches entgegen den skizzierten fundamentalen Lehren der Wissenschaftsgeschichte und Wissenschaftstheorie nicht kennt. In einer über die eigenen Grenzen aufgeklärten Wissenschaft hat die Möglichkeit von Phänomenen, die das Alltagsverständnis der Welt herausfordern und vielleicht sogar die menschlichen Erkenntnisfähigkeiten überschreiten, ihren selbstverständlichen Platz. Ob die Willensfreiheit zu dieser Klasse von Phänomenen gehört, muss sich erweisen. Die harte Wissenschaftlichkeit, die manchmal vom Determinismus für die eigene Theorie reklamiert wird und die sie von den gut gemeinten, aber versponnenen Gedanken des Indeterminismus abhebe, wird deshalb zu Unrecht beansprucht.

Zieht man mithin Konsequenzen aus der Wissenschaftstheorie und -geschichte, muss man zur Kenntnis nehmen, dass das Eigenste und Nächste, die wählend handelnde Subjektivität, die Fähigkeit zur Selbstbestimmung des Menschen, das gleichzeitig Fremdeste und Unerklärlichste bleiben kann. Die Erklärbarkeit menschlicher Freiheit ist aber auf keinen Fall Voraussetzung der Realität dieses Phänomens, da diese Realität umgekehrt seine Erklärung erst als Aufgabe formuliert. Wenn die Annahme der Realität der Freiheit aber die bessere verschiedener theoretisch möglicher Annahmen ist, gibt es keinen Grund, die Praxis der Verantwortung aufzugeben, die die menschliche Kultur in wesentlichen ihrer besseren Teile konstituiert.

---

39  Vgl. *R. Chisholm*, Human Freedom and the Self, S. 24 ff.

## § 34 Gleichheit und Gerechtigkeit

I. Gerechtigkeitserfahrung und Gerechtigkeitsskeptizismus .......... 1
II. Ein Begriff der Gerechtigkeit ........ 7
 1. Gleichheitsbeziehungen .......... 7
 2. Gerechtigkeit und Ungleichheiten ................................. 20
 3. Verteilungsgegenstände .......... 25
 4. Arten der Gleichheit ............. 30
 5. Gerechtigkeitstheorie und die Probleme der Praxis .............. 33

### I. Gerechtigkeitserfahrung und Gerechtigkeitsskeptizismus

1 Gerechtigkeit ist ein Grundbegriff jeder materialen Ethik und eine Leitvorstellung des Rechts. Gerechtigkeit ist der Inbegriff einiger der wichtigsten Hoffnungen, die Menschen mit der normativen Ausrichtung einer Gesellschaft insgesamt verbinden. Sie ist mit elementaren individuellen Erfahrungen verbunden – schon keine Kindheit bleibt ohne formende Erlebnisse von Gerechtigkeit und ihrer Verletzung: Der Falsche wird bestraft, ein anderes Kind hat und interessiert sich womöglich nicht einmal für das, was man selbst sich sehnlichst wünscht, ohne es erlangen zu können.

2 Gerechtigkeit wird dabei oft mit Gleichheit verbunden.[1] Wenn ein Kuchen auf einem Kindergeburtstag verteilt wird, ist es z.B. selbstverständlich, dass alle Kinder ein gleich großes Stück bekommen. Innerhalb der Analytik des moralischen Urteils wurde dieser Zusammenhang von Gerechtigkeit und Gleichheit unterstrichen (vgl. o. § 29). Betrachtet man aber kompliziertere Fälle als die bisher erörterten, scheint die sichere Verbindung von Gerechtigkeit und Gleichheit zweifelhaft zu werden. Denn kann es nicht gerecht sein, einem größeren Kind ein größeres Stück, einem kleinen, das ein größeres nicht aufessen kann, aber ein kleineres Stück Kuchen zu geben? Ist es nicht auch angemessen, einem von einer Krankheit genesenden Kind, das aufgepäppelt werden muss, mehr zu geben als anderen? Wie ist es mit dem Fall, in dem ein Kind einem anderen bei etwas geholfen hat – hat es keine kleine Belohnung verdient? Zeigen diese simplen Beispiele nicht deutlich, dass gerade Ungleichheit gerecht sein kann und Gleichheit ungerecht? Diese Alltagsprobleme finden ihre Parallele in den weiteren und unübersichtlicheren Sphären der Verteilungsfragen einer Gesellschaft. Hat der, der Höchstleistungen erbringt, nicht mehr verdient als andere? Hat ein Kind mit Behinderungen nicht das Anrecht auf besondere Förderung? Ist die Ungleichheit der Steuerlast durch eine Steuerprogression nicht gerade Ausdruck von sozialer Gerechtigkeit?

3 Die Fragen nach dem Zusammenhang von Gerechtigkeit und Gleichheit werden deshalb nicht überraschenderweise seit jeher mit großer theoretischer Wucht im Gebiet der Ethik und Sozial- oder Rechtsphilosophie gestellt und zwar häufig mit unmittelbaren politischen Konsequenzen. Einige wichtige Beispiele wurden bereits rekapituliert: *Platon* z.B. formuliert in seinem Entwurf eines Idealstaates, dass jeder das Seine zu leisten, aber auch zu bekommen habe und verbindet Gerechtigkeit auf komplexe Weise mit Gleichheit.[2] *Aristoteles* knüpft an diese Ideen an und prägt klassische Bestimmungen der allgemeinen Gesetzesgerechtigkeit, der austeilenden Gerechtigkeit (*iustitia*

---

[1] S. Gosepath, Gleiche Gerechtigkeit, S. 463, resümiert programmatisch: „Gleichheit ist der Inbegriff der Gerechtigkeit".
[2] *Platon*, Politeia, 367e ff., 433a–e, 558c; Nomoi, 757a, vgl. o. § 1 II 5.

# § 34 Gleichheit und Gerechtigkeit

*distributiva*) und ausgleichenden Gerechtigkeit (*iustitia commutativa*).[3] Gleichheitsprobleme sind in den Gesellschaftsvertragstheorien, in der kantischen Ethik, dem Utilitarismus oder dem Marxismus von großer Wichtigkeit und zumindest implizit in diesen Theorien mit Gerechtigkeitsfragen verbunden (vgl. o. §§ 5, 9, 12, 13). In der Gegenwart sind *Rawls'* zwei Prinzipien der Gerechtigkeit ein zentraler Bezugspunkt der Diskussion (vgl. o. § 19 II).[4]

Es gibt aber auch eine lange und einflussreiche Tradition des Gerechtigkeitsskeptizismus, der Gerechtigkeit für eine Leerformel hält, die sich durch Pathos und die Fähigkeit, Menschen in bestimmter Weise durch emotionsgeladene Appelle zum Handeln zu bewegen, nicht aber objektiven sachlichen Gehalt auszeichnet. Konkretisierungen durch Gleichheit sind dabei ein spezielles Objekt der Kritik. Ein berühmtes Beispiel für diesen Gerechtigkeitsskeptizismus ist *Kelsen*. Gerechtigkeit sei in der Geschichte mit verschiedenen Formeln konkretisiert worden, die alle aber offen ließen, was im Einzelfall gerecht sei und was nicht. Sie lösten deshalb das Gerechtigkeitsproblem nicht, sondern formulierten es nur neu. Eine Lösung gebe es aber in Wirklichkeit nicht, weil jede Füllung dieser abstrakten Formeln nur Ausdruck einer bestimmten ethischen Position sei, die wie jede derartige Position keinen Anspruch auf allgemeine Geltung erheben könne. Auch das wurde erwähnt.[5]

*Radbruch* formuliert zwar ebenfalls einen Zusammenhang von Gerechtigkeit und Gleichheit, meint aber, dass die Bestimmung dessen, was gleich sei und welche Behandlung aus der Gleichheit folge, keiner weiteren Objektivierung zugänglich sei.[6] Ähnlich formuliert *Luhmann*, dass Gerechtigkeit nichts als eine „Kontingenzformel" sei, die beliebig benutzt werden könne, um die Geschlossenheit des Systems zu gewährleisten, die aber inhaltlich keinen allgemeinen oder gar objektiv bestimmbaren Gehalt habe.[7] Auf die antiegalitaristische Kritik im Namen eines „Anderen der Gerechtigkeit", die ein weiteres Beispiel bildet, wird zurückzukommen sein.

Diese Art von Gerechtigkeitsskeptizismus formuliert aber nicht das letzte Wort der Gerechtigkeitstheorie, denn es lassen sich durchaus klare Inhalte des Begriffs der Gerechtigkeit festhalten. Diese Inhalte verdeutlichen auch, woher die große Strittigkeit des Gerechtigkeitsurteils sich vorwiegend speist und was den Gerechtigkeitsskeptizismus veranlasst, wenn dieser die sachliche Problematik auch nicht zutreffend einfängt. Um dies zu verdeutlichen, soll ein bestimmter Begriff der Gerechtigkeit skizziert werden.

## II. Ein Begriff der Gerechtigkeit

### 1. Gleichheitsbeziehungen

Ein selbstverständliches Merkmal des Gerechtigkeitsbegriffs ist die Normativität des Gerechtigkeitsurteils. Es ist präskriptiv und schafft (unter der Bedingung einer möglichen Handlung) eine Handlungspflicht und als Kehrseite einen Anspruch oder ein

---

[3] *Aristoteles*, Nikomachische Ethik, 1129a ff., vgl. o. § 1 III.
[4] *J. Rawls*, A Theory of Justice, vgl. o. § 18 II. Zur neueren Gerechtigkeitstheorie jenseits von Rawls neben den dort genannten Beispielen vgl. z.B. *S. Gosepath*, Gleiche Gerechtigkeit; *D. v. d. Pfordten*, Rechtsethik, 2. Aufl., 2011; *W. Kersting*, Kritik der Gleichheit, 2002.
[5] *H. Kelsen*, Das Problem der Gerechtigkeit, vgl. o. § 17 II.
[6] *G. Radbruch*, Rechtsphilosophie, vgl. o. § 18 II.
[7] *N. Luhmann*, Das Recht der Gesellschaft, S. 214 ff.

Recht auf die gerechte Behandlung (vgl. o. zum analytischen Begriff des subjektiven Rechts § 31). Gerechtigkeitsurteile erheben wie andere moralische Urteile einen Geltungsanspruch: Sie beanspruchen, nicht nur eine subjektive Vorliebe auszudrücken oder einer Laune zu entspringen. Ihre Objekte sind Handlungen, davon abgeleitet Handlungsdispositionen von Menschen (wie Charaktere) oder durch menschliche Handlungen letztendlich konstituierte Institutionen, etwa eine Staatsordnung, die z.B. bestimmte Güterverteilungen aufrechterhalten. Das Gerechtigkeitsurteil richtet sich im Regelfall auf eine Handlung, die andere Personen betrifft. Das ist bereits bei Aristoteles und T. v. Aquin analysiert worden.[8]

8 Der materiale Kern der Gerechtigkeit als normatives Prinzip ist nun trotz der intuitiv gegenwärtigen Fälle, in denen Gerechtigkeit gerade Ungleichheit zu gebieten scheint, Gleichheit, wie in der Analytik des moralischen Urteils angedeutet wurde. Denn hinter dieser Ungleichheit verbergen sich konstitutive Gleichheitsbeziehungen, die es nur aufzuspüren gilt. Wenn dies gelingt, ist der Knoten aus Gerechtigkeit, Gleichheit und Ungleichheit theoretisch im Grundsatz gelöst.

9 Zunächst muss dazu festgehalten werden, dass Gleichheit in zweifacher Hinsicht eine Rolle in Gerechtigkeitsurteilen spielt. Erstens in Bezug auf die Handlung, die der bewertete Gegenstand des Gerechtigkeitsurteils ist, im Verhältnis zu dem Anlass der Handlung. Zweitens ist Gleichheit im Verhältnis zwischen zwei Adressaten einer Handlung für das Gerechtigkeitsurteil konstitutiv. Die erste Beziehung soll personal nicht-relationale, die zweite personal relationale Gleichheit heißen. Dabei ist zwischen der Verteilung von materiellen und immateriellen Gütern (z.B. Lebenschancen, Freiheiten) auf der einen und der Wiederherstellung einer gestörten Verteilung auf der anderen Seite zu unterscheiden.

10 Für die Bedeutung von bewahrten Gleichheitsrelationen für die gerechte Verteilung von Gütern kann die Benotung als einfaches Beispiel dienen, da die Benotung ein Gut bildet und mit weiteren Gütern verbunden ist, z.B. Lebenschancen, die ein bestimmter qualifizierter Abschluss eröffnen kann. Anlass und Kriterium der Bewertung ist die erbrachte Leistung in der Prüfung. Wenn eine Schülerin alle Fragen einer Prufung richtig beantwortet hat, ist es gerecht, ihr die beste mögliche Note zu geben. Proportionale Gleichheit ist zwischen der Benotung als Handlung, die Gegenstand des Gerechtigkeitsurteils bildet, und der in der Prüfung erbrachten Leistung als Anlass und Kriterium der Bewertung dieser Handlung herzustellen. Geschieht dies (z.B. durch Vergabe der Bestnote) ist die Handlung (die Bewertung) gerecht. Die Gerechtigkeit der Handlung ist dabei nicht relational abhängig von der Behandlung anderer Menschen – es ist unabhängig von der Benotung anderer Schüler und selbst für den Fall, dass es nur eine Schülerin gibt, gerecht, die Bestnote für die mögliche Höchstleistung zu vergeben. Das Gerechtigkeitsurteil ergibt sich direkt aus dem Verhältnis von Anlass und Handlung, der Leistung und der Benotung. Hier ist eine Äquivalenzbeziehung zu erhalten.

---

[8] Vgl. *Aristoteles*, Nikomachische Ethik, 1138a ff., mit einer allerdings differenzierten Analyse, die der Sache nach Pflichten gegen sich selbst zulässt; *T. v. Aquin*, Summa theologica, II-II, q. 58, 2.

## § 34 Gleichheit und Gerechtigkeit

Anders gelagert sind Fälle, in denen Gerechtigkeit relational zu Dritten bestimmt wird. Dies kann derivativ erfolgen, wenn eine Handlung verhältnismäßig gleich sowohl gegenüber Anlass A als auch gegenüber Anlass B ist: Zwei Schülerinnen beantworten alle Fragen der Arbeit richtig und erhalten deshalb beide die gleiche Note. Sie werden gleich behandelt, ohne dass ihre Leistungen dazu verglichen werden müssten (es sind z.B. Schülerinnen verschiedener Schulen, die eine zentral gestellte, von unterschiedlichen Korrektoren bewertete Aufgabe gelöst haben). Die gerechte Benotung ergibt sich hier schon aus dem Verhältnis von Leistung und Note, das bei beiden übereinstimmt. Wird diese Äquivalenzbeziehung bewahrt, wird auch die Gleichheitsrelation zwischen Personen erhalten. Eine Benotung ist etwa nur gerecht, wenn proportionale Gleichheit zwischen der Leistung verschiedener Schüler und Schülerinnen und ihren jeweiligen Noten besteht. Wenn A eine doppelt so gute Leistung wie B erbringt, muss sich dies in der Art der Bewertung widerspiegeln, wenn sich dies praktisch auch nur höchst annäherungsweise wird verwirklichen lassen.

Gerechtigkeitskriterien können nicht nur verletzt werden, weil die Anwendung von bestimmten Standards Gleichheitsrelationen verletzt (z.B. eine schlechte Note für eine gute Leistung oder eine im Verhältnis zu B schlechte Note für A, wenn A eine im Vergleich zu B gute Leistung erbracht hat), sondern auch wenn ungleiche Standards auf verschiedene Personen angewandt werden. Hier ist die Gleichheitsrelation zwischen Personen für das Gerechtigkeitsurteil unmittelbar erheblich. Wenn bei einer Schülerin die Notenvergabe aufgrund der hohen sozialen Stellung ihrer Eltern in der betreffenden Gesellschaft erfolgt, bei anderen aber aufgrund der Leistung, sind diese verschiedenen Standards ungerecht, unabhängig davon, wie sie angewandt werden. Die relevanten Standards müssen gleich sein, weil die Personen, die Adressaten der unter Gerechtigkeitsgesichtspunkten zu beurteilenden Handlungen sind, in relevanter Hinsicht gleich sind. Es gibt zudem Konstellationen, in denen es an einem absoluten Kriterium für eine Behandlung fehlt. Dies ist insbesondere dann der Fall, wenn Güter knapp sind und diejenigen, die an der Verteilung teilhaben, einen möglichst großen Anteil an den Gütern erlangen wollen, seien es materielle Güter oder immaterielle, wie Freiheiten oder Lebenschancen. Als einfaches Beispiel hierfür kann wieder die Verteilung eines Kuchens auf einem Geburtstag dienen. Wenn es keine besonderen Gründe für eine Abweichung (wie etwa das Bedürfnis eines Hungernden) gibt, sondern alle, an die verteilt werden soll, den Kuchen gleich stark begehren, ohne dass alle so viel abbekommen können, wie sie gerne möchten, dann ist eine gleiche Verteilung an alle gerecht. Die Gerechtigkeit dieser gleichen Verteilung ist originär personal relational. Sie ergibt sich nur durch Vergleich verschiedener Adressaten der Verteilung, zwischen denen verhältnismäßige Gleichheit hergestellt werden muss. Da im genannten, einfachen Fall davon ausgegangen wird, dass keine besonderen Verteilungskriterien wie das Bedürfnis einschlägig sind, ist eine verhältnismäßig gleiche Verteilung eine numerisch gleiche Verteilung, weil die Adressaten in Hinsicht auf die Verteilung keine relevanten Unterschiede aufweisen. Im Rahmen des Rechts ist die Verteilung von Freiheiten in einer Gesellschaft ein wichtiges Beispiel für eine solche Konstellation. Es mag dem individuellen Freiheitsverlangen entsprechen, morgens um 3.00 Uhr in einem hellhörigen Mietshaus Trompete zu blasen. Unter den Bedingungen sozialen

Zusammenlebens muss diese Freiheit begrenzt werden, konkret so, dass die Freiheit des einen mit der Freiheit anderer vereinbar ist. Freiheit unter Gerechtigkeitsprinzipien ist eine universalisierbare Freiheit, also für jedes Subjekt gleich weit reichende Freiheit. In Grundrechtssystemen wird dies durch Schutzbereichsbestimmungen und durch das Schrankenregime, insbesondere den Verhältnismäßigkeitsgrundsatz erreicht.

13 Die Bedeutung dieses Prinzips sollte nicht unterschätzt werden. Es bildet nicht weniger als einen Kern in wichtigen Theorien vorausgesetzter, aber nicht genauer expliziter Gerechtigkeitsgehalte: Kant, Rawls oder Habermas wenden dieses Prinzip etwa implizit an, wenn sie jedem Subjekt gleiche Freiheiten oder ein gleiches, diskursiv einzulösendes Berücksichtigungsrecht einräumen. Rawls' Differenzprinzip geht von einer gleichen Verteilung von materiellen Gütern als *prima facie* gerechte Verteilung aus, die aber aus prudentiellen Gründen modifiziert werden kann, weil die Ungleichbehandlung allen absolut Vorteile verschafft.

14 Diese Beispiele zeigen, dass absolute Gleichheit ein Sonderfall der proportionalen Gleichheit ist: Wenn das Maß der Gegebenheit des Verteilungskriteriums in Situation A und B gleich ist, ist auch die entsprechende Behandlung gleich.

15 Proportionale Gleichheit ist nicht nur in quantitativer, sondern auch in qualitativer Hinsicht herzustellen. Ein Herrscher, der alle seine Untertanen zur Belohnung ihres Gehorsams verhungern lässt und auch sich selbst nicht schont, bietet kein Beispiel für Gerechtigkeit. Die Behandlung ist nicht gerecht, weil die verhältnismäßige Gleichheit in qualitativer Hinsicht nicht gewahrt wird, weil Behandlung (Leidzufügung) und Anlass (löbliche Handlung des Gehorsams) qualitativ inkongruent sind.

16 Die bisher diskutieren Fälle betreffen die austeilende Gerechtigkeit. Die ausgleichende Gerechtigkeit ist auf die Wiederherstellung oder Bewahrung von gerechten Zuständen gerichtet. Paradigmatischer Fall ist die Restitution. Hier ist ebenfalls (proportionale) Gleichheit leitend, häufig (da genau bestimmbar) als numerische Gleichheit. Neben Schadensersatz sind Austauschgeschäfte im weiteren Sinne, also Tausch, Kauf, Miete usw. und Strafe die klassischen Beispiele ausgleichender Gerechtigkeit. Austauschgeschäfte wurden lange als echte Äquivalenzbeziehungen angesehen, bei denen der Wert von Leistung und Gegenleistung einander entsprechen müssten. Heute wird ohne Rückgriff auf einen gerechten Preis auf eine Äquivalenzbeziehung von Angebot und Nachfrage rekurriert. Bei der Strafe ist verhältnismäßige Gleichheit heute ein Strafzumessungsprinzip: Die Strafe muss schuldangemessen sein.

17 Damit kann die Formulierung, für Gerechtigkeit sei die Bewahrung von Gleichheitsrelationen konstitutiv, sie bestehe darin, wesentlich Gleiches gleich und wesentlich Ungleiches ungleich zu behandeln, genauer gefasst werden. Gerechtigkeit besteht danach *erstens* darin, gleiche Verteilungsstandards auf in wesentlicher Hinsicht gleiche Adressaten der Verteilung anzuwenden. Aufgrund der Wertgleichheit von Menschen heißt dies, dass sie einen Anspruch haben, nach gleichen Prinzipien behandelt zu werden. Wenn kein spezielles Verteilungskriterium die Verteilung bemisst und das zu verteilende Gut knapp ist, ist *zweitens* wegen dieser Wertgleichheit eine gleiche Verteilung unter Personen gerecht. Bei der Anwendung von Verteilungsstandards muss *drittens* Gleichheit im Verhältnis zwischen dem Maß der Gegebenheit des Verteilungs-

## § 34 Gleichheit und Gerechtigkeit

kriteriums (z.B. der Qualität der Leistung) bei verschiedenen Adressaten der Verteilung (z.B. der Schülerinnen) und dem Maß des jeweils verteilten Gutes (z.B. der Noten) gewahrt werden. Zwischen dem Maß der Gegebenheit des Verteilungskriteriums und der Verteilung muss dabei eine Äquivalenzbeziehung bestehen – auch bei nur einer Schülerin muss für eine gute Leistung eine gute Note vergeben werden. Beim Ausgleich von gestörten Verteilungsverhältnissen ist *viertens* eine Äquivalenzbeziehung zwischen Störung und Ausgleich zu erhalten, etwa zwischen Schaden und Schadensersatz.[9]

Den Zusammenhang von Gerechtigkeit und Gleichheit illustriert auch der Antiegalitarismus, der die Vorstellung, dass Gerechtigkeit mit Gleichheit verbunden sei, gerade kritisiert und stattdessen verschiedene Alternativen diskutiert – etwa Anerkennung oder humanitäre Zuwendung, jedenfalls ein „Anderes der Gerechtigkeit".[10] Ein Kerngedanke dieser Ansätze besteht darin, dass es einen absoluten Maßstab bei der Zumessung von Gütern gebe – wenn z.B. jemand hungere, sei dieser Person so viel zuzumessen, dass der Hunger beseitigt werde. Auf das Verhältnis zu anderen und damit auf einen personal relationalen Maßstab komme es dagegen nicht an. Es steht also vor allem ein personal nicht-relationaler Begriff des Bedürfnisses und der Fürsorge im Mittelpunkt der Überlegungen. Diese seien der eigentliche Kern der Gerechtigkeit. Gleichheit ergebe sich nur indirekt (und nicht als eigentliches Ziel) durch die Anwendung des absoluten Maßstabs – wenn z.B. bei zwei Personen der Hunger gleich groß sei, müssten sie im Ergebnis gleich behandelt werden. Dies geschehe aber nicht um der Gleichheit mit anderen willen. Auch ein „Schrumpfegalitarismus" für Güter, die nicht zur unmittelbaren Bedürfnisbefriedigung notwendig seien, überzeuge nicht.[11]

Bei der Erwägung dieser Kritik sollte man zunächst berücksichtigen, dass Gerechtigkeit nicht das Ganze der Moral ist. Neben sie tritt jedenfalls auch Altruismus, also die Fürsorge für andere. Wenn jemand einem anderen eine Wohltat erweist und dafür kein anderes Motiv hat, als eben eine Freude zu bereiten, so ist dies eine moralisch gute Tat, wie näher dargelegt wurde (vgl. o. § 29), ohne gerecht sein zu müssen. Gerechtigkeit und Altruismus bilden unterschiedliche Aspekte der Moral. Wenn man also Gerechtigkeit mit Gleichheit im erörterten komplexen Sinne verbindet, heißt dies nicht, andere moralische Gesichtspunkte auszuschließen. Der Hinweis auf gegebene absolute Standards innerhalb des Gerechtigkeitsurteils ist zutreffend, übersieht aber, dass hier der Maßstab proportionaler Gleichheit zwischen dem Maß der Gegebenheit des Verteilungskriteriums und der Bemessung des zu Verteilenden entscheidend ist. Die Behandlung, die im Gerechtigkeitsurteil bewertet wird, muss verhältnismäßig zu ihrem Anlass erfolgen, die Strafe z.B. verhältnismäßig zur Schuld sein. Darüber hinaus können Verteilungsprobleme knapper Güter (also von Gütern, bei denen alle Bedürfnisse nicht ganz erfüllt werden können), wie angedeutet, nicht ohne Rückgriff auf das Gleichheitsprinzip gelöst werden. Das gilt für den simplen Fall der Kuchenverteilung

---

9   Selbstverständlich kann es für eine Rechtsordnung andere Gesichtspunkte für die Bemessung von Schadensersatz geben, z.B. Strafzwecke bei *punitive damages*.
10  Vgl. z.B. *J. Raz*, The Morality of Freedom, S. 217 ff.; Texte in *A. Krebs* (Hrsg.), Gleichheit oder Gerechtigkeit. Texte der neuen Egalitarismuskritik, 2000; *W. Kersting*, Kritik der Gleichheit. Eine überzeugende Kritik bei *S. Gosepath*, Gleiche Gerechtigkeit, S. 176 ff.
11  *A. Krebs*, Arbeit und Liebe, 2002, S. 99 ff., 124 ff.

nicht weniger wie für die Verteilung von Freiheitsrechten in einer Rechtsordnung. Hier ist ohne einen personal relationalen Begriff der Gerechtigkeit und damit ohne Gleichheitsgesichtspunkte nicht auszukommen. Denn ohne einen solchen Maßstab ist nicht erklärbar, warum man nicht z.B. die Freiheitssphäre der einen Menschen in höherem Maße schützen sollte als die der anderen. Der Antiegalitarismus weist deshalb nur scheinbar über den Begriff der Gleichheit hinaus, denn er führt tatsächlich zur Idee der proportionalen Gleichheit als Kern der Gerechtigkeit zurück.

## 2. Gerechtigkeit und Ungleichheiten

20 Gerechtigkeitsfragen sind in besonderem Maße umstritten. Es gibt große Unterschiede bei der Beantwortung der Frage, ob Menschen überhaupt und wenn ja, in welcher Hinsicht, gleich behandelt werden sollen. Bei dieser Frage geht es allerdings bei näherer Analyse wiederum nicht darum, ob Gleichheit eine entscheidende Rolle für das Gerechtigkeitsurteil spielt, sondern darum, welche Aspekte eines bewerteten Gegenstandes für die Feststellung von bewahrter Gleichheit und damit für das Gerechtigkeitsurteil relevant und welche Schlussfolgerungen daraus zu ziehen sind. Die Gerechtigkeitsphilosophie ist dabei zu einem großen Teil eine Diskussion um die Gleichwertigkeit von Menschen und – kann diese im Prinzip begründet werden – die Konsequenzen für bestimmte Verteilungssphären, die sich aus dieser Gleichwertigkeit ergeben. Hinsichtlich des Werts der Menschen und daraus folgend des Bereichs grundlegender Rechte ist diese Diskussion in die heute wenig bestrittene These gemündet, dass alle Menschen den grundsätzlich gleichen Wert und deshalb auch gleiche Rechte hätten. Diese menschliche Wertgleichheit wird letztlich auf den Begriff der gleichen menschlichen Würde gebracht – ob mit überzeugenden Gründen, wird noch zu klären sein (vgl. u. § 36).

21 Die heute angenommene Wertgleichheit der Menschen führt dazu, dass Ungleichbehandlungen von Menschen rechtfertigungsbedürftig werden. Genauer gesagt, muss gezeigt werden – da Gerechtigkeit in proportionaler Gleichbehandlung besteht –, dass die scheinbare Ungleichbehandlung in Wirklichkeit eine verhältnismäßige Gleichbehandlung ist, weil zwischen den ungleich behandelten Sachverhalten relevante Unterschiede bestehen, die nichts mit der Verneinung der Wertgleichheit der Menschen zu tun haben. Wegen dieser Unterschiede wäre dann die Gleichbehandlung in Wirklichkeit eine Ungleichbehandlung und deswegen eine Gerechtigkeitsverletzung. Wenn etwa aus einer gegebenen Menge Wasser einem Verdurstenden genauso viel gegeben wird wie einem Nicht-Verdurstenden, ist diese scheinbare Gleichbehandlung durch die Zumessung der gleichen Menge Wasser tatsächlich eine Ungleichbehandlung, weil die relevante Ungleichheit übersehen wird – hier begründet durch das unterschiedliche Bedürfnis nach Wasser. Es liegt deshalb eine Ungerechtigkeit vor.

22 Solche schlichten Beispiele mögen einleuchten. Strittig sind dagegen die Differenzierungskriterien in anderen und alltäglicheren Sphären – welche Bedeutung hat Leistung z.B. bei der Verteilung von materiellen Vorteilen? Welche Bedürfnis? Hier werden für die verschiedenen Gütersphären sehr unterschiedliche Antworten gegeben. Diese Auseinandersetzungen erzeugen Folgeprobleme, etwa: Was zählt eigentlich als Leistung? Ist ein erfolgreiches Immobiliengeschäft eine größere und entsprechend zu belohnende

Leistung als z.B. die Erziehung von Kindern? Inwieweit kann man bei der Bemessung von Leistung von den Zufällen natürlicher Anlagen von Menschen, etwa in Form von bestimmten Talenten, absehen? Diese Fragen führen in das verminte (und verlockend interessante) Terrain einer umfassenden, auch politisch konkreten Gerechtigkeitstheorie.

Diese Auseinandersetzungen um Verteilungskriterien haben dabei aber, wie bereits angedeutet, analytisch nichts mit dem Zusammenhang von Gleichheit und Gerechtigkeit zu tun, sondern allein mit der Frage, was überhaupt an einem bewerteten Gegenstand für das Gleichheitsurteil in einer bestimmten Verteilungssphäre entscheidend sein soll und wann Gleichheit gegeben ist. Trotz aller Strittigkeit und sachlichen Schwierigkeit gibt es jedoch auch hier bestimmte Maßstäbe einer überzeugenden Argumentation, die sogar zu bestimmten unstrittigen Ergebnissen geführt haben, auch in Hinblick auf die besonders umkämpften Kriterien der Leistung und des Bedürfnisses. Leistung ist beispielsweise für bestimmte (und sogar besonders wichtige) Güter unstreitig kein Verteilungskriterium, z.B. die politischen Mitwirkungsrechte. In einer modernen Demokratie werden besonders wohl informierte oder urteilssichere Staatsbürger und -bürgerinnen nicht mit einem höheren Gewicht ihrer Stimmen belohnt. Dem Sozialstaatsprinzip liegt die Wertung zugrunde, dass Bedürfnisse von Menschen in bestimmtem Umfang (unstreitig bis zum Existenzminimum, plausiblerweise auch darüber hinaus) bei der Güterverteilung Vorrang vor anderen Verteilungskriterien haben. Das Rechtssystem kann auch bestimmte Kriterien der Bestimmung von Behandlungen verbieten – die Diskriminierungsverbote des Art. 8 Abs. 2 BV oder Art. 3 Abs. 3 GG sind Beispiele hierfür. Hier hat sich rechtlich ein Konsens über Gründe, die jedenfalls keine relevanten Ungleichheiten von Menschen stützen, in Verfassungsnormen niedergeschlagen. Diese historisch erzielten Einsichten bilden eine Ermutigung. Sie zeigen, dass konkrete Gerechtigkeitsfragen zwar umstritten, aber nicht prinzipiell unlösbar sind.

Bei der Bestimmung relevanter Verteilungskriterien spielen verschiedene Erwägungen eine Rolle. Die Kriterien können aus instrumentalen Gründen maßgeblich sein. Da Noten in Schule oder Studium einen Leistungsstand dokumentieren sollen, muss die gezeigte Leistung in Prüfungen ein Kriterium der Bewertung bilden. Die Gründe der Wahl der Kriterien können auch in der Anerkennung einer wertvollen Tätigkeit liegen. Deswegen ist es gerecht, ein Kind zu loben, das einer Mitschülerin bei der Vorbereitung einer schwierigen Matheprüfung geholfen hat. Sie speisen sich auch aus dem Respekt vor dem Eigenwert von Menschen. Aufgrund dieses Respekts ist es aus Gerechtigkeitsprinzipien etwa gerechtfertigt, dass jeder Mensch ein ethisches subjektives Recht auf Bildung hat, das rechtlich zu gewährleisten ist.

Die bisher erörterten Ungleichbehandlungen heben mithin den Zusammenhang von Gleichheit und Gerechtigkeit nicht auf, sondern bestätigen ihn gerade. Ähnliches gilt für einen weiteren Fall, der für das Verhältnis von Gerechtigkeit und Ungleichheit interessant ist: Ungleichheiten, die durch eigenverantwortliches Handeln geschaffen werden. Diese Ungleichheiten verstoßen im Grundsatz nicht gegen Gerechtigkeitsprinzipien. Im Gegenteil: Wenn z.B. bei einer Kuchenverteilung einer der Empfänger sein Stück aus Spaß zum Fenster hinaus wirft, wird man es nicht für gerecht halten, ihm ein neues aus den Anteilen der anderen zu verschaffen. Der Betreffende hat mit dem

Empfang des Kuchens die Möglichkeit erhalten, ihn zu genießen, und damit ist der Verteilungsgerechtigkeit genüge getan. Warum dies so ist und welche Ausnahmen es von diesem Grundsatz gibt, wird verständlicher, wenn man die Gegenstände (sozialer) Verteilungsgerechtigkeit bedenkt.

### 3. Verteilungsgegenstände

25 Im Grundsatz können viele Güter zu einem Gegenstand der Verteilung werden, im Benotungsbeispiel eine Bewertung. In der Rechts- und Sozialphilosophie wird intensiv debattiert, welches Gut der entscheidende Gegenstand einer gerechten Verteilung auf *sozialer* Ebene ist.

26 Theorien des Wohlergehens, auch Wohlfahrtstheorien genannt, setzen auf die Gleichheit des tatsächlichen Wohlergehens der Menschen, etwa gemessen durch den Grad der Erfüllung der eigenen Wünsche oder Präferenzen wie im Utilitarismus (vgl. o. § 12, auch zu Meinungsverschiedenheiten in dieser Hinsicht innerhalb des Utilitarismus). Problematisch ist an diesem Ansatz, dass das Wohlergehen von Menschen schwer zu garantieren ist. Es wird in der Diskussion auch darauf hingewiesen, dass nicht alle Wünsche oder Präferenzen aus der Perspektive sozialer Gerechtigkeit den gleichen Anspruch haben, befriedigt zu werden. Das Besitzen von Luxusgütern, z.B. eines Palasts, kann die echte Voraussetzung des Glücks bestimmter Menschen sein. Dennoch scheint es nicht angebracht, diesen Wunsch wie andere, z.B. auf eine Basisversorgung, zu erfüllen.

27 Ein anderer Ansatz verweist auf Chancen als Objekt gleicher Verteilung. Aus dieser Sicht geht es in einer gerechten Gesellschaftsordnung darum, die Chancen der Menschen gleich zu verteilen, die es ermöglichen, ein bestimmtes, erfülltes Leben zu führen, nicht darum, dieses erfüllte Leben selbst zu garantieren. Es besteht dabei inzwischen weitgehend Einigkeit, dass diese Chancen als reale Möglichkeiten verstanden werden müssen: Menschen müssen tatsächlich und nicht nur theoretisch in die Lage versetzt werden, ihr Leben zu entfalten. Es gibt entsprechend auch einen weiten Konsens, dass dazu bestimmte zufällige, nicht auf eigenen Entscheidungen beruhende Nachteile ausgeglichen werden müssen, etwa eine körperliche Behinderung.[12] Auf dieser Grundlage verzweigen sich die Debatten. Dworkins Ansatz der Ressourcengleichheit betont, dass Ungleichheiten als Folgen von Entscheidungen auch dann nicht ausgeglichen werden sollten, wenn es um wichtige Richtungsentscheidungen im Leben geht. Dass ein Mensch, der eine tiefe Berufung zu einer Karriere als Fotograf verspürt, eine teurere Ausrüstung benötigt, als andere, führt aus seiner Sicht nicht dazu, dass die Gemeinschaft diese Ungleichheit ausgleichen müsste, was von anderen bestritten wird.[13] Sens Kapazitätsansatz betont die aktive Nutzung der Chancen und die vielfältigen Gründe, die einer realen Chancengleichheit im Wege stehen können.[14] Da die genannten Ansätze von Kapazitäts- und Ressourcengleichheit im Kern trotz dieser Unterschiede Varianten eines aufgeklärten Begriffs der Chancengleichheit bilden, soll es im Folgenden beim Begriff der Chancengleichheit bleiben.

---

12 Z.B. repräsentativ *R. Dworkin*, Sovereign Virtue, S. 297. Zu Rawls vgl. o. § 19 II.
13 Vgl. zur Debatte *R. Dworkin*, Sovereign Virtue, S. 285 ff.
14 *A. Sen*, Inequality Reexamined, S. 33, 39 f.; *ders.*, The Idea of Justice, vgl. o. § 19 IV.

## § 34 Gleichheit und Gerechtigkeit

Sachlich geht es zunächst um folgendes Problem: Ist es unvermeidbar, eine gewisse objektive Bewertung menschlicher Güter vorzunehmen und sie als zentral für menschliche Leben auszuzeichnen? Die Möglichkeit einer solchen Bewertung wird vielfach im Hinblick auf die unterschiedlichen Wunschhorizonte und Präferenzstrukturen von Menschen für ausgeschlossen gehalten. Der Genuss von Kunst mag z.B. ein hoher Wert für den einen Menschen sein, während ein anderer ein Fußballspiel vorzieht. Andererseits ist eine solche Bewertung in wichtigen Bereichen weniger problematisch als angenommen. Es ist z.B. wenig plausibel, die Grundversorgung mit Nahrungsmitteln nicht für ein universales Gut zu halten. Auch für schwierigere Fälle wie Freiheiten gibt es gute Gründe, sie zu den Dingen zu zählen, die für Menschen generell einen Wert bilden (vgl. u. § 35). Das ist eine wichtige Feststellung, denn in jedem Fall kann man generalisierende Bestimmungen der Bedeutung von bestimmten Gütern für Menschen (auch in einem System der Chancengleichheit) nicht vermeiden, denn nicht jede Chance, eine bestimmte gewünschte Handlung zu vollziehen oder einen gewünschten Zustand zu erreichen, wird in gleicher Weise geschützt. Jeder (moralische oder rechtliche) Grundrechtskatalog etwa impliziert solche generalisierenden Bestimmungen – etwa dass Meinungsfreiheit für alle Grundrechtsträger ein hoher Wert ist und deswegen, anders als die Freiheit, nachts in einem Wohnhaus laut Trompete zu spielen (um dieses Beispiel noch einmal zu bemühen), nur unter besonders qualifizierten Voraussetzungen eingeschränkt werden kann.

Der Hinweis auf Chancen inkorporiert das Verantwortungsprinzip in die Gerechtigkeitstheorie. Wenn (nur) die Chancen gerecht verteilt werden müssen, wird damit die Differenzierung von Güterverteilungen aufgrund von eigenverantwortlichem Handeln im Grundsatz für gerecht erklärt. Das überzeugt im Grundsatz, denn es nimmt die Individuen als Subjekte ihres Lebens ernst. Es gibt aber auch Grenzen des Prinzips der Chancengleichheit. Eine Grenze wird etwa durch das Recht auf ein Existenzminimum markiert. Auch wenn Armut unter dem Niveau des Existenzminimums durch eigenverantwortliches Handeln ausgehend von einer Lage der Chancengleichheit selbst geschaffen wird, ist es gerecht, das Existenzminimum zu garantieren. Dies ist normativ damit zu begründen, dass aufgrund der grundlegenden Gleichwertigkeit von Menschen jedenfalls eine gleiche Grundversorgung gerecht ist. (Daneben können natürlich noch andere Argumente treten – z.B. solche mitmenschlicher Fürsorge).

### 4. Arten der Gleichheit

Es gibt verschiedene Arten von Gleichheit. Gewöhnlich wird mindestens zwischen formaler Gleichheit, Chancen- sowie Ergebnisgleichheit differenziert. Formale Gleichheit bedeutet Gleichbehandlung gemäß bestimmter Regeln, z.B. des Rechts. Formale Gleichheit wird deshalb etwa gewahrt, wenn jeder Staatsbürger bei einer bestimmten Qualifikation Zugang zum öffentlichen Dienst erhält. Chancengleichheit, die mehr als nur formale Gleichheit ist, muss sicherstellen, dass jeder die tatsächliche Möglichkeit hat, bestimmte Güter zu erwerben. Chancengleichheit in Bezug auf den öffentlichen Dienst wird deshalb dann erreicht, wenn für jeden die reale Möglichkeit besteht, die Qualifikationen zu erwerben, die Voraussetzung der Einstellung bilden. Damit wird ein Problem formaler Gleichheit deutlich: Bestehende Unterschiede werden bei der

Anwendung formaler Gleichheit nicht ausgeglichen. Auf der anderen Seite ist formale Gleichheit ein wichtiges Gut, gerade in einer Rechtsordnung. Es ist in vielen Bereichen gerade wichtig, faktische Unterschiede nicht zu berücksichtigen. Meinungsfreiheit genießt z.b. jeder Grundrechtsträger unabhängig davon, welcher Art die geäußerte Meinung ist. Formale Gleichheit ist deshalb ein wichtiges Element der Sicherung von Freiheit. Die formale Gleichheit darf aber nicht verhindern, dass andere gerechte Gleichheitsformen innerhalb einer Gesellschaft verwirklicht werden, und ist deswegen nicht das Ganze sozialer Gerechtigkeit.

31  Chancengleichheit wird am besten dem Prinzip der Autonomie gerecht, wie ausgeführt wurde. Ergebnisgleichheit, d.h. die (immer wieder ausgleichend vollzogene) Herstellung faktisch gleicher Verteilungen, kann dagegen dieses Prinzip verletzen. Dennoch ist Ergebnisgleichheit in zwei Hinsichten wichtig für eine Theorie der Gerechtigkeit. Ergebnisungleichheit kann erstens einen Indikator für verletzte Chancengleichheit bilden. Wenn etwa nur sehr wenige Frauen den Weg in den öffentlichen Dienst finden, kann dies ein Ausdruck persönlicher Entscheidungen sein, weil die Frauen dieses Landes andere Berufe vorziehen. Wenn ein solches Muster vorliegt, ist es aber natürlich naheliegender und lebensnaher anzunehmen, dass ein Problem der Chancengleichheit existiert, weil die Frauen beispielsweise nicht für befähigt gehalten werden oder aufgrund von Qualifikationsbarrieren die nötigen Voraussetzungen nicht erwerben können und deswegen unterrepräsentiert sind.

32  Ergebnisgleichheit ist zweitens wegen der bereits angesprochenen grundlegenden Wertgleichheit der Menschen für eine Gerechtigkeitstheorie wichtig. In Bezug auf ihre Würde (warum wird zu erörtern sein) muss in einer gerechten Gesellschaft Ergebnisgleichheit herrschen, weswegen nicht nur die Garantie eines Existenzminimums und damit in dieser Beziehung Ergebnisgleichheit trotz Verantwortungsprinzips begründet werden kann, sondern auch Forderungen sozialer Gerechtigkeit darüber hinaus. Dass für das fundamentale Verteilungsgut der Grundrechte in einer gerechten Gesellschaft Ergebnisgleichheit herrschen muss, ist in der modernen moralischen und rechtlichen Menschenrechtskultur selbstverständlich.

### 5. Gerechtigkeitstheorie und die Probleme der Praxis

33  Auf der Grundlage des umrissenen Gerechtigkeitsprinzips kann die Lösung konkreter Gerechtigkeitsprobleme versucht werden. Hier sind komplexe Fragen zu beantworten, die einer einfachen Lösung häufig nicht zugänglich sind, nicht zuletzt, weil sich in ihnen normative mit anderen, z.B. pragmatischen Erwägungen mischen. Mit den genannten, differenzierten Gleichheitsprinzipien wurden aber immerhin leitende Gerechtigkeitsprinzipien herausgearbeitet, die wichtigen Theorien aus Ethik und Recht zugrunde liegen und die bei der Entwicklung von plausiblen moralischen, rechtlichen und politischen Lösungen einen hilfreichen Maßstab liefern können. Der Befund der Analytik des moralischen Urteils wird damit durch die kritische Reflexion der Gerechtigkeitstheorie bestätigt.

## § 35 Der Rechtswert der Freiheit

I. Die Schwierigkeiten eines Begriffs .................. 1
II. Negative und positive Freiheit ...... 6
III. Individuum und Gemeinschaft ...... 14
IV. Eine Werttheorie der Freiheit ........ 19
  1. Freiheit als instrumentaler Wert .............................. 19
  2. Freiheit als intrinsischer Wert ... 23

### I. Die Schwierigkeiten eines Begriffs

Freiheit ist ein zentraler Inhalt der Ansprüche vieler Menschen an ein gelungenes Leben. Die erstrebten Inhalte mögen sich wesentlich unterscheiden – das selbst Gewünschte gegen Aufgezwungenes, den eigenen Weg gegen Richtungssetzungen von anderen einzutauschen, hat gemeinhin wenig Anziehungskraft, und das auch dann, wenn man schon erlebt hat, dass der eigene Weg in eine Irre führen kann, die schmerzt.

Diese Bedeutung der Freiheit spiegelt sich auch in der Geistesgeschichte wieder. Ein wichtiger – und in der Neuzeit überwiegender – Teil der Moral- und Sozialphilosophie ist eine Theorie der Freiheit. Dies gilt für die Natur- und Vernunftrechtstheorie, in der Freiheit eine zunehmend prominente Rolle bis hin zu Kants Aussage spielt, Freiheit sei das einzige angeborene Recht des Menschen (s.o. § 9). Es gilt für die Gesellschaftsvertragstheorie, insbesondere bei Locke und Rousseau, in der der Konstitutionsakt der Gesellschaft ein Akt der freien Wahl der Individuen ist (s.o. § 5 IV f). Im objektiven Idealismus Hegels ist Recht die Freiheit als Idee, die ganze Rechtsphilosophie als Verständnis der Verwirklichung von Freiheit in Recht und Staat angelegt (s.o. § 11). Ähnliches gilt für den Marxismus: Die Befreiung der Menschen, die Erreichung eines Gesellschaftszustandes, in dem die Freiheit des einen Menschen die Bedingung der Freiheit der anderen ist, wird hier zum zentralen Ziel erklärt (s.o. § 13). Für den Liberalismus ist der Bezug auf Freiheit konstitutiv. Auch in der Gegenwart bildet menschliche Freiheit einen zentralen Bezugspunkt der Überlegungen und nicht nur in Strömungen, die sich ausdrücklich als Teil des Liberalismus verstehen, wie die Kritische Theorie oder die Diskursethik nicht weniger als Teile der Postmoderne illustrieren (vgl. o. § 21).

Der gemeinsame Bezug auf Freiheit sollte aber nicht dazu verleiten, die großen Unterschiede der verschiedenen Theorieansätze zu übersehen. Unter dem Leitbegriff der Freiheit können sehr unterschiedliche Modelle menschlichen Zusammenlebens und politischer Ordnung gewonnen werden. Die Republik Rousseaus ist nicht die Republik Kants und beide sind unterschieden von Lockes kontraktualistischen Vorstellungen. V. Humboldt hat mit der Idee der Verwirklichung der Freiheit einen auf Sicherheitsaufgaben beschränkten Staat verbunden, der die Existenz einer auf individuellen, frei begründeten Bindungen beruhenden Gemeinschaft gewährleistet. Hegel hat aus Freiheit eine korporatistische Monarchie deduziert. Die Diktatur des Proletariats wurde von Marx als Übergangsform im Prozess der Gesellschaftstransformation verteidigt. Liberale Rechte wurden als untaugliches Mittel des wahren Freiheitsschutzes in der unentfremdeten Gesellschaft angesehen. Rawls hält nicht nur ein kapitalistisches, sondern auch ein sozialistisches Wirtschaftssystem bestimmter Art mit seiner Version des Liberalismus für vereinbar (vgl. o. § 19 II), andere libertäre Modelle der Gegenwart wollen die Wirtschaft gerade unbeeinflusst von staatlichen Interventionen halten und den Staat auf wenige Exekutivbefugnisse beschränken.[1] Habermas plädiert für eine deliberative Demokratie, in der sich die Freiheit reflexiv durch Selbstverständigung erneuert (vgl. o. § 21 II).

4   Die Wertschätzung eines abstrakten Begriffs der Freiheit bildet mithin nur den ersten Schritt der Argumentation, die sich aufgrund von unterschiedlichen metaphysischen, ökonomischen, anthropologischen und moralischen Theorien in unterschiedliche Richtungen verzweigt – auch hin zur Verteidigung von Ordnungen, die mit Freiheit in der Realität wenig zu tun haben. Diese Beobachtung sollte einen daran hindern, den emphatischen Bezug auf Freiheit schon für die Einlösung ihres Versprechens zu halten.

5   Die folgenden Bemerkungen werden Kernaspekte des Freiheitsbegriffs erörtern, die die Grundlage der Lösung der angedeuteten Probleme bilden können. Zunächst gilt die Aufmerksamkeit dem Begriff der negativen und positiven Freiheit, wie er im Anschluss an *Isaiah Berlin* (1909–1997) diskutiert wird. Dann wird die Frage behandelt, wie das Verhältnis von Individuum und Gemeinschaft die Freiheitstheorie färbt. Schließlich werden einige Bemerkungen zu einer Werttheorie der Freiheit fallen, die implizit oder explizit in zwei Weisen begründet wird: erstens mit dem instrumentalen Wert der Freiheit für die Erreichung eines unabhängig von ihr bestehenden Werts, z.B. der Perfektion des Individuums. Zweitens, indem Freiheit selbst schon als ein an sich erstrebenswerter Umstand menschlicher Existenz verstanden wird. Dabei geht es bei dem Freiheitsbegriff im Folgenden um politische oder soziale Freiheit, also um die tatsächliche Fähigkeit, einer Willensbestimmung zu folgen, nicht aber um die Frage, ob die Fähigkeit zur freien Selbstbestimmung besteht, wie sie von Determinismus, Kompatibilismus und Indeterminismus mit unterschiedlichen Antworten diskutiert wird, die schon Gegenstand der Überlegungen waren (vgl. o. § 33).

Eine Werttheorie der Freiheit ist dabei gleichzeitig eine Theorie der Grundlagen der Demokratie und damit der normativen Leitvorstellung der modernen Staatskonzeption. Die Beantwortung konkreter demokratietheoretischer Fragen – etwa nach dem Spannungsverhältnis von Volkssouveränität und Menschenrechten oder nach Konzeptionen direkter oder repräsentativer Demokratie – ist ohne freiheitstheoretische Fundierung nicht möglich.[2]

**II. Negative und positive Freiheit**

6   Die Unterscheidung von negativer und positiver Freiheit ist aus der Systematik der Grundrechtsfunktionen bekannt. Die negative Freiheit ist die Freiheit, von bestimmten Einwirkungen verschont zu bleiben bzw. die Freiheit, bestimme Handlungen zu unterlassen. Die positive Freiheit ist dagegen die Freiheit, eine bestimmte Handlung zu vollziehen. Diese Unterscheidung knüpft an *Jellineks* Statuslehre an:[3] Jellinek unterscheidet neben dem *status subiectionis*, dem Unterwerfungsverhältnis von Bürger

---

[1] F. A. v. *Hayek*, The Road to Serfdom, 1944; ders., The Constitution of Liberty, 1960; R. *Nozick*, Anarchy, State and Utopia.

[2] Zur Demokratie als befriedendes Revolutionsäquivalent J. P. *Müller*, Demokratische Gerechtigkeit, 1993, S. 147: „Zugespitzt kann man einen Aspekt der Demokratie dahin formulieren, daß sie permanente Revolution ermöglicht und so dem Inhumanen des gewaltsamen, abrupten Umbruchs zuvorkommt".

[3] Vgl. G. *Jellinek*, System der subjektiven öffentlichen Rechte, S. 86 f., 94 ff., 114 ff., 147 ff.

und Staat, und dem *status activus*, gebildet aus dem Ensemble der staatsbürgerlichen Rechte, den *status negativus* und *positivus*. Ersterer entspricht der negativen Freiheit. Letzterer richtet sich auf Ansprüche gegen den Staat, die die Freiheit sichern sollen, bei Jellinek etwa der Anspruch auf Rechtsschutz. Heute werden auch andere Ansprüche auf ausnahmsweise originäre, meistens aber derivative Leistungs- und Teilhaberechte zu dieser Grundrechtsfunktion gezählt.

In der internationalen Diskussion wird bei positiven im Unterschied zu negativen Freiheiten an eine in gewissen Zügen verwandte, aber doch andere Terminologie von *Berlin* angeknüpft. Negative Freiheit bestehe danach in der Abwesenheit von Hindernissen menschlicher Entfaltung, die auf menschliche Willensakte zurückzuführen seien.[4] Diese negative Freiheit sei nicht mit ihren materiellen Voraussetzungen zu verwechseln. Die negative Freiheit hänge zwar von gewissen materiellen Voraussetzungen ab (etwa die Pressefreiheit von den wirtschaftlichen Möglichkeiten, ein Presseorgan zu gründen), sei aber nicht mit diesen Voraussetzungen identisch.[5]

Die positive Freiheit beziehe sich erstens auf die Fähigkeit, sich selbst zu regieren.[6] Zweitens werde Freiheit auf die Verwirklichung eines positiven Guts bezogen. Dieses positive Gut entspreche aus Sicht zentraler Anhänger dieses positiven Konzepts der Freiheit dem eigentlichen Willen der Menschen, wenn sich auch ihr empirisch gegebener Wille auf andere Objekte richte.[7] Dieses zweite Verständnis von Freiheit führe zu den paternalistischen Staats- und Gesellschaftsformen, die für Berlin die größten Gefahren bilden. Sie setzten die vorgeblich wahren Interessen der Menschen gegen deren Willen durch und könnten es sogar erreichen, dass die Menschen aufgrund von Manipulation die großen Menschheitsfragen nicht mehr stellten und sich einer passiven Bedürfnisbefriedigung unterwürfen – der „utilitarian nightmare".[8] Diese Kritik Berlins richtete sich praktisch gegen die realsozialistischen Staaten und ihre autoritären Gesellschaftsordnungen.

Ein drittes Gut, das in Freiheitssphären nicht aufgehe, aber vor allem mit positiver Freiheit in Verbindung stehe, bilde soziale Anerkennung. Zwischen den verschiedenen Freiheitsarten und anderen Werten wie Gleichheit, Gerechtigkeit, Glück oder Sicherheit müsse ein Ausgleich gefunden werden, der ein unvermeidbares Element der Wahl und Entscheidung enthalte, das in keinem rationalistischen Monismus der letzten Zwecke aufgehoben werden könne. Kompromisse zwischen verschiedenen Werten gehörten zu einem Grundzug menschlicher Existenz.[9]

Das Problem, das mit dem Begriff der positiven Freiheit im Sinne der Verwirklichung eines positiven materialen Gutes angesprochen wird, kann man als das Problem der notwendigen inhaltlichen Bindung von Freiheit bezeichnen. Dieses Problem hat eine lange Tradition. Kant z.B. hat argumentiert, dass Freiheit ohne moralische Bindung ein Unding sei (vgl. o. § 9). Auch für Hegel ist der Freiheitsbegriff inhaltlich gefüllt

---

4  *I. Berlin*, Two Concepts of Liberty, in: ders., Liberty, 2002, S. 166 ff., 169.
5  *I. Berlin*, Two Concepts of Liberty, S. 169 ff.
6  *I. Berlin*, Two Concepts of Liberty, S. 177 ff.
7  *I. Berlin*, Two Concepts of Liberty, S. 178 ff.
8  *I. Berlin*, Political Ideas in the Twentieth Century, in: ders., Liberty, 2002, S. 79.
9  *I. Berlin*, Two Concepts of Liberty, S. 215 ff.

durch die objektiven Gestalten der Sittlichkeit, also konkret der von ihm entwickelten monarchisch-korporatistischen Staats- und Gesellschaftsordnung (vgl. o. § 11).

11 Der Begriff der positiven Freiheit besitzt nun ein ideologisches, illiberales Potenzial, auf das Berlin zutreffend hinweist. Er kann missbraucht werden, um scheinbar im Namen der Freiheit Freiheit gerade zu beseitigen, indem ein tatsächlicher Freiheitsverlust als bloße Realisierung inhärenter Freiheitsschranken dargestellt wird. Diese Gefahr ist bei Kant aufgrund des Inhalts seines Moralbegriffs gering, bei Hegel oder Marx dagegen sehr real, wie sich beim Blick auf ihre Theorien gezeigt hat (vgl. o. §§ 11, 13).

12 Auch in der Gegenwart wird der Begriff der Freiheit, die normativ zu schützen sei, mit bestimmten materialen Inhalten der Freiheitsausübung aufgeladen. Nicht jede menschliche Tätigkeit sei schützenswürdig, sondern nur solche Handlungen, die wichtig oder essentiell für die Persönlichkeitsentfaltung seien.[10] Auch diese Position meint es mit menschlicher Freiheit nicht ernst genug. Die Freiheit des Alltags und der kleinen Dinge verdient ebenfalls im Grundsatz Schutz, denn auch durch sie verwirklicht sich eine Person.

13 In der Verbindung von Freiheit und ihrer moralischen Begrenzung schlummert zudem eine analytische Ungenauigkeit, die Berlin allerdings nicht thematisiert. Man muss die Freiheit, einer gebildeten Willensbestimmung tatsächlich folgen zu können, nicht nur von der Frage trennen, ob man diese Willensbestimmung frei gebildet hat oder nicht, sondern auch von der Frage, ob es Gründe für die eine oder andere Willensbestimmung gibt und welcher Art diese Gründe sind. Es sind unterschiedliche Dinge, einen Willen überhaupt selbst zu bilden (das Problem der Willensfreiheit), dieser Bestimmung folgen zu können und sie gesellschaftlich zu verwirklichen (das Problem der politischen Freiheit) und Gründe zu haben, die eine oder andere Entscheidung zu treffen und eine entsprechende Verwirklichung zu suchen (das Problem der Gründe für Willensbestimmungen, etwa der Moral). Die Idee der ursprünglich notwendig inhaltlich gebundenen Freiheit ist deswegen neben den in ihr angelegten politischen Missbrauchsmöglichkeiten auch analytisch wenig hilfreich.

### III. Individuum und Gemeinschaft

14 Eine inhaltlich unzensierte Freiheit hat sich bisher als Kern der normativ zu schützenden, politischen und sozialen Freiheit herausgeschält, deren Grenzen allein aus normativen Prinzipien wie den Rechten anderer erwachsen. Gegen diese Position wird nun eingewandt, dass sie einem atomistischen Individualismus verpflichtet sei, der keinen Begriff der Gemeinschaft, die die Individuen in ihren Eigenarten entscheidend präge, kenne und die aus ihm folgenden Verpflichtungen unterschätze. Der Gehalt dieser These kann gut anhand der Debatte zwischen Liberalismus und Kommunitarismus erläutert werden, die am Ende des letzten Jahrhunderts eine gewisse Prominenz besaß. Der Kommunitarismus ist aus der Kritik vor allem der Rawls'schen Theorie entstanden, wie erläutert wurde (s.o. § 19 II). Ein anderes Beispiel bilden die Debatten der Gegenwart, die um die Bedeutung kollektiver Identitäten kreisen.[11] Der theoretische

---

10 Z.B. *J. Raz*, The Morality of Freedom, S. 407 ff.; *R. Dworkin*, Taking Rights Seriously, S. 269.
11 Vgl. z.B. *S. Benhabib*, Another Cosmopolitanism, 2006; *K. A. Appiah*, The Ethics of Identity, 2005.

Kernvorwurf, der gegenüber einem an Individuen orientierten Freiheitsbegriff auf das ontologische Primat der Gemeinschaft hinweist, d.h. darauf, dass Individuen durch die Gemeinschaften, in denen sie aufwachsen, entscheidend geformt, ja in ihrer Individualität überhaupt erst konstituiert würden, führt nun nicht weit. Es trifft zwar zu, dass die Quellen des eigenen Selbst nicht nur im einzelnen Individuum liegen. Dies hat sich bei der Erörterung der Humboldt'schen Freiheitskonzeption bereits angedeutet, die noch einmal aufzugreifen sein wird. Ein Problem liegt aber schon darin, diese Einflüsse in abstrakten und häufig national oder ethnisch bestimmten Gemeinschaften zu sehen. Individuen sind Teil sehr vielfältiger sozialer Bezüge, und entsprechend heterogen sind die Gemeinschaften, die für ihre Identitätsbildung wichtig sind. Ein Investmentbanker und ein Globalisierungskritiker mögen die gleiche Nationalität teilen, können aber sehr unterschiedliche Identitäten ausbilden, wobei diese durch unterschiedliche, z.B. berufliche Gruppenzugehörigkeiten beeinflusst werden. Ein weiteres Problem besteht darin, Menschen durch äußere, gesellschaftliche und kulturelle Einflüsse ausschließlich oder entscheidend bestimmt und geformt zu sehen. Eine menschliche Identität ist mehr als ein bloßes Abbild der verschiedenen äußeren Einflüsse, was schon dadurch unzweifelhaft wird, dass sich sehr unterschiedliche Persönlichkeiten unter gleichen äußeren, gesellschaftlichen und kulturellen Umständen entwickeln. Die Beschränktheit von Perspektiven, die die Identität eines Individuums durch seine Gruppenzugehörigkeit determiniert sehen, ist z.B. historisch sehr deutlich durch die ökonomischen Theorien menschlicher Identitätsbildung des Marxismus geworden, die meinten, aus einer Klassenzugehörigkeit eine bestimmte Identität folgern zu können – mit human katastrophalen Folgen.

Philosophisch-anthropologisch ausgedrückt wird von den Theorien des Umweltdeterminismus die Eigenständigkeit des Subjekts übersehen, das sich über die Einflüsse der Gesellschaft und Kultur erheben kann und durchweg in der einen oder anderen Weise tatsächlich erhebt. Ein Individuum kann soziale Prägungen überwinden – das ist das Kerngeschäft der eigenen Identitätsbildung. Diese individuelle, je besondere Identitätsbildung vollzieht sich dabei im Rahmen, den das Menschsein vorgibt, das die einzelnen Individuen bei aller Unterschiedlichkeit und über kulturelle Grenzen hinweg verbindet. Moderne Theorien des menschlichen Geistes haben die Kritik des Umweltdeterminismus in Bezug auf den Geist der Menschen dabei weiter abgesichert (s. dazu noch näher u. § 41).

Der Schluss von einem ontologischen Primat der Gemeinschaft auf einen normativen Vorrang von Gemeinschaftsinteressen vor Individualinteressen ist, auch wenn man eine solche Prägung entgegen dem gerade Festgehaltenen annehmen wollte, wenig überzeugend. Selbst wenn es ein solches Primat gäbe, wäre nämlich unklar – vermeidet man einen Sein-Sollen-Fehlschluss – warum die Gemeinschaftsinteressen vor Individualinteressen Vorrang haben *sollen*. Diese normative Frage kann nicht durch den Hinweis auf Fragen der Ontologie, also des Seins beantwortet werden. Denn dass ein Einzelner von einer Gemeinschaft geformt worden *ist*, heißt nicht, dass er die Gemeinschaftsinteressen befördern *soll*. Dies folgte nur, wenn die Norm bestünde, dass man die Quelle der Wurzeln der eigenen Identität in ihrem Wohlergehen befördern solle – eine Norm, die ihrerseits erst normativ begründet werden müsste. Ähnliches gilt für die These,

Individuen müssten die Moral der Gemeinschaft befolgen, weil die Gemeinschaft die Individuen geformt habe. Es ist – wie gesagt – unbestritten, dass Menschen von den kulturellen, sozialen und politischen Zusammenhängen in gewisser Hinsicht geprägt werden. Wenn man in einer Gesellschaft lebt, in der traditionelle Geschlechterrollen das unhinterfragte Maß des Verhaltens sind, werden viele sich an diesen orientieren. Eine ganz andere Frage ist es aber, welche Position legitimationstheoretisch richtig ist. Und diese Frage wird offensichtlich nicht durch faktische kollektive Traditionen und gewohnheitsmäßige Übungen beantwortet, wie unerschütterbar diese Traditionen der betroffenen Gesellschaft auch erscheinen mögen. Gerade das Geschlechterverhältnis und seine sich wandelnde normative Konzeption legen dafür Zeugnis ab.

Nicht nur aus kommunitaristischer Sicht bestehen Verpflichtungen, die aus der Zugehörigkeit zu einer bestimmten Gruppe erwachsen, etwa, um dieses Beispiel aufzugreifen, die Verpflichtung, die begangenen Ungerechtigkeiten der politischen Gemeinschaft, der man angehört, anzuerkennen und, wenn möglich, auszugleichen. Diese Verpflichtung entspringt aber der Gruppenzugehörigkeit nicht allein, sondern allgemeinen Prinzipien, die unabhängig von Gruppenzugehörigkeiten gelten, wie spezifische Näheverhältnisse zu den betreffenden Ereignissen, Handlungsmöglichkeiten, die Verantwortlichkeiten schaffen, Vorteile, die man aus der Zugehörigkeit zu der politischen Gemeinschaft zieht und die das Tragen von Lasten mit sich bringen, stellvertretende Wahrnehmung allgemeiner Menschheitspflichten etc.

**17** Gesellschaften oder Gemeinschaften sind zudem Begriffe, deren reales Substrat – und das ist entscheidend – Individuen und die vielfältigen Arten ihrer Lebensäußerungen sind. Wenn unter Gesellschaft oder Gemeinschaft eine selbstständige Entität jenseits der Menge der Individuen verstanden wird, liegt der vertraute Irrtum des Kollektivismus, z.B. des Nationalismus, vor, der von einer unabhängig von Individuen gegebenen Realität von Gemeinschaften ausgeht. Jede Werttheorie, die kollektive Interessen, verstanden als Interessen einer überindividuellen Instanz an sich (also nicht nur als Inbegriff der Vielzahl der einzelnen Menschen), über Individualinteressen stellt, opfert die realen Interessen von Individuen einer begrifflich-ideologischen Schimäre, als die sich die behaupteten Kollektivinteressen bei näherer Analyse immer wieder erweisen. Dabei lehrt die Erfahrung, dass sich hinter den vorgeblichen originären Kollektivinteressen häufig sehr reale Partikularinteressen verbergen – z.B. im Rahmen des klassischen Nationalismus die einer aristokratisch-monarchistischen Herrschaftsschicht oder hinter einer Diktatur des Proletariats die der Nomenklatur einer Partei. Dass und wie der Wert jedes einzelnen Individuums gegen Kollektivinteressen als oberster Wert verteidigt werden kann, wird sich näher bei der Erörterung der Menschenwürde zeigen.

**18** Insofern sich die Kritik an einen inhaltlich ungebundenen Freiheitsbegriff gegen atomistischen Individualismus wendet, in dem Liberalismus nichts meint als die politische Theorie des unsolidarischen Egoismus, ist der Kritik zuzustimmen. Diese Kritik trifft aber gewiss nicht jede Variante dessen, was man Liberalismus nennen kann und verfehlt völlig seine überzeugenden Fassungen. Die Wertschätzung der Freiheit als Kern des Liberalismus lässt die Frage offen, wie das Verteilungsproblem der Freiheit in einer Gesellschaft gelöst werden soll. Wenn die zentralen Schlussfolgerungen der Gerechtigkeitsphilosophie zugrunde gelegt werden, ist nur eine universalisierte Freiheitsordnung, d.h. eine Freiheitsordnung, die die Freiheit von allen verwirklicht, eine, die den Ehrentitel einer gerechten Ordnung tragen darf. Sozial universalisierte Freiheit ist aber das Gegenteil von atomistischem Egoismus, dem die universale Perspektive gerade fehlt. Schließlich ist unklar, warum die liberale Wertschätzung der unzensierten Freiheit einen überzeugenden Begriff der mitmenschlichen Fürsorge ausschließen sollte. Im Gegenteil wird sich sogleich zeigen, dass ein anspruchsvoller Begriff individueller Persönlichkeitsentfaltung die Menschen gerade über einen engen Individualismus hinausführt. Es gibt zentrale Quellen für die Bildung der eigenen Identität jenseits des Selbst, diese werden aber nicht durch unbestimmte Gemeinschaften, sondern durch die Vielheit der anderen Personen gespeist, deren Individualität von Gruppenzugehörigkeiten in Teilaspekten erfasst, manchmal auch verdeckt und niemals ausgeschöpft wird.

### IV. Eine Werttheorie der Freiheit

#### 1. Freiheit als instrumentaler Wert

Eine Werttheorie der Freiheit versucht zu klären, warum und in welcher Hinsicht Freiheit ein Wert ist. Zwei Begründungswege sind dabei in systematischer Perspektive von entscheidender Bedeutung. Der erste Begründungsweg weist auf die vorteilhaften Folgen realisierter politischer Freiheit für das Individuum und die Gesellschaft insgesamt hin, macht also den instrumentalen Wert menschlicher Freiheit deutlich. Dieser liegt unmittelbar darin, die Verwirklichung individueller Zielvorstellungen zu ermöglichen. Ideengeschichtlich verdienen zudem *v. Humboldts* und *Mills* Auseinandersetzungen mit den weiteren Folgen der Freiheit besondere Beachtung. Leitend ist bei v. Humboldt ein dynamisches Bildungsideal, die Idee des Werts der Entwicklung der einem Individuum eigenen Potenziale zu einem jeweils einzigartigen, ausgewogenen Ganzen (vgl. o. § 10 I). Nur wenn die menschliche Tätigkeit sich unter der Bedingung der Freiheit und Selbstbestimmung entfaltet, ist sie wirkliche menschliche Tätigkeit.

V. Humboldt macht weiter darauf aufmerksam, dass Freiheit noch in einem weiteren Sinne wichtig für die Entwicklung der Menschen ist: Die freie Entwicklung anderer Menschen ist die Bedingung der Entwicklung jedes Individuums; die Entfaltung auf Kosten von anderen ist in Wirklichkeit eine verborgene Selbstverarmung des egoistischen Subjekts (vgl. o. § 10 I). Freiheit ist damit nicht nur die Bedingung der Entfaltung der Einzelnen durch die Ermöglichung von Selbstbestimmung. Sie ist auch die Bedingung dafür, dass sich das Subjekt das in ihrem Rahmen entfaltete Ensemble von menschlichen Errungenschaften anderer Personen aneignen kann.

Mill wurde in mancher Hinsicht durch diesen Humboldt'schen Begriff menschlicher Freiheit angeregt, wobei er den instrumentalen Wert der Freiheit anhand der Meinungsfreiheit illustriert, die als zentrales Mittel zur Beförderung der Wahrheit angesehen wird (vgl. o. § 10 II). Positive Folgen liefert aber nicht nur die Meinungsfreiheit. Freiheit ist, wie Mill deutlich macht, darüber hinaus für die menschliche Existenz insgesamt wichtig – andere Lebensweisen (*experiments of living*) sind zu dulden und zu begrüßen, entweder, weil sie einen neuen, unbekannten Weg zu einer erfüllten Existenz weisen, oder weil sie durch ihr Scheitern illustrieren, dass vertraute Lebensweisen etwas für sich haben – dies alles im Rahmen moralischer Prinzipien, bei Mill des

Schadensprinzips, das zur Voraussetzung jedes Freiheitsgebrauchs macht, dass andere nicht geschädigt werden (vgl. o. § 10 II).

22 Diese Gedanken illustrieren Zentralgehalte des instrumentalen Werts der Freiheit: Sie ist ein Schlüssel zur individuellen und gesellschaftlich vermittelten Persönlichkeitsentfaltung, der Sicherung des Erkenntnisprozesses und einer gesellschaftlichen Entwicklung, die den Geschmack für Neues, Besseres nicht verloren hat. Sie schöpfen eine Werttheorie der Freiheit aber noch nicht aus. In ihren eigentlichen Kern führt die Idee des intrinsischen Werts menschlicher Freiheit.

### 2. Freiheit als intrinsischer Wert

23 Freiheit als intrinsischer Wert bedeutet, dass Freiheit nicht nur instrumental, als Mittel zur Erreichung anderer Ziele, z.B. der Perfektion der eigenen Existenz, einen Wert bildet. Freiheit ist ein intrinsischer Wert, wenn sie selbst unabhängig von den Konsequenzen ihrer Existenz ein Lebensgut bildet.

24 Dass Freiheit ein solches Lebensgut bildet, ergibt sich am nachdrücklichsten aus der Erfahrung ihrer Abwesenheit. Die theoretische Frage nach der Begründung des Wertstatus der Freiheit wird unmittelbar durch die schlechte Praxis der Unfreiheit beantwortet. Dies wird in der Geschichte durch die Kämpfe um Freiheit illustriert, die im 20. Jahrhundert in der Auseinandersetzung mit Nationalsozialismus und den sozialistischen Diktaturen einen weiteren Höhepunkt erreichen und auch in der Gegenwart keineswegs verebbt sind. Dies wird auch in der Geistesgeschichte durch die Anklagen von Unfreiheit in theoretischen Texten und Kunstwerken deutlich gemacht, in denen das Leiden an der Unfreiheit anschaulich wird. Über diese Erfahrung hinaus gibt es das positive Erlebnis der Wohltat der Freiheit. Es bildet ein Stück unmittelbare Lebensqualität, dem eigenen Kompass folgen zu können und Subjekt seines Lebens zu sein, bezahlt man dafür im Ergebnis auch vielleicht einen Preis.[12]

25 Hier ist ein theoretisch entscheidender Aspekt der Argumentation erreicht. Die Theorie wird am Ende ihrer Reflexion in die Lebenswirklichkeit der Menschen zurückgezwungen. Das letzte Fundament einer Werttheorie der Freiheit ist kein begrifflicher, theoretischer, metaphysischer oder in anderer Form von der Existenzweise der Menschen unabhängiger Begründungsweg. Das letzte Fundament ist das Faktum der spezifischen Eigenart der Menschen, zu deren Lebensqualität die Freiheit konstitutiv gehört. Die Erfahrung der Unfreiheit und der Wohltat der Freiheit sind der Schlüssel zu einer Pforte, die die Menschen in das Selbstbewusstsein des eigenen Soseins entlässt.

---

[12] Es wird manchmal eingewandt, als Gegenbeispiel für diesen positiven Wert der Freiheit könnte die Unterwerfung unter eine gebietende Autorität dienen, die Menschen allerdings zu ihrem Lebensinhalt machen können. Zu dieser Unterwerfung gezwungen zu werden, gehört aber auch in diesem Fall nicht zu dem, was von den Akteuren gewollt wird.

# § 36 Menschenwürde

- I. Pathos und nüchterne Perspektiven .................... 1
- II. Zur Geschichte des Menschenwürdebegriffs ............................. 6
  1. Antike ............................ 8
     a) Menschenwürde in der antiken Literatur ................ 8
     b) Stoa ...................... 11
  2. Religiöse und mythologische Spuren der Menschenwürde ..... 12
  3. Würdebegründungen der Neuzeit .............................. 17
     a) Würde in der Renaissance .. 17
     b) Würdeskeptizismus, der ethische Gehalt der Gesellschaftsvertragstheorien und das Vernunftrecht ............ 18
     c) Die kantische Ethik und der Begriff der Menschenwürde ....................... 21
     d) Würdebegründungen seit der Aufklärung ............... 26
  4. Einige Würdebegründungen der Gegenwart ....................... 29
     a) Systemtheorie ............... 29
     b) Habermas' kommunikationstheoretischer Würdebegriff ........................... 32
     c) Kontraktualistische Würdebegründung ................. 34
     d) Würde aus Neubeginn, Investition, Metaphysik und Genealogie ................... 36
  5. Ein autark humanistischer Würdebegriff ........................ 37
  6. Anwendungsprobleme .......... 47
     a) Der Beginn des menschlichen Lebens ................. 47
     b) Schwangerschaftsabbruch ... 55
     c) Bioethik ...................... 58
     d) Folter ....................... 59
  7. Menschenwürde und Fürsorge ............................... 60

## I. Pathos und nüchterne Perspektiven

Nach den großen humanen Desastern des 20. Jahrhunderts ist der Begriff der Würde der Menschen zu einem normativen Orientierungspunkt geworden. Vieles mag unklar und strittig hinsichtlich des Weges sein, den Menschen und die von ihnen gebildeten Gesellschaften einschlagen sollen – die Bewahrung der Menschenwürde bildet heute eine entscheidende Richtungsbestimmung sowohl für die Ethik als auch für das nationale, supranationale und internationale Recht.[1]

Der Begriff wird aber auch kritisch betrachtet und das Pathos, das sich mit ihm notwendig zu verbinden scheint, mit Argwohn zur Kenntnis genommen. Das hohe Wort der Menschenwürde ist aus dieser Sicht missbrauchsanfällig, eine schnell gespielte, scheinbar immer stechende Karte in moralischen und politischen Auseinandersetzungen, die sachliche Debatten nicht löst, sondern durch ihre gefühlsgeladene Wucht abschneidet. Manche stimmen deshalb mit *Schopenhauers* viel zitiertem Diktum überein, dass der Begriff imposant wirke, tatsächlich aber ein Übel sei: „Allein dieser Ausdruck ‚Würde des Menschen', ein Mal von Kant ausgesprochen, wurde nachher das Schiboleth aller rath- und gedankenlosen Moralisten, die ihren Mangel an einer wirklichen, oder wenigstens doch irgend etwas sagenden Grundlage der Moral hinter jenen imponirenden Ausdruck ‚Würde des Menschen' versteckten, klug darauf rechnend, daß auch ihr Leser sich gern mit einer solchen Würde angethan sehn und dem-

---

[1] Vgl. im Überblick *M. Mahlmann*, Human Dignity and Autonomy in Modern Constitutional Orders, in: M. Rosenfeld/A. Sajó (Hrsg.), The Oxford Handbook of Comparative Constitutional Law, 2012, S. 370 ff.; *C. McCrudden*, Human Dignity and the Judicial Interpretation of Human Rights, EJIL, 19 (2008), S. 655 ff.

nach damit zufrieden gestellt seyn würde".² Diese Zweifel am Wert des Begriffs der Menschenwürde finden ihr Echo in der Rechtswissenschaft, in der ein breiter Strom des Würdeskeptizismus existiert. Dieser drückt sich nicht zuletzt in dem Bestreben aus, Menschenwürde nicht als hartes, klagbares subjektives Recht zu verstehen, sondern als objektiven Grundsatz, interpretationsleitendes Prinzip, hermeneutische Richtungsbestimmung oder Ähnliches.³

3   Weithin wird auch die Meinung geteilt, dass – wie immer man zur Rolle des Begriffs der Menschenwürde in moralischen und rechtlichen Auseinandersetzungen stehen mag – dieser Begriff jedenfalls sehr abstrakt und in seinem Inhalt unbestimmt sei. Viele sind sich auch einig, dass die Begründung der Menschenwürde besonders schwierig sei. Zuweilen wird deshalb auf die Idee des Tabus zurückgegriffen.⁴ Menschenwürde formuliert aus dieser Sicht eine absolute Grenze, die sich eine Gemeinschaft selber ziehe – ohne dies aber notwendig näher begründen zu können.

4   In den letzten Jahren ist der moralische und rechtliche Begriff der Menschenwürde in besonderer Weise in den Blickpunkt des Interesses gerückt, weil auf bestimmte praktische und politische Fragen keine befriedigenden Antworten gefunden werden können, ohne die Menschenwürdedimension auszuloten. Zu diesen Problemkreisen gehören beispielsweise die Bioethik, insbesondere das reproduktive und therapeutische Klonen, die Stammzellenforschung und die Präimplantationsdiagnostik sowie die Debatte um die Zulässigkeit der (präventiven) Folter.

5   Klarheit über Inhalt und Begründung der Menschenwürde zu gewinnen, ist deshalb unabdingbar.⁵ Auf die Fortexistenz eines gesellschaftlichen Tabus allein wird man sich jedenfalls nicht verlassen dürfen, denn gerade die jüngere Geschichte hat gezeigt, dass die scheinbar unverrückbaren Grenzpfähle des Tabus schnell verschoben oder umgestürzt werden können. Bei dem Bemühen um einen adäquaten Begriff der Würde der Menschen ist dabei von selbstverliebtem Anthropozentrismus Abstand zu halten. Worum es geht, ist ein nüchternes Bild des Menschen zu bilden, das die vielen Tragödien der Menschheitsgeschichte nicht vergisst.⁶

## II. Zur Geschichte des Menschenwürdebegriffs

6   Der Kern der Idee der Menschenwürde ist, dass Menschen einen spezifischen Eigenwert besitzen, der es gebietet, ihnen mit einer Achtung zu begegnen, die sie vor bestimmten Behandlungen schützt. Die Menschenwürde wird dabei historisch interessanterweise kultur- und epochenübergreifend aus einer begrenzten Menge von Eigenschaften der Menschen hergeleitet.⁷ Eine zentrale Rolle spielen dabei Vernunft, moralische Urteilsfähigkeit, Selbstbewusstsein und Willensfreiheit. Diese Idee einer

---

2   *A. Schopenhauer*, Preisschrift über das Fundament der Moral, 1979, § 10.
3   Vgl. genauer *M. Mahlmann*, Elemente einer ethischen Grundrechtstheorie, S. 97 ff.
4   *R. Poscher*, Die Würde des Menschen ist unantastbar, JZ, 59 (2004), S. 756 ff.
5   Vgl. als Überblick über die gegenwärtige internationale Debatte die Beiträge in *C. McCrudden (Hrsg.)*, Understanding Human Dignity, 2013.
6   Vgl. zu den Grundlagen der Würdediskussion *M. Mahlmann*, The Good Sense of Dignity: Six Antidotes to Dignity Fatigue in Ethics and Law, in: C. McCrudden (Hrsg.), Understanding Human Dignity, 2013, S. 593 ff.
7   Zur Kritik der Herleitung von Würde aus bestimmten Eigenschaften vgl. *A. Margalit*, The Decent Society, 1996, S. 59 ff.

kreatürlich-menschlichen Würde aufgrund bestimmter human geteilter Eigenschaften ist von der Vorstellung eines sozial begründeten, relativen Achtungsanspruchs zu unterscheiden. Dieser relative Achtungsanspruch kann sich auf die soziale Schicht, z.B. einer Aristokratie oder, moderner, auf bestimmte besondere Leistungen gründen, ist aber jedenfalls noch nicht qua Menschsein allein gegeben.

Wie in anderen Bereichen der Ideengeschichte, gilt es auch für den Begriff der Menschenwürde zu beachten, dass von der Idee der Würde der Menschen nicht nur gehandelt wird, wenn der Begriff selbst fällt. Diese Idee des Achtung gebietenden spezifischen Eigenwerts der Menschen findet man vielmehr in vielen menschlichen Ausdrucksformen verkörpert. Die theoretische Reflexion ist nur eine und vielleicht nicht einmal die wichtigste und ausdrucksstärkste, wenn man an das weite Reich der Kunst und – noch wichtiger – die Lebenspraxis der Menschen denkt. Einige Stationen der Entwicklung der Idee der Menschenwürde sollen – dies im Blick – jetzt rekapituliert werden.

### 1. Antike

**a) Menschenwürde in der antiken Literatur.** Ein wichtiges Beispiel für eine literarische Gestaltung der Idee, dass Menschen eine besondere Stellung innerhalb der Welt einnehmen, sind die Zeilen aus Sophokles' *Antigone*, die einsetzen:[8]

> *Vieles ist ungeheuer, nichts*
> *ungeheurer als der Mensch.*

Die Verse entwickeln dann, in welche besondere Lage der Mensch durch seine Vernunftbegabung versetzt wird:

> *Mit kluger Geschicklichkeit für*
> *Die Kunst ohne Maßen begabt,*
> *kommt heut er auf Schlimmes, auf Edles morgen.*
> *Wer seines Lands Satzung ehrt*
> *und Götterrecht schwurgeweiht,*
> *gilt im Staate; doch nichtig ist, wem das Unrecht sich*
> *gesellt hat zu frevlem Tun.*

Damit wird der richtige Ton angeschlagen. Sophokles verwendet zur Kennzeichnung der Menschen den Begriff τo δεινόν, der ebenso das Außerordentliche, Ausgezeichnete, Unerhörte wie das Schreckliche und Unheimliche meint und dessen Zwiespältigkeit die Übersetzung mit „ungeheuer" gut erfasst. Menschen werden nicht im Überschwang des Selbstlobs hymnisch gepriesen (wie es in den Jahrtausenden danach durchaus geschah), sondern ihnen wird eine Größe zugesprochen, die sich nah am Abgrund bewegt. Wenn Menschen die normative Orientierung verlieren, ist der Schritt über seinen Rand hinaus gemacht.

**b) Stoa.** Eine weitere, für die Menschenwürde interessante Strömung der antiken, genauer hellenistischen und römischen Philosophie, ist die Stoa. Die Menschen stünden aufgrund ihrer Eigenschaften auf der höchsten Stufe eines Stufenbaus des Seins. Diese

---

8 *Sophokles*, Antigone, Übersetzung W. Willige, überarbeitet von K. Bayer, 1995, 332 ff.

Stellung wird schließlich ausdrücklich mit dem Begriff der Würde (*dignitas*) verbunden (vgl. o. § 1 IV 3).

### 2. Religiöse und mythologische Spuren der Menschenwürde

12 Zentrale Ausdrucksformen und Kernteile menschlicher Kulturen sind Mythen und Religionen. Eine wichtige Idee, die den spezifischen Eigenwert von Menschen in diesem Zusammenhang illustriert, ist die Vorstellung, der Mensch stehe in einem besonderen Näheverhältnis zu Gott. Diese Idee wird in der Mitte des ersten Jahrtausends v. Chr. in verschiedenen Kulturen diskutiert. Für Platon etwa kann der Mensch durch tugendhaftes Handeln nicht nur gottähnlich werden, er nimmt durch sein Vernunftvermögen am Göttlichen teil.[9] In den Schöpfungsmythen von Ovids Metamorphosen wird der Mensch als Wesen beschrieben, das aus göttlichem Samen erschaffen wurde.[10]

13 Im Pentateuch – der Thora – wird ein ähnliches Bild formuliert: Die Menschen werden als Ebenbild Gottes geschaffen, was für jüdische und christliche Würdebegründungen zentrale Bedeutung besitzt (vgl. o. § 2 III f). Auch im Islam gibt es verwandte Vorstellungen der Nähe der Menschen zu Gott, wenn die Menschen als Nachfolger oder Stellvertreter Gottes auf der Erde angesprochen werden (vgl. o. § 2 V). Im Konfuzianismus wird von wichtigen Autoren ein göttlicher Adel des Menschen festgehalten (vgl. o. § 2 II).

14 Auch andere Wege der Würdebegründung werden von den Weltreligionen beschritten. Im Buddhismus impliziert das universale Gebot der Rücksichtnahme auf Menschen den Eigenwert (nicht nur) dieser Lebewesen (vgl. o. § 2 II). Im Hinduismus kann – jedenfalls aus der Sicht von hinduistischen Denkern wie Gandhi und der Praxis vieler Hindus – der Eigenwert der Menschen aus internen Quellen des Hinduismus gewonnen werden, wenn dies auch aufgrund der Vorstellung einer legitimen Kastengesellschaft sehr strittig ist. Radikale politische Strömungen schüren zudem die antiegalitäre Ideologie einer hierarchischen Kastenordnung, um Menschen für ihre politischen, anti-demokratischen Ziele zu mobilisieren (vgl. o. § 2 II).

15 Diese beispielhaft genannten Vorstellungen bilden den Ausgangspunkt der Entwicklung genauerer Bestimmungen des Gehalts menschlicher Würde und seiner normativen Konsequenzen innerhalb der verschiedenen religiösen Ethiken, die im historischen Prozess vielfältige, unterschiedliche und keineswegs widerspruchsfreie Formen annehmen (vgl. o. § 2). Dies ist gerade bei Fragen nach dem Gehalt und der Begründung der Menschenwürde zu beachten, weil hier der Bezug auf religiöse Quellen zuweilen als Ausweg aus den Begründungsschwierigkeiten erscheint. Gerade der Reichtum der Weltreligionen hält aber eine andere Lehre bereit. Auch für sie ist der Gehalt der menschlichen Würde nicht einfach gegeben, sondern das Ergebnis der historischen Suche und Reflexion.

16 Die religiösen Ethiken jedenfalls von Judentum, Christentum und Islam sind theozentrisch, da sie die menschliche Würde aus göttlichen Quellen ableiten. Ohne diesen Gottesbezug genießen Menschen diese Würde nicht. Im Humanismus (wie schon in

---

9 *Platon*, Alkibiades, 132e–133c, Politeia, 611e–612a.
10 *Ovid*, Metamorphosen, lateinisch-deutsch, übersetzt und hrsg. v. M. von Albrecht, 1997, I, 76–86.

manchem Ansatz in der Antike) gewinnt das Menschsein eine andere Qualität. Es genügt selbst, ohne Bezug auf transzendente Instanzen, einen spezifischen Eigenwert der Menschen zu begründen.

### 3. Würdebegründungen der Neuzeit

a) **Würde in der Renaissance.** In der Theorie des frühen italienischen Humanismus spielt die Menschenwürde eine wichtige Rolle. Ihre Erörterung steigerte sich zu hymnischen Preisungen des menschlichen Wesens, in denen aber das Bewusstsein der Schattenseite der menschlichen Existenz durchaus noch eine Rolle spielt. Zentrale Autoren sind *Petrarca*,[11] *Manetti*[12] und *Pico della Mirandola*. Letzterer bringt die Würdebegründung in viel zitierten Sätzen in eine prägnante Form. In Picos Würdetraktat wendet sich Gott an Adam mit den folgenden Worten: „Wir haben dir keinen festen Wohnsitz gegeben, Adam, kein eigenes Aussehen noch irgendeine besondere Gabe, damit du den Wohnsitz, das Aussehen und die Gaben, die du selbst dir aussiehst, entsprechend deinem Wunsch und Entschluß habest und besitzest. Die Natur der übrigen Geschöpfe ist fest bestimmt und wird innerhalb von uns vorgeschriebener Gesetze begrenzt. Du sollst Dir deine ohne jede Einschränkung und Enge, nach deinem Ermessen, dem ich dich anvertraut habe, selber bestimmen. Ich habe dich in die Mitte der Welt gestellt, damit du dich von dort aus bequemer umsehen kannst, was es auf der Welt gibt. Weder haben wir dich himmlisch noch irdisch, weder sterblich noch unsterblich geschaffen, damit du wie dein eigener, in Ehre frei entscheidender, schöpferischer Bildhauer dich selbst zu der Gestalt ausformst, die du bevorzugst. Du kannst zum Niedrigen, zum Tierischen entarten; du kannst aber auch zum Höheren, zum Göttlichen wiedergeboren werden, wenn deine Seele es beschließt".[13] Menschenwürde erwächst hier aus der Fähigkeit, die eigene Existenz, die natürliche Vorgaben überschreitet, als zweite Natur selbst zu schaffen.

17

b) **Würdeskeptizismus, der ethische Gehalt der Gesellschaftsvertragstheorien und das Vernunftrecht.** Dem emphatischen Würdebegriff des frühen Humanismus steht der Würdeskeptizismus von Hobbes gegenüber. Für Hobbes ist der Wert eines Menschen leicht zu bestimmen – es ist seine Nützlichkeit in einer gegebenen Situation. Ein Feldherr z.B. sei im Krieg viel, im Frieden wenig wert.[14]

18

In den übrigen Gesellschaftsvertragstheorien wird nur selten auf die Würde des Menschen ausdrücklich Bezug genommen. Die Voraussetzung des Gedankens des Gesellschaftsvertrages ist aber die Idee der Gleichheit und Freiheit der Menschen. Nur wenn Menschen gleich sind, ist plausibel, dass alle beim Vertragsschluss mitwirken; nur wenn sie frei sind, muss diese Freiheit durch einen mithilfe ihrer Zustimmung legitimierten Vertrag bewahrt werden. Damit ist der Einzelne zur Richtschnur der Gesellschaftsgestaltung geworden. Dies ist nur zwingend, wenn der Einzelne einen spezifischen Eigenwert genießt und – da alle Menschen einbezogen werden – alle

19

---

11 *F. Petrarca*, De remediis utriusque fortunae, 1975.
12 *G. Manetti*, De dignitate et excellentia hominis. Über die Würde und Erhabenheit des Menschen, übersetzt v. H. Leppin, 1990.
13 *Pico della Mirandola*, De hominis dignitate, lateinisch-deutsch, übersetzt v. N. Baumgarten, 1990, S. 7.
14 *T. Hobbes*, Leviathan, Chap. 10.

Menschen diesen Eigenwert gleichermaßen besitzen. Die Menschenwürde ist also eine implizite Prämisse der kontraktualistischen Diskussion, die eine Grenze der Gesellschaftsvertragstheorie markiert (vgl. o. § 5 VI).

20 Eine bemerkenswerte Äußerung zur Menschenwürde findet sich bei *Samuel Pufendorf* (1632–1694): Auch er verbindet die Würde des Menschen mit bestimmten Eigenschaften – der unsterblichen Seele, dem Verstand und der Urteilsfähigkeit. Durch diese Eigenschaften werde ein Achtungsanspruch der Menschen begründet, der von Pufendorf feinfühlig wahrgenommen wird: „Der Mensch ist nicht nur ein auf Selbsterhaltung bedachtes Lebewesen. Ihm ist auch ein feines Gefühl der Selbstachtung eingegeben, dessen Verletzung ihn nicht weniger trifft als ein Schaden an Körper oder Vermögen. In dem Wort Mensch selbst scheint sogar eine gewisse Würde zum Ausdruck zu kommen, so daß das äußerste und wirksamste Argument zur Zurückweisung einer dreisten Verhöhnung der Hinweis ist: Immerhin bin ich kein Hund, sondern ein Mensch gleich dir. Also steht allen die menschliche Natur in gleicher Weise zu, und niemand möchte gern jemandem zugesellt werden oder kann jemandem zugesellt werden, der ihn nicht zumindest ebenfalls als Menschen betrachtet, der an der gleichen Natur teilhat. Deswegen steht folgende Regel an zweiter Stelle unter den Pflichten aller gegen alle:[15] Daß jeder jeden anderen Menschen als jemanden, der ihm von Natur aus gleich ist und in gleicher Weise Mensch ist, ansieht und behandelt".[16]

21 **c) Die kantische Ethik und der Begriff der Menschenwürde.** Die Ethik Kants ist auf mindestens zwei Weisen eine Ethik der Menschenwürde. Erstens wegen der empörten Anklage der Degradierung von Menschen durch geistige Unterwerfung und Gängelung durch weltliche oder religiöse Autoritäten, der skrupellosen Verwendung von Menschen durch die Herrscher seiner Zeit zur Verwirklichung ihrer militärischen und politischen Pläne, der Kolonisation und innerstaatlichen Unrechtsordnungen. Die bekannten und kritikwürdigen Äußerungen etwa zu Frauen und Menschen bestimmter ethnischer Herkunft, die deren Würde nicht respektieren, werden deshalb am besten mit Kant selbst kritisiert (vgl. o. § 9).

22 Zweitens hat Kant die philosophische Reflexion der menschlichen Würde zu einem Höhepunkt vorangetrieben, der auch heute einen maßgeblichen Orientierungspunkt in der praktischen Philosophie und Theorie sowie dogmatischen Rechtswissenschaft formt.

23 Die Bestimmung des Inhalts des Begriffs der Würde des Menschen nimmt ihren Ausgang von der Abgrenzung der Dinge, die einen Preis haben und der Dinge, die jenseits von Äquivalenzbeziehungen stehen: „Was einen Preis hat, an dessen Stelle kann auch etwas anderes als Äquivalent gesetzt werden; was dagegen über allen Preis erhaben ist, mithin kein Äquivalent verstattet, das hat eine Würde".[17] In der zweiten, materialen Fassung des kategorischen Imperativs wird genauer bestimmt, welche ethischen Folgerungen sich aus der Idee der Würde ergeben. Der Kern ist die Idee, dass Menschen einen Zweck an sich, einen Selbstzweck bildeten, dessen Wertstatus von

---

15 Die erste lautet, niemandem zu schaden.
16 *S. Pufendorf*, De officio hominis et civis iuxta legem naturalem libri duo, VII, § 1.
17 *I. Kant*, Grundlegung zur Metaphysik der Sitten, S. 434.

keinem anderen Zweck abgeleitet werde. Kant formuliert deshalb: „Handle so, dass du die Menschheit sowohl in deiner Person, als in der Person eines jeden anderen jederzeit zugleich als Zweck, niemals bloß als Mittel brauchst".[18] An anderer Stelle lautet der Gedanke so: „Die Menschheit selbst ist eine Würde; denn der Mensch kann von keinem Menschen (weder von Anderen noch sogar von sich selbst) blos als Mittel, sondern muß jederzeit zugleich als Zweck gebraucht werden, und darin besteht eben seine Würde (die Persönlichkeit), dadurch er sich über alle andere Weltwesen, die nicht Menschen sind und doch gebraucht werden können, mithin über alle Sachen erhebt".[19]

Diese Formel von der Selbstzweckhaftigkeit des Menschen bildet bis heute einen zentralen Gegenstand der Debatte um den Inhalt menschlicher Würde, auch in religiösen Ethiken oder in der rechtswissenschaftlichen Diskussion (zu ihrem Platz in der kantischen Philosophie, s. o. § 9). Kant begründet die Würde der Menschen mit ihrer Autonomie: Ihre Fähigkeit zum moralgeleiteten Freiheitsgebrauch ist die Wurzel menschlicher Würde.[20] Kant rechtfertigt diese Begründung auf vier verschiedenen Wegen: Die moralische Gesetzgebung müsse unbedingten Wert haben, weil sie selbst bestimme, was einen Wert habe, und deswegen nicht von einer anderen wertsetzenden Instanz abhängen könne. Andernfalls würde sich ein infiniter Regress eröffnen.[21] Außerdem sei es ein Merkmal des moralischen Gesetzes, unbedingt zu sein, und nur das Unbedingte könne letzte Zwecke setzen.[22] Zweitens ermögliche allein die Moralität den Menschen, Mitglied in einem Reich der Zwecke, also einer moralisch in ihren Zwecken koordinierten Gemeinschaft zu sein.[23] Drittens sei das Erlebnis der Moralität, der Fähigkeit, sich an ihren Geboten auch gegen die eigenen Neigungen zu orientieren, mit einem evidenten Erlebnis des Werts der Menschen verbunden, was „ein Gefühl des Erhabenen unserer eigenen Bestimmung erweckt, was uns mehr hinreißt als alles Schöne".[24] Das vierte Argument entspringt dem Rätsel der Freiheit, die mit der Moral notwendig verbunden sei. Durch die Freiheit werde ein Menschsein jenseits des phänomenal Erfahrbaren erschlossen.[25] Die Menschenwürde speist sich für Kant aus der verborgenen Majestät des *homo noumenon*.

Diese Begründungsweisen führen unterschiedlich weit:[26] Die Selbstzweckhaftigkeit der Menschen kann nicht aus der Notwendigkeit gewonnen werden, einen Begründungsregress zu vermeiden. Denn dies setzt voraus, was es zu begründen gilt: Dass es einen absoluten Wert gibt und Werte nicht schlicht relativ sind. Auch ein unbedingter, freier Wille kann im Übrigen wertlos sein: Unbedingtheit impliziert nicht notwendig, dass das Nicht-Bedingte einen Selbstzweck bildet. Der Hinweis auf das Reich der Zwecke liefert ebenfalls keine überzeugende Begründung. Das Reich der Zwecke ist ja selbst

---

18 *I. Kant*, Grundlegung zur Metaphysik der Sitten, S. 429.
19 *I. Kant*, Die Metaphysik der Sitten, S. 462.
20 *I. Kant*, Grundlegung zur Metaphysik der Sitten, S. 436.
21 *I. Kant*, Grundlegung zur Metaphysik der Sitten, S. 428, 436.
22 *I. Kant*, Kritik der Urteilskraft, S. 435 f.
23 *I. Kant*, Grundlegung zur Metaphysik der Sitten, S. 433 ff.
24 *I. Kant*, Die Religion innerhalb der Grenzen der bloßen Vernunft, S. 23 Fn.
25 *I. Kant*, Kritik der praktischen Vernunft, S. 86 f.
26 Vgl. ausführlich *M. Mahlmann*, Elemente einer ethischen Grundrechtstheorie, S. 160 ff.

nur deshalb ein Wert, weil es ein *moralisches* Reich der Zwecke ist. Warum die Moral aber einen Wert besitzt, ist gerade die Frage, die beantwortet werden soll. Der Hinweis auf den inneren Wert der Moralität ist dagegen von großer Bedeutung, denn in der Tat ist die Fähigkeit der Menschen, unmittelbar eigene Interessen zu überschreiten, eine bemerkenswerte Eigenschaft. Der Hinweis auf den *homo noumenon* liefert aufgrund seiner metaphysischen Implikationen direkt kein zwingendes Argument. Man kann in ihm aber ein interessantes Argument aufspüren, nämlich eine Erinnerung an die Rätselhaftigkeit bestimmter menschlicher Eigenschaften, in denen vielleicht Größe verborgen liegt.

26  d) **Würdebegründungen seit der Aufklärung.** Auch nach Kant hat das Nachdenken über die Würde des Menschen nicht nachgelassen – mit manchmal skeptischen Resultaten. Hegel etwa hat – wie erläutert – die Würde des Menschen mit der objektiven Sittlichkeit verknüpft. Nur insofern Menschen Teil eines sittlichen Ganzen, des Staates, seien, hätten sie Würde.[27] Dies bedeutet eine Abkehr vom individualistisch-humanistischen Würdebegriff Kants.

27  In den sozialen Bewegungen, die sich die Emanzipation der lohnabhängigen sozialen Gruppen, insbesondere der Arbeiter, zur Aufgabe machten, wird von verschiedener Seite an Kants kategorischen Imperativ angeknüpft. Zentrales Ziel ist, die Menschen auch ökonomisch zum Selbstzweck zu erheben und sie nicht zu bloßen Mitteln der Wertschöpfung zu degradieren. Entsprechende Forderungen finden sich in vielen der verschiedenen politischen Strömungen, die sich im 19. Jahrhundert formieren, von der Sozialdemokratie bis zum Kommunismus. Auch Marx' Schriften zeigen direkte Anknüpfungen an Kants Idee, die Menschen als Zweck und nicht nur als Mittel zu behandeln.[28] Im Marxismus-Leninismus gewinnt allerdings zunehmend eine Haltung Oberhand, die es gerade rechtfertigt, Menschen als Mittel zur Schaffung der kommunistischen Gesellschaft zu benutzen – mit tragischen Folgen nicht nur im Stalinismus. Im Neukantianismus wird aus der Idee der Selbstzweckhaftigkeit ein ethischer (nicht marxistisch-leninistischer) Sozialismus gewonnen, da nur dieser Menschen auch in den Wirtschaftsbeziehungen als Zweck behandle.[29] Diese Diskussionen umkreisen mithin die Frage nach den Konsequenzen eines Begriffs der Würde als Selbstzweckhaftigkeit, geben ihm aber keinen neuen Inhalt.

28  Ein bekanntes Beispiel für Würdeskeptizismus bildet *Nietzsche*. Er formuliert ein Lob des großen Übermenschen, dessen Dasein der eigentliche Zweck sei, dem die Leben der Vielen zu dienen hätten und dem sie untergeordnet seien.[30]

### 4. Einige Würdebegründungen der Gegenwart

29  a) **Systemtheorie.** Auch in der Gegenwart haben die theoretischen Bemühungen um die Menschenwürde nicht nachgelassen. Luhmann hat beispielsweise in einer frühen

---

27  *G. W. F. Hegel*, Grundlinien der Philosophie des Rechts, § 258, vgl. o. § 11.
28  Vgl. etwa die bereits zitierte Stelle in *K. Marx*, Zur Kritik der Hegelschen Rechtsphilosophie. Einleitung, MEW 1, S. 385.
29  Vgl. im Überblick *H. Holzhey* (Hrsg.), Ethischer Sozialismus.
30  *F. Nietzsche*, Fünf Vorreden zu fünf ungeschriebenen Büchern, in: *ders.*, Sämtliche Werke, hrsg. v. G. Colli/M. Montinari, Bd. 1, 1999, S. 765 ff. Vgl. o. § 14.

Schrift zur Idee der Menschenwürde in einer allgemeinen Theorie der Grundrechte Stellung genommen.[31] Der Ausgangspunkt seiner Überlegung ist, dass man Grundrechte von ihrem metaphysischen Ballast befreien müsse. Sie seien rational einer funktionalen Analyse zu unterziehen. „Die Soziologie eröffnet (...) mit ihrer Frage nach der Funktion den Blick auf andere Möglichkeiten. Sie behandelt Heiligtümer als variabel, um in den Bedingungen ihrer Ersetzbarkeit den Sinn ihrer Realitäten zu finden".[32] Luhmanns Antwort auf die Frage nach der Funktion der Grundrechte ist, dass sie ein bestimmtes Maß an Differenziertheit der Gesellschaft aufrecht erhielten. Die Gesellschaft sei funktional darauf angewiesen, dass dies geschehe, wolle sie das erreichte Komplexitätsniveau nicht verlieren. Indem Grundrechte nun Individuen bestimmte geschützte Entfaltungssphären sicherten, werde die nötige Differenziertheit der Gesellschaft hergestellt.[33]

Der Schutz der Menschenwürde werde in diesem Rahmen als funktionales Bedürfnis der Gesellschaft gewährleistet. Moderne Gesellschaften seien auf verschiedene Rollenerfüllungen von Menschen angewiesen. „Daher müssen sie [die Gesellschaften, MM], die Unterschiedlichkeit der einzelnen Persönlichkeiten legitimieren und als Recht auf Individualität bewußt machen".[34] Sein Inhalt sei gelungene Selbstdarstellung, die sich aus bestimmten Selbstdarstellungsleistungen speise. Die Individuen werden damit nicht mehr als Selbstzweck verstanden, sondern als „Funktionsträger der Sozialordnung".[35] Dieser Ansatz bleibt auch in späteren Werken erhalten.[36]

Diese Theorie ist empirisch und soziologisch wenig plausibel (vgl. o. § 21 III). Normativ verfehlt sie die Pointe gerade der Idee der Menschenwürde. Denn aus systemtheoretischer Perspektive gibt es kein Argument gegen eine Gesellschaft, die ihre funktionalen Bedürfnisse anders definiert und auf Persönlichkeitsschutz verzichtet. Der Kern der Idee der Menschenwürde (wie anderer Grundrechte) ist es aber gerade, Menschen als solche unabhängig von sozialer Funktionserfüllung zu schützen. Auch die Bindung an bestimmte Leistungen der Menschen überzeugt nicht. Die Würde der Menschen ist gerade unabhängig vom Vollbringen von Leistungen mit ihrem Menschsein gegeben.

**b) Habermas' kommunikationstheoretischer Würdebegriff.** Aus Habermas' Sicht erwächst menschliche Würde aus bestimmten interpersonalen Beziehungen, in denen sich das Menschsein entwickle. Dieser Prozess beginne mit der Geburt, so dass von einer Würde der Person erst von diesem Zeitpunkt an gesprochen werden könne. Dies schließe allerdings nicht aus, dass schon vor der Geburt die Würde des menschlichen Lebens geschützt werden könne.[37] Würde sei an die Symmetrie menschlicher Beziehungen gebunden, sie konstituiere sich durch gegenseitige Anerkennung: Menschenwürde „ist nicht eine Eigenschaft, die man von Natur aus ,besitzen' kann wie Intelligenz oder blaue Augen; sie markiert vielmehr diejenige ,Unantastbarkeit', die allein in den inter-

---

31  *N. Luhmann*, Grundrechte als Institution, 1965.
32  *N. Luhmann*, Grundrechte als Institution, S. 8.
33  Vgl. o. § 21 III.
34  *N. Luhmann*, Grundrechte als Institution, S. 48.
35  *N. Luhmann*, Grundrechte als Institution, S. 50.
36  *N. Luhmann*, Die Gesellschaft der Gesellschaft, S. 1075 f. (Zusatz in den Klammern nicht im Org.); vgl. bereits o. § 21 III.
37  *J. Habermas*, Die Zukunft der menschlichen Natur, S. 66.

personalen Beziehungen reziproker Anerkennung, im egalitären Umgang von Personen miteinander eine Bedeutung haben kann".[38] Inhaltlich kommt auch Habermas zu einem Instrumentalisierungsverbot als Kern der Menschenwürde. Die Menschenwürde hat für Habermas zentrale Bedeutung für das Verhältnis von Recht und Moral: Durch die Menschenwürde werde das Recht an moralische Grundprinzipien gebunden.[39]

Das Problem der Habermas'schen Würdebestimmung liegt in Folgendem: Wenn sich Würde im egalitären Umgang konstituiert, taucht die normative Frage auf, warum sich Menschen egalitär verhalten, sich also als zu achtende Gleiche betrachten *sollen*. Habermas greift dazu letztendlich auf die Faktizität einer gegebenen moralisch-orientierten Gesellschaft zurück. In dieser Kultur verkörpern sich aus seiner Sicht die Voraussetzungen der Kommunikation, die in der Gegenwart bewusst geworden seien. Die Diskursethik kann die Begründung der normativen Gleichheit der Menschen aber nicht leisten, wie deutlich wurde (vgl. o. § 21 II). Bestimmte qualifizierte Formen der Kommunikation wie der herrschaftsfreie Diskurs setzen vielmehr normative Stellungen der Menschen voraus – vor allem ihre Gleichheit. Menschenwürde schützt im Übrigen mehr als den Einbezug von Menschen in Diskurse, nicht zuletzt, weil auch die Nichtdiskursfähigen sie besitzen.[40]

c) **Kontraktualistische Würdebegründung.** Eine kontraktualistische Theorie der Würde wendet sich gegen sog. Leistungstheorien (Luhmann), die auf eine bestimmte Leistung zur Würdebegründung zurückgreifen, und gegen sog. Mitgifttheorien, die Würde aus bestimmten Eigenschaften der Menschen, ihrer kreatürlichen Mitgift, herleiten. Dabei steht insbesondere die Anknüpfung an die Vernunft des Menschen in der Kritik, die eine idealistische Überhöhung dieser Vernunftnatur des Menschen bedeute. Menschenwürde werde durch das gegenseitige Versprechen der in einer konkreten Gesellschaft vereinten Menschen konstituiert, vergleichbar dem Bürgerschwur der mittelalterlichen Stadt.[41]

Das Problem dieser Würdebegründung ist, ähnlich wie bei der Diskursethik, dass das eigentliche normative Problem nicht gelöst wird. Dieses Problem lautet: Warum *sollen* Menschen einander als Gleiche achten? Nur wenn auf diese Frage eine Antwort gefunden werden kann, kann auch die Frage beantwortet werden: Warum *sollen* sie es einander versprechen? Wenn es auf diese Fragen keine Antwort gibt, ist das gegenseitige Würdeversprechen nur ein – je nach Perspektive – lobenswerter oder kurioser Akt, dessen Ablehnung normativ nicht kritisiert werden kann.

d) **Würde aus Neubeginn, Investition, Metaphysik und Genealogie.** Ein in internationaler Perspektive viel diskutierter Ansatz begründet menschliche Würde mit der Fähigkeit zum Neubeginn im eigenen Leben, der immer vorhandenen Möglichkeit, eine neue Richtung einzuschlagen.[42] Dworkin schlägt vor, auf die Investitionen argumenta-

---

38 *J. Habermas*, Die Zukunft der menschlichen Natur, S. 62.
39 *J. Habermas*, Das Konzept der Menschenwürde und die realistische Utopie der Menschenrechte, DZPhil, 58 (2010), 347 ff.
40 Ebd.
41 *H. Hofmann*, Die versprochene Menschenwürde, AöR, 118 (1993), S. 353 ff.
42 *A. Margalit*, The Decent Society.

tiv zurückzugreifen, die gemacht werden, damit eine Persönlichkeit sich entwickelt.[43] Zwei Prinzipien bestimmten den Inhalt menschlicher Würde: Erstens Selbstachtung, d.h. eine Haltung, die das eigene Leben als Wert begreift. Zweitens Authentizität, d.h. eine persönliche Verantwortung dafür, ein Leben zu leben, zu dem man steht.[44] Darüber hinaus werden Theorien, die Menschenwürde in einem metaphysischen Absoluten fundieren, diskutiert.[45] Auch diese Ansätze helfen jedoch nicht weiter: Die Fähigkeit zum Neubeginn greift das Freiheitsvermögen der Menschen auf, das ein traditionelles Element der Würdebegründung liefert. Menschenwürde existiert weiter gerade unabhängig von Investitionen – ein Mensch mit einer langen Ausbildung ist keineswegs mehr Zweck als jemand ohne diese Investition. Metaphysische Theorien machen schließlich unplausible Annahmen zur ontologischen Konstitution der Welt.[46] Auch eine „affirmative Genealogie" wird zur Begründung der Menschenwürde herangezogen, die die „Sakralität der Person" aus der Genealogie von Kulturen des Respekts vor Menschen, etwa im Zuge der Abschaffung der Sklaverei, herleiten will.[47] Genealogische Argumente ersetzen aber die Legitimation durch normative Theoriebildung nicht. Die Faktizität einer historischen Entwicklung entbindet auch für die Menschenwürde nicht von der Notwendigkeit der Rechtfertigung des geschichtlich Gewordenen.

**5. Ein autark humanistischer Würdebegriff**

Ist dadurch, dass keiner der beispielhaft dargestellten neueren Theorien eine überzeugende Begründung der Würde der Menschen geglückt ist, die Gewissheit, mit der sich Menschen in vielen Teilen der Welt auf sie beziehen, als (vielleicht nützliche) Selbsttäuschung entlarvt? Sind die Hoffnungen, die mit diesem Begriff verbunden werden, leer? Oder kann man vielleicht an ältere Würdekonzeptionen anknüpfen? Wenn nicht – behält Schopenhauer am Ende doch Recht, der Menschenwürde zum nutzlosen Begriff und rhetorischen Pomp erklärte? Ein Weg, diese Fragen zu beantworten, besteht darin, die folgende Begründung der Legitimation der Idee menschlicher Würde zu bedenken.

*Kant* hat in seiner praktischen Philosophie darauf hingewiesen, dass es eine Naturnotwendigkeit für Menschen bildet, die eigene Glückseligkeit als Lebensziel zu verfolgen.[48] Menschen sind sich in ihrem Leben selbst ein Zweck oder schlichter formuliert, Menschen ist ihr Leben ein Gut. Diese Aussage ist plausibel, auch wenn es tragische Fälle gibt, in denen dies nicht der Fall sein mag. Zu diesem Lebensglück zählt Vieles und Komplexes. Wichtig für Moral und Recht sind Grundgüter wie Subsistenzmittel, aber auch Freiheit, Selbstachtung der Menschen und Anerkennung ihres Personseins durch andere, die zu den zentralen materiellen und immateriellen Gütern eines menschlichen Lebens gehören. Den Menschen ist die Erreichung dieser Güter ein (in Kants Terminologie) naturnotwendiger Zweck, der seinen Wertstatus

---

43 *R. Dworkin*, Life's Dominion, S. 84.
44 *R. Dworkin*, Justice for Hedgehogs, S. 203 ff.
45 *R. Spaemann*, Das Natürliche und das Vernünftige, 1987, S. 106.
46 Wie *L. Wingert*, Was ist und was heisst ‚unverfügbar'?, in: R. Forst/M. Hartmann/R. Jaeggi/M. Saar (Hrsg.), Sozialphilosophie und Kritik, 2009, S. 384 ff., 394 f. Fn. 13, festhält, ist Unverfügbarkeit der Würde keine notwendig profanisierte Gestalt des Heiligen, weil der Begriff der Würde (argumentativ) anfechtbar bleibt.
47 *H. Joas*, Die Sakralität der Person, 2011.
48 *I. Kant*, Grundlegung zur Metaphysik der Sitten, S. 415; ders., Die Metaphysik der Sitten, S. 387.

aus keinen anderen Werten ableitet. Es bildet ein Faktum des menschlichen Erlebens, dass die Erreichung der verschiedenen materiellen und immateriellen Güter als Teil des Vollzugs eines gelingenden Lebens einen Wert bildet. Dies gilt für jeden Menschen. Ein glückliches Leben ist nicht nur für wenige Ziel und Zweck.

39   Wenn man das grundlegende und näher erläuterte Gerechtigkeitsprinzip, dass Gleiches gleich behandelt werden soll, anwendet, folgt aus diesem Befund, dass jeder Mensch und die Menschheit insgesamt als Gesamtheit der Individuen als Selbstzweck angesehen werden muss. Die Welt der Zwecke endet bei dem einzig zwecksetzenden Wesen selbst, weil dieses Wesen sich durch seinen Glücksbezug empirisch-faktisch ein Zweck ist und durch Verallgemeinerung aufgrund eines grundlegenden Gerechtigkeitsprinzips bei der gleichberechtigten Zweckhaftigkeit aller Menschen insgesamt als letztem Ziel menschlicher Zwecksetzung.

40   Die Garantie der Menschenwürde hat eine besondere Funktion durch den Schutz von Achtungsansprüchen, die Menschen erheben, wie Pufendorf anschaulich formuliert hat.

41   Die Frage ist allerdings, ob diese Achtungsansprüche objektiv berechtigt erhoben werden. Die Menschen könnten sich über ihren Wert ja auch täuschen, so dass ihre Achtungsansprüche (wie immer sie deren Verletzung subjektiv auch schmerzen mag) unbegründet wären. Man könnte in einem solchen Fall immer noch für Rücksichtnahme auf die unberechtigten Gefühle der Menschen plädieren, aus Mitgefühl etwa für Folgen der Missachtung, nicht aber weil die Achtungsansprüche legitim wären.

42   Die Achtungsansprüche von Menschen sind aber keineswegs unbegründet, wie folgende Überlegung zeigt. Mit menschlicher Würde wird Menschen ein bestimmter Wert zugeschrieben. Das Wertprädikat Würde beruht dabei wie alle Wertprädikate auf bestimmten Prinzipien, die diese Zuschreibung leiten. Bei der Menschenwürde knüpfen diese Attributionsprinzipien an bestimmte Eigenschaften der Menschen an. Diese Eigenschaften liegen bei jedem Menschen qualitativ in gleicher Weise vor. Keine einzelnen Menschen oder Menschengruppen besitzen besondere Eigenschaften, die ihrem Leben einen größeren Wert verleihen würden als anderen Menschen, so dass Letztere nicht die gleichen Achtungsansprüche erheben dürften wie Erstere. Jede menschliche Existenz ist durch die Eigenschaften ausgezeichnet, die Würde begründen. Von zentraler Bedeutung sind hier zunächst Vernunft und Verstand, oder – weniger traditionsbeladen und anfällig für (metaphysische) Fehldeutungen – die höheren geistigen Fähigkeiten von Menschen als Grundlage ihres Verständnisses und reflektierten Verhältnisses zur Welt. Menschen schaffen sich darüber hinaus eine nach Prinzipien ästhetischen Wohlgefallens konstituierte Sphäre der Kunst, die nicht weniger bedeutet als die ästhetische Selbstaneignung der eigenen Existenz. Die Menschen teilen eine weite Welt von Empfindungen, die manchmal angenehm, manchmal auch schwer zu tragen sind. Zur humanen Existenz gehört dabei die Kenntnis eigener Vergänglichkeit – was immer man tut, geschieht mit einem mehr oder minder laut eingestandenem Trotzdem, weil die eigene Person jedenfalls das Getane nicht überdauert. Menschen haben zudem keine andere Wahl, als sich auf den schwierigen Weg der Selbstbildung zu machen, da diese sich nicht einfach ergibt. Sie müssen dabei existentielle Widerstände überwinden,

um sich – ohne Garantie, dass es gelingt – zu dem möglichen Niveau des eigenen Selbst zu erheben und dort im Lebensvollzug weiter zu erhalten. Mit der Moral verfolgen Menschen mehr als ihre eigenen unmittelbaren Interessen, ihre Verwirklichung wird unter den Vorbehalt der Vereinbarkeit mit dem Wohl und den gerechten Ansprüchen anderer gestellt, der wichtiger werden kann als das Glück der eigenen Person. Was in der Moral so als Sollen erscheint, geschieht in Liebe, Freundschaft und Zuwendung sogar aus Neigung: Andere Menschen werden zum Zweck des eigenen Lebensvollzugs.

Das reflexive Verhältnis zur Welt, die ästhetische Selbstaneignung der eigenen Existenz, die Gefühlswelt und Selbstbildung der endlichen Person unter dem Vorbehalt der Moral gebieten Achtung, weil sie sich im Modus des Bewusstseins und der Autonomie vollziehen. Menschen sind bewusste Urheber der Gestaltung ihrer Existenz und deswegen – bei allen sozialen, historischen und kulturellen Bedingtheiten – ihr verantwortliches Subjekt.

Die durch diese Eigenschaften fundierte Achtung besitzt unmittelbar normative Implikationen, denn Achtung gebietet, dass die Integrität und der Wert des Geachteten geschützt werden. In Anbetracht der gegebenen Eigenschaften der Menschen ist das Attribut der Würde darüber hinaus auch ein Gebot der Gerechtigkeit: Aufgrund des begründet Achtbaren ihrer Existenz steht Menschen das Attribut der Würde als das ihre zu.

Damit gibt es drei Begründungsstränge dafür, dass Menschen gerechtfertigt Achtungsansprüche erheben, die also mehr sind als ein subjektiver Schein: Der erste besteht in der Universalisierung naturnotwendiger individueller Selbstzweckhaftigkeit unter Prinzipien differenzierter, personal relationaler Gerechtigkeit. Der zweite greift auf ein Ensemble von Gattungseigenschaften zurück, die nach Attributionsprinzipien der praktischen Urteilskraft Werthaftes konstituieren, das Achtung vor ihren personalen Trägern und die von Achtung implizierten normativen Konsequenzen gebietet. Der dritte beruht auf einem personal nicht-relationalen Urteil proportionaler Gerechtigkeit, das unter der Bedingung der Gegebenheit des durch Eigenschaften und Attributionsprinzipien bestimmten Achtbaren Respekt vor diesem Gut fordert.

Der damit begründete Begriff der Würde als Selbstzweckhaftigkeit der Menschen ist theoretisch autark, weil er auf keine anderen Quellen zurückgreift als die anthropologischen Gegebenheiten und das Rüstzeug der praktischen Urteilsfähigkeit, insbesondere die Gleichheitsmaxime der differenzierten Gerechtigkeit. Er ist ohne Zweifel mit verschiedenen religiösen Ansätzen vereinbar und kann durch sie bestärkt werden, er erreicht sein Begründungsziel aber unabhängig von religiösen Quellen. Das ist eine wichtige Eigenschaft einer Begründung der Würde, die in einer pluralistischen Welt über religiöse Grenzen hinweg plausibel sein muss und deswegen von keiner spezifischen religiösen Begründung abhängen darf. Er ist humanistisch, weil sich in ihm jeder einzelne Mensch, unabhängig von Eigenschaften und Leistungen zum kategorisch geschützten Selbstzweck erhebt. Im Glücken seiner Existenz verkörpert sich der letzte Wert der Ethik und des Rechts.

### 6. Anwendungsprobleme

**47** a) **Der Beginn des menschlichen Lebens.** Nicht nur der Inhalt und die Begründung menschlicher Würde sind strittig. Mindestens ebenso intensiv wird über bestimmte Anwendungsprobleme diskutiert. Die erste Frage, die sich hier stellt, ist die nach dem Beginn des Menschenwürdeschutzes. Ausgangspunkt der Beantwortung dieser Frage muss sein, dass Menschenwürde besitzt, wer Mensch ist, d.h. zur biologischen Gattung Mensch gehört. Alles andere würde zu undurchführbaren und potenziell inhumanen Abgrenzungsversuchen führen, welche Menschen wirklich Menschen seien. Deswegen besitzen selbstverständlich – dies sei nur klargestellt, weil es moderne Theorien gibt, die es bezweifeln – etwa auch Kleinkinder, Debile oder Geisteskranke die Würde eines Menschen. Damit wird auch Würde und Lebensrecht gekoppelt, die Würde wird also nicht später geschützt als das menschliche Leben. Nach dieser ersten Weichenstellung stellt sich die zweite Frage nach dem Beginn menschlichen Lebens.

**48** Diese Frage ist besonders umstritten.[49] Zentraler Grund dafür ist das Problem des Schwangerschaftsabbruchs. Dabei wird allerdings zuweilen übersehen, dass die Antwort auf die Frage, wann menschliches Leben beginnt, keineswegs schon darüber entscheidet, ob eine liberale Regelung von Schwangerschaftsabbrüchen gerechtfertigt ist, wie hier begründet werden soll, oder nicht. Diese Frage kann erst beantwortet werden, wenn andere entscheidende normativen Positionen berücksichtigt wurden, insbesondere der bis in Gegenwart oft vernachlässigte Respekt vor der Würde der schwangeren Frau, die nicht zu einem Reproduktionsinstrument degradiert werden darf.

Der späteste, vertretene Zeitpunkt für den Beginn menschlichen Lebens ist ein wirklich gegebenes Ich-Bewusstsein.[50] Dies wird damit begründet, dass nur wenn reale Interessen existierten, ein Grund für die Annahme eines Lebensrechts bestehe. Vor einem entwickelten Ich-Bewusstsein könne aber von der Existenz derartiger realer Interessen nicht ausgegangen werden. Diese Argumentation ist höchst unplausibel, weil in Alltagssituationen wie Schlaf oder Bewusstlosigkeit selbstverständlich ein Lebensrecht existiert und zwar nicht nur in Hinblick – das ist wichtig festzuhalten – auf aktuell tatsächlich gegebene Interessen, sondern in Bezug auf das Gut, das bewusstes Leben bildet und das etwa nach dem Ende einer Bewusstlosigkeit wieder genossen werden kann. Es geht nicht nur darum, den Tod selbst als Übel zu verhindern, denn in letzterem Fall wäre sonst eine schmerzfreie, unbemerkte Tötung erlaubt. Entsprechend dient der Schutz menschlichen Lebens auch vor der Ausbildung eines Ichbewusstseins dazu, die Möglichkeit zu erhalten, ein bewusstes Leben schließlich als Gut zu erleben. Im Übrigen ist die Glücks- und Leidensfähigkeit von Menschen vor der Entfaltung von Selbstbewusstsein offensichtlich.

---

49 Vgl. zum Folgenden ausführlich *M. Mahlmann*, Elemente einer ethischen Grundrechtstheorie, S. 293 ff.
50 Dies ist ein Standardansatz der internationalen Bioethik-Debatte, vgl. etwa *M. Tooley*, Abortion and Infanticide, 1983, S. 50 ff., der hinsichtlich Neugeborenen zum Ergebnis kommt, sie seien keine Personen, ebd., S. 407; *P. Singer*, Practical Ethics, 3rd ed., 2011; *ders.*, Rethinking Life and Death, 1994; ebenso z.B. *N. Hoerster*, Abtreibung im säkularen Staat, 2. Aufl., 1995, S. 74 ff.; *ders.*, Neugeborene und das Recht auf Leben, 1995, S. 11 ff., mit der Idee, wegen der Abgrenzungsprobleme, wann eine Person zu existieren beginnt, auch Neugeborene, für die es eigentlich nicht zu begründen sei, in das Tötungsverbot einzubeziehen, S. 20 ff.

Der nächste Zeitpunkt, der herangezogen wird, ist die Geburt.[51] Dafür sprechen die Klarheit der Grenzziehung und der Eintritt des Kindes in ein von der Mutter physisch getrenntes Leben. Allerdings ist der Geburtszeitpunkt zufällig und durch die moderne Medizin veränderbar. Es ist wenig einleuchtend, die Würde eines frühgeborenen Kindes im 7. Monat beginnen zu lassen, die eines normal geborenen dagegen zwei Monate später, oder den Beginn des Würdeschutzes vom Zeitpunkt einer gewollten Kaiserschnittgeburt abhängig zu machen.

Als früherer Zeitpunkt als die Geburt wird die Ausbildung der neuronalen Grundlagen des Ich-Bewusstseins genannt, das der Kern der menschlichen Lebensinteressen sei.[52] Auch das leuchtet wenig ein. Menschsein heißt nicht nur Geist-Sein. Das Menschsein umfasst die Gesamtheit der physischen und psychischen Aspekte einer menschlichen Existenz. Man kann mithin das Menschsein nicht auf Bewusstseinsphänomene reduzieren. Die Ausbildung ihrer Anlage kann deshalb nicht entscheidend für den Beginn menschlicher Würde sein. Es fragt sich im Übrigen, warum nicht ein früherer Zeitpunkt herangezogen wird, denn das Potenzial zur Ausbildung der neuronalen Grundlagen des Bewusstseins liegt ja schon im Embryo selbst.

Eine ernsthaft zu erwägende Grenze ist die Nidation, d.h. die Einnistung des Embryos in der Gebärmutter. Mit dieser Einnistung wird die Mehrlingsbildung ausgeschlossen, die Individuation vollzogen. Die Möglichkeit, dass Mehrlinge entstehen, wird aber als zentrales Argument dagegen verstanden, einen früheren Zeitpunkt als die Nidation als den Beginn menschlichen Lebens anzusehen. Erst wenn es mit Sicherheit eine individuierte Person gebe, könne von menschlichem Leben, das einen individuierten Menschen ja voraussetze, die Rede sein. Auch hier taucht aber ein Problem auf: Wenn eine Mehrlingsbildung biologisch nicht möglich wäre, würde nach dem vorstehenden Argument das menschliche Leben mit der Insemination, der Verschmelzung der Gameten, also vor der Nidation beginnen können, denn dann würde eben zu diesem Zeitpunkt ein individuierter Mensch existieren. Nun leuchtet es aber nicht ein, einen Embryo deswegen weniger zu schützen, weil aus ihm nicht nur ein Mensch, sondern mehrere Menschen gebildet werden können. Dies spricht dafür, die Insemination selbst als Beginn des menschlichen Lebens anzusehen. Mit diesem Zeitpunkt liegt mindestens ein genetisch individuiertes menschliches Leben vor, das sich in einem langen Prozess entwickelt, durch seine Gene aber nicht vollständig in seiner vollen menschlichen Personalität bestimmt wird, sondern diese erst in seinem weiteren Leben ausbildet.

Die internationale bioethische Diskussion kreist um vier Argumente, die erörtert werden sollen, um die Stichhaltigkeit der verschiedenen Überlegungen zu überprüfen. Das *Speziesargument* hält das Menschsein an sich für eine notwendige und hinreichende Bedingung, Menschenwürde zu genießen. Diesem Argument wird Speziezismus, also eine Parteilichkeit für die eigene Spezies vorgeworfen. Dieser Vorwurf ist dann unberechtigt, wenn Menschenwürde an bestimmte Eigenschaften gebunden wird, was nicht ausschließt, dass auch eine andere Spezies als Menschen Würde genießen könnte, wenn sie diese zentralen Eigenschaften teilte. Das *Kontinuitätsargument* weist auf die

---

51  Z.B. *V. Gerhardt*, Der Mensch wird geboren, 2001.
52  *R. Merkel*, Früheuthanasie, 2001, S. 508.

kontinuierliche Entwicklung von der Insemination bis zur Geburt hin, die Grenzziehungen willkürlich mache. Hiergegen wird eingewandt, dass auch eine Kontinuität zwischen dem Aufbau der Eiweißmoleküle, aus denen die Gameten bestehen, und dem geborenen Kind existiere, ohne dass jemand den Eiweißmolekülen Würde zusprechen wollte. Dieser Einwand zeigt, dass es darauf ankommt, einen normativ relevanten Zeitpunkt zu bestimmen, der einen qualitativ bedeutsamen Einschnitt bildet. Nach dem hier Entwickelten ist dieser die Insemination.

53 Das *Identitätsargument* hält fest, dass die Identität zwischen dem erwachsenen Menschen, der unzweifelhaft Würde genieße, und früheren Entwicklungsstufen entscheidend sei. So weit diese Identität reiche, bestehe auch Würde. Dieses Argument ist schon insofern zu qualifizieren, als aufgrund der Persönlichkeitsentwicklung eines Menschen personale Identität für normative Zwecke nur in einem grundsätzlichen Sinne gegeben sein kann, denn Menschen verändern sich in gewisser Hinsicht ihr Leben lang. Zur Bestimmung der Identität ist wiederum nicht nur auf Bewusstseinszustände, sondern auf die geistig-körperliche Einheit zurückzugreifen, die ein individueller Mensch bildet, denn diese macht sein Menschsein aus. Diese wird aber durch den mit der Insemination gebildeten Gensatz fundiert, auch wenn bei Mehrlingsbildung mehrere Individuen Träger dieses Gensatzes sein können. Dass die Mehrlingsbildung kein Argument gegen, sondern für einen Würdeschutz mit der Insemination ist, wurde bereits erwähnt.

54 Bleibt noch das *Potenzialitätsargument*, das besagt, dass das Potenzial zum vollen Menschsein ausreiche, alle auf das Menschsein gegründeten Wertprädikate einem Wesen zuzuschreiben. Dieses Argument ist wichtig, denn Frühformen menschlichen Lebens sind offensichtlich weit davon entfernt, Eigenschaften zu besitzen, die diese Wertprädikate rechtfertigen. Gegen dieses Argument wird vorgebracht, eine Entität mit einem Potenzial zu etwas sei nicht mit dem Gegenstand zu verwechseln, in dem sich das Potenzial verwirkliche. Der Kronprinz sei potenziell der König von England, habe aber deswegen keineswegs bereits die Rechte des Königs von England. Dieser Einwand übersieht im konkreten Fall, dass mit der Insemination bereits mindestens ein genetisch individuierter Mensch (nicht nur ein Anwärter auf das Menschsein) seinen Lebensweg begonnen hat, der sich allmählich während der Schwangerschaft und danach in den verschiedenen Dimensionen seines Menschseins entfaltet. Der Schutz von Würde und des Rechts auf Leben von der Insemination an erhöht die Chance des werdenden Menschen, sein Leben bewusst als Gut zu erfahren, z.B. weil verhindert wird, dass diese Chance aufgrund eines Schwangerschaftsabbruchs aufgrund des weiblichen Geschlechts eines Fötus genommen wird. Führt diese Schlussfolgerung aber nicht zu restriktiven und selbstbestimmungsfeindlichen Konzeptionen des Schwangerschaftsabbruchs, die in der Vergangenheit viel vermeidbares Leid verursacht haben und in der Gegenwart weiter verursachen? Das ist nunmehr zu klären.

55 **b) Schwangerschaftsabbruch.** Der Schwangerschaftsabbruch ist eines der international politisch und ethisch besonders umkämpften Themen der Ethik und des Rechts. Wenn man mit der vorstehenden Argumentation erwägt, dass der Beginn eines menschlichen Lebens in der Insemination liegt, taucht die Frage auf, ob damit jeder Schwangerschaftsabbruch unzulässig wird. Dies wird manchmal als selbstverständlich angenom-

men, ist es aber keineswegs, wie bereits angedeutet. Die entscheidende Entwicklung der Diskussion um den Schwangerschaftsabbruch und der entsprechenden Rechtsprechung in den letzten Jahrzehnten liegt im sich immer mehr verstärkenden Bewusstsein der betroffenen Rechtspositionen der schwangeren Frau. Dies war lange nicht selbstverständlich, weil traditionale Gesellschaftsstrukturen und Rollenmuster diese Rechte nicht mit dem gebührenden Nachdruck bedachten. Kern dieser Rechte ist der Schutz der Würde der Frau, die damit neben die Würde des werdenden Menschen tritt.[53] Eine tragische Konstellation kann so entstehen, für die es eine Lösung zu finden gilt, die jedenfalls die Problematik nicht vertieft. In Anbetracht der Folgen von Regelungen des Schwangerschaftsabbruchs in der Vergangenheit (Schwangerschaftsabbruch in der Illegalität, hohe Sterblichkeit der Mütter usw.) ist hier ohne Zweifel Vorsicht gerade bei der Anwendung von Kriminalstrafen angebracht.

Einen Ausgangspunkt der Überlegungen zu einer differenzierten Lösung der Problematik kann dabei bilden, dass niemand sich für die Rettung des Lebens eines anderen aufopfern muss. Kein Mensch ist moralisch verpflichtet, ein Organ zu spenden, um einen anderen zu retten, wenn nicht der eigene Wille dazu besteht. Deswegen wird richtigerweise weithin akzeptiert, dass ein Schwangerschaftsabbruch zulässig ist, wenn dieser unternommen wird, weil eine Gefahr für Leib und Leben der Mutter gegeben ist (medizinische Indikation): Es besteht keine Pflicht der Mutter zu sterben oder schwere Gesundheitsbeschädigungen zu erleiden, damit das Kind zur Welt kommt. Ähnliches gilt für Fälle, in denen es wegen einer Vergewaltigung zum Schwangerschaftsabbruch kommt (kriminologische Indikation). Dies liegt nicht am Wertstatus des werdenden Menschen, der ja durch die Gewaltsamkeit des Zeugungsaktes nicht sein Menschsein einbüßt. Der Grund liegt vielmehr allein darin, dass eine Frau nach der gewaltsamen Instrumentalisierung in der Vergewaltigung nicht durch das Zur-Welt-Bringen des Kindes, wenn dies nicht ihrem Willen entspricht, ein zweites Mal instrumentalisiert werden soll. Am schwierigsten sind die Fälle sog. sozialer Indikationen zu lösen. Realistischerweise ist einzuräumen, dass auch hier Konstellationen existieren können, in denen die Geburt des Kindes einer Instrumentalisierung der Mutter gleichkommt, weil sie ihr eigenes Leben zugunsten des Kindes opfern muss, z.B. bei Schwangerschaften von Minderjährigen. Nur bei Überschreiten dieser Schwelle kann auch die Behinderung eines Kindes eine Rolle spielen. Allein bietet sie keine Rechtfertigung für Schwangerschaftsabbrüche, denn auch Menschen mit Behinderungen haben (selbstverständlich) die gleiche Würde wie alle anderen, die das Menschsein teilen. Die in bestimmten Gesellschaften verbreiteten Abbrüche von Schwangerschaften aufgrund des weiblichen Geschlechts des Fötus können dagegen ethisch nicht gerechtfertigt werden. Sich zu einem Mädchen zu entwickeln, darf kein Grund sein, keine Chance zu haben,

---

[53] Diese Entwicklung zeigt etwa exemplarisch die Rechtsprechung des BVerfG, vgl. BVerfGE 39, 1; 88, 203. Explizit das Sondervotum BVerfGE 88, 203 (339 f.). Auch ein so intensiv diskutierter Beitrag wie *J. J. Thomson*, A Defence of Abortion, Philosophy & Public Affairs, 1 (1971), S. 47 ff., rekurriert implizit auf die Selbstzweckhaftigkeit der betroffenen Frauen. Der US Supreme Court rekonstruiert den Konflikt auf der Grundlage eines „right of privacy" der betroffenen Frau, *Roe v. Wade* 410 U. S. 113 (1973), wobei Überlegungen zur Würde der Frau zunehmend Prominenz gewonnen haben, vgl. *Planned Parenthood v. Casey* 505 U. S. 833 (1992), bis das Gericht eine spektakuläre und wenig überzeugende Kehrtwende vollzogen hat, *Dobbs v. Jackson Women's Health Organization*, 597 U.S. 215 (2022). Vgl. zum Ganzen *M. Mahlmann*, Elemente einer ethischen Grundrechtstheorie, S. 312 ff.

als geborener Mensch sein Leben entfalten. Gleiches gilt für Schwangerschaftsabbrüche aus rassistischen Gründen.

57 Im Einzelfall spielt noch das Prinzip der Verantwortungsübernahme eine Rolle. Wenn eine Schwangerschaft zeitlich fortgeschritten ist, steigt entsprechend die Begründungslast für ihren Abbruch. Mit diesen rechtsethischen Leitlinien ist eine humane, liberale Regelung des Schwangerschaftsabbruchs möglich, die die Würde des werdenden Menschen ebenso ernst nimmt wie die der betroffenen Frau.

58 c) **Bioethik.** Heute sind viele Fragen der Bioethik umstritten. Ausgehend von dem entwickelten Begriff menschlicher Würde können einige Antwortversuche skizziert werden. Eugenik oder reproduktives Klonen (seine Möglichkeit unterstellt) sind aufgrund der Idee der Selbstzweckhaftigkeit von Menschen unzulässig, weil sie zu Selektionszwecken missbraucht werden könnten und den Eigenwert der Menschen unabhängig von Eigenschaften negieren. Auch die Präimplantationsdiagnostik (PID) – die Untersuchung und eventuelle Verwerfung von Embryonen vor ihrer Implantation in der Gebärmutter bei künstlicher Befruchtung – ist im Grundsatz ein Verstoß gegen das Instrumentalisierungsverbot. Ein Widerspruch zur Pränataldiagnostik – der Untersuchung von Föten vor der Geburt auf Missbildungen – besteht dann nicht, wenn ein möglicher Schwangerschaftsabbruch nicht auf die Eigenschaften der Föten, sondern auf die Folgen für die betroffene Frau gestützt wird.[54] Auch im Rahmen der Stammzellenforschung bedeutet die Erzeugung von Embryonen (therapeutisches Klonen) zur Gewinnung von Stammzellen einen Verstoß gegen das Instrumentalisierungsverbot. Andere Formen der Gewinnung von Stammzellen, bei denen dies nicht geschieht, sind normativ unproblematisch.

Vielleicht einmal mögliche, z.B. gentechnisch bewirkte Veränderungen an Embryonen oder Föten, die die körperliche Integrität eines geborenen Menschen beeinträchtigen, etwa eine Sterilisation aus rassistischen Gründen, sind nach den entwickelten Prinzipien mit der Menschenwürde nicht vereinbar.

59 d) **Folter.** Als letztes Anwendungsbeispiel soll das Problem der Folter angerissen werden. Beim Nachdenken über diesen Problemkreis sollte die politische Realität der Gegenwart im Auge behalten werden. Drei Konstellationen sind dabei relevant. Folter ist erstens weiterhin ein wichtiges politisches Herrschaftsinstrument zur Einschüchterung und Ausschaltung von Opposition. Der Verstoß gegen die Menschenwürde ist hier evident. Zweitens ist Folter ein Mittel der Strafverfolgung, indem sie zur Aufklärung begangener Taten benutzt wird. Auch dies ist ein Verstoß gegen die Würde der Betroffenen. Die Strafverfolgungsinteressen einer Gemeinschaft rechtfertigen nie ihre Durchsetzung durch Folter. Die dritte Konstellation betrifft präventive Folter durch Staatsorgane, also Folter zur Abwehr von Gefährdungen anderer. In der theoretischen Diskussion stehen sog. *Ticking-Bomb-Szenarien* im Vordergrund des Interesses, in denen eine versteckte Bombe, deren Explosion verheerende Folgen haben würde, nur entschärft werden kann, wenn der bekannte und gefasste Täter gefoltert wird, um

---

54 Einen Sonderfall bilden Krankheiten, die zu einem ganz kurzen Leben nach der Geburt mit extremen Qualen führen. Diese bilden aber nicht den Kern der Debatte um PID.

ihr Versteck bekannt zu geben.⁵⁵ Ein anderes Beispiel bietet die Folter zur Ermittlung des Aufenthaltsortes eines Entführungsopfers, das ansonsten sterben würde.⁵⁶ Hier kann man durchaus nicht nur eine Verletzung der Würde des Gefolterten, sondern auch der Opfer annehmen, die selbst instrumentalisiert werden – zur Erreichung der Ziele der Terroristen oder des Entführers. Man kann auch davon ausgehen, dass die negative Pflicht, Verletzungen zu unterlassen, die positive Pflicht, zu helfen, nicht in jedem Fall überwiegt, wenn nicht sogar zwei negative Pflichtenverletzungen vorliegen, einmal durch Tun (die Folter), einmal durch Unterlassen (das Unterbleiben der Rettung der Opfer des Bombenanschlags oder der Entführung). Dennoch muss Folter auch hier rechtlich unzulässig sein. Erstens liegt in der Wirklichkeit regelmäßig eine Grundvoraussetzung der theoretischen Szenarien nicht vor, nämlich das sichere Wissen, wer der Täter ist. Zweitens bedeutet Folter auch zur Rettung anderer nicht nur für den Gefolterten, sondern auch für den Folterer einen nicht weniger barbarischen Akt. Als Gegenstand einer abstrakt-generellen Regelung des Rechts mit den entsprechenden institutionellen Folgen ist er undenkbar, weil er das Inhumane normalisiert. Schließlich ist zu bedenken, dass Folter auch in der Gegenwart ein großes Übel bildet, das man realistischerweise praktisch nur eindämmen kann, indem man Folter ausnahmslos untersagt.

### 7. Menschenwürde und Fürsorge

Mit der Menschenwürde wird der Wert des Einzelnen als Selbstzweck ausgedrückt. Damit steht das letzte Element bereit, um die Pflicht mitmenschlicher Fürsorge zu begründen, deren praktischer, auch rechtlicher Ausdruck z.B. die moderne Sozialstaatlichkeit ist. Ein erstes Element ihrer Begründung wurde im Rahmen der Diskussion von v. Humboldt und seinem Freiheitsbegriff entwickelt (s. o. § 10 I). Dieses Element ist die nüchterne Abschätzung der eigenen Interessen. Da Menschen, um selbst ein substantiell bedeutungsvolles Leben zu führen, auf die Entfaltung anderer angewiesen sind, müssen sie aus Eigeninteresse deren Wohlergehen befördern. Das Musikstück, das sein Urheber nicht komponieren kann, weil er in einem Slum früh stirbt, kann der nicht genießen, der nichts tat, die Existenz des Slums zu verhindern.

Neben dieses Argument treten zweitens die Prinzipien des Altruismus, die Fürsorge moralisch auszeichnen. Drittens ergibt sich jetzt: Der Beistand für andere kann in Anbetracht der grundlegenden, im Begriff der Menschenwürde gefassten, nunmehr ebenfalls theoretisch fundierten Wertgleichheit aller Menschen ein schlichtes Gebot der Gerechtigkeit sein. Mitmenschliche Fürsorge ist daher eine moralische und rechtsethische Pflicht.⁵⁷ Wenn ein Individuum oder eine Gemeinschaft über das dabei Gebotene

---

55 Aus der internationalen Debatte z.B. *A. Dershowitz*, Why Terrorism Works: Understanding the Threat, Responding to the Challenge, 2002, 131 ff.; zur Debatte z.B. die Beiträge in S. Levinson (Hrsg.), Torture, revised ed., 2006. Vgl. a. W. *Brugger*, Darf der Staat ausnahmsweise foltern?, Der Staat, 35 (1996), S. 67 ff.; *ders.*, Vom unbedingten Verbot der Folter zum bedingten Recht auf Folter?, JZ, 55 (2000), S. 165 ff. Zum Ganzen *M. Mahlmann*, Elemente einer ethischen Grundrechtstheorie, S. 336 ff.
56 Vgl. den Daschner-Fall, LG Frankfurt, NJW 2005, 692 ff.; EGMR, Gäfgen v. Germany, 1. 6. 2010, no. 22978/05.
57 Diese Pflicht kann – in klassischer Terminologie – eine vollkommene Pflicht bilden, also eine die „keine Ausnahme zum Vorteil der Neigung verstattet", wie Kant formuliert, vgl. o. § 9. Das prägt sich rechtlich z.B. (weitgehend unstreitig) in der Pflicht zur Bereitstellung des Existenzminimums aus.

sogar hinausgeht, ist diese Großzügigkeit keine Schwäche oder verzärtelte Weichheit, sondern ein Zug, der einen Einzelnen oder eine Zivilisation ehrt.

## § 37 Der Streit um Menschenrechte und die Wurzel der Demokratie

I. Die Idee der Demokratie und Menschenrechte .......................... 1
II. Die schwierige Suche nach dem Grund der Menschenrechte ......... 3
   1. Theorien der Handlungsfähigkeit ................................. 3
      a) Die Bedingungen des Handelns ............................. 3
      b) Normative Handlungsfähigkeit ............................. 8
   2. Bedürfnis- und Interessentheorien .............................. 19
   3. Menschenrechte und Befähigungen ......................... 22
   4. Politische Konzeptionen ......... 27
   5. Weitere Elemente der Diskussion ................................. 30
III. Drei Elemente einer Legitimationstheorie der Menschenrechte ......... 33
   1. Gütertheorie der Ethik und des Rechts ............................... 33
   2. Politische Theorie der Grund- und Menschenrechte ............. 36
   3. Theorie normativer Prinzipien ................................. 42
IV. Menschenrechte und Demokratie ... 48

### I. Die Idee der Demokratie und Menschenrechte

Im Zuge der bisherigen Überlegungen wurden ein Gerechtigkeitsbegriff entwickelt, Altruismus als zentraler Baustein der Moral beschrieben, eine Werttheorie spezifisch bestimmter Freiheit, Gleichheit und Menschenwürde skizziert sowie Gründe für die Gebotenheit mitmenschlicher Fürsorge – auch organisiert im Recht – angedeutet. Weiter wurde ein analytischer Begriff subjektiver Rechte umrissen, der ihren komplexen normativen Gehalt rekonstruiert. Diese Gedanken wurden in allgemeine Befunde zum Verhältnis von Recht und Ethik sowie der Normtheorie eingebettet. Schließlich wurde die Idee von Menschen als zur freien Selbstbestimmung tatsächlich fähigen Wesen gegen verschiedene Formen von Kritik verteidigt.

Die theoretische Auseinandersetzung um die Grundlagen von Menschenrechten in der Gegenwart ist vielfältig, wie schon einige wichtige Beiträge zeigen, die bereits näher diskutiert wurden.[1] Mit den genannten substantiellen Befunden werden nicht alle Fragen beantwortet, die in diesen Debatten mit Recht aufgeworfen werden. Durch sie ist aber eine Theorie der Menschenrechte in Bezug auf die zentralen Inhalte und die Struktur dieser Rechte im Kern bereits umrissen worden. Das wird sich noch deutlicher zeigen, nachdem im Folgenden einige weitere Ansätze erörtert worden sind, die die Gegenwartsreflexion der Philosophie der Menschenrechte besonders prägen, in der sich Viele mit Leidenschaft auf die Suche nach dem Grund der Menschenrechte gemacht haben. Diese Befunde legen gleichzeitig den normativen Kern einer Legitimationstheorie der Demokratie frei.

### II. Die schwierige Suche nach dem Grund der Menschenrechte

#### 1. Theorien der Handlungsfähigkeit

a) **Die Bedingungen des Handelns.** Eine einflussreiche Theoriegruppe in der gegenwärtigen Auseinandersetzung um die Rechtfertigung von Menschenrechten bilden Ansätze, die ihre Begründung auf unterschiedliche Weise aus der Handlungsfähigkeit

---

[1] Vgl. o. §§ 19 II, 20, 21 II. Zur Diskussion im Überblick z.B. *A. Pollmann/G. Lohmann (Hrsg.)*, Menschenrechte. Ein interdisziplinäres Handbuch, 2012; *H. Bielefeld*, Philosophie der Menschenrechte, 1998; *S. Gosepath/G. Lohmann (Hrsg.)*, Philosophie der Menschenrechte, 1998.

(*agency*) von Menschen herleiten. Dieser Grundgedanke wird im Wesentlichen in zwei unterschiedlichen Varianten entwickelt.

4 Den Ausgangspunkt der ersten Variante bildet der Rückgriff auf die notwendigen Voraussetzungen von menschlichen Handlungen und ihre Bedeutung für die Rechtfertigung von Menschenrechten.[2] Zunächst wird dabei festgehalten, dass Menschen nicht anders könnten, als zu handeln: Solange sie lebten, müssten sie auch handeln, selbst ein Suizid sei eine Handlung.[3] Bestimmte Freiräume und das Wohlergehen des Handelnden seien nun ihrerseits die notwendige Bedingung von derartigen unausweichlichen Handlungsvollzügen.[4] Um Menschen die benötigten Handlungsmöglichkeiten zu garantieren, müssten diese Freiräume und ihr Wohlergehen normativ gesichert werden. Genau dazu dienten Menschenrechte. Deshalb gelte, dass man nicht ohne Selbstwiderspruch die unbestreitbare Unausweichlichkeit von Handeln festhalten und gleichzeitig die Existenz von Rechten bezweifeln könne. Da Menschenrechte die notwendige Bedingung dafür seien, tatsächlich handeln zu können, sei mit der menschlichen Handlungsfähigkeit, die Handeln notwendig erfordere, auch der Anspruch auf Geltung von Menschenrechten verbunden.

5 Da für alle Menschen diese Handlungsnotwendigkeiten bestünden, sei diese Begründung ihrer Rechte für alle Menschen gültig. Aufgrund von Prinzipien der Universalisierung müssten Rechte mithin allgemein, für alle Menschen gleichermaßen gelten.[5] Dabei gehe es um klassische Rechte wie das Recht auf Leben oder Freiheitsrechte, aber auch um soziale Rechte, die die Fähigkeit absicherten, handelndes Subjekt zu sein.

6 Rechte werden aus dieser Perspektive als notwendige Voraussetzungen einer Gegebenheit, des Handelns, das für Menschen unvermeidlich sei, verstanden und dadurch als begründet angesehen. Die Argumentation bedient sich insofern also der Form eines transzendentalen Arguments.

7 Dieser gedankenreiche Ansatz wirft insbesondere folgendes Problem auf: Die Notwendigkeit, zu handeln, die für Menschen als freie Wesen in der Tat besteht, bildet keine Brücke, um zur Begründung der Existenz einer normativen Position zu gelangen wie der eines Rechts auf einen Freiraum, zu handeln, oder eines Rechts auf Sicherung von Bedingungen des Wohlergehens – eine normative Position, die ja auch Pflichten des Adressaten impliziert, die Handlung zu dulden oder einen Beitrag zum Wohlergehen des Rechtsträgers zu leisten. Der Handelnde könnte sich z.B. in einer Welt bewegen, in der es nur den Kampf aller gegen alle gibt. Jeder Akteur handelt in dieser Welt in der Weise, wie er sich in der gegebenen Situation und den gegebenen Machtverhältnissen durchsetzen kann, und die anderen Akteure es gezwungenermaßen, aus

---

[2] A. *Gewirth*, Reason and Morality, 1978; *ders.*, The Community of Rights, 1996, S. 13 ff. Er bezeichnet sein Vorgehen als „dialectically necessary method", ebd., S. 16.
[3] A. *Gewirth*, The Community of Rights, S. 13.
[4] A. *Gewirth*, The Community of Rights, S. 14: „freedom and well-being are the proximate necessary conditions and generic features of action and of generally successful action".
[5] *Gewirth* argumentiert erstens, dass „every agent must logically accept that he or she has rights to freedom and well-being", und zweitens, „that the agent logically must also accept that all other agents also have these rights equally with his or her own, so that in this way the existence of universal moral rights, and thus of human rights, must be accepted within the whole context of action or practice", *ders.*, The Community of Rights, S. 13.

zweckrationalen Gründen oder aus Desinteresse zulassen. Es bildet keineswegs einen Widerspruch, von einer solchen Welt des Kampfes aller gegen alle auszugehen und die Notwendigkeit von Handlungen für Menschen nicht zu bestreiten. Die Nicht-Existenz einer solchen Welt ist nicht schon mit dem Handlungsbegriff gesetzt. Menschen könnten in einer Welt leben, in der das, was Voraussetzung ihrer Handlungen ist, schlichtweg (und vielleicht tragischerweise) nicht zur Verfügung steht oder jedenfalls normativ nicht gesichert ist. Die begründende Brücke zu einem Recht wird nur gebaut, wenn zusätzlich normative Prinzipien in die Argumentation einbezogen werden. Menschen muss ein Wert zugeschrieben werden, der sie unter der Geltung ebenfalls für die Rechtfertigung notwendiger Gerechtigkeitsprinzipien anderen gegenüber dazu berechtigt (und diese dazu verpflichtet), dass ihr Leben, ihre Freiheiten und andere Schutzgüter geachtet werden.

b) **Normative Handlungsfähigkeit.** Eine weitere Variante einer theoretischen Ableitung von Menschenrechten aus der Handlungsfähigkeit von Menschen geht einen anderen Weg. Die Handlungsfähigkeit wird in einem normativen Sinn verstanden.[6] Handlungsfähigkeit, so wird argumentiert, sei ein zentrales Gut für Menschen und spezifiziere die Bedeutung ihrer Würde. Ihr Kern sei die Fähigkeit zum Entwurf eines selbstbestimmten, bedeutungsvollen Lebens.[7] Diese normative Handlungsfähigkeit sei von intrinsischem Wert – man könne sie nicht unter Bezug auf andere Werte begründen, sondern nur klären, worin sie bestehe, und erwarten, dass andere ihren Wert ebenfalls anerkennten.[8]

Normative Handlungsfähigkeit bilde die ihren Inhalt bestimmende und begrenzende Existenzbedingung für Menschenrechte. Menschenrechte seien insoweit gerechtfertigt, als sie eine Voraussetzung dafür bildeten, normative Handlungsfähigkeit zu genießen. Diese Herleitung von Menschenrechten aus der normativen Handlungsfähigkeit von Menschen beansprucht, eine Aufgabe zu erfüllen, die die Aufklärung nicht erledigt habe: Den Gehalt von gerechtfertigten Menschenrechten hinlänglich genau zu bestimmen.[9] Die Aussage, dass Menschenrechte die Rechte seien, die Menschen aufgrund ihres Menschseins zustünden, sei nur ein Fragment einer genauen Umgrenzung des Gehalts des Begriffs der Menschenrechte durch die Philosophie der Aufklärung und nicht ausreichend, denn auch andere normative Prinzipien würden auf diese Weise begründet.[10]

Inhaltlich umfasse normative Handlungsfähigkeit drei Elemente: Autonomie, Freiheit und Mindestversorgung des Handelnden.[11] Autonomie bestehe in Selbstbestimmung, Freiheit in der Möglichkeit, seinen autonom getroffenen Entscheidungen auch zu folgen. Die Mindestversorgung ergebe sich aus der Notwendigkeit, die materiellen Bedingungen von Autonomie und Freiheitsgebrauch sicherzustellen.

---

6   *J. Griffin*, On Human Rights, 2008, S. 2.
7   *J. Griffin*, On Human Rights, S. 3, 44: „What we attach value to, what we regard as giving dignity to human life, is our capacity to choose and to pursue our conception of a worthwhile life".
8   *J. Griffin*, On Human Rights, S. 152.
9   *J. Griffin*, On Human Rights, S. 18.
10  *J. Griffin*, On Human Rights, S. 17.
11  *J. Griffin*, On Human Rights, S. 32 f., 149 ff.

11  Eine weitere Existenzbedingung von Menschenrechten bestehe in praktischen Erwägungen: Menschenrechte müssten für die realen Bedingungen menschlichen Lebens geeignet sein. Diese praktischen Erwägungen umfassten deswegen Eigenschaften der menschlichen Natur und Eigenarten menschlicher Gesellschaften.[12] Dazu gehörten etwa Grenzen des Wissens oder wirklichkeitsnahe Annahmen zum Charakter menschlicher Motivation.[13] Die Gründe, die für die Rechtfertigung von Menschenrechten aus der Perspektive des Einzelnen für die eigenen Rechtspositionen sprächen, seien in gleicher Weise auch für andere relevant. Es sei unzulässig, diese Gründe im Fall der eigenen Rechte für die Existenz von Menschenrechten sprechen zu lassen, im Fall von anderen Menschen aber nicht.[14] Der Ansatz ist deswegen einer universalistischen Perspektive verpflichtet.[15]

12  Die Existenzbedingungen von juridischen Menschenrechten seien andere als die der moralischen. Eine Theorie der moralischen Menschenrechte sei aber für das Recht zentral, weil sie ein unverzichtbares Mittel sei, zu bestimmen, was die rechtlich garantierten Menschenrechte eigentlich für einen Inhalt hätten.[16]

13  Von diesem Ausgangspunkt aus könnten die gerechtfertigten Menschenrechte identifiziert werden. Es könne auch deutlich gemacht werden, welche moralisch als Menschenrechte angesehenen oder sogar positivrechtlich verankerten Rechte vor diesem kritischen Maßstab nicht bestehen könnten. Der Ansatz sei bewusst restriktiv in Bezug auf die Bestimmung genuiner Menschenrechte, ihres Inhalts und insgesamt ihrer Bedeutung.[17] Er dient aber auch dazu, umstrittene, neuere Rechte zu rechtfertigen, etwa das Recht auf Ehe für gleichgeschlechtlich orientierte Menschen oder soziale Rechte.[18]

14  Als Ergebnis zeige sich, dass beispielsweise die in der *Allgemeinen Erklärung der Menschenrechte* (AEMR) enthaltenen Rechte auf Schutz vor Beeinträchtigungen der Ehre oder des Rufes, Art. 12 AEMR, oder das Recht, sich innerhalb eines Staates frei zu bewegen und seinen Aufenthaltsort frei zu wählen, Art. 13 Abs. 1 AEMR, nicht gerechtfertigt werden könnten. Das Gleiche gelte für das Recht zu erben, Art. 5 d) vi) *Internationales Übereinkommen zur Beseitigung jeder Form von Rassendiskriminierung*, weil diese Rechte für normative Handlungsfähigkeit nicht notwendig seien.[19]

15  Der Begriff der normativen Handlungsfähigkeit bilde auch einen Massstab für die Bestimmung der legitimen Grundrechtsträger. Da sie noch keine anspruchsvolle Form der

---

12  *J. Griffin*, On Human Rights, S. 38.
13  *J. Griffin*, On Human Rights, S. 98 ff.
14  *J. Griffin*, On Human Rights, S. 135: „It is tempting to treat the reason-generating consideration that moves me when my autonomy is at stake as different from the one that moves me when yours is at stake. The obvious difference between these two cases is that in the one it is *my* autonomy, and in the other it is *yours*. But the most plausible understanding of the engine of these two judgements is *autonomy: because a person's quality of life is importantly at stake*. The *my* and *your* are not part of the reason-generating consideration. The clause *because a person's quality of life is importantly at stake* lacks reference to me or to you, but it lacks nothing of what we understand the reason to be. To try to deny ‚autonomy' its status as a reason for action unless it is attached to ‚my' would mean giving up our grasp on how ‚autonomy' works as a reason for action" (Herv. i. Org.).
15  *J. Griffin*, On Human Rights, S. 48 ff.
16  *J. Griffin*, On Human Rights, S. 205.
17  *J. Griffin*, On Human Rights, S. 95.
18  *J. Griffin*, On Human Rights, S. 163, 176 ff.
19  *J. Griffin*, On Human Rights, S. 194 f.

normativen Handlungsfähigkeit verwirklichten, besäßen Kleinkinder keine Menschenrechte.[20] Dasselbe gelte für Menschen mit bestimmten Behinderungen oder Komatöse.[21] Aufgrund der abnehmenden Handlungsfähigkeit im Alter sei auch von einem zunehmend eingeschränkten Rechtsstatus, etwa in Bezug auf Rechte auf Gesundheitsversorgung, auszugehen.[22] Dies heisse allerdings nicht, dass nicht auch diesen Menschengruppen gegenüber weitreichende ethische Pflichten bestünden.[23]

Auch bei diesem Ansatz lassen sich verschiedene Probleme ausmachen. Das erste besteht darin, dass er zu restriktiv ist. Freiheitsrechte schützen ein Maximum an Freiheit, das mit der Freiheit anderer unter Gerechtigkeitsprinzipien und anderen Gemeinwohlbelangen vereinbar ist – nicht nur die Freiheiten, die für normative Handlungsfähigkeit nötig sind. Auch Gleichheitssätze und Diskriminierungsverbote sind kaum in Frage gestellte Beispiele für Menschenrechte, ohne dass alle Ungleichbehandlungen die normative Handlungsfähigkeit von Menschen bedrohen müssten. Dies verweist auf eine wichtige Einsicht: Menschenrechte schützen qualifizierte Güter nicht nur als Voraussetzungen von normativer Handlungsfähigkeit. Das Leben, um ein weiteres, ganz grundlegendes Gut zu nennen, wird nicht nur zum Schutzgut erhoben, um normative Handlungsfähigkeit zu ermöglichen, sondern auch, um die vielen anderen Erfahrungen zu erschließen, die aufgrund des Lebendigseins gemacht und geschätzt werden können – vom guten Essen bis zur Begegnung, die, wenn nicht schon den siebten, doch jedenfalls den dritten oder vierten Himmel greifbar macht. Schon deswegen ist auch die Beschränkung des Kreises der Grundrechtsträger in keiner Weise überzeugend.

Auch der Wert der Handlungsfähigkeit selbst muss begründet werden. Ist das möglich ohne Gründe für den Wert eines menschlichen Lebens? Richtet sich die Handlungsfähigkeit nicht darauf, dieses Leben selbstbestimmt vollziehen zu können, was den Eigenwert des Vollzogenen voraussetzt? Diese Frage verweist auf die Notwendigkeit einer substantiellen Theorie menschlicher Güter, die auch normative Handlungsfähigkeit und ihren Wert einbezieht.

Die Theorie der normativen Handlungsfähigkeit ist zudem einem ähnlichen Problem wie die bereits erörterte Variante dieses Ansatzes ausgesetzt. Es liegt darin, deutlich zu machen, wie man die Rechte der Rechtsträger und die ihnen gegenüber bestehenden normativen Pflichten der Adressaten begründen kann, die darauf gerichtet sind, sicherzustellen, die normative Handlungsfähigkeit der Akteure durch Schutz ihrer Autonomie, Freiheit und ihre Mindestversorgung zu ermöglichen. Das Argument, dass der objektive Grund, der dafür spreche, sich selbst das entsprechende Recht zuzuschreiben, auch einen objektiven Grund bilde, anderen die gleichen Rechte zuzubilligen, löst dieses Problem nicht. Erstens ist es nicht nur ein Fehler begründeten Schliessens, andere von Rechten auszuschliessen, deren Träger man selbst zu sein behauptet, sondern eine Verletzung normativer Prinzipien, genauer gesagt, der Gerechtigkeit. Zweitens, und das ist entscheidend, taucht das Begründungsproblem schon auf der Ebene des Individuums selbst auf, das Rechte in Anspruch nimmt. Woher stammt – schon für

---

20  J. Griffin, On Human Rights, S. 87.
21  J. Griffin, On Human Rights, S. 92.
22  J. Griffin, On Human Rights, S. 101.
23  J. Griffin, On Human Rights, S. 90 ff., 95.

dieses Individuum – die Rechtfertigung der Annahme, dass der intrinsische Wert normativer Handlungsfähigkeit (auch wenn man ihn als begründet unterstellt) ein *Recht* und entsprechende *Pflichten* schafft, die Verwirklichung dieser normativen Handlungsfähigkeit zu ermöglichen? Die Bedeutung der normativen Handlungsfähigkeit für ein gelungenes Leben einer Person kann allein das Entstehen derartiger normativer Ansprüche mit den implizierten normativen Bürden für *andere* nicht begründen. Auch hier zeigt sich: Die Rechtfertigung der Menschenrechte ist notwendig auf normative Prinzipien verwiesen.

### 2. Bedürfnis- und Interessentheorien

19  Eine andere, sehr einflussreiche Strömung in den gegenwärtigen Auseinandersetzungen um die Legitimation von Menschenrechten greift auf Bedürfnisse[24] und Interessen[25] zurück. Bedürfnisse werden in der Debatte vor allem auf zentrale Lebensgüter wie Leben oder Freiheit bezogen. Interessentheorien kritisieren diesen Ansatzpunkt als zu eng und weiten ihn durch den Begriff des Interesses aus. Diese würden auch diejenigen menschlichen Güter miteinbeziehen, die nicht, oder jedenfalls nicht offensichtlich, aus Bedürfnissen hergeleitet werden könnten. So wird z.B. argumentiert, dass politische Rechte, etwa das Wahlrecht, aus der Idee von Bedürfnissen nicht gewonnen werden könnten. Es gebe kein Bedürfnis nach Demokratie.

20  Die Bedürfnis- oder Interessentheorien operieren durchweg mit einem Schwellenkriterium. Es sei nötig, um den Kreis der Bedürfnisse oder Interessen auf diejenigen einzugrenzen, die wichtig genug seien, um das mögliche Objekt von Menschenrechten zu werden. Neben dem Gewicht der Güter spielt dabei auch die Möglichkeit eine Rolle, die in Frage stehenden Rechte tatsächlich durch die Schaffung von Pflichten bei den Adressaten von Rechten zu verwirklichen.[26]

21  Mit Bedürfnis- und Interessentheorien wird das Problem der Schutzgüter von Menschenrechten ins Zentrum der Aufmerksamkeit gerückt. Das ist ein Gewinn. Auch für die Bedürfnis- und Interessentheorien ergibt sich aber das bereits genannte Problem: Wie wird der Übergang von individuellen Bedürfnissen und Interessen, auch wenn sie

---

24  Vgl. z.B. *D. Miller*, Grounding Human Rights, Critical Review of International Social and Political Philosophy, 15 (2012), S. 407 ff., 422.
25  Ein einflussreicher Ansatz in der Debatte um Interessentheorien wird von *Raz* formuliert: „Definition: ‚X has a right' if and only if X can have rights, and, other things being equal, an aspect of X's well-being (his interest) is a sufficient reason for holding some other person(s) to be under a duty. Capacity for possessing rights: An individual is capable of having rights if and only if either his well-being is of ultimate value or he is an ‚artificial person' (e.g. a corporation)", *ders.*, The Morality of Freedom, S. 166.
26  Die differenzierteste Fassung dieses Gedankens liefert *J. Tasioulas*, On the Foundations of Human Rights, in: R. Cruft/M. Liao/M. Renzo (eds.), Philosophical Foundations of Human Rights, 2015, S. 63 ff., 70, bei dem die Herleitung von Menschenrechten aus Interessen folgenden Gang nimmt:
„(i) For all human beings within a given historical context, and simply in virtue of their humanity, having *X* (the object of the putative right) serves one or more of their basic interests, e.g. interests in health, physical security, autonomy, understanding, friendship, achievement, play etc.
(ii) The interest in having X is, in the case of each human being and simply in virtue of their humanity, *pro tanto* of sufficient importance to justify the imposition of duties on others, e.g. to variously protect, respect or advance the interest in X.
(iii) The duties generated at (ii) are feasible claims on others given the constraints created by general and relatively entrenched facts of human nature and social life in the specified historical context. Therefore:
(iv) All human beings with the specified historical context have a right to *X*" (Herv. i. Org.).

gewichtig sind, wie etwa im Fall des Schutzgutes der Freiheit, zu subjektiven Rechten auf Befriedigung des Bedürfnisses oder Interesses begründet? Aus der Tatsache, dass ein Bedürfnis oder ein Interesse an etwas besteht, folgt noch nicht – wie bereits festgestellt wurde –, dass ein anderer verpflichtet wäre, dieses Bedürfnis oder Interesse zu befriedigen. Es bedarf normativer Prinzipien, um diese Brücke zu schlagen. Die genannten Schwellenkriterien bilden dafür keinen Ersatz.

3. Menschenrechte und Befähigungen

Eine ebenfalls sehr einflussreiche Theoriegruppe gewinnt Menschenrechte aus dem Begriff der *Befähigung* (*capability*).[27] Befähigungen in diesem spezifischen Sinn beziehen sich auf die reale Möglichkeit, in bestimmter Weise zu sein und zu handeln (vgl. o. § 19 IV). Menschenrechte werden aus solchen realen Möglichkeiten, sein Leben zu gestalten, hergeleitet. Sie schüfen nicht nur Pflichten bei den Adressaten, sondern auch im kantischen Sinne unvollkommene Pflichten zur Hilfe Dritter. Sie seien auf Interessen nicht reduzierbar. Ökonomische und soziale Rechte seien vielleicht schwer durchsetzbar, aber legitim begründbar.

Im Hintergrund stehen normative Prinzipien. Sen etwa betont, wie bereits erläutert, die Pflichten, die gegenüber anderen in Bezug auf deren Befähigungen bestehen. Wenn die Fähigkeit gegeben sei, das Leben anderer Menschen für diese vorteilhaft zu beeinflussen, dann bestehe, jedenfalls im Grundsatz, eine Pflicht, dies auch zu tun.[28] Nussbaum betont insbesondere die Bedeutung der Idee, dass Menschen einen Selbstzweck bildeten und damit ihre Würde. Sie bezieht sich weiter auf einen „aristotelischen Menschenbegriff", dessen Kern die Würde der Menschen als ihre Lebensformen wählende Wesen bilde.[29] Die Befähigungen sind aus ihrer Sicht nach ihrer Bedeutung für ein erfülltes menschliches Leben zu gewichten.[30] Beide unterstreichen die Bedeutung menschlicher Gleichheit für die Begründung gleicher Rechte.[31] Gerechtigkeit besteht aus Sens Sicht aber nicht nur in der Gleichheit von Befähigungen, denn auch andere normative Erwägungen der Gerechtigkeit und Fairness seien relevant.

Der Begriff der Befähigung ist hilfreich, eine Theorie der Schutzgüter von Menschenrechten zu schärfen. Er sensibilisiert für die vielfältigen Voraussetzungen der realen Verwirklichung legitimer Rechtspositionen. Um es an einem konkreten rechtlichen Beispiel zu illustrieren: Ein Brief eines regierenden Fürsten mit dem Hinweis, dass nach einer bestimmten Äußerung eines Richters dessen Karriere gefährdet sei, bildet zwar keinen formalen rechtlichen Eingriffsakt, entfaltet aber dennoch eine beschränkende Wirkung (*chilling effect*), die in die Meinungsfreiheit eingreift.[32] Diesen Befund kann man mit dem Begriff der Befähigung in vielen Fällen sehr gut erfassen. Die formale rechtliche Möglichkeit zur Meinungsfreiheit bleibt im Fall des Fürstenrüffels bestehen, faktisch ist sie aber durch die in Aussicht gestellten Folgen solcher Meinungsäußerung

---

27  *A. Sen*, The Idea of Justice, S. 355 ff.; *M. Nussbaum*, Women and Human Development, 2000.
28  *A. Sen*, The Idea of Justice, S. 205.
29  *M. Nussbaum*, Women and Human Development, S. 72.
30  *M. Nussbaum*, Women and Human Development, S. 74.
31  *M. Nussbaum*, Women and Human Development, S. 86; *A. Sen*, The Idea of Justice, S. 114 ff., 291 ff., 355 ff.
32  EGMR, Wille v. Liechtenstein, 28. 10. 1999, no. 28396/95.

25 empfindlich beschränkt.³³ Allerdings sind derartige Argumente auch nicht neu, sondern beschäftigen die rechtliche Reflexion seit langer Zeit und in verschiedenen Zusammenhängen, wie das genannte Beispiel gut illustriert.

25 Auch in diesem Ansatz ist ein Schwellenkriterium von Bedeutung. Menschenrechte sind nur in Bezug auf besonders wichtige Befähigungen gerechtfertigt. Nicht auf alle denkbaren faktisch notwendigen Voraussetzungen, eine Freiheit zu geniessen, kann seitens des Grundrechtsträgers ein Recht bestehen. Ein Staat muss also auch aus Sicht des Befähigungsansatzes z.b. nicht jeder Religionsgemeinschaft ein Gotteshaus bauen. Auch die Handlungsumstände des Adressaten und die Wirksamkeit möglicher Rechte seien zu bedenken.³⁴

26 Der Befähigungsansatz macht mit diesen theoretischen Weichenstellungen wichtige Schritte hin zu einer überzeugenden Begründung von Menschenrechten. Es bleiben jedoch auch offene Fragen. Eine lautet: Was ist der Ursprung der in Menschenrechten geschützten Güter? Die Betonung der Bedeutung der realen Möglichkeit, bestimmte Güter tatsächlich zu genießen, setzt voraus, dass bestimmt wurde, welches der Ursprung dieser menschlichen Güter ist, deren realer Genuss gesichert werden soll. Wie bestimmt man, ob Güter für Menschen Bedeutung haben und in welchem Grade das gilt? Auch die konkrete Funktion der genannten normativen Prinzipien für die Begründung der spezifischen normativen Position von Rechten und den mit ihnen bestehenden Pflichten wird nicht genügend geklärt. Warum schafft die Fähigkeit, das Wohlergehen eines Menschen zu beeinflussen, Pflichten diesem gegenüber? Welches genau ist die Rolle, die Gerechtigkeitsprinzipien für die Begründung von Rechten spielen? Welcher Weg kann von der Idee der Würde von Menschen zu Menschenrechten gebahnt werden?

#### 4. Politische Konzeptionen

27 Die politische Konzeption der Menschenrechte versucht, einen anderen Weg einzuschlagen als die bisher genannten Theorien.³⁵ Sie will Abstand gewinnen von Begründungsweisen, die auf grundlegenden normativen Prinzipien beruhen.³⁶ Dabei werden insbesondere zwei Theorien kritisiert: Erstens solche, die Menschenrechte aus dem Menschsein von Menschen, sowie zweitens solche, die Menschenrechte aus einem Konsens der Weltgemeinschaft herleiten.

28 Stattdessen wird der Blick auf die existierende Praxis der internationalen Menschenrechte gerichtet, die hinreichend deutlich bestimmt sei, um aus ihr einen Begriff der Menschenrechte zu gewinnen und die *prima facie* legitim sei.³⁷ Dieser Begriff soll einerseits aus der Praxis entwickelt werden, andererseits auch die normative Grundla-

---

33 Es ist deswegen auch aus dieser Sicht überzeugend, dass der EGMR einen Eingriff bejaht hat.
34 *A. Sen*, The Idea of Justice, S. 372 f.: „The basic general obligation here must be to consider seriously what one can reasonably do to help the realization of another's person's freedom, taking note of its importance and influenceability, and of one's own circumstances and likely effectiveness".
35 Diese politische Konzeption der Menschenrechte geht auf *J. Rawls*, The Law of Peoples, zurück, s. o. § 19 II.
36 *C. Beitz*, The Idea of Human Rights, 2009, S. 48, 68: „We do better to approach human rights practically, not as the application of an independent philosophical idea to the international realm, but as a political doctrine construed to play a certain role in global political life".
37 *C. Beitz*, The Idea of Human Rights, S. 11, es gebe „prima facie reason to regard the practice of human rights as valuable. On the face of it, its norms seek to protect important human interests against threats of state-

ge von Kritik dieser Praxis bilden.[38] Damit ist bereits das zentrale Problem dieses Ansatzes benannt: die Praxis der Menschenrechte ist nicht einfach gegeben. Sie ist vielmehr das Ergebnis einer bestimmten politischen Interpretation der Menschenrechtsidee und der Entwicklung einer spezifischen rechtlichen und sich in manchen Hinsichten wandelnden Menschenrechtskonzeption. Diese politischen und rechtlichen Entwürfe hängen von den normativen Hintergrundannahmen ab, die ihnen unterliegen und letztendlich die Menschenrechtspraxis in ihrer Gestalt bestimmen.

Weil sich etwa bestimmte Überzeugungen zu den Rechten von gleichgeschlechtlich orientierten Personen durchgesetzt haben, hat sich die Menschenrechtspraxis auch im internationalen Bereich so gewandelt, dass diese Rechte in verschiedenen Lebensbereichen wie Partnerschaftsformen oder Adoption geschützt werden. Die Praxis der Menschenrechte hängt von der normativen Theorie der Menschenrechte ab und kann diese deshalb nicht ersetzen.

### 5. Weitere Elemente der Diskussion

In der Diskussion spielen auch in bestimmter Hinsicht formale Theorien eine Rolle, die Menschenrechte ohne Rückgriff auf materiale Prinzipien oder eine gegebene Praxis zu bestimmen versuchen. Die beiden zentralen Beispiele für diese Theorieansätze wurden bereits diskutiert. Es handelt sich um Rawls' Kontraktualismus, der später in eine politische Theorie der Menschenrechte im erörterten Sinne mündete, oder Habermas' Diskurstheorie. Es hat sich allerdings herausgestellt, dass auch diese Theorien auf substantielle normative Prinzipien entgegen den theoretischen Zielvorgaben, die sie verfolgen, zurückverweisen (vgl. o. §§ 19 II, 21 II, 22).

Schließlich seien noch diejenigen Theorieansätze genannt – etwa aus dem Umfeld der Systemtheorie, des Poststrukturalismus, bestimmter Teile der feministischen Rechtstheorie oder postkolonialer Perspektiven –, die die Rechtfertigungsfähigkeit von Menschenrechten grundsätzlich in Frage stellen. Diese ersten drei Formen der Kritik wurden schon in Bezug auf ihre Überzeugungskraft abgeklopft. Zur letzteren Kritik lässt sich am sinnvollsten im Rahmen der folgenden Erörterung der Problematik der Relativität oder Universalität von Menschenrechten Stellung beziehen.

Damit ergibt sich die Frage: Wie könnte in Anbetracht und nach kritischer Verarbeitung der erzielten Ergebnisse eine vielversprechende Legitimationstheorie von Grund- und Menschenrechten aussehen? Welche Theorieelemente muss sie besitzen und wie sind diese zu konzipieren, um das Begründungsziel zu erreichen?

### III. Drei Elemente einer Legitimationstheorie der Menschenrechte

#### 1. Gütertheorie der Ethik und des Rechts

Eine erste Schlussfolgerung besteht darin, dass eine Legitimationstheorie von Grund- und Menschenrechten eine Gütertheorie der Ethik und des Rechts umfassen muss. Rechte sind Rechte auf etwas und deswegen muss geklärt werden, welche möglichen

---

sponsored neglect or oppression which we know from experience are real and can be devastating when realized".
38  *C. Beitz*, The Idea of Human Rights, S. 137.

Objekte, die Gegenstand des Schutzbereichs von Rechten werden, gerechtfertigterweise als menschliche Güter verstanden werden.

34 Grund- und Menschenrechte sollen nicht alle möglichen beliebigen, sondern besonders wichtige Güter schützen. Deshalb muss die Theorie auch in der Lage sein, menschliche Güter jedenfalls in zentraler Hinsicht zu *gewichten*. Dabei werden auch anthropologische Annahmen eine Rolle spielen, wie auch immer tastend-suchende Annäherungen an normativ bedeutsame Aspekte der menschlichen Natur und Lebensform. Ein Kernbestandteil moderner Menschenrechtsregime beispielsweise ist die rechtliche Bewehrung menschlicher Freiheit in differenzierten Ordnungen. Diese Bewehrung macht nur Sinn, wenn Freiheit zu den unverzichtbaren Grundgütern der menschlichen Existenz gehört, Unfreiheit also keine größere Wohltat bildet als eine Freiheitsordnung. Das ist keineswegs eine selbstverständliche Annahme. Für andere Organismen ist Freiheit eine bedeutungslose Kategorie, Ameisen haben kein Freiheitsverlangen, Bienen geringe Probleme mit der Monarchie.

35 In der Ideengeschichte ebenso wie in der politischen Realgeschichte gibt es viele Beispiele für Entwürfe und die Verwirklichung von Sozialordnungen, in denen Freiheit keine oder nur eine untergeordnete Rolle spielt. Unfreiheit konnte sogar als wesentliches Element des Heiles der Menschen angesehen werden, wie die lange Tradition der Verteidigung und der Praxis des Glaubenszwangs zeigt.[39] Ein anderes Beispiel ist ein diktatorischer Staatssozialismus[40] oder ein autoritärer Institutionalismus (und seine Nachfahren), der die „Mängel" der Menschen durch machtvolle Institutionen ausgleichen zu müssen meint.[41] Autoritarismen in verschiedener Form finden auch in der Gegenwart überzeugte Anhänger. Für ein Wesen, das seiner Natur nach für sein Wohl und Glück auf Unterordnung und Befehlsempfang angewiesen ist, sind die Schaffung von Freiheitsrechten und ihr Schutz ein sinnloser Schritt. Die menschliche Existenz gerade in dieser Weise zu interpretieren, würde allerdings wesentliche Elemente der menschlichen Lebensform verkennen. Die Bemerkungen zur Werttheorie der Freiheit haben das hinreichend deutlich illustriert (vgl. o. § 35 IV).

### 2. Politische Theorie der Grund- und Menschenrechte

36 Eine Theorie der Menschenrechte muss zweitens eine politische Theorie der Voraussetzungen einer Ordnung umfassen, die der Möglichkeit dient, die zentralen humanen Grundgüter zum Teil der Lebenswirklichkeit der Menschen zu machen. Keine Geltungstheorie der Menschenrechte kann ohne politische Theorie menschlicher Vergesellschaftung und Institutionenbildung entworfen werden. Eine solche Theorie ist notwendig zur Spezifizierung der politischen und institutionellen Verwirklichungsbedingungen von sozialen Ordnungen, die grundlegende existentielle Bedürfnisse von Menschen legitim befriedigen. Sie muss die Frage beantworten, ob Grund- und Menschenrechte zu diesen Verwirklichungsbedingungen gehören und wenn ja, mit welchen Inhalten

---

39 Vgl. *Augustinus*, De Correctione Donatistarum Liber, Seu Epistula CLXXXV, 792, 804; dazu *M. Mahlmann*, Ethische Duldsamkeit und Glauben, in: ders./H. Rottleuthner (Hrsg.), Ein neuer Kampf der Religionen?, 2006, S. 75 ff.
40 Vgl. *W. I. Lenin*, Staat und Revolution.
41 Vgl. z.B. *A. Gehlen*, Der Mensch, Gesamtausgabe, Bd. 3.1. und 3.2., 1993.

## § 37 Der Streit um Menschenrechte und die Wurzel der Demokratie

dies der Fall ist. Es ist also zu begründen, warum Menschenrechte zu einer politischen Ordnung gerechtfertigt gehören und für welche Menschenrechtskonzeption dies gilt.

Wie kann zum Beispiel, vorausgesetzt man nimmt ein existentielles Interesse an Freiheit an, dieses Freiheitsverlangen in einer bestimmten politischen Ordnung am besten geschützt werden? Sind Rechte dafür notwendig? Das ist keineswegs selbstverständlich. Einflussreiche Theorien bestreiten dies, etwa weil Menschenrechte ein Ausdruck der kapitalistischen Wirtschaft seien, die Unfreiheit schaffe, weil die abstrakte Allgemeinheit von Menschenrechten das Einzelne, Heterogene, andere unterdrücke oder postkoloniale Machtstrukturen reproduziere. Diese Theorien wurden bereits erörtert (vgl. o. § 13 zum Marxismus, § 21 IV zur Postmoderne), bzw. werden im Rahmen der noch zu leistenden Auseinandersetzung mit der Problematik des Universalismus und Relativismus aufgegriffen. Überzeugende Gründe, die Legitimation der Menschenrechte zu bezweifeln, liefern sie nicht – was die Verteidigung von Menschenrechten gerade auch durch andere feministische oder postkoloniale Theorien lebhaft illustriert.[42] Im Übrigen ist festzuhalten, dass die politischen Erfahrungen mit Diktaturen und totalitären Systemen des 20. Jahrhunderts deutlich gemacht haben, dass die Notwendigkeit des Schutzes von Menschenrechten eine fundamentale Lehre der politischen Geschichte der Epoche bildet.

Wenn es also überzeugende Gründe einer politischen Theorie der Verwirklichungsbedingungen von Würde, Freiheit und Gerechtigkeit gibt, Menschenrechte auch in dieser Hinsicht für gerechtfertigt anzusehen, dann stellt sich die Frage, welche es sind. Ein wichtiges Problem besteht dabei darin, welche Güter von Menschen durch das spezifische Instrument von Rechten überhaupt geschützt oder gesichert werden können. Ein Recht auf Liebe ist etwa kein vielversprechender Kandidat für einen Katalog legitimer Rechte – nicht weil Liebe nicht wichtig wäre, sondern weil sie sich der Gewährleistung durch subjektive Rechte (zum Glück) entzieht. Aber auch andere Fragen sind zu beantworten: Kann Menschenwürde, verstanden als Selbstzweckhaftigkeit der einzelnen menschlichen Person, der Leitbegriff der Rechtsordnung sein oder müssen überindividuelle Güter im Vordergrund stehen? (vgl. o. § 35 III). Wie kann Freiheit in einer Grundrechtsordnung sinnvoll geregelt werden? Welche Rolle haben Gleichheitsrechte für die Gesellschaftsgestaltung? Welches ist die zugrunde liegende Gleichheitskonzeption? (vgl. o. § 34).

All dies ist keineswegs offensichtlich, insbesondere, wenn man sich auf ein bestimmtes Konkretionsniveau der Gesellschaftsgestaltung begibt. Die höchst anspruchsvolle und umfangreiche juristische Literatur und Rechtsprechung zu Grund- und Menschenrechtsverbürgungen auf nationaler, supranationaler und internationaler Ebene illustrieren diesen Befund für die konkrete Grundrechtskonzeption ebenso wie entsprechende rechtsethische Reflexionen.[43]

---

42 Vgl. *M. Nussbaum*, Women and Human Development; *C. Rodriguez-Garavito/S. McAdams*, A Human Rights Crisis? Unpacking the Debate of the Future of the Human Rights Field, discussion paper, The Open Society Foundation's NGO workshop on The Future of Human Rights, 2016, abrufbar unter https://papers.ssrn.com/sol3/papers.cfm?abstract_id=2919703.
43 Vgl. zum Erkenntnisziel der Rechtsethik, der ethischen Rechtfertigung und Kritik von Recht, *D. v. d. Pfordten*, Rechtsethik, 2011, S. 8.

40 Dabei gerät man häufig schon nach wenigen Schritten in axiologisch unwegsames Gelände. Ein klassischer Streitpunkt der Grundrechtstheorie betrifft etwa die Frage, ob Freiheits- und Persönlichkeitsrechte nicht sozialen Rechten untergeordnet werden sollten, mindestens im Rahmen von grundlegenden nachholenden ökonomischen Entwicklungsprozessen von Gesellschaften. Oder wie steht es mit dem Verhältnis von Sicherheit und Freiheit? Gefährden grundrechtlich geschützte Freiheiten die Sicherheit? Haben umgekehrt diejenigen Recht, die Freiheitsgefährdungen durch Sicherheitsapparate von einem Ausmaß sehen, dass bewusster Rechtsbruch beispielsweise durch *Whistleblowing* gerechtfertigt sei?[44] Sind Freiheitsrechte so bedeutsam und so bedroht?

41 Die Lösungen konkreter Problemlagen, die durch solche Fragen aufgeworfen werden, werden heute in anspruchsvollen Grundrechtsdogmatiken, oder, weniger traditionell juristisch ausgedrückt, Grundrechtstheorien entfaltet.[45] Solche Grundrechtstheorien haben verschiedene Elemente, nicht zuletzt aber auch solche einer politischen Theorie der Bedingungen der legitimen Gesellschaftsorganisation.

### 3. Theorie normativer Prinzipien

42 Dass bestimmte Dinge Güter für Menschen sind, heißt noch nicht, dass sie normative Relevanz gewinnen. Die plausible Auszeichnung eines Gutes sagt selbst ja noch nicht aus, ob Menschen dieses Gut normativ berechtigterweise erstreben dürfen und in welchem Maße es ihnen im Verhältnis zu anderen zusteht. Dazu benötigt man drittens normative Prinzipien, die bestimmen helfen, welche Güter schützenswert sind und wie sie bei Knappheit in einer Gesellschaft verteilt werden sollen, zum Beispiel das fundamentale Immaterialgut der Freiheit. Die Notwendigkeit normativer Prinzipien für die Menschenrechtsbegründung hat sich gerade auch in der Auseinandersetzung mit verschiedenen Theorieansätzen der Gegenwartsdiskussion über Menschenrechte als wichtiges Ergebnis gezeigt.

43 Menschen streben nicht nur Güter an, deren Besitz und Verwendung selbstverständlich gemeinschaftsverträglich wären. Macht und Privilegien sind ein klassisches Beispiel dafür. Eine kritische Gütertheorie setzt deshalb zunächst normative Prinzipien voraus, die die ethischen Grundsätze liefern, die darüber entscheiden, welche menschlichen Güter in welchem Grade berechtigterweise durch Grund- und Menschenrechte geschützt werden und welche nicht.

44 Auch wenn ein Gut wie etwa Freiheit – anders als das Verlangen nach Macht und Privilegien – berechtigterweise durch Rechte geschützt wird, ist damit die Frage nach seiner Verteilung noch nicht beantwortet, die sich bei knappen Gütern zwangsläufig stellt. Auch Freiheit gehört dabei zu diesen knappen Gütern, denn in einer Gesellschaft ist aufgrund kollidierender Freiheitsinteressen anderer nicht jede Freiheit unbegrenzt gewährleistbar.

45 Damit ist auch eine Gerechtigkeitstheorie notwendig, die die Prinzipien der Zuweisung von Gütern, z.B. von legitimen Freiheitssphären, klärt (vgl. o. § 34). Der Schutz der genannten Grundgüter durch Rechte steht allen Menschen nach dem Gang der Überle-

---

[44] Vgl. z.B. *D. Cole*, The Three Leakers and What to Do About Them, New York Review of Books, 61/2 (2014).
[45] Vgl. dazu *M. Mahlmann*, Elemente einer ethischen Grundrechtstheorie, S. 17 ff.

gungen aufgrund der entwickelten Gerechtigkeitsprinzipien und ihrer Gleichwertigkeit gleichermaßen zu. Nur ein System gleicher Rechte ist ein System der Rechte, das Legitimität beanspruchen kann. Gerechtigkeitsprinzipien lassen Rechte entspringen, denen Pflichten der Gerechtigkeitsadressaten gegenüberstehen. Eine gerechte Güterverteilung ist eine gebotene Güterverteilung, die Rechte schafft, durch die sie eingefordert werden kann. Die Wurzel der Form der Verwirklichung einer legitimen normativen Ordnung durch subjektive Rechte ist die Gerechtigkeit der Güterverteilung, die sie garantiert.

Gerechtigkeitsprinzipien spielen mithin eine wichtige Rolle in der Legitimationstheorie von Grund- und Menschenrechten. Sie bilden aber nicht die einzigen relevanten normativen Maßstäbe. Wichtig sind auch Grundsätze gebotener mitmenschlicher Solidarität. Grund- und Menschenrechte schützen zentrale Güter von Menschen. Es gehört deswegen zu den plausiblen Solidarpflichten, soweit möglich und in Anbetracht womöglich widersprechender anderer Pflichten und legitimer Interessen zumutbar, dazu beizutragen, dass andere Menschen diese Güter nicht entbehren müssen. Auch diese Pflichten können Rechte anderer schaffen – etwa die Pflicht, sicherzustellen, dass bestimmte Freiheiten auch anderen Menschen, nicht nur einem selbst, zur Verfügung stehen, das entsprechende Recht anderer auf diesen Freiheitsraum. Aufgrund des existentiellen Gewichts der Belange, um die es bei Grund- und Menschenrechten geht, lässt sich auch das Gebot, institutionalisierte Instrumente des Schutzes dieser Rechte durch eigenes Handeln soweit möglich zu schaffen und zu erhalten, aus mitmenschlichen Fürsorgepflichten begründen. Es besteht eine Solidarpflicht, stützendes Mitglied menschenrechtsorientierter Ordnungen zu werden. Ihre soziale Gewährleistung ist deshalb legitim.[46]

Auch eine normative Theorie menschlichen Eigenwerts bildet ein wichtiges Element einer Legitimationstheorie der Grund- und Menschenrechte, da Letztere voraussetzen, dass Menschen einen solchen Wert besitzen, um dessen willen die Rechte überhaupt existieren und institutionalisiert werden. Wenn Menschen Wesen ohne Wert wären, hätte der Schutz ihrer Lebensmöglichkeiten, die dann ja selbst ebenfalls von so geringer Bedeutung wären wie das Dasein der Menschen selbst, durch ein aufwendiges System von Rechten keinen erkennbaren Sinn. Der Schutz von Freiheit als wertvolles Gut ist bedingt durch den Wert des Wesens, dem dieser Schutz dient. Deswegen können die Grundlagen der Menschenrechte ohne die Idee der Menschenwürde nicht gewonnen werden.[47]

### IV. Menschenrechte und Demokratie

Diese Begründung der Menschenrechte hat demokratietheoretische Konsequenzen, denn wie sich im Rahmen der historischen Diskussionen ergeben hat, sind die Menschenrechte das normative Fundament der Demokratie: Die Demokratie ist die institutionalisierte, prozedural verwirklichte Organisation menschlicher Selbstzweckhaftigkeit, Gleichberechtigung und Autonomie.[48]

---

46 Vgl. zu diesen Argumenten *M. Mahlmann*, Elemente einer ethischen Grundrechtstheorie, S. 509 ff.
47 *M. Mahlmann*, The Good Sense of Dignity: Six Antidotes to Dignity Fatigue in Ethics and Law.
48 Vgl. *M. Mahlmann*, Konkrete Gerechtigkeit, 5. Aufl., 2021, § 6 VIII.

## § 38 Nicht nur Fremde und Feinde – das Recht der internationalen Gemeinschaft

I. Keine Ruhe für die Gegenwart ...... 1
II. Einige Fragen ........................ 2
III. Rechtsphilosophische Weichenstellungen ............................ 4
IV. Ist Völkerrecht Recht? ............... 6
V. Ein klassischer Text der Völkerrechtsphilosophie .................... 7
   1. Präliminarartikel ................. 9
   2. Definitivartikel ................... 17
3. Hilfestellungen der Natur ....... 24
4. Der geheime Rat der Philosophen .............................. 27
5. Politik und Moral ................ 28
6. Ethik, Recht und Öffentlichkeit ................................. 31
VI. Rechtliche Weltpolitik als ethischer Wirklichkeitssinn .................... 32

### I. Keine Ruhe für die Gegenwart

1 Das Leben der Menschen ist auch im 21. Jahrhundert nicht zum Kinderspiel geworden. Die Gegenwart wird im Gegenteil durch weitreichende, schwere und strukturelle Probleme herausgefordert. Wie verwundbar und verbunden die Weltgemeinschaft der Menschen ist, hat die Corona-Pandemie eindringlich vor Augen geführt. Die globale Finanzkrise und ihre Folgen sind keineswegs ausgestanden. Die Corona-Pandemie hat die Weltwirtschaft zusätzlich tief erschüttert. Der internationale Terrorismus bedroht weiterhin viele Gemeinschaften dieser Erde. Armut und Unterentwicklung wurden in den letzten Jahren in mancher Hinsicht verringert, sind aber keineswegs beseitigt worden. Auch heute noch sterben zu viele Menschen in vermeidbaren Notlagen und aufgrund struktureller Unterentwicklung der Staaten, in denen sie leben. Flucht und Migration sind zu einem Kernproblem moderner Gesellschaften geworden. Menschenrechtsverletzungen werden mit anhaltender Entschiedenheit verschiedener Akteure auf der ganzen Welt begangen. Ein expansiver politischer Autoritarismus bedroht die fragile demokratische Kultur der Staatenwelt. Das konventionelle und nukleare Wettrüsten ist keineswegs eingedämmt, sondern hat in den letzten Jahren an Geschwindigkeit zurückgewonnen. Verschiedene blutige Konflikte zeigen, dass sich die Menschen keineswegs vom Fluch des Krieges befreit haben. Durch andauernd unzureichende Maßnahmen wächst die beispiellose Aufgabe der Bewahrung der Umwelt und der Lebensgrundlagen von Menschen, wobei der Klimaschutz mit besonderer Dringlichkeit eine Lösung fordert. Es kann in Anbetracht dieser Weltlage kein Zweifel bestehen, dass internationale Kooperation unausweichlich, ja ohne Übertreibung durch die Art der zu lösenden Probleme zu einer Überlebensfrage erhoben worden ist. Die Philosophie der internationalen Ordnung betreibt deswegen ein wichtiges Geschäft: Sie klärt, welche normativen Grundlagen eine solche politisch notwendige Ordnung besitzen muss, um die Legitimität zu gewinnen, auf die sie angewiesen ist, wenn sie politisch überleben soll.

### II. Einige Fragen

2 Mit diesen Bemerkungen zu Problemlagen einer dicht vernetzten Welt ist eine wichtige Frage bereits beantwortet. Sie lautet: Warum ist eine internationale Ordnung nötig? Wenn man aufgrund der genannten Probleme und der offensichtlichen Notwendigkeit, diese in einem internationalen Rahmen zu lösen, davon ausgeht, dass man es sich nicht in der warmen Wohlfühlstube des abgeschlossenen Nationalstaates gemütlich

machen kann und mithin um die Gestaltung einer internationalen Ordnung nicht herumkommt, stellen sich weitere Fragen: Welche Prinzipien sollen die Gestaltung der internationalen Ordnung anleiten? Sind zweckrationale Ordnungsprinzipien ausreichend? Sind nationale Einzelinteressen allein maßgeblich, wie es einige mächtige Politiker der Welt behaupten? Sind Staaten von anderen Staaten und der Weltgemeinschaft unabhängige Einheiten, die ihre inneren Angelegenheiten nach Belieben regeln können und im Verhältnis zu anderen Staaten nur Interessenkalkülen zur Maximierung ihrer eigenen Güter unterworfen sind? Was heißt in diesem Zusammenhang „Interessen von Staaten"? Sind in konkreten Fällen wirklich die Interessen aller Einwohnerinnen und Einwohner berührt oder nur die Interessen weniger, einer herrschenden Oligarchie oder gar nur die eines autoritären Herrschers und seiner Entourage? Müssen nicht Staatenegoismus, sondern normative Prinzipien entscheidend sein? Wenn ja, welche normativen Prinzipien haben ausreichendes Gewicht? Sind es Menschenrechte und die normativen Grundlagen der Demokratie? Ist auch globale Verteilungsgerechtigkeit anzustreben? Sofern die Verbindlichkeit normativer Prinzipien angenommen wird – gehorcht die normative Strukturierung einer entstehenden rechtlichen Ordnung der Welt den gleichen Prinzipien, die in anderen Bereichen maßgeblich sind, etwa den Einzelstaaten? Heißt Gerechtigkeit auf der Welt wirklich das gleiche wie Gerechtigkeit in der Schweiz? Wie wird die Legitimität solcher normativen Prinzipien begründet, insbesondere für eine Weltgemeinschaft? Gibt es universale Prinzipien der Ethik und des Rechts, die für alle Menschen unabhängig von ihrem kulturellen, sozialen oder religiösen Hintergrund Geltung beanspruchen können? Ist eine Ethik der internationalen Beziehungen verbindlich für alle Subjekte des Völkerrechts: Staaten, Individuen und internationale Organisationen? Welche konkrete Gestalt sollte die internationale Ordnung besitzen, etwa in Bezug auf Menschenrechte, Wirtschafts- und Handelsrecht, Umweltrecht, Gesundheitsrecht etc.? Welche Institutionen sollten erhalten oder gebildet werden?

Im Hintergrund dieser Fragen steht eine weitere Querschnittsproblematik, nämlich die Frage, ob Völkerrecht überhaupt Recht im eigentlichen Sinne bilde oder vielleicht nur eine Art politisches Handlungssystem ohne Rechtscharakter sei. Was sind die legitimen Quellen von Völkerrecht, wenn es sich denn um Recht handelt? Ist eine internationale Ordnung, die sich an gerechtfertigten normativen Prinzipien orientiert, realpolitisch überhaupt möglich? Letzteres ist eine besonders wichtige Frage, denn manche mögen sich auf normative Fragen oder ihre philosophische Begründung gar nicht einlassen, weil für sie ausgemacht erscheint, dass in der harschen Welt der internationalen Beziehungen derartige Normen sowieso keine Rolle spielten: Der kalte Wind der hartgesottenen Einzelinteressen und Machtpolitik wehe hier, nicht die lauen, mit dem Vanilleparfum von politischen Illusionen gesättigten Lüftchen einer Ethik und eines Rechts der internationalen Gerechtigkeit und des gegenseitigen Respekts.

## III. Rechtsphilosophische Weichenstellungen

Bei der Beantwortung dieser Fragen in der internationalen Diskussion über die Philosophie internationalen Rechts und seiner Institutionen spielen rechtsphilosophische

Hintergrundannahmen eine zentrale Rolle.¹ Sie bestimmen die Art der Philosophie der internationalen Ordnung, die entwickelt wird. Wenn man etwa in der Theorie der internationalen Beziehungen, wie vom sogenannten «Realismus» vertreten, Staaten nur von Eigeninteressen angetrieben sieht,² wird man zu anderen Schlussfolgerungen kommen, als wenn man der Meinung ist, dass Staaten sich zumindest in bestimmtem Maße an normativen Prinzipien orientierten, oder es zumindest könnten, wenn die Bürgerinnen und Bürger es laut genug forderten und in jedem Fall sollten. Die Antworten werden davon abhängen, ob man eine kognitivistische oder non-kognitivistische Position in der Ethik und Rechtsphilosophie einnimmt, d.h., ob man davon ausgeht, dass es begründbare Normen gebe oder diese aus rational nicht beherrschbaren Quellen stammten (wie die sog. „Realisten" in internationalen Beziehungen häufig annehmen³). Wenn man Recht als reine Macht- und Gewaltordnung versteht, oder im Rahmen von systemtheoretischen Gesellschaftsfunktionalismus interpretiert, wird man eine solche internationale Ordnung anders konzipieren, als wenn man etwa Würde und Menschenrechte als gerechtfertigte, durch historische oder soziale Kontingenz nicht relativierte universale Prinzipien der Ethik und des Rechts ansieht.⁴ Auch von gleichen theoriestrategischen Ausgangspositionen aus kann sich eine Vielfalt von unterschiedlichen Schlussfolgerungen ergeben – wie etwa die verschiedenen Formen des Kontraktualismus in internationaler Dimension zeigen.⁵

5   Wesentliche dieser Hintergrundtheorien wurden bereits kritisch analysiert (vgl. §§ 5, 9, 19 II). Die dort festgehaltenen Probleme schlagen selbstverständlich auch im Rahmen einer Theorie internationalen Rechts oder internationaler Institutionen durch: Die Grenzen (und vorausgesetzten normativen Prämissen) des Kontraktualismus sind etwa auch in diesem Theoriebereich relevant. Diese Diskussionen brauchen deswegen hier nicht wiederholt werden.

---

1   Vgl. z.B. aus Sicht klassischer positivistischer Sicht *H. Kelsen*, Reine Rechtslehre, 2. Aufl., 1960, S. 321; *H. L. A. Hart*, The Concept of Law, S. 208 ff.; ethisch *A. Buchanan*, Justice, Legitimacy, and Self-Determination: Moral Foundations for International Law, 2004 (Gerechtigkeit durch Schutz von Menschenrechten als Grundlage der normativen Strukturierung der internationalen Ordnung); ähnlich *T. Pogge*, World Poverty and Human Rights: Cosmopolitan Responsibilities and Reforms, 2nd ed. 2008 (Menschenrechte als Kriterium sozialer Gerechtigkeit); zur Rehabilitierung eines „moral point of view" *C. Beitz*, Political Theory and International Relations, 1979, S. 63 der einen „return to the machinery of justification" unter kosmopolitischen Prinzpien einer an Rawls anknüpfenden Gerechtigketistheorie fordert; kontraktualistisch: *J. Rawls*, The Law of Peoples, 1999; diskurstheoretisch: *J. Habermas*, Hat die Konstitutionalisierung des Völkerrechts noch eine Chance? in: *ders.*, Der gespaltene Westen, 2004, S. 113 ff.; *ders.*, Auch eine Geschichte der Philosophie, Bd. 1, 2019, S. 125 ff.; systemtheoretisch *G. Teubner* (Hrsg.), Global Law without a State, 1997; *A. Fischer-Lescano/G. Teubner*, Regimekollisionen, 2006; republikanisch: *M. Sellers*, Republican Principles in International Law, 2006; im Überblick z.B. *S. Besson/J. Tasioulas* (ed.), The Philosophy of International Law, 2010; *A. Orford/F. Hoffmann* (Hrsg.), The Oxford Handbook of the Theory of International Law, 2016; *A. Bianchi*, International Law Theories, 2016; ders. (Hrsg.), Theory and Philosophy of International Law, 2017; *S. Wiessner* (Hrsg.), General Theory of International Law, 2017; *R. Kolb*, Theory of International Law, 2016. Zur speziellen Thematik der Philosophie der Menschenrechte, vgl. § 37.
2   Vgl. z.B. *E. H. Carr*, The Twenty Years' Crisis, 1919–1939: An Introduction to Study International Relations, (1939), 2001; *H. Morgenthau*, Politics among Nations: The Struggle for Power and Peace, 1948, S. 25.
3   Vgl. z.B. *E. H. Carr*, The Twenty Years' Crisis, 1919–1939, S. 19.
4   Vgl. zur Theorie der Normbegründung durch «Landnahme», *C. Schmitt*, Der Nomos der Erde im Völkerrecht des Jus Publicum Europaeum, 1950.
5   Vgl. z.B. *C. Beitz*, Political Theory and International Relations; *T. M. Franck*, Fairness in International Law and Institutions, 1995; *J. Rawls*, The Law of Peoples, 1999.

## IV. Ist Völkerrecht Recht?

Eine ganz grundlegende Frage lautet: Ist Völkerrecht aber überhaupt Recht im eigentlichen Sinne? Zweifel daran können aus der Sicht mancher Beobachter aufkommen, weil Völkerrecht bestimmte Eigenschaften nicht besäße, die idealtypisch Recht zukomme.[6] Zutreffend ist: Es fehlt an einem zentralen Gesetzgeber, der mit einer Kompetenz-Kompetenz ausgestattet für alle verbindliche Normen schafft. Es gibt keine verbindliche Weltgerichtsbarkeit; der Internationale Gerichtshof ist im Grundsatz nur zuständig, wenn Staaten sich seiner Gerichtsbarkeit unterwerfen (vgl. Art. 36 IGH-Statut). Es gibt auch keine klaren Durchsetzungsmechanismen für Völkerrecht wie sie etwa auf der innerstaatlichen Ebene vorgeprägt sind. Diese Beobachtungen sprechen allerdings nicht gegen den Rechtscharakter von Völkerrecht. Völkerrecht entsteht als Vertragsrecht und wesentlich durch Gewohnheitsrecht, also durch die Zustimmung von Staaten. Auch allgemeine Rechtsgrundsätze bilden eine Völkerrechtsquelle, während Gerichtsentscheidungen und rechtswissenschaftliche Ansichten nur eine Rechtserkenntnisquelle formen (vgl. Art. 38 Abs. 1 IGH-Statut). Die geschlossenen Verträge erzeugen häufig verbindliche Regeln, die Verpflichtungen schaffen, die sich durch ihre Erfüllung im Einzelfall nicht erschöpfen *(law making treaties)*.[7] *Ius cogens* derogiert widersprechende Normen im Vertragsrecht und schafft durch seine Wirkung *erga omnes* Pflichten gegenüber und Rechte bei allen Völkerrechtssubjekten (vgl. Art. 53 WVK). Die Gerichtsbarkeit im Völkerrecht wurde in den letzten Jahren in verschiedener Hinsicht ausgebaut und hat zum Teil weitreichende Kompetenzen geschaffen. Das gilt insbesondere bei regionalen Völkerrechtssystemen wie etwa dem Europarat, in dem der Europäische Gerichtshof für Menschenrechte die Einhaltung der Europäischen Menschenrechtskonvention dicht kontrollieren kann. Völkerrecht ist auch wirksam und wird durchgesetzt, wenn auch mit einer Vielfalt von Mitteln, die nicht notwendig diejenigen sein müssen, die innerstaatlich angewandt werden. Recht kann politisch verbindlich gemacht werden. Staaten im Europaratssystem halten sich nicht zuletzt an EMRK-Normen aufgrund von politischen Erwägungen, die ebenso effizient wirken können wie rechtliche Mechanismen. Es spricht deswegen wenig dafür, Völkerrecht nicht als Recht anzusehen.

## V. Ein klassischer Text der Völkerrechtsphilosophie

Wenn man die genannten Fragen beantworten möchte, kann einer der einflussreichsten rechtsphilosophischen Texte zur internationalen Ordnung überhaupt einen anregenden Ausgangspunkt der Orientierung bilden. Es handelt sich dabei um *Immanuel Kants* Essay *Zum ewigen Frieden* aus dem Jahr 1795. Kants Essay ist wie ein völkerrechtlicher Vertrag gegliedert, mit sechs Präliminarartikeln und drei Definitivartikeln, ergänzt durch Zusätze und einen Anhang, in dem Reflexionen über Politik, Moral und Recht entwickelt werden. Die zentralen Erkenntnisinteressen beziehen sich auf die Bestimmung normativer Prinzipien zur Gestaltung einer humanen internationalen Ordnung einerseits und die realpolitischen Möglichkeiten ihrer Verwirklichung andererseits.

---

6 Vgl. z.B. *J. Goldsmith/E. Posner*, The Limits of International Law, 2005.
7 Vgl. *J. Crawford*, Brownlie's Principles of International Law, 8th ed., 2012, S. 31.

8 Kant greift eine lange Tradition der Reflexion über Ethik und Recht auf, die nationale Gemeinschaften überschreitet, von der hellenistischen Stoa bis zum Naturrecht, in dessen Rahmen die spanische Spätscholastik oder Grotius bereits erläuterte Grundlagen des modernen Völkerrechts gelegt haben (vgl. o. § 1 IV 3, § 4). Kant schrieb vor dem Hintergrund verschiedener aufklärerischer Überlegungen zur zukünftigen Gestalt der Staatenwelt mit durchaus unterschiedlichen Inhalten und Schwerpunkten, gegenüber denen sein Essay neue weltbürgerliche Töne anschlägt. Diese Töne haben in der Folgezeit viele mit ihrem gar nicht lieblichen, sondern herben, manchmal bitteren, vom schamlosen Treiben der Menschen zu galligem Spott gereizten, Achtung vor Menschen unbeeindruckt einfordernden Klang angezogen, nicht zuletzt wohl aufgrund der besonderen Mischung aus normativer Entschiedenheit und realpolitischer Illusionslosigkeit.[8]

### 1. Präliminarartikel

9 Der erste Präliminarartikel lautet: „Es soll kein Friedensschluß für einen solchen gelten, der mit dem geheimen Vorbehalt des Stoffs zu einem künftigen Kriege gemacht worden."[9]

10 Andernfalls, so Kant, handle es sich nur um einen Waffenstillstand, keinen dauerhaften Frieden. Voraussetzung für ein solches Ziel sei allerdings, dass nicht „nach aufgeklärten Begriffen der Staatsklugheit in beständiger Vergrößerung der Macht, durch welche Mittel es auch sei, die wahre Ehre des Staates gesetzt" werde.[10]

11 Der zweite Artikel hält fest: „Es soll kein für sich bestehender Staat (klein oder groß, das gilt hier gleichviel) von einem andern Staate durch Erbung, Tausch, Kauf oder Schenkung erworben werden können."[11] Der Staat sei eine moralische Person, die durch einen Gesellschaftsvertrag geschaffen worden sei, keine Sache und deswegen nicht wie sie verfügbar. Auch die Untertanen seien keine „nach Belieben zu handhabende Sachen".[12]

12 Der dritte Artikel besagt: „Stehende Heere (miles perpetuus) sollen mit der Zeit ganz aufhören."[13] Kant begründet das damit, dass die Lasten der dauernden Rüstung drückender seien als ein kurzer Krieg und diese Kosten der Rüstung durch die Eigendynamik, die sie entfalteten, womöglich selbst zum Krieg führen könnten. Dazu komme „daß, zum Tödten oder getödtet zu werden in Sold genommen zu sein, einen Gebrauch von Menschen als bloßen Maschinen und Werkzeugen in der Hand eines Andern (des Staats) zu enthalten scheint, der sich nicht wohl mit dem Rechte der Menschheit in unserer eigenen Person vereinigen läßt".[14] Zwangsverpflichtet in einem Krieg zu dienen, verletzt also die hier angesprochene Inhaltsbestimmung menschlicher Würde in der materialen Fassung des kategorischen Imperativs, die Menschen als

---

8 Ein Beispiel aus der Gegenwartsrezeption ist *John Rawls*, der in seiner Völkerrechtsphilosophie offensichtlich an Kants Überlegungen angeknüpft hat, vgl. *ders.*, The Law of Peoples, 1999, § 4.
9 *I. Kant*, Zum ewigen Frieden, 1. Aufl. 1912, Akademie Ausgabe, Bd. VIII, S. 343.
10 *I. Kant*, Zum ewigen Frieden, S. 344.
11 Ebd.
12 Ebd.
13 *I. Kant*, Zum ewigen Frieden, S. 345.
14 Ebd.

Selbstzweck vor Instrumentalisierung durch andere schützt (vgl. o. § 9 III). Diese Aussagen richten sich auf die Machtkriege, die Europas Geschichte auch zu Kants Zeiten wesentlich prägten und die mit den Interessen der Bürger der jeweiligen Länder wenig zu tun hatten. Es ist deswegen nicht überraschend, dass Kant eine wichtige Ausnahme formuliert: Zulässig sei die periodische Übung in Waffen zur Selbstverteidigung gegen Angriffe.[15]

Der vierte Artikel lautet: „Es sollen keine Staatsschulden in Beziehung auf äußere Staatshändel gemacht werden."[16] Auch hier geht es Kant darum, die Anreize zur Kriegsführung durch strukturelle Dynamiken zu verringern. Schulden sollen nicht dazu verführen, sie mit einem erhofften Sieg im Krieg begleichen zu wollen.

Fünftens gilt: „Kein Staat soll sich in die Verfassung und Regierung eines andern Staats gewalttthätig einmischen."[17] Kant fordert also ein heute aus Art. 2 Ziff. 7 UN-Charta wohlbekanntes Interventionsverbot.

Der sechste Artikel enthält Folgendes: „Es soll sich kein Staat im Kriege mit einem andern solche Feindseligkeiten erlauben, welche das wechselseitige Zutrauen im künftigen Frieden unmöglich machen müssen: als da sind Anstellung der Meuchelmörder (percussores), Giftmischer (venefici), Brechung der Capitulation, Anstiftung des Verraths (perduellio) in dem bekriegten Staat."[18] Damit wird ein Gedanke aufgenommen, den man bereits bei Grotius findet: Wenn es schon zu kriegerischen Auseinandersetzungen kommt, müssten diese so geführt werden, dass eine Grundlage bleibe, um das danach ja weiter unausweichliche Zusammenleben der Menschen zu ermöglichen. Auch nach Innen wirkt dieses Gebot: Verteidigungsmittel seien für einen Staat nicht erlaubt „deren Gebrauch die Unterthanen derselben, Staatsbürger zu sein, unfähig machen würde", da dies „das Vertrauen, welches zur künftigen Gründung eines dauerhaften Friedens erforderlich ist, vernichten würde".[19] Auch die Frage nach den Kriterien für einen „ungerechten Feind" bindet Kant an die Sicherung eines zukünftigen Friedens: „Es ist derjenige, dessen öffentlich (es sei wörtlich oder thätlich) geäußerter Wille eine Maxime verräth, nach welcher, wenn sie zur allgemeinen Regel gemacht würde, kein Friedenszustand unter Völkern möglich, sondern der Naturzustand verewigt werden müsste."[20]

Nicht zuletzt das humanitäre Kriegsvölkerrecht dient heute dem Ziel, in Kriegen wenigstens bestimmte Gräuel zu verhindern. Wie wichtig dieser Gedanke auch in der Gegenwart ist, zeigen Kriege wie in Afghanistan oder Syrien, deren Verlauf Frieden für lange Zeit schwer vorstellbar gemacht hat. Der Artikel ergibt sich aus Kants Sicht aus der Erkenntnis, „daß ein Ausrottungskrieg, wo die Vertilgung beide Theile zugleich und mit dieser auch alles Rechts treffen kann, den ewigen Frieden nur auf dem großen Kirchhofe der Menschengattung statt finden lassen würde".[21]

---

15 Ebd.
16 Ebd.
17 *I. Kant*, Zum ewigen Frieden, S. 346.
18 Ebd.
19 *I. Kant*, Die Metaphysik der Sitten, S. 347.
20 *I. Kant*, Die Metaphysik der Sitten, S. 349.
21 *I. Kant*, Zum ewigen Frieden, S. 347.

## 2. Definitivartikel

17 Kant geht davon aus, dass der Friedenszustand durch Überwindung des Naturzustandes geschaffen werden müsse. Diese Überwindung könne nur durch das Mittel des Rechts gelingen, wobei als grundlegendes Postulat leitend sei: „Alle Menschen, die auf einander wechselseitig einfließen können, müssen zu irgend einer bürgerlichen Verfassung gehören."[22] Diese bürgerliche Verfassung etabliert sich auf verschiedenen Ebenen, sie ist als rechtliche Verfassung *Staatsbürgerrecht* der Bürgerinnen und Bürger in einem Staat, *Völkerrecht* der Staaten untereinander und *Weltbürgerrecht* der Menschen als Bürgerinnen und Bürger eines allgemeinen Menschenstaates.[23] Für Staaten besteht eine Pflicht, in einen solchen Rechtszustand überzutreten.[24] Dabei werden die Rechte und Pflichten des Völkerrechts nicht nur von den Staaten aus, sondern immer auch von den in ihnen vereinigten Menschen aus gedacht.[25] Deswegen verlieren die Angehörigen eines Verliererstaates eines Krieges nicht ihre staatsbürgerliche Freiheit; ihr Staat kann nicht „Colonie" und sie nicht Leibeigene werden – das Gegenteil der seit der Antike vertretenen Rechtfertigung der Praxis der Versklavung der Unterworfenen nach einem siegreichen Krieg.[26]

18 Der erste Definitivartikel lautet dann: „Die bürgerliche Verfassung in jedem Staate soll republikanisch sein."[27] Was versteht Kant unter republikanisch? Wie bereits erwähnt, hält er dazu fest: „Die erstlich nach Prinzipien der *Freiheit* der Glieder einer Gesellschaft (als Menschen), zweitens nach Grundsätzen der *Abhängigkeit* aller von einer einzigen gemeinsamen Gesetzgebung (als Unterthanen) und drittens die nach dem Gesetz der *Gleichheit* derselben (als *Staatsbürger*) gestiftete Verfassung – die einzige, welche aus der Idee des ursprünglichen Vertrags hervorgeht, auf der alle rechtliche Gesetzgebung eines Volks gegründet sein muß – ist die *republikanische*."[28] Freiheit und Gleichheit werden von Kant wie folgt näher eingehegt: „Äußere (rechtliche) Freiheit" ist „die Befugniß, keinen äußeren Gesetzen zu gehorchen, als zu denen ich meine Beistimmung habe geben können. – Eben so ist äußere (rechtliche) Gleichheit in einem Staate dasjenige Verhältniß der Staatsbürger, nach welchem keiner den anderen wozu rechtlich verbinden kann, ohne daß er sich zugleich dem Gesetz unterwirft, von diesem wechselseitig auf dieselbe Art auch verbunden werden zu *können*."[29] Diese Rechte sind „angeborene, zur Menschheit nothwendig gehörende und unveräußerliche Rechte".[30]

19 Die unverzichtbare Zustimmung der Staatsbürger zum Krieg in einer solchen republikanischen Staatsform sichert den Frieden, weil die Bürger den Krieg und seine schrecklichen Folgen nicht wollen können und nicht beschließen werden. In einer nicht-republikanischen Staatsform dagegen kann der Krieg als eine Art „Lustpartie"

---

22 *I. Kant*, Zum ewigen Frieden, S. 349.
23 Ebd.
24 *I. Kant*, Die Metaphysik der Sitten, S. 344; 350.
25 *I. Kant*, Die Metaphysik der Sitten, S. 343. Vgl. zu spezifischen Rechten von Personen ebd., S. 345, 348 f.
26 *I. Kant*, Die Metaphysik der Sitten, S. 348.
27 *I. Kant*, Zum ewigen Frieden, S. 349.
28 *I. Kant*, Zum ewigen Frieden, S. 349 f.
29 *I. Kant*, Zum ewigen Frieden, S. 350.
30 Ebd.

§ 38 Nicht nur Fremde und Feinde – das Recht der internationalen Gemeinschaft § 38

des „an seinen Tafeln, Jagden, Lustschlössern, Hoffesten" von den Folgen nicht betroffenen Monarchen betrieben werden und vom „allzeit fertigen diplomatischen Corps" gerechtfertigt werden.[31]

Der zweite Definitivartikel wird folgendermaßen gefasst: „Das Völkerrecht soll auf einen *Föderalism* freier Staaten gegründet werden."[32] Ein unter Rechtsgesetzen stehender Völkerbund wird damit als Ziel vorgegeben, nicht aber ein autoritärer Völkerstaat. Kant hält fest, dass die Berufung von Staaten auf das Recht, auch wenn es nur aus Zwecken der Propaganda und der Verhüllung der wahren, ganz und gar rechtsfernen Zwecke dienen soll, doch eine moralische Anlage im Menschen zeige, an die man anknüpfen könne, denn diese Berufung gehe ja selbst davon aus, dass diese Anlage bestehe und man ihr, wenn auch nur zu Zwecken der Täuschung, Nahrung geben müsse.[33] Dieser „freie Föderalism" sei mit dem Begriff des Völkerrechts notwendig verbunden als Surrogat des bürgerlichen Gesellschaftsbundes.[34] Diese Gründe für eine föderative internationale Ordnung und die Absage an einen Weltstaat sind allerdings in eine vielschichtige Argumentation eingebunden: „Für Staaten im Verhältnisse unter einander kann es nach der Vernunft keine andere Art geben, aus dem gesetzlosen Zustande, der lauter Krieg enthält, herauszukommen, als daß sie eben so wie einzelne Menschen ihre wilde (gesetzlose) Freiheit aufgeben, sich zu öffentlichen Zwangsgesetzen bequemen und so einen (freilich immer wachsenden) *Völkerstaat* (civitas gentium), der zuletzt alle Völker der Erde befassen würde, bilden. Da sie dieses aber nach ihrer Idee vom Völkerrecht durchaus nicht wollen, mithin, was in thesi richtig ist, in hypothesi verwerfen, so kann an die Stelle der positiven Idee einer *Weltrepublik* (wenn nicht alles verloren werden soll) nur das *negative* Surrogat eines den Krieg abwehrenden, bestehenden und sich immer ausbreitenden Bundes den Strom der rechtscheuenden, feindseligen Neigung aufhalten, doch mit beständiger Gefahr ihres Ausbruchs."[35] Diese beschränkte föderalistische Struktur ist also eine realpolitische Konzession, die hinter der positiven Idee einer globalen, weltweiten, republikanischen Ordnung zurückbleibt, die keinen unitarischen Weltstaat meinen muss. Eine weltweite, staatliche Ordnung werfe zudem das Problem auf, wie Staatsgewalt wirksam über die ganze Welt ausgeübt werden könne.[36]

Der dritte Definitivartikel lautet: „Das Weltbürgerrecht soll auf Bedingungen der allgemeinen *Hospitalität* eingeschränkt sein."[37] Im Kern handelt es sich also um ein Besuchsrecht allerdings ein Besuchsrecht mit komplexen Folgen. Kant hält fest, dass man einen Menschen abweisen könne, in einem Land Wohnsitz zu nehmen, allerdings nur, „wenn es ohne seinen Untergang geschehen kann".[38] Das Besuchsrecht besteht aufgrund eines ganz wesentlichen und für die ganze Rechtsphilosophie grundsätzlich bedeutsamen Gedankens. Kant fasst ihn folgendermaßen: Es gehe um „ein Besuchs-

---

31  *I. Kant*, Zum ewigen Frieden, S. 351.
32  *I. Kant*, Zum ewigen Frieden, S. 354.
33  *I. Kant*, Zum ewigen Frieden, S. 355.
34  *I. Kant*, Zum ewigen Frieden, S. 356; *ders.*, Die Metaphysik der Sitten, S. 344.
35  *I. Kant*, Zum ewigen Frieden, S. 357; *ders.*, Die Metaphysik der Sitten, S. 352.
36  *I. Kant*, Die Metaphysik der Sitten, S. 350.
37  *I. Kant*, Zum ewigen Frieden, S. 357.
38  *I. Kant*, Zum ewigen Frieden, S. 358; *ders.*, Die Metaphysik der Sitten, S. 354.

recht, welches allen Menschen zusteht, sich zur Gesellschaft anzubieten vermöge des Rechts des gemeinschaftlichen Besitzes der Oberfläche der Erde, auf der als Kugelfläche sie sich nicht ins Unendliche zerstreuen können, sondern endlich sich doch neben einander dulden müssen, ursprünglich aber niemand an einem Orte der Erde zu sein mehr Recht hat, als der Andere."[39] Kant lädt hier also dazu ein – das ist der Kern seines Arguments –, die Rechtssphären jedes Menschen vom Gedanken der ursprünglichen gleichberechtigten Ansprüche aller Menschen auf die knappen Güter dieser Welt aus zu denken, die er mit dem Bild der auf der Erde sich findenden und – genauer gesagt – ohne Vorrecht auf einen privilegierten Platz findenden Menschen kraftvoll illustriert. Dieses Besuchsrecht bildet eine Brücke zur Annäherung an die vertiefte weltbürgerliche Verfassung, die zu errichten ist.[40]

22  Kant zeigt hier wie auch anderswo keine Neigung zu übertrieben rosigen Vorstellungen von den Möglichkeiten des internationalen Zusammenlebens. Er kritisiert etwa die europäische Unterwerfung der Welt und ihre Ungerechtigkeit, die „bis zum Erschrecken" weit gehe.[41]

23  Kant betont dennoch in berühmten Sätzen die Möglichkeit eines solchen beschränkten, aber über sich selbst ethisch und rechtlich hinaustreibenden Weltbürgerrechts: „Da es nun mit der unter den Völkern der Erde einmal durchgängig überhand genommenen (engeren oder weiteren) Gemeinschaft so weit gekommen ist, daß die Rechtsverletzung an *einem* Platz der Erde an *allen* gefühlt wird: so ist die Idee eines Weltbürgerrechts keine phantastische und überspannte Vorstellungsart des Rechts, sondern eine nothwendige Ergänzung des ungeschriebenen Codex sowohl des Staats- als Völkerrechts zum öffentlichen Menschenrechte überhaupt und so zum ewigen Frieden, zu dem man sich in der continuirlichen Annäherung zu befinden nur unter dieser Bedingung schmeicheln darf."[42]

### 3. Hilfestellungen der Natur

24  Kant fragt nun, welche Mechanismen existierten, die dienlich sein könnten, einer solchen Ordnung wenigstens näher zu kommen. Mehr ist nicht zu erwarten, denn der „ewige Friede" sei ein nie zu erreichendes, wenn auch ethisch unbedingt anzustrebendes Ziel.[43] Kant meint, dass die Natur bestimmte Mechanismen enthalte, die Menschen bewegten, der eigenen Pflicht zu genügen und sich einer Rechtsordnung zu unterstellen, also sie dazu brächten, dasjenige zu tun, was sie aufgrund ihrer Pflicht sowieso tun sollten. „Das Problem der Staatserrichtung ist, so hart wie es auch klingt, selbst für ein Volk von Teufeln (wenn sie nur Verstand haben) auflösbar und lautet so: ,Eine Menge von vernünftigen Wesen, die insgesammt allgemeine Gesetze für ihrer Erhaltung verlangen, deren jedes aber ingeheim sich davon auszunehmen geneigt ist, so zu ordnen und ihre Verfassung einzurichten, daß, obgleich sie in ihren Privatgesinnungen einander entgegen streben, diese einander doch so aufhalten, daß in

---

39  *I. Kant*, Zum ewigen Frieden, S. 358.
40  Vgl. *M. Mahlmann*, Migration und Menschenwürde, in: F. v. Harbou/J. Markow (Hrsg.), Philosophie des Migrationsrechts, 2020, S. 170 f.
41  *I. Kant*, Zum ewigen Frieden, S. 358; *ders*. Die Metaphysik der Sitten, S. 353.
42  *I. Kant*, Zum ewigen Frieden, S. 360.
43  *I. Kant*, Die Metaphysik der Sitten, S. 350.

ihrem öffentlichen Verhalten der Erfolg eben derselbe ist, als ob sie keine solche böse Gesinnungen hätten.'"[44]

Kant meint also, dass man das Eigeninteresse von Menschen zur Erreichung des Zweckes einer Rechtsordnung rekrutieren könne. Auch ein Volk von Teufeln, wie er plastisch formuliert, würde zu dieser Schlussfolgerung kommen, wenn sie hinlänglich aufgeklärt über die eigenen Interessen nachdächten.

Auch die Absonderung der Staaten befördert die Begründung einer rechtlichen Friedensordnung. Die Vielheit der Staaten sei besser als eine Universalmonarchie, in der Frieden nur auf dem „Kirchhofe der Freiheit" eines Despotismus gefunden werden könne.[45] Stattdessen könne in einer solchen pluralistischen Staatenwelt der Frieden aufgrund des „Gleichgewichts im lebhaftesten Wetteifer" gefunden werden.[46] Schließlich helfe auch der Handelsgeist, Brücken zwischen den Menschen zu bauen.

### 4. Der geheime Rat der Philosophen

Kant bezieht auch einen Geheimartikel zum ewigen Frieden in seine Überlegungen ein, der lautet: „Die Maximen der Philosophen über die Bedingungen der Möglichkeit des öffentlichen Friedens sollen von den zum Kriege gerüsteten Staaten zur Rathe gezogen werden."[47] Diese Aufforderung zur Berücksichtigung philosophischer Reflexion soll geheim bleiben, damit den Machthabern die Peinlichkeit erspart wird, zuzugeben, dass sie derartig zweifelhaften und verdächtigen Personen wie Philosophen und Philosophinnen ihr Ohr leihen. Kant betont die Wichtigkeit einer durch Machtnähe nicht korrumpierten Reflexion, die nur durch ihre Unabhängigkeit ihre Integrität erhalten könne: „Daß Könige philosophieren, oder Philosophen Könige würden, ist nicht zu erwarten, aber auch nicht zu wünschen: weil der Besitz der Gewalt das freie Urtheil der Vernunft unvermeidlich verdirbt."[48]

### 5. Politik und Moral

Politik versteht Kant als ausübende Rechtslehre, die an moralische Prinzipien gebunden sei.[49] Politische Klugheit sei wichtig, müsse sich aber im Rahmen des moralisch Erlaubten entfalten. Diese Überlegungen rufen regelmäßig den Einwand hervor, dass in der Wirklichkeit Macht und Gewalt herrschen, nicht Recht und Friede, die deshalb weltfremde Utopien vom Guten und Gerechten unglaubwürdig lispelnden Schöngeistern blieben. Kant macht in seinem Essay immer wieder deutlich, dass es nicht den geringsten Grund zu Illusionen darüber gibt, wie Menschen sich tatsächlich verhielten und dass Maximen, die Grenzen des Moralischen verletzen, durchweg politisch

---

44 *I. Kant*, Zum ewigen Frieden, S. 366.
45 *I. Kant*, Zum ewigen Frieden, S. 367.
46 Ebd.
47 *I. Kant*, Zum ewigen Frieden, S. 368.
48 *I. Kant*, Zum ewigen Frieden, S. 369.
49 *I. Kant*, Zum ewigen Frieden, S. 370.

effizient seien und deshalb vielgebraucht würden. Er nennt etwa, durchaus für die Gegenwart relevant, die folgenden:⁵⁰

„*Fac et excusa.* Ergreife die günstige Gelegenheit zur eigenmächtigen Besitznehmung (entweder eines Rechts des Staats über sein Volk, oder über ein anderes benachbarte); die Rechtfertigung wird sich weit leichter und zierlicher *nach der That* vortragen und die Gewalt beschönigen lassen".

„*Si fecisti, nega.* Was du selbst verbrochen hast, z.B. um dein Volk zur Verzweiflung und so zum Aufruhr zu bringen, das läugne ab, daß es deine Schuld sei".

„*Divide et impera*" – teile und herrsche.

29 Was kann man unter diesen Umständen über die genannten Hilfsmittel der Natur hinaus tun, um einen republikanischen, friedenssichernden Zustand zu erreichen? Die Antwort liegt für Kant nicht in Revolution, sondern in Reform: „Die Staatsweisheit wird sich also in dem Zustande, worin die Dinge jetzt sind, Reformen dem Ideal des öffentlichen Rechts angemessen zur Pflicht machen; Revolutionen aber, wo sie die Natur von selbst herbei führt, nicht zur Beschönigung einer noch größeren Unterdrückung, sondern als Ruf der Natur benutzen, eine auf Freiheitsprincipien gegründete gesetzliche Verfassung, als die einzige dauerhafte, durch gründliche Reform zu Stande zu bringen."⁵¹ Revolutionen wird damit ihre moralische Bedeutung nicht abgesprochen, im Gegenteil, sie sind ein möglicher Weckruf für die Politik, der daran erinnert, worin das eigentliche Ziel liegen muss, nämlich in der Schaffung einer durch Freiheit, Gleichheit und Würde gekennzeichneten Republik. Diesem Ziel, so Kant, muss man sich mit Geduld und ohne Gewalt annähern.

30 Kants Überlegungen gipfeln in folgender politisch-moralischer Maxime: „Trachtet allererst nach dem Reiche der reinen praktischen Vernunft und nach seiner Gerechtigkeit, so wird euch euer Zweck (die Wohlthat des ewigen Friedens) von selbst zufallen."⁵² Damit wird in zutiefst berührender Form trotz aller Übel der Geschichte die Überzeugung nicht aufgegeben, dass der Weg zum hohen Ziel des dauernden Friedens nur auf dem geraden Pfad an Gerechtigkeit orientierten Handelns gefunden werden kann. Das Böse dagegen zerstöre sich seiner Natur nach langfristig selbst. Das Ziel des dauerhaften Friedens selbst bildet den Kern des Sinns des Rechts: „Man kann sagen, daß diese allgemeine und fortdauernde Friedensstiftung nicht bloß einen Theil, sondern den ganzen Endzweck der Rechtslehre innerhalb der Grenzen der bloßen Vernunft ausmache; denn der Friedenszustand ist allein der unter Gesetzen gesicherte Zustand des Mein und Dein in einer Menge einander benachbarter Menschen, mithin die in einer Verfassung zusammen sind, deren Regel (…) durch die Vernunft a priori von dem Ideal einer rechtlichen Verbindung der Menschen unter öffentlichen Gesetzen überhaupt hergenommen werden muß."⁵³

---

50 *I. Kant*, Zum ewigen Frieden, S. 374 f.
51 *I. Kant*, Zum ewigen Frieden, S. 373.
52 *I. Kant*, Zum ewigen Frieden, S. 378.
53 *I. Kant*, Die Metaphysik der Sitten, S. 355.

## 6. Ethik, Recht und Öffentlichkeit

Ein weiterer bemerkenswerter Gedanke bezieht sich auf ein „Experiment der reinen Vernunft", das darin bestehe, Rechtsansprüche öffentlicher Kritik zu unterwerfen. Die „Fähigkeit der Publicität" wird zu einem Mittel, die Legitimität von Rechtsprinzipien zu erkennen: „Alle auf das Recht anderer Menschen bezogene Handlungen, deren Maxime sich nicht mit der Publizität verträgt, sind unrecht."[54] Umgekehrt gilt, dass alle Maximen die der Publizität bedürften, um ihren Zweck nicht zu verfehlen, mit Recht und den Aufgaben der Politik übereinstimmten. Der Grund dafür sei, dass unter den Bedingungen der Öffentlichkeit diese Prinzipien „dem allgemeinen Zwecke des Publicums (der Glückseligkeit)"[55] entsprächen und unter dem Rechtsbegriff gerechtfertigt seien.

### VI. Rechtliche Weltpolitik als ethischer Wirklichkeitssinn

Kants Überlegungen liefern einen produktiven Ausgangspunkt, um Antworten auf einige der eingangs formulierten Fragen zu suchen. Zunächst ist festzuhalten, dass Frieden als fundamentale philosophische Vision mit Recht vorausgesetzt und damit den sich manchmal in die Brust werfenden, martialisch mit den Zähnen knirschenden philosophischen Apologeten des Krieges der Fehdehandschuh hingeworfen wird. Die überzeugende Begründung dieser philosophischen Vision liegt nicht zuletzt in der Kritik des Krieges durch die von Kant in knappen, trockenen, und gerade deswegen eindrucksvollen Ausführungen geschilderten und durch die Geschichte immer wieder bestätigten Leiden, die Kriege lange über das Ende von Kampfhandlungen hinaus hervorrufen.[56]

In Bezug auf die internationalen Beziehungen ist hervorzuheben, dass sich Kant in die Reihen derjenigen einreiht, die die europäische Unterwerfung der Welt kritisieren und nicht zu einem siegreichen Gang des Weltgeistes durch die Weltgeschichte verklären.[57] Das ist eine Einladung auch in der Gegenwart einen ehrlichen und nicht selbstgerechten Blick auf die Rolle der politischen Gemeinschaft, zu der man selbst gehört, bei der Schaffung und Lösung der Probleme der Welt zu werfen.

Kant verteidigt eine illusionslos moralisch orientierte internationale Politik. Dabei ist sowohl die moralische Orientierung wichtig wie auch die politische Illusionslosigkeit, die Kant so weit treibt, dass er die Regeln, die ein Volk von verständigen Teufeln immerhin für verbindlich halten würde, als Hoffnungsschimmer in seine Überlegungen einbezieht, was einiges aussagt über seine wenig frohgemuten Einschätzungen zum tatsächlichen Charakter menschlichen Handelns. Er versucht mit diesen Erwägungen das

---

54 *I. Kant*, Zum ewigen Frieden, S. 381.
55 *I. Kant*, Zum ewigen Frieden, S. 386.
56 Vgl. demgegenüber Hegels Kritik an Kants Idee eines friedensstiftenden Völkerbundes, da Konflikte zwischen den Staaten nur durch Krieg entschieden werden könnten, *G. W. F. Hegel*, Grundlinien der Philosophie des Rechts, §§ 333, 334.
57 Vgl. *G. W. F. Hegel*, Vorlesungen über die Philosophie der Geschichte, Werke, Bd. 12, S. 107 f.: „Von Amerika und seiner Kultur, namentlich in Mexiko und Peru, haben wir zwar Nachrichten, aber bloß die, daß dieselbe eine ganz natürliche war, die untergehen mußte, sowie der Geist sich ihr näherte. Physisch und geistig ohnmächtig hat sich Amerika immer schon gezeigt und zeigt sich noch so. Denn die Eingeborenen sind, nachdem die Europäer in Amerika landeten, allmählich an dem Hauche der europäischen Tätigkeit untergegangen".

Potential eines wohlgeordneten Eigeninteresses zu nutzen, die Verwirklichung einer legitimen rechtlichen Ordnung zu unterstützen. Diese Ressource ist in der Tat wichtig für die Weiterentwicklung des internationalen Rechts. Aufgeklärtes Eigeninteresse kann ein unverzichtbares Hilfsmittel sein, um Probleme wie die eingangs genannten anzugehen. Allerdings sollte man die Macht irrationaler Motive nicht unterschätzen, die häufig genug selbstzerstörerische Wendungen genommen haben: Aus aufgeklärtem, nicht nur extrem kurzfristig definiertem Eigeninteresse müsste beispielsweise schnell ein wirksames, rechtlich verbindliches und gestaltetes internationales Klimaschutzregime entstehen, ohne dass die politischen Kalküle verschiedener staatlicher und nichtstaatlicher Akteure bisher zugelassen hätte, dass dies mehr als eine gefährdete Hoffnung wäre.

35 Die nüchterne Pespektive drückt sich in seiner Konzeption einer Föderation ihre Eigenständigkeit und Unterschiedlichkeit bewahrender Staaten ebenso aus wie in der Idee, dass der Frieden nicht durch eine überwölbende, Unterschiede beseitigende Einheit geschaffen wird, sondern durch das in dieser Föderation verwirklichte Gleichgewicht verschiedener politischer Gemeinschaften. Das Essay durchzieht das Bewusstsein der Bedeutung und realen Wirkung von Machtpolitik. Ohne solche nüchternen Perspektiven wird keine Philosophie der internationalen Ordnung überzeugen. Zudem formuliert Kant ein substantielles, vielschichtiges aber auch beschränktes Weltbürgerrecht, das den Anfang bildet, um eine in einem stärkeren Sinne kosmopolitische Rechtsordnung zu denken und womöglich auch praktisch zu entwickeln.

36 Diese weltbürgerlichen Perspektiven sind zu Recht ernst genommene politische und rechtliche Möglichkeiten der Ordnung der Welt. Es geht dabei um mehr als eine minimale Friedensordnung, wenn diese auch – wie jede Fassbombe, die Zivilisten trifft, überdeutlich macht – schon eine große Errungenschaft ist. Es handelt sich darum, eine differenzierte und wirksame internationale Rechtsordnung zu etablieren, die an zentralen Rechtswerten wie Menschenrechten, Demokratie und Rechtsstaatlichkeit orientiert ist und Institutionen schafft, die diesen Rechtswerten zur Wirklichkeit verhelfen. Diese Institutionen müssen nicht am staatlichen Paradigma orientiert sein, sondern können neue Wege gehen, wie es etwa in manchen internationalen Organisationen der Fall ist. Die EU ist ein Beispiel hierfür. Hier eröffnen sich Möglichkeiten zur institutionellen Verdichtung, die über das hinausgehen, was Kant aufgrund der Zeit, in der er schrieb, erwägen konnte.

37 Diese weltbürgerlichen Perspektiven bilden dasjenige, was für Menschen selbstverständlicher Bezugspunkt ihres Handelns sein sollte, wenn sie denn den Urteilen ihrer eigenen moralischen Urteilskraft folgen. Die Erkenntnis der ethischen Verbundenheit der Menschen macht diese Orientierung unausweichlich, die sich ja nicht nur als gleichgültige Fremde, Rivalen im Kampf um den Zugang zu begehrten Gütern oder gar als Feinde gegenüberstehen, sondern als Wesen, die ihre gemeinsame Existenz auf der beschränkten Erde ihrer Würde gemäß gestalten müssen und nur durch Verbindungen miteinander Wesentliches für ihr Leben gewinnen können.

38 Es gibt dabei keinen Grund, die Geltung anderer ethischer Prinzipien und rechtlicher Werte auf internationaler Ebene als in anderen Bereichen menschlichen Lebens an-

zunehmen. Die Prinzipien praktischer Urteilsbildung sind unteilbar. Welche Gründe sollen etwa dafür sprechen, dass staatliches Handeln die Menschenwürde innerstaatlich respektieren muss, international aber verletzen darf? Warum sollen grundsätzlich andere Maßstäbe der Gerechtigkeit für die Gestaltung der Weltordnung gelten als für die Binnenordnung eines Nationalstaates? Die vielen speziellen Probleme, die sich bei der Gestaltung der internationalen Ordnung stellen, liegen nicht in einer völlig anderen politischen Ethik begründet, sondern erwachsen aus der Schwierigkeit, unter den gegenwärtigen Bedingungen der Staatenwelt praktisch wirksame Handlungsfolgen aus ethischen Prinzipien zu gewinnen, die die Komplexität der Probleme angemessen berücksichtigen und deshalb politische Verwirklichungschancen haben. Es ist vermutlich wenig strittig, dass es ungerecht ist, in ja immer von Menschen geschaffenen Verhältnissen zu leben, in denen der Zufall des Geburtsorts über die Frage entscheidet, wie wahrscheinlich es ist, dass man das 5. Lebensjahr erlebt, um ein Beispiel aus dem besonders heiß umkämpften Themenbereich der Verteilungsgerechtigkeit aufzugreifen. Wie diese Verhältnisse aber geändert werden können, ist keine leichthin zu beantwortende Frage, wie schon die wechselhafte Geschichte der Entwicklungspolitik beweist.

Vormals hoch umstrittene ethische, politische und rechtliche Prinzipien wie das Verbot von Folter, der Diskriminierung von Menschen aufgrund der angenommenen Rasse oder von Apartheid sind inzwischen nicht nur Teil eines vagen internationalen politischen Konsenses geworden, sondern sogar *ius cogens*, international zwingendes, alle Völkerrechtssubjekte verpflichtendes Recht.

Die nähere philosophische Begründung universalistischer Prinzipien steht noch aus, wenn auch schon wichtige Grundlagen gelegt wurden (vgl. u. § 39 I). Ihre Geltung lässt in jedem Fall viel Raum, sich ihnen auf verschiedenen Wegen epistemisch und praktisch, erst recht positivrechtlich und institutionell anzunähern. Eine universalistische Position verpflichtet keineswegs dazu, den eigenen Stand der Erkenntnis für eine besonders tiefsinnige Einsicht oder gar die eigene Rechtsordnung zum maßgeblichen Recht der Erde machen zu wollen, wenn man die Fehlbarkeit menschlichen Denkens (insbesondere des eigenen) und die Bedeutung menschlicher Selbstbestimmung in jeder plausiblen universalistischen Normtheorie bedenkt.[58] Beides verlangt Raum und Respekt für neue Versuche und eigene Wege der Individuen und der politischen Gemeinschaften, die Menschen in vielfältigen Formen bilden.

Eine alte These der antiken Philosophie zur Eudämonie besteht darin, im Respekt vor ethischen Prinzipien einen Schlüssel zu einem eben nicht nur moralisch gelungenen Leben zu sehen. Kant erweitert diese Perspektive und macht die Orientierung an diesen Prinzipien zum Instrument, mit dem sich die Menschen von der tödlichen Plage des Krieges langfristig befreien können. Damit wird eine Hoffnung auf die Friedensfähigkeit der Menschen mit vorsichtiger, aber tief begründeter Zuversicht ausgedrückt: Menschen, die mit ihrem Leben aufgrund seiner Eigenart mit Recht im Reinen sind, weil die eigene wie die Würde anderer unter Gerechtigkeits- und Solidaritätsprinzipien

---

[58] *M. Mahlmann*, Normative Universalism and Constitutional Pluralism, in: I. Motoc/P. Pinto de Albuquerque/ K. Wojtyczek (Hrsg.), New Developments in Constitutional Law. Essays in Honour of András Sajó, 2018, S. 271–295.

hinreichend Achtung genießt, werden den Krieg nicht nur aufgrund der schrecklichen Folgen für andere und sich selbst für ein Grundübel halten, sondern schon seine Versprechungen für ein bisschen zu fade halten, um ihrer Verführungskraft zu erliegen.

42  Diese Spur von Zutrauen in die Friedensfähigkeit der Menschen findet sich auch in epistemischer Hinsicht: Die Öffentlichkeit der Auseinandersetzung erscheint als ein Katalysator ethisch orientierter, und das heißt auf Frieden ausgerichteter Politik.

43  Kants Essay ist ein Lehrstück zum Verhältnis von Reflexion und Realität. Ein Entwurf einer internationalen Friedensordnung von dieser Art wurde entwickelt und blieb folgenlos, denn in den zwei folgenden Jahrhunderten ließen die Menschen keineswegs vom Krieg ab, im Gegenteil, das Schlimmste kam erst noch, bis hin zu dem historischen Tiefpunkt des Unglücks, das Deutschland unter dem Nationalsozialismus über sich und andere im 2. Weltkrieg heraufbeschwor. Das macht diese Reflexion nicht überflüssig oder wert, wegen peinlicher Weltferne mitleidig-herablassend belächelt zu werden, erinnert aber daran, welche Kräfte sich zerstörerisch in der Geschichte Bahn brechen können. Die existierenden Bruchstücke eines friedenssichernden internationalen Rechtssystems und die weiterlebenden Traditionen einer kritischen Rechtsreflexion, die niemanden auf der Welt ausschließt und die Kraft hat, eine der Menschheit insgesamt gerecht werdende Ordnung noch zu denken (wenn auch nicht schon für nächste Woche Dienstag als Wirklichkeit zu erhoffen), sind deswegen nicht mehr als, aber immerhin Anzeichen, dass ein dauerhafter Frieden unter Rechtsprinzipien für Menschen möglich bleibt.

## § 39 Das gleiche Recht der Menschen und die Herausforderung der Vielfalt

I. Das Universalismusproblem ......... 1
II. Erkenntnis und Geschichte .......... 12
   1. Der Zeitkern der Wahrheit ...... 12
   2. Relativität und Historisierung .. 20
   3. Geschichte und menschliche Rechte ............................ 25
   4. Grenzen der historisierenden Relativierung ..................... 29
III. Vernunft und Richtigkeit ............ 37
IV. Die Reichweite des Zweifels ......... 40

### I. Das Universalismusproblem

Angenommen die bisherigen Überlegungen zu begründbaren Gehalten von Moral und Recht besitzen ein gewisses Maß an Plausibilität – welche materiale Geltungskraft besitzt dann eine solche Theorie? Ist es eine Theorie, die entscheidend europäisch oder westlich geprägt ist? Oder hat sie ein weitergehendes, womöglich universalistisches Potenzial? Eines ist dabei vorab klar: In einem gewissen Sinn kann die Frage nach der universalen Geltung einer konkreten Theorie nur verneint werden, denn offensichtlich ist jede Theorie nur so gut, wie sie ihr fehlbarer menschlicher Urheber konzipieren konnte und deswegen notwendig von begrenztem Erkenntnisgehalt, verbesserungsbedürftig und das Objekt von legitimer Kritik. Der ideengeschichtliche Rückblick hat deutlich genug gemacht, dass niemand, auch nicht die bewunderungswürdigsten Geister, Überlegungen entwickelt hat, die kritischen Fragen nicht ausgesetzt wären. Niemand wird deshalb ernsthaft behaupten wollen, dass entwickelte normative Maßstäbe überall in dem Sinn Geltung beanspruchen könnten, dass sie das letzte Wort und über Kritik erhaben seien. Um diesen Anspruch kann es mithin bei der Frage nach der Überzeugungskraft universalistischer Theorien nicht gehen. Es handelt sich vielmehr um das Problem, ob geltungstheoretisch *überhaupt* eine Theorie denkbar ist (wenn sie auch noch nie ganz überzeugend entwickelt wurde), die einen universalistischen Anspruch erheben kann und der sich konkrete Theorien soweit wie möglich zu nähern haben (wie fehlbar sie auch konkret sein mögen), oder ob dies prinzipiell nicht möglich ist und deshalb eine relativistische Theorie den geltungstheoretisch richtigen Weg einschlägt.

Wichtig ist auch, die Unterscheidung einer faktisch gegebenen Moral und einer reflexiven Moral im Auge zu behalten. Faktisch war es lange so, dass es in bestimmten Kulturkreisen ungehörig war, dass Frauen Hosen trugen, ohne dass dieses Gebot auch nur eine Sekunde kritischen Nachdenkens überstehen würde. Die faktische Vielfalt gegebener Moralvorstellungen, die für verbindlich gehalten werden, ist also nicht das Problem, sondern die Frage, ob auch auf dem Niveau einer kritischen Reflexionstheorie der Moral unüberwindliche Vielfalt herrscht.

Bei der Beantwortung dieser Frage sind wichtige Kritikpunkte zu beachten: Universalistische Perspektiven in der Ethik und im Recht werden zuweilen mit dem Vorwurf des Eurozentrismus bedacht. Dies gilt gerade für zentrale Werte einer modernen Menschenrechtskultur wie Freiheit, Gleichheit und Würde. Diese Ideen seien nichts als das kontingente Produkt einer spezifischen, vor allem aber der europäischen oder auch westlichen Kultur, das sich nur selbst mit falschen, illusorischen universalistischen

Ehren bekleide und verblendet überhöhe.[1] Auch der Vorwurf des Kulturimperialismus wird erhoben: Anderen Kulturen würden unter dem Vorwand eines menschenfreundlichen Universalismus fremde Wertvorstellungen aufgezwungen, für manche nichts als ein dringend zu überwindendes postkoloniales Erbe.

4  Zur Lösung des damit gestellten Universalismusproblems muss man sich zunächst vor historischer Selbstgerechtigkeit hüten. Es ist ja keineswegs so, dass die europäische oder auch westliche Geschichte von einem ungehinderten Siegeszug von Freiheit, Gleichheit und Menschenwürde geprägt gewesen wäre und zwar sowohl in Bezug auf die Gestaltung der inneren Ordnungen als auch in Bezug auf das Verhältnis zu anderen Völkern und Kulturen, wie Conquista oder Sklaverei nur zu deutlich machen. Die genannten Werte, soweit sie heute bestimmend sind, wurden vielmehr in langen Auseinandersetzungen gegen Kräfte durchgesetzt und erhalten, die ebenfalls zur europäischen und westlichen Geschichte gehören. Die im Eurozentrismusvorwurf implizierte Identifikation von universalen Menschenrechtsideen mit der europäischen oder westlichen Kultur ist mithin schon historisch-genetisch zweifelhaft. Dies wird noch deutlicher, wenn man die Vielfalt und den Reichtum anderer Kulturen gerade auch in ethischer Hinsicht und ihren Beitrag zur Verwirklichung der genannten Werte ernsthaft zur Kenntnis nimmt. Das Beispiel des langen Kampfes um Menschenrechte in Europa, der ja keineswegs beendet ist, zeigt zudem, dass Kulturen keineswegs homogen, sondern durch innere Vielfalt gekennzeichnet sind, in der Vergangenheit und in der Gegenwart. Wer waren die echten Europäer? Die Kämpfer und Kämpferinnen für Menschenrechte oder ihre politischen Feinde, die häufig und über lange Zeit, wie z.B. im Fall der Rechte von Frauen, weite Teile der Gesellschaft, manchmal robuste Mehrheiten, umfassten? Wer sind die maßgeblichen Repräsentanten der chinesischen Kultur heute? Parteioligarchen oder die Dissidenten, die Menschenrechte einklagen? Kulturen stehen auch in ständigem Austausch, wandeln sich und eigenen sich an, was gestern noch ganz fremd erschien – von Kartoffeln bis zu indisch-arabischen Ziffern. Bestimmte Menschengruppen auf eine feststehende kulturelle Identität festzulegen, geht an den Realitäten vorbei, weil die Kreativität menschlicher Lebensformen unterschätzt wird.

5  Wichtiger ist jedoch ein anderer Schritt: Die historische Genese von Normen und Werten ist grundsätzlich von materialen Geltungsfragen zu unterscheiden. Die ideengeschichtliche Genese beschreibt den Weg, auf dem einzelne Ideen in die menschliche Kultur gefunden haben. Die Genese wichtiger Elemente der Ethik und des Rechts wurde im ersten Teil nachgezeichnet. Dass eine Idee historisch-genetisch aus einem bestimmten Kulturzusammenhang stammt, heißt nun nicht, dass sie nur in diesem Zusammenhang Geltung beanspruchen könnte. Die historische Genese ist keine theoretische Geltungskategorie. Um es mit einem Beispiel aus den Naturwissenschaften zu illustrieren: Die moderne mathematische Naturwissenschaft ist zu einem wesentlichen Teil das Produkt der europäischen Kultur des 16. und 17. Jahrhunderts (wenn diese Aussage auch manche und grundlegende wissenschaftshistorische Ergänzung verdient). Das heißt aber offensichtlich nicht, dass die Ergebnisse dieser Wissenschaft nur in Eu-

---

[1] Ein bekanntes Beispiel ist *J.-F. Lyotard*, Le différend, 1983, S. 208 ff., der kritisiert, die französische Nationalversammlung habe sich in Bezug auf die französische Menschenrechtserklärung als Stimme der Menschheit missverstanden.

ropa Geltung (hier in einem naturwissenschaftstheoretischen, nicht normativen Sinn) beanspruchen könnten. Die Relativitätstheorie ist nicht nur für Europäer interessant. Dem Aufschwung der Naturwissenschaften lag dabei die Entwicklung des Dezimalsystems mit den Ziffern 1 – 9 und der Null zugrunde, das über Indien und den arabischen Kulturkreis nach Europa einwanderte. Das Zahlensystem überzeugte durch seine Vorzüge und Potentiale, die ganz unabhängig von seinem kulturellen Ursprung sind.

Die historische Genese einer Norm lässt die Frage ebenso völlig offen, welchen geltungstheoretischen Anspruch eine Norm erheben kann. Selbst wenn also die skizzierten Gehalte von Gerechtigkeit und Altruismus, von Freiheit, Gleichheit und Menschenwürde das historische Produkt einer bestimmten Kultur wären (was – wie angedeutet – keineswegs der Fall ist), bedeutete dies nicht, dass deswegen ihre Geltung auf diese Kultur beschränkt wäre. Und noch ein weiterer Gesichtspunkt ist zu beachten: Man muss grundsätzlich zwischen den (historischen oder aktuellen) Annahmen, die Personen über die auf sie anwendbaren Normen machen, und den geltungstheoretisch auf sie tatsächlich anwendbaren Normen unterscheiden. Wenn Personen in ihrem Nachdenken oder in ihrer Praxis ausdrücken, dass Normen (z.B. Menschenrechte) für sie keine Geltung beanspruchen können, heißt dies keineswegs, dass diese Normen nicht genau diese Geltungskraft besitzen – und umgekehrt. Auch Mitglieder einer menschenrechtsfernen Kultur können deswegen die Rechte oder Pflichten besitzen, deren Existenz sie verneinen, beispielsweise Sklavenhalter, die die Sklaverei für berechtigt halten, die Pflicht, ihre Sklaven zu befreien. Auch eine andere Erwägung stärkt die Sache des Kulturrelativismus nicht, die manchmal zu seiner Begründung herangezogen wird, nämlich, dass bestimmte Kulturen sprachliche Ausdrücke und Begriffe, etwa „Menschenwürde" oder „subjektives Recht" nicht kennten und deswegen – so wird geschlossen – auch die damit bezeichnete Wertposition dieser Kultur fremd sei. Wie sich in der Erörterung der Sprachtheorie gezeigt hat, spricht für die sprachliche Bedingtheit und Relativität der menschlichen Vorstellungswelt wenig (vgl. o. § 32 I 2). Das Fehlen eines Begriffs in einer Sprache indiziert nicht, dass die von ihm bezeichnete Vorstellung mit anderen Mitteln nicht ausgedrückt oder geistig überhaupt nicht gebildet werden könnte.

6 Wenn man die entwickelten Überlegungen zu Grundlagen eines durch die genannten Prinzipien konstituierten liberalen und egalitären Humanismus betrachtet, ist nun nicht klar, welche Elemente in einem geltungstheoretischen Sinn kulturrelativ wären. Dabei ist insbesondere die Unterscheidung von faktischen gegebenen, überkommenen Moralsystemen und einer kritisch-reflexiven Ethik im Blick zu behalten, die einleitend unterstrichen wurde. Gleiches gilt für die Analyse moralischer Meinungsverschiedenheiten und ihrer Gründe, die die Plausibilität der Annahme universal gültiger Normen deutlich erhöht hat (vgl. o. § 29 VI). Es überrascht deshalb nicht, dass sich die Grundprinzipien der Gerechtigkeit und des Altruismus in sehr unterschiedlichen Kulturen von der Antike bis zur Gegenwart wiederfinden. Dass es für Menschen in Asien gerecht sei, Gleiches ungleich zu behandeln oder moralisch gut, anderen Leiden zu bereiten, behaupten selbst nachdrücklich kulturrelativistische Theorien nicht.

7 Ähnliches gilt für die anthropologischen Annahmen einer Theorie der menschlichen Natur, mit denen ebenfalls argumentiert wurde, um einen substantiellen Freiheitsbe-

griff und einen Begriff menschlicher Würde zu gewinnen, der das Fundament menschlicher Wertgleichheit schafft. Es ist zwar eine weit verbreitete Ansicht, dass es eine solche Theorie der menschlichen Natur nicht geben, oder genauer, dass diese Theorie nur darin bestehen könne, von der *Proteus-Natur* des Menschen zu sprechen: Die Natur des Menschen wechsle wie der mythische Meergreis ständig ihre Gestalt und bestehe in nichts als der Fähigkeit der Menschen, die eigene Form in der Entwicklung der Kultur immer aufs Neue selbst zu schaffen.[2] Diese Idee der Proteus-Natur reformuliert Marx' These, dass die menschliche Natur nichts sei als das Ensemble der menschlichen Verhältnisse[3] oder Nietzsches Auffassung, der Mensch sei das „noch nicht festgestellte Thier".[4] Für diese These spricht aber trotz ihrer ehrwürdigen Tradition wenig. Die Menschen besitzen zweifellos eine bestimmte Natur, ein gerade in letzter Zeit von den Kognitionswissenschaften auch für die geistige Welt der Menschen in immer neuen Details belegter Befund (s. näher u. § 41 für einige Beispiele). Im moralisch besonders relevanten Bereich der Bedürfnisse sind die humanen, kreatürlichen Gegebenheiten evident: Es gibt allgemein geteilte Bedürfnisse, etwa nach materiellen und immateriellen Gütern wie Nahrung, physischer und psychischer Unverletztheit, Freiheit oder Achtung, die kulturübergreifend zu den Grundelementen der menschlichen Lebensform gehören.

8   Dass gerade bestimmte politische Herrschaftsregime dies anders sehen, die die Freiheit der ihnen unterworfenen Menschen beschränken oder ihre Integritäts- und Achtungsansprüche verletzen, darf nicht verwundern. Für diese Regime ist es hilfreich, auf kulturrelativistische Vorstellungen zur Ergänzung ihres ideologischen Arsenals zurückgreifen zu können und zu argumentieren, dass die eigene repressive Ordnung in einem tiefen Sinn eine spezifische Kultur verkörpere, die etwa von Menschenrechten nicht geprägt sei und deswegen nicht aus menschenrechtlicher Perspektive kritisiert werden könne. Es gibt keine überzeugenden Gründe, diese ideologischen Selbstrechtfertigungen theoretisch mit einer Weihe zu versehen, die sie nicht verdienen. Nicht nur physische Verletzungen, auch Unterdrückung und Missachtung der Person versehren die Menschen in jeder Kultur. Die Idee einer beliebigen gesellschaftlichen Formbarkeit der Menschen und der voraussetzungslosen Genese ihrer Welt durch sekundäre Kulturfaktoren hinsichtlich dieser Grundaspekte ihrer Existenz ist ein Grundirrtum bestimmter Strömungen der neuzeitlichen Anthropologie.[5] In Anbetracht dieser Befunde scheint es auch schwer zu begründen, dass Menschenrechte in Zürich zu den Verwirklichungsbedingungen einer legitimen Ordnung gehören, nicht aber in Delhi, Beijing oder Kapstadt.

9   Von einem Standpunkt jenseits des Kulturrelativismus wird auch das Problem normativer Erneuerung verständlich: Das Phänomen des normativen Wandels kann in einem kulturrelativistischen Rahmen schwer erklärt werden, denn es ist unklar, wie eine

---

2 *R. Rorty*, Human Rights, Rationality and Sentimentality, S. 111 ff., 115.
3 *K. Marx*, 6. Feuerbachthese, Thesen über Feuerbach, MEW 3, S. 6.
4 *F. Nietzsche*, Jenseits von Gut und Böse, Aphorismus 62, in: *ders.*, Sämtliche Werke, hrsg. V. G. Colli/M. Montinari, Bd. 5, 1999.
5 Jenseits dieser existentiellen Grundlagen ist die Warnung vor falschen Festlegungen des Menschseins allerdings wichtig, da diese gegen die Autonomie der Menschen gewendet werden können. Vgl. zu diesem Problem *J. P. Müller*, Der politische Mensch – menschliche Politik, 1999, S. 1 ff.

Kultur diejenigen normativen Phänomene hervorbringen kann, die die Grenzen dieser Kultur gerade überschreiten. Aus universalistischer Perspektive setzen sich in diesen Fällen die Inhalte durch, die jenseits von kulturellen Zusammenhängen aufgrund der angedeuteten Maßstäbe am plausibelsten begründbar sind, z.B. die Prinzipien, die sich heute in Menschenrechten verkörpern.

Universalismus mit Kulturimperialismus zu verbinden, verkennt schließlich, dass in einer einigermaßen plausiblen universalistischen Theorie – welcher Ausrichtung auch immer – Autonomie und Selbstbestimmung eine zentrale Rolle spielen müssen, die Kulturimperialismus oder auch nur (fürsorglichen) Paternalismus gerade ausschließen. Auch hier ist die Parallele zu anderen Wissensgebieten hilfreich: Man kann mit guten Gründen der Meinung sein, dass die beste gegenwärtig formulierte Theorie des Universums für die Existenz von Gravitationswellen spricht, ohne daraus die Befugnis herzuleiten, diese Theorie Physikerinnen aufzwingen zu dürfen, die anderer Meinung sind. Achtung vor anderen Kulturen und, genauer, der Menschen, die sie tragen, die verschiedene kulturrelativistische Theorien einfordern, ist zudem selbst eine substantielle, universalistische Norm, da sie für alle Kulturen gelten soll. In der Toleranzforderung hebt sich der Kulturrelativismus durch ihren universalistischen Gehalt selbst auf.

Es spricht also viel dafür, anzunehmen, dass es sowohl bestimmte, durch politische Theorie informierte, universale moralische Grundsätze als auch eine feststehende nicht-moralische Voraussetzung des moralischen Urteils gibt: die humane Natur, die in ihrem ethisch relevanten Kern alle Menschen teilen. Moralischer und rechtsethischer Universalismus ist bis hierher daher eine naheliegende theoretische Option.

## II. Erkenntnis und Geschichte

### 1. Der Zeitkern der Wahrheit

Eine Grundfrage der Philosophie lautet:[6] Wie geschichtlich bestimmt und damit begrenzt ist menschliche Erkenntnis?

Die Historisierung von Erkenntnisansprüchen wird von vielen in der Gegenwartsdebatte als Gewinn und Aufklärung verstanden. Historisierung sei unerlässlich, weil sie das klassische Projekt der Philosophie transzendiere, einen Begriff der Vernunft zu entwickeln, der universal, für alle Zeiten und Kulturen schlechthin zu gelten beanspruche. Ein solcher Vernunftbegriff sei ahistorisch und verkenne die historische Abhängigkeit der Inhalte und Gestalten menschlichen Denkens, gerade in ethischer Hinsicht.

„Entschiedne Abkehr vom Begriffe der ‚zeitlosen Wahrheit' ist am Platz. Doch Wahrheit ist nicht – wie der Marxismus es behauptet – nur eine zeitliche Funktion des Erkennens, sondern an einen Zeitkern, welcher im Erkannten und Erkennenden zugleich steckt, gebunden. Das ist so wahr, daß das Ewige jedenfalls eher eine Rüsche am Kleid ist als eine Idee".[7] So fasst *Benjamin* beispielsweise die Grundthese der Geschichtlichkeit von Einsichten. Historisierende Ansätze sind aus dieser Sicht Schlüsselperspek-

---

6 Vgl. zum folgenden näher M. *Mahlmann*, Geschichtlichkeit und Geltung von Grundrechten, in: M. Quante (Hrsg.), Geschichte – Gesellschaft – Geltung. XXIII. Deutscher Kongress für Philosophie, Kolloquienbeiträge, 2016, S. 703–718.
7 W. *Benjamin*, Das Passagen-Werk, in: ders., Gesammelte Schriften, Bd. V-1, 1982, S. 578.

tiven nicht nur um historische Naivität zu vermeiden, sondern aus anderen, tiefer liegenden Gründen. Sowohl der Erkenntnisgegenstand als auch das Erkenntnissubjekt seien historisch konstituiert und müssten deswegen in ihrer geschichtlichen Relativität begriffen werden. Die geschichtliche Perspektive dringt hinter den Schein vor, dass ein Gewordenes und geworden Relatives ein Dauerhaftes sein könne. Die Geschichte zeige ihre Marke von Scotland Yard:[8] Historisierung komme dem eigentlichen Kern der Sachen auf die Spur.

15 Das damit kritisierte und grundsätzlich in Frage gestellte Projekt einer universalen Vernunftkritik wurde tatsächlich von unterschiedlichen Ansätzen betrieben. Es ist etwa Teil der Kernanliegen der Aufklärung, universale Erkenntnisansprüche nicht zuletzt in der Vernunftkritik zu erheben. Diese Erkenntnisansprüche wurden vielleicht in bestimmten Theorien nicht eingelöst, sie wurden aber als grundsätzlich gerechtfertigt, ja als alternativlos angesehen. Die eigentliche Aufgabe der Reflexion bildet aus dieser aufklärerischen Sicht die Selbstreflexion der Vernunft und zwar aus universaler Perspektive: Gegenstand der Überlegungen bilden die Struktur und Eigenschaften menschlichen Denkens schlechthin, die in jedem Denken aufzufinden sind, egal welcher Zeit es entstammt.[9]

16 Dieses universale Erkenntnisinteresse illustriert das Projekt der philosophischen Vernunftkritik *Kants*.[10] In der theoretischen Vernunft wird die Kausalität nicht nur für eine bestimmte historische Epoche als Bedingung der Möglichkeit von Erfahrung ausgezeichnet, sondern als ein Element des Erkenntnisprozesses, das in jeder Zeit die Voraussetzung von menschlichen Einsichten bilde.[11] In der praktischen Vernunft ist der kategorische Imperativ nicht nur der ethische Zierrat einer spezifischen Zeit. Der kategorische Imperativ in seinen formalen und materiellen Varianten ist vielmehr ein gerechtfertigtes Prinzip jeder Vernunftansprüchen genügenden moralischen Selbstgesetzgebung, das selbst nicht historisch relativ ist, sondern „als objektiv, d. i. für den Willen jedes vernünftigen Wesens gültig, erkannt wird".[12]

17 Diese Art der Vernunftkritik hat eine weitreichende Konsequenz: Sie ist ein Beispiel für eine Theorie menschlichen Denkens, in der substantielle humane Gemeinsamkeiten ein Band zwischen den verschiedenen Zeiten und Kulturen weben. Sie leugnet selbstverständlich historische und kulturelle Entwicklungen und ihre Vielfalt nicht, beschreibt aber einen geteilten Kern menschlichen Vernunftgebrauchs, der die Geschichte am Ende zu einer menschlichen und durch das Humane bei aller Vielgestaltigkeit innerlich verbundenen Geschichte macht.

18 Die Frage nach der Geschichtlichkeit der Erkenntnis ist deshalb keine, die nur das wissenschaftliche Nachdenken beschäftigen würde. Sie ist von grundsätzlicher Bedeutung

---

8 So gibt Benjamin an anderer Stelle einen Kommentar *E. Blochs* zum Passagen-Projekt zustimmend wieder, vgl. *W. Benjamin*, Das Passagen-Werk, S. 578.
9 Vgl. die für die Neuzeit paradigmatische Analyse des Geistes, *R. Descartes*, Principia philosophiae, I, VIII ff.
10 *I. Kant*, Kritik der reinen Vernunft, 1. Aufl. 1781, Akademie Ausgabe, Bd. IV (Nachdruck 1968), S. 9: die Vernunftkritik ist eine Forderung „der gereiften Urteilskraft des Zeitalters, welches sich nicht länger durch Scheinwissen hinhalten läßt, und eine Aufforderung an die Vernunft, das beschwerlichste aller ihrer Geschäfte, nämlich das der Selbsterkenntnis aufs neue zu übernehmen".
11 *I. Kant*, Kritik der reinen Vernunft, 2. Aufl. 1787, S. 166 ff.
12 *I. Kant*, Kritik der praktischen Vernunft, S. 20. Vgl. O. § 9 III.

für das menschliche Selbstverständnis überhaupt. Denn es ist für die Einschätzung der Bedeutung eigener Einsichten von einigem Belang, inwieweit Menschen tatsächlich den Kopf aus den Fluten ihrer Zeit erheben und etwas wie auch immer umrißhaft erkennen können, das mehr ist als bunt schimmernde Schaumblasen, die auf diesen Wassern treiben, mehr als eine theoretische Flüchtigkeit, die eine kurze Weile wie eine Einsicht wirkt und dann mit der Zeit vergeht, die sie geschaffen hat. Das gilt insbesondere für die Frage, was das ethisch richtige Leben ausmacht und welche Konsequenzen die Antworten auf diese Frage für das Recht haben.

Die Historisierung von Erkenntnisansprüchen hat zudem auch zweifelnde Nachfragen angeregt, gerade auch in praktischer Hinsicht. Eine interessante Analyse ist die von *Albert Camus*, der argumentiert hat, dass im 20. Jahrhundert als „siècle de la peur"[13] menschliches Leben gerade dadurch bedroht wird, dass menschliche Einsicht, und nicht zuletzt ethische Einsicht, der Geschichte ausgeliefert wird, weil diese Auslieferung historisierenden Ideologien den Boden bereite, die meinen, Menschen beliebig formen zu können und von diesem Ausgangspunkt aus in Systemen der Unfreiheit, Unterwerfung und Verletzung wesentlicher Menschenrechte endeten.[14] Historische Relativierung aller Erkenntnisansprüche ist aus dieser Perspektive keine Befreiung, sondern eine Gefahr.

Welche Berechtigung hat also die Historisierung menschlicher Erkenntnis?

### 2. Relativität und Historisierung

Historisierung von Theoriebildungen bedeutet zunächst in bestimmter und wichtiger Hinsicht nicht mehr als eine Selbstverständlichkeit: Theorien sind in bestimmte historische Zusammenhänge eingebettet. Keine Theorie, auch keine Theorie der Vernunft, entsteht im geschichtsfreien Raum. Das wurde bereits betont (s.o. §§ 1 Rn. 51; 34 II). Selbstverständlich kann man etwa Kants Ansichten zur Stellung von Frauen nicht erklären, ohne die Zeit mitzubedenken, in der sie entstanden sind. In diesem Sinn ist Historisierung eine Grundvoraussetzung jedes kritischen Denkens. Jede Stellungnahme erfolgt auch von einem bestimmten eigenen Standpunkt aus, dessen sich jeder denkende Mensch selbstkritisch vergewissern sollte. Auch das ist selbstverständlich.

Keine Selbstverständlichkeit ist dagegen der nächste Schritt, um den es hier eigentlich geht, nämlich die Behauptung einer unüberwindbaren Relativität von Erkenntnisansprüchen durch den Aufweis ihrer Historizität. Die Einbettung solcher Erkenntnisansprüche in Zeitzusammenhänge führt aus dieser Perspektive dazu, dass nicht nur einige Aussagen, sondern die Idee der Möglichkeit einer universalen Analyse der geistigen Vermögen der Menschen und der mit ihnen gewonnenen Erkenntnisse in praktischer und theoretischer Hinsicht selbst historisch relativ wird. Diese Behauptung fügt den bereits erörterten kulturrelativistischen Perspektiven eine weitere, wichtige Dimension hinzu (vgl. o. § 39 I).

---

13 A. *Camus*, Combat, 19 Novembre 1946, in : J. Lévi-Valensi (Hrsg.), Cahiers Albert Camus 8, Camus à Combat, 2002, S. 608.
14 A. *Camus*, L'Homme Révolté, 2009, S. 37.

22 Die Relativierung kann dabei in verschiedener Form auftreten, wobei sowohl der theoretische Rahmen als auch die mit der Relativierung verbundenen Untertöne vielfältig sind. Die Relativierung kann spöttisch und mit einer allerdings ein wenig aufgesetzten Fröhlichkeit – wie bei Nietzsche – erfolgen, gewonnen aus der angenommenen Überlegenheit seines Perspektivismus gegenüber dem „Dogmatiker-Irrthum" Platos (und seiner Nachfolger) „vom reinen Geiste und vom Guten an sich".[15] Sie kann auch ganz anders grundiert werden, nämlich mit dem Gefühl der Erfassung des kulturellen Kerns einer Menschheitstragödie wie es etwa in der Kritischen Theorie der Dialektik der Aufklärung geschieht, nach der die Vernunft der Aufklärung sich als Herrschaftsverhältnis über Welt und Menschen konstituiere und sich dadurch in Schuld verstricke.[16] Die historische Relativierung kann auch positiv gewendet werden, etwa philosophisch-hermeneutisch in den Theorien von Heidegger[17] oder Gadamer.[18] Sie kann auch wissenschaftstheoretisch zur Unausweichlichkeit erklärt werden mit einem durchaus konstruktiven Potenzial wie in der Wissenschaftstheorie Kuhns.[19] In der postmodernen Dekonstruktion[20] oder in systemtheoretischen Analysen[21] herrscht der Tonfall kritischer Entlarvung gegenüber universalen Vernunftansprüchen vor. Dies sind nur einige Beispiele, wobei die Relativierung von Vernunftansprüchen nicht notwendig nur mit einer Historisierung einhergehen muss.

23 Wenn man die Berechtigung der Historisierung von Erkenntnisansprüchen bedenken will, gilt es Folgendes zu beachten: Es gibt keinen Grund, der *a priori* für oder wider die Historisierung von Erkenntnisansprüchen sprechen würde. Man kann deshalb die historische Relativität der normativen Grundlagen von Erkenntnisansprüchen nicht einfach als offensichtlich behaupten, sondern muss sich auf die sachliche Auseinandersetzung mit diesen Grundlagen von Erkenntnisansprüchen einlassen.

24 Es kommt für die Beantwortung der Frage nach der Reichweite von Historisierungsversuchen darauf an, konkrete Problemanalysen vorzulegen und in diesem Rahmen zu erwägen, inwieweit eine Historisierung von Erkenntnisansprüchen überzeugend ist und inwieweit vielleicht auch nicht. Ein gutes Beispiel ist die Legitimationstheorie der Grund- und Menschenrechte.

### 3. Geschichte und menschliche Rechte

25 Menschenrechte erheben einen Anspruch auf Universalität und zwar in mehr als einer Hinsicht. Sie erheben zunächst den Anspruch, für alle Menschen zu gelten. Die Universalität der Menschenrechte hat aber auch eine zeitliche Dimension. Hinsichtlich dieser diachronen Universalität tauchen naturgemäß zwei Fragen auf: Macht es erstens Sinn, historisch oder jedenfalls geltungstheoretisch davon zu sprechen, dass Menschenrechte schon in der Vergangenheit existierten, galten oder jedenfalls begründbar waren, genauer in einer Vergangenheit, die weit vor der expliziten Formulierung der Menschen-

---

15 *F. Nietzsche*, Jenseits von Gut und Böse, S. 12.
16 *M. Horkheimer/T. W. Adorno*, Die Dialektik der Aufklärung; vgl. o. § 21 I.
17 Vgl. zum Zirkel des Verstehens *M. Heidegger*, Sein und Zeit, S. 152 ff.
18 *H.-G. Gadamer*, Wahrheit und Methode, S. 270.
19 Vgl. *T. S. Kuhn*, The Structure of Scientific Revolution.
20 *J. Derrida*, Force of Law: The ‚Mystical Foundations of Authority', S. 13 ff., 59 ff.
21 Vgl. z.B. *N. Luhmann*, Das Recht der Gesellschaft, S. 239 ff.

rechte in den bürgerlichen Revolutionen des 18. Jahrhunderts und ihren unmittelbaren ideengeschichtlichen Vorläufern lagen?[22] Es gibt viele Studien, die der Ideen- und Begriffsgeschichte der Menschenrechte gelten, die dies implizieren, z.b. wenn nach den vorneuzeitlichen, vielleicht auch antiken Wurzeln der Menschenwürdeidee gefragt wird.

Die zweite Frage betrifft die Zukunft: Bilden die Menschenrechte normative Leitideen auch für die Zeiten, die noch kommen werden? Sind mit ihnen geltungstheoretisch unhintergehbare Maßstäbe nicht nur für die gegenwärtige, sondern auch für jede kommende menschliche Zivilisation formuliert worden?

Der zweite Aspekt dieser diachronen Universalität hat eine unmittelbar praktische Dimension: Wenn Menschenrechte als ein dauerhafter Leitfaden für humane Ordnungen legitimiert werden können, dann begründet das Pflichten für die Gegenwart – z.B. dafür zu sorgen, dass bestehende Menschenrechtsregime erhalten und funktionstüchtig bleiben, woraus Normen wie Rechtsmissbrauchsverbote wie z.B. in Art. 17 EMRK oder die sog. Ewigkeitsklausel des deutschen Grundgesetzes, Art. 79 Abs. 3 GG iVm Art. 1 GG praktische Konsequenzen ziehen, indem sie mit unterschiedlichen rechtstechnischen Mitteln der Veränderung von Grundrechtspositionen normative Grenzen setzen.

Die These der Universalität der Menschenrechte wird in der Gegenwart in verschiedenen Hinsichten attackiert. Zum Kulturrelativismus wurden bereits Bemerkungen gemacht (vgl. o. § 39 I). Die Suche nach den Spuren der Menschenrechtsidee schon in der Geschichte wird als teleologische Geschichtsschreibung kritisiert, die in der Vergangenheit findet, was eine andere Gegenwart in sie hinein projiziert hat.[23] Auch die Perspektive auf eine Zukunft, die aus normativer Sicht durch Menschenrechte geprägt sein müsse, wird von manchen als politisch phantasielos empfunden.[24]

**4. Grenzen der historisierenden Relativierung**

Bei der Untersuchung der geschichtlichen Relativität der Geltungsansprüche von Grund- und Menschenrechten sollte man das Faktum der historischen Entwicklung von Grundrechtskatalogen und das Faktum aktueller, offensichtlich zeitgebundener Einschläge in die Fassung von Grundrechtskatalogen nicht mit dem Nachweis der Relativität legitimationstheoretischer Gültigkeitsquellen verwechseln. Offensichtlich sind konkrete Grundrechtskataloge historisch bedingt und zwar sowohl in der Ethik als auch im Recht. Es gibt keinen anderen Grund dafür, dass im *III. Amendment* der *Bill of Rights* der US-amerikanischen Verfassung das Recht aufgeführt wird, nicht mit militärischen Einquartierungen belästigt zu werden, als eine spezifische historische Situation, die heute der Vergangenheit angehört.

---

22 Grundlegend zur gegenwärtigen Debatte um die Geschichte der Grundrechte *C. McCrudden*, Human Rights Histories, Oxford Journal of Legal Studies, 35 (2015), S. 179 ff.
23 Vgl. Z.B. *S. Moyn*, The Last Utopia, 2011, S. 5 ff.
24 Vgl. *S. Moyn*, The Last Utopia, S. 225 ff.; *ders.*, The Continuing Perplexities of Human Rights, Qui Parle. Critical Humanities and Social Sciences, 22 (2013), S. 95 ff., 107 ff. unterstreicht diese Skepsis, mit einigen Qualifikationen in Anbetracht von Kritik.

30 Fragen der Legitimationstheorie liegen eine Stufe tiefer als diese Art von zeitbedingten Prägungen von konkreten Grundrechtskatalogen. Es geht in dieser legitimationstheoretischen Hinsicht darum, zu klären, inwieweit universale Prinzipien existieren, die bestimmte Rechte unter spezifischen historischen Bedingungen und vielleicht sogar einzelne Rechte unter allen denkbaren historischen Bedingungen rechtfertigen.

31 Betrachtet man die drei notwendig zu einer Geltungstheorie der Menschenrechte gehörenden Theoriebereiche – eine kritische Gütertheorie, eine politische Theorie und eine Theorie der normativen Grundlagen der Menschenrechte –, die angedeutet wurden, ergibt sich für die erörterte Frage Folgendes: Für die gütertheoretischen Elemente sind geschichtliche Perspektiven sehr wichtig. Ohne historisches Bewusstsein der diversen, z.T. sehr dauerhaften Unfreiheitsordnungen, die nicht nur durch Gewaltverhältnisse aufrechterhalten wurden, sondern auch – machtsoziologisch gesprochen – durch den anhaltenden Glauben an ihre Legitimität, wird man hier keine differenzierten Aussagen treffen können, die nach mehr als anthropologischem Wunschdenken schmecken. Immerhin kann man es aber trotzdem wohl plausibel machen, dass Unfreiheit existentielle Bedürfnisse von Menschen verletzt – davon legen die Kämpfe um ihre Überwindung ein sehr eindrückliches Zeugnis ab (vgl. o. § 35). Dabei geht es nicht nur darum, Freiheit überhaupt abstrakt als Grundbedürfnis von Menschen sichtbar werden zu lassen, sondern darum, den Freiheitsbegriff in seiner radikalen Kraft anschaulich zu machen, indem mehr oder auch nur minder versteckte Unfreiheiten aufgespürt und benannt werden, die ganze Menschengruppen vom Genuss von Autonomie ausgeschlossen haben. Die Beziehung der Menschen verschiedener Hautfarben nach dem Ende der Sklaverei etwa in den USA oder der lange Weg zu einer wirklichen Gleichstellung von Frauen auch und gerade in Hinsicht auf von der Gesellschaft gewährte Freiheitsrechte illustrieren, wie wichtig diese kritische Perspektive ist. Eine kritische Freiheitstheorie muss versuchen, diese ideologischen Konstrukte zu überwinden, um nicht als Freiheit, nach der ein menschliches Bedürfnis besteht, auszugeben, was Unfreiheit geblieben ist.

32 Auch eine politische Theorie der sozialen und institutionellen Verwirklichungsbedingungen von Grundgütern wie Freiheit muss historisch informiert sein. Man wird die Rolle von Menschenrechten für die politische Ordnung kaum zutreffend einschätzen können, wenn man nicht eine Vorstellung von der Praxis einer politischen Ordnung hat, die Menschenrechte systematisch verletzt, wie es etwa im Nationalsozialismus oder im Stalinismus geschehen ist.

33 Die nicht zuletzt aus solchen historischen Erfahrungen gebildete Theorie ist aber nicht notwendig selbst historisch relativ. Im Gegenteil: Die These, dass eine menschenrechtliche Sicherung von normativen Grundpositionen zentral ist, um Menschen ein einigermaßen zivilisiertes Leben zu ermöglichen, ist eine, die Beispiele wie der Nationalsozialismus und Stalinismus gerade über historische Kontingenz und Relativität hinausheben. Dass Menschenrechte zu den notwendigen Verwirklichungsbedingungen menschlichen Wohlergehens nicht nur aus der Perspektive einer Zeit gehören, haben die genannten Gewaltregime des 20. Jahrhunderts mit unerbittlicher Anschaulichkeit deutlich gemacht.

Die Erwägungen zur Legitimation der Menschenrechte hat schließlich ergeben, dass die Theorie der Menschenrechte notwendig mit Fragen der Gerechtigkeit, Fürsorge und Menschenwürde verbunden ist. Der intensive Streit um den Gehalt dieser Begriffe wird *faktisch* in seiner Gestalt durch die geschichtlichen Bedingungen geformt, unter denen er stattfindet. Er ist aber in keiner offensichtlichen Weise *legitimationstheoretisch* historisch geprägt. Selbstverständlich wird etwa die Diskussion um die Rechte von Frauen durch die jeweiligen historischen Umstände bestimmt, unter denen sie geführt wird. Legitimationstheoretisch ist jedoch nicht ersichtlich, dass die Kriterien für die berechtigte Zuschreibung gleicher Rechte von Frauen, ihre Personalität, humane Subjektivität oder ihr Freiheits- und Autonomieverlangen, die im Zusammenspiel mit den genannten Gerechtigkeitsprinzipien und Solidaritätsgeboten gleiche Rechte fordern, historisch relativ wären.[25]

Wieder liefern die Gewaltregime des 20. Jahrhunderts (aber natürlich nicht nur diese) weiteres Anschauungsmaterial. In welchem Sinne, muss man fragen, sind etwa die stalinistischen „Säuberungen", wie es zynisch heißt, nur historisch relativ Verletzungen des aus Gerechtigkeitsgründen gebotenen Schutzes gleicher Rechte von Menschen? Können sie mit anderen Worten wirklich so plausibel gerechtfertigt werden, wie die These, dass es sich bei ihnen um Verletzungen von Rechten handelt, die grundsätzlich und auch in der Zukunft aus guten Gründen verhindert werden müssen? Kann man nicht ähnliche Argumente für die gebotene Fürsorge und den Respekt vor der Würde von Menschen finden? Gibt es dann nicht doch einen normativen Gehalt der Menschenrechte, der über einen Zeitkern hinausweist und der den eigentlichen Stachel bildet, der die Menschenrechtsidee so unbequem, subversiv gegenüber Ungerechtigkeit und zivilisierend macht?[26]

Diese Bemerkungen deuten an, dass die historisierende Relativierung von Grundrechten nicht ohne Alternative ist. Im Gegenteil, es spricht viel dafür, dass eine substantielle Legitimationstheorie den Historismus der Grund- und Menschenrechte selbst historisch relativ macht. Die Idee der Grund- und Menschenrechte ist wie andere Grundprinzipien von Ethik und Recht mehr als eine schnell unmodisch werdende Rüsche am Kleid der vergehenden Zeit.

### III. Vernunft und Richtigkeit

Eine klassische und bis heute plausible Wahrheitstheorie von Aussagen über die Welt macht die Übereinstimmung von Aussage und Welt zum Kriterium für die Wahrheit der Aussage. Das wirft die Frage auf, ob das gleiche Kriterium auch für normative Prinzipien zutrifft. Normative Aussagen wären dann wahr, wenn sie mit einem objektiv gegebenen normativen Sachverhalt, der Teil der Welt ist, übereinstimmten. Das ist die Position des moralischen Realismus (s. o. § 29 III Rn. 13 und die Nachweise dort). Diese Position ist der Kritik ausgesetzt, keinen Nachweis für die Existenz solcher

---

25 Es gibt vielfältige Theorien, die dies bestreiten und etwa personale Individualität als historisch geschaffen ansehen. Zum Begriff menschlicher Natur, der derartigen Theorien häufig zugrunde liegt, vgl. o. § 39 II Rn. 23.
26 Zur heuristischen Funktion von Menschenrechten im Rahmen einer rekonstruktiven Genealogie *L. Wingert*, Türöffner zu geschlossenen Gesellschaften, in: R. Elm (Hrsg.), Ethik, Politik, Kulturen im Globalisierungsprozess, 2003, S. 392 ff., 392, 398, 401 ff.

§ 39   2. Teil: Recht und ethische Orientierung – Systematik

38   objektiv gegebenen moralischen Sachverhalte liefern zu können. Ein Weg, der dann von vielen gewählt wird, besteht darin, moralische Urteile mit subjektiven Präferenzen gleichzusetzen, wie etwa im Emotivismus und anderen Formen des Nonkognitivismus.

Wie erläutert, sind die Alternativen eines Realismus und eines nonkognitivistischen Antirealismus keineswegs erschöpfend. Es gibt gute Gründe davon auszugehen, dass moralische Urteile nicht-referenzielle geistige Akte bilden, sich also nicht auf objektive Sachverhalte in der Welt beziehen, gleichzeitig aber internen Standards menschlicher praktischer Vernunft unterworfen sind (vgl. o. § 29). Ihr epistemischer Charakter unterscheidet sich (in dieser Hinsicht zumindest) nicht von beispielsweise logischen Urteilen, deren Wahrheit auch nicht von Referenzbeziehungen zu logischen Sachverhalten in der Welt abhängt.[27]

39   Dies gilt im Übrigen auch für erkenntnistheoretische Aussagen der Metaethik, selbst solche des moralischen Realismus zur Notwendigkeit von Referenzbeziehungen von moralischen Urteilsakten und moralischen Sachverhalten in der Welt für die Begründung der Wahrheit dieser epistemologischen Aussagen.[28] Diese erkenntnistheoretischen Aussagen der Metaethik werden und können ja selbst nicht durch entsprechende metaethische Sachverhalte in der Welt begründet werden, mit denen sie übereinstimmten. Die Überzeugungskraft der Aussage „Moralische Urteile sind (oder sind nicht) in ihrem Wahrheitsgehalt von der Existenz von moralischen Sachverhalten in der Welt abhängig" wird nicht dadurch gewonnen, dass es einen Sachverhalt in der Welt gibt, mit dem diese erkenntnistheoretische Aussage korrespondiert, wobei die Korrespondenzbeziehung von beidem die Wahrheitsbedingung der Aussage bildet. Auch eine metaethische Theorie wie der moralische Realismus beruht letztlich auf Vernunftprinzipien. Die Verlässlichkeit solcher Vernunftprinzipien muss deshalb abschließend bedacht werden.

### IV. Die Reichweite des Zweifels

40   Ein zentrales Problem des moralepistemologischen Status von moralischen Aussagen besteht darin, ob es prinzipiell möglich ist (durch die genannten oder andere denkbare Argumente), eine Letztbegründung von normativen Positionen zu liefern. Letztbegründet ist eine Aussage, wenn man sie mit keinen rationalen Gründen mehr bezweifeln kann. Im internationalen Bereich wird diese Frage als Problem des „foundationalism" erörtert.

41   Die Erörterungen dieses Problems sind vielfältig und differenziert. Man kann aber zwei Ansätze identifizieren, die die zentralen Pole der Auseinandersetzungen markieren. Auf der einen Seite stehen die Vertreter von Theorien, die die Behauptung, das

---

27   Von verschiedenen Ausgangspositionen wird die These vertreten, dass es moralische Einsicht auch ohne die Annahme von objektiven moralischen Entitäten in der Welt gebe, vgl. z.B. *C. Korsgaard*, The Sources of Normativity, 1996, S. 108, 122 ff., 165, die eine „reflective endorsement theory" vertritt; *R. Dworkin*, Justice for Hedgehogs; *D. Parfit*, On What Matters, ed. By S. Scheffler, Vol. II, 2011, mit der These, dass es „some irreducibly normative reason-involving truths" gebe, „not about entities or properties that exist in some ontological sense", ebd., S. 618; *T. Scanlon*, Being Realistic about Reasons, 2014: „reasons fundamentalism". Zur Kritik z.B. *D. Enoch*, Taking Morality Seriously, S. 121 ff. Zu Wahrheit und Intuitionen, *R. Jackendoff*, A User's Guide to Thought and Meaning, 2012, S. 213 ff.
28   Das ist keine neue Beobachtung, vgl. z.B. *Dworkin*, o. § 18.

moralische Urteil sei einer Letztbegründung zugänglich, verteidigen. Die Tranzendentalpragmatik oder bestimmte religiös-metaphysische Ansätze sind z.b. Verfechter dieser Theorie (vgl. o. §§ 21 II, 36 II 2). Auf der anderen Seite stehen diejenigen, die diese Vorstellung als unhaltbar kritisieren.[29] Man kann sicher sagen, dass international die letztere Gruppe die Hauptströmung der praktischen Philosophie und Theorie der Gegenwart bildet. In der Ablehnung der Letztbegründung stimmen etwa die relativistische, nonkognitivistische Strömung der analytischen Philosophie ebenso wie die Vertreter der Postmoderne überein (vgl. o. §§ 15, 21 IV). Viele Stellungnahmen zu diesem Problem – und zwar sowohl zur Verteidigung der Letztbegründung als auch zu ihrer Kritik – treffen aber den Kern des moral-epistemologischen Problems nicht, wie folgende Überlegung zeigt: Der überzeugende Teil der Erkenntnistheorie der Neuzeit hat zu einem Bild der Möglichkeiten und Grenzen menschlicher Erkenntnis geführt, das zu Recht gegenüber Theorien der Möglichkeit objektiver Einsicht die Unmöglichkeit der Letztbegründung von theoretischen und praktischen Einsichten betont. Menschen können nicht mit ihren geistigen Vermögen die letzte unbezweifelbare theoretische Wahrheit und praktische Richtigkeit der Urteile dieser Vermögen selbst begründen. Denn bei der Begründung der theoretischen Wahrheit und praktischen Richtigkeit der Urteile würden notwendig die Maßstäbe der theoretischen Wahrheit und praktischen Richtigkeit angelegt werden, deren erkenntnistheoretische Reichweite gerade in Frage steht. Eine Taube kann nicht mit ihren eigenen Flügeln über sich hinausfliegen, Menschen mit ihren geistigen Vermögen die Grenzen derselben nicht überschreiten. Insofern ist die skeptische Tradition der Philosophie nicht zu widerlegen.[30] Gleichzeitig wurde in der Erkenntnistheorie aber immer wieder zu Recht betont, dass die Erkenntnis der Grenzen menschlichen Wissens menschliche Einsichten (so weit sie reichen) keineswegs wertlos macht: „If we disbelieve everything, because we cannot certainly know all things; we shall do muchwhat as wisely as he, who would not use his legs, but sit still and perish because he had no wings to fly".[31]

Dass die Korrespondenz von humaner Gattungsperspektive und objektiver, von menschlichen Erkenntnismöglichkeiten nicht begrenzter Einsicht nicht bewiesen werden kann, heißt ja nicht – und hier irrt die relativistische Strömung –, dass es keine Maßstäbe menschlicher Erkenntnis und moralischer Einsicht gebe, Wissenschaft und Universalismus also ausgeschlossen seien. Gegen den radikalen Skeptizismus verteidigt eine überzeugende Epistemologie deshalb die Existenz von Kriterien von Wahrheit und praktischer Einsicht, die aus menschlicher Sicht Theorien und moralische Urteile mehr oder weniger überzeugend machen. Die Gravitationstheorie ist etwa eine bessere Theorie als Descartes' Wirbel-Theorie der Planetenbahnen, nach der die Planeten sich in Materiestrudeln bewegen, wenn sie auch nicht das letzte Wort der Wissenschaftsge-

---

29  Bekannt ist die Fassung des Problems als Münchhausen-Trilemma, vgl. *H. Albert*, Traktat über kritische Vernunft, 5. Aufl., 1991, S. 15, wonach Letztbegründungen entweder in einem infiniten Regress, einem logischen Zirkel oder im willkürlichen Abbruch der Begründung enden.
30  Zu den ideengeschichtlichen Wurzeln vgl. *R. Popkin*, The History of Scepticism from Erasmus to Spinoza, revised and expanded ed., 1984.
31  *J. Locke*, An essay concerning human understanding, § 5: „Wenn wir alles bezweifelten, weil wir nicht alles sicher wissen können, handelten wir so weise wie derjenige, der seine Beine nicht benutzt und still sitzen bleibt und untergeht, weil er keine Flügel zum Fliegen besitzt".

schichte gebildet hat.[32] Dass Gleiches gleich behandelt werden soll, ist überzeugender als das Gebot der Ungleichbehandlung von Gleichem. Dies ist aus humaner Sicht einleuchtend, ohne dass gesagt werden könnte, ob dies schlechthin oder nur aus einer spezifisch menschlichen Perspektive zutreffend ist. Vor die Alternative gestellt, gar keine Aussagen zu machen oder aufgrund der menschlichen epistemischen Maßstäbe zu urteilen, gibt es keine rationale Alternative, als Letzteres zu tun. Denn die skeptische Reflexion hat nicht nur deutlich gemacht, dass man nicht sicher sein kann, dass menschliche Einsicht objektive Wahrheiten liefert, sondern auch, dass nicht bewiesen werden kann, dass menschliche Einsicht *nicht* das Wahre und Richtige trifft. Ein radikaler Skeptizismus, der das Gegenteil behauptete, würde auf sich selbst angewandt im Selbstwiderspruch enden. Wenn diese von der ernsthaften skeptischen Reflexion gerade beglaubigte *Möglichkeit der Einsicht* aber besteht, gibt es keinen Grund, diese erkenntnistheoretische Chance zu verpassen.

43 Bestimmte Formen der Vernunftskepsis sind zu selbstsicher geworden. Sie lassen das theoretisch Mögliche an belastbarer praktischer Erkenntnis auf eine unbefriedigende Weise unausgeschöpft. Die epistemische Widerstandskraft bestimmter Aussagen gegenüber systematischem, unnachgiebigem, theoretisch wie historisch aufgeklärtem Zweifel bildet die erkenntnistheoretische Alternative zu infinitem Regress, willkürlichem Begründungsabbruch, Tautologien oder formaler Prozeduralisierung des Begründungsunterfangens. Es bleibt also kein anderer Weg, als sich an die allerdings anstrengende Arbeit der Erkenntnis und konstruktiven Wissenschaft zu machen, um auszuloten, was aus dem die Menschen umgebenden Dunkel des Unverstandenen an das Licht des plausibel Erklärten gebracht werden kann.

44 Damit deutet sich an: Der Relativismus zieht die Grenzen der normativen Erkenntniskraft der Menschen zu eng. Nicht eine konkrete, im Einzelnen übrigens schwer fassbare Kultur bildet die Grenze normativer Einsicht, sondern die (selbst aber unüberschreitbare) humane epistemische Gattungsperspektive. Deswegen ist die Kritik von Normen innerhalb von Kulturen und über ihre Grenzen hinweg möglich. Diese Kritik und die aus ihr gewonnenen konstruktiven ethischen Entwürfe mit ihren rechtlichen Konsequenzen können berechtigterweise universalistische Ansprüche erheben. Dass es manchmal sogar tatsächlich gelingt, diese Ansprüche einzulösen, ist die epistemische Kernhoffnung der Ethik und Theorie des Rechts. Der Provinzialismus des örtlich und historisch Überkommenen ist nicht der letzte Horizont der praktischen Philosophie.

---

32 Vgl. Z.B. *R. Descartes*, Principia philosophiae, Pars III, XXX.

# § 40 Die Wissenschaftlichkeit der Rechtswissenschaft

I. Die Herausforderungen des Gegenstandsbereichs ........................ 1
II. Der wissenschaftstheoretische Rahmen ................................ 7
   1. Logischer Positivismus und Kritischer Rationalismus ............ 7
   2. Wissenschaft jenseits des naturwissenschaftlichen Paradigmas ................................ 10
   3. Neue Theorien der Naturwissenschaften ........................ 12
III. Rationalitätsansprüche der Rechtswissenschaft .......................... 15

## I. Die Herausforderungen des Gegenstandsbereichs

Nicht nur in der Gegenwart wird immer wieder die Frage gestellt, ob die Rechtswissenschaft tatsächlich eine Wissenschaft sei. Ein naheliegender Grund für diese Skepsis ist die Veränderlichkeit des Rechts und damit des Ausgangspunkts der wissenschaftlichen Arbeit:[1]

„Was ist der Inhalt all jener Kommentare, Exegesen, jener Monographien, Quästionen, Meditationen, jener Abhandlungen und Rechtsfälle? Nur ein kleiner Teil davon hat das natürliche Recht zu seinem Gegenstand; neun Zehntel und mehr haben es nur mit den Lücken, Zweideutigkeiten, Widersprüchen, mit dem Unwahren, Veralteten, Willkürlichen der positiven Gesetze zu tun. Die Unkenntnis, die Nachlässigkeit, die Leidenschaft des Gesetzgebers ist ihr Objekt. Selbst das Genie weigert sich nicht, dem Unverstand zu dienen; zu dessen Rechtfertigung all seinen Witz, all seine Gelehrsamkeit aufzubieten. Die Juristen sind durch das positive Gesetz zu Würmern geworden, die nur von dem faulen Holz leben; von dem gesunden sich abwendend, ist es nur das kranke, in dem sie nisten und weben. Indem die Wissenschaft das Zufällige zu ihrem Gegenstand macht, wird sie selbst zur Zufälligkeit; drei berichtigende Worte des Gesetzgebers und ganze Bibliotheken werden zu Makulatur".[2]

Die abschließende Bemerkung von den „drei berichtigenden Worten des Gesetzgebers" ist zur sprichwörtlichen Losung eines skeptischen Bildes der Rechtswissenschaft geworden, der man vielleicht eine gewisse praktische Bedeutung zumessen mag, die aber keinen wissenschaftlichen Ansprüchen genüge.[3]

Die erkenntnis- und wissenschaftstheoretische Ausgangslage der Rechtswissenschaft wird noch durch einige weitere Charakteristika ihres Gegenstandsbereichs geprägt, die neben der Veränderlichkeit des positiven Rechts für die Diskussion über den wissenschaftstheoretischen Status der Rechtswissenschaft wichtig sind. Dazu gehört jedenfalls, dass das Recht durch seinen Praxisbezug gekennzeichnet ist, der es sowohl mit der Gesellschaft als auch mit der Herrschaftsausübung in den politischen Ordnungen direkt verknüpft. Weiter ist die sprachliche, in der Gegenwart vor allem verschrift-

---

1 Vgl. A. B. Pascal, Pensées, 2010, S. 192 : „Trois degrés d'élévation du pôle renversent toute la jurisprudence, un méridien décide de la vérité ; en peu d'années de possession, les lois fondamentales changent ; le droit a ses époques, l'entrée de Saturne au Lion nous marque l'origine d'un tel crime. Plaisante justice qu'une rivière borne ! Vérité au-deçà des Pyrénées, erreur au-delà".
2 *J. v. Kirchmann*, Über die Wertlosigkeit der Jurisprudenz als Wissenschaft, 1960, S. 24 f.
3 Wobei *v. Kirchmanns* eigene Lösung darin besteht, auf ein für Laien unmittelbar einsichtiges Naturrecht zu setzen, vgl. *ders.*, Über die Wertlosigkeit der Jurisprudenz als Wissenschaft, S. 24 f.

lichte Verfasstheit des Gegenstands der Rechtswissenschaft, der Gesamtheit gegebener rechtlicher Normen, zu beachten. Schließlich ist die Normativität ihres Gegenstandes wichtig, der das soziale Leben tatsächlich prägen soll.

5   Die Veränderlichkeit des Rechts konfrontiert – wie Kirchmanns These illustriert – die Rechtswissenschaft mit der Kontingenz, Relativität und vorübergehenden Bedeutung ihrer Erkenntnis. Ihr Praxisbezug verlangt Konkretheit, Verwendbarkeit sowie Verständnis der Verwirklichungsbedingungen von Recht und stellt die Frage nach der Interessengeleitetheit ihrer Argumentationen. Aufgrund der sprachlichen Verfasstheit der Normen eröffnet sich für die Rechtswissenschaft wie für andere Geistes- oder Kulturwissenschaften die Problematik der Sinnkonstitution und Bedeutungsermittlung sprachlicher Ausdrücke. Die Präskriptivität ihrer Gegenstände macht eine Auseinandersetzung mit den schwierigen Problemen der Epistemologie des Normativen unumgänglich.

6   Die Beantwortung der Frage, wie angesichts dieser Eigenarten ihres spezifischen Gegenstandsbereichs der Wissenschaftsanspruch der Rechtswissenschaft eingelöst werden kann, setzt voraus, dass geklärt wird, was unter Wissenschaft eigentlich zu verstehen ist. Das ist alles andere als offensichtlich, wie die Diskussionen der modernen Wissenschaftstheorie zeigen.

## II. Der wissenschaftstheoretische Rahmen
### 1. Logischer Positivismus und Kritischer Rationalismus

7   Ausgangspunkt der modernen Diskussion der Wissenschaftstheorie ist der *Logische Positivismus*, der zu Beginn des 20. Jahrhunderts formuliert wurde.[4] Der Logische Positivismus geht davon aus, dass die Methode der empirischen Naturwissenschaften darüber entscheidet, was als Wissenschaft gilt und was nicht. Die empirischen Naturwissenschaften seien auf empirische Beobachtungen und die Gesetze der Logik gegründet. Soweit Theorien auf empirische Beobachtungen und logische Beziehungen zurückgeführt und damit verifiziert werden könnten, handele es sich deshalb um wissenschaftliche Aussagen, ansonsten nicht.[5] Im Hintergrund dieser methodischen Weichenstellung stehen die großen Erfolge der Naturwissenschaften, die sie notwendig zum Muster von wissenschaftlicher Theoriebildung zu erheben scheinen, aber auch die Hoffnung, den ideologischen Missbrauch von Begriffen ohne rational nachvollziehbaren Kern zu verhindern.

8   Gemessen an diesen Maßstäben ist Rechtswissenschaft in ihrer zentralen Dimension der Entfaltung des Sinns von Rechtsnormen keine Wissenschaft, denn der Sinn einer Rechtsnorm ist kein empirisch nachweisbares Faktum der Welt. Man kann nicht durch empirische Beobachtungen einen juristischen Auslegungsstreit entscheiden. Auch Aussagen über „Werte" und „Wertungen", die in der rechtswissenschaftlichen Arbeit immer wieder eine Rolle spielen, können aus dieser Sicht keinen wissenschaftlichen Anspruch erheben, weil es keine Möglichkeit gibt, sie zu verifizieren. Bestärkt wird

---

4   Vgl. z.B. *M. Schlick*, Die Wende in der Philosophie, Erkenntnis, 1 (1930), S. 4 ff.; *A. J. Ayer*, Language, Truth, and Logic, 1936; *H. Reichenbach*, The Rise of Scientific Philosophy, 1951.
5   Vgl. z.B. zur Metaphysikkritik *R. Carnap*, Die Überwindung der Metaphysik durch logische Analyse der Sprache, Erkenntnis, 2 (1932), S. 219 ff.

diese Sicht durch den gerade von Logischen Positivisten vertretenen *Nonkognitivismus* der Moralphilosophie, der betont, dass Wertungen Ausdruck von subjektiven Gefühlen des Wertenden seien und deswegen keinen Anspruch auf rationale Begründbarkeit erheben könnten (vgl. o. § 15). Wie auch andere Zweige dessen, was als Wissenschaft galt, z.B. die Ethik oder Ästhetik, erscheint die Rechtswissenschaft von diesem wissenschaftstheoretischen Ausgangspunkt aus als Scheinwissenschaft. Ausnahme können nur empirische Perspektiven auf das Recht bilden, etwa die Rechtssoziologie, die Normen ja gerade als soziale Tatsachen betrachtet, die empirischer Untersuchung fähig sind[6], oder andere wahrheitsfähige Aussagen über das Recht.[7]

Der Logische Positivismus wurde zunächst durch den *Kritischen Rationalismus* Karl Poppers weiterentwickelt.[8] Popper betont, dass es bei der Theoriebildung nicht auf den Beweis von Theorien, sondern ihre Widerlegung ankomme. Vollständig beweisen könne man keine Theorie, weil diese immer nur auf eine begrenzte Menge von empirischen Tatsachen zurückgeführt werden könne. Dahinter steht die Einsicht, dass Induktionsschlüsse keine Erkenntnisse über diese Tatsachenmenge hinaus liefern können: Dass sich die Erde bisher um die Sonne bewegt hat, heißt in der Tat nicht, dass sie es notwendig auch noch nächste Woche tut. Wissenschaft bestehe deshalb darin, gehaltvolle Hypothesen aufzustellen, die falsifiziert, d.h. widerlegt werden könnten. Auch aus dieser Sicht ist Rechtswissenschaft als Sinnentfaltung von Normen keine Wissenschaft, weil sie solche empirisch widerlegbaren Hypothesen nicht formuliert.[9]

## 2. Wissenschaft jenseits des naturwissenschaftlichen Paradigmas

Der Bindung des Wissenschaftsbegriffs an die Methoden der Naturwissenschaft wird wissenschaftstheoretisch allerdings in verschiedener Form widersprochen. Positionen der Gegenwart speisen sich aus verschiedenen Quellen. Traditionell ist die Trennung der *Natur-* von den *Geisteswissenschaften*. Erstere seien auf Erklären durch Naturgesetze von Kausal-, letztere auf das Verstehen von Sinnzusammenhängen und hi-

---

6 Die Rechtssoziologie hat bereits am Anfang ihrer Entstehung – auch ohne den wissenschaftstheoretischen Rahmen des Logischen Positivismus – selbstbewusst Wissenschaftlichkeit beansprucht. Vgl. *E. Ehrlich*, Grundlegung der Soziologie des Rechts, 4. Aufl., 1989, S. 33: „Da das Recht eine gesellschaftliche Erscheinung ist, so gehört jede Art der Jurisprudenz den Gesellschaftswissenschaften an, aber die eigentliche Rechtswissenschaft ist ein Teil der theoretischen Gesellschaftswissenschaft, der Soziologie. Die Soziologie des Rechts ist die wissenschaftliche Lehre vom Rechte".
7 Vgl. z.B. *H. Kelsen*, Reine Rechtslehre, S. 75 f.: „Der Unterschied zeigt sich darin, daß die von der Rechtswissenschaft formulierten, das Recht beschreibenden, niemanden und zu nichts verpflichtenden und berechtigenden Sollsätze wahr oder unwahr sein können, während die von der Rechtsautorität gesetzten – die Rechtssubjekte verpflichtenden und berechtigenden – Sollnormen weder wahr noch unwahr, sondern nur gültig oder ungültig sind".
8 *K. Popper*, Die Logik der Forschung, 11. Aufl., 2005; *H. Albert*, Traktat über kritische Vernunft, 5. Aufl., 1991.
9 Es gibt allerdings Versuche, eine Parallele zwischen Naturwissenschaften und Rechtswissenschaften zu ziehen, etwa durch die Verifizierung oder Falsifizierung anhand von teleologischen Erwägungen, vgl. z.B. *K. Larenz*, Methodenlehre der Rechtswissenschaft, 6. Aufl., 1991, S. 453: „Juristische Theorien sind also keine bloßen Meinungsäußerungen, unter denen man beliebig wählen könnte (…), sondern, ebenso wie naturwissenschaftliche Theorien, Aussagensysteme, die mit dem Anspruch auftreten, richtig, zutreffend begründet, zu sein. Ihre Überprüfung (auf die Richtigkeit als Aussagensystem hin) ist zwar nicht auf die Weise möglich, in der naturwissenschaftliche Aussagen überprüft werden, wohl aber auf die der Rechtswissenschaft eigentümliche Weise. Dabei spielen neben logischen vor allem teleologische Erwägungen eine Rolle; letzten Endes entscheidend ist die sachliche Angemessenheit der sich aus der Theorie ergebenden Folgesätze über normativ Geltendes".

storischen Einmaligkeiten ausgerichtet.¹⁰ Die systematische Erschließung von Sinnzusammenhängen bilde aber auch Wissenschaft. Aus der Sicht der philosophischen Hermeneutik kann die Rechtswissenschaft dabei sogar einen exemplarischen Wissenschaftscharakter gewinnen.¹¹ Heute wird der Begriff der Geisteswissenschaften durch den Begriff der *Kulturwissenschaften* weithin ersetzt, die auf einer ähnlichen wissenschaftstheoretischen Weichenstellung beruhen. Auch hier wird bestritten, dass Wissenschaft sich auf empirisch fundierte Theorien begrenzen lasse. Dabei haben bestimmte philosophische Theorien der Gegenwart einigen Einfluss, die den naturwissenschaftlichen Zugang zur Welt für eine sekundäre, abgeleitete und nicht entscheidende Art der Erkenntnis der Welt halten.¹² Primär sei danach der alltägliche, lebensweltliche Zugang zu den Dingen, zu dem auch normative Sinnzusammenhänge gehörten. Naturwissenschaftliche Theorien bildeten dagegen eine sekundäre Form des Weltverständnisses, die keinen Vorrang vor anderen Arten menschlichen Verstehens besitze.¹³

11  Gegen eine Begrenzung des Wissenschaftsbegriffs auf den Kanon der Naturwissenschaften argumentiert auch eine Perspektive, die die Befassung mit normativen Fragen und die Bedeutungsermittlung kultureller Phänomene für unabweisbar für Sozialwissenschaften und Philosophie hält und einen „Szientismus", der diese Fragen aus dem Gegenstandsbereich der Wissenschaft ausschließt, ablehnt.¹⁴

### 3. Neue Theorien der Naturwissenschaften

12  Für die moderne wissenschaftstheoretische Diskussion ist die Historisierung wissenschaftlicher Erkenntnis charakteristisch:¹⁵ Statt überzeitliche, objektive wissenschaftliche Maßstäbe werden wechselnde Standards von „Denkkollektiven" als Kriterien wissenschaftlicher Einsicht identifiziert.¹⁶ Die wissenschaftliche Entwicklung sei durch den Wandel grundlegender Forschungsperspektiven, sog. *Paradigmen*, gekennzeichnet,

---

10 Vgl. *W. Dilthey*, Einleitung in die Geisteswissenschaften, Gesammelte Schriften, Bd. 1, 1914, S. 5. Zur Unterscheidung „nomothetischer", d.h. allgemeine Gesetze formulierender Naturwissenschaften, und „ideographischer", sich auf einzelne Ereignisse beziehender Geisteswissenschaften, *W. Windelband*, Geschichte und Naturwissenschaft, 1904, S. 12.
11 *H.-G. Gadamer*, Wahrheit und Methode, S. 330 ff.
12 Vgl. z.B. *E. Husserl*, Die Krisis der europäischen Wissenschaft und die transzendentale Phänomenologie, der eine Kritik positivistischer Wissenschaft formuliert, die Sinn und Menschenfragen nicht beantworte, weswegen ein Rückgang auf Transzendentales nötig sei: „Es ist eine Philosophie, die gegenüber dem vorwissenschaftlichen und auch wissenschaftlichen Objektivismus auf die erkennende Subjektivität als Urstätte aller objektiven Sinnbildungen und Seinsgeltungen zurückgeht und es unternimmt, die seiende Welt als Sinn- und Geltungsgebilde zu verstehen und auf diese Weise eine wesentlich neue Art der Wissenschaftlichkeit und der Philosophie auf die Bahn zu bringen", ebd., S. 110.
13 *M. Heidegger*, Sein und Zeit, S. 95 ff., unterscheidet eine unmittelbare „Zuhandenheit" von Gegenständen als primären Weltzugang von der „Vorhandenheit" von Gegenständen in der naturwissenschaftlichen Theoriebildung, der ein abgeleiteter Modus des Seinszugangs sei. Vgl. zum Wahrheitsbegriff, ebd., S. 212 ff.
14 Vgl. exemplarisch den zweiten Positivismusstreit in der deutschen Soziologie zwischen Adorno, Habermas, Popper und Albert und dazu *T. W. Adorno* (u.a.), Der Positivismusstreit in der deutschen Soziologie, 1978.
15 Paradigmatisch *P. Feyerabend*, Against Method, 4th ed., 2010, S. 284: „(T)here cannot be any *theory* of knowledge (except as part of a special and fairly stable tradition), there can at most be a (rather incomplete) *history* of the ways in which knowledge has changed in the past" (Herv. i. Org.).
16 *L. Fleck*, Entstehung und Entwicklung einer wissenschaftlichen Tatsache, 1980.

die darüber entschieden, was als wissenschaftliche Einsicht anzusehen sei und was nicht.¹⁷

Vor allem in der *postmodernen* Diskussion der Gegenwart wird in Frage gestellt, dass irgendein Forschungsparadigma beanspruchen könne, anderen überlegen zu sein. Denn keines liefere objektive Wahrheit, sondern nur an bestimmte kulturelle Weichenstellungen und Überlieferungszusammenhänge, kontingente „Erzählungen" gebundene, unterschiedliche, von Menschen konstruierte Weltsichten (vgl. o. § 21 IV). In der Systemtheorie wird zu ähnlichen Ergebnissen gelangt: Hier produziert das autopoietische System der Wissenschaft bestimmte Weltbezüge, die aber nur gesellschaftliche, historisch bedingte Konstruktionen, keine objektiven Wahrheiten bildeten (vgl. o. § 21 III). Die Rechtswissenschaft teilt aus dieser postmodernen und systemtheoretischen Sicht kein anderes Schicksal als andere Wissenschaften – auch diese können keinen Anspruch auf die objektive Wahrheit ihrer Theorien erheben.

Schließlich ist auch noch ein wissenschaftstheoretischer Anarchismus einflussreich, der sich gegen die Vorstellung wendet, es könne eine festgelegte wissenschaftliche Methode geben:¹⁸ „It is clear, then, that the idea of a fixed method, or of a fixed theory of rationality, rests on too naïve a view of man and his social surroundings. To those who look at the rich material provided by history, and who are not intent on impoverishing it in order to please their lower instincts, their craving for intellectual security in the form of clarity, precision, ‚objectivity', ‚truth', it will become clear that there is only one principle that can be defended under *all* circumstances and in all stages of human development. It is the principle: *anything goes*".¹⁹

### III. Rationalitätsansprüche der Rechtswissenschaft

Auch in der Wissenschaftstheorie gehen die Meinungen also weit darüber auseinander, was eine Wissenschaft überhaupt ausmacht und wie weit ihr Erkenntnisanspruch reicht. Festzuhalten ist immerhin, dass es keineswegs ein zwingendes Ergebnis der modernen Wissenschaftstheorie ist, dass es keinerlei Maßstäbe wissenschaftlicher Erkenntnis gibt. Die genauen Kriterien für bessere oder schlechtere wissenschaftliche Theorien sind schwer zu bestimmen und das Bild ist ohne Zweifel komplizierter als es etwa dem Logischen Positivismus erschien, z.B. in Hinblick auf den Ursprung und die Bedingungen kreativer Leistungen wie der Bildung leitender Forschungshypothesen. Die Wissenschaftsgeschichte ist auch immer wieder gekennzeichnet von neuen Ansätzen, deren theoretische Annahmen mit wohletablierten Theorien oder experimentellen

---

17 T. S. Kuhn, The Structure of Scientific Revolution. In der Wissenschaftstheorie wird der Voraussetzungsreichtum wissenschaftlicher Erkenntnis aus verschiedenen Perspektiven formuliert, vgl. z.B. E. A. Burtt, The Metaphysical Foundations of Modern Science, 1932.
18 P. Feyerabend, Against Method, S. 1: „Science is an essentially anarchic enterprise: theoretical anarchism is more humanitarian and more likely to encourage progress than its law-and-order alternatives".
19 P. Feyerabend, Against Method, S. 11: „Es ist damit klar, dass die Idee einer feststehenden Methode oder einer feststehenden Theorie der Rationalität auf einer zu naiven Vorstellung vom Menschen und seiner sozialen Umgebung beruht. Für diejenigen, die das reiche Material berücksichtigen, das die Geschichte zur Verfügung stellt, und nicht die Absicht hegen, es zu verarmen, um ihre niedrigeren Instinkte zu befriedigen, ihr Verlangen nach intellektueller Sicherheit in der Form von Klarheit, Genauigkeit, ‚Objektivität', ‚Wahrheit', wird es offensichtlich werden, dass es nur ein Prinzip gibt, das unter allen Umständen auf allen Stufen menschlicher Entwicklung verteidigt werden kann. Es ist das Prinzip: *Alles geht*" (Herv. i. Org.).

Daten unvereinbar waren. Theorien können zudem interessant werden, obwohl sie eine Reihe von Phänomenen nicht zu erklären vermögen, wenn sie nur in bestimmten Bereichen eine explanative Tiefe entfalten, die die Hoffnung begründet, mit ihrer Hilfe schließlich auch diese Phänomene besser zu begreifen.

16 Immerhin liefern Kriterien wie Konsistenz, explanative Tiefe der Theorie, Kohärenz mit anderen theoretischen Annahmen oder empirische Fundierung Ansatzpunkte der Bewertung von Theorien – z.B. der genannten kosmologischen Wirbeltheorie Descartes' –, wenn man sich auch vor ihrer wissenschaftshistorisch unbelehrten Anwendung hüten muss.[20]

17 Man sollte auch den bemerkenswerten Leistungen der Naturwissenschaften mit Respekt begegnen, die mehr sind als der Ausdruck zufälliger „Erzählungen". Dieser Respekt impliziert nun aber nicht, dass andere systematische geistige Bemühungen, die aufgrund ihres Gegenstandes auf andere Methoden verwiesen sind, nur Spiel und Willkür wären. In der Rechtswissenschaft gibt es wie in anderen Wissenschaften jenseits der Naturwissenschaften intellektuelle Standards, die ihren Wissenschaftsanspruch auch dort fundieren, wo es nicht nur um empirische Probleme, wie etwa bei bestimmten Fragen der Rechtssoziologie, die keine für die Rechtswissenschaft spezifischen wissenschaftstheoretischen Fragen aufwerfen, sondern um andere Gegenstände geht, etwa um die Sinnermittlung von sprachlich verfassten Normen und die Bestimmung ihres präskriptiven Gehalts.

18 Dazu gehören auch in der Rechtswissenschaft formale Standards wie die Differenzierung und Vielschichtigkeit der Argumentation, die sich mit Gegenpositionen mit Gründen und nicht allein durch Anrufung von Traditionen oder Autoritäten auseinandersetzt. Auch die Konsistenz der Argumentation und die Anschlussfähigkeit an andere Erkenntnisse spielen eine Rolle. Eine Auslegung einer Norm, die zu widersprüchlichen Aussagen zu ihrem Gehalt gelangt, wird so wenig überzeugen, wie eine, die nicht zu Hintergrundannahmen der Theoriebildung passt: Die Aussage etwa, eine Auslegung sei zwar nicht mit den Instrumenten rechtswissenschaftlicher Methodik rekonstruierbar, der Interpretin aber von einer höheren Macht als richtig offenbart worden, wird wenige Teilnehmer an juristischen Debatten überzeugen, weil die Möglichkeit der Intervention höherer Mächte mit den grundlegenden Annahmen zu den rational kontrollierbaren Mitteln rechtswissenschaftlicher Erkenntnis unvereinbar ist. Wie sich gezeigt hat, gibt es in der modernen Sprachtheorie zudem vielfältige Ansätze, die die Gründe der Möglichkeit eines Verständnisses von Bedeutungsgehalten sprachlicher Äußerungen erklären, das mehr ist als eine willkürliche Auslegung eines spezifischen Subjekts (vgl. o. § 32).

19 Mit einem gegebenen normativen Material sind deshalb zwar regelmäßig verschiedene Auslegungen vereinbar, aber häufig nicht gleich gut. Manchmal ist eine Auslegung auch in keiner Weise begründbar: Dass das Verbot der Todesstrafe in Art. 102 GG oder Art. 10 Abs. 1 BV mit der Erlaubnis einer Exekution einer Straftäterin als Sankti-

---

20 Was übrigens auch in der methodenskeptischen Wissenschaftstheorie festgehalten wird, vgl. *P. Feyerabend*, Against Method, S. 185: „(N)ot every approach succeeds".

## § 40 Die Wissenschaftlichkeit der Rechtswissenschaft

on für eine Straftat vereinbar sei, kann auch durch scharfsinnige juristische Argumentationen nicht plausibel gemacht werden.

Recht ist ohne Zweifel in spezifischer Weise durch Interessen geprägt. Dieser Bezug des Rechts auf Interessen hebt die Wissenschaftlichkeit des reflektierten Umgangs mit Recht aber nicht auf. Er gebietet vielmehr, Interessen explizit und unparteilich zu reflektieren.

Zur rechtswissenschaftlichen Rationalität gehört schließlich ein materiales Element, nämlich ein nachvollziehbarer Bezug auf gerechtfertigte grundlegende rechtsethische Prinzipien. Die Aussage, dass Gleiches gleich behandelt werden solle, ist z.B. eine überzeugendere Konkretisierung von Prinzipien der Gerechtigkeit, als dass Gleiches ungleich zu behandeln sei. Solche normativen Grundsätze bilden die Grundlage für komplexere normative Prinzipien wie etwa Menschenrechte, die Rechtsordnungen strukturbildend als axiologische Legitimitätsressourcen durchziehen.

Die Frage, wie diese grundlegenden Wertmaßstäbe fundiert sind und was ihr genauerer Gehalt ist, führt zur einer Vielfalt von Antworten, wie die historischen Rekonstruktionen angedeutet haben. Es wurde anhand von Problemen der Werttheorie der Freiheit, der Gerechtigkeit oder der Menschenwürde aber illustriert, dass es jedenfalls ernstzunehmende Theorien gibt, die bestimmte Rechtsprinzipien in einer Weise fassen, die sie zu mehr machen als einem bloßen Ausdruck von subjektivem Belieben. Die Überlegungen zur Epistemologie des Normativen haben weiter gezeigt, dass es keine Gründe gibt, jeden Erkenntnisanspruch prinzipiell zu bezweifeln, weil eine kritische Epistemologie, wenn auch nicht die letztbegründete Gewissheit, so doch die Möglichkeit von menschlichen Einsichten gerade belegt.

Diese ansatzweise umrissenen Legitimationsprinzipien bilden die materialen Konstituenten rechtswissenschaftlicher Rationalität. Ein Rechtssystem, das den Schutz menschlicher Freiheit vernachlässigt, das Gleichheitsprinzip verletzt oder Menschen nicht als Selbstzweck achtet, kann keinen ebenso gut begründeten Anspruch auf praktische Legitimation erheben, wie eines, das diese Prinzipien in seinen Normbestand und dessen Auslegung integriert.

Die Sprachlichkeit des Rechts, die praktische Intention des Rechts und die Probleme der Epistemologie des Normativen schließen also keineswegs einen Wissenschaftsanspruch des Rechts aus, wenn dieser auch fallibel bleibt: Die gewonnenen Einsichten teilen selbstverständlich die prinzipiell reversible Vorläufigkeit jeder wissenschaftlichen Aussage.

Wie steht es aber mit der Veränderlichkeit des Rechts? Entzieht diese der Wissenschaftlichkeit der Rechtswissenschaft nicht doch am Ende den Boden? Wie kann Wissenschaft sein, was sich mit einer schnell verwehten Flüchtigkeit wie dem wechselnden positiven Recht befasst? Macht die unschmackhafte Kost schnell sich wandelnder Normen die Rechtswissenschaftler und Rechtswissenschaftlerinnen nicht doch zu diesen bemitleidenswerten wurmartigen Existenzen, von denen eingangs gesprochen wurde?

Die Antwort auf diese Fragen hat verschiedene Elemente. Es gehört ohne Zweifel zu den Eigenschaften rechtswissenschaftlicher Tätigkeit, Mühen auf Normen aufzuwenden, die durch Rechtssetzungsakte verändert oder aufgehoben werden können.

## § 40　2. Teil: Recht und ethische Orientierung – Systematik

Diese Veränderlichkeit des positiven Rechts sollte zunächst zu ein wenig juristischer Selbstironie und Bescheidenheit Anlass geben, die die Grenzen der eigenen Tätigkeit wahrnimmt und Auslegungsleistungen von vorübergehendem Wert nicht überschätzt. Es sollte aber auch nicht übersehen werden: Die Vorläufigkeit vieler normativer Regelungen beseitigt die Wichtigkeit ihrer rationalen Bearbeitung nicht, weil sie die Lebensumstände von Menschen unmittelbar betreffen. Die Auslegung einer Norm, die für ein Individuum heute von existenziellem Gewicht ist, verliert nicht dadurch an Bedeutung, dass die Norm, die interpretiert wird, in ein paar Jahren vielleicht schon nicht mehr besteht.

27　Außerdem gibt es das wichtige Phänomen rechtsprinzipieller und dogmatischer Beharrungskraft: Das positive Recht ist zwar grundsätzlich veränderlich. Bestimmte Grundprinzipien bilden aber dauernde Leitlinien für die Auslegung und Gestaltung des Rechts und zwar in bestimmten Fällen sogar über Jahrtausende hinweg. Der Gesetzgeber könnte manches im positiven Recht ändern, es geschieht aber nicht, weil es bleibende gute Gründe für eine bestimmte Regelung und gegen ihre Veränderung gibt. Die verschiedenen Regelungsbereiche des Zivilrechts, Strafrechts oder öffentlichen Rechts werden fortwährend modifiziert. Das ändert aber nichts daran, dass diese Änderungen sich regelmäßig, wenn auch nicht immer, in einem bestimmten, wohl umrissenen rechtswissenschaftlichen Rahmen bewegen, den ein Gesetzgeber nicht ohne den Preis des Legitimationsverlusts ignorieren kann. Die Einzelheiten etwa der Regelung eines Vertragsschlusses, der Zurechnung von Handlungen im Rahmen der Begründung der Strafbarkeit oder der Inhalte von Menschenrechtskatalogen mögen sich ändern. Damit wird aber nicht das rechtswissenschaftliche Verständnis des Vertragsschlusses, strafrechtlicher Zurechnung oder der Struktur von Menschenrechten entwertet, im Gegenteil. Es ist die notwendige Basis des Legitimitätsanspruchs jeder gesetzgeberischen Neukonzeption und ihrer begründeten Kritik. Die systematische dogmatische, rechtsprinzipiell orientierte Entfaltung einer Rechtsmaterie besitzt deshalb Wert über den Tag hinaus.

# § 41 Neue Perspektiven der praktischen Vernunft

I. Die Wirklichkeit des Gewissens ..... 1
II. Mentalistische Ethik – Theorien der Universalgrammatik der Moral ..... 4

## I. Die Wirklichkeit des Gewissens

Die Ergebnisse der historischen und systematischen Untersuchungen haben gezeigt, auf wie viele und wie verschiedene Arten das menschliche Nachdenken die Grundfragen nach den Gehalten der Gerechtigkeit und des Guten sowie ihrem Verhältnis zum Recht gestellt hat. Eine immer wiederkehrende Idee, ein Leitfaden der Überlegungen war dabei die Annahme eines spezifischen menschlichen moralischen Urteilsvermögens. Diese Idee ist nicht nur eine der abstrakten Reflexion, sondern ein Fundament des menschlichen Selbstverständnisses. Wenn es moralisch ernst wird, zählt das Gewissen und alles kann auf das Vermögen ankommen, moralische Unterscheidungen zu treffen, bei alltäglichen Entscheidungen und jenen, die von existentieller Bedeutung sind, für das Individuum und manchmal die historische Entwicklung insgesamt.

Die kritische Reflexion in historischer und systematischer Perspektive hat nun keineswegs das Ergebnis erbracht, dass man die Ideen eines Gewissens oder auch einer praktischen Vernunft aus theoretischer Sicht nicht ernst nehmen müsste. Im Gegenteil: Die verschiedenen Formen einer radikalen Kritik der praktischen Vernunft von der Sophistik über Hobbes bis zur Kritischen Theorie, Systemtheorie oder Postmoderne überzeugten bei näherer Betrachtung ihrer Gehalte gerade nicht. Der genauere Gehalt des Phänomens der subjektiven moralischen Orientierung im moralischen Urteilsakt wurde in seiner analytischen Phänomenologie näher entfaltet (vgl. o. § 29).

Man kann deshalb festhalten: Die Idee eines moralischen Orientierungsvermögens, das auch die Leitgrundsätze der Rechtsethik liefert, traditionell Gewissen oder auch praktische Vernunft genannt, ist nicht nur eine Grundvorstellung der Ideengeschichte, sondern hat sich gegen diverse theoretische Herausforderungen lebendig behauptet. Bestimmte Vorstellungen zur Rekonstruktion dessen, was man unter Gewissen oder praktischer Vernunft verstehen könnte, haben sich aber ohne Zweifel als unplausibel erwiesen – vom Wiedererkennen der Idee des Guten bei Platon (vgl. o. § 1 II) bis zur neuroethischen Identifikation von moralischen Urteilen mit bestimmten emotionalen Reaktionen (vgl. o. § 24 II). Man wird deshalb andere Wege einschlagen müssen. Wie im historischen Teil angedeutet, wird im Rahmen der modernen Theorie des menschlichen Geistes deshalb der Versuch unternommen, den Begriff des Gewissens oder der praktischen Vernunft mit neuen konzeptionellen Mitteln zu rekonstruieren. Was das bedeuten könnte, soll jetzt umrissen werden.

## II. Mentalistische Ethik – Theorien der Universalgrammatik der Moral

Seit dem klassischen Empirismus wird in der Neuzeit die Theorie des menschlichen Geistes von der Annahme beherrscht, Menschen würden die Eigenschaften ihres Geistes sekundär durch Lernprozesse erwerben, die auf einer allgemeinen unspezifischen Lernfähigkeit der Menschen beruhen. Menschen haben aus dieser Sicht eine zentrale Eigenschaft: die beliebige Formbarkeit ihrer geistigen Fähigkeiten durch sekundäre Lernprozesse. Die Unterschiede in der Theoriebildung im Einzelnen sind beträchtlich, diese Annahme bildet aber eine Art gemeinsamen Nenner von Locke bis zur Postmoderne (vgl. o. §§ 5 IV, 21 IV). Im Hintergrund steht wohl nicht zuletzt die Beobachtung, dass Menschen tatsächlich verschiedene Kenntnisse durch Mechanismen wie Übung, Wiederholung oder Erklärung erwerben, die sie vor diesem Prozess nicht besessen haben – von einer Fremdsprache bis zum Verständnis des Eigentümer-Besitzer-Verhältnisses.

5  Diese Sicht der Dinge wurde in der zweiten Hälfte des 20. Jahrhunderts grundsätzlich erschüttert und an andere Traditionen der Erkenntnistheorie angeknüpft. Die Ergebnisse verschiedener Wissenschaftsbereiche haben es plausibel gemacht, anzunehmen, dass der menschliche Geist ursprünglich bestimmte konstitutive Strukturen besitzt, die zur menschlichen Natur gehören[1] und sich entsprechend schon bei Säuglingen fundamentale, das menschliche Denken strukturierende abstrakte Kategorien nachweisen lassen, die auch für moralisches Urteilen und ethisches Denken unverzichtbar sind.[2]

6  An einem Beispiel wie der visuellen Wahrnehmung kann die Grundidee dieser Konzeption und die Struktur ihrer Begründung illustriert werden. Das Prinzip der *„apparent motion"* etwa besagt, dass bestimmte visuelle Informationen als Bewegung eines Objekts interpretiert werden, auch wenn diese Bewegung des Objekts real nicht erfolgt. Verschiedene nacheinander in einem bestimmten Rhythmus aufflammende Lichtpunkte auf einem Bildschirm werden deshalb als ein sich über den Bildschirm bewegender Punkt wahrgenommen. Diese Interpretation der visuellen Reize wird ersichtlich nicht im Sinne der genannten Theorie des Lernens durch bewusste Wiederholung, Einübung, Erklärung usw. erworben. Keinem Kind wird erklärt, dass es die aufflammenden Lichtpunkte so und nicht anders interpretieren soll. Die Umwelt hält auch sonst keine Informationen bereit, die zu dieser Interpretation der visuellen Wahrnehmung führen müssten – hier gilt mithin das sog. *argument from the poverty of stimulus* (Argument der Armut der Reize): Wenn Menschen geistige Strukturen besitzen, die nicht durch die Informationen gebildet werden können, die ihnen ihre Umwelt zur Verfügung stellt, müssen diese geistigen Strukturen angeboren sein, da es keine andere Erklärung für ihr Vorhandensein gibt. Dies gilt etwa für die konkreten geistigen Muster der Interpretation der genannten visuellen Information, weil die Umweltinformationen für einen Menschen nicht hinreichen, aus ihnen die existierenden kognitiven Strukturen zu konstruieren.

7  Ein anderes Beispiel ist die Sprache. Einflussreiche Theorieansätze der modernen Linguistik haben plausibel gemacht, dass Menschen beim Erwerb ihrer Muttersprache(n) den Sprechenden nicht notwendig bewusste, komplexe Strukturen ausbilden, die dem vielfältigen Umgang mit Sprache unterliegen und die durch einen Spracherwerb mittels bewusster Erklärung, Übung, Wiederholung usw. nach dem Muster des Lernens einer Fremdsprache nicht erklärt werden können. Aufgrund des *Poverty-of-Stimulus*-Arguments muss deswegen ein angeborenes Sprachvermögen angenommen werden, dessen

---

[1] Damit wird ideengeschichtlich in gewisser Weise an die rationalistische Erkenntnistheorie angeknüpft, vgl. o. § 9. Näher *M. Mahlmann*, Rationalismus in der praktischen Theorie, S. 51 ff.
[2] Vgl. im Detail *E. Spelke*, What Babies Know, 2022.

Eigenschaften durch eine generative Universalgrammatik beschrieben werden (vgl. o. § 32 I 6).

Aufgrund derartiger Erkenntnisse der modernen Theorie des menschlichen Geistes erscheint das traditionelle empiristische Modell des menschlichen Geistes, das diesen als eine *tabula rasa*, als „white paper, void of all characters"[3] beschrieben hat, so wenig haltbar wie seine modernen Varianten. Die Frage ist deshalb, in welchen Bereichen der vielfältigen mentalen Welt der Menschen derartige ursprüngliche geistige Strukturen bestehen und welchen Gehalt sie haben. Diese Frage wird aufgrund der skizzierten grundsätzlichen Forschungsperspektive heute für fast alle Bereiche der menschlichen geistigen Fähigkeiten diskutiert. Die mentalistische Forschungsperspektive wird auch für die Ethik und Rechtsphilosophie erörtert.[4] Aus ihrer Sicht kann das menschliche Gewissen, die praktische Vernunft als moralische, kognitive Urteilskraft mit den Mitteln der modernen Theorie des menschlichen Geistes ohne Metaphysik rekonstruiert werden. Diese moralische Urteilskraft bildet ein konstitutives Vermögen des menschlichen Geistes, das wie die Strukturen visueller Wahrnehmung oder das Sprachvermögen zu den natürlichen geistigen Eigenschaften der Menschen gehört. Sie wird durch bestimmte, nicht notwendig bewusste (aber theoretisch prinzipiell rekonstruierbare) Prinzipien gelenkt. Metaphorisch kann man von einer „Universalgrammatik der Moral" sprechen, die den moralischen Urteilen der Menschen unterliegt.

Was den Inhalt der Prinzipien angeht, die Teil dieser Universalgrammatik der Moral sein könnten, werden verschiedene, z.T. schon technisch-analytisch hochkomplexe Vorschläge gemacht. Zu Kandidaten für die Prinzipien, die der moralischen Urteilsfähigkeit zugrunde liegen, zählen etwa jene Grundsätze, die in der Analytik der Moral als schlechthin konstitutiv ausgezeichnet wurden: die Gerechtigkeitsprinzipien der differenzierten, proportionalen Gleichheit, die Grundsätze des Altruismus oder Verbote der Instrumentalisierung. Auch komplexe Rechtfertigungsregeln wie das Prinzip des Doppel-Effekts werden intensiv und mit empirischer Fundierung in diesem Zusammenhang erörtert.[5]

Damit wird nicht die These aufgestellt, ein konkreter ethischer Code sei angeboren, z.B. die christliche Liebesmoral oder eine säkulare Ethik des Humanismus, genauso wenig wie die mentalistische Linguistik behauptet, mit der Universalgrammatik der Sprache wären Goethes Werke in der Natur jedes Menschen verankert. Es wird lediglich die These formuliert, dass fundamentale Urteilsakte, die man moralische *Grundurteile* nennen kann, auf der Grundlage der abstrakten Prinzipien erfolgen, die zu dieser Universalgrammatik der Moral gehören. Diese Grundurteile sind das kognitive Fundament, auf dem moralische Regeln gebildet und ethische Theorien formuliert werden,

---

3 *J. Locke*, An Essay Concerning Human Understanding, Book 2, Chap. I, § 2.
4 Vgl. z.B. *N. Chomsky*, Language and Problems of Knowledge, 1988, S. 152; *J. Mikhail*, Elements of Moral Cognition; *M. Mahlmann*, Rationalismus in der praktischen Theorie; *ders.*, Sprache als Spiegel der praktischen Vernunft, ZRph, 1 (2003), S. 168 ff.; *ders.*, Cognitive Science, Ethics and Law, German Law Journal, 8 (2007), S. 577 ff.; *G. Harman*, Using a Linguistic Analogy to Study Morality, in: W. Sinnott-Armstrong (Hrsg.), Moral Psychology, Vol. 1, 2008, S. 345 ff.; *E. Roedder/G. Harman*, Linguistics and Moral Theory, in: J. Doris (Hrsg.), The Moral Psychology Handbook, 2010, S. 273 ff.; *M. D. Hauser*, Moral Minds, 2006, lehnt sich in zentralen Teilen eng an Mikhails frühere Arbeiten an, ohne dies genügend deutlich zu machen.
5 Vgl. *J. Mikhail*, Elements of Moral Cognition.

so wie die Universalgrammatik der Sprache die Möglichkeit sprachlichen Ausdrucks schafft. Der Weg von diesen Grundurteilen zu einer konkreten Ethik ist aber ebenso weit, wie der von den Prinzipien der generativen Universalgrammatik zu Goethes *Faust*. Mit diesen Weichenstellungen wird kein naturalistischer Fehlschluss begangen, da nicht angenommen wird, dass das Faktum der Existenz einer moralischen Orientierungsfähigkeit den Inhalt der Prinzipien, die sie bestimmen, legitimiert. Psychologische Fakten bilden keine normativen Gründe. Normative Prinzipien und Urteile müssen durch normative Argumente gerechtfertigt werden. Die Anwendung der Maßstäbe und Kategorien der moralischen Orientierungsfähigkeit der Menschen ist ohne Alternative, weil sie die menschliche Moralität als wesentlichen Teil der menschlichen Lebensform überhaupt erst konstituiert. Die Rechtfertigung normativer Prinzipien bleibt jedoch eine Aufgabe der Konstruktion normativer Theorien, ermutigt durch das, wie wir gesehen haben, epistemologisch begründete Vertrauen, dass Einsicht in ethische Fragen möglich ist.

Wenn es zutrifft, dass die menschliche ethische Urteilskraft von Prinzipien der Gerechtigkeit oder des Altruismus bestimmt wird und diese Prinzipien durch Gründe normativer Theoriebildung gerechtfertigt sind, dann ergibt sich die bemerkenswerte Perspektive, dass Menschen in bestimmter Hinsicht so sind, wie sie sein sollen – gerechtigkeitssuchende und um das Wohl und die Würde anderer Menschen durch Solidarität und Respekt besorgte Wesen.

11 Für das Recht bedeutet dieser Ansatz die Möglichkeit einer neuen Konzeption des Ursprungs von bestimmten rechtlichen Grundkategorien und materialen Gehalten einer rechtsethischen Legitimationstheorie. Ein Beispiel bildet die Theorie der Menschenrechte.[6] Die mentalistische Perspektive macht im Recht wie in der Ethik die komplexen Konstruktionsprozesse der Normbegründung keineswegs überflüssig. Ob etwa Folter zur Prävention von Verletzungen der Rechte Dritter erlaubt ist oder nicht, lässt sich nur aufgrund vielschichtiger und differenzierter Überlegungen jenseits moralischer Grundorientierungen beantworten, die auf sehr unterschiedliche und komplexe normative Positionen zurückgreifen (vgl. o. § 36 II 6). Es führt auch kein schneller Weg von abstrakten ethischen Grundurteilen zur überzeugenden Konzeption eines privatrechtlichen Bereicherungsausgleichs. Es bildet ein Defizit mancher Ansätze der Neuroethik, dieses komplexe, vermittelte und indirekte Verhältnis von Theorien der Moralkognition und normativer (Rechts-)Ethik zu übersehen.

12 Es ist mithin wichtig, die Grenzen einer mentalistischen Ethik und Rechtstheorie zu betonen. Die mentalistischen Ansätze können andere Perspektiven ergänzen, aber nicht die klassische Architektur der Rechtsethik und -theorie ersetzen. Auf der anderen Seite wären die Konsequenzen – sollte sich dieser Ansatz als fruchtbar erweisen – in gewisser Hinsicht allerdings weitreichend. Die menschliche moralische Orientierungsfähigkeit, dieses intim bekannte und doch rätselhafte Vermögen, das Sokrates mit dem *daimonion* mystisch unbestimmt und voll poetischer Kraft umkreiste (vgl. o. § 1 II 4), und das das menschliche Nachdenken weiter irrlichternd verlockend und ungreifbar

---

6 *M. Mahlmann*, Mind and Rights; *ders.*, Mind and Rights: Neuroscience, Philosophy, and the Foundations of Legal Justice, in: M. N. S. Sellers (Hrsg.), Law, Reason, and Emotion, 2017, S. 80 ff.

in Atem hielt, würde einen Teil seiner irritierenden Unerklärlichkeit verlieren. Das hätte Folgen über die Moraltheorie hinaus. Das moralische Urteil ist in zentraler Weise mit dem Selbstverständnis der Menschen verbunden und nicht zuletzt mit ihrem Wertstatus. Menschliche Würde wird deswegen immer wieder mit der Moralität der Menschen begründet. Weist der mentalistische Ansatz in die richtige Richtung, so taucht überraschenderweise plötzlich am Horizont der Theorie des menschlichen Geistes eine neue Rechtfertigung für die normative Selbstachtung der Menschen auf. Und nicht nur das: In Anbetracht der vielen Leiden, die die Menschen nicht müde werden, sich zu bereiten, bedeutet eine Theorie, die die Existenz einer moralischen Urteilsfähigkeit plausibel macht, deren Gebote kritischer Selbstreflexion standhalten, eine Perspektive der ethischen Hoffnung.

## § 42 Ausklang: Das Ethos einer Wissenschaft

1 Der abgesteckte Weg wurde damit historisch und systematisch abgeschritten. Ideengeschichtliche Kerntheorien wurden umrissen und Hauptprobleme der Rechtsphilosophie und -theorie rekonstruiert – so redlich und überzeugend, wie es gelingen wollte. Verschiedene aufschlussreiche Ergebnisse wurden formuliert, die Hände sind am Ende keineswegs leer. Die Struktur von Moral und Recht ist analytisch transparenter geworden. Auch normative Orientierungsmarken wurden durch den liberalen, egalitären Humanismus gewonnen, der sich aus den Überlegungen in Umrissen herausgeschält hat, und der die Theorie der Demokratie und Menschenrechte fundiert. Eine bestimmte neue theoretische Position wurde zudem am Ende entwickelt, als Reflexionsangebot, identifizierbar, klar und kontrovers, in der Hoffnung, dass sie entweder hier und da Einsichten liefert, oder doch ermöglicht, über sie hinaus in theoretisch fruchtbareres Gebiet zu gelangen, um die zuvor entwickelten, unabhängig von ihr gewonnen und begründeten Ergebnisse besser zu verstehen.

2 Eine Frage noch soll nun als Ausklang der Überlegungen aufgegriffen werden, die bereits einleitend angeschnitten wurde: Warum betreibt man eigentlich Moral- und Rechtsphilosophie mit dem Ernst einer Wissenschaft? Warum bildet man eine Theorie der Moral und des Rechts? Zwei Gründe sollen hier genannt werden. Der erste betrifft die Folgen für den die Theorie der Moral und des Rechts betreibenden Menschen. Der zweite den Nutzen dieser Reflexion für die Kultur insgesamt, in der die Einzelnen leben.

3 Der Wert der theoretischen Beschäftigung für das Individuum scheint für viele offensichtlich zu sein. Aristoteles ist hier der gleichen Meinung wie Bertolt Brecht: Ersterer erklärte die wissenschaftliche Reflexion zum höchsten Lebensgut (vgl. o. § 1 III), Letzterer meinte, das Denken sei eines der größten Vergnügungen der Menschheit.[1] Nach besonders einflussreichen Theorien der Gegenwart besteht der Wert theoretischer Bemühungen sogar nur darin, der Perfektion des eigenen Selbst zu dienen. Die Hoffnungen der klassischen Theorien von Sokrates bis Kant und darüber hinaus, etwas Substantielles, Wahres und Richtiges zu sagen, seien ja im nüchternen Licht der Moderne zu flüchtigem, schnell verwehtem Staub zerfallen. Die verschiedenen Theorien, die entwickelt worden seien, bildeten nichts als konkurrierende, jeweils gleich gültige, weil jeweils gleich unbegründbare „letzte Sprachen" (*final languages*) ohne legitimen Anspruch darauf, tatsächlich Erkenntnisse und nicht nur kontingente Konstruktionen zu liefern. Deswegen sei alles, was von der Philosophie erwartet werden könne, die Vervollkommnung des Individuums durch eine Art erfreuliches, ironisches Spiel mit den eigenen Kräften. Gerade die moralische Orientierung sei den falschen Ansprüchen der Theorie zu entziehen und den Gefühlsmanipulationen der Literatur zu überlassen.[2]

4 Wenn die gemachten Bemerkungen in die richtige Richtung weisen, ist dieses Bild weniger überzeugend als es manchen erscheint. Das gilt für die Literatur und die Kunst insgesamt, die ohne Zweifel für die Orientierung in Ethik und Recht von großer Wichtigkeit sind, deren ästhetischer Ernst aber Gefühlsmanipulationen nachdrücklich

---

1 *B. Brecht*, Leben des Galilei, 1948, Szene 3.
2 *R. Rorty*, Contingency, Irony, Solidarity, S. 88 ff.

überschreitet.³ Das gilt aber auch für die Sphäre der Theorie: Die letzte Perspektive menschlichen Denkens besteht nicht in einem solipsistischen Narzissmus der ästhetisierenden Selbstperfektion. Aus der hier entwickelten Sicht gibt es vielmehr eine humane Gattungsperspektive, die die Menschen zwar nicht überschreiten können – eine Einsicht, mit der sie zu leben haben und die im besten Fall ein Fundament erkenntnistheoretischer Bescheidenheit bildet –, die aber andererseits echte Möglichkeiten geteilter menschlicher Erkenntnis begründet.

Dieser Befund hat etwas Befreiendes. Denn mit ihm öffnet sich ein Tor für die Menschen, das in eine gemeinsame, geistige Welt führen kann. Sie werden aus den Grenzen eines auf sich selbst zurückgeworfenen, in die Kreise der eigenen Vorstellungen gezwungenen Ichs in die weite Region menschlich teilbarer Erkenntnisse entlassen. Die Stilisierung des einzelnen Ichs, die narzisstische Vertiefung in die eigene, besonders und einzigartig erscheinende Vorstellungswelt, wird zugunsten einer Wanderung durch Landschaften verlassen, deren Ausblicke großartig sein können. In diesen Landschaften gibt es Irrtum und Einsicht im erläuterten, human relativen, aber bedeutungsvollen Sinn. Der Maßstab für den Wert geistiger Arbeit wird nicht nur durch das oft träge und selbstverliebte Belieben eines einzelnen Subjekts, sondern die Erkenntnisgrenzen der Menschen überhaupt gebildet. Die Wissenschaft erinnert die Menschen deshalb an das eigentliche Niveau ihrer eigenen Möglichkeiten und hebt sie damit manchmal über das Gewohnte und bequem Alltägliche hinaus. Sie verteilt dabei keine Geschenke. Sie fordert Arbeit, Disziplin und Durchhaltekraft. Sie gibt keine Garantie für Erfolg und klärt jeden, der bereit ist, ehrlich in den Spiegel zu sehen, unerbittlich über die eigenen Grenzen auf. Sie bietet aber das große Vergnügen für den Einzelnen, einen geistigen Raum zu spüren, der sich hoch (und am Ende vermutlich unausmessbar) über dem eigenen denkenden Kopf erhebt.

Es gibt also durchaus Gründe für das Individuum, sich für die Wissenschaft als ernstgemeinte Tätigkeit zu interessieren, wenn es auch viele andere Tätigkeiten gibt, für die dasselbe gilt. Hinzu kommt der mögliche inhaltliche Gewinn der Ethik, Rechtsphilosophie und Rechtstheorie für die Kultur, in die sie eingebettet sind. Es hat sich im Laufe der historisch-ideengeschichtlichen und systematischen Überlegungen deutlich genug ergeben, dass die Reflexion über Moral und Recht die Menschen nicht aus ihrer Verantwortung für sich und andere Menschen entlässt. Die moralischen Überzeugungen der Menschen, ihre Standhaftigkeit in Gewissensfragen, sind das letzte praktische Fundament der humanen Moral und eines ihr verpflichteten Rechts. Theorien retten nun sicher nicht die Welt. Ihre Einsichten sind immer begrenzt, bleiben von mancher Schwäche gekennzeichnet, vergilben in ungelesenen Schriften oder verhallen häufig (und manchmal glücklicherweise) folgenlos im Stimmengewirr von Seminarräumen.

Auch wenn man die Bedeutung von Theorien deshalb nicht überschätzt, kann es aber in einer Kultur nicht egal sein, was Menschen für gerecht und gut halten, welchen Stellenwert sie überhaupt diesen Kategorien in ihren einzelnen Leben und ihren Gesellschaften einräumen und welche Konsequenzen diese Einschätzungen für das Recht

---

3 Vgl. zu einigen Reflexionen *A. Kilcher/M. Mahlmann/D. Müller-Nielaba* (Hrsg.), Fechtschulen und phantastische Gärten – Recht und Literatur, 2013.

haben. Ethische und rechtsphilosophische Überzeugungen können weitreichende politische Folgen haben.[4] Das gilt besonders für eine historische Epoche, die vor noch nicht allzu langer Zeit die in der Geschichte neue, bis heute unbeantwortete Frage gestellt hat, ob die menschliche Zivilisation auf verschiedenen möglichen Wegen, aber letztlich durch Menschenhand selbst, ihr nicht zuletzt durch seine Vermeidbarkeit tragisches, aber auch ein wenig schäbiges Ende finden wird.

8   Konkret wurde hier eine Position entwickelt, die auf die Realität moralischer Phänomene pocht, ihren Inhalt mit Altruismus und Gerechtigkeit verbindet und auf dieser Grundlage die Legitimation von Menschenrechten auf Freiheit, differenzierte Gleichheit und Menschenwürde sowie der Demokratie erläutert, ohne dabei eines Sinns für mitmenschliche Fürsorge zu entbehren. Diese materialen Gehalte werden zwar legitimationstheoretisch nicht für letztbegründet, aber aus humaner Sicht als hinreichend gut gerechtfertigt aufgefasst. Die theoretische Möglichkeit von Universalismus wird betont, ohne die Gegebenheiten der menschlichen Natur zu vergessen. Diese Konzeption mag in ihrer konkreten Begründung manche theoretische Schwächen haben – schädlich ist sie immerhin für eine den Menschen zugewandte Kultur nicht, deren normative Gebotenheit diese Rechtsethik – so gut sie kann – verficht.

9   Eine abschließende Bemerkung zu philosophischem Irrtum und dem Geist der Demokratie: Die Geschichte des Nachdenkens über Moral und Recht ist eine Geschichte von faszinierenden Einsichten und bemerkenswerten Irrtümern. Die Vielfalt der Irrtümer ist ein indirekter Beweis für die Weisheit der Demokratie, denn sie illustriert, dass niemand in praktischen (moralischen, rechtlichen) Fragen ein Erkenntnisprivileg genießt. Die moralische Verfassung der menschlichen Welt, sozial gehärtet mit den Mitteln des positiven Rechts, ist ein von den Menschen gleichberechtigt zu betreibendes Projekt.

---

4 Vgl. *M. Mahlmann*, Der politische Moment der Rechtsphilosophie, in: Rechtswissenschaft, 2017, 8(2), S. 181 – 220; ders., Widerständige Gerechtigkeit – Der Angriff auf Demokratie, Verfassungsstaat und Menschenrechte und die Gesellschaftstheorie des Rechts, 2018.

# Literaturverzeichnis

## Einführungsliteratur und Lehrbücher

*Adams, D. M.*, Philosophical Problems in the Law, 5th ed., 2013.
*Adomeit, K.*, Rechts- und Staatsphilosophie I, 3. Aufl., 2001.
– Rechts- und Staatsphilosophie II, 2. Aufl., 2002.
– /*Hähnchen, S.*, Rechtstheorie für Studenten, 6. Aufl., 2012.
– /*Hähnchen, S.*, Rechtstheorie mit juristischer Methodenlehre, 7. Aufl., 2018.
*Atias, C.*, Philosophie du droit, 4e éd., 2016.
*Baruzzi, A.*, Rechtsphilosophie der Gegenwart, 2006.
*Besson, S./Tasioulas, J. (Hrsg.)*, The Philosophy of International Law, 2010.
*Bix, B.*, Jurisprudence: Theory and Context, 9th ed., 2023.
*Böckenförde, E.-W.*, Geschichte der Rechts- und Staatsphilosophie: Antike und Mittelalter, 2. Aufl., 2006.
*Braun, J.*, Rechtsphilosophie im 20. Jahrhundert, 2001.
– Einführung in die Rechtsphilosophie: Der Gedanke des Rechts, 3. Aufl., 2022.
*Brieskorn, N.*, Rechtsphilosophie, 1990.
*Buckel, S./Christensen, R./Fischer-Lescano, A. (Hrsg.)*, Neue Theorien des Rechts, 3. Aufl., 2020.
*Coing, H.*, Grundzüge der Rechtsphilosophie, 5. Aufl., 1993 (Nachdruck 2010).
*Coleman, J. (Hrsg.)*, Readings in the Philosophy of Law, 1999.
– /*Shapiro, S. (Hrsg.)*, The Oxford Handbook of Jurisprudence and Philosophy of Law, 2004.
*Dyzenhaus, D./Ripstein, A./Reibetanz Moreau, S. (Hrsg.)*, Law and Morality: Readings in Legal Philosophy, 3rd ed., 2007.
*Duke, G*, The Cambridge Companion to Natural Law Jurisprudence, 2017.
*Feinberg, J./Coleman, J./Kutz, C.*, Philosophy of Law, 9th ed., 2013.
*Finnis, J.*, Natural Law and Natural Rights, 2nd ed., 2011.
– Philosophy of Law, 2013.
*Fischer-Lescano A./Teubner G.*, Regimekollisionen, 2006.
*Frydman, B./Haarscher, G.*, Philosophie du droit, 3e éd., 2010.
*Golding, M. P./Edmundson, W. A. (Hrsg.)*, The Blackwell Guide to the Philosophy of Law and Legal Theory, 2005.
*Gröschner, R./Dierksmeier, C./Henkel, M./Wiehart, A.*, Rechts- und Staatsphilosophie. Ein dogmenphilosophischer Dialog, 2000.
*Hassemer, W./Neumann, U./Saliger, F. (Hrsg.)*, Einführung in Rechtsphilosophie und Rechtstheorie der Gegenwart, 9. Aufl., 2016.
*Hoeren, T./Stallberg, C.*, Grundzüge der Rechtsphilosophie, 2001.
*Hoerster, N. (Hrsg.)*, Recht und Moral. Texte zur Rechtsphilosophie, 2005.
*Hoerster, N.*, Was ist Recht? Grundfragen der Rechtsphilosophie, 2006.
*Hofmann, H.*, Einführung in die Rechts- und Staatsphilosophie, 5. Aufl., 2011.
*Holländer, P.*, Abriss einer Rechtsphilosophie, 2003.
*Holzleithner, E.*, Gerechtigkeit, 2009.
*Horn, N.*, Einführung in die Rechtswissenschaft und Rechtsphilosophie, 6. Aufl., 2016.
*Horster, D.*, Rechtsphilosophie zur Einführung, 2002.
– Rechtsphilosophie, 2014.
*Jakobs, G.*, Norm, Person, Gesellschaft: Vorüberlegungen zu einer Rechtsphilosophie, 3. Aufl., 2008.
*Kaufmann, A.*, Rechtsphilosophie, 2. Aufl., 1997.
*Kaufmann, M.*, Rechtsphilosophie, 1996.
*Kaser, M./Knütel, R./Lohsse, S.*, Römisches Privatrecht, 22. Aufl., 2020.
*Kirste, S.*, Rechtsphilosophie: Einführung, 3. Aufl., 2023.
– Geschichte der Rechtsphilosophie der Neuzeit, 2022.
*Koller, P.*, Theorie des Rechts. Eine Einführung, 2. Aufl., 1997.
*Kriele, M.*, Grundprobleme der Rechtsphilosophie, 2. Aufl., 2004.
*Krüper, J. (Hrsg.)*, Grundlagen des Rechts, 5. Aufl., 2024.
*Kunz, K.-L./Mona, M.*, Rechtsphilosophie, Rechtstheorie, Rechtssoziologie, 2. Aufl., 2015.
*Marmor, A.*, Philosophy of Law, 2011.
– *(Hrsg.)*, The Routledge Companion to Philosophy of Law, 2014.

# Literaturverzeichnis

*Mastronardi, P.*, Juristisches Denken: Eine Einführung, 2. Aufl., 2003.
*Mayer-Maly, T.*, Rechtsphilosophie, 2001.
*Murphy, L.*, What Makes Law? An Introduction to the Philosophy of Law, 2014.
*Naucke, W./Harzer, R.*, Rechtsphilosophische Grundbegriffe, 5. Aufl., 2005.
*Patterson, D. (Hrsg.)*, A Companion to Philosophy of Law and Legal Theory, 2nd ed., 2010.
*Penner, J/Melissaris, E.*, McCoubrey and White's Textbook on Jurisprudence, 5th ed., 2012.
*Pfordten, D. v. d.*, Rechtsphilosophie: Eine Einführung, 2013.
*Potacs, M.*, Rechtstheorie, 2. Aufl., 2019.
*Pound, R.*, An Introduction to the Philosophy of Law, revised ed., 1999.
*Röhl, K. F./Röhl, H. C.*, Allgemeine Rechtslehre: Ein Lehrbuch, 4. Aufl., 2020.
*Rüthers, B./Fischer, C./Birk, A.*, Rechtstheorie mit Juristischer Methodenlehre, 12. Aufl., 2022.
*Schluep, W.*, Einladung zur Rechtstheorie, 2006.
*Schwintowski, H. P.*, Recht und Gerechtigkeit, 1996.
*Seelmann, K./Demko, D.*, Rechtsphilosophie, 7. Aufl., 2019.
*Senn, M.*, Rechts- und Gesellschaftsphilosophie, 2. Aufl., 2017.
*Shafer-Landau, R.*, The Fundamentals of Ethics, 6th ed., 2023.
*Simmonds, N. E.*, Central Issues in Jurisprudence, 6th ed., 2022.
*Smid, S.*, Einführung in die Philosophie des Rechts, 1991.
*Stratenwerth, G.*, Freiheit und Gleichheit. Ein Kapitel Rechtsphilosophie, 2007.
*Tebbit, M.*, Philosophy of Law, 3rd ed., 2017.
*Troper, M.*, La philosophie du droit, 7e éd., 2024.
*Vesting, T.*, Rechtstheorie: ein Studienbuch, 2. Aufl., 2015.
*Wacks, R.*, Understanding Jurisprudence. An Introduction to Legal Theory, 6th ed., 2021.
*Zenthöfer, J.*, Klausurentraining Rechtsphilosophie, 2. Aufl., 2012.
– Rechtsphilosophie, 7. Aufl., 2020.
*Zippelius, R.*, Rechtsphilosophie, 6. Aufl., 2011.
– Das Wesen des Rechts, 6. Aufl., 2012.

## Literaturverzeichnis

### Literatur

*Adorno, T. W.*,
- (u.a.), Der Positivismusstreit in der deutschen Soziologie, 1978.
- Minima Moralia, in: *ders.*, Gesammelte Schriften, hrsg. v. R. Tiedemann, Bd. 4, 1997.
- Negative Dialektik, in: *ders.*, Gesammelte Schriften, hrsg. v. R. Tiedemann, Bd. 6, 1997.
- Ästhetische Theorie, in: *ders.*, Gesammelte Schriften, hrsg. v. R. Tiedemann, Bd. 7, 1997.

*Agamben, G.*, Homo Sacer. Die souveräne Macht und das nackte Leben, 2002.
*Albert, H.*, Traktat über kritische Vernunft, 5. Aufl., 1991.
*Alexy, R.*, Theorie der juristischen Argumentation, 1983.
- Theorie der Grundrechte, 1985.
- Begriff und Geltung des Rechts, 1992.
- Diskurstheorie und Menschenrechte, in: *ders.*, Recht, Vernunft, Diskurs, 1995, S. 127 ff.
- Recht, Vernunft, Diskurs, Studien zur Rechtsphilosophie, 1995.
- Die Gewichtsformel, in: J. Jickeli/P. Kreutz/D. Reuter (Hrsg.), Gedächtnisschrift für Jürgen Sonnenschein, 2003, S. 771–792.
- Law's Ideal Dimension, 2021

*Altmann, A.*, Moses Mendelssohn. Biographical Study, 1973.
*Ambedkar, B.R.*, The Annihilation of Caste. The Annotated Critical Edition, hrsg. v. S. Anand. Introduced with the essay 'The Doctor and the Saint' by Arundhati Roy, 2017.
*Ameriks, K.*, Kant and the Fate of Autonomy, 2000.
*Annas, J.*, Intelligent Virtue, 2011.
*Anscombe, G. E. M.*, Modern Moral Philosophy, Philosophy, 33 (1958), S. 1 ff.
*Apel, K. O.*, Diskurs und Verantwortung, 1988.
- Transformation der Philosophie, Bd. 1 und 2, 1994.

*Appiah, K. A.*, The Ethics of Identity, 2005.
*Aquin, T. v.*, Summa theologica, Die Deutsche-Thomas-Ausgabe, lateinisch-deutsch, übersetzt und kommentiert von Dominikanern und Benediktinern Deutschlands und Österreichs, hrsg. v. der Philosophisch-Theologischen Hochschule Walberberg bei Köln, 1933 ff.
- Summa contra gentiles, lateinisch und deutsch, hrsg. und übersetzt v. K. Albert und P. Engelhardt unter Mitarbeit von L. Dümpelmann, 2001.

*Arendt, H.*, Die verborgene Tradition: Essays, 2000.
- Elemente und Ursprünge totaler Herrschaft: Antisemitismus, Imperialismus, totale Herrschaft, 10. Aufl., 2005.
- Vita Activa: oder Vom tätigen Leben, 4. Aufl., 2006.
- Eichmann in Jerusalem, 2. Aufl., 2007.
- Menschen in finsteren Zeiten, 3. Aufl., 2014.
- The Origins of Totalitarianism, 2017.
- Über das Böse: Eine Vorlesung zu Fragen der Ethik, 13. Aufl., 2019.
- Über die Revolution, 7. Aufl., 2019.
- Was heißt persönliche Verantwortung in einer Diktatur?, 3. Aufl., 2019.
- Zwischen Vergangenheit und Zukunft: Übungen im politischen Denken I, 5. Aufl., 2020.
- Rahel Varnhagen. Lebensgeschichte eine deutschen Jüdin aus der Romantik, 22. Aufl., 2020.
- Das Urteilen, 6. Aufl., 2021.
- Vom Leben des Geistes: Das Denken, Das Wollen, 11. Aufl., 2022.

*Aristoteles*, Nicomachean Ethics, with an English translation by H. Rackham, 1934.
- Politik, übersetzt v. E. Rolfes, 1981.
- Nikomachische Ethik, auf der Grundlage der Übersetzung v. E. Rolfes hrsg. v. G. Bien, 1985.
- The Metaphysics, with an English translation by H. Tredennick, 1989.
- The Physics, with an English translation by P. H. Wicksteed and F. M. Cornford, 2005.

*Armgardt, M.*, Die Rechtstheorie von Leibniz im Licht seiner Kritik an Hobbes und Pufendorf, in: W. Li (Hrsg.), „Das Recht kann nicht ungerecht sein…", 2015, S. 13 ff.
*Arnim, H. v. (Hrsg.)*, Stoicorum Veterum Fragmenta, Bd. I, 1905; Bd. II, 1903; Bd. III, 1903.
*Augustinus, A.*, In Joannis Evangelium, in: Patrologiae cursus completus, series latina, tomus XXXV, 1845, 1379.
- De Correctione Donatistarum Liber, Seu Epistula CLXXXV, in: Patrologiae cursus completus, series latina, tomus XXXIII, 1865, 792 ff.

# Literaturverzeichnis

- Epistola ad Vincentium, in: Patrologiae cursus completus, series latina, tomus XXXIII, 1865, 321.
- De civitate Dei, in: Corpus Scriptorum Ecclesiasticorum Latinorum, Sancti Aurelii Augustini Opera, Vol. XXXX, Pars I, Pars II, 1899/1900.
- Contra Faustum, in: Corpus Scriptorum Ecclesiasticorum Latinorum, Sancti Aurelii Augustini Opera, Vol. XXV, 1981, S. 249 ff.

*Austin, J.*, The Province of Jurisprudence Determined, ed. by W. E. Rumble, 2001.
*Austin, J. L.*, How to Do Things with Words, 1962.
*Ayer, A. J.*, Language, Truth, and Logic, 1936.
*Baier, K.*, The Moral Point of View, 1958.
*Baker, M. C.*, The Atoms of Language, 2001.
*Bauman, Z.*, Postmodern Ethics, 1993.
*Beauvoir, S. de*, Le Deuxième Sexe, 1949.
*Beck, L.-W.*, A Commentary on Kant's Critique of Practical Reason, 1960.
*Beitz, C.*, Political Theory and International Relations, 1979.
- The Idea of Human Rights, 2009.

*Benhabib, S.*, Feminism and Postmodernism, in: *dies.*/J. Butler/N. Fraser/D. Cornell (Hrsg.), Feminist Contentions: A Philosophical Exchange, 1995, S. 17 ff.
- Another Cosmopolitanism, 2006.

*Benjamin, W.*, Das Passagen-Werk, in: *ders.*, Gesammelte Schriften, Bd. V-1, 1982.
- Zur Kritik der Gewalt, in: *ders.*, Angelus Novus, Ausgewählte Schriften 2, 1988, S. 42 ff.

*Bentham, J.*, An Introduction to the Principles of Morals and Legislation, ed. by J. H. Burns/H. L. A. Hart, 1996.
*Berghahn, C.-F.*, Moses Mendelssohns „Jerusalem". Ein Beitrag zur Geschichte der Menschenrechte und der pluralistischen Gesellschaft in der deutschen Aufklärung, 2001.
*Berlin, I.*, Political Ideas in the Twentieth Century, in: *ders.*, Liberty, 2002, S. 55 ff.
- Two Concepts of Liberty, in: *ders.*, Liberty, 2002, S. 166 ff.

*Berwick, R. C./Chomsky, N.*, Why Only Us. Language and Evolution, 2016.
*Bianchi, A.*, International Law Theories, 2016.
- Theory and Philosophy of International Law, 2017.

Die *Bibel*, Einheitsübersetzung, 1980.
*Bielefeld, H.*, Philosophie der Menschenrechte, 1998.
*Bieri, P.*, Das Handwerk der Freiheit, 2005.
*Bloch, E.*, Das Prinzip Hoffnung, 3 Bände, 1985.
- Naturrecht und menschliche Würde, 1985.

*Böckenförde, E.-W.*, Recht, Staat, Freiheit, 1991.
- Zur Kritik der Wertbegründung des Rechts, in: *ders.*, Recht, Staat, Freiheit, 1991, S. 67 ff.

*Bourel, D.*, Moses Mendelssohn. Begründer des modernen Judentums, 2007.
*Brandom, R.*, Making it Explicit, 1994.
*Brandt, R.*, Morality, Utilitarianism, and Rights, 1992.
*Brecht, B.*, Leben des Galilei, 1948.
*Brink, D. O.*, Moral Realism and the Foundation of Ethics, 1989.
*Brugger, W.*, Darf der Staat ausnahmsweise foltern?, Der Staat, 35 (1996), S. 67 ff.
- Vom unbedingten Verbot der Folter zum bedingten Recht auf Folter?, JZ, 55 (2000), S. 165 ff.

*Buchanan, J.*, The Limits of Liberty, 1975.
*Buchanan, A.*, Justice, Legitimacy, and Self-Determination: Moral Foundations for International Law, 2004.
Die Reden *Gotamo Buddhos*. Sammlungen in Versen: Die Sammlung der Bruchstücke. Die Lieder der Mönche und Nonnen. Der Wahrheitspfad. Zum erstenmal übersetzt v. K. E. Neumann. K. E. Neumanns Übertragungen aus dem Pâli-Kanon, Bd. 3, 1957.
Die Lehrreden des *Buddha* aus der Angereihten Sammlung Anguttara-Nikâya, aus dem Pâli übersetzt v. Nyanatiloka, Bd. IV, 1969.
*Bull, H.*, The Grotian Conception of International Society, in: H. Butterfield/M. Wight (Hrsg.), Diplomatic Investigations. Essays in the Theory of International Politics, 1966, S. 51 ff.
*Burke, E.*, Reflections on the Revolution in France, ed. by C. C. O'Brien, 1968.
*Burtt, E. A.*, The Metaphysical Foundations of Modern Science, 1932.
*Butler, J.*, Fifteen Sermons, in: *ders.*, The Works of Joseph Butler, Vol. II, 1896.

## Literaturverzeichnis

*Butler, J.*, Gender Trouble. Feminism and the Subversion of Identity, 2nd ed., 1990.
- Contingent Foundations, in: S. Benhabib/J. Butler/N. Fraser/D. Cornell (Hrsg.), Feminist Contentions: A Philosophical Exchange, 1995, S. 35 ff.
- Undoing Gender, 2004.

*Calabresi, G.*, Some Thoughts on Risk Distribution and the Law of Torts, Yale Law Journal, 70 (1961), S. 499 ff.

*Camus, A.*, Combat, 19 Novembre 1946, in: J. Lévi-Valensi (Hrsg.), Cahiers Albert Camus 8, Camus à Combat, 2002.
- L'Homme Révolté, 2009.

*Campbell, D./Thomas, P. (Hrsg.)*, Fundamental Legal Conceptions as Applied in Judicial Reasoning by Wesley Newcomb Hohfeld, 2001.

*Capelle, W. (Hrsg.)*, Die Vorsokratiker, 1968.

*Carnap, R.*, Die Überwindung der Metaphysik durch logische Analyse der Sprache, Erkenntnis, 2 1932.

*Carr, E. H.*, The Twenty Years' Crisis, 1919–1939: An Introduction to Study International Relations, (1939), 2001.

*Cassirer, E.*, Die Idee der Religion bei Lessing und Mendelssohn, in: J. Guttmann (Hrsg.), Festgabe zum zehnjährigen Bestehen der Akademie für die Wissenschaft des Judentums. 1919–1929, 1929, S. 22–41.
- The Myth of the State, 1974.

Catechismus *Catholicae Ecclesiae*, 1997.

*Chisholm, R.*, Human Freedom and the Self, in: G. Watson (Hrsg.), Free Will, 1982, S. 24 ff.

*Chomsky, N.*, Aspects of the Theory of Syntax, 1965.
- Language and Problems of Knowledge, 1988.
- Language and Thought, 1993.
- New Horizons in the Study of Language and Mind, 2000.

*Cicero, M. T.*, De legibus, in: ders., Staatstheoretische Schriften, Lateinisch/Deutsch, übersetzt v. K. Ziegler, 1979, S. 211 ff.
- De Natura Deorum, Lateinisch/Deutsch, übersetzt und hrsg. v. U. Blank-Sangmeister, 1995.
- De Officiis, Lateinisch/Deutsch, übersetzt, kommentiert und hrsg. v. H. Gunermann, 2007.

*Coase, R.*, The Problem of Social Cost, Journal of Law and Economics, 3 (1960), S. 1 ff.

*Cohen, G. A.*, Rescuing Justice and Equality, 2008.

*Cohn, H.*, Human Rights in the Bible and Talmud, 1989.

*Cole, D.*, The Three Leakers and What to Do About Them, New York Review of Books, 61/2 (2014).

*Coleman, J.*, The Practice of Principle, 2001.

*Collins, H.*, Marxism and Law, 1984.

*Concilium Vaticanum II*, Constitution Pastoralis Gaudium et spes, 24, Acta Apostolicae Sedis 58, 1966, 1050.

*Cover, R. M.*, Obligation: A Jewish Jurisprudence of the Social Order, in: M. Walzer (Hrsg.), Law, Politics, and Morality in Judaism, 2006, S. 3 ff.

*Crawford, J.*, Brownlie's Principles of International Law, 8th ed., 2012.

*Crisp, R./Slote, M. (Hrsg.)*, Virtue Ethics, 1997.

*Dalai Lama, XIV.*, Human Rights and Universal Responsibility, Non-Governmental Organizations United Nations World Conference on Human Rights, 15. June 1993, Vienna, Austria, in: D. Keown/C. Prebish/W. Husted (Hrsg.), Buddhism and Human Rights, 1998, S. xvii ff.

*Davidson, D.*, Inquiries into Truth and Interpretation, 2nd ed., 2001.

*Dawkins, R.*, The God Delusion, 2008.
- The Selfish Gene, 2nd ed., 2009.

*Deleuze, G.*, Nietzsche et la philosophie, 1962.

*Derrida, J.*, L'Écriture et la Différence, 1967.
- Force of Law: The ‚Mystical Foundation of Authority', in: D. Cornell/M. Rosenfeld/D. G. Carlson, Deconstruction and the Possibility of Justice, 1992, S. 3 ff.
- Randgänge der Philosophie, 2. Aufl., 1999.
- Politik der Freundschaft, 2002.
- Éperons: Les Styles de Nietzsche, 2010.

*Dershowitz, A.*, Why Terrorism Works: Understanding the Threat, Responding to the Challenge, 2002.

# Literaturverzeichnis

*Descartes, R.,* Discours de la Méthode, in: C. Adam/P. Tannery (Hrsg.), Œuvres de Descartes, Bd. 6, 1973.
- Meditationes de prima philosophia, in: C. Adam/P. Tannery (Hrsg.), Œuvres de Descartes, Bd. 7, 1964.
- Principia philosophiae, in: C. Adam/P. Tannery (Hrsg.), Œuvres de Descartes, Bd. 8, 1, 1973.

*Dewey, J.,* Reconstruction in Philosophy, in: *ders.*, The Middle Works, Vol. 12, 1982, S. 77 ff.
- The Public and its Problems, in: *ders.*, The Later Works, Vol. 2, 1984, S. 235 ff.
- Ethics, in: *ders.*, The Later Works, Vol. 7, 1985, S. 1 ff.
- Democracy and Education, in: *ders.*, The Middle Works, Vol. 9, 1985, S. 1 ff.
- Logic: The Theory of Inquiry, in: *ders.*, The Later Works, Vol. 12, 1986, S. 1 ff.
- Theory of Valuation, in: *ders.*, The Later Works, Vol. 13, 1988, S. 189 ff.
- The School and Society, 2002.

*Dilthey, W.,* Einleitung in die Geisteswissenschaften, Gesammelte Schriften, Bd. 1, 1914 ff.

*Dreier, R.,* Der Begriff des Rechts, NJW, 39 (1986), S. 890 ff.

*Dummett, M.,* Frege: Philosophy of Language, revised ed., 1993.
- The Seas of Language, 1996.

*Dworkin, R.,* Taking Rights Seriously, 1977.
- Law's Empire, 1986.
- Life's Dominion, An Argument about Abortion, Euthanasia, and Individual Freedom, 1994.
- Sovereign Virtue, 2000.
- Is Democracy Possible Here? Principles for a New Political Debate, 2008.
- Justice for Hedgehogs, 2011.

*Ebeling, G.,* Dogmatik des christlichen Glaubens, 1979.

*Ehrlich, E.,* Grundlegung der Soziologie des Rechts, 4. Aufl., 1989.

*Eibl-Eibesfeldt, I.,* Die Biologie menschlichen Verhaltens, 5. Aufl., 2004.

*Eidenmüller, H.,* Effizienz als Rechtsprinzip, 4. Aufl., 2015.

*Elias, N.,* Über den Prozeß der Zivilisation, Bd. 1 und 2, 1978.

*Eliot, G.,* Middlemarch, 1874.

*Engels, F.,* zitiert nach K. Marx/F. Engels-Werke (MEW), 1956–1990, darin:
- Herrn Eugen Dührings Umwälzung der Wissenschaft (Anti-Dühring), MEW 20, S. 1 ff.

*Enoch, D.,* Taking Morality Seriously. A Defense of Robust Realism, 2011.

*Epikur,* Briefe, Sprüche, Werkfragmente, Griechisch/Deutsch, übersetzt und hrsg. v. H.-W. Krautz, 2000.

*Esser, J.,* Vorverständnis und Methodenwahl in der Rechtsfindung, 2. Aufl., 1972.

*Euripides,* Troerinnen, übersetzt v. K. Steinmann, 1987.

*Farelly, C./Solum, B.,* An Introduction to Aretaic Theories of Law, in: *dies.* (Hrsg.), Virtue Jurisprudence, 2008.

*Fehr, E./Fischbacher, U.,* The Nature of Human Altruism, Nature, 425 (2003), S. 785 ff.

*Feldman, H. L.,* Prudence, Benevolence, and Negligence: Virtue Ethics and Tort Law, Chicago-Kent Law Review, 74 (2000), S. 1431 ff.

*Feiner, S.,* Moses Mendelssohn. Sage of Modernity, 2010.

*Fetscher, I.,* Rousseaus politische Philosophie, 3. Aufl., 1975.

*Feyerabend, P.,* Against Method, 4th ed., 2010.

*Finnis, J.,* Natural Law and Natural Rights, 2nd ed., 2011.

*Fleck, L.,* Entstehung und Entwicklung einer wissenschaftlichen Tatsache, 1980.

*Foot, P.,* Virtues and Vices, 1978.
- Natural Goodness, 2001.

*Foucault, M.,* Les mots et les choses, 1966.
- Die Ordnung der Dinge, 1971.
- Archäologie des Wissens, 1995.
- Qu'est-ce que la critique? suivi de La culture de soi, 2015.

*Franck, T. M.,* Fairness in International Law and Institutions, 1995.

*Frankfurt, H. G.,* Freedom of the Will and the Concept of the Person, in: *ders.*, The Importance of What We Care about: Philosophical Essays, 1988, S. 11 ff.

*Frege, G.,* Über die wissenschaftliche Berechtigung einer Begriffsschrift, in: *ders.*, Funktion, Begriff, Bedeutung, 2002, S. 70 ff.

# Literaturverzeichnis

*Fuller, L. L.*, The Morality of Law, revised ed., 1969.
*Gadamer, H.-G.*, Wahrheit und Methode, 6. Aufl., 1990.
*Gandhi, M.*, Young India, 19.1.1921, in: *ders.*, Was ist Hinduismus?, 2006, S. 126.
*Gaukroger, S.*, Descartes: an intellectual biography, 1995.
*Gazzaniga, M.*, The Ethical Brain, 2005.
*Gehlen, A.*, Der Mensch, Gesamtausgabe, Bd. 3.1. und 3.2., 1993.
*Geiger, T.*, Vorstudien zu einer Soziologie des Rechts, 4. Aufl., 1987.
*Gerhardt, V.*, Der Mensch wird geboren, 2001.
*Gewirth, A.*, Reason and Morality, 1978.
- The Community of Rights, 1996.
*Gilligan, C.*, In a different voice, 1982.
*Glimcher, P. W./Fehr, E.*, Neuroeconomics, 2nd ed., 2014.
*Goldenbaum, U.*, Universal oder plural? Zum scheinbaren Gegensatz von Lessing und Mendelssohn über die Erziehung des Menschengeschlechts, in: S. Braese/M. Fick (Hrsg.), Lessing Yearbook/Jahrbuch XXXIX 2010/2011. Lessing und die jüdische Aufklärung, 2012.
*Goldsmith J./Posner E.*, The Limits of International Law, 2005.
*Gosepath, S.*, Gleiche Gerechtigkeit, 2004.
- */Lohmann, G. (Hrsg.)*, Philosophie der Menschenrechte, 1998.
*Gottlieb, M.*, „Moses Mendelssohn's Metaphysical Defense of Religious Pluralism", in: *ders.*, Faith, Reason, Politics. Essays on the History of Jewish Thought, 2013, S. 98 ff.
*Gould, S. J./Lewontin, R.*, The Spandrels of San Marco and the Panglossian Paradigm: A Critique of the Adaptionist Programme, Proceedings of the Royal Society London B, 205 (1979), S. 581 ff.
*Graeber, D./Wengrow, D.*, The Dawn of Everything, 2021.
*Greene, J. D.*,
- */Sommerville, R. B./Nystrom, L. E./Darley, J. M./Cohen, J. D.*, An fMRI Investigation of Emotional Engagement in Moral Judgment, Science, 293 (2001), S. 2105 ff.
- */Haidt J.*, How (and Where) Does Moral Judgment Work, Trends in Cognitive Science, 6 (2002), S. 517 ff.
- From neural ‚is' to moral ‚ought': what are the moral implications of neuroscientific moral psychology?, Nature Reviews Neuroscience, 4 (2003), S. 846 ff.
- */Cohen, J.*, For the law, neuroscience changes nothing and everything, Philosophical Transactions of the Royal Society London B, 359 (2004), S. 1775 ff.
- The Secret Joke of Kant's Soul, in: W. Sinnott-Armstrong (Hrsg.), Moral Psychology, Vol. 3, 2008, S. 35 ff.
- Moral Tribes, 2013.
*Griffin, J.*, On Human Rights, 2008.
*Grotius, H.*, Des Hugo Grotius drei Bücher über das Recht des Krieges und des Friedens, übersetzt v. J. H. v. Kirchmann, 1869.
- De jure praedae commentaries, hrsg. v. H. G. Hammaker, 1886.
- De Iure Belli ac Pacis Libri Tres, Editio nova, Vol. I, reproduction of the ed. of 1646 by J. Brown Scott, 1913.
- In Tres Libros de Iure Belli ac Pacis Prolegomena, in: *ders.*, De Iure Belli ac Pacis Libri Tres, Editio nova, Vol. I, reproduction of the ed. of 1646 by J. Brown Scott, 1913.
*Günther, K.*, Der Sinn für Angemessenheit, 1988.
- Rechtspluralismus und universaler Code der Legalität: Globalisierung als rechtstheoretisches Problem, in: L. Wingert/K. Günther (Hrsg.), Die Öffentlichkeit der Vernunft und die Vernunft der Öffentlichkeit, FS für Jürgen Habermas, 2001, S. 539 ff.
*Haakonssen, K.*, Hugo Grotius and the History of Political Thought, Political Theory, 13 (1985), S. 239 ff.
*Habermas, J.*, Strukturwandel der Öffentlichkeit, 1962.
- Was ist Universalpragmatik?, in: K. O. Apel (Hrsg.), Sprachpragmatik und Philosophie, 1976, S. 198 ff.
- Moralbewußtsein und kommunikatives Handeln, 1983.
- Wahrheitstheorien, in: *ders.*, Vorstudien und Ergänzungen zur Theorie des kommunikativen Handelns, 1984, S. 127 ff.
- Theorie des kommunikativen Handelns, Bd. 1 und 2, 1988.

## Literaturverzeichnis

- Heidegger – Werk und Weltanschauung, in: V. Farías (Hrsg.), Heidegger und der Nationalsozialismus, 1989, S. 11 ff.
- Erläuterungen zur Diskursethik, 1991.
- Faktizität und Geltung, Beiträge zur Diskurstheorie des Rechts und des demokratischen Rechtsstaats, 1992.
- Die Einbeziehung des Anderen, 1996.
- Kants Idee des ewigen Friedens – aus dem historischen Abstand von 200 Jahren, in: *ders.*, Die Einbeziehung des Anderen, 1996, S. 192 ff.
- Die postnationale Konstellation und die Zukunft der Demokratie, in: *ders.*, Die postnationale Konstellation, 1998, S. 91 ff.
- Glauben und Wissen, 2001.
- Hat die Konstitutionalisierung des Völkerrechts noch eine Chance? in: *ders.*, Der gespaltene Westen, 2004, S. 113 ff.
- Wahrheit und Rechtfertigung, 2. Aufl., 2004.
- Die Zukunft der menschlichen Natur, 2005.
- Eine politische Verfassung für die pluralistische Weltgesellschaft?, in: *ders.*, Zwischen Naturalismus und Religion, 2005, S. 324 ff.
- Vorpolitische Grundlagen des demokratischen Rechtsstaats?, in: *ders.*/J. Ratzinger, Dialektik der Säkularisierung, 2005, S. 15 ff.
- Die Reform der Vereinten Nationen, in: T. Stein/H. Buchstein/C. Offe (Hrsg.), Souveränität, Recht, Moral, 2007, S. 213 ff.
- Freiheit und Determinismus, in: H.-P. Krüger (Hrsg.), Hirn als Subjekt? Philosophische Grenzfragen der Neurobiologie, 2007, S. 101 ff.
- Das Konzept der Menschenwürde und die realistische Utopie der Menschenrechte, DZPhil, 58 (2010), 347 ff.
- Auch eine Geschichte der Philosophie, Bd. 1, 2019, S. 125 ff.

*Haggenmacher, P.*, Genèse et signification du concept de ‚ius gentium' chez Grotius, Grotiana, 2 (1981), S. 44 ff.

*Haidt, J.*, The Emotional Dog and its Rational Tail: A Social Intuitionist Approach to Moral Judgment, Psychological Review, 108 (2001), S. 814 ff.
- The Righteous Mind: Why Good People are Divided by Politics and Religion, 2012.

*Haller, K. L. v.*, Restauration der Staatswissenschaft, 1816–34.

*Hamilton, W. D.*, The Genetical Evolution of Social Behavior, Journal of Theoretical Biology, 7 (1964), S. 1 ff.

*Hare, R. M.*, The Language of Morals, 1952.
- Moral Thinking, 1981.

*Harman, G.*, Explaining Value, 2000.
- Using a Linguistic Analogy to Study Morality, in: W. Sinnott-Armstrong (Hrsg.), Moral Psychology, Vol. 1, 2008, S. 345 ff.

*Hart, H. L. A.*, The Concept of Law, 1961.
- Review of Lon. L. Fuller, The Morality of Law, Harvard Law Review, 78 (1965), S. 1281 ff.
- Rawls on Liberty and Its Priority, The University of Chicago Law Review, 40 (1973), S. 534 ff.
- Natural Rights: Bentham and John Stuart Mill, in: *ders.*, Essays on Bentham. Studies in Jurisprudence and Political Theory, 1982, S. 79 ff.
- Legal Rights, in: *ders.*, Essays on Bentham. Studies in Jurisprudence and Political Theory, 1982, S. 162 ff.
- Postscript, in: *ders.*, The Concept of Law, 3rd ed., 2012, S. 238 ff.

*Hartmann, N.*, Ethik, 3. Aufl., 1949.

*Hauser, M. D.*, Moral Minds, 2006.

*Hayek, F. A. v.*, The Road to Serfdom, 1944.
- The Constitution of Liberty, 1960.

*Haym, R.*, Preußen und die Rechtsphilosophie, in: *ders.*, Hegel und seine Zeit, 1857, S. 357 ff., wiederabgedruckt in: M. Riedel (Hrsg.), Materialien zu Hegels Rechtsphilosophie, Bd. 1, 1975, S. 365 ff.

**Literaturverzeichnis**

*Hegel, G. W. F.*, Über die wissenschaftlichen Behandlungsarten des Naturrechts, seine Stelle in der praktischen Philosophie und sein Verhältnis zu den Rechtswissenschaften, in: *ders.*, Jenaer Schriften, Werke, hrsg. v. E. Moldenhauer und K. M. Michel, Bd. 2, 1970, S. 434 ff.
- Phänomenologie des Geistes, in: *ders.*, Werke, hrsg. v. E. Moldenhauer und K. M. Michel, Bd. 3, 1970.
- Wissenschaft der Logik I, in: *ders.*, Werke, hrsg. v. E. Moldenhauer und K. M. Michel, Bd. 5, 1986.
- Wissenschaft der Logik II, in: *ders.*, Werke, hrsg. v. E. Moldenhauer und K. M. Michel, Bd. 6, 1969.
- Grundlinien der Philosophie des Rechts, in: *ders.*, Werke, hrsg. v. E. Moldenhauer und K. M. Michel, Bd. 7, 1986.
- Konzept der Rede beim Antritt des philosophischen Lehramtes an der Universität Berlin, 22. Okt. 1818, in: *ders.*, Werke hrsg. v. E. Moldenhauer und K. M. Michel, Bd. 10, 1986.
- Enzyklopädie der philosophischen Wissenschaften, § 553 ff., in: *ders.*, Werke, hrsg. v. E. Moldenhauer und K. M. Michel, Bd. 10, 1986.
- Vorlesungen über die Philosophie der Geschichte, in: *ders.*, Werke, hrsg. v. E. Moldenhauer und K. M. Michel, Bd. 12, 1970.

*Heidegger, M.*, Sein und Zeit, 1984.
- Holzwege, 8. Aufl., 2003.
- Nietzsches Wort „Gott ist tot", in: *ders.*, Holzwege, 8. Aufl., 2003, S. 209 ff.
- Nietzsche I und II, 8. Aufl., 2020.

*Henrich, D.*, Der Begriff der sittlichen Einsicht und Kants Lehre vom Faktum der Vernunft, in: *ders.*/W. Schulz/K.-H. Volkmann-Schluck (Hrsg.), Die Gegenwart der Griechen im neueren Denken, FS für Gadamer, 1960, S. 110 ff.
- Die Deduktion des Sittengesetzes. Über die Gründe der Dunkelheit des letzten Abschnitts von Kants „Grundlegung zur Metaphysik der Sitten", in: A. Schwan (Hrsg.), Denken im Schatten des Nihilismus, FS für Wilhelm Weischedel, 1975, S. 111 ff.

*Hesiod*, Werke und Tage, in: *ders.*, Theogonie, Werke und Tage, griechisch und deutsch, hrsg. und übersetzt v. A. Schirnding, 1991.

*Hinske, N.*, Mendelssohns Beantwortung der Frage: Was ist Aufklärung? Oder über die Aktualität Mendelssohns, in: ders. (Hrsg.), Ich handle mit Vernunft. Moses Mendelssohn und die europäische Aufklärung, 1981, S. 85–118.

*Hobbes, T.*, Leviathan, ed. by C. B. Macpherson, 1985.

*Hochman, L.*, Mendelssohn and Kant: Ethics and Aesthetics, in: M. Zank/I. Anderson (Hrsg.), The Value of the Particular: Lessons from Judaism and the Modern Jewish Experience. Festschrift for Steven T. Katz on the Occasion of His Seventieth Birthday, 2015.

*Hoerster, N.*, Abtreibung im säkularen Staat, 2. Aufl., 1995.
- Neugeborene und das Recht auf Leben, 1995.

*Höffe, O.*, Kants Kritik der reinen Vernunft, 2003.
- Lebenskunst und Moral, 2009.

*Hofmann, H.*, Hugo Grotius, in: M. Stolleis (Hrsg.), Staatsdenker im 17. und 18. Jahrhundert, 2. Aufl., 1987, S. 52 ff.
- Die versprochene Menschenwürde, AöR, 118 (1993), S. 353 ff.

*Hohfeld, W. N.*, Fundamental Legal Conceptions as Applied in Judicial Reasoning, 2001.

*Holzhey, H. (Hrsg.)*, Ethischer Sozialismus, 1994.

*Homer*, Odyssee, übersetzt v. J. H. Voß, 1995.

*Horkheimer, M.*, Traditionelle und Kritische Theorie, Zeitschrift für Sozialforschung, 8 (1937), S. 245 ff.
- Eclipse of Reason, 1947.
- /*Adorno, T. W.*, Dialektik der Aufklärung, 1969.
- Bemerkungen zur Liberalisierung der Religion, in: *ders.*, Gesammelte Schriften, Bd. 7, 1985, S. 233 ff.

*Huber, V.*, Beute und Conquista. Die politische Ökonomie der Eroberung Neuspaniens, 2018.

*Huber, W.*, Gerechtigkeit und Recht, 3. Aufl., 2006.

*Humboldt, W. v.*, Ideen zu einem Versuch, die Gränzen der Wirksamkeit des Staates zu bestimmen, in: *ders.*, Werke in fünf Bänden, Bd. I, 2002, S. 56 ff.
- Ueber die Verschiedenheiten des menschlichen Sprachbaus, in: *ders.*, Werke in Fünf Bänden, Bd. III, 2002, S. 144 ff.

## Literaturverzeichnis

*Hume, D.*, An Enquiry concerning the Principles of Morals, in: *ders.*, Enquiries Concerning Human Understanding and Concerning the Principles of Morals, ed. by L. A. Selby-Bigge, 3rd ed., 1975, S. 167 ff.
- A Treatise of Human Nature, ed. by L. A. Selby-Bigge, 2nd ed., 1978.
- Of the Original Contract, in: *ders.*, Essays, moral, political and literary, 1987, S. 465 ff.

*Hursthouse, E.*, On Virtue Ethics, 1999.

*Husserl, E.*, Die Krisis der europäischen Wissenschaften und die transzendentale Phänomenologie, 3. Aufl., 1996.

*Hutcheson, F.*, An Inquiry into the Original of Our Ideas of Beauty and Virtue: in two Treatises, 2nd ed., 1971.
- Illustrations on the Moral Sense, 1971.

*Ilting, K.-H.*, Der Geltungsgrund moralischer Normen, in: *ders.*, Grundfragen der praktischen Philosophie, 1994, S. 138 ff.

*Inwagen, P. v.*, An Essay on Free Will, 1983.

*Irwin, T.*, The development of ethics, Vol. II, 2008.

*Jackendoff, R.*, A User's Guide to Thought and Meaning, 2012.

*James, W.*, Pragmatism: A New Name for Old Ways of Thinking, 1908.

*Jellinek, G.*, System der subjektiven öffentlichen Rechte, 2. Aufl., 1905 (Neudruck 1964).

*Jhering, R. v.*, Geist des römischen Rechts, 1924.

*Joas, H.*, Die Entstehung der Werte, 1999.
- Die Sakralität der Person, 2011.

*Jolls, C./Sunstein, C. R./Thaler, R.*, A Behavioral Approach to Law and Economics, in: C. R. Sunstein (Hrsg.), Behavioral Law and Economics, 2000, S. 13 ff.

*Jonas, H.*, Das Prinzip Verantwortung, 1984.

*Jones, O.*, Evolutionary Psychology and the Law, in: D. Buss (Hrsg.), The Handbook of Evolutionary Psychology, 2005, S. 953 ff.

*Jörgensen, J.*, Imperatives and Logic, Erkenntnis, 7 (1937/38), S. 288 ff.

*Kahneman, D.*, Thinking, Fast and Slow, 2011.

*Kant, I.*, Grundlegung zur Metaphysik der Sitten, in: *ders.*, Kant's gesammelte Schriften, Königlich Preußische Akademie der Wissenschaften (Hrsg.), Bd. IV, 1911, S. 385 ff.
- Kritik der reinen Vernunft, 1. Aufl. 1781, in: *ders.*, Kants Werke, Königlich Preußische Akademie der Wissenschaften (Hrsg.), Bd. IV, Nachdruck 1968, S. 1 ff.
- Kritik der reinen Vernunft, 2. Aufl. 1787, in: *ders.*, Kant's gesammelte Schriften, Königlich Preußische Akademie der Wissenschaften (Hrsg.), Bd. III, 1911, S. 1 ff.
- Prolegomena zu einer jeden künftigen Metaphysik, die als Wissenschaft wird auftreten können, in: *ders.*, Kant's gesammelte Schriften, Königlich Preußische Akademie der Wissenschaften (Hrsg.), Bd. IV, 1911, S. 253 ff.
- Kritik der praktischen Vernunft, in: *ders.*, Kant's gesammelte Schriften, Königlich Preußische Akademie der Wissenschaften (Hrsg.), Bd. V, 1913, S. 1 ff.
- Kritik der Urteilskraft in: *ders.*, Kant's gesammelte Schriften, Königlich Preußische Akademie der Wissenschaften (Hrsg.), Bd. V, 1913, S. 165 ff.
- Die Metaphysik der Sitten, in: *ders.*, Kant's gesammelte Schriften, Königlich Preußische Akademie der Wissenschaften (Hrsg.), Bd. VI, 1914, S. 204 ff.
- Die Religion innerhalb der Grenzen der bloßen Vernunft, in: *ders.*, Kant's gesammelte Schriften, Königlich Preußische Akademie der Wissenschaften (Hrsg.), Bd. VI, 1914, S. 1 ff.
- Der Streit der Fakultäten, in: *ders.*, Kant's gesammelte Schriften, Königlich Preußische Akademie der Wissenschaften (Hrsg.), Bd. VII, 1917, S. 1 ff.
- Beantwortung der Frage: Was ist Aufklärung?, in: *ders.*, Kant's gesammelte Schriften, Königlich Preußische Akademie der Wissenschaften (Hrsg.), Bd. VIII, 1923, S. 33 ff.
- Zum Ewigen Frieden, in: *ders.*, Kant's gesammelte Schriften, Königlich Preußische Akademie der Wissenschaften (Hrsg.), Bd. VIII, 1923, S. 341 ff.
- Handschriftlicher Nachlaß, in: *ders.*, Kant's gesammelte Schriften, Königlich Preußische Akademie der Wissenschaften (Hrsg.), Bd. XX, 1942.

## Literaturverzeichnis

*Kelsen, H.*, Das Problem der Souveränität und die Theorie des Völkerrechts: Beitrag zu einer reinen Rechtslehre, 1928.
- Vom Wesen und Wert der Demokratie (1929), in: *ders.*, Verteidigung der Demokratie. Abhandlungen zur Demokratietheorie, ausgewählt und herausgegeben von M. Jestaedt und O. Lespius, 2006, S. 149 ff.
- Verteidigung der Demokratie (1932), in: *ders.*, Verteidigung der Demokratie. Abhandlungen zur Demokratietheorie, ausgewählt und herausgegeben von M. Jestaedt und O. Lespius, 2006, S. 229 ff.
- Das Problem der Gerechtigkeit, in: *ders.*, Reine Rechtslehre, 2. Aufl., 1960, S. 357 ff.
- Reine Rechtslehre, 2. Aufl., 1960.
- Allgemeine Theorie der Normen, 1979.

*Kersting, W.*, Die politische Philosophie des Gesellschaftsvertrags, 1994.
- Kritik der Gleichheit, 2002.
- Wohlgeordnete Freiheit, 3. Aufl., 2007.

*Kilcher, A./Mahlmann, M./Müller-Nielaba D. (Hrsg.)*, Fechtschulen und phantastische Gärten – Recht und Literatur, 2013.

*Kirchmann, J. v.*, Über die Wertlosigkeit der Jurisprudenz als Wissenschaft, 1960.

*Kohlberg, L.*, Essays on Moral Development, Vol. 1 und 2, 1981–1984.

*Kolb, R.*, Theory of International Law, 2016.

Der *Koran*, übersetzt v. R. Paret, 2007.

*Korsgaard, C.*, The Sources of Normativity, 1996.

*Koskenniemi, M.*, Global Legal Pluralism: Multiple Regimes and Multiple Modes of Thought, 2005, <http://www.helsinki.fi/eci/Publications/talks_papers_MK.html>, zuletzt abgerufen am 16.8.2018.

*Krämer, G.*, „Kein Zwang in der Religion"? Religiöse Toleranz im Islam, in: M. Mahlmann/H. Rottleuthner (Hrsg.), Ein neuer Kampf der Religionen? Staat, Recht und religiöse Toleranz, 2006, S. 141 ff.

*Krebs, A. (Hrsg.)*, Gleichheit oder Gerechtigkeit. Texte der neuen Egalitarismuskritik, 2000.
- Arbeit und Liebe, 2002.

*Kripke, A.*, Wittgenstein on rules and private language: an elementary exposition, 1982.

*Kuhn, T. S.*, The Structure of Scientific Revolutions, 4th ed., 2012.

*Lacey, N.*, A Life of H. L. A. Hart, 2004.

*Larenz, K.*, Methodenlehre der Rechtswissenschaft, 6. Aufl., 1991.

*de Las Casas, B.*, De regia potestate in: Obras Completas, Bd. 12, ed. by J. González Rodríguez, 1990.
- Apologética Historia Sumaria in: Obras Completas, Bd. 7, ed. by V. A. Castelló/J. A. Barreda/B. A. Queija/M. J. A. Stoffels, 1992.
- Octavo Remedio in: Obras Completas, Bd. 10, ed. by R. Hernández/L. Galmés, 1992.
- Tratado Comprobatorio del Imperio Soberano in: Obras Completas, Bd. 10, ed. by R. Hernández/L. Galmés, 1992.
- Las Doce Dudas in: Obras Completas, Bd. 11.2, ed. by J. B. Lassegue, 1992.
- Die Disputation von Valladolid (1550–1551) in: Werkauswahl, Bd. 1, hrsg. v. M. Delgado, 1994, S. 337 ff.
- Geschichte Westindiens, in: Werkauswahl, Bd. 2, hrsg. v. M. Delgado, 1995, S. 139 ff.
- Ganz kurzer Bericht über die Zerstörung Westindiens, in: Werkauswahl, Bd. 2, hrsg. v. M. Delgado, 1995, S. 25 ff.
- Kurze apologetische Geschichte in: Werkauswahl, Bd. 2, hrsg. v. M. Delgado, 1995, S. 325 ff.
- Dreißig Rechtssätze in: Werkauswahl, Bd. 3/1, hrsg. v. M. Delgado, 1996, S. 181 ff.
- Traktat zur Begründung der souveränen kaiserlichen Herrschaft in: Werkauswahl, Bd. 3/1, hrsg. v. M. Delgado, 1996, S. 193 ff.
- Das achte Heilmittel in: Werkauswahl, Bd. 3/2, hrsg. v. M. Delgado, 1997, S. 82 ff.
- Traktat über die königliche Gewalt in: Werkauswahl, Bd. 3/2, hrsg. v. M. Delgado, 1997, S. 187 ff.
- Traktat über die zwölf Zweifelsfälle, Antwort des Bartolomé de Las Casas in: Werkauswahl, Bd. 3/2, hrsg. v. M. Delgado, 1997, S. 249 ff.

*Lauterpacht, H.*, The Grotian Tradition in International Law, British Yearbook of International Law, 23 (1946), S. 1 ff.

*Lee, R. W.*, Hugo Grotius, Proceedings of the British Academy, 16 (1930), S. 219 ff.

## Literaturverzeichnis

*Leibniz, G. W. F.*, Elementa juris naturalis, Konzept und Reinschrift (1671), in: *ders.*, Sämtliche Schriften und Briefe, hrsg. v. der Preußischen Akademie der Wissenschaften, 6. Reihe, Bd. 1, 1930, S. 465 ff., 480 ff.
- Initium institutionum juris perpetui, in: G. Mollat (Hrsg.), Rechtsphilosophisches aus Leibnizens ungedruckten Schriften, 1885.
- Vorrede zum Codex Juris Gentium Diplomaticus, in: G. I. Gerhardt (Hrsg.), Die philosophischen Schriften von G. W. F. Leibniz, 1887, S. 388 ff.
- La véritable piété, in: G. Grua (éd.), G. W. Leibniz, Textes Inédits, Tome II, 1948, S. 500 ff.
- Nouveaux essais sur l'entendement humain, in: *ders.*, Philosophische Schriften, hrsg. und übersetzt v. W. v. Engelhardt und H. H. Holz, Bd. 3.1 und 3.2, 1996.
- Theodizee, in: *ders.*, Philosophische Schriften, Bd. 2. 1., hrsg. und übersetzt von H. H. Holz, 1996.
- Monadologie, in: *ders.*, Monadologie und andere metaphysische Schriften, Französich-Deutsch, hrsg. V. U. J. Schneider, 2003.
- Entwürfe zu den ‚Elementen des Naturrechts', in: *ders.*, Frühe Schriften zum Naturrecht, Lateinisch-Deutsch, hrsg. v. H. Busche, 2003, S. 137 ff.
- Neue Methode, Jurisprudenz zu lernen und zu lehren, in: *ders.*, Frühe Schriften zum Naturrecht, Lateinisch-Deutsch, hrsg. v. H. Busche, 2003, S. 79 ff.
- Universale Gerechtigkeit als klug verteilte Liebe zu allen, in: *ders.*, Frühe Schriften zum Naturrecht, Lateinisch-Deutsch, hrsg. v. H. Busche, 2003, S. 215 ff.
- Brief an T. Burnett of Kemney, 2. Februar 1700, in: *ders.*, Akademie Ausgabe, Bd. 18, Nr. 211, 2005, S. 380.
- Brief an T. Burnett of Kemney, 18. Juli 1701, in: *ders.*, Akademie Ausgabe, Bd. 20, Nr. 185, 2006, S. 284.
- Sur la nature de la bonté et de la justice, in: W. Li (Hrsg.), „Das Recht kann nicht ungerecht sein…", 2015, S. 143 ff.
- Sur la notion commune de la justice, in: W. Li (Hrsg.), „Das Recht kann nicht ungerecht sein…", 2015, S. 164 ff.

*Leist, A.*, Die gute Handlung, 2000.
*Lenin, W. I.*, Staat und Revolution, 1918.
*Levinas, E.*, Totalité et Infini, 1961.
*Levinson, S. (Hrsg.)*, Torture: a collection, revised ed., 2006.
*Lewontin, R.*, The Evolution of Cognition: Questions We Will Never Answer, in: D. Scarborough/S. Sternberg (Hrsg.), An Invitation to Cognitive Science, Vol. 4, 1998, S. 107 ff.
*Libet, B.*, Mind Time: The Temporal Factor in Consciousness, 2004.
*Lloyd, G.*, The Man of Reason: ‚Male' and ‚Female' in Western Philosophy, 2nd ed., 1993.
- Rationality, in: A. M. Jaggar/I. M. Young (Hrsg.), A Companion to Feminist Philosophy, 1998, S. 165 ff.

*Locke, J.*, Second Treatise on Government, in: *ders.*, Two Treatises of Government, ed. by P. Laslett, 1991, S. 265 ff.
- An essay concerning human understanding, ed. by R. Woolhouse, 1997.

*Lorberbaum, Y.*, Blood and the Image of God: On the Sanctity of Life in Biblical and Early Rabbinic Law, Myth, and Ritual, in: D. Kretzmer/E. Klein (Hrsg.), The Concept of Human Dignity in Human Rights Discourse, 2002, S. 55 ff.
*Luhmann, N.*, Grundrechte als Institution, 1965.
- Legitimation durch Verfahren, 1983.
- Soziale Systeme, 1984.
- Die Wissenschaft der Gesellschaft, 1990.
- Das Recht der Gesellschaft, 1995.
- Die Gesellschaft der Gesellschaft, Bd. 1 und 2, 1998.

*Lukrez*, De rerum natura, Lateinisch/Deutsch, übersetzt und mit einem Nachwort hrsg. v. K. Büchner, 2008.
*Luther, M.*, Von der Freiheit eines Christenmenschen, Kritische Gesammtausgabe (=Weimarer Ausgabe), Bd. 7, 1888, S. 12 ff.
- Von weltlicher Oberkeit, Kritische Gesammtausgabe, Bd. 11, 1900, S. 229 ff.
- Über das 1. Buch Mose, Predigten 1527, Kritische Gesammtausgabe, Bd. 24, 1900, S. 16 ff.
- Der 82. Psalm ausgelegt 1530, Kritische Gesammtausgabe, Bd. 31, 1913, S. 189 ff.

## Literaturverzeichnis

- Daß weltliche Oberkeit den Wiedertäufern mit leiblicher Strafe zu wehren schuldig sei, Etlicher Bedenken zu Wittenberg (1536), Kritische Gesammtausgabe, Bd. 50, 1914, S. 6 ff.

*Lyotard, J.-F.*, La condition postmoderne, 1983.
- Le différend, 1983.

*MacIntyre, A.*, After Virtue, 2nd ed., 1984.

*MacKinnon, C.*, Feminism Unmodified, 1987.
- Toward a Feminist Theory of the State, 1989.
- Women's lives, men's laws, 2005.

*Macpherson, C. B.*, The Political Theory of Possessive Individualism: From Hobbes to Locke, 1962.

*Madley, B.*, An American Genocide, 2016.

*Mahabharata*, translated by K. M. Ganguli, <http://www.mahabharataonline.com>, zuletzt abgerufen am 16.8.2018.

*Mahlmann, M.*, Katastrophen der Rechtsgeschichte und die autopoietische Evolution des Rechts, Zeitschrift für Rechtssoziologie, 21 (2000), S. 247 ff.
- Judicial Methodology and Fascist and Nazi Law, in: C. Joerges/N. Ghaleigh (Hrsg.), Darker Legacies of Law in Europe, 2003, S. 229 ff.
- Heidegger's Political Philosophy and the Theory of the Liberal State, Law and Critique, 14 (2003), S. 229 ff.
- Sprache als Spiegel der praktischen Vernunft, ZRph, 1 (2003), S. 168 ff.
- Law and Force: 20th Century Radical Legal Philosophy, Post-Modernism and the Foundations of Law, Res Publica, 9 (2003), S. 19 ff.
- Ethische Duldsamkeit und Glauben, in: ders./H. Rottleuthner (Hrsg.): Ein neuer Kampf der Religionen?, 2006, S. 75 ff.
- Cognitive Science, Ethics and Law, German Law Journal, 8 (2007), S. 577 ff.
- Elemente einer ethischen Grundrechtstheorie, 2008.
- Rationalismus in der praktischen Theorie, 2. Aufl., 2009.
- Neue Perspektiven einer Soziologie der Menschenrechte, in: ders. (Hrsg.), Gesellschaft und Gerechtigkeit, 2010, S. 331 ff.
- Human Dignity and Autonomy in Modern Constitutional Orders, in: M. Rosenfeld/A. Sajó (Hrsg.), The Oxford Handbook of Comparative Constitutional Law, 2012, S. 370 ff.
- Tugendjurisprudenz?, in: A. Good/B. Platipodis (Hrsg.), Direkte Demokratie. Herausforderungen zwischen Politik und Recht. FS für Andreas Auer zum 65. Geburtstag, 2013, S. 23 ff.
- The Good Sense of Dignity: Six Antidotes to Dignity Fatigue in Ethics and Law, in: C. McCrudden (Hrsg.), Understanding Human Dignity, 2013, S. 593 ff.
- Der Schutz von individuellen Rechten, Strafe und Krieg in der Naturrechtstheorie von Hugo Grotius, in: T. Altwicker/F. Cheneval/O. Diggelmann (Hrsg.), Völkerrechtsphilosophie in der Frühaufklärung, 2015, S. 199 ff.
- Würde und die Einheit der Werte – zum Projekt eines axiologischen Holismus, RphZ, 1 (2015), S. 137 ff.
- Geschichtlichkeit und Geltung von Grundrechten, in: M Quante (Hrsg.), Geschichte – Gesellschaft – Geltung. XXIII. Deutscher Kongress für Philosophie, Kolloquienbeiträge, 2016, S. 703–718.
- Der politische Moment der Rechtsphilosophie, in: Rechtswissenschaft, 2017, 8(2), S. 181–220.
- Mind and Rights: Neuroscience, Philosophy, and the Foundations of Legal Justice, in: M. N. S. Sellers (Hrsg.), Law, Reason, and Emotion, 2017, S. 80–137.
- Normative Universalism and Constitutional Pluralism, in: I. Motoc/P. Pinto de Albuquerque/ K. Wojtyczek (Hrsg.), New Developments in Constitutional Law. Essays in Honour of András Sajó, 2018, S. 271–295.
- Widerständige Gerechtigkeit – Der Angriff auf Demokratie, Verfassungsstaat und Menschenrechte und die Gesellschaftstheorie des Rechts, 2018.
- Migration und Menschenwürde, in: F. v. Harbou/J. Markow (Hrsg.), Philosophie des Migrationsrechts, 2020.
- Rationalismus und Epistemologie in Leibniz' praktischer Philosophie, in: T. Altwicker/F. Cheneval/M. Mahlmann (Hrsg.), Rechts- und Staatsphilosophie bei G. W. Leibniz, 2020.
- Politische Verbrechen und europäische Kultur – Joseph Conrads „Heart of Darkness"und die Gegenwelten der Gerechtigkeit, in *J. C. Bublitz/J. Bung/A. Grünewald/D. Magnus/H. Putzke/J. Scheinfeld*, Recht – Philosophie – Literatur. FS für Reinhard Merkel, 2020.

## Literaturverzeichnis

– Konkrete Gerechtigkeit, 5. Aufl., 2021.
– On the Foundations of a Democratic Culture of Freedom: Law and the Normative Resources of Art, in: K. Ghanayim/Y. Shany (Hrsg.), The Quest for Core Values in the Application of Legal Norms. Essays in Honor of Mordechai Kremnitzer, 2021, S. 15–35.
– Recht der Toleranz – Mendelssohn und die Rechtsphilosophie der Aufklärung, in: U. Goldenbaum/S. Meder/M. Armgardt (Hrsg.), Moses Mendelssohns Rechtsphilosophie im Kontext, 2021, S. 371–393.
– Mind and Rights. The History, Ethics, Law and Psychology of Human Rights, 2023.

*Manetti*, G., De dignitate et excellentia hominis. Über die Würde und Erhabenheit des Menschen, übersetzt v. H. Leppin, 1990.

*Mann*, T., Nietzsche's Philosophie im Lichte unserer Erfahrung, in: ders., Gesammelte Werke, Bd. IX, 1990.

*Marcuse*, H., Der eindimensionale Mensch, 1970.
– Eros and Civilization, 2nd ed., 1984.

*Margalit*, A., The Decent Society, 1996.

*Marx*, K., zitiert nach K. Marx/F. Engels-Werke (MEW), 1956–1990, darin:
– Zur Kritik der Hegelschen Rechtsphilosophie. Einleitung, MEW 1, S. 378 ff.
– Thesen über Feuerbach, MEW 3, S. 1 ff.
– /F. *Engels*, Die deutsche Ideologie, MEW 3, S. 9 ff.
– /F. *Engels*, Manifest der Kommunistischen Partei, MEW 4, S. 459 ff.
– Der Prozeß gegen den Rheinischen Kreisausschuß der Demokraten, Neue Rheinische Zeitung, 25. Februar 1849, MEW 6, S. 240 ff.
– /F. *Engels*, Rezensionen aus der Neuen Rheinischen Zeitung. Politisch-ökonomische Revue. Viertes Heft, April 1850, MEW 7, S. 255 ff.
– Zur Kritik der politischen Ökonomie. Vorwort, MEW 13, S. 7 ff.
– Kritik des Gothaer Programms, MEW 19, S. 13 ff.
– Das Kapital, Bd. 1, MEW 23.

*Maynard Smith*, J., Evolution and the Theory of Games, 1982.

*McCrudden*, C., Human Dignity and the Judicial Interpretation of Human Rights, EJIL, 19 (2008), S. 655 ff.
– (Hrsg.), Understanding Human Dignity, 2013.
– Human Rights Histories, Oxford Journal of Legal Studies, 35 (2015), S. 179 ff.

*McQuillan*, J. C., Oaths, Promises, and Compulsory Duties: Kant's Response to Mendelssohn's Jerusalem, Journal of the History of Ideas 75 (2014), S. 581–604.

*Mecklenburg*, N., Fingerzeige zur Erklärung christlicher Judenfeindschaft: Christen und Juden im Lichte von Lessings letzten theologiekritischen Arbeiten, in: S. Braese/M. Fick (Hrsg.), Lessing Yearbook/Jahrbuch XXXIX 2010/2011. Lessing und die jüdische Aufklärung, 2012, S. 263–281.

*Mendelssohn*, M., Rhapsodie, oder Zusätze zu den Briefen über die Empfindungen, in: Moses Mendelssohn, Gesammelte Schriften. Jubiläumsausgabe, Bd. 1, Schriften zur Philosophie und Ästhetik I, Bearbeitet von F. Bamberger, 1971, S. 381–424.
– Ueber das Erhabene und Naive in den schönen Wissenschaften, in: Moses Mendelssohn, Gesammelte Schriften. Jubiläumsausgabe, Bd. 1, Schriften zur Philosophie und Ästhetik I, Bearbeitet von F. Bamberger, 1971, S. 453–494.
– Über die Empfindungen, in: Moses Mendelssohn, Gesammelte Schriften. Jubiläumsausgabe, Bd. 1, Schriften zur Philosophie und Ästhetik I, Bearbeitet von F. Bamberger, 1971, S. 233–334.
– Phaedon oder über die Unsterblichkeit der Seele, in: Moses Mendelssohn, Gesammelte Schriften. Jubiläumsausgabe, Bd. 3,1, Schriften zur Philosophie und Ästhetik III,1, Bearbeitet von F. Bamberger und L. Strauss, 1972, S. 5–128.
– Abhandlung über die Evidenz in Metaphysischen Wissenschaften, in: Moses Mendelssohn, Gesammelte Schriften. Jubiläumsausgabe, Bd. 2, Schriften zur Philosophie und Ästhetik II, Bearbeitet von F. Bamberger und L. Strauss, 1972, 267–330.
– Morgenstunden oder Vorlesungen über das Daseyn Gottes, in: Moses Mendelssohn, Gesammelte Schriften. Jubiläumsausgabe, Bd. 3,2, Schriften zur Philosophie und Ästhetik III,2, Bearbeitet von L. Strauss, 1974, S. 1–175.
– Ueber die Frage: was heißt aufklären?, in: Moses Mendelssohn, Gesammelte Schriften. Jubiläumsausgabe, Bd. 6,1, Kleinere Schriften I, Bearbeitet von A. Altmann, 1981, S. 113–119.

**Literaturverzeichnis**

- Jerusalem oder über religiöse Macht und Judentum, in: Moses Mendelssohn, Gesammelte Schriften. Jubiläumsausgabe, Bd. 8, Schriften zum Judentum II, Bearbeitet von A. *Altmann*, 1983, S. 99–204.
- Jerusalem oder über religiöse Macht und Judentum, in: Moses Mendelssohn, Jerusalem oder über religiöse Macht und Judentum. Mit dem Vorwort zu Menasse ben Israels Rettung der Juden und dem Entwurf zu Jerusalem sowie einer Einleitung, Anmerkungen und Register hrsg. v. Michael Albrecht, 2005, S. 31–142.

*Merkel, R.*, Früheuthanasie, 2001.
- Willensfreiheit und strafrechtliche Schuld, 2008.

*Mikhail, J.*, Islamic Rationalism and the Foundation of Human Rights, in: A. Soetemann (Hrsg.), Pluralism and Law, Vol. 3, 2004, S. 61 ff.
- Moral Heuristics or Moral Competence? Reflections on Sunstein, Behavioral and Brain Sciences, 28 (2005), S. 557 ff.
- ‚Plucking the Mask of Mystery from its Face': Jurisprudence and H. L. A. Hart, Georgetown Law Journal, 95 (2007), S. 733 ff.
- Elements of Moral Cognition, 2011.

*Mill, H. T.*, Enfranchisement of Women, in: J. E. Jacobs, (ed.), The Complete Works of Harriet Taylor Mill, 1998, S. 51 ff.

*Mill, J. S.*, On Liberty, in: *ders.*, On Liberty and other Essays, ed. by J. Gray, 1991, S. 5 ff.
- The Subjection of Women, in: *ders.*, On Liberty and other Essays, ed. by J. Gray, 1991, S. 471 ff.
- Utilitarianism, in: *ders.*, On Liberty and other Essays, ed. by J. Gray, 1991, S. 131 ff.

*Miller, D.*, Grounding Human Rights, Critical Review of International Social and Political Philosophy 15 (2012), S. 407 ff.

*Mong Dsi*, übersetzt v. R. Wilhelm, 1921.

*Moore, G. E.*, Principia Ethica, ed. by T. Baldwin, revised ed., 1993.
- Ethics, ed. by W. H. Shaw, 2005.

*Moore, M. S.*, Objectivity in Law and Ethics. Essays in Moral and Legal Ontology, 2004.
- Stephen Morse on the Fundamental Psycho-Legal Error, Criminal Law and Philosophy, 10 (2016), S. 45 ff.

*Morgenthau, H.*, Politics among Nations: The Struggle for Power and Peace, 1948.

*Morse, S.*, Determinism and the Death of Folk Psychology: Two Challenges to Responsibility from Neuroscience, Minnesota Journal of Law, Science & Technology, 9 (2008), S. 1 ff.

*Moyn, S.*, The Last Utopia, 2011.
- The Continuing Perplexities of Human Rights, Qui Parle. Critical Humanities and Social Science, 22 (2013), S. 96 ff.

*Müller, J. P.*, Demokratische Gerechtigkeit, 1993.
- Der politische Mensch – menschliche Politik, 1999.
- Die demokratische Verfassung, 2. Aufl., 2009.

*Nagel, T.*, The Possibility of Altruism, 1970.

*Newton, I.*, Letter to Bentley February 1692/93, The Newton Project, <http://www.newtonproject.sussex.ac.uk/>, zuletzt abgerufen am 16.8.2018.

*Nida-Rümelin, J.*, Kritik des Konsequentialismus, 2. Aufl., 1995.
- Über menschliche Freiheit, 2005.

*Nietzsche, F.*, Also sprach Zarathustra, in: ders., Sämtliche Werke, hrsg. v. G. Colli/M. Montinari, Bd. 4, 1999, S. 9 ff.
- Der Fall Wagner, in: *ders.*, Sämtliche Werke, hrsg. v. G. Colli/M. Montinari, Bd. 6, 1999, S. 9 ff.
- Ecce Homo, in: *ders.*, Sämtliche Werke, hrsg. v. G. Colli/M. Montinari, Bd. 6, 1999, S. 255 ff.
- Fünf Vorreden zu fünf ungeschriebenen Büchern, in: *ders.*, Sämtliche Werke, hrsg. v. G. Colli/M. Montinari, Bd. 1, 1999, S. 753 ff.
- Geburt der Tragödie, in: *ders.*, Sämtliche Werke, hrsg. v. G. Colli/M. Montinari, Bd. 1, 1999, S. 9 ff.
- Jenseits von Gut und Böse, in: *ders.*, Sämtliche Werke, hrsg. v. G. Colli/M. Montinari, Bd. 5, 1999, S. 9 ff.
- Menschliches, Allzumenschliches I und II, in: *ders.*, Sämtliche Werke, hrsg. v. G. Colli/M. Montinari, Bd. 2, 1999, S. 9 ff.
- Nachgelassene Fragmente 1882–1884, in: *ders.* Sämtliche Werke, hrsg. v. G. Colli/M. Montinari, Bd. 10, 1999, S. 9 ff.

## Literaturverzeichnis

- Unzeitgemässige Betrachtungen I–IV, in: *ders.*, Sämtliche Werke, hrsg. v. G. Colli/M. Montinari, Bd. 1, 1999, S. 157 ff.
- Zur Genealogie der Moral, in: *ders.*, Sämtliche Werke, hrsg. v. G. Colli/M. Montinari, Bd. 5, 1999, S. 245 ff.

*Nozick, R.,* Anarchy, State and Utopia, 1974.
*Nussbaum, M.,* Upheavals of Thought, 2001.
- Women and Human Development, 2000.

*Okin, S. M.,* Women in Western Political Thought, 1979.
*O'Neill, O.,* Autonomy and the Fact of Reason, in: O. Höffe (Hrsg.), Kritik der praktischen Vernunft, 2002, S. 81 ff.
*Orford, A./Hoffmann, F.* (Hrsg.), The Oxford Handbook of the Theory of International Law, 2016.
*Ovid,* Metamorphosen, lateinisch-deutsch, übersetzt und hrsg. v. M. von Albrecht, 1997.
*Paret, R.,* Der Koran, Kommentar und Konkordanz, 7. Aufl., 2005.
*Parfit, D.,* On What Matters, ed. by S. Scheffler, Vol. II, 2011.
*Pascal, B.,* Pensées, 2010.
*Paschukanis, E.,* Allgemeine Rechtslehre und Marxismus, 2. Aufl., 1966.
*Pauen, M./Roth, G.,* Freiheit, Schuld, Verantwortung, 2008.
*Peirce, C. S.,* How to Make our Ideas Clear, in: Writings of C. S. Peirce, Vol. 3, hrsg. v. M. H. Fisch, 1986, S. 257 ff.
*Petrarca, F.,* De remediis utriusque fortunae, 1975.
*Pfordten, D. v. d.,* About Concepts in Law, in: J. Hage/D. v. d. Pfordten (Hrsg.), Concepts in Law, 2009, S. 17 ff.
- Rechtsethik, 2. Aufl., 2011.

*Pico della Mirandola, G.,* De Hominis Dignitate, lateinisch-deutsch, übersetzt v. N. Baumgarten, 1990.
*Pinker, S.,* The Language Instinct, 1994.
- The Blank Slate, 2002.

*Planck, M.,* Vom Wesen der Willensfreiheit, in: *ders.*, Vorträge und Erinnerungen, 1975, S. 301 ff.
*Platon,* Werke in acht Bänden, Griechisch und Deutsch, übersetzt v. F. Schleiermacher, 2005.
*Pogge, T. W.,* Realizing Rawls, 1989.
- World Poverty and Human Rights, 2nd ed., 2008.

*Pohlenz, M.,* Die Stoa, 8. Aufl., 2010.
*Pollmann, A./ Lohmann, G. (Hrsg.),* Menschenrechte. Ein interdisziplinäres Handbuch, 2012.
*Popkin, R.,* The History of Scepticism from Erasmus to Spinoza, revised and expanded ed., 1984.
*Popper, K.,* What is dialectic? in: *ders.*, Conjectures and Refutations, 1963, S. 312 ff.
- The Open Society and Its Enemies, Vol. 1 (The Spell of Plato), 2003.
- The Open Society and Its Enemies, Vol. 2 (Hegel and Marx), 2003.
- Die Logik der Forschung, 11. Aufl., 2005.

*Poscher, R.,* Die Würde des Menschen ist unantastbar, JZ, 59 (2004), S. 756 ff.
*Posner, R.,* Economic Analysis of Law, 8th ed., New York, 2011.
*Pound, R.,* Grotius in the Science of Law, American Journal of International Law, 19 (1925), S. 685 ff.
*Pufendorf, S.,* De officio hominis et civis iuxta legem naturalem libri duo, in: *ders.*, Gesammelte Werke, Bd. 2, 1997, dt.: Über die Pflicht des Menschen und des Bürgers nach dem Gesetz der Natur, hrsg. und übersetzt v. K. Luig, 1994.
*Putnam, H.,* The Meaning of ‚Meaning', in: *ders.*, Mind, Language and Reality, Philosophical Papers, Vol. 2, 1975, S. 215 ff.
- Pragmatism, 1995.
- Ethics without Ontology, 2004.

*Quine, W. v. O.,* Two Dogmas of Empiricism, The Philosophical Review, 60 (1951), S. 20 ff.
- Word and Object, 1960.

*Radbruch, G.,* Vorschule der Rechtsphilosophie, 2. Aufl., 1959.
- Rechtsphilosophie, 3. Aufl., 1932, in: *ders.*, Gesamtausgabe, Bd. 2, 1993.
- Fünf Minuten Rechtsphilosophie, in: *ders.*, Rechtsphilosophie, Studienausgabe, hrsg. v. R. Dreier und S. Paulson, 2. Aufl., 2003, S. 209 ff.
- Gesetzliches Unrecht und übergesetzliches Recht, in: *ders.*, Rechtsphilosophie Studienausgabe, hrsg. v. R. Dreier und S. Paulson, 2. Aufl., 2003, S. 211 ff.

## Literaturverzeichnis

*Rawls, J.*, A Theory of Justice, 1971.
– Political Liberalism, 1996.
– A Theory of Justice, revised ed., 1999.
– The Idea of Public Reason revisited, in: *ders.*, The Law of Peoples, 1999, S. 129 ff.
– The Law of Peoples, 1999.
– Lectures on the History of Moral Philosophy, 2000.
– Justice as Fairness: Political not Metaphysical, in: *ders.*, Collected Papers, 2001, S. 1 ff.
– Kantian Constructivism in Moral Theory, in: *ders.*, Collected Papers, 2001, S. 304 ff.
– Justice as Fairness: a Restatement, 2001.
– Lectures on the History of Political Philosophy, 2007.
*Raz, J.*, The Morality of Freedom, 1986.
– The Authority of Law, 2nd ed., 2009.
*Reichenbach, H.*, The Rise of Scientific Philosophy, 1951.
*Reinach, A.*, Zur Phänomenologie des Rechts, 1953 (ursprünglich: Die apriorischen Grundlagen des bürgerlichen Rechts, Jahrbuch für Philosophie und phänomenologische Forschung, 1913).
*Reinhard, W.*, Die Unterwerfung der Welt, 4. Aufl., 2018.
*Renner, K.*, Die Rechtsinstitute des Privatrechts und ihre soziale Funktion, 1929.
*Ricardo, D.*, The Principles of Political Economy and Taxation, 1987.
*Riley, P.*, Leibniz, Political Writings, 1998.
*Rimini, G. v.*, Gregorii Ariminensis Lectura super primum et secundum Sententiarum, ed. by A. Damasus Trapp/V. Marcolino, Vol. VI Super secundum Dist. 24–44, in: Spätmittelalter und Reformation. Texte und Untersuchungen, Bd. 11, hrsg. v. H. A. Oberman, 1980.
*Rodriguez-Garavito, C./ McAdams, S.*, A Human Rights Crisis? Unpacking the Debate of the Future of the Human Rights Field, discussion paper, The Open Society Foundation's NGO workshop on The Future of Human Rights, 2016, <https://papers.ssrn.com/sol3/papers.cfm?abstract_id=2919703>, zuletzt abgerufen am 10.09.2020.
*Roedder, E./Harman, G.*, Linguistics and Moral Theory, in: J. Doris (Hrsg.), The Moral Psychology Handbook, 2010, S. 273 ff.
*Rorty, R.*, Contingency, Irony, and Solidarity, 1989.
– Human Rights, Rationality and Sentimentality, in: S. Shute/S. Hurley (Hrsg.), On Human Rights, 1993, S. 111 ff.
*Ross, A.*, Imperatives and Logic, Philosophy of Science, 11 (1944), S. 30 ff. (Wiederabdruck aus Theoria, 7 (1941), S. 53 ff.).
*Ross, W. D.*, The Right and the Good, 1930.
– Aristotle, 6th ed., 1995.
*Rotenstreich, N.*, Man and his Dignity, 1983.
*Rottleuthner, H.*, Marxistische und analytische Rechtstheorie, in: *ders.* (Hrsg.), Probleme der marxistischen Rechtstheorie, 1975, S. 159 ff.
– Rechtstheorie und Rechtssoziologie, 1981.
– Foundations of Law, 2005.
*Rousseau, J.-J.*, Discours sur l'Économie Politique, in: *ders.*, Œuvres complètes, III, 1964, S. 239 ff.
– Discours sur les sciences et les arts, in: *ders.*, Œuvres complètes, III, 1964, S. 1 ff.
– Du Contrat Social, in: *ders.*, Œuvres complètes, III, 1964, S. 347 ff.
– Lettre à Lecat, in: *ders.*, Œuvres complètes, III, 1964, S. 97 ff.
– Préface d'une seconde lettre à Bordes, in: *ders.*, Œuvres complètes, III, 1964, S. 103 ff.
– Lettre de J. J. Rousseau à Monsieur Philopolis, in: *ders.*, Œuvres complètes, III, 1964, S. 230 ff.
– Émile, in: *ders.*, Œuvres complètes, hrsg. v. B. Gagnebin/M. Raymond, Vol. IV, 1969.
– Vom Gesellschaftsvertrag, in Zusammenarbeit mit E. Pietzcker neu übersetzt und hrsg. v. H. Brockard, 1977.
– Discours sur l'inégalité, hrsg. und übersetzt v. H. Meier, 1993.
*Roy, A.* The Doctor and the Saint, in: *Ambedkar, B.R.*, The Annihilation of Caste. The Annotated Critical Edition, hrsg. v. S. Anand. Introduced with the essay 'The Doctor and the Saint' by Arundhati Roy, 2017, S. 15 ff.
*Russell, B.*, A History of Western Philosophy, Touchstone, o. J.
– Why I am not a Christian, Touchstone, o. J.
– Our Knowledge of the External World, 1926.

# Literaturverzeichnis

*Russell, P.*, The Essential History of Mexico, 2016.
*Ryle, G.*, The Concept of Mind, 1949.
*Safrai, C.*, Human Dignity in a Rabbinical Perspective, in: D. Kretzmer/E. Klein (Hrsg.), The Concept of Human Dignity in Human Rights Discourse, 2002, S. 100 ff.
*Sandel, M.*, Liberalism and the Limits of Justice, 2nd ed., 1998.
- Justice. What's the Right Thing to do?, 2009
*Saussure, F.*, Cours de linguistique générale, 1916.
*Savigny, F. C. v.*, System des heutigen Römischen Rechts, Bd. 1, 1981.
*Scanlon, T. M.*, What We Owe to Each Other, 1998.
- Being Realistic about Reasons, 2014.
*Scheler, M.*, Der Formalismus in der Ethik und die materiale Wertethik, 5. Aufl., 1966.
*Schiller, F.*, Über Anmut und Würde, in: *ders.*, Sämtliche Werke, hrsg. v. G. Fricke und H. G. Göpfert, Bd. V, 1993, S. 433 ff.
*Schlick, M.*, Die Wende in der Philosophie, Erkenntnis, 1 (1930), S. 4 ff.
*Schmitt, C.*, Politische Theologie, 2. Aufl., 1934.
- Über die drei Arten des rechtswissenschaftlichen Denkens, 1934.
- Der Nomos der Erde im Völkerrecht des Jus Publicum Europaeum, 1950.
- Die Tyrannei der Werte, in: S. Buve (Hrsg.), Säkularisation und Utopie, Ebracher Studien, Ernst Forsthoff zum 65. Geburtstag, 1967, S. 37 ff.
*Schmitt, D.*, Fundamentals of Human Mating Strategies, in: D. Buss (Hrsg.), The Handbook of Evolutionary Psychology, 2005, S. 258 ff.
*Schnädelbach, H.*, Hegels praktische Philosophie, 2000.
*Schneewind, J. B.*, The Invention of Autonomy: A History of Modern Moral Philosophy, 1998.
*Scholz, H. (Hrsg.)*, Die Hauptschriften zum Pantheismusstreit, 1916.
*Schopenhauer, A.*, Preisschrift über das Fundament der Moral, 1979.
*Searle, J.*, Speech Acts, 1969.
*Sellers, M.*, Republican Principles in International Law, 2006.
*Sen, A.*, Inequality Reexamined, 1992.
- The Idea of Justice, 2009.
*Sen, A./Williams, B. (Hrsg.)*, Utilitarianism and beyond, 1990.
*Senn, M.*, Spinoza und die deutsche Rechtswissenschaft, 1991.
*Sextus Empiricus*, Outlines of Pyrrhonism, with an English translation by R. G. Bury, 1933.
*Shafer-Landau, R.*, Moral Realism. A Defence, 2003.
- The Possibility of Metaethics, Boston University Law Review, 90 (2010), S. 479 ff.
*Shaftesbury, A.*, An Inquiry concerning Virtue in two Discourses, 1987.
- The Moralists. A Philosophical Rhapsody, 1987.
*Sidgewick, H.*, The Methods of Ethics, 7th ed., 1981.
*Singer, P.*, Rethinking Life and Death, 1994.
- Practical Ethics, 3rd ed., 2011.
*Singer, W.*, Vom Gehirn zum Bewußtsein, in: N. Elsner/G. Lüer (Hrsg.), Das Gehirn und sein Geist, 2000, S. 189 ff.
*Slote, M.*, Law in Virtue Ethics, Law and Philosophy, 14 (1995), S. 91 ff.
*Smart, J./Williams, B.*, Utilitarianism for and against, 1980.
*Smith, A.*, The Wealth of Nations, 1986.
- The Theory of Moral Sentiments, 2000.
*Smith, M.*, Dworkin on External Skepticism, Boston University Law Review, 90 (2010), S. 509 ff.
*Solum, L. B.*, Virtue Jurisprudence: A Virtue-centered Theory of Judging, Metaphilosophy, 34 (2003), S. 178 ff.
- Natural Justice, The American Journal of Jurisprudence, 51 (2006), S. 65 ff.
- The Aretaic Turn in American Philosophy of Law, in: F. J. Mootz (Hrsg.), On Philosophy in American Law, 2009, S. 122 ff.
- The Unity of Interpretation, Boston University Law Review, 90 (2010), S. 551 ff.
*Sophokles*, Antigone, Übersetzung W. Willige, überarbeitet v. K. Bayer, 1995.
*Sorkin, D.*, Moses Mendelssohn and the Religious Enlightenment, 1996.
*Spaemann, R.*, Das Natürliche und das Vernünftige, 1987.
*Spelke, E.*, What Babies Know, Volume 1, Core Knowledge and Composition, 2022.

## Literaturverzeichnis

*Spinoza, B.*, Ethica Ordine Geometrico demonstrata, in: *ders.*, Ethik in geometrischer Ordnung dargestellt, Lateinisch-Deutsch, Sämtliche Werke Bd. 2, hrsg. und übersetzt v. W. Bartuschat, 1999.
- Theologisch-politischer Traktat, in: *ders.*, Sämtliche Werke, Bd. 3, auf der Grundlage der Übersetzung v. C. Gebhart neu bearbeitet, eingeleitet und hrsg. v. G. Gawlick, 1994.
- Tractatus Politicus, in: *ders.*, Politischer Traktat, Lateinisch-Deutsch, Sämtliche Werke, Bd. 5.2, neu übersetzt und hrsg. v. W. Bartuschat, 1994.

*Stannard, D. E.*, American Holocaust: Columbus and the Conquest of the New World, 1992.
*Star, D.*, Moral Skepticism for Foxes, Boston University Law Review, 90 (2010), S. 497 ff.
*Stevenson, C. L.*, Ethics and Language, 1950.
*Strawson, P. F.*, Freedom and Resentment, in: *ders.*, Freedom and Resentment and other Essays, 1974, S. 1 ff.
- The Bounds of Sense, 2004.

*Suárez, F.*, Defensio fidei catholicae et apostolicae, Pars Prima, 1872.
- De Legibus ac deo legislatore, Liber tertius, Teil 1, hrsg. und übersetzt v. O. Bach/N. Brieskorn/G. Stiening, 2014.
- De Legibus ac deo legislatore, Liber secundus, hrsg. und übersetzt v. O. Bach/N. Brieskorn/G. Stiening, 2016.

*Sunstein, C. R.*, Moral Heuristics, Behavioral and Brain Sciences, 28 (2005), S. 531 ff.
*Talbi, M.*, Religionsfreiheit – eine muslimische Perspektive, in: J. Schwartländer (Hrsg.), Freiheit der Religion, 1993, S. 53 ff.
Der Babylonische *Talmud*, übertragen von L. Goldschmidt, Nachdruck der Ausgabe 1930–1936, 1996.
*Tasioulas, J.*, On the Foundations of Human Rights, in: R. Cruft/M. Liao/M. Renzo (eds.), Philosophical Foundations of Human Rights, 2015, S. 63 ff.
*Taylor, C.*, Hegel, 1975.
- Sources of the Self, 1989.

*Teubner, G.*, Recht als autopoietisches System, 1989.
- Global Law without a State, 1997.

*Thier, A.*, Systemtheorie und kirchliche Rechtsgeschichte, in: R. Helmholz/P. Mikat/J. Müller/M. Stolleis (Hrsg.), Grundlagen des Rechts. FS für Peter Landau zum 65. Geburtstag, 2000, S. 1065 ff.
*Thomasius, C.*, Fundamenta Juris Naturae et Gentium, 4. Aufl., 1718 (Neudruck 1963).
*Thomson, J. J.*, A Defense of Abortion, Philosophy & Public Affairs, 1 (1971), S. 47 ff.
- The Realm of Rights, 1990.

*Thornton, R.*, American Indian Holocaust and Survival. A Population History since 1492, 1987.
*Tierney, B.*, The Idea of Natural Rights, 1997.
*Tomasello, M.*, A Natural History of Human Morality, 2016.
- Becoming Human. A Theory of Ontogeny, 2019.

*Tooby, J./Cosmides, L.*, The Psychological Foundations of Culture, in: H. Barkow/L. Cosmides/J. Tooby (Hrsg.), The Adapted Mind, 1992, S. 19 ff.
- Conceptual Foundations of Evolutionary Psychology, in: D. Buss (Hrsg.), The Handbook of Evolutionary Psychology, 2005, S. 19 ff.

*Tooley, M.*, Abortion and Infanticide, 1983.
*Trivers, R.*, Parental Investment and Sexual Selection, in: B. Campbell (Hrsg.), Sexual Selection and the Descent of Man, 1972, S. 136 ff.
*Tschentscher, A.*, Prozedurale Theorien der Gerechtigkeit, 2000.
*Tuck, R.*, Natural Rights Theories. Their origin and development, 1979.
- The Rights of War and Peace: Political Thought and the International Order from Grotius to Kant, 1999.

*Tversky, A./Kahneman, D.*, Judgements under Uncertainty: Heuristics and Biases, Science, 185 (1974), 1124 ff.
- The Framing of Decisions and the Psychology of Choice, Science, 211 (1981), S. 453 ff.

*de Vitoria, F.*, Lectures on St. Thomas Aquinas, in: Vitoria. Political Writings, ed. by A. Pagden/J. Lawrence, 1991.
- Letter to Miguel de Arcos OP, Salamanca, 8 November 1534, in: Vitoria. Political Writings, ed. by A. Pagden/J. Lawrence, 1991.
- On the American Indians, in: Vitoria. Political Writings, ed. by A. Pagden/J. Lawrence, 1991.

## Literaturverzeichnis

- De Indis, in: Vorlesungen II (Relectiones), hrsg. v. U. Horst/Heinz-Gerhard Justenhoven/J. Stüben, 1997.
- De Iustitia. Über die Gerechtigkeit, Teil 2, hrsg. v. J. Stüben, 2017.
- *Vlastos, G.*, Isonomia, The American Journal of Philology 74 (1953), S. 337–366
- Platonic Studies, 2nd ed., 1981.
- Socrates, 1991.

*Vollenhoven, C. v.*, The Three Stages in the Evolution of the Law of Nations, 1919.
*Waldron, J.*, A Majority in the Lifeboat, Boston University Law Review, 90 (2010), S. 1043 ff.
*Waluchow, W. J.*, Inclusive Legal Positivism, 1994.
*Walzer, M.*, Just and Unjust Wars: A Moral Argument with Historical Illustrations, 1977.
- Spheres of Justice, 1983.

*Watson, J.*, Behaviorism, 1924.
*Weber, M.*, Wirtschaft und Gesellschaft, 5. Aufl., 1972.
- Die protestantische Ethik und der Geist des Kapitalismus, 1981.
- Die ,Objektivität' sozialwissenschaftlicher und sozialpolitischer Erkenntnis, in: *ders.*, Gesammelte Aufsätze zur Wissenschaftslehre, hrsg. v. J. Winckelmann, 1988, S. 146 ff.
- Der Sinn der ,Wertfreiheit' der soziologischen und ökonomischen Wissenschaften, in: *ders.*, Gesammelte Aufsätze zur Wissenschaftslehre, hrsg. v. J. Winckelmann, 1988, S. 489 ff.
- Wissenschaft als Beruf, in: *ders.*, Gesammelte Aufsätze zur Wissenschaftslehre, hrsg. v. J. Winckelmann, 1988, S. 582 ff.

*Welcker, C. T.*, Die letzten Gründe von Recht, Staat und Strafe, 1813 (Nachdruck 2001).
*Wellmer, A.*, Ethik und Dialog, 1986.
*Welzel, H.*, Naturrecht und materiale Gerechtigkeit, 4. Aufl., 1990.
*Whorf, B. L.*, Language, Thought, and Reality, 1956.
*Wielandt, R.*, Menschenwürde und Freiheit in der Reflexion zeitgenössischer muslimischer Denker, in: J. Schwartländer (Hrsg.), Freiheit der Religion, 1993, S. 179 ff.
*Wiessner, S. (Hrsg.)*, General Theory of International Law, 2017.
*Wiggershaus, R.*, Die Frankfurter Schule, 7. Aufl., 2008.
*Williams, G. C.*, Adaptation and Natural Selection, 1966.
*Wilson, E. O.*, Sociobiology, 1975.
*Windelband, W.*, Geschichte und Naturwissenschaft, 1904.
*Windscheid, B.*, Lehrbuch des Pandektenrechts, Bd. 1, 9. Aufl., bearbeitet durch T. Kipp, 1906.
*Wingert, L.*, Gemeinsinn und Moral, 1993.
- Türöffner zu geschlossenen Gesellschaften, in: R. Elm (Hrsg.), Ethik, Politik, Kulturen im Globalisierungsprozess, 2003, S. 392 ff.
- Grenzen der naturalistischen Selbstobjektivierung, in: D. Sturma (Hrsg.), Philosophie und Neurowissenschaften, 2006, S. 240 ff.
- Lebensweltliche Gewissheit versus wissenschaftliches Wissen?, DZPhil, 55 (2007), S. 911 ff.
- Was ist und was heißt ,unverfügbar'?, in: R. Forst/M. Hartmann/R. Jaeggi/M. Saar (Hrsg.), Sozialphilosophie und Kritik, 2009, S. 384 ff.

*Wittgenstein, L.*, Tractatus Logico-Philosophicus, in: *ders.*, Werkausgabe, Bd.1, 1984, S. 7 ff.
- Philosophische Untersuchungen, in: *ders.*, Werkausgabe, Bd. 1, 1984, S. 225 ff. (zitiert: PU).
- Zettel, 2007.

*Wollstonecraft, M.*, A Vindication of the Rights of Woman, revised ed. by M. Brody, 2004.
*Wood, A.*, Kant's ethical thought, 1999.
*Woolf, V.*, A Room of One's Own, 1929.
*Wright, G. H. v.*, Deontic Logic, Mind, 60 (1951), S. 1 ff.
*Zeller, E.*, Die Philosophie der Griechen in ihrer geschichtlichen Entwicklung, Zweiter Teil, Erste Abteilung, Sokrates und die Sokratiker, Plato und die alte Akademie, 5. Aufl., 1922 (Nachdruck 2006).
- Die Philosophie der Griechen in ihrer geschichtlichen Entwicklung, Zweiter Teil, Zweite Abteilung, Aristoteles und die alten Peripatetiker, 4. Aufl., 1921 (Nachdruck 2006).

## Stichwortverzeichnis

Die **fetten** Zahlen verweisen auf den Paragrafen, die mageren auf die Randnummer.

Adorno, T. W. **21** 1 ff.
Altruismus **1** 69, **26** 12, **29** 10 f.
Anerkennungstheorie **30** 14 ff.
Antisemitismus **25** 15
Apel, K. O. **21** 26
Aquin, T. v. **2** 18 ff., **3** 11
Arendt, H. **25** 1 ff.
Aristoteles **1** 58 ff., **3** 16
– Ethik **1** 62 f.
– Gerechtigkeit **1** 67 f., 80 ff., **34** 3
– Staat **1** 72 ff.
Aufklärung **9** 6, **21** 1 ff., **36** 21 ff.
Augustinus **2** 16 f.
Ayer, A. J. **40** 7
Azteken **3** 1 ff.

Bedürfnistheorie **37** 19 ff.
Befähigungsansatz, Capabilities **19** 51 ff., **37** 22 ff.
Befolgungstheorie **30** 9
Benjamin, W. **39** 14
Bentham, J. **12** 1, 5 ff.
Berlin, I. **35** 5 ff.
Besuchsrecht **3** 16, **38** 21
Bloch, E. **13** 15, 24
Buddhismus **2** 5, **36** 14
Butler, J. **7** 3

Camus, A. **39** 19
Carnap, R. **40** 7
Chomsky, N. **15** 16, **32** 19 ff.
Christentum **2** 13 ff., **3** 15, **36** 13
Conquista **3** 1 ff.

Demokratie **3** 25, **5** 17, **19** 24, **20** 27 f., 43, **28** 21 ff., **37** 48
Deontische Logik **6** 7, **32** 22 ff.
Deontische Modalitäten **30** 21
Derrida, J. **21** 76, **32** 14 f.
Descartes, R. **6** 9 f., 22 f.
Determinismus **33** 4 ff.
Dewey, J. **16** 1, 4 ff.
Dialektik **11** 3, 12, **13** 6, 18, **21** 1 ff.
Dilthey, W. **40** 10
Diskurstheorie **9** 23, 27, **21** 26 ff.
Dominium **3** 11 ff.
Dual process model **23** 10, **26** 21

Dual system model **23** 10, **26** 21
Dworkin, R. **18** 15 ff., **20** 1 ff., **34** 27, **36** 36

Effizienz **23** 5 ff.
Ehrlich, E. **40** 8
Emotivismus **15** 8 ff.
– neuroethischer E. **26** 8, 18 ff., **28** 5
Empirismus **6** 9 ff.
Engels, F. **13** 11
Epikur **1** 90 ff.
Erkenntnistheorie **1** 18 ff., 35 ff., 59 ff., **5** 24 f., **6** 8 ff., **8** 19, **9** 7 ff., **11** 2 f., **15** 3, 8 f., **20** 6 ff., 37 ff., **21** 9 ff., 33 ff., 59, **22** 7, **26** 8 ff., **29** 1 ff., 14, **39** 12 ff., 39
Eudämonie, Eudämonismus **1** 26, 62, **24** 2 ff.
Evolution **21** 62
Evolutionäre Psychologie **26** 9 ff., 14 ff.
Externalismus
– Moral **29** 16
– Sprache **32** 12

Feminismus **22** 1 ff.
Feyerabend, P. **40** 12 ff.
Folter **36** 59
Foucault, M. **21** 73, **32** 13
Freiheit **3** 9 ff., 13 ff., **8** 12 f., **9** 13, 18, 43, **10** 4 ff., **20** 26, 42, **35** 1 ff., 19 ff., **37** 34 f., **42** ff.
– Meinungsf. **5** 19, **10** 2, 23 ff., **18** 23
– negative F. **35** 5 ff.
– positive F. **35** 5 ff.
– Werttheorie der F. **35** 19 ff.
– Willensf. **2** 27 ff., **5** 4, 15, **9** 13, **10** 18, **11** 7, **26** 2, **33** 1 ff.
Fuller, L. **18** 31 ff.
Fürsorge **8** 11, **22** 9, 13, **36** 60 f.

Gadamer, H.-G. **32** 6 ff., **40** 10
Geisteswissenschaften **40** 10
Geltung **21** 42 ff., **30** 5 ff., **39** 25 f.
Geltungsgrund von Recht **17** 17
Gemeinschaft **1** 72, 86, **5** 39 f., **10** 10 ff., **19** 35, **35** 14 ff.

## Stichwortverzeichnis

Gerechtigkeit **1** 38 f., 67 ff., 80 f., **4** 18, **5** 2, 35, **6** 2 ff., **18** 8 ff., **19** 1 ff., **20** 2, 35, 41, **34** 1 ff., **37** 45
- ausgleichende G. **1** 67, **34** 3
- austeilende G. **1** 67, **34** 3
- Gerechtigkeitsskeptizismus **34** 4 ff.
Gewalttheorie **30** 12 f.
Gewirth, A. **37** 3 ff.
Gewissen **1** 26, **2** 19 f., **11** 7, **28** 28, **29** 2 f., **41** 1 ff.
Gleichheit **6** 2 ff., **20** 25, **34** 2 ff., **30** ff.
Goldene Regel **2** 4, 14, **5** 5, **12** 18, **17** 9
Gottesebenbildlichkeit **2** 8, 14, **27** ff., **3** 13, 18, **21** 6, **36** 13
Griffin, J. **37** 3 ff.
Grotius, H. **4** 1 ff.
Grundnorm **17** 12 ff., 17
Grundrechte **3** 12 f., **5** 26, **18** 12, **21** ff., **19** 30, **20** 24, **21** 45 f., 64, 69, **28** 17, **37** 2 ff., **39** 25 ff., **40** 21

Habermas, J. **21** 26 ff., **36** 32 f.
- Kommunikatives Handeln **21** 26 ff.
- Moral und Recht **21** 41 ff.
- Wahrheit und Richtigkeit **21** 32 ff., **40** 11
Handlungsfähigkeit, Agency **37** 3 ff.
Hart, H. L. A. **17** 21 ff.
Hegel, G. W. F. **11** 1 ff.
- Moralität **11** 7 ff.
- Recht **11** 9
- Sittlichkeit **11** 7 ff.
- Staat **11** 8
Heidegger, M. **9** 23, **21** 27, **32** 6, **40** 10
Hellenismus **1** 88 ff.
Herdenmoral **14** 4, 24
Hermeneutik **32** 6 ff.
- hermeneutischer Zirkel **32** 6
- philosophische **40** 10
Hesiod **1** 9, 12
Heuristiken **23** 10
Hinduismus **2** 4, **36** 14
Hobbes, Th. **5** 3 ff.
Hohfeld, W. N. **31** 5 ff.
- Jural Correlatives **31** 5
- Jural Opposites **31** 5
Homer **1** 3, 9, 12
Homo oeconomicus **23** 3, 11
Horkheimer, M. **21** 1 ff.
Human flourishing **24** 2 ff.

Humboldt, W. v. **10** 1 ff., **32** 4 ff., **18** ff., **35** 19 f., **36** 60
Hume, D. **7** 8 ff.
Husserl, E. **40** 10
Hutcheson, F. **7** 4 f.

Idealismus **11** 2
Indeterminismus **33** 11 ff.
Inka **3** 1 ff.
Interessentheorie **37** 19 ff.
Internalismus
- Moral **29** 16
- Sprache **32** 12
Irrationalismus **1** 27, 55, **21** 6
Islam **2** 33 ff., **36** 14
isonomia **3** 9

James, W. **16** 1 ff., 7
Judentum **2** 7 ff., **8** 1 ff., **36** 13
Kant, I. **6** 18, **7** 8, **9** 1 ff., **11** 21, **12** 16 ff., **19** 18 f., **21** 14 ff., **26** 19, **36** 21 ff.
- Frieden **38** 7 ff.
- kategorischer Imperativ **9** 11 ff., **38** 12
- Moral **9** 11 ff., **28** ff.
- Recht **9** 11, 16 ff., **39**
- Transzendentalphilosophie **9** 7, 15, 25
- Würde **9** 11, 18, 35 ff., 43, **38** 12
Kelsen, H. **17** 8 ff., **40** 8
Kognitionswissenschaft **26** 1 ff., **33** 31, **39** 7
Kolonialismus **3** 1 ff.
Kommunitarismus **19** 35, 44 ff.
Kompatibilismus **33** 17 ff.
Konfuzianismus **2** 6, **36** 14
Konsequentialismus **9** 29 ff., **12** 4 ff.
Kontraktualismus **5** 1 ff., **8** 13, **9** 20, **19** 4 ff., **36** 34 f., **38** 11
Krieg und Frieden **4** 31 ff., **5** 6, **38** 1 ff.
Kritischer Rationalismus **40** 9
Kritische Theorie **21** 1 f., **22** ff.
Kuhn, T. **40** 12
Kulturwissenschaften **40** 10

Las Casas, B. **3** 17 ff.
Legitimität **30** 8 f., **37** 33 ff.
Leibniz, G. W. F. **6** 1 ff.
Lenin, W. I. **13** 1 f., 14, 23
Letztbegründung **9** 42, **21** 38 f., **39** 40 f.
Liberalismus **5** 30, **10** 10 ff., **18** 21, **19** 4 ff.

## Stichwortverzeichnis

Libet-Experiment 33 30
Linguistic turn 15 13 ff.
Locke, J. 5 22 ff., 6 19
Logischer Positivismus 40 7 ff.
Loss aversion 23 10
Luhmann, N. 21 59 ff., 34 5, 36 29
Luther, M. 2 23 ff.

Marx, K. 13 1 ff.
Maya 3 1 ff.
Mendelssohn, M. 8 1 ff.
Menschenwürde 2 5, 27, 3 13, 9 11, 20 3 ff., 18 ff., 21 57, 22 8, 36 1 ff., 37 47
– Würdeskeptizismus 36 2, 18
Mentalismus 26 6 f.
– Ethik 26 29, 41 4 ff.
Metaethik 15 2 f., 13
Mill, J. 10 1, 15 ff., 12 1, 7 ff., 22 3, 35 19 ff.
– Meinungsfreiheit 10 23 ff.
– Schadensprinzip 10 21, 28 f.
Moore, G. E. 15 3 ff.
Moral
– Analytik 29 1 ff.
– Moral Sense 7 1 ff.

Naturalistischer Fehlschluss 15 3 ff.
Naturrecht 1 12, 73, 96, 2 19, 21, 25, 3 7 ff., 4 1 ff., 5 25 ff., 37, 6 2 ff., 11 12, 13 15, 17 28, 18 12, 28 2 ff.
Naturwissenschaften 40 10 ff.
Neukantianismus 18 6, 36 27
Neuroeconomics 23 10
Neuroethik 26 18, 22
Nietzsche, F. 14 1 ff.
Nonkognitivismus 15 8 f., 17 9, 28 5, 40 8
Norm 30 1 ff., 32 1 f.
Normsatz 30 1 ff., 32 1 f.
Nussbaum, M. 37 22 ff.

Ökonomische Analyse des Rechts 23 1 ff.
Open-Question-Argument 15 4

Paradigmen 40 12
Paschukanis, J. B. 13 14, 23
Patristik 2 16 f.
Perspektivismus 14 13, 34
Philosophie der normalen Sprache 32 10 ff.
Pierce, C. 16 1 f.

Platon 1 34 ff.
– Gerechtigkeit 1 38 f., 51, 56
– Ideenlehre 1 35 ff., 79
– Staat 1 39 ff., 50 ff.
Pluralismus 19 19
Popper, K. 40 3
Positivismus 17 1 ff., 18 8 ff., 15, 31, 28 8 ff.
Positivismusstreit 40 11
Postmoderne 21 73 ff.
– Erkenntnistheorie 21 75, 80
– Moral 21 76
– Recht 21 77
– Rechtspluralismus 21 78, 83
– Sprachtheorie 21 76 f.
– Wissenschaftstheorie 40 13
Poststrukturalismus 21 73 f.
– Erkenntnistheorie 21 75, 80
– Moral 21 76
– Recht 21 77
– Sprachtheorie 32 15
Pragmatismus 16 1 ff.
Prinzipien 18 15 ff., 22 ff., 26 ff., 31 12, 37 42 ff.
Prospect theory 23 10
Putnam, H. 16 1, 32 12

Radbruch, G. 18 5 ff., 28 6
– Begriff des Rechts 18 8 ff.
– Radbruch-Formel 18 11
Rationalismus 1 27, 6 9 ff., 12 8 ff.
Rationalitätsansprüche 40 15 ff.
Rawls, J. 10 1, 19 4 ff.
– Gerechtigkeitsprinzipien 19 10 ff.
– Institutionen 19 24
– Internationale Ordnung 19 25 ff.
– Konstruktivismus 19 18 ff.
– Kontraktualismus 19 6 ff.
Realismus, moralischer R. 29 13 f., 39 37 ff.
Recht auf Rechte 25 37
Rechte
– Struktur 18 22 ff., 28 17
– subjektive 3 9 ff., 8 4 ff.
– subjektive R. 2 10, 4 16 f., 9 18, 31 1 ff.
Rechtssoziologie 40 3
Rechtsstaat 18 31 ff., 21 41, 47
Recht und Moral (Verhältnis von) 6 20, 8 14, 9 17, 17 10, 18 31, 20 29 ff., 44, 28 1 ff., 25 ff.
Reformation 2 23 ff., 31

Regeln **18** 15 ff., **22** ff., **28** f., **31** 12 ff.
Reichenbach, H. **40** 7
Reine Rechtslehre **17** 16
Relativismus **13** 10, **17** 9 ff., **18** 7 ff., **19** 19, **39** 1 ff.
– Historisierung **39** 12 ff.
– Kulturrelativismus **39** 6 ff.
Renner, K. **13** 13
Rorty, R. **16** 1, **39** 7
Rousseau, J.-J. **5** 33 ff.
Rule of Recognition **17** 26, 29, **18** 15 f.

Scholastik **2** 18 ff.
– spanische Spätscholastik **3** 9 ff.
Schwangerschaftsabbruch **17** 21, **36** 55 ff.
Sein-Sollens Fehlschluss **7** 12
Selbstzweckhaftigkeit **2** 27, **3** 20, **9** 16 ff., 32, 38, **36** 23 ff., **38** 12
Sen, A. **19** 47 ff., **34** 27, **37** 22 ff.
Shaftesbury, A. **7** 2
Skeptizismus **1** 89, **7** 8 ff., **20** 6 ff., **39** 41 ff.
Smith, A. **10** 15, **19** 49
Sokrates **1** 17 ff.
– sokratischer Intellektualismus **1** 23, 27
Sollen **9** 13, **11** 7, **17** 10, 17, **21** 61, 71, **29** 16 f., **30** 21 ff.
Sophistik **1** 14 ff.
Spinoza, B. **5** 11 ff.
Sprache **15** 13, 15 ff., **21** 42, **32** 1 ff., **41** 7
Sprache-als-Weltsicht-These **32** 8, 11, 18, 21
Sprechakttheorie **15** 13
Stoa **1** 94 ff., **36** 11
Strafe **4** 23
Strukturalismus **21** 73
Suárez, F. **3** 24 f.
Systemtheorie **21** 59 ff., **36** 29 ff., **40** 13
Szientismus **40** 11

Talionsprinzip **1** 1, **2** 14
Theorie des menschlichen Geistes **9** 24 f., **26** 5 ff.
Totalitarismus **25** 4 ff.
Transzendentalen Institutionalismus **19** 47
Trennungsthese **28** 8 ff., 16
Tugendethik **24** 1 ff.
Tugendjurisprudenz **24** 1 ff.

Übermensch **14** 4
Universalgrammatik
– Moral **41** 4 ff., 8
– Sprache **41** 7, 10
Universalismus **39** 1 ff.
Utilitarismus **12** 1 ff., **19** 14, 29
– Bentham, J. **12** 1, 5 ff.
– Handlungsutilitarismus **10** 15
– Mill, J. **10** 17
– Regelutilitarismus **10** 15
Verbindungstheorie **18** 4, **28** 2 ff., 16, 21 ff.
Vernunft **1** 95, **2** 27, **3** 18, **8** 14, **9** 15, 21 27 ff., **39** 13 ff.
– praktische V. **1** 28, **4** 3 ff., **19** 20, **21** 67, **29** 3, **39** 38 f., **41** 3, 8
Verpflichtung **17** 24 f., 29, **30** 21 ff.
Vitoria, F. **3** 11 ff.
Völkerrecht **38** 1 ff.
Vorsokratiker **1** 13
Vorverständnis **32** 6 f.

Walzer, M. **19** 44 ff.
Werte **5** 5, **17** 9, **18** 8, 25, 30
Willenstheorie **30** 10 f.
Wille zur Macht **14** 4, 19
Wissenschaftstheorie, **40** 7 ff.
– Rechtswissenschaft **40** 1 ff.
Wittgenstein, L. **30** 3, **32** 11, 17
Wollstonecraft, M. **22** 3 ff.

Zoon politikon **1** 72